〈명주보월빙〉연작 3부작 중 제2부작

105책 본문에 원문 교정한자 병기 광범한 주석을 갖춘

교주본

尹河鄭三門聚錄

교주본

尹河鄭三門聚錄

3

교주 최길용

學古房

이 저서는 2012년 정부(교육부)의 재원으로 한국연구재단의 지원을 받아 수행된 연구임 (NRF-2012S1A5A2A01016873)

This work was supported by the National Research Foundation of Korea Grant funded by the korean Government (NRF-2012S1A5A2A01016873)

서 문

최 길 용
(전북대학교 겸임교수)

〈윤하정삼문취록〉은 105권 105책으로 된 거질의 대장편소설로, 100권 100책의 〈명주보월빙〉과 30권 30책의 〈엄씨효문청행록〉 등과 함께, 235권 235책의 대장편서사체인 ≪명주보월빙 연작≫을 구성하고 있다. 그리하여 연작 전체가 배경·인물·사건·주제 등에 있어 일정한 연대성을 유지하면서 한편의 작품으로 통합되어진, 하나의 거대한 예술적 총체를 이루고 있다. 그 3부작을 합하면 원문 글자 수가 도합 334만4천여 자[1](〈보월빙〉1,485,000, 〈삼문취록〉 1,455,000, 〈청행록〉404,000)에 이를 만큼 방대하여, 세계문학사에서도 그 유례를 찾아볼 수 없는 대장편소설인 동시에, 1700년대 말 내지 1800년대 초의 조선조 소설문단의 창작적 역량을 한눈에 보여주는 대작이자, 한국고소설사상 최장편소설로 꼽히고 있다.

양식 면에서, ≪명주보월빙 연작≫은 중국 송나라를 무대로 하여 윤·하·정 3가문의 인물들이 대를 이어 펼쳐가는 삶을 다룬 〈보월빙〉·〈삼문취록〉과, 윤문과 연혼가인 엄문의 인물들이 펼쳐가는 삶을 다룬 〈청행록〉으로 이루어져, 그 외적양식 면에서는 〈보월빙〉-〈삼문취록〉-〈청행록〉으로 이어지는 3부 연작소설이며, 내적양식 면에서는 윤·하·정·엄문이라는 네 가문의 가문사가 축이 되어 전개되는 가문소설이다.

내용면에서 보면, 이 연작에는 모두 787명(〈보월빙〉275, 〈삼문취록〉399, 〈청행록〉113)에 이르는 수많은 인물들이 등장하여, 군신·부자·부부·처첩·형제·친구 등 다양한 인간관계에서 벌어지는 수많은 사건들을 펼쳐가면서, 충·효·열·화목·우애·신의 등의 주제를 내세워, 인륜의 수호와 이상적인 인간 공동체의 유지, 발전을 위한 善的 價値들을 권장하고 있다. 아울러 주동인물군의 삶을 통해 고귀한 혈통·입신양명·전지전능한 인간·일부다처·오복향수·이상향의 건설 등과 같은 사대부귀족계급의 현세적 이상을 시현해놓고 있다.

---

1) 〈명주보월빙〉교감본 서문에서 밝힌 글자 수와 2만1천자의 차이가 발생한 것은 〈청행록〉의 원문 실제입력 글자수 계산 결과와 〈보월빙〉의 오기정정(1,475,000→1,485,000)을 반영했기 때문이다.

　이 책『교주본 윤하정삼문취록』은　105권105책으로 필사되어 있으면서 현재까지 전국 유일본인 '낙선재본'을 원문교정, 즉 '원문 자체에 내재해 있는 오류들을 전후 문맥과 원작자 또는 필사자의 어휘사용이나 문체 등의 글쓰기관행, 속담·격언·고사성어·名句 등의 인용에 있어서의 오류 여부를 면밀히 살펴, 원문의 誤字·脫字·誤記·衍文·缺落·落張·錯寫들을 교정하는 작업'을 하고, 여기에 띄어쓰기와 한자병기 및 광범한 주석을 가해 편찬한 것이다.

　그 목적은, 첫째로는 필사본 텍스트들이 갖고 있는 태생적 오류, 곧 작품의 창작 또는 전사가 手記로 이루어질 수밖에 없었던 한계 때문에, 마땅한 퇴고나 교정 수단이 없음으로 해서 불가피하게 방치해버린, 잘못 쓰고[誤字], 빠뜨리고[脫字], 거듭 쓴[衍字] 글자들과, 또 거듭 쓰고[衍文] 빠뜨린[缺落] 문장들, 그리고 문법이나 맞춤법·표준어 규정 같은 어문규범이 없었던 시대에, 글쓰기가 전적으로 필사자의 작문능력에 따라 달라질 수밖에 없음으로 해서 생겨난 무수한 비문들과 오기들, 이러한 것들을 텍스트의 원문교정, 즉 전후 문장이나 문맥, 필사자의 문투나 글씨체, 그리고 고사·성어·속담·격언·관용구·인용구 등을 비교·대조하여 바로잡음으로써, 정확한 원문을 구축하는 데 있다. 또 이러한 교정과정을 일정한 기호를 사용하여 원문에 병기함으로써, 원문을 원표기 그대로 보존하여 보여주는 한편으로, 독자가 그 교정·교주의 타당성을 판단할 수 있게 하는데 있다. 그 이유는, 이렇게 함으로써 텍스트의 불완전성을 극복할 수 있을 뿐만 아니라, 원문의 표기법을 원문 그대로 재현해 놓음으로써 원본이 갖고 있는 문학적·어학적 가치는 물론 그 밖의 여러 인문·사회학적 가치를 훼손함이 없이 보존하고 전승해 갈 수 있다고 믿기 때문이다.

　둘째로는 이러한 원문교정 과정과 광범한 주석들을 제시함으로써 필사본 고소설들에 대한 해석학적 지평을 확장하고, 나아가 이 연구의 수행을 통해 '原文校訂'이라는 한·중의 오랜 학문적 전통의 하나인 텍스트 교감학[2]의 유용성을 실증하여, 앞으로의 필사본 고소설들의 정리 작업[데이터베이스(data base)구축과 출판]의 한 모델을 수립하는데 있다.

　셋째로는 정확한 원문구축과 광범한 주석으로 작품의 可讀性을 높이고 해석적 불완전성을 제거하여, 일반 독자들이나 연구자들이 쉽게 원문 자료에 접근할 수 있게 하는데 있다.

　넷째로는 이렇게 정리 구축한 교주본을 현대어본 편찬의 저본(底本)으로 활용하기 위함이

---

2) 고증학의 한 분파로, 경전이나 일반서적을 서로 다른 판본 또는 관련 있는 자료와 대조하여 내용이나 문자·문장의 異同을 밝히고 誤記·誤傳 따위를 찾아 바로잡는 학문이다. 중국 前漢 시대의 학자 劉向에 의해 창시되었으며, 청나라 때 가장 성하였다. 우리나라에서도 고려 때 한림원에 종 9품 校勘을 두었고, 조선시대에는 승문원에 종4품 校勘을 두어 경서 및 외교 문서를 조사하고 교정하는 일을 맡아보게 하였다.

다. 현대어본 편찬의 선결과제는 정확한 원문텍스트의 구축과 원문에 대한 정확한 주석이다. 이 책은 처음부터 이 현대어본의 저본 구축을 목표로 편찬된 것이기 때문에 이점 곧 정확한 원문텍스트의 구축과 원문에 대한 정확한 주석에 각별한 정성을 쏟았다.

컴퓨터 문서통계 프로그램이 계산해준 이 책의 파라텍스트(para-text)를 제외한 본문 총글자 수는 3,470,132자다. 원문 1,415,328자(결권 15,33,39권 원문 제외)를 입력하고, 여기에 2,468개소의 오자·탈자·오기·연문·결락 등에 대한 원문교정과 278,168자의 한자병기, 그리고 11,565개의 주석이 더해지고, 또 643,075 곳의 띄어쓰기가 가해져서 이루어진 결과다. 앞서 언급한 것처럼 이 책은 현대어본 출판까지를 계획하고 편찬한 것이다. 현대어본 분량도 311만자에 이른다. 전자 교주본은 전문 연구자와 국문학도들을 위한 학술도서로, 후자 현대어본은 일반 독자들을 위한 교양도서로, 전자는 국배판(188×257㎜) 2,226쪽 5책1질[〈교감본 윤하정삼문취록〉1-5, 학고방, 2015.04]로, 후자는 신국판(152×225㎜) 3,491쪽 7책1질[〈현대어본 윤하정삼문취록〉1-7, 학고방, 2015.04]로 각각 간행을 눈앞에 두고 있다.

이에 앞서 필자는 지난해 100권100책의 낙선재본과 36권36책의 박순호본을 교감·주석한 〈교감본 명주보월빙〉 1-5권(학고방, 2014.02. 총 3,258쪽)과 두 이본 중 낙선재본을 현대어로 번역·주석한 〈현대어본 명주보월빙〉 1-10권(학고방, 2014.04. 총 3,457쪽)을, 전자는 전문학술도서 국배판 규격으로, 후자는 일반교양도서 신국판 규격으로 각각 출판한 바 있다.

또 내년 곧 2016년 4월말까지는 이 연작의 3부작인 〈엄씨효문청행록〉의 교감본과 현대어본이 간행될 예정이다. 이 연구는 2013년 한국연구재단의 지원을 받아 수행된 것으로, 현재 그 교감본과 현대어본의 편찬이 완료된 상태이며 교정과 인쇄과정을 남겨두고 있다. 〈청행록〉은 30권30책의 낙선재본과 16권16책의 고려대본이 전하고 있는데, 교감본은 이 두 본을 단락단위로 병치시켜 교감·주석한 것으로 그 원고분량이 1,994,000여자(낙선재본 1,026,000자, 고려대본 918,000자)가 되며, 현대어본은 낙선재본을 주해한 것을 현대어로 옮긴 것으로 그 원고분량은 989,000자가 된다. 이를 앞의 〈보월빙〉이나 〈삼문취록〉과 같은 형태로 출판한다면 전자는 전문학술도서 국배판 2책, 후자는 일반교양도서 신국판 3책이 될 것이다.

이 3부작을 모두 합하면 교감본 12책, 현대어본 20책이 되어, 20책1질의 현대어본을 단순히 책 수로만 비교한다면 우리 현대소설사상 최장편 소설로 평가되는 20책1질로 출판된 박경리 선생의 〈토지〉에 필적할 분량이다.

세상에 어디 인고 없이 이루어진 성취가 있으랴마는 5년이라는 긴 칩거 끝에 1부작 〈명주보월빙〉에 이어 2부작 〈윤하정삼문취록〉을 이렇게 큰 출판물로, 또 DB화된 기록물로 세상에 내놓게 되니, 한국문학의 위대함을 또 한 자락 열어 보인 것 같아 여간 기쁜 마음이 아니다.

아무쪼록 이 책의 출판을 계기로 이 연작이 더 많은 독자들과 연구자, 문화계 인사들의 사랑과 관심을 받게 되고, 영화나 TV드라마 등으로 제작되어 민족의 삶과 문화가 더욱 풍성해지고 더 널리 전파되어 갈 수 있기를 기대한다. 이 작품들 속에 등장하는 앵혈・개용단・도봉잠・회면단・도술・부적・신몽・천경・참요검・신장・신병 등의 다양한 상상력을 장착한 소설적 도구들은 민족을 넘어 세계인들의 사랑과 흥미를 이끌어내기에 충분할 것이다. 또 세계문학사적 대작이자 한국고소설사상 최장편소설로 평가되는 이 작품들이 대중들의 더 높은 사랑과 관심을 받을 수 있도록 국가 보물로 지정되는 날이 쉬이 오기를 기대해 마지않는다.

끝으로 어려운 출판 여건 속에서도 인문학의 위기를 걱정하며 이 책의 출판을 흔쾌히 맡아주신 도서출판 학고방의 하운근 대표님과, 편집과 출판을 맡아 애써주신 직원 여러분의 후의를 잊을 수가 없다. 이 자리를 빌려 깊은 감사를 드린다.

2015년 4월 5일
청명절 아침

＊ 일러두기 ＊

이 책 『교주본 윤하정삼문취록』은 105권105책으로 필사된 '낙선재본' 을 원문교정, 즉 '원문 자체에 내재해 있는 오류들을 전후 문맥과 원작자 또는 필사자의 어휘사용이나 문체 등의 글쓰기관행, 속담 · 격언 · 고사성어 · 名句 등의 인용에 있어서의 오류 여부를 면밀히 살펴, 원문의 誤字 · 脫字 · 誤記 · 衍文 · 缺落 · 落張 · 錯寫들을 교정하는 작업'을 하고, 여기에 띄어쓰기와 한자 병기 및 광범한 주석을 가해 편찬한 것이다.

이 때문에 이 책은 불가피하게 원문에 대한 많은 교정과 보완이 가해졌다. 따라서 이 책은 이처럼 원문에 가해진 많은 교정 · 보완 사항들을 일관성 있게 보여주고, 누구나 이를 원문과 쉽게 구별할 수 있게 하기 위해 다음 부호들을 사용하였다.

( ) : 한자병기를 나타내는 부호. ( )의 앞에 한글을 적고 속에 한자를 적는다.
예) 금슬종고(琴瑟鐘鼓). 만무일흠(萬無一欠).

[ ] : 원문의 잘못 쓴 글자를 바로잡거나 빠진 글자를 보충해 넣은 부호. 오자 · 탈자 · 결락 · 낙장 · 마멸자 등의 교정에서 바로잡거나 빠진 글자를 보충해 넣을 때 사용한다.
예) 번셩ᄒᆞ믄[믈], 번셩○[ᄒᆞ]믈, 번□□[셩ᄒᆞ]믈,

○ : 원문의 필사 과정에서 생긴 탈자를 표시하는 부호. 3어절 이내, 또는 8자 이내의 글자를 실수로 빠트리고 쓴 것을 교정하는 경우로, 빠진 글자 수만큼 '○'를 삽입하고 그 뒤에 '[ ]'를 붙여, '[ ]'안에 빠진 글자를 보완해 넣어 교정한다.
예) 넉넉ᄒᆞ○○○[미 이시]니, ᄋᆡᄃᆡ○○○[ᄒᆞ기를] ᄌᆞ질ᄀᆞᆺ치 ᄒᆞ라.

{ } : 중복된 글자나 불필요하게 들어간 말을 표시하는 부호. 衍字나 衍文을 교정하는 경우로, 중복해서 쓴 글자나 불필요한 말의 앞 · 뒤에 '{' 과 '}'를 삽입하여 연자나 연문을 '{ }'로 묶어 중복된 글자이거나 불필요한 말임을 표시한다.
예) 공이 청파의 희연히{희연히} 쇼왈, 셜우믄 {업}업ᄉᆞ리니.

《‖》 : 원문의 필사 과정에서 두 글자 이상의 단어나 구·절 등을 잘못 쓴 오기를 교정하는 부호. 이때 ‘‖’의 앞은 원문이고 뒤는 바로잡은 글자를 나타낸다.

　　　예) 《잠비‖잠미》를 거스리고. 상충이 일신의 《요젼‖온젼》 홀 쑨아니라

○…결락○자…○ : 원문에 3어절 이상의 말을 빠뜨리고 쓴 것을 보완하여 교정할 때 사용하는 부호. ‘○…결락○자…○’ 뒤에 ‘[ ]’를 붙여 보완할 말을 넣고, 빠진 글자 수를 헤아려 결락 뒤의 ‘○’를 지우고 결락된 글자 수를 밝힌다.

　　　예) 이의 ○…결락9자…○[계손의 혼인을 셔돌식], 남평빅 좌승상 셩닌의 장주

○…낙장○자…○ : 원문에 본디 낙장이 있거나, 원본의 책장이 손상되어 떨어져 나간 것을 보완할 때 사용하는 부호. ‘○…낙장○자…○’ 뒤에 ‘[ ]’를 붙여 보완할 말을 넣고, 빠진 글자 수를 헤아려 낙장 뒤의 ‘○’를 지우고 빠진 글자 수를 밝힌다.

　　　예) 금평휘 황은을 감축(感祝)ᄒᆞ여 빅두(白頭)를 두다려 ᄉᆞ은 왈, “노신 명연은 항쥬의 ○…낙장15자…○[미쳔ᄒᆞᆫ 포의라.” ᄒᆞ니, 하회를 분셕ᄒᆞ라 윤하뎡삼문취록 권지일ᄇᆡᆨᄉᆞ

□ : 원본의 글자가 마멸되거나 汚損으로 인해 판독이 불가능한 글자를 표시하는 부호. 오손된 글자 수만큼 ‘□’를 삽입하고 그 뒤에 ‘[ ]’를 붙여, 오손된 글자를 보완해 넣는다.

　　　예) 번□□[셩ᄒᆞ]믈,

┃①( )┃ : 원문에 필사자가 책장을 잘 못 넘기거나 착오로 쓰던 쪽이나 행을 잘못 인식하여 글의 순서가 뒤바뀐 착사(錯寫; 필사 착오)를 교정하는 부호. 필사착오가 일어난 처음과 끝에 ‘┃’를 넣어 착오가 일어난 경계를 표시한 후, 순서가 뒤바뀐 부분들을 ‘( )’로 묶어 순서에 맞게 옮긴 뒤, 각 부분들 곧 ‘( )’의 앞에 원문에 놓여 있던 순서를 밝혀 두어, 교정 전 원문의 순서를 알 수 있게 한다.

　　　예) 원문의 글이 ┃①( )②( )③( )┃의 순서로 쓰여 있는 것이 ②( )-①( )-③( )의 순서로 써야 옳다면, 이를 옳은 순서대로 옮기고, 각 부분들의 앞에는 본래 순서에 해당하는 번호를 붙여 ┃②( )①( )③( )┃으로 교정한다.

목 차

윤하뎡삼문취록 권지ᄉᆞ십뉵

ᄎᆞ시 장부인이 잠쇼(潛笑) 왈,

"ᄎᆞ물(此物)이 엄시긔 두번 도라가니, 처엄은 오히려 하쥬(河洲)1) 졍되 아니므로 다시 문명폐물(問名幣物)2)이 되니 엇지 텬의(天意) 유의ᄒᆞ시미 아니리오."

하부인이 문왈,

"쳡이 우몽(愚蒙)ᄒᆞ여 부인 말ᄉᆞᆷ을 ᄭᆡ닷지 못ᄒᆞᄂᆞ니, 명쥬(明珠) 엄시긔 두 번 도라가다 ᄒᆞ미 엇진 일이니잇고?"

장부인이 웃고 창닌이 초에 엄시ᄅᆞᆯ 쇼셩(小星)으로 마즐 시, 명쥬로 신물(信物)을 삼앗던 바ᄅᆞᆯ 젼ᄒᆞ니, 부인이 어히업셔 말을 아니ᄒᆞ고 다만 명쥬ᄅᆞᆯ 너여보ᄂᆞ니, 이의 혼셔(婚書)와 흔【1】 가지로 옥함(玉函)의 담아 엄부의 빙(聘)ᄒᆞ고3), ᄯᅩ 웅닌의 삼취(三娶)ᄒᆞᄂᆞᆫ 혼셔(婚書)·빙물(聘物)을 셔가의 보ᄂᆞ니, ᄌᆞᄉᆞ 부부와 시랑 부뷔 혼녜 슌히 되믈 환힝ᄒᆞ나, 어시 발셔 냥개(兩個) 슉녀와 ᄡᅡᆼ개(雙個) 닌벽(驎璧)4)을 두어 영복(榮福)이 무궁ᄒᆞ믈 혜아리미, 션혜의 나죵 드러간 셔어(齟齬)홈5)과 뎨삼 부실의 ᄂᆞ즌 위호(位號)로뼈 혹ᄌᆞ 신셰 불평ᄒᆞᆯ가 넘ᄒᆞ더라.

길일이 님ᄒᆞ미 진궁의셔 대연을 긔장ᄒᆞ여 친쳑(親戚) 향당(鄕黨)을 취회(聚會)ᄒᆞᆯ 시, 닌니친권(隣里親眷)이 냥 신부의 대례(大禮)6)ᄅᆞᆯ 관광코져 ᄒᆞᆯ ᄲᅮᆫ 아니라, 엄시 처엄 쇼셩의 ᄂᆞᄌᆞ므로뼈 원【2】 위(元位)ᄅᆞᆯ 밧고와 도라오믈 긔특이 넉여, 위인(爲人) 긔질(氣質)을 보고져 닷토아 모드니, 뎡·진·남·화 ᄉᆞ비 하·장 두 부인으로 더브러 태부인과 조·뉴 두 부인을 밧드러 친권 부인ᄂᆡᄅᆞᆯ 마즈니, 좌우 졔긱의 금군취삼(錦裙翠衫)7)이 일광의 휘황ᄒᆞ더라.

---

1) 하쥬(河洲) : '모래톱'이라는 뜻으로 '덕이 높은 요조숙녀'를 이르는 말. 여기서는 요조숙녀와의 혼인을 뜻한다. 『시경』, 「주남(周南)」, <관저(關雎)> 시에 "꾸우꾸우 물수리 모래톱에 있네. 정숙한 아가씨는 군자의 좋은 짝.(關關雎鳩, 在河之洲. 窈窕淑女, 君子好逑)"이라는 구절에서 유래하였다.

2) 문명폐물(問名幣物) : 혼인례(婚姻禮)에서 '문명(問名)'을 행할 때에 보내는 예물. *문명(問名); 신랑측에서 신부가 될 여자(女子)와 그 집안에 관(關)하여 묻는 일.

3) 빙(聘)ᄒᆞ다 : 빙물(聘物)을 보내다. *빙물(聘物); 혼인례에서 정혼이 이루어진 증거로 신랑 집에서 신부 집에 보내는 예물.

4) 닌벽(驎璧) : '천리마와 아름다운 옥'이란 뜻으로 '재주가 빼어난 아들'을 비유적으로 이르는 말.

5) 셔어(齟齬)ᄒᆞ다 : 어긋나다. 서먹하다. ①틀어져서 어긋나다. ②낯이 설거나 친하지 아니하여 어색하다.

6) 대례(大禮) : 혼례(婚禮).

날이 반오(半午)의 이인이 존당부모긔 하직ᄒ고 밧게 나와, 허다 위의로 길흘 갈나, 어ᄉᄂᆞᆫ 셔부로 향ᄒ고, 한님은 엄아(嚴衙)로 향ᄒ니, 셔뷔 엄부도곤 갓가온 고로 어ᄉᆡ 몬져 셔부의 나아가 뎐안지녜(奠雁之禮)를 맛고, 신부를 빅냥(百輛)[8]으로 호송ᄒ여 진궁으로 도라올ᄉᆡ, 신낭【3】의 영풍쥰골(英風俊骨)이 당셰의 ᄲᅢ혀ᄂᆞᆫ지라.

냥신인이 합근교빅(合巹交拜)[9]홀ᄉᆡ, 신낭이 봉졍(鳳睛)을 흘니ᄂᆞᆫ 바의 흔희대열(欣喜大悅)ᄒ나 믄득 의아ᄒᄆᆡ ᄀᆞ득ᄒ여 즉시 밧그로 나가ᄆᆡ, 신뷔 단장을 다시 곳쳐 비현구고존당(拜見舅姑尊堂)[10]홀ᄉᆡ, 구괴 밧비 눈을 들ᄆᆡ 신부의 의상이 쳥결ᄒ여 텬디조화(天地造化)를 탈슈(奪收)ᄒ니, 존당구괴 진실노 이딕도록 아름다오믈 몽니(夢裏)의도 싱각지 못ᄒᆞᆫ 비라. 녜폐(禮幣)[11]를 다ᄒᄆᆡ 태부인과 조태비 나ᄒᆞ여[12] 손을 잡고 운환(雲鬟)을 어라만져 황홀(恍惚) 경익(敬愛)ᄒ믈 니긔지 못ᄒ고 ᄉᆞ좌즁빈(四坐衆賓)【4】이 하례 분분ᄒ더라.

시(時)의 한님이 허다 위의를 거ᄂᆞ려 엄아(嚴衙)의 나아가니, 오왕 곤계 ᄌᆞ질제족(子姪諸族)으로 늉늉ᄒᆞᆫ 즐기믈 니어 담쇼ᄒ더니, 신낭이 님문(臨門)ᄒᄆᆡ 시랑 엄흠이 ᄌᆞ포오사(紫袍烏紗)로 풀흘 밀어 뎐안(奠鴈)을 인(引)홀[13]ᄉᆡ, 한님이 홍안(鴻雁)을 ᄀᆞᆺ초고 옥상(玉床)의 나아가 뎐안지녜(奠雁之禮)[14]를 다ᄒᄆᆡ 좌의드니, 오왕이 년망(連忙)이 손을 잡고 자랑 왈,

"아셔(我壻)ᄂᆞᆫ 온냥공검(溫良恭儉)ᄒ고 돈후쥬신(敦厚主信)ᄒ여 쥬공지셩(周公之性)과 영웅지상(英雄之相)이니 이ᄂᆞᆫ 사직지뵈(社稷之寶)로다."

ᄒ니, 즁긱이 하례ᄒᆞᆫ 잔을 늘니며 치해(致賀) 분분ᄒ더니, 요긱(繞客)[15]이 【5】 신부 상교(上轎)를 지쵹ᄒ니, 왕이 비로소 이형과 졔질노 더브러 니루(內樓)의 드러와 녀ᄋᆡ 뎡[16]의 들믈 볼ᄉᆡ, 대엄시 쇼엄시를 단장ᄒ여 뎡의 올니고 뒤흘 조ᄎ 가려ᄒᄂᆞᆫ지라.

---

7)금군취삼(錦裙翠衫) : 비단 치마와 취색 저고리.

8)빅냥(百輛) : '백대의 수레'라는 뜻으로, 『시경(詩經)』 「소남(召南)」편, <작소(鵲巢)>시의 '우귀(于歸) 백량(百輛)'에서 유래한 말이다. 즉 옛날 중국의 제후가(諸侯家)에서 혼례를 치를 때, 신랑이 수레 백량에 달하는 많은 요객(繞客)들을 거느려 신부집에 가서, 신부를 신랑집으로 맞아와 혼례를 올렸는데, 이 시는 이처럼 혼례가 수레 백량이 운집할 만큼 성대하게 치러진 것을 노래하고 있다.

9)합근교빅(合巹交拜) : 전통 혼례에서, 신랑 신부가 서로 잔을 주고받고, 절을 주고받고 하는 의례.

10)비현구고존당(拜見舅姑尊堂) : 현구고례(見舅姑禮). 혼인례에서 대례(大禮)를 마친 신부가 폐백(幣帛)을 가지고 처음으로 시부모와 신랑가의 웃어른을 뵙는 예절.

11)녜폐(禮幣) : 폐백(幣帛). 신부가 처음으로 시부모를 뵐 때 큰절을 하고 예물을 올리는 일. 주로 대추나 포 따위를 올린다

12)나ᄒ다 : 나아오게 하다.

13)인(引)ᄒ다 : 이끌다. 인도하다.

14)뎐안지례(奠雁之禮) : 혼례 때, 신랑이 기러기를 가지고 신부 집에 가서 상 위에 놓고 절하는 것. 산 기러기를 쓰기도 하나, 대개 나무로 만든 것을 쓴다.

15)요긱(繞客) : 혼인 때에 가족 중에서 신랑이나 신부를 데리고 가는 사람

16)뎡 : 가마. 공주나 옹주가 타던 가마.

쇼엄시 능히 ᄌ긔 ᄯᅳᆺ을 세오지 못ᄒᆞ여 부득이 대례(大禮)ᄅᆞᆯ 일우게 ᄒᆞ나, 모비(母妃)의 만니이국(萬里異國)의셔 보지 못홈과, 부왕의 슈히 도라가실 바ᄅᆞᆯ 심ᄉᆞ(心思) 촌할(寸割)ᄒᆞ여, 고디 스러져 녕빅(靈魄)이라도 부왕을 ᄯᅡ라 오국의 가 모비ᄅᆞᆯ 뫼실 ᄃᆞᆺ 셰렴(世念)이 스연(索然)ᄒᆞ니17), 어린 다시 움죽이지 아니ᄒᆞ니, 날이 느ᄌᆞ미 엄시랑 등 【6】부인과 대엄시 위력으로 붓드러 니ᄅᆞ혀, 일습녜복(一襲禮服)과 약간 픽산지뉴(其珊之類)ᄅᆞᆯ 나와 단장(丹粧)을 초초히 일우미 부슉과 제종(諸從)이 드러와 뎡의 들믈 직쵹ᄒᆞ니, 엄시 부득이 부슉과 냥 슉모긔 하직고 뎡의 올으니, 윤한님이 금쇄(金鎖)ᄅᆞᆯ 가져 봉교(封轎)ᄒᆞ기ᄅᆞᆯ 다ᄒᆞ고 상마(上馬)ᄒᆞ여, 부즁(府中)의 도라와 냥 신인이 청즁(聽中)의셔 합증[근]교빅(合卺交拜)18)ᄅᆞᆯ 맛ᄎᆞ미, 한님은 외당으로 나아가고, 신뷔 단장을 곳쳐 존당구고긔 비현홀ᄉᆡ, 그 진퇴녜졀(進退禮節)과 면모상광(面貌祥光)의 셩덕이 빗나믈 새로이 닐ᄏᆞᆯ 비 아니라. 광염이 더욱 찬【7】난ᄒᆞ니 태부인과 호람후 부부의 ᄉᆞ랑과 승상의 만심환희ᄒᆞ미 비ᄒᆞᆯ 디 업ᄉᆞ니, 즁빈이 치해(致賀) 분분ᄒᆞ니, 남후 부부와 승상 부뷔 좌슈우응(左酬右應)의 샤례ᄒᆞ고, 이의 셔시ᄅᆞᆯ 명ᄒᆞ여 경·쥬 등을 ᄀᆞ라쳐 왈,

"오ᄌᆞ(吾子)의 조강 경시와 계실 쥬시 직좌(在坐)ᄒᆞ니, 신뷔 처엄 보ᄂᆞᆫ 녜ᄅᆞᆯ 폐치 말나. 너희 명회(名號) 젹인이나 명문계츌(名門繼出)노 셩힝이 아름다오니, 오ᄋᆞ의 닉ᄉᆞᄅᆞᆯ 빗닉여 가되(家道) 평안케ᄒᆞ라."

신뷔 비이슈명(拜而受命)ᄒᆞ미 몸을 두루혀 경시의게 직비ᄒᆞ고, 쥬시긔 공슌히 녜ᄅᆞᆯ 베프니, 【8】경·쥬 냥인이 텬연(天然) 답녜ᄒᆞ더라.

죵일 진환(盡歡)ᄒᆞ고 홍일(紅日)이 몰셔(沒西)ᄒᆞ미, 졔긱이 취ᄒᆞᆫ 거슬 붓들녀 각귀기가(各歸其家)ᄒᆞ고, 엄시 슉소ᄅᆞᆯ 송미뎡의 뎡ᄒᆞ여 도라보닐ᄉᆡ, 태부인이 ᄀᆞ장 취ᄒᆞ엿ᄂᆞᆫ 고로 일즉 취침ᄒᆞ미 셕부인이 질녀 등으로 더브러 시침ᄒᆞ니, 승상 곤계 조·뉴 이부인의 취침ᄒᆞ믈 보고 밧게 나와 남후ᄅᆞᆯ 시침홀ᄉᆡ, 태우와 학ᄉᆡ 웅닌 봉닌으로 더브러 시침홀 ᄎᆞ례오, 한님과 어ᄉᆞᄂᆞᆫ 직슉(直宿)홀 ᄎᆞ례 아닌 고로, 조부와 부슉이 취침ᄒᆞ시믈 보고 퇴ᄒᆞ니, 승상이 ᄯᅩᄒᆞᆫ 【9】명치 아냐 두 신방(新房)의 갈 줄노 알아 닐오지 아니니, 한님이 부명을 기다리미 아니로디 일퇴지상(一宅之上)의 잇ᄂᆞᆫ 쳐실을 딕ᄒᆞ미 착급(着急)지 아냐, 계슈각의 나아가 졔뎨(諸弟)로 더브러 밤을 지닉고, 어ᄉᆞᄂᆞᆫ 즁미뎡의 드러가니, 셔시 오히려 장복(章服)19)을 벗지 아니ᄒᆞ엿다가 긔이영지(起而迎之)ᄒᆞ니, 어ᄉᆡ 거슈청좌(擧手請坐)ᄒᆞ여 동셔분좌(東西分坐)ᄒᆞ미, 신부의 슉뇨(淑窈)ᄒᆞᆫ 긔질과 쇄락ᄒᆞᆫ 광치 일실의 됴요(照耀)ᄒᆞ니, 어ᄉᆡ 갓가이 나안ᄌᆞ 왈,

"텬은이 미말쇼신(尾末小臣)의게 더으샤 ᄌᆞ로ᄡᅥ 삼취(三娶)ᄅᆞᆯ 명ᄒᆞ시니 ᄉᆞ양ᄒᆞ여 엇

---

17)스연(索然)ᄒᆞ다 : 흥미가 없는 모양. 다하여 없어지는 모양
18)합근교빅(合卺交拜) : 전통 혼례에서, 신랑 신부가 서로 잔을 주고받고, 절을 주고받고 하는 의례.
19)장복(章服) : ①옛날 벼슬아치들의 공복(公服). 지금은 전통 혼례 때에 신랑이 입는다. ②사대부가의 여성들이 입는 정복(正服). 또는 혼례 때에 입는 예복.

지 못홀지【10】라. 오늘 셩녜(成禮)ᄒ여시니 안ᄌ 새올 녜되 업슨지라. 모로미 안휴(安休)ᄒ라.”

셔시 참황슈괴(慙惶羞愧)ᄒ니, 어시 심니(心裏)의 싱각ᄒ디,

“이ᄂᆞ 호셔(湖西) ᄌᆞ스지녀(刺史之女)로 태쥐(泰州)셔 삼년 젼에 날 ᄭ수지즐 졔 ᄀᆞ장 강녈ᄒ더니, 그 ᄉᆞ이 신장톄지(身長體肢)ᄂᆞ 다 자라시디, 강항(強項)ᄒᆞᆫ ᄆᆞᄋᆞᆷ은 도로혀 주러져 엇지 여ᄎᆞᄒᆞ고?”

ᄒ고, 장쇽(裝束)을 탈(脫)ᄒᆞᆫ 후 ᄒᆞᆫ가지로 상상(床上)의 나아가니, 취듕(取重)ᄒᆞᆫ 은ᄋᆡ(恩愛) 산비ᄒᆡ박(山卑海薄)ᄒ더라.

ᄎᆞ야의 빅 희빈(禧嬪) 등이 즁믜뎡을 규시(窺視)ᄒ여 무미(無味)ᄒ나, 숑믜뎡은 유ᄋᆞ와 양희 슉직ᄒᄆᆡ 탐탐이 깃브믈 닐오고, 시녀 등은 한님의 【11】블ᄂᆡ(不來)ᄒᆞᄆᆞᆯ 의아ᄒ나, 빅 희빈 등은 크게 실망ᄒ더라.

이러ᄐᆞᆺ ᄒ여 수일이 지나ᄆᆡ, 텰시 병업시 존당구고긔 신혼(晨昏)20)을 폐ᄒ고, 엄시ᄅᆞᆯ 보지 못ᄒᆞᄆᆞᆯ 굼거워 ᄎᆞ일브터 문안의 참예ᄒ니, 호람후와 승상이 무이ᄒ고 엄시로 상견ᄒᄆᆡ 화긔 아연ᄒ더라.

ᄎᆞ일 혼뎡을 파흔후, 한님이 부모 침슈(寢睡)ᄅᆞᆯ 슢펴 안온ᄒᆞᄆᆞᆯ 알고, 비로소 숑믜뎡의 도라오니 엄시 쵹화(燭火)ᄅᆞᆯ 디ᄒ여 부왕의 귀국홀 날이 갓가오믈 슬허ᄒ더니, 한님의 드러오믈 보고 긔이영지(起而迎之)ᄒ니, 한님이 좌뎡 후 【12】비로소 텬눈(天倫)을 단원ᄒ여 ᄎᆞ쳥의 여흔이 업스믈 칭하(稱賀)ᄒ고, 초의 근본 셩시 모ᄅᆞᆯ 씩, 그릇 쇼셩(小星) ᄂᆞᆫ 일홈을 가져 삼ᄉᆞ년 하위의 침몰ᄒᄆᆡ ᄌᆞ긔 불명이라 ᄒ여, 당금ᄎᆞ시(當今此時)의 후회ᄒᆞᄆᆞᆯ 잠간 베플ᄉᆡ 어언(語言)21)이 극진ᄒ니, 엄시 ᄌᆞ참(自慙)ᄒ여 오직 두어 말ᄉᆞᆷ으로 ᄌᆞ긔 명되(命途) 긔괴ᄒᆞᄆᆞᆯ 닐ᄏᆞᆯ ᄲᆞᆫ이니, 한님이 탈관ᄒᆡ디(脫冠解帶)ᄒ고 상요(床褥)의 나아가며 왈,

“부인이 녜(禮)로써 존당부모긔 알현(謁見)ᄒᄆᆡ 《신이나∥이시나》, 복으로 더브러ᄂᆞ 《셔의∥셔어(齟齬)》ᄒ지 아닌지라. 이졔나 슈습(收拾)기ᄅᆞᆯ 덜고, 상샹(床上)의 편히 【13】쉬쇼셔.”

ᄒ고 안연(晏然)이 잠자고 나아가니라.

화표(話表)22), 어시(於是)의 동오왕이 귀국홀ᄉᆡ, 옥폐(玉陛)23)의 ᄇᆡ스(拜謝)ᄒ온디, 상이 ᄯᅩᄒᆞᆫ 오왕이 금ᄒᆡᆼ(今行)의 부녀 단원(團圓)ᄒ믈24) 알아게신 고로, 치단옥빅(綵緞玉帛)으로 부녀긔봉(父女奇逢)을 치하(致賀)ᄒ시고, 향온(香醞)으로 별졍(別情)을 표ᄒ

---

20)신혼(晨昏) : 신셩(晨省)과 혼졍(昏定). 곧 밤에는 부모의 잠자리를 보아 드리고 이른 아침에는 부모의 밤새 안부를 묻는 일. 또는 그러한 예절.

21)어언(語言) : 언어(言語).

22)화표(話表) : 고소설에서 새로 이야기를 시작할 때 쓰는 ‘화설(話說)’ ‘익셜(益說)’ ‘각셜(却說)’ 따위와 같은 화두사(話頭詞).

23)옥폐(玉陛) : 옥으로 만든 계단이라는 말로, ‘임금이 계신 계단 아래를 뜻하는 말.

24)단원(團圓)ᄒ다 : 가정이 원만하다. 이산(離散)했던 가족이 서로 만나 원만한 가정을 이루다.

시니, 오왕이 황공감亽ᄒ여 돈슈샤은(頓首謝恩) 하직(下直)ᄒ고 믈너나, 태亽부의 와 상하노쇼(上下老少) 제인(諸人)과 냥녀와 오ᄌ(五子)로 더브러 일장 니별(離別)을 맛ᄎ 민, 냥쇼져의 쳔비만통(千悲萬痛)은 오ᄂᆡ촌졀(五內寸切)ᄒ고, 구장(九腸)이 요요(遙遙) ᄒ니, 다만 부왕의 뇽예(龍襴)25)를 붓드러 옥뉘(玉淚) 만면(滿面)ᄒ고, 모비긔 글월을 붓치며 【14】목이 메여 능히 말슴을 일우지 못ᄒ니, 오왕이 지삼 위로ᄒ고 팔마금뉸 (八馬金輪)을 두루혀 부즁(府中)을 ᄯᅥ나니, ᄒᆞᆫ 번 거름의 세번 도라보믈 ᄭᅵ닷지 못ᄒ 고, 냥쇼져ᄂᆞᆫ 읍쳬(泣涕) 만면(滿面)ᄒ여 고루(高樓)의 올나 부친의 가시ᄂᆞᆫ 곳을 ᄇᆞ라 보다가, 산이 ᄀᆞ리고 믈이 등지니 형뎨 서로 집슈비창(執手悲愴)ᄒ더라.

이ᄯᅦ 엄태亽 곤계ᄌᆞ질(昆季子姪)이 공ᄌᆞ 창으로 더브러 문외의 가 왕을 송별ᄒᆞᆯᄉᆡ, 허다 친쳑고붕(親戚故朋)이 문의 메엿고, 평진왕 윤쳥문의 곤계 태우 등 ᄌᆞ질을 거ᄂᆞ려 오왕을 젼별ᄒ니, 평원광야(平原廣野)의 구름 옹【15】막(雄幕)을 놉히 비셜ᄒ고, 별회(別會) 권권(眷眷)ᄒ니 ᄌᆞ연 일식이 져므ᄂᆞᆫ지라. 오국 신뇨(臣僚)와 ᄉᆞ졸이 민망ᄒᆞᆷ 믈 니긔지 못ᄒ여 ᄒᆡᆼ군(行軍) 북을 ᄌᆞ로 울니니, 왕이 브득이 면면(面面) 작별ᄒ고 ᄉᆞ 마(駟馬)26)를 두루혀니 친권고귀(親眷故舊) 일시의 도라오니라.

초일 진왕이 즉시 위의를 출히고 거장(車帳)을 슈습ᄒ여 냥 ᄌᆞ부를 다려가니, 냥 쇼 졔 비록 빅부(伯父)와 즁부(仲父)의 ᄌᆞ이 지극ᄒ시나, ᄯᅩᄒ 부왕이 귀국ᄒ여 계시니, 오릭 머물미 무익ᄒ고, 존당구고의 소명(召命)을 위월(違越)ᄒᆞᄆᆡ 가치 아냐, 초일 즉시 도라오니 존당 구괴 새로이 【16】반기며 두굿기ᄂᆞᆫ 가온ᄃᆡ, 그 친측(親側)을 만니(萬 里)의 연ᄒ여 별니(別離)ᄒᆞᆷ믈 연익(憐愛)ᄒ더라.

션셜(先說) 동오왕의 거개(車駕) ᄒᆡᆼᄒ여 국도의 니ᄅᆞ니, 셰ᄌᆞ 엄푀 승상 니합으로 더브러 문무냥관(文武兩官)을 거ᄂᆞ려 십니 졍의 나와 부왕을 영졉ᄒ여, 《졍뎡∥졍뎐 (正殿)》의 나아가 진하(進賀)를 밧ᄋᆞᆫ 후 ᄂᆡ뎐의 드러가, 장후로 별닉를 닐너 한훤(寒 暄)을 파○[ᄒ] 후, 왕이 ᄇᆞ야흐로 냥녀와 오ᄌᆞ 창의 글월을 후의게 젼ᄒ고, 젼후ᄉᆞ를 일일히 말ᄒᆞᆯᄉᆡ, 장후와 호빈이 션보(先報)로조ᄎ 드러시나, 새로이 신긔(新奇)○[코] 이상ᄒᆞᆷ믈 니긔지 못ᄒ니, 장휘(后) 왕의 【17】쳐엄브터 관학을 알아보고, 녀ᄋᆞ○[를] ᄎᆞᄌᆞ 영귀ᄒ여시믈 환힝ᄒ더라.

왕이 인ᄒ여 됴회를 밧고, 문무다려 대국의 가 일헛던 녀ᄋᆞ를 만나 텬뉸(天倫)이 단 회(團會)ᄒᆞᆷ믈 반포ᄒ고, 국즁의 대연을 비셜ᄒ고 크게 경하(慶賀)ᄒ며, 대샤국즁(大赦 國中)ᄒ여 죄슈를 방숑(放送)ᄒ니, 오국 빅셩이 환희ᄒ더라.

션시의 경ᄉᆞ(京師) 평졔왕부의셔 날노 권총부귀(權寵富貴)27) 혁혁ᄒ니, 제ᄌᆞ졔손이 북당(北堂)28) 명월하(明月下)의 ᄎᆡ무(彩舞)를 노릭ᄒ고 즐기ᄂᆞᆫ 가온ᄃᆡ, 톄찰亽(體察使)

---

25)뇽예(龍襴) : 용포(龍袍)의 소맷자락.
26)ᄉᆞ마(駟馬) : ①네 필의 말이 ᄭᅳ는 수레. ②
27)권총부귀(權寵富貴) : 권세와 임금의 총애와 부(富)와 귀(貴)를 함께 이른 말.
28)북당(北堂) : 집안의 북쪽에 있는 당(堂)이란 뜻으로, 집안의 주부가 이곳에 거처하였기 때문에 '어머

뎡운긔 조부인의 쳔교만염(千嬌萬艶)의 난즈혜질(蘭姿蕙質)29)을 공경듕대ᄒᆞ미 범연치 아니ᄒᆞ니, 비록 한시 ᄀᆞᆺ【18】튼 졀염가인(絶艶佳人)과 화시 ᄀᆞᆺ튼 졀셰묘염(絶世妙艶)을 쌍득(雙得)ᄒᆞ나, 조쇼져와 조강결발(糟糠結髮)이 극진ᄒᆞ나, 다만 셰월이 오릴ᄉᆞ록 엄부인긔30)는 반ᄌᆞ지의(半子之義)31) 업ᄉᆞ니, 엄부인이 ᄒᆞᆫᄒᆞ믈 마지 아니ᄒᆞ더니, 일일은 원홍이 니ᄅᆞ러 슉모긔 뵈고 말ᄉᆞᆷᄒᆞᆯᄉᆡ, 맛ᄎᆞᆷ 조공과 조ᄉᆡᆼ 삼인이 다 도라오지 아녓ᄂᆞᆫ지라.

이ᄯᅢ 원홍의 벼슬이 병부시랑(兵部侍郎)의 니ᄅᆞ러시니, 부귀영총은 낫브미 업ᄉᆞᄃᆡ 다만 쳐ᄌᆞ(妻姿) 무염(無厭)ᄒᆞ여 져의 ᄇᆞ란 ᄇᆡ 아니니, 스ᄉᆞ로 ᄒᆞᆫ(恨)ᄒᆞ여 ᄉᆡᆨ졀(色絶)32)을 ᄉᆡᆼ각ᄒᆞᄂᆞᆫ 즁, 조쇼져 흠모ᄒᆞ믄 셰월노조ᄎᆞ 깁더니, 공교히 쳥션 요리(妖尼)를 우연이 만나【19】ᄉᆞ괴니, 그 ᄌᆡ조를 시험ᄒᆞ여본 즉, 과연 긔특ᄒᆞᆫ지라. 원홍이 불승대열(不勝大悅)ᄒᆞ여 몬져 쳥션을 보ᄂᆡ여 조쇼져를 아ᄉᆞ 오라 ᄒᆞ니, 쳥션이 원홍의 만흔 금ᄇᆡᆨ(金帛)을 후히 어드ᄆᆡ, 흔흔낙낙(欣欣諾諾)ᄒᆞ고, 원홍이 당초 조쇼져로 인연을 도모ᄒᆞ여 일우지 못ᄒᆞᆫ 젼후수말(前後首末)을 다 듯고 ᄌᆡ조를 ᄌᆞ부(自負)ᄒᆞ여 쾌허ᄒᆞ고, 바로 졔왕궁의 나아가 몸을 변ᄒᆞ여 쳥됴(靑鳥)되여, 이현당의 나가 쳠하(檐下)의 안져 ᄉᆞᆲ피니, 믄득 ᄒᆞᆫ 녀ᄌᆞ 나오니, 이 셰쇽홍분미ᄉᆡᆨ(世俗紅粉美色)33)으로 다를 ᄲᅮᆫ 아니라, 셩덕진화(聖德眞華)34)를 오로지 거두워 텬낭셩(天狼星)35)의 강ᄉᆡᆼ츌셰(降生出世)【20】ᄒᆞᆫ ᄇᆡ니, 져의 요슐노 텬ᄉᆡᆼ셩녀(賤生聖女)를 간범(干犯)치 못ᄒᆞᆯ지라. 요리 ᄒᆞᆫ번 보ᄆᆡ 낙담상혼ᄒᆞ여 감히 간범ᄒᆞᆯ 의ᄉᆞ를 못ᄒᆞ고 망연ᄌᆞ실(茫然自失)ᄒᆞ여 도라와 원홍을 보고 왈,

"조쇼져ᄂᆞᆫ 하ᄂᆞᆯ이 ᄂᆞ리오신 바 진셩대현(眞聖大賢)이니, 젹은 신슐(神術)노 해치 못ᄒᆞ오리니, 엄부인긔 쳥ᄒᆞ여 셜계ᄒᆞ미 올흐니이다."

니'를 지칭하는 말로 쓰였다. 그러나 때로는 위 본문의 경우처럼 '부모님이 계신 당(堂)'을 뜻하는 말로도 쓰인다.

29)난ᄌᆞ혜질(蘭姿蕙質) : 여자의 아름다운 자태와 뛰어난 자질을 난초(蘭草)·혜초(蕙草)와 같은 향기로운 꽃에 비유하여 이르는 말.

30)엄부인 : 조소저의 모친 '엄부인'은 '임부인'의 오기(誤記)다. 그녀가 1권 63쪽에서 처음 등장하는 대목을 보면, "경됴윤(京兆尹) 조현슉은…사즁(舍中)의 부인 임시 이시니…"하여 그 성씨를 '임씨'로 설정해 놓고 있다. 또한 위 본문 대목에 등장하기 전까지는 계속 '임부인'으로 등장하고 있으나, 여기서부터 아무런 설명 없이 성씨가 '엄씨'로 바뀌어져 이후 계속 '엄부인'으로 등장한다. 그러나 이를 일일이 '임부인'으로 바로잡는 것은 지나치게 번거롭기 때문에 그 사실만 밝혀두고 오기를 수정하는 것은 생략하기로 한다.

31)반ᄌᆞ지의(半子之義) : 사위로서의 도리. '반자(半子)'는 사위를 달리 이르는 말.

32)ᄉᆡᆨ졀(色絶) : 절색(絶色). 견줄 데 없이 빼어나게 아름다운 여자.

33)셰쇽홍분미ᄉᆡᆨ(世俗紅粉美色) : 연지와 분을 바른 세상의 아름다운 여자들을 이르는 말. *홍분(紅粉) : 연지와 분을 아울러 이르는 말로 화장한 여자를 비유적으로 이르는 말.

34)셩덕진화(聖德眞華) : 성스러운 덕과 참된 아름다움.

35)텬낭셩(天狼星) : 낭성(狼星). 시리우스성. 늑대별. 큰개자리에서 가장 밝은 청백색의 별. 하늘에서 볼 수 있는 가장 밝은 별로, 밝기는 −1.46등급이고, 지구에서 거리는 8.7광년이다. 백색 왜성과 쌍성을 이루고 있다.

ᄒᆞ니, 시고(是故)로 원홍이 조부의 니ᄅᆞ미러라. 엄부인이 원홍을 본ᄃᆡ ᄉᆞ랑ᄒᆞ던지라. 크게 반겨 왈,

"우슉은 현질의 온듕단아(穩重端雅)ᄒᆞᆷ믈 ᄆᆡ양 닛지 못ᄒᆞ여 보고져 ᄒᆞ거늘, 현질은 미야ᄒᆞ기36) 심ᄒᆞ도다."

원홍이 함쇼(含笑) ᄃᆡ왈,

"쇼【21】질은 국ᄉᆞ의 분망(奔忙)ᄒᆞ여 ᄌᆞ연 서어(齟齬)ᄒᆞ�……더니, 금일은 승간(乘間)ᄒᆞ여 비현ᄒᆞᄂᆞ이다."

ᄒᆞ고 말ᄉᆞᆷᄒᆞ더니, 믄득 쇼왈,

"조민의 셩덕현ᄒᆡᆼ(聖德賢行)이 쥬람(周南)37)의 명풍(名風)을 니엇다 ᄒᆞ오니[나], 뎡운긔ᄂᆞᆫ 《학ᄉᆡᆼ∥평ᄉᆡᆼ》 복인(伏人)38)이 아니러이다. 황샹이 츄밀ᄉᆞ 한흠의 녀ᄅᆞᆯ ᄉᆞ혼(賜婚)ᄒᆞ샤 운긔의 ᄌᆡ취(再娶)를 삼으시고, ᄯᅩ 화상셔의 녀ᄅᆞᆯ ᄉᆞ혼ᄒᆞ샤 삼취(三娶)를 삼으시니, 한·화 냥인이 다 ᄉᆡᆨ용(色容)이 겸비(兼備)ᄒᆞ여시며, ᄯᅩ 칠창을 유졍(有情)ᄒᆞ여 듀야(晝夜) 미ᄉᆡᆨ(美色)의 잠겨 년음(連飮)ᄒᆞ다 ᄒᆞ오니, 남ᄌᆞ의 풍치ᄂᆞᆫ 쾌ᄒᆞ거니와, 조민ᄂᆞᆫ 혼갓 헛된 명호(名號)만 의지ᄒᆞ여 일홈【22】이 원비(元妃)나, 번다분망(煩多奔忙)ᄒᆞ고 좌우의 강젹이 버리시니 실노 홍안박명(紅顔薄命)이러이다."

엄부인이 텽파(聽罷)의 변ᄉᆡᆨ(變色) 대경(大驚)ᄒᆞ여 문 왈,

"이 진짓 말가? 내 뎡운긔 젹ᄌᆞ로 더브러 명회 구ᄉᆡᆼ(舅甥)39)이나 실은 남의 집 지나ᄂᆞᆫ 손 ᄀᆞᆺ튼지라. 젹취(賊酋) ᄀᆞ장 거만ᄒᆞ여 이 집의 ᄌᆞ로 오ᄂᆞᆫ 일도 업슬 ᄲᅮᆫ 아니라, 혹 오나 도40) 외당으로 와 얼픗 단녀가니, 내 져와 구ᄉᆡᆼ(舅甥)이 되연지 삼ᄉᆞ 츈취(春秋)로ᄃᆡ, 내 얼골을 제 ᄌᆞ시 모를 거시오, 제 얼골을 내 ᄌᆞ셔치 아니ᄒᆞ니, 남은 ᄉᆞ회 잇다 ᄒᆞ고 내 옥ᄀᆞᆺ튼 녀ᄋᆞᄂᆞᆫ 아름다이 길너 온듕 단아흔 ᄉᆞ회를 어더 져희 ᄲᅡᆼ이 상【23】젹(相敵)ᄒᆞ여 원앙(鴛鴦)의 ᄌᆞ미를 보고져 ᄒᆞ엿더니, 그릇 뎡운긔를 어든 연고로 앗가온 ᄯᆞᆯ의 평ᄉᆡᆼ을 맞고, 제 몸이 젹인(敵人) 총듕(叢中)의 져리 괴롭건마ᄂᆞᆫ 조금도 셜운 줄을 아지 못ᄒᆞ고, 나를 ᄯᅩᆫ 다시 긔이니41) 엇지 분치 아니리오. 내 오ᄂᆞᆯ날 현질(賢姪)의 닐오믈 조ᄎᆞ 알아시니, 녀ᄋᆞ의 가련흔 졍상이 보ᄂᆞᆫ 닷흔지라. 내 맛당이 금일이라도 녀ᄋᆞ를 다려다가 평ᄉᆡᆼ을 슬하의 두고 영영이 젹ᄌᆞ의 곳에 보ᄂᆡ지 아니리라."

원홍이 크게 징그라이 넉이나 거즛 놀나ᄂᆞᆫ 톄ᄒᆞ여, 위로 왈,

36) 미야ᄒᆞ다 : 매정하다. 얄미울 정도로 쌀쌀맞고 인정이 없다.
37) 쥬람(周南) : 『시경』의 편명. 주로 주(周)나라 문왕과 문왕의 비(妃) 태사(太姒)의 덕을 칭송하는 노래들로 이루어져 있다. 여기서는 '태사(太姒)'를 이르는 말로 쓰였다.
38) 복인(伏人) : 복종할 사람. 따를 사람.
39) 구ᄉᆡᆼ(舅甥) : ①외삼촌과 생질을 아울러 이르는 말. ②장인과 사위, 또는 장모와 사위를 아울러 이르는 말.
40) 오나도 : 온다고 하여도. 오더라도.
41) 긔이다 : 기이다. 어떤 일을 숨기고 바른대로 말하지 않다.

"원간 조슉과 조형 등이 슉모의 셩졍【24】이 다급ᄒ시믈 아ᄂᆫ 고로, 이런 말을 아녓던가 시브더이다. 쇼질은 그런 줄은 바히42) 모ᄅᆞ고 뎡운긔의 남ᄌᆞ다온 긔상을 닐ᄏᆞ고, 조미의 셩덕을 긔특이 너겨 우연이 발셜(發說)ᄒᆞ미러니, 원ᄂᆡ 슉뫼 몰나계시던가. 쇼질이 열업슨43) ᄉᆞ셜을 ᄒᆞ여 슉뫼 과려(過慮) ᄒᆞ시게 ᄒ니 불민(不敏)ᄒ믈 붓그리ᄂᆞ이다. 이런 연유ᄅᆞᆯ 힝혀 조슉과 조형 등이 알면 쇼질을 더욱 비쳑ᄒᆞᆯ 거시니, 브ᄃᆡ 뎡싱의 한·화 취ᄒᆞᆫ 곡졀을 달니 드란 톄ᄒ시고, 힝혀도 쇼질이 닐오더란 말은 마ᄅᆞ쇼셔."

엄부인이 돈족대미(頓足大罵) 왈,

"필뷔 무상ᄒ【25】여 내 말을 듯지 아니ᄒᆞ고 못쓸 놈을 ᄉᆞ회 삼아 앗가온 ᄯᆞᆯ의 일ᄉᆡᆼ을 맛ᄎᆞ 노코 이제ᄂᆞᆫ 져희들도 졈즉ᄒᆞ여44) 나 듯ᄂᆞᆫᄃᆡ 일졀이 다히 말을 아닛ᄂᆞ니, 낸들 흔두 살이 아니어니 엇지 현질이 닐ᄋᆞ더라 ᄒᆞ리오."

원홍이 암희(暗喜)ᄒᆞ여 후일 다시 오믈 닐ᄏᆞ라 하직고 도라가니, 엄부인이 원홍을 보ᄂᆡ고 홀노 상심비도(喪心悲悼)ᄒᆞᆷ믈 마지 아니ᄒᆞ며, ᄒᆞᆫ 계교ᄅᆞᆯ ᄉᆡᆼ각ᄒᆞ고 ᄌᆞ개 만일 이런 ᄉᆞ긔ᄅᆞᆯ 아ᄂᆞᆫ 양ᄒᆞ여 녀ᄋᆞᄅᆞᆯ 아ᄉᆞ 오ᄌᆞ ᄒᆞ면, 공의 노긔도 만날 ᄃᆞᆺᄒᆞ고, ᄋᆞᄌᆞ 등이 죽기로ᄡᅥ 말뉴(挽留)ᄒᆞ여 듯지 아닐지라. 출하리 달【26】ᄂᆡ 핑계ᄒᆞ여 다려 오나ᄃᆞᆫ{ᄋᆞ} 후리잡고 보ᄂᆡ지 말기ᄅᆞᆯ ᄉᆡᆼ각ᄒᆞᆷᄋᆡ, 쳔만 비분을 강잉ᄒᆞ고 조공과 삼ᄌᆞ의 도라오기ᄅᆞᆯ 기다리더니, 이윽고 조공 부ᄌᆞ 도라오니, 부인이 슈심(愁心)이 만면(滿面)ᄒᆞ고 누흔(淚痕)이 현져ᄒᆞᆫ지라. 태우 등이 아모 연괸 줄 몰나 문기고(問其故)ᄒᆞᆫᄃᆡ, 부인이 빈미츄연(矉眉啾然) 왈,

"무ᄉᆞᆷ 연괴 이시리오. 녀ᄋᆞᄅᆞᆯ 쩌난지 오ᄅᆞ니 ᄌᆞ식은 미야ᄒᆞ여 어믜 졍만 못ᄒᆞᄃᆡ, 어믜ᄂᆞᆫ 그리오믈 니긔지 못ᄒᆞ여 작야이도 셩난을 ᄃᆡᄒᆞ여 몽됴(夢兆) 블길ᄒᆞ니, 졔몸의 불평ᄒᆞᆫ 일이 잇ᄂᆞᆫ가 종일토록 심회(心懷) 울울(鬱鬱)ᄒᆞ고 ᄯᅩ 그리오믈 니긔지 【27】 못ᄒᆞ리로다."

태우 형뎨 ᄌᆞ부인(慈夫人)○[의] ᄌᆞ익의 비로ᄉᆞᆫ 말ᄉᆞᆷ을 드ᄅᆞ미 크게 감동ᄒᆞ여, 낫빗ᄎᆞᆯ 화히ᄒᆞ고 주왈,

"ᄌᆞ뎡이 진실노 미뎨ᄅᆞᆯ 못니져 ᄒᆞ시면, 히ᄋᆞ 등이 맛당이 뎡명최ᄅᆞᆯ 보아 미뎨의 귀령(歸寧)을 쳥ᄒᆞ여 슈히 다려오리이다."

부인이 져두(低頭) 응낙ᄒᆞ나 ᄉᆞ식(辭色)이 심히 불안ᄒᆞ더라. 부인이 이의 ᄀᆞ마니 글월을 닷가 심복시녀ᄅᆞᆯ 주어 바로 평졔왕부의 가, 다ᄅᆞ니ᄂᆞᆫ 주지 말고 브ᄃᆡ 톄찰(體察)45)의게 젼ᄒᆞ라 ᄒᆞ니, 시비 슈명ᄒᆞ여 바로 셔간을 가져 졔궁의 니ᄅᆞ러 대셔헌의 드

---

42)바히 : 바이. 아주. 전혀.

43)열없다 : ①좀 겸연쩍고 부끄럽다. ②성질이 다부지지 못하고 묽다. ③어설프고 짜임새가 없다.

44)졈즉ᄒᆞ다 : 점직하다. 겸연쩍다. 멋쩍다. *점직하다; 부끄럽고 미안하다.

45)톄찰(體察) : 체찰사(體察使). 조선 시대에, 지방에 군란(軍亂)이 있을 때 임금을 대신하여 그곳에 가서 일반 군무를 맡아보던 임시 벼슬. 보통 재상이 겸임하였다.

러가니, 난두(欄頭)의셔 톄찰이 비【28】회호거늘, 조부 시녜 부인 셔간을 드리며,

"삼상공 노애 글월을 노야긔 알외시더이다."

호고 닉각(內閣)으로 향호눈테 호니, 톄찰이 고이히 넉여 혜오디,

"조싱 등을 아춤의 묘당의셔 보고 도라와시니 홀말이 이시면 서로 보는 씨 아니호고, 글월노 긔별호는 일이 무슴 일인고?"

ᄀ장 의괴(疑怪)호여 써혀보니 기셔의 왈,

"뎡운긔 적즈(賊子)는 드르라. 나의 녀이 본디 셔즈(西子)46)의 지난 싴과 임스번월(姙姒樊越)47)의 덕힝(德行)이 ᄀ즉호니, 쳔츄(千秋)의 셩녜(聖女)오, 만고(萬古)의 긔완(奇婉)이라. 너의 과분(過分)혼 안해니 네 맛당이 공경화락호여 탑하(榻下)의 타인의 언식(言飾)을 용【29】납지 아니호미 올커늘, 네 엇지 감히 박디(薄待) 태심(太甚)호며 한ㆍ화 냥 요녀(妖女)를 젼춍(專寵)호고 원비(元妃)를 능경박무(陵輕薄無)48)호게 호리오. 너도 두 눈이 머지아녀 명명(明明)이 붉아시니 즈셔히 솗펴보라. 쳔쳔고(千千古) 만만디(萬萬代)를 넉상(逆上)호나 오녀(吾女) ᄀ튼 슉완명염(淑婉名艶)이 엇디49) 잇더뇨? 먼니 의논치 말고 네 다숫 어미 가온디도 문양공쥬 ᄀ튼 대악도 회과칙션(悔過責善)호고, 네 어미 니시 ᄀ튼 박용누질(薄容陋質)도 소박을 아니 마즈실싀 너를 나핫느니, 내 ᄯᆯ이 셜스 불미호나 네 어미 니시의 추용누질(醜容陋質)과는 낫고, 내 ᄯᆯ이 셜스 사오납다 호여도 너의 의모(義母)【30】문양공쥬ᄀ치 대음대악투부(大淫大惡妒婦)는 아닐 거시니, 네 원간 무슴 연고로 오녀(吾女) ᄀ튼 진셩대현(眞聖大賢) 슉녀를 박디 태심호다 호느뇨? 고어의 왈, '일뷔함원(一婦含怨)의 오월비상(五月飛霜)이라'50) 호니 네 죵시 오녀를 괴롭게 호다가는 불구(不久)의 텬앙(天殃)이 이셔, 흔갓 너의 머리를 보젼치 못홀 ᄯᅮᆫ 아니라, 슈족(手足)을 이쳐(離處)호여 텬하의 징계호리니, 브디 조심호라. 내 본디 네 집 비녜하쳔(婢女下賤)이 아니니, 나의 만금 쇼교로써 엇지 무고히 너 역즈의 보치이는 죵을 삼으리오. 네 ᄆ음의 실노 보기 슬커든 금일이라도 도라 보니라. 아모리면 오즉【31】호랴? 내 ᄯᆯ이 너 격즈를 위호여 졀뷔(節婦)될가 넉이느냐? 텬하의 옥인군지(玉人君子) 너 ᄯᅮᆫ이며, '진승상부인(陳丞相夫人)도 다숫번 긔가(改嫁)'51)호고, 한녀후(漢呂后)52)도 만승국모(萬乘國母)로디 심이긔(審食其)53)를 스

---

46) 셔즈(西子) : 중국 춘추시대의 월(越)나라의 미인 서시(西施). 오나라에 패한 월나라 왕 구천이 서시를 부차에게 보내어 부차가 그 용모에 빠져 있는 사이에 오나라를 멸망시켰다.

47) 임스번월(姙姒樊越) : 중국 주(周)나라 문왕의 어머니 태임(太姙)과 무왕(武王)의 어머니 태사(太姒) 및 초나라 장왕(莊王)의 비(妃)인 번희(樊姬)와 소왕(昭王)의 비 월희(越姬)를 함께 이르는 말. 모두 부덕(婦德)이 높아 후세의 추앙을 받아온 여인들이다.

48) 능경박무(陵輕薄無) ; 업신여기고 깔보며 박대하고 무시함.

49) 엇디 : 어데. 어디에.

50) '일뷔함원(一婦含怨)의 오월비상(五月飛霜)이라 : 한 여자가 원한을 품으면 한여름(5월)에도 서리가 내린다.

51) 진승상부인(陳丞相夫人) 다숫번 긔가(改嫁) : 중국 전한(前漢) 혜제(惠帝) 때의 좌승상(左丞相) 진평(陳平)의 아내 장씨(張氏)가 다섯 번이나 개가(改嫁)한 일. 장씨는 부잣집 딸이었으나 박복하여 다섯 번이

통후엿ᄂᆞ니, 기가(改嫁)후다 후고 죽이랴? 네 슬커든 ᄲᆞ니 도라보닌라."

후엿더라. 톄찰이 간파(看破)의 어히업서 급히 조부의셔 셔간 가져온 시비ᄅᆞᆯ 브ᄅᆞ라 후니, 발셔 간딩 업ᄉᆞ니, 톄찰이 조부 시이(侍兒) 반ᄃᆞ시 ᄌᆞ가ᄅᆞᆯ 속여 글을 젼후고 발셔 도라가믈 씨ᄃᆞ라, 즉긱의 조쇼져ᄅᆞᆯ 도라보닌여 영영 ᄎᆞᆽ지 아니후고 엇지 후ᄂᆞᆫ고 보고져 후더니, 여신(如神)ᄒᆞᆫ 총명【32】이 져근덧 씨ᄃᆞ라 혜오딕,

"엄부인의 한악(悍惡)ᄒᆞᆫ 셩되 ᄉᆞᄉᆞ의 질투픽악(嫉妬悖惡)후니 그 가히 사름이라 후여 죡가(足枷)홀 거시 업ᄂᆞᆫ지라. 내 이졔 ᄒᆞᆫ 편협ᄒᆞᆫ 부인녀ᄌᆞᄅᆞᆯ 결워 무고(無辜)ᄒᆞᆫ 사ᄅᆞᆷ의게 년좌(連坐)ᄅᆞᆯ 더어 도라 보닌즉, 엄부인이 조금도 츌화(黜禍)ᄂᆞᆫ 넘녀치 아니코, 흉모곡계(凶謀曲計)로써 ᄯᆞᆯ의 평싱을 맞고 나리니, 조시ᄂᆞᆫ 일긔 쳥졍결개(淸淨潔介)후며 신셩특이(神聖特異)ᄒᆞᆫ 녀진라. 반ᄃᆞ시 기모(其母)의 불인(不仁)ᄒᆞᆫ 경계(警戒)ᄅᆞᆯ 좃지 아녀, 반ᄃᆞ시 소향쇄옥지탄(燒香碎玉之歎)54)이 이시리니, 다만 져의 ᄯᅳᆺ을 썩질너 조시로 ᄒᆞ야금 감히 나의 명 업시 움즉이지 못ᄒᆞ게 ᄒᆞ【33】리라."

ᄒᆞ고, 셔간을 손의 든 지 바로 이현당의 드러가니, 조쇼졔 ᄇᆞ야흐로 효경(孝經)을 잠심(潛心)ᄒᆞ다가 긔이영지(起而迎之)ᄒᆞ여 좌뎡ᄒᆞᄆᆡ, 톄찰이 믄득 셔간을 쇼져의 압히 더져 왈,

"부인이 이 셔간을 알아시ᄂᆞ냐?"

쇼졔 말노조ᄎᆞ ᄒᆞᆫ번 ᄲᅡᆼ광이 빗최ᄂᆞᆫ 바의, 엇지 모부인 친필이며 셔듕ᄉᆞ에(書中辭語)이 ᄀᆞᆺ치 무도픽악ᄒᆞᆷ을 알아보지 못ᄒᆞ리오. 미지일쳠(未至一瞻)55)의 심혼(心魂)이 경악(驚愕)ᄒᆞ고 안식이 져상(沮喪)ᄒᆞ니 가히 무어시라 딕ᄒᆞ리오. 이의 안셔(安徐)히 년보(蓮步)56)ᄅᆞᆯ 움작여 듕계(中階)의 ᄂᆞ려 봉관(鳳冠)57)을 벗고 잠이(簪珥)58)ᄅᆞᆯ ᄲᅡ혀 쳥죄 왈,

"ᄌᆞ모의 이 ᄀᆞᆺ치 실덕【34】ᄒᆞ시믄 젼혀 불초 미쳡을 과도히 ᄉᆞ랑ᄒᆞ여 됴화져 ᄒᆞ시미 도로혀 해ᄅᆞᆯ 일위시미니, 이곳 쳡의 허물이라. 원 군ᄌᆞᄂᆞᆫ 쳡을 쾌히 닉치샤 ᄌᆞ모의 실덕과 쳡의 죄ᄅᆞᆯ 졍히 ᄒᆞ쇼셔."

나 시집을 갔지만, 그때마다 남편이 갑자기 죽어 아무도 그녀에게 장가들려 하지 않았다. 당시 가난한 총각이었던 진평이 그녀를 아내로 맞아, 부(富)를 얻고 출세하여 벼슬이 상국(相國)에 이르렀다.

52)한여후(漢呂后) : BC241-180. 중국 한고조의 황후. 성은 여(呂). 이름은 치(雉). 고조를 보좌하여 진말(秦末)·한초(漢初)의 국난을 수습하였으나, 고조가 죽은 뒤 실권을 장악하여, 가신(家臣)인 심이기(審食其)와 사통(私通)하며, 고조의 애첩인 척부인(戚夫人)과 척부인 소생 왕자 조왕(趙王)을 죽이는 등 포악을 일삼아, 측천무후(則天武后), 서태후(西太后)와 함께 중국의 3대 악녀로 꼽힌다.

53)심이긔(審食其) : ? ~ 기원전 177년. 전한 초의 정치가로, 패(沛) 땅 출신. 개국공신으로 벽양후(辟陽侯)에 봉해졌다. 한고조의 집사(執事)로서 고조 사후(死後) 여후(呂后)의 총애를 받았고 승상에까지 올랐다.

54)소향쇄옥지탄(燒香碎玉之嘆) : 향을 살라 향기가 사라지고 옥을 깨트려 아름다움을 잃는 탄식.

55)미지일쳠(未至一瞻) : 한 눈에 보기도 전에.

56)년보(蓮步) : 금련보(金蓮步). 미인의 정숙하고 아름다운 걸음걸이를 비유적으로 이르는 말.

57)봉관(鳳冠) : 옛날 부인들이 썼던 봉황이 장식 되어 있는 관(冠).

58)잠이(簪珥) : 비녀와 귀고리를 함께 이르는 말.

톄찰이 날호여 닐오딕,

"부인이 스스로 츌화롤 ᄌ구(自求)치 아니나, 싱이 쏘 엇지 부인을 거(去)ᄒ미 맛당 ᄒ 줄 아지 못ᄒ리오마는, 다만 혜아리미 만코 ᄒ믈며 부인이 존당의 소이지(所愛子) 라. 거(去)ᄒ믈 드릭신즉 믄득 깃거 아니시리니, 싱이 능히 임의로 부인을 거(去)치 못 홀지라. 다만 관뎐(寬典)으로뻐 시일(是日)노브터 은심뎡의 깁히 드러, 싱의 【35】 말 업시 싱심(生心)도 즁인공회(衆人公會)의 나지 말나. 이 흔갓 싱의 톄면이 휴손(虧損) 홀 쑨 아니라, 이 가온딕 ᄌ(子)59)의 명철보신지칙(明哲保身之策)이 이실가 ᄒᄂ니, 부인이 쏘 대의룰 거의 알니니, 싱의 거죄 구챠ᄒ며 광망치 아니믈 알지어다."

셜파의 유랑을 명ᄒ여 '부인을 뫼셔 은심뎡의 깁히 드러 명을 기다리라' ᄒ니, 유랑 시녀비(乳娘侍女輩) 황망히 쇼져룰 붓드러 은심뎡 비실(鄙室)노 향홀식, 쇼졔 안셔히 니러 봉관(鳳冠)과 장복(章服)을 다 업시ᄒ고 텬연(天然)이 비실노 나아가니, 톄찰이 이현당 ᄉ지관환(事知官宦)60)을 불너 지고(財庫)룰 봉쇄(封鎖)ᄒ라 ᄒ고, 하 【36】 령 ᄒ딕, '만일 조부의셔 시녀비 오나든 ᄌ가의 명 업시 안문에 드리지 말나' ᄒ고, ᄉ미 룰 썰쳐 존당의 드러가니 낫문안 써 브야히라. 가즁 상하남네 다 모닷더라.

톄찰이 존젼의 ᄭ러 조부 엄부인 셔간을 닉여드리고, 젼후ᄉ어(前後辭語)룰 고ᄒ고, 우주(又奏) 왈,

"조시 비록 유죄ᄒ오나, 기모(其母)의 한악(悍惡)ᄒ오미 무고(無故)히 쇼ᄌ룰 즐욕 (叱辱)ᄒ여 셔즁ᄉ에(書中辭語) 히악(害惡)ᄒ올 쑨 아니라, 오위모비(五位母妃)룰 거드 러 언힝이 극히 흉참픽악(凶慘悖惡)ᄒ오니, 맛당이 조시룰 거ᄒ올 거시로딕 오히려 혜 아리미 이스와 이제 은심뎡 비실의 슈계(囚繫) ᄒ엿 【37】 ᄂ이다."

존당상해(尊堂上下) 텽파(聽罷)의 대경히연(大驚駭然)ᄒ여 조부 엄부인의 질투픽악 (嫉妬悖惡)ᄒ 힝ᄉ룰 아니 놀나리 업고, 조시 비실의 계계(繫繫)61)ᄒ믈 놀나 태부인이 탄왈,

"엄시의 투한픽악(妬悍悖惡)ᄒ 힝ᄉ는 통히ᄒ나, 조시ᄂ 닐은 바 고슈(瞽瞍)62)의 슌 (舜)63)을 나흠과 곤지직(鯀64)之子) 위(禹)65) 이심 ᄀᆺ트니, 그 어미 픽악흔 힝ᄉ룰 조 쇼뷔 어이 알거시라 벌을 더어 무고(無辜)히 현쳐룰 누실(陋室)의 계계(繫繫)ᄒ뇨?"

---

59) ᄌ(子) : 그대. 문어체 문장에서 쓰이는 2인칭 대명사.
60) ᄉ지관환(事知官宦) : 일에 능숙한 구실아치.
61) 계계(繫繫) : 죄인을 가두고 묶어 둠.
62) 고슈(瞽瞍) : 중국 순임금의 아버지의 별명. 어리석어 아들 '순(舜)'을 죽이려했기 때문에 '눈먼 노인'이 란 별명이 붙여졌다 함.
63) 순(舜) : 고대 중국의 전설상의 임금. 성은 우(虞)·유우(有虞). 이름은 중화(重華). 요의 뒤를 이어 천 하를 잘 다스려 태평 시대를 이루었다. 늑우순(虞舜).
64) 곤(鯀) : 중국의 고대 전설에 나오는 인물. 요임금의 신하이며 하나라 우왕의 아버지로, 홍수와 가뭄을 다스리려 하였으나 종사한 지 9년이 되어도 그 보람이 나타나지 않아 목숨을 잃었다고 한다.
65) 우(禹) : 중국 고대 전설상의 임금. 곤(鯀)의 아들로서 치수에 공적이 있어서 순(舜)으로부터 왕위를 물 려받아 하(夏)나라를 세웠다고 한다.

졔왕이 추시(此事) 조쇼져의 탓시 아닌 줄 아나, 엄부인 픠악혼 셔싀 되기인즉(對其人子)ᄒ여 그 어미를 참욕(慙辱)ᄒ미 여추ᄒ니 위인즉(爲人子)ᄒ여 ᄋ즈의 쳐치 실노 그릇지 아니ᄒ고 【38】도로혀 관인대도(寬仁大度)ᄒ며 광명졍대(光明正大)ᄒ니, 비록 부형의 위엄이나 다만 닐오디,

"조부인의 ᄉ톄(事體) 모르고 편익경도(偏隘傾倒)혼 셔싀(書辭) 비록 히연ᄒ나, 이곳 현부의 탓시 아니오, 네 쏘 부인녀즈를 족가ᄒ믄 용녈(庸劣)ᄒ기의 갓가온지라. 범ᄉ를 즁도(中道)로이 홀 거시니, 아이의66) 물시(勿視)ᄒ여시면 모르거니와, 임의 ᄎᄉ를 현뷔 알앗고, 네 쏘 비실의 ᄂ리와시니, 셜ᄉ 다시 사(赦)ᄒ나 ᄋ부(我婦)는 녀즁셩즈(女中聖者)라 필연 모과(母過)를 붓그려 샤명을 드르나, 즈쳥기죄(自請其罪)ᄒ여 즁인공회(衆人公會)의 나기를 평상이 아니ᄒ리니, 아직 비실의 계계를 프지 못ᄒ【39】려니와, 다만 너모 각박히 ᄒ여 슉완현쳐(淑婉賢妻)로 ᄒ야금 불복(不服)ᄒᄆ를 일위지 말나."

톄찰이 안싴이 화평ᄒ여 비샤슈명(拜謝受命)ᄒ니, 니비 쇼왈,

"엄시의 다란 말은 그르다 ᄒ려니와, 네 어미 본디 박용누질이어늘 무어시라 이달나 ᄒᄂ다?"

문양공쥐 쳑연 탄왈,

"쳡의 당년 과악이 쏘혼 엄부인 ᄭ지람과 곳ᄐ니 쳡이 쏘혼 훈치 아니ᄒᄂ이다."

좌위 다 위로ᄒ더라.

어시의 엄부인이 셔찰노 뎡톄찰을 일장 곤욕ᄒ미 그 자리의 분명이 녀ᄋ를 거(去)홀 줄노 알앗더니, 아이오(俄而-)67), 시비 도라와 최보(催報)68) 왈,

"쳔비 【40】부인의 글월을 밧드러 뎡노야긔 드리고 숨어 스긔를 숣피오니, 뎡노얘 여추 여추ᄒ여 부인을 누실의 계계ᄒ시고, 지고(財庫)를 봉ᄒ시나 츌거(黜去)ᄒ실 ᄯ든 젼혀 업더이다."

엄부인이 더욱 분노ᄒ여 삼즈를 보치여 녀ᄋ를 다려오기를 ᄇ야니69), 태우 등이 민망ᄒ여 뎡톄찰을 보아 미뎨의 귀령을 쳥ᄒ니, 톄찰이 미쇼 왈,

"녕미(令妹)는 오가(吾家)의 이시미 그 몸이 안뎡ᄒ고 유익ᄒ려니와, 형가(兄家)의 가면 반다시 평안치 아닐 ᄉ단이 만흐리니, 형 등은 '녀즈유힝(女子有行)이 원부모형뎨(遠父母兄弟)'70)를 싱각ᄒ여 다시 귀령(歸寧)【41】을 쳥치 말나. 즈연 귀령홀 ᄯᆡ 이시리라."

ᄒ니, 조싱 등이 홀일업서 죵용히 졔왕긔 고ᄒ려 ᄒ더라.

---

66)아이의 : 아예. 일시적이거나 부분적이 아니라 처음부터, 또는 전적으로, 순전하게.
67)아이오(俄而-) : 얼마 안 있다가. 이윽고.
68)최보(催報) : 재촉을 받고 보고함.
69)ᄇ야다 : 재촉하다. 서두르다.
70)녀즈유힝(女子有行) 원부모형뎨(遠父母兄弟) : 여자는 부모형제를 떠나 살아야 함.

원홍이 쏘흔 조쇼져 츌화(黜禍)는 면(免)ᄒ고 비실(鄙室)의 계계(繫繫)ᄒ믈 드르미, 일마다 뎡톄찰의 신명(神明)ᄒ믈 흔ᄒ고, 다란 계피 업서 민민(憫憫)ᄒ더니, 믄득 뎡톄찰의 삼비(三婢) 화쇼져의 모친 뉴부인이 고당(高堂)의 팔십편위(八十偏闈)[71]룰 뫼셧더니, 뉴노부인이 ᄎ년(此年) 츄말(秋末)의 홀연 득병ᄒ여 하셰(下世)ᄒ니, 뉴부인이 모상(母喪)을 당ᄒ여 훼쳑(毁瘠)ᄒ미 과도ᄒ여, 초상(初喪)의 병○[이] 듕(重)타 ᄒ는지라.

화쇼졔 비록 구경봉노지하(俱慶奉老之下)[72]의 일신이 한가치 못ᄒ나, ᄌ부【42】인(慈夫人) 환휘(患候) 비경(非輕)ᄒ시믈 놀나고, 겸ᄒ여 외왕모(外王母) 녀ᄎᆞ(廬次)[73]의 곡비(哭拜)[74]룰 폐치 못홀 거시므로, 이의 존당구고(尊堂舅姑)와 톄찰(體察)의 허락을 어더, 표문(表門)의 나아가 녕연(靈筵)의 곡비ᄒ고 모부인을 구호홀시, 이 ᄉᆞ이 간인(奸人)이 일장(一場) 흉모(凶謀)로뻐 화쇼져 일시지간(一時之間)이나 비상참익(非常慘厄)을 만나미 되니라.

ᄎ시 쳥션요리 조쇼져룰 도모ᄒ여 원홍의 원을 셩취코져 ᄒ나 능히 엇지 못ᄒ더니, 화쇼져의 귀근ᄒ믈 알고 원홍다려 왈,

"빈되(貧道)[75] 이제 변ᄒ여 조쇼져 유랑이 되여 조부의 가, 엄부인을 달녀여 여ᄎᆞ여ᄎᆞᄒ여 거즛 졔궁 사름인 쳬ᄒ고 화쇼져룰 다려온【43】즉, 강녈흔 녀지 죽기로뻐 듯지 아니리니, 엄부인 모진 손시[76]룰 비러 져룰 죽지 아닐만치 두다려 아모되나 너허, 심산궁곡(深山窮谷)의 바리는쳬 ᄒ고 상공이 여ᄎᆞ여ᄎᆞ 문외(門外)의 가 듸후(待候)ᄒ여 화쇼져 신톄룰 아ᄉᆞ다가 은혜로뻐 구호ᄒ여 가인(佳人)을 삼으면, 화시 비록 강녈ᄒ나 형셰 브득이 노야의 활명지은(活命之恩)을 감격ᄒ리이다."

원홍이 대희 칭샤ᄒ니, 쳥션이 하직고 조부의 나아가 완연이 조쇼져 유모의 얼골이 되여 뇌당의 드러가 부인긔 뵈오니, 엄부인이 반기고 깃거 온 연고룰 무란듸, 가유랑(假乳娘)이 울며 쇼져의 신셰 한·【44】화 냥쇼져 입문 후로, 뎡톄찰의 은이 여시힝노(如視行路)ᄒ믈 고ᄒ고 슬허 왈,

"이제 쇼져룰 모ᄅᆞ시게 화시나 ᄀᆞ마니 업시ᄒ여, 쇼져의 강적을 ᄒ나히나 덜고져 ᄒ오므로 닐ᄋᆞ럿ᄂᆞ이다."

부인이 텽파(聽罷)의 ᄒ 깃브고 긔특ᄒ니 유랑의 등을 두다려 왈,

"네 무슴 계교로뻐 화녀룰 쇼졔(掃除)코져 ᄒ는다?"

---

71)팔십편위(八十偏闈) ; 팔십이 넘은 편모(偏母). *편위(偏闈) : 편자위(偏慈闈). 편모(偏母). 아버지가 죽어 홀로 있는 어머니.

72)구경봉노지하(俱慶奉老之下) : 노부모 양위(兩位)를 함께 봉양하고 있음.

73)녀ᄎᆞ(廬次) : 여막(廬幕). 궤연(几筵) 옆이나 무덤 가까이에 지어 놓고 상제(喪制)가 거처하는 초막.

74)곡비(哭拜) : 제사나 장례를 지낼 때에 일정한 소리를 내어 울며 절함.

75)빈되(貧道) : 덕(德)이 적다는 뜻으로, 승려나 도사가 자기를 낮추어 이르는 일인칭 대명사. 늑빈승(貧僧).

76)손시 : 솜씨. 일을 처리하는 수단이나 수완

가유랑이 딕왈,

"화쇼졔 이제 그 외왕모 상수(喪事)를 만나 표문(表門)의 가시니, 비지(婢子) 요소이 두어낫 긔특혼 약뉴(藥類)를 어드니, 능히 되고져 ᄒᆞᄂᆞᆫ 사람의 형용이 되여 변ᄒᆞᄂᆞ니, 비지 이 약을 삼켜 졔궁 츄환이 되여 장확복부(臧獲僕夫)[77]를 다리고 승야(乘夜)ᄒᆞ 【45】야 뉴가의 나아가 화쇼졔를 속여 다려오거든, 부인은 쳐치ᄒᆞ쇼셔."

부인이 대열 왈,

"이곳은 이목(耳目)이 만코 삼이(三兒) 알면 계괴 니지 못ᄒᆞ리니, 우명일(又明日)[78] 부친 향ᄉᆞ긔일(享祀忌日)이니, ᄋᆡ의 부뷔 업고 가닉 고요ᄒᆞ니, 내 다만 향ᄉᆞ를 가음알아 셜계홀 ᄯᆞᄅᆞᆷ이니 네 긔일 후의 승셕(乘夕)ᄒᆞ여 뉴아(衙)의 가 힝계(行計)ᄒᆞᄃᆡ, 화녀를 다려 홍화국으로 와 쳐치를 ᄒᆞ게 ᄒᆞ라."

쳥션이 응낙ᄒᆞ니, 엄부인이 홍화국의 나아가 참졔(參祭)ᄒᆞ고 기일의 승셕(乘夕)ᄒᆞ여 쳥션요리 졔궁 츄환(又鬙) 빙쇼의 얼골이 되미, 엄부인이 심복 창두(蒼頭)를 명ᄒᆞ여 왈,

"여등(汝等)이 【46】나의 브리믈 밧아 만일 경셜(輕說)ᄒᆞ미 될진ᄃᆡ 일죄(一罪)를 마련ᄒᆞ리라."

졔복(諸僕)이 슈명이퇴(受命而退)ᄒᆞ여 초일 뉴아로 나아가니라.

시시(是時)의 뎡톄찰 대삼비 화쇼졔 구고긔 하직ᄒᆞ고 표문의 나아가 외왕모 녕연(靈筵)의 곡비(哭拜)ᄒᆞ고 모친긔 빅알ᄒᆞ니, 부인이 여러 ᄌᆞ녀를 비록 두어시나 이 ᄯᆞᆯ은 ᄉᆞ랑ᄒᆞᄂᆞᆫ 졍이 ᄌᆞ별혼지라. 스스로 병을 강잉(强忍)ᄒᆞ여 듁음(粥飲)을 ᄌᆞ로 나와 병휘(病候) 잠간 가헐(可歇)ᄒᆞ니[79], 화학ᄉᆞ 등이 만분(萬分) 힝희(幸喜)ᄒᆞ고, 쇼졔 만분 다ᄒᆡᆼᄒᆞ더니, 믄득 졔궁 장확(臧獲)등과 쇼츄환 빙쇠 창황(蒼黃)혼 ᄉᆞ식으로 드러와 고왈,

"벽운뎐 낭낭이 불의에 혼도(昏倒)ᄒᆞ샤 식 【47】경(食頃)[80]이나 인ᄉᆞ를 아지 못ᄒᆞ시다가, 약음(藥飲)을 드리워 계유 회구(回舊)[81]ᄒᆞ시나 오히려 엄엄(奄奄)ᄒᆞ시니, 톄찰 상공의[이] 《명으로‖명ᄒᆞ샤》 급히 도라오시믈 직촉《ᄒᆞ니‖ᄒᆞ시니이다》."

화쇼졔 비록 '니루(離婁)의 총명(聰明)'[82]이 이시나, ᄌᆡ익(災厄)이 당젼(當前)ᄒᆞ고 간인의 암밀(暗密)혼 계교를 ᄭᆡᄃᆞᆺ지 못ᄒᆞ거니, 어이 놀나며 속지 아니 ᄒᆞ리오. 능히 혼ᄭᅵ를 지류(遲留)치 못ᄒᆞ고 모친긔 하직홀ᄉᆡ, 화학ᄉᆞ 근심 왈,

"믹뎨의 미간(眉間)의 ᄑᆞ란 빗치 밋쳐시니 반다시 익회 업지 아니ᄒᆞ미라. 니비의 환

77)장확복부(臧獲僕夫) : 여러 명의 사내종과 계집종을 이르는 말. 장(臧)과 복부(僕夫)는 사내종을, 획(獲)은 계집종을 말함.

78)우명일(又明日) : 다음다음 날. 곧 모레.

79)가헐(可歇)ᄒᆞ다 : 병세가 조금 차도가 있다.

80)경(食頃) : '밥을 먹을 동안'이라는 뜻으로, 잠깐 동안을 이르는 말.

81)회구(回舊) : 예전의 상태를 회복함.

82)니루(離婁)의 총명(聰明) : 눈이 매우 밝음을 비유적으로 이르는 말. 중국 황제(黃帝) 때 사람인 이루가 눈이 밝았다는 데서 나온 말이다.

휘 아마도 경치 아니샤 미뎌로ᄒ야금 심간(心肝)을 슬우미83) 될가 ᄒ노라."

쇼졔 경아 왈,

"거게(哥哥) 쟝【48】가(唐擧)84)의 상(相) 보ᄂᆞᆫ 슐(術)이 계신가, 엇지 알아시ᄂᆞ니잇가?"

언필의 거교의 올으미 유랑 시ᄋᆞ와 빙쇠 ᄒᆞᆫ가지로 뒤홀 좃고, 졔궁 장확(臧獲)이 ᄂᆞᆫ 다시 화교(華轎)ᄅᆞᆯ 몌여 승도(乘道)ᄒ니, 취운산으로 가지 아니ᄒ고 홍화국으로 향ᄒ올시, 유랑 시ᄋᆞ 등이 놀나 왈,

"엇지 바란85) 길을 바리고 에워86) 가ᄂᆞ뇨?"

졔뇌(諸奴) 닝쇼 왈,

"이 ᄯᅩ 조부인 명이니, 다만 가면 알 ᄯᆞ름이라."

ᄒ고 ᄂᆞᆫ 다시 가니, 유모와 시비 대경ᄒ나 그 연고ᄅᆞᆯ 아지 못ᄒ고, 다만 가ᄂᆞᆫ 디로 ᄯᅡ라 엄부의 니ᄅᆞ니, 날이 임의 어둡기의 미쳣더라.

교뷔(轎夫) 바로 교ᄌᆞᄅᆞᆯ 몌여 후문으로 조ᄎᆞᆫ 니당의 밋ᄎᆞ니, 빙소ᄂᆞᆫ 믄【49】득 보지 못ᄒ고 조쇼져의 유모 션미 니다라 닐오ᄃᆡ,

"우리 태부인이 화쇼져ᄅᆞᆯ 보고져 ᄒ샤 쳥ᄒ여 계시니 졔복은 믈너가라."

ᄒ니, 모든 복뷔 텽녕퇴거(聽令退去)ᄒ더라.

쳥션이 발을 거드며 쇼져의 하교(下轎)ᄒ믈 쳥ᄒ니, 화쇼졔 ᄯᅩᄒᆞᆫ 의괴난측(疑怪難測)ᄒ나 홀일업서 교즁의 ᄂᆞ리며, 우러러 당상(堂上)을 보니 일위 부인이 미우의 노긔 ᄀᆞ득ᄒ여 좌우의 촉을 낫ᄀᆞᆺ치 붉히고, 화시ᄅᆞᆯ 보미 블연대로(勃然大怒)ᄒ여 녀셩대미(厲聲大罵) 왈,

"오ᄂᆞᆯ날 요악ᄒᆞᆫ 찰녀(刹女)87)ᄅᆞᆯ 만편(萬片)의 바아 죽여, 녀ᄋᆞ의 강젹을 업시ᄒ고 필부의 녀ᄋᆞ 쳔ᄃᆡ(賤待)ᄒᆞᆫ 원을 갑【50】흐리라. 요녜 져만ᄒᆞᆫ ᄌᆞᄉᆡᆨ(姿色)을 가지고 어ᄃᆡ 가 쟝부ᄅᆞᆯ 못 어더 굿ᄐᆞ여 뎡ᄌᆞ의 쳐실이 되여, 녀ᄋᆞ와 징춍(爭寵)ᄒ리오."

화시 노쥐(奴主) 대경대로(大驚大怒)ᄒ나, 쟝ᄎᆞᆺ 망나(網羅)의 걸닌 대붕(大鵬)이라. 엄부인이 졔시녀ᄅᆞᆯ 명ᄒ여 화시의 유랑 시녀ᄅᆞᆯ 다 쳘쇄(鐵鎖)ᄒ고 암약(暗藥)88)을 먹이니, 졔시녜 아인(啞人)89)이 되ᄂᆞᆫ지라. 화시 안ᄉᆡᆨ이 ᄉᆞᆨᄉᆞᆨᄒ고 말ᄉᆞᆷ이 널널ᄒ여 시러

---

83)슬우다 : 사르다. 태우다. 애가 달다. 애를 태우다.

84)당거(唐擧) : 중국 전국시대 양(梁)나라의 관상가(觀相家). 기색(氣色)을 보고 상(相)을 보는 법을 창안했다고 한다. 『순자(荀子)』제오 비상편(第五 非相篇)에, '옛날에는 고포자(姑布子) 경(卿)이 있었고 오늘날에는 양(梁)나라에 당거(唐擧)가 있어, 사람의 형상과 안색을 살펴 그 길흉(吉凶)과 화복(禍福)을 알았다(古者有姑布子卿,今之世梁有唐擧,相人之形狀顏色而知其吉凶妖祥)는 기록이 있다.

85)바라다 : 바르다. 겉으로 보기에 비뚤어지거나 굽은 데가 없다.

86)에우다 : ①사방을 빙 둘러싸다. ②다른 길로 돌리다

87)찰녀(刹女) : 나찰녀(羅刹女). 푸른 눈과 검은 몸, 붉은 머리털을 하고서 사람을 잡아먹으며, 지옥에서 죄인을 못살게 구는 귀신을 나찰(羅刹)이라고 하는데, 그 중 여자귀신을 나찰녀(羅刹女)라고 한다.

88)암약(瘖藥) : 벙어리가 되게 하는 약.

금 굴치 아니ᄒᆞ니, 엄부인이 화시의 언ᄉᆡ(言辭) 강항(强項)90)ᄒᆞ믈 괴로이 넉여, 청션을 도라보아 암약이 잇ᄂᆞᆫ가 무ᄅᆞ니, 청션이 즉시 암약을 ᄎᆞ(茶)의 화(和)ᄒᆞ여91) 쇼져의 닙의 위력으로 퍼브으니, 후셜(喉舌)을 넘【51】으미 ᄒᆞᆫ 종(鍾)92)도 못ᄒᆞ여셔 화시 등이 언어를 통치 못ᄒᆞ니, 엄부인이 쾌활ᄒᆞ믈 니긔지 못ᄒᆞ여 건장ᄒᆞᆫ 양낭(養娘)93)으로 ᄒᆞ야금, 'ᄆᆡ를 드러 화시 머리로셔 등브터 왼몸을 혜지 말고 ᄂᆞ리 줏울혀94) 치라' 호령이 ᄉᆡᆼ풍(生風)95)ᄒᆞ니, 제시비 긴ᄆᆡ와 넓은 곤장을 잡아 칠ᄉᆡ, 참아 힘을 다ᄒᆞ지 못ᄒᆞ나, 쇼져의 응지(凝脂) ᄀᆞᄐᆞᆫ 셜부(雪膚)와 슈졍(水晶) ᄀᆞᄐᆞᆫ 골싊(骨髓) ᄌᆞ연 읏쳐지며96) ᄇᆞ아져 젹혈(赤血)이 만신(滿身)ᄒᆞ니, 그 참담(慘憺)ᄒᆞᆫ 거동을 능히 보지 못ᄒᆞᆯ지라.

쇼제 긔ᄉᆡᆨ(氣塞)ᄒᆞ기의 니ᄅᆞ니, 청션이 화쇼져를 브ᄃᆡ 살와 원홍을 맛져 은혜로 구【52】호케 ᄒᆞ려 ᄒᆞ므로 함쇼(含笑) 고왈,

"아모 흉역대죄라도 긔ᄉᆡᆨ(氣塞) 즉 지형(止刑) ᄒᆞᄋᆞᆸᄂᆞ니, 그만ᄒᆞ여 치기를 날회시고97) 쇼비(小婢)를 맛지시면 ᄇᆡᆨ골도 남기지 아니ᄒᆞ리이다."

부인이 드ᄃᆡ여 치기를 긋치며, 유랑을 당부ᄒᆞ여 밧비 삿98)게 ᄡᅡ, 효명(曉明)을 기다려 아모 산즁의나 바리고 오라 ᄒᆞ고, 화시의 유랑과 시ᄋᆞ를 타살코져 ᄒᆞ니 청션 왈,

"임의 화녀를 서라져시니 그 유랑시ᄋᆞ를 업시ᄒᆞ믄 용이(容易)ᄒᆞ니, 아직 옥의 가도시면 쳔비 화녀를 쳐치ᄒᆞ고 도라와 죵용이 독약을 먹여 업시ᄒᆞ리이다."

부인이 시녀를 명【53】ᄒᆞ여 화시의 유랑 시ᄋᆞ를 옥의 단단이 가도라 ᄒᆞ고, 비로소 졍침(正寢)으로 도라올ᄉᆡ, 노ᄌᆞ(奴子) 계학을 불너 엄히 분부ᄒᆞᄃᆡ,

"내 금야의 극악대죄를 갓초 범ᄒᆞᆫ 쳔녀(賤女)를 잠간 다ᄉᆞ렷ᄂᆞ니, 죵괴(鍾鼓) 동ᄒᆞ믈 기다려 네 지고, 녀ᄋᆞ의 유뫼 가ᄌᆞ ᄒᆞᄂᆞᆫ ᄃᆡ로 아모ᄃᆡ나 바리고 오ᄃᆡ, 혹ᄌᆞ 누셜ᄒᆞ미 이신 즉 네 ᄒᆞᆫ갓 머리를 보젼치 못ᄒᆞᆯ ᄲᅮᆫ 아니라, 뉼(律)이 네 부모족속(父母族屬)의게 밋ᄎᆞ리라."

계학이 부인의 셩졍을 아ᄂᆞᆫ 고로 오직 슌슈(順受)ᄒᆞ니라.

이윽고 죵괴(鍾鼓) 동ᄒᆞ거ᄂᆞᆯ, 계학이 화시 너흔 궤를 지고 청션이 조ᄎᆞ ᄒᆡᆼᄒᆞ니라.

---

89)아인(啞人) : 벙어리. 언어 장애인.
90)강항(强項) : 올곧아 여간하여서는 굽힘이 없음.
91)화(和)ᄒᆞ다 : 무엇을 타거나 섞다.
92)종(鍾) : 종자(鍾子). 종지. 간장・고추장 따위를 담아서 상에 놓는, '종발(鐘鉢)'보다 작은 그릇을 이르는 말
93)양낭(養娘) : 여자 종. 주로 혼인한 여종을 일컫는다.
94)줏울히다 : '줏(접사)+울히다'의 형태. 마구 휘둘러서 때리거나 치다. '울히다'는 '우리다' '후리다'의 옛말로 '휘둘러서 때리거나 치다'의 뜻.
95)ᄉᆡᆼ풍(生風)ᄒᆞ다 : 혹독한 기세로 일어나다. 찬바람이 일다.
96)으쳐지다 : 으깨어지다. 굳은 물건이나 덩이로 된 물건이 잘게 부스러지다.
97)날회다 : 느리게 하다. 천천히 하다. 멈추다.
98)삿 : =삿자리. 갈대를 엮어서 만든 자리.

츠【54】시 조쇼제 은심뎡의 고요히 쳐ᄒ여 군ᄌ의 명을 슌슈ᄒ나, 스스로 모부인의 포악ᄒᆫ 심쳔(深淺)은 거의 예지(豫知)ᄒ므로 듀야(晝夜) 방심치 못ᄒ더니, 화쇼제 믄득 귀령ᄒᆯ시 니르러 하직ᄒᆞ미, 쇼제 보건ᄃᆡ 화시 미간의 젹은 직앙이 빗쵀여 그 유익(有厄)ᄒᆞ미 머지 아닌지라. 쇼제 흔연이 분슈(分數)ᄒ나 즁심의 의려ᄒ더니, 츠일 야심후 사창을 밀고 건상(乾象)을 슓펴 화시의 봉변(逢變)ᄒ믈 쾌히 알고, 스스로 희허탄식(噫噓歎息)ᄒ여 ᄌ부인(慈夫人) 과악을 치신무지(置身無地)ᄒ니99), 이의 좌우를 믈니치고 유랑과 취옥다려 왈,

"내 그윽이 혜아리건ᄃᆡ 모친의 실【55】덕ᄒ시미 반ᄃ시 긋치 누라기 어려온지라. 나의 비실(鄙室)의 슈계(囚繫)ᄒᆫ 원분(怨憤)을 무고ᄒᆫ 사ᄅᆷ의게 셜(雪)코져100) ᄒ리니, 화부인이 엇지 무스히 도라오리오. 취옥은 맛당이 금야의 동방이 붉지 아냐셔 노관인으로 더브러 셔문(西門) 외에 가, 여츠 여츠 의심된 거슬 만나 구ᄒ게 ᄒ라. 각별ᄒᆫ 요졍(妖精)이 이셔 더욱 모친의 실덕을 돕ᄂᆞ니, 여등이 비록 의심된 거슬 만나도, ᄯᅩ 반ᄃ시 졔어ᄒᆯ 도리를 《아닌∥아니 ᄒᆫ》즉, ᄯᅩ 변이 나리니, 맛당히 부작(符作)을 가져다가 궤즁(櫃中)의 븟쳐, 다시 요얼(妖孽)이 발 뵈지 못ᄒ게 ᄒ라."

ᄒ고, 이의【56】부작을 주며, 여츠 여츠ᄒ라 ᄒ고, ᄯᅩ 두어 낫 환약(丸藥)을 주어,

"화쇼져를 먹이라. 화쇼져를 구ᄒ여 셔문 밧 뎡ᄌ의 가 잠드러 놀난거슬 뎡(靜)ᄒᆫ 후, 그 말을 조ᄎ 가고져 ᄒᆞᄂᆞᆫ 곳으로 뫼시ᄃᆡ, 반ᄃ시 그 유모 시이 ᄉᆞ디(死地)의 이시리니, 급급히 삼겨거긔 고ᄒ여 무스히 방셕ᄒ여 쥬모를 시호케 ᄒ라."

유랑이 슈명(受命)ᄒ고 퇴(退)ᄒ여 즁문 밧게 나와 노한셕을 쳥ᄒ여, 녀군지명(女君之命)을 젼ᄒ고 ᄒ힝계(行計)ᄒᆯ시, 취옥이 즉시 창두 십여 명을 거ᄂ리고 발셔 문외의 니ᄅᆞ니, 오히려 텬식이 붉지 아녓ᄂᆞᆫ지라. 노한셕이【57】왕ᄂᆡᄒᆞᄂᆞᆫ 사ᄅᆷ을 슓피더니 과연 조부 창두 계학이 큰 궤를 지고 나오ᄂᆞᆫ 바의, 유랑의 형모로 호리츄발(豪釐秋髮)101)도 다라지 아닌 이, 뒤흘 조ᄎ ᄲᆞᆯ니 오ᄂᆞᆫ 거동이니, 취옥○[이] 밧비 부작을 두루며 노한셕이 모든 창두로 더브러 일시의 소리ᄒ고 ᄃᆡ라드러 계학을 잡아ᄆᆡ여 궤를 아ᄉᆞᆯ시, 취옥이 궤문을 밋처 여지 못ᄒᆞᆯ 거시므로, 손의 두루던 부작을 궤우희 븟치니, 계학은 엄부인 명을 밧들 ᄲᅮᆫ이오 궤즁의 든 시신이 뇐 줄을 모로ᄂᆞᆫ지라. 쳔만몽상지외(千萬夢上之外)의 노한셕의 결박ᄒ믈 당ᄒ미,【58】노ᄒᆞᆸ고 분ᄒᆞᆯ ᄲᆞᆫ 아니라 놀나오믈 니기지 못ᄒ여, 소리를 놉혀 왈,

"계학이 녀군의 명을 밧ᄃᆞ러 궤를 지고 문외 심산(深山)으로 나오거ᄂᆞᆯ, 노관인이 엇지 감히 길흘 막아 나를 민ᄂᆞᆨ?"

---

99)치신무지(置身無地)ᄒ다 : 두려워 몸 둘 바를 몰라 하다.
100)셜(雪)ᄒ다 : 신셜(伸雪)하다. 가슴에 맺힌 원한을 풀어 버리거나 창피스러운 일을 씻어 버리다
101)호리츄발(豪釐秋髮) : 매우 작거나 가는 것을 비유적으로 이르는 말. *호리(毫釐): 길이의 단위. 1호는 1리(釐)의 10분의 1로 약 0.303mm에 해당한다. *츄발(秋髮); =추호(秋毫). 가을철에 털갈이하여 새로 돋아난 짐승의 가는 털.

한셕이 즐왈(叱曰),

"무슴 잡말을 흐느뇨? 네 비록 녀군의 명을 밧즈와시나 내 쏘 너를 잡아미라 흐시는 명을 밧즈와 이의셔 기다린지 오릿거니, 엇지 노흐리오."

셜파의 계학을 씌올고 궤를 공경흐여 뎡즈로 향흐니, 쳥션이 불의지변(不意之變)을 당흐여 쳐엄은 져의 도슐(道術)을 밋어, 즉시 변흐여 비됴(飛鳥)되여 궤를 쯔라가 변을 【59】 짓고져 흐더니, 임의 텬낭셩(天狼星)102)의 쥬필부작(朱筆符作)이 궤 우히 븟치여 제요(除妖)흐는 슐이 범연치 아니흐니, 과연 범흐기 어렵고 긔운이 축쳑흐니, 즈탄즈괴(自歎自愧)흐더니, 믄득 수십 노복을 거느리고 일필 쳥녀(靑驢)를 치쳐 유의유건(儒衣儒巾)으로 나오느 니 이시니, 거안시지(擧眼視之)컨딕 곳 원홍이라. 쳥션이 본상(本像)을 닉여 홍의 압히 마조 나아가, 화시를 계교로 셔문 밧フ지 나오다가 여츠여츠 아이믈 젼흐니, 원홍이 텽파의 대경실식흐여 긔운이 막히믈 면치 못흐니, 쳥션이 민망흐여 만단 위로흐니, 홍이 홀일 【60】 업셔 도라오니라.

노한셕이 화쇼져 든 궤를 공경흐여 밧드러 셜니 뎡즈의 니르니, 취옥이 그윽흔 당사(堂舍)를 갈히여 됴흔 자리를 펴고, 비로소 궤문을 열어 보건딕, 쇼졔 비록 만신의 젹혈이 스못츠시나 오히려 명믹이 끚지 아녀시니, 밧비 붓드러 닉여 궤 우히 붓쳣던 부작을 그 몸 フ에 두고 함누 왈,

"부인이 졍신을 슈습흐샤 쳔비를 알아시느니잇가"

화시 졍신이 혼혼흐여 능히 옥을 알아보지 못홀 쓴 아니라, 임의 암약(瘖藥)을 마셔 말을 못흐니, 완연이 숨 잇는 시신이라. 취옥이 셜니 【61】 온츠(溫茶)를 어더 부인의 주던 두 가지 환약을 갈아 년흐여 닙의 드리오니, フ장 이윽흔 후 화시 닙을 버려 독흔 물을 토(吐)흐고, 눈을 써 옥을 보며 능히 말흐여 왈,

"이곳이 어닉 곳이며 네 쏘 어딕로 조츠 니르러 나를 구흐는다?"

옥이 딕왈,

"비지 여츠여츠 녀군의 명흐시믈 밧즈와 부인을 구호(救護)흐니이다."

인흐여 지는 바를 일일히 주흐니, 화시 조부인의 신셩명달(神聖明達)흐미 여츠흐믈 감복흐고, 즈가의 붉지 못흐믈 탄식흐고[며], 흉모간계의 쌔져 부모의 싱휵흐신 몸을 상훼(傷毁)흐믈 참괴(慚愧)흐고,

"이곳이 【62】 조부 졔공즈의 독셔흐는 뎡즈니, 나의 일시도 머믈 빅 아니라, 출하리 친부(親府)103)의 나아가 고요히 됴리흐여 츠성(差成)흐믈 기다려 운산으로 향코져 흐느니, 네 다시 몸을 옴겨 친부로 가게흐라."

취옥이 딕왈,

---

102) 텬낭셩(天狼星) : =낭셩(狼星). 시리우스성. 늑대별. 큰개자리에서 가장 밝은 청백색의 별. 하늘에서 볼 수 있는 가장 밝은 별로, 밝기는 −1.46등급이고, 지구에서 거리는 8.7광년이다. 백색 왜성과 쌍성을 이루고 있다.

103) 친부(親府) : 친정(親庭). 친가(親家)시집간 여자의 본집.

"하괴(下敎) 맛당ᄒᆞ시니 명ᄃᆡ로 ᄒᆞ리이다."

ᄒᆞ고 거교ᄅᆞᆯ 출혀 스스로 거즁(車中)의 화쇼져ᄅᆞᆯ 붓들고 노관인이 호힝ᄒᆞ여 화부로 향ᄒᆞᆯᄉᆡ, 노한셕이 계학을 글너 노ᄒᆞ며 왈,

"너ᄅᆞᆯ 처엄 미여오믄 뒤히 ᄯᆞ라오ᄂᆞᆫ 쟈ᄅᆞᆯ 뵈고져 ᄒᆞ미오, 굿ᄐᆞ여 믜워 그리ᄒᆞᆫ 빅 아니니, ᄲᆞᆯ니 도라가 부인긔 뵈옵지 말고 바로 삼상공긔 뵈【63】옵고, 궤듕의 드럿던 시신이 뎡톄찰 노야의 부빈(副嬪) 화쇼져시런 바ᄅᆞᆯ 알외라."

ᄎᆔ옥이 ᄯᅩ 삼 조심의게 상셔ᄅᆞᆯ 올녀, '쥬모(主母)의 명으로 화부인을 구ᄒᆞ여 화부로 가ᄂᆞᆫ' 바ᄅᆞᆯ 알외고, '화부인의 유ᄋᆞ(乳兒)104)ᄅᆞᆯ 살ᄋᆞ쇼셔' ᄒᆞ여, 계학을 맛뎌보ᄂᆡ니라.

노한셕이 화부인의 거교ᄅᆞᆯ 공경ᄒᆞ여 뫼셔 화아(衙)의 니ᄅᆞ니, 화금외 마ᄎᆞᆷ 됴당의셔 도라오지 아녓고, ᄌᆞ네 다 표문의 가시므로 집이 븨엿더라.

쇼졔 부즁을 직힌 양낭(養娘) 등을 명ᄒᆞ여 ᄌᆞ긔 젼일 잇던 침소ᄅᆞᆯ 쇄소(灑掃)ᄒᆞ라 ᄒᆞ고, 바로 상요(床褥)ᄅᆞᆯ ᄎᆔ홀ᄉᆡ, 피【64】뭇은 의상을 업시 ᄒᆞ고, 거즛 한츅(寒縮)105)ᄒᆞ여 신긔불평(身氣不平)ᄒᆞ롸 ᄒᆞ니, 화부 시녀 등은 아모란 줄을 모로더라.

계학이 급급히 화산의 나아가 쇼쥬군긔 뵈고, ᄎᆔ옥의 상셔ᄅᆞᆯ 올니니, 태우와 한님이 ᄇᆞ야흐로 홍화국으로 향코져 ᄒᆞ다가, ᄎᆔ옥의 상셔ᄅᆞᆯ 보ᄆᆡ 모부인의 실덕이 만분 경히ᄒᆞᆫ지라. 스스로 면식이 흙 ᄀᆞᆺᄐᆞᆯ ᄲᅵ닷지 못ᄒᆞ여, 그윽ᄒᆞᆫ 곳의 드러가 계학을 갓가이 셰워, 사ᄅᆞᆷ을 너흔 궤ᄅᆞᆯ 지고 셔문 외로 나가던 바ᄅᆞᆯ 일일히 무ᄅᆞ니, 계학이 홀일업셔 발은ᄃᆡ로106) 고ᄒᆞ니, 태우와 한【65】님이 듯ᄂᆞᆫ 말마다 경히ᄒᆞᆷ믈 니긔지 못ᄒᆞ여 계학을 그만ᄒᆞ여 물너셔라 ᄒᆞ고, 태위 탄식 왈,

"ᄌᆞ위 미뎨ᄅᆞᆯ ᄉᆞ랑ᄒᆞ시ᄂᆞᆫ 졍이 텬뉸밧 ᄌᆞ별(自別)ᄒᆞ시나, 졀졀이 그 신셰ᄅᆞᆯ 해롭게 ᄒᆞ시미 ᄒᆞᆫ 두 일이 아니러니, 이제 화부인을 그러틋 해ᄒᆞ시니 이 진실노 젹지아닌 변괴오, 미뎨의게 큰 홰 머지 아닐지라. 우리 이런 일을 알고 간치 아니ᄒᆞᄂᆞᆫ 거슨 인ᄌᆞ(人子)의 되(道)아니니, 너와 내 죵뎨(從弟)로 더브러 혈읍간징(血泣諫爭)ᄒᆞ리라."

한님이 탄식 ᄃᆡ왈,

"형쟝 말ᄉᆞᆷ이 맛당ᄒᆞ시나, ᄌᆞ위 아등의 간ᄒᆞᄂᆞᆫ 바ᄅᆞᆯ 그【66】러히 넉이시미 업고, 도로혀 분노ᄅᆞᆯ 더으실 ᄲᅮ�이니 ,모ᄌᆞ의 죵용ᄒᆞᆫ 졍을 통홀 길히 업ᄉᆞᆫ지라. 아직 ᄎᆞᄉᆞᄅᆞᆯ 모ᄅᆞᄂᆞᆫ 다시 ᄒᆞ고, 화부인 유모(乳母) 시녀(侍女)ᄅᆞᆯ 급급히 구ᄒᆞ여 도라보ᄂᆡ고, ᄌᆞ위ᄅᆞᆯ 밧드러 이의 도라와 곤계 삼인이 ᄒᆞ나식 돌녀가며 좌하ᄅᆞᆯ ᄯᅥ나지 마라, 지극ᄒᆞᆫ 졍도와 인덕을 ᄌᆞ로 닐ᄏᆞ라 들니옵고, 모젼의 요괴로은 무리ᄅᆞᆯ 빗최지 못ᄒᆞ게 ᄒᆞᄂᆞᆫ 거시 《가ᄒᆞᄂᆞᆫ지라∥가ᄒᆞᆫ지라》. 져져의 유뫼 화부인을 궤즁의 너허 뒤히 ᄯᆞ라오다가, 노한셕을 보고 피ᄒᆞ여 몸을 곱초더라 ᄒᆞ미, 실노 의심【67】되고 괴이ᄒᆞᆫ 말이라. 유랑은 본ᄃᆡ 튱근ᄒᆞ고 냥션(良善)ᄒᆞᆫ 위인이니, 쥬인을 도아 해로온 노ᄅᆞ슬 아닐지라. 이 가온

---

104)유ᄋᆞ(乳兒) ; 유랑(乳娘)과 시아(侍兒)ᄅᆞᆯ 함ᄭᅦ 이른 말.
105)한츅(寒縮) : 추워서 떨며 기운을 내지 못하고 움츠림.
106)발은ᄃᆡ로 ; 바른대로. 사실과 다름없이.

디 교특(狡慝)ᄒ고 간흉(奸凶)ᄒᆫ 일이 이셔, 틱틱(太太)ᄅᆯ 속이옵고 져져ᄅᆯ 해코져 ᄒᄂᆫ 뉘, 화부인을 몬져 ᄉᆞ디(死地)의 밀치고져 ᄒᄆᆫ가 ᄒᄂᆞ니, 우리 삼곤계 돌녀가며 ᄌᆞ젼(慈前)을 ᄲᅥ나지 아니ᄒᄆᆞᆫ, 아모 간악ᄒᆫ 일물(一物)이라도 간딕로 태태ᄅᆯ 도도아 히거픽ᄉ(駭擧悖事)ᄅᆯ 일위지 《아니ᄒ리니∥못ᄒ리니》, 이 젼혀 아ᄃᆞᆼ의 불초불민(不肖不敏)ᄒᆫ 연괴(然故)니이다."

태위 탄왈,

"현데의 의논이 지극히 가ᄒ니, 우형이 ᄉᆡᆼ각【68】지 못ᄒᆫ비라. 다만 ᄌᆞ뎡이 뎡명ᄒᆞ되 최의 부빈을 ᄭᅥ리실지언뎡, 한·화 냥가의ᄂᆞᆫ 태태의 픔셩ᄀᆞᆺᄐᆫ 부인이 잇지 아니ᄒ리니, 굿ᄐᆞ여 미데ᄅᆯ ᄭᅥ릴 일이 업고, 셜ᄉᆞ 깃거 아닛ᄂᆞᆫ다 닐너도 화시긔 그러ᄐᆞᆺ 해로오믈 일위고져 아니ᄒ리니, 어니 곳의 미데ᄅᆯ 믜워ᄒᄂᆞ니 이셔 태태ᄅᆯ 도아 픽덕을 일원다 ᄒᄆᆞ뇨?

한님 왈,

"보며 듯지 아닌 바ᄅᆯ 쇼뎬들 엇지 ᄌᆞ레 짐작으로 알오미 이시리잇고 마ᄂᆞᆫ, 져져의 유모ᄂᆞᆫ 결단ᄒᆞ여 화부인 해ᄒᆞᄆᆯ 즐겨 아니 ᄒ리니, 궤로ᄡᅥ 계학을 지우고 뒤히 ᄯᅥ【69】라오던 지 결코 취옥지뫼(之母) 아니니, 일노ᄡᅥ 간교ᄒᆫ 무리 져져ᄅᆯ 해코져 ᄒ다가 밋지 못ᄒᆞ여, 도로혀 화부인을 해ᄒᄆᆞᆫ가 ᄒᄂᆞ이다."

태위 비로소 ᄭᆡᄃᆞ라 곤계(昆季) 냥인이 ᄲᆞᆯ니 달녀 홍화국의 니ᄅᆞ러 바로 원문으로 드러가, ᄀᆞ마니 ᄉᆞ후ᄒᄂᆞᆫ 시ᄋᆞᄅᆯ 불너 화쇼져의 유랑과 비ᄌᆞ 잇는 곳을 무ᄅᆞ니, 옥즁의 집히 가도와시므로ᄡᅥ 디ᄒᄂᆞᆫ지라. 태우와 한님이 친히 옥문을 열고 니여 노ᄒᆞ되, 유랑과 비ᄌᆞ 등이 서로 도라보아 뉴체(流涕)ᄒᆞᆯ ᄲᅮᆫ이오, 능히 말을 발치 못ᄒ니, 태우와 한님이 고이히 넉여 모친【70】의 근시(近侍) 비ᄌᆞ 등다려 연고ᄅᆯ 무ᄅᆞ니, 졔네 지난 일을 ᄌᆞ시 고ᄒ니, 태위 즉시 암약(瘖藥)의 속ᄒᆫ107) 약을 어더 먹이고, 비ᄌᆞᄅᆯ 맛져 구호ᄒᆞ여 말을 통ᄒᆞ거든 화부로 보ᄂᆡ라 ᄒ고, 비로소 젼문(前門)으로조ᄎ 모친긔 알현ᄒ니, 부인이 심신이 아득ᄒᄆᆞᆯ 닐너 화산으로 도라갈 ᄯᅳᆺ이 급지 아니니, 태우와 한님이 다만 뷘 집의 젹뇨(寂廖)히 머르러시미 불가ᄒᄆᆞᆯ 닐ᄏᆞ라 금일 도라가믈 주(奏)ᄒ니, 부인이 처엄은 듯지 아니ᄒᆞ더니, 한님이 근졀이 빈딕, 부인이 비로소 도라가믈 허ᄒᆞ되 냥지 대열ᄒᆞ여 즉시 화거옥뉸(華車玉輪)을 디령ᄒᆞ여 【71】 힝ᄒᄆᆞᆯ 청ᄒ니, 시랑은 거야(去夜)ᄅᆯ 이의 머므러시나 모친(母親) 작악(作惡)을 아지 못ᄒ고, 졔형의 뫼셔 도라가려 ᄒᄆᆞᆯ 의아ᄒ니, 태위 ᄀᆞ마니 넛그러 작야ᄉᆞ(昨夜事)ᄅᆯ 닐오고 아지 못ᄒᄆᆞᆯ 칙ᄒ니, 시랑이 텽미(聽未)의 한심경히(寒心驚駭)ᄒ고 미데의 신셩명달ᄒᄆᆞᆯ 칭도(稱道)ᄒ더라.

이의 모친을 밧드러 화산의 도라와, 이후로 아모 긴급ᄒᆫ 일이 이셔도 삼곤계 홈ᄭᅦ 모젼(母前)을 ᄲᅥ나미 업셔, 날이 ᄇᆞᆰ으며 어둡기ᄅᆯ 그음ᄒᆞ여 부인이 침금의 나아가믈

---

107) 속(速)ᄒ다 : 꽤 빠르다.

보ᄃᆡ, 오히려 믈너나지 아냐, 모친의 침쉬(寢睡) 뇌듕(牢重)108)키ᄅᆞᆯ 기다려 퇴(退)ᄒᆞ
고, 효신(曉晨)의 【72】 모다 ᄒᆞᆫ갈ᄀᆞᆺ치 어진 말ᄉᆞᆷ과 덕ᄒᆡᆼ으로 위로ᄒᆞ여 들니ᄃᆡ, 부인
이 능히 기과ᄌᆞ척(改過自責)지 못ᄒᆞ고 다만 뎡데찰을 즐욕(叱辱)ᄒᆞ더라.

화시의 유랑 시녀 등이 조부 비ᄌᆞ 등의 구호ᄒᆞᄆᆞᆯ 힘닙어 약음(藥飮)과 미듁(糜粥)을
마시미 잠간 긔운을 슈습ᄒᆞ고 말을 통ᄒᆞᆯ식, 밧비 쥬모(主母)의 ᄉᆡᆼᄉᆞ거쳐(生死居處)ᄅᆞᆯ
무ᄅᆞᆯ식, 조부 시녀 등이 태우의 닐오던 ᄃᆡ로 ᄃᆡ답ᄒᆞ여, 쇼져ᄂᆞᆫ 화아(衙)로 무ᄉᆞ히 도
라가시니, 밧비 가 알현ᄒᆞ라 ᄒᆞᆫᄃᆡ, 유랑 시녀비 불ᄒᆡᆼ즁 다ᄒᆡᆼᄒᆞ여 ᄂᆞᆫ 다시 본아(本
衙)로 도라와 쇼져ᄅᆞᆯ 비견(拜見)ᄒᆞ미, 노쥬 다 황양길(黃壤-)109)노조ᄎᆞ 도라온 ᄃᆞᆺ, 슬
프며 반【73】기더라.

취옥이 화시긔 하직고 본부의 도라와 부인긔 뵈옵고, 소리ᄅᆞᆯ 놋초와 화쇼져 구흔
바ᄅᆞᆯ 일일히 고ᄒᆞ며, 쇼져의 상ᄒᆞ미 위틱키의 밋쳐시믈 갓초 말ᄉᆞᆷᄒᆞ니, 부인이 새로이
참연ᄒᆞ여 놋빗츨 곳치며 ᄌᆞ위의 실덕(失德)을 슬허ᄒᆞ더라.

이러구러 조쇼졔 은심뎡의 ᄂᆞ련지 수슌(數旬)이 되고, 태부인이 즐기지 아닛ᄂᆞᆫ ᄉᆞ식
으로 닐오ᄃᆡ,

"근일 화현뷔 유질(有疾)ᄒᆞ여 도라오지 못ᄒᆞ고, 조현뷔 비실(鄙室)의셔 일졀 나지
아니ᄒᆞ니, 한이 외로이 졔ᄉᆞ뉴(娣姒類)110)의 이시믈 볼 적마다 조현부의 ᄉᆡᆼ각이 ᄀᆞᆫ졀
ᄒᆞ니, 엄【74】부인이 비록 고이ᄒᆞᆫ 셔ᄉᆞ로 욕ᄒᆞ미 이시나, 조ᄋᆞ의 탓시 아니니 그만
ᄒᆞ여 샤ᄒᆞ라."

데찰이 피셕ᄒᆞ여 듯ᄌᆞ올 ᄲᅮᆫ이오, 미급ᄃᆡ(未及對)의, 졔왕이 비슈(拜手) 왈,

"조시ᄅᆞᆯ 처엄 은심뎡의 ᄂᆞ리올 허믈이 업시 ○○○○[슈계(囚繫)ᄒᆞᆫ],ᄂ 운ᄋᆞ의 현쳐
ᄅᆞᆯ ᄃᆡ졉ᄂᆞᆫ 되(道) 심히 틱만(怠慢)ᄒᆞ니, 쇼손이 ᄆᆞᄋᆞᆷ의 불평이 넉여ᄉᆞ오ᄃᆡ, 현뷔 도리
ᄅᆞᆯ 극진이 츌ᄒᆞ여 존당이 브르시나 능히 나오지 못ᄒᆞ오니, 이ᄂᆞᆫ ᄋᆞ부(兒婦)의 도리 올ᄉᆞ
오나, 조이 비실(鄙室)의 ᄂᆞ련지 《일넘∥일년》의 밋고, 초동(初冬) 닝긔(冷氣) 심ᄒᆞ
온ᄃᆡ, 대뫼(大母) 깁히 우(憂)ᄒᆞ시니, 이 ᄯᅩ 쇼손의 불초ᄒᆞ미니이다."

언흘(言訖)의 데찰을 【75】도라보아, '조시ᄅᆞᆯ 즁회(衆會)에 나게 ᄒᆞ라'ᄒᆞ니, 데찰
이 비록 ᄆᆞᄋᆞᆷ과 다ᄅᆞ미 이시나, 감히 역지 못ᄒᆞ여 슈명ᄒᆞ고, 날호여 시녀ᄅᆞᆯ 명ᄒᆞ여 조
시긔 젼어 왈,

"ᄉᆡᆼ은 본ᄃᆡ 광망(狂妄)ᄒᆞᆫ 필뷔(匹夫)라. 능히 ᄉᆞ톄ᄅᆞᆯ 아지 못ᄒᆞᄂᆞᆫ 고로 존부 엄부인
의 통달ᄒᆞᆫ 의문(懿文)과 규례(閨禮) 심히 올흐나, ᄉᆡᆼ은 스스로 불평ᄒᆞ미 만하 부인을
오ᄅᆡ 비실의 곤(困)케 ᄒᆞ여시나, 오히려 불통ᄒᆞᆫ 고집이 곳치기 어렵더니, 존당이 과도

---

108)뇌듕(牢重) : 매우 견고함. 매우 깊이 무엇에 빠져듦.
109)황양길(黃壤-) : 황천길(黃泉-). 저승길. 죽어서 저승으로 가는 길. *황양(黃壤); 저승. 황천(黃泉). 사
  람이 죽은 뒤에 그 혼이 가서 산다고 하는 세상.
110)졔ᄉᆞ뉴(娣姒類) : 남편 형제들의 아내(同壻)들. *졔ᄉᆞ(娣姒) : 남편 형제들의 아내를 모두 일컬어 이르
  는 말.

히 넘녀ᄒ시니 맛당히 시일(是日)노브터 즁회(衆會) 츌입(出入)을 평상이 ᄒ쇼셔."
ᄒ니라. 【76】

윤하뎡삼문취록 권지ᄉ십칠

ᄎ시 톄찰이 시녀다려 젼어 왈,

"존당이 과도히 넘녀ᄒ시니 맛당이 시일(是日)노브터 즁회(衆會)에 츌입을 평상이 ᄒ쇼셔."

ᄒ니, 시녜 은심뎡의 나아가 이딕로 젼ᄒ니, 조쇼졔 스스로 모부인 과악(過惡)을 참 ○[괴](慙愧)ᄒ여 심당(深堂)의 고요히 이시믈 원ᄒ더니, 톄찰의 사명을 드릭미 마지 못ᄒ여 홍상녹의(紅裳錄衣)로 셩장(盛裝)을 폐ᄒ고, 이의 유ᄋ 등으로 더브러 졍당의 나아가 존당졔위의 알현(謁見)ᄒ고, 면젼의 ᄭ러 수삭(數朔) 셩뎡(省定)을 불참ᄒ여 불민ᄒᆫ 죄를 닐ᄏ라니, 태부인【1】이 슬하의 안치고 션빈(鮮鬢)¹¹¹을 어라만져 우어¹¹² 왈,

"운긔 무고히 이ᄀᆺᄐᆫ 현쳐를 괴롭게 ᄒ니 진실노 불명무상(不明無狀)ᄒ도다."

복애(僕射) 쇼이주왈(笑而奏曰),

"운긔 여러 쳐실이 이시니 현마 농장(弄璋)이야 그리 더딕리잇가? 쇼손은 그윽이 숣피ᄋᆸ건딕 한질븨 틴신(胎娠)의 긔미(幾微) 잇ᄂᆫ가 시브더이다."

태부인과 금평후 부뷔 한시의 유신(有娠)ᄒ믈 모릭다가, 복야의 말노조ᄎ 쇼왈,

"이ᄂᆫ 희ᄉ(喜事)라."

ᄒ고 인ᄒ여 한시의 복심(腹心) 시ᄋ(侍兒)를 불너 삭수(朔數)를 무릭니, 임의 팔삭이라 ᄒ니, 좌즁이 희연(喜然)이 넉이더라.

이ᄣᅵ 화쇼졔 병셰 잠간 나으미 【2】졔왕이 거교(車轎)를 보닉여 도라오믈 명ᄒ니, 화쇼졔 비록 몸을 요동(搖動)ᄒ나 면모의 상흔(傷痕)이 이시니, 존당의 도라가 현알ᄒ믈 어려히 넉여 도라가지 말고져 ᄒ나, 엄명을 역지 못ᄒ여 쳔만 부득이 졔궁의 니릭러 존당의 비알홀ᄉᆡ, 이ᄣᅵ 마춤 낫 문안이라. 일가 졔인이 만당(滿堂)이러니, 태부인이 그 병이 나으믈 깃거ᄒ고 면모의 상쳬(傷處)이시믈 놀나 연고를 무릭니, 화쇼졔 강잉ᄒ여 여측(如厠)ᄒ라 가다가 실족(失足)ᄒ믈 고ᄒᆫ딕, 졔부인이 그러히 넉이나 톄찰과 조부인이야 엇지 모릭리오. 금휘 화【3】시의 졔시ᄋ를 불너 근신(謹愼)치 못ᄒ믈 수

---

¹¹¹)션빈(鮮鬢) : 곱게 ᄯ아 올린 귀밑머리. *귀밑머리; 이마 한가운데를 중심으로 좌우로 갈라 귀 뒤로 넘겨 ᄯ은 머리.

¹¹²)우읍다 : 우습다. *우어 : 웃어, 웃으며.

죄(數罪)ᄒ니, 조쇼져의 축연(蹙然)113) 불안(不安)ᄒ미 형용치 못ᄒ너라.

화시 존당 명을 거역지 못ᄒ여 ᄉ침(私寢)의셔 됴리ᄒᆞᆯ시, 조쇼졔 십여쳡 약을 지어 션미 취옥 등을 주어 날마다 달혀 화쇼져긔 나오라 ᄒ고, 지극히 위문ᄒ더니, 십여일 후 화쇼졔 유ᄋᆞ(乳兒)114)로 쵹을 잡히고 이현당의 니ᄅᆞ러 조부인을 볼ᄉᆡ, 은심뎡 누실을 면ᄒ여 정침의 도라오믈 깃거ᄒᆞᆯ ᄯᆞᆫ이오, 다란 말이 업시 슈슌(數旬) ᄶᅥ낫다가 모드믈 반길 ᄯᆞ름이니, 조쇼졔 함누(含淚)ᄒ고 【4】 주모의 허물을 간치 못ᄒ미 주가의 불초(不肖)ᄒᆫ 연괴(緣故)오, 요정(妖精)의 작얼(作孽)이라 ᄒ여, 쇼져의 참변 지닌 바ᄅᆞᆯ 샤죄ᄒᆞᆫᄃᆡ, 화시 년망(連忙)이 피셕 되왈,

"쳡이 몬져 발코져 ᄒ엿더니, 우둔(愚鈍)ᄒᆫ 연고로 부인의 구ᄒᆞ신 덕음(德蔭)을 샤례치 못ᄒ고, 부인이 믄득 이 갓치 닐오시믈 당ᄒᆞ오니 도로혀 불안ᄒ미 깁도소이다."

조부인이 ᄯᅩᄒᆞᆫ 참연 샤례ᄒ더라.

어시의 하태우 부인 월염이 몸우히 참누(慙累)를 싯고 구가의 츌뷔(黜婦) 되어, 미현당 즁의 이셔 고요히 일월을 보닉니, 졔왕이 더욱 이이듕지(愛而重之)ᄒ여 긴급 【5】 ᄒᆫ ᄉᆞ괴 아니면, 친히 미현당의 니ᄅᆞ러 녀ᄋᆞ를 볼ᄉᆡ, 그 복즁의 셔긔(瑞氣) 엉긔여 ᄐᆡ(胎) 일워시믈 그윽이 혜아려 환희ᄒᄂᆞᆫ 비로ᄃᆡ, 문양공쥬 녀ᄋᆞ의 만닉 젼졍(前程)을 볼거시 업ᄉᆞ믈 슬허ᄒ여, 주가의 죄과를 새로이 뉘웃쳐 스스로 몸을 ᄭᅮ짓고, 녀ᄋᆞ의 복녹을 누리지 못ᄒ믈 골돌이 통ᄒᆞ여, 능히 먹지 못ᄒ고 자지 못ᄒ기를 ᄌᆞ로 ᄒ니, 쇼졔 불효를 더욱 슬허 존당 부모를 뵈올 ᄯᅢᄂᆞᆫ 화열ᄒᆫ 빗츨 ᄭᅴ여시니 왕은 도로혀 위로ᄒ더라.

ᄎᆞ시 쇼졔 ᄐᆡ신 십이삭(十二朔)의 초동긔망(初冬旣望) 【6】 경진일(庚辰日) 인시(寅時)를 당ᄒ여 일개 옥동(玉童)을 싱ᄒ니, 신ᄋᆞ의 작셩긔질(作成氣質)은 닐오도 말고 산실의 셔운(瑞雲)이 이이(靄靄)ᄒ고 이향(異香)이 ᄀᆞ득ᄒ더라. 쇼졔 분산(分産)의 닛브미115) 업ᄉᆞ믈 인ᄒ여 깅반(羹飯)을 ᄶᆞ로 나오고, 존당 부모긔 졀우(切憂)를 ᄭᅵ칠가 두리므로, 스스로 ᄆᆞ음을 안한(安閑)이 ᄒ여 몸을 조심ᄒ미 산후 병이 잇지 아니ᄒ니, 합문(闔門) 상해 다 ᄒᆞᆫ가지로 환열ᄒ고, 문양공쥬 힝희(幸喜)ᄒ더라.

하부의셔 이소식을 드르미, 초공과 윤부인의 ○○○○[환열ᄒᆞ믄] 비ᄒᆞᆯ 곳은[이] 업ᄉᆞ나, 뎡국공과 됴부인은 임의 ᄆᆞ음이 밧고이고 총명이 【7】 변이(變異)ᄒ여, 뎡시 알오믈 ᄒ낫 음쳔불인(淫賤不仁)의 교특(狡慝)ᄒᆫ 녀진가 ᄒ여, 젼일 과듕(過重) 년익(憐愛)ᄒ던 바ᄅᆞᆯ 도로혀 어둡게 넉이므로, 그 싱ᄌᆞ(生子)ᄒ믈 조금도 깃거 아냐, 이 불과 마가의 더러온 골육으로 알아 측히 넉이고, 황가(皇家) 여믹(餘脈)과 쳔승지엽(千乘之葉)의 음특(淫慝)ᄒᆫ 거시 삼겨시믈 그윽이 비위 아니쏘아 ᄒ니, 북후 등이 부모의 이러툿 누연(陋然)이 넉이시믈 보미 익ᄃᆞᆯ오믈 니긔지 못ᄒᆞᄃᆡ, ᄯᅩ 능히 그러치 아니믈 닷

---

113) 축연(蹙然) : 기가 꺽이거나 풀이 죽어 있는 모양
114) 유ᄋᆞ(乳兒) : 유모(乳母)와 시아(侍兒)를 함께 이른 말.
115) 닛브다 : 수고롭다. 힘들다.

토지 못ᄒ더라.

초공이 일칠일 후 삼뎨로 더브러 뎡부의 가 신손(新孫) 보믈 쳥ᄒ니, 졔공이 흔가 【8】지로 미현당의 니ᄅ러 신싱ᄋ를 볼ᄉ,, 쇼뎨 여상(如常)이 긔거ᄒ여 엄구 곤계와 부슉을 마ᄌ나, 엄구의 친님ᄒ시믈 불승황공(不勝惶恐)ᄒ니, 초공이 흔연이 웃고, ᄋ부(我婦)의 복되미 닌ᄋ봉츄(麟兒鳳雛)를 싱ᄒ믈 문호의 대경(大慶)이라 ᄒ여, 신손을 어라만뎌 흔힝(欣幸)ᄒ며 졔왕을 향ᄒ여 왈,

"쇼뎨 평싱의 깃친 덕이 업시 이ᄀ튼 긔손(奇孫)을 어드니 젼혀 ᄋ부의 지셩대덕과 존부 젹션여퇴(積善餘澤)이 외손의 밋ᄎ미라. 스스로 과망(過望)ᄒ믈 니긔지 못ᄒᄂ이다."

왕이 뎡가의 젹션여퇴(積善餘澤)이 외손의 밋다ᄒ믈 기리 【9】 亽양ᄒ더라. 초공 亽곤계(四昆季) 졔뎡으로 더브러 외헌의 나와 담화ᄒ다가 도라가니라.

이젹의 쳥션요리 날마다 윤ㆍ하ㆍ뎡 삼부의 왕닉ᄒ며, 냥 연시의 소쳥(所請)을 밧고, ○[조] 원홍의 소원을 일우고져 ᄒ니, 주연이 뉴뉴상죵(類類相從)으로 일반 간당이 협녁ᄒ여, 졔쇼져의 신셰 마얼(魔孼)을 짓고져 ᄒᄂ지라.

ᄎ시 한츄밀 부인 관시 거즛 회과ᄎ션(悔過責善)ᄒ노라 ᄒ나, 본 ᄆ음이 간힐(奸詰)ᄒᆞᆫ 변치 아니ᄒ여시니, 즁심의 미양 난쥬쇼뎨 뎡톄찰의 계비(季妃)로, 존당구고의 ᄌ의와 가부의 은춍이 젼일(專一)ᄒ여, 복 【10】 녹이 영요(榮耀)ᄒ믈 보니, 한공의 두긋기ᄂ116) 거동이 더욱 증통(憎痛)혼지라. 연이나 능히 해홀 모칙이 업서 민민우우(悶悶憂憂)ᄒ더니, 홀연 일일은 심복비즈 신월이 드러와 ᄀ마니 고왈,

"동문밧 도관 봉암진인의 뎨즈 쳥션니괴(尼姑)라 ᄒᄂ니 이시니, 신힝법슐(神行法術)의 고명ᄒ여 능히 사름의 얼골을 보아 심쳔(心泉)을 亽못ᄎ며, 亽쥬(四柱)117)를 보아 젼졍(前程) 길흉과 亽싱화복(死生禍福)을 판단ᄒ며, 능히 호풍환우(呼風喚雨)ᄒᄂ 신통이 잇다 ᄒ기로, 쇼비 팔즈를 뵈려 아즈미 집의 가 만나 보오니, 과연 녕험(靈驗)ᄒ여 젼두(前頭) 화복을 손 【11】 금보둣 ᄒ더이다."

관시 텽필(聽畢)의 ᄀ쟝 반겨 밧비 신월을 보닉여 치단금빅(綵緞金帛)으로 녜폐(禮幣)를 ᄀᆺ초고 글월노뻐 근졀이 쳥ᄒ니, 기셔(其書)의 왈,

"한츄밀 부인 관시ᄂ 삼가 공경ᄒ여 글월을 쳥션亽부 안탑(案榻)의 올나ᄂᄂ니, 亽부ᄂ 고산야협(高山野陜)의 명셰(明世)를 亽졀(辭絕)ᄒ신 득도신인(得道神人)이오, 쳡은 진토홍진(塵土紅塵)의 누누(陋陋)혼 주최라. 임의 되(道) 다ᄅ니 진실노 안ᄌ셔 쳥ᄒ미 방ᄌ존대(放恣尊大)ᄒ나, 원컨딕 신인(神人)은 허물치 마ᄅ시고, 쳡의 쳥ᄒᄂ 졍셩을 용납ᄒ여 누쳐(陋處)의 흔번 굴님ᄒ시믈 ᄇ라ᄂ이다."

ᄒᄒ엿더라. 【12】

---

116)두긋기다 : 자랑스러워하다. 대견해하다. 기뻐하다.
117)亽쥬(四柱) : 사람이 태어난 연월일시의 네 간지(干支). 또는 이에 근거하여 사람의 길흉화복을 알아 보는 점.

신월이 글월과 예단(禮緞)을 가져 쳥션의 햐쳐(下處)118)룰 초조 부인의 근졀이 쳥ㅎ
눈 소유룰 젼ㅎ니, 쳥션이 처엄은 거즛 어려온 빗치 잇더니, 나죵은 마지 못ㅎ여 허락
ㅎ고, 승간(乘間)ㅎ여 한부의 니르니, 관시 후당으로 쳥ㅎ여 볼시, 쳥션이 빅의운납(白
衣雲衲)119)을 졍히 ㅎ고 손에 뉵환장(六環杖)120)을 집고 목에 빅팔념쥬(百八念珠)121)
눈 산호(珊瑚)로 격즈(格子)122)ㅎ여 빅옥(白玉) 구슬노 줄지어시니, 보비의 빗치 녕농
ㅎ뒤, 얼골이 쇼쇄(素灑)123)ㅎ여 션풍도골(仙風道骨)124)이라. 관부인이 일견의 크게
공경흠복(恭敬欽服)ㅎ여 뒤졉ㅎ믈 지극히 ㅎ여 흠【13】탄ㅎ니, 쳥션이 조득양비(自得
揚飛)125)ㅎ더라.

관시 보야흐로 심곡소회(心曲所懷)로뼈 닐너 왈,

"쳡이 본뒤 한공의 지취로 한문의 젹(籍)ㅎ니, 쳡은 다만 흔 오들을 두고 원비 오시
흔 쏠을 나코 죽으니, 의녀(義女)126)의 요괴로온 쇠틱용광(色態容光)이 결비범인(決非
凡人)이라. 그 부공의게 참소ㅎ니, 한공이 크게 혼암불명(昏暗不明) 흔 고로, 기녀의
소실(所失)은 젼부지(全不知)ㅎ고 날노뼈 의녀의게 부조(不慈)ㅎ다 ㅎ여 계칙(戒責)이
조조니, 참아 견뒤기 어려온지라. 고로 의녀룰 쇼졔(掃除)ㅎ려 ㅎ나, 지식이 우몽(愚
蒙)ㅎ여 고장 민망ㅎ더니, 스부의 무량흔 신통을 듯스【14】오니, 쳡의 소원을 일워
죵신계활(終身契活)127)이 쾌ㅎ믈 엇게 ㅎ시면, 스부의 늉은혜틱(隆恩惠澤)인가 ㅎ느이
다."

쳥션이 심즁의 깃거ㅎ나 거즛 빈미(矉眉) 왈,

"불가(佛家)의 조비지심(慈悲之心)은 본뒤 젹션(積善)을 일삼느니, 빈되(貧道) 본뒤
뎡부인으로 더브러 일면(一面)의 분(分)128)이 업고, 쳑촌(尺寸)의 원(怨)이 업스니 엇
지 함해(陷害)ㅎ리오. 부인은 맛당이 가지록 목강(穆姜)129)의 인조흔 셩덕을 힘뼈 의

---

118)햐쳐(下處) : 사처. 손님이 길을 가다가 묵음. 또는 묵고 있는 그 집..
119)빅의운납(白衣雲衲) : 중이 입는 흰 도복과 머리에 쓰는 하얀 천으로 만든 모자. *운납(雲衲) : 중이
　　머리에 쓰는 흰 모자.
120)뉵환장(六環杖) : 승려가 짚는, 고리가 여섯 개 달린 지팡이.
121)빅팔념쥬(百八念珠) : 작은 구슬 108개를 꿴 염주. 백팔 번뇌를 상징한다. 이것을 돌리며 염불을 외
　　면 번뇌를 물리쳐 무상(無想)의 경지에 이른다 한다.
122)격즈(格子) : 갓끈이나 염주에서 그것의 주재료인 대나무의 토막과 토막 사이, 또는 염주알과 염주알
　　사이에 꿴 구슬. 또는 그것들의 사이사이에 구슬을 꿰어 만드는 일.
123)쇼쇄(素灑) : 희고 깨끗함.
124)션풍도골(仙風道骨) : 신선의 풍채와 도인의 골격이란 뜻으로, 남달리 뛰어나고 고아(高雅)한 풍채를
　　이르는 말.
125)조득양비(自得揚飛) : 스스로 잘난 체하고 거드럭거림.
126)의녀(義女) : 의붓딸. 개가하여 온 아내가 데리고 들어온 딸. 또는 남편의 전처가 낳은 딸.
127)죵신계활(終身契活) : 죽을 때까지 살아가는 일.
128)분(分) : 인연. 연분(緣分).
129)목강(穆姜) : 중국 진(晉)나라 정문구(程文矩)의 아내. 성은 이(李)씨, 자(字)는 목강(穆姜). 전처 소생
　　의 네 아들을 자신이 낳은 두 아들보다 더 사랑하여 훌륭하게 키웠다..

녀를 감화ᄒ쇼셔."

관시 함누 왈,

"ᄉ븨(師父) 닐오지 아니ᄒ시나, 첩이 ᄯᅩ 엇지 이런 일을 아지 못ᄒ리오마ᄂᆞᆫ, 녀ᄋ의 효슌ᄒᄆᆡ 업ᄉ나, 예ᄉ 인물 만ᄒ면 엇【15】지 첩인들 여ᄎᆞᄒ리오마ᄂᆞᆫ, 진실노 명회(名號) 모녜나 실위구젹(實爲仇敵)이니, 첩이 만일 져를 해치 못ᄒ면 졔 첩을 해ᄒᆞᆯ지라. 고로 첩이 브득이 일신의 안과(安過)키를 계교ᄒᄆᆡ니, 쳥컨듸 ᄉ부ᄂᆞᆫ 첩의 잔명을 보젼케 ᄒ쇼셔."

드듸여 상협(箱篋)을 기우려 은보(銀寶) 두 뎡이와 치단 일필을 ᄂᆡ여주고, 직삼 간걸(懇乞)ᄒ니, 쳥션이 두어번 ᄉ양ᄒ다가 마지 못ᄒ여 프기의 ᄂᆞᆯ코 왈,

"부인의 소쳥(所請)이 근축(懇惻)ᄒᆞᆯᄉᆡ, 빈되 ᄒᆡᆼ계ᄒ리니 다만 부인은 신밀(愼密)이 ᄒ쇼셔."

관시 대열(大悅) 칭샤(稱謝)ᄒ니, 쳥션이 날을 긔【16】약ᄒ고 가니라.

이ᄶᅦ 하부의셔 초공 ᄉ곤계와 졔쇼년의 니ᄅᆞ히 뎡쇼져의 싱득긔ᄌ(生得奇子)ᄒᄆᆞᆯ 뉘 아니 깃거ᄒ리오마ᄂᆞᆫ, 다만 뎡국공 부뷔 측히 넉이고 연부인이 통ᄒᆞᆫ졀치(痛恨切齒)ᄒ여 그 싱남ᄒᄆᆞᆯ 드르ᄆᆡ 타일 픽가상문(敗家喪門)¹³⁰)ᄒ리라 ᄒ고, 쇼연시 노쥬ᄂᆞᆫ 대경실식(大驚失色)ᄒ여 발셔 아조 죽이지 못ᄒᆞᆷ믈 ᄒᆞᆫ(恨)ᄒ니, 쇼연시 황파 복향을 듸ᄒᆞ여 왈,

"우리 처엄 뎡가 요물을 죽이지 못ᄒᆞᆫ 탓ᄉ로 이제 믄득 싱남ᄒ니, 유ᄋ를 비록 보지 아니나 범상(凡常)치 아니리니, 장ᄎᆞᆺ 이를 엇지 ᄒ리오. 어미와 복향은 밧비 긔모비【17】계(奇謀秘計)를 운동ᄒ여 쳥션과 합모(合謀)ᄒ여 뎡녀와 유ᄌ를 어셔 서라져, 대환(大患)을 졔방(制防)ᄒ라."

황파 복향이 역탄왈(亦嘆曰),

"쇼졔 닐오지 아니시나 비ᄌ 등이 엇지 셜계(設計)치 아니리잇고? 쇼져ᄂᆞᆫ 갈ᄉ록 부덕을 닷그쇼셔."

ᄒ더라

이ᄶᅦ 연니부 부인 호시 녀ᄋ 희벽의 신셰 계활이 아모려나 남의 뉴(類)의 빗나기를 도모코져 ᄒᄆᆡ, 쳥션을 듀ᄉ야탁(晝思夜度)¹³¹)ᄒ여 궁모극계(窮謀曲計) 아니 밋친 곳이 업고, 뎡쇼져의 싱남ᄒᄆᆞᆯ 듯고 더욱 불ᄒᆡᆼ코 놀나오믈 니긔지 못ᄒ여, 밧비 셜계ᄒ여 져 모ᄌ를 업시코, 조초 표·샹【18】냥쇼져를 졀졔ᄒ여, 녀ᄋ로 ᄒ야금 쾌락을 일위고져 ᄒᆞᆯᄉᆡ, 쳥션이 날마다 졔궁의 왕ᄂᆡᄒ며, 미현당의 분쥬(奔走)ᄒ여 뎡시 모ᄌ를 업시코져 ᄒ나, 쥬필부작(朱筆符作)이 졍양지긔(正陽之氣)를 ᄯᅴ여 광치 두우간(斗牛間)¹³²)의 ᄶᅦ처시니¹³³), 요사(妖邪)ᄒᆞᆫ 졍젹(情迹)이 엇지 감히 발뵈리오. 부작 우ᄒᆡ 신

---

130)픽가상문(敗家喪門) : 가문을 패망케 함.
131)듀ᄉ야탁(晝思夜度) : 밤낮으로 깊이 생각하고 헤아림.
132)두우간(斗牛間) : 이십팔수(二十八宿) 가운데 두성(斗星)과 우성(牛星)의 사이. *두성(斗星); 북두칠성.

뇽(神龍)이 보호하여시므로, 갓가이 나아근 즉 즈연 모골이 경구(驚懼)ᄒ고 정혼(精魂)이 프러지니, 스스로 동혀지운134) 둧, 뒤흘 뜻추며, 압흐로 쓰으는 둧, 족불니디(足不履地)135)ᄒ여 스스로 물너나니, 제 ᄆᆞ음이라도 능히 임의치 못ᄒ여 무류히136) 도라와, 【19】 호부인을 보고 왈,

"빈되 슐업이 용녈ᄒ미 아니오, 쏘 부인 모녀긔 정성이 헐ᄒ미 아니로ᄃᆡ, 진실노 뎡시의 싱ᄋᆞᆫ 인셰간(人世間) 범인(凡兒) 아니라. 텬디 졍화롤 타나온 바 진명대셩(眞明大聖)이니, 빅신(百神)이 호위ᄒ여시므로 ᄎᆞᄋᆞ롤 죽이며 업시치 못ᄒ리러이다."

호부인이 아연 대경 왈,

"ᄉᆞ부(師父)야! 이 진짓 말가? 비록 일긔 강보히지(襁褓孩子) 교연염미(嬌然艶美)ᄒᆞᆫ 들 그ᄃᆡ도록 ᄒᆞ니잇가?"

쳥션이 ᄀᆞ장 무류ᄒ더니137), 이윽고 굴오ᄃᆡ,

"부인은 각별 계괴 업ᄉᆞᆫ가 《근심ᄒ리잇고마ᄂᆞᆫ ‖ 근심ᄒ실 것이지만》, ○○○[빈도ᄂᆞᆫ] 부인이 힝혀 만흔 지믈을 허비ᄒ 【20】 시믈 앗길가 ᄒᄂᆞ이다."

호부인이 년망(連忙)이 굴오ᄃᆡ,

"아모 일이라도 녀ᄋᆞ의 젼졍만니(前程萬里)의 유익ᄒ미 이시리라 ᄒ면, 쳡의 목숨을 ᄃᆡᄒ라 ᄒᆞᆫ들 무슴 앗가오미 이시리오. 다만 엇지ᄒ면 뎡시 모ᄌᆞ롤 업시ᄒ리오?"

쳥션 왈,

"이제 뎡시 모ᄌᆞ롤 인녁(人力)으로 해ᄒ려 ᄒ다가는 텬앙(天殃)이 두리오니, 맛당히 누쳔(累千) 금빅(金帛)을 드려 명산대쳔(名山大川)의 가 칠칠ᄉᆞ십구일(七七四十九日)을 목욕 지계ᄒᆞᆫ 후 제전(祭奠)과 향쵹(香燭)을 갓초와 하늘긔 고ᄒᆞᄃᆡ, '텬강진셩(天降眞聖)이 강셰(降世)ᄒ미 불ᄒᆡᆼ이 길흘 잘못 드러, 만고박명지인(萬古薄命之人) 뎡시의 【21】 빅롤 비러 셰간의 싱ᄒ미, 인연(因緣)이 분분(紛紛)ᄒ여138) 도로혀 진인의 신상의 더러온 흉언(凶言)이 도라가니, 이ᄂᆞᆫ ᄀᆞ장 상션(上仙)의게 비겨 욕되미라. 창텬신긔(蒼天神氣) ᄒᆞᆫ가지로 명찰신뎡(明察新定)ᄒ여 이제라도 진인(眞人)의 젼신(前身)을 거두워 다란 귀ᄒᆞᆫ 곳에 탄싱(誕生), 환셰(還世)ᄒ게 ᄒ쇼셔' ᄒ면, 녜브터 북두칠셩은 사름의 싱살(生殺)을 쳐단ᄒ노니, ᄒ믈며 하ᄋᆞ(河兒)의 젼신이 북두신의 읏듬 셩신(星辰) 강목괴139)라. 텬상신긔(天上神祇)140)○[을] 엇지 즐겨 인셰의 두고져 ᄒ며, 강목괴 스

---

*우셩(牛星); 견우셩(牽牛星). 현대 별자리의 독수리자리에서 가장 밝은 별. 실시 등급 1등급의 별로, 은하수를 경계로 직녀셩과 마주하고 있다

133)쎄치다 : 꿰뚫다.

134)동혀지우다 : 감거나 둘러 묶어 등에 얹다.

135)족불니디(足不履地) : 발이 땅에 닿지 않는다는 뜻으로, 몹시 급하게 달아나거나 걸어감을 이르는 말.

136)무류히 : 무료히. 부끄럽고 열없이.

137)무류ᄒ다 : ①무료(無聊)하다. 부끄럽고 열없다. ②무안(無顔)하다. 수줍거나 창피하여 볼 낯이 없다.

138)분분(紛紛)ᄒ다 : ①여럿이 한데 뒤섞여 어지럽다. ②떠들썩하고 뒤숭숭하다.

139)강목교 : 북두칠성의 으뜸 성신(星辰).

140)텬상신긔(天上神祇) : '천신(天神)'을 달리 표현한 말.

스로 붓그려 도라가고져 아니 ᄒ리오. 연죽 독ᄒ 손씨를 【22】놀니지 아녀, 뎡시의 유ᄌ(乳子) 스스로 죽으리니, 이 계괴 엇더ᄒ니잇고?"

호시 텽파의 환희 왈,

"ᄉ부의 신긔묘산(神技妙算)141)은 귀신도 밋지 못ᄒ리소이다."

ᄒ고, 드듸여 협ᄉ(篋笥)를 열어 빅은(白銀) 오빅냥과 치단 수십필을 닉여주며, '계교를 속속히 힝ᄒ라' ᄒ니, 쳥션이 깃거 즉시 거두워 도라가며 왈,

"빈되(貧道) 이제 도라가면 두둘이 지난후 도라올 거시니, 부인은 그 ᄉ이 기다리지 마라쇼셔."

호시 머리 조아 왈,

"ᄉ부는 다만 대계(大計)를 그릇게 말나. 쳡은 ᄉ부의 지교(指敎)되로 ᄒ리이다."

쳥션이 하직고 즉시 도라가니 【23】라.

ᄎ시 일긔 염열(炎熱)ᄒ지라. 뎡부의셔 진부인이 홀연 풍한(風寒)의 침위(侵爲)ᄒ여 병셰 듕(重)ᄒ니, 졔왕 등 오곤계 냥ᄆᆡ와 졔손이 진경(震驚)ᄒ여 듀야(晝夜) 불탈의되(不脫衣帶)142)ᄒ고 시탕(侍湯)의 분쥬홀ᄉᆡ, 톄찰의 ᄎ비 한쇼졔 약질의 회틱(懷胎) 만월(滿月)ᄒᆫ 즁 병이 니러 상셕(床席)의 ᄶᅥ나지 못ᄒ나, 존당 환휘(患候) 듕ᄒ시니 능히 안와(安臥)치 못ᄒ여 강잉(降孕)ᄒ여 츌입거쳐(出入去處)를 평상(平常)이 ᄒ노라 ᄒ나, ᄌ연 몸이 곤뇌(困惱)ᄒ여 옥골이 수쳑(瘦瘠)ᄒ니, 가즁 상해 그 약질이 여ᄎᄒ믈 근심치 아니미 아니로되, ᄌ연 진부인 환후로 샹 【24】하의우환이 젹지 아니ᄒ니, 넘녜 ᄌ연 슬하인(膝下人)의 밋지 못ᄒᄂ지라.

일일은 한츄밀이 니르러 녀ᄋ를 보고 그 수약(瘦弱)ᄒ믈 크게 놀나며 근심ᄒ여, 졔왕부ᄌ를 되ᄒ여 왈,

"녕당(令堂) 태부인 환휘 듕ᄒ신 즁, 녀식(女息)의 귀령을 쳥ᄒ미 감히 방ᄌᄒ미 아니라, 녀이 약질의 회틱 만월ᄒ고 긔질이 남달니 셤약ᄒᆫ 고로, 장ᄎᆺ 병이 나게 되여시니 현형과 현셰 쇼뎨의 우직ᄒᆫ ᄌᆡ이와 ᄉ졍을 웃지 마ᄅᆞ시고, 능히 녀ᄋ를 허ᄒ여 쇼뎨의 집에 도라가, 요힝(僥倖) 분산(分産)을 무ᄉᆞ히 ᄒ게 ᄒᆫ후 다려오게 【25】 ᄒ미 엇더ᄒ니잇고?"

졔왕이 흔연 왈,

"오가의션들 ᄉ톄(事體) 이런 줄을 모ᄅᆞ며, 식뷔 현형의 일 쇼교(小嬌)로 형의 일편 ᄌᆡ이(一偏慈愛) 엄부와 ᄌᆞ모를 겸ᄒ여 텬뉸밧 ᄌᆞ별ᄒ믈 엇지 아지 못하며, 쇼뎬들 며느리를 허루(虛漏)히 알니오마는, ᄌ연 수다ᄒᆫ 가즁의 ᄉᄀᆡ 년쳡(連疊)ᄒ니, ᄌ연 넘녜 슬하의 밋지 못ᄒ미러니, 형이 ᄋ부의 약질의 유틱 만월ᄒ믈 근심ᄒ여 다려다가 구호ᄒ여 분만후 도라보닉마 ᄒ니, 이곳 ᄉ세(事勢) 편당(便當)ᄒ지라. 쇼뎨 엇지 남의 텬

---

141)신긔묘산(神技妙算) : 신이한 재주와 신묘한 계책.
142)불탈의되(不脫衣帶) : 옷과 띠를 끄르지 않는다는 뜻으로, 쉬지 않고 어떤 일에 몰두함을 이르는 말.

셩지즈(天性之慈)를 막으리오."

한공이 제왕의 일어【26】의 쾌허ᄒ믈 대열(大悅)ᄒ여 칭샤ᄒ고, 즉시 거장(車帳)을 슈습ᄒ여 녀ᄋ를 다려가려 홀ᄉᆡ, 테찰은 한공의 소활(疎豁)ᄒ믈 고이히 넉이고, 관시의 위인이 결비인현(決非仁賢)ᄒ믈 짐작ᄒᄂᆞᆫ 고로, 한시의 ᄎᆞ(此) 힝거(行車)를 심히 불쾌ᄒ나, 부군이 일어의 쾌허ᄒ시니 인지 셰오지 못홀지라. 다만 부친과 츄밀의 ᄉᆞ어(辭語)를 드를 ᄯᆞᄅᆞᆷ이오. 다ᄅᆞᆫ 말ᄉᆞᆷ이 업더라.

츄밀이 드듸여 녀ᄋ의게 도라갈 ᄯᅳᆺ을 통ᄒ니, 이 ᄢᅵᄂᆞᆫ 진부인 환희 져기 위경(危境)은 면ᄒ여시니, 한쇼졔 녕신(靈神)ᄒᆫ ᄆᆞᄋᆞᆷ의 친측(親側)의 도라가미 【27】분산(分産)ᄒ미 무고(無故)ᄒ믈 긔필(期必)치 못ᄒ리니, 심히 즐겁지 아니ᄒ나 존귀 허락ᄒ며 부친이 친히 다려가려 ᄒ시니, 츄탁(推託)ᄒᆞᆷ은 인ᄉᆞ의 고이ᄒᆫ 고로, 마지 못하여 단장(丹粧)을 슈습ᄒ고, 존당구고긔 하직ᄒ고, 슉당(叔堂) 금장(襟丈)143)등으로 분슈ᄒ여 상교(上轎)ᄒ니, 한공이 친히 녀ᄋ를 호힝ᄒ여 본부의 도라오니, 관시 암합소원(暗合所願)ᄒ믈 만심(滿心) 환희(歡喜)ᄒ니, 쇼졔 승당ᄒ여 슬하의 비알ᄒ기를 당ᄒᆡᆷ, 우음을 먹음어 ᄻᆡᆯ니 옥슈(玉手)를 나오혀 반기며, 그 약질이 유퇴ᄒ여 용뫼 초췌(憔悴)ᄒ여시믈 넘녀ᄒ니, 【28】쇼졔 ᄌᆞ안(慈顏)을 우러라 ᄀᆞ득이 반기ᄂᆞᆫ 가온ᄃᆡ나, 그 예ᄉᆞ롭지 아닌 긔식을 새로이 놀나며 환(患)도이 넉이나, 감히 ᄉᆞ식지 아니코 화연ᄒ니 한공은 진실노 그런가 ᄒ여 깃거ᄒ더라. 관시 ᄎᆞ환 시비 등을 분부ᄒ여 쇼져의 볏침소 셜희각을 슈리ᄒ여, 포진(鋪陳)144)을 ᄇᆡ셜(排設)ᄒ고 쇼져를 안소(安所)홀ᄉᆡ, 반다시 일죽 일며 밤들게야 자기를 말뉴ᄒ여 왈,

"녀이 유연약질(柔然弱質)노 졔왕궁 ᄀᆞᆺᄐᆞᆫ 번열ᄒᆫ 가즁의 드러가 아모조록 조심ᄒ여 약질이 뇌고(勞苦)ᄒ미 만흔 고로 유퇴지즁(有胎之中)의 병이 낫거늘 상공이 졔【29】왕부ᄌᆞ의게 근쳥ᄒ여 다려온 ᄯᅳᆺ은 네 몸이 편ᄒ여 분산을 무ᄉᆞ히 ᄒ고 도라가과져 ᄒ미라. 네 엇지 구가의 이실 적과 ᄀᆞᆺ치 분쥬ᄒ여 신혼셩뎡(晨昏省定)의 닛브믈 피치 아니ᄒᄂᆞᆫ뇨?"

ᄒ며, ᄀᆞ졀이 만뉴ᄒ니, 한공은 소탈(疏脫)ᄒᆫ 장뷔라. 진실노 관시의 회과쳔션(悔過遷善)ᄒ믈 역시 깃거, 녀ᄋ를 경계ᄒ여 일긔 한엄(寒嚴)ᄒᆫᄃᆡ, 약질이 상ᄒ믈 닐너 츌입을 만뉴(挽留)ᄒ니, 쇼졔 ᄯᅩᄒᆞᆫ 신긔 불평ᄒ믈 인ᄒ여, 다만 부모의 ᄉᆞ시 문안 밧근 침소의 고요히 쳐ᄒ여 날을 보ᄂᆡ더니, 이의 완지 뉵칠일의 니르러 【30】믄득 산졈(産漸)이 이시ᄃᆡ, 통셰 대단ᄒ여 크게 예ᄉᆞ롭지 아니ᄒ니, 유랑 시녀 등이 대경창황(大驚蒼黃)ᄒ여 급히 츄밀과 부인긔 고ᄒ니, 츄밀 부뷔 대경ᄒ여 녀ᄋ의 침소의 니르러 녀ᄋ를 보니, 병셰 ᄀᆞ장 위독ᄒᆫ지라. 관시ᄂᆞᆫ 거줏 놀나ᄂᆞᆫ 쳬ᄒ나 그 죽기를 죄오고, 츄밀은 황망ᄒ여 급히 약음으로 구호ᄒ더니, 쇼졔 복통(腹痛)이 긴급ᄒ여 홀연 실

---

143)금장(襟丈) : 여성이 남편 형제의 아내를 지칭하여 이르는 말.
144)포진(鋪陳) : 바닥에 깔아 놓는 방석, 요, 돗자리 따위를 통틀어 이르는 말.

식(失色) 엄홀(奄忽)ᄒᆞ며 분만ᄒᆞ니, 이 믄득 혼덩이 교옥(嬌玉)이로ᄃᆡ, 발셔 턴명의 슈복(壽福)을 타 나온 비 부족ᄒᆞ니, 엇지 해오미 이시리오. 임의 명이 단(斷)ᄒᆞ고 ᄆᆡᆨ(脈)이 《끗쳐젼지∥끗처진지》【31】오ᄅᆞ니, 옥 ᄀᆞᆺᄐᆞᆫ 교ᄋᆞ(嬌兒) 발셔 ᄉᆞ틱(死胎)ᄒᆞ미 되엿ᄂᆞᆫ지라.

유랑 시비와 관시 ᄒᆞᆫ가지로 구호ᄒᆞ더니, 쇼졔 비록 《회만∥ᄒᆡ만(解娩)145)》은 무ᄉᆞ히 ᄒᆞ나 녀ᄋᆞ를 분산ᄒᆞ고 ᄯᅩ ᄉᆞ틱(死胎)를 ᄒᆞᄆᆞᆯ 츄밀긔 보ᄒᆞ니, 츄밀이 졍히 장외의셔 약을 다ᄉᆞ리며 녀ᄋᆞ의 산졈이 위팀ᄒᆞᄆᆞᆯ 우황쵸우(憂惶焦憂)ᄒᆞ더니, ᄎᆞ언을 드ᄅᆞᄆᆡ 대경실ᄉᆡᆨ(大驚失色)ᄒᆞ여 급히 장ᄂᆡ의 드러가 녀ᄋᆞ를 보니, 비록 요힝(僥倖)으로 분만(分娩)ᄒᆞ기를 무ᄉᆞ히 ᄒᆞ여시나, 병셰 ᄀᆞ장 위름(危懍)ᄒᆞ고, 신ᄋᆞᄂᆞᆫ 임의 죽은 아ᄒᆡ니 다시 무ᄅᆞ며 볼 거시 업ᄂᆞᆫ지라. 츄밀이 ᄒᆡᄋᆞ(孩兒)를 ᄋᆡ셕ᄒᆞ나 목【32】금(目今)의 녀ᄋᆞ의 급ᄒᆞᆫ 형상을 보니, 쇼ᄋᆞ의 ᄉᆞᄉᆡᆼ은 관념(關念)ᄒᆞᆯ 빈 아니라. 밧비 그 양낭(養娘)으로 ᄉᆞᄋᆞ(死兒)를 강보의 ᄲᅡ셔 아ᄉᆞ라 ᄒᆞ고, 친히 녀ᄋᆞ를 붓드러 구호ᄒᆞᆯᄉᆡ, 쇼졔 졍신이 혼혼(昏昏)ᄒᆞᆫ 즁 오히려 지각은 명명ᄒᆞᆫ지라. 《ᄌᆞ개∥ᄌᆞ긔》복즁을 대통(大痛)ᄒᆞ다가 겨유 분만ᄒᆞ니, ᄉᆞ틱ᄒᆞᆷ과 ᄌᆞ긔 병졔 위름(危懍)ᄒᆞᄆᆞᆯ 인ᄒᆞ여 부친이 과도히 졀우(絶憂)ᄒᆞ시믈 보ᄆᆡ, 불효ᄅᆞᆯ ᄌᆞ탄ᄒᆞ여 겨유 졍신을 슈습ᄒᆞ여 부친을 관위(款慰) 왈,

"ᄒᆡᄋᆞ 년쇼 약질이 분산이 슌치 못ᄒᆞ여 비록 ᄉᆞ틱ᄒᆞ미 이시나, 졍신은 여젼ᄒᆞ여 ᄉᆞᄉᆡᆼ지녀(死生之慮)ᄂᆞᆫ 업ᄉᆞ오니, 복【33】원(伏願) 대인은 믈우졀녀(勿憂絶慮)146)ᄒᆞ샤 ᄒᆡᄋᆞ(孩兒)의 불효ᄅᆞᆯ 더으게 마ᄅᆞ쇼셔."

츄밀이 텽파(聽罷)의 위로 왈,

"내 ᄋᆞ히ᄂᆞᆫ 병든 네 몸을 위로 보호ᄒᆞ여 늙은 아비○[긔] 넘녀를 ᄭᅵ치지 말나."

졍언간(停言間)의 유랑이 약완(藥碗)을 나오니, 관시 밧아 츄밀의게 젼ᄒᆞ니, 츄밀이 밧아 녀ᄋᆞ를 붓드러 권ᄒᆞ니, 쇼졔 과연 약이 슬흐나 마지 못ᄒᆞ여 밧아 두어번 마시더니, 믄득 약완(藥碗)147)을 더지니, 약이 업쳐지ᄂᆞᆫ 곳에 프란 불ᄭᅩᆺ치 니러나고 쇼졔 혼졀ᄒᆞ여 업더지니, 경긱(頃刻)의 슈족(手足)이 궐닝(厥冷)ᄒᆞ고 뉵ᄆᆡᆨ(六脈)148)이 단졀ᄒᆞ여 아관(牙關)149)이 긴급(緊急)ᄒᆞᆫ【34】지라. 이ᄂᆞᆫ 간인의 농계(弄計)로 지독ᄒᆞᆫ 약이 후셜(喉舌)을 넘어시니 엇지 이러툿 위팀ᄒᆞ지 아니ᄒᆞ며, 한쇼졔 ᄯᅩ 만일 상텬(上天)의 타나온 슈복이 하원(遐遠)150)치 아니ᄒᆞ면 엇지 능히 흉독ᄒᆞᆫ 간모(奸謀)의 살기ᄅᆞᆯ 브라리오. 한공이 목젼의 이 경ᄉᆡᆨ(景色)을 보ᄆᆡ 대경실ᄉᆡᆨ(大驚失色)ᄒᆞ여 노발(怒髮)이 츙관(衝冠)ᄒᆞ나, 녀ᄋᆞ의 ᄉᆞᄉᆡᆼ이 목젼의 급ᄒᆞᆷ을 보니, 몬져 구호ᄒᆞ여 ᄉᆞᄉᆡᆼ{결단}을 안 후,

---

145) ᄒᆡ만(解娩) : 해산(解産). 아이를 낳음.
146) 믈우졀녀(勿憂絶慮) : 근심과 걱정을 끊어버림. 근심과 걱정을 하지 않음.
147) 약완(藥碗) : 약그릇. 약사발
148) 뉵ᄆᆡᆨ(六脈) : 여섯 가지 맥박. 부(浮), 침(沈), 지(遲), 삭(數), 허(虛), 실(實)의 맥을 이른다.
149) 아관(牙關) : 입속 양쪽 구석의 윗잇몸과 아랫잇몸이 맞닿는 부분.
150) 하원(遐遠) : 요원함. 아득히 멂.

죄자(罪者)룰 스힉(査核)ㅎ여 다스릴지라. 회싱단(回生丹)을 나와 구호ㅎ며 유랑을 도라보아 왈,

"약을 뉘라셔 달혓느뇨? 유랑이 망극 디왈,

"신월이 약을 맛【35】초아 달혀 노코 쳔비다려 닐으옵거늘, 쳔비 즉시 가져와스오니, 진실노 기간 흉독흔 곡졀은 아지 못ㅎ오니, 다만 쳔비의 우용(愚庸) 불찰(不察)ㅎ온 죄 만스무셕(萬死無惜)이로소이다."

츄밀이 미급○[답](未及答)에 관시 믄득 함누(含淚) 왈,

"신월이 비록 쳡의 좌우비지(左右婢子)나 위인이 본디 지사간흉(至邪奸凶)ㅎ니, 쳡이 미양 즈로 초칙(誚責)ㅎ여 경계ㅎ나 듯지 아니ㅎ더니, 무슴 흉계로 여츠 악스를 힝ㅎ는고? 맛당이 엄츄힉실(嚴推覈實)ㅎ쇼셔."

츄밀이 관시와 유랑의 말을 드룬미 반신반의(半信半疑)ㅎ여 말을 아니ㅎ고, 다만 녀으를 구호ㅎ며 날이 붉【36】기를 기다려 뎡톄찰을 쳥ㅎ며, 여으의 스틱ㅎ믈 졔왕부의 보ㅎ고, 신월을 져주기151) 계교ㅎ나, 쏘흔 부인의 위인도 밋브지 아니ㅎ니 비록 회과ㅎ노라 ㅎ나 엇지 밋으리오. 의심이 여러 가지로 니러나니, 관시의 말이 긋치미, 홀연 뎡식 왈,

"목금 녀으의 스싱이 위틱ㅎ니 넘불급태(念不及他)152)라. 연(然)이나 날이 붉으미 엇지 물시(勿視)ㅎ리오. 원간153) 슈악(首惡)의 단셔(端緖)를 갈히 잡으미, 그딕 쏘흔 '상모(象母)154)의 은(嚚)흠'155)과 민모(閔母)156)의 됴ㅎ믈157) 아오라, 녀희(驪姬)158)의 신싱(申生)159) 죽이고져 ㅎ던 흉심이 치 싯는 줄을 내 아지 못ㅎ【37】니, 신월을

---

151)져주다 : 형신(刑訊)하다. 죄인의 정강이를 때리며 캐묻다
152)넘불급타(念不及他) : 다른 일을 생각할 겨를이 없음.
153)원간 ; 워낙. 원래. 본디.
154)상모(象母) : 중국 순임금의 계모. 상(象)의 생모. 남편 고수(瞽瞍)와 아들 상과 함께 전처소생인 순(舜)을 죽이기 위해 갖은 악행을 자행했다.
155)상모(象母)의 은(嚚)흠 : '상모(象母)의 어리석음'이란 뜻으로, 상의 모가 효자 순(舜)을 죽이기 위해 갖은 악행을 자행하고도 끝내 개과천선하지 않았던 일을 말함.
156)민모(閔母) : 중국 춘추시대 노나라 현인 민자건(閔子騫)의 계모. 추운 겨울날 자신의 친아들에게는 두터운 솜옷을 입히면서도 전처소생의 의붓아들인 민자건에게는 갈대를 넣은 옷을 입히는 등으로 자건을 학대하였다. 남편이 이를 알고 쫓아내려 하자 자건이 말려 출화(黜禍)를 면했는데, 이 사실을 안 그녀는 이후 자신의 잘못을 뉘우치고 자건을 잘 보살폈다고 한다. *민자건(閔子騫); 중국 춘추 시대 노나라의 현인. 공자의 제자. 이름은 손(損). 자는 자건. 공문십철의 한 사람으로, 효행이 뛰어났다.
157)민모(閔母)의 됴흠 : 민자건(閔子騫)의 계모가 자건(子騫)의 효성에 감동하여 개과천선하고 자건을 잘 보살폈던 일을 말함.
158)녀희(驪姬) : 중국 춘추전국시대 진(晉)나라 헌공(獻公)의 애첩(愛妾). 자신의 소생으로 왕위를 계승하게 하기 위해 태자 신생(申生)을 모해하여 자결케 한 후, 자신의 아들로 태자를 삼았다가, 헌공 사후 나라를 내란에 휩싸이게 했다.
159)신싱(申生) : 진(晉)나라 헌공(獻公)의 태자. 헌공의 총비(寵妃) 여희(驪姬)가 자신의 아들을 태자로 삼기 위해 그를 참소하자, 이를 신원하지도 않은 채 자살하였다. '융통성 없는 우직한 사람'을 나타내는 말로도 쓰인다.

져주어 간비의 닙으로 조ᄎ 무슴 말이 날 줄 알니오. 부인은 덤벙이지 말나.”

관시 희온 비 잇ᄂ 고로, 대참무안(大慙無顔)ᄒ여 ᄂᄎ출 븕히고 묵연이 말이 업더라.

한쇼졔 비록 독을 마셔시나 슈복(壽福)이 하원녕길(遐遠永吉)160)ᄒ니 일시 익운으로 ᄉ티(死胎)ᄒ여시나 엇지 위티ᄒ미 이시리오.

독긔 밋쳐 장부의 편만(遍滿)치 아녀셔 히독졔ᄅᆯ 쓰니 냥약(良藥)이 효험이 ᄌ못 신긔ᄒ여 이윽고 닙으로 조ᄎ 무수ᄒᆫ 독을 토ᄒ고 호흡을 통ᄒ니, 집슈뉴쳬(執手流涕) 왈,

“노뷔 ᄌ쇼(自少)로 묘복(眇福)161)ᄒ미 극ᄒᆫ지라. 너의 모친을 상(喪)【38】ᄒ니 슬프미 ᄀ득ᄒᆫ 즁, 내 ᄋ히 유연약질(柔然弱質)노 은(罷)ᄒᆫ 의모(義母)의 ᄌ심이 보치이믈 밧아, ‘민텬(旻天)의 호읍(號泣)’162)이 이시니, 일노써 약장연심(弱腸軟心)163)이 만히 상ᄒ엿거늘, 금번 ᄉ티(死胎)홈도 다 너의 유시(幼時)로브터 심위(心胃)164) 병든 연괴니, 엇지 슬프지 아니리오. 날이 붉은 후 예최ᄅᆯ 쳥ᄒ여 의논ᄒ고, 신월 간비ᄅᆯ 져주어 간모(奸謀)ᄅᆯ 힉발(覈發)165)코져 ᄒ노라.”

쇼졔 텽파(聽罷)의 임의 알오미 신명(神明) ᄀᆺ거니, 엇지 계모의 극악흉심을 모로리오. 이의 졍신을 슈습ᄒ고 소리ᄅᆯ 화히ᄒ여 왈,

“불가ᄒ이다. 기과칙션은 셩문(聖門)의 용납ᄒ신 빈오니, ᄌ【39】뫼 비록 목강(穆姜)166)의 인ᄌᄒ미 업ᄉ오나, 엇지 ᄌ식을 무고히 죽이고져 ᄒ시리잇고마ᄂ, 기시(其時)의 히이 년쇼우혹(年少愚惑)ᄒ와 ᄌ뎡긔 득죄ᄒ미 ᄌᄌ니, 드듸여 일노써 모녀지졍이 잠간 어긋나미 이ᄉ오나, 당ᄎ지시(當此之時)ᄒ여ᄂ ᄌ위 옛일을 뉘웃ᄎ시고, 쇼녜 쏘 미거ᄒᆫ 허물을 곳쳐 모녀의 상득ᄒᆫ 졍이 ᄌ별ᄒ오니, ᄌ위(慈闈) 엇지 신월을 ᄀᆮ쳐 쇼녀ᄅᆯ 치독(置毒)ᄒ올 니 이시리잇고? 복원 야야ᄂ ‘가옹(家翁)167)의 눈이 어둡고 귀 먹으믈 효측(效則)ᄒ샤’168) 신월을 물시(勿視)ᄒ시고, 쏘 부졀업시 구가의 알게 마ᄅ샤, 져집으로 ᄒ야금 우【40】리집 가란(家亂)을 참히(慘駭)169)히 넉이ᄂ 일이 업게

---

160)하원녕길(遐遠永吉) : 지극히 멀고 길함.

161)묘복(眇福) : 복력(福力)이 변변하지 못함. 또는 극히 적은 복.

162)민텬(旻天)의 호읍(號泣) : 순(舜)임금이 밭에 나가 부모의 사랑을 얻지 못하는 자신을 원망하며, 또 한편으로는 부모를 사모하여 하늘을 향해 큰 소리로 목 놓아 울었던 고사(故事)를 말함. 『맹자』'만장 장구상(萬章章句上)'에 나온다. *민천(旻天); 하늘을 신격화하여 백성을 사랑으로 돌보아 준다는 어진 하늘을 이르는 말.

163)약장연심(弱腸軟心) : 약한 장부(臟腑)와 여린 마음.

164)심위(心胃) : ①심장(心臟)과 위장(胃臟)을 함께 이르는 말. ②'오장육부(五臟六腑)'를 대신 나타낸 말.

165)힉발(覈發) : 조사하여 명백하게 밝힘.

166)목강(穆姜) : 중국 진(晉)나라 정문구(程文矩)의 아내. 성은 이(李)씨, 자(字)는 목강(穆姜). 전처 소생의 네 아들을 자신이 낳은 두 아들보다 더 사랑하여 훌륭하게 키웠다.

167)가옹(家翁) : ①'옛 시대의 남편'을 뜻하는 보통명사. ②예전에, 나이 든 자기 남편을 이르던 말.

168)가옹(家翁)의 눈이 어둡고 귀 먹으믈 효측(效則)ᄒ샤 : 옛 시대의 남편들이 아내의 행실이나 말을 보고도 못 본 듯이 하고, 듣고도 못들은 듯이 했던 것을 본받으라는 말로, 아내의 행동과 말에 시시콜콜 참견하지 말라는 뜻.

ᄒᆞ시면, 흔갓 야야(爺爺)의 셩덕(性德)이 관홍(寬弘)ᄒᆞ시미 고인의 지나실 ᄲᅮᆫ 아니라, ᄌᆞ뫼 셜ᄉᆞ 불현ᄒᆞ시나 반다시 야야의 셩덕을 감동(感動) ᄌᆞ괴(自愧)ᄒᆞ샤, ᄎᆞ후(此後) 가되(家道) 안뎡(安靜)ᄒᆞ며, 힛ᄋᆡ(孩兒) 또 병심이 안안(晏晏)ᄒᆞ리로소이다."

언파의 안ᄉᆡᆨ이 화열ᄒᆞ니, 공이 쳔금 쇼교(小嬌)의 여ᄎᆞ 인효ᄒᆞᄆᆞᆯ 탄식ᄒᆞ고, 옥슈를 어라만져 위로 왈,

"내 ᄋᆞ히 셩효덕힝(成孝德行)이 여ᄎᆞᄒᆞ니, 노뷔 엇지 이련(愛憐)치 아니리오. 슈연(雖然)이나 다란 말은 다 네 ᄯᅳᆺ을 조ᄎᆞ려니와, 신월 요비ᄂᆞᆫ 결연이 요ᄃᆡ(饒貸)치 못ᄒᆞ리라."

쇼졔 다시 간(諫)치 【41】 못ᄒᆞ고, 다만 고왈,

"신월을 다ᄉᆞ리시나 가ᄂᆡ 죵용ᄒᆞ기ᄅᆞᆯ 젼쥬(專主)ᄒᆞ쇼셔."

공이 드듸여 형구ᄅᆞᆯ 버리고 신월을 잡아 엄문ᄒᆞ니, 불ᄒᆞ십장(不下十杖)의 신월이 앏프믈 니긔지 못ᄒᆞ여 부지불각(不知不覺)의 복초(服招)ᄒᆞᄆᆞᆯ 웨지지니, 공이 명ᄒᆞ여 치기ᄅᆞᆯ 날회라 ᄒᆞ고, 지필(紙筆)을 주어 초ᄉᆞ(招辭)ᄅᆞᆯ 밧으니, 대개 ᄀᆞᆯ와시ᄃᆡ,

"뎡부인은 쳔금쇼교(千金小嬌)시라. 노야의 귀듕 닉이(溺愛)ᄒᆞ시미 오히려 몸 우희 두시고, 쇼공ᄌᆞ의 우흐로 알오시니, 녜브터 우리 부인이 뎡부인 믜워ᄒᆞ시미 상모(象母)170)의 지나시니, 미양 해코져 ᄒᆞ시나 구가의 도라가신 후【42】ᄂᆞᆫ 일졀 귀령(歸寧)을 ᄭᅳᆫᄎᆞ시니, 능히 해ᄒᆞᆯ 모칰이 업더니, 금번 ᄉᆞ틱분만(死胎分娩) 후의 그 위름(危懍)ᄒᆞ신 ᄯᅢᄅᆞᆯ 당ᄒᆞ여, 비지 부인의 명을 밧ᄌᆞ와 탕약의 독약을 드리워시니, 기죄(其罪) 슈ᄉᆞ난쇽(雖死難贖)이오나 호ᄉᆡᆼ지덕(好生之德)으로 일명을 사(赦)ᄒᆞ시기 ᄇᆞ라ᄂᆞ이다."

ᄒᆞ엿더라.

츄밀이 남파(覽罷)의 관시의 암흉극악(暗凶極惡)ᄒᆞ며 요비(妖婢)의 간악요사(奸惡妖邪)ᄒᆞᄆᆞᆯ 통완분히(痛惋憤駭)ᄒᆞ여 고셩대미(高聲大罵) 왈,

"나의 불명가졔(不明家濟)ᄒᆞ미 ᄉᆞᄉᆞ의 여ᄎᆞᄒᆞ여 초에 한쳐(悍妻)ᄅᆞᆯ 거(去)치 못ᄒᆞᆫ 연고로 가란의 힝ᄋᆡ(駭異)ᄒᆞ미 이 지경의 밋게 ᄒᆞ미로다. 금일 두번 유죄(有罪)ᄒᆞ미 한부(悍婦)ᄅᆞᆯ 가【43】히 아니 거(去)치 못ᄒᆞ리니, 금일 쾌히 한쳐(悍妻)ᄅᆞᆯ 닉치며, 간비(姦婢)ᄅᆞᆯ 죽여ᄡᅥ 명뎡기죄(明正基罪)ᄒᆞ리라."

언파의 가인(家人)으로 관시랑을 쳥ᄒᆞ라 ᄒᆞ니, 관시랑은 부인 뎨남(弟男)이라. 츄밀이 관시랑을 쳥ᄒᆞ여 기ᄆᆡ(其妹)의 죄과ᄅᆞᆯ 닐너 맛져 도라 보ᄂᆡ고져 홀ᄉᆡ, 이의 신월을 ᄂᆞ리와 가도고 ᄂᆡ당의 드러가니, 관시 신월의 초ᄉᆞ(招辭)ᄅᆞᆯ 듯고 급히 협실(夾室)의 드러가 쳥션을 보아 왈,

"우리 계교ᄅᆞᆯ 신밀이 못ᄒᆞᆫ 연고(緣故)로, 신월이 여ᄎᆞ여ᄎᆞ 실ᄉᆞᄅᆞᆯ 복초ᄒᆞ여시니, 쳡

---

169)참히(慘駭) : 참혹하고 놀랍게 여김.
170)상모(象母) : 중국 순임금의 계모. 상(象)의 생모. 남편 고수(瞽瞍)와 아들 상과 함께 전처소생인 순(舜)을 죽이기 위해 갖은 악행을 자행했다.

의 신상(身上)의 대홰(大禍) 니룰지라. 원컨딕 수부는 붉히 【44】 가라치라."

청션이 フ마니 계교호민, 두로 모라 엉쭝흔 곳에 죄를 밀우려 쥬의 잇는지라. 두루 얽어지어(至於) 뎡톄찰 삼부인을 다 해호여 원홍의 소원을 녕합(迎合)호고, 만흔 지물을 어드려 호엿는지라. 관시의 초황호믈 보고 쇼왈,

"부인은 근심마라쇼셔. 빈되 발셔 뎡흔 계괴 이셔, 亽시(事事) 만젼(萬全)케 호리이다."

호니, 원니 청션요리 진부인 환휘 듕호믈 인호여, 조쇼졔 듀야 졍당의 시호(侍護)호는 줄 알고, 무인반야(無人半夜)의 귀미망냥(鬼魅魍魎)의 형젹을 무릅써, フ마니 늘닌 범이 되여 이현당 【45】 곡난 밋히 업드엿다가, 쇼져의 졍명지긔(正明之氣)는 능히 범치 못호고, 다만 조부인 유데 현미 졍당의 부인이 이시므로 왕뇌호믈 보고, 황혼흑야(黃昏黑夜)의 부지불각(不知不覺)의 니다라 현미를 잡아가니, 현미 무망듕 요니(妖尼)의 변을 맛나니, 능히 방어홀 묘칙이 업고, 또흔 부인의 졍명지질(正名之質)이 아니어니, 엇지 요사(妖邪)를 물니칠 지략이 이시리오. 이현당의 머므럿던 시녀의 무리 현미 나가더니 소리 급호믈 듯고, 실식대경호여 일시의 쵹을 잡고 니다라 보니, 현미 발셔 간디 업고, 다만 셔(西)다히로셔 【46】 고이흔 긔운이 뭉킈여 반공즁(蟠空中)의 소소 느라가는듯 호며, 흑무음풍(黑霧陰風) 亽이의셔 현미 발악호는 소리 들니니, 졔네 실셩대경(失性大驚)호야 발 구르며 현미를 엇던 요괴 잡아간다 홀 쓴이니, 급히 쇼져긔 보(報)흔디, 쇼졔 진부인 침뎐(寢殿)의 亽후(伺候)호엿더니, 추언을 듯고 경히 추악호나, 임의 싱이지지(生而知之)호는 총명이라. 몬져 현미를 잡아가는 변이 심상치 아니호니, 골경심한(骨驚心寒)호나 亽식지 아니호나[고], 졔왕과 녜부 톄찰 등은 이를 인호여 조쇼의 운익의 범상흔 빌민 아닌줄 씨다라, 심하 【47】 의 우려호더라.

어시의 청션이 현미를 거두쳐 도라갈식, 현미 엇지 슌히 갈니 이시리오. 입으로 물어쓰드며 손으로 허위니[171], 청션이 손과 풀을 물니여 피 흐르고 앏프나, 겨유 암즁(庵中)의 도라와 방장(房帳)[172]의 드러가지 아니호고, 바로 후뎡(後庭) 그윽흔 초사(草舍)의 가 현미를 느리와 노흐니, 현미 몸은 상호미 업스므로 졍신이 싁싁호니, 눈을 드러 보건디 일간 초사의 쵹영(燭影)이 명낭(明朗)흔디, 좌우의 인젹(人跡)이 업스며 져를 후려오던 요졍(妖精)은 간디 업고, 일위 녀승이 이시디 미목이 쳥슈(淸秀)호나 살긔등등(殺氣騰騰)호니[173], 현 【48】 미 비록 십삼亽(十三四) 쳥의하뤼(靑衣下類)나 총명(聰明)○[이] 여신(如神)호니, 기승(其僧)이 결비현인(決非賢人)[174]인 줄 예지(預知)호민, 녀셩대미(厲聲大罵) 왈,

"그디 거동을 보건디 속긱(俗客)이 아니어늘, 불가의 亽비는 슝상치 아니코 왕공후

---

171) 허위다 : 허비다. 손톱이나 날카로운 물건 따위로 긁어 파다.
172) 방장(房帳) : 방문이나 창문에 치거나 두르는 휘장. 여기서는 '방의 내부'를 가리킨다.
173) 살긔등등(殺氣騰騰)흐다 : 살기가 표정이나 행동 따위에 잔뜩 나타나 있다.
174) 결비현인(決非賢人) : 결단코 현인(賢人)이 아님.

문(王公侯門)의 돌입호믈 긔탄(忌憚)치 아니호니, 엇지 신명(神明)이 노치 아니리오.”

청션이 현미의 강녈호 칙언(責言)을 노호며 붓그리나, 亽식(辭色)지 아니코 흔연 쇼왈,

“이 엇지 나의 본심이리오. 내 본딕 현낭으로 ‘일면(一面)의 분(分)’175)이 업스니 다려다가 무어시 쓰리오마는, 이 곳 본부 엄태부인 교명(敎命)이니, 타일(他日) 알 일이 이실 거시니, 그딕와 한셜(閑說)이 무익【49】호니, 나는 다만 그딕롤 이곳에 깁히 두엇다가 엄부인 츠즈시믈 기다릴 쁜름이니, 무슴 말노 닷토리오.”

셜파(說罷)의 문호(門戶)롤 긴긴이 봉쇄(封鎖)호고 나가니, 현미 아모리 발악흔들 어이호리오. 청션이 현미롤 후당(後堂)의 안치(安置)호고 날마다 문 굼그176)로 됴셕(朝夕) 밥을 주어 먹이며, 미양 엄부인 명을 닐ㅋ라니, 현미 나죵을 보려 다시 말이 업더라.

이쎠 튜밀이 닉당의 드러와 관시롤 보고 녀셩대믹 왈,

“만고 요악찰뷔(妖惡刹婦) 스스로 쾌히 죽어 즈녀의 젼졍이나 완젼이 호며, 나의 심우(心憂)롤 끼치지 말나.”

관시 져의【50】간악흉교(奸惡凶狡)호믄 도로혀 싱각지 아니호고, 가부롤 원(怨)호며 녀으롤 흔(恨)호미 심입골슈(深入骨髓)호니, 분흔 눈물이 방방호여 실셩대곡(失性大哭)호며 벽상(壁上)의 서리 긋튼 칼흘 쌔혀 왈,

“쳡이 비록 녯날 그란 허물이 이셔 녀으롤 져기 괴롭게 호여시나, 근간의 공의 위엄의 넉슬 일코 져의 셩효(誠孝)의 감동호여, 쳡의 난쥬 스랑이 오히려 소싱긔츌(所生己出)177)의 지나거늘, 이제 신월 역비(逆婢) 쳡의 경칙(警責)을 미양 원망호야, 믄득 싱각지 못흔 음흉악亽롤 저즐고, 죄롤 쳡의게 밀위딕, 상공이 쳡의 쳔만원억(千萬冤抑)호믄 술【51】피지 아니시고, 흔갓 젼일을 츄이(推移)호야 논죄(論罪)호시미 나믄 싸히 업게 호시니, 상공이 비록 죽으라 아니시나, 쳡이 스스로 살 쁫이 업느이다.”

셜파의 보검(寶劍)이 빗츨 흘니는 바의 스스로 가슴을 빗기 질으니, 뉴혈(流血)이 돌츌(突出)호며 이호(哀號) 일셩(一聲)의 것구러지니, 좌위 실식 대경호고, 튜밀은 그 악착호믈 더욱 흉히 넉여 혀츠고 외헌으로 나가며, 시녀 등을 명호여 찰부(刹婦)롤 붓드러 침누(寢樓)의셔 구호호여, 녀으의 병심을 요동치 말나 호더라.

츠시 쇼졔 인亽롤 겨유 덩호엿더니, 계모의 흉완(凶頑)흔 거동을 보믹【52】놀나믈 참지 못호야 심혼이 경산(驚散)호더라.

관시 거줏 졍신을 슈습지 못호는 다시 시녀에게 붓들녀 소실(小室)노 도라가니, 데남 관시랑이 튜밀의 쳥호므로 조츠 이의 니르러는, 튜밀이 졍식(正色)고 신월의 초亽(招辭)와 젼후슈말(前後首末)을 닐오니, 시랑이 발셔 져져의 슈셰(手書) 니르러 원민

---

175)일면(一面)의 분(分) : 일면지분(一面之分). 한 번 만나 본 정도의 친분.
176)굼그 : 구멍.
177)소싱긔츌(所生己出) : 자기가 낳은 자식.

(冤悶)ᄒᆞ믈 드럿ᄂᆞᆫ고로, 역시 심하(心下)의 져졔(姐姐) 희힝인즈(希幸仁慈)[178]치 못ᄒᆞ여, ○○[쥬왈]

"졔하(諸下)[179]의 실인심(失人心)ᄒᆞ미 만하, 간비(姦婢) 민져(妹姐)를 원망ᄒᆞ여 초ᄉᆞ(招辭)ᄒᆞ믈 고이히 넉이나, 가히 ᄎᆔ신(取信)치 못ᄒᆞᆯ지라. 맛당히 깅초엄문(更招嚴問)[180]ᄒᆞ야 진젹(眞的)ᄒᆞᆫ 초ᄉᆞ(招辭)를 밧은 후 쳐치○[ᄒᆞ]고, 【53】 명(命)ᄒᆞ미 엇더ᄒᆞ뇨? 져졔(姐姐) 필연 원민(冤悶)ᄒᆞ미 계실시 지어ᄌᆞ항(至於自降)ᄒᆞ시ᄂᆞᆫ 거조(擧措)ᄀᆞ지 밋ᄎᆞᆫ가 ᄒᆞᄂᆞ이다."

츄밀이 닝쇼(冷笑) 왈,

"군이 신월의 초ᄉᆞ(招辭)를 다시 밧아 녕미(令妹)를 신원(伸冤)코져 ᄒᆞ니, 내 굿ᄐᆞ여 막지 아니리라."

시랑이 져져의 상쳐도 보고 곡졀도 알고져 ᄒᆞ여, 다시금 신월을 깅초엄문(更招嚴問)ᄒᆞ믈 쳥ᄒᆞ고, 져져를 보려 안ᄒᆞ로 드러가니, 츄밀이 관시를 원민(冤悶)이 넉이미 아니로ᄃᆡ, 우혹(愚惑) 투미ᄒᆞᆫ[181] 뉴(類)와 결우미 괴로오니, 쾌히 목젼(目前)의 져주어 초ᄉᆞ를 밧고져 위엄을 진셜ᄒᆞ고 신월을 올니라 ᄒᆞ니, 아이오(俄而-)[182] 회 【54】 보 왈,

"신월이 부지거쳐(不知居處)ᄒᆞ고, 옥졸의 뉴ᄂᆞᆫ 다 혼혼불셩(昏昏不醒)ᄒᆞ와 인ᄉᆞ를 ᄇᆞ려시니, 여러 인명이 죽을가 ᄒᆞᄂᆞ이다."

츄밀이 대경대로(大驚大怒)ᄒᆞ야 약물노 구호ᄒᆞ라 ᄒᆞ더니, 관시랑이 나와 ᄀᆞ장 작식(作色)[183]ᄒᆞ여 왈,

"존형(尊兄)이 역비(逆婢)의 거즛 초ᄉᆞ를 혹히 드르샤 우락(憂樂)을 동고(同苦)ᄒᆞᆫ 부인을 일죄(一罪)로 칙ᄒᆞ샤, 살기를 용납지 아니신다 ᄒᆞ니, ᄎᆞ역(此亦) 오뎨(吾弟)의 현슉지 못ᄒᆞᆫ 연괴(然故)어니와, 목금 위틱ᄒᆞᆫ 경식을 보니 쇼뎨의 심식 비쳑(悲慽)도쇼이다."

츄밀이 닝쇼 왈,

"군의 말이 실노 가치 아니타ᄂᆞᆫ 못ᄒᆞ려니와, 오히려 녕 【55】 미의 심술을 치 아지 못ᄒᆞ므로 날노뻐 박졀ᄒᆞ다 닐오ᄂᆞ뇨? 신월의 초ᄉᆞ(招辭) 분명ᄒᆞ니, 비록 녕미의 힝흉모의(行凶謀議)ᄒᆞᄂᆞᆫ 말을 친히 듯지 아녀시나, 젼일ᄉᆞ(前日事)를 츄이(推移)컨ᄃᆡ 의외에 일이 아니라. 이졔 신월이 월옥도쥬(越獄逃走)ᄒᆞ여 부지거쳐(不知去處)ᄒᆞ고, 군(君)이 녕미(令妹)를 위ᄒᆞ여 원앙(怨怏)ᄒᆞ믈 닐큿고 나의 쳐ᄉᆞ를 면칙(面責)ᄒᆞ니, 나의 일단(一旦) 용우(庸愚)ᄒᆞᆫ 바ᄂᆞ 즈녀의 ᄂᆞᆺ츨 도라보아, 가ᄂᆡ 고요키를 ᄎᆔᄒᆞ여 쾌ᄒᆞᆫ 결단

---

178)희힝인즈(希幸仁慈) : 인자하기를 바람.
179)졔하(諸下) ; 모든 아랫사람들.
180)깅초엄문(更招嚴問) : 다시 엄히 문초(問招)하여 초사(招辭)를 받음. *초사(招辭); 조선 시대에, 죄인이 범죄 사실을 자백한 내용을 적은 문서.
181)투미ᄒᆞ다 : 어리석고 둔하다.
182)아이오(俄而-) : 얼마 안 있다가. 이윽고.
183)작식(作色) : 불쾌한 느낌을 얼굴빛에 드러냄.

을 못흔 연괴(緣故)니, 엇지 괴참(愧慙)흔 쓷이 업스리오.”

셜파의 의연단좌(依然端坐)ㅎ여 다시 슈작지 아니니, 【56】관시랑이 기뎨(其弟)의 허물을 드르믹 눗치 달호이고 말이 막히나, 이 본딕 담긔(膽氣) 약흔재 아니라. 호연(浩然)이 쇼왈(笑曰),

“존형의 닐오시ᄂᆞᆫ 비 맛당ㅎ시니, 쇼뎨 어린 소회로 결ㅎ미 아니나, 연이나 곳치미 귀ㅎ믄 셩교(聖敎)의 닐오신 빅니, 미뎌의 젼과(前過)ᄂᆞᆫ 그릇다 ㅎ나, 지금은 기과칙션(改過責善)ㅎ엿더니, 역비(逆婢)의 초식 여ᄎᆞ 간흉ㅎ니, ᄀᆞ쟝 원억흔 쥼 역비 월옥도쥬(越獄逃走)ㅎ다 ㅎ니, 가히 다시 무를 거시 업ᄂᆞᆫ지라. 연이나 형은 군ᄌᆞ의 홍냥(弘量)을 드리워 치가(治家)를 공번되이¹⁸⁴⁾ ㅎ쇼셔.”

츄밀 왈,

“다만, 아직 녕져(令姐)를 시러 도라가 나의 어득흔 심ᄉᆞ를 【57】요란케 말나.”

관시랑이 한공의 말이 이 ᄀᆞᆺᄐᆞ믹, 다시 홀 말이 업서 묵연이러니, 니루의 드러와 미뎌를 보고 한공의 다려가라 ㅎ믈 닐너, 금일이라도 힝ᄒᆞᄌᆞ ㅎ니, 관시 한공의 의심이 여ᄎᆞㅎ믈 더욱 에분(恚憤)ㅎ여¹⁸⁵⁾ 죄루(罪累)를 닉도흔 곳에 밀칠 긔약이 머지 아니므로, 도라가믈 지란치 아녀, 거즛 늣겨 왈,

“녀ᄌᆞ 되여 소텬(所天)의 의심이 망극흔 곳에 밋처 어셔 죽기를 핍박ㅎ고, 밧비 도라가믈 지쵹ㅎ니 나의 신셰 쟝ᄎᆞᆺ 비홀 곳이 업도다. 연이나 내 한공의 박츅(迫逐)을 당ㅎ나 오히려 두 ᄌᆞ식이 이시니, 【58】삼죵(三從)의 의탁이 긋지 아닌지라. 아직 도라가 현뎨를 의지ㅎ엿다가, 역비(逆婢) 신월을 ᄎᆞᄌᆞ 참누(慘累)를 신셜(伸雪)ㅎ리라. 그러나 한공다려 여ᄎᆞ여ᄎᆞ 닐너 후일의 역비(逆婢)를 ᄎᆞᄌᆞ도 명졍언슌(名正言順)이 관부의 보닉여 다스리게 홀 줄 미리 알게 ㅎ미 올ᄒᆞ니라.”

시랑이 오히려 기미(其妹)의 극악흉심(極惡凶心)을 아지 못ㅎ므로, 그 신셰를 슬피 넉이고 신월 ᄎᆞᆺ기를 츅슈ㅎ더라. 시랑이 이의 거마를 출혀 관시를 다려가니, 공이 흉인의 ᄌᆞ취 가닉의 업스믈 싀훤이 넉이나, 닉ᄉᆞ(內事)를 쥬(主)ㅎ리 업스니, 혼갓 ᄌᆞ긔 의식지졀(衣食之節)【59】을 밧들 재 업스믈 닐을 빅 아니나, 누딕봉ᄉᆞ(屢代奉祀)와 증상(蒸嘗)¹⁸⁶⁾을 가음알 니 업스니, 스스로 신셰 괴로오믈 탄ㅎ고 새로이 오부인 셩덕을 싱각ㅎ며 그 단슈(短壽)ㅎ믈 슬허ㅎ다가, 쇼져의 침소의 드러와 약음을 권ㅎ더니, 쇼졔 믄득 부친의 손을 붓들고 {믄득} 쳬읍ㅎ여, ᄌᆞ모의 누셜(縲絏)¹⁸⁷⁾ 쥼 비원(悲怨)흔 졍ᄉᆞ를 ᄀᆞᆺ초 주ㅎ여, 간비의 요괴로운 초ᄉᆞ를 소화ㅎ시고, ᄌᆞ모를 위안ㅎ여 가닉 화평키를 이고(哀告)ㅎ니, 공이 심니(心裏)의 연이ㅎ믈 니긔지 못ㅎ여 그 심ᄉᆞ를 편코져 ㅎ믹, 관시를 츌(黜)ㅎ믈 닐오지 아니코, 다만 역비 월옥 도【60】쥬ㅎ믹 다시 무

---

184)공번되다 : 공번되다. 행동이나 일 처리가 사사롭거나 한쪽으로 치우치지 않고 공평하다.
185)에분(恚憤)ㅎ다 : 몹시 분히 여기다.
186)증상(蒸嘗) : 제사(祭祀)를 뜻하는 말로, '증(蒸)'은 겨울제사를, '상(嘗)'은 가을제사를 말한다.
187)누셜(縲絏) : 죄인을 묶는 포승줄. 죄를 씌워 감옥에 가둠..

를 거시 업스니, 그 초스를 대스로이 닐ᄏ라 가변을 남이 알게 ᄒ미 업노라 ᄒ나, 쇼
졔 일신을 ᄌ통(自痛)ᄒᄂ 가온ᄃ도, 의모(義母)의 거체(居處) 예스롭지 못ᄒ가 슬허,
초우(焦憂)ᄒ믈 니긔지 못ᄒ니, 공이 만단(萬端) 《여이∥연이(憐愛)》ᄒ더라.

제궁이 스이 지쳑인 고로 ᄌ연 말을 젼파ᄒ미 되여, 관시의 도라감과 한공이 니외
스(內外事)를 겸ᄒ여 병이 나게 되엿다 ᄒᄂ지라. 운영과 샹현희 등이 한시의 병을 넘
녀ᄒ여 톄찰을 본젹마다 한부 괴란(怪亂)을 젼ᄒ고, 쇼져의 질셰(疾勢) 위듕ᄒ믈 말ᄒ
여, 윤·양·니 등 제비(諸妃)긔 고ᄒ 【61】여 한부 가시 어ᄌ러오믈 알게 ᄒ되, 진부
인 환후로 타스(他事)를 결을치188) 못ᄒ더니, 수일지간(數日之間)은 진부인이 쾌소ᄒ
니, 제왕 오곤계 환희ᄒ여 비로소 한시의 병셰 듕ᄒ믈 넘녀ᄒ고 츄연ᄒ여, 즉시 톄찰
의 유모와 어스 등 제ᄌ를 명ᄒ여 거장을 츌혀 한부의 나아가 ᄋ부를 다려오라 ᄒ고,
샹현희 등을 명ᄒ여 한시의 쳐소를 소쇄(掃灑)ᄒ라 ᄒ니, 어스 등이 한부의 니르러 공
을 비견(拜見)ᄒ고 수수(嫂嫂)의 병후(病候)를 무르니, 공이 그 병셰 십분 위듕(危重)
ᄒ믈 닐오니, 어스 등이 그 부친의 명으로 호힝(護行)ᄒ여 도 【62】라오라 ᄒ믈 고ᄒ
니, 한공이 녀ᄋ의 위틱ᄒ 거동을 싱각건디, 비록 스이 지근(至近)ᄒ나 제궁으로 도라
보ᄂ미 ᄆ음디로 구호치 못ᄒᆯᄇᆡ 결연ᄒ되, ᄌ긔 병녀(病女)를 구호ᄒ미 근녁이 쇠진
(衰盡)ᄒᆯ ᄃᆺᄒ니, 드디여 허락ᄒ되, 어시 샤례ᄒ고 유랑을 지쵹ᄒ여 수수를 붓드러 거
장(車帳)의 올ᄒ라 ᄒ니, 한공이 녀ᄋ를 붓드려 교듕(轎中)의 올니니, 쇼졔 함누 하직
ᄒ더라.

어스 등이 호힝ᄒ여 제궁의 도라와 바로 한시 침소의 안와(安臥)케 ᄒᆯ식, 오위(五
位) 존고(尊姑)와 제슉뫼 즉시 니르러 보고, 그 위틱ᄒ믈 경악ᄒ며, 제스쇼괴(娣姒小
姑)189) 좌 【63】우로 둘너 안ᄌ 병셰를 근심ᄒ더니, 이윽고 왕이 드러와 간믹(看脈)
ᄒ고 탄왈,

"사름이 싱셰의 근심이 업시 즐길 재 잇지 아니커니와, ᄋ뷔 엇지 남모로ᄂ 회포
업시 즐기리오."

ᄒ고, 톄찰다려 {문}왈,

"ᄉ틱(死胎) 후 약질이 과히 놀나고, ᄆ음 ᄡ미 극ᄒ여 병이 더은가 시브{오}나, ᄉ
싱지여(死生之慮)ᄂ 업슬ᄃᆺ 《ᄒ이다∥ᄒ도다》."

ᄒ고, 인ᄒ여 수십쳡 약을 지어 유랑을 불너 ᄡ게 ᄒ니라.

화셜 텬해 승평(昇平)ᄒ고 스히 안낙(安樂)ᄒ여 근심이 업더니, 동제국이 쳥·제·
연·낙 ᄉ쥬(四州) 등쳐(等處)의 홍슈지환(洪水之患)이 궁극ᄒ믈 인ᄒ여, 통긔 어려
【64】오므로ᄡᅥ 수년 됴공(朝貢)을 폐ᄒ미 잇더니, 믄득 반샹(叛狀)이 이셔 유쥬 덕쥬
등쳐를 침노ᄒ믈 졀도시 급보(急報)ᄒ여시니, 됴얘(朝野) 황황ᄒ고 샹이 경동(驚動)ᄒ

---

188)결을ᄒ다 : 틈을 내다. 여유가 있다.
189)졔스쇼괴(娣姒小姑) : 동서와 시누이들. *졔사(娣姒) : 손윗동서와 손아랫동서. 소고(小姑) : 시누이.

샤 셜됴문의(設朝問議)ᄒ실ᄉᆡ, 문무냥신(文武兩臣)이 ᄇᆡ복(拜伏) 《혈알‖현알(見謁)》 ᄒᆞ미, 상이 파적지ᄎᆡᆨ(破敵之策)을 무ᄅᆞ시니, 일반문신 범등·엄됴보·니셕·한긔·부 필·녀이간 등이 일시의 뎡운긔로ᄡᅥ 걸안190)을 졍벌(征伐)ᄒᆞ시고, 윤셩닌으로ᄡᅥ 동도 (東道) 홍슈 다ᄉᆞ리시믈 주ᄒᆞ온ᄃᆡ, 상이 윤·뎡 이왕을 도라보샤 왈,

"운긔와 셩닌 등이 비록 년쇼ᄒᆞ나 위인을 혜아리건ᄃᆡ 왕좌지ᄌᆡ(王佐之才) 잇고, ᄯᅩ 치슈(治水)ᄒᆞᆯ 지죄 이【65】시나, 지ᄌᆞ(知子)ᄂᆞᆫ 막여뷔(莫如父)라. 냥경(兩卿)이 ᄯᅩ ᄋᆞ 들을 위ᄒᆞ여 지듕ᄎᆞ대(至重且大)ᄒᆞᆫ ᄉᆞ업을 당ᄒᆞᆯ ᄇᆡ 근심되지 아니ᄒᆞ랴?"

졔·진 냥왕이 계슈 주왈,

"시금(時今) 걸안이 난을 짓고, 동졔 반의ᄅᆞᆯ 두며 쳥쥐 등쳐(等處)의 홍슈지변(洪水 之變)이 종ᄉᆞ(宗社)의 불ᄒᆡᆼ이라. 미신 등이 근심ᄒᆞ옵더니, 이제 대신의 쳔(薦)이 여ᄎᆞ ᄒᆞ오니 년쇼부ᄌᆡ(年少不才) 하감승당(何敢承當)이리잇고마ᄂᆞᆫ, 종ᄉᆞ의 홍복(洪福)과 셩 쥬의 덕퇵(德澤)으로 근심ᄒᆞᆯ ᄇᆡ 아니로소이다."

상이 농안(容顔)의 희ᄉᆡᆨ이 ᄀᆞ득ᄒᆞ시니, 녀상국 범참졍이 우주(又奏) 왈,

"윤웅닌과 하몽셩등이 ᄯᅩᄒᆞᆫ 년쇼ᄒᆞ오나, 신긔묘략(神技妙略)이 【66】이ᄉᆞ오니, 가 히 부원슈와 션봉장을 뎡ᄒᆞ샤 명일부터 군무ᄅᆞᆯ 졍졔(整齊)케 ᄒᆞ쇼셔."

상이 이의 윤웅닌으로 부원슈ᄅᆞᆯ 삼으시고 하몽셩으로 션봉장을 ᄒᆞ이샤, 대원슈로브 터 졔장을 일시의 융복(戎服)을 갓초게 ᄒᆞ시니, 뎡톄찰이 ᄒᆞᆯ일업셔 옥폐의 ᄇᆡ복샤은ᄒᆞ 고, 션봉과 부원슈로 더브러 교장(敎場)의 나와 쳔원명장(千員名將)을 ᄌᆞ모(自募) 밧 고, 십만졍병(十萬精兵)을 졈고(點考)ᄒᆞ미, 다시금 뎐(殿)의 시위(侍衛)ᄒᆞ니, 상이 뎡· 하 윤 등 오인(五人)을 각별 갓가이 나아오라 ᄒᆞ샤, 국가대ᄉᆞᄅᆞᆯ 촉탁(囑託)ᄒᆞ시고 ᄉᆞ 쥬(賜酒)ᄒᆞ시니, 졔인이 샤은(謝恩) 퇴됴(退朝)ᄒᆞ여 【67】집으로 도라올ᄉᆡ, 초일 슌태 부인이 졔왕의 오곤계(五昆季)와 녜부등이 야심토록 도라오지 아니니, 쵹을 붉히고 왕 의 부ᄌᆞᄅᆞᆯ 기다리더니, 졔왕이 ᄉᆞ데와 졔ᄌᆞᄅᆞᆯ 거ᄂᆞ려 태원뎐의 입문승당(入門昇堂)ᄒᆞ 여 조모와 부모긔 ᄇᆡ알ᄒᆞ고 존후ᄅᆞᆯ 뭇ᄌᆞ오니, 태부인이 톄찰의 위의(威儀) 복ᄉᆡᆨ(服色) 이 다라믈 보미, 안ᄉᆡᆨ이 변ᄒᆞ믈 ᄭᅢ닷지 못ᄒᆞ여, ᄲᆞᆯ니 톄찰의 손을 잡고 문왈,

"네 아니 걸안의 졍벌을 당ᄒᆞ미 잇ᄂᆞ냐?"

원슈 안셔(安舒)히 ᄃᆡ왈,

"쇼손의 부ᄌᆡ박덕(不才薄德)으로ᄡᅥ 엇지 국가듕ᄉᆞ(國家重事)ᄅᆞᆯ 당ᄒᆞ리잇고마ᄂᆞᆫ, 다 ᄒᆡᆼ이 【68】윤달보와 하쳔뵈 졍벌을 ᄌᆞ원(自願)ᄒᆞ고, 대신의 쳔(薦)이 쇼손으로ᄡᅥ 위 장(爲將)ᄒᆞ니, ᄋᆞ희(兒孩) ᄒᆡᆼ혀 셩상 홍복을 힘닙어 승젼환가(勝戰還家)《ᄒᆞ오리니‖ᄒᆞᆯ 가ᄒᆞ오니》, 태모ᄂᆞᆫ 믈녀(勿慮)ᄒᆞ쇼셔."

태부인이 텽파의 쳑연 함누 왈,

---

190)걸안 : 거란. 5세기 중엽부터 내몽골의 시라무렌 강(Siramuren江) 유역에 나타나 살던 유목 민족. 몽 골계와 퉁구스계의 혼혈종으로, 10세기 초 야율아보기가 여러 부족을 통일하여 요나라를 건국하였으 나, 12세기 초 여진족이 세운 금나라의 성장으로, 세력이 약화되어 다시 부족 상태로 분열하였다.

"네 나히 겨유 이팔을 지난 바로, 오히려 긔혈(氣血)이 츙장(充壯)ᄒᆞᄆᆞᆯ 아지 못ᄒᆞ니, 병긔ᄂᆞᆫ 흉디(凶地)라. 흉봉(凶鋒)을 소탕(掃蕩)키ᄅᆞᆯ 긔필(期必)치 못ᄒᆞ고, ᄯᅩ 일긔 험한(險寒)ᄒᆞ니, 힝도의 상ᄒᆞᄆᆡ 업지 아닐지라. 노뫼 불ᄒᆡᆼ 장슈ᄒᆞ여 결박ᄒᆞᆫ 니별(離別)과 ᄀᆞ득ᄒᆞᆫ 넘녀ᄅᆞᆯ 당ᄒᆞ니, 사라시미 흔흡지 아니랴?"

금평휘 모친의 슬허ᄒᆞ시ᄆᆞᆯ【69】ᄅᆞᆯ 보ᄆᆡ, 화연(和然) 위로 왈,

"오문(吾門)이 션셰로브터 ᄃᆡᄃᆡ(代代) 문학으로 유명ᄒᆞᆯ지언뎡, 무반(武班)과 장임(將任)을 당ᄒᆞᆫ 쟈ᄂᆞᆫ 원족서파(遠族庶派)의도 업습더니, 텬흥이 문무(文武)의 두 길흘 드듸여191) 년긔(年紀) 이구(二九)의 남졍북벌(南征北伐)ᄒᆞ여 젹은 공뇌 이시므로, 외람이 열토(列土)ᄅᆞᆯ 봉ᄒᆞ여 부귀(富貴) 인신(人臣)의 과의(過矣)어늘, 운긔 듸{ᄃᆡ}ᄅᆞᆯ 니어 문무ᄅᆞᆯ 응(應)ᄒᆞ고, 이제 츌젼ᄒᆞ오니, 진실노 근심된 길이 아니오, 하몽셩과 윤웅닌이 우익이 되미, 근심이 업슬 ᄃᆞᆺ ᄒᆞ오니, 복원 ᄌᆞ위ᄂᆞᆫ 물녀(勿慮)ᄒᆞ쇼셔."

태부인 왈,

"오ᄋᆞ의 닐오ᄂᆞᆫ 비 맛당ᄒᆞ니, 노뫼 엇지 넘녀ᄒᆞ리【70】오마ᄂᆞᆫ, 구구ᄒᆞᆫ 졍이 졀박ᄒᆞ미로다."

ᄒᆞ고 비ᄉᆡᆨ(悲色)을 거두니라.

셕반을 파ᄒᆞᆫ후 말ᄉᆞᆷᄒᆞ더니, 야심ᄒᆞᄆᆡ 태부인이 와상(臥床)의 올으시니, 진부인이 쇼부부인 니시와 질부 엄시 등을 거ᄂᆞ려 시침ᄒᆞᆯᄉᆡ, 졔왕 등이 금후ᄅᆞᆯ 뫼시며 ᄌᆞ질을 거ᄂᆞ려 외헌의 나오ᄆᆡ, 부ᄌᆞ조손(父子祖孫)이 쳥듁헌의 가온ᄃᆡ셔 밤을 지닐ᄉᆡ, 금휘 녜뷔 동졔교유수(東齊敎諭使)로 힝ᄒᆞᄂᆞᆫ 비, 크게 위ᄐᆡᄒᆞᄆᆞᆯ 넘녀ᄒᆞ고, 톄찰의 지략지혜(才略知慧)ᄂᆞᆫ 아ᄂᆞᆫ 고로 다시 근심치 아니터라.

명신(明晨)의 각당 문후ᄅᆞᆯ 맛ᄎᆞᄆᆡ, 원슈ᄂᆞᆫ 부원슈 이하ᄅᆞᆯ 거ᄂᆞ려 교외의 가 습【71】샤(習射)ᄒᆞ니라.

이러구러 ᄯᅥ날 날이 오ᄅᆡ지 아니니, 왕이 ᄯᅩ 냥ᄌᆞᄅᆞᆯ 명ᄒᆞ여 존명을 승슌ᄒᆞ야 스실의 믈너가라 ᄒᆞ니, 녜부 곤계 마지 못ᄒᆞ여 스실노 나아갈ᄉᆡ, 녜뷔 일현당의 나아가니, 장쇼졔 단의홍군(單衣紅裙)으로 쵹하(燭下)의셔 녜복(禮服)의 의복을 다ᄉᆞ리다가 긔이영지(起而迎之)ᄒᆞ여 좌ᄒᆞᄆᆡ, 녜뷔 안ᄉᆡᆨ이 화평ᄒᆞ고 쇼음(笑音)이 이연ᄒᆞ여 흔연 왈,

"싱이 이의 황지(皇旨)ᄅᆞᆯ 밧ᄌᆞ와 만니(萬里) 히외(海外)에 나아가니, 비록 걸안의 흉디(凶地)와 다ᄅᆞ나, 쳐엄으로 니친(離親)ᄒᆞᄂᆞᆫ 심ᄉᆡ ᄌᆞ못 어ᄌᆞ러오니, 부인의 우례(憂慮) 근졀ᄒᆞᄆᆞᆫ 뭇지 아녀 알니로소이다."【72】

"장시 넘임(斂衽) 샤례 왈,

"존당 홍은과 군ᄌᆞ의 관인후덕(寬仁厚德)ᄒᆞ시미 규즁 ᄋᆞ녀의 ᄉᆞ졍을 통쵹ᄒᆞ시미 여ᄎᆞᄒᆞ시니, 쳡이 불승황공(不勝惶恐)ᄒᆞᆫ 바의 ᄯᅩ 감히 빈계ᄉᆞ신(牝鷄司晨)192)이 군ᄌᆞ쳐

---

191)드듸다 : 디디다. 내디디다. 발을 올려놓고 서다. 무엇을 시작하거나, 새로운 범위 안에 처음 들어서다.

192)빈계ᄉᆞ신(牝鷄司晨) : 암탉이 새벽을 알리느라고 먼저 운다는 뜻으로, 부인이 남편을 젖혀 놓고 집안

신(君子處身)을 ᄌ단ᄒ미 아니로ᄃᆡ, 연부인이 그도 ᄯᅩ흔 군ᄌ의 쳐실이라, 온화흔 셩덕이 쳡의 미출ᄇᆡ 아니라, 흘노 연부인긔 지극흔 우로지퇵(雨露之澤)이 업ᄉᆞ와 화합지 못ᄒ리잇가? 감히 쳥컨ᄃᆡ 군ᄌᆞᄂᆞ 모ᄅᆞ미 함원(含怨)이 규ᄂᆡ(閨內)의 업게 ᄒ시고, 가ᄂᆡ(家內)의 승상졉하(承上接下)193)ᄒ샤 ᄂᆡᄂᆡ 화평ᄒ쇼셔."

언파의 안ᄉᆡᆨ이 유화ᄒ니, 녜뷔 본ᄃᆡ 연시와 금슬지낙(琴瑟之樂)194)【73】이 업ᄉᆞ므로, 연시의 흔과 원은 ᄌᆞ가의게 도라와, 졔 반다시 간악지ᄉᆞ(姦惡之事) 이실 바ᄅᆞᆯ 지기ᄒ나, ᄆᆡ스(每事) 되여가믈 볼 ᄯᅟᅮᆫ이오, 텬셩품질(天性稟質)이 슉연(肅然)ᄒ여 안과 밧글 지어195) ᄎᆞ악(差惡)196)ᄒ미 업서, 당연흔 유덕과 쳥안흔 어질[賢] ᄯᅟᅮᆫ이라. 녜뷔 엇지 부인의 ᄆᆞᄋᆞᆷ을 모ᄅᆞ리오, ᄌᆞ연 ᄎᆞ탄ᄒᄂᆞᆫ ᄯᅳᆺ이 이셔 날호여 부인의 침션(針線) ᄀᆞᆺ치믈 기다려, 옥슈(玉手)ᄅᆞᆯ 년집(連執)ᄒ고 봉침(鳳枕)을 비길197)ᄉᆡ, ᄶᅢ에 부인이 유신(有娠) 삼삭(三朔)이라. 가즁이 알니 업고 부인의 좌위 ᄭᆡ닷지 못ᄒ나, 녜뷔 흘노 알미 이셔 잠쇼 왈,

"부인이 년ᄒ여 '비웅(羆熊)【74】을 ᄭᅮᆷ꾸어'198) 장옥(璋玉)199)이 션션(詵詵)200)홀 징됴(徵兆) 반닷ᄒ니, '쥬종(周宗)의 창셩(昌盛)'201)ᄒ믈 ᄇᆞ랄지라. ᄑᆞ리와 진에202) ᄀᆞᄐᆞᆫ 재 일시 ᄌᆞ란 계교와 죱은 혜아리미, 옥농(玉龍)과 난봉(鸞鳳)을 범ᄒ여 해코져ᄒ나, 간ᄃᆡ로 죽이지 못ᄒ리니, 죡히 우려홀 ᄇᆡ 아니로ᄃᆡ, 존당(尊堂) 졀우(絶憂)ᄅᆞᆯ ᄭᅵ치올가 두리ᄂᆞ이다."

부인이 ᄌᆞ긔 유ᄐᆡ(有胎)ᄒ믈 상셰(尙書) 아ᄂᆞᆫ가 슈괴(羞愧)ᄒ여 묵연이 말이 업더라.

어시의 조부인이 현미ᄅᆞᆯ 일허 거쳐(去處)ᄅᆞᆯ 부지(不知)ᄒ니, 이 본ᄃᆡ 근파(根派) 업시 도쥬흔 재 아니오, 그 일야지간(一夜之間) 무거쳐(無去處)ᄒ믈 진실노 ᄭᆡ닷지 못홀

일을 마음대로 처리함을 이르는 말.

193) 승상접하(承上接下) : 웃어른을 받들고 아랫사람을 대접함.

194) 금슬지낙(琴瑟之樂) : 거문고와 비파가 서로 어우러져 내는 음악이라는 뜻으로, 부부간의 사랑을 이르는 말.

195) 짓다 : 만들다. 꾸미다. 사실은 그렇지 않은데도 그렇게 보이기 위하여 의식적으로 꾸며 행하다.

196) ᄎᆞ악(差惡) : 어긋나고 좋지 않음.

197) 비기다 : 견주다. 비교하다. 나란히 하다.

198) 비웅(羆熊)을 ᄭᅮᆷ꾸어 : '아들 낳을 꿈'을 꿈을 말함. 『시경(詩經)』 「소아(小雅)」 <사간(斯干)>에 "길몽이 무언가 하면, 큰 곰과 작은 곰에다, 큰 뱀과 작은 뱀이로다. 대인이 꿈을 점치니, 큰 곰과 작은 곰은 남아를 낳을 상서요, 큰 뱀과 작은 뱀은 여아를 낳을 상서로다(吉夢維何 維熊維羆 維虺維蛇 大人占之 維熊維羆 男子之祥 維虺維蛇 女子之祥)." 라고 한 데서 온 말.

199) 장옥(璋玉) : 아들. 농장지경(弄璋之慶: 아들을 낳은 경사)에서 유래한 말.

200) 션션(詵詵) : 수가 많은 모양.

201) 쥬종(周宗)의 창셩(昌盛) : 중국 주(周)나라 문왕(文王)이 태임(太姙)이라는 어진 부인과 3천 후궁을 두어, 주나라 왕실을 창성케 한 일을 말함. *쥬종(周宗); 주나라 종실(宗室).

202) 진에 : 지네. 지네강의 절지동물을 통틀어 이르는 말. 몸은 가늘고 길며, 여러 마디로 이루어져 그 마디마다 한 쌍의 발이 있다. 머리에는 한 쌍의 더듬이와 독을 분비하는 큰턱이 있고 눈은 없거나 네 개의 홑눈만을 가지고 있다. 축축한 흙에 살고 작은 벌레를 잡아먹는데 전 세계에 2000여 종이 분포한다.

비로ᄃᆡ, 조부인의 【75】명견(明見)이 ᄌᆞ긔 ᄉ실의 업ᄂᆞᆫ 쳐ᄅᆞᆯ 타 현미ᄅᆞᆯ 업시ᄒᆞ미, ᄌᆞ긔ᄅᆞᆯ 해코져 ᄒᆞᄂᆞᆫ 근져(根抵)ᄅᆞᆯ 시무고203), 현미ᄅᆞᆯ 굽초아 사름으로 ᄒᆞ야금 능히 측냥치 못ᄒᆞ게 ᄒᆞᆷᄋᆞᆯ 깁히 ᄎᆞ악(嗟愕)ᄒᆞ고, 유랑(乳娘)이 듀야 슬허ᄒᆞ니 쇼졔 위로ᄒᆞ더니, 오ᄅᆡ지 아냐 한쇼졔 병을 시러 도라오고, 톄찰이 걸안 츌졍(出征)을 당ᄒᆞ니, 조부인이 임의 미ᄅᆡ지ᄉᆞ(未來之事)ᄅᆞᆯ 거울ᄀᆞᆺ치 보거니, 톄찰의 ᄌᆡ덕(才德)으로 흉봉(凶鋒) 소탕ᄒᆞᆷᄋᆞᆫ 근심치 아니커니와, ᄌᆞ긔 익회(厄會) 졈졈 갓가와 오믈 슬허ᄒᆞ더라.【76】

---

203)시무다 : 심다. 초목의 뿌리나 씨앗 따위를 흙 속에 묻다.

윤하뎡삼문취록 권지ᄉ십팔

ᄎ시 부인이 ᄌ긔 익회(厄會) 겸겸 갓가오믈 싱각건듸, ᄌ연 심회 쳐황(悽惶)ᄒ믈 면치 못ᄒ니, 일야(一夜)는 존고 의렬비의 머므르시믈 인ᄒ여 홍운뎐의셔 쇼고(小姑) 등으로 담화홀ᄉᆡ, 윤비 칠월편(七月篇)204)을 가져 녀ᄋ 등을 ᄀᆞ라치며, 조시ᄅᆞᆯ 도라보아 그 문의(文意) 도도홈과 만물의 《유형∥유힝(流行)》ᄒᆞ믈 의논ᄒᆞᄆᆡ, 조시 감히 알건205) 쳬 못ᄒᆞ고, 소견을 나토지206) 못ᄒᆞ나, 우연이 되흔 즉 비의 싱각 밧기 만흐니, 비(妃) 칭찬 왈,

"현부의 셩문태학(聖門太學)은 ᄇᆞ라지 못ᄒᆞ나, 실노 녀즁셩현(女中聖賢)이라."

ᄒ【1】여 담화ᄒᆞ더니, 야심 후 조시 침소의 도라오니, 톄찰이 드러와 좌뎡(坐定)ᄒ고 화연이 ᄀᆞᆯ오ᄃᆡ,

"금일 왕부(王父)207)의 명을 밧ᄌᆞ와 이 당즁의 니르ᄆᆡ, 각별 별회(別懷)ᄅᆞᆯ 닐을 거시 업ᄉᆞᆫ지라. 다만 방신(芳身)을 보듕ᄒᆞ여 낭가 존당의 졀우(絶憂)ᄅᆞᆯ 깃치지 마ᄅᆞ쇼셔."

쇼졔 텽파의 져의 ᄌ긔ᄅᆞᆯ 보듕ᄒᆞ라 ᄒᆞᄆᆡ 굿ᄐᆡ여 졍벌을 근심키로 질(疾)을 일위리란 말이 아니믈 아는 고로, 비록 스스로 작죄(作罪)ᄒᆞᄆᆡ 업ᄉᆞ나 모친 실덕이 여러 가지로 ᄂᆞᆺ치 달호여208) 말이 막히니, 져 군지 ᄉᆞ리쳐209) 모르는 ᄃᆞᆺᄒᆞ나, 화시의 참익(慘厄)을 지닉【2】민들 엇지 씨닷지 못ᄒᆞ리오. 진실노 셰간의 머므러 인즈ᄅᆞᆯ 졀치 못홀 바의 참치슈괴(慘恥羞愧)ᄒᆞ니, 초듸(楚臺)210)의 모운(暮雲)211)이 슈ᄉᆡᆨ(愁色)212)ᄒ고

---

204)칠월편(七月篇) : 『시경(詩經)』〈빈풍(豳風)〉에 실려 있는 시편(詩篇) 이름. 주공(周公)이 지은 시로, 일 년 열두 달, 달마다 농사짓는 일과 농가에서 해야 할 일들을 시로 노래해놓고 있다.

205)알건 : 아는. '알다'의 관형사형.

206)나토다 : 나타내다. 드러내다. 자랑하다.

207)왕부(王父) : 다른 사람에게 자기의 할아버지를 높여 이르는 말.

208)호다 : 붉히다. 달구다. ①성이 나거나 또는 부끄러워 얼굴이 붉어지다. ②분위기나 사상, 감정 따위를 고조시키다.

209)ᄉᆞ리치다 : 시치미 떼다. 자기가 하고도 아니한 체하거나 알고 있으면서도 모르는 체하다.

210)초듸(楚臺) : 초나라 무산(巫山)의 양대(陽臺)를 달리 이른 말. *양대(陽臺);『문선(文選)』의 송옥(宋玉)〈고당부(高唐賦)〉에 나오는 누대 이름. 중국 전국시대 초양왕(楚襄王)이 꿈에 무산신녀(巫山神女)와 운우지정(雲雨之情)을 나눴다는 누대로, 양왕(襄王)이 일찍이 고당(高唐)에서 낮잠을 자는데, 꿈에 한 여인이 와서 말하기를, "저는 무산의 여자로 고당의 나그네가 되었는데, 임금님이 여기에 계시다는 소문을 듣고 왔으니, 저와 침석(枕席)을 같이해 주소서." 하므로, 양왕이 하룻밤을 같이 잤는데 다음날

봉안(鳳眼)의 신쳔(辛泉)213)이 ᄀ득ᄒ여, 다만 원슈의 입공반ᄉ(立功班師)214)ᄒᄆᆞᆯ 닐ᄏᄅᆞᆯ ᄲᅮᆫ이니, 원쉬 혼연이 집슈 왈,

"우리 부뷔 상봉 오지(五載)의 비록 일골육(一骨肉)을 ᄭᅵ치지 못ᄒ여시나, 하마 신인(新人) 두즈ᄂᆞ 면ᄒᆞᆯ만 ᄒ거늘, 부인이 미양 슈습ᄒ며 서어(齟齬)히 넉이미 과도ᄒ뇨? 빅시(伯氏)의 침묵졍대(沈默正大)ᄒ시ᄆᆞ로도 나의 ᄌᆞ셩(子星)215)이 완만(緩慢)ᄒᄆᆞᆯ 굼거이 넉이시고, 예초 션초 등이 옥동화녀(玉童花女)ᄅᆞᆯ 슬상(膝上)의 유희ᄒ니, 싱【3】은 쟝옥지경(璋玉之慶)216)을 굿ᄐᆞ여 밧바 아니커니와, 낭쟈(曩者)217)의 빅시(伯氏) 여ᄎᆞ여ᄎᆞ ᄐᆡ경(胎慶)을 졈(占)ᄒ라 ᄒ시거늘, 복(僕)218)이 시급지 아니ᄆᆞ로 듸ᄒᅟᅥᆻ거니와, 부인 ᄆᆞ음은 희망(希望)ᄒ미 업ᄉ니잇가?"

쇼졔 대참슈괴(大慙羞愧)ᄒ여 ᄂᆞ죽이 좌ᄅᆞᆯ 물니고 손을 ᄲᅢ히고져 ᄒ거늘, 원쉬 년쇼(軟笑)219) 왈,

"피ᄎᆞ(彼此) 안ᄌ 경야(經夜)ᄒᆯ 비 업ᄉᆞᆫ지라. 상요(床褥)의 올ᄋᆞ미 가치 《아니랴 ‖ 아니릿가?》"

셜파의 쇼져ᄅᆞᆯ 붓드러 침금(枕衾)의 나아가니, 은졍이 산비ᄒᆡ박(山卑海薄)220)ᄒ미 빅미인을 모흔들 엇지 변ᄒᆯ 길이 이시리오. 엄부인의 괴거픽ᄉ(怪擧悖事) 아모 곳에 밋춘들 엇지 쇼져의 허물이 아【4】닌줄 모르리오. 일침지하(一枕之下)의 년니병톄(連理竝體)221)ᄒ여 즁회(中懷)222) 창도(愴悼)223)ᄒᄆᆞᆯ ᄭᆡ닷지 못ᄒ되, 니별의 구구(區區)ᄒ미 업서 다만 시운(時運)의 불니(不利)ᄒᄆᆞᆯ 추셕ᄒᆞᆯ ᄲᅮᆫ이러니, 잠간 졉목(接木)ᄒᄆᆞ로 조ᄎ 부뷔 혼가지로 '웅비(熊羆)ᄅᆞᆯ ᄭᅮᆷ쑤어'224) 니구산(尼丘山)225)의 도(禱)ᄒᄆᆞᆯ226) 밋

아침에 여인이 떠나면서, "저는 아침이면 구름이 되고 저녁에는 비가 되는데, 아침마다 양대(陽臺) 아래에 있습니다."라고 했다고 한다. *송옥(宋玉); 중국 전국시대 초나라 문인. 중국의 대표적인 미남자의 한 사람이며, 사부(辭賦)를 잘하여 <구변(九辯)>, <초혼(招魂)>, <고당부(高唐賦)> 등의 작품을 남겼다.

211)모운(暮雲) : 날이 저물 무렵의 구름.
212)슈식(愁色) : 근심스러운 빛을 띰.
213)신쳔(辛泉) : '매운 샘물'이라는 뜻으로, 지극히 고통스러운 눈물을 이르는 말.
214)입공반ᄉ(立功班師) : 전장에 나가 승리하여 공을 세우고 군사를 이끌고 돌아옴.
215)ᄌᆞ셩(子星) : 자식의 운명과 관련된다고 하는 별을 이르는 말로, '자식'을 대신 나타낸 말.
216)쟝옥지경(璋玉之慶) : 아들을 낳은 경사.
217)낭쟈(曩者) : 접때. 오래지 아니한 과거의 어느 때를 이르는 말.
218)복(僕) : '저'를 문어적으로 이르는 말.
219)년쇼(軟笑) : 부드럽게 미소를 지음.
220)산비ᄒᆡ박(山卑海薄) : 정이나 은혜 따위가 산이 낮고 바다가 얕다고 생각될 만큼 높고 깊음.
221)년니병톄(連理竝體) : 연리지(連理枝) 병체화(竝體花)처럼 부부가 한 몸을 이뤄 서로 화목하며 사랑함. *년니지(連理枝) : 두 나무의 가지가 서로 맞닿아서 결이 서로 통한 것을 뜻하여, 화목한 부부나 남녀의 사이를 비유적으로 이르는 말. *병톄화(竝體花) : 한 뿌리에 두 개의 꽃이 핀 꽃을 이르는 말로, 남녀 사이에 혹은 부부 간에 애정이 깊은 것을 나타낸다.
222)즁회(中懷) : 마음 속.
223)창도(愴悼) : 슬픔. 슬퍼함.

처 졈(占)치 아냐셔, 옥셔(玉書)227)의 상셔(祥瑞)롤 응ᄒᆞ여, 믄득 벽진이 하강(下降)홀 징되(徵兆) 반둣ᄒᆞ니, 원쉬 환희ᄒᆞ여 스스로 씌여 부인을 보건ᄃᆡ, 조시 ᄯᅩᄒᆞᆫ 긔몽(寄夢)을 엇고 비로소 씌미 잇ᄂᆞᆫ지라.

원쉬 희연(喜然) 왈,

"싱이 이제 국지대ᄉᆞ(國之大事)롤 봉승(奉承)ᄒᆞ여 규닉(閨內)의 고별(告別)이 본의 아니로ᄃᆡ, 존명을 위역(違逆)지 못ᄒᆞ여 【5】 이의 드러왓더니, 긔약지 아니ᄒᆞᆫ 대몽(大夢)이 필유틱경지졈(必有胎慶之占)228)일 ᄲᅮᆫ 아니라, 분명 대귀지ᄌᆞ(大貴之子)229)롤 싱ᄒᆞ리니, 부인이 셜ᄉᆞ 《긔흔∥긔험(崎險)ᄒᆞᆫ》 풍상(風霜)의 니르나, ᄌᆞ연 보젼지되(保全之道) 될지라. 일노조ᄎᆞ 다란 날의 늉복대경(隆福大慶)을 보지아녀 긔필(期必)ᄒᆞᄂᆞ니, 부인이 ᄯᅩᄒᆞᆫ 속셰용인(俗世庸人)의 지분(脂粉)을 취(取)ᄒᆞ고 능나(綾羅)롤 《셤틱∥션틱(選擇)》ᄒᆞᄂᆞᆫ 범범(凡凡)홈과 다란지라. 구로싱지(劬勞生之)230)의 호텬대은(昊天大恩)과, 우리 존당의 지극히 ᄌᆞ인(慈愛)ᄒᆞ시미 텬디의 활연(豁然)ᄒᆞ시믈 ᄯᅩ 혜여려, 역니지통(逆理之痛)231)으로써 갑습지 마름죽 ᄒᆞ니, ᄌᆞ고로 지긔(知己)롤 귀타ᄒᆞ미 스싱으로 비기ᄂᆞᆫ지라. 싱이 ᄯᅩ【6】 ᄒᆞᆫ 부인의 지긔되믈 ᄉᆞ양치 아닛ᄂᆞ니, 모로미 나의 부인 알오미 시죵이 굿게 ᄒᆞ고, 호두ᄉᆞ미(虎頭蛇尾)232)의 헛되미 잇게 마라쇼셔."

쇼졔 붓그리미 더으고 근심이 깁흘지언뎡 ᄒᆞᆫ 말ᄉᆞᆷ 딕답이 업스니, 원쉬 다시 굴오ᄃᆡ,

"싱이 희언(戲言)과 긔쇼(譏笑)로써 말ᄒᆞ미 아니어늘, 부인이 엇지 딕답지 아니 ᄒᆞ시ᄂᆞ뇨?"

쇼졔 능히 딕치 못ᄒᆞᄃᆡ 원쉬 년ᄒᆞ여 지쵹ᄒᆞ니, 쇼졔 마지 못ᄒᆞ여 딕왈,

"첩이 미암불민(迷暗不敏)ᄒᆞ미 심ᄒᆞᆫ지라. 군ᄌᆞ의 닐오시는 바롤 능히 씨닷지 못ᄒᆞ

---

224)웅비(熊羆)을 숨꾸어 : '아들 낳을 꿈'을 꿈을 말함. 『시경(詩經)』 「소아(小雅)」 <사간(斯干)>에 "길몽이 무언가 하면, 큰 곰과 작은 곰에다, 큰 뱀과 작은 뱀이로다. 대인이 꿈을 점치니, 큰 곰과 작은 곰은 남아를 낳을 상서요, 큰 뱀과 작은 뱀은 여아를 낳을 상서로다(吉夢維何 維熊維羆 維虺維蛇 大人占之 維熊維羆 男子之祥 維虺維蛇 女子之祥)." 라고 한 데서 온 말. *웅비(熊羆); 작은곰(熊)과 큰곰(羆).

225)니구산(尼丘山) : 중국 산동성(山東省) 곡부시(曲阜市) 추읍(鄒邑)에 있는 산이름. 공자의 어머니 안징재(顔徵在)가 이 산에 치성을 드려 공자를 낳았다고 한다.

226)도(禱)ᄒᆞ다 : 빌다. 기도하다.

227)옥셔(玉書) : 신선이 전하는 글. 여기서는 공자(孔子)가 태어나기 전, 어머니 안징재(安徵在)의 꿈에, 기린(麒麟)이 집에 들어와 옥서(玉書)를 토(吐)하여 주고 가, 비범한 아이가 태어날 것임을 예시(豫示)하였다는, 그 옥서(玉書)를 말함.

228)필유틱경지졈(必有胎慶之占) : 반드시 잉태하는 경사가 있을 조짐.

229)대귀지ᄌᆞ(大貴之子) : 크게 귀한 아들.

230)구로싱지(劬勞生之) : 자식을 낳아서 기르느라고 힘을 들이고 애를 씀.

231)역니지통(逆理之痛) : 순리(順理)를 거스르는 일을 당한 슬픔이란 말로, 자식을 잃은 부모의 슬픔을 말함.

232)호두ᄉᆞ미(虎頭蛇尾) : 호랑이의 머리와 뱀의 꼬리라는 뜻으로, 처음은 왕성하나 끝이 부진한 현상을 이르는 말. =용두사미(龍頭蛇尾).

고, 당문(當門)의 은퇴(恩澤)으로 미신(微身)이 안안(晏晏)ᄒᆞᆷ믈 인ᄒᆞ여 다란 근심이 업
스니, '스싱(死生)'【7】이ᄯᅡᆻ(二字)는 의논이 밋지 아니ᄒᆞ거니와, 군주의 명견(明見)으
로ᄡᅥ 반다시 예지(豫知)ᄒᆞ시ᄂᆞᆫ 빈 이셔 이ᄀᆞ티시니, 엇지 명심(銘心) 봉ᄒᆡᆼ(奉行)치 아
니리잇고? ᄒᆞ믈며 쳡의 혼용(昏庸)ᄒᆞ미 ᄒᆞᆫ 조각 결단이 업스니, 사ᄅᆞᆷ이 죽으라 권ᄒᆞ여
도 힝치 못ᄒᆞ리니, 원(願) 군주는 미셰ᄒᆞᆫ 곳에 셩녀(聖慮)를 번거롭게 마라시고, 만군
을 총녕(總領)ᄒᆞ샤 튱효(忠孝)를 냥젼(兩全)ᄒᆞ시면 미쳡(微妾)의 힝일가 ᄒᆞᄂᆞ이다."

원쉬 더욱 과듕년셕(過重憐惜)ᄒᆞ여 다시 줌을 일우지 못ᄒᆞ더니, 이윽고 금계창효(金
鷄唱曉)²³³⁾ᄒᆞ미, 원쉬 관소(盥梳)를 맛고 각당의 문후ᄒᆞ니, 초일 조됴(早朝)의 태원던
의 남좌【8】녀위(男左女右) 분(分)ᄒᆞ여 ᄌᆞ녜 함취(咸聚)ᄒᆞ미 허다 졔 공ᄌᆞ 졔 쇼졔의
광치 요지션회(瑤池仙會)²³⁴⁾ ᄀᆞᆺ더라.

태부인이 금후를 도라보아 왈,

"고인이 닐오디 남ᄌᆞ 스군보국(事君輔國)ᄒᆞ미 집을 도라보지 안ᄂᆞᆫ다 ᄒᆞ거니와, 슈
연(雖然)이나 냥손(兩孫)이 흔번 니가(離家)ᄒᆞ미 도라올 긔한이 ᄶᆡ를 뎡치 못ᄒᆞᆯ 거시
어늘, 규리(閨裏)의 고별(告別)인들 바히 담박(淡泊)ᄒᆞ미 가ᄒᆞ랴? 오ᄋᆞ(吾兒)는 맛당히
냥ᄋᆞ로ᄡᅥ 각각 스침(私寢)의 깃드려 쳐실을 위로케 ᄒᆞ미 엇더ᄒᆞ뇨?"

금휘 디왈,

"ᄌᆞ괴 지연(至然)ᄒᆞ시이다. 쇼지 임의 혜아려 작야(昨夜)로 브터 냥ᄋᆞ의 스실지회(私
室之懷)를 경계ᄒᆞ니이다."

태부【9】인이 희왈,

"가히 올흐니 노뫼 깃거ᄒᆞ노라. 연이나 현긔ᄂᆞᆫ 농장(弄璋)의 ᄌᆞ미(滋味) 잇거니와,
운긔ᄂᆞᆫ 현긔로 동년이오, 조시 슉셩ᄒᆞ미 장시 아릭 아니로디, 아직 '농장(弄璋)의 경시
(慶事)'²³⁵⁾ 업스니 노뫼 깁히 우려ᄒᆞᄂᆞ니, 여등이 금자(今者) 회실(會室)의 맛당이 필
득상셔(必得祥瑞)ᄒᆞ여, 운이 승견환가(勝戰還家) 시의 조현븨 닌봉(麟鳳) 옥슈(玉樹)
ᄀᆞᆺᄐᆞᆫ 긔린(騏驎)을 안아 부뷔 반기오믈 긔약ᄒᆞ라."

원쉬 슈명 ᄌᆞᆯ빈ᄒᆞ니, 하부인 슉셩비 냥쇼왈,

"운긔ᄂᆞᆫ 쾌활ᄒᆞᆫ 남ᄌᆡ라. 벽벽이²³⁶⁾ 규방의 드러 부부 회실의 오쇼(迂疎)ᄒᆞᆫ²³⁷⁾ 바ᄂᆞᆫ
업스리니, 지금 농장의 경시 느즈믄 실노 운【10】긔의 타시 아니라, 조시의 어린 연
괴가 ᄒᆞᄂᆞ이다."

좌위 슉셩비의 말ᄉᆞᆷ이 '낙지(諾哉)라!²³⁸⁾' ᄒᆞ여 웃기를 마지 아니니, 조시 크게 슈괴

---

233) 금계창효(金鷄唱曉) : 닭이 새벽을 알림.
234) 요지션회(瑤池仙會) : 선계(仙界) 요지(瑤池)의 신선들의 모임. *요지(瑤池); 중국 곤륜산에 있다는 못.
　　신선이 살았다고 하며, 주나라 목왕이 서왕모를 만났다는 이야기로 유명하다.
235) 농장(弄璋)의 경시(慶事) : 농장지경(弄璋之慶). 아들을 낳은 경사. 예전에, 중국에서 아들을 낳으면
　　구슬을 장난감으로 주었다는 데서 유래한 말.
236) 벽벽이 : 반드시, 틀림없이.
237) 오쇼(迂疎)ᄒᆞ다 : 우소(迂疎)하다. 세상 물정에 어둡고 민첩하지 못하다.

ᄒᆞ야 능히 몸둘 바를 아지 못ᄒᆞ더라.

졍언간에 윤태우 셩닌이 니르러 좌즁의 뵈오니, 슌태부인과 금후부뷔 반기며 ᄉᆞ랑ᄒᆞ미 닉외손(內外孫)239)에 간젹지 아니니, 슌태부인이 셩닌의 졀ᄒᆞ기를 기다려 년망(連忙)이240) 집슈 탄왈,

"현・운 냥ᄋᆞ와 다못 너와 하싱이 다 군국듕임(軍國重任)을 맛타 만니 새외(塞外)의 나아가니 실노 챵연(悵然)ᄒᆞ도다."

윤태위 주왈,

"뎡형 등과 하의계와 다못 쇼손의 당ᄒᆞ【11】온 바ᄂᆞᆫ 신ᄌᆞ(臣子)의 당당ᄒᆞᆫ 직분이오니, 태모ᄂᆞᆫ 물우쇼려(勿憂消慮)ᄒᆞ시고 그ᄉᆞ이 무강안일(無彊安逸)ᄒᆞ오샤 쇼손 등의 닙공반사(立功班師)ᄒᆞᄆᆞᆯ 기다리쇼셔."

금휘 집슈 칭희(稱喜) 왈,

"사ᄅᆞᆷ이 나미 ᄌᆞ고로 작인품슈(作人稟受) 이범초셰(異凡超世)241)ᄒᆞᆫ 재 ᄒᆞ나 둘히 아니로ᄃᆡ, 나의 불학용우(不學庸愚)ᄒᆞᄆᆞ로 요ᄒᆡᆼ ᄌᆞ녜나 불민ᄒᆞᄆᆞᆯ 면ᄒᆞᆯ만ᄒᆞ고, 더욱 손증(孫曾)의 니르러ᄂᆞᆫ 탁셰(卓世)ᄒᆞᆫ 지략(才略) 긔질(氣質)이 결비쇽인(決非俗人)이니, 사ᄅᆞᆷ이 드르면 가히 우ᄌᆞ(愚者)라 ᄒᆞ려니와, 실노 닉외(內外) 교식(矯飾)ᄒᆞ미 아니라, 나의 현긔와 윤가의 셩닌은 승당입실(升堂入室)242)의 군직(君子)니, 여등은 이러ᄒᆞᆯᄉᆞ록 '힝필신(行必愼)ᄒᆞ고 【12】언필찰(言必察)'243)ᄒᆞ여 조물(造物)244)의 싀긔(猜忌)를 만나지 말나."

녜부와 톄찰이며 윤태위 ᄇᆡ이슈명(拜而受命)ᄒᆞ더라.

ᄎᆞ셜 윤부 진왕궁의셔 태우 셩닌이 치슈안무ᄉᆞ(治水按撫使)되고 웅닌이 븍평 부원쉬(副元帥)되여 형뎨 냥인이 일시의 집을 ᄯᅥ나게 되니, 위・조 냥 태비와 호람후부뷔 결연ᄒᆞᄆᆞᆯ 니긔지 못ᄒᆞ니, 뉴부인은 총명ᄒᆞᆫ 녀지라. 녜부 뎡현긔의 동졔 교유ᄉᆞ(敎諭使)로 가ᄂᆞᆫ 밧지245) 위방 노흉(老凶)이믈 ᄭᆡ다라 태부인긔 고ᄒᆞ니, 태부인이 역경(亦驚) 탄왈,

"현긔의 지모 신긔ᄒᆞᄆᆞ로 대신이 얼연이246) 알아 쳔(薦)ᄒᆞᆯ 거시 아니로ᄃᆡ, 위방의 흉참(凶慘)【13】극악(極惡)ᄒᆞ미 삭븍 졀도ᄉᆞᄂᆞᆫ 곳 졔가[게] 과분ᄒᆞᆫ 벼슬과 후록이믈

---

238)낙지(諾哉)라! : '옳다!'하고 맞장구를 치는 말.

239)닉외손(內外孫) : 친손자와 외손자를 함께 이르는 말.

240)년망(連忙)이 : 바삐. 급히.

241)이범초셰(異凡超世) : 보통 사람과 달리 특출하게 뛰어남

242)승당입실(升堂入室) : '마루에 오른 다음 방에 들어간다'는 뜻으로, 일에는 차례가 있음을 이르는 말. 또는 학문이 점점 깊어짐을 비유적으로 이르는 말로 쓰인다.

243)힝필신(行必愼) 언필찰(言必察) : 행동은 반드시 삼가 하여 신중히 하여야 하고, 말은 반드시 잘 살펴서 하여야 한다.

244)조물(造物) : 조물주가 만든 온갖 것.

245)밧지 : -하는 바(所)의 것. -하는 바. -하는 것. *밧지; '바(所)-ᄌᆞ(者)'

246)얼연이 : 어련히. 따로 걱정하지 아니하여도 잘될 것이 명백하거나 뚜렷하게.

아지 못ᄒ고, 망녕도이 동졔왕을 도아 악역을 도모ᄒ니 근본이 ᄀ장 흉희(凶害)ᄒ지라. 노모의 싱각은 됴뎡이 만일 각별 지용냥쟝(智勇良將)으로 졍벌ᄒ미 아니면, 반역을 쇼멸(消滅)ᄒ미 어렵고, 위방 노흉의 예긔ᄅᆞᆯ 썩그미 쉽지 아닐ᄃᆞᆺ 시브거늘, 엇지 이러틋 소루(疏漏)ᄒ여 믄득 일개 빅면셔싱(白面書生)으로 진무(鎭撫)코져 ᄒᄂᆞᆫ고? ᄀ장 위티로오니 여등이 엇지 옥폐(玉陛)247)의 간(諫)치 아냣ᄂᆞ뇨?”

진왕이 주왈,

“셩의(聖意) 여ᄎᆞᄒ시나, 실노 염녀 업ᄉ오니 태모ᄂᆞᆫ 셩녀ᄅᆞᆯ 허비치 마ᄅᆞ【14】쇼셔.”

태부인이 환희ᄒ니, 태우와 어ᄉᆡ 초일 야(夜)로브터 밤이면 태화뎐 만슈헌의셔 왕부와 부슉을 시침ᄒ며, 군종곤계 등으로 광금쟝침(廣衾長枕)248)의 별졍(別情)이 탐탐ᄒ니, 능히 결을ᄒ니[여]249) 규리(閨裏)의 고별(告別)을 싱각지 아니ᄒᄂᆞᆫ지라. 진왕이 ᄋ즈 등의 덕힝을 환희ᄒ여 일일은 명ᄒ여 쳐소ᄅᆞᆯ 닉실의 ᄒ야 ᄋ부 등을 위로ᄒ라 ᄒ니, 태우와 어ᄉᆡ 부명을 니어 드ᄃᆡ여 각각 소(所)ᄅᆞᆯ 닉실의 뎡훌ᄉᆡ, 태우 셩닌은 냥일야ᄅᆞᆯ 소·엄 냥부인 슉소의 슉침ᄒ여 별졍을 닐을ᄉᆡ, 태우ᄂᆞᆫ 다만 그 ᄉᆡ이 존당부모ᄅᆞᆯ 션ᄉᆞ(善事)【15】ᄒ며 히ᄋᄅᆞᆯ 교양(教養)ᄒ여 무양(無恙)ᄒ믈 닐ᄏᆞᆺ고, 소·엄 냥부인은 슈이 셩공환가(成功還家)ᄒ시믈 닐ᄏᆞ라 부부삼인의 온듕졍대(穩重正大)ᄒ미 지극ᄒ더라.

윤어ᄉᆞ 웅닌은 ᄎᆞ례로 경·쥬·셔 삼부인 침소의 슉침ᄒ나 피ᄎᆞ 각별 구구(區區) 연연(戀戀)ᄒ미 업ᄉ니, 어ᄉᆡ 삼부인의 알연(戛然)250) 낭장(朗暲)251)ᄒ미 ᄒᆞᆫ갈ᄀᆞᆺ치 갈담규목(葛覃樛木)252)의 셩덕(聖德)이 ᄀᆞ즉ᄒ믈 깃거ᄒ더라.

이러구러 윤하뎡 졔인의 츌졍일이 다드ᄅᆞ미, 가듕의 쇼쟉(小酌)을 베프러 조손(祖孫) 일가샹해(一家上下) 한 당의 모다 늘니ᄂᆞᆫ 잔이 분분ᄒ고, 보닉ᄂᆞᆫ 후회(厚懷) 일필난긔(一筆難記)러라.

뎡녜부ᄂᆞᆫ 몬져 쟝【16】부인을 위로ᄒ고, 버금 일의 연시의 침소의 나아가 별회ᄅᆞᆯ 닐을ᄉᆡ, 이ᄶᆡ 연시 슈벽이 뎡녜부의 셰고무젹(世古無敵)253)ᄒᆞᆫ 풍의 덕질(風儀德質)을 흠모ᄒ여, 겨유 그 부실이 되여 도라오니, 구가(舅家) 남ᄌᆞ 죽 군ᄌᆞ영걸(君子英傑)이며, 녀ᄌᆞ 죽 져마다 화용월ᄐᆡ(花容月態)로 임ᄉᆞ(姙姒)254) 번월(樊越)255)의 덕힝과 임

---

247)옥폐(玉陛) : ‘옥으로 만든 층계’란 말로 ‘대궐의 뜰아래’ 곧 ‘황제의 앞’을 뜻한다.

248)광금장침(廣衾長枕) : 여러 사람이 함께 자면서 덮고 벨만큼 넓은 이불과 긴 베개.

249)결을ᄒ다 : 틈을 내다. *결을 : 틈. 겨를. 어떤 일을 하다가 생각 따위를 다른 데로 돌릴 수 있는 시간적인 여유.

250)알연(戛然) : 소리가 맑고 아름다움

251)낭장(朗暲) : 성격 따위가 맑고 밝아 구김살이 없음.

252)갈담규목(葛覃樛木) : 『시경(詩經)』 ‘주남(周南)’편에 실린 두편의 노래 이름. <갈담(葛覃)> <규목(樛木)> 두 편 다 문왕(文王)의 비(妃)인 태사(太姒)의 부덕(婦德)을 노래하고 있다.

253)셰고무뎍(世古無敵) : 세상에 견줄만한 사람이 없을 정도로 뛰어남.

254)임ᄉᆞ(姙姒) : 중국 주(周)나라 현모양처(賢母良妻)인 문왕의 어머니 태임(太姙)과 무왕(武王)의 어머니

강(任姜)[256] 마등(馬鄧)[257]의 청심(淸心)이 이시니, ᄌᆞ가(自家)의 외로온 형세와 쇠잔ᄒᆞᆫ 용모로 우럴빅 아니오, 당금ᄎᆞ시(當今此時)ᄒᆞ여ᄂᆞᆫ 도로혀 뎡네부의 실즁의 도라온 줄 뉘웃브니, 부부 냥정(兩情)이 서어(齟齬)ᄒᆞ믈 근심ᄒᆞ여 쳥션의게 쳔금을 주고 여러 가지 단약(丹藥)[258]을 어더 네부를 온가지로 시【17】험코져 ᄒᆞ나, 뎡네부의 사ᄅᆞᆷ되오미 셩문줄ᄆᆡᆨ(聖門-脈)[259]이니 능히 ᄯᅳᆺ을 엇지 못ᄒᆞ더니, ᄆᆞᆫ득 네뷔 동졔교유ᄉᆞ(東齊教諭使)로 나아가믈 드ᄅᆞ니, 일변 놀납고 깃거ᄒᆞ니, 놀나믄 먼니 ᄯᅥ나믈 근심ᄒᆞ미오, 깃거ᄒᆞ믄 이 긔회(機會)를 승간(乘間)ᄒᆞ여 장시를 졀졔(切除)코져 ᄒᆞ미러라.

일일은 ᄆᆞᆫ득 시비 냥네 드러와 네부의 일현당 츌입을 고ᄒᆞ니, 연시 ᄎᆞ언을 드ᄅᆞᄆᆡ 급히 니러나 일현당 후창하(後窓下)의셔 규시(窺視)ᄒᆞᆯᄉᆡ, 져 부부의 상젹(相敵)ᄒᆞ믈 보니 눈물이 ᄒᆡ음업시[260] ᄯᅥ러지더니, ᄆᆞᆫ득 《오덕∥오경(五更) 북》이 새ᄇᆡᆨ를 보○[ᄒᆞ]니, 연시 년망이 침소의 【18】도라와 의상을 ᄒᆡ탈(解脫)ᄒᆞ고 자리의 나아가 침쉬(寢睡) 혼몽(昏懜)[261]ᄒᆞ여 ᄇᆞᆰᄂᆞᆫ 줄을 아지 못ᄒᆞ니, 연시 본ᄃᆡ ᄌᆞᆷ든 후ᄂᆞᆫ 사ᄅᆞᆷ이 흔드러도 진시(眞是)[262] ᄭᆡ지 못ᄒᆞᄂᆞᆫ지라. 신셩(晨省) ᄯᅢ 졈졈 느ᄌᆞᄃᆡ 연시 ᄭᆡ지 아니ᄒᆞ니, 유랑시녀비 민망ᄒᆞ여 ᄭᆡ오다가 못ᄒᆞ여 존당의 고품(告稟)ᄒᆞᄃᆡ, 쇼졔 츈한(春寒)의 감돈[263]ᄒᆞ여 신셩의 불참하믈 알외니, 존당상해 념녀ᄒᆞ여 됴보(調保)ᄒᆞ믈 닐오시더라.

"연시 날이 ᄆᆡ이 느즌 후 ᄭᆡ여 졈즉ᄒᆞᆫ[264] 김에 ᄒᆞᆫ갈ᄀᆞᆺ치 누어 죵일 칭병불츌(稱病不出)ᄒᆞ니, 시야(是夜)의 네뷔 드러와 연시의 침변언와(枕邊偃臥)ᄒᆞ여시믈 보고, 화연(和然) 문왈,

"츈【19】한(春寒) 일긔 불일(不一)ᄒᆞ나 ᄌᆡ 본ᄃᆡ 혈긔 견강(堅強)ᄒᆞ거ᄂᆞᆯ 졸연(猝然) 유질ᄒᆞ믄 하유ᄉᆡ(何有事)오?"

연시 아미(蛾眉)를 빈츅(嚬蹙) ᄃᆡ왈,

"쳡의 신질(身疾)은 일시 감한(感寒)ᄒᆞᆫ[265] 증세니 본ᄃᆡ 대단치 아니ᄒᆞ옵거니와, 군직 비록 냥평(良平)[266]의 지혜 잇다 ᄒᆞᆫ들, 나히 십뉵칠이어ᄂᆞᆯ, 셩상이 동졔의 교유ᄉᆞ

태사(太姒)를 함께 이르는 말.

255)번월(樊越) : 중국 초나라 장왕(莊王)의 비(妃)인 번희(樊姬)와 소왕(昭王)의 비 월희(越姬). 둘 다 어진 마음으로 남편의 정사를 간(諫)해 덕행으로 유명하다.

256)임강(任姜) : 중국 주(周) 문왕(文王)의 모친 태임(太姙)과 주(周) 선왕(宣王)의 비(妃) 강후(姜后)를 함께 이르는 말. 모두 어진 덕으로 유명하다.

257)마등(馬鄧) : 중국 동한(東漢) 명제(明帝)의 후비 마후(馬后)와 동한(東漢) 화제(和帝)의 후비(后妃) 등후(鄧后)를 함께 이르는 말. 둘 다 후궁 가운데 덕이 높았다.

258)단약(丹藥) : =선단(仙丹). 신선이 만든다고 하는 영약(靈藥). 선약(仙藥).

259)셩문줄ᄆᆡᆨ(聖門-脈) : 성문여맥(聖門餘脈). 훌륭한 가문의 자손.

260)ᄒᆡ음업시 : 하염없이. 시름에 싸여 멍하니 이렇다 할 만 한 아무 생각이 없이.

261)혼몽(昏懜) : 정신이 흐릿하고 가물가물함.

262)진시(眞是) : 진실로.

263)감돈 : 감기. *감돈ᄒᆞ다; 감기에 걸리다.

264)졈즉ᄒᆞ다 : 점직하다. 부끄럽고 미안하다.

265)감한(感寒) : 찬바람을 쏘임.

룰 삼으시니, 군주의 미몰호 풍치와 동용쳐신(動容處身)의[이] 졉물디인(接物對人)의
흔연슈슈(欣然授受)호믈 쳡은 일즉 보지 아녓느니, 속셜(俗說)의 닐너시디, '든 버릇
난 힝실이라'267) 호니, 셜영 황지(皇旨)를 밧즈와 동졔의 간들, 무슴 녁냥(力量)과 언
변(言辯)으로 반젹(叛賊)을 교유【20】호리오. 회음후(淮陰侯)268)의 대병이 님칙(臨
淄)269)의 급호미 업스디, 역태우(酈大夫)270)의 유확(油鑊)271)의 삼기는 환(患)이 엇
지 무셥지 아니리오. 그러나 군주의 외왕부(外王父) 윤태애(太爺) 금국(金國)의 {위호
여} 스신 갓다가 튱녈(忠烈)노뼈 죽어 도라오시다 호믈 드러시니, 쳡이 고금을 츄이
(推移)호여 싱각건디, 두리온 넘녜 방하(放下)치 못호여 슉식(宿食)을 젼폐(全廢)호여
이 병을 니릇혀미로소이다."

네뷔 텽파의 그 말 만흠과 대스(大事)의 당호여 녀주의 외월(猥越)호미 언두(言頭)
룰 삼가지 아니호믈 미온호여 졍식 왈,

"스싱(死生)이 관수(關壽)호고 화복(禍福)이 직텬(在天)호니, 싱이 비록 【21】용녈
호나 젹혈(賊穴)의 맛지 아닐거시오, 지 져기272) 대의(大義)와 녀힝(女行)을 알진디,
언참(言讖)의 블길호믈 삼가지 아니코, 싱을 디호여 이런 흉악호 말노 발호느뇨? 그디
는 조금도 싱의 원힝(遠行)으란 넘녀 말고, 다만 일신 쳐스룰 삼가며 조심호여 기리
무양(無恙)호여 싱의 환가(還家)시의 즐거온 늣빗츠로 반기믈 긔약호라."

연시 대참무류(大慚無聊)호여 늣빗츨 븕히고 냥구묵연(良久默然)이러니, 홀연 작식
(作色) 왈,

"즈고로 부인 녀주의 소텬(所天)을 앙망호는 위부지심(爲夫之心)은 상시(常事)라. 쳡
이 올흔 말노 군주의 험디(險地)의 위스(爲使)호믈 근【22】심호여, 진졍소지(眞情所
在)로 넘녀호여 닐너든, 그 무슴 스죄(死罪)완디 그디도록 팔초(捌剿)히273) '밋고 슷
는'274) 다시 핀잔을 주시느뇨? 만일 장시의 말슴 굿틀진디 결연(決然)이 디답이 이러

---

266) 냥평(良平) : 중국 한(漢)나라 때의 책사(策士) 장량(張良)과 진평(陳平)을 함께 이르는 말.
267) 든 버릇 난 힝실 : 몸에 익은 버릇은 반드시 행실로 나타나기 마련이라는 말.
268) 회음후(淮陰侯) : 중국 한(漢)나라 개국공신 한신(韓信)의 작위(爵位). *한신(韓信). ? - BC196. 중국
한(漢)나라 때의 무장(武將). 한 고조를 도와 조(趙)·위(魏)·연(燕)·제(齊)나라를 멸망시키고 항우를
공격하여 큰 공을 세웠다. 한나라가 통일된 후 초왕에 봉하여졌으나 회음후(淮陰侯)로 강등되고, 뒤에
여후(呂后)에게 살해되었다
269) 님칙(臨淄) : 임치(臨淄). 중국 춘추 시대 제(齊)나라의 수도. 현재의 산둥 성(山東省) 북부 치박시(淄
博市)의 동부에 있는 현(縣).
270) 역태우(酈大夫) : 중국 전한(前漢) 고조(高祖) 유방(劉邦)의 책사(策士) 역이기(酈食其). 변설(辯舌)에
능해 진류 현령을 속여 진류성을 유방이 차지하게 하였고 제왕(齊王) 전광(田廣)을 설득하여 유방에게
항복토록 하였다. 그러나 제나라 수도 임치(臨淄)에 머물던 중, 그와 공을 다투던 한신(韓信)이 제나라
수도 임치(臨淄)를 공격함으로써, 속았다고 생각한 제왕 전광에 의해 끓는 물에 삶겨져 팽살(烹殺)당했
다.
271) 유확(油鑊) : 기름이 끓는 가마.
272) 져기 : 적이. 꽤 어지간한 정도로.
273) 팔초(捌剿) : 깨고 베듯 모짊. *팔초(捌剿)히; 깨고 베듯 모질게.

치 아니ᄒ리이다."

네뷔 듯ᄂ 말마다 히괴망측(駭怪罔測)ᄒ나, 아이의 족가(足枷)ᄅᆯ 아니려 ᄒ엿고, ᄒ믈며 오릭지 아녀 상니(相離)ᄒ여 원힝(遠行)ᄒ거ᄂᆯ, 불평ᄒᆫ ᄉ쇠으로ᄡᅥ 간인(奸人)의 원을 길게 미ᄌᆞ미 가치 아니ᄒᆫ 고로 묵연이 좌(座)러니, 이윽고 야심ᄒᄆᆯ 인ᄒ여 드듸여 의건(衣巾)을 히탈(解脫)ᄒ고 원침(原寢)의 나아갈ᄉᆡ, ᄯᅩᄒᆫ 져기 ᄂᆺ빗출 화(和)히 ᄒ여 평안이 헐슉(歇宿)²⁷⁵)ᄒ기【23】ᄅᆯ 닐오고, 그 유질(有疾)ᄒᄆᆯ 인ᄒ여 능히 부부회실(夫婦會室)²⁷⁶)의 동금지락(同衾之樂)²⁷⁷)을 일우지 못ᄒᄆᆯ 닐ᄏᆞ라 ᄉ쇡(辭色)이 흔연(欣然)ᄒ나, 네부ᄂ 연시의 실병(實病)이 아니라 가탁(假託)인 줄 알오ᄃᆡ, 짐짓 이러 ᄐᆺ ᄒ미오, ᄆᆞ음의 슬흔 바ᄅᆯ 능히 강작(强作)ᄒ여 동실지락(同室之樂)을 닛지 아니려 ᄒ미로ᄃᆡ, 연시 ᄀ장 ᄆᆞ음의 섭섭ᄒ고 이둘와, ᄌ개 작야의 브절업시 분쥬ᄒ여 잠을 젼폐(全廢)ᄒᆫ 타ᄉ로 칭병ᄒᆫ 줄을 뉘우츠나, 다시 무어시라 핑계ᄒ여 져 군ᄌ의 ᄯ를 엿보리오.

쇽졀업시 종야 번민ᄒ여 능히 잠을 일우지 못ᄒ니, 【24】네뷔 자ᄂ 듯ᄒ나 져 거동을 엇지 아지 못ᄒ리오. 심니(心裏)의 통히ᄒᄆᆯ 니긔지 못ᄒ나 알은톄 아니ᄒ더라. 인ᄒ여 명됴의 쇼셰(梳洗)ᄒ고 존당의 드러가니, 연시 ᄯᅩᄒᆫ 병이 나을롸 ᄒ고 신성(晨省)의 나아가니라.

네뷔 임의 냥부인 ᄉ실의 일야(一夜)식 머므러 별졍(別情)을 베플미, 시일야(是日夜)브터ᄂ 여일(餘日)을 다시 ᄂᆡ각(內閣)의 머므지 아니ᄒ고 왕부와 부슉을 시침(侍寢)ᄒ더라.

톄찰은 기일야(其日夜)의 한쇼져 침소의 나아가 부인을 위로ᄒᆯᄉᆡ, 쇼졔 오히려 신질이 미츠ᄒ여 상부ᄅᆯ ᄯᅥ나지 못ᄒ엿ᄂᆫ지라. 병장(屛帳)을 의지ᄒ여 침셕【25】의 비겻더니, 념젼 (簾前)의 시ᄋᆡ 쥬군의 ᄂᆡ림ᄒ시믈 보ᄒ니, 쇼졔 강잉ᄒ여 금니(衾裏)ᄅᆯ 밀치고 긔이영지(起而迎之)ᄒ여 좌뎡ᄒ니, 톄찰이 눈을 드러 부인을 보니, ᄌ연 가즁ᄉ괴(家中事故) 년쳡(連疊)ᄒ여 일ᄐᆡᆨ지상(一宅之上)이로ᄃᆡ 서로 못 보완지 슌(旬)여일이라.

병셰 져기 가경(可境)의 이시나 본ᄃᆡ 쳥슈약질(淸秀弱質)ᄒᆫᄃᆡ 산휘(産後) 엇지 그ᄃᆡ도록 슈히 평복(平復)ᄒ리오. 젼(前)쳐로 ᄯᆨᄯᆨ 혼혼침듕(昏昏沈重)ᄒᆫ 증후(症候)ᄂ 나으니, ᄉ싱지녀(死生之慮)ᄂ 업ᄉ나 약질이 수쳑ᄒ여시니 톄찰이 화평이 집슈왈,

"부인의 약질이 오히려 미츠(未差) 즁의 잇거ᄂᆯ, 싱이 나으믈 보지 못ᄒ고 【26】의외에 황명을 밧ᄌᆞ와 결안(契丹) 광젹(狂賊)을 졍벌ᄒ게 되니, 쇼쇼 광젹은 족히 졔어치 못ᄒᆯ가 근심은 업ᄉ나, 우흐로 왕존훤당(王尊萱堂)²⁷⁸)의 무궁ᄒᆫ 불효와 싱의 니

---

274)밋고 ᄭᆫ타 : 맺고 끊다. 사리가 분명하여 일의 처리를 야무지게 하다.
275)헐슉(歇宿) : 쉬고 묵음. 잠자리에 들어 잠.
276)부부회실(夫婦會室) : 부부가 한 방에서 마주대함.
277)동금지락(同衾之樂) : 같은 이불속에서 즐기는 즐거움.

슬니가(離膝離家)ᄒᆞᄂᆞᆫ 심시 만히 즐겁지 아닌 가온ᄃᆡ, ᄯᅩ 부인의 병즁 우려ᄅᆞᆯ 더으게 ᄒᆞ니 졀박ᄒᆞᆷ을 어이 측냥ᄒᆞ리오."

한쇼졔 면홍(面紅)이 ᄌᆞ져(自著)ᄒᆞ여279) 념용(斂容) 손샤(遜辭) 왈,

"쳡은 규즁의 미약(微弱) 불통(不通)ᄒᆞᆫ 녀진라. 감히 빈계ᄉᆞ신(牝鷄司晨)의 외월(猥越)ᄒᆞ미 이시리오. 군진 임의 됴뎡 명지(命旨)ᄅᆞᆯ 밧ᄌᆞ와, 몸우희 원융복식(元戎服色)을 ᄀᆞᆺ초와 우흐로 능히 훤뎐(萱前)의 이우(貽憂)ᄅᆞᆯ 관념(寬念)280)【27】치 못ᄒᆞ시거든, ᄒᆞ물며 규리(閨裏)의 녹녹ᄒᆞᆫ 고별(告別)이니잇고? 쳡의 병은 ᄉᆞᄉᆞᆼ지녀(四生之慮)ᄂᆞᆫ 업ᄉᆞ리니, 복원(伏願) 군ᄌᆞᄂᆞᆫ 미쳡(微妾) 일신은 념녀치 마라시고 쳔금귀톄(天金貴體)ᄅᆞᆯ 보듕ᄒᆞ샤, 만니 이국의 흉봉(凶鋒)을 슈히 소탕ᄒᆞ시고, 만셰의 불멸지공(不滅之功)을 셰워 도라오시면, 이곳 우흐로 존당의 대효시고 버거 쳡등의 만ᄒᆡᆼ(萬幸)이로소이다."

원쉬 뎡파의 크게 항복 이경ᄒᆞ여 흔연 쇼왈,

"낙지(諾哉)라! 부인의 금옥지언(金玉之言)이여! 우부(愚夫)의 흉금이 훤출ᄒᆞᆫ지라281). 부인은 실노 이ᄀᆞᆺ치 ᄒᆞ여 싱의 만니젼진(萬里戰陣)의 구치(驅馳)ᄒᆞᆷ을 념녀치 말고, 봉【28】노시하(奉老侍下)의 다시 질을 일위여, 존당의 니우(貽憂)ᄅᆞᆯ 증(增)ᄒᆞ시게 말고, 기리 무양(無恙)ᄒᆞ쇼셔."

인ᄒᆞ여, 부부 냥인이 각각 와상(臥床)의 나아가 취침ᄒᆞᆯ시, 원쉬 쳘야토록 부인의 옥슈ᄅᆞᆯ 어라만져 참아 노치 못ᄒᆞ니, 쇼졔 ᄯᅩᄒᆞᆫ 져의 관후(寬厚)ᄒᆞᆷ을 감사ᄒᆞ더라. 명됴의 원쉬 니러 소셰ᄒᆞ고 밧그로 나아갈시 지삼 무양(無恙)ᄒᆞᆷ을 당부ᄒᆞ더라.

시야(是也)의 ᄯᅩ 화쇼져 침소의 나아가니, 화쇼졔 단의홍군(單衣紅裙)으로 촉하의셔 원슈의 의복 침션을 다ᄉᆞ리며, 그 원ᄒᆡᆼ(遠行)을 근심ᄒᆞ여 아미(蛾眉)의 일만슈한(一萬愁恨)이 밋쳣더니, 원슈의 드러오믈【29】보고 불승슈괴(不勝羞愧)ᄒᆞ여 긔영좌뎡(起迎坐定)ᄒᆞ미, 원쉬 부인의 슈식졔미(愁色齊眉)ᄒᆞᆷ을 보고, 심니(心裏)의 이련ᄒᆞ여 집슈 문왈,

"학ᄉᆡᆼ이 의외에 군명을 밧ᄌᆞ와 만니의 졍벌ᄒᆞ니 존당의 이우 ᄭᅵ치오믄 닐오도 말고, 부인등의 위부지심(爲夫之心)으로 념녀 헐치 아니ᄒᆞᆷ은 무러 알 비 아니로소이다."

화시 ᄡᅡᆼ셩(雙星)의 츄패(秋波) 빗최믈 ᄭᅢ닷지 못ᄒᆞ여, 츄연 탄식 왈,

"군진 의외에 만니 이국의 츌졍을 당ᄒᆞ시고, 존슉이 동졔 텬ᄉᆞ로 일시의 니슬(離膝)ᄒᆞ시니, 우흐로 존당의 졀우와 아릭로 일반 쳡 등의 ᄉᆞᄉᆞ 우심(憂心)과 극녀(極慮)ᄅᆞᆯ 일어(一語)의【30】엇지 다 고ᄒᆞ리잇가? 슈연(雖然)이나 원ᄒᆞ옵ᄂᆞ니 군ᄌᆞᄂᆞᆫ 쳔금귀톄(千金貴體)ᄅᆞᆯ 쳔만 신듕ᄒᆞ시고, 슈이 공을 일워 빗니 도라오시믈 축ᄒᆞᄂᆞ이다."

---

278)왕존훤당(王尊萱堂) : 조모(祖母) 또는 조부모(祖父母)를 높여 이르는 말. *훤당(萱堂); 모친(母親) 또는 부모(父母)를 달리 이르는 말.

279)ᄌᆞ져(自著)ᄒᆞ다 : 저절로 나타나다.

280)관념(寬念) : 안심하다. 너그럽게 생각하다.

281)훤출하다 : 훤칠하다. 막힘없이 깨끗하고 시원스럽다.

원쉬 흔연 샤왈,

"부인은 학싱을 넘녀치 말고 다만 냥가 부모존당을 뫼와 기리 무양ᄒ라."

셜파의 야심ᄒ믈 닐ᄏ라 쵹을 멸ᄒ고 부뷔 옥상나금(玉牀羅衾)의 나아가니, 진듕흔 은졍이 산비히박(山卑海薄)ᄒ더라. 명도의 부뷔 흔가지로 존당부모긔 신셩ᄒ니라.

이러구러 윤하뎡 제인의 발힝 츌ᄉ일(出師日)이 쵹박ᄒ니, 초시 하태우 몽셩은 션봉 인슈(先鋒印綬)를 씌여 부듕의 도라오니, 【31】 뎡국공과 됴부인이 대경실ᄉᆡᆨ(大驚失色)ᄒ여 넘녀ᄒ믈 마지 아니ᄒ고, 윤부인과 졔슉뫼며 군죵졔뎨(群從諸弟)²⁸² 등이며 일가상해 아니 놀나리 업서 국공과 됴부인이 태우의 좌우슈(左右手)를 가ᄅᆞ잡고²⁸³ 왈,

"우리 부쳬(夫妻) 본ᄃᆡ 화란여ᄉᆡᆼ(禍亂餘生)으로 남의 업순 참쳑(慘慽)을 보고, 명완 불ᄉᆞ(命頑不死)ᄒ여 이제 니르러ᄂᆞᆫ 져기 근심이 업더니, 금일 몽셩이 엇지 걸안 ᄀᆞᆺ튼 흉젹을 ᄃᆡᄒ여 션봉을 ᄌᆞ당ᄒᄆᆡ 되거뇨?"

초공과 태위 이셩낙ᄉᆡᆨ(怡聲樂色)으로 쳔만 위로ᄒ니, 조부뫼 명ᄒ여 왈,

"네 이제 만니 젼진의 나아가니, 환가의 지쇽(遲速)을 뎡치 못ᄒᆞᆯ지니, 【32】 규리(閨裏) 홍안(紅顔)이 가셕(可惜)ᄒ지라. 연시 셜ᄉᆞ 불쵸픠악(不肖悖惡)ᄒ나 임의 셰월이 오릭고 근ᄂᆡ 회과ᄌᆞ칙(悔過自責)ᄒ기의 밋고, ᄌᆞ녀의 ᄂᆞᆺ츨 볼지라도 맛당히 허물을 관셔(寬恕)ᄒ고 이런 원별(遠別)을 당ᄒ여 흔번 위로 ᄒ염즉 ᄒ니, 모ᄅᆞ미 영일뎡의 가 연시를 위로ᄒ고, 버거²⁸⁴ 난쥐각과 치일뎡의 나아가 표·상 냥쇼부를 위로ᄒ라."

태위 복슈 ᄃᆡ왈,

"셩괴(聖敎) 지당(至當)ᄒ시나, 고어의 왈 '신ᄌᆞ(臣子) 국명을 밧자오ᄆᆡ 집을 도라보지 아닛ᄂᆞᆫ다' ᄒ오니, 쇼손이 비록 용우불민(庸愚不敏)ᄒ오나, 당당흔 남지 되여 몸 우히 원융(元戎)의 복식을 갓초고, 녹녹(碌碌)히²⁸⁵ 【33】 규ᄂᆡ의 쥬졉²⁸⁶드려 고별(告別)을 닐오리잇고?"

하공이 ᄉᆞᄉᆞ(私事)의 손ᄋᆞ의 뜻을 어긔오지 아니므로 묵연 졈두ᄒ여 다시 권치 아니니, 태위 원ᄂᆡ 표·상 냥쇼져ᄂᆞᆫ 흔번 위로코져 뜻이 이시나, 만일 표·상을 위로흔즉 연시를 ᄃᆡ면ᄒ라 ᄒᆞᆯ 거시므로 유죄무죄 간에 도모지 규방의 드러 부부상별(夫婦相別)을 닐오지 아니려 ᄒ더라.

태위 년일 군무 년습ᄒ기를 맛고 윤상부와 진궁의 나아가 외왕부와 표문 제인의게 하직ᄒ니, 뎡녜부 현긔 흔가지로 모닷ᄂᆞᆫ지라. 위·조·뉴 삼부인이 원셩뎐의 이셔 뎡녜부와 하싱의 【34】 만니힝거(萬里行車)를 넘녀ᄒᄆᆡ 친외손(親外孫)을 분간치 아니

ᄒ여, 조금도 셩·웅 냥손의 ᄂ리미 업더라. 좌우로 호쥬미찬을 갓초아 뎡·하 냥싱을 관ᄃᆡᄒ미, 원별의 ᄎ아(嵯峨)홈과 상하 니졍(離情)의 권권의의(眷眷依依)[287]ᄒ미 상하(上下)치 아니터라.

하·뎡 냥싱이 윤부의셔 종일(終日)ᄒ고 셕양의 비로소 각귀(各歸)ᄒ니라.

하태위 버금 날이야 비로소 뎡부의 갓다가, 뎡시 싱ᄋᆡ의 슈형긔이(秀形奇異)ᄒᆞᄆᆞᆯ 보미, 비록 즁목소시(衆目所視)에 권이(眷愛)ᄒᄂᆞᆫ 긔식을 낫타닉지 아니나, 텬눈(天倫)의 ᄌᆞ별(自別)ᄒᆫ 졍믹(精脈)이 유연(油然)이 ᄌᆞ동(自動)ᄒ니, 이 엇지 ᄌᆞ가의 텬싱긔ᄌᆞ(天生奇子) 아니면 이러ᄒ【35】리오. 히ᄋᆞ를 보고 도라온 후ᄂᆞᆫ 일념의 그 긔질을 닛기 어려온지라. 응윤과 션ᄋᆞ를 보미, 션ᄋᆞᄂᆞᆫ 일분 이졍(愛情)이 유동(流動)ᄒᄃᆡ, 응윤은 다만 그 픔슈(稟受)의 긔이ᄒᄆᆞᆯ[미] 긔특홀지언뎡, 믄득 유연ᄒᆫ 졍은 몽미(夢寐)의도 업ᄉᆞ니, ᄌᆞ가지심(自家之心)이나 의괴난측(疑怪難測)ᄒ여, 혜오ᄃᆡ,

"내 본ᄃᆡ 고인의 혹어후쳐(惑於後妻)[288]ᄒ여 이이쇼ᄌᆞ(愛以小子)[289]ᄒ고, 시속(時俗)의 '모이ᄌᆞ포(母愛子抱)'[290]라 ᄒᄆᆞᆯ 우이 넉엿더니, 아심(我心)이 여ᄎᆞ(如此)ᄒᆫ가 닐너도, 연시를 증염(憎念)ᄒ니 그 ᄌᆞ식이 일톄(一體)로ᄃᆡ, 믄득 녀ᄋᆞᄂᆞᆫ ᄉᆞ랑호아[291], 보면 써나기 슬코, 응ᄋᆞᄂᆞᆫ 보면 긔특홀 ᄯᆞᆫ이니, ᄎᆞ하ᄉᆞ(此何事)오?[292] 연(然)이나 ᄎᆞ이니【36】부시랑 소슌과 방블(彷佛)ᄒᆫ 곳이 만ᄒ니 스스로 괴이ᄒᄆᆞᆯ 아지 못ᄒ리로다."

ᄒ더라.

일슌(一旬)이 지나 윤하뎡 졔인의 츌ᄒᆡᆼ일(出行日)이 다ᄃ라니, 삼부 상하의 울회(鬱懷) 만쳡ᄒ믄 닐오도 말고, 젼별(餞別)ᄒᄂᆞᆫ 손이 날마다 문에 몌엿더니, 만셰 황애 난가(鸞駕)[293]를 갓초아, 북교(北郊)의 친ᄒᆡᆼᄒᆞ샤 삼문 졔인을 숑별ᄒ실ᄉᆡ, 북관(北關) 문누(門樓)의 어막(御幕)을 놉히 비셜(排設)ᄒ시고, 뎡·윤 냥원슈의 ᄒᆡᆼ군 졀ᄎᆞ와 동졔 텬ᄉᆞ의 츌ᄒᆡᆼ ᄒᆡᆼ차와 동도 치슈ᄉᆞ의 ᄒᆡᆼ거를 보ᄂᆞ려 ᄒ실ᄉᆡ, 빅사장 오십여리의 다ᄉᆞᆺ 셰 갑병(甲兵)이며 보군(步軍)이 ᄃᆡ오(隊伍)를 졍졔ᄒ여,【37】긔치검극(旗幟劍戟)[294]과 빅모황월(白旄黃鉞)[295]을 잡아 항녈(行列)을 일워시니, 쥬아부(周亞父)[296]의 셰류

---

287) 권권의의(眷眷依依) : 이별을 당하여 서로 못 잊어 뒤를 돌아보며 헤어지기를 서운해 함.
288) 혹어후쳐(惑於後妻) : 후처에게 빠져 정신을 차리지 못함.
289) 이이쇼ᄌᆞ(愛以小子) : 늦둥이를 사랑함.
290) 모이ᄌᆞ포(母愛子抱) : 어미가 사랑스러우면 자식도 귀여워 안아준다.
291) ᄉᆞ랑홉다 : 사랑스럽다. *-홉다 : -스럽다. ((일부 명사 뒤에 붙어)) '그러한 성질이 있음'의 뜻을 더하고 형용사를 만드는 접미사
292) ᄎᆞ하ᄉᆞ(此何事)오? : 이것은 무슨 일일까?
293) 난가(鸞駕) : =연(輦). 임금이 거둥할 때 타고 다니던 가마. 옥개(屋蓋)에 붉은 칠을 하고 황금으로 장식하였으며, 둥근기둥 네 개로 작은 집을 지어 올려놓고 사방에 붉은 난간을 달았다. 늑난로(鸞輅)·난여(鸞輿)·난차.
294) 긔치검극(旗幟劍戟) : 깃발과 칼과 창을 아울러 이르는 말.
295) 빅모황월(白旄黃鉞) : 털이 긴 쇠꼬리를 매단 기(旗)와 황금으로 장식한 도끼.

영(細柳營)297)을 압두(壓頭)홀너라.

대원슈 등 오인이 일시의 옥폐(玉陛)의 나아가 하직슉샤(下直肅謝)ᄒ온ᄃᆡ, 상이 졔인의 《년쇼ᆙ문무(文武)》 대ᄌᆡ(大才)와 영웅의 쟝냑(將略)이 겸젼(兼全)ᄒᆞᆷ을 보시ᄆᆡ, 텬심이 만분 희열ᄒᆞ샤 친히 옥비(玉杯)의 어온(御醞)을 만쟉(滿酌)ᄒᆞ여 삼문(三門) 오인의게 ᄉᆞ쥬(賜酒)ᄒᆞ시고 굴오샤ᄃᆡ,

"딤이 경 등의 년쇼ᄒᆞᆷ을 거리끼지 아니코 군국 듕임을 맛지ᄂᆞ니, 모ᄅᆞ미 진튱갈녁(盡忠竭力)ᄒᆞ여 삼가 결안을 소탕ᄒᆞ고, 동졔ᄅᆞᆯ 교유ᄒᆞ며, 동토ᄅᆞᆯ 치슈ᄒᆞ여 승젼개가(勝戰凱歌)로 슈이 【38】도라와, 군부(君父)의 졀우(絶憂)ᄅᆞᆯ 끼치지 말고, 딤의 ᄇᆞ라ᄂᆞᆫ 바ᄅᆞᆯ 헛되게 말나."

윤・하・뎡 오인이 복디문파(伏地聞罷)의 빅비 샤은ᄒᆞ더라.

이윽고 희상의 금가마괴 즁텬(中天)의 오유(遨遊)ᄒᆞ고, 어양(漁陽)의 큰 북이 ᄌᆞ로 우러 힝군을 직쵹ᄒᆞ니, 냥원슈와 하션봉이며, 텬ᄉᆞ 윤슌뮈 뇽젼의 하직ᄒᆞ고, 부슉졔친(父叔諸親) 고우친붕(故友親朋)으로 일쟝 분슈ᄒᆞ기ᄅᆞᆯ 맛ᄎᆞᆷ, 삼군이 대진을 프러 고거스마(高車駟馬)ᄅᆞᆯ 두루혀니, 위의 삼엄ᄒᆞ고 금괴(金鼓)298) 졔텬(齊天)ᄒᆞ더라.

상이 문무빅관으로 더브러 먼니 가도록 ᄇᆞ라보며 칭찬ᄒᆞ시고 환궁ᄒᆞ시니라.

뎡부 【39】슌태부인은 본ᄃᆡ 쇼시로브터 유화ᄒᆞ고 녜도와 대졀을 ᄉᆞ못ᄂᆞᆫ 고로, 현・웅 냥손의 만니 험디의 나아가믈 넘녀ᄒᆞ나 각별 슈우(愁憂)ᄒᆞᆷ이 덜ᄒᆞ되, 하부 뎡국공과 됴부인○[은] 참쳑(慘慽)299)의 병든 심쟝이라. 몽셩을 만니 험디의 보ᄂᆡᄂᆞᆫ 심시 엇지 안안(晏晏)ᄒᆞ리오. 화됴월셕(花朝月夕)의 우우(憂憂)히 슈미(愁眉)ᄅᆞᆯ 펴지 못ᄒᆞ니, 초공 ᄉᆞ곤계와 윤부인 등 졔ᄉᆞ금쟝(娣姒襟丈)300)이 우민ᄒᆞᆷ을 닛ᄀᆞ지 못ᄒᆞ여 듀야 일ᄎᆔ뎐을 ᄡᅥ나지 아니ᄒᆞ고 학낭쇼어(謔浪笑語)로 열친(悅親)ᄒᆞᆷ을 마지 아니ᄒᆞ더라.

ᄎᆞ시 혜션공쥐 임의 닌봉(驎鳳)의 상셔(祥瑞)ᄅᆞᆯ 숨ᄭᅮ어 회ᄐᆡ만월(懷胎滿月)【40】ᄒᆞ엿더니, ᄎᆞ년(此年) 츈이월(春二月) 상슌(上旬)의 슌산 싱ᄌᆞᄒᆞ니, ᄎᆞ일 공쥬 침뎐의 상운이 어리고 난향이 진울(震鬱)ᄒᆞ더라.

ᄎᆡ상궁과 유ᄋᆞ(乳兒)301) 보모(保姆) 등이 불승대열(不勝大悅)ᄒᆞ여 공쥬ᄅᆞᆯ 보호ᄒᆞ며, 신싱ᄋᆞᄅᆞᆯ 거두워 금강보(錦襁褓)302)의 ᄡᅡ며, 일변 깅반(羹飯)을 ᄀᆞᆺ초아 공쥬긔 나오

---

296)쥬아부(周亞夫) : 중국 전한(前漢) 전기의 무장, 오초칠국(吳楚七國)의 난을 평정해 공을 세웠고 승상에 올랐다.

297)셰류영(細柳營) : 중국 한(漢) 문제(文帝) 때 주아부(周亞夫)가 흉노의 침입을 방비하기 위해, 섬서성(陝西省) 함양시(咸陽市) 서남부에 있는 세류(細柳)에 군사를 주둔시켰던 군영. 군율이 엄격하여 황제까지도 부절(符節)을 들여보내, 주아부의 지시가 있은 후에 영(營)에 들어갈 수 있었다고 하며, 문제(文帝)가 그 엄숙한 군율에 탄복하여 '진장군(眞將軍)'이라 찬탄하였다고 한다.

298)금괴(金鼓) : 고려・조선 시대에, 군중(軍中)에서 호령하는 데 사용하던 징과 북.

299)참쳑(慘慽) : 자손이 부모나 조부모보다 먼저 죽는 일.

300)졔ᄉᆞ금쟝(娣姒襟丈) : 여러 동서(同壻)들. 제사(娣姒)나 금장(襟丈) 모두 동서(同壻)를 뜻하는 말임.

301)유ᄋᆞ(乳兒) : 유모(乳母)와 시아(侍兒; 나이어린 시녀)를 함께 이르는 말.

302)금강보(錦襁褓) ; 비단으로 만든 포대기. 포대기; 어린아이의 작은 이불. 덮고 깔거나 어린아이를 업

고, 일변 대뇌(大內)303)와 하부의 공쥬의 슌산 싱즈ᄒᆞ믈 알외니, 상과 휘(后) 공쥬의 유신(有娠)ᄒᆞ믈 망연이 아지 못ᄒᆞ시다가, 쵀시 등의 주ᄉᆞ(奏辭)를 드ᄅᆞ시고 불승경희(不勝京戲)ᄒᆞ시며, 공쥬의 약질노뻐 분만(分娩)ᄒᆞ고 각별 병이 업스믈 드ᄅᆞ시미, 더욱 깃그시며 긔특이 넉이시미 태즈비 태【41】손을 탄싱ᄒᆞ실 제와 감치 아니시니, 상방(尙方)304)의 보미진찬(寶味珍饌)305)을 보닉시고, 어의(御醫)로 간병ᄒᆞ시며, 특별이 하학셩과 부마를 인견ᄒᆞ샤 깃브믈 닐ᄏᆞ라시니, 하공부지 텬춍(天寵)의 관유(寬裕)ᄒᆞ시믈 황감ᄒᆞ며 퇴됴ᄒᆞ니, 뎡국공 부뷔 환열회힝(歡悅希幸)ᄒᆞ여 겨유 삼칠일(三七日)이 지나기를 기다려, ᄉᆞ지상궁(事知尙宮) 상미로 하야금 신싱ᄋᆞ(新生兒)를 금강보(錦襁褓)의 ᄲᅡ하 상부 일취던의 다려오니, 가중상해 대희ᄒᆞ여 신싱ᄋᆞ를 보니, 구각(軀殼)306)이 셕대(碩大)ᄒᆞ고 톄형이 웅위(雄威)ᄒᆞ여 부친의 문칙덕질(文彩德質)과 모친의 만틱덕용(萬態德容)을 젼슈(專受)ᄒᆞ여【42】시니, 존당부모 슉당이며 일가상해 취듕긔이(取重奇愛)ᄒᆞ고, 뎡국공부뷔 슬상(膝上)의 교무(交撫)ᄒᆞ여 ᄉᆞ랑ᄒᆞ더라.

이러구러 수월이 지나미 뎨휘(帝后) 공쥬를 입현(入見)ᄒᆞ라 ᄒᆞ시니, 공쥐 유ᄋᆞ를 다려 됴현(朝見)ᄒᆞ오미, 공쥬의 옥틱화용(玉態花容)이 산후 각별 해로오미 업서 풍염윤틱(豊艶潤澤)ᄒᆞ고, 신ᄋᆞ의 작인픔(作人稟質)질이 비상ᄒᆞ니, 뎨(帝)와 휘(后) 크게 깃그시며 이듕ᄒᆞ믈 마지 아니시고, 태지 쇼이딕왈(笑而對曰),

"ᄌᆞ고로 뫼히 놉흔 즉 옥이 나고, 믈이 깁흔 즉 진쥬(眞珠) 난다 ᄒᆞ오니, ᄒᆞᄋᆞ의 작인픔쉬(作人稟受) 몽닌과 혜션 미ᄌᆞ(妹者)의 싱흔 빈니 이러틋 아름다오미, 믈【43】화텬니(物化天理)307)의 덧덧흔 상니(常理)308)라, 고이치 아니ᄒᆞ이다."

뎨휘(帝侯) 졈두(點頭)ᄒᆞ시고, 이날 쪼흔 부마를 인견ᄒᆞ샤 태쳥뎐의셔 종일 쥬비(酒杯)를 날녀 즐기시고, 일모셔잠(日暮西潛)309)ᄒᆞ니, 부마와 공쥐 옥폐의 하직ᄒᆞ고 퇴됴ᄒᆞᆯ시, 상휘(上后) 긔진이보(奇珍異寶)로뻐 싱즈ᄒᆞ믈 상ᄉᆞ(賞賜)ᄒᆞ시니, 부마와 공쥐 고두샤은(叩頭謝恩)ᄒᆞ고 본부로 도라오니라.

ᄎᆞ시 소연시 태우를 니별ᄒᆞ고 듀야 슬허ᄒᆞ더니, 일일은 황파 복향을 디ᄒᆞ여 함누(含淚) 탄식 왈,

"사름이 비록 빅년을 산다 ᄒᆞ여도 인욕(人慾)이 무염(無厭)이라 ᄒᆞᄂᆞ니, 내 나히 아

을 때 쓴다. 늑강보(襁褓)

303) 대뇌(大內) : 황제가 있는 대궐의 안.

304) 상방(尙方) : =상의원(尙衣院). 조선 시대에, 임금의 의복과 궁내의 일용품, 보물 따위의 관리를 맡아 보던 관아. 고종 32년(1895)에 상의사(尙衣司)로 고쳤다.

305) 보미진찬(寶味珍饌) : 아주 귀하고 맛좋은 음식.

306) 구각(軀殼) : 몸의 껍질이라는 뜻으로, 온몸의 형체 또는 몸뚱이의 윤곽을 정신에 상대하여 이르는 말.

307) 물화텬니(物化天理) : 사물이 생겨나고 변화하고 소멸하는 등의 온갖 변화는 천리(天理)의 작용에 의한 것임.

308) 상니(常理) : 불변의 이치. 또는 당연하고도 떳떳한 도리.

309) 일모셔잠(日暮西潛) : 날이 저물어 해가 서쪽으로 넘어감.

직 이십 젼 쳥츈이라, 현마310) 【44】죽을가 ᄒ리오마ᄂᆞ, 근늬의 ᄆᆞᄋᆞᆷ이 심히 슬프고, 상공의 츌힝(出行) 이후로 미양 심신 번민ᄒ고 몽됴(夢兆) 불길ᄒ여 다시 보지 못ᄒᆞᆯ ᄃᆞᆺ 시브니, 인심이 지령(至靈)이라. 이거시 길됴(吉兆) 아닌가 ᄒ노라."

황파 모녜 연시의 말마다 크게 불길ᄒᆞᄆᆞᆯ 의심ᄒ고 깃거 아냐, 즉시 쳥션을 쳥ᄒ여 쇼져와 하태우의 금년 길흉을 츄수(推數)ᄒ라 ᄒ니, 요됴(妖道) 임의 쇼연시의 양쉬(良數) 진ᄒ여시믈 짐작ᄒᄂᆞᆫ지라. 빈미(矉眉) 왈,

"태우 상공은 본ᄃᆡ 상텬(上天)의 타난 슈복(壽福)이 완젼ᄒ니, 병진(兵塵) ᄉ이의 분쥬ᄒ여 쇼쇼(小小) 힝익(行厄)이 이시나 관겨치 【45】아니커니와, 다만 두리ᄂᆞᆫ 바ᄂᆞᆫ 부인의 신쉬(身數) 크게 불길ᄒ여, 만일 통셰(痛勢) 졀박ᄒᆞᆫ 심우(心憂)ᄅᆞᆯ 보지 아니시면, ᄌᆞ신지쉬(自身之數)311) 황텬니별쉬(黃泉離別數)312)니 ᄀᆞ장 됴치 아니타."

ᄒ니, 황파 모녜 대경실ᄉᆡᆨ 왈,

"아모 일이 이셔도 노야와 부인이 장슈ᄒ고야 볼거시니, 쇼졔 만일 슈(壽)ᄅᆞᆯ 엇지 못ᄒᆞ시면, 본부 부인의 근노(勤勞)ᄒᆞᆷ심과 아등(兒等)의 신고(辛苦)ᄒᆞᆫ 졍셩은 무어시 ᄡᅳ리오. 일시 예방ᄒ여 면ᄒᆞᆯ 방냑(方略)이 이시리잇가?"

쳥션 왈,

"아모리 보아도 부인의 금년 횡익지쉬(橫厄之數) 면ᄒ기 어려오니, ᄆᆞᆫ져 만금진보(萬金珍寶)와 ᄌᆡ빅(財帛)을 허비ᄒ여 칠칠ᄉ 【46】십구일(七七四十九日)313)을 크게 슈륙도장(水陸道場)314)ᄒ여 텬디신명(天地神明)315)과 황텬후토(皇天后土)316)의 명을 빌고, ᄯᅩ 다시 앗기고 듕히 넉이ᄂᆞᆫ 자로 ᄃᆡ명(代命)317)ᄒ면, 혹ᄌᆞ 면ᄒ려니와, 불연즉 면ᄉᆞ(免死)치 못ᄒ리라."

황패 왈,

---

310) 현마 : 설마. 차마.
311) ᄌᆞ신지쉬(自身之數) : 자기 자신의 몸에 닥칠 운수.
312) 황텬니별쉬(黃泉離別數) : 저세상으로 떠날 운수. 곧 죽을 운수.
313) 칠칠ᄉ십구일(七七四十九日) : =49일. 불교에서, 사람이 죽고 나서 다음 생(生)을 얻을 때까지의 날수를 말하는 것으로, 죽은 영혼이 중음(中陰)으로 있는 기간을 이른다. 그동안 매번 7일째마다 다음 생의 과보(果報)가 결정되는데, 늦더라도 일곱 번째의 7일이 되는 날에는 반드시 어느 곳에 태어난다 하여 사십구일재를 지낸다. 여기서는 단순히 재(齋)를 올리는 기간을 불교에서 사람이 죽은 뒤에 지내는 사십구재(四十九齋) 기간에 맞추어 말한 것일 뿐이다. *사십구재(四十九齋); 사람이 죽은 지 49일 되는 날에 지내는 재. 삼계(三界)와 육도(六道)에 가서 누리는 후생의 안락을 위하여 명복을 빈다.
314) 슈륙도장(水陸道場) : 수륙재(水陸齋)를 올리는 도량(道場)을 베풂. *수륙재(水陸齋); 물과 육지의 홀로 떠도는 귀신들과 아귀(餓鬼)에게 공양하는 재. 늑수륙굿·수륙회. *도장(道場); =도량(道場). 부처나 보살이 도를 얻는 곳. 또는, 도를 얻으려고 수행하는 곳. 그 밖에도 여러 가지로 뜻이 바뀌어, 불도를 수행하는 절이나 승려들이 모인 곳을 이르기도 한다..
315) 텬디신명(天地神明) : 천지의 조화를 주재하는 온갖 신령.
316) 황텬후토(皇天后土) : 하늘의 신과 땅의 신. *황천(皇天); 하느님. 후토(后土); 토지를 맡아 다스린다는 신.
317) ᄃᆡ명(代命) : ①횡액(橫厄)에 걸려 남의 죽음을 대신함. ②대살(代殺).

"저믈은 만죄(萬財)318)라도 앗갑지 아니커니와, 되명홀 자를 놀노 ᄒ라 ᄒ시ᄂ니잇
가?"

쳥션이 귀에 다혀 닐은 되, 황패 왈,

"ᄎ계 묘ᄒ나 우리 부인이 모ᄌ의 졍을 허ᄒ신 바로 참아 ᄎᄉ를 힝치 못ᄒ시리니,
ᄉ부는 달니 싱각ᄒ쇼셔."

쳥션이 쇼왈,

"이곳 만젼지계(萬全之計)라. 해롭지 아니니 소ᄌ(小子)로뼈 일시 텬뉸을 빌녀【4
7】시나 친싱지졍(親生之情)은 업ᄂ니 실노 무용지이(無用之兒)319)라. ᄎᄋ로뼈 부인
의 명을 되ᄒ미 가히 무던ᄒ고, 이자(二者)320)는 ᄎᄋ를 죽인 후는 저를 '흔 북'321)에
서랏ᄂ322) 거시 만젼지계(萬全之計)323)니, 엇지 묘치 아니리오. ᄯ 여ᄎ여ᄎ ᄒ여 부
인이 모로시게 ᄒ미 가ᄒ니라."

황패 말마다 묘ᄒ믈 닐ᄏ더라

황파 복향이 흔가지로 당듕의 드러가 연시를 보니, 연시 반겨 오릭 보지 못ᄒ믈 닐
ᄏ라니, 쳥션이 은근 슈답(酬答)ᄒ고 이윽이 말ᄒ더니, 믄득 황파 모녜 니다라 말노뼈
져혀324) 닐오되,

"을 부인의 금년 신쉬(身數) ᄀ장 유익(有厄)ᄒ니 【48】 직보(財寶)를 만히 드려 슈
륙(水陸)ᄒ고, 되명(代命)ᄒ여야 면ᄉ(免死)ᄒ리라."

ᄒ던 말을 닐오니, 연시 ᄀ장 놀나거늘, 쳥션이 연시를 보니 안졍(眼睛)의 졍치(精彩)
업고, 면부간(面部間)에 은은이 쳥긔(青氣) ᄭ이여 허홰(虛華)325) 능히 진화(眞華)326)를
니긔고져 ᄒ믈 보니, 아모려도 면ᄉ치 못홀 줄 혜아려 황파 등을 눈주니, 흉녜(凶女)
알아보고 긴 말을 긋치더라.

연시 왈,

"내 비록 미셰ᄒ나 공쥬의 손녜(孫女)오 니부텬관(吏部天官)327)의 일쇼교(一小嬌)로
친부의 가음열미328) 족히 진(晋)적의 셕슝(石崇)329)을 불워 아니리니, ᄌ뫼 쳡의게 드

318)만죄(萬財) : 예전에, 만 가지 재부라는 뜻으로 매우 큰 재산을 이르던 말.
319)무용지이(無用之兒) : 쓸모없는 아이.
320)이자(二者) : 둘째.
321)흔 북 : '북을 한번 친다'는 뜻으로, 전쟁터에서 '한 번 북을 쳐 한 번 싸우는 것'을 이른 말. 곧 '한
  싸움'을 비유적으로 표현한 말.
322)서랏다 : =서릇다. 좋지 않거나 방해가 되는 것을 쓸어 치우다.
323)만젼지계(萬全之計) : 실패의 위험이 없는 아주 안전하고 완전한 계책. ≒만전지계·만전책.
324)저히다 : 위협하다, 겁박하다, 두렵게 하다.
325)허홰(虛華) : 실속은 없고 겉으로만 화려함.
326)진화(眞華) : 내면의 참된 빛.
327)니부텬관(吏部天官) : =이부상서(吏部尙書). 중국에서, 이부(吏部)의 으뜸 벼슬.
328)가음열다 : 부유(富裕)하다.
329)셕슝(石崇) : 중국 서진(西晉)의 부호(富豪)(249~300). 자는 계륜(季倫). 형주(荊州) 자사(刺史)를 지
  냈고, 항해와 무역으로 거부가 되었다.

는 거슬 앗기실니 업스니 직물 다쇼는 의논치 말나.” 【49】

청션이 흔연 딕답ᄒ고 다시 오기를 닐오고 도라가니, 연시 노쥐 의논ᄒ고 익일의 황패 연궁의 나아가 호시긔 뵈고, ᄀ마니 청션의 져ᄒ던 말을 젼ᄒ니, 호시 대경 왈,

“청션은 신인(神人)이라. 반다시 사름의 과거 미릭ᄉᆞ를 거울ᄀᆞᆺ치 혜아리니, 그 말이 엇지 허언(虛言)이리오. 직물을 드려 녀ᄋᆞ의 명복(冥福)을 도모ᄒᆞ미 무어시 어려오리오.”

ᄒ고, 즉시 고즁(庫中)을 열고 빅은(白銀) 쳔냥과 ᄎᆡ단(綵緞) 빅여필과 수십셕 미곡을 닉여 청션의게 보닉여,

“수히 슈륙도장ᄒ여 녀ᄋᆞ의 금년 ᄉᆞ익(死厄)을 면케 ᄒ고, 명 【50】 복을 츅원ᄒ며, 뎡·표·상 삼녀를 수히 업시ᄒ여 녀ᄋᆞ의 만니젼졍(萬里前程)을 쾌케 ᄒ라.”

ᄒ니, 청션이 공연이 인심을 현혹ᄒᆞ여 만흔 직물을 욕심것 치오니, 만심환희ᄒ여 졍녕이 허락ᄒ더라.

익표(翌表)[330] 시시의 원홍이 듀듀야야(晝晝夜夜)의 됴뎡의 업시코져 ᄒ던 빅 뎡의 쳥이러니, ᄒᆞ늘이 쇼인의 뜻을 맛쳐 의외에 북녁 근심이 니러나미, 뎡의쳥이 흠디의 원ᄒᆡᆼ(遠行)을 ᄌᆞ임(自任)ᄒᆞᄆᆞᆯ 보니, ‘불감쳥(不敢請)이언뎡 고소원(固所願)이라’[331]. 원홍이 스스로 이슈가익(以手加額)[332] 왈,

“운긔 임의 됴뎡의 업스니 졍 【51】 히 하늘이 나의 ᄶᆞ를 빌니시미라. 청션 ᄉᆞ부의 신긔묘산(神技妙算)으로 나의 평싱 미망(未忘)ᄒᆞ는 됴션낭(仙娘)을 일위여 긔믈(己物)을 삼지 못ᄒᆞᆯ가 근심ᄒ리오.”

ᄒ고 드듸여 청션을 ᄎᆞᄌᆞ 상의ᄒᆞ니, 청션의 빈미(顰眉) 왈,

“됴시ᄂᆞᆫ 과연 신명(神明)ᄒᆞᆫ 녀진라. 달니 해ᄒᆞ기 어려오니, 됴부 엄부인을 달닉여 뎡원슈 업손 ᄉᆞ이 귀령(歸寧)ᄒᆞ기를 도모ᄒᆞ여, 여ᄎᆞ여ᄎᆞ 됴시를 겁칙(劫-)[333]ᄒᆞᆫ즉 엇지 묘치 아니리오.”

원홍이 텽파의 대열(大悅) 암희(暗喜)ᄒᆞ여, 즉시 됴부의 나아가 엄부인을 볼ᄉᆡ, ᄶᆡ에 국ᄉᆡ(國事) 다다(多多)ᄒᆞᄆᆞ로 됴시랑 삼곤계 됴당(朝堂)의셔 【52】 여러날 도라오지 못ᄒᆞ니, ᄌᆞ연 부인을 직흴 ᄶᆡ 드믄지라. 원홍이 됴태우 등이 부즁의 업손 ᄶᆡ를 타 됴부의 나아가 엄부인을 보니, 부인이 크게 반겨 오릭 아니오던 연고를 무르니, 원홍이 비샤(拜謝) 왈,

“쇼질이 슉모의 ᄉᆞ랑ᄒᆞ시는 은혜를 싱각ᄒᆞ오미 ᄯᅩ 엇지 의앙지셩(依仰之誠)이 친싱ᄌᆞ모와 간격이 이시리잇고마는, 그으기 보옵건디 됴형 등의 긔ᄉᆡᆨ이 쇼질을 미양 외친

---

330)익표(翌表) : 고소설에서 ‘화셜(話說)’ ‘익셜(翌說)’ 등처럼 장면전환을 나타내는 화두사(話頭詞).

331)불감쳥(不敢請) 고소원(固所願) : 어떤 일을 감히 청하지는 못하지만, 마음속으로는 진실로 바라는 바임.

332)이슈가익(以手加額) : 손을 이마에 대거나 얹고 생각함.

333)겁칙(劫-) : 폭행이나 협박을 하여 강제로 부녀자와 성관계를 갖는 일.

닉쇼(外親內疎)ᄒ여, 오ᄂᆞ 거ᄉᆞᆯ 심히 깃거 아닛ᄂᆞᆫ 긔식이 이시니, 쇼질이 노홉고 버서지니334), ᄌᆞ연 지친(至親)의 졍이 서어(齟齬)ᄒ여 능히 ᄌᆞ로 나오지 못ᄒ【53】ᅌᅥᆸ더니, 금일은 승간ᄒ여 니르과이다."

부인이 탄왈,

"현질은 유감치 말나. 우슉인들 엇지 이런 줄 모르리오마ᄂᆞᆫ 오ᄌᆞ 등이 셩회(誠孝) 부족ᄒ미 아니로ᄃᆡ, 텬셩픔질(天性稟質)이 너그럽지 못ᄒᆞᆷ 조시의 셰ᄃᆡ문풍(世代門風)이니 현질은 잇다감 우슉을 ᄎᆞᆺᄌᆞ라."

원홍이 샤례ᄒ고 말ᄉᆞᆷᄒ다가 믄득 ᄀᆞᆯ오ᄃᆡ,

"뎡원쉬 영무ᄌᆡ략(英武才略)이 비록 긔특ᄒ나 오히려 년유(年幼)ᄒ거늘 망녕(妄靈)도이 ᄌᆞ원츌졍ᄒ니, 만일 요힝 흉적을 소탕ᄒ고 도라오면 만힝(萬幸)이어니와, 불연즉 셥셰힝도(涉世行道)335)의 븟그러오미 젹지 아니ᄒ고, 국가 【54】셩쇠흥망(盛衰興亡)이 ᄯᅩᄒᆞᆫ 이의 달녀시니 위ᄐᆡ롭고 두립지 아니며, ᄯᅩ 슉모의 깁흐신 우려ᄅᆞᆯ 불문가지(不問可知)로소이다."

부인이 텽파의 분긔(憤氣) ᄀᆞᆺ득ᄒ고 츈산(春山)336)의 져믄337) 빗치 불연ᄒ여 변식 왈,

"ᄎᆞ하리 일녀의 평ᄉᆡᆼ을 맛츌지언뎡, 필부(匹夫)의 ᄉᆞᄉᆡᆼ거취(死生去就)ᄂᆞᆫ 고ᄌᆞ(顧藉)ᄒ미338) 업ᄂᆞ니, 졔 ᄌᆞ원츌졍ᄒ니 지금 죽으나 무ᄉᆞᆷ 앗가오미 이시리오."

원홍이 거즛 놀나 왈,

"졔 비록 빙가(聘家)의 미몰ᄒᆞᆫ들 슉모ᄂᆞᆫ 미ᄌᆞ(妹者)의 탁신(託身)ᄒᆞᄂᆞᆫ 빅년가셔(百年佳婿)로 귀듕존ᄃᆡᄒ시려든, 엇지 이런 비인졍(非人情)의 말ᄉᆞᆷ을 ᄒ시며, 원간 뎡명최【55】이번 츌힝시(出行時)의 슉모긔 하직지 아니터니잇가?"

부인이 익노(益怒) 왈,

"운긔 필뷔(匹夫) 공연이 나ᄅᆞᆯ 여시구슈(如視仇讐)ᄒ여 오가(吾家)의 입막지빈(入幕之賓)339)이 되연지 몃 츈츄(春秋)로ᄃᆡ, 우슉(愚叔)으로 더브러 옹셔(翁婿)의 졍회ᄅᆞᆯ 펴미 업고, 안면도 닉지 못ᄒ니 졔 무ᄉᆞᆷ 졍으로 내게 하직ᄒ며, 내 무ᄉᆞᆷ 졍으로 ᄉᆞᄉᆡᆼ거취(死生去就)ᄅᆞᆯ 넘녀ᄒ리오. 필부의 힝ᄉᆞ소위(行事所爲)ᄅᆞᆯ 아니 드러야 ᄎᆞ하리 싀훤ᄒ니, 현질은 다시 적ᄌᆞ(賊者)의 말을 닐오지 말나."

원홍 왈,

---

334)버서지다 : 벗어지다. 벗어나게 되다. 동아리나 어떤 집단에서 빠져나오게 되다.

335)셥셰힝도(涉世行道) : 세상을 살아감.

336)춘산(春山) ; 녹음이 우거져 푸른빛이 가득한 '봄 산'이라는 말로 화장한 눈썹을 비유적으로 나타낸 말.

337)져믈다 ; 저물다. 해가 져서 어두워지다.

338)고ᄌᆞ(顧藉)ᄒ다 : 돌아보다. 다시 생각하여 보다.

339)입막지빈(入幕之賓) : 잠자는 휘장 안으로까지 들어오는 손님이라는 뜻으로, 사위 또는 특별히 가까운 손님을 이르는 말.

"ᄆᆡᄌᆡ 어ᄂᆡ ᄯᆡ에 나와 단녀가니잇고?"

부인이 분연 왈,

"ᄌᆞ식도 거즛 거시라. 우슉이 세 ᄋᆞ들과 【56】 ᄒᆞᆫ ᄯᆞᆯ을 두니, 녀ᄋᆞ의 작인(作人) 픔쉬(稟受) 삼ᄌᆞ 즁의 더욱 긔특ᄒᆞ니, 모녀의 텬뉸지졍(天倫之情)이 범연치 아니니, 져를 일일만 못보아도, 여○[블]견삼츄(如不見三秋)340)ᄒᆞᄂᆞᆫ ᄇᆡ로ᄃᆡ, 져ᄂᆞᆫ 어미 졍을 아지 못ᄒᆞ고 일년의 ᄒᆞᆫ번 귀령도 변변치 아니니, 모녀의 졍이 일호(一毫)도 업고, ᄒᆞᆫ갓 운긔 필부의 절졔(節制)만 감심(甘心)ᄒᆞ여 어미를 ᄉᆡᆼ각지 아니ᄒᆞ니, 엇지 ᄋᆡ듋지 아니리오."

원홍이 ᄎᆞ탄 왈,

"ᄆᆡᄌᆡ 유시로 브터 인효(仁孝)ᄒᆞ던 거시니, 셔방 맛다 ᄒᆞ고 엇지 일됴의 부모의게 졍이 헐ᄒᆞ리잇고? 뎡운긔 가실(家室)의게 험피(險詖)ᄒᆞ여341) 그 쳐실노 ᄒᆞ야금 【57】 일ᄉᆞ(一事)를 ᄌᆞ유(自由)치 못○○[ᄒᆞ게] ᄒᆞ고, ᄆᆡᄌᆞ의게 더욱 슉모의 년좌를 ᄲᅧ 친당의 효를 만일 완젼코져 ᄒᆞ거든, 아조 츌거(黜去)ᄒᆞ렷노라 벼란다 ᄒᆞ니, ᄆᆡᄌᆡ 가부의 위엄을 두리고 츌거지환(出去之患)을 볼가 두리미니, 지금 운긔 먼니 나가ᄉᆞ오니 죵용ᄒᆞᆫ ᄯᆡ를 타 다려다가 반기쇼셔."

부인이 졈두(點頭)ᄒᆞ더라.

이윽고 원홍이 도라가며 부인을 쵹ᄒᆞ여 왈,

"조형 등 듯ᄂᆞᆫᄃᆡ 힝혀 쇼질이 왓더라 말을 마라쇼셔."

ᄒᆞ니, 부인이 ᄯᅩᄒᆞᆫ 응낙ᄒᆞ더라.

원홍이 도라간 후 엄부인이 믄득 칭병ᄒᆞ고 식음을 젼폐ᄒᆞ여 신음ᄒᆞ니, 【58】 삼ᄌᆞ뷔 대경ᄒᆞ여 지셩 구호ᄒᆞ고, 조태우 삼곤계 모부인 칭병ᄒᆞ시믈 듯고 놀나, 마을342) 공ᄉᆞ(公事)를 동관(同官)의게 빌고, 도라와 시탕(侍湯)으로 초우(焦憂)ᄒᆞ더니, 이러구러 슌여(旬餘)의 밋처 각별 더홈도 업고 덜홈도 업서 여러날 미류(彌留)343)ᄒᆞ니, 조상국이 탄왈,

"현손(賢孫)이 먼니 나가고 식뷔 유병ᄒᆞ니, 필유가란(必有家亂)의 빌미로다."

ᄒᆞ여 병근이 깁지 아닌줄 짐작ᄒᆞ더라.

엄부인이 태우 등을 ᄃᆡᄒᆞ여 함누 왈,

"나의 병근이 본ᄃᆡ 심즁 울화(鬱火)의 빌ᄆᆡ니, 여뫼 일즉 여등 삼인과 셩난을 두니, 난ᄋᆡ 비록 무용이나 져의 쟉셩긔질(作性氣質)이 【59】 별유이긔(別有異奇)ᄒᆞ므로, 옥인긔남(玉人奇男)을 어더 녀ᄋᆞ의 ᄶᆞᆨ을 일워, 문난(門欄)의 광ᄎᆡ를 돗치고344) 슬하의

---

340)여불견삼추(如不見三秋) : 3년을 보지 못함과 같다.
341)험피(險詖)ᄒᆞ다 : 사람됨이 음험하고 사특하다.
342)마을 : 관청(官廳). 관아(官衙).
343)미류(彌留) : 병이 오래 낫지 않음
344)돗치다 : <돗다 : 돋다>. 돋우다. 돋보이게 하다.

ᄌ미ᄅᆞᆯ 볼가 ᄒᆞ엿더니, 너의 부친의 고집 불통ᄒᆞ시므로 그릇 뎡운긔 젹ᄌᆞ의게 허ᄒᆞ시니, 여뫼 일노ᄡᅥ 미양 녀ᄋᆞᄅᆞᆯ 앗기고 셜워ᄒᆞᄂᆞᆫ 탄이 듀야의 심위(心憂) 되엿더니, 젹취(賊酋) ᄋᆞ녀 ᄀᆞᆺᄐᆞᆫ 슉녀현쳐ᄅᆞᆯ 아지 못ᄒᆞ고, 동셔로 취쳐()娶妻 작쳡(作妾)ᄒᆞ여 져는 ᄒᆡᆼ낙(行樂)ᄒᆞ고, 녀ᄋᆞᄂᆞᆫ 심규(深閨) 도장345)의 드리쳐 졔집 구듭346)만 치우고, 졔어ᄒᆞᄆᆞᆯ 츄두ᄀᆞᆺ치 ᄒᆞ여 일년 일ᄎᆞ도 귀령을 허치 아니니 엇지 분치 아니리오. 이제 노뫼 년일 【60】몽됴(夢兆) 불길ᄒᆞ고, 녀ᄋᆞᄅᆞᆯ 향ᄒᆞ여 심ᄉᆡ 불호(不好)ᄒᆞᆯ 젹이 만흐니, 더욱 보고시븐지라. 여등은 녀ᄋᆞᄅᆞᆯ 다려와 모녜 싱젼의 산 ᄂᆞᆺᄎᆞ로 보아 유흔이 업게 ᄒᆞ라."

셜파의 읍하여우(泣下如雨)ᄒᆞ여 능히 말을 일우지 못ᄒᆞ니, 태우 등은 지효군ᄌᆡ(至孝君子)라. 모부인의 닉외 ᄀᆞᆺ지 아니시믈 근심ᄒᆞ나, ᄌᆞ이지심(慈愛之心)이 이러툿 ᄒᆞ시믈 크게 감동ᄒᆞ여, 일시의 손을 밧드러 위로 주왈(奏曰),

"다란 말ᄉᆞᆷ은 다 왕ᄉᆡ(往事)라. 다시 닐ᄏᆞ라 무익ᄒᆞ오나, 뎡명초ᄂᆞᆫ 거셰군ᄌᆡ(擧世君子)347)니, ᄌᆞ위 그릇 알아샤 미양 나모라시니, 히ᄋᆞ 등이 민박(憫迫)ᄒᆞ옵거니와, 이제 【61】맛당이 존당긔 고ᄒᆞ고 평졔왕긔 쳥ᄒᆞ여 금일이라도 미뎨ᄅᆞᆯ 다려오리이다."

부인이 ᄋᆞᄌᆞ 등이 ᄌᆞ긔 말을 올타 아니코, 뎡운긔ᄅᆞᆯ 군ᄌᆞ영걸(君子英傑)노 밀위믈 만심불쾌ᄒᆞ나, 됴흔 ᄂᆞᆺᄎᆞ로 녀ᄋᆞᄅᆞᆯ 슈히 다려와 만일 녀이 오나든348) 아조 잡아두고, 영영이 구가의 보ᄂᆡ지 아니코, ᄌᆞ긔 슬하의 두어 ᄎᆞᆯ하리 문부라ᄂᆞᆫ 니뷔(嫠婦)349) 될지언뎡, 뎡운긔 필부의 구듭 치ᄂᆞᆫ350) 종을 삼지 아니리라 ᄒᆞ여, 쥬의 이ᄀᆞᆺᄐᆞ므로 다시 말을 아니ᄒᆞ고 묵연 탄식ᄒᆞ니, 태우 등이 슈명ᄒᆞ고 즉시 상부의 나아가 왕부모긔 【62】뵈옵고, ᄌᆞ모의 병즁 심네 쇼미ᄅᆞᆯ 보고져 ᄒᆞᄆᆞᆯ 알외고, '졔왕부의 긔별ᄒᆞ여 귀령을 쳥코져 ᄒᆞᄂᆞ이다' ᄒᆞ니, 승상부뷔 텽파의 완연 불열 왈,

"손녜 구가의 반셕ᄀᆞᆺ치 이실ᄲᅮᆫ 아니라, 그 가뷔 만니 젼진의 ᄒᆡᆼᄒᆞ여 구가 합문이 다 우려즁의 잇거ᄂᆞᆯ, 그 쳐실의 귀령이 가치 아니ᄒᆞ고, 쏘 여모의 병이 일시 풍한이니 ᄉᆞ싱지녀(死生之慮)의 밋지 아닐 비어ᄂᆞᆯ, 굿ᄐᆞ여 귀령을 쳥ᄒᆞ미 불가ᄒᆞ도다."

태우 곤계 ᄉᆞ셰 그러ᄒᆞᆫ 줄 모ᄅᆞ지 아니나, 모친의 고집이 브ᄃᆡ 쇼미ᄅᆞᆯ 보고져 ᄒᆞ므로 지어 병들기의 밋쳐 【63】시니, 이제 왕부모의 불허ᄒᆞ시ᄂᆞᆫ 명을 젼ᄒᆞᆫ 즉 ᄉᆞ톄 모ᄅᆞᄂᆞᆫ ᄌᆞ위 히거실덕(駭擧失德)이 아모 곳에 밋츨줄 아지 못ᄒᆞᆯ지라. 이의 안식(顔色)을 십분 화평이 ᄒᆞ여 왈,

---

345)도장 : ᄂᆞ규방(閨房). 부녀자가 거처하는 방.

346)구듭 : ((주로 '치다'와 함께 쓰여)) 귀찮고 힘든 남의 뒤치다꺼리.

347)거셰군ᄌᆡ(擧世君子) : 온 세상 사람이 추중하는 군자.

348)오나든 : 오거든. '오+나든'의 형태. *-나든; -거든. '어떤 일이 사실이면', '어떤 일이 사실로 실현되면'의 뜻을 나타내는 연결 어미. 고어에서 연결어미 '-나든'은 '오다'의 어간 '오'의 뒤에만 나타나는데, 현대어에는 이것이 나타나지 않는다,

349)니뷔(嫠婦) : 이부(嫠婦). 과부(寡婦). 남편을 잃고 혼자 사는 여자.

350)치다 : 치우다.

"왕부(王父)와 태모(太母)의 셩괴(聖敎) 지연(至然)ᄒ시나 ᄌ모의 병셰 대단ᄒ오니, 복원 왕부모ᄂᆫ ᄌ모의 구구ᄒᆫ 졍니ᄅᆞᆯ 상찰(詳察)ᄒ쇼셔."

승상이 만만불열(萬萬不悅)ᄒ나 손ᄋᆞ 등의 여ᄎ 난연(赧然)ᄒ여 ᄒᆞᆯ 어엿비 넉여 침음냥구(沈吟良久)의 유유히 허락ᄒ니, 태우 등이 쳔만 영ᄒᆡᆼᄒ여 비샤 슈명ᄒ고, ᄎ일 됴시랑이 화교(華轎) 위의ᄅᆞᆯ ᄀᆞ초와 졔궁의 니ᄅᆞ러 명함(名啣)을 드리니, 【64】 ᄎᆞ시 졔궁의셔 현·운 냥인이 츌ᄒᆡᆼ(出行) 이후로 가즁의 화긔(和氣) 돈감(頓減)ᄒ여, 층층ᄒᆞᆫ ᄌᆞ손 낭녜 태원던의 모다 존당 태부인을 위열(慰悅)ᄒᆞᆯ시, 장부인의 신셩(神聖) 혜힐(慧逸)홈과 됴부인의 신셩(神聖) 명슉(明肅)ᄒᆞᆷ이 일방 셩녀(聖女) 현완(賢婉)이라. 존당 상하의 예셩(譽聲)을 홀노 쳔ᄌᆞ(擅恣)ᄒ니, 태부인의 만금(萬金) 소이(所愛)ᄂᆞᆫ 장즁보옥(掌中寶玉)으로 알아 일시도 좌하의 ᄯᅥ나믈 어려히 넉이더니, ᄎ일 됴시랑이 니ᄅᆞ러 금후와 졔왕긔 비현(拜見)ᄒ고 졔뎡으로 녜필 한훤(寒暄)의, 한셜(閑說)이 이윽ᄒᆞᆷ애 됴시랑이 피좌공슈(避座拱手)ᄒ고, 금평후긔 고왈,

"명초의 【65】 형뎨 가즁을 ᄯᅥ나미 귀궁의 결울(結鬱)ᄒ신[351] 우례(憂慮) 근측(懇惻)ᄒ신[352] 바의 가ᄂᆡ인(家內人)이 엇지 귀령을 쳥ᄒ리잇고마ᄂᆞᆫ, ᄌᆞ뫼 맛ᄎᆞᆷ 풍한(風寒)의 쵹상(觸傷)ᄒ샤 환휘 침듕(沈重)ᄒ시니, 쇼미 싱각ᄒ시ᄂᆞᆫ 졍을 억졔치 못ᄒ시ᄂᆞᆫ 고로, 쇼미의 귀령을 잠간 쳥ᄒ라 니ᄅᆞ럿ᄉᆞᆸᄂᆞ니, 노합하(老閤下)와 대왕이 능히 윤죵(允從)ᄒ시리잇가?"

금평휘 텽필(聽畢)의 한가히 우어 왈,

"녕ᄌᆞ당 져독지졍(舐犢之情)[353]으로 위녀(爲女)ᄒ시ᄂᆞᆫ ᄉᆞ졍이 엇지 이러치 아니시리 《잇고∥오》. 텬뉸지졍(天倫之情)은 인지소난(人之所難)이니, 우리 비록 ᄯᅥ나미 졀박ᄒ나 엇지 남의 졍니(情理)ᄅᆞᆯ 【66】 막으리오. 존당이 일시 ᄯᅥ나믈 어려히 넉이시ᄂᆞ니, 가히 오릭 머므든 못ᄒ나 ᄉᆞ오일 귀근ᄒᆞᆷ믈 허치 아니리오."

졔왕이 침음(沈吟) 불낙(不樂)ᄒ여, 식부의 금번 귀령이 반ᄃᆞ시 길됴(吉兆) 젹으믈 혜아리나, 졔 근졀이 쳥ᄒ고 부군이 면당(面當)[354] 허락ᄒ시니 다시 무어시라 츄탁(推託)[355]ᄒ리오. 묵연(黙然) 냥구(良久)의 유유(儒儒)[356] 허락ᄒ니, 됴시랑이 지삼 칭샤ᄒ고 이의 ᄂᆡ당의 통ᄒ고 이현당의 ᄆᆡ뎨(妹弟)ᄅᆞᆯ 보고,

"모친 환휘 침듕ᄒ샤 쇼미 ᄉᆞ렴(思念)ᄒ시미 일일 근졀ᄒ시므로, ᄌᆞ긔 니ᄅᆞ러 현미의 귀령을 쳥ᄒ미, 금후대인과 졔왕 연 【67】 슉이 쾌허ᄒ시믈 밧ᄌᆞ와시니, 이졔 현미로 더브러 ᄒᆞᆫ가지로 도라가고져 ᄒᆞ노라."

---

351) 결울(結鬱)ᄒ다 : 섭섭하거나 보고 싶거나 하여 마음이 탁 트이지 못하고 답답한 상태에 있다.

352) 근측(懇惻)ᄒ다 : 몹시 딱하고 가엾다.

353) 져독지졍(舐犢之情) : 지독지정(舐犢之情). 어미 소가 송아지를 핥는 정이란 뜻으로, 자식에 대한 어버이의 지극한 사랑을 비유적으로 이르는 말.

354) 면당(面當) : =대면(對面). 당면(當面). 서로 얼굴을 마주 보고 대함.

355) 츄탁(推託) : 다른 일을 핑계로 거절함.

356) 유유(儒儒) : 모든 일에 딱 잘라 결정을 내리지 못하고 어물어물한 데가 있음.

조쇼제 텽파의 임의 금일이 이실 줄 예지(豫知)혼 비라. 셩인도 오는 익을 면치 못
하시니 새로이 놀나며 슬픈 거시 아니로디, 일노조차 모부인 실덕픽힝(失德悖行)이 더
욱 낫타날 바를 혜아려 경히 추악하나, 수식(辭色)지 아니코 다만 거거의 말을 응낙
고, 존당의 빈샤하고 가려하므로 디하니, 시랑이 이의 밧게 나와 미뎨의 상교하믈 기
다리더라.

추시 조쇼제 발셔 수일 젼에 유랑과 취옥으로 더브러 셜계하여 예비혼【68】미 잇
는 고로, 시랑이 나아간 후 이의 구마니 취옥의 귀에 다혀 계교를 닐오고, 주긔 단장
을 의구히 일우고 존당의 드러가 냥(兩) 대존당(大尊堂)과 오위 존고와 졔슉모 졔수
《슉모∥쇼고》(娣姒小姑)[357]로 하직홀시, 인심(人心)이 지령(至靈)이라. 주긔 벽벽
이[358] 추힝(此行)이 슌(順)치 아냐, 다시 도라와 웃는 낫츠로 구가 합문을 반기지 못
홀 둣한지라.

비록 금옥단심(金玉丹心)이나 주연 요동(搖動)하믈 씨닷지 못하니, 츈산월아(春山月
蛾)[359]의 슈운(愁雲)이 니러나고, 쌍셩츄파(雙星秋波)의 진쥬 이슬이 미치이믈 면치
못하니, '존당구고와 슉당이 엇지 넉일고?' 두려, 수식을 십분 강잉하여 모【69】든
디 비샤하미, 슌태부인이 결연하믈 니기지 못하며 쳑연 왈,

"노뫼 심수를 위로하여 일시 쩌나믈 실노 어려히 넉이느니, 녕주당 환휘 위경(危境)
을 면하시거든, 즉시 도라와 노모의 수려지심(思慮之心)을 잇지 말나."

쇼제 옥누(玉淚)를 먹음어 비샤 왈,

"쇼쳡이 엇지 존당구고의 양츈지화(陽春之和)와 우로지은(雨露之恩)이 골졀(骨節)의
수뭇추믈 니즈리잇가? 주뫼 우환즁(憂患中) 쇼쳡을 보고져 혼다 하오니, 인주지졍(人
子之情)의 마지 못하여 도라가오나, 엇지 오릭 머므러 임타(任他)하리잇고? 맛당히 수
히 도라와 존교를 봉승하리이【70】다."

셜파의 좌즁의 추례로 비샤(拜辭)하고 난두(欄頭)의 나아오니, 쟝쇼제 졔수쇼고(娣姒
小姑)로 더브러 난함(欄檻)의 쓰라나와 분슈홀시, 조쇼제 믄득 쳑연 왈,

"고어의 닐오디 슈요장단(壽夭長短)은 썩 이시나, 화복(禍福)은 무문(無門)이라 하
니, 이 졍히 쳘견명논(哲見明論)이라. 쳡이 이번 가미 귀가지속(歸家遲速)이 오릭 거시
아니로디, 쏘한 인심셰수를 불가측이(不可測)니, 원(願) 져져는 그 수이 존당을 뫼셔
안강(安康)하쇼셔."

쟝쇼제 조쇼져의 언시 불길하믈 믄득 깃거아냐, 위로 왈,

---

357)졔수쇼고(娣姒小姑) : 동서와 시누이를 함께 이르는 말. *졔사(娣姒); 형제의 아내 가운데 손아래 동
　서와 손위 동서. *쇼고(小姑); 시누이.
358)벽벅이 : 반드시, 틀림없이
359)츈산월아(春山月蛾) : '아름다운 눈썹'을 비유적으로 표현한 말. *츈산(春山); 녹음이 우거져 푸른빛이
　가득한 '봄 산'이라는 말로 화장한 눈썹을 비유적으로 나타낸 말. *월아(月蛾); 초승달처럼 아름다운
　눈썹.

"슉슉과 부인은 하늘이 각별 느리오신 바 텬뎡일디(天定一對)360)라. 다복지인(多福 之人)이니 셜스 시운(時運)이 【71】블니(不離)ᄒ여 쇼쇼 익경 이실지라도 길인은 반 다시 신명이 보호ᄒ시ᄂ니, 츠ᄒ힝(此行)이 불과 친당(親堂)의 귀근ᄒ미니, 무슴 근심이 이시리오."

조쇼졔 쳑연이 분슈(分手)ᄒ고 침소의 도라오니, 유랑 취옥 등이 범스ᄅ 디후(待候) ᄒ여 기다리다가, 양낭이 조부의셔 츌혀온 거교(車轎)ᄅ 이현당 후뎡(後庭)의 노ᄒ미, 쇼졔 후창으로 나아가 상교(上轎)ᄒᆯ시 유ᄋ(乳兒)361) 등이 붓드러 교즁(轎中)의 들미, 취옥이 봉문(封門)ᄒ고 믈너나니, 교뷔(轎夫) ᄂᄂ 다시 메고 문을 나니, 조시랑이 쇼 녀의 거괴(車轎) 츌문(出門)ᄒᄆᆯ 보고, 졔뎡을 하직ᄒ고 비ᄒ힝(陪行)ᄒ여 도라갈시, 【72】일쇠이 거의 황혼이라. 유모와 취옥이 쇼교(小轎)ᄅ 타고 뒤히 ᄰ러져 완완(緩 緩)이 ᄒ힝ᄒ니, 취운산과 옥화산이 상게(相距) ᄀ장 이윽ᄒ지라.

조부인 위의(威儀) 겨유362) 셩문을 들며, ᄒ힝포군(行砲軍)363)이 셩문을 닷더라. 졍히 ᄒ힝ᄒ여 옥화산을 수리(數里)ᄅ 《겻Ⅱ격(隔)》ᄒ엿더니, 믄득 산곡즁(山谷中)으로셔 일 셩포향(一聲砲響)364)의 수빅군(數百群) 강되(强盜) ᄂᄎᆞ치 거믄 칠흔 가면을 ᄡ고, 각각 손에 병긔ᄅ 잡고 ᄂㅣ다라 급히 쇠살(弑殺)ᄒ니, 조부 가뎡(家丁) 복뷔(僕夫) 무망(無 妄)365)이 변을 만나, 손에 촌쳘(寸鐵)366)이 업ᄂ지라. 엇지 젹도(賊盜)의 강한(强悍)ᄒ 봉예(鋒銳)ᄅ 당ᄒ리오.

젹되(賊徒) 칼과 긴 창【73】으로 사ᄅᆷ을 치며 지ᄅ려367) ᄒ니, 조부 가뎡이 대경 실쇠ᄒ여 각각 살기ᄅ 도모ᄒ미 스산분쥬(四散奔走)368)ᄒ니, 비록 쇼져의 후거(後車) 의 조ᄎᄂ니 만코, 시랑이 호ᄒ힝ᄒ나 젼혀 조비(造備)ᄒ미 업시 이 변을 만나시니, 서로 셩명(性命)을 앗겨 좌우로 훗터지니, 졔젹(諸賊)이 포함(咆喊)369)ᄒ고 일시의 다라드러 부인의 거교(車轎)ᄅ 아스 메고 산곡으로 풍우(風雨) ᄀᆺ치 다라나니, 유랑 시녀 등과 시랑이 이 변(變)을 당ᄒ미 대경실쇠(大驚失色)ᄒ여, 시랑은 크게 ᄒ 소ᄅᆡᄅ ᄒ고 믈 게 ᄰ러져 혼졀ᄒ니, 남은 가뎡복뷔(家丁僕夫)370) 급히 붓드러 구호ᄒ니, 이윽고 【7 4】졍신을 뎡ᄒ여 실셩호곡(失性號哭)ᄒ니, 유랑이 갓가이 나아가 ᄀ마니 두어말을 고

---

360)텬뎡일디(天定一對) : 하늘이 졍하여 준 한 쌍.
361)유ᄋ(乳兒) : 유모(乳母)와 시아(侍兒)를 함께 이른 말.
362)겨유 ; 겨우.
363)ᄒ힝포군(行砲軍) : 포(砲)를 쏘는 일을 맡아 하는 군인.
364)일셩포향(一聲砲響) : 한 번 대포소리가 크게 울림.
365)무망(無妄) : =무망중(無妄中). 별 생각이 없이 있는 상태.
366)촌쳘(寸鐵) : 작고 날카로운 쇠붙이나 무기.
367)지ᄅ다 : 찌르다. 끝이 뾰족하거나 날카로운 것으로 물체의 겉면이 뚫어지거나 쑥 들어가도록 세차게 들이밀다
368) 스산분쥬(四散奔走) : 사방으로 흩어져 재빨리 달아남.
369)포함(咆喊) : 여러 사람이 크게 함성(喊聲)을 내지름.
370)가뎡복뷔(家丁僕夫) : 예전에, 집에서 부리던 남자 일꾼과 종.

ᄒᆞ니, 시랑이 드ᄅᆞ미 신긔코 이상ᄒᆞ여 다만 졈두(點頭)ᄒᆞ고 밧비 훗터진 복부(僕夫)를 거ᄂᆞ리고 부즁으로 도라오니, 날이 밝셔 이경(二更)371)이러라.

이 긔별이 조부의 니ᄅᆞ럿ᄂᆞᆫ 고로 합문상해(闔門上下) 믈 ᄭᅳᆯ 툿ᄒᆞ고, 조태우 조상셔 등이 군죵곤계(群從昆季)372) 십여 인으로 더브러 마조 나와 시랑을 붓들고 곡졀을 무ᄅᆞ니, 시랑이 손을 저어 왈,

"진실노 쇼미의 ᄐᆞ고 오던 교ᄌᆞᄂᆞᆫ 일허시나, 이 가온ᄃᆡ 긔특ᄒᆞ여 신긔ᄒᆞᆫ 일이 이시니, 쇼미의 방신(芳身)은 반셕 ᄀᆞᆺ치 도라【75】왓ᄂᆞ이다."

졔죄(諸曺)373) 텽파의 신긔ᄒᆞᆷ믈 니긔지 못ᄒᆞ여 비로소 놀나믈 진뎡ᄒᆞ고, ᄒᆞᆫ가지로 상부로 드러오니, 유랑의 교뷔(轎夫) 쇼교(小轎)를 ᄂᆡ쳥하(內廳下)의 노ᄒᆞ니, 원ᄂᆡ 조쇼졔 변ᄋᆡᆨ(變厄)을 미리 알고, 유랑과 취옥으로 더브러 초인(草人)을 ᄆᆡᆫ다라 ᄌᆞ긔 옷슬 닙혀 협실(夾室)의 두엇더니, ᄎᆞ일 몬져 교즁의 너허 압세우고, ᄌᆞ긔ᄂᆞᆫ 금옥쥬취(金玉珠翠)를 다 업시ᄒᆞ고, 단장을 ᄀᆞ빈야이 ᄒᆞ여 유모 쇼교(小轎) 즁의 ᄒᆞᆫ가지로 드러, 뒤히 쳐져 완완(緩緩)이 ᄒᆡᆼᄒᆞ니라.【76】

---

371) 이경(二更) : 하룻밤을 오경(五更)으로 나눈 둘째 부분. 밤 아홉 시부터 열한 시 사이이다.
372) 군죵곤계(群從昆季) ; 여러 사촌형제들.
373) 졔죄(諸曺) : 모든 조씨 일가들.

윤하뎡삼문취록 권지스십구

츠시 조쇼졔 유모 쇼교(小轎) 즁에 흔가지로 드러 뒤히 쳐져 완완(緩緩)이 힝ᄒ니, 적뉘(賊類) 초인(草人)의 교즈(轎子)를 진짓374) 부인이 드럿ᄂ니라 ᄒ여, 아스 가미러라.

취옥이 나아가 쇼교를 《들고∥열고》 보(褓)375)를 《여니∥드니》, 쇼졔 날호여 승함취샤(昇檻就舍)376)ᄒ여 존당의 뵈오니, 존당 상해(上下) 놀나고 반기며 깃브미 형언키 어려오니, 승상부뷔 년망(連忙)이 옥슈를 잡고 운환을 어라만져 왈,

"손이 구가의 도라간지 격셰(隔歲)의 타인과 ᄀᆞᆺ치, 귀령을 못ᄒᆞ믄 실노 여모(汝母)의 불통괴거지ᄉ(不通怪擧之事)를377) 념녀ᄒᆞ미라. 이제 여뷔(汝父) 먼니 나아가【1】고, 뎡낭이 만니 흉봉지디(凶鋒之地)의 나간 ᄉᆞ이의, 여모의 병이 이시니 마지 못ᄒᆞ여 귀령을 쳥ᄒᆞ미러니, 도라오ᄂᆞᆫ 시긱(時刻)이 넘지 못ᄒᆞ여, 놀나온 긔별이 냥이(兩耳)를 경악게 ᄒᆞ니, ᄉᆞ졍의 참담(慘憺)ᄒᆞᆫ 오히려 둘지로, 뎡듁쳥 부ᄌᆞ의게 고홀 말이 업ᄉᆞ니, 소리히 다려오던 줄 뉘웃츠나 능히 밋지 못ᄒᆞ리러니, 손이 엇지 간계(奸計)를 씨닷고 예비ᄒᆞ미 잇던고? 여모의 불통픽악(不通悖惡)ᄒᆞ므로 희원 등 삼ᄋᆞ의 군ᄌᆞ유풍(君子遺風)과 너의 만고여셩(萬古女性)378)을 강싱(降生)ᄒᆞ여 여모(汝母)의 유복(有福)을 도으미라. 엇지 고슈지지(瞽瞍之子) 뎨슌(帝舜)이 계시믈 긔특다 ᄒᆞ리오."

쇼【2】졔 복슈(伏首)ᄒᆞ여 왕부모의 과장(誇張)ᄒᆞ시믈 듯ᄌᆞ오미, 불승황공(不勝惶恐)ᄒᆞᄂᆞᆫ 즁, 모부인 실덕을 ᄌᆞ황뉴니(自惶忸怩)379)ᄒᆞ니, 왕부뫼 모ᄅᆞ실 거슨 아니로ᄃᆡ 인ᄌᆞ지심(人子之心)의 새로이 괴황(愧惶)ᄒᆞ여 옥면(玉面)의 홍운(紅雲)이 니러나더라.

이윽이 말ᄉᆞᆷ ᄒᆞᆯ시 승상이 쇼져다려 왈,

"임의 야심ᄒᆞ엿고 여뫼 너를 그리워 인병치ᄉ(因病致死)케 되엿다ᄒᆞ니, 섈니 가보고 구호ᄒᆞ여 수삼일 머므러 질셰(疾勢) 져기 나으미 잇거든 즉시 도라가게 ᄒᆞ라."

---

374)진짓 : 진짜로 정말로.

375)보(褓) : 물건을 싸거나 씌우기 위하여 네모지게 만든 천.

376)승함취샤(昇檻就舍) : 난함(欄檻)을 올라 방에 들어감. *난함(欄檻); 층계, 다리, 마루 따위의 가장자리에 일정한 높이로 막아 세우는 구조물. 사람이 떨어지는 것을 막거나 장식으로 설치한다. =난간(欄干) *샤(舍); 방사(房舍). 방.

377)불통괴거지ᄉ(不通怪擧之事)를 : 사리를 모르고 이상한 행동을 하는 일

378)만고여셩(萬古女性) : 만고에 뛰어난 여인.

379)ᄌᆞ황뉴니(自惶忸怩) : 스스로 두렵고 부끄럽고 창피함

쇼졔 ᄇᆡ샤슈명(拜謝受命)ᄒᆞ고 퇴ᄒᆞ여 유ᄋᆞ(乳兒) 등으로 쵹을 잡히고, 협문(夾門)을 조ᄎᆞ 본부로 나아갈ᄉᆡ, 셜시 등이 쇼고의 ᄉᆞ미ᄅᆞᆯ 넛그러 【3】 ᄒᆞᆫ가지로 도라오니, 추시 엄부인이 녀ᄋᆞ의 도라오기ᄅᆞᆯ 기다리더니, 시이 드러와 젹변(賊變) 만나믈 고ᄒᆞ니, 엄시 대경 왈,

"이ᄂᆞᆫ 벅벅이 한·화 냥녀 등의 요괴로온 계교로 아ᄉᆞ다가 줏쳐380) 업시ᄒᆞ미로다."

ᄒᆞ고, 욕ᄆᆡ(辱罵) 분분(紛紛)ᄒᆞ니[며] 셕반도 아니 먹으니, 믄득 장손 문희 드러와 고왈,

"슉뫼 지금 오시ᄂᆞ이다."

엄시 반신반의(半信半疑)ᄒᆞ더니 야심ᄒᆞᆫ 후, 삼ᄇᆡ 녀ᄋᆞ로 더브러 드러오니, 엄시 깃븐 눈을 드러보니, 녀이 일별격셰(一別隔歲)381)의 이졔 보ᄆᆡ, 그덧ᄉᆞ이382) 염연쇄락(艶然灑落)ᄒᆞᆫ 풍완호질(豊婉好質)이 더욱 슈미긔려(秀美奇麗)ᄒᆞ여 옥안(玉顔)이 원만(圓滿)ᄒᆞ고 【4】 긔부(肌膚) 윤ᄐᆡᆨᄒᆞ미 새로오니, 셕일은 교교(嬌嬌)ᄒᆞ여 별ᄀᆞᆺ더니, 금일은 완완(婉婉)ᄒᆞ여 ᄃᆞᆯᄀᆞᆺ고, 셕일은 쳥하부용(淸河芙蓉)이 함담(菡萏)383)을 밋쳐 버리지384) 못ᄒᆞ여시니, 봉오리마다 금ᄌᆞ(金字)로 ᄭᅮ몃고 옥으로 비존 듯 ᄒᆞ더니, 금일은 요지셜궁(瑤地雪宮)의 다람화385) ᄒᆞᆫ 송이 일쳔년의 봉오리ᄅᆞᆯ 미ᄌᆞ 삼쳔년의 ᄒᆞᆫ번 웃ᄂᆞᆫ듯 ᄒᆞ더니, 년미이팔(年未二八)386)의 팔좌명부(八座命婦)387)의 복식을 ᄀᆞᆺ초와시니, '쳥향(淸香)○[이] 완혜(緩鞋)ᄒᆞᆫ지라'388).

셜니 나아가 모젼(母前)의 지ᄇᆡᄒᆞ고 ᄂᆞ죽이 병후(病候)ᄅᆞᆯ 뭇ᄌᆞ오니, 엄시 녀ᄋᆞᄅᆞᆯ 보ᄆᆡ 반기미 넘ᄲᅥ389), 도로혀 그 미야ᄒᆞ미390) ᄌᆞ모(慈母)의 이ᄀᆞᆺ치 【5】 보고져 ᄒᆞ던 졍을 아지 못ᄒᆞ고 근졀이 쳥ᄒᆞ미, 비로소 와보ᄂᆞᆫ 줄 노홉고 야속ᄒᆞᆫ 듯, ᄆᆡ온 듯, 어엳븐 듯, 지향치 못ᄒᆞ니, ᄯᅩᄒᆞᆫ 증분(憎憤)이 일시의 넘노라, 이번 온 김에 그 예긔(銳氣)ᄅᆞᆯ ᄭᅥᆨ질너 다시 구가의 나아갈 의ᄉᆞᄅᆞᆯ 못ᄒᆞ고, 죽이나 살오나 온갓 일을 다 ᄌᆞ긔 ᄆᆞ

---

380)줏치다 : 짓치다. 함부로 마구 치다.
381)일별격셰(一別隔歲) : 한 번 이별하여 해가 바뀜.
382)그덧ᄉᆞ이 : 그사이. 그간, 그동안. 비교적 짧은 동안.
383)함담(菡萏) : 연꽃의 봉오리.
384)버리다 : 벌리다. 벌다.
385)다람화 : ①담화(曇華). 우담화(優曇華). 『불교』인도에서, 삼천 년에 한 번 전륜성왕이 나타날 때에 꽃이 핀다고 하는 상상의 식물. 늑우담발라. ②담화(曇華); =홍초(紅草). 칸나과의 여러해살이풀. 높이는 1~2미터이며, 잎은 큰 타원형이고 끝이 뾰족하다. 여름과 가을에 꽃잎 모양의 수술을 가진 꽃이 잎 사이에서 나온 꽃줄기 끝에 총상(總狀) 화서로 피고 열매는 삭과(蒴果)로 10월에 익는다. 관상용이고 말레이시아, 인도차이나가 원산지로 각지에 분포한다.
386)년미이팔(年未二八) : 나이 열여섯 살이 못 되어서.
387)팔좌명부(八座命婦) : 팔좌(八座)에 오른 고위 관리의 부인. 팔좌는 중국 수나라·당나라 때에, 좌우 복야와 영(슈)과 육상서를 통틀어 이르던 말.
388)쳥향(淸香) 완혜(緩鞋) : 걸음을 옮길 때마다 맑은 향기가 물씬 풍겨옴.
389)넘ᄲᅥ다 : 넘치다.
390)미야ᄒᆞ다 : 매정하다. 얄미울 정도로 쌀쌀맞고 인정이 없다..

음디로 ᄒ고져 ᄒ여, 당치아닌 고집과 경망ᄒᆫ 독이 발ᄒ니, 부지불각(不知不覺)391)의 크게 소ᄅᆡ 질으고 드라드러, 쇼져의 머리 우ᄒᆡ 봉관(鳳冠)을 벗기처 더지고, 층층ᄒᆫ 흑운녹발(黑雲綠髮)을 쓰드러392) 손에 감고, 셔안(書案)의 ᄌᆞ금쳑(紫金尺)을 드러 녀ᄋᆞ의 일신을 어【6】ᄌᆞ러이 두다릴ᄉᆡ, 면모의 풍운이 녈녈ᄒ고, 춘산의 져믄 빗치 창창(蒼蒼)ᄒ여, 고셩대미 왈,

"불초녜 죄ᄅᆞᆯ 아ᄂᆞ냐?"

쇼졔 모친의 ᄒᆡ거(駭擧)ᄂᆞᆫ 임의 아ᄂᆞᆫ 일이니, 새로이 놀날 빅 아니로디, 문견(聞見)의 ᄒᆡ이(駭異)ᄒᆞᆷ을 참괴ᄒ여, 이의 안ᄉᆡᆨ을 화(和)히ᄒ고 옥슈로 미ᄅᆞᆯ 붓드러, 유화히 고왈,

"불초녜(不肖女) 부모의 구로지은(劬勞之恩)393)을 져바려 불초불인(不肖不人)ᄒᆞ온 죄 듕ᄒ오나, 쇼녜 니슬격셰(離膝隔世)의 비로소 득승친안(得承親顔)ᄒᆞ오니, 셜ᄉᆞ ᄒᆡᄋᆞ의 죄 듕ᄒ오나, 모친이 엇지 모녀의 지극ᄒᆫ 졍과 ᄌᆞ익ᄅᆞᆯ 니ᄌᆞ시고, 죄의 경듕과 곡직을【7】ᄒᆡᄋᆞ로 ᄒᆞ야금 밋처 아지 못ᄒ게 ᄒ시고, 몬져 미ᄅᆞᆯ 드러 난타(亂打)ᄌᆞᆯ언ᄒᆞ샤 모녀 ᄌᆞ익ᄅᆞᆯ 니ᄌᆞ시니잇고?"

엄시 우미(又罵) 왈,

"불초녜(不肖女) 가지록 요악ᄒ여 져의 불초ᄒᆫ 죄ᄂᆞᆫ ᄉᆡᆼ각지 아니코 어미만 그르다 ᄒᆞᄂᆞ냐? 다만 너다려 뭇ᄂᆞ니 십삭(十朔) 틱교ᄒᆫ 어미기 듕ᄒ냐? 뎡운긔 젹츄(賊酋) 그리 관듕(寬重)ᄒ냐?"

쇼졔 텽파의 문언침음(聞言沈吟)394)ᄒ여 ᄉᆞ긔 됴치 아니믈 보고 답지 아니니, 엄시 분분 우미(又罵) 왈,

"네 오히려 어미 말을 초기(草芥) ᄀᆞᆺ치 넉여 슈이 티치 아니믄, 젼혀 뎡가 젹츄ᄅᆞᆯ 두리며 듕히 넉이미라. 노뫼 너ᄅᆞᆯ 만ᄂᆡ(晩來)【8】의 필ᄋᆞ(畢兒)로 ᄉᆞ랑ᄒ믈 장상보옥(掌上寶玉)ᄀᆞᆺ치 ᄒ여, 곳다히 장셩(長成)ᄒ니, 원홍의 옥면화풍(玉面和風)이 단아(端雅)ᄒᆫ 군ᄌᆞ니, 내 ᄆᆞᄋᆞᆷ의 ᄎᆞ고 눈의 드러 됴히 동상(東床)의 봉황셔(鳳凰壻)395)ᄅᆞᆯ ᄀᆞᆺ초아 슬하의 원앙(鴛鴦)이 교셩(嬌聲)ᄒᆞᄂᆞᆫ 죵요로온 ᄌᆞ미ᄅᆞᆯ 보고져 ᄒ거늘, 엄구와 상공이 원홍의 단아졍직ᄒᆫ 군ᄌᆞ지풍을 나모라고 뎡운긔 젹ᄌᆞ로 결혼ᄒ여 보니니, 젹지 이십도 못ᄒᆫ 거시 삼쳐일쳡(三妻一妾)을 두고 오히려 부족ᄒ여, 동누(東樓)의 취(娶)ᄒ고 셔루(西樓)의 잠자니 이ᄂᆞᆫ 픽가망신지죄(敗家亡身之罪)라. 이졔 기뷔(其父) 좀 공뇌로 할토봉왕(割土封王)ᄒ여 일면【9】왕낙(一面王樂)396)을 누린들, 녯말이 아니 잇ᄂᆞ냐?

---

391)부지불각(不知不覺) : 자기도 모르는 사이.
392)쓰들다 : 꺼들다. 끌어당기다. 잡아 쥐고 당겨서 추켜들다..
393)구로지은(劬勞之恩) : 자기를 낳아서 기른 어버이의 은덕.
394)문언침음(聞言沈吟) : 말을 듣고 입을 다물어 잠잠함.
395)봉황셔(鳳凰壻) ; 봉황과 같은 훌륭한 사위.
396)일면왕낙(一面王樂) : 한 지역의 임금이 되어 권력을 누림.

빙산(氷山)이 언마ᄒᆞ여 문허지리오. ᄌᆞ고이ᄅᆡ(自古以來)로 당권용ᄉᆞ(當權用私)ᄒᆞᄂᆞ 니 션죵(善終)치 못ᄒᆞ○[엿]ᄂᆞ니, 노모의 병이 실인 즉 널노ᄒᆞ여 난 병이라. 이제 뎡가 적취 ᄌᆞ원츌젼(自願出戰)ᄒᆞ니, 병긔(兵器)ᄂᆞᆫ 흉디(凶地)라. 제 ᄌᆞ원ᄒᆞ여 나간 줄 더욱 흉악ᄒᆞ니, ᄎᆞᄂᆞᆫ 스스로 망ᄒᆞ려 ᄒᆞ미라. 노뫼 원녀(遠慮)를 이러틋 혜아려 듀야 방촌(方寸)397)이 요요(擾擾)ᄒᆞ니 능히 밥 먹지 못ᄒᆞ고 ᄌᆞᆷ자지 못ᄒᆞ니, 과연 너를 다려오믄 이런 놀나온 소식이 아니와셔 뎡가를 아조 맛고, 혼셔를[와] 문명을 도라보ᄂᆡ여, 뎡 【10】가로 ᄒᆞ야금 우리 모녀의 졀의(絶義)ᄒᆞᄂᆞᆫ ᄯᅳᆺ을 알게 ᄒᆞ고, 출하리 심규유발(深閨有髮)노 평싱을 어미 슬하의 안과(安過)ᄒᆞ미 엇지 됴치 아니며, 홍안을 공숑(空送)ᄒᆞ미 셜울진ᄃᆡ 너라고 너란 텬하의 ᄒᆞᆫ낫 군ᄌᆞ 영웅이 어ᄃᆡ 업ᄉᆞ리오. 아모리면 오죽ᄒᆞ랴. 내 ᄯᆞᆯ이 졀뷔 되랴? 진평(陳平)의 쳬(妻) 다ᄉᆞᆺ번 개가ᄒᆞᄃᆡ 진승상의 듕대를 밧고, 한녀휘(漢呂后) 만승국뫼(萬乘國母)로ᄃᆡ 그 몃몃 사ᄅᆞᆷ을 겻것ᄂᆞ뇨? 관겨(關係)치 아니 ᄒᆞ니, 아모ᄃᆡ나 갈희고 갈히여 너의 쳥츈화미(靑春華美)를 공숑(空送)치 아니리라. 셜ᄉᆞ 세상이 무례ᄒᆞ다 ᄭᅮ지ᄌᆞ나, 적인 총 【11】즁(敵人叢中)의셔 호방ᄒᆞᆫ 가부의 눈에 들가 못들가, 괴로이 조심ᄒᆞ고 지에ᄒᆞ여398) 공연이 남의 쳔ᄃᆡ와 박명을 감심ᄒᆞᄂᆞ니, 출하리 두가지 즁의 갈희여 힝ᄒᆞ라."

쇼졔 듯ᄂᆞᆫ 말마다 골경신ᄒᆡ(骨驚身駭)ᄒᆞ니, 하쉬(河水) 머러 냥이(兩耳)를 ᄡᅵᆺ지 못ᄒᆞ믈 흔ᄒᆞ니 무어시라 답언이 나리오. 도로혀 약치여몽(若癡如夢)399)ᄒᆞ고, 그 모친의 광언픽셜(狂言悖說)을 못 듯ᄂᆞᆫ 듯ᄒᆞ니, 엄시 분ᄒᆞᆷ믈 니긔지 못ᄒᆞ여 지삼 답언을 직쵹ᄒᆞᄃᆡ, 쇼졔 단슌(丹脣)이 믹믹ᄒᆞ여시니400) 엄시 분긔 엄이ᄒᆞ여 헬거시 업ᄂᆞᆫ지라. 다시 금쳑(金尺) 【12】을 드러 녀ᄋᆞ의 일신을 혜지 아니코 두다리며, ᄃᆡ답지 아닛ᄂᆞᆫ 쥬의를 무르니, 쇼졔 마지 못ᄒᆞ여 ᄃᆡ왈,

"불초네 일죽 '부혜싱아(父兮生兒)와 모혜흑아(母兮慉我)'401)의 ᄃᆡ은(大恩)을 밧ᄌᆞ와 싱장(生長)ᄒᆞ오미, 고셔를 열남ᄒᆞ오니, ᄋᆞ시로브터 튱신녈뷔(忠臣烈婦) 두사ᄅᆞᆷ을 죵(從)치 아니 ᄒᆞ오미, 인눈대졀(人倫大節)이믈 알아 ᄆᆞᄋᆞᆷ의 삭이미 잇ᄉᆞᆸᄂᆞᆫ지라. 이제 엇지 두 ᄆᆞᄋᆞᆷ이 이시며, 모친의 셩덕으로ᄡᅥ 엇지 참아 ᄌᆞ식을 경계ᄒᆞ시미 이ᄀᆞᆺ치 ᄒᆞ시ᄂᆞ니잇가?"

엄시 익노(益怒) 왈,

"불초네 가지록 노모를 업수히 넉여 여ᄎᆞᄒᆞ뇨?"

셜 【13】파의 어ᄌᆞ러이 두다려 격년(隔年) 셔리담던 분흔(憤恨)을 다 풀미, 경망ᄒᆞᆫ

---

397)방촌(方寸) : 사람의 마음은 가슴속의 한 치 사방의 넓이에 깃들어 있다는 뜻으로, '마음'을 달리 이르는 말
398)지에ᄒᆞ다 : 의지하다.
399)약치여몽(若癡如夢) : 백치(白癡)가 된 듯, 꿈속에 들어 있는 듯.
400)믹믹ᄒᆞ다 : 생각이 잘 돌지 아니하여 답답하다.
401)부혜싱아(父兮生我)와 모혜흑아(母兮慉我) : 아버님 날 낳으시고 어머님 날 기르시니. 『시경』 '곡풍지십(谷風之什)' 및 『명심보감(明心寶鑑)』 '효행편'에 나오는 말.

부인이 독훈 셩이 발ᄒ니 ᄉ톄(事體) 경듕(輕重)을 엇지 도라 싱각ᄒ며, 쇼교(小嬌)의 약질이 상홀 바를 혜아리리오. 금쳑이 지나ᄂᆞᆫ 곳마다 옥골셜뷔(玉骨雪膚) 듕상ᄒ여 가죽이 웃쳐지고 셩혈(腥血)이 뉴츌(流出)ᄒ나, 쇼졔 견고ᄒ미 남다란지라. 일셩을 부동ᄒ고 좌ᄎᆞ 기우리지 아냐 고요히 미를 밧으미, ᄌᆞ긔 알프믄 둘지오, 모친의 여ᄎᆞ 실덕을 남이 알가 참괴(慙愧)ᄒ미 치신무지(置身無地)ᄒ니, 면식이 여회(如灰)ᄒ여 단사잉슌(丹砂櫻脣)이 함묵(含默)ᄒ여시니, 【14】장ᄎ 여러 장(杖)의 밋처ᄂᆞᆫ, 쇼졔 긔식(氣色)이 엄엄(奄奄)ᄒ여 거의 혼졀홀 ᄃᆞᆺᄒ나, 부인의 셩뇌(盛怒) 브듸 항복 밧으려 ᄒ니, 쇼졔 ᄯᅩ 죽을지언뎡 이 명을 엇지 승슌(承順)ᄒ리오. 좌우의 뫼신 시녀와 쇼져의 유랑이 이 경상을 보미 창황망극(蒼黃罔極)ᄒ나, 능히 부인의 셩훈 노를 도로혀기 어렵고, 태우부인 등이 황황ᄒ여 만단이걸(萬端哀乞)ᄒ나 엇지 드르리 이시리오. 엄시 우즐(又叱) 왈,

"여등 ᄌᆞ미 노모의 허물을 존당의 고ᄒ라. 늣게야 츌화(黜禍) 밧게 더ᄒ랴."

ᄒ니, 뉘 감히 이런 말을 상부(上府)의 통ᄒ리오. 삼부와 시녀의 무리 졍【15】히 착급ᄒ더니, 믄득 태우 삼곤계 왕부(王父)를 뫼셔 야심토록 말ᄉᆞᆷᄒ다가, 승상이 침상의 나아가신 후 비로소 퇴ᄒ여 조부인긔 뵈옵고, 쇼미(小妹)로 말ᄉᆞᆷ코져ᄒ여 이의 니ᄅᆞ니, 믄득 됴치 아닌 경상이라. 일시의 나아가 모부인 손을 밧들고 미를 아ᄉᆞ며, 화셩유어(和聲柔語)로 주왈,

"쇼미 ᄌᆞ뎡 슬하를 격셰(隔歲) 니측(離側)ᄒ여습던 바로, 금일 도라오미 좌셕이 덥지아냐 존하(尊下)의 무ᄉᆞᆷ 잘못ᄒ미 잇ᄂᆞᆫ지 아지 못ᄒ거니와, 셜ᄉᆞ 쇼미 불초ᄒ오나, ᄌᆞ위의 셩덕으로써 이 거죄(擧措) 어인 일이니잇가? 쇼미 아자(俄者)402)의 여ᄎᆞ(如此)【16】위란(危亂)을 지니고 명쳘보신(明哲保身)ᄒ여 무ᄉᆞ히 도라오니, 이 ᄯᅩ 경ᄉᆞ라. ᄌᆞ위(慈闈) 셩ᄌᆞ(聖慈)와 쇼미의 셩효로 금쟈(今者) 거조는 문견(聞見)의 크게 고이토소이다."

부인이 아모리 ᄌᆞ식인들 무어시라 창졸의 ᄭᅮ며 ᄃᆡ답ᄒ리오 다만 분분ᄒ여,

"여등 남미 다 어미를 업순 것ᄀᆞᆺ치 알아 범ᄉᆞ의 훈 일도 ᄯᅳᆺ 밧ᄂᆞᆫ 일이 업고, 맛치 아비 잇ᄂᆞᆫ 줄만 아니 엇지 분치 아리리오. 어미ᄂᆞᆫ ᄌᆞ식을 격셰(隔歲)를 그럿다가 반갑고 흐뭇거온 중, 뎡낭이 나를 빙모(聘母)로 아지 아냐, 여시구슈(如視仇讐)ᄒ야 옹셔지의(翁壻之義) 업슬 쑨 아냐, 이제 만니【17】의 츌졍ᄒ미, 화가의 가셔ᄂᆞᆫ 화공과 뉴시를 져 나흔 아비 뎡텬흥과 제 어미 니시도곤 더 공경ᄒ여 하직ᄒ고, 우리 집의도 왓다 ᄒᆞᄃᆡ, 내 제 아비와 제 어미를 쳔참만뉵(千斬萬戮)훈 불공ᄃᆡ텬지슈(不共戴天之讐)403) 아니로ᄃᆡ, 공연이 원슈로 지목ᄒ여 원힝(遠行)의 니별조ᄎᆞ 아니ᄒ니, 노뫼 실노 이돕고 분ᄒ더니, 녀ᄋᆞ를 보고 모녜 그리던 회포를 펴고, 뎡낭의 미야ᄒᆞ믈 ᄭᅮ지즌

---

402)아ᄌᆞ(俄者) : 이전, 지난번, 조금 전, 갑자기.

403)불공ᄃᆡ텬지슈(不共戴天之讐) : : 하늘을 함께 이지 못할 원수라는 뜻으로, 이 세상에서 같이 살 수 없을 만큼 큰 원한을 가진 사람을 비유적으로 이르는 말.

죽, 불초녜 믄득 뎡자의 녁술404) 드러, 어미를 그란 편으로 최워 답언이 여츳 불슌ㅎ
니, 엇지 통히치 아니리오. 이러【18】므로 져를 듸ㅎ여 지아비 ○[비]록 듕ㅎ나, 부
모의 싱지지은(生之之恩)이 쏘흔 듕ㅎ믈 모로니, 노뫼 참아 분ㅎ믈 니기지 못ㅎ여 약
간 《경각‖경칙》ㅎ여 불초 강악ㅎ믈 칙ㅎ미라. 무슴 별 수단이 이시리오."

ㅎ니, 태우 삼곤계 모친이 본듸 광잡(狂雜)흔 희게(駭擧) 측낭업고, 쇼믜의 지셩현효
(至誠賢孝)를 익이 아는 비어니, 엇지 금일 주뎡의 이런 불효를 힝ㅎ리오. 태위 츄연
탄왈,

"텬하(天下)의 무불시뎌부뫼(無不是底父母)405)라 ㅎ니, 아등 남믜 다 불초무상(不肖
無狀)406)ㅎ여 수수의 주의(慈意)를 밧드지 못ㅎ므로, 모친이 미양 셩녀를 허비ㅎ샤 무
익【19】지녀(無益之慮)로뻐 심시 상(傷)ㅎ시미 만ㅎ니 슈원슈흔(誰怨誰恨)이리오. 연
이나 쇼믜는 녀지라. 본듸 녀주유힝(女子有行)이 원부모형뎨(遠父母兄弟)407)니 흔번
니친쳑기가(離親戚其家)408)ㅎ미 빅니(百里)의 불분상(不奔喪)409)은 셩교(聖敎)의 닐오
신 비라. 쇼믜 츌가(出稼)ㅎ미 번화흔 구문(舅門)의 주연 수괴 만하, 임의로 주힝(自
行)치 못ㅎ여 귀령이 줏지 못ㅎ나, 주뎡은 쇼믜를 과듕익이(過重溺愛)ㅎ시던 바로, 격
셰상별(隔歲相別)의 니회(離懷) 암연(黯然)ㅎ시니, 드듸여 울홰(鬱火) 셩(盛)ㅎ신 연고
로 여츳ㅎ시미니, 현믜는 주뎡의 회포를 위로ㅎ고 존하(尊下)의 불안지식(不安之色)을
두지말나."

쇼졔 탄식 비샤(拜謝)ㅎ고 의상을 【20】졍돈ㅎ여 부인 슬ㅎ(膝下)의 뫼시니, 부인이
비로소 셩을 늣초고 삼주로 말슴ㅎ나 녀ㅇ는 알은 톄 아니니, 태우 등이 직삼 프러
화셩유어(和聲柔語)로 위회(慰懷)ㅎ고 즐겁게 ㅎ니, 엄시 가장 괴로이 넉여 닐오듸,

"내 심시 번뇌(煩惱)ㅎ고 야심ㅎ여시니 평안이 쉬고져 ㅎ느니 여등은 물너가라."

태우 삼곤계와 삼뷔 다 물너 각귀수침(各歸私寢)ㅎ니 엄시 날호여 의상을 탈(脫)ㅎ
고 상상(床上)의 올으나, 녀ㅇ는 본 톄 아니니, 쇼졔 감히 안소(安所)치 못ㅎ여 상하
(床下)의셔 밤을 지니니라.

시시의 원홍이 엄부인을 농낙ㅎ여 직삼 쇼져 다려【21】오기를 가라치고 도라와
그윽이 암회ㅎ여 ㅎ더니, 조시랑이 믜믜(妹妹)410)를 호힝하여 귀령ㅎ믈 알고, 즉시 수
십 가뎡을 분부ㅎ여 쳔금을 주어, 무뢰표박(無賴漂泊)411)ㅎ는 악쇼년당뉴(惡少年黨類)

---

404) 녁 : 역성. 옳고 그름에는 관계없이 무조건 한쪽 편을 들어 주는 일.
405) 텬하무블시뎌부뫼(天下無不是底父母) : 천하에 옳지 않은 부모는 없다..
406) 불초무상(不肖無狀) : 못나고 어리석을 뿐 아니라 아무렇게나 행동하여 버릇이 없음.
407) 녀주유힝 원부모형뎨(女子有行 遠父母兄弟) : '여자가 시집가면 부모형제와 멀어진다'는 뜻으로, 『시경
     (詩經)』〈패풍(邶風)〉 '泉水'편에 나온다.
408) 니친쳑기가(離親戚其家) : 친척과 집.
409) 빅니불분상(百里不奔喪) : 부모가 죽어도 백리 밖에서 달려와 조상(弔喪)을 할 수 없음.
410) 믜믜(妹妹) : 누이동생.
411) 무뢰표박(無賴漂泊) :일정한 주거나 생업이 없이 떠돌아다니며 불량한 짓을 일삼음.

룰 쳐결(締結)ᄒ여 가면(假面) 광대(廣大)룰 민다라 쓰고, 창도(槍刀)룰 슈습ᄒ여 옥화산 네거리와, 산노간(山路間)에 미복(埋伏)ᄒ엿더니, 과연 황혼 ᄢᆡ의 조부인 치게(彩車) 추디(此地)룰 지나ᄂᆞ지라.

원홍 청션이 여당(與黨)을 거ᄂᆞ려 님하(林下)의 숨엇더니, 용약ᄒ여 급히 닉다라 교부(轎夫)와 조ᄎᆞ 오ᄂᆞ 가뎡복비(家丁僕婢)412)룰 창검으로 져혀 물니치고, 치교룰 급히 아ᄉᆞ 젼노(前路)룰【22】바리고 산곡(山谷) 쇼로(小路)로 조ᄎᆞ 신고(辛苦)히 힝ᄒ여, 힝혀 조시 슌종치 아니면 ᄉᆞ긔(事機) 현누(現漏)ᄒᆞᆯ가 ᄒ여, 감히 제 집으로도 가지 못ᄒ여 강뎡(江亭) 수십니 농장의 니ᄅᆞ니, ᄌᆞ연 젼되(前途) 멀고 인젹(人跡)을 숨어 힝ᄒ여 농장(農莊)의 니ᄅᆞ니, 삼경(三更)413)이 넘엇더라.

원홍이 발셔 농소(農所) 직흰 복부ᄎᆞ환(僕夫叉鬟)을 분부ᄒ여 조비(造備)ᄒᄆᆡ 잇던지라, ᄎᆞ환 등이 졍히 당즁(堂中)을 소쇄(掃灑)ᄒ고 촉을 볽혀 마ᄌᆞ니, 원홍이 급히 가뎡(家丁)을 지휘ᄒ여 교ᄌᆞ룰 안흐로 드리고, 무뢰젹졸(無賴賊卒)을 쥬식(酒食)을 관ᄃᆡ(款待)ᄒ여 좌우익낭(左右翼廊)414)의셔 밤을 머므러 새ᄂᆞ 날 도라가【23】라 ᄒ고, 청션으로 더브러 닉당의 드러가니, 쇼졔 오히려 거즁(車中)의 잇ᄂᆞ지라. 원홍이 옥인의 념모(艶貌)룰 밧비 보고져 ᄯᅳᆺ이 급ᄒ니, 만심의 흔흡(欣洽)ᄒ고 졍흥(情興)이 요양(搖揚)ᄒ여, 만면 우음으로 시녀룰 명ᄒ여 닐오ᄃᆡ,

"부인이 노상(路上)의셔 만히 놀나 긔운이 불안ᄒ시리니, 여등은 뫼셔 거즁의 나시게 ᄒ고 졍당의 평안이 쉬시게 ᄒ라."

모든 시비 년망(連忙)이 ᄃᆡ왈,

"비ᄌᆞ 등이 뎡문을 열고 하교(下轎)ᄒ시믈 알외ᄃᆡ 부인이 단공졍좌(端恭正坐)ᄒ샤 일언불기(一言不開)ᄒ시더이다."

원홍이 쇼왈,

"부인이 무망(无妄)의 놀나시믈 과히 ᄒ【24】고 ᄯᅩ 아모란 곡졀을 아지 못ᄒ여 그러ᄒ시미니, 내 맛당이 놀나시믈 진뎡케 ᄒ리라."

ᄒ고, 이의 교ᄌᆞ 밧게 나아가 두세 번 기춤ᄒ고, 기리 졀ᄒ여 왈,

"원홍이 본ᄃᆡ 부인으로 더브러 쳑의(戚義) 잇ᄂᆞ지라. 홍이 일죽 ᄋᆞ시로브터 녕당 슉모의 ᄉᆞ랑ᄒ시믈 닙ᄉᆞ와, 슉뫼 미양 홍의 박면(薄面)이 누츄(陋醜)치 아니믈 어엿비 넉여 기리 동상(東床)을 유의ᄒ시니, 부인의 고안혜심(高眼慧心)415)은 밋처 아지 못ᄒ나, 홍의 근졀이 ᄇᆞ라믄 부인이 벅벅이 싱의 긔물(奇物)이 될가 알앗더니, 의외에 뎡운긔 아ᄉᆞ가니 엇지 불공ᄃᆡ텬지슈(不共戴天之讎)【25】아니리오. 싱이 ᄌᆡ작일(再昨日)416)의 슉모의 여ᄎᆞ 여ᄎᆞᄒ신 허락을 밧ᄌᆞ오미 이의 뫼셔오미오, 싱의 ᄉᆞᄉᆞ(私私)

---

412)가뎡복비(家丁僕婢) : 집에서 부리는 장정들과 남종, 여종을 함께 이른 말.
413)삼경(三更) : 하룻밤을 오경(五更)으로 나눈 셋째 부분. 밤 열한 시에서 새벽 한 시 사이이다.
414)좌우익낭(左右翼廊) : 대문의 좌우 양편에 이어서 지은 행랑.
415)고안혜심(高眼慧心) : 사물을 잘 판단하는 높은 눈과 지혜로운 마음.

ᄠᅳᆺ이 아니니, 부인을 놀나지 말고 안휴(安休)ᄒᆞ쇼셔. 만일 ᄎᆞᆺ싱(此生)의 부뷔 되지 못 ᄒᆞ면 죽어 후셰(後世)의라도 비필이 되고져 ᄒᆞᄂᆞ이다.”

이러틋 쳔만(千萬) 기유(開諭)ᄒᆞ여 교ᄌᆞ 밧게 나기를 쳥ᄒᆞ나 조금도 요동(搖動)ᄒᆞ미 업ᄉᆞ니, 홍이 드듸여 쥬렴을 들고 졔시네를 명ᄒᆞ여 부인을 위력으로 뫼셔ᄂᆞ라 ᄒᆞ니, 졔시네 일시의 다라드러 조부인을 뫼셔 교즁의 나니 싱인(生人)의 거동 ᄀᆞᆺ지 아냐, 세 우면 업더지고 안치면 구러져 【26】 거동이 크게 고이ᄒᆞ니, 졔시비 소ᄅᆡ 질너 왈,

“부인이 ᄌᆞ결(自決)ᄒᆞ엿다.”

ᄒᆞ니, 원홍이 대경실ᄉᆡᆨ(大驚失色)ᄒᆞ여 급히 나아가 친히 붓드러 니ᄅᆞ혀니, 손을 잡으ᄆᆡ 와삭버석[417] 소ᄅᆡ 나며, ᄒᆞᆫ낫 풀노 믠단 사ᄅᆞᆷ이라. 홍이 ᄒᆞᆫ번 보ᄆᆡ 그 조화지니(造化之理)를 측냥치 못ᄒᆞ고, ᄌᆞ긔 역시 무망(無妄)[418]의 크게 놀나 ᄒᆞᆫ 번 소ᄅᆡ를 지ᄅᆞ며 분긔(憤氣) 막혀 긔식(氣塞)ᄒᆞ니, 졔시녀는 아모리 ᄒᆞᆯ 줄 모ᄅᆞ고, 쳥션이 급히 구호ᄒᆞ여 정신을 슈습ᄒᆞᄆᆡ, 홍이 쳥션을 보고 함누무언(含淚無言)ᄒᆞ니, 쳥션이 위로 왈,

“상공은 너모 상심치 마ᄅᆞ쇼셔. 이ᄂᆞᆫ 상공이 조쇼져로 인【27】연이 적은 연괴(緣故)로소이다.”

원홍이 가ᄉᆞᆷ을 쳐 탄왈,

“내 ᄎᆞᆺ싱의 조ᄆᆡ로 더브러 부뷔 되지 못ᄒᆞ면, 죽어 귀신이 ○○[될지]라도 능히 명목(瞑目)지 못ᄒᆞ리니, 유유창텬(悠悠蒼天)이 엇지 조시와 원홍을 늬시고 ᄯᅩ 엇지 뎡운 긔를 늬신고? 심의라! 조시여, 엇지 요괴로오미 여ᄎᆞᄒᆞ여 나를 가록 속이미 여ᄎᆞᄒᆞᆫ고? 원홍이 사라셔 조시로 ‘초ᄃᆡ(楚臺)의 ᄭᅮᆷ’[419]을 일우지 못ᄒᆞ면, 당당이 화광질쥬(化狂疾走)[420]ᄒᆞ여[다] 죽어 악귀(惡鬼)되여, 운긔 적ᄌᆞ(賊子)를 너흐러[421] 죽이고, 조시의 넉술 인ᄒᆞ여 명ᄉᆞ십왕뎐(冥司十王殿)[422]의 송ᄉᆞ(訟事)ᄒᆞ리라.”

---

416)저작일(再昨日) : 그저께.
417)와삭버석 : 마른 가랑잎이나 짚 따위의 부숭부숭한 물건이 서로 스치거나 가볍게 부스러지는 소리. 또는 그 모양.
418)무망(無妄) : 별 생각이 없이 있는 상태..
419)초ᄃᆡ(楚臺)의 ᄭᅮᆷ : ‘미인과 잠자리를 같이하는 것’을 비유적으로 이르는 말. =운우지몽(雲雨之夢). 송옥(宋玉)의 고당부(高唐賦)에 의하면, 초양왕(楚襄王)이 일찍이 고당(高唐)에 낮잠을 자는데, 꿈에 한 여인이 와서 말하기를, “저는 무산의 여자로 고당의 나그네가 되었는데, 임금님이 여기에 계시다는 소문을 듣고 왔으니, 원컨대 침석(枕席)을 같이 하소서.” 하므로, 양왕이 하룻밤을 같이 잤는데 다음날 아침에 여인이 떠나면서, “저는 아침이면 구름이 되고 저녁에는 비가 되는데, 아침마다 양대(陽臺) 아래에 있습니다.”라고 했다고 한다. *초대(楚臺); 초(楚)나라 양왕(襄王)이 고당(高唐)에서 놀다가 꿈에 무산(巫山)의 선녀와 하룻밤을 같이 지냈다는 고사에서 유래한 누대(樓臺)를 말함. 양대(陽臺)라고도 한다.
420)화광질쥬(化狂疾走) : 미쳐 내달림.
421)너흘다 : 물다. 물어뜯다. 씹다.
422)명ᄉᆞ십왕뎐(冥司十王殿) : 불교에서, 저승에서 죽은 사람을 재판하는 열 명의 대왕이 머문다는 궁전. 시왕(十王)은 진광왕, 초강대왕, 송제대왕, 오관대왕, 염라대왕, 변성대왕, 태산대왕, 평등왕, 도시대왕, 오도 전륜대왕으로, 죽은 날부터 49일까지는 7일마다, 그 뒤에는 백일·소상(小祥)·대상(大祥) 때에 차례로 이들에 의하여 심판을 받는다고 한다.

이러툿 브르지져 울기를 마지 아【28】니 ᄒ더니, 믈연이 넓써나 초인을 낫낫치 ᄯ
져바리며 분탄(憤嘆)ᄒ니, ᄎ시 졔시녀는 원홍의 거동을 보믹 그윽이 놀나며 실쇼(失
笑)ᄒᆷ믈 마지 아냐, ᄀ마니 지쇼(指笑) 왈,

"남의 반다시 취ᄒᆫ 쳐ᄌ를 빅듀(白晝)의 강탈ᄒ려 ᄒ다가 지앙을 닙어 거줏 풀사ᄅᆷ
을 다려오니, 남도 붓그럽고 겸즉○○[ᄒ여]423) 열업도424) 아녀, 져리 어리게 구는
가? 무죄ᄒᆫ 사ᄅᆷ을 원탄욕미(怨嘆辱罵)ᄒ니 도로혀 앙홰(殃禍) 두립다."

ᄒ더라.

쳥션이 도로혀 민망ᄒ여 위로 왈,

"이번의 져의 면화(免禍)ᄒ미 극히 이상ᄒ고, 아등의 셜계ᄒᆫ 바를 미리 예비(豫備)
ᄒ여 ᄀ장 이상ᄒ니, 【29】상공은 쇽졀업시 번뇌치 마르시고, ᄉ긔(事機)를 모르는
톄 ᄒ고 명일 조부의 나아가 긔식을 탐지ᄒ시고, 엄부인긔 츌쳐(出處)를 무르시면 조
소져의 면화(免禍)ᄒᆫ 일을 알아시리이다."

홍이 죵기언(從其言)ᄒ여 ᄎ야를 겨유 지닉고, 명신(明晨)의 일죽 니러나 셩닉의 드
러가 됴참 후, 제 집에 가 어미도 보지 아니코 바로 조부의 나아가니, 원닉 조퇴우 삼
인은 됴당의 관ᄉ(官事) 만하 됴회를 파ᄒᆫ 후라도 민양 늣게야 집에 도라오는지라. 홍
이 조셩 등의 밋쳐 도라오지 아닌 ᄉ이를 타 조부의 니르러 바로 닉당의 【30】ᄉ못
ᄎ425) 엄부인 침뎐의 드러가니, ᄎ시 조부인이 모친 상하(床下)의 부복(俯伏)ᄒ여 밤
을 지닉나, 부인이 죵시 알은톄 아니코 니러나지 아니니, 쇼졔 민망ᄒ여 시녀로 상부
(上府)의 문안ᄒ고 왕부모긔 알외오딕,

"ᄌ뫼 죵야 신음ᄒ시고, 쇼녀 ᄯᅩ 거일(去日) 노즁 변난의 과도히 놀나온 고로, 신긔
불평ᄒ와 감히 신셩(晨省)치 못ᄒ오니 불효를 쳥죄ᄒᄂᆞ이다."

조상국과 노부인이 손녀의 불안지졀(不安之節)이 이시믈 보고 놀나고 익셕ᄒ여, 흔
연이 젼어ᄒ여 됴호(調護)ᄒ라 ᄒ더라.

엄시 날이 늣도록 향벽줌와(向壁潛臥)ᄒ여 죽음(粥飮)이 니르나 【31】모르는 톄
ᄒ여 니지 아니ᄒ니, 쇼졔 상하의 나아가 읫걸 왈,

"히ᄋ(孩兒)의 불초ᄒᆷ믈 다ᄉ리실 ᄯᆞ름이라. 엇지 셩녀를 과도히 허비ᄒ샤 쇼녀의
초우(焦憂)ᄒᆷ믈 싱각지 아니시ᄂᆞ니잇고? 맛당히 진음ᄒ쇼셔."

엄시 함노변ᄉᆨ(含怒變色) 왈,

"이 사오나온 어미 어셔 죽으면 ᄌ식들이 편홀 ᄯᆞ름이라. 셩현의 ᄋᆞ들과 ᄯᆯ이 엇지
불초ᄒ미 이시리오."

ᄒ더니, 믄득 시녜 보ᄒ딕,

"원시랑 노얘 닉림(來臨)ᄒ시ᄂᆞ이다."

---

423)겸즉ᄒ다 : 점직하다. 부끄럽고 미안하다.
424)열업다 : 열없다. 좀 겸연쩍고 부끄럽다.
425)ᄉ못ᄎ다 : =ᄉ뭋다. 통하다. 막힘이 없이 들고 나다.

정언간에 홍이 취안(醉顔)이 방타(放惰)ᄒ여 각모(角帽)426)ᄅ 기우리고 금디(金帶)ᄅ 완이(緩已)ᄒ여427) 엄연(奄然) 입실ᄒᄂᆫ지라. 쇼졔 대경ᄒ여 년【32】망이 니러 협실노 피ᄒ니, 추시 홍이 됴회ᄅ 파ᄒ고 오ᄂᆫ 길에 쥬루(酒樓)의 드러가 과음ᄒ고 왓ᄂᆫ지라. 공교히 이의 니ᄅ러 만날 줄 의외라. 취즁의 방약무인(傍若無人)히 문을 열ᄆᆡ, 뎡실(鄭室) 조쇼졔 녹의홍군(綠衣紅裙)을 졍히 ᄒ고 엄부인 상하(床下)의 ᄇᆡ시(陪侍)러니, ᄆᆞᆫ득 ᄌᆞ긔ᄅ 마조치니 경동(驚動)ᄒ여 급히 협실노 피ᄒ니, 낙포(洛浦)428)의 그림지 묘연(杳然)ᄒ지라. 홍이 무망의 마조치니 어린 다시 현망(懸望)ᄒ고 문에 들 줄을 니젓더니, 엄부인이 홍의 왓다○○[ᄒᄂᆫ] 말을 듯고, 반겨 금금(錦衾)을 밀치고 니러 안즈며, 홍이 녀ᄋᆞ의 식광을 ᄇᆡ【33】라보아 져러틋 황홀ᄒᄆᆞᆯ 보니, 더욱 동상의 맛지 못ᄒᄆᆞᆯ 이달온지라. 심하의 혜오ᄃᆡ,

"상공이 브졀업슨 고집을 발ᄒ여 뎡가 젹츄ᄅ 마즈니 엇지 분ᄒ치 아니리오."

이의 흔연(欣然) 문왈,

"현질이 어ᄃᆡ로 조ᄎᆞ 일즉 니ᄅ러 우슉을 보ᄂᆞ뇨.?"

홍이 브야흐로 무례ᄒᄆᆞᆯ ᄭᆡ다라 ᄉᆞ식(辭色)을 졍돈ᄒ고 부인긔 야ᄅᆡ 존후ᄅ 뭇ᄌᆞ오며, ᄆᆞᆫ득 쇼왈,

"쇼질이 미즈로 더브러 유시(幼時)의 서로 보와습더니 이제 셰월이 오ᄅᆡᆫ지라, 금일 위연이 슉모긔 ᄇᆡ현코져 니ᄅ럿습더니, 미즈 이의 이시믄 의외로소이다.【34】연이나 통치 못ᄒ고 드러와 미즈 놀날 ᄲᅮᆫ 아니라 필연 쇼질의 부졍ᄒᆫ 취식(醉色)을 미안ᄒ리로소이다."

엄시 미쇼 왈,

"지친지간(至親之間)의 무ᄉᆞᆷ 즈별ᄒᆫ ᄂᆡ외(內外) 이시리오. 우슉(愚叔)이 ᄯᅩᄒᆫ 현질(賢姪) 알믈 친싱ᄋᆞ(親生兒) 등으로 감치 아니니, 통치 아니코 드러오미 관겨ᄒ랴?"

홍이 샤례 쇼왈,

"슉모의 ᄉᆞ랑ᄒ시미 여ᄎᆞᄒ시니 쇼질이 의앙(依仰)ᄒ미 엇지 즈모긔 감ᄒ미 이시리잇가? 실노 됴셕의 츌입ᄒ와 미(微)ᄒᆫ 졍셩을 펴고져 ᄒᄋᆞ나 조형 등이 외친ᄂᆡ쇼(外親內疎)ᄒᄋᆞ미 극ᄒᄋᆞ니, 쇼질이 심히 서어(齟齬)ᄒ고 불안ᄒ더이다."

엄시 왈,

"가ᄋᆞ 등의 텬【35】품이 고이ᄒ여 향인졉믈(向人接物)의 흔화(欣和)치 못ᄒ미라. 엇지 홀노 현질의게 여ᄎᆞᄒ리오."

홍이 지삼 샤례ᄒ고, 부인의 됴션(朝膳)429)이 오히려 긔기(器蓋)430)ᄅ 여지 아닌

---

426)각모(角帽) : 모가 난 모자.
427)완이(緩已)ᄒ다 ; 느슨한 채로 두다.
428)낙포(洛浦) : 중국 하남성(河南省) 낙수(洛水) 가에 있는 지명. 복희씨(伏羲氏)의 딸 복비(宓妃)가 이 곳에 빠져죽어 수신(水神)이 되었다고 함.
429)됴션(朝膳) : 아침 밥상.

지431) 노혀시믈 놀나 긔운이 불평ᄒ신가 뭇고 근졀이 넘녀ᄒ니, 부인이 더욱 졍답고 긔특이 넉겨 언언이 홍의 ᄌ인인효(慈仁仁孝)432)ᄒᆷ믈 닐ᄏ라 왈,

"져졔(姐姐) 비록 쳥년의 조과(早寡)433)ᄒ여 외로온 일괴(一塊)434)ᄅᆞᆯ 씻쳣시나 오히려 우슉의 삼ᄌ일녀ᄅᆞᆯ ᄇᆞ랄 비 아니니, 져져의 다복ᄒ미 타인의 십ᄌᄅᆞᆯ 블워 아니리로다."

홍이 손샤(遜辭)ᄒ고 말ᄉᆞᆷᄒ더니, 낭즁(囊中)으로 조ᄎᆞ ᄀᆞ장 됴흔 【36】쳥스니435) 오(五個)ᄅᆞᆯ 닉여 부인긔 드려 왈,

"이 쳥니(靑梨)436) 나모437)ᄅᆞᆯ 쇼질이 어려셔 어더다가 후원의 심것더니, 그 남기 됴히 자라, 구츄(九秋)의 첫 녀름438)이 여러 그 쉬 불과 십여 개로ᄃᆡ, 극히 크고 맛시 감열쳥상(甘悅淸爽)ᄒ여 다란 과픔(果品)과 극히 다ᄅᆞ오니, ᄯᅡ셔 모친긔 드리고, 버거 슉모ᄅᆞᆯ 닛습지 못ᄒ여 스오 개ᄅᆞᆯ 가져 왓ᄂᆞ이다."

부인이 텽파의 크게 졍다히 넉여 왈,

"ᄇᆡ라 ᄒᆞᄂᆞᆫ 거슨 여늬 과실과 달나 맛시 ᄀᆞ장 쳥열(淸悅)439)ᄒᆞ니 우슉이 본ᄃᆡ 즐기ᄂᆞᆫ 과실이오, ᄯᅩᄒᆞᆫ 현질이 심거 열닌 여름이라 우슉을 닛지 아녀 가져오니, 슉질지【37】간(叔姪之間) 후졍(厚情)을 다샤 ᄒᆞ노라."

드ᄃᆡ여 맛보며, 홍의 이러툿 졍슉ᄒᆞᆷ믈 보며 드ᄅᆞᆯ적마다 더욱 사회 삼지 못ᄒᆞᆫ 줄 이 ᄃᆞᆲ고 탄식ᄒᆞ며, 어졔날 녀ᄋᆞ의 노즁젹변(路中賊變)이 만일 녀ᄋᆞ의 싱이지지(生而知之)440) 곳 ᄒᆞᄂᆞᆫ 총명이 아니면 그 젹화(賊禍)ᄅᆞᆯ 면키 어려온 바ᄅᆞᆯ 닐오고, 녀ᄋᆞ의 젼졍만니(前程萬里)ᄅᆞᆯ 슬허ᄒᆞ며, ᄌᆞ긔 슬하의 죵신(終身)ᄒᆞ고 ᄌᆞ긔 싱젼은 결단코 녀ᄋᆞᄅᆞᆯ 졔궁의 보ᄂᆡ지 아닐 바ᄅᆞᆯ 닐오니, 홍이 양경ᄎᆞ악(佯驚嗟愕)441) 왈,

"미뎨(妹弟)ᄂᆞᆫ 진실노 싱이지지(生而知之)ᄒᆞᄂᆞᆫ 셩명(聖明)이로소이다. 연이나 엇던 요인(妖人)이 무슴 혐의 이셔 쳥텬ᄇᆡᆨ일지하(靑天白日之下)442)의 【38】팔좌명부(八座命婦)ᄅᆞᆯ 해ᄒᆞ려 ᄒᆞ던고? ᄀᆞ장 고이ᄒᆞᆫ 일이로소이다."

부인이 분연(奮然) 왈,

---

430)긔기(器蓋) : 그릇의 덮개. 뚜껑.
431)지 : 채. (('-ㄴ 지' 구성으로 쓰여)) 이미 있는 상태 그대로 있다는 뜻을 나타내는 말.
432)ᄌ인인효(慈仁仁孝) : 사랑스럽고 효성스러움.
433)조과(早寡) : 일찍 과부가 됨.
434)일괴(一塊) : '한 덩어리'란 뜻으로 '갓난아이' 또는 아직 일어서서 걸을 정도가 되지 못한 '어린아이'를 이르는 말.
435)쳥스니 : =쳥리(靑梨). 쳥실리(靑實梨). 청술레. 배의 일종. 일찍 익으며 빛이 푸르고 물기가 많다.
436)쳥니(靑梨) : 쳥실리(靑實梨). 청술레. 배의 일종. 일찍 익으며 빛이 푸르고 물기가 많다.
437)나모 : 나무.
438)녀름 : '열매'의 옛말.
439)쳥열(淸悅) : 시원하고 맛이 좋음.
440)싱이지지(生而知之) : 삼지(三知)의 하나. 도(道)를 나면서부터 알거나, 스스로 깨달아 앎을 이른다.
441)양경ᄎᆞ악(佯驚嗟愕) : 거짓으로 몹시 놀라는 체함.
442)쳥텬ᄇᆡᆨ일지하(靑天白日之下) : 구름 한 점 없이 맑고 밝은 대낮에.

"녀ᄋᆞ를 업시코져 ᄒᆞᄂᆞᆫ 쟈는 한·화 두 요괴년이라 의심이 뉘게 도라가리오."

홍이 우왈(又曰),

"슉모는 뎡즈를 증염(憎厭)ᄒᆞ샤 미즈를 평싱 슬하의 두고져 ᄒᆞ신들, 슉부와 조형 등이 엇지 좃출니 이시리엇고?"

부인이 분연 왈,

"이러므로 가군(家君)이 도라오지 아녀셔 각별 큰 ᄉᆞ단(事端)을 니ᄅᆞ혀 뎡가의셔 아녀를 ᄎᆞᆺ지 아니케 ᄒᆞ고져 ᄒᆞ노라."

홍이 심니(心裏)의 암희(暗喜)ᄒᆞ나 거즛 탄왈,

"슉모의 별뉸(別倫) ᄌᆞ이(慈愛)로 평싱 쇼교의 신셰 어즈러오믈 앗기샤, 분심지도(憤心之道)443)의 【39】 싱각이 여ᄎᆞ 궁극ᄒᆞ시나, 미지 ᄯᅩ 엇지 슉모의 명을 조ᄎᆞ 무고(無故)히 폐륜ᄒᆞ리잇고?"

부인이 왈,

"셩난은 나의 만금쇼교(萬金小嬌)요, 쟝니보옥(掌理寶玉)이라. 상공이 혼암ᄒᆞ여 ᄎᆞ식(此息)의 앗가온 일싱을 맛ᄎᆞ시니 슈원슈흔(誰怨誰恨)이리오. 연이나 셰셰히 상논(詳論)ᄒᆞ여 ᄒᆞ낫 옥인군ᄌᆞ(玉人君子)를 어더 다란 ᄃᆡ 개젹(改籍)ᄒᆞ여 ᄭᅩᆺ다온 홍안(紅顔)을 공노(空老)444)치 아니리니, 엇지 고집히 일졀(一節)을 거리ᄶᅥ 나의 빅셜쇼ᄋᆞ(白雪小兒)로 ᄒᆞ야금 쳥츈녹발(靑春綠髮)이 속졀업게 ᄒᆞ리오."

홍이 더욱 암희(暗喜)ᄒᆞ여 위ᄌᆞ(慰藉) 칭션 왈,

"낙(諾)ᄒᆞ삿다445)! 슉모의 쳘견명논(哲見明論)446)이 가히 신여명(身與命)447)을 구젼(俱全)ᄒᆞ시리로【40】 소이다. 한고후(漢高后)448) 무측텬(武則天)449)이 다 만승국모(萬乘國母)로ᄃᆡ 일부(一夫)를 죵(從)치 아냐시니, 싱젼 힝낙(行樂)은 쳘인(哲人)의 깁흔 의견이라. 쇼질이 실노 올히 넉이옵ᄂᆞ니, 쇼질도 쳐실을 그랏 만나 하450) 이들오니, 만

---

443)분심지도(憤心之道) : 홧김 *홧김; ((주로 '홧김에' 꼴로 쓰여)) 화가 나는 기회나 계기.

444)공노(空老) : 아무 일도 해 놓은 것이 없이 헛되이 늙음.

445)낙(諾)ᄒᆞ삿다 : 그렇습니다. 옳습니다. 상대방의 말에 동의를 표시하는 말.

446)쳘견명논(哲見明論) : 밝은 의논. 매우 마땅한 의논.

447)신여명(身與命) : =신명(身命). 몸과 목숨을 함께 이르는 말.

448)한고후(漢高后) : 중국 한(漢) 고조(高祖) 유방(劉邦)의 비(妃) 여후(呂后). 성은 여(呂). 이름은 치(雉). 고조를 보좌하여 진말(秦末)·한초(漢初)의 국난을 수습하였으나, 고조가 죽은 뒤 실권을 장악하여, 심이기(審食其; 전한 초의 정치가, 개국공신)를 사통(私通)였고 고조의 애첩인 척부인(戚夫人)과 척부인 소생 왕자 조왕(趙王)을 죽이는 등 포악을 일삼아, 측천무후(則天武后), 서태후(西太后)와 함께 중국의 3대 악녀로 꼽힌다.

449)무측텬(唐武則天) : 중국 당나라 고종의 황후. 성은 무(武). 이름은 조(曌). 중국 역사에서 유일한 여제(女帝)로 고종을 대신하여 실권을 쥐고, 두 아들을 차례로 제왕의 자리에 오르게 하였으나, 이들을 폐하고 스스로 제왕의 자리에 올라 국호를 주(周)로 고치고 성신황제(聖神皇帝)라 칭하였다. 14세에 궁녀로 입궁하여 태종의 승은을 입었으나, 그의 아들 고종과 정을 맺고, 고종이 즉위한 후 황후가 되었다. 또 고종이 죽은 후는 여자로서 황제(皇帝)에 올라 남성편력을 일삼았다. 한여후(漢呂后)·서태후(西太后)와 함께 중국의 3대 악녀로 꼽힌다.

일 문군(文君)451) 잉잉(鶯鶯)452) 又튼 녀지 이시량이면, 쇼질이 또호 상여(相如)453) 되기를 스양치 아니려 ㅎㄴ이다."

부인이 홍을 스랑ㅎ믄 극ㅎ나 니시 이시믈 쩌려, 이제 녀으를 핍박ㅎ여 졀을 앗고져 뜻이 이시나, 취실치 아닌 종요로온 부셔(夫壻)의 가합(可合)호 자를 갈히고져 ㅎ므로, 홍의 감언미셜(甘言美說)의 농낙ㅎ여, 오히려 녀으를 허홀 뜻은 업ㄴ고 【41】로, 추언의 다ᄃ라는 묵연탄식홀 ᄰ룸이라. 힝혀도 유의ㅎ믄 업스니, 홍이 아연 실망ㅎ나 다시 홀일 업서, 쇼왈,

"쇼질이 일죽 슉모의 스랑ㅎ시믈 닙스와 미즈를 쇼시(少時) 적에 상면ㅎ와 그 화용옥틱(花容玉態)를 보완지 오릭오니, 이제 귀령ㅎ여 슉모를 봉시(奉侍)ㅎ오니, 힝혀 친쳑ᄌ남(親戚子男)의 졍분(情分)으로써 호 번 셩ᄌ광휘(聖姿光輝)를 우러라 구경ㅎ리잇가? ᄌ고(自古)로 산고옥츌(山高玉出)이오 희심츌쥐(海深出珠)라 ㅎ오니, 슉모의 셩덕광휘로 틱교(胎敎)ㅎ시미 표미(表妹) 又튼 쳔츄녀범(千秋女範)이 강셰(降世)ㅎ와ㄴ가 시브이다."

부인이 홍의 위ᄌ(慰藉)ㅎ는 말 【42】의 교긔(驕氣) 크게 발작ㅎ여 역쇼(亦笑) 왈,

"ᄋ녀는 가히 쳔고의 호낫 녀셩(女聖)이어니와, 우슉이 엇지 과장ㅎ믈 당ㅎ리오. 녀이 비록 녜의를 심스(深思)ㅎ고 셩이 강녈ㅎ나, 본딕 너와 족의(族義) 잇고, 노모의 명이 이시니 엇지 서로 보기를 혐의ㅎ리오."

인ㅎ여, 시녀로 ㅎ야금 녀으를 나아오라 ㅎ니, 추시 쇼졔 공연이 모친의 견집초칙(堅執誚責)454)ㅎ믈 만나, 감히 진퇴를 임의치 못ㅎ여 모젼(母前)의 빗시(陪侍)ㅎ여 부인 명을 기다리더니, 쳔만 의외(意外)의 원홍을 마조치니 급히 피ㅎ여 협실의 숨으나, ᄌ부인(慈夫人)의 편협호 심졍 【43】과 요인의 요악호 졍틱 필유스단(必有事端)ㅎ믈, 비록 보지 아니코 듯지 아니나 엇지 스못지455) 못ㅎ리오. 요인이 반다시 실계(失計)ㅎ

---

450)하 : ((원인을 나타내는 경우나 의문문에 쓰여)) 정도가 매우 심하거나 큼을 강조하여 이르는 말. '아주', '몹시'의 뜻을 나타낸다

451)탁문군(卓文君) : 한(漢)나라 부호 탁왕손의 딸로 과부로 있다가 사마상여(司馬相如)와 사랑에 빠져 결혼하였으나, 나중에 상여(相如)가 무릉인(茂陵人)의 딸을 첩으로 삼으려 하자 <백두음(白頭吟)>이란 시를 읊어 이를 단념케 했다.

452)잉잉(鶯鶯) : 중국 당나라 때의 문인 원진(元稹)의 소설 <鶯鶯傳> 속에 나오는 여주인공. 작품 속에서 아름답고 총명한 앵앵은 장생(張生)이라는 서생(書生)과 꿈같은 하룻밤을 보낸 후 서로 사랑에 빠진다. 그러나 우여곡절 끝에 둘은 결혼에 이르지 못하고 헤어짐으로써 이들의 사랑은 비극으로 끝난다.

453)상여(相如) : 사마상여(司馬相如). 중국 전한(前漢)의 문인(B.C.179~B.C.117). 자는 장경(長卿). 그의 사부(辭賦)는 한(漢)·위(魏)·육조(六朝) 문인의 모범이 되었다. 작품에 〈자허지부(子虛之賦)〉 따위가 있다. 무제의 비(妃)인 진아교(陳阿嬌)가 장문궁(長門宮)에 유폐되어 있을 때, 그녀가 다시 무제의 총애를 얻기 위해, 자신의 처지를 형상화한 노래를 지어 무제의 마음을 돌이키게 해 달라는 청을 받고, <장문부(長門賦)>라는 시를 지어준 일로 유명하다.

454)견집초칙(堅執誚責) : 자신의 고집을 꺾지 않고 남을 꾸짖고 책망함.

455)스못다 : 사무치다. 통(通)하다.

고, 금일 〈긔(事機)를 탐텽(探聽)ᄒ며 〈톄(事體) 모ᄅᄂᆞᆫ 모친을 다리라 와시믈 밍지(萌知)456)ᄒᆞᄆᆡ, 공교히 마조치믈 더욱 불ᄒᆡᆼ이 너기니, 가연이457) 나삼(羅衫)을 썰쳐, 후창(後窓)으로 두어 시비로 더브러 협문으로 조○[ᄎᆞ] 상부의 니ᄅᆞ니, 됴션(朝膳)이 ᄇᆞᆫ야ᄒᆞ라.

셜부인 삼위(三位) 금장(襟丈)이 존당 감지(甘旨)를 ᄉᆞᆲ피고 졍히 물러 존고○[긔] 뵈오려 ᄒᆞ더니, 쇼고를 만나 원싱의 와시믈 알고 능히 나아가지 못ᄒᆞ여, 〈인이 ᄒᆞᆫ가지로 치몌(彩袂)458)를 년ᄒᆞ여 【44】졍당의 드러가니, 승상부뷔 손녀의 츈ᄉᆡᆨ(春色)이 의구ᄒᆞ믈 보고 문왈,

"손이 신긔 불안ᄒᆞ다 ᄒᆞ더니 나으미 잇ᄂᆞ냐? 어이 됴리치 아니코 왓나냐?"

쇼졔 념임(斂衽) 주왈,

"쇼손이 거일 놀나온 경ᄉᆞᆨ을 지니와 능히 잠이 편ᄒᆞ믈 엇지 못ᄒᆞ와〈오나, 각별 다란 병이 업〈오니이다."

조상국이 졈두(點頭)ᄒᆞ고 태부인이 탄왈,

"여뫼 ᄆᆡ양 칭병ᄒᆞ고 불인(不人)ᄒᆞᆫ ᄒᆡᆼᄉᆡ 무일가관(無一可觀)이러니, 이제 ᄯᅩ 홀연 칭병ᄒᆞ고 너를 다려와시니, 졍히 그 심슐(心術)이 어닉 곳에 쥬(主)ᄒᆞ여시믈 아지 못ᄒᆞᄂᆞ니, 여뫼 맛ᄎᆞᆷ늬 너의 평싱을 됴히 ᄒᆞᆯ 위인이 아니니, 【45】가히 그 안젼(眼前)의 뉴쳐(留處)ᄒᆞᆷ도 두리온지라. 우리 부쳬(夫妻) 맛당히 여ᄎᆞᄒᆞ여 너를 슈히 구가로 도라보ᄂᆡ리라."

쇼졔 복슈문파(伏首聞罷)의 왕모의 지피(指敎) ᄌᆞ못 유리ᄒᆞ시나, ᄯᅩᄒᆞᆫ ᄌᆞ모의 픽악(悖惡)ᄒᆞᆫ 셩ᄒᆡᆼ과 원가 요인의 궁흉극악ᄒᆞ믈 ᄉᆞᆽ치 누라지459) 못ᄒᆞ리니, ᄌᆞ긔를 평안이 보ᄂᆡ랴 ᄒᆞ믹 아니라, 〈셰 여ᄎᆞᄒᆞ믹 모부인 실덕(失德) 참누(慙累)ᄂᆞᆫ 곳곳이 드러날 바를 경ᄒᆡ(驚駭) 한심(寒心)ᄒᆞ니, 다만 슈명비〈ᄒᆞᆯ ᄯᆞ름이라.

엄부인 명을 밧은 시이, '쇼졔 발셔 상부의 가시믈' 회보ᄒᆞ니, 부인이 녀익 죵시 복슌(服順)460)치 아닛ᄂᆞᆫ 줄 미온ᄒᆞ여 【46】변ᄉᆡᆨ(變色)ᄒᆞ믈 ᄭᆡ닷지 못ᄒᆞ니, 요인(妖人)은 조부인의 ᄒᆞᆫ업슨 셩모월안(星眸月顔)461)을 현망(懸望)코져 ᄒᆞ다가, 졔 발셔 신명(神明)ᄒᆞ믹 여ᄎᆞᄒᆞ여 져의 간모(奸謀)를 닉이 알고 상부로 피ᄒᆞ니, 홀일 업셔 심닉(心裏)의 대실망(大失望)ᄒᆞ나, 다시 일월 묘계 업〈니 묵연(默然) 반향(半晑)462)의 하직고 도라갈ᄉᆡ, 믄득 말노ᄡᅥ 부인을 도도아 왈,

"슉모의 삼〈인 ᄌᆞ녜 다 외모ᄂᆞᆫ 극히 비범ᄒᆞ여 남의 닐ᄏᆞᆺᄂᆞᆫ 빅 되니, ᄌᆞ연 의긔(意

---

456)밍지(萌知) : 비로소 알다.
457)가연이 : 개연(慨然)히, 분연히.
458)치몌(彩袂) : 고운 빛깔의 옷소매.
459)누ᄅᆞ다 : 누르다. 마음대로 행동하지 못하도록 힘이나 규제를 가하다.
460)복슌(服順) : 복종하여 따름.
461)셩모월안(星眸月顔) : 별처럼 빛나는 눈동자와 옥처럼 해맑은 얼굴.
462)반향(半晑) : 반나절.

氣) 교앙(驕昂)ᄒ여 방약무인(傍若無人)ᄒ거니와, 시인(時人)의 공논(公論)이 ᄀ장 불안
ᄒ여, 조시 뎨남(諸男)은 한뒤(漢代) 협권(挾權)463)ᄒ던 조아만(曹阿瞞)464)의 일뉴(一
類)라 ᄒ고, 미즈(妹者)ᄂᆞᆫ 가히 뎡즈【47】의 상적(相敵)다 ᄒ더니, 금일 슉모 안젼(眼
前)의 불슌역명(不順逆命)ᄒ믈 보오니, 시인의 농담(弄談)이 과연 허언(虛言)이 아니로
소이다."

ᄒ고, 앙앙(怏怏)히 도라가니, 부인이 즈녀의 효슌치 못ᄒ믈 심히 늣업고 무류(無聊)
ᄒ여, 홍이 도라간 후 다시 녀ᄋ를 브르니, 시이 그졔야 상부의 나아가 명을 젼ᄒ뒤,
쇼졔 요인의 간 줄 알고 비로소 셜부인 등으로 더브러 모젼의 뵈오니, 엄부인이 셩안
을 독히 ᄡᅥ 녀ᄋ를 괄시(恝視)ᄒ고 다란 말이 업스니, 쇼졔 봉관(鳳冠)을 슉여 묵연ᄒ
고, 태우부인 등은 존고의 긔싀을 우러라 ᄀ장 환(患)되이 넉이고, 쇼고의 【48】신셰
즈모로 인ᄒ여 더욱 어즈러올 바를 츠셕(嗟惜)ᄒ더라.

날이 느즈미 셜부인 등이 믈너나니, 부인이 즐왈(叱曰),

"불초녜 오히려 어믜 지극ᄒᆫ 졍을 싱각ᄒ미 잇ᄂᆞ냐?"

쇼졔 뒤왈,

"엇지 모로리잇고?"

부인 왈,

"연즉(然則) 부모의 명을 슈화(水火)의도 ᄉᆞ양(辭讓)치 못ᄒ줄 아ᄂᆞ다?"

쇼졔 뒤왈,

"ᄉᆞ디(死地)라도 불감역명(不敢逆命)이라. 모친이 쇼녀로ᄡᅥ ᄉᆞ디의 명ᄒ시나 인즈(人
子)되여 이 명은 가히 봉승ᄒ오려니와, 지어(至於) 졀의를 손익(損益)ᄒ여 녀ᄒᆡᆼ부도(女
行婦道)를 아조 바리라 ᄒ신즉, 이ᄂᆞᆫ 가히 죽어도 밧드지 못ᄒ리로소이다."

부인이 익노(益怒) 왈,

"네 오【49】히려 츅싱(畜生)의 풍치를 흠모ᄒ여 진졍으로 어미를 속이ᄂᆞ다? 노뫼
굿트여 너의 졀의를 앗고져 ᄒ미 아니니, 그라도465) 네 진졍으로 심규폐륜(深閨廢倫)
을 늣기거든 다란 곳에 맛당ᄒᆫ 호걸을 마즈 셤기고, 그러치 아니면 ᄉᆞ즁(寺中) 니괴
(尼姑)466) 살며, 궁즁의 궁녜 《이실 거시 아니니 ‖ 이시니》, 다만 뎡가만 ᄭᅳᆺ츠라."

쇼졔 다만 유화(柔和)히 뒤왈,

---

463)협권(挾權) : 중국 한(漢)나라 때 조조(曹操)가 '천자를 끼고 제후를 호령하던 일'을 이르는 말. 즉 최
　고권력자를 끼고 권력을 마음대로 휘두르는 것을 말함.
464)조아만(曹阿瞞) : 조조(曹操)의 아이 때의 이름. 삼국 시대 위나라의 시조(始祖)(155~220). 자는 맹덕
　(孟德). 황건의 난을 평정하여 공을 세우고 동탁(董卓)을 벤 후 실권을 장악하였다. 208년에 적벽(赤
　壁) 대전에서 유비와 손권의 연합군에게 크게 패하여 중국이 삼분된 후 216년에 위왕(魏王)이 되었다.
　권모에 능하고 시문을 잘하였다.
465)그라도 : 그래도. 그리하여도. 앞에서 언급한 행위를 하였다 하더라도.
466)니괴(尼姑) : '비구니(比丘尼)'를 낮잡아 이르는 말. *비구니(比丘尼); 출가하여 구족계를 받은 여자
　승려.

"원컨딕 다란 의논을 긋치시고, 다만 히ᄋᆞ로써 ᄌᆞ위 슬하의 뫼셔 죵신○○[ᄒᆞ라]《ᄒᆞ믈 ∥ ᄒᆞ면》 어이 역명ᄒᆞ리잇고?"

부인이 녀ᄋᆞ의 깁흔 의향은 모ᄅᆞ고, 다만 슌죵ᄒᆞ려 ᄒᆞ믈 다힝ᄒᆞ여 비로소 회왈(喜曰),

"ᄋᆞ녀(我女)는 가【50】히 인효(仁孝)ᄒᆞ도다. 노뫼 여등을 귀듕ᄒᆞ미 텬눈의 ᄌᆞ별ᄒᆞ니, 엇지 꼿다온 홍안(紅顔)이 심규○[의] 폐ᄒᆞ믈 깃브다 ᄒᆞ리오마ᄂᆞᆫ, 너도 혜아려 보라. 뎡싱 필뷔 오가(吾家)의 입막지빈(入幕之賓)467)이 되연지 그 몃 봄이 되엿ᄂᆞᇇ뇨? 상담(常談)의 닐너시딕, '안해 귀ᄒᆞ면 미말지물(微末之物)도 다 ᄉᆞ랑홉다' ᄒᆞ거늘, 뎡낭은 지금 노모의 유무를 ᄌᆞ시 아지 못ᄒᆞ여, 혹 왓다 ᄒᆞ여도 외헌의 와 ᄉᆡᆨ칙(塞責)468)이나 ᄒᆞ고, 죤당의 뵙고 홀홀(忽忽)이 도라가니, 노뫼 참아 읻둡고 분ᄒᆞ믈 니긔지 못ᄒᆞ여, 필부(匹夫)의 경만(輕慢)ᄒᆞᄂᆞᆫ 줄이 하 졀통(切痛)ᄒᆞ니, ᄎᆞᆯ하리 너를 아조 내【51】슬하의 두어, 싱젼의 일신이나 평안이 ᄒᆞ여 모녜 그리ᄂᆞᆫ 졍을 위로코져 ᄒᆞ미니, 노모ᄂᆞᆫ 다만 상공(相公)을 원ᄒᆞ노라."

쇼졔 다만 유유슈명(唯唯受命)469)ᄒᆞ더라.

부인이 브야흐로 ᄉᆞ식(辭色)을 허ᄒᆞ여, 녀ᄋᆞ의 박명을 슬허ᄒᆞ며 셔랑의 박졍을 원ᄒᆞᆫ(怨恨)ᄒᆞ니 쇼졔 지삼 위로ᄒᆞ더라.

엄부인이 비로소 분두(憤頭)의 믜이 친 줄 뉘웃츠며 앗겨, 어라만져 이련ᄒᆞ며 됴호(調護)키를 닐오다가, 우연이 ᄎᆡ슈(彩袖)를 밀고 옥비(玉臂)를 ᄲᅢ혀보니, 눈ᄀᆞᆺ튼 ᄉᆞᆯ빗히 단사(丹砂)ᄀᆞᆺ치 윤(潤)지던 홍도(紅桃)470) 일믜 흔젹도 업ᄉᆞ니, 부인이 놀나며 깃거, 년망(連忙)【52】이 문왈,

"뎡지 노모를 여시힝노(如視行路)471)ᄒᆞ여 조금도 반ᄌᆞ지의(半子之義) 업ᄉᆞ니, 필연 녀ᄋᆞ 향ᄒᆞᆫ 졍이 믹몰ᄒᆞ므로472) 알앗더니, 이졔 비상홍졈(臂上紅點)473)이 가ᄉᆡ여시믈474) 보니, 오히려 ᄉᆞ실지락(私室之樂)은 완젼ᄒᆞᆫ가 시브니, 남직 아모리 무심ᄒᆞ다 ᄒᆞ

---

467)입막지빈(入幕之賓) : 잠자는 휘장 안으로까지 들어오는 손님이라는 뜻으로, 특별히 가까운 손님, 특히 '사위'를 이르는 말.

468)ᄉᆡᆨ칙(塞責) : 책임을 면하기 위하여 겉으로만 둘러대어 꾸밈.

469)유유슈명(唯唯受命) : 시키는 대로 순종하여 명(命)을 받음.

470)홍도(紅桃) ; 홍도화(紅桃花). 홍도나무의 꽃. *홍도나무; 복숭아나무의 하나. 겹꽃잎이 짙은 붉은색이며 열매가 없다. 관상용으로 재배한다

471) 여시힝노(如視行路) : 길 가는 사람 보듯 함.

472)매몰하다 : 인정이나 싹싹한 맛이 없고 쌀쌀맞다.

473)비상홍졈(臂上紅點) : '팔위에 찍힌 붉은 점'이란 뜻으로, '앵혈'을 달리 표현한 말. *앵혈 : 중국의 '수궁사(守宮砂)'를 한국고소설에서 창작적으로 변용하여 쓴 서사도구의 하나. 도마뱀의 피에 주사(朱砂)를 섞어 만든 것으로, 이것을 팔에 한번 찍어 놓으면 성관계를 맺기 전까지는 절대로 없어지지 않는 다는 속설 때문에, 고소설에서 여성의 동정(童貞)이나 신분(身分)의 표지(標識) 또는 남녀의 순결 확인, 부부의 합궁여부 판단 등의 사건 서사에 다양하게 활용되고 있다. 앵혈·주표(朱標)·비홍(臂紅)·홍점(紅點)·주점(朱點)·앵홍·앵점 등 여러 다른 말로도 쓰이고 있다.

474)가시다 : 가시다. 없어지다. 달라지다. 변하다. *가시다; ①어떤 상태가 없어지거나 달라지다. ②물 따

들, 부부 ᄉ정이 하미몰치 아니랑이면 노모의게 그디도록 야속ᄒ리오."

쇼제 슈괴ᄒ미 업지 아냐 잠잠ᄒ니, 부인이 경망훈 ᄆᆞ음의 취옥 등을 불너 셔랑의 녀ᄋ 향훈 졍과 평일 디졉이 엇더ᄒ고 힐문(詰問)ᄒ니, 취옥이 뎡원슈의 공경듕대ᄒᄂ 바를 일일이 고ᄒ니, 부【53】인 장신장의(將信將疑)475)ᄒ더라.

이러구러 오뉵일이 지나니 일일은 조상국이 친히 듕당의 니르러 손녀를 불너 왈,

"녀필죵부(女必從夫)ᄂᆞ 예상ᄉᆞ(例常事)476)니 네 맛당히 밧비 도라가고 지완(遲緩)치 말나. 금평후 부ᄌᆞᄂ 녜의군ᄌᆞ(禮義君子)니 우리집 가풍을 무ᄒᆡᆼ(無行)히 넉이게 말나."

쇼져ᄂᆞ 비이슈명(拜而受命)ᄒ고 엄부인은 ᄂᆞᆺ츨 붉혀 디왈,

"쳡이 녀ᄋ를 오릭 그리다가 맛나오니 뎡셩이 도라오지 아닌 젼은 슬하의 두어 모녀 심회를 난호고져, ᄒᆞᆸᄂᆞ니 아직은 도라보닉지 못ᄒ리로소이다."

상국이 텽파의 졍식 노왈,

"빈계ᄉᆞ신(牝鷄司晨)477)【54】은 인가(人家)의 불상(不祥)이라. 노뷔(老父) 죽지 아녓고 현숀이 사라이시니 가듕 대쇼ᄉᆞ를 부인이 간예(干預)홀 빅 아니니, 식뷔(息婦) 하마 '년급(年及)이 모지년(暮之年)'478)의 ᄉᆞ톄(事體) 경듕(輕重)을 알만ᄒ려든, 엇지 이런 암녈(暗劣) 무식(無識)훈 말을 ᄒᄂᆢ? 싱심도 이런 불길훈 밍됴(萌兆)479)를 짓지 말나."

셜파(說罷)의 다시 말 아니코 손녀의 ᄒᆡᆼ거를 지쵹ᄒ여 밧비 도라가라 ᄒ며, 가뎡복부(家丁僕夫)를 명ᄒ여 치교쥬륜(彩轎朱輪)을 뎡하(庭下)의 노코, 손녀의 상교ᄒᆞᆷ믈 급어[여]셩화(急如星火)480)ᄒ니, 엄부인이 존구(尊舅)의 엄졍ᄒ시믈 보믹, 비록 대간대악(大奸大惡)이나 져두묵연(低頭默然)ᄒ고, 쇼져ᄂᆞ 임의【55】왕부모의 경계를 밧ᄌᆞ와 시니 다만 안셔(安舒)히 슈명ᄒ고, 좌듕의 하직 후 상교ᄒ여 표연(飄然)이 문을 나니, 상국은 비로소 상부로 도라가고 엄부인은 스스로 우분셩질(憂憤成疾)ᄒ기의 밋첫더라.

어시의 요인 원홍이 도라가 쳥션을 보고, 조아(爪牙)의 가 엄부인으로 슈답(酬答)ᄒ던 ᄉᆞ연과 조시 피ᄒ던 거동을 닐오니, 쳥션이 ᄀᆞ마니 헌계(獻計)ᄒ딕, 홍이 텽파의 대열ᄒ여 빅샤훈딕, 쳥션이 즉시 신월을 다려다가 뵈니, 홍이 신월을 보고 심하의 깃거, 이의 쥬식(酒食)으로뼈 관딕(款待)ᄒ고 협ᄉᆞ(篋笥)를 기우려 빅금(百金)과【56】필빅(疋帛)을 상ᄉᆞ(賞賜)ᄒ고, 닐오딕,

---

위로 깨끗이 씻다.

475)장신장의(將信將疑) : 믿음이 가기도 하고 의심이 가기도 함.

476)예상ᄉᆞ(例常事) : =예사(例事). 상사(常事). 보통 있는 일.

477)빈계ᄉᆞ신(牝鷄司晨) : 암탉이 새벽을 알리느라고 먼저 운다는 뜻으로, 부인이 남편을 젖혀 놓고 집안 일을 마음대로 처리함을 이르는 말

478)년급(年及)이 모지년(暮之年) : 나이가 늙기에 미침.

479)밍됴(萌兆) : 어떤 일이 벌어질 조짐(兆朕)이 싹틈. *조짐(兆朕); 좋거나 나쁜 일이 생길 기미가 보이는 현상

480)급여셩화(急如星火) : 유성(流星)의 불빛처럼 몹시 급함. *성화(星火); 몹시 급한 일을 비유적으로 이르는 말.

"여ᄎ 여ᄎᄒ여 슈부의 지교 ᄃᆡ로 셜계(設計)ᄒ여 계교ᄅᆞᆯ 일우고, 한·화ᄅᆞᆯ 해ᄒ여 죄ᄅᆞᆯ 조시의게 밀워 쓴과 ᄀᆞᆺᄐᆞᆯ진ᄃᆡ, 쳔금으로 샹ᄉᆞ호고, 아모조록 몸을 ᄲᅢ혀 하쳔복예(下賤僕隸)ᄅᆞᆯ 면ᄒ고, 됴히 살게 《ᄒᆞᆯ 도리ᄅᆞᆯ ∥ ᄒ리라》."

○○[ᄒ여], 니해(利害)로 타닐ᅌᆞ니[481], 신월 간비 임의 쥬모(主母)의 명을 밧아 요리ᄅᆞᆯ 조ᄎ 탈신ᄒ미 장ᄎᆺ 요밀궁ᄉ(妖密窮邪)ᄒᆞᆫ 쾨 젹지 아닌 곳에 잇ᄂᆞᆫ지라. 홍이 조쇼져의 총명을 ᄭᅵ려 졍히 ᄉᆞ랑ᄒᆞ더니, 믄득 조쇼졔 졔궁으로 도라가다 ᄒ니, 홍이 ᄇᆞ야흐로 신월을 ᄀᆞ라쳐 ᄀᆞ마니 조【57】부의 나아가 엄부인을 뵈게 홀ᄉᆡ, ᄎᆞ시 엄부인이 ᄌᆞ가의 고집을 세오지 못ᄒ여 녀ᄋᆞᄅᆞᆯ 노하 도라보닌 후, 날노 심ᄉᆞ 우우불낙(憂虞不樂)ᄒ여 수삼일이 지난 후, ᄉᆞ창(紗窓)을 밀고 원산(遠山)을 쳠망(瞻望)ᄒ더니, 믄득 보니 밧그로 ᄒᆞᆫ 계집이 드러오ᄃᆡ, 나히 이팔(二八)은 ᄒ고 인가 쳥의(靑衣)로ᄃᆡ, 거동이 표일(飄逸) 민쳡(敏捷)ᄒ고 인물이 미려한아(美麗閒雅)ᄒ여 묘일(妙逸)ᄒᆞᄃᆡ 만면(滿面)의 챵질(瘡疾)이 잇더라.

이의 부인 당젼(堂前)의 다ᄃᆞ라 고두비복(叩頭拜伏)[482]ᄒ고 만복(萬福)을 쳥ᄒ거늘, 부인이 문왈,

"네 엇던 녀인이완ᄃᆡ 감히 브르미 업시 ᄌᆡ샹가의 방ᄌᆞ【58】히 드러왓ᄂᆞ뇨?"

기녀(其女) 복디 ᄃᆡ왈,

"쳔비ᄂᆞᆫ 본ᄃᆡ 인가쳥의(人家靑衣)로ᄃᆡ 사ᄅᆞᆷ의 모함을 만나 쥬인이 용납지 아니니, 본ᄃᆡ ᄉᆞ방에 의뢰 무탁ᄒ와 도라갈 곳이 업ᄉᆞ와 뉴리방황(流離彷徨)ᄒᆞᆸ더니, 위연(偶然)이 귀부 문젼의 나아와, 존부인 셩심혜틱(聖心惠澤)이 사ᄅᆞᆷ의 급ᄒᆞᆫ거슬 구ᄒ신다 ᄒ오니, 미말쳔인(微末賤人)이 감히 셩덕을 우러라 ᄇᆞ라고 니ᄅᆞ럿ᄂᆞ이다."

부인이 크게 의혹ᄒ나, 기녀의 언죡이식비(言足以飾非)[483]ᄒᆞᄆᆞᆯ 됴히 넉여, 당말(堂末)의 좌ᄅᆞᆯ 주고 그 근파(根派)ᄅᆞᆯ ᄌᆞ시 무ᄅᆞ니, 기녜 좌우ᄅᆞᆯ 믈니고 소유ᄅᆞᆯ 고ᄒ여 왈,

"쳔【59】인(賤人)은 다ᄅᆞ니 아니라 시임(時任) 츄밀ᄉᆞ 한노야의 계실 관시의 비ᄌᆞ라. 쳔명(賤名)은 신월이니, 쥬모(主母) 관시 일즉 한노야 계실(繼室)이 되시니, 본ᄃᆡ 목강(穆姜)[484]의 인ᄌᆞᄒᆞ신 셩덕이 계신지라. 쥬인의 젹녀(嫡女) 한쇼졔ᄂᆞᆫ 시임 결안 북평대원슈 뎡노야의 ᄌᆡ실(再室)이시니, 한쇼졔 ᄌᆡ용이 관셰(冠世)[485]ᄒ고 셩ᄒᆡᆼ이 은악양션(隱惡揚善)ᄒ여, 쳥안(靑眼)의 니검(利劍)을 포장(包藏)ᄒ여 구가의 드러가 예셩(譽聲)을 크게 어드시니, 졔궁 샹하 합문(闔門)의 죵요로온 은춍을 한쇼졔 홀노 쳔ᄌᆞ

---

481)타닐ᅌᆞ다 : 타이르다. 잘 깨닫도록 일의 이치를 밝혀 말해 주다.
482)고두비복(叩頭拜伏) : 머리를 조아려 절함.
483)언죡이식비(言足以飾非) : 교묘(巧妙)한 말이 자기(自己)의 나쁜 점(點)을 꾸미기에 넉넉함.
484)목강(穆姜) : 중국 진(晉)나라 정문구(程文矩)의 아내. 성은 이(李)씨, 자(字)는 목강(穆姜). 전처 소생의 네 아들을 자신이 낳은 두 아들보다 더 사랑하여 훌륭하게 키웠다.
485)관셰(冠世) : 세상에 으뜸임.

(擅恣)ᄒᆞ시니, 오히려 그 원비 조부인의 ᄉᆡᆨ모ᄌᆡ홰(色貌才華) 한부인만 못ᄒᆞ미 아【60】니라, 그 가부(家夫)의게 실춍(失寵)ᄒᆞ시믄, 본ᄃᆡ 그 ᄌᆞ부인(慈夫人)의 탓시라 ᄒᆞ여, 부인이 초에 뎡원슈를 녀셔(女壻)로 뎡혼ᄒᆞ여 계시더라 ᄒᆞ고, 뎡노애 그 혐의로 조부인은 외친ᄂᆡ쇼(外親內疏)ᄒᆞ시나, 한·화 냥부인은 듕대ᄒᆞ시니, 한쇼졔 부군(父君)의 교ᄋᆡ(嬌愛)와 가부(家夫)의 은춍이 젼일(全一)ᄒᆞᄆᆡ, 의ᄉᆡ 크게 교만ᄒᆞ시니, 믄득 의모(義母) 관부인 ᄃᆡ졉을 미말ᄎᆞ두(尾末叉頭)ᄀᆞᆺ치 ᄒᆞᄃᆡ, 관부인이 능히 분ᄒᆞ믈 아지 못ᄒᆞ고 가지록 ᄃᆡ졉ᄒᆞ미, 비컨ᄃᆡ 당하비쳡(堂下卑妾)이 녀군(女君)의 젹ᄌᆞ녀(嫡子女)를 ᄃᆡ졉ᄒᆞ여 셤김 ᄀᆞᆺ더니, 거일(去日)의 여ᄎᆞ 여ᄎᆞᄒᆞ여 한쇼【61】졔 약질이 ᄉᆞᄐᆡ(死胎) 후(後) 병이 듕ᄒᆞ여 친당의 도라와 됴호(調護)ᄒᆞ더니, 관부인이 친히 근노ᄒᆞ여 념녀ᄒᆞ미 엇지 긔츌(己出)의 다라리잇가 마ᄂᆞᆫ, 쇼졔 산후 허약ᄒᆞᆫᄃᆡ 약을 잘못 마셔, 일일은 혼도엄ᄉᆡᆨ(昏倒奄塞)ᄒᆞ샤 병휘(病候) ᄀᆞ장 듕ᄒᆞ시니, 믄득 이 가온ᄃᆡ 쳔만 ᄉᆡᆼ각밧게 의모의 친집ᄒᆞᆫ 약음의 독이 드럿다 ᄒᆞ고, 가즁이 솔난(率亂)ᄒᆞ여[486] 무죄ᄒᆞᆫ 시녀를 악형으로 져주니, 비ᄌᆞ 등이 혹형을 견ᄃᆡ지 못ᄒᆞ여 여ᄎᆞ 여ᄎᆞ 무복(誣服)ᄒᆞ고 월옥도쥬(越獄逃走)ᄒᆞ여 셩명(性命)을 도망ᄒᆞ오나, 실노 도라갈 곳이 업ᄉᆞ와, 산ᄉᆞ(山寺)의 【62】 뉴리(流離)ᄒᆞᄋᆞᆸ더니, ᄎᆞᄎᆞ 소문을 듯ᄌᆞ오니 쥬인이 츌화(黜禍)를 만나시고, 비ᄌᆞ를 츄포(追捕)ᄒᆞ다 ᄒᆞ오니, 만일 잡힌즉 유죄무죄간(有罪無罪間) 옥셕(玉石)을 분변치 못ᄒᆞ와, ᄋᆡᄆᆡ히 형벌 아ᄅᆡ 목숨을 맛출 거시니, 먼니 원방으로 다라나고져 ᄒᆞ와, ᄎᆞᄎᆞ 구ᄉᆡᆨ(求索)ᄒᆞ옵더니, 소문으로 조ᄎᆞ 부인 혜ᄐᆡᆨ을 듯ᄌᆞᆸ고, 힝혀 ᄐᆡᆨ즁의 용납ᄒᆞ실가 쳔만 희망ᄒᆞ와 니ᄅᆞ럿ᄉᆞᆸᄂᆞ니, 복원 부인은 잔쳔(殘喘)을 어엿비 넉이샤 거두워 당하의 머므시면, 우튱(愚衷)을 다 ᄒᆞ리이다.”

엄부인이 텽미파(聽未罷)의, 본ᄃᆡ ᄒᆞᆫ낫 심복(心服)이 업【63】서 ᄌᆞ긔 심ᄉᆞ를 난호지 못ᄒᆞ믈 근심ᄒᆞ던 ᄎᆞ의, ᄎᆞ녀를 만나니 니언(利言)ᄒᆞᆫ 거ᄌᆞᆺ 말과 교혜능변(巧慧能辯)이 흐ᄅᆞᄂᆞᆫ ᄃᆞᆺ ᄒᆞ여 가히 대ᄉᆞ를 셜계ᄒᆞ염즉 ᄒᆞ더라.

일어(一語)의 불승대열(不勝大悅)ᄒᆞ여 년망(連忙)이 닐오ᄃᆡ,

“원ᄂᆡ 너의 근본이 이러ᄒᆞ닷다. 비록 내게 당치 아닌 일이나, 관부인 신셰(身勢) 계활(計活)의 가긍(可矜)ᄒᆞ심과 한시 의모의게 이러ᄐᆞᆺ 불효ᄒᆞ니, 더욱 그 젹인을 ᄉᆡᄋᆡ(猜礙) 모살(謀殺)코져 ᄒᆞᄂᆞᆫ 흉심은 불문가지(不聞可知)라. 네 비록 쳥의하류(靑衣下類)나 위쥬튱심(爲主忠心)이 이러ᄐᆞᆺ ᄒᆞ니, 신기(神祇)[487]의 질뎡(叱正)ᄒᆞ염즉 ᄒᆞ도다. 한츄밀【64】의 츄포(追捕)아냐 텬ᄌᆞ의 츄죵(追從)이라도 죄 업ᄉᆞ니 무어시 두리오리오. ᄯᅩ 나의 잇ᄂᆞᆫ 곳이 지상 후문(侯門)이라. 깁기 바다 ᄀᆞᆺᄐᆞ니 네 이의 이시면 뉘 알니오. 내 일녀(一女)를 셩가(成嫁)ᄒᆞᄆᆡ, 녀셔(女壻) 호방ᄒᆞ여 내 ᄯᅳᆺ과 심히 ᄂᆡ도ᄒᆞ니[488] 녀ᄋᆞ

486)솔난(率亂)ᄒᆞ다 : 소란(騷亂)하다. 어수선하다. 질서가 잡히지 않다.

487)신기(神祇) : =천신지기(天神地祇). 천신과 지기를 아울러 이르는 말. 곧 하늘의 신령과 땅의 신령을 이른다.

488)ᄂᆡ도ᄒᆞ다 : 내도하다. 매우 다르다. 판이(判異)하다.

의 평싱신셰 젹인총즁(敵人叢中)의 아모리 될 줄 아지 못ᄒᆞ니, 나의 심ᄉᆡ 두로 번민(煩悶)ᄒᆞ나 좌우의 심복이 업ᄉᆞ니 졍히 민민(悶悶)ᄒᆞ더니, 이제 너ᄅᆞᆯ 만나니 진짓 나의 소원(所願)의 영합ᄒᆞᆫ지라. 네 몬져 이ᄅᆡ 머므라면 내 ᄀᆞ마니 관부인긔 이 소유ᄅᆞᆯ 상셔(上書)ᄒᆞ고 쳔금으로 너ᄅᆞᆯ 믜믜(賣買)ᄒᆞ【65】여 나의 안젼(眼前)에 신임(信任)케 ᄒᆞ리라."

신월이 ᄀᆞ장 깃거 고두 왈,

"부인의 셩덕이 여ᄎᆞᄒᆞ시니 쳔비 간뇌도디(肝腦塗地)[489]ᄒᆞ오나 다 갑ᄉᆞᆸ지 못ᄒᆞ올지라. 비록 쳔금으로 믜(買)치 아니시나 비ᄌᆡ 엇지 감히 불튱ᄒᆞ리잇가? 복원 부인은 근파(根派)ᄅᆞᆯ 들츄지 마라시고, 다만 안젼의 ᄉᆞ환케 ᄒᆞ쇼셔."

부인이 죵기언(終其言)ᄒᆞ여 즉시 기명(改名)ᄒᆞ여 신미라 ᄒᆞ고, 말을 ᄂᆡ디

"ᄎᆞ비(此婢) ᄀᆞ장 총명다ᄂᆡᆼ(聰明多能)ᄒᆞ여 안젼의 ᄉᆞ환(使喚)이 맛당ᄒᆞᆫ 고로 빅금을 주고 믜득(買得)ᄒᆞ엿노라"

ᄒᆞ고, 듀야 좌하의 두어 지극히 ᄉᆞ랑ᄒᆞ니, 신미 ᄉᆞᄉᆞ의 부【66】인 ᄯᅳᆺ 맛치기ᄅᆞᆯ 여신(如神)이 ᄒᆞ니, 부인이 대혹(大惑)ᄒᆞᄃᆡ, 태우부인 등이 존고와 신월의 힝ᄉᆞᄅᆞᆯ 의심ᄒᆞ고 고이히 넉이나, 그 근본이 한츄밀 부인 관시의 시비 신월이 월옥 도쥬ᄒᆞ여 이ᄅᆡ 와시믈 아지 못ᄒᆞ더라.

조태우 삼인이 비록 ᄉᆞ광지총(師曠之聰)[490]과 니루지명(離婁之明)[491]이 이시나, ᄯᅩᄒᆞᆫ 군ᄌᆞ장뷔(君子丈夫)라. 주부인 젼후픽악(前後悖惡)을 민망ᄒᆞ고, 젼일 보지 못ᄒᆞ던 시녀 이시믈 깃거 아냐 그 근본을 뭇ᄌᆞ오니, 부인이 한가 비ᄌᆡ(婢子) 줄 바로 닐오지 아니코, ᄶᅳ리쳐[492] 넌ᄌᆞ시 답왈,

"ᄎᆞ녀의 명은 신미니 본ᄃᆡ 냥가(良家) 녀【67】ᄌᆞ로, 부뫼 구몰(俱沒)ᄒᆞ고 친쳑의게 의탁ᄒᆞ엿더니, 제 나히 ᄎᆞ고 스스로 ᄌᆞ신계활(自身計活)[493]이 어려워 ᄌᆞ믜(自賣)ᄒᆞ기ᄅᆞᆯ 원ᄒᆞ므로, 노뫼 어엿비 넉여 빅금(百金)을 주고 삿노라."

ᄒᆞ니, 조ᄉᆡᆼ 등이 깃거아냐셔 ᄀᆞᆯ오ᄃᆡ,

"가즁(家中)의 ᄎᆞ환복부(叉鬟僕夫)의 무리 만ᄒᆞ니, ᄌᆞ뎡의 ᄉᆞ환(使喚)ᄒᆞᆯ 비ᄌᆡ(婢子) 업ᄉᆞᆯ거시라 브졀업시 녀염녀ᄌᆞ(閭閻女子)ᄅᆞᆯ 믜믜ᄒᆞ시미 불가ᄒᆞ오니, 원컨ᄃᆡ 태태ᄂᆞᆫ 셩덕을 드리오샤 빅금이 귀ᄒᆞᆫ 거시 아니오니, ᄎᆞ녀ᄅᆞᆯ 환본기쳐(還本其處)[494]ᄒᆞ미 됴토소

---

489)간뇌도디(肝腦塗地) : 참혹한 죽음을 당하여 간장(肝臟)과 뇌수(腦髓)가 땅에 널려 있음. 나라를 위하여 목숨을 돌보지 않고 애를 씀을 이르는 말.

490)ᄉᆞ광지총(師曠之聰) : 사광의 총명이란 뜻으로, 중국 춘추(春秋) 때 사광이란 사람이 소리를 잘 분변하여 길흉을 점쳤다는 고사에서 유래한 말.

491)니루지명(離婁之明) : 눈이 매우 밝음을 비유적으로 이르는 말. 중국 황제(黃帝) 때 사람인 이루가 눈이 밝았다는 데서 나온 말이다.

492)ᄶᅳ리치다 : 뗴치다. 달라붙는 것을 떼어 물리치다.

493)ᄌᆞ신계활(自身計活) : 스스로 생계를 꾸려나감.

494)환본기쳐(還本其處) : 떠돌이 백성을 그 살던 본고장으로 돌려보냄.

이다."

부인이 ᄋ즈 등의 말을 ᄀ장 슬듁ᄒ여495) 침음냥구(沈吟良久)의 왈,

"여【68】언(汝言)이 션애(善也)로딕, 추비 위인이 지극히 유순평담(柔順平淡)ᄒ여 비례(非禮)의 거슨 비쳑ᄒ니, 진실노 도라갈 곳이 업고, 노뫼 늦게야 만나시나 정셩이 지극ᄒ니, 만나기를 잘못ᄒ여시나 닉여보닐 ᄯᅳᆺ은 업스니, 가즁의 물ᄀᆺ치 흔흔 의식을 무슨 거시 구간(苟艱)ᄒ여 노모의 ᄉ랑ᄒᄂᆫ 죵을 도로 닉치라 ᄒᄂᆫ뇨? 고어의 왈, '님군과 부모의 ᄉ랑ᄒᄂᆫ 거슨 견마(犬馬)라도 공경ᄒ라 ᄒ여시니, 셰간의 위인즈(爲人子)ᄒ여 너의 곤계(昆季) 즈남(子男)496) ᄀᆺ치 무식흔 인물이 어딕 이시리오."

언흘(言訖)의 심히 불쾌흔 ᄉ식이 만ᄒ니, 삼지 모【69】부인 부직(不直)흔 심ᄉ를 붉히 아ᄂᆫ 고로, 다시 간ᄒ여 드롤니 업고, 도로혀 모즈지졍(母子之情)만 상홀 ᄯᅲᆫ이라. 다시 일언을 간치 못ᄒ더라.

신월이 부인을 앙ᄉ(仰事)ᄒᄆᆡ 민쳡직릉(敏捷才能)ᄒ여 ᄯᅳᆺ 맛치기를 잘ᄒᄂᆫ지라. 이러구러 달이 가고 날이 포497)되ᄆᆡ, 서로 심담(心膽)이 상됴(相照)ᄒ여 긔일 거시 업ᄂᆫ지라. 일일은 월이 부인긔 뭇즈○[와] 왈,

"아지 못게이다498). 쇼비 부인을 즁도의 복ᄉ(服事)ᄒ오니 기간 연유(緣由)ᄂᆫ 아지 못ᄒ옵거니와, 부인이 듀야 존안의 슈식(愁色)이 ᄀ득ᄒ시니, 곡직(曲直)을 알아 요힝(僥倖) 유익ᄒᄆᆡ 이실【70】가 감문텽지(敢問聽之)로소이다."

부인이 츄연(惆然) 탄왈,

"너는 가히 사룸의 긔식(氣色)을 잘 안다 ᄒ리로다. 내 본딕 팔좌명부(八座命婦)로 우리 노애 쇼시로브터 극히 안정(安靜)ᄒ여 녀식(女色)을 관졍(款情)ᄒᄆᆡ 업스니, 일즉 탑하(榻下)의 언식(言飾)ᄒᄂᆫ 즈쵀를 보지 아녓고, 도금(到今)ᄒ여 나히 만코 즈녀 가즈며, 졔손이 번셩ᄒ니, 시인(時人)이 칭왈, '위지복인(爲之福人)이라', 닐ᄏ라니, 대톄(大體)로 의논ᄒ면 무어시 근심되미 이시리오마ᄂᆞᆫ, 원간 사룸의 오복(五福)499)이 갓기 어려온지라. 녀ᄋ를 ᄉ랑ᄒ믄 오히려 삼즈의 지나믄 닐오도 말고, ᄋ녀의 식광(色光)은 쳔고【71】의 무ᄡᅡᆼᄒ니, 우리 ᄉ랑ᄒ여 텬하의 죵요로운 옥인가랑(玉人佳郎)을 어더 슬하의 즈미를 보고져 ᄒ더니, 조물이 다ᄉᆡ(多猜)ᄒ고 홍안박명(紅顔薄命)을 면키 어려온지라. 노애(老爺) 소탈ᄒ여 텬하 호식(好色) 경박즈(輕薄者) 뎡운긔를 구ᄒ여 사회 삼은 연고로, 앗가온 녀ᄋ의 젼졍계활(前程計活)을 아조 맛츤 작시500) 되니, 내 일

---

495) 슬듁ᄒ다 : 실쭉하다. 마음에 차지 아니하여서 약간 고까워하는 태도를 드러내다.

496) 즈남(子男) : 남자(男子). 자식(子息).

497) 포 : '거듭'의 옛말.

498) 못게이다 : 못하겠습니다. ((동사 뒤에서 '-지 못게이다' 구성으로 쓰여)) 앞말이 뜻하는 행동에 대하여 그것을 이룰 능력이 없음을 나타내는 보조동사.

499) 오복(五福) : 유교에서 이르는 다섯 가지의 복. 보통 수(壽), 부(富), 강녕(康寧), 유호덕(攸好德), 고종명(考終命)을 이른다.

500) 쟉 : 것. 꼴. 때문. 까닭. 사물, 일, 현상 따위를 추상적으로 이르거나 그 모양, 이유, 원인 따위를 이

노뼈 근심코 심위(心憂)되여 즁심의 미치인 병이 되니, 능히 강잉(強仍)⁵⁰¹)코져 ᄒ나, 임의치 못ᄒ여 심해 셩ᄒᄆᆡ 긔식(氣色)이 여ᄎᆞᄒ도다."

신월이 문득 웃고 답지 아니니, 부인이 문왈,

"네 내말을 듯고 우으믄 엇지오?"

신월【72】이 ᄃᆡ왈,

"쳔비 임의 부인의 ᄒᆡ활지은(海闊之恩)을 닙ᄉ와 혜퇴이 일신의 ᄀᆞ득ᄒ오니, 엇지 목숨을 바려 부인의 심즁 은우(隱憂)를 혹ᄌᆞ 유익ᄒᆞᆫ 곳이 이시면 갈녁진튱(竭力盡忠)치 아니리잇고? 쇼비 발셔 뎡부인을 위ᄒ여 ᄒᆞᆫ 계교를 싱각ᄒᆞᄆᆡ 잇ᄂᆞ이다."

ᄒ고, 드ᄃᆡ여 일계(一計)를 헌ᄒ니, 부인이 텽파의 대열ᄒ여 닐오ᄃᆡ,

"신ᄆᆡ, 신ᄆᆡ야! 너ᄂᆞᆫ 가히 ᄌᆞ방(子房)⁵⁰²) 진유ᄌᆞ(陳孺子)⁵⁰³)의 일뉴(一類)로다. 네 말과 ᄀᆞᆺ치 한·화 냥녀(兩女)를 다 업시ᄒ고, 녀으로 ᄒᆞ야금 가부의 은익를 젼일(專一)ᄒ여 계활(計活)이 무흠(無欠)ᄒ면, 이ᄂᆞᆫ 다 너의 공이라. 【73】엇지 갑기를 등한 이 ᄒ리오. 지물은 만금(萬金)이 든다 ᄒ여도 대ᄉᆞ를 쇼리히⁵⁰⁴) 말나."

월이 겸양칭샤(謙讓稱謝)ᄒ고 슌슌슈명(順順受命)ᄒ더라.

월이 임의 원홍 쳥션의 긔미(機微)를 맛초미 잇ᄂᆞᆫ지라, 요(妖) 홍이 ᄲᅥᆨᄲᅥᆨ 왕ᄂᆡᄒ여 거즛 부인긔 뵈오라 오ᄂᆞᆫ 톄ᄒ나, 기실(其實)은 ᄆᆡ양 신월노 넌즈시 밀계(密計)를 의논ᄒ더라.

ᄎᆞ시 조쇼졔 승교(乘轎)ᄒ여 친당을 ᄯᅥ나 위의 장ᄎᆞᆺ 반노즁(半路中)의 밋쳣더니, 홀연 심신이 아득ᄒ여 교즁(轎中)의셔 엄홀(奄忽)ᄒ여 인ᄉᆞ를 바렷더니, ᄉᆞ몽비몽간(似夢非夢間)⁵⁰⁵)의 일위 노션(老仙)이 운관무의(雲冠霧衣)로 빅【74】옥홀(白玉笏)을 쥐고 압히 나아와 장읍(長揖) 왈,

"노션(老仙)은 월하옹(月下翁)⁵⁰⁶)이러니, 이제 부인이 ᄃᆡ익이 당젼(當前)ᄒ니, ᄎᆞ역(此亦) 텬의(天意)라. 면코져 ᄒ나 인녁의 밋츨ᄇᆡ 아니니, ᄯᅩ ᄎᆞ힝의 졔궁을 가지 못ᄒ시리니, 잠간 힝도(行途)를 즁지(中止)ᄒ여 위퇴ᄒ고 어려온 가운ᄃᆡ ᄌᆞ신지ᄎᆡᆨ(資身之

르는 말.

501)강잉(強仍) : 억지로 참음. 또는 마지못하여 그대로 함.

502)ᄌᆞ방(子房) : 중국 한나라의 건국공신 장량(張良)의 자(字). *장량(張良); BC ?-189. 중국 한나라의 정치가, 건국공신. 자는 자방(子房). 유방의 책사로 홍문연에서 유방을 구하고 한신을 천거하는 등, 유방이 한나라를 세우고 천하를 통일할 수 있도록 도왔다. 소하·한신과 함께 한나라 건국 3걸로 불린다.

503)진유ᄌᆞ(陳孺子) : 진평(陳平). ? - BC178. 중국 한(漢)나라 때 정치가. 한 고조 유방(劉邦)를 도와 여섯 번이나 기발한 꾀를 내, 천하를 평정케 하였다.

504)쇼리히 : 솔이(率爾)히. 말이나 행동이 신중하지 못하고 가벼이.

505)ᄉᆞ몽비몽간(似夢非夢間) : : =비몽사몽간(非夢似夢間). 완전히 잠이 들지도 잠에서 깨어나지도 않은 어렴풋한 순간.

506)월하옹(月下翁) : 부부의 인연을 맺어 준다는 전설상의 늙은이. 중국 당나라의 위고(韋固)가 달밤에 어떤 노인을 만나 장래의 아내에 대한 예언을 들었다는 데서 유래한다. 늑월하노인(月下老人). 월로(月老).

策)507)을 완젼ᄒ쇼셔."

쇼졔 능히 졍신을 슈습지 못ᄒ나, 본디 신녕(神靈)ᄒᆫ 고로 혼몽즁(昏懜中)508)이나 월하옹의 뎡녕(丁寧)509) ᄒᆫ 말을 다시 뭇고져 ᄒ다가 경각(警覺)ᄒ니, 이 믄득 구가로 가ᄂᆫ 길이라. 경괴난측(驚怪難測)510)ᄒᆷᆯ 니긔지 못ᄒ더니, 홀연 직젼직후(在前在後)의 시네 【75】 분분(紛紛)이 젼(傳)ᄒ여, 거즁(車中)의 부인긔 품쳐(稟處)ᄒ여 511)왈,

"니상부(相府) 노태스 부인이 홀연 유병(有病)이러시니, 미급수일(未及數日)의 병셰 대단ᄒ샤 위틱ᄒ시미 금명(今明)이라. ᄌ손이 다 못고 냥녀와 모든 외손(外孫) 녀부(女婦) 등ᄀ지 다 보아지라 ᄒ시니, 병뵈(病報) 졔궁의 니르니 병운던 니비와 셩향각 듁현션싱 부인 니시 모환(母患)의 듕ᄒ시믈 듯고 대경ᄒ샤, ᄌ녀 졔부 등을 거ᄂ려 니상부로 나아가시니, 조쇼져도 졔궁으로 가지 말고 힝거를 두루혀 니상부로 나아오라."

젼ᄒ더라. 【76】

---

507)ᄌ신지칙(資身之策) : 자기 한 몸의 살아갈 계책.
508)혼몽즁(昏懜中) : 정신이 흐릿하고 가물가물한 가운데 있음.
509)뎡녕(丁寧) : 충고하거나 알리는 태도가 매우 간곡함.
510)경괴난측(驚怪難測) : 헤아릴 수 없을 만큼 놀랍고 괴이함
511)품쳐ᄒ다 : 아뢰어 처리하게 하다. 윗사람의 명령을 받아 일을 처리하다.

윤하뎡삼문취록 권지오십

ᄎ시 조쇼져도 졔궁으로 가지 말고 바로 힝거ᄅᆞᆯ 두루혀 니상부로 나아오라 젼ᄒᆞ니, 쇼졔 텽미파(聽未罷)의 아쟈(俄者)512) 몽ᄉᆞ(夢事) 마ᄌᆞᆯ ᄭᅵ다라, 이의 힝거(行車)ᄅᆞᆯ 두루혀513) 니부의 니ᄅᆞ니, ᄎ시 상부 태부인이 년과뉵십여셰(年過六十餘歲)514)의 본ᄃᆡ 다병질약(多病質弱)ᄒᆞᆫ 고로, ᄯᅥᄯᅥ 신환(身患)이[에] 침면(沈湎)515)ᄒᆞ니, 듀야 시식(侍食)516)이 긋츨 ᄶᅵ 업더니, ᄎ시 위연(偶然)이 고통ᄒᆞ여 증셰 ᄀᆞ장 듕ᄒᆞ니, 가듕상해(家中上下) 진경(震驚)517)ᄒᆞ고 ᄌᆞ손졔뷔(子孫諸婦) 다 놀나 이번은 위틱ᄒᆞᆫ가 념녀ᄒᆞ여, 졔궁의 보ᄒᆞ고 니비와 니부인이 【1】며 졔손을 쳥홀ᄉᆡ, 부인 왈,

"노뫼 본ᄃᆡ 다병ᄒᆞ니 굿ᄐᆞ여 이번의 죽을 거시 아니로ᄃᆡ, 운긔 비록 외손이나 노뫼 ᄉᆞ랑ᄒᆞ미 졔손뉴(諸孫類)의 ᄌᆞ별ᄒᆞ던 바로, 이번 불모흉디(不毛凶地)의 나아가 도라올 지속(遲速)이 묘연(渺然)ᄒᆞ니, 조·한·화 등이나 제 딕신의 보고져 ᄒᆞ노라."

평장이 ᄌᆞ부인(慈夫人) 명을 밧ᄌᆞ와 냥미와 졔질부 ᄌᆞ녀 등을 다 쳥ᄒᆞ니, 니비와 니부인이 ᄌᆞ녀부(子女婦)518)ᄅᆞᆯ 다 거나려 니부의 모들ᄉᆡ, 맛초아 쇼졔 근친(覲親)ᄒᆞ엿다가 도라오ᄂᆞᆫ 젼뇌(前路)라, 조쇼졔 니아(李衙)의 니ᄅᆞ니, 존고와 금장ᄌᆞ미(襟丈姊妹)519)등이 임 【2】의 몬져 니ᄅᆞ럿더라.

조쇼졔 금장슉미(襟丈叔妹)520)로 녜필(禮畢) 한훤(寒暄)521)의 태부인 병후ᄅᆞᆯ 뭇ᄌᆞ와 다쇼상화(多少相話)522)ᄅᆞᆯ 파ᄒᆞ미, 졔부인 졔쇼졔 ᄌᆞ슈치몌(紫袖彩袂)523)ᄅᆞᆯ 년집(連執)ᄒᆞ여 존당의 드러가{니} 태ᄉᆞ와 태부인긔 비알ᄒᆞ고, 상하(床下)의 복슈(伏首)ᄒᆞ여 문

---

512)아쟈(俄者) : 아까. 조금 전, 지난 번. 갑자기.

513)두루혀 : 돌려 *두루다 : 돌리다. 돌이키다.

514)년과뉵십여셰(年過六十餘歲) : 연세가 60여세가 넘음.

515)침면(沈湎) : 병에 빠져들어 헤어나지 못함.

516)시식(侍食) : 어른이 식사할 때 곁에서 시중을 드는 일.

517)진경(震驚) : 크게 놀람.

518)ᄌᆞ녀부(子女婦) : 아들·딸·며느리를 함께 이르는 말.

519)금장ᄌᆞ미(襟丈姊妹) : 손위 손아래 동서들. *금장(襟丈); 동서(同壻). 주로 남편 형제들의 아내들을 이르는 말.

520)금장슉미(襟丈叔妹) : 동서들과 시누이들. *슉매(叔妹); =시누이.

521)한훤(寒暄) : 날씨의 춥고 더움을 화제로 나누는 인사.

522)다쇼상화(多少相話) : 잠깐 서로 이야기 함.

523)ᄌᆞ슈치몌(紫袖彩袂) : 붉은 소매와 고운 빛깔의 소매.

후ᄒᆞ니, 태부인이 화연(和然)이 깃거 무이(撫愛)ᄒᆞ더라.

니비와 니부인이 ᄌᆞ녀부를 거ᄂᆞ려 니부의 슌여일(旬餘日)을 머므더니, 태부인 병휘 쾌ᄎᆞᄒᆞ시니, 니비 녀부를 거ᄂᆞ려 도라갈ᄉᆡ, 태부인이 홀연(欻然)ᄒᆞᄆᆞᆯ524) 니기지 못ᄒᆞ여, 졔왕을 ᄃᆡᄒᆞ여 조시를 아직 머므러 두어 【3】은긔부인 니시와 ᄒᆞᆷ게 도라가게 ᄒᆞᄆᆞᆯ 근쳥ᄒᆞ니, 왕이 존당의 이 소유를 고ᄒᆞ고 허락ᄒᆞ니, 니태ᄉᆞ와 부인이 깃거ᄒᆞ더니, 조쇼졔 니부의 머므ᄂᆞᆫ 소식이 요홍(妖-)의 귀에 밋ᄎᆞ니, 홍이 희활,

"조시 졔궁으로 아니가고 니가(李家)의 뉴쳐(留處)ᄒᆞ미 계교 더욱 마즈리로다."

ᄒᆞ고, 이의 조태우 등 입번ᄒᆞᆫ ᄉᆞ이를 타 승간ᄒᆞ여 조부 엄부인을 보고, 조시 졔궁의 가지 아냐 니상부의 머므ᄂᆞᆫ 바를 고ᄒᆞ니, 부인이 젼연(全然) 부지(不知)라. 놀나 왈,

"녀이 어이 졔궁으로 가지 아니코 니아의 머므ᄂᆞᆫ고?"

요(妖)홍이 쇼왈,

"슉뫼 뎡가【4】의셔 슉모를 유심은노(有心隱怒)ᄒᆞ여 격원(隔遠)ᄒᆞᄂᆞᆫ 줄 ᄭᆡ닷지 못ᄒᆞ시ᄂᆞᆫ도다. 신혼초의 슉뫼 뎡운긔를 마다ᄒᆞ고 욕셜ᄒᆞᆫ 말이 엇지 운긔 귀에 아니 가리잇가? 운긔 일노ᄡᅥ 노ᄒᆞ여 ᄆᆡᄌᆞ로 '명위부뷔(名爲夫婦)나 실위구젹(實爲仇敵)'525) ᄀᆞᆺ틔여 ᄆᆡ양(每樣) 닐오ᄃᆡ, 'ᄉᆡᆼ닉(生來)의 엄부인긔 옹셔지녜(翁婿之禮)로 셤기지 못ᄒᆞ리니, ᄆᆡ지(妹者) 만일 기모(其母)로 모녀텬뉸(母女天倫)을 젼일(全一)ᄒᆞ려 ᄒᆞ면, 부부지의(夫婦之義)를 ᄭᅳᆺᄎᆞ렷노라.' ᄒᆞ니, 이러므로 ᄆᆡ지 운긔를 과도히 두려, 그 경ᄉᆞ의 이실 제도 귀령을 임의로 못ᄒᆞ던 빈어ᄂᆞᆯ, 이제 먼니 가다ᄒᆞ고 오릭 귀령ᄒᆞ【5】여 슉모 슬하의 머므다가, 타일 뎡직 도라와 알면 ᄉᆞ긔 요란ᄒᆞ미 이실가 ᄒᆞ여, 짐즛 슉모를 속여 도라가미니이다."

부인이 반신반의(半信半疑) 왈,

"나도 ᄯᅩᄒᆞᆫ 처엄브터 문견을 아지 못ᄒᆞᄃᆡ, 뎡직 공연이 우슉(愚叔)을 염증(厭憎)ᄒᆞ여 구ᄉᆡᆼ지의(舅甥之義)526) 돈연(頓然)ᄒᆞᄆᆞᆯ 의심ᄒᆞ여, 뎡낭이 녀ᄋᆞ를 박ᄃᆡ 퇴심ᄒᆞᆫ가 이닯고 분ᄒᆞ여, 금번 귀령시의 비비(婢輩)의 말을 드르니 부부의 졍이 범연치 아니타 ᄒᆞ더니, 현질의 문견은 여ᄎᆞᄒᆞ니 가히 진가(眞假)를 알기 어렵도다."

요인(妖人)이 쇼왈,

"좌우 비비 ᄆᆡᄌᆞ의 당부를 듯고 슉모를 긔【6】망(欺罔)ᄒᆞᄂᆞᆫ 줄 모르시고 곳이 드르시도소이다."

부인이 경망(輕妄)ᄒᆞᆫ 심쳔(心泉)의 고성 탄왈,

"이 뉘 탓시리오. 나의 쳔금약녀(千金弱女)의 평ᄉᆡᆼ 계활을 맛츠미로다."

셜파의 수승젹혈(數升赤血)을 토(吐)ᄒᆞ고 좌셕의 구러지니, 신월이 급히 구ᄒᆞ여 식

---

524)홀연(欻然)ᄒᆞ다 : 갑작스럽게 떠나거나 어떤 일이 일어나, 다하지 못한 일로, 마음속에 어딘지 섭섭하거나 허전한 구석이 있다.

525)명위부뷔(名爲夫婦)나 실위구젹(實爲仇敵) : 이름은 부부이나 실제는 원수 사이임.

526)구ᄉᆡᆼ지의(舅甥之義) : 장인과 사위 사이의 의리.

경(食頃) 후 졍신을 출혀 뎡싱을 욕미(辱罵)ᄒᆞ더라.

홍이 하직고 도라가니 신월이 ᄀᆞ마니 헌계 왈,

"쇼비 임의 부인의 무휼(撫恤)ᄒᆞ시믈 밧ᄌᆞ와 은혜 일신의 져져시니, 엇지 우튱(愚衷)과 미셩(微誠)을 다 ᄒᆞ지 아니리잇고? 쇼비 젼일 이승(異僧)을 만나 교되(交道) ᄀᆞ장 심밀(深密)ᄒᆞ오니, ᄎᆞ인이 ᄒᆞᆫ갓 ᄌᆡ죄 비상ᄒᆞ여 도법(道法)【7】이 놉흐믄 닐오도 말고, 능히 호풍환우(呼風喚雨)ᄒᆞ여 온갓 ᄌᆡ죄 신이(神異)ᄒᆞ고, 동문 밧 봉암진인의 뎨ᄌᆞ 쳥션법ᄉᆡ라 ᄒᆞ오니, 부인이 맛당히 뎡부인을 위ᄒᆞ여 도모코져 ᄒᆞ실진ᄃᆡ, 특별이 쳔금녜폐(千金禮幣)를 앗기지 마라시고 ᄎᆞ인을 ᄉᆞ괴시면, 아모 대ᄉᆞ(大事)라도 도모ᄒᆞ시면 셩췸ᄒᆞ리이다."

부인이 침음쥬져(沈吟躊躇) 왈,

"ᄎᆞ인의 ᄌᆡ죄 진실노 네말 ᄀᆞᆺ툴진ᄃᆡ, 지믈이야 무어시 어려오리오. 존당이 비록 각거(各居)ᄒᆞ시나 집이 졉옥년장(接屋連墻)ᄒᆞ여시니, 나의 친졍이 븨엿ᄂᆞᆫᄃᆡ 무단이 츌입ᄒᆞᆫ죽, 그 어ᄃᆡ로[를] 가다 ᄒᆞ리오, ᄯᅩ 【8】삼ᄋᆞ(三兒) 셩졍(性情)이 괴벽(怪癖)ᄒᆞ여 나의 일동일졍(一動一靜)을 ᄯᆞ라가며 총단(總團)ᄒᆞ니 내 어ᄃᆡ로 간다 ᄒᆞ고 산ᄉᆞ도관(山寺道觀)의 나아가리오."

월이 침음반향(沈吟半晌)의 왈,

"여ᄎᆞ죽(如此則) 쇼비 맛당히 명교를 밧ᄌᆞ와 후례(厚禮)로 신승(神僧)을 ᄎᆞᄌᆞ보고, 부인 말ᄉᆞᆷ을 젼ᄒᆞ고 쳥ᄒᆞ여 닐위샤이다."

부인이 흔연이 허락ᄒᆞ고 즉시 협ᄉᆞ(篋笥)를 기우려 지믈을 어더닉니 져기 부족(不足)이라. 졔ᄌᆞ(諸子)의게 구(求)코져 ᄒᆞ나 반다시 ᄡᆯ곳을 무를지라. ᄃᆡ답이 괴로온 줄 혜아려 총부(冢婦) 셜시를 불너 곡졀업시 즐ᄎᆡᆨ 왈,

"나의 친싱 소츌도 어미를 농판으로 알【9】아 우으니 여등 ᄀᆞᆺ튼 며느리 용녈ᄒᆞᆫ 싀어미 말을 가쇼로 넉여 시힝치 아닐 줄 알오ᄃᆡ, 소용(所用)이 업셔 ᄉᆞ지를 동ᄒᆞᆫ 듯ᄒᆞ여 어려온 ᄯᅢ 만흐니, 지금 브ᄃᆡ ᄡᆯ 곳이 이시니 현뷔 능히 돈ᄋᆞ(豚兒)를 알게 말고 오빅금 은ᄌᆞ를 취이ᄒᆞᆯ가 시브냐? 셜부인이 존고의 공연이 견집초ᄎᆡᆨ(堅執誚責)ᄒᆞ시믈 의아ᄒᆞ나, 슌슌응ᄃᆡ(順順應對)ᄒᆞ고 즉시 도라가 가용(家用)을 존졀(撙節)ᄒᆞ고 남ᄂᆞᆫ 거ᄉᆞᆯ 거두워, 오빅금 은ᄌᆞ를 존고 안젼(眼前)의 드리니, 부인이 크게 깃거 브ᄃᆡ 태우다려 알게 말나 당부ᄒᆞ더라.

셜부인 금장ᄌᆞ미(襟丈姉妹) 존고의 【10】거지(擧止) 근간 더욱 고이ᄒᆞ심과, 신미의

527)총단(總團) : 모두를 다 살펴 단속함.
528)져기 : 적이. 적잖이, 어지간한 정도로. 적지 않은 수나 양으로.
529)총부(冢婦) : =종부(宗婦). 맏며느리. 정실(正室) 맏아들의 아내.
530)취(取)이ᄒᆞ다 : 취(取)해주다. 꾸어주다. *취(取)하다; 꾸다. 뒤에 도로 갚기로 하고 남의 것을 얼마 동안 빌려 쓰다.
531)견집초ᄎᆡᆨ(堅執誚責) : 자신의 고집을 꺾지 않고 남을 꾸짖고 책망함.

요악(妖惡)ᄒᆞᄆᆞᆯ 의심ᄒᆞ여, '무슴 ᄉᆞ단(事端)이 이실고?' 념녀ᄒᆞ더라.

엄부인이 후례ᄅᆞᆯ 갓초아, 즉시 신미로 ᄒᆞ야금 쳥션 요리(妖尼)ᄅᆞᆯ 불너오라 ᄒᆞ니, 신미 즉시 치단(綵段)을 가져 셕양을 타 원문으로 나아가, 대로ᄅᆞᆯ 바리고 쇼로로 힝ᄒᆞ여 원부의 니ᄅᆞ러, 홍을 보고 이 뜻을 고ᄒᆞᆫᄃᆡ, 원홍이 깃거 즉시 쳥션을 불너 계교ᄅᆞᆯ 닐은ᄃᆡ, 쳥션이 만흔 직물을 보고 대락(大樂)ᄒᆞ여 흔연이 신미ᄅᆞᆯ 조ᄎᆞ 조부의 니ᄅᆞ니, 신미 이목이 번거ᄒᆞᄆᆞᆯ 두려 감히 바로 드러가지 못ᄒᆞ【11】고, 쳥ᄒᆞ여 져 머므는 익낭(翼廊)532)의 두엇다가, 야심후 드러가 부인긔 뵈올ᄉᆡ, 《인견이‖인젹(人跡)이》 고요ᄒᆞᆷᄆᆡ, 부인이 밧비 눈을 드러보니, 니괴(尼姑) 머리의 빅화운납(白花雲衲)533)을 졍히 쓰고 엇개의 빅나장삼(白羅長衫)534)을 착(着)ᄒᆞ고 목에 빅팔념쥬(百八念珠)ᄅᆞᆯ 거러시니, 셔치(瑞彩) 찬난ᄒᆞ고 그 나히 ᄉᆞ십이나 ᄒᆞ여시ᄃᆡ 용식이 슈려ᄒᆞ더라.

부인이 공경ᄒᆞ여 닐오ᄃᆡ,

"ᄉᆞ부의 놉흔 일홈을 듯고 몸소 나아가 쳥코져 ᄒᆞᄃᆡ, ᄉᆞ괴(事故) 다다(多多)ᄒᆞ여 능히 ᄆᆞ음과 ᄀᆞᆺ지 못ᄒᆞᆫ 고로, 감히 비ᄌᆞ(婢子)로 존가(尊駕)ᄅᆞᆯ 슈고롭게 ᄒᆞ니 불승참괴(不勝慙愧)로소이다."

쳥션이 【12】웃고 겸양 ᄉᆞ샤 왈,

"빈승(貧僧)은 물외비인(物外鄙人)535)이라. 본ᄃᆡ 지식이 소녀(疎如)ᄒᆞ여536) 픔은 지죄 업ᄉᆞᆸ거늘, 외람이 귀부 비ᄌᆞ로 말믜암아 부인의 ᄂᆞ지537) 브르시믈 엇ᄌᆞᆸ고, 이러툿 후ᄃᆡᄒᆞ시믈 밧ᄌᆞ오니 황공토소이다."

부인이 칭샤ᄒᆞ고 드듸여 종용이 담화홀ᄉᆡ,

"약녀의 신셰 평안ᄒᆞᄆᆞᆯ 엇과져 ᄒᆞᄆᆡ, 이제 셔랑의 먼니 나간 ᄠᆡᄅᆞᆯ 타 그 도라오기 젼의 한·화 등을 쇼졔ᄒᆞ여 녀ᄋᆞ의 박명흔 원을 갑고져 ᄒᆞ노라."

쳥션 왈,

"뎡원슈는 텬하의 호걸 풍뉴랑(風流郎)이라. 쳥누화림(靑樓花林)의 일홈이 유명ᄒᆞ니 그 ᄂᆡ상(內相)538)의 모【13】흔 바 부인이 엇지 범연ᄒᆞ리오. 빈승이 이제 부인 소쳥(所請)을 밧ᄌᆞ와 녕ᄋᆞ(令兒) 쇼져의 평싱을 쾌히 ᄒᆞ고져 ᄒᆞ온 즉, 익미흔 한·화의 셩명을 맛츠리니, ᄎᆞ인 등이[의] 홍안원빅(紅顔怨魄)〇[이] 지하(地下)의 원치 아니리잇고? ᄎᆞ는 불가(佛家)의 젹션지덕(積善之德)을 상해올지라. 고로 감히 좃기 어려올가

---

532)익낭(翼廊) : 대문의 좌우 양편에 이어서 지은 행랑.
533)빅화운납(白花雲衲) : 하얀 꽃으로 장식한 중의 모자. *운납(雲衲) : 중이 머리에 쓰는 모자.
534)빅나장삼(白羅長衫) : 하얀 천으로 된 승려의 웃옷. 길이가 길고, 품과 소매를 넓게 만든다.
535)물외비인(物外鄙人) : '세상 바깥에 사는 비루한 사람'이라는 뜻으로, 출가(出家)한 승려 등이 자신을 낮추어 이르는 말. *비인(鄙人); '비루한 사람'이라는 뜻으로, 주로 남자가 자기를 낮추어 이르는 일인 칭 대명사.
536)소녀(疎如)ᄒᆞ다 : 성글다. 서툴다.
537)ᄂᆞ지 : 나직이. 위치나 지체가 꽤 낮게.
538)ᄂᆡ상(內相) : '아내'나 '부인'을 달리 이르는 말.

ᄒᆞᄂᆞ이다."

부인이 져의 츄탁(推託)539)ᄒᆞ믈 보믹, 아연(啞然) 실망ᄒᆞ여 지삼 이걸 왈,

"ᄉᆞ뷔 젹은 혐의(嫌疑)를 구이치 말고, 다만 약녀(弱女)의 평싱을 영화롭게 ᄒᆞ신즉, 셰셰싱싱(世世生生)540)에 결초보은(結草報恩)541)ᄒᆞ리이다."

쳥션이 마지 못ᄒᆞ여 허락ᄒᆞ니, 부【14】인이 대회ᄒᆞ더라

신월이 임의 요약을 삼켜 얼골이 변ᄒᆞ엿고 일홈을 곳쳐시니, ᄉᆞ면(四面)의 긔탄ᄒᆞᆯ 거시 업고, 쳥션이 신월노 더브러 원홍의 만금(萬金) 지보(財寶)로 다리믈 밧아시니, 엇지 굿ᄐᆞ여 한·화 등만 해ᄒᆞ려 ᄒᆞ리오. 쳥션 요리와 신월 간비 임의 원홍으로 긔약ᄒᆞ여 힝계ᄒᆞᆯᄉᆡ, 우명야(又明夜)542)의 야심ᄒᆞ믈 기다려 쳥션이 제궁의 니르러 ᄒᆞᆫ낫 건장ᄒᆞᆫ 호한이 되어, 삼쳑 비도(三尺飛刀)를 녑히 ᄭᅵ고 영현당의 드러가니, ᄎᆞ시 한쇼졔 근일은 신긔 소셩(蘇醒)ᄒᆞ여시나 톄찰의 만니 흉봉(凶鋒)을 넘녀ᄒᆞ【15】며, 버거 부친의 좌와(坐臥) 젹막ᄒᆞ시믈 슬허, 비록 존당의 귀근을 고ᄒᆞ여 친측의 도라가고져 ᄒᆞ나 부친이 허ᄒᆞ실니 업고, 계모의 궁흉교악(窮凶狡惡)ᄒᆞ미 장ᄎᆞᆺ 호심낭슐(虎心狼術)543)을 기리 장(藏)ᄒᆞ여시니, 비록 그 친가의 도라가나 아직은 홀일업거니와544), 시졀을 만난 즉 긔셰(其勢) 아모 곳에 밋츨 줄을 아지 못ᄒᆞ니, 가란(家亂)이 뎡(靜)ᄒᆞᆯ 날이 머러시믈 슬허ᄒᆞ미, 옥장금심(玉腸金心)545)이 날노 소삭(消索)ᄒᆞ믈 면치 못ᄒᆞ더니, 시야의 혼뎡(昏定)을 파ᄒᆞ고 침소의 도라오더니, 즁당(中堂)의셔 화쇼져를 보고 깃거 쇼왈(笑曰),

"부ᄌᆞ(夫子) 먼니 츌졍【16】ᄒᆞ시고, 조부인이 니부의 머므샤 밋쳐 도라오지 못ᄒᆞ시니, 심회 ᄌᆞ못 불안ᄒᆞ미 만흔지라. 졍히 부인을 보옵고져 ᄒᆞ더니 서로 만나니 다힝ᄒᆞ도소이다."

한쇼졔 온유히 칭샤ᄒᆞ고 ᄒᆞᆫ가지로 침소의 니르러 한담ᄒᆞ다가, 야심ᄒᆞ미 서로 자기를 쳥ᄒᆞ여 상상(床上)의 나아가 첫 ᄌᆞᆷ이 몽농(朦朧)ᄒᆞ더니, 이ᄯᅵ 쳥션이 후창하(後窓下)에셔 규시(窺視)ᄒᆞ여, 냥쇼졔 ᄒᆞᆫ듸셔 취슉(就宿)ᄒᆞ믈 보믹 크게 깃거, 스스로 묘ᄒᆞ믈 닐ᄏᆞ라 언연이 비슈를 ᄭᅵ고 방즁의 돌입ᄒᆞ여, 바로 냥부인의 와상(臥床)을 향ᄒᆞ여 질으고져 ᄒᆞᄂᆞᆫ 톄ᄒᆞ다가, 【17】그릇 실슈ᄒᆞ여 ᄋᆞ시비 능옥의 다리를 미이 드딕니,

---

539) 츄탁(推託) : 다른 일을 핑계로 거절함.
540) 셰셰싱싱(世世生生) : 몇 번이든지 다시 환생하는 일. 또는 그런 때. 중생이 나서 죽고 죽어서 다시 태어나는 윤회의 형태이다.
541) 결초보은(結草報恩) : 죽은 뒤에라도 은혜를 잊지 않고 갚음을 이르는 말. 중국 춘추 시대에, 진나라의 위과(魏顆)가 아버지가 세상을 떠난 후에 서모를 개가시켜 순사(殉死)하지 않게 하였더니, 그 뒤 싸움터에서 그 서모 아버지의 혼이 적군의 앞길에 풀을 묶어 적을 넘어뜨려 위과가 공을 세울 수 있도록 하였다는 고사에서 유래한다.
542) 우명야(又明夜) : 모레 밤.
543) 호심낭슐(虎心狼術) : 범의 사나움과 늑대의 교활함.
544) 홀일업다 : 하릴없다. 달리 어떻게 할 도리가 없다.
545) 옥장금심(玉腸金心) : 옥처럼 굳고 쇠처럼 단단한 마음.

능옥이 첫줌이 몽농혼 가온디 실식대경ᄒ여 크게 소리 질너 도적이 드럿다 ᄒ니, 한·화 냥쇼져와 유랑과 시비 등이 잠결의 크게 놀나 아모리 홀 줄 모르고, 다만 소리만 질너 '도적이 드럿다' 어즈러이 브르지지니, 쳥션이 거줏 다라ᄂᆞᆫ 톄ᄒ고 칼흘 드러 능옥의 가슴을 지라니, 가히 잔잉ᄒ다, 능옥 쇼비. 불과 십셰 젼 유녀(幼女)로 요리의 칼 아리 맛츠미 되니, 인싱이 가련ᄒ더라.

"쳥션이 능옥을 쾌히 지라고 짐줏 간셔(簡書)와 낭디(囊帶)를 써【18】러치고 다라나니, 유랑 복쳡 등이 도적이 나간 줄 알고 급히 불을 붉히고 보니, 냥쇼졔 놀나 엄식(奄塞)ᄒ기의 밋첫고, 상하(床下)의 젹혈이 낭ᄌᆞᄒ엿ᄂᆞᆫ디, 능옥이 피를 흘니고 경ᄉᆞ(剄死)ᄒ엿더라.

졔녜(諸女) 추경(此景)을 보미 혼비빅산ᄒ여 어즈러이 웨지지니, 즈연 가즁이 소요(騷擾)혼지라. 각당(各堂)이 다 알고 녀로남복(女奴男僕)이 급히 불을 잡고 도적을 ᄯᆞ로나 요리의 졍젹이 비됴(飛鳥) ᄀᆞᆺ트니 어디가 잡으리오. 다만 동원(東園) 장상(墻上)의 사름의 넘어간 ᄌᆞ최 잇고, 장하(墻下)의 금낭(錦囊)과 요디(腰帶)를 바려시디, 밋처 거두지 못ᄒ엿더라.【19】졔복(諸僕)이 거두어 드리니, 추시 한·화 냥쇼져 시비 등이 소유(所由)546)를 태화뎐의 고ᄒ딘, 모든 쇼년 졔싱 등이 관디(冠帶)를 갓초지 못ᄒ고 급히 한부인 침소의 모드니, 추시 졔쇼졔 당즁의 드러가 한·화 냥쇼져를 구ᄒ여 인ᄉᆞ를 출히미, 도찰과 어ᄉᆞ 등이 난함(欄檻)의셔 냥수의 긔운을 뭇고 놀나시믈 위로혼 후, 비복으로 ᄒ야금 능옥의 시신을 치우라 ᄒ고, 도적의 써러치고 간 낭디(囊帶)를 가져다가 여러보니 낭즁(囊中)의 두어 장 흉셔와 요픽(腰牌)547)를 녀허시니, ᄒ여시디, '하람인 텬하협긱(天下俠客) 장취지'ᄒ엿고, 두【20】장 흉셰(凶書) 드러시니, 대강 글와시디,

"박명쳡(薄命妾) 조성난은 장군 좌젼의 글을 븟치ᄂᆞ니, 낭군은 텬하의ᄉᆞ(天下義士)라. 쇼졀(小節)548)을 초개(草芥) ᄀᆞᆺ치 넉이고, 스스로 상예(相如)549)되믈 ᄉᆞ양치 아니니, 쳡이 엇지 ᄯᅩ 탁문군(卓文君)550)의 다졍ᄒ미 업스리오. 쳡이 본디 조상국의 농손(弄孫)551)이오, 경됴윤(京兆尹)552)의 일쇼교(一小嬌)로 존귀ᄒ미 금달공쥬(禁闥公

---

546)소유(所由) : 어떤 일이 일어난 바의 까닭이나 전말(顛末).

547)요픽(腰牌) : 조선 시대에, 군졸·사령·별배 등이 신분을 나타내기 위하여 허리에 차던 패. 나무로 만들어 패의 위쪽에 '엄금(嚴禁)'이라고 새겼다.

548)쇼졀(小節) : 대수롭지 않은 예절.

549)상여(相如) : 사마상여(司馬相如). 중국 전한(前漢)의 문인(B.C.179~B.C.117). 자는 장경(長卿). 그의 사부(辭賦)는 한(漢)·위(魏)·육조(六朝) 문인의 모범이 되었다. 작품에 〈자허지부(子虛之賦)〉 따위가 있다. 무제의 비(妃)인 진아교(陳阿嬌)가 장문궁(長門宮)에 유폐되어 있을 때, 그녀가 다시 무제의 총애를 얻기 위해, 자신의 처지를 형상화한 노래를 지어 무제의 마음을 돌이키게 해 달라는 청을 받고, <장문부(長門賦)>라는 시를 지어준 일로 유명하다.

550)탁문군(卓文君) : 한(漢)나라 부호 탁왕손의 딸로 과부로 있다가 사마상여(司馬相如)와 사랑에 빠져 결혼하였으나, 나중에 상여(相如)가 무릉인(茂陵人)의 딸을 첩으로 삼으려 하자 <백두음(白頭吟)>이란 시를 읊어 이를 단념케 했다.

主)553)의 느리지 아니ᄒᆞ디, 명도(命途)의 다험(多險)ᄒᆞᆷ믈 임의치 못ᄒᆞᄂᆞ지라. 초에 한 님학ᄉᆞ 호부시랑 원모로 ᄋᆞ시뎡약(兒時定約)이 금셕(金石) ᄀᆞᆺ더니, 부친이 고집ᄒᆞ샤 그릇 뎡운긔의 옥모(玉貌)를 과혹(過惑)ᄒᆞ샤 동상(東床)으로 마즈니, 뎡직 풍뉴【21】협골(風流俠骨)이라, 규즁(閨中)의 곳 ᄀᆞᆺ튼 안해와 옥 ᄀᆞᆺ튼 미희(美姬)를 땅땅이 모호고도, 오히려 부족ᄒᆞ여 구슬을 보면 그릇마다 치오고, 곳츨 보면 가지마다 썩고져 ᄒᆞ니, 쳡이 공연이 심규(深閨) 도장554)을 직희여 젹인총즁(賊人叢中)의 공규단장(空閨斷腸)을 감심(甘心)ᄒᆞᄂᆞ지라. 우연이 낭군의 다뎡ᄒᆞᆫ 글을 밧으니 엇지 감샤치 아니리오. 군은 쳡으로 더브러 슈히 향니의 도라가 환낙(歡樂)고져 ᄒᆞ거든 뎡직 밋쳐 도라오지 아냐 대계(大計)를 운동ᄒᆞ여, 몬져 한·화 냥인을 서릇고555) 버거 뎡텬홍과 긔부 뎡연을 아오로 죽이든 못ᄒᆞ【22】나, 흔번 미이 질너 ᄉᆞ싱의 밋게 ᄒᆞ여, 그 ᄋᆞ들과 손ᄌᆞ의 호방을 금치 《아닌흔∥아니흔》 원(怨)을 갑게 ᄒᆞ라."

ᄒᆞ엿고, 그밧 난음픽셜(亂淫悖說)이 불가형언(不可形言)이오, ᄯᅩ 흔장 셔찰의ᄂᆞᆫ, ᄌᆞ긔 아직 니부의 잇ᄂᆞᆫ ᄉᆞ이의 온갓 일을 다 경영(經營)ᄒᆞ여, 브듸 ᄎᆞ실(差失)ᄒᆞ미 업게 ᄒᆞ라 ᄒᆞ엿더라.

졔인이 간필(看畢)의 경히ᄎᆞ악(驚駭嗟愕)ᄒᆞ니, 엇지 조금이나 조부인의 츄텬졔월(秋天霽月) ᄀᆞᆺ튼 규힝(閨行)으로 이 ᄀᆞᆺ튼 난음요특(亂淫妖慝)ᄒᆞᆷ믈 비기리오. 젼혀 악당요인(惡黨妖人)이 은복(隱伏)ᄒᆞ여 슉녀의 신셰를 유희ᄒᆞᆷ믈 놀나며 분히ᄒᆞ더라.

도찰 등이 거두워 도라와 존당【23】의 신셩(晨省)ᄒᆞ고 날호여 작야의 한쇼져 침소의 변(變)을 고ᄒᆞ고, 흉셔를 드리니 존당 상해 불승경히ᄒᆞ고, 졔왕이 좌우로 불을 가져오라 ᄒᆞ여 소화ᄒᆞ고, 뎨ᄌᆞ를 경계ᄒᆞ여 왈,

"조현부ᄂᆞᆫ 당셰(當世) 녀ᄉᆞ(女士)라. 간흉이 해코져 ᄒᆞ나 맛춤니 창승(蒼蠅)이 빅옥의 하졈(瑕點)이 되지 못ᄒᆞᄂᆞ니, ᄋᆞ부ᄂᆞᆫ 텬강셩녜(天降聖女)니 빅신(百神)이 도을지라. 엇지 흉언난셜(凶言亂說) 가온디 힘힘이 맛ᄎᆞ리오. 여등은 다시 언두(言頭)의 닐큿지 말나."

도찰 등이 불승황공ᄒᆞ여 복슈슈명(伏首受命)ᄒᆞ더라. 슌태부인이 금후와 졔왕을 도라보아 탄왈,

"노뫼 현【24】·운 냥ᄋᆞ와 셩닌 등 《진외손∥친외손(親外孫)》을 다 위험지디(危險之地)의 보닌 후ᄂᆞᆫ, 모든 ᄌᆞ손의 졀우(絶憂)를 도라보아 비록 슈회(愁懷)를 관심(寬心)ᄒᆞ노라 ᄒᆞ나, 어ᄂᆞ날 슉식침좌(宿食寢坐)556)의 편ᄒᆞ리오. 이제 조쇼뷔(小婦) 업ᄉᆞ니

---

551)농손(弄孫) : 재롱을 부리는 손자.
552)경됴윤(京兆尹) : =한성부 판윤. 조선 시대에, 한성부의 으뜸 벼슬. 품계는 정이품이다.
553)금달공쥐(禁闥公主) : 궁궐에서 사는 공주. *금달(禁闥) : 궐내에서 임금이 평소에 거처하는 궁전의 앞문.
554)도장 : 늑규방(閨房). 부녀자가 거처하는 방.
555)서릇다 : 거두다. 걷어치우다. 정리하다. 없애다. 죽이다. 좋지 않거나 방해가 되는 것을 쓸어 치우다
556)슉식침좌(宿食寢坐) : 자고 먹고 눕고 앉고 하는

노모의 안젼긔화(眼前奇花)를 일흔 둧홀 뿐 아니라, 근늬의 조쇼부를 향ᄒ여 몽됴(夢兆) 불길ᄒ고 ᄯᅩ 그 셩ᄌ광염이 심히 보고시브니, 혜아리건디, 이 ᄯᅩ흔 길됴(吉兆) 아닌가 ᄒᄂ니, 그만ᄒ면 니부 태부인의 환휘 ᄎ셩(差成)ᄒ리니, 슈히 현부를 다려오게 ᄒ라."

금후와 졔왕이 태부인 말숨을 듯ᄌ오미, 비샤슈명(拜謝受命)ᄒ고 즉시 위【25】의를 출혀 조쇼져를 다려오려 ᄒ더라.

가즁 닉외 다만 능옥의 시슈(屍首)를 ᄎᆡ올 ᄯᅟᅳᆷ이오, 작야지변(昨夜之變)을 구외불츌(口外不出)ᄒ여, 가즁상해(家中上下) 힝혀도 닐콧치 아니니, 쳥션요리 변ᄒ여 창승(蒼蠅)이 되어, 그윽흔 벽간(壁間)의 브딋쳐557) 시죵(始終)을 탐관(探觀)ᄒ나, 달니 홀 수 업ᄂ지라. 조쇼졔 도라오믈 기다려 다시 힝ᄉᄒ려 홀시, 졔왕이 조쇼져의 문후ᄒᄂ 시녀다려 도라오라 ᄒ고 미조ᄎ 거교를 보닉【26】니 하관빅리(下官陪吏)558)와 복쳡(僕妾)이 금교옥뉸(錦轎玉輪)559)으로 위의를 츌혀 니부의 니르니, 니노공(老公) 부부와 상하 졔인이 그 긔화명월(奇花明月) ᄀᆞᆺ튼 긔질을 ᄯᅥ나믈 결흠(缺欠)560)ᄒ나 홀일업서, 다만 년년(戀戀)ᄒ니, 조쇼졔 니노공부부와 모든 슉당의 비샤(拜辭)ᄒ니, 도찰의 부인이 ᄯᅩ흔 존당부모를 하직고 조쇼져로 더브러 흔가지로 졔궁의 나아가, 취셩뎐의 니ᄅ러 존당 슉당의 비현ᄒ고, 슉뫼(叔母) 금장(襟丈)으로 녜필(禮畢)에 존후를 뭇ᄌᆸ고 시좌(侍坐)ᄒ니, 졔왕이 ᄉᄉᆞ일쌍광(斜日雙光)561)을 흘녀 조시를 보미, 미간(眉間)의 프란 긔운과 익상(額上)의 【27】희미흔 지익(災厄)이 어릭여시니, 쟝ᄎᆞᆺ 연미(燃眉)562)의 급홰(急禍) 당젼(堂前)ᄒ엿ᄂ지라. 크게 경아(驚訝)ᄒ나 ᄎᆞ역텬의(此亦天意)라 ᄒ고, 심니(心裏)의 탄ᄒ여 근심ᄒ더라.

태부인이 조쇼져를 죵일 안젼(眼前)의 두어 날이 져믈미 시침(侍寢)ᄒ믈 명ᄒ니 쇼졔 ᄯᅩ흔 소원(所願)의 영합(迎合)ᄒ여 비이슈명(拜而受命)ᄒ고, 이 밤을 취셩뎐의셔 시침홀시, 쳥션요리 이 긔미를 알고 깃거, ᄎᆞ야(此夜)의 야심(夜深)ᄒ미 일진괴풍(一陣怪風)이 되어, 칼흘 ᄭᅵ고 대셔헌의 니르러 방즁을 규시ᄒ니, 금평휘 ᄇᆞ야흐로 침쉬(寢睡) 깁헛고 졔왕곤계ᄂ 혼뎡(昏定)563)후 다 믈【28】너나고, 모든 공지 강학(講學)ᄒ다가 야심ᄒ미 일시의 광금(廣衾)을 펴고 침쉬(寢睡) 뇌듕(牢重)ᄒ지라.

요리 이의 칼흘 ᄶᅵ으고 뎡즁(庭中)의 비회ᄒ더니, 인젹을 들녀 ᄡᅥ 알게ᄒ니, 졔공ᄌ

---

557)브딋치다 : 부딪치다. 무엇과 무엇이 힘 있게 마주 닿거나 대다.
558)하관빅리(下官陪吏) : 지체 높은 관원이나 양반이 출입할 때 모시고 따라다니던 소속 하관이나 종.
559)금교옥뉸(錦轎玉輪) : 비단으로 꾸민 가마와 옥으로 장식한 수레.
560)결흠(缺欠) : 무엇인가를 잃은 것 같은 서운한 마음이 일어남.
561)ᄉᄉᆞ일쌍광(斜日雙光) : 두 눈을 비스듬히 내려뜨고 유심히 바라봄. *사일(斜日); 저녁때 비스듬히 비치는 햇빛
562)연미(燃眉) : =초미(焦眉). 눈썹에 불이 붙었다는 뜻으로, 매우 급함을 이르는 말. 불교의 ≪오등회원(五燈會元)≫에 나오는 말이다.
563)혼뎡(昏定) : 잠자리에 들 때에 부모의 침소에 가서 잠자리를 살피고 밤 동안 안녕하기를 여쭘.

는 다 혼몽즁(昏夢中)이나, 홀노 진공의 장조 유긔 잠결의 인젹이 이시믈 듯고 창틈으로 보니, 희미흔 월하(月下)의 일개 호한(豪悍)이 칼흘 어라만지며 흔조말노 탄왈,

"영쥐(瀛洲)564) 길이 희미치 아녀시니 낙포(洛浦)565)의 그림지 머지 아니ᄒᆞ되, 지쳑(咫尺)이 쳔니라. 어이 ᄒᆞ면 작교가회(鵲橋佳會)566)를 일우리오."

ᄯᅩ 분개 왈,

"대장뷔 엇지 미양 인분(忍憤)ᄒᆞ여 나의 미【29】망옥인(未忘玉人)을 남의게 ᄉᆞ양ᄒᆞ리오. 뎡(定)코 금야의ᄂᆞᆫ 노젹 뎡연과 노흥 슌녀를 죽이고 조시를 넙히 ᄶᅧ 다라나리라."

셜파의 용약ᄒᆞ여 칼흘 늘니더니, 믄득 음운(陰雲)이 ᄉᆞ식(四塞)ᄒᆞ고 셔리 빗치 몽몽(濛濛)ᄒᆞ여, 사름이며 칼히믈 분간키 어렵더라. 즉시 법슐을 긋치고 호호히 우어 왈,

"이제 노젹이 ᄌᆞ나 아니 ᄌᆞ나 무어시 두리미 이시리오."

ᄒᆞ고, 후창을 쾌히 박ᄎᆞ고 ᄶᅱ여드니, 깁장이 믜여지며567) 금병(錦屛)이 너머지ᄂᆞᆫ 소리 ᄌᆞ못 요란흔지라. 금평후와 제공지 다 놀나되, 유긔ᄂᆞᆫ 본ᄃᆡ 담대흔지라. ᄲᆞᆯ니 벽【30】상(壁上)의 참요검(斬妖劍)568)을 ᄲᅢ혀 들고 대호(大呼) 왈,

"요젹(妖賊)은 하쳐츌(何處出)이완ᄃᆡ 감히 군ᄌᆞ 안젼을 두리지 아니코 요언망셜(妖言妄說)을 놀니ᄂᆞ뇨?"

ᄒᆞ니, 참요검의 상운(祥雲)이 니러나ᄂᆞᆫ 곳에, 요슐이 스스로 사라지ᄂᆞᆫ지라. 요리(妖尼) ᄉᆞ지무긔(四肢無起)569)ᄒᆞ고 심신(心身)이 경악(驚愕)ᄒᆞ니 황망이 칼흘 ᄲᆞ을고, 졈죽이570) 픠(敗)ᄒᆞ여 일진괴풍(一陣怪風)이 되여 얼골을 ᄀᆞᆷ초니, 제공ᄌᆞᄂᆞᆫ 요변(妖變)이믈 아지 못ᄒᆞ여 면면상고(面面相顧)ᄒᆞ고, 금평휘 탄식 왈,

"괴이흔 가변이 층싱(層生)ᄒᆞ여 슉인현부(淑仁賢婦)로 ᄒᆞ야금 평안ᄒᆞ믈 엇기 어렵도다."

ᄒᆞ고, 인ᄒᆞ여 시동(侍童)을 불너 쵹을 붉히【31】고 다시금 니를 슈습고져 ᄒᆞ더니, 믄득 닉당(內堂)으로조ᄎᆞ 도젹이 드럿다 웨ᄂᆞᆫ 소릭 요란ᄒᆞ니, 금휘 대경ᄒᆞ여 제ᄌᆞ손을 거ᄂᆞ려 닉당으로 향ᄒᆞ니라.

이ᄯᅦ 쳥션이 유긔의게 ᄶᅩᆺ치며 일진괴풍(一陣怪風)이 되여 〇[닉]졍으로 드러가니,

---

564)영쥐(瀛洲) : ①중국의 진시황과 한 무제가 불사약(不死藥)을 구하러 사신을 보냈다는 가상의 선경(仙境). ②삼신산의 하나. 늑영주산.

565)낙포(洛浦) : 중국 하남성(河南省) 낙수(洛水) 가에 있는 지명. 복희씨(伏羲氏)의 딸 복비(宓妃)가 이곳에 빠져죽어 수신(水神)이 되었다고 함.

566)작교가회(鵲橋佳會) : 오작교(烏鵲橋) 위에서의 아름다운 만남. *오작교(烏鵲橋); 까마귀와 까치가 은하수에 놓는다는 다리. 칠월 칠석날 저녁에, 견우와 직녀를 만나게 하기 위하여 이 다리를 놓는다고 한다.

567)믜여지다 : '믜다' 팽팽한 가죽이나 종이 따위가 해어져서 구멍이 나다.

568)참요검(斬妖劍) : 요괴(妖怪)나 요사(妖邪)한 기운를 베는 신령한 칼.

569)ᄉᆞ지무긔(四肢無起) : 팔다리를 마음대로 움직이지 못함.

570)졈쥭ᄒᆞ다 : 점직하다. 부끄럽고 미안하다' 뜻.

슌태부인은 임의 취침ᄒᆞ연지 오ᄅᆡ나, 조쇼졔 스스로 심ᄉᆞ(心事) 불평ᄒᆞ여 오히려 자지 아녓더니, 쳥션이 창틈으로 규시ᄒᆞᄆᆡ 그 일월졍명지긔(日月精明之氣)를 두려 감히 나아갈 의ᄉᆞ를 못ᄒᆞ고, 다만 먼니셔 요ᄉᆞᆯ과 긔운을 발ᄒᆞ여 창틈으로 비도(飛刀)를 늘녀 져으니571), 홀연 ᄒᆞᆫ줄 흑긔(黑氣) 【32】 미만(彌滿)ᄒᆞ여 당즁의 ᄌᆞ옥ᄒᆞ며, 큰칼이 졀노 ᄂᆞ라드러와 태부인 와상(臥床) 머리를 미이 치니, 상이 ᄭᆡ여지며 공즁의셔 놉휘 웨여 왈,

"슌가 노흉은 죽으믈 앗기거든 나의 미망(未忘) 옥인(玉人) 조셩난을 그만ᄒᆞ여 도라 보ᄂᆡ라."

ᄒᆞ니, 가즁인이 잠결의 이 소ᄅᆡ를 듯고 놀나지 아니 리 업고, 태부인이 대경실ᄉᆡᆨᄒᆞᄂᆞᆫ 즁, 칼 ᄭᅳᆺ히 익간(額間)이 닷쳐 상ᄒᆞ여 혈흔(血痕)이 낭ᄌᆞᄒᆞ니, 슉직 시ᄋᆡ 황황이 외던과 각당의 고급(告急)ᄒᆞᄂᆞᆫ지라.

조쇼졔 ᄎᆞ경을 안도(眼睹)572)ᄒᆞᄆᆡ 비록 구구삼셜(九口三舌)573)이나 무슴 말을 하리오. 요젹의 흉셜(凶說)이 ᄌᆞ가의 빙 【33】 옥방신(氷玉芳身)의 욕되믄 둘지오, 태부인 셩톄(聖體) 듕상(重傷)ᄒᆞ시믈 보니, 진하직(在下者) 망극ᄒᆞ니, 다만 봉관(鳳冠)574)을 탈(脫)ᄒᆞ고 비실(鄙室)의 셕고ᄃᆡ죄(席藁待罪)575)ᄒᆞ니, 유랑 시비 등이 슬허ᄒᆞ더라.

금평휘 졔왕 등과 졔손을 거ᄂᆞ려 드러와 태부인 상쳐를 보고 ᄎᆞ악경희(嗟愕驚駭)ᄒᆞ여 밧비 금창약(金瘡藥)576)을 붓치고 쳥심단(淸心丹)577)을 프러 구호ᄒᆞ니, 식경이 지ᄂᆞᆫ후 비로소 졍신을 출히니, 졔왕이 면관 쳥죄 왈,

"쇼손이 불초(不肖)ᄒᆞ와 가졔불찰(家齊不察)ᄒᆞ므로 괴변이 층츌ᄒᆞ오니, 이ᄂᆞᆫ 젼혀 쇼손의 용녈(庸劣)ᄒᆞ미로소이다."

금평후ᄂᆞᆫ 묵연 탄식고, 모부인 상쳐를 슬 【34】 허ᄒᆞ며, 조시의 젼졍(前程)을 넘녀ᄒᆞ고, 태부인이 역탄역쇼(亦嘆亦笑) 왈,

"텬흥은 노모의 상쳐를 넘녀 말나. 흉인의 간계 아모조록 조현부를 해ᄒᆞ려 ᄒᆞ미로다."

하고, 조시를 ᄎᆞᄌᆞ니, 좌위 그 ᄃᆡ죄(待罪)ᄒᆞ믈 알외니, 태부인이 놀나 왈,

"간인이 비록 해ᄒᆞ나 우리 등이 조금도 의심치 아닛ᄂᆞ니, ᄋᆞ뷔 엇지 비실(鄙室)의 죄인이 되리오. ᄲᆞᆯ니 불너 평신ᄒᆞ게 ᄒᆞ라."

---

571)져으다 : 젓다. 흔들다.
572)안도(眼睹) : =목도(目睹). 눈으로 직접 봄.
573)구구삼셜(九口三舌) : '아홉 입과 세 혀'라는 뜻으로 많은 말을 늘어놓는 것을 말함.
574)봉관(鳳冠) ; 옛날 부인들이 썼던 봉황 문양의 장식이 되어 있는 관.
575)셕고ᄃᆡ죄(席藁待罪) : 거적을 깔고 엎드려서 임금이나 윗사람의 처분이나 명령을 기다리던 일. 늑석고대명.
576)금창약(金瘡藥) : =금창산(金瘡散). 한의학에서
577)쳥심단(淸心丹) : 청심환(淸心丸). 한의학에서, 심경(心經)의 열을 푸는 환약. =우황청심환(牛黃淸心丸)

금휘 제왕을 도라보니 왈왈,

"왕모와 대인이 조식부의 빅옥무하(白玉無瑕)ᄒ믈 알아시고 브릭고져 ᄒ시나, 조이 벅벅이 슌슈(順受)치 아닐 거시니 유죄무죄간(有罪無罪間) 아직 바려【35】두샤이다. 간인의 흉계 결단코 그만 ᄒ지 아니리니, 젹지 아닌 근심이로소이다."

태부인이 졈두ᄒ더라. 이러구러 날이 붉으미 가즁샹해 인ᄒ여 신셩ᄒ고 믈너나다.

쳥션요리 변ᄒ여 모긔 되여 벽샹의 븟터 젼후 동졍을 다 알고, 홀일업셔 원가 별당의 니르러 홍을 보고 수말을 젼ᄒ고 왈,

"샹공이 ᄎ시를 타 여ᄎ여ᄎ 묘계(妙計)를 힝ᄒ여, 십삼도 어스 즁의 의논이 드럼즉 ᄒ니를 쳥ᄒ여, 금보지물(金寶財物)노뻐 ᄭ치치고 후히 미즈, 여ᄎ여ᄎ 소계(疏啓)[578]ᄒ시면, 조시의 죄악 음힝이 우흐로 텬【36】궐의 드레고, 아리로 만셩ᄉ셔(萬姓士庶)[579]의 알아미 된즉, 국법을 굽히지 못ᄒ리니, 제왕 부ᄌ곤계(父子昆季) 비록 텬디를 진작(裁酌)[580]ᄒ는 슬긔 이시나, 엇지 뉼(律)아리 죄인을 건져닐 길히 이시리오. 연즉(然則) 뉼젼을 샹고ᄒ여 죽이거나 졀역변ᄉ(絶域邊塞)의 귀향 가리니, 이리 민든 후 ᄯ 각별 묘계를 베퍼 져를 강취(強取)치 못홀가 근심ᄒ리잇가?"

원홍이 대희ᄒ여 즉시 시어스 비문필을 쳥쵹(請囑)ᄒ여 소계(疏啓)ᄒ려ᄒ니, 원ᄂᆡ 비문필은 하람인이라. 본디 유문ᄌ뎨(儒門子弟)로 디디로 문학이 소여(疏如)ᄒ여 그 칠디죄(七代祖) 한【37】님원(翰林院) 셔길ᄉ(庶吉士)[581]를 ᄒ엿더니, 조셰(早逝)ᄒ고 뉵디조로브터 향니의 침곤(沈困)ᄒᄆᆡ, 문필의게 밋쳐는 가셰 졈졈 쇠잔(衰殘)ᄒ여 궁곤(窮困)ᄒ더니, 맛춤 동닌(洞隣)의 호부(豪富)ᄒᆫ 향환(鄉宦)이 일녀를 두어시므로, 문필을 거두워 사회 삼고 글을 ᄀᆞ라치니, 문필의 부ᄆᆡ 닌친(姻親)의 문회(門戶) 한쳔(寒賤)ᄒ고 신뷔 극히 불미(不美)ᄒ믈 알오디, 져히 하 빈한(貧寒)ᄒ니, 드디여 허가의 사회를 삼고, 허가의셔 니우는 냥미(糧米)로 유족히 지닌더니, 문필이 글을 빅화 경스의 와 등과(登科)ᄒ여 벼슬이 시어스(侍御史)의 니르니, 부ᄆᆡ 깃거ᄒ고 향당이 츄존ᄒ【38】며, 허시 ᄆᆡ양 어스의 부귀현달ᄒ미 다 제집 은혜라 ᄒ여, 구고와 가부를 능경(陵輕)ᄒ나, 비공부뷔 며느리를 져허 말을 못ᄒ더라. 문필이 탐심(貪心)이 무염(無厭)ᄒ여, 지물을 주마 ᄒ죽 셩명(姓名)도 앗기지 아니터라.

원홍이 비어스의 위인(爲人)을 ᄌᆞ시[582] 알고 깁히 사괴엿더니, 쳥션의 획계(劃計)를 듯고 즉시 스미의 황금 오빅냥과 명쥬 십미를 너코 비가의 니르러 한훤파의, 금쥬(金珠)를 닉여노코 닐오디,

---

578)소계(疏啓) : 임금게 소(疏)를 올려 아룀.

579)만셩ᄉ셔(萬姓士庶) ; 온 백성.

580)직작(裁酌) : 재량(裁量). 자기의 생각과 판단에 따라 일을 처리함.

581)셔길ᄉ(庶吉士) : 관직명. 중국 明·淸나라 때 한림원(翰林院)에 둔 관명. 진사(進士) 가운데서 문학에 뛰어난 사람을 뽑아 임명했다. =서상(庶常).

582)ᄌᆞ시 : 자세히.

"근일 드르니 녕낭(令郎)의 친〈(親事)를 뇌뎡(牢定)ᄒ엿다 ᄒ니, 대〈(大事)의 군핍ᄒ미 만흐리니, 장염(粧匳)의 보틱게 ᄒ라." 【39】

빅어〈 크게 감은ᄒ여 냥슈(兩手)로 금쥬(金珠)를 밧아 셔안(書案)의 노코 칭샤ᄒ니, 원홍이 졍쇠 왈,

"고인은 지긔(知己)를 위ᄒ여 죽는다 ᄒ니, 쇼쇼ᄒᆫ 직물을 보고 엇지 이딕도록 칭은ᄒ리오."

빅어시 더욱 감샤ᄒ여 쥬효(酒肴)를 나와 빈쥐 통음홀〈, 홍이 잔을 잡고 왈,

"요〈이 강상(綱常)을 더러이고 풍화를 니져바리는 음녀발뷔(淫女潑婦) 언연이 옥누화각(玉樓華閣)의 쳐ᄒ여시니 엇지 한심치 아니리오. 형이 만일 이런 풍화를 가다듬아 일장 소봉(疏封)을 단지(丹墀)583)의 올녀 발부의 죄를 졍히 ᄒ면, 형의 쳥현아망(淸賢雅望)이 일셰의 【40】 쮜여나리라."

빅어〈 왈,

"현형은 ᄌ시 닐오라."

홍이 젼후시말(前後始末)을 다 닐은딕, 빅어시 텽필(聽畢)의 묵묵(默默)ᄒ니,

홍이 쇼왈,

"현형이 오히려 셰리(勢利)의 굴ᄒ여 져의 위엄을 두리는도다. 이 일이 아조 쉬오니 졔왕의 원비 윤의렬이 조시로 족의 잇는 고로, 뎡가 부ᄌ 조상국의 안면을 고렴ᄒ여 참아 그 음난(淫亂)ᄒ 졍젹(情迹)을 나타닉지 못ᄒ고, 아직 가도왓다가 타일 뎡운긔 도라온 후 의논ᄒ여 죽이고져 ᄒ미니, 굿트여 음부를 고렴ᄒ미 아니오, 쏘 원간 곡졀이 잇ᄂ니, 운긔 풍뉴방탕ᄒ 가온딕 조 【41】 시 규녀로 이실제 브터 힝실이 파쳔(破賤)ᄒ던 줄 더러이 넉여, 박딕 태심ᄒ고, 쏘 다란 쳐쳡이 ᄀᄃᆨᄒ여시니, 조네 시고로 구가(舅家)와 가부(家夫)를 원망ᄒ여 여ᄎ 흉〈(凶事) 일윗ᄂ지라. 실즉(實則) 부부지간이 구쉬(仇讐) 되어시니, 졔뎡이 그 〈싱(死生)을 일호(一毫) 고ᄌ(顧藉) ᄒ미 업〈딕, 다만 구이(拘礙)ᄒᄂᆫ 바는 겹겹 안면이라. 현형이 이런 어렵지 아닌 일을 엇지 유예(猶豫)ᄒᄂ뇨?"

빅어시 과약기언(果若其言)584)ᄒ여 슌슌 응낙고, 이의 원홍으로 의논ᄒ여 일봉 소를 지어 옥폐(玉陛)의 헌ᄒ니, 이쩍 조쇼졔 봉변(逢變)ᄒ연지 삼일 【42】 이라. 상이 통명뎐(通明殿)의 셜됴(設朝)ᄒ여 계시더니, 빅문필의 소봉(疏封)이 올으니, 상이 한님학〈로 ᄒ여금 닑히시니, 대개 글와시딕,

"복이(伏以)585) 신(臣) 빅문필은 셩황셩공(誠惶誠恐)ᄒ와 공논(公論)으로 조ᄎ 셩딕치화(聖代治化)의 만고강상(萬古綱常)586)을 붉히고져 ᄒ와, 위셰를 두려 아니ᄒ옵고,

---

583)단지(丹墀) : 붉은 칠을 하거나 화려하게 꾸민 마룻바닥.
584)과약기언(果若其言) : 과연 그 말과 같이 함.
585)복이(伏以) : '엎드려 아뢰옵건대'. 상소문의 첫머리나, 화제(話題)가 달라진 문단의 머릿글에 주로 쓰인다.

왕후지상(王侯宰相) 규각(閨閣)의 히변(駭變)을 가져 탑하(榻下)의 알외느이다. 신은
통고금(通古今)ᄒ며 달ᄉ리(達事理)ᄒ오니, 인의녜지(仁義禮智)와 튱효강상(忠孝綱常)
은 만고대졀(萬古大節)의 읏듬이오, 셩뎨명왕(聖帝明王)의 지으신 법뎐이라. 이제 평졔
왕 뎡모의 ᄎ부(次婦) 조시ᄂᆞᆫ 젼임 경됴윤 조현슌의 녜【43】오, 결안 대원슈 뎡운긔
의 쳬(妻)라. 조녜 본ᄃᆡ 질투음악(嫉妬淫惡)ᄒ오미 심ᄒ니, 운긔 박디ᄒ여 심당의 드리
치고 다란 쳐쳡을 갓초와 화락ᄒ오니, 그 부죄(父祖) 조녀의 음악ᄒ오믈 눗비 넉여,
ᄌ손의 호방(豪放)ᄒ오믈 금지ᄒ오미 업ᄉ오니, 조녜 지아비를 ᄒᆞᆫᄒ고 구가를 원망ᄒ
여, 드듸여 간부(姦夫)를 ᄉ통(私通)ᄒ여 운긔 나아간 ᄉ이의 여ᄎᆞ 여ᄎᆞ 변을 지으며,
ᄌ긱을 드려 듁쳥의 조모 슌시를 해ᄒ려 ᄒᄂᆞᆫ 지경의 밋ᄎᆞᄃᆡ, 뎡가 부지 조가의 안면
(顔面)을 구이ᄒ여, 다만 넌ᄌ시 업시코져 ᄒ여 뭇어두【44】어시니, 이곳 셩뎌지치의
대변이라. 복원 폐하ᄂᆞᆫ 명찰ᄒ샤 만고 강상을 졍히 ᄒᆞ쇼셔."

ᄒ엿더라.

뎐상뎐해(殿上殿下) 막불경히(莫不傾駭)ᄒ고, 상이 불승히악(不勝駭愕)ᄒ샤, 옥ᄉᆡᆨ(玉
色)을 곳치시고, 졔왕과 조승상을 뎐폐(殿陛)의 브르샤, 슈돈(繡墩)을 주시고 옥음(玉
音)을 열어 ᄀᆞᆯ오샤ᄃᆡ,

"뎡·조 냥션싱은 국가의 쥬셕지신(柱石之臣)일 ᄲᅮᆫ 아니라, 만고강상과 인의녜지를
ᄇᆞᆰ히 알니니, 현마 조션싱의 손과 뎡션싱의 뷔(婦) 여ᄎᆞ 음누악ᄒᆡᆼ(淫陋惡行)은 결단코
업ᄉ리니, 젼언(傳言)이 과실(果實)ᄒ미랴?"

조상국과 졔왕이 부복(叩頭)ᄒ여 텬어(天語)를 듯ᄌᆞ오미, 면관고두(免冠叩頭) 쳥죄
【45】왈,

"신등이 가졔어하(家齊御下)의 불명무상(不明無狀)ᄒ여, 규듕(閨中)의 이런 누ᄒᆡᆼ(陋
行)이 만셩(萬姓)의 훼ᄌᆞ(毀訾)ᄒᆞᆸ고, 폐하의 셩교풍화(聖敎風化)를 더러이오니, 규듕
의 어린 녀ᄌᆞ를 홀노 칙망치 못ᄒᆞ올지라. 젼혀 신등의 무상ᄒᆞᆫ 죄로소이다."

상이 ᄎᆞ탄 왈,

"조녜 진실노 이ᄀᆞᆺᄐᆞᆫ 누ᄒᆡᆼ이 이신즉, 이ᄂᆞᆫ 요슌지ᄌᆞ(堯舜之子) 불초ᄒ미라. 유죄무
죄간(有罪無罪間) 언관의 소듕ᄉᆞ(疏中事) 여ᄎᆞᄒ니, 법뎐(法典)의 가히 물시(勿視)치
못ᄒᆞᆯ지라. 형부로 ᄒᆞ야금 조시의 좌우를 잡아 간졍(奸情)을 ᄉᆞᄒᆡᆨ(查覈)○[케]ᄒ라."

ᄒ시니, 조상국과 졔왕이 물너나고, 형부상셔 위흠이 됴명을 밧ᄌᆞ【46】와 즉시 ᄎᆞ
인(差人)587)을 발ᄒ여, 졔궁의 가 조쇼져의 좌우 유ᄋᆞ(乳兒)588) 복쳡(僕妾)589)을 잡히
니, 관치 졔궁의 니ᄅᆞ미 조쇼졔 기리 탄식ᄒ고 가기를 명ᄒ니, 졔녜 통곡ᄒ고 관치를

---

586)만고강상(萬古綱常) : 영원토록 변치 않을, 사람의 마땅히 지켜야 할 도리. *강상(綱常); 삼강(三綱)과
　　오상(五常=五倫)을 아울러 이르는 말. 곧 사람이 지켜야 할 도리를 이른다
587)ᄎᆞ인(差人) : 관아에서 임무를 주어 파견하던 일. 또는 그런 사람.
588)유아(乳兒) : 유모와 시아(侍兒)를 함께 이르는 말.
589)복쳡(僕妾) : 복비(僕婢). 계집종과 사내종을 아울러 이르는 말.

조ᄎ가니, 졔왕이 졔ᄌ를 거ᄂ려 존당의 현알ᄒ고 연즁(筵中)590) 수말(首末)을 고ᄒ니, 태부인으로 브터 존당구고(尊堂舅姑) 슉당(叔堂)이며 ᄌ미(姉妹) 금장(襟丈) 등이 앗기믈 마지 아니ᄒ고, 태부인이 츄연 왈,

"조ᄋ의 셩녀슉완으로 텬되 엇지 이러툿 ᄒ신고? 어ᄂ 곳에 요인이 은복ᄒ여 운ᄋ의 가도(家道)를 산난케 ᄒᄂ고?"

금평휘 주왈,

"조이 본디 ᄌ용덕질(才容德質)591)이 초셰(超世)ᄒ【47】오미 남다라온 고로, 조물(造物)592)의 싀긔(猜忌)ᄒ믈 만나미니, 일시 운익(運厄)의 긔구ᄒ오미나, 본디 하ᄂᆯ긔 타난 달슈영복(達壽榮福)은 등ᄒ치 아니ᄒ오니, 스스로 운익이 사라지면 빅ᄌ(百災)를 소마(消磨)ᄒ고 만복이 무량ᄒ오미 윤현부의 ᄂ리지 아니리이다."

졔왕이 ᄯᅩ흔 부군의 셩픠 지연(至然)593)ᄒ시믈 고ᄒ여 과려치 마라시믈 지삼 청ᄒ더라. 윤・양・니・경 ᄉ비와 문양공쥬 ᄯᅩ흔 식부의 참누악얼(慘累惡孼)이 아모 곳의 밋출 줄 아지 못ᄒ여, 깁흔 근심이 월아(月蛾)594)를 둘너시니 가즁의 화긔 ᄉ연ᄒ고 장소졔 ᄯᅩ흔 슬허ᄒ더라.

ᄎ시 형【48】부상셰 조쇼져 좌우를 잡아 엄츄(嚴推)595)ᄒᆯ시, 위상셔ᄂ 쳥념졍직(淸廉正直)ᄒ다 닐ᄋ지 못ᄒ나, ᄯᅩ흔 튱후(忠厚)ᄒᆯ지언뎡 강단(剛斷)이 업ᄂ지라 졔녀를 져주미596), 졔네 져마다 긔운이 서리ᄀᆺ고 말슴이 강녈ᄒ여, 쥬인의 원앙ᄒ믈 고ᄒ미 조금도 구속ᄒ미 업스니, 형뷔 ᄒᆯ일업서 이디로 계달(啓達)ᄒ려 ᄒ니, 쇼시ᄋ 경잉이 거줏 미를 니긔지 못ᄒᄂ 톄ᄒ여, 불하일장(不下一杖)의 복초 왈,

"쥬인의 암밀지스(暗密之事)를 당하(當下) 쳔비 엇지 알니잇고 마ᄂ, 본부 엄부인이 쥬모를 만ᄂ(晚來) 쇼교(小嬌)로 ᄌ이 과도ᄒ시므로, 쥬인이 규【49】슈로 계실 적에 엄부인이 그 풍질ᄌ용(風質才容)을 앗겨 그 죵질(從姪) 원시랑으로 혼인을 허ᄒ여 계시더니, 피ᄎ(彼此) 옥환션초(玉環扇貂)597)로 엄부인 안젼(眼前)의셔 신물(信物)을 ᄶ치고 밍약이 잇더니, 조노애 여ᄎ 여ᄎ 뎡한님을 보시고 원가 혼스를 물니쳐 뎡한님을 동상(東床)의 마ᄌ시니, 뎡한님이 풍뉴호방(風流豪放)ᄒ오미, 옥 ᄀᆺ튼 부인과 ᄭᅩᆺ ᄀᆺ튼 미인을 동셔로 모화 화락ᄒ시나, 홀노 조부인 박디ᄒ시믄 불근인졍(不近人情)ᄒ시니, 조부인이 도로혀 원이 깁흐나 감히 친당의 도라가지 못ᄒ시더니, 의외에 뎡원쉬

---

590) 연즁(筵中) : 경연즁(經筵中). 경연(經筵) : 고려・조선 시대에, 임금이 학문이나 기술을 강론・연마하고 더불어 신하들과 국정을 협의하던 일. 또는 그런 자리. 공양왕 2년(1390)에 서연을 고친 것으로 왕권의 행사를 규제하는 중요한 일을 수행하였다. ≒경악(經幄)

591) ᄌ용덕질(才容德質) : '재주・용모・덕・본성'을 함께 이른 말.

592) 조물(造物) : ①조물주가 만든 온갖 물건. ②조물주.

593) 지연(至然) : 지극히 마땅함.

594) 월아(月蛾) : =초월아미(初月蛾眉), 초승달처럼 아름다운 눈썹.

595) 엄츄(嚴推) : =엄형추문(嚴刑推問). 엄한 형벌을 가해 죄인을 문초함.

596) 져주다 : 형신(刑訊)하다. 심문하다.

597) 옥환션초(玉環扇貂) : 옥으로 만든 가락지와 부채고리에 매어단 장식품..

걸안을 소탕【50】ㅎ라 츌스(出師)ㅎ시니, 아쥬(我主) 그 스이룰 타 귀령ㅎ여 계시더
니, 쇼비 곡졀은 즈시 아옵지 못ㅎ오딕 기간에 무슴 셰밀지스(細密之事) 잇습던지 여
츳 괴변이 낫스오니, 이제 즈시 알고져 ㅎ시면 조부인의 좌우 심복을 다시 츄문ㅎ신
죽, 진가(眞假)를 즈시 알아실 거시오, 또 원간 아쥬 뎡노야의 위엄을 두리시므로 즁
목소시(衆目所視)의 투악을 감히 방즈치 못ㅎ시나, 한 · 화 냥부인 졀치ㅎ시미 심두(心
頭)의 밍얼(萌蘖)ㅎ온598) 고로, 믄득 한부인의 틱신(胎娠)의 경시 몬져 이시니, 힝혀
웅비(雄飛)의 길셩(吉星)을 졈득(占得)ㅎ여 원위(元位)를 엿볼가 져허【51】ㅎ나, 해홀
모칙(謀策)이 업서 울민(鬱悶)ㅎ던 츳(次), 한부인이 귀령ㅎ여 계시더니 유질ㅎ믈 인ㅎ
여, 한부 비즈 신월을 여츳 여츳 쳔금뇌우(千金賂遇)599)로써 사괴여, 그 무음을 깃기
고 도모ㅎ여, 한부인 진음ㅎ시는 약의 독을 너헛더니, 신월이 일을 쥬밀이 못ㅎ여 악
시 들쳐나게 되오니, 한츄밀노얘 신월을 엄츄ㅎ시니, 신월이 만흔 직물을 밧아시니 참
아 실초(實招)를 못ㅎ여, 녯날 한츄밀부인 관시 의녀(義女)의게 부즈(不慈)흔 일이 만
터니, 이제는 회과쳔션ㅎ여시딕, 신월이 믄득 죄를 두루혀 관부인【52】이 젹녀룰 해
ㅎ려 져를 フ라쳐 치독(置毒)ㅎ미라 ㅎ니, 한노얘 대로ㅎ샤 신월을 옥의 ㄴ리오시고
관부인을 대칙ㅎ여 영츌(永出)ㅎ려 ㅎ시니, 관부인이 원억ㅎ믈 니긔지 못ㅎ여 여츳 여
츳ㅎ고 즈결ㅎ시니, 관부인 뎨남 관시랑이 니릭러 형미룰 구ㅎ시며, 한노야룰 딕ㅎ여
신월을 다시 엄츄ㅎ려 ㅎ시니, 조부인이 거즛 유랑을 보닉여 한부인을 문병ㅎ는 톄ㅎ
고, フ마니 술과 안쥬의 약을 섯거 옥니(獄吏)룰 여츳 여츳 다릭여 먹여 인스룰 바린
후, 신월을 아스 도라와 힝혀 경스의 【53】갓가이 둔죽 잡히는 환이 이실가 져허 먼
니 보닐시, 직물을 만히 주어 살나ㅎ고, 뎡노얘 츌스(出師)ㅎ샤 밋쳐 도라라오지 아냐
셔, 한 · 화 냥부인과 졍당을 다 침해(侵害)ㅎ고, 스스로 간부룰 조츠 하방(遐方)의 도
라가 평안이 살녀ㅎ미니이다."

형뷔 경잉의 간초(奸招)룰 밧으미, 능히 오됴(烏鳥)의 즈웅(雌雄)을 분간치 못ㅎ여,
다시 취옥 등을 형벌의 올니니, 졔네 긔운이 강개ㅎ여 경잉을 フ라쳐 꾸지즈니, 경잉
이 닝쇼 왈,

"그딕 등은 간스흔 말 말나. 사룸이 フ만흔 일을 ㅎ미 알니 업다ㅎ나, 그딕 등의 닐
은바 굿틱【54】여, 텬디신기(天地神祇)600) 숣피시미 쇼쇼(昭昭)ㅎ니, 그딕 등의 진튱
갈녁(盡忠竭力)ㅎ믈 우이 넉이노라."

취옥 등이 경잉의 불튱교악(不忠狡惡)흔 언스(言事)와 거지(擧止)룰 통히ㅎ며, 의혹
ㅎ믈 마지 아니니, 대개 금됴의 경잉이 동뉴(同類)와 흔 가지로 잡혀 나올 적 쇼변이
급ㅎ여 측즁(廁中)의 드러갓더니, 츠시 쳥션요리 フ마니 숨엇다가 길이나 너믄 측즁
(廁中)의 ㄴ리601) 것구로 박고, 요리 변ㅎ여 경잉이 되여 왓는 고로 초스(招辭) 이러

---

598) 밍얼(萌蘖)ㅎ다 : 싹트다. 어떤 생각이나 일이 일어나기 시작하다.
599) 쳔금뇌우(千金賂遇) : 천금이나 되는 많은 돈을 뇌물로 바치고 만남.
600) 텬디신기(天地神祇) : 하늘과 땅의 귀신.

ᄒᆞ미러라.

형뷔 취옥 등 제녀를 깅초(更招)ᄒᆞ라 ᄒᆞ나, 제네 엇지 무복(誣服)ᄒᆞ리오. 죽기로ᄡᅥ 원앙(冤怏)ᄒᆞ믈 브르지지니, 【55】 형뷔 훌일 업서 날이 저믈미 제녀를 다 옥에 ᄂᆞ리오고, 이ᄃᆡ로 계달(啓達)ᄒᆞᆫᄃᆡ,

"상이 비록 총명녕무(聰明英武)ᄒᆞ시나 만긔(萬機)를 총찰(總察)ᄒᆞ샤 졍녁이 잇브실ᄲᅮᆫ 아니라, 국톄(國體)의 간셥ᄒᆞᆫ 죄인이 아니니, 셜국(設鞫) 엄문(嚴問)ᄒᆞ실 빈 아니신 고로, 다만 그 좌우 시녀의 복쵸(服招) 분명ᄒᆞ니 다시 무를 거시 업다 ᄒᆞ샤, 경잉의 초ᄉᆞ로ᄡᅥ 됴뎡의 ᄂᆞ리와 보라 ᄒᆞ시고, 제왕과 한츄밀을 브르샤 신월의 견일노ᄡᅥ 무르시니, 제왕과 한츄밀이 《은흔‖올흔》 ᄃᆡ로 고ᄒᆞ오니, 원홍의 동뉴 십여인이 ᄯᅩᄒᆞᆫ 단지(丹墀)602)의 부복ᄒᆞ【56】여, '조시의 투악음난(妬惡淫亂)ᄒᆞᆫ 죄를 졍히 ᄒᆞ쇼셔.' 알외며, 한츄밀의 불명혼암(不明昏暗)ᄒᆞ미 가간의 역비(逆婢)를 두어 실졍(實情)을 ᄉᆞ힉(査覈)지 아니ᄒᆞ고, 무죄ᄒᆞᆫ 쳐ᄌᆞ를 의심ᄒᆞ여 츌거ᄒᆞ기의 니르오니, 임의 죄쟈를 구힉(究覈)ᄒᆞ여 단셔를 적발ᄒᆞ미, 셩ᄃᆡ치화(盛代治化)의 함원(含怨)ᄒᆞᆫ 지 이시미 불가ᄒᆞ오니, 조녜 비록 왕후지녜(王侯之女)오, 경상(卿相)의 손(孫)이며 팔좌지명뷔(八座之命婦)603)나, 임의 그 시비의 입으로 조차 직초(直招)ᄒᆞᆷᆯ 분명이 ᄒᆞ여시니, 호리(毫釐)도 ᄎᆞ착(差錯)ᄒᆞ미 업ᄉᆞᆫ지라. 유ᄉᆞ(有司)의 붓쳐 명졍기죄(明正其罪)ᄒᆞ미 맛당홀가 ᄒᆞᄂᆞ이다."

상이 의윤(依允)ᄒᆞᆫ【57】샤, 유ᄉᆞ의 법을 상고(詳考)ᄒᆞ라 ᄒᆞ시니, 유시 알외오ᄃᆡ,

"조녀의 음투대악(淫妬大惡)은 녀치(呂雉)604)의 일뉘(一類)라. 뉼뎐(律典)을 상고ᄒᆞ오미 뎡가로 니이졀혼(李珥絶婚)ᄒᆞ여 싱ᄉᆞ거취(生死去取)의 알은 톄 말고, 됴쥐 태음현의 적거ᄒᆞ오며, 그 비즈는 쥬인의 브리믈 밧아시니 져히 죄 아니라, 다 방셕(放釋)ᄒᆞ고 간부는 환슐요인(幻術妖人)이라 ᄒᆞ니 ᄎᆞᄌᆞ미 어려오나, 만일 촛는 날이어든 살인쟈ᄉᆞ(殺人者死)605)는 한고○[조](漢高祖)606)의 약법삼장(約法三章)607)의 이시니, 비록

---

601) ᄂᆞ리 : 내리. ①위에서 아래로. ②잇따라 계속. ③사정없이 마구
602) 단지(丹墀) : 붉은 칠을 하거나 화려하게 꾸민 마룻바닥.
603) 팔좌명부(八座命婦) : 팔좌(八座)에 오른 고위 관리의 부인. 팔좌는 중국 수나라·당나라 때에, 좌우 복야와 영(令)과 육상서를 통틀어 이르던 말.
604) 녀치(呂雉) : BC241-180. 중국의 대표적인 여성권력자인 한(漢)나라 고조(高祖)의 황후 여후(呂后). 성은 여(呂). 이름은 치(雉). 고조를 보좌하여 진말(秦末)·한초(漢初)의 국난을 수습하였으나, 고조가 죽은 뒤 실권을 장악하여, 고조의 애첩인 척부인(戚夫人)과 척부인 소생 왕자 조왕(趙王)을 죽이는 등 포악을 일삼아, 측천무후(則天武后), 서태후(西太后)와 함께 중국의 3대 악녀로 꼽힌다.
605) 살인쟈ᄉᆞ(殺人者死) : 사람을 죽인 자는 사형에 처한다.
606) 한고조(漢高祖) : 중국 한(漢)나라의 제1대 황제(B.C.247~B.C.195). 성은 유(劉). 이름은 방(邦). 자는 계(季). 시호는 고황제(高皇帝). 고조(高祖)는 묘호. 진시황이 죽은 다음해 항우와 합세하여 진(秦)나라를 멸망시켰다. 그 뒤 해하(垓下)의 싸움에서 항우를 대파하여 중국을 통일하고 제위에 올랐다. 재위 기간은 기원전 206~기원전 195년이다.
607) 약법삼장(約法三章) : 중국 한(漢)나라 고조가 진(秦)나라의 가혹한 법을 폐지하고, 이를 세 조목으로 줄인 것. 곧 사람을 살해한 자는 사형에 처하고, 사람을 상해하거나 남의 물건을 훔친 자는 처벌한다

천후나 능옥을 살해홀 쏸 아니라, 원간 요인을 셰상의 머믈미 싱인의 해되미 만홀지라, 춧는 날 즉시 졍【58】형(正刑)ㅎ여 요인의 졍젹이 셰상의 다시 머므지 못ㅎ게 ㅎ며, 한츄밀의 폐실 관시롤 다시 마ᄌ 일부(一婦)의 함원(含怨)을 끼치지 말고, 인눈대의(人倫大義)롤 폐치 말게 ㅎ샤이다."

ㅎ니, 이 쏘훈 관시 남미의 쳥쵹(請囑)이 들미러라. 상이 결옥(決獄)을 보시고 윤종(允從)ㅎ시더라.

임의 텬문(天門)의 결ᄉ(結辭) ᄂ리미, 뎡·조·한 졔공이 묵연이 퇴ㅎ여 각각 부즁(府中)의 도라오니, 이 소식이 졔궁과 조부의 니ᄅ니 일가상하 졔인의 놀나며 분원ㅎ믈 이로 긔록지 못ㅎ리러라. 조상국이 본부의 도라와 부인과 녀부 졔손을 되【59】ㅎ여 텬문결ᄉ롤 젼ㅎ고 상연(傷然) 츌체(出涕) 왈,

"셩난의 식모셩덕(色貌聖德)은 관져(關雎)608) 우히 지난 슉녜오, 쳔츄(千秋)의 녀범(女範)이라. 그 신셰 계활(契活)의 이러틋 평안치 못ㅎ믄 다 엄식부의 어지지 못ㅎ므로, 일녀의 평싱을 어즈럽게 ㅎ미니 슈훈슈원(愁恨誰怨)이리오."

태부인이 타루 왈,

"손녀의 비상특츌(非常特出)ㅎ므로 신셰 마얼(魔孼)609)의 져희(沮戲)610)ㅎ미 만흐믄, 젼혀 그 어미 탓시라, 눌을 흔ㅎ며 탓ㅎ리오. 연이나 셩상 쳐치 유죄무죄간(有罪無罪間) 구가로 영영 니이(離異)ㅎ라 ㅎ시는 명이 계시고, 또 지속(遲速)업손 원별을 당ㅎ여 엇지 【60】 흔번 별회(別懷)롤 닐오지 못ㅎ고, 쳔니이각(千里涯角)의 분슈(分手)ㅎ리잇고? 맛당히 손ᄋ 등을 보니여 다려오게 ㅎ쇼셔."

공이 졈두(點頭)ㅎ고, 태우롤 명ㅎ여 졔궁의 가 손녀롤 다려오라 ㅎ니, 이ᄯ 태우 삼곤계와 조상셔 등 군즁곤계(群從昆季)며 셜부인 등 금쟝(襟丈) ᄌ미(姉妹), 뎡부인의 난심혜질(蘭心蕙質)611)노뻐 참누(慘累)롤 시러 쳔니 이각의 젹거(謫居)ㅎ미, 도라올 지속(遲速)이 묘망(渺茫)ㅎ믈 늣기더라.

태위 왕부모의 명을 밧ᄌ와 즉시 졔궁의 나아가 쇼미롤 다려오려 홀시, 초시 엄부인이 신미의 요언(妖言)을 혹히 드러, 후흔 직물을 실슈【61】업시 허비ㅎ고, 쳥션요리(妖尼)롤 신고히 일위여 허다 경영흔 거시 '그린 쩍'612)이 되어, 한·화는 졔어치 못ㅎ고, 도로혀 녀ᄋ의 빙옥신상(氷玉身上)의 놀나온 소식이 니ᄅ니, 역시 곡졀을 아지 못ㅎ여 신미다려 뭇고져 초ᄌ즉, 미 임의 부지거쳐(不知居處)ㅎ고, 다만 흔 글을

는 것이다.

608)관져(關雎) : 『시경(詩經)』 '주남(周南)'편에 실린 노래 이름. 문왕(文王)과 태사(太姒)의 사랑을 주제로 한 노래.

609)마얼(魔孼) : 마귀. 귀신. 마귀의 재앙.

610)져희(沮戲) : 귀찮게 굴어서 방해함

611)난심혜질(蘭心蕙質) : 여자의 맑은 마음씨와 아름다운 자질을 난초(蘭草)·혜초(蕙草)와 같은 맑고 아름다운 꽃에 비유하여 이르는 말.

612)그린 쩍 : 그림의 떡. 아무리 마음에 들어도 이용할 수 없거나 차지할 수 없는 경우를 이르는 말.

어드니, 신믜의 하직ᄒᆞᄂᆞ 글이라. 기셔(其書)의 왈,

"쳔비(賤卑) 부인의 후휼ᄒᆞ시ᄂᆞᆫ 은혜 일신의 져젓ᄉᆞ오니, 우튱(愚衷)을 갈진(竭盡)코져 아니미 아니로ᄃᆡ, 텬디신기(天地神祇) 돕지 아니시니, 계피(計巧) 번드쳐613) 도로혀 져의 함해(陷害)ᄒᆞᆷ을 밧은지라. 쳔녜 다시 부인 안【62】젼의 뵈올 ᄂᆞᆾ치 업ᄉᆞ와 이제 하직을 고ᄒᆞᄂᆞ이다."

ᄒᆞ엿더라.

부인이 간필에 이ᄃᆞᆯ나 왈,

"신믜 요괴로온 년이 원간 한녀의 복심(腹心)으로 날을 믹밧으라614) 왓던가 시브도다. 텬디신기(天地神祇)도 모르게 다만 져와 내 알고, 긔모비계(奇謀秘計)로 한·화만 서랏ᄌᆞ615) ᄒᆞ엿더니, 엇지 번드쳐616) 녀ᄋᆞ의 신상의 여ᄎᆞ 누얼이 되거뇨? 나의 지식이 불명ᄒᆞᆫ 탓시라. 앗가올사! 나의 만흔 지물이나 드리지 말 거슬. 어엿블사! 녀ᄋᆞ야, 이 변은 노모의 불명(不明)ᄒᆞ미로다."

ᄒᆞ고, 실셩호곡(失性號哭)ᄒᆞ더라.

이ᄡᅥ 쳥션요리 변ᄒᆞ여 경잉【63】이 되여 조시ᄅᆞᆯ 함지깅참(陷之坑塹)ᄒᆞ고 몸을 변ᄒᆞ여 ᄃᆞ라나니, 뉘 알니오. 명일 결옥(決獄)ᄒᆞ미, 옥관(獄官)이 취옥 등 졔녀ᄅᆞᆯ 노흘ᄉᆡ, 경잉은 간ᄃᆡ 업더라.

유랑○[과] 졔시이 부즁의 도라와 분연이 경잉의 불튱교악(不忠狡惡)ᄒᆞ미 여ᄎᆞᄒᆞᆷ을 절치(切齒)ᄒᆞ니, 쇼졔 텽파의 경탄(驚歎) 왈,

"경잉이 비록 튱의녈ᄉᆞ(忠義烈士)ᄂᆞᆫ 되지 못ᄒᆞ나, 평싱 허언은 아니턴 거시니, 엇지 쳥텬빅일지하(靑天白日之下)의 쥬인을 함해ᄒᆞ리오. 경잉이 슈골(壽骨)이 아니오, 근닉의 안졍(眼精)이 허령(虛靈)ᄒᆞ고 미간(眉間)의 프란 긔운이 ᄡᅵ여시니, 대화ᄅᆞᆯ 당홀가 넘녀ᄒᆞ【64】더니, 져히 셩명(性命)을 맛출 줄 어이 《알니오∥알았으리오》. 연이나 나의 만난 바ᄂᆞᆫ 일시 운익(運厄)이니 부견텬일(復見天日)617)홀 시절이 이시려니와, ᄉᆞ자ᄂᆞᆫ 불가부ᄉᆡᆼ(不可復生)이라. 경잉이 임의 요인의 독슈(毒手)ᄅᆞᆯ 만나시니 엇지 다시 살믈 어드리오."

ᄒᆞ고, 유랑(乳娘)ᄃᆞ려 두어 말을 ᄒᆞ니, 유랑이 반신반의(半信半疑)ᄒᆞ여 즉시 밧게 나와 노한셕을 블너 곡졀을 닐ᄋᆞ니, 한셕이 승명(承命)ᄒᆞ고 밧비 외측즁(外厠中)의 나아가 ᄎᆞ고, 보니 과연 두길이나 넘은 측즁에 흔 녀인의 시톄ᄅᆞᆯ 어더니니, 이곳 경잉이라. 놉흔 돌 우희셔 것구로 박혀시【65】니, 것츤 박셕(薄石)618)의 다질녀619) 두골이

---

613)번드치다 : 뒤집다. 뒤집히다.
614)믹받다 : 의중을 떠보다. 시험하다.
615)서랏다 : 거두어 치우다. 없애다. 정리하다.
616)번드치다 : 뒤집다. 건너 튀다. 옮아 붙다.
617)부견텬일(復見天日) : 다시 밝은 하늘을 봄.
618)박셕(薄石) : 얇고 넓적한 돌.
619)다질니다 : 부딪히다.

씨여져 뉴혈(流血)이 엉긔엿고 분즙(糞汁)이 난만(亂漫)하더라.

노한셕과 유랑이며 졔녀 등이 다 추악경희(嗟愕驚駭)ᄒᆞ여 조부인긔 고ᄒᆞ니, 쇼졔 탄식고 졔 부모를 명ᄒᆞ여 금빅ᄎᆡ단(金帛綵緞)을 후히 주어 념장(殮葬)[620]ᄒᆞ라 ᄒᆞ니, 경잉의 아비 송튱과 어미 노션이 울며 시톄를 거두워 도라가니, 졔왕이 듯고 심히 측은ᄒᆞ여 빅은 오십냥을 주더라.

조쇼졔 담담(淡淡)ᄒᆞᆫ 쳥의(靑衣)로 존당의 나아가 감히 승당(昇堂)치 못ᄒᆞ고 계하(階下)의셔 부복(俯伏)ᄒᆞ니, 태부인이 밧비 좌우로 ᄒᆞ야금 붓드러 올【66】니라 ᄒᆞ여, 옥슈를 잡고 션빈(鮮鬢)[621]을 어라만져 쳑연(慽然) 함쳬(含涕) 왈,

"가란이 상ᄉᆡᆼ(相生)ᄒᆞ고 운익(運厄)이 긔구(崎嶇)ᄒᆞ여, ᄋᆞ부의 규ᄒᆡᆼ셩덕(閨行盛德)으로ᄡᅥ 참참(慘慘)ᄒᆞᆫ 누얼을 시러 됴ᄌᆔ 수쳔니 졀역(絶域)의 나아가게 되니, 아지못게라![622] 심규약질이 풍상졀역(風霜絶域)의 엇지 보젼ᄒᆞᆷ을 ᄇᆞ라리오. 《옥보‖옥부》방신(玉膚芳身)[623]을 기리 보즁ᄒᆞ여, 노모의 ᄇᆞ라는 바를 져ᄇᆞ리지 말나. 금후와 왕이며 슉당이 ᄯᅩᄒᆞᆫ 위로 왈,

"ᄋᆞ부의 셩덕지모로ᄡᅥ 만난비 극히 괴희(怪駭)ᄒᆞ니, 우리 등이 혐의를 도라보지 아니코 현부 구ᄒᆞᆯ ᄯᅳᆺ이 업ᄉᆞ리오마ᄂᆞᆫ, 셩인【67】도 오ᄂᆞᆫ 익을 면치 못ᄒᆞᆫ다 ᄒᆞ니, 요인(妖人)의 궁모곡계(窮謀曲計) 쟝ᄎᆞᆺ 현인을 해코져 ᄒᆞᄆᆡ, 그 궁극ᄒᆞᆫ 계교 어ᄂᆞ 곳에 밋지 아니리오마ᄂᆞᆫ, 위셰로 법을 굽힌다 시비를 면치 못ᄒᆞᆯ ᄯᅳᄅᆞᆷ이오, ᄋᆞ부의 방신의 조금도 유익ᄒᆞᄆᆡ 업ᄉᆞᆯ지라. 시고로 함분잉통(含忿忍痛)ᄒᆞ여 나죵이 엇지 되ᄂᆞᆫ고? 악인이 스ᄉᆞ로 ᄌᆞ듕(子中)의 난(亂)을 일위ᄂᆞᆫ 환(患)을 기다리ᄂᆞ니, 현부ᄂᆞᆫ 비록 위ᄐᆡ(危殆)ᄒᆞᆫ ᄯᅡ히 님ᄒᆞ나, 옥보[부]방신을 보듕ᄒᆞ여, 슬프고 괴롭다 ᄒᆞ고 ᄉᆡ옥낙화지탄(碎玉落花之嘆)을 일위지 마라, 아등의 깁히 밋ᄂᆞᆫ 바를 져ᄇᆞ리지 말나."【68】

쇼졔 운환(雲鬢)을 슉이고 셩안(星眼)을 ᄂᆞ초아, 널위 존젼(尊前)의 ᄀᆞ득ᄒᆞᆫ 셩권(聖眷)[624]을 밧ᄌᆞ오ᄆᆡ, 지극ᄒᆞᆫ 셩효로ᄡᅥ 존당구고의 이우(貽憂)[625]를 증(贈)ᄒᆞᄆᆡ 이 ᄀᆞᆺᄐᆞᆷ을 불승황공ᄒᆞ여 ᄇᆡᄉᆞ(拜謝) 왈,

"ᄋᆞ희(兒孩) ᄒᆡᆼ신(行身)이 미(微)ᄒᆞ고, 소셩(素性)이 완둔(緩鈍)ᄒᆞ여, 챵텬의 진노ᄒᆞ시믈 만나 평디의 풍픿(風波) ᄂᆡᄅᆞ나니, 강한(江漢)[626]의 탁(濯)ᄒᆞᆷ을[627] ᄇᆞ라지 못ᄒᆞ

---

620)념장(殮葬) : 염장(殮葬). 시체를 염습하여 장사를 지냄.

621)션빈(鮮鬢) : 곱게 땋아 올린 귀밑머리. *귀밑머리; 이마 한가운데를 중심으로 좌우로 갈라 귀 뒤로 넘겨 땋은 머리.

622)아지못게라! : '모르겠도다!' '모를 일이로다! '알지못하겠도다!' 등의 감탄의 뜻을 갖는 독립어로 작품 속에서 관용적으로 쓰이고 있다.

623)옥부방신(玉膚芳身) : 옥같이 고운 살갗과 꽃같이 향기로운 몸.

624)셩권(聖眷) : 은권(恩眷). 어여삐 여겨 잘 보살펴 줌. 또는 임금이나 웃어른의 총애.

625)이우(貽憂) : 남에게 근심과 걱정을 끼침.

626)강한(江漢) : 중국 양자강(揚子江)과 한수(漢水)를 함께 이르는 말. 또는 두 강이 합류하는 곳. 즉 무창(武昌), 한구(漢口), 한양(漢陽) 지방을 이름.

627)탁(濯)ᄒᆞ다 : 씻다. 씻기다.

읍거늘, 존당구고의 양츈혜틱(陽春惠澤)이 '복분(覆盆)의 원(怨)'628)을 붉히 빗최시니, 쳡이 죽는 날이라도 사는 히 굿스오니, 만일 하늘이 죽이지 아니신죽, 금일 명교(明敎)를 봉힝치 아니리잇고? 잔쳔(殘喘)을 보젼ᄒ여 다시 존【69】하(尊下)의 비현(拜見)ᄒ리이다."

존당녈위(尊堂列位) 쳑연(慽然) 희허(噫噓)ᄒ고, 다숫 존괴 면면이 손을 놋치 못ᄒ며, 한·화 냥쇼제 슬허ᄒ더라. 날이 졈졈 느즈니, 외당의 조태위 니르런지 오린지라. 그만ᄒ여 쇼미를 다려 가믈 쳥ᄒ니, 금휘 가기를 명ᄒ인디, 쇼제 빈샤슈명ᄒ고 존젼의 하직ᄒ니, 쳥상(廳上)이 슈운(愁雲)이 참참(慘慘)ᄒ더라.

쇼제 프란 쟝(帳) 두란629) 듁교(竹轎)의 올나, 두어 쟝확(臧獲)630)이 메고, 수오개 추환(叉鬟)이 조ᄎ 나아가니, 조태위 일필(一匹) 건녀(健驢)를 ᄐ고, 쇼미를 비힝(陪行)ᄒ여 본부로 도라가니, 상부(上府) 노쇼상해(老少上下) 쇼져의 힝【70】식을 아니 원통이 넉이리 업스디, 쇼제 홀노 안식이 ᄌ약ᄒ여 교즁(轎中)의 느리니, 셜부인 등 졔부인 졔쇼졔 거의 삼십여인이 일시의 하당ᄒ여 쇼져의 옥슈를 닛그러 ᄒ가지로 승함취샤(昇檻就舍)631)ᄒ니, 쇼제 왕부모(王父母)632)긔 비현ᄒ고, 슉당 졔친 ᄌ미 등으로 녜필(禮畢)에 다시 왕부모 슬젼(膝前)의 나아가 존후를 뭇ᄌ오미, 승상과 태부인이 참연(慘然)이 옥슈를 어라만져 쟝탄 왈,

"ᄌ고로 홍안박명(紅顏薄命)이 이시니, 손이 식광덕질(色光德質)노 엇지 조물(造物)의 싀긔를 면ᄒ리오. 연이나 심규약질이 됴쥐 수쳔니(數千里) 젹긱(謫客)【71】이 되니, ᄎ는 쳔고의 희한ᄒ 변괴라. 그러나 다만 텬시(天時)를 기다릴 ᄯ롬이다."

ᄒ더라. 승상 왈,

"우명일(又明日)은 니가(離家)ᄒ리니, 금야(今夜)는 여모(汝母)의 곳에 나아가 원별(遠別)을 펴고, 이곳의셔 힝거(行車)를 조비(造備)ᄒ여 발힝(發行)ᄒ리니, 그리 알나."

쇼제 비샤(拜謝)ᄒ고 죵일 말숨ᄒ다가, 셕반(夕飯)을 이의셔 파ᄒ고, 셜부인 등으로 본부의 니르니, ᄎ시 엄부인이 죵일 울고 상(常)업시633) 날치니, 시녀비 위로ᄒ더니, 조부인이 모친긔 뵈올 식 안식이 ᄌ약(自若)ᄒ니, 엄시 도로혀 고이히 넉여 말을 못ᄒ고 어린다시 브라보더니, 냥구(良久)의 【72】 집슈대곡(執手大哭) 왈,

"너의 금번 신누(身累) 참익(慘厄)을 불가ᄉ문어타인(不可使聞於他人)634)이라 노모

---

628) 복분(覆盆)의 원(怨) : '뒤집어진 동이의 원통함'이라는 뜻으로, 죄를 뒤집어쓰고 밝히지 못하고 있는 원통함을 말함.
629) 두라다 : 두르다. 휘감다.
630) 쟝확(臧獲) : 종. 쟝(臧)은 사내종을, 획(獲)은 계집종을 말함.
631) 승함취샤(昇檻就舍) : 난함(欄檻)을 올라 방에 들어감. *난함(欄檻); 층계, 다리, 마루 따위의 가장자리에 일정한 높이로 막아 세우는 구조물. 사람이 떨어지는 것을 막거나 장식으로 설치한다. =난간(欄干) *샤(舍); 방사(房舍). 방.
632) 왕부모(王父母) : 조부모(祖父母). 할아버지와 할머니를 함께 이르는 말.
633) 상(常)업다 : 상(常)없다. 보통의 이치에서 벗어나 막되고 상스럽다.
634) 불가ᄉ문어타인(不可使聞於他人) : 남에게 들려줄 수 없는 일. 남이 알게 될까 두려움.

는 추언을 드르미 즈레 죽을가 시브거늘, 네 거동은 여추 타연하니, 아지못게라! 쥬의(主意) 어딘 잇느뇨? 추는 삼싱원가(三生怨家) 뎡운긔 만난 타시라."

하고, 욕언(辱言)이 긋지 아니니, 쇼제 모부인의 픽악경도(悖惡傾倒)하시미 스스의 여추하시믈 한심하고, 즈긔 셰간의 잇는 연고로 모친 실덕히게(失德駭擧) 깅가일층(更加一層)하믈 극골(刻骨) 이달나 묵연하니, 엄시 악악히635) 즐욕(叱辱)하더니, 야심하미 다시 말을 아니니, 쇼제 추야(此夜)의 모친을 시침(侍寢)하나 각별 말이 업더라.

동【73】방(東方)이 긔빅(旣白)하미 상부의셔 분분이 힝니(行李)636)를 타졈(打點)하여637) 쇼져 힝거(行車)를 딕후(待候)하니, 쇼제 쳔비만통(千悲萬痛)을 스스로 억졔하여 왕부모와 모친 주미 슉당을 분슈(分手)하니, 보닉는 정과 써나는 회푀(懷抱) 상하(上下)키 어렵더라.

일장 니별을 맛추미 쇼제 교즁(轎中)의 올으니, 뎨남(弟男) 희필이 져져를 빅힝(陪行)하여 됴쥐로 나아갈시, 유ᄋ 복쳡이 다 후거(後車)의 ᄯ로고져하니, 부인 이 불허 왈,

"죄인의 힝도(行途)의 거마복쳡(車馬僕妾)이 여류(如流)하미 불가(不可)한지라. 다만 스오기 비지 조츠라."

하니, 졔녜 감히 위월(違越)치 못하【74】여 써지고, 다만 유랑과 비취·녹운·빵션·빵연 등이 듁교(竹轎)를 붓드러 부문(府門)을 나니, 합사(闔舍)의 슬프미 비홀딕 업더라.

어시의 원흉 요인(妖人)이 쳥션요리로 더브러 궁모곡계(窮謀曲計)를 공교히 비져닉여, 조쇼져로 하야금 참누를 시러 수쳔니 이각의 젹거죄슈(謫居罪囚)를 삼으니, 의긔양양하여 이슈가익(以手加額) 왈,

"조시 졔 아모리 신명(神明)하여도 이번은 궤상육(机上肉)638)이 되어시니, 능히 계교의 버서나지 못하리라."

하더니, 신월이 도라오니, 홍이 공 일우믈 크게 표장하고 후당의 금초고져 하나, 두어 쓸딕 업고 브졀업【75】순 심녀를 허비하미 앗가온지라. 그윽이 후일을 미봉(彌縫)639)코져 하미, 이의 신월을 금빅(金帛)을 주어 원방의 도라가 됴히 살나 하니, 월이 쥬인 관시의게 추스를 통하니 관시 ᄯᅩ한 신월을 두어는 후환(後患)이 될가 져허 허락하고, 역시 금빅(金帛)을 주어 즈최 업시 먼니 보닉니라.

추시 한츄밀이 텬명(天命)이 비록 관시를 샤(赦)하여 복합(複合)하라 하시나, 관시

---

635)악악하다 : 억지를 부리고 고함을 지르며 떠들썩하게 굴다
636)힝니(行李) : 행장(行裝). 여행할 때 쓰는 물건과 차림.
637)타졈(打點)하다 : 준비하다. 계획하다. 미리 마음속으로 정하여 두다.
638)궤상육(机上肉) : =조상육(俎上肉). '도마에 오른 고기'라는 뜻으로, 어찌할 수 없게 된 운명을 이르는 말.
639)미봉(彌縫) : 일의 빈 구석이나 잘못된 것을 임시변통으로 이리저리 주선하여 꾸며 둠.

젼일 투악간교(妬惡奸巧)ᄒ던 거시니, 진실노 슈악(首惡)의 단셔(端緖)ᄅᆞᆯ 갈희 잡고져
ᄒᄆᆡ, 깁흔 의심이 오히려 빙셕(氷釋)640)지 못ᄒ더라. 【76】

---

640)빙셕(氷釋) : 얼음이 녹듯이 의심이나 의혹 따위가 풀림.

윤하뎡삼문취록 권지오십일

ᄎᆞ시 한츄밀이 관시의 단셔(端緖)ᄅᆞᆯ 갈히잡고져 ᄒᆞᄆᆡ, '오됴(烏鳥)의 ᄌᆞ웅(雌雄)'[641] ᄀᆞᆺ튼지라. 깁흔 근심이 오히려 빙셕(氷釋)지 못ᄒᆞ여시니, 가즁 대쇼ᄉᆞᄅᆞᆯ 쥬장ᄒᆞᆯ 가뫼(家母) 업ᄉᆞ니, 환부(鰥夫)의 괴로오미 극ᄒᆞ나, 심ᄂᆡ의 의례(疑慮) 만흔 고로, 관시ᄅᆞᆯ 다시 다려올 ᄆᆞ음이 업ᄉᆞ니, 한쇼졔 야야ᄅᆞᆯ ᄒᆡ위(解慰)ᄒᆞ여 계모ᄅᆞᆯ 다시 쳥ᄒᆞ시믈 고ᄒᆞ나, 츄밀이 죵블텽(終不聽)ᄒᆞ더니, 월여의 밋ᄎᆞᄆᆡ 관시 날노 츄밀의 쳥ᄒᆞᄂᆞᆫ 소식을 현망(懸望)ᄒᆞ나, 죵시 희뵈(喜報) 업ᄉᆞ니, 쳥션으로 더브러 그윽ᄒᆞᆫ 【1】 ᄭᅬᄅᆞᆯ 의논ᄒᆞ고, 미혼단(迷魂丹)[642]으로ᄡᅥ 시험ᄒᆞᆯᄉᆡ, 요괴 변ᄒᆞ여 참새 되여 닙 속의 단약(丹藥)을 너코, 한부의 가 쥬방(廚房)의 니ᄅᆞᄆᆡ, ᄎᆞ환의 무리 졍히 츄밀의게 셕식을 올니ᄂᆞᆫ 즈음이라. 쳥션이 먹음은 단약을 ᄀᆡᆼ(羹)에 드리치고 가니, 뉘 알니오.

공이 진식(進食)ᄒᆞ더니, ᄎᆞ일브터 두통이 고극(苦劇)ᄒᆞ다가, 수일 후 소셩(蘇醒)ᄒᆞ나 ᄆᆞᆫ득 관시 ᄉᆡᆼ각이 간절ᄒᆞ니, ᄌᆞ긔지심(自己之心)이나 고이히 넉이고, 졸연이 다려오기도 졈쟉ᄒᆞ니[643] 유유(儒儒)ᄒᆞ더니, 이ᄯᅢ 한공의 수삼일 신음ᄒᆞᄂᆞᆫ 소식이 졔궁의 니ᄅᆞ니, 한쇼졔 【2】 대경ᄒᆞ여 급히 존당구고의 알외여 귀령(歸寧)을 쳥ᄒᆞ여 부친긔 뵈오니, 공이 ᄇᆡ야흐로 ᄎᆞ셩(差成)ᄒᆞ여시나, 오히려 상요(床褥)ᄅᆞᆯ ᄯᅥ나지 아냣더니, 쇼졔 간왈,

"ᄌᆞ뫼(慈母) 초에 비록 인ᄌᆞ치 못ᄒᆞ오나, ᄒᆡᄋᆞ(孩兒) 요힝이 그 해ᄅᆞᆯ 밧으미 업ᄉᆞᆸ고, ᄌᆞ뫼 쇼쇼과실(小小過失)이 계시나 부친이 인현ᄌᆞᄋᆡ(仁賢慈愛)ᄒᆞ시니, ᄒᆡᄋᆞ ᄯᅩᄒᆞᆫ '대슌(大舜)의 우름'[644]을 지ᄂᆡ지 아냐ᄉᆞᆸ고, 임의 ᄀᆡ심슈덕(改心修德)ᄒᆞ샤 반호(半毫)[645] 허물이 업ᄉᆞᆸ거ᄂᆞᆯ, 신월 간비의 요황(妖荒)ᄒᆞᆫ ᄭᅬᄅᆞᆯ 힝ᄒᆞ여, 쥬인을 함해○[ᄒᆞᆫ] 참언(讒言)을 신지(信之)ᄒᆞ샤, 유죄무죄간(有罪無罪間) 모친이 친측(親側)의 거(居)ᄒᆞ시니, 이ᄂᆞᆫ 【3】 쇼녀의 연괴(然故)라. 이제 ᄌᆞ식의 연고로 부뫼 블화(不和)ᄒᆞ시믄 쇼녀의 혼ᄌᆞ

---

641)오조(烏鳥)의 ᄌᆞ웅(雌雄) : '까마귀의 암수를 가리는 일'이란 뜻으로, 잘잘못이나 좋은 것과 나쁜 것 따위를 따져서 분간하기가 어려움을 이르는 말.

642)미혼단(迷魂丹) : 익봉잠・도봉잠 뉴(類)의, 사람을 변심시키는 약. 이 약을 사람에게 먹이면 마음이 변하게 되어 먹은 사람의 마음이 먹인 사람의 뜻대로 조종당하게 된다.

643)졈쟉ᄒᆞ다 : 점직하다. 겸연쩍다. 멋쩍다. *점직하다; 부끄럽고 미안하다.

644)대슌(大舜)의 우름 : =민천(旻天)의 울음. 옛날 중국의 순(舜)임금이 어버이에게 사랑을 받지 못함을 원망하여 밭에 나가 하늘을 향해 울었던 고사를 말함.

645)반호(半毫) : '가는 털'의 절반이라는 뜻으로, 아주 적은 정도나 분량을 이르는 말. =조금도.

만난 역경이라. 이제 주모의 누셜(縲紲)646)을 신셜(伸雪)ᄒ시고, 은명(恩命)이 복합ᄒ라 ᄒ여 계시거늘, 야애 엇지 홀노 고집ᄒ샤 환부(鰥夫) 싱계 괴로오시믈 싱각지 아니ᄒ시ᄂ니잇가?"

츄밀이 텽파의 임의 뜻이 기우러젓ᄂ지라. 냥구(良久)의 왈,

"관시 유죄나 녀ᄋ의 명논(明論)이 유리ᄒ니, 맛당이 의논ᄃᆡ로 ᄒ리라."

쇼졔 대희ᄒ여 익일의 거륜(車輪)과 위의(威儀)를 츌혀 ᄉ지관환(事知官喚)647)으로 관시 남ᄆᆡ의게 공의 명을 젼ᄒ고 도라오라 ᄒ니, 【4】관시랑이 본ᄃᆡ 죰벼슬648)을 어더 녹봉소산(祿俸所産)으로 가인이 겨유 년명ᄒ니, 수다(數多) 식구의 소용(所用)이 녁녁지 못ᄒᄃᆡ, 누의 츌화(黜禍)를 만나 도라오니, 시랑부인이 본ᄃᆡ 탐심이 무량(無量)ᄒ여, 남의 거슨 진토(塵土)ᄀᆞᆺ치 녁이고, 졔 거슨 일홉지쇽(一合之粟)이라도 만금지보(萬金之寶)ᄀᆞᆺ치 녁이던 ᄎᆞ의, 쇼괴(小姑)649) 도라오니 괴롭고 증통(憎痛)ᄒ믈 니긔지 못ᄒ여, 의식지졀의 구간(苟艱)ᄒ미 측냥업서 계염지심(之心)650)이 막심(莫甚)이러니, 이날 홀연 부문(府門)이 요요(擾擾)ᄒ며 한부로 조ᄎ 남노녀복(男奴女僕)이 위의를 츌혀 니르러, 한공의 명으로 부인을 도라오라 ᄒᄂ지라.

관시 ᄂᆡ심(內心)은 【5】새로이 닐ᄋ지 말고, 관시랑 부ᄇᆡ 대희ᄒ여 밧비 져져의 침소의 와, 누명(陋名) 신원(伸冤)ᄒ믈 치하ᄒ고 도라가기를 권ᄒ니, 관시 오히려 한공의 당초 구박ᄒ던 일을 싱각ᄒᄆᆡ, 도라갈 뜻이 비록 살ᄀᆞᆺ트나, 믄득 압가리오ᄂ651) 말노, 새와652) 닐ᄋ디,

"한공이 초에 역비(逆婢)의 ᄉ초(詐招)653)를 신텽(信聽)ᄒ여 날 구박ᄒ기를 남은 ᄯᅡ히 업게 ᄒ고, 남지 아모리 괴신이 됴타ᄒᆫ들 어늬 눗가족으로 나를 쳥ᄒ리오. 내 만일 동긔 번셩ᄒ거나, 그러치 아니ᄒ면 현뎨의 가계(家計) 져기 지닐만 ᄒ면 가지 말고져 ᄒ노라."

시랑 부ᄇᆡ 곳이듯고 오ᄅᆡ 【6】이실가 겁ᄒ여, 프러 닐ᄋ디,

"져져ᄂ 속셜(俗說)을 듯지 못ᄒ여 계시니잇가? '소텬(所天)은 텬애(天也)오, 부인은 디애(地也)라.' 녀필죵뷔(女必從夫)니, 가부의 일시 허믈이 이시나 부인이 반다시 소텬을 비반치 못ᄒᄂ니, 한공이 임의 그ᄅᆞ믈 뉘웃쳐 녜(禮)로뼈 쳥ᄒᄂᄃᆡ 엇지 아니 가리잇가?"

---

646)누셜(縲紲) : '죄인을 묶는 노끈'이란 뜻으로 '죄' 또는 '죄목(罪目)'을 이르는 말.

647)ᄉ지관환(事知官喚) : 일에 능숙한 사환(使喚). *관환(官喚); =사환(使喚). 관청이나 고위 관원의 집에 예속되어 잔심부름을 하는 구실아치.

648)죰벼슬 : 낮은 벼슬.

649)쇼괴(小姑) : 시누이.

650)계염지심(之心) : 게염하는 마음. 게염; 부러워하며 시샘하여 탐내는 마음

651)압가리다 : 앞가림하다. 자기의 약점이나 부족한 점을 가리다.

652)새오다 : 평계하다. 토라지다. 샘을 내다. 질투하다.

653)ᄉ초(詐招) : 거짓 초사(招辭). *초사(招辭); 조선시대에 죄인이 범죄 사실을 진술한 말.

관시 쳑연 탄왈,

"현데 부부의 말이 유리ᄒ니 맛당히 이제 도라가려니와, 슈연(雖然)이나 녀즈 된 팔
지(八字)654) 엇지 구츠치 아니ᄒ리오."

시랑 부뷔 됴흔 말노 위로ᄒ더라.

관시 이의 한부의 도라오니, 한쇼졔 안문의 나와 마즈 드러가 지비 쳥죄 왈, 【7】

"태태(太太)로 ᄒ야금 이러틋 괴로오믈 격그시게 ᄒ오믄, 블초녀(不肖女)의 셩회(誠
孝) 쳔박ᄒ미로소이다."

관시 쇼져를 보미 닝안(冷眼)이 표연(飄然)ᄒ여 믜들온 흔이 겸발(兼發)ᄒ니, 도로혀
분흔 눈물이 분분(紛紛)ᄒ미, 믄득 어진 도로써 밧고와 이의 굴오디,

"내 처엄에 지식이 쳔단(淺短)ᄒ여 너의 부친의 노(怒)를 만난 후로, 슈신셥ᄒᆼ(修身
攝行)ᄒ여 다시 그ᄅ미 업거늘, 신월 역비(逆婢) 니욕(利慾)을 탐ᄒ여 투부(妬婦)의 지
믈을 밧아 너를 해ᄒ려 ᄒ다가, 일이 발각ᄒ미 화를 도로혀 내게 밀치고 도라가니, 네
부친이 셩되 과격(過激)ᄒ여 ᄉ싱을 브야ᄂ655) 【8】고로, 내 쾌히 즈경이ᄉ(自剄而
死)656)ᄒ여 원앙ᄒ믈 붉히고져 ᄒ다가 친측의 도라가니, 명완(命頑)ᄒ믈 슬허ᄒ고, 싱
니의 너를 다시 만나지 못ᄒᆯ가 ᄒ더니, 금일 모녜 산 ᄂ ᄎ로 디ᄒ니 금셕슈ᄉ(今夕雖
死)나 무한이로다."

셜파(說罷)의 독안(毒眼)의 화긔를 씌여 ᄯᅥ러지ᄂ 눈믈이 비 ᄀᆺᄐ니, 쇼졔 귀로 그
말을 듯고 눈으로 긔식을 숣피미, 이 조금도 진졍소발(眞情所發)노 젼과(前過)를 즈칙
(自責)ᄒ여 지ᄌ지은(知子知恩)으로 감비(感悲)ᄒᄂ 슈안쳑용(愁顔慽容)이 아니라, 그
일즉 업시치 못ᄒ믈 졀치ᄒ여, 스스로 흔과 독을 니긔지 못ᄒ여 우ᄂ 눈물이니, 그 눈
물ᄌᆺ히 일만 살긔 어릭고, 【9】은혜로이 발언ᄒᄂ 말가온디 쳔만장(千萬丈)이나 흔
녈화(熱火)를 굽초와시니, 그 무심히 보ᄂ 쟈ᄂ 은악양션(隱惡揚善)ᄒ믈 아지 못ᄒᆯ너
라.

한쇼졔 다만 즈긔 명도를 슬허ᄒᆯ지언뎡, ᄉ식(辭色)지 아니코, 옥슈(玉手)로 관시의
손을 밧드러 효셩이 지극ᄒ니, 관시 ᄯᅩ흔 인심이라, 쇼져의 대효를 엇지 아지 못ᄒ리
오 마ᄂ, 이럴ᄉ록 더옥 증통(憎痛)ᄒ더라.

이윽고 날이 져믈미 셕반을 올녀 파ᄒ고, 쇼졔 졔궁으로 도라갈시 년년(戀戀)ᄒ더
라. 초야의 한공이 부인으로 서로 보미, 구졍(舊情)의 환흡(歡洽)ᄒ미 셕일(夕日) 외친
ᄂ소(外親內疎)ᄒ던 씨 【10】 와 비길 빈 아니라. 관시 심즁의 대희ᄒ여 미혼단(迷魂
丹)의 녕험(靈驗)ᄒ믈 신긔히 넉이며, 초후 쳥션 디졉ᄒ믈 더옥 신인ᄀᆺ치 ᄒ더라.

이러구러 수월이 되엿더니, 믄득 조부인을 뫼셔 가던 공ᄎ(公差) 공환(空還)ᄒ고 조

---

654)팔지(八字) : 사람의 한평생의 운수. 사주팔자에서 유래한 말로, 사람이 태어난 해와 달과 날과 시간
을 간지(干支)로 나타내면 여덟 글자가 되는데, 이 속에 일생의 운명이 정해져 있다고 본다.
655)브야ᄂ : 재촉하다. 보채다.
656)즈경이ᄉ(自剄而死) : =자문이사(自刎而死). 스스로 목을 찔러 죽음. 스스로 숨을 끊음.

시랑 희필이 도라오되, 수월지간(數月之間)의 조시랑의 옥골화풍(玉骨和風)이 초고(焦苦)ᄒᆞ여 도라오니, 조태우 곤계와 군종이 외당의 잇다가, 몬져 시랑의 경식을 보고 대경ᄒᆞ여 연고ᄅᆞᆯ 무ᄅᆞ니, 시랑이 크게 울고 ᄌᆞ개 져져ᄅᆞᆯ 비힝ᄒᆞ여 양쥐 읍져(邑邸)의 밋쳐, 녀염(閭閻)의 쥬인(主人)ᄒᆞ엿더니, ᄌᆞ개(自己) 홀연 일야지ᄂᆡ(一夜之內)의 【11】 침질(寢疾)ᄒᆞ여 수일을 대통(大痛)ᄒᆞᆫ 고로, 방비(防備)ᄒᆞ미 불찰(不察)ᄒᆞ여 기야(其夜)의 적되(賊盜) 돌입ᄒᆞ여 졈가(店家)의 블을 노코 다라드니, 즁인(衆人)이 혼몽즁(昏夢中)의 블의 화변을 만나, 즘결에 슈미(首尾)ᄅᆞᆯ 도라보지 못ᄒᆞ고 도망ᄒᆞ엿더니, 적되 다 도라간 후 겨유 숣펴 ᄎᆞ즌즉, 일힝을 다 일흘 ᄲᅮᆫ 아니라, 화즁(火中)의 져져의 뉵인이 다 간ᄃᆡ 업스니, 망극ᄒᆞ여 아모리 구식(求索)ᄒᆞ여도 ᄎᆞᆺ지 못ᄒᆞ고, 치인(差人)과 ᄒᆞᆫ가지로 이튼날 ᄌᆞᄉᆞ(刺史) 아문(衙門)의 드러가 고쟝(告狀)ᄒᆞ니, 본현 ᄌᆞ시 놀나 일시의 관군을 발ᄒᆞ여 적의 ᄌᆞ최ᄅᆞᆯ 심방ᄒᆞ고, 져져와 유ᄋᆞ 【12】 등의 죵젹을 구식(求索)ᄒᆞ여 거의 일슌의 밋ᄎᆞ되, 표표(飄飄) 망망(茫茫)ᄒᆞ나[니], 관군하비나[가] 능히 홀 일업서 공환(空還)ᄒᆞ고, ᄌᆞ개 ᄯᅩ흔 홀일업서 환가ᄒᆞ믈 닐을ᄉᆡ 뉴쳬여우(流涕如雨)ᄒᆞ니, 제조 등이 텽파의 면식이 여토(如土)ᄒᆞ여 말을 못ᄒᆞ더니, 이윽고 ᄂᆡ당의 드러가 왕부모 슉당의 뵈오니, 승샹부뷔 시랑의 형모ᄅᆞᆯ 보고 문기고(問其故)ᄒᆞᆫ되, 태위 봉변ᄒᆞ던 셜화ᄅᆞᆯ 고ᄒᆞᆫ되, 승상이 쳑연타루(慽然墮淚)ᄒᆞ고 태부인으로브터 좌즁상하 남녜 뉘 아니 조부인의 셩덕지모ᄅᆞᆯ 앗기며 슬허ᄒᆞ리오.

태위 왕부모ᄅᆞᆯ 위로ᄒᆞ여 이 【13】 옥이 말ᄉᆞᆷᄒᆞ다가, 본부의 도라와 모부인긔 뵈옵고 ᄆᆡᄌᆞ의 실니지변(失離之變)을 고ᄒᆞ니, 엄부인이 대경실식ᄒᆞ여 옥슈로 분흉(憤胸)을 두다리고 녀ᄋᆞᄅᆞᆯ 브ᄅᆞ지져, 우흐로 텬도의 블명(不明)ᄒᆞᄆᆞᆯ 원(怨)ᄒᆞ고, 버거 소텬(所天)의 틱셔(擇壻) 잘못ᄒᆞᄆᆞᆯ 흔ᄒᆞ니, 승상부뷔 알고 도로혀 어히 업서 닐ᄋᆞ되,

"한심ᄒᆞ도다."

ᄒᆞ니, 조태위 왕부의 말ᄉᆞᆷ을 듯고 블승황공ᄒᆞ여 ᄒᆞ더라.

이ᄶᅥᆨ 원홍이 음모곡계(陰謀曲計)ᄅᆞᆯ 궁극히 경영ᄒᆞ여 조부인을 수쳔니(數千里) 외각의 젹거ᄒᆞ 【14】 ᄆᆡ, 즁도의 강도ᄅᆞᆯ 쳐결ᄒᆞ여 그 고단ᄒᆞᆫ ᄶᅥᆨ의 겁칙ᄒᆞ여 아ᄉᆞ오기ᄅᆞᆯ 계교ᄒᆞᄆᆡ, 낭즁취믈(囊中取物) ᄀᆞᆺᄐᆞᆯ가 양양ᄌᆞ득(揚揚自得)ᄒᆞ여, 드듸여 가즁 심복 수십여 인을 치뎡(採定)ᄒᆞ여, 금빅을 후히 주어 급히 됴쥐로 나아가 즁노의 ᄆᆡ복ᄒᆞ엿다가, 반야(半夜) 무인시(無人時)의 그 햐쳐(下處)657)의 돌입ᄒᆞ여, 조부인을 앗거든 놀ᄂᆡ지 말고, 평안이 보호ᄒᆞ여 제 머므ᄂᆞᆫ 햐쳐로 도라오게 ᄒᆞ라 ᄒᆞ고, 스스로 됴뎡의 말믜ᄒᆞ되 션산의 소분(掃墳)658)ᄒᆞ기ᄅᆞᆯ 일흠ᄒᆞ고 몬져 심복 가뎡(家丁)을 보ᄂᆡ고, 져ᄂᆞᆫ 지후(在後)의 완완(緩緩)이 힝ᄒᆞ여, 양쥐 촌낙의 밋쳐ᄂᆞᆫ 무뢰협 【15】 뉴(無賴俠類)ᄅᆞᆯ 다 일쳐의 모화, 무인반야(無人半夜)의 제적이 가면을 쓰고, 조시랑 햐쳐의 블을 노코 다라드

---

657)햐쳐(下處) : 사쳐. 손님이 길을 가다가 묵음. 또는 묵고 있는 그 집
658)소분(掃墳) : 오랫동안 외지에서 벼슬하던 사람이 친부모의 산소에 가서 성묘하던 일.

러, 일변 지믈을 거두며, 안회 돌입ᄒ여 부인의 ᄌ최ᄅ 심방ᄒ나, 조부인의 싱이지지(生而知之)659)ᄒᄂ 셩명(性命)으로 엇지 간인의 궁모곡계(窮謀曲計) 이실 줄을 아지 못ᄒ고, 속슈(束手)ᄒ여 ᄉ화(死禍)ᄅ 밧으리오. 조부인의 명쳘보신(明哲保身)660)ᄒ던 ᄉ적이 다 ᄒ편(下篇)의 쇼연(昭然)ᄒ니라.

원홍의 여당(餘黨)이 임의 부인의 ᄌ최ᄅ 엇지 못ᄒ니, 드듸여 크게 실망ᄒ여 오ᄅ 지쳬치 못ᄒ고 급급히 도라올ᄉ, 힝니(行李)ᄅ 슈습ᄒ여 션영(先塋)의 빅묘(拜墓)ᄒ고 도라오니, 도로 관【16】광재(觀光者) 알니 업더라.

이의 경ᄉ의 도라와 쳥션을 듸ᄒ여 수말(首末)을 젼ᄒ고, 분연(奮然) 왈,

"내 능히 뎡가 적츄(賊酋)ᄅ 죽이지 못ᄒ면, 내 져의 독슈의 죽을지언뎡 결단코 냥닙(兩立)든 아닐 거시니, 임의 조시ᄂ 일헛거니와, 한·화 냥녜 용모ᄌ덕(容貌才德)이 비록 조시만 ᄀᆺ지 못ᄒ나, ᄯ 절염가인(絶艶佳人)이라 ᄒ니, 나의 니시의 무염은 아닌가 시브니, ᄉ부ᄂ 이 일이나 쥬션ᄒ라."

쳥션이 흔연(欣然) 쾌락(快諾) 왈,

"조시ᄂ 실노 신명예쳘(神明睿哲)ᄒ미 남다ᄅ니, 과연 속일 길히 어렵더니이다 ᄏ니와661), 한·화 등이야 현마 못 속이리잇가?"

드듸여 ᄀ마니 흔 【17】계교ᄅ 헌칙(獻策)ᄒ니, 원홍이 대열칭샤(大悅稱謝)ᄒ더라.

일일의 쳥션이 한부의 나아가 관시ᄅ 보고, 원시랑의 쇠ᄅ 닐오고,

"만일 도모ᄒ여 한쇼져로ᄡ 원시랑긔 도라보ᄂ면, 원시랑이 부인의 어엿비 넉이신 은혜ᄅ 갑ᄉ오미 젹지 아니ᄒ리이다."

한부 관시 대열 왈,

"쳡이 본듸 샹공이 과도히 녀ᄋᄅ 편이(偏愛)ᄒ미, 그 교언영식(巧言令色)을 ᄉ랑ᄒ여 쳡은 초개(草芥) ᄀᆺ치 넉이니, 시고(是故)로 쳡이 함분잉통(含憤忍痛)662)ᄒᄂ니, 원시랑이 만일 신긔흔 계교로 녀ᄋ의 명절(名節)을 희지어 평일 쳥졍(淸淨)흔 졀개(節槪)ᄅ 썩그면, 쳡이 【18】 비록 빈한(貧寒)ᄒ나 각별 녜믈(禮物)노ᄡ 샤례코져 ᄒ거늘, 엇지 도로혀 져의 샤례ᄅ ᄇ라리오."

피ᄎ(彼此) 밀밀이 획계ᄒ여 블승환희(不勝歡喜)ᄒ더라.

관시 몬져 한공의 총명을 아ᄉ려 ᄒ므로, ᄯ 몽혼단(夢魂丹)663)으로ᄡ 시험ᄒ니, 츄밀이 과연 다시 슌일을 신음ᄒ여 크게 《미루∥위즁(危重)》ᄒ니, 가즁이 우황(憂惶)ᄒ고 관시 거즛 근심ᄒ여 공의 병보(病報)ᄅ 졔궁의 보ᄒ고, 쇼져의 오기ᄅ 지쵹ᄒ니,

---

659) 싱이지지(生而知之) : 삼지(三知)의 하나. 도(道)ᄅ 스스로 깨달음을 이른다. *삼지(三知); 도(道)ᄅ 깨달아 가는 지(知)의 세 단계. 생이지지(生而知之), 학이지지(學而知之), 곤이지지(困而知之)ᄅ 이른다.

660) 명쳘보신(明哲保身) : 총명하고 사리에 밝아 일을 잘 처리하여 자기 몸을 보존함

661) ᄏ니와 : 커니와. *커니와; '하거니와'가 줄어든 말. 조건을 나타내는 어미 뒤에 쓰여 '모르거니와'라는 뜻을 나타낸다.

662) 함분잉통(含憤忍痛) : 분을 품고 그 분한 마음을 참음.

663) 몽혼단(夢魂丹) : 요약(妖藥)의 일종. 정신을 흐리게 하는 '도봉잠'류의 약.

어시의 조부인의 뎡비(定配)ㅎ는 힝되(行道) 적변을 만나 실화(失火)ᄒᆞᆫ 소식이 졔궁의 니ᄅᆞ니, 뎡부 합문 상해 놀나고 슬허ᄒᆞ미 조상부의 감치 아니ᄒᆞ고, 슌태부【19】인이 대경실ᄉᆡᆨ(大驚失色)ᄒᆞ여 슬허ᄒᆞ기ᄅᆞᆯ 마지 아니ᄒᆞ되, 오직 ᄉᆡᆨ블변(色不變)ᄒᆞᄂᆞᆫ 쟈ᄂᆞᆫ 금평후와 졔왕이라.

ᄎᆞ언(此言)을 드ᄅᆞ나 각별 놀나지 아니코 근심치 아냐, 왈,

"조쇼부ᄂᆞᆫ 녀즁셩인(女中聖人)이라. 그 신셩명쳘(神聖明哲)ᄒᆞ미 죡히 ᄌᆞ보지ᄎᆡᆨ(自保之策)은 넉넉ᄒᆞ리니, 요인이 비록 궁모곡계(窮謀曲計)로 해코져 ᄒᆞ나 능히 버서나리니, 아직 그 존믈(存沒)을 아지 못ᄒᆞ미 문견(聞見)의 ᄎᆞ악ᄒᆞ나, 반ᄃᆞ시 반셕(盤石) ᄀᆞᆺ치 무양(無恙)ᄒᆞ여 아모 곳에나 안신(安身)ᄒᆞ엿다가, 타일 신누(身累)ᄅᆞᆯ 신셜(伸雪)ᄒᆞ고 풍운(風雲)의 길시(吉時)ᄅᆞᆯ 만난죽, ᄌᆞ연 도라오리이다."

ᄒᆞ고, 화안이셩(和顏怡聲)으로 태부인을 위로ᄒᆞ【20】며, 윤·양·니·졍 ᄉᆞ비 ᄯᅩᄒᆞᆫ 싱각이 엄구(嚴舅) 부ᄌᆞ지심(父子之心)과 일톄라. 각별 ᄉᆞᄉᆡᆼ지녀(死生之慮)ᄂᆞᆫ 업ᄉᆞ나 그 어ᄂᆡ 곳에 뉴락(流落)ᄒᆞ믈 아지 못ᄒᆞ여 슬허ᄒᆞ미, 쇼년 졔부인이 감히 존당좌측(尊堂座側)을 ᄯᅥ나지 못ᄒᆞᄂᆞᆫ지라.

한공의 병뵈 니ᄅᆞ고, 관시의 셔찰의 공의 질셰(疾勢) 고극(苦劇)ᄒᆞᆷᄋᆞᆯ 베플고, 겸ᄒᆞ여 귀령을 근졀이 쳥ᄒᆞ여시니, ᄉᆞ의(辭意) 관곡(款曲)ᄒᆞᆫ지라. 쇼졔 부친의 환후ᄅᆞᆯ 경녀(驚慮)ᄒᆞ나 계모의 이ᄃᆞ도록 은근ᄒᆞᆫ 셔간이 평ᄉᆡᆼ 처엄이라. 일단 의심홈도 업지 아닌 즁, ᄯᅩ 즉금 조부인 봉변ᄒᆞᆫ 소식을 드란 후ᄂᆞᆫ, 가즁의 화긔(和氣) 비(倍)ᄒᆞ나 감ᄒᆞ【21】니, 귀령○[을] 쳥ᄒᆞ미 ᄌᆞ못 미안ᄒᆞᆫ지라. 이의 본부 시녀ᄅᆞᆯ 듸ᄒᆞ여 부즁 우황ᄒᆞ믈 닐ᄏᆞᆺ고 관시의게 답셔ᄅᆞᆯ 올녀, 부군(父君)의 환휘 계시믈 인ᄉᆞ(人事)ᄒᆞ고 구문(舅門)의 ᄉᆞ괴(事故) 다쳡(多疊)ᄒᆞ여 능히 구경지하(俱慶之下)664)의 쳐신을 ᄌᆞ단(自斷)치 못ᄒᆞᄂᆞᆫ 고(故)로, 귀령치 못ᄒᆞᄂᆞᆫ 연고(緣故)로 불효ᄅᆞᆯ 사죄ᄒᆞ여 도라보ᄂᆡ니, 시비 도라가 이ᄃᆡ로 알왼듸 츄밀은 결연ᄒᆞ나, ᄉᆞ셰 그러ᄒᆞᆫ 고로 다시 브ᄅᆞ지 말나 ᄒᆞ니, 관시 심니(心裏)의 앙앙(怏怏)ᄒᆞ나 감히 다시 쳥치 못ᄒᆞ고, ᄀᆞ마니 쳥션으로 상의(相議)ᄒᆞ니, 쳥션이 관시ᄅᆞᆯ 쵹ᄒᆞ여 한공을 다만 죽게 아니ᄒᆞ나 병셰 쳠【22】듕(添重)ᄒᆞᆯ 약을 시험ᄒᆞ니, 츄밀이 과연 대통(大痛)ᄒᆞ여 병셰 ᄌᆞ못 위악(危惡)ᄒᆞᆫ지라.

관시 ᄯᅩ 졔궁의 보ᄒᆞ니, 쇼졔 대경(大驚)ᄒᆞ여 급히 존당의 고ᄒᆞ니, 졔왕이 불열(不悅)ᄒᆞ여 보ᄂᆡ지 말고져 ᄒᆞ나, 한공의 병이 듕타 ᄒᆞ니 귀령을 허치 아니ᄒᆞᆷ은 블가ᄒᆞᆫ 고로, 이의 허락ᄒᆞ고 홍운뎐의 드러가 윤비ᄅᆞᆯ 듸ᄒᆞ여,

"한시의 금번 귀령이 그 신샹의 크게 블니(不利)ᄒᆞ니 현비ᄂᆞᆫ 각별 션쳐ᄒᆞ라."

윤비 졈두응낙(點頭應諾)ᄒᆞ고, 이의 골경비ᄌᆞ(骨鯁婢子) 쥬파ᄅᆞᆯ 블너 귀에 다혀 계교ᄅᆞᆯ 닐ᄋᆞ니, 쥬패 승명ᄒᆞ여 이의 한쇼져 침소의 나아【23】가 의렬비의 명을 젼ᄒᆞ니, 쇼졔 크게 놀나며 부친의 병후(病候)ᄅᆞᆯ 보옵지 못ᄒᆞ고 ᄌᆞ신○[이] 피화ᄒᆞ미 졍니

---

664)구경지하(俱慶之下) : 부모가 모두 살아 계시어 모시고 있는 가운데 있음.

(情理)의 난연(赧然)ᄒ나, 구고의 명이 이러틋 ᄒ시니 감히 어긔오지 못ᄒ지라. 이의 명교(明敎)를 밧들 바로 되ᄒ고, 이날 즉시 심복 시녀 오류인으로 더브러 뎡부 후원 은실 벽소뎡의 깁히 드러 숨으니, 알니 업고, 제왕이 왕모(王母) 슌태부인과 부모긔 ᄀ마니 이 곡절을 알외여, 요인의 궁극흔 계괴 한시를 마ᄌ 해코져 ᄒ미 심장흔 변이 아니니, 만일 무단이 이시죡 이번 ᄲᆞᆫ 아니라 굿ᄐ【24】여 보젼치 못ᄒ도록 도모ᄒ여, 한시 미구(未久)의 ᄯᅩ 조시의 변 ᄀᆺ튼 화익을 만나기 쉬오리니, 비록 피우지시(避憂之事) 져기 허망ᄒ기의 갓가오나, 달니 만젼지계(萬全之計) 업서 한시를 깁히 금초고, 아모도 모로게 숨기믈 고ᄒ니, 태부인이 결연(缺然)ᄒ나, '조시의 변익(變厄) ᄀᆺ튼 홰(禍) 쉬오리라' ᄒ믈 놀나, 각별 말니지 아니ᄒ니, ᄎ스를 다만 존당과 제왕의 부뷔 알지언뎡, 가즁상해 다 아지 못게 ᄒ니라.

ᄎ일 한시 귀령ᄒᄂᆞᆫ 위의를 쳔연이 출혀, 셕양을 ᄯᅴ여 한부로 향ᄒ더니, 과연 즁도의 다ᄃᆞ라 무수흔 무【25】뢰비(無賴輩) 눗ᄎ 가면을 쓰고, 긴 창과 막되를 두루고 너다라, 뎡가 복부를 줏치니665), 모든 가뎡과 ᄎ환이 임의 다 쥬파의 계교를 드럿ᄂᆞᆫ지라. 일시의 헛도이 ᄯᅩ치여 ᄉᆞ면으로 허여지니, 젹당이 각별 ᄯᆞᆯ지 아니ᄒ고 다만 한쇼져의 든 치교(彩轎)를 아ᄉ 가지고 ᄂᆞᄂᆞᆫ 다시 ᄃᆞ라나니, 쇼져의 유랑(乳娘) 복쳡(僕妾)이 거즛 가슴을 두다려 울며 도라가 이 ᄉᆞ연을 젼ᄒ니, 졔궁 닉외 거즛 놀나 가뎡과 장확을 헷쳐 젹뉴(賊類)의 종젹(蹤迹)을 츄심(推心)ᄒ니라.

한공은 쇼져의 봉변(逢變)흔 소문을 듯고 대경실쉭ᄒ나, 오히려 미혼【26】단(迷魂丹)의 잠겨 넷 졍신과 총명이 업ᄉ니, 놀나ᄂᆞᆫ 가온듸나 그듸도록 녀ᄋᆞ의 거쳐 모르믈 상비(傷悲)ᄒ미 업더라. 관시ᄂᆞᆫ 심니의 대희쾌열(大喜快悅)ᄒ나, 거즛 놀나 통도(痛悼)ᄒ미 오히려 츄밀의게 지나더라.

원홍의 당뉘(黨類) 한시의 교ᄌ(轎子)를 아ᄉ 십여리를 힝ᄒ여 밤들기를 기다려, 원가의 도라오고져ᄒ여, 그윽흔 산곡간의 ᄂᆞ려노코 져기 쳔식(賤息)을 진뎡홀 ᄉᆡ, 이러구러 눌이 어둡고 초싱미월(初生微月)666)이 몽농(朦朧)ᄒ여 겨유 지쳑을 분간홀 만흔지라. 제젹(諸賊) 가온듸 괴슈쟈(魁首者)의 셩명은 심규희니, 얼골이 흉녕ᄒ고 건【27】장ᄒ며 셩되 ᄌᆞ못 험악ᄒ더니, 믄득 싱각하듸, '이 부인이 안쇽이 엇더ᄒ관듸 원시랑이 만흔 지물을 허비ᄒ고 불의로 아ᄉ오ᄂᆞᆫ고? 흔 번 귀경ᄒ미667) 해롭지 아니타' ᄒ고, 이의 나아가 쥬렴(珠簾)을 들고 보니, 몽농흔 둘빗히 일위(一位) 미부인(美夫人)이 홍상치의(紅裳彩衣)를 닙어시나, 교즁의 것구러져 손으로 단검을 가슴의 ᄭᅩᆺ고 젹혈(赤血)이 낭ᄌ(狼藉)ᄒ여 ᄌᆞ결(自決)흔 거동(擧動)이라. 심규희 대경ᄒ여 동뉴(同類)를 쳥ᄒ여 뵈고 닐ᄋᆞ듸,

"이 부인이 ᄀᆞ장 밍널(猛烈)ᄒ여 임의 죽어시니, 우리 공연이 헛슈고 ᄒ고 숑장을

---

665) 줏치다 : 짓치다. 시살(弑殺)하다. 함부로 마구 치다.
666) 초싱미월(初生微月) : 초생달의 희미한 달빛.
667) 귀경ᄒ다 : 구경하다. 흥미나 관심을 가지고 보다.

써메고 단【28】니기 브졀업순지라. 이곳에 바리고 도라가 원시랑긔 소유룰 젼ᄒᆞ미 엇더ᄒᆞ뇨?"

모다 올타 ᄒᆞ고, 일시의 원가의 도라오니, 원홍이 제 집 후당의셔 쳥션으로 더브러 제적을 맛초아 보닉고, 밤이 깁도록 괴로이 기다리더니, 믄득 제적이 도라와 크게 됴치 아닌 소식을 젼ᄒᆞ니, 원홍이 실식대경(失色大驚)ᄒᆞ여 말을 못ᄒᆞ거ᄂᆞᆯ, 쳥션이 침음냥구(沈吟良久)의 왈,

"조·한·화 등이 본딕 상공과 인연이 업순가? 대ᄉᆞ(大事) 슌히 되여가다 마장(魔障)이 만ᄒᆞ니 엇지 괴이치 아니리잇고? 연이나 한시의 시톄(屍體)룰 무쥬공산(無主空山)의 바【29】려 분분(紛紛)ᄒᆞᆫ 시비(是非)○[룰] ᄭᅵ치미 블안ᄒᆞ니, 이제 희심강파(海深江波)의 너허 그 죵젹을 업시 ᄒᆞ미 올흐니이다."

원홍이 이둛고 분ᄒᆞ나 홀일 업셔 식경(食頃)668)이나 지ᄂᆞᆫ 후, 브야흐로 제적(諸賊)을 딕ᄒᆞ여 슈고ᄒᆞᄆᆞᆯ 닐ᄏᆞ라 금빅(金帛)을 주고, 한쇼져의 시신을 먼니 브리라 ᄒᆞ니, 제적이 하직ᄒᆞ고 도라가 한시의 초신(草身)을 남강슈의 ᄭᅴ오니라.

원홍이 다시 쳥션을 보치니, 쳥션이 빈미(矉眉) 왈,

"빈되(貧道) 노야룰 위ᄒᆞ여 아모리 지ᄉᆞ위ᄒᆞᆫ(至死爲限)669)ᄒᆞ여 계교룰 ᄒᆡᆼᄒᆞ나, 하ᄂᆞᆯ이 돕지 아니시니 장ᄎᆞᆺ 홀일업순지라. 다시 셜계【30】ᄒᆞ여 노야로 ᄒᆞ야금 일개 뇨됴졀염(窈窕絶艶)을 취ᄒᆞ시게 ᄒᆞ리이다."

원홍이 빈샤(拜謝)ᄒᆞ더라. 쳥션이 원홍의 화시롤 엇고져 ᄒᆞᄆᆞᆯ 보니, 심하의 혜오딕,

"내 원간 화시로 무원무흔(無怨無恨)ᄒᆞ니, 굿ᄐᆡ여 해ᄒᆞ미 브졀업스니, 이제 원시랑의 소원이 굿ᄐᆡ여 화시룰 구ᄒᆞ미 아니라, 아모 녀ᄌᆡ라도 ᄒᆞᆫ낫 졀염(絶艶)을 구ᄒᆞᄂᆞᆫ지라. 내 출하리 일개 지[ᄌᆞ]미교려(姿美巧麗)ᄒᆞᆫ 홍안원부(紅顔怨婦)룰 가져, 몬져 원가의 인연을 일워 남녀(男女)의 소욕(所慾)을 치오게 ᄒᆞ리라."

ᄒᆞ고, 즉시 급ᄉᆞ(給事) 녀방의 집에 가니 취시와 녕능이 졍히 져의 죵신대ᄉᆞ(終身大事) 그릇되믈 분【31】ᄒᆞ여, 평진왕부 형뎨 부ᄌᆞ 슉질을 원원(怨怨)ᄒᆞ더니, 쳥션을 보고 크게 반기고 깃거, 졍히 심곡(心曲)을 여러 말ᄉᆞᆷ홀ᄉᆡ, 쳥션이 믄득 쇼왈,

"쇼졔, 오히려 윤학ᄉᆞ의 풍신ᄌᆡ모(風神才貌)룰 닛지 못ᄒᆞ시나, 빈도(貧道)ᄂᆞᆫ 싱각건딕 윤학ᄉᆞ의 ᄆᆞᄋᆞᆷ은 쇼져와 크게 ᄀᆞᆺ지 아냐, 셜시로 환흡(歡洽)홀 ᄲᅮᆫ 아니라, 셜시 긔린 ᄀᆞᆺᄐᆞᆫ 녕ᄌᆞ(英子)룰 나흐니, 은춍이 더 듕ᄒᆞᆫ 즁, 셜평장 부인이 녀셔(女婿)의 젼일 그 ᄯᆞᆯ의게 미몰670) 박졍(薄情)ᄒᆞ던 줄 이제야 알고, 분노ᄒᆞᄆᆞᆯ 니기지 못ᄒᆞ여, 기녀룰 아ᄉᆞ다가 깁히 곰초고, 닐ᄋᆞ딕, '윤학ᄉᆞ 젼일을 뉘읏처 ᄒᆞ거든 【32】녀가 음녀(淫女)룰 죽여 젼일 박ᄒᆡᆼ(薄行)을 샤례(謝禮)치 아니ᄒᆞ면, 결단코 기녀(其女)룰 다시 윤가의 도라 보닉지 아니리라.' ᄒᆞ니, 윤학ᄉᆞ 십분 초조ᄒᆞ여 쇼져룰 목젼에 죽여 셜시긔 젼일

---

668)식경(食頃) : 밥을 먹을 동안이라는 뜻으로, 잠깐 동안을 이르는 말.
669)지ᄉᆞ위흔(至死爲限) : 죽을 때까지 어떤 일을 그치지 아니하고 뻗대어 나감.
670)미몰ᄒᆞ다 : 매몰하다. 인정이나 싹싹한 맛이 없고 쌀쌀맞다.

박힝을 샤례치 못호믈 이둘나, 쳔방빅계(千方百計)로 셜시노[로] 모의(謀議), 히로(偕老)호기를 계교(計巧)호미, 쇼져를 살녀보닌 줄 뉘웃는다 호니, 이제는 쇼졔 속졀업시 쳥츈(靑春) 홍안(紅顔)이 공규(空閨)의 늙으리니, 진승상부인(陳丞相夫人)671)도 다삿 번 개가(改嫁)호여시니, 이를 본밧고져 호시느니잇가?"

녕능이 텽파(聽罷)의 노긔(怒氣) 복밧처 독안(毒眼)의 살긔 어리여 닐오디,

"윤셰린 적즈(賊子)【33】는 텬하의 무신필뷔(無信匹夫)라. 내 초에 지식이 우미(愚昧)호여 필부의 소힝이 이딕도록 무거(無據)호믄 아지 못호고, 혼갓 그 외모풍신(外貌風神)이 사롬다오믈 인호여 반계곡경(盤溪曲徑)672)으로 져를 춫더니, 제 젼후의 광망픠려(狂妄悖戾)혼 죄를 다 내 탓슬 삼아, 도로혀 날 욕호믈 남은 싸히 업게 호니, 쳡이 엇지 무고히 탕즈(蕩子)와 음녀(淫女)의 욕언을 감심(甘心)호리오. 반다시 일디 풍뉴가랑(風流佳郞)을 마즈 나의 평싱을 쾌히 호고, 윤셰린 적츄(賊酋)와 셜녀 요인을 만편(萬片)의 쓰져 평일의 날 업수히 넉이던 원슈를 갑고, 윤가 합문(闔門) 남녀를 육장(肉醬)을 민【34】들니라."

호니, 이 엇지 젼셰(前世)의 혈[철]골지슈(徹骨之讐)를 미즌 바 신묘랑의 후신(後身)이 아니면 제윤의게 여츠호리오. 쳥션 왈,

"빈되 혼 곳에 옥인(玉人) 풍뉴랑(風流郞)을 임의 듯보아시니673) 이 쏘혼 옥당한훤[원](玉堂翰院)674)의 진신명환(縉紳名宦)675)으로 쇼년입신(小年立身)호여 풍신지홰(風神才華) 결비하등(決非下等)이로디, 일즉 쳐궁(妻宮)이 박호여 그 부인 니시 남의 업슨 츄용누질(醜容陋質)이라, 원시랑이 참아 금슬지락(琴瑟之樂)676)을 일우지 못호여, 혼 번 마즈 도라온 후는 인호여 심당(深堂)의 두고 면목(面目)도 보지 아니호니, 원시랑의 모친 엄부인이 쏘혼 쳥년의 과거(寡居)호여 삼죵의탁(三從依托)677)의 브라는 【35】비 일지(一子)어늘, 그 비필이 츠오(差誤)호여 금슬(琴瑟)678)이 블합호니, 어닉679)

---

671) 진승상부인(陳丞相夫人) : 중국 전한(前漢) 혜제(惠帝) 때의 좌승상(左丞相) 진평(陳平)의 아내 장씨(張氏). 그녀는 부잣집 딸이었으나 박복하여 다섯 번이나 시집을 갔지만, 그때마다 남편이 갑자기 죽어 아무도 그녀에게 장가들려 하지 않았다. 당시 가난한 총각이었던 진평이 그녀를 아내로 맞아, 부(富)를 얻고 출세하여 벼슬이 승상에 이르렀다.

672) 반계곡경(盤溪曲徑) : 서려 있는 계곡과 구불구불한 길이라는 뜻으로, 일을 순서대로 정당하게 하지 아니하고 그릇된 수단을 써서 억지로 함을 이르는 말. 늑방기곡경(旁岐曲徑)

673) 듯보다 : 듣보다. 듣기도 하고 보기도 하며 알아보거나 살피다

674) 옥당환훤(玉堂翰院) : 조선시대 홍문관(弘文館)과 예문관(藝文館)을 말함. *홍문관(弘文館); 삼사(三司) 가운데 하나로 궁중의 경서, 문서 따위를 관리하고 임금의 자문에 응하는 일을 맡아보던 관아. *예문관(藝文館); 임금의 명을 짓는 일을 맡아보던 관아.

675) 진신명환(縉紳名宦) : 홀(笏)을 큰 띠에 꽂은 높고 명망 있는 벼슬아치

676) 금슬지락(琴瑟之樂) : 거문고와 비파가 서로 어우러져 내는 음악이라는 뜻으로, 부부간의 사랑을 이르는 말. =고슬지락(鼓瑟之樂). 종고지락(鍾鼓之樂).

677) 삼종의탁(三從依托) : =삼종지탁(三從之託). 삼종지도(三從之道). 예전에, 여자가 따라야 할 세 가지 도리를 이르던 말. 어려서는 아버지를, 결혼해서는 남편을, 남편이 죽은 후에는 자식을 따라야 하였다.

678) 금슬(琴瑟) : 금실. 부부간의 사랑.

곳으로 조추 지엽(枝葉)680)이 션션(詵詵)681)ᄒ미 이시리오. 이러므로 엄부인과 시랑의 ᄯᅳᆺ이 일개 뇨됴가인(窈窕佳人)을 어드면 맛당히 뉵녜(六禮)682)로 취(娶)ᄒᆞ여 뎡실을 삼아 가권(家權)을 온젼ᄒᆞ고져 ᄒᆞᄂᆞ니, 부인과 쇼져의 ᄯᅳᆺ이 엇더ᄒᆞ니잇고?"

취시 ᄀᆞ장 무던이 넉여 눈으로ᄡᅥ 슈졍을 보니, 슈졍 왈,

"ᄉᆞ부(師父) 첩을 위ᄒᆞ여 그릇 쳔거치 《아니ᄒᆞ거니와 ‖ 아니홀 거시거니와》, 원간 원시랑의 풍신ᄌᆡ뫼(風神才貌) 엇더ᄒᆞ니잇고? ᄒᆞᆫ번 귀경ᄒᆞ게 ᄒᆞ쇼셔."

취시 왈,

"원시랑의 인물풍치(人物風采) 아모리 아름다온【36】들 윤ᄌᆞ의셔 더으든 못ᄒᆞ리니, 다만 츄믈박면(醜物薄面)이나 아니면 다ᄒᆡᆼᄒᆞ리니, 다시 션을 보아 무엇ᄒᆞ리오."

ᄒᆞ니, 이ᄂᆞᆫ 취시 혜오ᄃᆡ, 원싱이 아모리 긔특ᄒᆞ여도 윤학ᄉᆞ만 못ᄒᆞ리니, 녀이 보면 놋비 넉여 퇴혼(退婚)홀가 두려 이리 닐ᄋᆞ미라.

슈졍이 탄왈,

"쇼녀(小女)들 엇지 이런 줄 모로리잇고 마ᄂᆞᆫ, 아쇠온 싱각의ᄂᆞᆫ 져 원낭의 풍뫼(風貌) 하 츄악(醜惡)ᄒᆞ기나 면ᄒᆞ오면 만ᄒᆡᆼ(萬幸)이라. 쇼녜 굿ᄐᆞ여 윤싱 ᄀᆞᆺᄐᆞᆫ 브라지 아니ᄒᆞᄂᆞ이다."

취시 대희ᄒᆞ고, 쳥션이 쇼왈,

"원시랑이 풍신ᄌᆡ홰(風神才華) 비록 윤학ᄉᆞ의 지나지 못ᄒᆞ나, ᄯᅩᄒᆞᆫ 온듕【37】단아ᄒᆞᆫ믄 ᄂᆞ리디 못ᄒᆞ리이다."

취시 모녜 대열(大悅)ᄒᆞ여 브ᄃᆡ 인진(引進)ᄒᆞ여 ᄒᆞᆫ번 보기를 구ᄒᆞ니, 쳥션이 쾌락ᄒᆞ고 닐ᄋᆞᄃᆡ,

"이 일이 아조 쉬오니, 노애 졀노 더브러 됴뎡의 면분(面分)도 바히 업지 아니리니, 여ᄎᆞ여ᄎᆞ 쳥ᄒᆞ시고, 부인과 쇼졔 듕당(中堂)의 나아가 여어보시미 됴ᄒᆞ리로소이다."

취시 모녜 ᄌᆞ못 낙낙(諾諾)ᄒᆞ여 ᄌᆡ삼 당부ᄒᆞ더라.

쳥션이 슈졍을 하직ᄒᆞ고 도라와 황혼의 원홍을 보고 왈,

"빈되 녀급ᄉᆞ의 규슈를 보니 진짓 텬하졀염(天下絶艶)이라. 노애 가히 녜(禮)로ᄡᅥ 취ᄒᆞ시미 엇더ᄒᆞ시니잇고?"

원홍 왈,

"내【38】일즉 드르니 녀급시 두 ᄯᆞᆯ을 두어, 장녀ᄂᆞᆫ 학ᄉᆞ 쇼셩의 안해니, 남의 업슨 박명누질이오, ᄎᆞ녀ᄂᆞᆫ 셜왕의 냥녜(養女) 되여 윤셰린의 직실이 되엿다가, 여ᄎᆞ여

---

679)어ᄂᆡ : 어느.

680)지엽(枝葉) : ①'식물의 가지와 잎'을 뜻하는 말로 '자손'을 비유적으로 이르는 말. ②본질적이거나 중요하지 아니하고 부차적인 부분.

681))션션(詵詵) : 수가 많은 모양.

682)뉵녜(六禮) : 우리나라에서 전통적으로 내려오는 혼인의 여섯 가지 예법. 납채(納采), 문명(問名), 납길(納吉), 납폐(納幣), 청기(請期), 친영을 이른다.

초 츌거ㅎ다 ㅎ믈 드럿더니, 스부의 닐ㅇ시는 빈 엇더ㅎ 녀지니잇고?"

청션 왈,

"노야의 문견(聞見)도 과연 올ㅎ니, 녀급시 세 쌀을 두엇더니, 츠녜 윤학스의 지실이 되엿다가 금번 원억(冤抑)ㅎ 일노 츌화(黜禍)를 만나니, 녀시 셩졍이 심히 조급ㅎ 고로, 지금 인병치스(因病致死)ㅎ여 스싱(死生)이 슈유(須臾)의 이시니, 결단코 사지 못ㅎ리니 그 죽으미 금명의 잇ᄂᆞᆫ지라. 빈되 【39】 젼일 잠간 면분(面分)이 잇던 고로, 그 스싱의 밋ᄎᆞ믈 츄연ㅎ여 잠간 녀가의 가보니, 녀가 필쇼졔(畢小姐) 맛춤 그 형을 구호(救護)ㅎ노라 ᄒᆞ가지로 잇거ᄂᆞᆯ, 보니 옥안화모(玉顔花貌)와 찬난ᄒᆞᆫ 광치, 진짓 경셩경국지쇠(傾城傾國之色)이오, 나히 십삼셰라 ᄒᆞᄂᆞᆫ지라. 빈되 노야를 위ㅎ여 월노(月老)683)를 ᄌᆞ임(自任)코져 ㅎ여, 여ᄎᆞ여ᄎᆞ 구혼(求婚)ㅎ니, 급스 부인 왈, '삼녀를 두어 우흐론 냥녀(兩女)를 취가(娶嫁)ㅎ니, 소·윤 냥셰(兩壻) 다 취식무신(取色無信)ㅎ니 필녀를 밋쳐 퇴셔ㅎ믈 엇지 못ㅎ나, 지어필녀(至於畢女)ㅎ여는, 퇴셔(擇壻)의 ᄀᆞ장 상심(詳審)ㅎ노라 ㅎ고, 노야를 ᄒᆞᆫ 번 본 후 허【40】혼코져 ㅎ니, 빈되(貧道) 엇지 허언(虛言)을 ㅎ리오. 녀가 셋ᄌᆡ 녀ᄌᆞ의 작인품셩(作人品性)이 ᄒᆞᆫ갈ᄀᆞᆺ치 온화졍졍(溫和貞靜)ㅎ여, 용뫼(容貌) 츌뉴(出類)ㅎ고 슉녀(淑女)의 덕이 이시니, 녀급시 퇴셔(擇壻)ㅎ믈 십분 상심(詳審)ㅎᄂᆞᆫ지라. 지금 슌향684)을 졈복(占卜)ᄒᆞᆫ 곳이 업다 ᄒᆞ더이다. 노야ᄂᆞᆫ 빈도의 말ᄉᆞᆷ을 드르쇼셔."

원홍이 흔연 왈,

"스부의 신근(辛勤)685)ㅎ믈 엇지 모르리오. 드듸여 협스(篋笥)의 쳔금을 닉여 쳥션의 슉녀 쳔거ᄒᆞᆫ 공을 샤례ㅎ고, 거줏 공스(公事) 의논ㅎ기를 평계ㅎ고, 각별(各別)을 [이] 션명(鮮明)이 ㅎ고, 얼골을 분면(粉面)으로 다듬아 녀가의 나아갈ᄉᆡ, 쳥션으로 ㅎ야금 몬【41】져 알게 ㅎ다."

이젹의 취시 모녜(母女) 임의 개젹(改適)홀 ᄯᅳᆺ이 이시ᄆᆡ, 녀급스로 의논ㅎ여 말을 닉디, 녕능이 윤부의 츌거ㅎ믈 닙어 도라와 우분셩질(憂憤成疾)ㅎ여 인병치스(因病致死)686)다 ㅎ여, 소문이 진궁의 니ᄅᆞ게 ㅎ니, 진왕과 승상이 밋지 아녀 왈,

"녀시 ᄒᆞ낫 독스(毒蛇)의 졍녕(精靈)이라. 반다시 흉죵지상(凶終之相)이니 엇지 쳥년조스(靑年早死)홀 니 이시리오."

ㅎ더라.

청션이 몬져 원싱 오ᄂᆞᆫ 소식을 보ㅎ고, 미조ᄎᆞ687) 원홍이 거마복죵(車馬僕從)을 풍

---

683) 월노(月老) : =월하노인(月下老人). 부부의 인연을 맺어 준다는 전설상의 늙은이. 중국 당나라의 위고 (韋固)가 달밤에 어떤 노인을 만나 장래의 아내에 대한 예언을 들었다는 데서 유래한다.

684) 슌향 : 신랑감. *슌향을 졈복(占卜)ㅎ다; 신랑감을 정하다.

685) 신근(辛勤) : 힘든 일을 맡아 애쓰며 부지런히 일함.

686) 인병치스(因病致死) : 병으로 죽음.

687) 미좃다 : 뒤미처 좇다. 그 뒤에 곧 잇따라 따르다.

비(豐備)히 거ᄂᆞ려 녀가의 니ᄅᆞ니, 녀방이 짐짓 닉셔헌(內書軒)의셔 쳥ᄒᆞ여 볼ᄉᆡ, 취시 모녜 급히 즁당【42】의 나아가 보니, 원홍이 ᄯᅩᄒᆞᆫ 이십젼 쇼년으로 녀ᄒᆞ 밉시의 쥐 장식이라. 오사각모(烏紗角帽)와 옥ᄃᆡ아홀(玉帶牙笏)이 션명(鮮明)ᄒᆞ고 옥 ᄀᆞᆺ튼 ᄂᆞᆺ빗과 별 ᄀᆞᆺ튼 눈찌며, 단ᄉᆞᄀᆞᆺ튼 입이 송옥(宋玉)688) 《두녀∥두목(杜牧)689)》의 미풍을 웃ᄂᆞᆫ지라. 말슴이 장강하슈(長江河水) ᄀᆞᆺ트니, 녀방이 심히 깃거ᄒᆞ고 취시와 슈졍이 황 홀ᄒᆞ여, 비록 윤싱의 풍신(風神)만 못ᄒᆞ나 깃거ᄒᆞ더라. 녀방이 각별 호쥬셩찬(好酒盛 饌)으로 관ᄃᆡᄒᆞ여 도라보닉고 즉시 미파로 원가의 구혼ᄒᆞ니 원홍이 쾌허ᄒᆞ고 즉시 틱 일ᄒᆞ여 녜로써 녀시를 마ᄌᆞ 도라오니, 과연 침어낙안지용(沈魚落雁之容)690)과 폐월슈 화지틱(蔽月羞花之態)691)라.【43】

엄시 대희과망(大喜過望)ᄒᆞ고, 원홍이 녀시를 보믹 비록 조쇼져의 용광식틱(容光色 態)로 비기지 못ᄒᆞ나, 니시긔ᄂᆞᆫ 쳔승만비(千乘萬倍)ᄒᆞ고, ᄯᅩ 탕ᄌᆞ와 음뷔 상적(相敵)ᄒᆞ 니 슈유블니(須臾不離)ᄒᆞᄂᆞᆫ 은졍이 잇더라.

니시 녀녀의 이ᄀᆞᆺ치 아름다옴과 가부(家夫)의 은총이 젼일(專一)ᄒᆞᆷ믈 블승대로(不勝 大怒)ᄒᆞ여 듀야(晝夜) 울고 졍젼(爭戰)ᄒᆞ며 투악(妬惡)이 낭ᄌᆞ(狼藉)ᄒᆞ니, 녀녜 앙앙분 심(怏怏憤心)ᄒᆞ여 교언녕식(巧言令色)으로 엄시와 원홍의게, 니시○[의] 업슨 허믈○ [을] 만단(萬端)으로 참소ᄒᆞ니, 엄시와 원홍이 원간 니시를 증염ᄒᆞ여 가ᄂᆡ의 업시코○ [자] ᄒᆞ나, 니시 흔갓 셩ᄒᆡᆼ(性行)이 퓌악(悖惡)ᄒᆞᆯ지언뎡, 드러ᄂᆞᆫ 악ᄒᆡᆼ【44】이 업ᄉᆞ니 츌거(黜去)ᄒᆞᆯ 조각이 업셔 못ᄒᆞ엿더니, 드듸여 죄를 얽어 혼셔(婚書)692) 문명(問 名)693)을 아ᅀᅡ 불지라고, 영영 니이(離異)ᄒᆞ여 닉치고 녀시로 원비(元妃)를 삼으니, 녀

---

688) 송옥(宋玉) : B.C.290?-B.C.222?. 중국 춘추 전국 시대 초나라의 문인. 반악(潘岳)과 함께 중국의 대 표적인 미남자로 일컬어짐. <구변(九辯)>, <초혼(招魂)>, <고당부(高唐賦)> 등의 작품이 전하고 있고 굴원(屈原)의 제자로 알려져 있다.

689) 두목(杜牧) : 803~852. 자 목지(牧之). 호 번천(樊天). 당나라 만당(晚唐)때 시인. 중서사인(中書舍人) 에 올랐고 중국의 대표적인 미남자로, 두보(杜甫)에 상대하여 '소두(小杜)'라 칭하며, 두보와 함께 '이 두(二杜)'로 일컬어지기도 한다.

690) 침어낙안지용(沈魚落雁之容) : 미인을 보고 물 위에서 놀던 물고기가 부끄러워서 물속 깊이 숨고 하 늘 높이 날던 기러기가 부끄러워서 땅으로 떨어질 만큼, 아름다운 여인의 용모를 비유적으로 이르는 말. ≪장자≫ <제물론(齊物論)>에 나온다.

691) 폐월슈화지틱(閉月羞花之態) : 꽃도 부끄러워하고 달도 숨을 만큼 여인의 얼굴과 맵시가 매우 아름답 다는 것을 비유적으로 이르는 말.

692) 혼셔(婚書) : 혼인할 때에 신랑 집에서 예단과 함께 신부 집에 보내는 편지로, 글 속에 신부 집에서 혼인을 허락해 주었음을 확인하고 혼인에 따른 예물을 보낸다는 뜻을 밝혀놓고 있어, 신부는 이를 신 랑 집에서 작성해준 혼인증서로 여겨 일생동안 간직하였다. 혼서는 두꺼운 종이를 말아 간지(簡紙) 모양으로 접어서 쓴다. =예서(禮書).

693) 문명(問名); 신랑 측에서 신부 집에 납채(納采)를 행한 후, 다시 신부 집에 신부의 이름을 묻는 서간 을 보내는데, 이를 문명(問名)이라 한다. 신부의 이름을 묻는 것은 신랑 집의 청혼의사가 확고함을 나 타내는 동시에 신부 집의 허혼을 독촉하는 뜻이 담겨 있다. 따라서 신부는 이 문명(問名)을 신랑 집의 청혼서(請婚書)로서 일생동안 간직하였다. 이때 신부 집에서는 당시 여자에게는 이름이 없기 때문에 신부의 어머니 성씨를 적어 보내 허혼의 뜻을 밝혔다. 따라서 문명은 양가가 정혼한 사이임을 뜻한다.

녀의 양양ᄒᆞᆷ믄 비길 디 《업ᄂᆞᆫ지라∥업더라》.

니시 본디 친당(親黨)이 《녕쳑∥녕체(零替)694)》ᄒᆞ고, 흔낫 동긔(同氣)695) 먼니 향니의 이시니, 원홍이 니시ᄅᆞᆯ 시러 그 본향(本鄉)으로 보ᄂᆡ며, 그 형남(兄男) 니싱의게 니시의 부도픽악(不道悖惡)ᄒᆞ믈 갓초 베퍼, 셔찰을 닷가 보ᄂᆡ니, 니시 님힝(臨行)의 크게 울고 분연이 교듕(轎中)의 올으며 ᄭᅮ지져 왈,

"나의 도라가ᄂᆞᆫ 츠(此) 경식(景色)이 도로혀 영홰라. 평안이 내 고향의 도라가 믹반소찬(麥飯素饌)696)으로 구복(口腹)을 치오【45】고 평ᄉᆡᆼ을 안과(安過)ᄒᆞ미 올흐니, 엇지 간적(奸賊) 원홍의 안해로 네 집에 머므다가, 타일 간적의 머리 달니ᄂᆞᆫ 날에 내 엇지 위로관비(爲奴官婢)697)ᄒᆞᄂᆞᆫ 욕을 보리오."

셜파의 가뎡(家丁) 복부(僕夫)ᄅᆞᆯ 직쵹ᄒᆞ여 도라가니, 원홍의 모ᄌᆞ 부뷔 싀훤ᄒᆞ믈 니긔지 못ᄒᆞ더라.

니시 졔 고향 소쥐(蘇州)698)의 도라가 그 오라비ᄅᆞᆯ 의탁ᄒᆞ니, 니싱이 비록 지죄(才操)699) 업서 공명(功名)을 구치 아니ᄒᆞ나, 조업(祖業)700)은 만히 가져 뎐장(田莊)을 다ᄉᆞ려 가계 요부(饒富)ᄒᆞᆫ 고로, 니시 맛ᄎᆞᆷᄂᆡ 의지ᄒᆞ여 여년(餘年)을 맛ᄎᆞ니라.

후디의 과연 악인(惡人)이 잔멸(殘滅)701)ᄒᆞ여, 원홍의 머리 동시(東市)의 달니이믈 면치 못ᄒᆞ니라.【46】원홍이 녀녀ᄅᆞᆯ 어드나 오히려 탕ᄌᆞ의 난음ᄒᆞᆫ 욕심이 무한ᄒᆞ여, 다시 화시ᄅᆞᆯ 침노(侵撈)ᄒᆞᆯ 의ᄉᆞᄂᆞᆫ 다 하편(下篇)의 쇼연(昭然)ᄒᆞ니라.

익표(益表)702), 션시(先時)의 걸안대원슈 졔로도총병 대ᄉᆞ마 대장군(契丹大元帥 諸路都摠兵 大司馬 大將軍) 뎡의쳥이 부원슈 윤창계와 션봉 하의계로 더브러, 시셰(時歲) 갑인(甲寅) 밍츄(孟秋) 경슐(庚戌)에 국명을 밧ᄌᆞ와 쳔원밍장(千員猛將)과 빅만 갑ᄉᆞ웅병(甲士雄兵)703)을 거ᄂᆞ려 호호탕탕(浩浩蕩蕩)704)이 호디(胡地)로 향ᄒᆞ니, 지나ᄂᆞᆫ 바의 츄호블범(秋毫不犯)ᄒᆞ니, 빅셩이 단ᄉᆞ호장(簞食壺漿)705)으로 왕ᄉᆞ(王士)ᄅᆞᆯ 맛더라.

수월(數月)만의 대군이 비로소 호디(胡地) 국도(國都)의 밋ᄎᆞ니, 오랑키 짜히 본디

---

694)녕톄(零替) : 세력이나 살림이 줄어들어 보잘것없이 됨.
695)동긔(同氣) : 형제와 자매, 남매를 통틀어 이르는 말.
696)믹반소찬(麥飯素饌) : 보리밥과 고기나 생선이 들어 있지 않은 반찬으로 차린 밥상.
697)위로관비(爲奴官婢) : 예전에 중죄인의 처자를 종이나 관비(官婢)를 삼아 벌하던 일.
698)소쥐(蘇州) : 중국 강소성(江蘇省)에 있는 도시.
699)지죄(才操) : '재주'의 원말. ①무엇을 잘할 수 있는 타고난 능력과 슬기. ②어떤 일에 대처하는 방도나 꾀.
700)조업(祖業) : 조상 때부터 대대로 내려오는 가업.
701)잔멸(殘滅) : 잔인하게 죽음.
702)익표(益表) : 고소설에서 '화설(話說)' '익설(益說)' 등처럼 장면전환을 나타내는 화두사(話頭詞).
703)갑ᄉᆞ웅병(甲士雄兵) : 갑옷을 갖추어 입은 용맹스러운 병사.
704)호호탕탕(浩浩蕩蕩) : 기세 있고 힘찬 모양.
705)단ᄉᆞ호장(簞食壺漿) : ①대나무로 만든 밥그릇에 담은 밥과 병에 넣은 마실 것이라는 뜻으로, 넉넉하지 못한 사람의 거친 음식을 이르는 말. ②백성이 군대를 환영하기 위하여 갖춘 음식.

사【47】 막변디(沙漠邊地)라. 일셰(日勢) 극히 《사오나와∥사오나온디》 방민(坊民)
이 능히 《하의룰∥핫옷을》 닙지 못ᄒ더라.

텬됴 대군이 장ᄎᆺ 밍츄(孟秋)의 ᄯ러나 수월만의 이의 니르니, 시셰(時歲) 즁동(仲冬)
계슌(季旬)의 밋첫더라. 일긔 극히 한엄(寒嚴)ᄒ여 평디의 빅셜이 ᄀ독히 ᄲ히고, 악풍
(惡風)이 닝연(冷然)ᄒ니, 삼군(三軍) 장졸이 져마다 병들니 만흐니, 능히 길을 힝ᄒ며
진을 님ᄒ여 젹을 대젹기 어려온지라. 뎡·윤 냥원쉬 크게 경녀(驚慮)ᄒ여, 몸소 군즁
(軍中)의 분쥬ᄒ여, ᄉ졸의 병을 무르며, 의약으로 치료ᄒ미, 그 조심ᄒ며 무휼(撫恤)
ᄒ미, 아비 ᄌ식 위흠 ᄀ치 ᄒ니,【48】 장졸이 원슈의 은튁(恩澤)을 황감(惶感)ᄒ여
죽기로ᄡᅥ 갑흘 ᄯᆺ이 잇더라.

임의 호디 국도의 밋처는, 왕셩빅니(王城百里)룰 ᄌ음ᄒ여706) 북쥐 변하도란 ᄯᅡ히
영치(營寨)707)룰 셰우고, 수다 군졸노 ᄒ야금 목칙(木柵)룰 굿게 ᄒ고, 격셔룰 살 ᄭᅳᆺ
히 미여 ᄡᅩ아 걸안셩즁의 드려보ᄂᆞ니, 호졸이 어더 걸안쥬(契丹主)의게 드리니, 걸안
쥬 호뉼회 졍히 텬병이 문죄(問罪)ᄒ라 셩외에 니르러시믈 듯고, 문무냥좌(文武兩座)
룰 다 불너 계교룰 의논ᄒ더니, 믄득 호졸(胡卒)이 텬됴격셔(天朝檄書)룰 어더 드리거
ᄂᆞᆯ, 걸안 군신이 ᄒ가지로 펴보니, 대개(大槪)의 굴와【49】 시디,

"호디(胡地) 비록 변디(邊地) 사막의 최우쳐 셩텬ᄌ(聖天子)의 협화만방(協和萬邦)ᄒ
시ᄂᆞᆫ 셩튁(聖澤)이 ᄎ 밋지 못ᄒ시나, 속셜(俗說)의 닐ᄋ디, '쳥텬빅일(靑天白日)은 노
예하쳔(奴隷下賤)도 역지기명(亦知其明)이오708), 황혼흑야(黃昏黑夜)ᄂᆞᆫ 금슈(禽獸)도
그 어두오믈 안다709)' ᄒ니, 걸안 군신이 비록 즁원의 붉은 힝실을 다 못ᄒ나, 일분
인심이면 엇지 감히 역텬(逆天)ᄒᄂᆞᆫ 악명(惡名)을 몸소 힝ᄒ리오. 이졔○○○[셩텬ᄌᆡ]
특별이 텬병밍장(天兵猛將)을 보ᄂᆡ샤 문죄(問罪)ᄒ시ᄂᆞ니, 만일 텬위(天威)룰 두리거든
셜니 셩문을 열어 항복ᄒ라. 블연즉(不然則) 걸안 국퇴 속졀업시 어육(魚肉)이 되리
라."

ᄒ엿더라.【50】

걸안군신이 간필(看畢)의 불승대로(不勝大怒)ᄒ여 걸안쥐 무장모ᄉ(武將謀士)룰 대
ᄒ여 왈,

"드르니, 이번 온 자ᄂᆞᆫ 다 히뎨동몽(孩提童蒙)을 갓 면ᄒ엿다 ᄒ니, 텬됴(天朝)의 사
룸이 업슨 줄 알니로다. 엇지 ᄒ 무리 빅면슈쟈(白面竪子)로ᄡᅥ 군국대임(軍國大任)을
맛지리오. 이ᄂᆞᆫ 송군(宋君)이 스ᄉ로 픽망(敗亡)을 취ᄒ미라. 과인이 임의 병강마장(兵

---

706) ᄌ음ᄒ다 : 사에에 두다. 가로막다. 격(隔)하다.
707) 영치(營寨) : 병영에 세운 목책(木柵).
708) 쳥텬빅일(靑天白日)은 노예하쳔(奴隷下賤)도 역지기명(亦知其明)이오 : 맑은 하늘의 밝은 태양은 노예
나 천민과 같은 무식한 사람들도 또한 그 밝음을 안다.
709) 황혼흑야(黃昏黑夜)ᄂᆞᆫ 금슈(禽獸)도 그 어두오믈 안다 : 해가 지고 어스름해질 때나 칠흑처럼 캄캄한
밤은 날짐승이나 길짐승도 그 어두움을 안다.

强馬壯)ᄒ니 무슴 두리미 이시리오.”

승상 쳡목괴 간왈,

“ᄌ고(自古)로 녁뒤(歷代) 뎨왕의 창업ᄒ미 반다시 그 ᄯᅥ를 만난 후야 대ᄉ를 일우ᄂ니, 복원 대왕은 출하리 텬됴의 표(表)를 올녀 그ᄅᆖ믈 쳥ᄒ쇼셔.”

걸안줘 침음(沈吟)ᄒ【51】여 결치 못ᄒ니, 셔참졍 탈탈과 대장 블화야눌듸 크게 소리ᄒ여 왈,

“우리 님군은 ᄲᅥᆨ은 션븨의 녹녹(碌碌)ᄒᆫ 의논을 조ᄎᆞ신즉 대ᄉᆞ 그릇 되리이다. 이제 다만 ᄒᆞᆫ 장 글을 보고 승상이 이러ᄐᆺ 망녕된 말노ᄡᅥ 대국위엄만 기리고, 아국 군심을 비방ᄒ여 요동ᄒ니, 기죄블가용(其罪不可容)710)이라. 복원 대왕은 명졍기죄(明正其罪)ᄒ쇼셔.”

걸안줘 종기언(從其言)ᄒ여 즉시 승상을 참슈(斬首)코져 ᄒ더니, 승상이 본듸 인ᄌ관후(仁慈寬厚)ᄒ여 인심을 어든 곳이 만흔 고로, 모다 간ᄒ여, ‘냥국이 미급교젼(未及交戰)의 몬져 냥샹(良相)을 참ᄒ미 길【52】됴(吉兆) 아니라’ ᄒ나[니], 걸안줘 오히려 노를 긋치지 못ᄒ여 쳡목교의 벼슬을 앗고, 등 오십을 듕타ᄒ여 옥에 가도니라.

걸안줘 즁모ᄉ(衆謀士)로 다시 상의ᄒ여 젼셔(戰書)711)를 닷ᄒ여 살ᄉᆞ시 미여 송진(宋陣)의 ᄡᅩ니, 송진 셰작(細作)이 어더 장젼(將前)의 드리니, 냥원슈 밧아 보니 ᄒ여시듸,

“텬하ᄂᆫ 일인(一人)의 둔 비 아니라, 텬하 사ᄅᆷ의 텬해니, 송군이 홀노 득시(得時)ᄒ리오. 맛당이 명일 결젼의 승부를 결ᄒ리라.”

ᄒ엿더라.

뎡·윤 냥원슈 견파(見罷)의 삼군인마를 졍졔ᄒ여 명일 졉젼ᄒ려 ᄒ더라.

걸안줘 명됴의 대쇼【53】군졸을 거ᄂᆞ려 송진 이십니를 격ᄒ여 하치(下寨)712)ᄒ니, 긔치검극(旗幟劍戟)이 삼녈(森列)ᄒ더라. 걸안줘 드듸여 흑긔흑마(黑旗黑馬)로 나아오니, 좌우의 수십여 원(員) 호장(胡將)이 시립(侍立)ᄒ엿ᄂᆫ듸, 크게 웨여 왈,

“텬됴 상장(上將)으로 서로 보아 말ᄒᆞ즈.”

ᄒ니, 송진즁(宋陣中)의셔 방포(放砲) 삼셩(三聲)의 진문(陣門)을 크게 열고, 뎡·윤 냥원슈 두삽ᄌ금익션관(頭揷紫金翼善冠)713)ᄒ고 신착담황포(身着淡黃袍)714)ᄒ여 손에 듁졀강편(竹節鋼鞭)715)을 쥐고 금뉸(金輪)을 완완(緩緩)이 미러 나아오니, 몬져 ᄇᆞ라보

---

710)기죄블가용(其罪不可容) : 그 죄를 결코 용서할 수 없음.

711)젼셔(戰書) : 전쟁의 시작을 알리는 통지서. 늑격서(檄書).

712)하치(下寨) : 진지(陣地)를 구축하고 진(陣)을 침.

713)두삽ᄌ금익션관(頭揷紫金翼善冠) : 머리에 자금(紫金; 자줏빛이 나는 황금)으로 만든 익선관을 씀. * 익선관(翼善冠); 왕과 왕세자가 평상복인 곤룡포를 입고 집무할 때에 쓰던 관. 앞 꼭대기에 턱이 져서 앞이 낮고 뒤가 높은데, 뒤에는 두 개의 뿔을 날개처럼 달았으며 검은빛의 사(紗) 또는 나(羅)로 둘렀다

714)신착담황포(身着淡黃袍) : 몸에는 담황색 도포(道袍; 남자의 겉옷)를 입음.

건디 냥원슈의 엄위쇄락(嚴威灑落)훈 긔상과 탈쇽비범(脫俗非凡)훈 골격이 일월(日月)이 징광(爭光)ᄒᆞᄂᆞᆫ 듯, 셔이(瑞靄) 몽농ᄒᆞ여 신【54】션이며 사롬이믈 분간치 못ᄒᆞ리러라.

걸안 군신 상해(上下) 일견의 정신이 황홀ᄒᆞ여 무틴 눈을 두세 번 ᄡᅵᄉᆞ며 ᄇᆞ라 보더라. 걸안쥐 마상(馬上)의셔 치롤 드러 왈,

"갑쥬지시(甲冑之士) 감불녜양(敢不禮讓)716)이니 텬장(天將)은 고이히 넉이지 말나. 아국이 본딘 벽쳐(僻處)의 일면(一面)을 보호ᄒᆞ여, 각별 텬됴의 죄 어드미 업거놀, 왕시(王士) 도로의 슈고로이 간괘(干戈)롤 움죽여 니르도다. 슈연(雖然)이나, 대국이 일이 업서 브듸 병혁을 니르혀시니 피ᄎᆞ 훈 번 승부롤 결ᄒᆞ미 무방ᄒᆞ도다."

송진즁으로셔 션봉장 하의계 정창츌마(挺槍出馬)717)【55】ᄒᆞ여 진전(陣前)의 나아가니, 머리의 봉시ᄌᆞ금(鳳翅紫金)투고718)요, 몸의ᄂᆞᆫ 황금쇄ᄌᆞ갑(黃錦鎖字甲)719)의 슈은전포(繡銀戰袍)720)롤 쎠닙고, 허리의 오싴강궁(五色強弓)721)을 씌여시며, 손의 장창(長槍)을 잡아시니, 위풍(威風)이 신뇽(神龍) ᄀᆞᆺ툰지라. 적군이 훈 번 ᄇᆞ라보고 상혼낙담(喪魂落膽)ᄒᆞ니, 셔션봉 울니딘 쏘훈 정창츌마(挺槍出馬)ᄒᆞ여 진전의 닉다라 하션봉으로 교견(交戰) 수합(數合)722)의 하션봉이 울니딘롤 참(斬)ᄒᆞ니, 적진즁으로 블하쇠 닉다라 대호 왈,

"울니딘 용널ᄒᆞ여 죽엇거니와 날노 승부롤 결ᄒᆞᄌᆞ."

ᄒᆞ니, 하션봉이 닝쇼ᄒᆞ고 더브러 삼십여 합의 블분승뷔(不分勝負)어【56】늘, 호진즁(胡陣中)의셔 쳠목가 뉴원 탑하블 회야늘 스샤진고 등 다숫 장쉬(將帥) 일시의 닉다라 협공(挾攻)ᄒᆞ니, 송진즁의셔 하공이 픠홀가 져허, 우션봉 윤긔화와 좌우익장(左右翼將) 니등 니통 셔한등 ᄉᆞ장(四將)이 일시의 닉다라 하션봉을 도으니, 고각함셩(鼓角喊聲)723)이 텬디진동ᄒᆞ더라. 졔장이 교젼 수십여 합의 블분승뷔(不分勝負)러니, 이러구러 날이 셕양의 밋쳐셔ᄂᆞᆫ 호장 칠인의 긔운은 졈졈 진ᄒᆞ고, 송진 졔장의 창법은 감치 아니ᄒᆞ니, 걸안쥐 진상의셔 ᄇᆞ라보고 혹ᄌᆞ 실수홀가 겁ᄒᆞ여 크게 외여 왈,

---

715)듁절강편(竹節鋼鞭) : 대나무 마디처럼 만든 강철 채찍.

716)감불녜양(敢不禮讓) : 예의를 지켜 겸양(謙讓)할 수 없음.

717)정창츌마(挺槍出馬) : 창을 겨누어 들고 말을 달려 나아감.

718)봉시ᄌᆞ금(鳳翅紫金)투고 : 봉황의 깃으로 꾸민 자금(紫金)투구. *투고; 예전에, 군인이 전투할 때에 적의 화살이나 칼날로부터 머리를 보호하기 위하여 쓰던 쇠로 만든 모자.

719)황금쇄ᄌᆞ갑(黃錦鎖字甲) : 갑옷의 일종. 황색 명주옷에 사방 두 치 정도 되는 돼지가죽으로 된 미늘을 작은 고리로 꿰어 붙여서 만든 갑옷..

720)슈은전포(繡銀戰袍) : 은색 비단에 화려하게 수를 놓아 지은 전포(戰袍). *전포(戰袍); 장수가 입던 긴 옷옷.

721)오색강궁(五色強弓) : 여러 가지 색을 칠한 매우 탄력이 센 활.

722)수합(數合) : 두세 차례 창칼로 겨뤄 마주침. *합(合); 칼이나 창으로 싸울 때, 칼이나 창이 서로 마주치는 횟수를 세는 단위.

723)고각함셩(鼓角喊聲) : 북소리와 나팔소리, 군중의 외침소리.

"날이 저므【57】럿고 일긔 엄한ᄒᆞ니 명일의 다시 결젼ᄒᆞᄌᆞ."

ᄒᆞ딕, 숑진ᄒᆞᆷ의셔 그리 ᄒᆞᄌᆞ ᄒᆞ고 냥군이 각각 군을 거두니라. 명일 냥진이 다시 군마를 졍졔ᄒᆞ여 졉젼코져 ᄒᆞ더니, 초일 믄득 텬혼디함(天昏地陷)ᄒᆞ고 풍위대작(風雨大作)ᄒᆞ며 대셜이 분분ᄒᆞ여 경긱의 평원광야(平原廣野)의 ᄌᆞ히나 ᄡᅡ히고, 원근(遠近) 산벽(山壁)724)의 빅옥을 ᄡᅡ혼 ᄃᆞᆺ 일긔 닝녈(冷烈)ᄒᆞ니, 사ᄅᆞᆷ이 치오믈 견듸지 못ᄒᆞ여 결젼(決戰)치 못ᄒᆞ니, 모든 호인의 무리 텬됴 삼장(三將)의 풍신직화(風神才華)를 아니 비상이 넉이리 업ᄂᆞᆫ지라. 져마다 ᄌᆞ연 젼파ᄒᆞ여, 호녀(胡女)의 무리 듯고 드듸여【58】ᄌᆞ즁(自中)의 난(亂)이 니러나 스스로 픠국망신(敗國亡身)ᄒᆞ기의 밋ᄎᆞ니, 원ᄂᆡ 호녀 등의 근간이 엇더ᄒᆞᆫ 거신고 ᄒᆞ니, 이쩍 걸안쥬 호뉼회 몬져 언지725) 탈탈시를 취(娶)ᄒᆞ여 냥녀(兩女)를 나ᄒᆞ니, 굴온 녕능 쳥능 냥공쥬라. 탈탈시 두 공쥬를 나코, 두 공쥬 밋쳐 셩인(成姻)치 못ᄒᆞ여셔, 언지 탈탈휘 죽으니, ᄶᅢ에 녕능은 십셰오 쳥능은 구셰오 셰ᄌᆞ 탈블은 수셰(數歲)러라.

걸안쥬 슬허ᄒᆞ나 홀일 업서 언지를 후례(厚禮)로 별산승디(別山勝地)726)의 가 화장(火葬)ᄒᆞ고, 다시 직취ᄒᆞ여 샹셔령 태우 목목션의 ᄯᅩᆯ을 드려 언지를 삼으니, 목목시 안ᄉᆡᆨ이【59】빅승셜(白勝雪)727)이오, 셩되 간힐교악(奸黠狡惡)ᄒᆞ여 ᄯᅳᆺ 밧으믈 잘ᄒᆞ며, 걸안쥬 방탕난음(放蕩亂淫)ᄒᆞ여 후궁이 만흔지라. 목목시를 춍이ᄒᆞᄂᆞᆫ 가온디나, 투악을 엄히 졔어ᄒᆞ니, 목목시 크게 흔ᄒᆞ나 홀일업서 다만 은악양션(隱惡佯善)728)ᄒᆞ여, 몬져 걸안의 ᄯᅳᆺ을 엇고 나죵 젹국을 소졔ᄒᆞ려, 몬져 셰ᄌᆞ와 냥공쥬를 ᄉᆞ랑ᄒᆞ미 긔츌(己出)ᄀᆞᆺ고 후궁을 은혜로 거ᄂᆞ리ᄂᆞᆫ데 ᄒᆞ니, 걸안쥬 크게 혹ᄒᆞ여 ᄌᆞ연 후궁의 춍(寵)이 쇠(衰)ᄒᆞᄂᆞᆫ지라.

목목시 대희ᄒᆞ여 ᄎᆞᄎᆞ 셜계ᄒᆞ여 젹국(敵國)을 해ᄒᆞ려 홀ᄉᆡ, 후궁 십여인이니 야뉼덕과 취경이【60】와 블화근과 계셩난과 진야션과 쇼명션과 탑목이와 미녕ᄋᆞ와 쇼녕ᄋᆞ와 고아덕과 샤진민와 취삼졍과 동쳥민와 빅도힝 등이니, ᄎᆞ즁(此中)의 야뉼덕과 취경이, 걸안의 데일 춍희(寵姬)로 셩(性)이 굿셰고 왕양(汪洋)ᄒᆞ미, 평싱 바란 말 ᄒᆞ기를 됴화ᄒᆞᄂᆞᆫ 고로, 잇다감 목시의게 원(怨)을 미ᄌᆞ미 만코, 두 공쥬 ᄯᅩᄒᆞᆫ 셩졍이 음사간악(淫奢奸惡)ᄒᆞᆫ 고로 목목시로 지긔상합(志氣相合)ᄒᆞ믈 깃거 아냐, 미양 긔걸ᄒᆞ미729) ᄌᆞᄌᆞ니, 두 공쥬 크게 노ᄒᆞ여 울며 목목시의게 하리ᄒᆞ니730), 목목시 더옥 노ᄒᆞ여 냥공쥬를 위로 왈,【61】

"야뉼덕 등이 이러틋 방ᄌᆞᄒᆞ여 졍궁(正宮)을 싀긔ᄒᆞ니, 혜아리건디 션후(先后)의 블

---

724)산벽(山壁) : 산등셩이의 벼랑.

725)언지 : 고소셜에셔, 북방 호국(胡國)의 왕비를 이르는 말.

726)별산승디(別山勝地) : 경치가 빼어난 산의 아름다운 땅.

727)빅승셜(白勝雪) : 흰빛이 눈보다도 더 흼.

728)은악양션(隱惡佯善) : 악을 숨기고 선으로 가장함.

729)긔걸ᄒᆞ다 : 신칙(申飭)하다. 단단히 타일러서 경계하다

730)하리ᄒᆞ다 : 참소(讒疏)하다. 남을 헐뜯어서 죄가 있는 것처럼 꾸며 윗사람에게 고하여 바치다.

휘(不諱)731)ᄒᆞ미 기간의 독슈(毒手) 이셔 ᄎ녀 등의 침해ᄒᆞ미 아닌 줄 엇지 알니오.”

ᄒᆞ니, 냥공쥐 믜온 ᄆᆞ음의 해ᄒᆞᆯ 묘단이 됴ᄒᆞᄆᆞᆯ 대희ᄒᆞ여 드디여 이 말ᄃᆡ로 죄ᄅᆞᆯ 얽어 야뉼덕 등을 참소ᄒᆞ니, 걸안쥐 곳이 듯고 ‘냥희(兩姬) 졍궁을 모살ᄒᆞ다’ ᄒᆞ여, 셕옥듕(石獄中)의 가도고 혹형(酷刑)으로 져주니732), 냥희 죵시(終始) 복쵸(服招)치 아니ᄒᆞ고 쟝하(杖下)의 죽으니, 목목시와 냥공쥐 대희(大喜)ᄒᆞ여, 불화근 등 졔희ᄅᆞᆯ 혹 해ᄒᆞ며, 혹 죽이며, 혹 닉치니 됴뎡이【62】다 목목후와 냥공쥬의 위엄을 두려 아니리 업더라.

목목시 걸안의 나히 만코 닉궁의 모들 날이 희쇼ᄒᆞᄆᆞᆯ 흔ᄒᆞ여, 냥공쥬로 동심ᄒᆞ여 음악(淫惡)을 임의로 ᄒᆞ고져 ᄒᆞ여, 걸안쥐 텬됴ᄅᆞᆯ 도모ᄒᆞ며 궁마(弓馬)ᄅᆞᆯ 훈련ᄒᆞᄆᆞᆯ 인ᄒᆞ여 닐ᄋᆞᄃᆡ,

“내 어려서브터 약간 궁시(弓矢)ᄅᆞᆯ 익엿고 병법을 아ᄂᆞ니, 이제 맛당이 냥공쥬로 더브러 ᄒᆞᆫ가지로 무예ᄅᆞᆯ 닉여, 대공을 셰워, 븍졍(北征)ᄒᆞᄂᆞᆫ 날 일비지녁(一臂之力)을 도ᄋᆞ리라.”

ᄒᆞ니, 걸안이 허락ᄒᆞ엿더니, 목목시 과연 녕능 쳥능으로 더브러 날마다 후원의 드러가 검슐을 닉이며【63】군마ᄅᆞᆯ 년습ᄒᆞ니, 샹하귀쳔(上下貴賤)을 갈희지 아냐 군병말졸(軍兵末卒)이라도 나히 졈고 표치(標致) 슈려(秀麗)ᄒᆞᆫ 쟈ᄂᆞᆫ 다 유졍(有情)ᄒᆞ여, 삼녜 ᄒᆞᆫ가지로 음난(淫亂)ᄒᆞ니 그 쉬 쟝ᄎᆞᆺ 쳔빅으로 혜지 못ᄒᆞ리러라.

이 젹의 텬병이 니ᄅᆞ미 걸안이 냥쟝웅병(良將雄兵)을 거ᄂᆞ려 국듕(國中)을 써나 셩외의 뉴진(留陣)ᄒᆞ니, 삼녜 더옥 긔탄업시 낫과 밤을 니어 년음ᄌᆞ락(連淫自樂)ᄒᆞ더니, 믄득 ᄒᆞᆫ 쇼졸이 드러왓거ᄂᆞᆯ, 삼녜 냥진 승픽ᄅᆞᆯ 무란ᄃᆡ, 쇼졸이 젼후 승픽와 텬됴 삼쟝의 화풍경일지샹(華風慶日之相)733)이 ᄀᆞᆺ초 긔이ᄒᆞᄆᆞᆯ 닐ᄏᆞ라미, 춤이 마라고 혜 다ᄅᆞᆯ 듯ᄒᆞ니,【64】삼녜 ᄎᆞ언을 듯고 탕음지심(蕩淫至甚)을 참지 못ᄒᆞ여, 이날 즉시 분면(粉面)을 다ᄉᆞ리고 단쟝을 치례ᄒᆞ여, 수쳔군을 거ᄂᆞ리고 삼녜 일시의 나아와 걸안쥬의게 뵐ᄉᆡ, 목목시 왈,

“네 어제 ᄒᆞᆫ ᄡᅡ홈의 쟝슈ᄅᆞᆯ 죽이고, 금일 ᄯᅩ 풍셜(風雪)이 심ᄒᆞ여 결젼(決戰)치 못ᄒᆞᆫ다 ᄒᆞ니, 내 듯고 힝혀 큰 일이 그릇 될가 져허, 두 ᄯᆞᆯ노 더브러 니ᄅᆞ러 돕고져 ᄒᆞ노라.”

냥녜 ᄯᅩ 닐ᄋᆞᄃᆡ,

“부왕이 나히 만코, 쟝졸이 진심ᄒᆞ여 젼녁(全力)지 아닐가 두려, 쇼녀 등이 모낭낭을 조ᄎᆞ 니ᄅᆞ럿ᄂᆞ이다.”

걸안이 희왈,

“군듕의 용쟝(勇將)이 부죡ᄒᆞ미 아니로ᄃᆡ, 텬쟝은 긔【65】긔히 명쟝이라. 젹쉬 업

---

731)불휘(不諱) : 사람이 죽음. *불휘(不諱)하다; 사람이 죽다.
732)져주다 : 형신(刑訊)하다. 심문하다.
733)화풍경일지샹(華風慶日之相) : 화려한 풍채와 밝은 태양과 같은 용모.

스니 내 졍히 너의 등을 브르고져 ᄒᆞ더니라. 연이나 내 두ᄯᅳᆯ이 다 과시(過時)ᄒᆞ여 녕
능은 십칠세오 쳥능은 십뉵세라. 도요(桃夭)734)의 노릭ᄅᆞᆯ 화(和)ᄒᆞᆯ 나히로ᄃᆡ, ᄌᆞ연 군
국대ᄉᆞ의 분망(奔忙)ᄒᆞᆯ ᄲᅮᆫ 아니라, 쇼방변디(小邦邊地)의 아ᄅᆞᆷ다온 부마ᄌᆡ목(駙馬材木)
이 업ᄉᆞ니, 과인이 몬져 텬하ᄅᆞᆯ 취ᄒᆞ여 즁원즁(中原中)의 님ᄌᆞ 된 후, 즁국 번화지디
(繁華之地)의 가 아ᄅᆞᆷ다온 부마ᄅᆞᆯ 어드려ᄒᆞ더니, 이제 텬됴대장 삼인은 비상ᄒᆞᆫ 인물이
라. 만일 이 세 사ᄅᆞᆷ 가온ᄃᆡ 둘만 항복밧아 냥녀의 부마ᄅᆞᆯ 삼고져ᄒᆞ나, 능히 져【6
6】ᄅᆞᆯ 항복 밧을 계괴 업ᄉᆞ니, 너히 등은 져ᄅᆞᆯ 싱금ᄒᆞ여 각각 부마ᄅᆞᆯ 삼게ᄒᆞ라.”

냥공쥬ᄂᆞᆫ 희불ᄌᆞ승(喜不自勝)ᄒᆞ나, 목목시 싱각ᄒᆞᄃᆡ,

“몬져 텬장 등을 항복 밧아 졍을 미ᄌᆞ리라.”

ᄒᆞ고, 삼녜 일시의 군즁의 머므러 결젼코져ᄒᆞ나, 삼일을 년ᄒᆞ여 대셜(大雪)이 ᄂᆞ리
더니, 데ᄉᆞ일만의 비로소 풍셜이 긋치고 텬디 온화ᄒᆞ니, 냥진이 브야흐로 결젼(決戰)
ᄒᆞᆯᄉᆡ, 삼녜 얼골의 지분(脂粉)을 난만이 베플고, 머리의 쥬취화관(珠翠華冠)을 쓰고,
몸의 비단 젼포(戰袍)ᄅᆞᆯ 닙고, 허리의 진쥬향ᄃᆡ(珍珠香帶)ᄅᆞᆯ ᄎᆞ고, 냥슈의 듁졀금편(竹
節金鞭)을 쥐고, 눈빗 ᄀᆞᆺ튼 약대735)ᄅᆞᆯ 【67】ᄐᆞ고, 삼녜 일시의 진문의 닉다ᄅᆞ니, 송
진즁의셔 하·윤 냥션봉과 텰셰귀 닉다라 교봉(交鋒)ᄒᆞᆯᄉᆡ, 목목녜 하션봉을 브라보니,
그 화풍경운지상(和風慶雲之像)의 몬져 넉시 취ᄒᆞ이고, 환흥(歡興)이 요양(搖揚)ᄒᆞ니,
분면쥬슌(粉面朱脣)의 우음을 먹음고 창을 둘너 닐ᄋᆞᄃᆡ,

“나ᄂᆞᆫ 걸안의 졍궁 목목왕휘라. 텬장은 셩명을 통ᄒᆞ라.”

하션봉이 대즐 왈,

“나ᄂᆞᆫ 텬됴명장(天朝名將)이라. 엇지 호녀의게 셩명을 머믈니오. 네 비록 호녜나 일
분 넘치 이실진ᄃᆡ, 남녀의 별이 다ᄅᆞᆷ을 아지 못ᄒᆞ리오. 너ᄂᆞᆫ ᄲᆞᆯ니 도라가고 네 지아비
걸안쥬 호룔【68】회ᄅᆞᆯ 블너오라.”

ᄒᆞ니, 목목녜 하션봉의 풍광을 우러러 졍신을 일허시니 엇지 ᄭᅮ짓ᄂᆞᆫ 말을 노ᄒᆞ리오.
연이나 걸안이 혹ᄌᆞ 의심ᄒᆞᆯ가 져허 양노(佯怒) 왈,

“나ᄂᆞᆫ 곳 일면왕휘(一面王后)라. 내 맛당히 너ᄅᆞᆯ 잡아 분을 셜ᄒᆞ리라.”

언파의 교젼ᄒᆞᆯᄉᆡ 평싱 용녁을 다ᄒᆞ여 디젹ᄒᆞ고, 녕능 쳥능은 윤·텰 냥장으로 어우
러져 졍히 ᄡᅡ호더니, 믄득 송진즁의셔 징을 쳐 군을 거두니, 하션봉이 닐너 왈,

“내 오ᄂᆞᆯ날 너ᄅᆞᆯ 살녀보ᄂᆡ나 지죄 미(微)ᄒᆞᆫ 줄 아지 말나.”

언필에 창ᄃᆡᄅᆞᆯ 길마736)의 걸고 원비(猿臂)737)ᄅᆞᆯ ᄂᆞ리혀 목목녀의 창【69】을 썩거

---

734)도요(桃夭) : ①시경(詩經) <주남(周南)> 편에 있는 시의 제목. 시집가는 아가씨의 아름다움과 행복을
노래하고 있다. ②복숭아꽃이 필 무렵이란 뜻으로, 혼인을 올리기 좋은 시절을 이르는 말. ③처녀가 나
이로 보아 시집가기에 알맞은 때.
735)약대 : 낙타(駱駝). 낙타과 낙타속의 짐승을 통틀어 이르는 말. .
736)길마 : 짐을 싣거나 수레를 끌기 위하여 소나 말 따위의 등에 얹는 안장.
737)비(猿臂) : 원숭이의 팔이라는 뜻으로, 길고 힘이 있어 활쏘기에 좋은 팔을 이르는 말.

더지고 완완이 본진으로 도라가니, 목목녜 크게 붓그리고 노ㅎ여 믈너날 쯧이 업스나, 창검이 업스니 홀 일 업서 약딕 등의 업딕여 본진으로 도라오니, 윤선봉이 쳘퇴로 녕능의 탄 약딕롤 치니, 약딕 피롤 흘리고 것구러지니, 녕능이 쓰히 쎠러지니, 쳥능이 형의 위틱ㅎ믈 보고 급히 녕능의 젼포(戰袍)자락을 잡아 거두쳐 안○[으]틱고 본진으로 도라가니, 송진즁의셔 승젼고(勝戰鼓)롤 울니며 징을 쳐 군을 거두니, 삼장(三將)이 본영의 도라와 장젼의 뵈고, 윤·텰 냥장이 분연 왈,

"쇼쟝 등이 어린 호【70】녀롤 두릴 빅 아니어늘, 엇지 군을 거두시니잇고?"

원슈 쇼왈,

"져 호녀는 어린 금슈(禽獸)와 ᄀᆞᆺᄐᆞ니, 대장뷔 엇지 금슈와 결젼ㅎ리오. 금일 호녀 등을 잡지 못ㅎ여시나, 즈연 모칙(謀策)이 이시리니 엇지 즈례 밧바ㅎᄂᆞ뇨?"

이의 쥬육(酒肉)을 만히 장만ㅎ여 삼장의게 하례ㅎ고, 군ᄉᆞ롤 호군(犒軍)738)ㅎ여 크게 즐기니라.

ᄎᆞ시 호녀 삼인이 픽ㅎ여 도라가 각각 붓그려 머리롤 숙이고 말을 못ㅎ니, 걸안쥐 삼녀의 지용(智勇)을 아ᄂᆞᆫ 고로, 후일이 머러시니 흔ᄡᅡ홈의 잘 못ㅎ믈 칙홀 빅 아니라 ㅎ여, 위로 왈,

"승【71】픠ᄂᆞᆫ 병가(兵家)의 상ᄉᆡ(常事)라. 너의 이 번은 픽ㅎ여시나 후일은 승젼ㅎ리니 엇지 영웅의 긔운을 최찰(摧折)ㅎ리오."

삼녜 이러틋 위로ㅎ믈 보고 일시의 쳥죄ㅎ니, 걸안 군해(軍下) 위로ㅎ더라. 삼녜 믈너나 명일은 브딕 승쳡ㅎ믈 싱각홀 ᄲᅮᆫ 아니라, 그윽흔 흉계 이시나, 목목녀는 감히 걸안을 딕ㅎ여 닐오지 못ㅎ고, 삼녜 흔가지로 본영의 도라와 흔 계교롤 상의ㅎ고, 반야삼경(半夜三更)의 흔 글월을 민다라 심복 쇼교(小校)롤 블너 ᄀᆞ마니 닐ᄋᆞ딕,

"네 맛당히 이 글을 가지고 송진즁의 나아가, 【72】여ᄎᆞ여ᄎᆞ ㅎ여 공을 일워 도라온즉 듕상(重賞)ㅎ리라."

쇼졸(小卒)이 흔연 슈명ㅎ고 초리(草履)롤 신고 막딕롤 집허 힝인(行人)의 모양ㅎ고, 송진의 니르니, 슌쵸군(巡哨軍)이 잡고 뭇다 무란딕, 쇼피 답왈,

"쇼졸은 걸안쥬의 닉궁(內宮) ᄉᆞ환(使喚)이러니, 우리 목목 왕후와 냥공쥐 텬됴상장 삼인의 만고옥인(萬古玉人) 영걸지풍(英傑之風)을 우러러 흠복ㅎ여, 이제 몬져 글월을 원슈노야 장젼(帳前)739)의 올녀, 졍(情)으로 항복ㅎ고, 다시 계교롤 드려 텬병ᄉᆞ졸노 ㅎ야금 흔 살을 허비치 아녀셔 호쥬(胡主)롤 항복밧아, 대군이 슈히 승젼개가(勝戰凱歌)로 고국【73】의 도라가고져 ㅎ여, 쇼졸이 특별이 왕후와 냥공쥬의 밀셔(密書)롤 가져 니르러시니, 쳥컨딕 관장(官長)은 나롤 인도ㅎ여 원슈 대야(大爺) 장하(帳下)의 뵈옵게 ㅎ라."

---

738)호군(犒軍) : =호궤(犒饋). 군사들에게 음식을 주어 위로함.
739)장젼(帳前) : 장수(將帥)의 앞.

송진 세작(細作)이 임의 원슈의 녕을 밧앗는지라. 흔연(欣然)이 밧아 대진즁(大陣中)에 니르니, 장즁(帳中)에 쵹을 붉히고, 냥원슈 좌우 션봉과 대쇼 졔장으로 더브러 쥬육(酒肉)을 버리고 한담ᄒ며 즐기더니, 군시 호졸을 잡아드리니, 원슈 온 연고를 무란ᄃᆡ, 호졸이 이실직고(以實直告)ᄒ고 글을 올니니, 냥원슈 ᄶᅥ혀보니 ᄒᆞ여시ᄃᆡ,

"쳡 등 삼인은 걸안【74】쥬의 졍궁 목목시와 두 공쥬 녕능 쳥능이라. 아쟈(俄者)의 쳡의 모녀 삼인이 텬됴 상장의 만고무적ᄒᆞ신 용화를 귀ᄀᆞ에 우례 지남ᄀᆞᆺ치 듯고, 불승흠앙ᄒᆞ고 ᄉᆞ모ᄒᆞᆷ이 근졀ᄒᆞ니, 쳡 목목시는 감히 빅년을 되시지 못ᄒᆞ나, 다만 일야만 침셕(寢席) ᄀᆞᆺ히 되셔 대군ᄌᆞ의 풍광을 겻지어 되시고져 ᄒᆞ고, 녕능 쳥능은 아직 공믈(空物)이니 군직 거두워 쵹하의 용납ᄒᆞ시믈 허락ᄒᆞ신즉, 명일이라도 부왕을 다ᄅᆡ여 갑(甲)을 벗고 긔(旗)를 뉘여 화친(和親)케 ᄒᆞ리이다."

ᄒᆞ엿더라.

냥원슈 셕상의 하션봉【75】의 말노 조ᄎᆞ, 호녀 삼인의 음악(淫惡)ᄒᆞᆫ 힝지(行止)를 드러시니, 새로이 히연(駭然)《ᄒᆞ미 ∥ ᄒᆞᆯ 거시》 아니로ᄃᆡ, 이풍역쇽(夷風逆俗)[740]의 무상(無狀)ᄒᆞᆷ믈 통히(痛駭)ᄒᆞ여 ᄭᅮ지져 왈,

"호녀의 넘치ᄂᆞᆫ 가위(可謂) 금슈(禽獸)니 인심으로 칙망ᄒᆞᆯ 비 아니라."

ᄒᆞ더라. 【76】

---

740)이풍역쇽(夷風逆俗) : 오랑캐의 패역(悖逆)한 풍속.

윤하뎡삼문취록 권지오십이

츠시 냥원슈 무지져 왈,

"호녀(胡女)의 넘치는 가위(可謂) 금슈(禽獸)니 인심으로 칙망홀 빈 아니라. 내 맛당히 몬져 네 머리를 버혀 군즁의 효시(梟示)ᄒ여, 음악ᄒᆫ 호녀의 죄를 붉힐 거시로딕, 대장부의 힝신(行身)이 광풍제월(光風霽月)741) ᄀᆞᆺ트리니, 몬져 슈악(首惡) 호녀의 머리를 버혀 이적(夷狄)의 무리를 호령(號令)치 아니코, 말졸(末卒)의 머리를 버히믄, 비컨딕 《쟈리∥파리》를 보고 칼흘 시험홈 ᄀᆞᆺ튼지라. 아직 죽이믈 샤(赦)ᄒᆞ느니, 셜니 도라가 호녀의게 전ᄒ라. 텬병ᄉᆞ졸이 【1】 본딕 뇽호의 위엄을 가져시니, 금슈돈견(禽獸豚犬)의 오랑키를 두리지 아니ᄒᆞ니, 날을 혜여 호디(胡地)를 삭평ᄒ고, 무지호역(無知胡逆)742)과 난음호녀(亂淫胡女)를 아오로 참슈(斬首)ᄒ여 왕법을 정히 ᄒ리라."

셜파의 호졸을 결박ᄒ여 오십곤(五十棍)743)을 밍타ᄒ여 닉칠시, 가져왓던 글을 아오로 주어 휘튝(逐)ᄒ니744), 쇼졸이 머리를 빠고 도라가니, 삼네 밧비 소식을 무른딕, 쇼괴 송진즁의 드러가 전후슈말을 일일히 고ᄒᆞᆫ딕, 삼네 붓그리고 노ᄒᆞ여 송진을 향ᄒ여 대미 왈,

"필뷔(匹夫) 우리의 됴흔 쯧을 져 【2】 ᄇ리니 우리 엇지 용샤ᄒᆞ리오. 붉는 날 진젼의셔 반다시 필부를 잡아 만단 슈욕(數辱)ᄒ리라."

ᄒ고, 명일의 삼네 님진츌마(臨陣出馬)ᄒ니, 송진즁의셔 뎡·윤 냥원슈와 하션봉이 정창츌마(挺槍出馬)ᄒ니, 광휘(光輝) 태양의 됴요(照耀)ᄒᆞᆫ지라. 삼네 정신이 황홀ᄒ고 넉시 취하이니 어딕 고으며 어딕 믜오믈 분간ᄒ리오. 삼네 일시의 창검을 두루고 교젼홀시, 목목시는 하션봉으로 교젼ᄒ고, 녕능은 뎡원슈를 딕ᄒ고, 청능은 윤원슈를 딕ᄒ홀시, 각각 분면단슌(紛面丹脣)의 우음을 먹음어, 음샤(淫邪)ᄒᆫ 정틱로 【3】 마즈니, 뎡·윤·하 삼인이 불승대로ᄒ나, 금일은 삼녀를 다 잡고 호디(胡地)를 삭평ᄒ려 ᄒᆞᆷ므로, 노식을 곰초고 흔연이 창을 둘너 교젼ᄒ니, 삼네 심신이 요양(搖揚)ᄒ여745), 혜오

---

741) 풍제월(光風霽月) : 비가 갠 뒤의 맑게 부는 바람과 밝은 달이란 뜻으로, 마음이 넓고 쾌활하여 아무 거리낌이 없는 인품을 비유적으로 이르는 말. 황정견이 주돈이의 인품을 평한 데서 유래한다.

742) 무지호역(無知胡逆) : 무지한 오랑캐 역적. 즉 무지한 호왕(胡王).

743) 오십곤(五十棍) : 곤장(棍杖) 50도(度). *곤(棍); =장(杖). =곤장(棍杖)

744) 휘튝(逐)ᄒ다 : '휘+튝(逐)하다.'의 형태. 마구 쫓다. 박축(迫逐)하다. *휘-; 마구' 또는 '매우 심하게'의 뜻을 더하는 접두사.

되,

"금일은 삼장을 싱금ᄒ여 도라가 정욕을 치오리라."

ᄒ고, 평싱 용녁을 다ᄒ니, 삼장(三將)이 미급오합(未及五合)의 하션봉이 크게 ᄒᆫ 소
릭 ᄒ고 원비(猿臂)를 느리혀 목목녀를 싱금ᄒ여 본진으로 도라가니, 뎡원쉬 칼흘 드
러 녕능의 머리를 버혀 마하의 느리치니, 윤원쉬 쏘ᄒᆫ 창을 드러 쳥능의 등을 질너
마하【4】의 느리치니, 걸안 쥐(主) 왕휘 잡히이고 냥녜 죽ᄂᆫ 양을 보고 대경망극(大
驚罔極)ᄒ여 통곡ᄒ고, 몰게 올나 진문의 나아오니, 탈탈 블화쇠 졔장이 일시의 조ᄎᆞᆺ
더라. 걸안 쥐 진젼의셔 대호 왈,

"나의 왕후를 밧비 닉여보닉고, 내 칼흘 밧아 두 공쥬의 원슈를 갑게ᄒ라."

뎡원쉬 일언부답(一言不答)ᄒ고 교봉(交鋒)ᄒ여 일진을 엄살(掩殺)ᄒ니, 탈탈 블화쇠
난 군즁의 죽고 걸안쥐 겨유 본진으로 도라가니, 초일 송진의셔 승젼고(勝戰鼓)를 울
니고 목목녀를 버혀 군즁의 호령ᄒ니, 걸안쥐 브라보고 크게 통【5】곡ᄒ며, 졔장으로
의논 왈,

"금일 싸홈의 앗가온 영웅밍장과 왕후와 냥공쥐 다 죽어시니, 맛당히 뎡·윤·하
삼장을 잡아 원슈를 갑흐리라."

ᄒ고, 진문(陣門)을 닷고 안병부동(按兵不動)746)ᄒ며, 셩즁의 방 붓쳐 지용모ᄉᆞ(智勇
謀士)를 구ᄒ더니, 믄득 ᄒᆫ 사름이 방을 써히니, 그 의복 거동이 속인이 아니라. 즁승
의 모양이로딕 형용 고이ᄒ여, 닛빗치 빅셜ᄀᆞᆺ고, 엄니 브롯돗고, 닙이 쏒족ᄒ고, 눈망
울이 황금ᄀᆞᆺ더라. 군ᄉᆡ 닛그러 걸안쥬의게 뵈니, 걸안쥐 깃거 군무(軍務)를 의논ᄒ니,
긔인 왈,

"노승은 본향이 뇌음이라. 어려셔 【6】츌가ᄒ여 스승을 조ᄎᆞ 슈도(修道)ᄒ여시니
능히 호풍환우(呼風喚雨)ᄒ며 녁ᄉᆞ귀신(役使鬼神)ᄒᄂᆞᆫ 직죄 이시나, 시졀을 만나지 못
ᄒ고 산즁의 드러시니, 나히 빅을 포집언지747) 오릭지라. 이제 대왕의 초현녜ᄉᆞ(招賢
禮士)748)ᄒ시ᄂᆞᆫ 방목을 보고 니릭럿ᄂᆞ니, 대왕을 도아 텬하를 통일코져 ᄒᄂᆞ이다."

걸안이 대희ᄒ여 즉시 텬하상장군군무ᄉᆞ(天下上將軍軍務司)를 ᄒᄋᆡ니, 긔인 왈,

"대왕의 거ᄂᆞ린 군졸은 범틱육골(凡態肉骨)이니, 노승이 신병(神兵)을 블너 칠거시
니, 대왕은 종후(從後)ᄒ쇼셔."

ᄒ니, 원닉 이 거슨 뇌음산 상상봉의 ᄒᆫ 요괴 이시니, 이ᄂᆞᆫ 흰 독ᄉᆞ의 졍녕이라. 수
만년을 암혈(嚴穴)【7】의 깁히 드러, 솔기ᄌᆞ손(率其子孫)ᄒ고 슈도ᄒ여 신통을 어드
믹, 도호(道號)를 녕산법식라 ᄒ고, 믹양 즁의 밉시를 ᄒ고 산 밧게 ᄂᆞ려와, 혹 사름이
나 즘싱이나 잡아다가 ᄌᆞ손으로 더브러 먹으나, 요졍의 쉬(數) 만흐니 능히 구복을 치

---

745)요양(搖揚)ᄒ다 : 들뜨다. 마음이나 분위기가 가라앉지 아니하고 어수선하고 흥분되다

746)안병부동(按兵不動) : 전투중인 군대를 한곳에 멈추어 두고 움직이지 않음.

747)포집다 : 거듭 집다. 그릇을 포개어 놓다. *나이가 백을 포집다: 나이가 2백을 넘었다.

748)초현녜ᄉᆞ(招賢禮士) : 어진 이를 불러 쓰고 선비를 예(禮)로 대함.

오지 못ᄒᆞ여 쥬리미 극ᄒᆞ더니, 일일은 요긔홀거ᄉᆞᆯ 엇고져 하산(下山)ᄒᆞ여 국도의 니ᄅᆞ럿더니, 믄득 뇌고지셩(雷鼓之聲)[749]을 듯고 놀나 소문을 탐지ᄒᆞ고 ᄉᆡᆼ각ᄒᆞᄃᆡ,

"내 심산궁곡의 드러 슈도(修道)ᄒᆞᄃᆡ 인육(人肉)과 졍혈(精血)[750]을 슬컷 먹지 못ᄒᆞ여시니 이 ᄯᅢ를 타 ᄒᆡᆼᄉᆞᄒᆞ리라."

ᄒᆞ고, 걸안쥬의게 니ᄅᆞ러 귀졸(鬼卒)을 모라 안개【8】를 ᄐᆞ고 독을 ᄲᅮᆷ으며 심야 삼경의 송진을 쾌히 돌입ᄒᆞ니라.

각셜, 송진즁의셔 날마다 ᄡᅡ홈을 도도ᄃᆡ 걸안이 안병부동ᄒᆞ니 반다시 흉계 이시믈 ᄭᆡ다라, 놉흔 ᄃᆡ 올나 호진(胡陣)을 ᄇᆞ라보니, 진즁의 음운(陰雲)이 ᄉᆞ긔(四起)ᄒᆞ고 악풍(惡風)[751]이 ᄌᆞ옥ᄒᆞ니, 원슈 ᄒᆞᆫ 번 보ᄆᆡ 요ᄉᆞ(妖邪)의 ᄌᆡ변(災變)이 금야의 이실 줄 알고, 즉시 졔장(諸將)을 모화 하령ᄒᆞ여, 군즁 ᄉᆞ문(四門)의 졔요(除妖)ᄒᆞᄂᆞᆫ 부작(符作)[752]을 븟치고 졔양(祭羊)의 피를 큰 독과 통의 만히 담아 군즁의 두고, 냥원슈 스ᄉᆞ로 참요검(斬妖劍)을 잡아 장ᄃᆡ(將臺)의 안고, 졔장 군ᄉᆞ로 다 궁시(弓矢)를 가져다가 불의【9】지변(不意之變)이 잇거든 공즁을 ᄇᆞ라고 ᄡᅩ라ᄒᆞ고, 살밋ᄒᆡ 뎨일 독약을 발나 ᄒᆞᆫ 번 마ᄌᆞᄆᆡ ᄀᆡᆼᄉᆡᆼ(更生)치 못ᄒᆞ게 ᄒᆞ니라.

야심ᄒᆞᄆᆡ 믄득 음풍(陰風)이 대작(大作)ᄒᆞ며 반공즁(半空中)으로셔 무슈ᄒᆞᆫ 귀졸이 독을 토ᄒᆞ고 진즁의 ᄃᆞ라드니, 졔군 장졸이 일시의 양의 피를 ᄲᅮ리며 궁시(弓矢)를 ᄡᅩ니, 무수ᄒᆞᆫ 요졍이 감히 요ᄉᆞᆯ을 발치 못ᄒᆞ고 진 밧그로 믈너 다라나니, 녕산이 요ᄉᆞᆯ이 ᄑᆡ(敗)ᄒᆞ믈 보고 대경ᄒᆞ여 다시 작법(作法)ᄒᆞ고져 ᄒᆞ더니, 믄득 ᄌᆞ의금갑신(紫衣金甲神)[753]이 보은삭(報恩索)을 더져 녕산의 몸을 ᄆᆡ여 ᄯᅡ희 ᄂᆞ리치니, 녕산이 감히 본형을【10】ᄀᆞᆷ초지 못ᄒᆞ여, 기리 만장(萬丈)이나 ᄒᆞᆫ 흰 독ᄉᆞ(毒蛇) 되여 ᄯᅡ희 ᄯᅥ러지니, 냥원슈 급히 참요검을 ᄲᅢ혀 참두(斬頭)ᄒᆞ니, 그 머리 ᄯᅥ러지며 흉ᄒᆞᆫ 소ᄅᆡ 벽녁(霹靂) ᄀᆞᆺ고, ᄂᆡᄲᅩ아[754] 흐ᄅᆞᄂᆞᆫ 피 급ᄒᆞᆫ 믈결이 터지ᄂᆞᆫ 듯ᄒᆞ더라.

그 졸하(卒下) 요졍이 녕산의 죽으믈 보ᄆᆡ 급히 머리를 두루혀 밧그로 향ᄒᆞ니, 걸안 대병이 밀밀층층(密密層層)ᄒᆞ거ᄂᆞᆯ, 드ᄃᆡ여 호군을 만나ᄂᆞᆫ 족족 잡아먹으니, 호군이 대란ᄒᆞ거ᄂᆞᆯ 송군이 ᄯᅢ를 타 호군을 ᄉᆞ살ᄒᆞ니, 뎡·윤 냥원슈 하션봉으로 더브러 참요검을 드러 허다 요졍을 플 버히듯 ᄒᆞ니, ᄎᆞ【11】일 수만(數萬) 요졍(妖精)이 군ᄌᆞ대셩(君子大聖)의 졍양지긔(正陽之氣)를 만나 ᄒᆞ나토 ᄉᆞ지 못ᄒᆞ고, 좌익장군 니등이 걸안쥬를 만나 버히미 되니, 드ᄃᆡ여 호디(胡地) 평ᄒᆞ니라.

뎡·윤 냥원슈 장졸을 호궤(犒饋)ᄒᆞ여 평안이 쉬오고, 명일 대군을 거ᄂᆞ려 왕셩(王

---

749)뇌고지셩(雷鼓之聲) : 우레처럼 크게 울리는 북소리.
750)졍혈(精血) : 생기를 돌게 하는 맑은 피.
751)악풍(惡風) : 모진 바람. 좋지 않은 기운.
752)부작(符作) : 부적(符籍)의 변한 말. *부적(符籍); 잡귀를 쫓고 재앙을 물리치기 위하여 붉은색으로 글씨를 쓰거나 그림을 그려 몸에 지니거나 집에 붙이는 종이.
753)ᄌᆞ의금갑신(紫衣金甲神) : 자줏빛 옷과 쇠붙이로 된 갑옷을 입은 귀신.
754)ᄂᆡᄲᅩ다 : 내쏘다. 안에서 밖으로 향하여 쏘다. 세찬 기세로 밖으로 쏟아내다.

城)의 니르니, 금문샤인(禁門舍人) 소적개 급히 셩문을 열어 텬병을 마즈며, 왕셩을 직희엿던 대쇼 오랑키 등이 걸안의 셰즈와 후궁을 다 거두워 밧치거늘, 냥원슈 왕셩의 드러 스문의 안민ᄒᆞᄂᆞᆫ 방을 븟쳐 호국인심을 진뎡ᄒᆞ고, 걸안의 셰즈 탈블을 드려 보니, 탈블이 【12】나히 십셰로ᄃᆡ 아조 어리고 대위를 니을 긔상이 아니라.

ᄎᆞ시 걸안의 졍승 쳠목피 누옥(陋獄)의 갓치엿더니, 걸안이 망ᄒᆞ미, 쳠목피 스스로 누옥을 버서나니, 모든 호인이 츄양ᄒᆞ여 대원슈 진젼의 뵈옵고, 어진 님군을 갈히여 셰워 호디 인심을 진뎡ᄒᆞᆷ을 알외니, 냥원슈 쳠목승상의 풍신덕뫼 쥰슈ᄒᆞ고 복녹이 완젼ᄒᆞ여, 호디의 님지 되염즉 ᄒᆞ고, 기즈 달목이 또 비상ᄒᆞ여 죡히 아비를 니엄즉 ᄒᆞᆫ지라. 냥원슈 쳠목교의 부즈를 보고 텬명이 도라간 곳이 이셔, 쳠목【13】피 국군이 될 복이 이시믈 씨다라, 즉시 쳠목교로 왕을 삼아 국호를 곳쳐 뇨안이라 ᄒᆞ니, 쳠목피 고 ᄉᆞ블슈(固辭不受)ᄒᆞ니 냥원슈 텬쉬 져의게 밋쳐시믈 기유ᄒᆞ고, 호인의 인심이 여츌일구(如出一口)히 큰 위를 다 쳠목교의게 ᄉᆞ양ᄒᆞᄂᆞᆫ지라. 쳠목피 할일업서 퇴일ᄒᆞ여 왕위의 나아가 뇨안왕이라 ᄒᆞ고, 기쳐(其妻) 만군시로 언지(言地)를 삼고, 쟝즈 달목으로 셰즈를 삼고, 소적개로 졍승을 삼고 졍ᄉᆞ를 다스리게 ᄒᆞ니, 호디 크게 평뎡(平定)ᄒᆞ니라.

뇨안왕 쳠목피 왕위의 올으미, 대ᄉᆞ국즁(大赦國中)ᄒᆞ고, 관역의 대【14】연을 비셜ᄒᆞ여 텬됴대군쟝ᄉᆞ를 날마다 관ᄃᆡᄒᆞ여 머믈믈 쳥ᄒᆞ니, 원슈 쏘ᄒᆞᆫ 일긔 엄한ᄒᆞᄆᆞ로 대군이 월여를 머므니, 셰환(歲換)ᄒᆞ여 신츈 넘간(念間)의 니르니, 츈일이 다ᄉᆞ혼지라. 대군이 호디를 떠나 고국을 향홀ᄉᆡ, 뇨안왕이 연향비별(宴饗拜別)ᄒᆞ며 은덕을 칭송ᄒᆞ고, 수십니 쟝졍의 나와 대군을 젼송ᄒᆞ며, ᄉᆞ신을 뎡ᄒᆞ여 대됴의 쳐엄으로 나라흘 셰워 됴공ᄒᆞᄂᆞᆫ 표문(表文)을 올녀, 녜단(禮單)을 드리고, 냥원슈와 졔쟝의게 드리ᄂᆞᆫ 녜단이 무수ᄒᆞ나 일물(一物)을 밧지 아니ᄒᆞ고, 셔로 분슈ᄒᆞᆫ 후 무ᄉᆞ히 힝ᄒᆞ【15】여 대군이 수월만의 황셩의 니르니, 이찍 동졔 교유ᄉᆞ(敎諭使) 뎡녜부의 동졔를 셩명인덕(聖明仁德)으로 교유ᄒᆞ고 무ᄉᆞ히 도라오ᄂᆞᆫ 위의와, 동토 치슈ᄉᆞ 윤후셩의 신셩인명지덕(神聖仁明之德)으로 쳥졔 연낙 소쥐 등쳐의 궁극(窮極)ᄒᆞᆫ 지이(災罹) 슈환(水患)과 요얼(妖孽)을 진뎡(鎮定)ᄒᆞ고 도라오ᄂᆞᆫ 위의를 만나니, 삼노군매(三路軍馬) 합병(合兵)ᄒᆞ여 피ᄎᆞ 별ᄂᆡ지회(別來之懷)의 환희ᄒᆞ미 일필난긔(一筆難記)러라.

화셜 동졔교유ᄉᆞ(東齊敎諭使) 녜부상셔 뎡현긔와 동토치슈ᄉᆞ(東土治水使) 윤셩닌이 황지(皇旨)를 밧즈와 졀월(節鉞)을 두루혀 ᄒᆞᆫ가지로 동으로 나아갈ᄉᆡ, 양쥐디계의【16】밋처ᄂᆞᆫ 냥노(兩路) 인매(人馬) 길흘 난화, 회환시(回還時)의 다시 ᄎᆞ쳐로 만나믈 긔약ᄒᆞ고, 뎡텬ᄉᆞᄂᆞᆫ 수만 인마를 거느려 동졔(東齊)로 향ᄒᆞ고, 윤치슈ᄉᆞᄂᆞᆫ 위의를 거느려 쳥졔 연낙 등쳐(等處)로 향ᄒᆞ니라.

뎡텬시 동졔의 니르니, 이찍 삭방졀도ᄉᆞ(朔方節度使) 위방은 본ᄃᆡ 경ᄉᆞ인(京師人)이오, 위태부인의 셔질(庶姪)이라. 평졔왕 뎡듁쳥이 쟝임(將任)의 이실 졔, 방의 흉픽(凶悖)홈과 위태부인 악ᄉᆞ를 도도아 외응(外應)이 되여시믈 알고, 패심이 넉여 군문의 죄룰 얽어 듕장(重杖)을 더어 엄치(嚴治)ᄒ고 폄(貶)ᄒ여 삭방문슈(朔方門守)755)룰 ᄒ이여 닉첫더니, 방이 【17】능휼능대(能譎能大)756)ᄒ여 능히 삭방을 진슈ᄒ여 권농(勸農) 흥업(興業)ᄒ여 위덕(威德)이 병힝ᄒ며 인심을 넓이 베프니, ᄌ연 닌관(隣官)이 닐ᄏ라 텬뎡(天廷)의 삭방문슈의 어질믈 주ᄒ니, 텬됴(天朝) 깃그샤 방의 벼슬을 도도아 삭방졀도ᄉ룰 ᄒ이시니, 방이 지믈이 만코 쯧이 방ᄌᄒ여 더옥 참남ᄒ더라.

방이 평싱 술을 즐기고 식을 됴화ᄒᄂ지라. 년긔(年紀) 쇼시(少時)의 상실(喪室)ᄒ고 듕년의 위태부인 흉모룰 도도아 평졔왕비 윤의렬을 구(求)ᄒ다가 쥬영의 계교의 속으미 되고, 밋처 취실치 못ᄒ여 삭방의 도라와 본읍【18】향관(本邑鄕官) 밍변의 녀룰 취ᄒ니, 밍시 촌가 향관의 가난ᄒᆫ 집 ᄯᆞᆯ노 년긔 이십의 겨유 박식을 면ᄒᆯ 만ᄒ나, 셩품인즉 너그러워 어진 녀지러라. 방이 ᄆᆡ양 ᄂᆺ비 넉이더니, 맛ᄎᆷ 경셩의셔 김탁의 역변 후의 모든 역뉼(逆律)의 화가녀부쳐실(禍家女婦妻室)757)이 각도(各道) 녈읍(列邑)의 위로관비(爲奴官婢)758)ᄒᄂ 뉴(類) 만ᄒ지라. 삭쥐졀도ᄉ(朔州節度使) 진(陣)의도 수삼인 녀ᄌ 쇽비(屬婢)ᄒ니, 기듕 두 녀ᄌᄂ 나히 만코 식(色)이 쇠ᄒ여시니, 드듸여 관쇽(官屬)759)의 고역을 님ᄒ게 ᄒ고, 기듕 일미인은 나히 십일셰오, 안식이 십분 미려ᄒ고 셩힝이 녕민간능(穎敏奸能)760)ᄒ여시니, 【19】셩은 김이요 명은 슈홰니, 이 곳 대역(大逆) 김탁의 쳡녜(妾女)니, 극히 교미(嬌媚)ᄒ지라. 탁이 노릭(老來)의 이쳡의게 싱녀(生女)ᄒ니, 크게 ᄉ랑ᄒ여 '곳이 붓그리는 식'이라 ᄒ여 일홈을 '슈홰(羞花)'라 ᄒ엿더라.

슈홰 오셰의 그 어미 대션이 죽으미, 탁이 그 《무도∥무모(無母)》ᄒᆷ을 더옥 어엿비761) 넉여 무양ᄒ더니, 탁의 부ᄌᄂ 극뉼(極律)아릭 죽고, 슈화ᄂ 어린 ᄋᆞ희요, 국법의 ᄯᆞᆯ은 죽이지 아니ᄒᄂ 고로, 슈홰 삭방 만여리의 위비졍쇽(爲婢定屬)762)ᄒ니, 본읍 기녀 칠미션이 아젼(衙前) 니리(李吏)의 계집이 되여 사더니, 슈화룰 다릭여 가무룰 ᄀᆞ라칠식, 미식이 【20】룰 대희ᄒ여 졔 지아비다려 닐ᄋᆞ디,

"이 ᄋᆞ희 화가여싱(禍家餘生)763)으로 원노힝역(遠路行役)의 고초ᄒ여 얼골이 그릇되여시나, 실노이 미려(美麗)ᄒ니, 이제 위 졀되(節度) 미식을 구ᄒ여 춍희(寵姬)룰 삼고져 ᄒ니, 우리 맛당히 수삼년을 길너 졀도 노야긔 드리면, 졀되 반다시 깃거 우리룰

---

755)삭방문슈(朔方門守) ; 변방의 셩문을 지키는 수문장(守門將). *수문장(守門將); 각 궁궐이나 셩의 문을 지키던 무관 벼슬.

756)능휼능대(能譎能大) : 사람이 교활하여 남을 잘 속이고 일을 잘 부풀림.

757)화가녀부쳐실(禍家女婦妻室) : 대역죄(大逆罪)를 받은 사람의 딸과 며느리와 아내.

758)위로관비(爲奴官婢) : 예전에 중죄인의 처자를 종이나 관비(官婢)를 삼아 벌하던 일.

759)관쇽(官屬) : 지방 관아의 아전과 하인을 통틀어 이르던 말.

760)녕민간능(穎敏奸能) ; 영리하고 민첩하며 간사하고 능청스러움.

761)어엿브다 : 불쌍하다. 어여쁘다. *어여쁘다; 예쁘다'를 예스럽게 이르는 말.

762)위비졍쇽(爲婢定屬) : 예전에 중죄인의 처자를 관비(官婢)나 종을 삼아 벌하던 일. ≒위로관비(爲奴官婢).

763)화가여싱(禍家餘生) : 죄화(罪禍)를 입은 집안의 자손.

듕샹(重賞)ᄒᆞ고 슈홰 ᄯᅩᄒᆞᆫ 관비를 면ᄒᆞ리라."

ᄒᆞ니, 니리 올히 넉여 수삼년 후의 의복 단장을 치레ᄒᆞ여 졀도긔 뵈니, 졀되 ᄀᆞ장 깃거 과연 듕샹ᄒᆞ고, 슈홰 졀도를 셤기미 간음요ᄉᆞ(姦淫妖邪)ᄒᆞ니, 위방이 대혹(大惑)ᄒᆞ여 만ᄉᆞ의 언텽계용(言聽計用)ᄒᆞ니, 슈홰 스스로 【21】양양ᄒᆞ여 혜오ᄃᆡ,

"내 이제 밍시 모ᄌᆞ를 소졔(掃除)ᄒᆞᆫ 후 대ᄉᆞ(大事)를 도모ᄒᆞ리라."

ᄒᆞ니, ᄎᆞ시 밍시 나히 ᄉᆞ십의 이ᄌᆞ일녀(二子一女)를 싱ᄒᆞ니, 장ᄌᆞ 녕은 십ᄉᆞ오, ᄎᆞᄌᆞ 쳥은 십일이오, 일녀 교란은 칠셰라. ᄌᆞ네 다 아비 불냥(不良)ᄒᆞᄆᆞᆯ 담지 아니ᄒᆞ고, 어미 인ᄌᆞᄒᆞᄆᆞᆯ 픔슈ᄒᆞ엿더라. 슈홰 몬져 말노ᄡᅥ 방을 다리여 큰 일을 도모ᄒᆞᄌᆞ ᄒᆞᄃᆡ, 방이 결치 못ᄒᆞ거늘, 슈홰 쇼왈,

"쳡이 규듕의 침몰ᄒᆞ여 비록 아ᄂᆞᆫ 거시 업ᄉᆞ나, 이졔 장군의 벼ᄉᆞᆯ이 졀도ᄉᆞ의 잇고, 슈하의 빅만지듕(百萬之衆)을 두어시며, 챵늠(倉廩)의 곡식이 십년을 먹을【22】지니, 텬하 도모ᄒᆞ미 무어시 어려오리오. 이제 장군이 만니 ᄉᆡ외(塞外)의 이시니 병마를 훈련ᄒᆞ여 십년을 셩취ᄒᆞᆫᄃᆞᆯ, 황셩(皇城)의셔 엇지 알니오. 여ᄎᆞ 년습ᄒᆞᆫ 후에 졍예ᄒᆞᆫ 군병을 모라 황셩으로 향ᄒᆞ면 도쳐의 뉘 향응(響應)치 아니리오."

방이 텽파의 대희 칭찬 왈,

"ᄋᆡ경(愛卿)[764]의 살가온 의논과 지혜ᄂᆞᆫ 냥평(良平)[765]이라도 밋지 못ᄒᆞ리로다. 만일 네 말과 ᄀᆞ치 텬하를 어드면 이ᄂᆞᆫ 다 너의 공이라. 맛당히 널노ᄡᅥ 졍궁(正宮)을 삼으리라."

ᄒᆞ고, 즉시 병긔를 다ᄉᆞ려 날마다 산듕의 드러가 무예를 년습ᄒᆞ니, 그 장ᄌᆞ 위녕 위쳥이 알고 대경【23】ᄒᆞ여 어미다려 닐ᄋᆞ고 간ᄒᆞ려 ᄒᆞ니, 밍시 대경실ᄉᆡᆨ[식](大驚失色) 왈,

"이ᄂᆞᆫ 문회(門戶) 멸망ᄒᆞᆯ 징되라. 다란 일은 함구불언(緘口不言)ᄒᆞ려니와, 이런 흉ᄉᆞ야 말니지 아니리오."

ᄒᆞ고, 급히 위방을 보아 왈,

"군이 일개 무부(武夫)로 셩은이 태산 ᄀᆞᆺ수와 동남 부요일면(富饒一面)의 졀도ᄉᆞ 되여 부귀ᄒᆞ거늘 엇지 블궤(不軌)[766]의 침죄(沈罪)ᄒᆞ여 '망기ᄌᆞ손(亡其子孫)ᄒᆞ고 화급문호(禍及門戶)'[767]를 ᄌᆞ구(自求)ᄒᆞᄂᆞ뇨?"

방이 블연(勃然) 대로(大怒)ᄒᆞ여 ᄭᅮ지져 왈,

"대ᄉᆞᄂᆞᆫ 녀ᄌᆞ의 간예(干預)ᄒᆞᆯ 빅 아니라. '셩즉군왕(成則君王)이오 픽즉호역(敗則胡逆)이니'[768] 엇지 복업슨 말을 ᄒᆞᄂᆞ뇨?"

---

764)ᄋᆡ경(愛卿) ; 아내나 첩을 사랑스럽게 이르는 말.
765)냥평(良平) : 중국 한(漢)나라 때의 책사(策士) 장량(張良)과 진평(陳平)을 함께 이르는 말..
766)불궤(不軌) : 법이나 도리를 지키지 않음을 뜻하는 말로, '반역(叛逆)'을 이르는 말.
767)망기ᄌᆞ손(亡其子孫) 화급문호(禍及門戶) : 그 자손을 죽게하고 화(禍)가 가문(家門)에까지 미침.
768)셩즉군왕(成則君王) 픽즉호역(敗則胡逆) : 성공하면 왕이 되고, 실패하면 오랑캐 역적이 됨.

밍시 아연(啞然) 탄왈,

"군이 내 말을 듯지 아니ᄒ면 【24】후일 쳡의 간언을 뉘웃츠리이다."

위방이 텽파의 침음미결(沈吟未決)769)ᄒ거늘, 냥지(兩子) ᄯ흔 울며 간ᄒ니, 슈홰 혹쇼혹탄(或笑或嘆)770)ᄒ거늘 문기고(問其故)ᄒ딕, 홰 딕왈,

"쳡의 우음은 부인이 너모 곡계(曲計) 만흐믈 웃고, 탄ᄒᄆ 장군의 대ᄉ(大事) 그릇 될가 ᄒᄂ이다."

ᄒ더니, 이윽고 밍시 모지(母子) 드러가니 슈홰 무수히 참소ᄒ여 왈,

"밍시 모지 만일 장군이 텬하를 취ᄒ나 ᄌ긔게 됴흐미 업슬가, 짐즛 신졀(臣節)을 직희므로써 간ᄒ고, 이졔 장군이 그 말을 듯지 아니면 밍시 모지 반다시 함흔(含恨)ᄒ여 거ᄉ젼(擧事前) 몬져 누셜ᄒ리니, 장군은 가히 상 【25】 찰(詳察)ᄒ쇼셔."

방이 셕연 왈,

"내 잇ᄭㅐ라771)! 일이 과연 그러ᄒᆯ ᄃᆺᄒ니, 가히 엇지 쳐치ᄒ여야 올흐리오."

홰 왈,

"져 모ᄌᄅᆯ 닉치도 못ᄒ고 부즁의 두어 긔미를 알게도 못ᄒ리니, 쳡이 젼일 보니 부즁 셩외 원즁산 벽간의 ᄒᆫ 암혈이 이시니, 뒤흐로 태산 암셕을 등지고 좌우로 창숑 취듁(蒼松翠竹)이 ᄉ이 지며772), 놉기 빅쟝(百丈)이나 ᄒ고, 산 아릭 큰 물ᄌᆯ기 이시니, 깁기 십니나 ᄒ고, 광은 ᄉ오간은 되며, 젹은 굼기 이셔 겨유 ᄒᆫ 사름이 용납ᄒᆯ 만ᄒ니, 이 ᄯᅡ 사름이 별명ᄒ여 호굴(虎窟)이라 ᄒᄂᆫ지라. 장군이 맛당히 이 암혈(巖穴)의 【26】 밍시 모ᄌ 네 사름을 가도고, 긔용즙믈과 냥식을 ᄀᆺ초아 ᄲᅡ코, 호굴을 아조 봉ᄒ여 밍시 모ᄌ로써 그 가온딕셔 도싱(圖生)773)○[케] ᄒ여 셰상소식을 아지 못ᄒ게 ᄒ고, 대ᄉ를 일운 후 노흐면 만젼지계니이다."

방이 대희 왈,

"내 니젓도다. 이 호굴이 셩즁의셔 상게(相距) 오십니 밧게 잇고, 일즉 견ᄒᄂᆫ 말을 드르니, 녯날 이 호굴 속에 수만 요괴(妖怪) 이셔 싱민의게 작해 비상ᄒ더니, 빅년젼의 ᄒᆫ 도인이 와 신슐(神術)노 그 요괴(妖怪)를 다 업시 ᄒ고, 호굴 속에 영영 요괴 발뵈지 못ᄒᆯ 부작을 벽봉(壁峰)의 삭여 셰우고, 젼일은 산명을 함공산이라 ᄒ더니, 【27】 도인이 곳쳐 신도산이라 ᄒ거늘, 내 구경ᄒ엿더니 가히 네 말딕로 밍녀의 ᄉ모 ᄌ를 그 가온딕 가도와 밧 소식을 통치 못ᄒ게 ᄒ리라."

ᄒ고, 이날 밍시와 위녕 형뎨남믹를 아오로 술위의 시러 호굴 속에 가돌ᄉ, 쳐엄은 속여 왈,

---

769)침음미결(沈吟未決) : 깊이 생각하여 쉽게 결정을 내리지 못함.

770)혹쇼혹탄(或笑或嘆) : 웃기도 하고 탄식하기도 함.

771)잇ᄭㅐ라 : 잊었도다. 기본형 '잇다'. *잇다; 잊다. *-ᄭㅐ라; -었도다. 감탄의 뜻을 나타내는 종결어미.

772)지다 : 어떤 현상이나 상태가 이루어지다.

773)도싱(圖生) : 살아 나가기를 꾀함

"딩싱의 집으로 보닉노라."

ᄒ고, 힝ᄒ여 산곡의 밋처 암하(巖罅)774)의 다ᄃ라 암혈의 가도니, 딩시 모지 죽을 줄노 알고 대셩통곡ᄒ더니, 위방이 냥식 일빅셕과 찬믈(饌物)부치775) 일용지믈(日用之物)을 일일히 쥰비ᄒ여 주고, 셩ᄉ젼(成事前) 일이년만 가도려 ᄒ미오, 아조 죽이려 ᄒᄂᆞᆫ 쥬의 【28】 아니로ᄃᆡ, 슈화ᄂᆞᆫ ᄀᆞ마니 모릭로 ᄣᆞᆯ을 밧고아 딩시 모ᄌᆞ로 아ᄉᆞ(餓死)ᄒ게 ᄒ라 ᄒ니, 딩시ᄂᆞᆫ 본ᄃᆡ 이 ᄯᅡ 사ᄅᆞᆷ이라, 그 부친 딩변이 사라실 적 ᄌᆞ못 의긔 이셔, 사ᄅᆞᆷ의 빈고간난(貧苦艱難)의 어려온 일을 만히 구졔ᄒ여 진산을 앗기지 아니ᄒ니, 져마다 칭은숑혜(稱恩頌惠)ᄒ여 별호ᄅᆞᆯ 딩현불(顯佛)776)이라 ᄒ던지라.

이제 비록 현불이 죽어시나 일즉 딩싱이 누의ᄅᆞᆯ 혼인ᄒ여 방의 쳐쳡 삼은 후, 오뉵 일 젼도(前途)의 농장(農庄)이 잇ᄂᆞᆫ지라. 그리 올마 이곳을 ᄯᅥ난지 오릭나 일읍 향민이며 관속 등이 다 져의 은덕을 셰월이 오릴ᄉᆞ록 닛지 못ᄒ 【29】더니, 슈화의 뇌물(賂物)을 밧고 낙종(諾從)ᄒᆞᆫ 후, 딩시 모ᄌᆞᄅᆞᆯ 셕혈(石穴)의 가도ᄂᆞᆫ 톄ᄒ고, 혹ᄌᆞ 후일 ᄎᆞ줄가 두려, 도쳐(到處)의 뉴리걸식(遊離乞食)ᄒ다가 거의 님ᄉᆞ(臨死)ᄒ게 된 남녀ᄅᆞᆯ 어더 딩시의 모ᄌᆞ 모양 ᄀᆞᆺ치 ᄒ여, 약간 젼미찬품(錢米饌品)을 주어 가도니, 이 무리 다 즉금 죽어가는 숑장이라. 과연 굴 속의 일삭이 못ᄒ여 죽으니 주엇던 냥미(糧米)만히 남앗더라. 관속(官屬) 등이 딩시 모ᄌᆞᄅᆞᆯ 깁히 굼초고 거즛 가도왓노라 ᄒ고, 방의게 고ᄒ니라. 슈화 슌여일 후 심복을 보닉여 호굴 속에 가보고 오라 ᄒ니, 회보ᄒᆞᄃᆡ 발셔 죽엇다 ᄒ더라. 【30】

슈화 임의 딩시 모ᄌᆞᄅᆞᆯ 다 쇼졔(掃除)ᄒ미 언연이 부인이라 칭ᄒ며, 위방을 다리여 무비(武備)ᄅᆞᆯ 다ᄉᆞ려 수년이 되미 군셰 대진(大振)ᄒ거늘, 인ᄒ여 퇵일(擇一) 츌ᄉᆞ(出師)홀ᄉᆡ, 몬져 닌읍(隣邑)을 침노ᄒ여 남쳔 슈악 등을 항복 밧고, 승승장구(乘勝長驅)ᄒ여 총병(摠兵) 황조로 션봉을 삼고, 즁군(中軍) ᄉᆞ공망으로 대장을 ᄒᆞ이고, 기여 슈령 방빅(方伯)을 거ᄂᆞ려 힝ᄒ니, 홀연 변뵈(變報) 황셩의 《알오미‖알외미》 되어, 교유ᄉᆡ ᄂᆞ려오니, 셰작(細作)이 방의게 고ᄒᆞᄃᆡ,

"셩텬ᄌᆞ(聖天子)의 관홍ᄒ신 교화ᄅᆞᆯ ᄉᆞ이(四夷) 변읍이 다 알게 ᄒ고, 동졔의 진젹(眞的)ᄒᆞᆫ 반상(叛狀)을 ᄌᆞ시 안 후, 군마(軍馬)ᄅᆞᆯ 나와 【31】 문죄ᄒ려 ᄒ더이다."

방이 대경ᄒ여 교유ᄉᆞ의 셩명을 알아오라 ᄒ니, 회보 왈,

"텬됴 교유ᄉᆞᄂᆞᆫ 녜부상셔 뎡현긔니, 금평후 뎡모의 《진손‖친손(親孫)》이오, 평졔왕 듁쳥의 장ᄌᆡ니이다."

방이 텽파(聽罷)의 대경 왈,

"이 반다시 뎡텬흥의 ᄋᆞ들이오, 우리 젹고모(嫡姑母) 위부인 《견ᄌᆞ‖젹ᄌᆞ(嫡子)》 윤명텬의 외손인가 시브거니와, 됴뎡의 엇지 사ᄅᆞᆷ이 업관ᄃᆡ 이런 황구쇼ᄋᆞ(黃口小兒)

---

774)암하(巖罅) : 바위 틈.
775)-붙이 : -붙이. ((일부 명사 뒤에 붙어)) 같은 종류라는 뜻을 더하는 접미사
776)현불(顯佛) ; 현세에 현성(顯聖)한 부처님이란 말.

로 됴뎡대임(朝廷大任)을 맛지느고. 내 몬져 위엄으로뻐 져를 보리라."

ᄒ니, 슈홰 싱각ᄒᄃᆡ,

"우리 집 악역지ᄉᆞ(惡逆之事) 뎡텬흥으로 된 일이니, 이ᄂᆞ 불공ᄃᆡ텬지슈(不共戴天之讐)777)라. 내 몬져 뎡【32】현긔 쇼ᄌᆞ룰 죽여 원을 갑흐리라."

ᄒ더라.

ᄎᆞ시 밍시 모ᄌᆞ녀(母子女) ᄉᆞ인이 셩명을 도망ᄒ여 본읍 군관 방튱의 집에 깁히 숨엇더니, 일일은 방튱이 드러와 위방의 젼후ᄉᆞ(前後事)와 텬됴 교유ᄉᆞ ᄂᆞ려오ᄂᆞ 소식을 통ᄒ니, 밍시 모지 대경(大驚)ᄒ여 위녕이 울며, 어미다려 왈,

"이제 교유ᄉᆞ 뎡현긔 나히 비록 어리나, 반ᄃᆞ시 보필지(輔弼才) 이실ᄉᆡ 만니의 봉ᄉᆞ(奉使)ᄒ미어니와, 부친의 반상(叛狀)이 ᄯᅩ 본의 아니라, 역탁지녀(逆-之女)778)의 교언(巧言)을 과혹(過惑)ᄒ시미니, ᄋᆞ히 맛당히 복식(服色)을 곳치고 셩명을 숨겨 여ᄎᆞ여ᄎᆞ 텬ᄉᆞ의 오ᄂᆞ 길희 나【33】아가, 만젼지계(萬全之計)779)로 부친의 급화룰 구ᄒ리이다."

밍시 허락ᄒ고 형뎨 ᄒᆞᆫ가지로 가라 ᄒ니, 위녕이 즉시 어미룰 하직ᄒ고 각각 뉸건도복(綸巾道服)780)으로 운유긱(雲遊客)781)의 모양을 ᄒ고 텬ᄉᆞ의 오ᄂᆞ 길노 나아가더니, 여러날 힝ᄒᆞᄆᆡ 다리 아픈지라, 길ᄀᆞ 수플에 안ᄌᆞ 쉬더니, 믄득 먼니셔브터 인셩(人聲)이 훤괄(曛聒)782)ᄒ며 검극(劍戟)이 삼나(森羅)ᄒ여, 청나(靑羅)783) 우개(羽蓋)784) 길흘 여ᄂᆞ 곳에, 일위 쇼년이 머리의 ᄌᆞ금관(紫金冠)을 쓰고, 엇게의 ᄌᆞ홍포(紫紅袍)룰 닙고 허리의 통텬셔ᄃᆡ(通天犀帶)785)룰 두루고, 요하(腰下)의 말만ᄒᆞᆫ786) 황금인(黃金印)을 빗겨시니, 긔특ᄒᆞᆫ 풍【34】염덕질(豐艶德質)의 셔광(瑞光)이 휘요(輝耀)ᄒ여 드듸여 후거(後車)의 조ᄎᆞ 힝ᄒ더니, 일식이 져믈ᄆᆡ 텬ᄉᆞ 일힝이 길ᄀᆞ 대촌(大村)의 햐쳐ᄒ거ᄂᆞᆯ787) 녕의 형뎨 ᄒᆞᆫ가지로 들고져 ᄒ니, 쥬인이 휘지(揮之)788) 왈,

---

777) 블공ᄃᆡ텬디슈(不共戴天之讎) : 하늘을 함께 이지 못할 원수라는 뜻으로, 이 세상에서 같이 살 수 없을 만큼 큰 원한을 가진 사람을 비유적으로 이르는 말.

778) 역탁지녀(逆-之女) : 역적 김탁의 딸. *탁; 김탁을 말함.

779) 만젼지계(萬全之計) : 실패의 위험이 없는 아주 안전하고 완전한 계책.

780) 뉸건도복(綸巾道服) : 비단 두건을 쓰고 도인의 복색을 한 차림.

781) 운유긱(雲遊客) : 뜬구름처럼 널리 돌아다니며 유람하는 사람.

782) 훤괄(曛聒) : 왁자지껄하게 떠들썩함. 요란함.

783) 청나(靑羅) : 푸른색의 가볍고 얇은 비단.

784) 우개(羽蓋) : 예전에, 녹색의 새털로 된, 왕후(王侯)의 수레를 덮던 덮개. 또는 그 수레. 늑우개지륜(羽蓋之輪)

785) 통텬셔ᄃᆡ(通天犀帶) : 무소의 뿔로 장식한 허리띠. *통천서(通天犀); =무소. =코뿔소. 무소의 뿔의 길이는 24cm가 넘고 물이 잘 묻지 않으며 단도의 손잡이나 약제로 쓰인다. 코 위에 뿔이 있는데 인도에서 사는 것은 하나, 아프리카에 사는 것은 두 개가 있다. 초식성으로 무리를 지어 강이나 연못가의 숲 속에 산다

786) 말만ᄒᆞ다 : 크다. 커다랗다. *말; '큰'의 뜻을 더하는 접두사. 예)말벌 / 말매미 / 말개미.

787) 햐쳐ᄒ다 : 사처하다. 손님이 길을 가다가 묵다.

"아모리 믈외긱(物外客)인들 눈이 업관딕 교유수 노야의 드신 마을에 와 감히 머믈
녀 ᄒᆞᄂᆞᆫ다?"

위녕 형뎨 왈,

"아등은 원방긱인(遠方客人)이라. 길흘 가다가 밋처 뎜샤(店舍)를 춫지 못ᄒᆞ고, 날이
져므러시니 어딕 가 머믈니오. 귀흔 ᄒᆡᆼ츠 드신 곳에 감히 흔딕 머믈고져 ᄒᆞ미 아니라,
흔 부역 구셕【35】을 빌니면 일야만 디ᄉᆡ고 가고져 ᄒᆞ노라."

쥬인이 녕능의 공슌(恭順)ᄒᆞ믈 보고 머므라고져 ᄒᆞ나, 교유수 ᄒᆡᆼ츠의 잡인(雜人)을
임의로 용납치 못홀 고로 미미ᄒᆞ더니789), 뎡텬시 듯고 명ᄒᆞ여 '머므라라' ᄒᆞ니, 녕의
형뎨 바로 뎡텬수 면젼의 드러가 고두ᄒᆞ고 만복(萬福)ᄒᆞ여 왈,

"산야비인(山野鄙人)의 무리 감히 텬스대야(天使大爺) 안젼(眼前)의 뵈ᄂᆞ이다."

텬시 봉안(鳳眼)을 드러 보니, 두 낫 도인이 나히 불과 십오 이팔(二八)790)은 ᄒᆞ고,
골격(骨格)이 비상ᄒᆞᆷ믄 업스나, 용녈(庸劣)ᄒᆞ기ᄂᆞᆫ 면ᄒᆞ엿더라.

텬시 일안(一眼)의 의아ᄒᆞ여 말셕(末席)의 좌를 주고 흔연 문왈,

"족하(足下)【36】ᄂᆞᆫ 하등지인(下等之人)이완딕, 어딕로 조ᄎᆞ 니르러 무슴 교회(敎
誨)홀 일이 잇ᄂᆞ뇨?"

냥인 왈,

"쳔싱(賤生)은 가향(家鄉)과 셩명이 업스니, 별명은 '쇼요ᄌᆞ(逍遙子)' '운유ᄌᆞ(雲遊
者)'라 ᄒᆞᄂᆞᆫ지라. 우연이 이 ᄯᅡ히 니르러 텬수(天使) 대야(大爺)791)의 고풍대ᄌᆡ(高風大
才)를 우러라 알현ᄒᆞ오니, 삼싱(三生)의 ᄒᆡᆼ이로소이다."

텬시 그 직언(直言)이 아니믈 깃거 아냐 번연(翻然)이792) 화긔를 거두워 왈,

"내 비록 식안(識眼)이 모호(模糊)ᄒᆞ나, 군등(君等)793)의 상모(相貌)를 보니 진연(塵
緣)이 만히 머므러시니 결단코 심산궁협(深山窮峽)의 늙지 아니리라."

냥인(兩人)이 텽파의 모골(毛骨)이 송연(悚然)ᄒᆞ고 그 총명을 항복ᄒᆞ나, ᄯᅩ흔 본적
(本迹)을 졸연(猝然)이 고(告)치 못홀【37】지라. 쳑연(慽然)이 고왈,

"쳔싱 등이 엇지 감히 셩명지하(聖明之下)의 은닉(隱匿)ᄒᆞ리잇고? 쳔싱 등의 셩명은
밍녕 밍쳥이니, 녕은 십팔세오, 쳥은 십뉵셰니, 어려서 부모를 실니ᄒᆞ고 의지홀 딕 업
서 변복ᄒᆞ고 단니ᄂᆞ이다."

텬시 그 말을 션(善)히 아니 넉이나, 다만 뎜두(點頭)ᄒᆞ니, 냥인이 다시 고왈(告曰),

"쳔싱등이 원컨딕 복식을 곳치고 노야 좌젼(座前)의 뫼셔가고져 ᄒᆞᄂᆞ이다."

---

788)휘지(揮之) : (가라고) 손을 내젓다.
789)미미ᄒᆞ다 : 거절하는 태도가 매우 쌀쌀맞다. 몹시 매정하다.
790)이팔(二八) : 십육.
791)대야(大爺) : =노야(老爺).」((흔히 성이나 직함 뒤에 쓰여)) 남을 높여 이르는 말.
792)번연(翻然)이 : 갑작스럽게.
793)군등(君等) : 그대들.

텬시 싱각ᄒᆞᄃᆡ,

"츳인 등이 블인(不人)은 아니오, 만일 삭방인믈(朔方人物) ᄀᆞᆺᄐᆞ면 군즁(軍中)의 두어 유익다."

ᄒᆞ여, 허락ᄒᆞ니, 녕의 형뎨 대희ᄒᆞ여 복식(服色)을 곳치【38】고 죵군(從軍)ᄒᆞ니라. 일힝 인매(人馬) 무ᄉᆞ히 힝ᄒᆞ여 삭쥐디계(朔州地界)의 밋처 슈산셩의 니르니, 산셩태슈 셜인쉬 약간 군관을 거느려 위방과 겨우다가 대픽ᄒᆞ여, 관군을 다 업시ᄒᆞ고 홀일업서 셩문을 굿이 닷고 텬ᄉᆞ의 니르기를 등ᄃᆡ(等待)ᄒᆞ더니, 교유ᄉᆞ의 니ᄅᆞᆷ을 듯고 즉시 셩문을 열고 텬ᄉᆞ의 일힝을 마ᄌᆞ 연향관ᄃᆡ(宴饗款待)794)ᄒᆞᆯᄉᆡ, 셜태쉬 ᄯᅩᄒᆞᆫ 젼언(傳言)으로 조ᄎᆞ, 방의 반상(叛狀)이 본의(本意) 아니라, 역탁지녀 슈화를 젼춍(專寵)ᄒᆞ여, 요녜(妖女) 악역지ᄉᆞ(惡逆之事)로 위방을 격동ᄒᆞ고, 방의 안해 딩시와 그 ᄌᆞ녀 세 ᄋᆞ히를 아오로 다 굴 속에 가도아 죽이【39】다 ᄒᆞᆷ을, ᄃᆞ란 ᄃᆡ로 고ᄒᆞ고, 져 곳에 나아가미 ᄌᆞ못 위란ᄒᆞᆷ믈 베픈ᄃᆡ, 텬시 미쇼 왈,

"이곳 인심이 엇더ᄒᆞ뇨?"

태쉬 왈,

"방이 쳐엄 삭방군슈로 부임ᄒᆞ매, 빅셩을 은휼(恩恤)ᄒᆞ고 농업을 권ᄒᆞ여 위덕(威德)이 병힝(並行)ᄒᆞ더니, 졀도ᄉᆞ를 승픔(陞品)ᄒᆞ매 치민지졍(治民之政)이 ᄯᅩᄒᆞᆫ 어진 즁, 기쳐 딩시 크게 관후ᄒᆞ여 빅셩이 칭찬ᄒᆞᄂᆞᆫ 빈러니, 방이 근ᄂᆡ의 역탁지녀를 젼춍(專寵)ᄒᆞ고 쳐ᄌᆞ를 암살(暗殺)ᄒᆞ니, 인심이 만히 원망ᄒᆞ여 슈화의 고기를 맛보고져 ᄒᆞᆫ다 ᄒᆞ더이다."

텬시 탄왈,

"이ᄂᆞᆫ 인뉸을 모ᄅᆞᄂᆞᆫ 도적이로다. 골육을 상살(傷殺)ᄒᆞ니, 이ᄂᆞᆫ 【40】금슈(禽獸)로 일톄니, 무도(無道)ᄒᆞᆫ 광적(狂敵)을 초안(招安)795)ᄒᆞ기 무어시 어려오리오."

ᄒᆞ고, 이의 됴뎡왕ᄉᆡ(朝廷王使) 슈산셩의 머므ᄂᆞᆫ 션셩(先聲)을 변쥐셩의 보(報)ᄒᆞ니, 변쥐셩은 삭방졀도ᄉᆞ의 진(陣)이니, 방의 거(居)ᄒᆞᄂᆞᆫ 셩(城)이라.

ᄉᆞ재(使者) 졀도ᄉᆞ 진의 나아가 션셩을 보(報)ᄒᆞ고, 됴뎡의셔 왕ᄉᆞ를 보ᄂᆡ여 교유ᄒᆞᄂᆞᆫ 글월을 올니니, 방이 ᄉᆞ쟈(使者)의 와시믈 듯고, ᄉᆞ쟈를 드러오라 ᄒᆞ니, 텬됴 ᄉᆞ인(使人)은 뎡녜부의 심복군관 한슉이니, 젼일 문양공쥬의 독슈(毒手)로 ᄂᆡ부 등 곤계 ᄉᆞ남미〇[를] ᄉᆞ싱지졔(死生之際)796)의 구활(救活)ᄒᆞᆫ 바, 평싱【41】은인 문양궁 군관 《한룡∥한룡》의 양ᄌᆡ(養子)라. 평졔왕 부ᄌᆞ 한슉을 ᄒᆞᆫ갓 은인지ᄌᆞ(恩人之子)로 춍이ᄒᆞᆯ ᄲᅮᆫ 아니라, 슉의 위인이 튱졍강개(忠貞慷慨)ᄒᆞᄆᆞ로, 뎡녜부의 막하군관(幕下軍官)의 두어 ᄉᆞ랑ᄒᆞᄆᆞ로 죵군(從軍)ᄒᆞ엿더니, 이의 ᄉᆞ쟈를 ᄌᆞ원ᄒᆞ여 와 언연이 거러드러가니, 위방이 왕쟈(王者)의 복식으로 호상(胡床)797)의 좌ᄒᆞ고, 좌우의 슈빅 갑ᄉᆡ(甲士) 도창

---

794)연향관ᄃᆡ(宴饗款待) : 잔치를 베풀어 손님을 정성껏 접대함
795)초안(招安) : 못된 짓을 하는 자를 불러 설득하여서 편안하게 살도록 하여 줌.
796)ᄉᆞ싱지졔(死生之際) : 생사(生死)가 걸려 있는 때.

검극(刀槍劍戟)798)을 잡아 시위ᄒᆞ며 뎡하의 유확을 비셜ᄒᆞ엿더라. 슉이 계하(階下)의 공슈졍닙(拱手正立)799)ᄒᆞ여시니, 방이 거안시지(擧眼視之)컨ᄃᆡ, 기인이 신쟝이 팔쳑이오, 긔샹이 쥰미ᄒᆞ더라.

방이 심니(心裏)의 칭찬ᄒᆞ고 【42】녀셩(厲聲) 문왈,

"네 비록 텬됴왕ᄉᆞ(天朝王使)의 브리믈 밧아 니ᄅᆞ러시나, 내 ᄯᅩᄒᆞᆫ 일면 절도ᄉᆡ어늘 너만 말졸(末卒)이 엇지 여ᄎᆞ 방ᄌᆞᄒᆞ뇨?"

슉이 텽파의 앙텬대쇼(仰天大笑) 왈,

"쟝군의 말을 드ᄅᆞ니 가위 우치(愚癡)800)로다. 쟝군이 송됴 신해니 말졸(末卒)도 셩텬ᄌᆞ 젹지(赤子)어늘, 군신의 존비(尊卑) 업ᄉᆞ니, 말졸이 쟝군을 ᄃᆡ하(臺下)의 뵈미 무슴 녜로 힝ᄒᆞ라 ᄒᆞ며, ᄯᅩ 금번 오미 ᄉᆞ힝(私行)이 아니라, 황명이[으로] 동졔(東齊)를 교유(敎諭)ᄒᆞ시ᄂᆞᆫ 텬ᄉᆞ(天使)의 글월을 밧드러 니ᄅᆞ러시니, 이 곳 텬ᄌᆞ의 됴셔(詔書)와 일반이라. 쟝군이 맛당히 몬져 실네ᄒᆞ미 심ᄒᆞ도다."

언필의 긔식이 【43】쥰녈ᄒᆞ니, 방이 무안무류(無顏無聊)ᄒᆞ여 ᄂᆞᆾ출 붉히고 냥구믁연(良久默然)이러니, 이윽고 좌우를 ᄭᅮ지져 ᄃᆡ하(臺下)의 버린 위엄을 서라쟈라801) ᄒᆞ고, 한슉을 쳥ᄒᆞ여 긱셕 말좌의 올니고, 교유셔를 올나라 ᄒᆞ여 펴보니, ᄒᆞ여시ᄃᆡ,

"모년월일의 교유ᄉᆞ 녜부상셔 뎡모ᄂᆞᆫ 삼가 황지(皇旨)를 밧ᄌᆞ와 동졔 절도ᄉᆞ 위모의게 반상이 진젹ᄒᆞᆷ을 알고져 니ᄅᆞ럿ᄂᆞ니, 법뎐(法典)의 반젹(叛敵)을 문죄(問罪)ᄒᆞ미 반다시 몬져 간과(干戈)를 움죽여 졍벌홀 거시로ᄃᆡ, 셩텬지 인명셩무(仁明聖武)ᄒᆞ샤 싱민의 도탄을 심히 앗기시ᄂᆞᆫ 고로, 삭방 만여 리의 젼언(傳言)이 과【44】실(過失)ᄒᆞ미 이실가 ᄒᆞ샤, 몬져 만싱(晩生)802)을 보ᄂᆡ여 인심을 교유ᄒᆞ며, 반상(叛狀)의 진젹ᄒᆞᆷ을 알아 다시 솔병문죄(率兵問罪)ᄒᆞ려 ᄒᆞ시니, 인군(仁君)의 셩명지덕(聖明之德)이 여ᄎᆞᄒᆞ신지라. 쟝군이 만일 인심이 잇고 텬시를 붉히 알진ᄃᆡ, 불궤(不軌)의 깁히 범치 아넘즉 ᄒᆞ니, 익이 싱각ᄒᆞ여 맛ᄎᆞᄆᆡ 신졀(臣節)을 폐치 말며, 망신지화(亡身之禍)를 스스로 취치 말고 부귀를 《일ᄎᆔ∥일치》 말나."

ᄒᆞ엿더라.

문논(問論)이 당연ᄒᆞ고, ᄉᆞ리 명쾌ᄒᆞᆷ믄 닐오도 말고, 지샹(紙上)의 창농(蒼龍)이 서려시며, 귀신이 놀나ᄂᆞᆫ지라. 방이 간필에 대경황홀(大驚恍惚)ᄒᆞ여 실셩대찬(失性大讚) 왈,

---

797)호상(胡床) : 중국식 의자의 하나.
798)도창검극(刀槍劍戟) : 칼과 창 따위의 각종 병기..
799)공슈졍닙(拱手正立) : 두 손을 앞으로 모아 포개어 잡고 바로 섬. *공슈(拱手) : 절을 하거나 웃어른을 모실 때, 두 손을 앞으로 모아 포개어 잡음. 또는 그런 자세. 남자는 왼손을 오른손 위에 놓고, 여자는 오른손을 왼손 위에 놓는다. 흉사(凶事)가 있을 때에는 반대로 한다
800)우치(愚癡) : 매우 어리석고 못남.
801)서라자다 : 서릊다. 좋지 아니한 것을 쓸어 치우다..
802)만싱(晩生) : 말하는 이가 선배를 상대하여 자기를 낮추어 이르는 일인칭 대명사.

"긔지(奇哉)며 대지(大哉)【45】라! 추인의 문장지홰(文章才華) 여ᄎᄒ니, ᄯᅩ 인믈풍광(人物風光)이 엇더ᄒᆞᆫ고? 내 경ᄉᆞ의 머믈 적 평졔왕 뎡듁쳥의 지모는 익이 아는 비어니와, 추인이 듁쳥지지(之子)라 ᄒᆞ니 풍ᄎᆡ 엇더ᄒᆞᆫ고?"

한슉이 답왈,

"뎡텬ᄉᆞ의 지덕풍신은 승어기뷔(勝於其父)라."

ᄒᆞ니, 방이 드듸여 쥬식(酒食)으로 한슉을 관ᄃᆡ(寬待)ᄒᆞ여 도라보ᄂᆡ며 왈,

"금일이 임의 져므러시니 명일노 회보ᄒᆞ마."

ᄒᆞ더라.

한슉이 도라와 텬ᄉᆞ긔 수말(首末)을 고ᄒᆞ니, 냥인이 듯고 필유묘믹(必有苗脈)ᄒᆞᄆᆞᆯ 싱각ᄒᆞ더라.

ᄎᆞ시 위방이 한슉을 보ᄂᆡ고 안ᄒᆡ 드러가 교유셔ᄅᆞᆯ 주어 슈화다려 보라, 【46】ᄒᆞ고 닐오ᄃᆡ,

"교유ᄉᆞ 뎡현긔는 평졔왕 뎡텬홍의 ᄋᆞ돌이니, 문미(門楣)803) 혁혁ᄒᆞ고 지모풍신(才貌風神)이 셰고무뎍(世古無敵)804)이라 ᄒᆞ니, 졔 임의 됴뎡 명을 밧아 교유ᄉᆞ 되여 니ᄅᆞ러시니, 미리 병으리왓지805) 못ᄒᆞᆯ 거시라, ᄎᆞ고(此故)로 여ᄎᆞ여ᄎᆞ 되답ᄒᆞ여 보ᄂᆡ여시니, 내 ᄯᅳᆺ은 붉는 날 됴흔 ᄂᆞᆺᄎᆞ로 쳥ᄒᆞ여 만일 계교로ᄡᅥ 항복 밧지 못ᄒᆞ거든, 슈고로이 잡으려 말고 독 속에 쥐 잡ᄃᆞᆺ 졔어(制御)ᄒᆞ여 죽이미 엇더ᄒᆞ뇨?"

슈홰 텽파의 분연 왈,

"쳡이 몬져 부형(父兄)의 원슈ᄅᆞᆯ 갑흐리니, 명공이 명일의 져ᄅᆞᆯ 쳥ᄒᆞ여 보실 제, 맛당【47】히 수빅 갑ᄉᆞ로 칼흘 주어 좌우 병장(屛帳) 뒤ᄒᆡ 미복ᄒᆞ게 ᄒᆞ고, 쳡이 맛당히 친히 나아가 잔을 브으리니, 졔군이 쳡의 잔 더지믈 보아 일시의 햐슈(下手)806)ᄒᆞ게 ᄒᆞ쇼셔."

방이 허락ᄒᆞ고 명됴(明朝)의 왕복을 다 벗고, 다만 졀도ᄉᆞ의 녜복과 위의ᄅᆞᆯ 갓초아 셩밧게 나와 사ᄅᆞᆷ을 브려 근졀이 쳥ᄒᆞ니, 텬ᄉᆞ 흔연이 허락ᄒᆞ고 나아가니, 위방이 도라보고 더옥 황홀ᄒᆞ여 부지블각(不知不覺)의 마상(馬上)의셔 치ᄅᆞᆯ 드러 녜ᄒᆞ고 왈,

"만싱이 장ᄎᆞᆺ 경ᄉᆞᄅᆞᆯ ᄯᅥ난지 이십년의, 희음업시 늙기ᄅᆞᆯ 면치 못ᄒᆞ여시니, 비록 명공으로 일【48】면지분(一面之分)이 업ᄉᆞ나, 사ᄅᆞᆷ이 ᄒᆞᆫ 번 모로고 그릇 ᄒᆞ다가 회과칙션(悔過責善)ᄒᆞ면 아이의 착ᄒᆞ니도근 낫다 ᄒᆞ여시니, 이는 셩인이 허ᄒᆞ신 비라. 내 쳐엄의 사ᄅᆞᆷ의 그릇 인도ᄒᆞ믈 만나 반상(叛狀)의 거조(擧措) 이시나, 셩텬ᄌᆞ의 교화ᄅᆞᆯ 밧드러 습복ᄒᆞ미 이ᄀᆞᆺᄐᆞ니, ᄒᆞᆫ갓 싱민의 무ᄉᆞᄒᆞᆯ ᄲᅮᆫ 아니라, 오문의 복경이 젹지 아니ᄒᆞ미로소이다."

---

803)문미(門楣) : ①문벌, 가문. ②창문 위에 가로 댄 나무. 그 윗부분 벽의 무게를 받쳐 준다.
804)셰고무뎍(世古無敵) : 옛날로부터 지금에 이르도록 세상에 견줄만한 사람이 없을 정도로 뛰어남.
805)병으리왓다 : 막다. 맞서 버티다. 대적(對敵)하다. 거스르다. 반대하다. 거절(拒絶)하다.
806)햐슈(下手) : 손을 대어 사람을 죽임.

ᄒᆞ고, 텬ᄉᆞ를 쳥ᄒᆞ여 본셩으로 도라올ᄉᆡ, 셜태슈 깁히 의심ᄒᆞ며 넘녀ᄒᆞ믈 마지 아니
ᄒᆞ니, 위녕 등이 ᄯᅩᄒᆞᆫ 의심ᄒᆞ여 태슈긔 고왈,

"쇼싱 등이 비록 뎡상셔를 즁도의 만나ᄉᆞ오나, 그 **【49】** 인현지덕(仁賢之德)을 ᄉᆞ
싱의 갑숩고져 ᄒᆞᆸᄂᆞ니, 쇼싱이 본ᄃᆡ 이 ᄯᅡ 사ᄅᆞᆷ으로 졀도의게 득죄ᄒᆞᆫ 사ᄅᆞᆷ의 ᄌᆞ식
이라. 졀되(節度) 쇼싱 등을 구식(求索)ᄒᆞ오니, 감히 뎡노야 ᄒᆡᆼᄎᆞ를 시호(侍護)치 못ᄒᆞ
오나, ᄀᆞ마니 후거의 조ᄎᆞ 진즁의 나아가 ᄉᆞ긔(事機)를 탐쳥(探聽)ᄒᆞ고, 님시응변(臨時
應變)ᄒᆞ여 혹ᄌᆞ 유익ᄒᆞ미 이실가 ᄉᆞᆲ피고져 ᄒᆞᄂᆞ이다."

태슈 깃거 허락ᄒᆞ고 왈,

"여등이 뎡노야를 뫼셔 유공(有功)이 도라오면 반다시 듕상(重賞)ᄒᆞ리라."

녕의 형뎨 하직ᄒᆞ고, 얼골의 약을 발나 사ᄅᆞᆷ이 모로게 ᄒᆞᆫ 후, ᄀᆞ마니 텬ᄉᆞ의 뒤흘
조ᄎᆞ 변쥐셩으로 나아가니라.

위 **【50】** 방이 텬ᄉᆞ와 ᄒᆞᆫ가지로 셩즁의 도라오니, 군민부뢰(君民父老) 향쵹(香燭)을
갓초아 왕ᄉᆞ를 영ᄃᆡ(迎待)ᄒᆞ며, 텬ᄉᆞ의 ᄐᆡ양지광(太陽之光)과 만월지휘(滿月之輝)를 일
ᄏᆞᆯ나, 암암ᄃᆡ찬(暗暗大讚)치 아니리 업더라.

방이 졍당의 포진(鋪陳)을 셩히 ᄒᆞ고, 텬ᄉᆞ로 더브러 빈쥬(賓主)의 좌를 졍ᄒᆞ미 연
향관ᄃᆡ(宴饗款待)홀ᄉᆡ, ᄒᆡ 몬져 텬ᄉᆞ의 오믈 듯고, 슈빅 군인을 장외(帳外)의 두고, 친
히 단장(丹粧)을 셩미(盛美)히 ᄒᆞ고, 머리의 금옥 쥬취(朱翠)와 곳츨 곳고, 가는 허리
의 명월픽(明月佩)를 ᄎᆞ시며, 나말(羅襪)의 비단 혜(鞋)를 신고, 요요졀졀(搖搖節
節)807)이 나아오미, 보건ᄃᆡ 교 **【51】** 용아ᄐᆡ(嬌容雅態) 그림 쇽 션아(仙娥) 갓흐니, 방
이 어린ᄃᆞ시 바라보아 웃는 닙을 쥬리지 못ᄒᆞ거늘, 텬ᄉᆡ 경문 왈,

"ᄎᆞ녀는 하인(何人)고?"

방이 쇼왈,

"ᄎᆞ녀는 본읍 기싱 슈홰니, 곳 노싱의 시인(侍人)이라. 일즉 풍뉴가무(風流歌舞)의
모를 ○○[거시] 업스므로, 금일 연회의 풍물을 밧들게 ᄒᆞ미로쇼이다."

텬ᄉᆡ(天使) 역탁지녀 슈홴 줄 알고, 믄득 졍식 왈,

"ᄎᆞ녀의 근본이 미쳔(微賤)ᄒᆞ나, 임의 관쇽(官屬)의 쳔역(賤役)을 면ᄒᆞ여 공의 시인
(侍人)이 되엿거늘, 공이 엇지 시인으로ᄡᅥ 연셕지간(宴席之間)의 풍물을 ᄌᆞ임(自任)ᄒᆞ
여, 그 일흠이 낫고 ᄌᆞ최 쳔누(賤陋)ᄒᆞᆷ을 싱각지 아니ᄒᆞ **【52】** 뇨? 본읍 관기 부지
기슈(不知其數)라. 굿ᄒᆞ여 공의 시인으로 풍물을 밧들니오. 쳔만 불가ᄒᆞ도다."

방이 쳥파의 참괴(慙愧)ᄒᆞ여 눈으로ᄡᅥ 화를 보니, 이ᄶᆡ ᄒᆡ 뎡텬ᄉᆞ의 만고 쵸츌특이
(超出特異)ᄒᆞᆫ 풍광ᄌᆡ화(風光才華)를 우러러, 일견(一見)의 칠빅(七魄)이 표탕(飄蕩)ᄒᆞ고
졍흥(情興)이 요양(搖揚)ᄒᆞ니, 처음 보지 아냐셔 졀치부심(切齒腐心)ᄒᆞ여 급히 죽여 ᄉᆞ
원(私怨)을 져기 보슈(報讐)코져 ᄒᆞ던 ᄆᆞ음이 경긱(頃刻)의 밧괴여, 가녀(佳女)의 다다

---

807)요요졀졀(搖搖節節) : 한 걸음 한 걸음 몸을 움직여 나아오는 모양.

(多多)흔 츈졍이 발연(勃然)ᄒ니, 엇지 ᄉ원(私怨)을 몽미(夢寐)나 싱각ᄒ여 욕살지심(慾殺之心)이 이시리오. 도로혀 어린드시 그 풍광덕질(風光德質)을 우러러 나아오기를 니졋더니, 위방의 보는【53】눈이 마조치니, 믄득 놀나 기리 슘쉬고, 텬ᄉ의 앏히 나아가 ᄇᆡ례 왈,

"쳔쳡은 노류쳔인(路柳賤人)808)이라. 창녀의 무ᄒᆡᆼ(無行)ᄒ믄 본ᄂᆡ시(本來事)809)라. 졀도(節度) 노야의 명으로 풍믈을 밧드러 텬ᄉ 노야의 셩덕광휘를 구경ᄒ오니, 삼ᄉᆡᆼ(三生)의 ᄒᆡᆼ(行)이로소이다."

텬ᄉ(天使) 일안의 그 음낙요ᄉ(淫樂妖邪)ᄒ믈 깃거 아녀, ᄉᆡᆨ위(色威) 십분 엄졍(嚴正)ᄒ니, ᄇᆞᆼ이 무류ᄒ여 화를 '믈너가라' ᄒ니, ᄒᆡ 쏘흔 텬ᄉ의 화풍면모(華風面貌)를 우러러 화(化)ᄒ여 망부셕(望夫石)이 될 ᄃᆞᆺᄒ니, 일호(一毫)나 욕살지심(慾殺之心)이 이시리오. 연상(宴床)의 잔을 부어 용ᄉ(用事)ᄒᆞᆯ 뜻이 업는 고로, 흔연이 명을 니어 안흐로 드러가, 가마니 미복(埋伏)흔 갑【54】ᄉ를 다 믈리치니, ᄇᆞᆼ이 쏘흔 계괴 니지 못ᄒ여 종일 연음(連飮)ᄒᆞᆯᄉᆡ, ᄎᆞ시 계동념간(季冬念間)810)이라. 슐이 여러 슌 지나지 못ᄒ여 날이 져므니, ᄇᆞᆼ이 만춰ᄒ여시나 텬ᄉ는 슐을 잡으미 업ᄉ니, 조금도 취ᄒ미 업더라.

파연곡(罷宴曲)을 쥬(奏)ᄒ니, 텬ᄉᆡ 능히 산셩으로 환귀(還歸)치 못ᄒ고, 관역(館驛)811)의 햐쳐(下處)ᄒ여 머믈ᄉᆡ, ᄎᆞ야의 ᄇᆞᆼ이 즁당(中堂)의 드러가 슈화를 보고 실계(失計)흔 바를 므르려 ᄒ더니, 슈홰 업거늘, 취ᄒ미 심ᄒ여 침셕(寢席)의 지혓더니, 믄득 격벽(隔壁)812)의 은은흔 말소ᄅᆡ 들니니, 이는 슈홰 졔 스승 칠미로 더브러 셰어(細語)ᄒ미라.

가만가만ᄒ니 비록 ᄌᆞ셔튼 못ᄒ나,【55】 얼픗 드르니, 홰 기리 탄왈,

"인ᄉᆡᆼ이 비ᄇᆡᆨ셰(非百歲)라. 부유창승(蜉蝣蒼蠅)813)갓ᄒ니, 셰간영낙(世間榮樂)이 언마리오. 옛날 한고후(漢高后)814) 당틱진(唐太眞)815) 무측텬(武則天)816)이 만승 텬ᄌ의

---

808)노류쳔인(路柳賤人) : '기녀'라는 천한 신분의 사람. *노류장화(路柳墻花); 아무나 쉽게 꺾을 수 있는 길가의 버들과 담 밑의 꽃이라는 뜻으로, 창녀나 기생을 비유적으로 이르는 말.

809)본ᄂᆡ시(本來事) : 본디부터 있는 일.

810)계동념간(季冬念間) : 12월 20일 전후.

811)관역(館驛) : 역사(驛舍). 역(驛)으로 쓰는 건물. *역(驛); 『역사』중앙 관아의 공문을 지방 관아에 전달하며 외국 사신의 왕래, 벼슬아치의 여행과 부임 때 마필(馬匹)을 공급하던 곳. 주요 도로에 대개 30리마다 두었다. 늑우역(郵驛).

812)격벽(隔壁) : 벽을 사이에 둠.

813)부유창승(蜉蝣蒼蠅) : 하루살이와 파리를 함께 이르는 말.

814)한고후(漢高后) : 중국 한(漢) 고조(高祖) 유방(劉邦)의 비(妃) 여후(呂后). 성은 여(呂). 이름은 치(雉). 고조를 보좌하여 진말(秦末)·한초(漢初)의 국난을 수습하였으나, 고조가 죽은 뒤 실권을 장악하여, 심이기(審食其; 전한 초의 정치가, 개국공신)를 사통(私通)였고 고조의 애첩인 척부인(戚夫人)과 척부인 소생 왕자 조왕(趙王)을 죽이는 등 포악을 일삼아, 측천무후(則天武后), 서태후(西太后)와 함께 중국의 3대 악녀로 꼽힌다.

815)당틱진(唐太眞) : 양귀비(楊貴妃). 중국 당나라 현종(玄宗)의 비(妃)(719~756). 이름은 옥환(玉環). 도

비필이 되여 부귀영낙(富貴榮樂)이 낫부미 업ᄉᆞ디, 인지쇼욕(人之所欲)이 틴과(太過)ᄒᆞ
므로 고휘(高后) 심이긔(審食其)를 ᄉᆞ통(私通)ᄒᆞ고, 틴진(太眞)이 녹산(祿山)을 잠간(潛
奸)ᄒᆞ며, 측텬(則天)이 장창종(張昌宗)을 음간(淫姦)ᄒᆞ여시나, 후셰의 오히려 슉녀로
밀위지 아녀시나, 그 용안식틴(容顏色態) 만고의 유젼ᄒᆞ니, 나는 신후명(身後名)817)을
실노 우이 너기ᄂᆞ니, 싱젼낙(生前樂)이 지극ᄒᆞ면 웃듬이라. 쳡신(妾身)○[이] 본ᄃᆡ ᄉᆞ
문여지(士門餘枝)로 명되 궁험ᄒᆞ여, 어려셔 모시(母氏)를 니별ᄒᆞ고, ᄯᅩ 문회 멸망ᄒᆞ고,
몸이 【56】 파쳔(破賤)ᄒᆞᆷ도 다 쳡의 팔직(八字) 무상ᄒᆞ미니, 엇지 남을 탓ᄒᆞ리오. 곳
쳐 혜아리건ᄃᆡ, 오부(吾父)의 참망(慘亡)ᄒᆞᆷ도 ᄎᆞ역텬의(此亦天意)니 역비명애(亦非命
也)라818). 현마 어이ᄒᆞ리오. 쳡이 ᄉᆞᄉᆞ의 명되 긔구ᄒᆞ여 년쇼화안(年少花顏)으로써 노
창(老蒼)819)ᄒᆞᆫ 위졀도의 희쳡이 되여, 인간금슬(人間琴瑟)의 낙ᄉᆞ(樂事)를 진실노 아지
못ᄒᆞ니, 니러ᄐᆞᆺ 비고(悲苦)ᄒᆞᆫ 졍ᄉᆞ를 가지고, ᄯᅩ 위공이 년노(年老)ᄒᆞ여 만일 그 죽기
의 밋ᄎᆞ면, 쳡의 위구(危懼)ᄒᆞᆫ 신셰 더욱 가련치 아니리오. 셕상(席上)의 교유ᄉᆞ 뎡상
셔를 보니 이야 진짓 쳡의 쇼망의 낭군이라. 쳡이 초의 ᄎᆞ디(此地)의 쇽비(屬婢)ᄒᆞᄆᆡ,
녕졍고혈(零丁孤子)820)ᄒᆞᆫ ᄌᆞ최 ᄉᆞ고무친(四顧無親)ᄒᆞ거늘, 힝혀 은모(恩母)의 【57】
거두워 은휼(恩恤)ᄒᆞᄆᆞᆯ 바다시니, 깁흔 졍이 모녀(母女)의 감치 아닌지라. 쳥컨ᄃᆡ 종시
어엿비 너기ᄉᆞ 평ᄉᆡᆼ을 졔도(濟度)ᄒᆞ쇼셔."

칠믜 호언으로 위로 왈,

"그ᄃᆡ 교유ᄉᆞ 노야를 ᄉᆞ모ᄒᆞ여 인연을 도모코져 ᄒᆞ나, 능히 인진(引進)ᄒᆞᆯ 계괴(計
巧) 업스리라."

홰 왈,

"다른 계괴 아니라 쳡이 맛당이 ᄒᆞᆫ 봉 글월을 써 줄 거시니, 은뫼(恩母) 쳡을 어엿
비 너기거든, 은부(恩父)로 ᄒᆞ여금 여ᄎᆞ여ᄎᆞᄒᆞ여 뎡텬ᄉᆞ의 머무는 관역(館驛)의 나아
가 젼ᄒᆞ여 쥬쇼셔."

칠믜 흔연이 허락ᄒᆞ여, 홰 즉시 글월을 써 쥬며 비밀이 ᄒᆞ기를 직삼 당부ᄒᆞᄂᆞᆫ지라.

교에서는 태진(太眞)이라 부른다. 춤과 음악에 뛰어나고 총명하여 현종의 총애를 받았으나 안녹산의
난 때 자결하였다. 안록산을 총애하여 양자를 삼았다는 일화가 있다.
816)무측텬(武則天) : 중국 당나라 고종의 황후. 성은 무(武). 이름은 조(曌). 중국 역사에서 유일한 여제
(女帝)로 고종을 대신하여 실권을 쥐고, 두 아들을 차례로 제왕의 자리에 오르게 하였으나, 이들을 폐
하고 스스로 제왕의 자리에 올라 국호를 주(周)로 고치고 성신황제(聖神皇帝)라 칭하였다. 14세에 궁
녀로 입궁하여 태종의 승은을 입었으나, 그의 아들 고종과 정을 맺고, 고종이 즉위한 후 황후가 되었
다. 또 고종이 죽은 후는 여자로서 황제(皇帝)에 올라 장창종(張昌宗) 등과 음락하며 남성편력을 일삼
았다.
817)신후명(身後名) : 죽은 뒤의 명성.
818)ᄎᆞ역텬의(此亦天意) 역비명애(亦非命也) : 이 또한 하늘의 뜻이니, 또한 제명대로 다 살지 못하고 죽
은 것이다.
819)노창(老蒼) : 나이가 들어 늙은 사람.
820)녕졍고혈(零丁孤子) : 세력이나 살림이 보잘 것 없고 가족이나 친척이 없어 의지할 곳이 없고 외롭다

방이 그 시말(始末)을 다 드르미, 무지불통(無知不通)【58】흔 분긔(憤氣) 빅장(百丈)
이나 ᄒ니, 요녀(妖女)의 궁흉극악(窮凶極惡)흔 계괴 긔약(期約)지 아닌 바의 밋쳐, 져
의 셩명(性命)을 도모홀 쥴 싱각ᄒ리오.

부지블각의 크게 소ᄅᆡ 지ᄅᆞ고 벽실(壁室)821)노 ᄲᅱ여 드러가니, 냥녜 실ᄉᆡᆨ대경
大驚)ᄒ여 아모리 홀 쥴 모로더라. 방이 그 글을 아ᄉᆞ 보니 ᄒᆡ 뎡텬ᄉᆞ의게 붓친 글이
니, 딕기 '텬ᄉᆞ의 화풍경운지상(和風慶雲之像)822)과 딕히용용지용(大海溶溶之容)823)을
거룩히 우러러 셤기고져 ᄒᆞᄂᆞᆫ' ᄉᆞ의러라.

방이 더옥 대로ᄒ여 슈미(首尾)를 블분(不分)ᄒ고, 두 손으로 냥녀의 두발을 ᄯᅳ드러
모도 잡고 기동의 브딋이즈며 슈욕난타(數辱亂打)ᄒ기를 마지 아니ᄒ니, 냥녜의 머리
다 ᄢᅢ여져 뉴【59】혈(流血)이 돌츌(突出)ᄒ니, 냥녜 알프믈 견듸지 못ᄒᆞᄂᆞᆫ 가온ᄃᆡ,
슈화의 연연흔 살가죡이 더옥 즁상ᄒ엿ᄂᆞᆫ지라. 간녀의 요악ᄒ미 오히려 제 죄ᄂᆞᆫ 싱각
지 못ᄒ고, 젼일 춍ᄒᆡᆼ(寵幸)ᄒ던 은혜를 다 닛고, 악악흔 원심(怨心)이 쳘원골슈(徹遠
骨髓)824)ᄒ나, 아직 알프고 괴롭기를 니기지 못ᄒ여, ᄋᆡ원(哀願)이 울며 슬피 비러 왈,

"쳡이 미혹흔 쇼견의 ᄉᆞ리를 능히 혜지 못ᄒ고, 딕왕의 은혜를 져바려 득죄ᄒ미 만
ᄒ니, 깁히 뉘웃ᄂᆞᆫ지라. 이후 다시 죄를 짓지 아니ᄒ오리니, 복원 대왕은 죄를 ᄉᆞ(赦)
ᄒ시고, '일후(日後)'825) 다시 득죄ᄒ미 잇거든 아조 머리를 버히쇼셔."

잔상(潺傷)826)이 비니, 【60】방은 지혜 업ᄂᆞᆫ 용뷔(庸夫)라. 크게 곳이 듯고 치기를
긋치고 좌우를 명ᄒ여 슐을 가져오라 ᄒ니, 슈홰 상쳬 알프고 두골(頭骨)이 ᄢᅢ여져 혈
흔이 만면ᄒ여시니, 악악흔 원심(怨心)이 발ᄒ며 텬ᄉᆞ의 화풍경운(和風慶雲)이 안젼(眼
前)의 삼삼ᄒ니827), 아조 근심 업시 위방을 쥭여 업시 ᄒ고 텬ᄉᆞ를 쏠오고져 ᄒ여, 칠
미로 더브러 급급히 쥬방(酒房)의 일등 빅년쥬 일호(一壺)의 독약을 타나오니, 위방이
엇지 요음찰녀(妖淫刹女)의 독흔 슈단과 악악흔 원심이 쳘골(徹骨)ᄒ여, 독약으로ᄡᅥ
져의 긴 명을 즈레 맛출 흉심을 어이 알니오.

방이 취즁(醉中)이라 더옥 아모란 상(常)업시828) 슐을 나【61】와 그릇시 뷔도록
다 마시니, 믄득 크게 쇼ᄅᆡᄒ고 칠규(七竅)829)의 피를 흘니며 급ᄉᆞ(急死)ᄒ니, ᄎᆞ회(嗟
乎)라! 위방이 일긔 셔얼노 힝혀 복이 놉하 부귀영화 극ᄒ고 위고금다(位高金多)ᄒ니,
스스로 분(分)의 족ᄒ여, 복(福)의 다흔 쥴을 아지 못ᄒ고, 외람흔 의식 너모 범남참월

---

821)벽실(壁室) : 벽을 사이에 두고 인접하여 있는 방.
822)화풍경운지상(和風慶雲之像) : 화창한 바람과 상서로운 구름 같은 기상(氣像)
823)딕히용용지용(大海溶溶之容) : 큰 바다처럼 넓고 고요한 몸가짐.
824)쳘원골슈(徹遠骨髓) : 원망 따위가 깊이 골수(骨髓)에까지 사무침.
825)일후(日後) : 뒷날.
826)잔상(潺傷) : 눈물을 흘리며 슬퍼하는 모양.
827)삼삼ᄒ다 : 잊히지 않고 눈앞에 보이는 듯 또렷하다.
828)상(常)업다 : 상없다. 보통의 이치에서 벗어나 막되고 상스럽다.
829)칠규(七竅) : 사람의 얼굴에 있는 일곱 개의 구멍. 귀, 눈, 코에 각 두 개씩 있으며 입에 하나가 있다.

(氾濫僭越)830)ᄒ기의 밋ᄎᄆᆡ, 신명이 엇지 믜이 넉이지 아니시리오. 방이 죽으니 시년이 뉵십팔셰라.

이날 밤의 동남으로 조ᄎᆞ 큰 별이 ᄯᅥ러지니, 진짓 ᄃᆡ장의 직목인 쥴 알니러라.

시야(時夜)의 뎡텬시 역즁(驛中)의셔 머므더니, 믄득 《양‖녕》의 형졔 변신ᄒᆞ고 드러와 뵌ᄃᆡ, 텬시 '어니 ᄯᅥ의 왓던고?' 므ᄅᆞ【62】며, 변형ᄒᆞᆫ 연고ᄅᆞᆯ 므ᄅᆞᆫᄃᆡ, 양 등이 그졔야 복디쳥죄(伏地請罪)ᄒᆞ여 근본을 알외여, 아뷔 죵시 블의지심(不義之心)이 이셔 텬ᄉᆞᄅᆞᆯ 히ᄒᆞ려 ᄒᆞ거든 님시응변(臨時應變)ᄒᆞ여 구ᄒᆞ려 왓더니, 아뷔 귀슌ᄒᆞ니 이의 바로 와 비알ᄒᆞᆫ 연유와 텬ᄉᆞ의 셩명지덕(聖明之德)으로 슈화ᄅᆞᆯ 졔어하고, 져희 부뫼 단합(團合)ᄒᆞ여 부ᄌᆞ 단원(團圓)ᄒᆞ기ᄅᆞᆯ 간고(懇告)ᄒᆞ며, 져희 ᄉᆞ모ᄌᆞ(四母子) 아뷔831) 블궤(不軌)832)ᄅᆞᆯ 간ᄒᆞ다가, 슈화의 참쇼(讒疏)ᄅᆞᆯ 맛나 토굴 쇽 죄쉬 되엿다가, 제 외조(外祖) 밍현불의 젹덕여음(積德餘蔭)으로 모든 관니(官吏) 요쇽(僚屬)의 무리 구ᄒᆞ여 본읍 군관 방츙의 집의 망명ᄒᆞ엿던 젼두지ᄉᆞ(前頭之事)833)ᄅᆞᆯ ᄌᆞ초지죵(自初至終)히 고ᄒᆞ니, 텬【63】시 쳥파의 다만 졈두칭가(點頭稱加)ᄒᆞ여 방츙의 긔특ᄒᆞᆷ과 《위양‖위녕》 등의 능혜(能慧)ᄒᆞᆷ을 일ᄏᆞᆯ, 슈화ᄂᆞᆫ 본ᄃᆡ 악역지녀(惡逆之女)로 다시 ᄉᆞ죄(死罪)의 당ᄒᆞ니, 반ᄃᆞ시 졍상(情狀)을 츄문(推問)ᄒᆞ여 법뉼노 쳐치ᄒᆞ리라 ᄒᆞ니, 《앙‖녕》 등이 ᄉᆞ례ᄒᆞ더라.

텬시 깁디 잠이 업셔 밤이 깁도록 졉목(接目)지 못ᄒᆞ엿더니, 믄득 ᄉᆞ몽비몽간(似夢非夢間)834)의 위방이 칠규(七竅)로 피ᄅᆞᆯ 흘니고 엄연(儼然)이 드러와 니ᄅᆞᄃᆡ,

"쳔싱(賤生)이 한낫 용용무뷔(庸庸武夫)라, 지식이 쳔단(淺短)ᄒᆞ고 우암(愚暗)ᄒᆞᆫ 고로 그릇 요악간녀(妖惡奸女)ᄅᆞᆯ 춍ᄒᆡᆼ(寵幸)ᄒᆞ여 일흠이 반역의 밋츨 번ᄒᆞ고, 다시 음녀의 독슈(毒手)의 ᄃᆡ장부의 명(命)을 맛ᄎᆞ니, 엇지 혼【64】빅(魂魄)인들 붓그럽지 아니리잇고? 복원 명공은 ᄃᆡ악음녀(大惡淫女) 슈화ᄅᆞᆯ 잡아 노싱(老生)의 원슈ᄅᆞᆯ 갑하쥬시고, 호싱지덕(好生之德)을 넙이 드리오ᄉᆞ, 환경ᄒᆞ시ᄂᆞᆫ 날 텬졍(天廷)의 알외여, 반상(叛狀)이 노싱의 본의 아니런 쥴 고ᄒᆞ시고, 년좌(連坐) 무죄ᄒᆞᆫ 텨ᄌᆞ(妻子)의게 년누(連累)치 말게 ᄒᆞ시고, 노싱의 냥ᄌᆞ로 ᄒᆞ여금 용녈(庸劣)ᄒᆞᆫ 아뷔 빅골을 거두어 향니의 도라가 여년(餘年)을 맛게 ᄒᆞ쇼셔."

텬시 경아(驚訝)ᄒᆞ여 즉시 뭇고져 ᄒᆞ더니, 홀연 《위양‖위녕》 등의 몽압ᄒᆞᄂᆞᆫ 쇼ᄅᆡ의 놀나 ᄭᆡ치니 침변일몽(枕邊一夢)이라. 《앙‖녕》 등이 ᄯᅩ흔 ᄭᅮᆷ 가온ᄃᆡ 《아뷔‖부친의》 거동을 싱각고, 놀나믈 마지아니ᄒᆞᄂᆞᆫ【65】지라.

텬시 반ᄃᆞ시 방의 명이 맛츤 쥴 혜아리더니, 믄득 날이 치 붉지아냐셔 뇨쇽(僚屬)

---

830)범남참월(氾濫僭越) : 제 분수에 지나치게 넘침.
831)아뷔 : 아비. 자녀를 둔 여자가 웃어른 앞에서 자기 남편을 낮추어 이르는 말.
832)불궤(不軌) : 법이나 도리를 지키지 않음을 뜻하는 말로, '반역(叛逆)'을 이르는 말.
833)젼두지ᄉᆞ(前頭之事) : ①앞에서 일어났던 일 ②=내두지사(來頭之事). 앞으로 일어날 일.
834)ᄉᆞ몽비몽간(似夢非夢間) : 완전히 잠이 들지도 잠에서 깨어나지도 않은 어렴풋한 순간. ≒비몽사몽간

관니(官吏) 고왈,

"작야의 동남의 큰 별이 써러졋ᄂ이다."

말이 맛지 못ᄒᆞ여서, 쏘 본읍(本邑) 관속(官屬)이 급히 고왈,

"졀도ᄉᆡ 작야(昨夜)의 홀연 병 업시 죽어시ᄃᆡ, 뉴혈이폭ᄉ(流血而暴死)835)ᄒᆞ다 ᄒᆞᄂ이다."

텬ᄉᆡ 몽ᄉᆡ 경긱의 마즈믈 ᄭᆡ다라, 《위앙∥위녕》 위쳥으로 ᄒᆞ여금, 니졔야836) 어믜와 누의로 더브러 관즁의 드러가 치상발상(治喪發喪)ᄒᆞ게 ᄒᆞᄃᆡ, 몬져 간녀를 실포(失捕)치 말나 경계ᄒᆞ니, 《앙∥녕》의 형졔 《아뷔∥부친의》 죽으미 그 명이 아닌 줄 더옥 슬허 ᄃᆡ셩통곡ᄒᆞ며, 급히 방츄의 집의 드러가 【66】어뷔 빙시와 쇼믜 교란으로 더브러 발상(發喪)ᄒᆞ고, 셩즁의 드러가 바로 부즁(府中)837) 졍당(正堂)의 드러가니, 슈화 악인이 졍히 위방을 ᄉᆡ(弑)ᄒᆞ고 거즛 슬허 통곡ᄒᆞ더니, 쳔만 긔약지 아닌 바 호굴 쇽의 원귀 된가 ᄒᆞ던 빙시 즈녀로 더부러 드러오니, 슈홰 반ᄃᆞ시 졔게 원(怨)을 갑흘 줄 알고 급히 도망ᄒᆞ려 ᄒᆞ더니, 《앙∥녕》의 형졔 미리 관니(官吏)와 가인(家人)을 분부ᄒᆞ엿던 고로, 칠믜 니괴(尼姑)와 슈화를 아오로 잡아 결박ᄒᆞ여 셜틱슈 아문(衙門)의 나아가, 뎡텬ᄉᆡ 셜틱슈로 더부러 엄형국문(嚴刑鞫問)ᄒᆞ니, 슈홰 젼젼악ᄉ(前前惡事)를 낫낫치 직초(直招)ᄒᆞᄃᆡ, 위방의 반상이 그 본의 아【67】니라, 졔 아뷔 김탁의 원슈를 갑고져 ᄒᆞ여, 위방을 다리여 반상(叛狀)을 도모ᄒᆞ며, 빙시 모즈녀의 어질믈 ᄭᆞ려 몬져 업시ᄒᆞ려 ᄒᆞ던 ᄉᆞ연이며, 브ᄃᆡ 뎡텬ᄉᆞ의 오ᄂᆞᆫ 션문(先聞)을 듯고, 몬져 죽여 쳘골지슈(徹骨之讐)를 복슈코져 ᄒᆞ엿다가, 그 풍신용화(風神容華)의 넉슬 일허 도로혀 ᄉᆞ모ᄒᆞᄂᆞᆫ 졍이 화ᄒᆞ여 망부셕이 되고져 ᄒᆞ여 칠믜로 더부러 뎡텬ᄉᆞ의 인연을 도모ᄒᆞ기를 의논ᄒᆞ다가, 졀도의 안 비 되여 즁타(重打)ᄒᆞ믈 닙어 머리 ᄭᆡ여지기의 밋츠니, 원심을 먹음어 그 취흔 ᄶᆞ의 즉시 용ᄉ(用事)ᄒᆞ여 슐 가온ᄃᆡ 독을 두어 죽이믈 복초(服招)ᄒᆞ니, 칠【68】믜 니괴의 초ᄉᆡ(招辭) 일체라.

뎡·셜 냥인이 슈화의 요음ᄃᆡ악(妖淫大惡)을 불승통히(不勝痛駭)ᄒᆞ여, 즉일의 오형(五刑)838)을 갓초와 슈화 칠믜를 능지쳐참(陵遲處斬)839)ᄒᆞ여, 슈화ᄂᆞᆫ ᄉᆞ지(四肢)를 니쳐(離處)ᄒᆞ여 그 악역ᄉᆞ부(惡逆弑夫)○[의] ᄃᆡ죄(大罪)를 붉히며, 니괴(尼姑)ᄂᆞᆫ 그 ᄃᆡ역(大逆)은 간셥ᄒᆞ미 업ᄂᆞᆫ 고로 죽이든 아니ᄒᆞ나, 다만 즁형(重刑)을 더어 졀히(絶海)의 튱군(充軍)ᄒᆞ니라. 《앙∥녕》의 형졔 최마(衰麻)840)를 ᄡᅳ으고 시상(市上)의 나아가

---

835)뉴혈이폭ᄉ(流血而暴死) : 피를 흘리고 갑작스럽게 죽음.

836)니졔야 : 이제야. 말하고 있는 이때에 이르러서야 비로소

837)부즁(府中) : ①높은 벼슬아치의 집안.② 『역사』 중국에서, 재상이 집무하던 관아. 또는 단순한 관아.

838)오형(五刑) : 중국 대명률에 의거하여 죄인을 처벌하던 다섯 가지 형벌. 태형(笞刑), 장형(杖刑), 도형(徒刑), 유형(流刑), 사형(死刑). 혹은 묵형(墨刑), 의형(劓刑), 비형(剕刑), 궁형(宮刑), 대벽(大辟)을 이르기도 함.

839)대역죄를 범한 자에게 과하던 극형. 죄인을 죽인 뒤 시신의 머리, 몸, 팔, 다리를 토막 쳐서 각지에 돌려 보이는 형벌이다.

슈화 칠미의 간과 칠심(七心)841)을 짼혀 방의 녕위(靈位)의 계문 지어 졔(祭)ᄒ니라.

밍시 냥ᄌ일녀로 더부러 장부의 초상을 다ᄉ리고, 약간 가지를 슈습ᄒ여 고향으로 도라갈ᄉ, 반상(叛狀)842)의 일홈이 잇ᄂ 고로, 무단이 도라 【69】 가지 못ᄒ여, 뎡텬시 즉시 표(表)843)를 지어 경성(京城)의 보ᄂ여 위방 슈화의 반상형젹(叛狀形跡)을 ᄌ시 쥬문(奏聞)ᄒ미, 조졍이 공논ᄒ고, 졔진 냥왕이 반상이 위방의 본의 아니오, 쏘 졔 스ᄉ로 음녀의 독슈의 비겨시니844) 다시 국법이 무죄ᄒ 쳐ᄌ의 밋츨 비 아니믈 힘뼈 고ᄒ여, 텬지 특별이 ᄉ명(使命)을 보ᄂ여 망쥬야(罔晝夜)로 삭방의 보ᄂ여, 텬ᄉ의 신명디략(神命大略)을 포장(襃獎)ᄒ시고, 위방이 스ᄉ로 죄를 바드미 죡ᄒ니, 쳐ᄌ를 방셕ᄒ여 가지(家財)를 앗지 말나 ᄒ신 은지 나리고, 조초 신임졀도ᄉ 왕원이 부임ᄒ니, 텬시 ᄉ명(使命)을 마ᄌ 셜퇴슈와 ᄒ가지로 향안을 비셜 【70】 ᄒ고 북향(北向) ᄉ비(四拜)후 조셔(詔書)를 기간(開刊)ᄒ고, 은명을 밍시 모ᄌ의게 젼ᄒ니, 밍시 모직(母子) 북을 바라고 빅비(百拜) 고두(叩頭)ᄒ며 감누를 나리와 텬은을 ᄉ례ᄒ고, 방츙 등 모든 은인의 덕을 쳔금으로 갑흐미 가지(家財)를 슈습ᄒ며 방의 녕구(靈柩)를 시러 고향으로 도라갈ᄉ, 《앙∥녕》의 형졔 뎡텬ᄉ 가젼(駕前)의 눈물을 ᄲ려 하직고 도라갈ᄉ, 후회를 고ᄒ미 젹직(赤子)ᄌ모를 써남 갓더라.

텬시 금빅ᄎ단(金帛綵緞)으로 부의(賻儀)를 두터이 ᄒ며, 위로 경계ᄒ여 도라보ᄂ니, 밍시 모직 블승감격ᄒ여 고향의 도라가 위방을 장(葬)ᄒ고, 모직 가업을 힘뼈 다ᄉ려 집이 호부ᄒ니, 미양 뎡텬ᄉ의 【71】 인셩지덕(仁聖之德)을 닛지 못ᄒ여, 그 화상을 일워 별당의 봉안(奉安)ᄒ고 ᄉ시(四時)의 향화(香火)를 밧드더라. 위방의 흥픽셩망(興敗成亡)이 다 평졔왕 부ᄌ의 덕이 업다 못ᄒ리러라.

어시의 뎡텬시 국ᄉ(國事)를 임의 션치(善治)ᄒ여시니, 귀가지심(歸家之心)이 살갓흔지라. 이의 퇴일 환경(還京)홀ᄉ, 신임 졀도ᄉ 왕궁과 산셩퇴슈 셜공이 닌읍졔관(隣邑諸官)으로 더부러 상ᄉ아문(上司衙門)의 모다 잔치를 디셜(大設)ᄒ여 텬ᄉ를 송별홀ᄉ, ᄌᄉ(刺史) 이하 슈령방빅(守令方伯)이 다 뎡상셔의 긔이ᄒ 풍광덕치(風光德彩)를 우러러 칭찬블이(稱讚不已)ᄒ며 셩덕 신화를 감탄치 아니리 업ᄂ지라. 보ᄂ는 잔이 분분(紛紛)ᄒ고 셔 【72】 나는 졍이 의의(依依)ᄒ여845) ᄉ랑ᄒᄂ 동긔친쳑(同氣親戚)이 상니(相離)ᄒᄂ듯, 만당졔빈(滿堂諸賓)이 한갈갓치 그 용화를 우러러 단슌(丹脣)이 긔랑

---

840)최마(衰麻) : 부모, 조부모, 증조부모, 고조부모의 상중에 자손들이 입는 상복인 베옷.
841)칠심(七心) : 심장(心臟). 중국 은나라의 폭군 주왕(紂王)이 충신 비간(比干)의 간언을 듣고 화를 이기지 못해, "성인(聖人)의 심장에는 구멍이 일곱 개나 있다고 들었다"하고, 진짜 그런지 확인해 보겠다며, 비간의 심장을 꺼내도록 하였다는 고사에서 유래한 말. 즉 몸에서 참혹하게 적출(摘出)해낸 심장을 이르는 말.
842)반상(叛狀) : 반역을 한 죄상(罪狀).
843)표(表) : 표문(表文). 마음에 품은 생각을 적어서 임금에게 올리는 글. ≒표문(表文).
844)비기다 : 기대다. 의지하다.
845)의의(依依)ᄒ다 : 헤어지기가 서운하다.

(開朗)ᄒᆞ고 옥음(玉音)이 쇄락(灑落)ᄒᆞ여 봉황이 단구(丹丘)846)의 울고 현하지셜(懸河 之舌)847)이 도도(滔滔)ᄒᆞ여 장강(長江)을 헷치고 창희(蒼海)를 거후름 갓흐니, 졀륜탁 이(絶倫卓異)ᄒᆞᆫ 풍치 한갓 반악(潘岳848))의 미풍(美風) 쑨 아니라, 지략(才略)의 츌뉴 (出類)ᄒᆞ미 헌원(軒轅)849)의 슬긔와 쇼호(少昊)850)의 신긔를 겸ᄒᆞ며, 늉즁모려(隆中茅 廬)851)의 졔갈(諸葛)852)은 오히려 쇼렬(昭烈)853)을 빅졔셩(白帝城)854)의 도롤 이뼈 죽게 ᄒᆞ니, 그 지혜 쳔단(淺短)ᄒᆞ미, 츠일의 요지블탁(遙之不度)855)ᄒᆞ고 왕왕블측(汪汪 不測)856)ᄒᆞᆫ 금회(襟懷)를 밋지 못ᄒᆞᆯ지라. 발월(發越)ᄒᆞᆫ 긔상은 호걸의 미흡【73】ᄒᆞ 나, 셩현의 온냥(溫良)믈 젼습(專襲)ᄒᆞ여 긔량(技倆)의 유당ᄃᆡ희(猶當大海)홈과 직식(才 識)의 신능ᄒᆞ미 탕탕(蕩蕩)ᄒᆞᆫ 쳔경파(千頃波) 간장(肝臟)의 금슈(錦繡)어리엿고, 겸젼완 이(兼全緩易)857)ᄒᆞᆫ 도덕이 셩문(聖門)의 바른 도를 지극히 니어시니, 공ᄆᆡᆼ(孔孟)이 지 좌(在坐)ᄒᆞ시나 무블하ᄌᆞ(無不瑕疵)라. 좌긱(坐客)이 홀홀여상(惚惚如喪)858)ᄒᆞ여 쥬식 (酒食)을 닛고, ᄯᅩ 쎠나믈 앗기니, ᄌᆞ연 하언(賀言)이 분분(紛紛)ᄒᆞ고, 별회(別懷) 유유 (悠悠)ᄒᆞ여 장일(長日)이 지리ᄒᆞᆷ믈 아지 못ᄒᆞᄂᆞᆫ지라.

텬ᄉᆡ 져 거동을 우이 너기나, ᄯᅩᄒᆞᆫ 군ᄌᆞ지덕(君子之德)은 만믹(蠻貊)의도 힝ᄒᆞᄂᆞᆫ지 라. 엇지 ᄃᆡ인졉믈(對人接物)의 각박ᄒᆞ미 이시리오. 풍화셩모(豊和聖貌)의 츈풍(春風)

---

846) 단구(丹丘) : 신선이 산다는 곳. 밤도 낮과 같이 늘 밝다고 한다.

847) 현하지셜(懸河之舌) : 폭포처럼 쏟아내는 많은 말들.

848) 반악(潘岳) : 247~300. 중국 서진(西晉) 때의 문인. 자는 안인(安仁). 미남이었고 망처(亡妻)를 애도 한 <도망시(悼亡詩)>가 유명하다..

849) 헌원(軒轅) : 중국 신화 전설상의 제왕. 『사기(史記)』에 의하면 황제(黃帝)는 이름을 헌원(軒轅)이라고 하며 당시의 천자 신농씨(神農氏)를 대신하여 염제(炎帝)·치우(蚩尤) 등과 싸워 이겨 천자가 되었다고 함. 황제는 중국 문명의 개조(開祖)로 간주됨.

850) 쇼호(少昊) : 중국 태고 때에 있었다는 전설상의 임금. 황제의 아들로 이름은 현효, 금덕이었고, 천하 를 다스리게 되었으므로 호를 금천씨(金天氏)라고 부른다. 가을을 다스리는 신으로 알려져 있다.

851) 늉즁모려(隆中茅廬) : 중국 호북성(湖北省) 양번시(襄樊市) 융중산(隆中山)에 있는 초가집. 삼국시대 촉한(蜀漢)의 유비(劉備)가 이곳 융중산에 초막을 짓고 칩거해 있는 제갈량(諸葛亮)을 초빙하기 위해 삼고모려(三顧茅廬)[=삼고초려(三顧草廬)]를 한 고사로 유명하다.

852) 제갈량(諸葛亮) : 181-234. 중국 삼국시대 촉한(蜀漢)의 정치가. 자 공명(孔明). 시호 충무(忠武). 뛰 어난 군사 전략가로, 유비를 도와 오(吳)나라와 연합하여 조조(曹操)의 위(魏)나라 를 대파하고 파촉(巴 蜀)을 얻어 촉한을 세웠다.

853) 쇼렬(昭烈) : 중국 삼국시대 촉한의 제1대 황제유비(劉備 : 161~223)의 시호. 자는 현덕(玄德). 황건 적을 쳐서 공을 세우고, 후에 제갈량의 도움을 받아 오나라의 손권과 함께 조조의 대군을 적벽(赤壁) 에서 격파하였다. 후한이 망하자 스스로 제위에 오르고 성도(成都)를 도읍으로 삼았다. 재위 기간은 221~223년이다.

854) 빅졔셩(白帝城) : 중국 사천성(四川省) 봉절현(奉節縣)의 백제산(白帝山)위에 있는 산성으로 삼국시대 유비가 223년 이곳에서 병사했다

855) 요지블탁(遙之不度) : 지혜나 도량 따위가 아득히 멀어 헤아릴 수가 없음.

856) 왕왕블측(汪汪不測) :마음 따위가 넓고 넓어 측량할 수가 없음.

857) 겸젼완이(兼全緩易) : 느림과 쉬움을 완전히 갖춤.

858) 홀여상(惚惚如喪) : 황홀하여 넋을 잃음

이 환연(歡然)ᄒ고, 빗난 안치(眼彩)의 쇼【74】용(笑容)이 흔연(欣然)ᄒ여 좌슈우응(左酬右應)의 흔연화답(欣然和答)ᄒ여 면면(面面) 분슈(分手)ᄒ기를 맛ᄎ미, 힝거(行車)의 올나 졍긔(旌旗)를 두로혀니 졔공(諸公)이 결연(缺然)ᄒᄆᆯ 니긔지 못ᄒ고, 향민부뢰(鄕民父老) 우양(牛羊)과 쥬효(酒肴)를 닛그러 슐위를 붓드러 써나믈 허ᄒ니, 텬ᄉ 쏘ᄒᆫ 흔연이 위로ᄒ며, 쥬육을 박졀이 믈니치미 업셔, 그 일반(一飯)식 바다 군쫄을 쥬어 난호게 ᄒ고, 약간 금빅으로ᄡᅥ 위로ᄒ니, 인민 노유(老幼)의 즐기ᄂᆫ 쇼ᄅᆡ 여류(如流)ᄒ더라.

금련(金輦)을 경ᄉ로 두로혀미 귀심(歸心)이 살갓ᄒ니, 능히 도로의 무한ᄒᆫ 풍경을 결을ᄒ여 슯피고져 아니ᄒ나, ᄌ연 지나ᄂᆫ 【75】바의 츈풍(春風)이 화무(華茂)ᄒ고 빅믈(百物)이 화창(和暢)ᄒ여 금슈쳥산(錦繡靑山)이 안젼(眼前)의 버러시니, 봄날이 괴로이 길고, 단애(短夜) 심단(甚短)ᄒ여, 사ᄅᆷ의 긔운이 뇌곤(勞困)ᄒᄆᆯ 면치 못ᄒ여, 슈다(數多) 인ᄆᆡ(人馬) 엇지 다 무병(無病)ᄒ기 쉬오리오. 노약쟈(老弱者)ᄂᆫ ᄌ연 도로(道路) 구치(驅馳)의 풍상츈한(風霜春寒)을 무릅ᄡᅥ 병드니 만흔지라. ᄌ연 녀졈(旅店)의 지류(遲留)ᄒ미 되니, 상셔(尙書)와 즁ᄉ(中士) 심니(心裏)의 민우(悶憂)ᄒ더라.【76】

윤하뎡삼문취록 권지오십삼

차시 동졔교유사(東齊敎諭使) 뎡현긔 금련(金蓮)을 경수로 두로혀 귀심(歸心)이 시
위 쩌난 살 굿ㅎ니, 능히 도로의 무한흔 경치를 결을ㅎ여 슬피고져 아니ㅎ나, 주연 지
나는 바의 츈풍이 화무(華茂)ㅎ고 빅물(百物)이 화창(和暢)ㅎ여 금슈쳥산(錦繡靑山)이
안젼(眼前)의 버러시니, 봄날이 괴로이 길고 츈쇼(春霄) 심단(甚短)ㅎ여, 사름의 긔운
이 뇌곤(勞困)ㅎ믈 면치 못ㅎ여, 슈다(數多) 인미(人馬) 엇지 다 무병(無病)ㅎ기 쉬오
리오.

노약주는 주연 도로구치(道路驅馳)의 풍상츈한(風霜春寒)을 무룹써 병드니 만흔지
라. 주연 녀졈(餘店)의 지류(遲留)ㅎ미 되니, 상셔(尙書)와 【1】즁시(中使) 심니(心裏)
의 민우(憫憂)ㅎ나, 능히 홀일업셔 간 곳마다 군마를 쉬오며, 친히 간병ㅎ여 의약을
힘써 치료ㅎ며 완완(緩緩)이 힝ㅎ니, 도뢰(道路) 졀원(絶遠)흔 고로 날이 가며 달이 도
라오니, 니러구러 쏘 봄이 가고 여름이 되니 지나는 바의 토풍(土風)이 스오납고, 하
셰(河勢) 블슌(不順)ㅎ니 임위(霖雨)859) 지리ㅎ여 인미(人馬) 더옥 핍곤(乏困)ㅎ여 셔
열(暑熱)의 병드니 만터라.

신고히 슈슌(手順)을 힝ㅎ여 졍히 양쥬부(楊州府)의 미츠니, 윤치슈스(尹治水使) 후
셩의 환가(還駕)ㅎ는 녕향(鈴響)이 묘망(渺茫)ㅎ니, 상셰 결연ㅎ여 심니의 싱각ㅎ디,

"외(吾) 달문으로 더부러 【2】츠쳐의셔 분노(分路)홀 졔, 각각 공을 일워 이곳의
와 맛나기를 긔약ㅎ엿더니, 달문의 신셩특초(神聖特超)흔 직덕이 죡히 신기(神祇)를
감동ㅎ고 인심을 진졍ㅎ여 수쳔 등쳐(等處)의 공극(恐劇)흔 직이슈환(災罹水患)을 진
졍ㅎ미 그리 어렵지 아니려든, 엇지 아직 쇼식이 졀원(絶遠)ㅎ여 긔약의 어긘고?"

졍히 스량(思量)ㅎ며 힝ㅎ더니, 믄득 먼니 바라보니, 산암(山巖) 벽노(僻路)로조츠
인셩(人聲)이 훤괄(曤聒)ㅎ고 마졔(馬蹄) 분분ㅎ며, 졍긔(旌旗) 졀월(節鉞)이 길흘 여는
곳의 일표(一表)860)인미(人馬) 나는 드시 나오니, 피치 맛나미 별후긔년(別後朞年)861)
이라. 졍한(定限)과 【3】긔약(期約)의 어긔지 아니ㅎ믈 디열환희(大悅歡喜)ㅎ니, 아지
못게라 시하인야(是何人也)오. 동토치슈스(東土治水使) 윤셩닌의 도라오는 힝게(行車)

---

859)임위(霖雨) : 장맛비.
860)일표(一表) : 훌륭하다. 당당하다.
861)별후긔년(別後朞年) : 이별한지가 만 1년이 됨.

아니오, 뉘리오?

선시(先時)의 동토 치슈스 윤셩닌이 표죵곤계(表從昆季) 등이 한가지로 졔도(帝都)를 떠나 인마를 삼노(三路)의 분ᄒ여 각각 임쳐(任處)로 나아갈ᄉᆡ, 양쥬(楊州) 녀ᄉᆞ(旅舍)를 떠난 후는 년ᄒ여 ᄒᆡᆼ뇌(行路) 편치 아니ᄒ니, 지나는 바의 한갓 산쳔이 험쥰홀 ᄯᅟᅮᆫ 아니라, 쳐쳐의 산녕(山靈)과 요괴(妖怪) ᄉ졍(邪精)의 무리 치셩(致誠)ᄒ여 도로ᄒᆡᆼ인(道路行人)을 ᄒᆡ(害)ᄒ니 지나는 곳마다 황산젼야(荒山田野)862)의 ᄇᆡᆨ골(白骨)이 뫼갓치 ᄊᆞ히고, 【4】 원긔(冤氣) 울울(鬱鬱)ᄒ여 야호ᄇᆡᆨ쥬(夜皓白晝)863)의 귀셩(鬼聲)이 쳐쳐(悽悽)ᄒᆞᆫ지라.

요졍(妖精)과 원귀(冤鬼) 한가지로 ᄒᆡᆼ인을 상ᄒᆡ(傷害)ᄒ니, 쳥·졔·연·낙 ᄉ쥬(四州) 등쳐의 공극호 슈환ᄌᆡ변(水患災變)을 조ᄎᆞ 슈셰(水勢) 방활탕탕(滂豁蕩蕩)864)ᄒ니, 원ᄂᆡ ᄉ쥬(四州) ᄌ산지디(赭山之地)865)의 산녕호표(山嶺虎豹)866)와 ᄉᆡ랑금슈(豺狼禽獸)867) 능히 쇼혈(巢穴)을 안(安)치 못ᄒ여, 두로 근지(近地)의 ᄉ방으로 흣허져 니러ᄐᆞ ᄉᆡᆼ민(生民)의 ᄒᆡ를 더으ᄂᆞᆫ지라. 슈쳔여리(數千餘里) 디방(地方)이 공연(空然)이 평쳔광애(平川廣野)868) 되고, 무인지경(無人之境)이 되어, 곳곳이 ᄇᆡᆨ셩이 ᄃᆡ슈(大水)를 피ᄒ여 집을 바리고 다라나시며, 혹 ᄃᆡ슈(大水) 가온ᄃᆡ 젼지(田地) 함몰(陷沒)ᄒ며, 혹 믈이 【5】 젹게 간 곳은 빈 집이 황냥(荒涼)ᄒ여, 혹 슈환(水患)의 버셔난 ᄇᆡᆨ셩이 ᄯᅩ 산녕(山靈)과 요ᄉ(妖邪)의 독ᄒᆡ도 입으니 만ᄒ니, 슈쳔니(數千里) 젼애(田野) 황무(荒蕪)ᄒ여 인영(人影)이 ᄭᅳᆫ쳐시니, 그 경식(景色)의 슈참(愁慘)ᄒ믈 어이 측냥ᄒ리오.

치슈(治水)869) 경식(景色)을 참담(慘憺)ᄒ여 지나는 곳마다 몬져 츅ᄉ(逐邪)ᄒᄂᆞᆫ 진언(眞言)870)과 신긔호 지조로, 다쇼원긔(多少冤氣)871)를 둘너보아 친히 향화(香火)를 갓초고 지젼(紙錢)872)을 ᄉᆞᆯ와 ᄇᆡᆨ(魄)을 브르며 혼(魂)을 위로ᄒ여 유유(幽幽)호 가온ᄃᆡ 침침(沈沈)호 음녕(陰靈)이 아롬이 잇는 ᄃᆞᆺᄒ여, 군ᄌ셩인지덕(君子聖人之德)이 ᄇᆡᆨ골(白骨)의 협흡(協洽)ᄒ여 산녕(山靈) 요ᄉ(妖邪)의 무리 ᄃᆡ군ᄌ(大君子)【6】의 졍명지

---

862) 황산젼야(荒山田野) : 거친 산과 들.
863) 야호ᄇᆡᆨ쥬(夜皓白晝) : 달 밝은 밤과 밝은 대낮.
864) 방활탕탕(滂豁蕩蕩) : 물이 넓고 거침없이 질펀히 흐르는 모양.
865) ᄌ산지디(赭山之地) : 나무가 없이 벌거벗겨진 민둥산.
866) 산녕호표(山嶺虎豹) : 산등성이의 호랑이와 표범.
867) ᄉᆡ랑금슈(豺狼禽獸) : 승냥이와 시랑과 온갖 날짐승과 길짐승들.
868) 평쳔광애(平川廣野) : 넓은 내와 아득히 넓은 들.
869) 치슈(治水) : 동제치수사(東齊治水使)를 줄인 말.
870) 진언(眞言) : =다라니. 『불교』 범문을 번역하지 아니하고 음(音) 그대로 외는 일. 자체에 무궁한 뜻이 있어 이를 외는 사람은 한없는 기억력을 얻고, 모든 재액에서 벗어나는 등 많은 공덕을 받는다고 한다. 선법(善法)을 갖추어 악법을 막는다는 뜻을 번역하여, 총지(總持)·능지(能持)·능차(能遮)라고도 이른다.
871) 다쇼원긔(多少冤氣) : 원기(冤氣)
872) 지젼(紙錢) : 『민속』 긴 종이를 둥글둥글하게 잇대어 돈 모양으로 만들어, 무당이 비손할 때에 쓰는 물건.

긔(正明之氣)를 두려 감히 다시 작변(作變)치 못ᄒ고, 각각 머리를 슉이고 쇼리를 움
쳐 심산궁협(深山窮峽)의 ᄌ최를 감초더라.

힝ᄒ여 몬져 쳥·졔디계(地界)의 밋츠니, 이쩌 연·졔 냥쥬(兩州) 즈ᄉ(刺史) 김·녀
냥공(兩公)은 그릇 슈환(水患)을 막으려 ᄒ다가, 밋쳐 치슈(治水)치 못ᄒ고, 냥공의 젼
긔(戰駕) 한가지로 함몰(陷沒)ᄒᄂ 화를 면치 못ᄒ니, 챵양디히(漲洋大海)873) 즁의 시
신도 능히 ᄎ즈지 못ᄒ미 되니, 쳥쥬즈ᄉ 가원션과 낙쥬즈ᄉ 뇨현필은 냥쳐 즈ᄉ의 젼
긔(戰駕) 슈즁(水中)의 함몰ᄒ믈 보미, 디경ᄒ여 감히 셔어(齟齬)ᄒᆫ874) 의ᄉ로 믈 구홀
계교를 【7】싱의(生意)치 못ᄒ고, 급급히 일가 상하(上下)를 거ᄂ려 먼니 믈을 피ᄒ
여 닌읍의 머믈며, 조졍의 표를 올녀 슈환의 지란을 장계(狀啓)ᄒ여 쳐치를 기다리더
니, 윤치슈의 황지(皇旨)를 밧ᄌ와 동토 치슈를 님ᄒ여 쳥·졔·연·낙 등쳐로 나리ᄂ
ᄂ875) 션셩이 니르며, 힝ᄎ(行次) 디계의 미츠믈 드르미, 가즈ᄉ 뇨즈식 즉시 빅의쇼거
(白衣小車)로 약간 관쇽을 거ᄂ려 빅니장졍의 나아가 마즐신, 먼니 녀ᄉ(旅舍)의 드러
치슈ᄉ의 위의(威儀)를 영후(令後)ᄒ더니, 믄득 바라보니 틋글이 니러나고, 벽졔(辟
除)876) 훤화(喧譁)877)ᄒ며, 마졔(馬蹄) 분분ᄒᆫ 【8】곳의 일표인민(一表人馬)878) 완완
(緩緩)이 나아오니, 긔독졀월(旗纛節鉞)879)이 압흘 인도ᄒ며 거상(車上)의 일위 쇼년
ᄌ상(宰相)이 극히 년긔 최쇼(最少)ᄒ여 풍젼(風前)의 옥슈(玉樹)880) 휘듯ᄂ듯881) 잠
미봉안(蠶眉鳳眼)882)이며 월익단슌(月額丹脣)883)이 쳔미슈츌(千美秀出)884)ᄒ고 만치긔
려(萬彩奇麗)885)ᄒ여 진광슈긔(眞光秀氣)886)와 텬디졍믹(天地精脈)887)을 오로지 거두
어 ᄎ인의게 폼습(稟襲)ᄒ여시니, 빈빈영형(彬彬英形)888)ᄒ여 셩ᄌ(聖者)의 도졔(徒弟)
오, 공안(孔顔)889)의 바른 즐믹(脈)890)이며 호호(浩浩)ᄒ여 디히(大海)의 맑으미오, 발

---

873)챵양디히(漲洋大海) : 폭우 등으로 물이 엄청난 기세로 불어나 큰 바다를 이룸.
874)셔어(齟齬)ᄒ다 : 서먹하다. 서투르다. 익숙하지 아니하여 서름서름하다. 낯이 설거나 친하지 아니하
　　여 어색하다.
875)나리다 : 내리다. 내려오다.
876)벽졔(辟除) : 지위가 높은 사람이 행차할 때, 구종(驅從) 별배(別陪)가 잡인의 통행을 금하던 일.
877)훤화(喧譁) : 시끄럽게 지껄이며 떠듦. 눍훤조(喧噪).
878)일표인민(一表人馬) : 한 무리 위풍당당한 사람과 말.
879)긔독졀월(旗纛節鉞) : 군대의 행진에 따르는 여러 깃발들과 절월(節鉞) .
880)옥수(玉樹) : ①아름다운 나무. ②아름답고 재주가 뛰어난 사람을 이르는 말
881)휘듯다 : 흔들거리다. 휘날리다.
882)잠미봉안(蠶眉鳳眼) : 누에 같은 눈썹과 봉황의 눈.
883)월익단슌(月額丹脣) : 달처럼 둥근 이마와 단사(丹砂)처럼 달처럼 붉은 입술.
884)쳔미슈츌(千美秀出) : 온갖 아름다움이 빼어남.
885)만치긔려(萬彩奇麗) : 온갖 풍채가 뛰어나게 아름다움.
886)진광슈긔(眞光秀氣) : 지극히 순수하고 밝고 빼어난 기운
887)텬디졍믹(天地精脈) : 하늘과 땅의 정기와 기운.
888)빈빈영형(彬彬英形) : 빛나고 아름다운 모양.
889)공안(孔顔) : 공자(孔子)와 안자(顔子)를 함께 이르는 말.
890)즐믹(脈) : 줄믹(脈). 계통. 하나의 공통적인 것에서 갈려 나온 갈래.

월(發越)ㅎ여 영걸(英傑)의 낫브미 업스니, 밋쳐 갓가이 딕(對)치 아냐시나, 먼니 나아오는 광휘 더욱 찬난ㅎ여, 틱양이 당현반【9】공(當懸半空)891)의, 여오892) 숢893)이 즈최룰 감초는닷, 눈을 뎡(定)ㅎ여 보기 어렵더라.

가·뇨 냥공이 황망이 말긔 올나 나아가 마즈미, 엇지 그 년치다쇼(年齒多少)룰 싱각ㅎ리오. 그 고풍딕위(高風大位)룰 우러러 심복(心服)ㅎ미 놉흔 스싱 갓고, 또 조졍(朝廷) 쳬면(體面)을 혜아려 츄복공경(推服恭敬)894)ㅎ여 증밍(曾孟)895)이 공안(孔顔)을 의앙홈 갓흐니, 더욱 즈가 등의 노셩(老成)ㅎ무로써 능히 일면지화(一面災禍)룰 구ㅎ미, 목하(目下)의 무슈히 슈즁함몰(水中陷沒)ㅎ딕, 능히 일가(一家)룰 구치 못ㅎ고, 겨오 즈신지칙(資身之策)896)을 일웟거늘, 져 윤후셩의 년쇼빅면(年少白面)의 이 ᄀᆞᆺ흔 딕임(大任)을 밧즈와, 위디(危地)의 님ㅎ미, 몬져 지나【10】는 바의 힝인이 셔로 통치 못ㅎ던 길을 열고, 무슈한 요스(妖邪)와 원귀룰 진졍ㅎ여 이의 니르니, 임의 치슈ㅎ는 신긔(神技)〇[와] 지릉(才能)이 낫하나지 못ㅎ여서, 놉흔 일흠과 신긔한 위명(威名)이 낫하낫는지라. 그 쇼년딕직(少年大才)룰 심복ㅎ고 즈가 등의 비박용우(卑薄庸愚)ㅎ믈 붓그리니, 져의게 지은 죄 업스나 히음업시 국츅황괴(跼縮惶愧)ㅎ여 궤슬복슈(跪膝伏首)ㅎ여[고] 공경ㅎ믈 다ㅎ고[여] 치신무디(置身無地)ㅎ는 거동이라.

치슈 또한 스일(斜日)을 흘녀 가·뇨 냥공을 보니, 년긔 노셩ㅎ고 인물풍치 쥰슈헌앙(俊秀軒昂)897)ㅎ며 위인이 슌후공검(淳厚恭儉)ㅎ여 【11】두 낫 인후장직(仁厚長者)라. 니러틋 과겸(過謙)ㅎ믈 블안ㅎ고, 년긔 부집존항(父執尊行)898)의 이시믈 더욱 블열(不悅)ㅎ여, 친히 나아가 냥공을 붓드러 니르혀고, 졍식 왈,

"비록 조졍 쳬면이 이시나 냥위 현공(賢公)이 만싱(晩生)으로 더부러 일쳬 셩텬즈(聖天子)의 신직(臣子)오, 군신분의(君臣分義) 아니라, 엇지 이딕도록 과도한 녜모(禮貌)룰 힝ㅎ시며, 더욱 학싱은 일기 년쇼셔싱(年少書生)이오 냥공은 장직(長者)라. 또한 장유유셔(長幼有序) 이시니, 이딕도록 겸숀ㅎ실 빅 아니로쇼이다."

냥인이 치슈의 은근 우딕ㅎ믈 보미 지삼 겸양ㅎ여 왈,

"만싱의 지【12】덕이 노하(駑下)899)ㅎ고, 인시(人士)900) 우둔(愚鈍)ㅎ여 능히 신명의 낫이 너기시믈 면치 못ㅎ여, 천고의 희한한 지란(災難) 슈환(水患)의 괴변을 당ㅎ

---

891)당현반공(當懸半空) : 공중에 걸려 있음.
892)여오 : 여우
893)숢 : 삵. 살쾡이.
894)츄복공경(推服恭敬) : 높이 받들어 복종하며 공경함.
895)증밍(曾孟) : 증자와 맹자를 아울러 이르는 말.
896)즈신지칙(資身之策) : 자기 한 몸의 생활을 꾀하는 계책.
897)쥰슈헌앙(俊秀軒昂) : 풍채가 빼어나고 의기가 당당하다.
898)부집존항(父執尊行) : 아버지의 친구로 아버지와 나이가 비슷한 어른의 지위에 있음..
899)노하(駑下) : 둔한 말 아래라는 뜻으로, 남에게 자기를 낮추어 이르는 말.
900)인시(人士) : ((흔히 부정적인 말과 함께 쓰여)) (예스러운 표현으로) '사람'을 낮잡아 이르는 말.

나, 쏘 능히 진압홀 지량(才量)이 업셔 토디(土地)롤 안치(安治)○[치] 못ᄒ고 싱녕(生靈)의 히 밋ᄎ니, 졍히 텬하 사ᄅᆞᆷ을 볼 낯치 업ᄂᆞᆫ지라. 셩쥬(聖主) 인덕ᄒᆞ시 비록 뭇지 아니시나, 만싱비 쏘흔 인심이라, 금일 군ᄌᆞ 좌셕의 뵈오미 더옥 비루용둔(鄙陋庸鈍)흔 인ᄉᆞᆯ(人士) 붓그럽지 아니ᄒᆞ리잇고?"

치쉬 쳥파의 위로 칭ᄉᆞ 왈,

"ᄎᆞ역텬야(此亦天也)오, 막비명(莫非命)901)이라. 조화옹(造化翁)902)이 흑셩구져903) 만물 창싱(蒼生)의 ᄌᆡ앙을 나리오시미라. 【13】텬운(天運)과 시슈(時數)의 속얘(屬也)니, 엇지 홀노 ᄂᆞ위 현공의 ᄌᆞ칭기ᄌᆈ(自稱己罪)ᄒᆞ시리잇가? 모로미 안심믈녀(安心勿慮)ᄒᆞ시고, 평신ᄒᆞ여 치슈(治水)홀 의논을 상확(商確)904)ᄒᆞ미 올흐니이다."

가·뇨 냥공이 마지 못ᄒᆞ여 바야흐로 좌셕을 평신(平身)ᄒᆞ여, '삼인(三人)이 ᄃᆡ이빈쥬지녜(對而賓主之禮)ᄒᆞ고'905) 가·뇨 냥공이 드듸여 슈환(水患) ᄌᆡ란(災難)의 공극(孔劇)흔906) 빌미롤 고홀ᄉᆡ, 거하(去夏) 오월습슌간(五月拾旬間)907)의 ᄃᆡ위(大雨) 붓ᄃᆞ시와, 인ᄒᆞ여 쥬야롤 쉬지 아니ᄒᆞ고 넉달을 한갈갓치 오니, 한갓 산쳔이 퇴락(頹落)홀ᄲᅮᆫ 아니라, 평쳔광야(平川廣野)며 졀벽 가온ᄃᆡ 십이 아니 솟는 곳이 업ᄉᆞ니, 믈이 사ᄅᆞᆷ의 【14】두어 길을 넘게 괴이니, 사ᄅᆞᆷ의 집이 한갓 문허져 ᄡᅥ갈 ᄲᅮᆫ 아니라, 가장 즙믈(家藏什物)이며 남녀노위(男女老幼) 다 슈변(水變)의 함몰참ᄉᆞ(陷沒慘死)ᄒᆞᄂᆞᆫ 쉬, 가지쳔만(家之千萬)이오, 인쉬(人數) 십만을 산(算)둘 거시오, 심산궁곡(深山窮谷)의 호표싀랑(虎豹豺狼)908)의 뉘 다 쇼혈(巢穴)을 안(安)치 못ᄒᆞ여 믈의 ᄯᅥ나가는 쉬 만흐니, 비조의 무리 아닌 후는 이갓치 장흔 슈환(水患)의 죽으믈 버셔나지 못ᄒᆞ니, 쳥·졔·연·낙 ᄉᆞ쳐 ᄌᆡ란(災難)이 다 한가지라.

ᄌᆞ긔 등도 쏘흔 쳐음 장흔 슈셰롤 치 모롤 젹은 발(發)ᄒᆞ여 목셕(木石)을 운젼ᄒᆞ여 슈환을 막고져 ᄒᆞ엿더니, 연·졔 냥쳐 ᄌᆞ시 만여명 군ᄉᆞ롤 【15】거ᄂᆞ려, 쥬산심협(主山深峽)의 올나 믈을 구ᄒᆞ려 ᄒᆞ다가, 산슈(山水) 창양(漲洋)ᄒᆞ미 버셔나지 못ᄒᆞ여, 밋 ᄌᆞᄉᆞ와 만여명 군시 몰ᄉᆞ(沒死)ᄒᆞ믈 고ᄒᆞ고, 슈환이 니러텃 공극(孔劇)ᄒᆞ니, 진실노 하우(夏禹)909)의 홍슈롤 다ᄉᆞ리시는 셩덕이라도 어려오믈 견ᄒᆞ니, 치쉬 쳥파의 가·뇨 냥공으로 더부러 놉흔 산두(山斗)의 올나 ᄉᆞ쥬(四州) 등쳐롤 바라보니, 슈쳔여리 디방의 다 늠늠흔 슈셰 방활탕탕(滂豁蕩蕩)ᄒᆞ여 쳑촌(尺寸) 흙이 뵈지 아니ᄒᆞ며, ᄎᆞ시 즁

---

901) ᄎᆞ역텬야(此亦天也), 막비명(莫非命) : 이 또한 하늘의 뜻이요, 운명이다.
902) 조화옹(造化翁) : 만물을 창조하는 노인이라는 뜻으로, '조물주'를 이르는 말.
903) 흑셩궂다 : 심술궂다.
904) 상확(商確) : 서로 의논하여 확실히 정함.
905) 삼인(三人)이 ᄃᆡ이빈쥬지녜(對而賓主之禮)ᄒᆞ다 : 세 사람이 서로 대하여 손님과 주인으로서 예(禮)를 행하다.
906) 공극(孔劇)ᄒᆞ다 : 심하고 지독하다.
907) 오월슈슌간(五月拾旬間) : 오월 10일 경.
908) 호표싀랑(虎豹豺狼) : 호랑이와 표범, 승냥이, 이리.를 함께 이른 말.
909) 하우(夏禹) : 하(夏)나라의 1대 임금. 순(舜)임금의 선위(禪位)로 임금이 됨.

동(仲冬) 슌간(旬間)910)의 속ᄒ여, 일긔 늠녈(凜烈)ᄒ고 븍풍이 쇼쇼(蕭蕭)ᄒ니911) 슈긔(水氣) 닝닝(冷冷)ᄒ여 반빙(半氷)을 일우기의 밋쳐【16】시니, 먼니 빗쵀ᄂᆞᆫ 프른 믈결이 쳥뉴리(靑琉璃)ᄅᆞᆯ 밀친912) 듯ᄒ니, 그 슈셰(水勢) 쟝ᄒᆞᆯ믈 가히 알너라.

치위 보기ᄅᆞᆯ 다ᄒ고 냥공으로 더부러 녀ᄉᆞ(旅舍)의 도라와 그윽이 방냑(方略)을 싱각ᄒ고 졔군(諸軍) ᄉᆞ졸(士卒)을 명ᄒ여 유벽(幽僻)ᄒᆞᆫ 산곡의 유아쳥결(裕雅淸潔)913)ᄒᆞᆫ 곳을 갈히여 일곱 층 단(壇)을 무으고914) 각각 방위ᄅᆞᆯ 안ᄒ고915), 방싟(方色)916)을 표ᄒ여,○○○['동(東)으로] 《규루위묘필ᄌᆞ삼(奎婁胃昴畢觜參)∥각항져방심미긔(角亢氐房心尾箕)》을[ᄅᆞᆯ] 베퍼 쳥뇽(靑龍)917)을 법ᄒ고'918), '남(南)으로 졍귀유셩쟝익진(井鬼柳星張翼軫)을 베퍼 쥬작(朱雀)919)형상을 법ᄒ고'920), '븍(北)으로 두우녀허위실벽(斗牛女虛危室壁)을 응ᄒ여 현무(玄武)921) 신(神)을 법ᄒ고'922), '셔(西)흐로 《각항져방심미긔(角亢氐房心尾箕)∥규루위묘필ᄌᆞ삼(奎婁胃昴畢觜參)》ᄅᆞᆯ[을] 응ᄒ여 빅【17】호(白虎)923)ᄅᆞᆯ 법ᄒ여'924), '쳥(靑)·홍(紅)·흑(黑)·빅(白)'925)을 셰우고, 즁앙(中

---

910)슌간(旬間) : 음력 초열흘께.

911)쇼쇼(蕭蕭)ᄒ다 : 바람이나 빗소리 따위가 쓸쓸하다.

912)밀치다 : 밀다. 바닥이나 거죽의 지저분한 것을 문질러서 깎거나 닦아내다.

913)유아쳥결(裕雅淸潔) : 아름답고 깨끗함.

914)무으다 : 쌓다. 만들다.

915)안(安)ᄒ다 : 안치(安置)하다. 정(定)하다.

916)방싟(方色) : 동, 서, 남, 북, 중(中)의 다섯 방위에 따른 파랑, 하양, 빨강, 검정, 노랑의 다섯 가지 색깔.

917)쳥뇽(靑龍) : 사신(四神)의 하나. 동쪽 방위를 지키는 신령을 상징하는 짐승이다. 용 모양으로 무덤 속과 관의 왼쪽에 그렸다.

918)동(東)으로 각항져방심미긔(角亢氐房心尾箕)을 베퍼 쳥뇽(靑龍)을 법(法)ᄒ다 : 동쪽에는 하늘의 28수(宿) 별자리 중, 동쪽을 지키는 '각항져방심미긔(角亢氐房心尾箕)'의 일곱 별자리를 배치하고, 동방을 지키는 신으로 청룡(靑龍)을 세워 본을 삼다.

919)쥬작(朱雀) : 『민속』사신(四神)의 하나. 남쪽 방위를 지키는 신령을 상징하는 짐승을 이른다. 붉은 봉황으로 형상화하였다.

920)남(南)으로 졍귀유셩쟝익진(井鬼柳星張翼軫)을 베퍼 쥬작(朱雀) 형상을 법ᄒ다 : 남쪽에는 하늘의 28수(宿) 별자리 중, 남쪽을 지키는 '졍귀유셩쟝익진(井鬼柳星張翼軫)'의 일곱 별자리를 배치하고, 남방을 지키는 신으로 주작(朱雀)을 세워 본을 삼다.

921)현무(玄武) : 『민속』사신(四神)의 하나. 북쪽 방위를 지키는 신령을 상징하는 짐승을 이른다. 거북과 뱀이 뭉친 모습으로 형상화하였다.

922)븍(北)으로 두우녀허위실벽(斗牛女虛危室壁)을 응ᄒ여 현무(玄武) 신(神)을 법ᄒ다 : 북쪽에는 하늘의 28수(宿) 별자리 중, 북쪽을 지키는 '두우녀허위실벽(斗牛女虛危室壁)'의 일곱 별자리를 배치하고, 북방을 지키는 신으로 현무(玄武)을 세워 본을 삼다.

923)빅호(白虎) : 『민속』사신(四神)의 하나. 서쪽 방위를 지키는 신령을 상징하는 짐승을 이른다. 범으로 형상화하였다.

924)셔(西)흐로 규루위묘필ᄌᆞ삼(奎婁胃昴畢觜參)을 응ᄒ여 빅호(白虎)ᄅᆞᆯ 법ᄒ다 : 서쪽에는 하늘의 28수(宿) 별자리 중, 서쪽을 지키는 '규루위묘필ᄌᆞ삼(奎婁胃昴畢觜參)'의 일곱 별자리를 배치하고, 서방을 지키는 신으로 백호(白虎)를 세워 본을 삼다.

925)쳥(靑)·홍(紅)·흑(黑)·빅(白) : '동·남·북·서' 네 방위를 상징하는 색. *오방색(五方色); 다섯 방위를 상징하는 색. 동쪽은 청색, 서쪽은 흰색, 남쪽은 적색, 북쪽은 흑색, 가운데는 황색이다.

央) 큰 단(壇)의는 황쉭(黃色)으로 위의(威儀)를 버려926) 무긔(戊己)927)를 비셜ᄒ며, 텬디일월셩신(天地日月星辰)928)과 ᄉ디텬왕(四大天王)929)과 이십팔슈(二十八宿)930)와 뉵졍뉵갑(六丁六甲)931)을 다 베프러 텬디(天地) 황쳔후토(皇天后土)932) 신긔(神祇)933)를 다 응ᄒ여 방위를 비셜ᄒᄆᆡ, 바야흐로 퇴일ᄒ여 치쉬 스스로 목욕ᄌᆡ계(沐浴齋戒)ᄒ고, 머리 플며 발 버셔 희ᄉᆡᆼ(犧牲)934)이 되여 우양(牛羊)935)과 뉵츅(六畜)936)을 잡아 졔젼(祭奠)을 갓초고, 단상의 올나 지젼(紙錢)을 ᄉᆞᆯ오고, 텬디긔 고ᄉᆞ츅문(告祀祝文)937)ᄒ니, 긔문(其文)의 왈,

"모년월일의 동토 치슈ᄉ 신(神) 윤셩닌은 숑조지신(宋朝之臣)이라. 미신(微臣)이 쇼암노둔(疏暗魯鈍)938)ᄒ온 ᄌᆡ덕으로, 외【18】람이 군명을 밧ᄌᆞ와 님군을 ᄃᆡ(代)ᄒ여 동토의 공극(孔劇)ᄒᆫ ᄌᆡ이슈환(災罹水患)939)을 진졍코져 ᄒ오나, 진실노 ᄌᆡ덕이 비박(卑薄)ᄒ오니, 상텬신긔(上天神祇) 돕지 아니시면, 엇지 젹은 인녁(人力)으로 님군의 근심을 위로ᄒ며, ᄉᆡᆼ민의 목슘을 구ᄒ리잇고? 셕ᄌᆞ(昔者)의 셩탕(成湯)940)이 엇지 셩덕(聖德)이 부족ᄒᆞᄉ 칠년ᄃᆡ한(七年大旱)의 상님지야(桑林之野)941)의 몸쇼 희ᄉᆡᆼ이 되ᄉ, 뉵ᄉᆞᄌᆞ칙(六事自責)942) ᄒ시미리잇고? 이ᄂᆞᆫ 다 셩탕의 허믈이 아니라, 그 시졀이

---

926)버리다 : 벌여 있다. 늘어서다.
927)무긔(戊己) : 『민속』 하늘을 열(十)로 나눈 속에서, 다섯째 하늘인 무(戊)와 여섯째 하늘인 기(己)를 말하며, 방위는 중앙이다.
928)텬디일월셩신(天地日月星辰) : 하늘·땅·해·달·별을 통틀어 이르는 말.
929)ᄉ디텬왕(四大天王) : ①『민속』 동서남북 사방을 지키는 신령들인 청룡(靑龍)·백호(白虎)·주작(朱雀)·현무(玄武)를 말함. ②『불교』 사왕천(四王天)의 주신(主神)으로 사방을 진호(鎭護)하며 국가를 수호하는 네 신. 동쪽의 지국천왕, 남쪽의 증장천왕, 서쪽의 광목천왕, 북쪽의 다문천왕이다. 위로는 제석천을 섬기고 아래로는 팔부중(八部衆)을 지배하여 불법에 귀의한 중생을 보호한다.
930)이십팔슈(二十八宿) : 천구(天球)를 황도(黃道)에 따라 스물여덟으로 등분한 구획. 또는 그 구획의 별자리. 동쪽에는 각(角)·항(亢)·저(氐)·방(房)·심(心)·미(尾)·기(箕), 북쪽에는 두(斗)·우(牛)·여(女)·허(虛)·위(危)·실(室)·벽(壁), 서쪽에는 규(奎)·누(婁)·위(胃)·묘(昴)·필(畢)·자(觜)·삼(參), 남쪽에는 정(井)·귀(鬼)·유(柳)·성(星)·장(張)·익(翼)·진(軫)이 있다
931)뉵졍뉵갑(六丁六甲) : 둔갑술을 할 때에 부르는 신장(神將)의 이름.
932)황쳔후토(皇天后土) ; 하늘의 신과 땅의 신을 함께 이르는 말. 늑신기(神祇).
933)신긔(神祇) : 하늘의 신과 땅의 신을 함께 이르는 말. . 늑황쳔후토(皇天后土)
934)희ᄉᆡᆼ(犧牲) : 천지신명, 묘사(廟社) 따위에 제사 지낼 때 제물로 바치는, 산 짐승. 주로 소, 양, 돼지 따위를 바친다.
935)우양(牛羊) : 소와 양.
936)뉵츅(六畜) : 집에서 기르는 대표적인 여섯 가지 가축. 소, 말, 양, 돼지, 개, 닭을 이른다.
937)고ᄉᆞ츅문(告祀祝文) : 축문을 읽어 제사를 바침을 알림.
938)쇼암노둔(疏暗魯鈍) : 성글고 어두우며 어리석고 미련함.
939)ᄌᆡ이슈환(災罹水患) : 수재(水災). 장마나 홍수로 인한 재난.
940)셩탕(成湯) : 탕왕(湯王). 중국 은나라의 초대 왕(?~?). 원래 이름은 이(履) 또는 대을(大乙). 박(亳)에 도읍을 정하고 국호를 상(商)이라 칭하였으며, 제도와 전례(典禮)를 정비하였다. 13년간 재위하였다.
941)상님지야(桑林之野) : 중국 은나라 탕왕 때에, 7년 동안 가뭄이 계속되자 탕왕이 기우제를 지냈다는 상림(桑林)의 들판.
942)뉵ᄉᆞᄌᆞ칙(六事自責) : 중국 은나라 탕왕이 나라에 7년 동안 가뭄이 들어 민생이 도탄(塗炭)에 빠지자,

혼극(混極)ᄒ여 인심이 미뎡(未定)ᄒᆫ 연괴라. 그 셩왕의 죄 아니시니, 목금(目今) 숑황(宋皇)이 쏘ᄒᆫ 삼ᄃᆡ(三代)943)의 어진 덕을 니으신 셩군(聖君)【19】이라. 동토의 공극(孔劇)ᄒᆫ 지란이 벅벅이 님군의 허믈이 아니시라. 반ᄃᆞ시 조뎡의 냥신(良臣)이 젹어 음양(陰陽)을 니(理)히944) 못ᄒ고, ᄉᆞ시(四時)945)를 슌(順)케 못ᄒᆞ미라. 그러치 아니면 셩셰(聖世) 치화(治化) 아릴, 픿샹별눈지악인(悖常別倫之惡人)946)이 왕왕(往往)947)ᄒᆫ 연괴(然故)니, 복원(伏願) 샹뎐신기(上天神祇) 일월(日月)과 황쳔후토(皇天后土) 졔신(諸神)은 복유(伏惟) 명찰쇼감(明察昭鑑)948)ᄒᆞ샤, 기당여ᄉᆞ죄쟈(其當與死罪者)949)를 벌(罰)ᄒᆞ고져 ᄒ시민, 하ᄂᆞᆯ 위엄이 무ᄉᆞᆫ 곳의 밋지 못ᄒ시리잇고? 다만 그 당죄쟈(當罪者)950)를 악벌(惡罰)951)ᄒ시고 만믹창싱(蠻貊蒼生)952)의 무죄쟈(無罪者)의 인명(人命)을 어엿비 너기쇼셔."

ᄒ엿더라.

츅파(祝罷)의 츅문을 ᄉᆞᆯ오고, 명향(名香)을 픠오며, 지뎐을 【20】ᄉᆞᆯ오미, 다시 고두비츅(叩頭拜祝)953)ᄒ여 일칠야(一七夜)를 도츅(禱祝)ᄒ더니, 셜졔(設祭) 죵일(終日)의 밋처ᄂᆞᆫ, 믄득 빅쥬(白晝)의 단샹의 황운(黃雲)이 니러나고, ᄌᆞ뮈(紫霧) 은은ᄒ여, 셔긔(瑞氣) 방광(放光)ᄒᆫ 가온ᄃᆡ, 금의신장(金衣神將)이 완연이 현셩(顯聖)ᄒ니, 잠미봉안(蠶眉鳳眼)의 방면ᄃᆡ이(方面大頤)954)오, 호비쥬슌(虎鼻朱脣)955)의 십쳑신위(十尺身位) 원비일요(猿臂逸腰)956)오, 융장(戎裝)이 졍졔ᄒ고, 검픠(劍佩) 장장(鏘鏘)ᄒ여 신용(神容)이 무젹(無敵)ᄒ더라.

황운셔무(黃雲瑞霧) 가온ᄃᆡ 비겨 은은이 니ᄅᆞᄃᆡ,

상림(桑林)의 들에 나가, 스스로 희생이 되어 기우제를 지내면서, 여섯 가지 잘못이 있었는가를 자책하며 하늘에 용서를 빈 것을 말한다. 그 내용은 ①정부절여(政不節歟; 정치가 절도에 맞지 않았는가) ②민실직여(民失職歟; 백성들이 직업을 잃지는 않았는가) ③궁실숭여(宮室崇歟; 궁실이 화려하였는가) ④여알셩여(女謁盛歟; 여자들이 들끓었는가) ⑤포이행여(苞苴行歟; 뇌물이 성행하였는가) ⑥참부창여(讒夫昌歟; 간신배들이 들끓었는가)이다. 『십팔사략(十八史略)』 1권에 나온다.

943)삼ᄃᆡ(三代) ; 『역사』 고대 중국의 세 왕조. 하(夏), 은(殷), 주(周)를 이른다
944)니(理)ᄒ다 : 다스리다.
945)ᄉᆞ시(四時) : =사철. 봄·여름·가을·겨울의 네 철.
946)픿샹별눈지악인(悖常別倫之惡人) : 인간으로서 마땅히 지켜야 할 도리를 무너뜨린 매우 악한 사람.
947)왕왕(往往) : 시간의 간격을 두고 이따금.
948)명찰쇼감(明察昭鑑) : 밝히 살피고 밝히 비추어 보살핌.
949)기당여ᄉᆞ죄쟈(其當與死罪者) : 그 마땅히 죽여야 할 죄인.
950)당죄쟈(當罪者) : 마땅히 죄를 받아야 할 자.
951)악벌(惡罰) : 혹독히 벌함.
952)만믹창싱(蠻貊蒼生) : 이민족(異民族) 백성들. *만맥(蠻貊); 예전에, 중국인이 중국의 남쪽과 북쪽에 살던 민족을 낮잡아 이르던 말
953)고두비츅(叩頭拜祝) : 머리를 조아리고 절하여 빎.
954)방면ᄃᆡ이(方面大頤) : 얼굴이 네모지고 귀가 큼.
955)호비쥬슌(虎鼻朱脣) : 호랑이 코에 붉은 입술을 가진 얼굴 모습.
956)원비일요(猿臂逸腰) : 긴 팔과 늘씬한 허리.

"진군(眞君)이 슈고로이 니른지 아니ᄒ나, 이엇지 숑황(宋皇)의 허믈이라 ᄒ며, 조졍의 윤·하·뎡 삼문의 츙의지ᄉᆞᆺ(忠義之士) 가득ᄒ여 숑실(宋室)을 보좌ᄒ니, 엇지 니 【21】 음양슌ᄉᆞ시(理陰陽順四時)957)ᄒᆞᄂᆞᆫ 현상(賢相)이 업다 ᄒ리오만은, 니졔 인간 공극(孔劇)ᄒᆞᆫ 쉬(數)니 ᄌᆞ변이 한갓 텬하의 블ᄒᆡᆼ 뿐 아니라, 텬디 한가지로 희극(戱劇)958)ᄒᆞᆷ믈 만나시니, 녜 한(漢) 시졀의 '화과산(花果山)959) 늙은 진납이'960) 션경(仙境)을 작난ᄒᆞᆫ 변이 이시니, 이 요괴 범연ᄒᆞᆫ 요졍(妖精)이 아니라. 븍방(北方) 항산(恒山)961) 디쳔국 즁의 한 교룡(蛟龍)이 나니, 머리 둘히오, 눈이 여둛이오, 발이 삼만뉵쳔이라. 기릐 만여장(萬餘丈)이 넘으며, 몸픠962) 열아믄963) 아름964)이니, 슘그리면965) 디강(大江) 즁의 《등∥든》 《북∥거북》 ᄀᆞᆺ고, 펼치면 쳔니의 가ᄂᆞᆫ지라. 항산 쳔즁(川中)이 극히 너른디, 교룡이 흉악히 크기로 【22】 용신(容身)치 못ᄒᆞᄆᆡ, 스스로 동남셔븍 ᄒᆡ즁(海中)의 쇼혈(巢穴)을 일우고져 ᄒᆞ나, 교룡의 근본이 흑쥬디망(黑朱大蟒)966)으로셔 득도(得道)ᄒᆞᆫ 비니, 슈히 뇽신이 더부러 동녈(同列)ᄒᆞᆷ믈 더러이 너기고, 옥쳥 졔션(玉淸諸仙)967)이 다 깃거 아냐, 상졔(上帝)968)긔 알외여 션녹(仙錄)의 용납지 말기를 쥬ᄒᆞ니, 니러므로 교룡이 노ᄒᆞ여 흉ᄒᆞᆫ 긔셰를 발ᄒᆞ여 슈히 뇽왕과 크게 결우니, 니러틋 ᄒᆞ여 슈히 믈이 쓸코969) 다ᄉᆞᆺ 뇽신이 ᄒᆡ슈의 모다 교룡과 결우니, 슈히 슬허 뇽신이 쇼(巢)를 안(安)치 못홀 젹, 쳥·졔·연·낙 등쳐는 동남셔븍 ᄒᆡ즁이 갓가온 곳 【23】 이라. {엇지} 쇼쇼며 ᄶᅱ는 믈결이 그 어디로 가리오. 슈히 뇽신이 능히 교룡의 흉악ᄒᆞᆫ 셰를 당치 못ᄒᆞ여, 녕쇼젼(靈宵殿)970)의 표문을 올녀 텬병(天兵)을 비러 교룡을 졔어코져 ᄒᆞ나, 맛ᄎᆞᆷᄂᆡ 옥황상졔 옥쳥궁 션원(仙苑)의 ᄒᆡᆼᄒᆡᆼ(行幸)ᄒᆞ샤 일긔

---

957) 니음양슌ᄉᆞ시(理陰陽順四時) : 음양(陰陽)을 바르게 하고 사계절(四季節)의 흐름을 순조롭게 함. 즉 음양의 도와 자연의 질서에 맞게 정치를 베풂.
958) 희극(戱劇) : ①몹시 황당하고 어처구니없는 일. ②실없이 하는 익살스러운 행동.
959) 화과산(花果山) : 중국 강소성(江蘇省) 연운항시(連雲港市)에 있는 산 이름. 소설『서유기(西遊記)』에서 주인공 손오공(孫悟空)의 고향으로 설정해놓고 있어 유명하다.
960) 화과산(花果山) 늙은 진납이 : 소설『서유기(西遊記)』의 주인공인 손오공(孫悟空)을 말함. *진납이; 원숭이.
961) 항산(恒山) : 중국의 오악(五嶽) 가운데 북악(北嶽)에 해당하는 산. 산서성(山西省) 북부에 있다.
962) 몸픠 : 몸피. 몸통의 굵기.
963) 열아믄 : 여남은. 열이 조금 넘는 수. 또는 그런 수의.
964) 아름 : 아름. 둘레의 길이를 나타내는 단위로, 한 사람이 두 팔을 둥글게 모아서 만든 둘레가 한 아름이다.
965) 슘그리다 : 웅크리다. 몸 따위를 움츠러들이다.
966) 흑쥬디망(黑朱大蟒) : 검붉은 빛을 띤 이무기. *이무기; 전설상의 동물로 뿔이 없는 용. 어떤 저주에 의하여 용이 되지 못하고 물속에 산다는, 여러 해 묵은 큰 구렁이를 이른다.
967) 옥쳥졔신(玉淸諸神) : 옥청선계(玉淸仙界)에 사는 모든 신선. *옥청(玉淸); 삼청세계(三淸世界: 玉淸, 上淸, 太淸)의 하나로, 옥황상제가 사는 궁인 옥청궁(玉淸宮)이 있다고 한다.
968) 상졔(上帝) : 옥황상제(玉皇上帝)의 줄임말로, 흔히 도가(道家)에서 '하느님'을 이르는 말.
969) 쓸타 : 끓다. 들끓다. 한곳에 여럿이 많이 모여 수선스럽게 움직이다.
970) 녕쇼젼(靈宵殿) : 옥청궁(玉淸宮)에 있다는 전각 이름.

(一朞)971)를 머므러 직계(齋戒)ᄒ시ᄂ 즈음이라. 뇽신의 어즈러온 쥬사(奏辭) 감히 텬 궁을 들네지972) 못ᄒ여, 텬병을 비지 못ᄒ고, 즁앙 뇽왕과 수히 뇽신이 교룡으로 교 젼ᄒ기를 긋치지 아니ᄒ여 밤으로뻐 낫을 니으니, 이 곳 인간의 슈이지환(水罹災 患)973)이라. 슈즁참몰(水中慘沒)ᄒᆫ 즈ᄂ 다 교룡의 구복(口腹)을 치【24】와시니 홀일 업거니와, 이후 지란(災難)이 오히려 뎡(定)홀 날이 머럿더니, 의외의 도군(道君)이 치 슈(治水)를 님ᄒ여 츅수와 지뎐이 운즁(雲中)의 ᄉ못ᄎ 옥쳥궁의 드러가니, 상뎨 향안 젼(香案前) 근시(近侍) 두잠이 어더 상뎐의 밋ᄎ니, 옥뎨 바야흐로 교룡의 작난을 아 ᄅ시고 디로ᄒ샤, 쇼장으로 ᄒ여곰 일만(一萬) 텬병밍장(天兵猛將)을 거ᄂ려 교룡을 잡아 인간의 보니여, '인간 형벌을 바다 그 죄를 쇽(贖)게 ᄒ라' ᄒ시니, 쇼장(小將)은 다ᄅ니 아니라 곳 니텬왕의 뎨삼틔ᄌ 나탁이라. 신병귀졸노 더부러 교룡을 【25】잡 으미, 그 산악 갓흔 셰 젹지 아니ᄒ리니, 쳥·졔·연·낙 ᄉ쥬(四州) 등쳬 크게 쇼요 (騷擾)ᄒ미 삼ᄉ일의 밋ᄎ리니, 도군은 놀나지 말고 근쳐 방민(坊民)974)을 다 먼니 치 워 놀나ᄂ 환이 업게 ᄒ고, 풍우상셜(風雨霜雪)이 크게 오고, 뇌뎡벽녁(雷霆霹靂)975) 이 진동ᄒ기를 슴일만의 긋치리니, 긋치ᄂ 날 명공이 맛당이 갑ᄉ(甲士)를 거ᄂ려 슈 변(水邊)의 나아가 슬피라. 희변의셔 교룡을 잡으며, ᄯᅩ 평탄 광야의 뫼ᄀᆺ치 밀니엿던 디쉬(大水) 스스로 업스리니, 맛당이 공을 일워 도라갈지어다."

셜파의 쳥풍 일【26】삽(一颯)976)의 ᄉ이운(色雲)이 더옥 니러나며 블견거쳬(不見去 處)러라. 치쉬 신긔ᄒᆯ믈 디열ᄒ여 공즁을 향ᄒ여 우러러 고두 ᄉ례ᄒ기를 마지아니ᄒ 고, ᄇ야흐로 군졸을 분부ᄒ여 향쥬졔뎐(香酒祭奠)977)을 셔리져 아ᄉ라 ᄒ고, 햐쳐(下 處)의 도라와 하령(下令)ᄒ여, '슈변(水邊) 갓가이 머므ᄂ 빅셩을 다 슈십니 밧긔, 즉 일니(卽日內)로 집을 옴기라' ᄒ고, 변(變)을 기다리더니, 과연 초일 황혼지시(黃昏之 時)의 밋처는 광풍(狂風)이 디작(大作)ᄒ여, 비ᄉ쥬셕(飛砂走石)978)ᄒ고 텬디혼암(天地 昏暗)ᄒ여 지쳑(咫尺)을 분간키 어렵고, 빙박우셜(氷雹雨雪)979)이 셧거 오【27】니, 사ᄅᆷ이 눈코흘 ᄯ지 못ᄒ고, 길흘 녀지 못ᄒ니, 집의 잇ᄂ 즈ᄂ 안히 들고 문을 다다, 감히 밧글 니와다보지 못ᄒ고, 노변(路邊)의 가던 즈ᄂ 밋처 졔집의 도라오지 못ᄒ고,

---

971)일긔(一朞) : 1년.
972)들네다 ; 들레다. 야단스럽게 떠들다.
973)슈이지환(水罹災患) : 수재(水災). 장마나 홍수로 인한 재난.
974)방민(坊民) : 예전에, 행정 구획 단위인 방(坊) 안에서 사는 백성을 이르던 말.
975)뇌뎡벽녁(雷霆霹靂) : 천둥과 벼락이 격렬하게 침. 또는 그런 천둥과 벼락.
976)일삽(一颯) : 바람 한 줄기가 소리를 내며 일어남.
977)향쥬졔뎐(香酒祭奠) : 향(香)과 술과 제사에 차린 음식과 기물(器物).
978)비ᄉ쥬셕(飛砂走石) : 모래가 날리고 돌멩이가 구른다는 뜻으로, 바람이 세차게 붊을 이르는 말 늑양 사주석(揚砂走石).
979)빙박우셜(氷雹雨雪) : 우박과 비와 눈을 함께 이른 말. *빙박(氷雹); =우박(雨雹). 큰 물방울들이 공중 에서 갑자기 찬 기운을 만나 얼어 떨어지는 얼음덩어리. 크기는 지름 5mm쯤 되며, 주로 적란운에서 내린다.

졈샤(店舍)의 머므느니 무슈ᄒᆞ니, 뇌뎡벽녁이 진텬(震天)ᄒᆞ여 밤으로써 낫을 니어 슘일의 밋츠니, 힝인이 감히 도라가지 못ᄒᆞ고 텬디(天地) 혼흑(昏黑)ᄒᆞ니, 쏘ᄒᆞᆫ 쥬야를 분간치 못ᄒᆞ여 집마다 문을 다다, 쏘 무슨 지란(災難)이 이실고 근심ᄒᆞ여 두리오믈 니긔지 못ᄒᆞ며, '입 누른 아ᄒᆡ'980)들은 썰며 【28】 울기를 마지 아니ᄒᆞ니, 혹 분분이 의논ᄒᆞ여 니ᄅᆞ되,

"하ᄂᆞᆯ이 나리오신 지앙을 뉘 지조로 평안이 ᄒᆞ리오. 윤치슈 열업시981) 쳘도 모로고 텬졔(天祭)를 ᄒᆞ더니, 도로혀 텬위(天威)를 덧늬여, 쏘 무슨 변이 이시려 ᄒᆞ고, 빙박우셜이 섯거치니 방민이 더옥 상ᄒᆞᆯ ᄯᆞ룸이로다."

ᄒᆞ고 이쓸 ᄯᆞ룸이러니, 졔슴일야(第三日夜)의 밋처ᄂᆞᆫ 이 밤의 더옥 뇌뎡벽녁이 니러나고 광풍이 요란ᄒᆞ니, 집이 다 문허지ᄂᆞᆫ지라. 근쳐 빅셩이 능히 먹지 못ᄒᆞ고 ᄌᆞ지 못ᄒᆞ여, '니졔 스쳐 방【29】민이 씨도 업스리로다' 망극ᄒᆞ여 울 ᄯᆞᆫ이러니, 날이 시고져 ᄒᆞᆯ 씌의야 ᄇᆞ야흐로 바름이 고요ᄒᆞ고, 빙박우셜이 거두치며982), 텬디 명낭ᄒᆞ고 틱양이 조요ᄒᆞ여 일긔 화창ᄒᆞ니, 모든 향민부뢰(鄕民父老) ᄇᆞ야흐로 심신을 진졍ᄒᆞ여 밧긔 나와보니, 그리 장(壯)히 왓던 우셜빙박(雨雪氷雹)이 다 스러져 간 곳이 업스니, 가장 신긔히 너겨 모다 슈변의 나와보니, 평판광야(平板廣野)983)의 쇼(沼)를 일워 반빙(半氷)ᄒᆞ엿던 그런 장흔 믈이, 수삼일지늬(數三日之內)의 졀노 다 스러져 간 곳이 업고, 상강(湘江)984) 《희변∥슈변(水邊)》이 가흘 아지 못【30】ᄒᆞ리러니, 믈이 다 업스믹 믄득 믈가흘 보리러라.

슈변의 큰 흉흔 거시 느러져시니, 크기 무궁ᄒᆞ여 머리 둘히로되, 크기 집치만ᄒᆞ고 몸픠 열아믄 아름이 넘고, 기릐 만장이 지나니, 강히를 둘너 그 아모만985)이믈 아지 못ᄒᆞᆯ 거시오, 발이 슈업스니 그 슈를 알기 어렵고, 두 입이 무궁이 커, 엄니986) 브르돗고987) 나룻시 창듸 갓고 닙속이 쥬홍 갓고, 금빗 갓흔 여덟 눈이 크기 동히 만흔되, 검프른 비눌이 써러져 왼 몸의 피 흘너시니, 맛치 창검을 무슈히 마ᄌᆞ 상흔 모양 갓【31】고, 동히 갓치 큰 눈망울이 번득여 멀금멀금 뒤록뒤록ᄒᆞ여, 쥬홍 갓흔 큰 닙

---

980)입 누른 아ᄒᆡ : '황구소아(黃口小兒)'의 번역어. *황구소아(黃口小兒); 젖내 나는 어린아이라는 뜻으로, 철없이 미숙한 사람을 낮잡아 이르는 말. 늑황구(黃口)·황구유아
981)열없다 : 좀 겸연쩍고 부끄럽다. 어설프고 짜임새가 없다.
982)거두치다 : 걷히다. 흩어지다. 걷어 올리다.
983)평판광야(平板廣野) : 평평한 판처럼 평평한 아득히 넓은 들.
984)상강(湘江) : 소상강(瀟湘江). 중국 호남성(湖南省)에서 발원한 소수(瀟水)와 광서성(廣西省)에서 발원한 상강(湘江)여 호남성에 있는 동정호(洞庭湖)에서 만나 이루어진 강. 주로 호남성 동정호 지역을 일컫는 말로 경치가 아름답고 소상반죽(瀟湘班竹)과 황릉묘(黃陵廟) 등 아황(娥皇) 여영(女英)의 이비전설(二妃傳說)이 전하는 곳으로 유명하다.
985)만 : 「조사」 '만큼'의 옛말. *만큼; 「조사」 앞말과 비슷한 정도나 한도임을 나타내는 격 조사.
986)엄니 : 크고 날카롭게 발달하여 있는 포유류의 이. 호랑이·사자·멧돼지 따위의 엄니는 송곳니가 발달한 것이며, 코끼리의 엄니는 앞니가 발달한 것이다.
987)브르돗다 : 부르돋다. 우뚝하고 굳세게 돋다.

을 벙긋벙긋ᄒ니, 벅벅이 죽든 아닌 모양이로딕, 즁히 마ᄌ 움즉이지 못ᄒᄂ 거동이라.

모든 향민부뢰(鄕民父老) 실ᄉᆨ대경(失色大驚)ᄒ여 밧비 도라와 윤치슈 햐쳐의 드러가 알외니, 치슈ᄂ 임의 아ᄂ 일이라, 새로이 경동ᄒ미 업ᄉ딕, 가·뇨 냥공이 딕경ᄒ여 즉시 치슈를 쳥ᄒ여 슈다 관군을 거ᄂ려 《희변∥슈변》의 나아가 보니, 과연 흉녕ᄒ 업츅(業畜)이러라. 오히려 싱긔 이시니 왼 몸의 《신장∥신상(身上)》의 【32】창을 즁히 마ᄌ 비록 흉ᄒ 셰를 발치 못ᄒ나, 뒤롱이ᄂ 눈망울과 번득이ᄂ 혀가온딕 독긔 미만(彌滿)ᄒ여 흉장(凶壯)ᄒ믈 니긔여 보기 어렵더라.

보ᄂ니 다 흉악히 여기믈 마지 아니ᄒ고 아모 연괴믈 아지 못ᄒᄂ지라, 치슈(治水) 바야흐로 가·뇨 냥공과 슈하 졔졸을 딕ᄒ여, 직작야(再昨夜) 텬졔(天祭) 고츅ᄉ시(告祝辭時)의 신장(神將)이 현셩(顯聖)ᄒ던 ᄉ연을 딕강 니르니, 가·뇨 냥공이며 졔군향민이 듯ᄂ 직 아니 신긔히 너기리업고, 셔로 젼ᄒ여 신긔ᄒ믈 니르더라.

치슈 모든 갑ᄉ를 명ᄒ여 【33】도창검극(刀槍劍戟)으로 업츅을 줏닉여 머리를 버히고, 혀를 쌴혀 빅를 헤치니, 빅쇽의 사ᄅᆷ 잡아먹은 거시 무슈ᄒ여 의복지이989) 닙은 직990) 삼켜시니, 몬져 먹은 거슨 삭안지 오릭니 쎠와 살이 다 녹고, 다만 의복만 남아시며, 나죵 먹어 삭지 아니ᄒ 거슨 인형(人形)이 오히려 머므럿더라.

치슈 크게 감챵ᄒ여 츄연이 식을 곳치고 탄왈,

"유쳬(遺體)991)를 밧ᄌ오믄 다 부모의 ᄊᆡ치미니, 귀쳔이 어이 이시리오. 쳥·졔·연·낙 ᄉ쳐 빅셩이 각각 부모의 혈육을 바다, 평셕(平席)992)의 안와이【34】ᄉ(安臥而死)993)ᄒ믈 엇지 못ᄒ고, 공연이 틱평지셰(太平之世)의 혼ᄌ 난니를 만나, 하유죄(何有罪)994)로 젼가합쇽(全家合屬)이 다 슈즁참ᄉ(水中慘死)ᄒ여 유쳬(遺體)를 어복(魚腹)의 장(葬)ᄒ니, 엇지 인심의 참비(慘悲)치 아니ᄒ리오."

말노 조ᄎ 누락(淚落) 십여항(十餘行)이 상연(傷然)이 금포(錦袍)의 ᄶᅥ러지니, 좌우 관시직(觀視者) 셩덕을 감읍ᄒ여 눈믈 아니 나리오리 업더라.

치슈 명ᄒ여 업츅의 시신을 시상(市上)의 노코, 두 머리를 놉흔 딕 다라 효시(梟示)ᄒ여 염통과 간을 쌘히고, 광야황산(廣野荒山)의 누른 계번(系幡)995)을 달고, 빅긔(白旗)를 둘너 슈즁 닉ᄉᄒ 원귀를 다 초혼(招魂)ᄒ【35】고, 묽은 슐과 우양(牛羊)을 잡고 졔문 지어 졔ᄒ니, 빅일(白日)이 빗출 굼초고, 음위(陰喝)996) 쳐쳐(悽悽)ᄒ여 운슈

988)업츅(業畜) : 젼생에 지은 죄로 인하여 이승에 태어난 짐승.
989)지이 : 까지. 이미 어떤 것이 포함되고 그 위에 더함의 뜻을 나타내는 보조사
990)직 : 채. ('-은/는 직' 구성으로 쓰여)) 이미 있는 상태 그대로 있다는 뜻을 나타내는 말.
991)유쳬(遺體) : 부모가 남겨 준 몸이라는 뜻으로, 자기의 몸을 이르는 말.
992)평셕(平席) : 평소에 앉거나 눕던 자리.
993)안와이ᄉ(安臥而死) : 편안이 누은 채로 죽음.
994)하유죄(何有罪) : 무슨 죄.
995)계번(系幡) : 여러 개의 깃발을 줄로 이어 매단 기.

간(雲水間)의 만흔 음녕(陰靈) 원귀(冤鬼) 모다 향을 맛보는 듯ᄒᆞ더라.

ᄯᅩ 다시 샹강(湘江) 《ᄃᆡ호 ‖ 대호(大湖)》 즁의 나아가 졔뎐을 ᄀᆞ초며 츅문을 지어 슈히 농신과 텬쟝 등의 묵우(默祐)ᄒᆞᆫ 덕을 스례ᄒᆞ니, 믈결이 고요ᄒᆞ고 ᄆᆞᆰ은 바ᄅᆞᆷ이 쇼쇼(昭昭)ᄒᆞ더니, 졔좌의 무슈흔 사ᄅᆞᆷ의 시쳬 믈 우희 ᄯᅳ니, 남녀노위(男女老幼) 합ᄒᆞ여 시쳬 만여명이러라. 유유침침(悠悠沈沈)997)흔 가온ᄃᆡ 신녕(神靈)이 능히 아ᄅᆞᆷ이 잇ᄂᆞᆫ 듯ᄒᆞ여, 신쟝과 슈신이 졔뎐을 【36】흠향(歆饗)ᄒᆞ고 인덕(仁德)을 감동ᄒᆞ여, 무슈히 슈ᄉᆞ(水死)ᄒᆞ여 교룡(蛟龍)의 밋쳐 먹지 못흔 시쳬를 믈 우희 ᄂᆡ치미러라.

강변의 무슈흔 사ᄅᆞᆷ이 다 신긔히 너겨, 치슈의 신셩녕무(神聖英武)ᄒᆞ미 능히 신녕(神靈)을 감동ᄒᆞ믈 {아니} 일ᄏᆞᆺ고, 긔특이 ○○[아니] 너기리 업더라.

가·뇨 냥공은 신긔ᄒᆞ믈 못ᄂᆡ 일ᄏᆞ라, 심심(深深) 비하(拜賀)ᄒᆞ여 구변(口辯)의 셔어(齟齬)ᄒᆞ믈 한ᄒᆞ니, 향민부로의 니ᄅᆞ히 숑셩(頌聲)이 양양(揚揚)흔지라. 빅귀(百口)998) 갈셩(喝聲)999)ᄒᆞ기의 밋ᄎᆞ니, 치슈 도로혀 블열(不悅)ᄒᆞ여 졍식(正色) 겸양(謙讓)ᄒᆞ기를 마지 아니ᄒᆞ더라.

졔군(諸軍)을 명ᄒᆞ여 《좌샹 ‖ 슈샹(水上)》【37】의 ᄯᅳᄂᆞᆫ 시쳬를 다 건져 슈변의 ᄊᆞᆺᄒᆞ니, 놉기 틱산 ᄀᆞᆺᄒᆞ여 그 슈를 아지 못ᄒᆞ더라. 혹 의복을 닙은 주도 이시며 믈속의 드러 인형이 변ᄒᆞ여시니, 비록 이 즁의 ᄌᆞ손이며 친쳑이 혹 이신들 어이 분간ᄒᆞ리오. 치슈 참비(慘悲)ᄒᆞ여 관고(官庫)를 열고 능나필빅(綾羅匹帛)이며 금빅(金帛)을 다 ᄂᆡ여, 모든 시쳬를 다 한갈갓치 의금관곽(衣衾棺槨)1000)을 ᄀᆞ초와 별산(別山) 복디(伏地)의 쟝(葬)ᄒᆞ게 ᄒᆞ고, 그 아뫼1001)를 분간키 어려오니, ᄌᆞ손이 비록 이신들 엇지 졔향을 밧들니오 ᄒᆞ여, 관부(官府)로셔 별쳐의 백여간 ᄉᆞ우(祠宇)를 짓고, 샹하【38】 믈논(勿論)ᄒᆞ고 신녕(神靈)을 다 거두어 ᄉᆞ관(舍官)1002)의 안(安)ᄒᆞ고 관부로셔 ᄉᆞ졀향화(四節香火)를 니어 무쥬고혼(無主孤魂)을 위로ᄒᆞ게 ᄒᆞ니, 문쟈(聞者) 그 셩덕을 감탄치 아니리 업고, 견쟈(見者) 감은ᄒᆞ여 숑셩(頌聲)이 양양ᄒᆞ여 니로1003) 금ᄒᆞ기 어려오니, 치슈 더욱 블열ᄒᆞ여 오린 머믈 ᄯᅳᆺ이 업ᄉᆞᆫ지라.

과연 이 날븟터 쳥·졔·연·낙 ᄉᆞ쥬 등쳐의 그런 쟝흔 슈긔(水氣) 하나토 업ᄉᆞ니, 황교광야(荒郊廣野)1004)의 문허진 집이 무슈ᄒᆞ여 보기의 ᄌᆞ못 슈참(愁慘)흔지라. 치슈

---

996)음위(陰唣) : 음귀(陰鬼)의 탄식소리.

997)유유침침(悠悠沈沈) ; 아득하고 어두컴컴한 모양.

998)빅귀(百口) : 모든 사람들

999)갈셩(喝聲) : 소리 내어 외침.

1000)의금관곽(衣衾棺槨) ; 상장례(喪葬禮)에서 시체를 염습(殮襲)하거나 입관(入棺)에 쓰는 옷·이불·속 널·겉 널을 함께 이르는 말.

1001)아뫼 : 아무개.

1002)ᄉᆞ관(舍官) : 관아(官衙). 관사(官舍).

1003)니로 : 이루. ①((주로 뒤에 오는 '없다', '어렵다' 따위의 부정어와 함께 쓰여)) 여간하여서는 도저히. ②있는 대로 다.

1004)황교광야(荒郊廣野) : 황폐하고 아득히 넓은 들.

가·뇨 냥공으로 더브러 바야흐로 위의를 도로혀 주사 부듕의 드러가니, 셩이 다 문허지고 누각(樓閣)이 【39】 다 기울며, 졍주(亭子) 다 문허져 써 가고 업더라.

삼인이 셩닉의 머므러 식로이 목셕(木石)을 운젼ᄒ고 관군을 명ᄒ여 공장(工匠)으로 더부러 인가 빅만 호를 다 일시의 일우니, 슈월 후의 완필(完畢)ᄒ미 되니, 니러구러 임의 기츈(開春)ᄒ엿더라. 치슈와 가·뇨 냥주식(兩刺史) 임의 슈환(水患)을 진졍ᄒ미, 소문(四門)의 방 붓쳐 니민(吏民)을 안둔(安屯)ᄒ고 조졍의 상표(上表)ᄒ엿더니, 텬지 동토치슈스의 신셩직략(神聖才略)으로 동토의 궁극ᄒᆫ 슈이직환(水罹災患)을 니러틋 슈히 진졍ᄒ믈 드르시미, 조초[1005] 동졔와 걸안의 쳡뵈 다 올낫ᄂᆫ지라. 텬지 긔특【40】이 너기스 뇽쳬 옥탑(玉榻)의 슉식이 안온ᄒ시니, 이는 다 눈·하·뎡 졔공의 긔주(奇子) 둔 공이라 ᄒ샤, 눈·하·뎡 삼문의 상소를 후히 ᄒ샤, 은비(恩庇)[1006]를 도타이 ᄒ시고, 즉시 소명(使命)[1007]과 졀월(節鉞)[1008]을 셰 곳의 보닉시니, 셰 곳 소명이 일시의 황지(皇旨)를 밧주와 경도(京都)를 써나니라. 그 듕의 동토디계(東土地界) 갓가온 고로 소인(使人)이 몬져 니르니라.

ᄎ년 츈삼월 넘간의 황식(皇使) 봉조(奉詔)ᄒ여 동토(東土)의 니르니, 연쥬주사와 졔쥬주식 신관(新官)이 줌소와 갓치 니르럿ᄂᆫ지라. 연쥬주소는 젼임 니부상셔 셜흡이오, 졔쥬주【41】소는 어스듕승 뉵괴러라. 냥인이 다 일딕(一代) 진신명뉴(縉紳名流)로 직학(才學)이 츌뉴(出類)ᄒ여 두 낫 군지니, 눈·하·뎡 삼문 졔인으로 더부러 ᄯᅩᄒᆫ 교계(交契) 심후(深厚)ᄒ여 금난지괴(金蘭之交)[1009]니 쳥년의 쥭마(竹馬) 닛글기의 밋쳣더니, 이의 셔로 맛나니 피ᄎᆡ 반기고 깃부믈 니긔지 못ᄒ더라.

눈치슈와 가·뇨 냥공이 한가지로 향안을 빅셜ᄒ고 븍향 스비후의 조셔를 써혀보니, 딕기 갈와시딕, '셩의 가장 흔흡ᄒ샤 눈치슈의 신긔ᄒᆫ 조홰(造化) 능히 상텬신기(上天神祇)의 소못ᄎ 동토 일면의 공극(孔劇)ᄒᆫ 직이슈환(災罹水患)【42】을 진졍ᄒ여, 싱민이 무소ᄒ고 토디 평안ᄒ며, 슈듕참소(水中慘死)ᄒᆫ 시쳬를 거두어 조히 풍진(風塵)의 안장(安葬)ᄒ여 소싱냥쳐(死生兩處)[1010]의 인민의게 젹션슈은(積善授恩)[1011]이 만흐믈 크게 포장ᄒ시고, 뇽누봉궐(龍樓鳳闕)의 셩우(聖憂)를 더러 슉식이 옥탑의 안온ᄒ미 다 경등의 공이라' ᄒ샤, 텬에(天語) 슌슌(諄諄)ᄒ시고, 셩은이 관유(寬裕)ᄒ시며, 조초 가·뇨 냥인을 위로ᄒ샤, 동토의 직란(災難) 슈변(水邊)의 공극ᄒ미, 다 텬

1005) 조초 : 좇아, 따라. 이어.
1006) 은비(恩庇) : 윗사람이 아랫사람에게 은혜를 끼침. 조상의 보우(保佑)를 입음..
1007) 소명(使命) : 명령을 받은 사신.
1008) 졀월(節鉞) : 절부월(節斧鉞). 조선 시대에, 관찰사·유수(留守)·병사(兵使)·수사(水使)·대장(大將)·통제사 들이 지방에 부임할 때에 임금이 내어 주던 물건. 절은 수기(手旗)와 같이 만들고 부월은 도끼와 같이 만든 것으로, 군령을 어긴 자에 대한 생살권(生殺權)을 상징하였다.
1009) 금난지괴(金蘭之交) : 친구 사이의 매우 두터운 정을 이르는 말. ≒금란지계(金蘭之契).
1010) 소싱냥쳐(死生兩處) : 저승과 이승 두 곳.
1011) 젹션슈은(積善授恩) : 착한 일을 하고 은혜를 끼침.

운의 블니(不利)홈과 시셰(時勢)의 니(利)치 아니ᄒᆞ미오, 조곰도 경등의 잘 못흔 죄 아
니니, 모로미 믈딕(勿待)1012) 안심(安心)ᄒᆞ여, 다시 임쇼(任所)의 나아가 쇼【43】요
(騷擾)ᄒᆞ던 인심을 다시 뎡(定)ᄒᆞ고 빅셩을 무휼(撫恤)ᄒᆞ여, 님군의 맛진 거슬 져바리
지 말고, 과만(瓜滿)이 ᄎᆞ면 다시 쳥현명직(淸顯名職)으로 녜쇼(禮召) ᄒᆞ시믈 일ᄏᆞ라
계시더라.

 눈치슈와 가·뇨 냥ᄌᆞ식 다 황지ᄅᆞᆯ 밧ᄌᆞ오미, 불승황공감은(不勝惶恐感恩)ᄒᆞ믈 마지
아니ᄒᆞ더라. 치쉬 오릭 머믈믈 깃거 아니ᄒᆞ나, 시러곰1013) 마지 못ᄒᆞ여 다시 슌여일
(旬餘日)을 머므러, 퇴일ᄒᆞ여 연·졔 냥쳐의 신관이 부임ᄒᆞ믈 보미 다시, 쳥·졔·연
·나 ᄉᆞ쥬 ᄌᆞ식 상사아문(上司衙門)의 모다, 눈치슈ᄅᆞᆯ 쳥ᄒᆞ여 닌읍 지현방빅(知縣方
伯)이 다 모다, 토지ᄅᆞᆯ 진뎡흔 경ᄉᆞᄅᆞᆯ 셜【44】연(設宴) 경하(慶賀)홀식, 동토 일읍 ᄉᆞ
십구 현의셔, 각각 닷호아 열읍쇼산지믈(所産之物)노뼈 연셕을 도으니 팔진셩찬(八珍
盛饌)이며 호쥬미찬(好酒美饌)이 아니 가존 거시 업고, 닌읍 일등명기(一等名妓) 슈빅
이 다 각각 풍믈(風物)1014)을 밧드러 모드니 긔긔히 '초나라 가는 허리와 월나라 고은
얼골'1015)이라. 슐은 창ᄒᆡ(滄海)의 넉넉ᄒᆞ미 잇고, 만반진슈(滿盤珍羞)ᄂᆞᆫ 튀산(泰山)의
가음열미 이시니, 구름 갓흔 차일(遮日)은 반공(蟠空)의 님니(淋漓)ᄒᆞ고, 운무병(雲霧
屛)1016)은 광실(廣室)의 둘넛ᄂᆞᆫ딕, 금반옥긔(金盤玉器)의 만반진슈(滿盤珍羞)ᄅᆞᆯ 압압히
버리고, 니원악공(梨園樂工)1017)은 삼현(三絃)1018)과 팔음(八音)1019)을 나아와 ᄎᆞ례로
진【45】쥬ᄒᆞ며, 슈빅 명창은 홍슈(紅袖)ᄅᆞᆯ 썰치고 치ᄉᆞᆷ(彩衫)을 나붓겨 금현(琴絃)을
농(弄)ᄒᆞ며, 아릿다온 가셩(歌聲)을 느릭여 우의무(羽衣舞)1020)로 츔츄고, 예상곡(霓裳
曲)1021)을 노릭ᄒᆞ니, 금슬(琴瑟)과 가관(笳管)1022)이 뇨량(嘹喨)ᄒᆞ여 운쇼(雲霄)의 어

1012)믈딕(勿待) : 죄인에게 대죄(待罪)하지 말도록 함.
1013)시러곰 : 이에. 능히. 하여금.
1014)풍믈(風物) : 『음악』풍물놀이에 쓰는 악기를 통틀어 이르는 말. 꽹과리, 태평소, 소고, 북, 장구,
  징 따위이다.
1015)초나라 가는 허리와 월나라 고은 얼골 : '초요월안(楚腰越顔)'을 번역한 말. 중국 초나라 미인의 가
  는 허리와 월나라 미인의 아름답게 화장한 얼굴이란 말로, '미인'을 이르는 말이다. *초요(楚腰); 미인
  의 가느다란 허리를 이르는 말. 중국 초나라의 영왕이 허리가 가는 미인을 좋아하였다는 데서 유래한
  다.
1016)운무병(雲霧屛) : 안개처럼 둘러 있는 병풍.
1017)니원악공(梨園樂工) : ①조선시대 장악원에 소속된 악공(樂工). ②중국 당나라 때 이원(梨園)에 소속
  된 악공. *이원(梨園); ①조선시대 장악원(掌樂院)을 달리 이르던 말. ②중국 당나라 때, 현종이 몸소
  배우(俳優)의 기술을 가르치던 곳.
1018)삼현(三絃) : 『음악』거문고, 가야금, 향비파의 세 가지 현악기를 통틀어 이르는 말.
1019)팔음(八音) : 『음악』악기를 만드는 재료에 따라 나눈, 아악(雅樂)에 쓰는 여덟 가지 악기. 또는 그
  각각의 소리. 여덟 악기의 재료는 금(金), 석(石), 사(絲), 죽(竹), 포(匏), 토(土), 혁(革), 목(木) 이고,
  그 여덟 가지 소리는 금(金), 석(石), 사(絲), 죽(竹), 포(匏), 토(土), 혁(革), 목(木)에서 나는 소리이다.
1020)우의무(羽衣舞) : 예상우의무(霓裳羽衣舞). 궁중무용으로, 음율에 능통한 당현종이, 무지개처럼 아름
  다운 옷을 입고 공중에서 노래부르고 춤을 추고있는 선녀의 모습을 꿈속에서 본 후, 음(音)을 달고, 양
  귀비가 안무한 무용이라고 한다

리니, 빗난 경식(景色)을 형언ᄒ기 어렵더라.

좌긱이 슐이 취ᄒ니 반셩반취(半醒半醉)ᄒ여 쥬감(酒酣)1023)의 호흥(好興)이 도도ᄒ니, 잔을 잡고 겻지어 유희 방탕ᄒ리 만흐딕, 눈치슈ᄂᆞᆫ 봉안이 시슬ᄒ여1024) 믁연졍좨(默然正坐)러니, 모든 기네 눈치슈의 텬양경일지풍(天壤傾日之風)1025)을 우러러 쇼혼실빅(消魂失魄)1026)ᄒᄂᆞᆫ 즁, 그 가온디 월즁션이란 【46】기녜 시년(時年)이 이팔(二八)의 옥안화틱(玉顔花態) 졀묘가려(絶妙佳麗)ᄒ여 교방의 졔일 명식(名色)을 어덧더니, 이의 홍상치슈(紅裳彩袖)를 붓치고, 진징(秦箏)1027)을 빗기 안고, 셤셤옥슈(纖纖玉手)의 잉무비(鸚鵡杯)1028)를 잡아 교틱를 머금고, 눈치슈의 압히 나아가 잔을 드리고, 교음(嬌音)을 낭낭(朗朗)이 ᄒ여 고왈,

"쳔쳡은 쳥쥬 챵녜라. 일쪽 교방(敎坊)1029)의 명식(名色)을 어더 별명을 월즁션이라 ᄒ오니, 임의 년화(煙花)1030)의 깃드려 영신(迎新)ᄒᄂᆞᆫ 무리라 그 열인(閱人)ᄒ미 쳔만(千萬)으로 산(算)둘1031) 거시로디, 일쪽은 디노야 갓흐신 풍의덕질(風儀德質)을 보옵지 못ᄒᆞᆫ 빈라. 만일 일 【47】야를 침셕 가의 뫼시믈 엇즈온즉, 지졉(止接)1032)의 낫가오미1033) 뇽닌(龍鱗)1034)을 쪽흠 ᄀᆞᆺ스오니, 복원 노야ᄂᆞᆫ 더러이 너기지 마ᄅᆞ쇼셔."

치쉬 쳥미파(聽未罷)의 ᄬᅡᆼ셩봉목(雙星鳳目)을 져기 흘녀, 빅년용화(白蓮容華)의 쇼용(笑容)이 미미(微微)ᄒ니, 기리 잠쇼왈,

"나ᄂᆞᆫ 일기 졸약ᄒᆞᆫ 지상(宰相)이라. 니빅(李白)1035)의 호풍과 두잠1036)의 호긔(豪

1021)예상곡(霓裳曲) : 예상우의곡(霓裳羽衣曲). 당(唐)나라의 악곡(樂曲) 이름. 본래 서량(西涼)에서 전해진 것을 현종(玄宗)이 가사를 짓고 윤색하여 이름을 붙였다고 한다.

1022)가관(笳管) : =피리. 속이 빈 대에 구멍을 뚫고 불어서 소리를 내는 악기를 통틀어 이르는 말.

1023)쥬감(酒酣) : 술판이 한창 벌어지고 있는 상태. 또는 술이 거나하게 취한 상태.

1024)시슬ᄒ다 : 날카롭다. 모양이나 형세가 매섭다.

1025)텬양경일지풍(天壤傾日之風) : 천지간에 태양을 능가할 만큼 빛나는 풍채.

1026)쇼혼실빅(消魂失魄) : 넋을 잃음.

1027)진징(秦箏) : 쟁(箏). 국악 현악기의 하나. 모양이 대쟁(大箏)과 같으며, 명주실로 된 열세 줄의 현이 걸려 있다. 본래 중국에서 만들어진 현악기로, BC 237년 이전에 이미 진(秦)나라에서 유행했기 때문에 '진쟁'(秦箏)이라는 이름으로도 불린다.

1028)잉무비(鸚鵡杯) : 자개를 가지고 앵무새의 부리 모양으로 만든 술잔.

1029)교방(敎坊) : 조선 시대에, 장악원의 좌방(左坊)과 우방(右坊)을 아울러 이르던 말. 좌방은 아악(雅樂)을, 우방은 속악(俗樂)을 맡았다. 늑이원(梨園).

1030)년화(煙花) : =기녀(妓女). 여기(女妓). 특히 춤, 노래, 의술, 바느질 따위를 배우고 익혀서 나라에서 필요한 때 봉사하는 관비를 통틀어 이르던 말.

1031)산(算)두다 : 산 놓다. 셈하다.

1032)지졉(止接) : 몸을 붙이어 의지함.

1033)낫가오다 : 낮다.

1034)뇽닌(龍鱗) : ①용의 비늘. ②천자나 영웅의 위엄을 비유적으로 이르는 말.

1035)니빅(李白) : 중국 당나라 때의 시인. 701~762. 자는 태백(太白). 호는 청련거사(靑蓮居士). 칠언 절구에 특히 뛰어났으며, 이별과 자연을 제재로 한 작품을 많이 남겼다. 현종과 양귀비의 모란연(牧丹宴)에서 취중에 <청평조(淸平調)> 3수를 지은 이야기가 유명하다. 시성(詩聖) 두보(杜甫)에 대하여 시선(詩仙)으로 칭하여진다. 시문집에 ≪이태백시집≫ 30권이 있다.

氣) 업스니 엇지 녀식(女色)을 관졉(款接)ᄒ미 이시리오. 너갓흔 명창이 쏠오고져 ᄒ니 가히 장부 회식(喜事)라 ᄒ려니와, 네 ᄯ흔 지감(知鑑)이 블명ᄒ여 좌상의 가득ᄒᆫ 영웅호걸은 아지 못ᄒ고, 그릇 날을 좃고져 ᄒᄂᆫ도다. 너【48】의 젼ᄒᄂᆫ 잔이 비록 다졍ᄒ나 닉 능히 가녀(佳女)의 졍을 가랍지(嘉納) 못ᄒᄂ니, 엇지 다졍ᄒᆫ 슐잔을 맛보리오.”

셜파의 웃는 가온디나, 긔식이 엄슉ᄒ여 하일(夏日)의 두려온 긔상이 머므럿고, 슉연ᄒ여 다시 말 븟치기 어려오니, 즁션이 아연 무류ᄒ여 눈믈을 먹음고 믈너나니, 좌긱이 그 온즁졍디ᄒᆫ 힝의(行誼) 도학(道學)을 심복ᄒ여, 부박(浮薄)ᄒᆫ 희거(駭擧)ᄅᆞᆯ 십분 슈렴(收斂)ᄒ더라. 니러틋 연음(連飮) 달난(團欒)ᄒ고 슈삼일을 크게 셜연ᄒ여 즐기기ᄅᆞᆯ 다ᄒ미, 졔쳐(諸處) 군현(郡縣)의 ᄌᆞᄉ 이하 슈령·방빅은 다 본읍【49】으로 도라가고, 치슈ᄂᆞᆫ ᄉᆞ명(俟命)으로 더부러 힝편(行便)을 북으로 두로혀니, 동토 일면(一面)의 쳥·졔·연·낙 ᄉᆞ쳐 빅셩이 부로휴유(扶老携幼)[1037]ᄒ여, 우양(牛羊)과 쥬호(酒壺)ᄅᆞᆯ 닛그러 슈십니 밧긔 와 젼송ᄒ며, ᄯᅥ나기ᄅᆞᆯ 슬허ᄒ미 젹ᄌᆞ(赤子) ᄌᆞ모(慈母)ᄅᆞᆯ ᄯᅥ남 갓더라.

치슈 일힝이 귀심이 살갓흔지라. 금편(金鞭)을 두로혀미 쳥산○[의] 그림ᄌᆞ를 쏠오고, 뉴슈(流水)의 방울을 응ᄒ여 ᄶᆞᆯ니 상경홀ᄉᆡ, 양쥬 디계(地界)의 다드라 ᄯᅩ흔 뎡상셔와 분슈ᄒ던 긔약을 싱각고, 졍히 창결(悵缺)ᄒ더니[1038], 믄득 압 길의 진퇴(塵土) ᄎᆞ쳔(遮天)ᄒ며 일【50】노(一路) 인미(人馬) 나ᄂᆞᆫ ᄃᆞᆺ시 나아오니, 피ᄎᆞ(彼此) 경희(慶喜)ᄒ여 말긔 나려, 악슈(握手) 상봉(相逢)ᄒ미, 표죵(表從) 냥인의 반가오미 친싱곤계(親生昆季)의 나리미 업더라.

뎡상셰 니르디,

“달문아, 아등 군죵곤계 한가지로 졔향을 ᄯᅥ나 임의 별후 긔년(朞年)이라. 봉궐농누(鳳闕龍樓)의 셩쥬(聖主)와 북당훤위(北堂萱闈)[1039]와 존당(尊堂) 부모(父母)ᄅᆞᆯ 우러러 신혼셩졍(晨昏省定)[1040]의 심ᄉᆞ(心思) 일긱(一刻)이 삼츄(三秋) 갓흐니, 도라가미 실노 밧부디, 연이나 우리 표죵곤계 ᄉᆞ인이 일시의 뎨도(帝都)ᄅᆞᆯ ᄯᅥ나, 아이 걸안 흉봉(凶鋒)을 밋쳐 쇼탕치 못ᄒ여실 거시니, 엇지 분슈ᄒ던 곳의셔 맛나기ᄅᆞᆯ 긔【51】약ᄒ리

1036)두잠 : 두자미(杜子美). 두보(杜甫). 중국 당나라 때의 시인(712~770)으로 자는 자미(子美)이며 호는 소릉(少陵), 공부(工部), 노두(老杜)이다. 율시에 뛰어났으며, 긴밀하고 엄격한 구성, 사실적 묘사 수법 따위로 인간의 슬픔을 노래하였다. ‘시성(詩聖)’으로 불리며, 이백(李白)과 함께 중국의 최고 시인으로 꼽는다. 작품에 <북정(北征)>, <병거행(兵車行)> 따위가 있다.
1037)부로휴유(扶老携幼) : 노인은 부축하고 어린이는 손을 잡아 이끎.
1038)창결(悵缺)ᄒ다 : 몹시 서운하고 섭섭하다.
1039)북당훤위(北堂萱闈) : ‘어머니’를 달리 이르는 말. ‘북당(北堂)’이나 ‘훤위(萱闈)’는 둘 다 ‘어머니’를 이르는 말이다. 여기서는 뒤에 ‘존당(尊堂)’과 ‘부모’를 또 말하는 것으로 보아 증조모인 순태부인을 말함인 듯하다.
1040)신혼셩졍(晨昏省定) : 신성(晨省)과 혼정(昏定). 곧 밤에는 부모의 잠자리를 보아 드리고 이른 아침에는 부모의 밤새 안부를 묻는다는 뜻으로, 부모를 잘 섬기고 효성을 다함을 이르는 말.

오○○[마는], 홀노 몬져 도라가미 심히 창결ᄒ고, ᄯᅩ 오제(吾弟)와 달보 종제(從弟)의 신긔ᄒᆫ 지략(才略) 영무(英武)로 흉봉(凶鋒)을 초안(招安)ᄒ고 도라오미, ᄯᅩ 날이 하 오ᄅᆡ지 아니ᄒᆞᆯ 듯ᄒ니, 아등 냥인이 노고(勞苦)ᄒᆫ 군마를 쉬오며, 지나는 산광슈식(山光水色)을 잠간 관첨(觀瞻)ᄒᆞ여 지긔(志氣)를 쇼창(消暢)ᄒ고, 환가시(還家時)의 냥졔와 셔로 맛날 긔약을 여으미 엇더ᄒᄂᆈ?”

치슈 믁연침음(默然沈吟)ᄒᄃᆡ, 냥쳐 즁ᄉ(中使) 송공 셕공 등이 유완(遊玩)ᄒᆞᄌᆞ ᄒᆞ믈 가장 깃거, 권ᄒᄀᆡ를 마지 아니니, 치슈 마지 못ᄒᆞ여 허락ᄒ고, 드듸여 일노의 완완이 ᄒᆡᆼ【52】ᄒ여 도쳐 경물을 완상ᄒᆞ여 지녀보지 아니ᄒᆞ더니, 일일을 ᄒᆡᆼᄒ여 한 곳의 니ᄅᆞ니, 일좌(一座) 고산(高山)이 아아(峨峨)ᄒ고, 졀협(絶峽)이 긔구(崎嶇)ᄒ며, 산형이 고긔(高奇)ᄒ여, 프른 버들과 창숑취죽(蒼松翠竹)이 무셩ᄒᄃᆡ, 단이취벽(斷崖翠壁)의 층만(層巒)이 용취(聳聚)1041)ᄒ여 고봉(高峰)이 아아(峨峨)ᄒ니, 인셰지간(人世之間)의 별유승디(別有勝地)라.

뎡·뉸·손·셕 ᄉ인이 산경의 슈이(殊異)ᄒᆫ 경식(景色)을 탐연(耽然)1042)ᄒ여, 인마를 산하의 머무르고 ᄉ인이 한가지로 죽장(竹杖)을 닛그러 완보(緩步)ᄒ여 올나가니, 뒤ᄒᆡ 조ᄎᆞᆫ 바 다만 뎡상셔의 심복군관 한슉과 뉸치슈의 심복셔동 풍학이 【53】조ᄎᆞᆺ더라.

졈졈 올나가미 갈ᄉ록 산뇌(山路) 긔구(崎嶇)ᄒ고 봉만(峯巒)이 ᄎᆞ아(嵯峨)ᄒ여, ᄆᆰ은 바람 가온ᄃᆡ 넘넘(冉冉)1043)이 휘듯는1044) 버들은 초록장(草綠帳)을 드리온 듯, 산암졀벽(山巖絶壁)의 긔화요초(琪花瑤草)1045)는 일만 향긔를 먹음어 느즌 ᄭᅩᆺ치 만발ᄒ여시니, 긔홰(奇花) 암암(暗暗)ᄒ고 오식(五色)이 비무(庇茂)ᄒ며1046), 슈목총즁(樹木叢中)의 비취(翡翠)1047) 원앙(鴛鴦)1048)이며 ᄡᅡ죄(雙鳥) 무리지어 놀고, 원학미록(猿鶴麋鹿)1049)이 ᄡᅡᆼᄡᅡᆼ이 넘노니, 오식이 현황(炫煌)ᄒ고, 작작(綽綽)ᄒᆫ1050) 잉셩(鶯聲)이 묘

1041) 용취(聳聚) : 산봉우리들이 우뚝 우뚝 솟아 있는 모양
1042) 탐연(耽然) : 어떤 일을 즐겨서 거기에 빠져 듦.
1043) 념념(冉冉) : 부드럽고 약함.
1044) 휘듯다 : 흔들리다. 휘날리다.
1045) 긔화요초(琪花瑤草) : 옥같이 고운 풀에 핀 구슬같이 아름다운 꽃.
1046) 비무(庇茂)ᄒ다 : 서로 어우러져 무성하다.
1047) 비취(翡翠) : 물총새. 물총샛과의 새. 몸의 길이는 17cm 정도이며, 등은 어두운 녹색을 띤 하늘색, 목은 흰색이고 배는 밤색이며 부리는 흑색, 다리는 진홍색이다. 물가에 사는 여름새로 강물 가까운 벼랑에 굴을 파고 사는데 민물고기, 개구리 따위를 잡아먹는다.
1048) 원앙(鴛鴦) : 오릿과의 물새. 몸의 길이는 40~45cm이고 부리는 짧고 끝에는 손톱 같은 돌기가 있다. 수컷의 뒷머리에는 긴 관모가 있고 날개의 안 깃털은 부채꼴같이 퍼져 있다. 여름 깃은 머리와 목이 회갈색, 등은 감람색, 가슴은 갈색 바탕에 흰 점이 있다. 여름에는 암수가 거의 같은 빛이나 겨울에는 수컷의 볼기와 목이 붉은 갈색, 가슴이 자주색이다. 한국, 일본, 중국, 대만 등지에 분포한다. 천연기념물 제327호.
1049) 원학미록(猿鶴麋鹿) : 원숭이와 학, 고라니, 사슴을 함께 이른 말.
1050) 작작(綽綽)ᄒ다 : 넉넉하고 여유롭다.

묘(妙妙)ᄒ여 학녜(鶴唳)1051) 닷호아 브르지지며, 산벽 골마다 옥슈징담(玉水澄潭)1052)이 쇼스나니, 옥ᄀᆺᄒᆫ 모릭 가【54】온ᄃᆡ 묽은 시ᄂᆡ 잔완(孱緩)1053)이 흐르며, 버들 그늘 아ᄅᆡ 은닌옥쳑(銀鱗玉尺)1054)이 어즈러이 쮜노니, 고산벽봉(高山壁峰)의 한가ᄒᆫ 산경(山景)이 눈이 지나ᄂᆫ 곳마다 긔특ᄒ고 싼혀나니, 의심컨ᄃᆡ 삼산영쥬(三山瀛洲)1055)의 빗난 경(景)이 이의셔 지나믈 아지 못ᄒᆞᆯ 거시오, 진시황(秦始皇)1056)의 녀산(驪山)1057) 풍경이 이의셔 더 빗ᄂᆞᆯ 아지 못ᄒᆞᆯ듯 시븐지라.

츳아(嵯峨)ᄒᆫ 봉만(峯巒)의 빅금흑원(白禽黑猿)은 사ᄅᆞᆷ을 피ᄒ여 진퇴(進退)ᄒ고, 오작(烏鵲)이 나라가기를 급히 ᄒ여 신금이슈(神禽異獸) 닷호와 섯도ᄂᆫᄃᆡ1058), 바회의 깃드리고 곡즁(谷中)의 숫기【55】쳐1059), 눈의 보ᄂᆫ 것마다 상셔롭지 아닌 곳이 업고, 거름이 다닷ᄂᆫ 족족 긔특지 아닌 곳이 업스니, 승경(勝景)을 탐연(耽然)ᄒ여 도보젼젼(徒步前前)ᄒ여 졈졈 나아가니, 산쳔이 갈스록 긔려(奇麗)ᄒ여 일만슈긔(一萬秀氣) 쇼스나고, 긔믹(氣脈)이 영슈(靈邃)ᄒ여 일쳔조홰(一千造化) 용긔(聳起)ᄒ니, 의연이 구만니(九萬里) 장공(長空)의 년ᄒ여 쳔봉만학(千峯萬壑)이 닷호아 싼혀나고, 신화영슈(神花靈樹) 이의 다 모혓ᄂᆞᆫ지라.

텬디졍믹(天地精脈)과 건곤(乾坤)의 슈츌(秀出)ᄒᆫ 긔운이 젼쥬(專主)ᄒ여 층암졀벽(層巖絶壁)이 옥으로 ᄌᆞᆺ근1060) 듯, 구슬○[을] 쇠진 듯, 취쥭창【56】송(翠竹蒼松)이 울울창창ᄒ여, 오초(午初)1061)의 방향(芳香)이 운외(雲外)의 표표(飄飄)ᄒ니, 만산홍화(滿山紅花)ᄂᆞᆫ 무릉의 구름이 덥혓ᄂᆞᆫ 듯, 쳔년노룡(千年老龍)이 구뷔구뷔 셔려이셔, 조

1051)학녜(鶴唳) : 학 울음소리.
1052)옥슈징담(玉水澄潭) : 옥같이 깨끗한 물과 맑은 연못.
1053)잔완(孱緩) : 잔잔하고 느릿하다.
1054)은닌옥쳑(銀鱗玉尺) : ①모양이 좋고 큰 물고기. ②'물고기'를 아름답게 이르는 말.
1055)삼산영쥬(三山瀛洲) : 삼산(三山) 가운데서도 특히 영주산(瀛洲山)을 지목하여 이른 말. *삼산(三山): 삼신산(三神山). 중국 전설에 나오는 봉래산, 방장산(方丈山), 영주산을 통틀어 이르는 말. 진시황과 한 무제가 불로불사약을 구하기 위하여 동남동녀 수천 명을 보냈다고 한다. 이 이름을 본떠 우리나라의 금강산을 봉래산, 지리산을 방장산, 한라산을 영주산이라 이르기도 한다. *영주산(瀛洲山); 삼신산의 하나. 중국의 진시황과 한 무제가 불사약(不死藥)을 구하러 사신을 보냈다는 가상의 선경(仙境).
1056)진시황(秦始皇) : 중국 진(秦)나라의 제1대 황제(B.C.259~B.C.210). 이름은 정(政). 기원전 221년에 중국을 통일하고 스스로 시황제라 칭하였다. 중앙 집권을 확립하고, 도량형·화폐의 통일, 만리장성의 증축, 아방궁의 축조, 분서갱유 따위로 위세를 떨쳤다. 신선을 찾아 불로불사약을 구하기 위해 동남동녀(童男童女) 수천 명을 봉래산·방장산·영주산에 보냈으나 얻지 못하였다는 전설이 전한다. 재위 기간은 기원전 247~기원전 210년이다.
1057)녀산(驪山) : 중국 장안의 동북쪽, 현재의 시안 시(西安市) 임동구(臨潼區)에 있는 산. 진시황이 이 산에다 자신이 죽은 뒤 안치될 능묘(陵墓) 여산릉(驪山陵)을 조성하였다. 또 당나라 때 현종이 이궁(離宮)을 세워서 온천궁(溫泉宮)으로 하고, 뒤에 화청궁(華淸宮)으로 이름을 바꾸었다. 높이는 1,274미터.
1058)섯도다 : 섯돌다. 섞여 돌다. 섞여 돌아다니다.
1059)치다 : 동물이 새끼를 낳거나 까다.
1060)ᄌᆞᆺ그다 : 깎다.
1061)오초(午初) : 오시 초. 곧 오전 11시 경.

화를 동ᄒᄂᆞᆫ 듯, 무한ᄒᆞᆫ 경기를 조ᄎᆞ 졈졈 드러가니, 믄득 산상(山上)으로 조ᄎᆞ 은은ᄒᆞᆫ 경ᄌᆞ(磬子)1062) 소ᄅᆡ 들니ᄂᆞᆫ지라.

손·셕 냥인이 니ᄅᆞ듸,

이갓흔 긔구산벽(崎嶇山壁)의 스찰이 잇ᄂᆞᆫ가 시브니, 스즁즁승(寺中衆僧)의 무리 벅벅이 부쳐의 졍과(正果)1063)를 어든 화상도괴(和尙道姑)1064)리니 한번 나아가 구경ᄒᆞ리라.

뎡·뉸 냥인이 블열 왈,

"아등【57】이 셩문도졔(聖門徒弟)라. 공밍의 도로써 엇지 이단의 무륜ᄒᆞᆫ 블법을 구경ᄒᆞ리오."

손·셕 냥공이 쇼왈,

"우리 일시 유희로 지나ᄂᆞᆫ 길히 스찰(寺刹)을 구경ᄒᆞ미오. 부쳐를 존슝ᄒᆞ며 블법을 드ᄅᆞ려 ᄒᆞ미 아니니, 엇지 유도(儒道)의 구이(拘礙)ᄒᆞ미 이시리오."

뎡·뉸 냥인이 마지 못ᄒᆞ여 셔로 조ᄎᆞ 졈졈 나아가니, 경ᄌᆞ(磬子)와 숑경(誦經)쇼ᄅᆡ 졈졈 갓가오며, 산암졀벽을 등지고 뉴슈징담(流水澄潭)을 압두어 일좌(一座) 듸찰(大刹)이 이시니, 그 간쉬(間數) 쳔여간(千餘間)의 미츨너라.

틱산 상봉 암셕의 크게 쥬홍쟈(朱紅字)【58】로 삭여 메워시듸, '양쥬 틱항산1065)'이라 ᄒᆞ엿더라. ᄯᅩ 다시 슈리(數里)를 힝ᄒᆞ여 동구(洞口)의 다다ᄅᆞ니, 십여긔 녀승이 빅의운납(白衣雲衲)을 븟치고, 목의 빅팔념쥬(百八念珠)를 메고 표표(飄飄)히 나아오니, 만학쳔봉(萬壑千峰)의 치운(彩雲)이 셧도ᄂᆞᆫ듸, 한 쩨 나한(羅漢)1066)이 나리ᄂᆞᆫ 듯ᄒᆞ니, 머니 바라보미 ᄯᅩ흔 쳥졍한아(淸淨閑雅)ᄒᆞ더라.

손공이 우어 왈,

"냥위 명공이 이단(異端)의 무륜(無倫)ᄒᆞ믈 빅쳑ᄒᆞ시나, 져 니고(尼姑) 등이 나아오ᄂᆞᆫ 거동을 보쇼셔. ᄯᅩ 아니 한가(閑暇)ᄒᆞ니잇가? 빅의관음(白衣觀音)1067)이 년화듸(蓮花臺)1068) 우희 참션(參禪)ᄒᆞᄂᆞᆫ 듯ᄒᆞ이다."【59】.

뎡상셰 잠쇼왈,

1062) 경ᄌᆞ(磬子) : =경(磬)쇠. 『불교』놋으로 주발과 같이 만들어, 복판에 구멍을 뚫고 자루를 달아 노루뿔 따위로 쳐 소리를 내는 불전 기구. 예불할 때 대중이 일어서고 앉는 것을 인도한다.

1063) 졍과(正果) : 바른 과보(果報) *과보(果報); 인과응보(因果應報). 전생에 지은 선악에 따라 현재의 행과 불행이 있고, 현세에서의 선악의 결과에 따라 내세에서 행과 불행이 있는 일. 또는 사람이 지은 선악의 행위에 의한 결과와 갚음을 말함.

1064) 화상도괴(和尙道姑) : 도행이 높은 남자 승려(僧侶)와 여자 승려. *화상(和尙); 수행을 많이 한 남자 승려. *도고(道姑); 도행이 높은 여승.

1065) 태항산(太行山) : 중국 산서성(山西省), 하북성(河北省), 하남성(河南省) 등 3개의 성에 걸쳐서 연결되어 있는 거대한 산맥. 하남성 임주시(林州市)의 태항대협곡(太行大峽谷)이 유명하다.

1066) 나한(羅漢) : 아라한(阿羅漢). 소승 불교의 수행자 가운데서 가장 높은 경지에 오른 이. 온갖 번뇌를 끊고, 사제(四諦)의 이치를 바로 깨달아 세상 사람들의 존경을 받을 만한 공덕을 갖춘 성자를 이른다.

1067) 빅의관음(白衣觀音) : 삼십삼 관음의 하나. 흰옷을 입고 흰 연꽃 가운데 앉아 있는 모습이다.

1068) 년화듸(蓮花臺) : 연화좌(蓮花座). 연꽃 모양으로 만든 불상(佛像)의 자리. 연화는 진흙 속에서 피어났어도 물들지 않는 덕이 있으므로 불보살의 앉는 자리를 만든다.

"군언(君言)이 한가ᄒ나 ᄯᅩᄒᆞᆫ 빗ᄂᆞ지 못ᄒ니, 쳥승1069) 괴도(怪道)의 무리 무어시 보암즉 ᄒ리오."

니러ᄐᆺ 셔로 논의 한담ᄒ며 나아가더니, 믄득 니괴(尼姑) 갓가이 니ᄅᆞ러, 일시의 합장비복(合掌拜伏) 왈,

"빈승(貧僧)1070) 등은 활인ᄉ 쥬지(住持) 명셩듸ᄉ의 제ᄌᆞ러니, ᄉᆔ 널위 귀인의 관기(官駕) ᄎᆞ디의 님ᄒ실 줄 알오ᄃᆡ, 《노젹∥노력(老力)》이 능히 긔거(起居)ᄒ여 존가(尊駕)를 영졉지 못ᄒᆞ옵고, 빈승 등으로 ᄒ여금 존가를 영졉ᄒ여 ᄉᆞ찰노 뫼시라 ᄒ실ᄉᆡ, 특별이 영후(迎候)1071)ᄒᆞᄂ이다."

뎡·뉴 냥인은 다만 졈두ᄒ【60】고, 손·셕 냥인은 가장 신괴히 너겨 니ᄅᆞᄃᆡ,

"우리ᄂᆞᆫ 일시 지ᄂᆞᄂᆞᆫ 과긱(過客)이라. 활인ᄉ 쥬지듸ᄉᆡ(住持大師) 무슨 신긔로오미 잇관ᄃᆡ 관답풍경(觀踏風景)ᄒ여 ᄉᆞ찰 근쳐의 분쥬(奔走)ᄒᆞ믈 알며, ᄯᅩ 우연ᄒᆞᆫ 힝긱(行客)을 귀인이라 ᄒᆞ미 가장 괴이ᄒ도다."

모든 니괴 합장 디왈,

"빈승의 ᄉᆞ부ᄂᆞᆫ 져머셔 츌가(出家) 슈도ᄒ여 도법이 가장 놉ᄒ니, 사ᄅᆞᆷ의 젼졍(前程) 화복길흉과 과거 미리ᄉᆞ를 능히 예탁ᄒ시ᄂᆞᆫ지라. 오ᄂᆞᆯ 니ᄅᆞ시ᄃᆡ 금일 산문(山門) 밧긔 뎡텬ᄉ 노야와 뉸치슈 노애 손시랑과 셕시랑 노야로 더부러 산경을 관【61】답ᄒ시다가, 반ᄃᆞ시 승경을 탐연ᄒ여 ᄉᆞ원(寺院)을 ᄎᆞᄌᆞ시리니, 여등이 맛당이 동구 밧긔 나아가, 영후(迎候)ᄒ여 뫼셔오라 ᄒ시더이다."

뎡·뉴 냥인이 가장 신긔히 너겨 ᄒ나, 복 업슨 산승의 무리로 더부러 도ᄎᆞ(途次)1072)의 졉담(接談)ᄒ미 슬흔 고로, 다만 드롤 ᄯᆞ룸이로ᄃᆡ, 손·셕 냥공은 듸ᄉᆞ의 신긔ᄒᆞ믈 과도히 일ᄏᆞ라 블셰(不世)의 ᄉᆡᆼ블(生佛)이 나린가 의심ᄒ니, 부ᄃᆡ 구경ᄒ고져 ᄒᆞᄂᆞᆫ지라. 뎡·뉴 냥인을 괴로이 쳥ᄒ여 한가지로 등산홀ᄉᆡ, 니러구러1073) 일ᄉᆡᆨ(日色)이 발셔 창오(蒼梧)1074)의 ᄮ러지고, 월영(月影)이 동구(洞口)의 솟고【62】져 ᄒᆞᄂᆞᆫ지라. ᄉᆞ찰을 구경ᄒᆞ미 밋쳐 회가(回駕)치 못홀지라. 뎡·뉴 냥인이 군관 한슉으로 ᄒ여곰 몬져 하산ᄒ여, 거ᄂᆞ렷던 인마로 ᄒ여금 산하의셔 괴로이 기다리지 말고, 졈ᄉᆞ(店舍)의 가 머므러 제공의 명일 도라가려 ᄒᆞ믈 젼ᄒ라 ᄒ고, 냥인이 손·셕 냥인으로 더부러 다만 풍학이 뒤히 죳고 졔승이 인도ᄒ여 산문의 밋ᄎᆞ니, 두 ᄲᅥᆨ 붉은 문을[이] 크게 《열고∥열려 잇는 바의》, 문누(門樓)의 ᄇᆡᆨ옥(白玉) 현판(懸板)의 금ᄌᆞ(金字)로

1069)쳥승 : 청승. 궁상스럽고 처량하여 보기에 언짢음. 또는 그러한 태도나 행동.

1070)빈승(貧僧) : '덕(德)가 깊지 못한 승려'라는 뜻으로, 승려나 도사가 자기를 낮추어 이르는 일인칭 대명사.

1071)영후(迎候) : 기다려 맞이함.

1072)도ᄎᆞ(途次) ; 도중(道中). 노중(路中). 길 가운데.

1073)니러구러 : 이럭저럭. 이럭저럭 일이 진행되는 모양.

1074)창오(蒼梧) : 창오산(蒼梧山). 중국 광서성(廣西省) 창오현(蒼梧縣)에 있는 산 이름. 순(舜)임금이 죽었다고 전해지는 곳.

제익(題額)ᄒᆞ여 '활인시(活人寺)'라 ᄒᆞ엿더라.

믄득 안흐로셔 일위 노시(老師) 나아오니, 머리【63】의 운납(雲衲)을 븟치고 엇게의 비단장삼(長衫)1075)을 닙고, 손의 《오환보장∥육환보장(六環寶杖)1076)》을 쥐여시니, 보건듸 션풍(仙風)이 탁셰(卓世)ᄒᆞ고, 이질(異質)이 비범ᄒᆞ여, 창안(蒼顔)1077)이 결빅ᄒᆞ고, 두 눈이 효성(曉星)의 ᄆᆞᆰ은 빗츨 탁(濯)히 너기고, 븕은 닙시욺1078)은 단ᄉᆞ(丹砂)를 졈친 듯ᄒᆞ니, 청졍결빅(淸淨潔白)ᄒᆞᆫ 긔질이 표연(表然)ᄒᆞ고, 빅의도복(白衣道服)이 졍졔(淨濟)ᄒᆞ여 관음(觀音)이 년듸(蓮臺)1079)의 나렷ᄂᆞᆫ 듯, 진환탁쇽(塵寰濁俗)1080)을 우이 너겨, 사ᄅᆞᆷ으로 ᄒᆞ여금 ᄒᆞᆫ번 바라보ᄆᆡ 쇽셰 비린(鄙吝)1081)을 쇼연(昭然)이 슬와 바리ᄂᆞᆫ 듯ᄒᆞ더라. 좌우의 두어 졔ᄌᆡ 조ᄎᆞ시니, ᄒᆞᆫ갈갓치 청【64】슈(淸秀)ᄒᆞ고 졍신이 긔랑(開朗)ᄒᆞ여1082) 쇽승(俗僧)의 뉴(類) 아닌 줄 알니러라.

이의 문ᄂᆡ(門內)의 당젼(當前)ᄒᆞᄆᆡ, 졔공을 향ᄒᆞ여 합장비왈(合掌拜曰),

"녈위(列位) 귀인(貴人)의 관기(冠蓋)1083) 낫이1084) 산ᄉᆡ 왕님ᄒᆞ시듸, 노승이 혼모(昏耗)1085)ᄒᆞ와 능히 먼니 영후(迎候)치 못ᄒᆞ오니 불경(不敬)ᄒᆞᆫ 죄 줌ᄒᆞ도소이다."

졔공이 듸ᄉᆞ(大師)의 긔골이 비범ᄒᆞ믈 보고, ᄯᅩᄒᆞᆫ 일단 긔특이 너기ᄂᆞᆫ 쯧이 이셔 흔연 답왈,

"일시 유산(遊山)ᄒᆞᄂᆞᆫ 과긱(過客)을 위ᄒᆞ여 노시(老師) 엇지 근노ᄒᆞ리오. 니러툿 관념ᄒᆞ니 후의(厚誼) 다ᄉᆞ(多事)ᄒᆞ도다."

셜파의 노ᄉᆞ를 조ᄎᆞ 방장(房帳)의 나【65】아가 ᄎᆞ를 파ᄒᆞ고, 지식(齋食)1086)을 올녀 상을 믈니니, 산즁 초식(草食)이 졍결(淨潔) ᄉᆞ미(奢味)ᄒᆞ여 오히려 인간슈륙진미(人間水陸珍味)1087)의 지난 맛시 잇더라 상을 파ᄒᆞ고 청ᄉᆞ왈,

---

1075)장삼(長衫) : 승려의 웃옷. 길이가 길고, 품과 소매를 넓게 만든다.
1076)오환보장(五環寶杖) : 오환장(五環杖). 오환석장(五環錫杖). 승려가 짚는, 고리가 다섯 개 달린 석장(錫杖). *석장(錫杖) : 승려가 필수적으로 지녀야 하는 지팡이로, 유성장(有聲杖)·성장(聲杖)·지장(智杖)·덕장(德杖)이라고도 한다. 형태는 손잡이 끝에 탑 모양의 둥근 고리가 붙어 있고 여기에 조그만 쇠고리가 여러 개 달려 있는데 이 쇠고리의 수에 따라 4환장(四環杖)·6환장(六環杖)·12환장(十二環杖) 등으로 부른다. 둥근 고리의 중심에 보주(寶珠)·용·오륜탑(五輪塔)·삼존불 등을 장식한 예도 있다. 보통 석장의 머리부분은 동(銅)으로 되어 있고, 그 아래 받침대는 나무 또는 철로 되어 있다.
1077)창안(蒼顔) : ①늙어서 여윈 얼굴. ②창백한 얼굴
1078)닙시욺 : 입술.
1079)년대(蓮臺) : 년화듸(蓮花臺). 연꽃 모양으로 만든 불상(佛像)의 자리.
1080)진환탁쇽(塵寰濁俗) : 티끌로 가득한 혼탁한 세상.
1081)비린(鄙吝) : 더럽고 인색함.
1082)긔랑(開朗)ᄒᆞ다 : 개랑(開朗)하다. 탁 트여 환하다.
1083)관기(冠蓋) : 높은 벼슬아치가 타고 다니던 수레. 말 네 필에 멍에를 매어 끌게 했다. 여기서는 '귀인의 행차'를 비유적으로 표현한 말.
1084)낫다 : 낮다. 품위, 능력, 품질 따위가 바라는 기준보다 못하거나 보통 정도에 미치지 못하는 상태에 있다.
1085)혼모(昏耗) : 늙어서 정신이 흐릿하고 기력이 쇠약하다.
1086)지식(齋食) : 재가(在家)나 불가의 식사. 또는 법회의 시식(施食).

"아등이 산경(山景)을 탐연(耽然)ᄒ여 도라갈 쥴을 니즈니, 졍히 긔갈을 면치 못ᄒ리러니, 번거ᄒ 즈쳐 귀암(貴庵)을 요란케 홈도 다스(多事)ᄒ거늘, 노스(老師)의 관졉(款接)ᄒ믈 만히 입으니, 후의(厚誼)를 닛기 어렵도다."

딕시 흔연 스례왈,

"폐암(弊庵)1088)이 누츄(陋醜)ᄒ여 귀인이 머므ᄅ셤즉지 아니ᄒ고, 산즁 초식이 초초(草草)ᄒ여 귀긱의 쳘음(啜飲)ᄒ셤즉【66】지 아니 ᄒ옵거늘, 귀인이 과도이 일ᄏ르시니, 빈승(貧僧)이 붓그려 죽으리로쇼이다."

졔공이 흔연 답스(答謝)ᄒ고 축을 니어 말ᄉᆷᄒᆯ식, 숀공 왈,

"우리 등이 힝뇌(行路) 공춍(倥傯)ᄒ니1089) 산스(山寺) 도관(道觀)의 오릭 뉴쳬(留滯)ᄒᆯ 비 아니라. 명일 일즉이 도라갈 거시니, 비록 밤이나 잠간 스즁(寺中)을 완상(玩賞)ᄒ리라."

노시 허락ᄒ고 인도ᄒ여 두로 유관(遊觀)ᄒᆯ식, 곳곳이 유아소쇄(幽雅瀟灑)1090)ᄒ여 진짓 은즈(隱者)의 거ᄒᄂᆫ 곳이오, 굴곡(屈曲)ᄒ 월낭(月廊)1091)을 지나 법당(法堂)의 니ᄅ니, 굉녀장활(宏麗長闊)ᄒ여 운쇼(雲霄)의 쇼숫고, 【67】 오치영농(五彩玲瓏)ᄒ딕 금즈(金字)로 딕웅보젼(大雄寶殿)이라 현판ᄒ고, 삼위(三位) 금불(金佛)이 안졋더라.

숀·셕 냥인이 나아가 분향비례(焚香拜禮)ᄒ고 갈오딕,

"즈고로 셩인도 경권(經權)을 두시니, 쇼쇼미스(小小微事)인들 범시 엇지 경권(經權)1092)이 업스리오."

ᄒ고, 몬져 나아가 향을 꼿고 불젼(佛前)의 비례ᄒ니, 뎡·뉸 냥인이 또ᄒ 마지 못ᄒ여 숀·셕 냥인의 젼ᄒᄆᆯ 조초 한가지로 분향ᄒ고 믈너나 두로 완상ᄒ더니, 믄득 후원으로 조초 낭낭(朗朗)ᄒ 셔셩(書聲)이 바람길히 들니니, 그 쇼리 쳥아쇄락(淸雅灑落)ᄒ여 봉황(鳳凰)이 【68】 단혈(丹穴)1093)의셔 울고, 구츄상텬(九秋霜天)의 학이 브ᄅ지지ᄂᆫ 듯한지라.

졔공이 경아 왈,

"이 글쇼리 어딕로조초 나ᄂᆫ고? 반ᄃ시 산님초야(山林草野)의 인직 슙엇도다."

노시 잠쇼 왈,

"이 글쇼리 다ᄅᆫ 사ᄅᆷ이 아니라, 슈년 젼의 한 지상의 공지 젹은 연고로 가환(家患)

1087)인간슈륙진미(人間水陸珍味) : 세속의 산과 바다에서 나는 온갖 진귀한 물건으로 차린, 맛이 좋은 음식.

1088)폐암(弊庵) : 승려가 자신이 속한 암자를 낮추어 이르는 말.

1089)공춍(倥傯)ᄒ다 : 이것저것 일이 많아 바쁘다.

1090)유아소쇄(幽雅瀟灑) : 그윽하고 아름다우며, 맑고 깨끗함.

1091)월낭(月廊) : 대문간에 붙어 있는 방.

1092)경권(經權) : ①경법(經法)과 권도(權道), 즉 언제나 변하지 않는 원칙과 상황에 따라 취하는 임기응변을 아울러 이르는 말.

1093)단혈(丹穴) : 단사(丹砂)가 나는 굴로, 중국에서 남쪽의 태양 바로 밑이라고 여기던 곳.

을 맛나 잠간 피우(避憂)ᄒᆞ여 후원 방장(方丈)1094)의 머므시나이다.”

뎡상셰 니르딘,]

“셔싱이 ᄌᆡ상ᄌᆞ졔(宰相子弟)라 ᄒᆞ니 뉘집 ᄌᆞ졘지 모로거니와, ᄉᆞ히지ᄂᆡ긔위형졔(四海之內皆爲兄弟)1095)라, 셔셩이 비상ᄒᆞ니 ᄯᅩ 인믈【69】풍치 용널치 아니리니, 한 번 셔로 보미 무방ᄒᆞ딘, 임의 야심ᄒᆞ여시니 가탄(可嘆)이로다.”

숀시랑 왈,

“부딘 보고져 ᄒᆞ면 피ᄎᆞ 남지 무슨 허믈이 이시리오. 오히려 밤이 치 깁지 아냐시니 우리 ᄯᅩ 한가지로 셔로 보미 무방ᄒᆞ도다.”

눈티워 침음 왈,

“명일(明日)이 밧부지 아니 ᄒᆞ니 엇지 그리 급거이 굴니오. 아등은 힝노의 곤븨(困憊)ᄒᆞ니 그만 ᄒᆞ여 도라가 쉬고져 ᄒᆞᄂᆞ니, 숀·셕 냥형이 잠 업거든 혼ᄌᆞ 가보고, 진실노 인지 츌즁ᄒᆞ거든 우【70】리는 명일의 한 번 보리라.”

숀시랑이 본딘 셩졍(性情)이 급거(急遽)ᄒᆞ여 아모 불긴지ᄉᆞ(不緊之事)도 고집을 닌 후는 참지 못ᄒᆞᄂᆞᆫ 셩품이오, ᄯᅩ 녀ᄋᆞᄅᆞᆯ 두어 당시 계ᄎᆞ지년(笄叉之年)1096)이 거의로딘, 한낫 군ᄌᆞᄅᆞᆯ 엇지 못ᄒᆞ엿ᄂᆞᆫ지라. 이 셔싱의 근본과 인믈이 엇더ᄒᆞᆫ고. 진실노 문미(門楣)1097) 상당ᄒᆞ고 인지 아름다오면, 동상(東床)의 슌향1098)을 졈복(占卜)ᄒᆞᆯ ᄯᅳ시 이셔 더옥 밧비 보고져 ᄒᆞ니, 엇지 도로혀 권쳑(眷戚)의 쇼식이 이 가온딘 잇ᄂᆞᆫ 줄을 알니오.

뎡·눈【71】냥인과 셕공은 방장(方丈)으로 몬져 도라오고, 숀시랑은 홀노 산보ᄒᆞ여 글쇼릭ᄅᆞᆯ 조차 나아가니, 졍뎐 뒤흐로 가장 이윽이 도라 힝ᄒᆞ여 그윽ᄒᆞᆫ 초당(草堂)의 니르니, 두어 간 졍ᄌᆞ(亭子) 유벽쇼아(幽僻騷雅)1099)ᄒᆞ여 님목취쥭(林木翠竹) ᄉᆞ이의 은은이 빗최ᄂᆞᆫ딘, 쥭창(竹窓)의 쵹영(燭影)이 명멸(明滅)ᄒᆞ고 쇄옥냥셩(碎玉朗聲)1100)이 뇨료(嘹嘹)1101)ᄒᆞ여 갓가이 드르미 더옥 긔특ᄒᆞᆫ지라. 시랑이 족용(足容)을 ᄌᆞ로 옴겨 나아가 창틈으로 보니, 동벽하(東壁下)의 쵹광(燭光)이 영농(玲瓏)ᄒᆞ고,【72】일긔 창두는 한 구셕의 지혀1102) 안ᄌᆞ 조으름1103)이 몽농(朦朧)ᄒᆞ고, 일위 미쇼년이 월익(月額)의 당건(唐巾)1104)을 슉이오[고], 치봉(彩鳳)이 나는 듯ᄒᆞᆫ 엇게의,

---

1094)방장(方丈) : 불교에서 화상(和尙)·국사(國師) 등의 고승(高僧)이 거처하는 처소.
1095)ᄉᆞ히지ᄂᆡ긔위형졔(四海之內皆爲兄弟) : 온 세상에 살고 있는 사람들이 다 같은 형제라는 말.
1096)계ᄎᆞ지년(笄叉之年) : 여자가 처음 비녀를 꽂을 나이가 되었다는 뜻으로, ‘시집갈 나이가 되었음’을 이르는 말.
1097)문미(門楣) : ①문벌, 가문. ②창문 위에 가로 댄 나무. 그 윗부분 벽의 무게를 받쳐 준다.
1098)슌향 : 신랑감. *슌향을 졈복(占卜)ᄒᆞ다; 신랑감을 정하다.
1099)유벽쇼아(幽僻騷雅) : 그윽하고 깊으면서 풍치가 있고 아담하다.
1100)쇄옥냥셩(碎玉朗聲) : 옥이 깨어지는 듯한 맑고 아름다운 목소리.
1101)뇨료(嘹嘹) : 소리가 매우 맑고 영롱함.
1102)지혀다 : 기대다. 몸이나 물건을 무엇에 의지하면서 비스듬히 대다.
1103)조으름 : 졸음. 잠이 오는 느낌이나 상태.

빅포(白布)를 걸고, 촉하(燭下)의 단좌(端坐)ᄒᆞ여 효경(孝經)1105)을 낭낭(朗朗)이 외오니, 그 쇼릭 청아명낭(淸雅明朗)ᄒᆞ며, 녑흐로 안즈시니 즈셔치 아니ᄒᆞ나, 겻흐로 보아도 빗난 용홰(容華) 조요(照耀)ᄒᆞ여 실벽(室壁)의 딩휘(振輝)1106)ᄒᆞ며, 진쥬 갓흔 귀블1107)과 년화 갓흔 보조기1108)의 잉슌이 즈로 움죽여 쇄옥셩(碎玉聲)을 비와트니1109) 【73】 일눈은셤(一輪銀蟾)1110)이 찬연이 븕은지라.

숀공이 일견의 크게 비상이 너겨, 이의 한 번 기춤ᄒᆞ고 쾌히 문을 여니, 그 쇼년이 졍히 글 닑기의 잠심ᄒᆞ여 사름의 즈최 이시믈 아지 못ᄒᆞ엿더니, 문 여는 소릭로 조추 눈을 드러 보고 딕경ᄒᆞ나, 제 임의 드러시니 능히 피홀 길이 업고, 쏘 년긔 만흐믈 보믹 방심ᄒᆞ여 마지 못ᄒᆞ여 니러 마ᄌ 네필(禮畢) 좌졍(坐定)의, 가향(家鄕)과 셩명(姓名) 근파(根派)를 므러 알믹, 피츳 딕경딕희(大驚大喜)ᄒᆞ믈 마지 아니ᄒᆞ【74】니, 아지 못게라! 이 셔싱의 근본시말(根本始末)이 엇더혼 사람이며, 숀시랑의 쥬의는 엇지 니ᄅᆞ믠고? 급급 하회(下回) 셩남(釋覽)홀진뎌! 【75】

1104)당건(唐巾) : 예전에, 중국에서 쓰던 관(冠)의 하나. 당나라 때에는 임금이 많이 썼으나, 뒤에는 사대부들이 사용하였다.

1105)효경(孝經) : 공자가 제자인 증자(曾子)에게 전한 효도에 관한 논설 내용을 기록한 책. 유교 경전의 하나이다.

1106)딩휘(振輝) : 빛이 어떤 평면에 반사되어 빛남.

1107)귀블 : 귓불. 귓바퀴의 아래쪽에 붙어 있는 살.

1108)보조기 : 보조개. 말하거나 웃을 때에 두 볼에 움푹 들어가는 자국.

1109)비와트다 : 배앝다. 뱉다. 입 속에 있는 것을 입 밖으로 내보내다.

1110)일눈은셤(一輪銀蟾) : '바퀴처럼 둥근 은빛 두꺼비'라는 뜻으로, 둥글고 밝은 달을 달리 표현한 말.

윤하뎡삼문취록 권지오십수

차시 숀공이 흔번 보미 크게 이상이 너겨 이의 흔번 기춤ᄒ고 쾌히 문을 여니, 그 쇼년이 졍히 글 닑기의 잠심(潛心)ᄒ여 사름의 ᄌ최 이시믈 아지 못ᄒ엿더니, 문여ᄂᆞᆫ 쇼릭로 조ᄎᆞ 눈을 드러 보고 딕경ᄒ나, 제 임의 실(室)의 드러시니 능히 피홀 길이 업고, ᄯᅩ 년긔 만흐믈 보믹 겨기 방심ᄒ여, 마지 못ᄒ여 마ᄌ 네필 좌졍의 가향(家鄉)과 성명(性命) 근파(根派)ᄅᆞᆯ 므러 알믹, 피ᄎᆞ 딕경 딕희ᄒ믈 마【1】지 아니ᄒ니, 아지못게라! 이 셔싱의 근본 시말이 그 엇던 사름이며, 숀시랑의 족의(族義)ᄂᆞᆫ 엇지 니ᄅᆞ민고?

원닉 시랑 숀호ᄂᆞᆫ 구상셔의 표종제(表從弟)라. 구상셰 일즉 셩족(姓族)이 희쇼(稀少)ᄒ고 ᄯᅩ 싱장ᄒ믈 표문(表門)의셔 ᄒ여시니, 비록 장셩(長成) 닙신(立身)ᄒ여 각기 쇼(疎)ᄒ기의 밋ᄎᆞ나, 종표지간(從表之間)의 졍의 ᄌᆞ별ᄒ미 타인으로 다ᄅᆞ미 만흐니, 조셕의 상종ᄒ여 《우직‖우이》 도타오니, 구쇼져 슉이 ᄯᅩᄒᆞᆫ 조모(朝暮)의 비알ᄒ여 친슉지간(親叔之間) 갓치 ᄒ더니, 불힝ᄒ여 구상셰 조정의 죄【2】ᄅᆞᆯ 어더 원적(遠謫)홀 ᄯᅥ의ᄂᆞᆫ, 숀시랑이 현모(賢母)의 상ᄉᆞ(喪事)ᄅᆞᆯ 맛나 고향의 도라가 시묘(侍墓)ᄒᆞᆫ 빈니, 님힝의 셔로 보지 못ᄒ고 숀공이 ᄯᅩ 상셔 부인 경부인의 상장(喪葬)을 조위(弔慰)치 못ᄒ엿더니, 모상삼년(母喪三年)을 맛춘 후 다시 조당(朝堂)의 ᄉᆞ환(仕宦)ᄒ나, 구상셰 먼니 젹쇼의 잇고, 가(假)구시 난이 의법히 뉸한님의 부인이 되여 구가(舅家)의 평안이 머므니, 숀공이 진가(眞假)ᄅᆞᆯ 어이 알니오.

쳐음은 그러히 알고 구쇼져의 아름다온 직질노 셩덕지문(聖德之門)과 고문화벌(高門華閥)의 딕군ᄌ(大君子)의 비체(配妻) 되믈 깃거ᄒ【3】더니, 만만념외(萬萬念外)[1111]의 가구시의 간젹(奸跡)이 픽루(敗漏)ᄒᆞᆫ 졍젹(情迹)을 드ᄅᆞ믹, 표형 구상셔를 위ᄒ여 그 일녀 조ᄎᆞ 보젼치 못ᄒ믈 위ᄒ여 슬허ᄒ고, 슉아 쇼져의 옥안화ᄌ(玉顏花姿)와 난심혜질(蘭心蕙質)[1112]노 독슈의 맛춘 바를 미양 신셕(晨夕)의 우탄(憂歎)ᄒ더니, 숀공이 만면 츈풍으로 몬져 팔흘 드러 좌를 쳥ᄒ고 날호여 말을 펴 왈,

"노싱(老生)[1113]은 일시 과긱(過客)으로 우연이 산경을 유완(遊玩)ᄒ더니, 월명쳥야

1111) 만만념외(萬萬念外) : 전혀 뜻밖임.

1112) 난심혜질(蘭心蕙質) : 여자의 아름다운 마음씨와 뛰어난 자질을 난초(蘭草)·혜초(蕙草)와 같은 아름답고 향기로운 꽃에 비유하여 이르는 말

1113) 노싱(老生) : 늙은 사람이 자기를 낮추어 이르는 일인칭 대명사. 늑노졸(老拙)

(月明淸夜)의 현亽의 아름다온 셔셩(書聲)을 듯고 ᄎᄌ 니ᄅ러 션풍(仙風)을 상졉ᄒ니, 묵은 눈이 상쾌ᄒ지라. 현시 만일 더【4】럽다 ᄇᆞ리지 아닐진ᄃᆡ, 외람이 '진번(陳蕃)의 탑(榻) ᄂᆞ리믈'1114) 효측(效則)고져 ᄒᄂᆞ니, 아지못게라! 뉘 집 놉흔 가문의 어진 ᄌᆡ졔시뇨? 가향과 셩명을 듯고져 ᄒ노라."

구쇼졔 무인심야(無人深夜)의 언건(偃蹇)흔 장ᄌᆞ를 맛나니, 심불열이ᄃᆡ불쾌(心不悅而大不快)1115)ᄒ여 마음이 침상(針狀)의 안즌 듯ᄒ나, 십분 슈렴(收斂)ᄒ여 안ᄉᆡᆨ(顏色)을 졍ᄒ고, 일변 발노 유랑을 미러 ᄶᅵ와 왈,

"누디(陋地)의 존긱(尊客)이 니ᄅ러 계시거늘, 노싀(老厮)1116)ᄂᆞᆫ 엇지 잠ᄌᆞ기를 니러 ᄐᆺᄒᄂᆞ뇨?"

유랑이 잠결의 놀나 ᄭᆡ다라, 눈을 빗쯧고1117) 치와다보니1118), 쇼져ᄂᆞᆫ 공슈【5】졍닙(拱手正立)ᄒ여 긱을 공경ᄒ고, 일위 즁년 상공은 문을 당ᄒ여 셧ᄂᆞᆫ지라. 유랑이 ᄃᆡ경실ᄉᆡᆨᄒ여 ᄌᆞ시 보니, 이 곳 다ᄅᆞ니 아니라 구상셔의 표죵 손시랑이라. 쇼져ᄂᆞᆫ 져의 남ᄌᆞ믈 구의(拘礙)ᄒ여 냥안(兩眼)을 낫초아시니, 시쳠(視瞻)이 ᄯ릐의 오ᄅᆞ지 아니ᄆᆡ, 밋쳐 그 안면을 보지 못ᄒ고, 유랑은 ᄯᅥ난지 오륙년이나 엇지 아지 못ᄒ리오. ᄒ물며 져희 노쥬(奴主) 환난여싱(患難餘生)으로 뎨향(帝鄉)을 ᄯᅥ난지 슈ᄌᆡ(數載)의, 가향 쇼식이 아ᄅᆞ라 ᄒ니, 장ᄎᆞᆺ ᄉᆞ향지심(思鄉之心)이 일일최급(一日催急)1119)ᄒ던 바의, 쳔만넘외(千萬念外)【6】의 손공을 맛나니, 반갑고 깃부ᄆᆡ, 니ᄅᆞᆫ바 '쳔니(千里)의 봉고인(逢故人)'1120)이라. 도로혀 ᄭᅮᆷ인가, 의희창망(依稀蒼茫)1121)ᄒ니, 브지불각(不知不覺)의 니ᄅᆞᄃᆡ,

"상공이 아니 손학ᄉ 노야시니잇가?"

손공이 ᄎᆞ언을 듯고 경희(慶喜)ᄒ여 답 왈,

"연(然)ᄒ거니와 네 뉘완ᄃᆡ 날을 아는다?"

유랑이 하 깃부고 반가오니, 연망(連忙)이 ᄃᆡ 왈,

"쳔쳡은 구상셔 망실 경부인의 유졔(乳弟) 계월이로쇼이다."

손공이 ᄃᆡ경 왈,

"뉘 텬상(天喪)1122) 삼년 후의 환조찰임(還朝察任)ᄒ나, 경쉬 별셰ᄒ시고, 구형이 원

1114)진번(陳蕃)의 탑(榻) ᄂᆞ림 : 진번하탑(陳蕃下榻). 어진 사람을 특별히 예우하는 것을 일컫는 말. 중국 후한 때 남창태수 진번이 그 고을의 서치(徐穉)라는 현사가 오면 특별히 걸상을 내려 앉게 하고 그가 가면 즉시 거두어 걸어 두었다는 고사에서 유래한 말.
1115)심불열이ᄃᆡ불쾌(心不悅而大不快) : 마음이 기쁘지 않고 크게 불쾌함.
1116)노싀(老厮) : 늙은 종.
1117)빗쯧다 : 비비다. 비벼 씻다.
1118)치와다보다 : 쳐다보다. 얼굴을 들어 바로 보다.
1119)일일최급(一日催急) : 하루를 급히 여겨, 바삐 가기를 재촉함.
1120)쳔니(千里)의 봉고인(逢故人) : 천리 밖에서 오래 그리던 옛 친구를 만남.
1121)의희창망(依稀蒼茫) : 희미하고 아득하여 긴가민가함..
1122)텬상(天喪) : ①부친상(父親喪)을 달리 이르는 말. ②남편의 상(喪)을 달리 이르는 말. 남편을 '하늘

젹(遠謫)ㅎ여 셔로 반기물 엇지 못ㅎ고, 일녜(一女) 요힝 무수히 【7】 군주의 실(室)의
도라가 조히 머므는가 ㅎ엿더니, 셰상시 뜻밧긔 일이 만하, 몽미지외(夢寐之外)의 괴
이흔 화란을 조추, 질녀의 수싱거쳐(死生居處)는 업고 뉴부의 도라갓던 질녀는, 진짓
질녜 아니라, 경시러라 ㅎ고, 여추여추 경시 규슈의 몸으로 교음(狡淫)흔 악시(惡事)
드러나미, 눈가의 츌화를 맛나고 지금 질녀의 종젹이 업다 ㅎ니, 추악ㅎ믈 니긔지 못
ㅎ더니, 네 무슴 연고로 이곳의 홀노 와 이시며, 어이 음양(陰陽)을 변체(變體)ㅎ엿느
뇨? 쏘 질녀는 어듸로 가고, 져 쇼년은 하인야(何人也)오? 젼후시 【8】 말(前後始末)을
실진무은(悉陣無隱)1123)ㅎ여, 나의 아득ㅎ물 씨닷게 ㅎ라."

유랑의 답언이 엇더ㅎ며, 구쇼져의 쳐변이 하여오?

션시(先時)의 구쇼져 슉이 본듸 화벌여지(華閥餘枝)1124)로 명문(名門)의 탄싱ㅎ여,
현부모(賢父母) 싱훈(生訓)으로, 심규(深閨)의 양성(養成)ㅎ여, 싱셰ㅎ미 강보지초(襁褓
之初)로붓터 군주의 싱훈(生訓)과 주부인(慈夫人) 니측(內則)1125)으로 의방(依倣)1126)
ㅎ는 니훈(內訓)1127)과 녀계(女戒)1128)를 밧주와, 비호는 비 녜법(禮法) 규힝(閨行)이
라. 흡흡(洽洽)히 공강(共姜)1129)의 녈도(烈道)와 빅희(伯姬)1130)의 심야(深夜)의 불하
당(不下堂)이 화즁쇼수(火中燒死)1131)ㅎ던 쳥심(淸心)이 이시니, 엇진 고로 슉녀 현완
의 고고기결(孤高介潔)1132)흔 지취(志趣)【9】로써, 졸연(猝然)이 빙옥방신(氷玉芳身)
이 쳔니타향의 유락(流落) 분듀(奔走)ㅎ여, 산수야겸(山寺野店)의 깃드리며, 변복위남
(變服爲男)ㅎ여 유리간익(流離艱厄)이 여추 지경의 밋추리오만은, 희희(噫噫)라!1133)텬
되(天道) 회극(戲劇)1134)ㅎ며 조화옹(造化翁)1135)이 흑 성구져1136) 니극지싀(已極之

(天)'이라 한 데서 유래한 말.
1123)실진무은(悉陣無隱) : 숨김없이 모두 이야기함.
1124)화벌여지(華閥餘枝) : 세상에 드러난 높은 문벌의 자손.
1125)니측(內則) : 내규(內規). 부녀자들이 법(法)으로 삼는 규범.
1126)의방(依倣) ; 남의 것을 모방하여 본받음
1127)니훈(內訓) : 조선 시대에, 성종의 어머니 소혜 왕후(昭惠王后) 한씨가 ≪소학≫,≪열녀≫,≪명심보
　　감≫ 따위에서 역대 후비의 언행에 본보기가 될 만한 내용을 추려서 언해를 붙인 책.
1128)녀계(女戒) : 집안의 부녀자들에게 하는 경계나 교훈.
1129)공강(共姜) : 중국 춘추 때 위(衛)나라의 열녀. 위나라 희후(僖侯)의 아들 공백(共伯)과 결혼하였는데
　　남편이 뜻하지 않게 요절하자, 공강의 친정어머니는 젊어서 청상과부가 된 딸의 앞날이 걱정되어 그녀
　　에게 여러 번 개가(改嫁)를 종용하였다. 그러나 공강은 그 때마다 어머니의 종용을 거부하고 '백주(柏
　　舟)'라는 시를 지어 끝까지 절의를 지켰다. 그녀의 기사는 『소학』<명륜(明倫)>편에, 시 '백주(柏舟)'
　　는 『시경』<용풍(鄘風)>편에 나온다.
1130)빅희(伯姬) : 중국 춘추시대 노(魯)나라 선공(宣公)의 딸. 송나라 공공(恭公)에게 시집갔다가 10년 만
　　에 홀로 됐다. 궁궐에 불이 났을 때 관리가 피하라고 했으나 부인은 한밤에 보모 없이 집을 나설 수
　　없다고 고집해서 결국 불속에서 타 죽었다. 『열녀전(烈女傳)』<정순전(貞順傳)>'송공백희(宋恭伯姬)'
　　조(條)에 기사가 보인다.
1131)화즁쇼수(火中燒死) : 불 속에 타 죽음.
1132)고고기결(孤高介潔) : 성품이 세상일에 초연하여, 고상하고 굳고 깨끗함.
1133)희희(噫噫)라! : 슬프고 슬프다! 몹시 슬프다.

猜)1137)를 나리오시니, 즈고로 군즈슉녀 신명(神明)이 부박(浮薄)1138)지 아니ᄒ리 업
ᄂᆞᆫ지라.

구쇼져의 텬지특용(天姿特容)과 난즈혜질(蘭姿蕙質)노 엇지 맛ᄎᆞᆷ닉 초혼(初婚)의 험
희(險戲)1139)ᄒ물 면ᄒ리오. 즈부인(慈夫人)이 세상을 바리시나, 요ᄒᆡᆼ 부공(父公)이 고
원(故園)1140)의 안강(安康) 녕슌(寧順)ᄒ면 쇼져의 환난이 ᄯᅩ 엇지 이의 밋【10】ᄎᆞ
며, 불ᄒᆡᆼᄒ여 구상셰 폄적찬비(貶謫竄配)ᄒ나, 그 외구(外舅) 경츄밀이 관ᄉ1141)를 바
리지 아니ᄒ여시면, 쇼져의 봉변 환난이 엇지 이 지경의 밋ᄎᆞ리오만은, 오호(嗚呼), 텬
야(天也)아! 명야(命也)아! 막비텬의(莫非天意)니, 불기비인녁(不期庇人力)이로다.1142)

연(然)이나 구쇼졔 한갓 어질며 긔특ᄒᆞᆯ ᄯᅮᆫ이언졍, 맛ᄎᆞᆷ닉 엄군쥬의 ᄉᆡᆼ이지지(生而知
之)ᄒᄂᆞ는 투철○[ᄒᆞᆫ] 명식(明識)을 밋기 어려오니, 엇지 맛ᄎᆞᆷ닉 음녀 간인의 모녀노쥬
(母女奴主) 동심합계(同心合計)ᄒ여, 난아 요녀(妖女)의 음교특ᄉ(淫狡慝邪)ᄒᆞᆫ ᄒᆡᆼ식, 표
종지간(表從之間)의 남의 졍혼방밍(定婚芳盟)1143)이 금셕(金石) 갓ᄒᆞᆫ 군즈【11】의 풍
신직화(風神才華)를 엿보아, 규녀의 녜도(禮道) 염치(廉恥)를 다 잇고, 화(化)ᄒ여 망부
셕(望夫石)1144)이 되고져 ᄒᄂᆞᆫ 지경의 밋쳐, 불인용녈(不仁庸劣)ᄒᆞᆫ 어미를 보치며, 간
악ᄒᆞᆫ 요비를 동심(同心)ᄒ여. 부군(夫君)의, 일미(一妹)를 우공(友恭)ᄒ여 구상셔 부인
으로 우이 즈별(自別)ᄒ물, 호시 모녜 ᄆᆡ양 싀오(猜惡)ᄒ던 바로써, 의외의 경부인이
일녀를 두고 조셰(早世)ᄒ며, ᄯᅩ 즉시 구상셰 조정의 득죄ᄒ여 먼니 원적(遠謫)ᄒ니,
구공이 ᄯᅩᄒᆞᆫ 셩죡이 희쇼(稀少)ᄒ고, 안항(雁行)1145)이 젹막(寂寞)ᄒ여 요ᄒᆡᆼ 득비현필
(得配賢匹)ᄒ여[되], 부인 경시 ᄉᆡᆨ모직예(色貌才藝)【12】슉녀의 풍치 가족ᄒ니, 상
셔 항녀(伉儷)1146)의 ᄃᆡ륜(大倫)과 익우(益友)1147)의 셩ᄉ(盛事)를 아오로고, 부인이
ᄯᅩᄒᆞᆫ 안항(雁行)이 번화ᄒ믈 엇지 못ᄒ고, 다만 형남 경츄밀 일인이라. 한갓 남ᄆᆡ 우
공ᄒᆞ며 즈별ᄒᆞᆯᄲᅮᆫ 아니라, 구·경 냥공(兩公)의 지심허ᄃᆡ(知心許待)ᄒᆞ미 타인 남ᄆᆡ의

1134)희극(戲劇) : ①몹시 황당하고 어처구니없는 일. ②실없이 하는 익살스러운 행동.
1135)조화옹(造化翁) : 만물을 창조하는 노인이라는 뜻으로, '조물주'를 이르는 말.
1136)흑셩궂다 : 심술궂다.
1137)니극지싀(已極之猜) : 지나치게 심한 시기(猜忌).
1138)부박(浮薄) : 지나치게 각박함. 몹시 야박함. 쌀쌀하고 인정이 없음.
1139)험희(險戲) : 사납게 해함.
1140)고원(故園) : 옛 뜰. 고향(故鄕).
1141)관ᄉ : 세상. 현세. 이승. *관ᄉ를 바리다 : 세상을 버리다. 죽다.
1142)막비텬의(莫非天意)니, 불기비인녁(不期庇人力)이로다 : 하늘의 뜻이 아닌 것이 없으니, 사람의 도움
　을 기대할 수가 없으리로다.
1143)졍혼방밍(定婚芳盟) : 혼인을 정약한 아름다운 맹세.
1144)망부셕(望夫石) : 정조를 굳게 지키던 아내가 멀리 떠난 남편을 기다리다 그대로 죽어 화석이 되었
　다는 전설적인 돌. 또는 아내가 그 위에 서서 남편을 기다렸다는 돌.
1145)안항(雁行) : 기러기의 행렬이란 뜻으로, 남의 형제를 높여 이르는 말.
1146)항녀(伉儷) : 남편과 아내로 이루어진 짝.
1147)익우(益友) : 사귀어 유익함이 있는 벗.

지난지라. 경츄밀은 두 부인긔 즈녀를 두고, 구상셔 부인은 다만 슉아 쇼져 일인 쑨이라.

츄밀이 질녀를 과인ᄒᆞ미, 친ᄌᆞ 문원의 무모(無母)ᄒᆞᆫ 졍ᄉᆞ를 어엿비 너겨 ᄌᆞ의《ᄒᆞ미 ‖ 흠과》 간격이 업ᄉᆞ나, 호시의 불인흠과 난아의 요【13】음(妖淫)ᄒᆞᆫ 졍틱를 본 적마다 불쾌ᄒᆞ며, 비록 근심이 듕ᄒᆞᆫ 쩌라도, 아ᄌᆞ와 질녀를 본즉, 웃는 용화를 여러 미위(眉宇) 환연ᄒᆞ여 어로만져 무인ᄒᆞᄆᆞᆯ 마지 아니ᄒᆞ고, 웃고 즐겨 ᄒᆞ다가도 친녀 난아를 본즉, 홀연 광미(廣眉) 빈츅(嚬蹙)ᄒᆞ고, 가월텬창(佳月天窓)1148)의 져믄1149) 빗치 니러나며, 셩음(聲音)이 강기(慷慨)ᄒᆞᄆᆞᆯ 씨닷디 못ᄒᆞ여 왈,

"ᄌᆞ고로 쥬문(周門)의 관채(管蔡)1150) 잇고, 요슌지직(堯舜之子)1151) 불초(不肖)ᄒᆞ니, 나의 묘복박덕(眇福薄德)1152)으로 인싴(人士) 우용(愚庸)ᄒᆞ니, 엇지 족히 ᄌᆞ식의 현불션악(賢不善惡)1153)을 의논ᄒᆞ리오만은, 난아의 밋쳐는 그 외모의 교미(嬌媚)ᄒᆞ【14】미 낫부미 아니로ᄃᆡ, 슉녀의 문의 바라도 못ᄒᆞ려니와, 출하리 상흔쳔녀(常漢賤女)의 용용무지(庸庸無知)흠과 평상(平常)ᄒᆞ기의도 버셔나리니, 반ᄃᆞ시 조션(祖先)을 츄락(墜落)ᄒᆞ고 명풍(名風)을 허러 바릴 ᄌᆞ는 난이라. 기모(其母)의 용녈ᄒᆞ기의도 쳔승만비(千勝萬倍)1154)리니 엇지 문호의 ᄃᆡ불ᄒᆡᆼ(大不幸)이 아니리오. 출하리 아시(兒時)의 죽어 업ᄉᆞ미 가ᄒᆞᄃᆡ, 상텬신기(上天神祇)1155) 특별이 나의 묘복(眇福)을 벌ᄒᆞ려 나리오신 빈니, 무가ᄂᆡ하(無可奈何)1156)로다."

ᄒᆞᆫ즉,

구부인이 듯고, 위로(慰勞) 졍식(正色) 왈,

"부ᄌᆞ(父子)는 텬뉸(天倫)이라. 형장의 싴니명달(識理明達)1157)ᄒᆞ시므로, 엇지 ᄆᆡ양 질녀를 나【15】므라 ᄒᆞ시미 인졍 밧긔 발ᄒᆞ시ᄂᆞ니잇고? 호형이 잠간 불통무식(不通無識)ᄒᆞ여 션져져(先姐姐)의 슉뇨현쳘(淑窈賢哲)ᄒᆞ시믈 밋지 못ᄒᆞ시고, 난이 경도(傾倒)ᄒᆞ여 어린 아ᄒᆡ 삼가지 못ᄒᆞᄂᆞᆫ 일이 이시나, 이 곳 년쇼 유녀의 예ᄉᆞ(例事) 허물이라. ᄃᆡ단흔 과실이 아니어늘 형장이 ᄆᆡ양 언참(言讖)1158)의 불길ᄒᆞᄆᆞᆯ 삼가지 아니ᄒᆞ시

1148) 가월텬창(佳月天窓) : 달처럼 둥근 눈.
1149) 져믈다 ; 저물다. 해가 져서 어두워지다. *져믄; 어두운.
1150) 관채(管蔡) : 중국 주나라 문왕(文王)의 아들이자 무왕(武王)의 동생인 관숙(管叔)과 채숙(蔡淑)을 함께 이르는 말. 무왕(武王)이 죽고 형제 가운데 주공(周公)이 무왕의 어린 아들 성왕(成王)을 도와 섭정을 하자, 주공을 의심하여 반란을 일으켰다가, 관숙은 죽음을 당하고 채숙은 추방당했다.
1151) 요슌지직(堯舜之子) : 요임금의 아들 단주(丹朱)와 순임금의 아들 상균(商均)을 말함. 둘 다 못나고 어리석어 왕위를 물려받지 못했다.
1152) 묘복박덕(眇福薄德) : 복이 적고 덕이 옅음.
1153) 현불션악(賢不善惡) : 어질고 어질지 못함과 착하고 악함.
1154) 쳔승만비(千勝萬倍) : 천 배나 낫고 만 배나 낫다.
1155) 상텬신기(上天神祇) : 하늘에 있는 신. 하느님.
1156) 무가ᄂᆡ하(無可奈何) : 어찌할 도리가 없음.
1157) 싴니명달(識理明達) : 지식이 많고 지혜로우며 사리에 밝음.
1158) 언참(言讖) : 미래의 사실을 꼭 맞추어 예언하는 말.

니, 쇼미 드러믹 불안ᄒᆞᄆᆞᆯ 니긔기 어려오니, 호형이 엇지 불평치 아니ᄒᆞ리잇고? 추후ᄂᆞᆫ 언두(言頭)의 길죄(吉兆) 아니믈 삼가쇼셔.”

ᄒᆞᆫ즉, 츄밀이 묵묵불열(默默不悅)ᄒᆞ고, 호시 모녜 일노뼈 더옥 앙앙(怏怏)ᄒᆞᄆᆞᆯ 【16】품어, 당치 아닌 투심(妬心)이 니러나, 싀심(猜心)과 원망이 익구즌1159) 구쇼져의게 도라가○[니], 하ᄂᆞᆯ이 엇지 구슉아를 나리와 경난아로 ᄒᆞ여금 ‘유냥(莠良)을 닉신 탄(歎)’1160)이 잇게 ᄒᆞ신고? 원입골슈(怨入骨髓)ᄒᆞ더니, 조화옹(造化翁)이 본딕 흑셩구져 ᄒᆞᆫ 씨를 빌니시니, 또 엇지 군ᄌᆞ 슉녀의 호시난상(胡思亂想)1161)치 아니ᄒᆞ리오.

구상셰 만금일교(萬金一嬌)로뼈 뉸상국의 장ᄌᆞ로 정약(定約)ᄒᆞ고 길신(吉辰)1162)을 밋쳐 기다리지 못ᄒᆞ여서, 쳔만 몽외의 경부인이 연셰(捐世)ᄒᆞ고, 부인 쵸긔(初忌)를 밋쳐 지닉지 못ᄒᆞ여서, ᄌᆞ긔(自己) 조졍의 죄를 어더 폄젹(貶謫)ᄒᆞ게 되니, 님별 【17】의 쳐남 경츄밀을 딕ᄒᆞ여 녀아의 평ᄉᆡᆼ을 부탁ᄒᆞ딕, ᄌᆞ긔 밋쳐 은ᄉᆞ를 닙ᄉᆞ와 고원(故園)의 도라오지 못ᄒᆞᆯ지라도, 부인 초긔를 지닉거든 뉸상부의 통ᄒᆞ고 길월냥신(吉月良辰)을 갈히여, 녀아의 혼ᄉᆞ를 지닉게 ᄒᆞ라 ᄒᆞ고, 경ᄉᆞ를 쩌나니, 츄밀이 지긔(知己)의 부탁을 조츠며, 망믹(亡妹)의 일교(一嬌)믈 가이(可愛)ᄒᆞ여, 구상셰 원ᄒᆡᆼ(遠行)ᄒᆞᆫ 후, 구쇼져를 즉시 다려와 부듕의 두어 ᄉᆞ랑ᄒᆞ며, 그 어린 나히 ᄌᆞ모(慈母)를 상(喪)ᄒᆞ고 부군(父君)을 원별(遠別)ᄒᆞ며, 안항(雁行)이 젹막ᄒᆞ여 쳑영(隻影)1163)의 그림지의 외로오믈 더옥 이련(愛憐)ᄒᆞ여, 신셕(晨夕)의 ᄌᆞ로 드러가 보【18】아 위로ᄒᆞ며 연익ᄒᆞ미, 오히려 친녀의 지나니, 난아 모녀의 싀긔지심(猜忌之心)은 니ᄅᆞ도 말고, 더옥 난이 뉸ᄉᆡᆼ의 쳔쳔고만만셰(千千古萬萬歲)1164) 독보(獨步)ᄒᆞᆯ 풍신ᄌᆡ화(風神才華)를 한번 보아, ᄉᆞ모ᄒᆞ미 ᄲᅧ의 ᄉᆞ못ᄎᆞᆫᄃᆡ라. 구쇼져를 삼키고져 ᄒᆞ나, 능히 츄밀을 두려 ᄉᆡᆼ의치 못ᄒᆞᄂᆞᆫ 비러니, 구쇼져의 운익(運厄)이 긔구(崎嶇)ᄒᆞ니, 엇지 능히 요녀 간인의 독슈(毒手)를 잘 면ᄒᆞ리오.

구쇼졔 텬ᄉᆡᆼ딕회(天生大孝) 츌어 범뉴(出於凡類)ᄒᆞᄆᆞ로, ᄉᆞ랑ᄒᆞ시던 엄군(嚴君)을 원니(遠離)ᄒᆞ여 신혼모졍(晨昏慕情)의 틱항(太行)1165)의 구룸을 현망(懸望)ᄒᆞ여 망운영모(望雲永慕)ᄒᆞᄂᆞᆫ 심ᄉᆞ 잇고, 구원(九原)1166)의 션비(先妣)를 츄모ᄒᆞ여 【19】궁텬호모

1159)익궂다 : 애꿎다. ①아무런 잘못 없이 억울하다. ②」 ((주로 ‘애꿎은’ 꼴로 쓰여)) 그 일과는 아무런 상관이 없다.

1160)유냥(莠良)을 닉신 탄(歎) : ‘(하늘이) 악한 사람을 내고 또 착한 사람을 낸 것을 탄식한다.’는 뜻으로, 세상에는 선과 악이 공존한다는 것을 말함. *유냥(莠良) : 나쁜 풀(莠)과 좋은 풀(良), 곧 나쁜 사람과 좋은 사람을 비유적으로 이르는 말.

1161)호시난상(胡思亂想) : 몹시 뒤엉키어 어수선하게 생각함. 또는 그런 생각. 늑호사난량

1162)길신(吉辰) : 길일(吉日). 운이 좋거나 상서로운 날.

1163)쳑영(隻影) : ‘외따로 있는 사물의 그림자’라는 뜻으로, ‘오직 한 사람뿐임’을 비유적으로 이르는 말.

1164)쳔쳔고만만셰(千千古萬萬歲) : 천만년의 천만배가 될 정도로 영원한 시간.

1165)틱항(太行) : 태항산(太行山). 중국 동북부에 위치하여 산서성(山西省), 하북성(河北省), 하남성(河南省) 등 3개 성(省)에 걸쳐서 연결되어 있는 거대한 산맥. 중심의 하남성 임주시(林州市)의 태항대협곡(太行大峽谷)은 빼어난 경치를 자랑하고 있다. 해발 1840m.

(窮天呼母)1167) 늑아지통(蓼莪之痛)1168)이 즁니여얼(中裏餘蘖)1169)ᄒ여, 효녀지심(孝女之心)이 여촌여삭(如寸如削)1170)ᄒ여, 진실노 싱셰지심(生世之心)1171)의 호황(好況)1172)이 돈무(頓無)1173)ᄒ나, 다시 싱각건ᄃᆡ 즈가 일신이 무용○[흔] 일녀ᄌ로 경여홍뫼(輕如鴻毛)1174)나, 부모의 쳔금쇼즁(千金所重 일교(一嬌)로 즁여틱산(重如泰山)이라. ᄎ마 망모의 님망유교(臨亡遺敎)와 부친의 님힝경계(臨行警戒)를 져바리지 못ᄒ여, 스스로 강잉ᄒ여 아모려나 ᄌ부인 삼상(三喪)의 지보(知保)ᄒ여 타일 부안(父顔)을 반기기를 긔약ᄒ고, 조ᄎ 위양(渭陽)1175)의 후의(厚意)를 감격ᄒ야 쳔만 비회를 관억(寬抑)ᄒ여 셰월을 보ᄂᆡ더니, 불힝ᄒ여 경츄밀이 다시 니지 못ᄒᆯ 줄 【20】 알고, 부인과 녀아의 불인ᄒᆞᆷ을 그윽이 밍지(萌知)ᄒ고 아ᄌ와 질녀의 정ᄉᆡ(情事) ᄀᆞ초 비고(悲苦)ᄒᆞᆯ 바를 불승이석(不勝哀惜)ᄒ나, 즈긔 슈명이 거의니 무가ᄂᆡ히(無可奈何)라. 졔갈무후(諸葛武侯)1176)의 위국 츙심이라도, 직계치ᄌᆡ(齋戒致齋)○○[ᄒ여] 남두(南斗)1177)의 긴슈(壽)를 비지 못ᄒ고, '장셩(將星)1178)이 오장원(五丈原)1179)의 ᄯ러져시니'1180) 쳔츄만셰의 니ᄅᆞ히 츙신의 ᄉᆞ의(辭意) 강기(慷慨)ᄒᆞᄂᆞᆫ 비라.

경공이 스스로 명지장단(命之長短)을 임의로 ᄒ리오. 님망(臨亡)의 스스로 좌우로 붓들녀 안ᄌ 일봉셔(一封書)를 닷가 가인(家人)을 맛져 구상셰 젹쇼의 젼ᄒ라 ᄒ고,

---

1166) 구원(九原) : 구천(九泉). 저승. 사람이 죽은 뒤에 그 혼이 가서 산다고 하는 세상.
1167) 궁텬호모(窮天呼母) : 어머니를 부르는 소리가 하늘 끝까지 미침.
1168) 육아지통(蓼莪之痛) : 중국 전국시대 진(晉)나라 사람 왕부(王裒)가 아버지가 비명(非命)에 죽은 것을 슬퍼하여 일생 묘 앞에 여막(廬幕)을 짓고 살며 추모하였는데, 『시경』<육아편(蓼莪篇)>을 외우며, 그 때마다 아버지를 봉양치 못하는 자신의 처지를 슬퍼하여 눈물을 흘렸다는데서 유래한 말. 육아(蓼莪)시(詩)의 내용은 부모가 고생하며 나를 낳고 길러주신 은혜와 그 은혜를 갚지 못하는 효자의 슬픔을 표현하고 있다.
1169) 즁니여얼(中裏餘蘖) : 마음속에서 싹이 틈.
1170) 여촌여삭(如寸如削) : 마디마디 베어내는 것 같음.
1171) 싱셰지심(生世之心) : 세상에서 살아가고 싶은 마음
1172) 호황(好況) : 좋은 것. 좋은 상황.
1173) 돈무(頓無) : 전혀 없음.
1174) 경여홍뫼(輕如鴻毛) : 가볍기가 기러기의 털과 같다. *기러기의 털 : 매우 가벼운 사물을 이르는 말.
1175) 위양(渭陽) : 외삼촌을 달리 이르는 말. 『시경』<진풍(秦風)> 위양이장(渭陽二章)의, '외삼촌을 위양(渭陽)에 보낸다'는 구절에서 유래한 말.
1176) 졔갈무후(諸葛武侯) : 제갈량(諸葛亮). 181~234. 중국 삼국 시대 촉한의 정치가. 자(字)는 공명(孔明). 시호는 충무(忠武). 뛰어난 군사 전략가로, 유비를 도와 오(吳)나라와 연합하여 조조(曹操)의 위(魏)나라 군사를 대파하고 파촉(巴蜀)을 얻어 촉한을 세웠다. 유비가 죽은 후에 무향후(武鄕侯)로서 남방의 만족(蠻族)을 정벌하고, 위나라 사마의와 대전 중에 병사하였다
1177) 남두셩(南斗星) : 남방에 있는 여섯 별로 구성된 별자리. 그 모양이 '말(斗)'과 비슷하기에 생겼다 하여 붙여진 이름임. 도교에서 남두성은 사람의 수명을 관장한다고 한다.
1178) 장셩(將星) : 어떠한 사람에게든지 각각 인연이 맺어져 있다는 별.
1179) 오장원(五丈原) : 중국 산서성(陝西省) 서안시(西安市) 서부, 기산현(岐山縣) 서남쪽에 있는 삼국 시대의 전쟁터. 촉나라의 제갈공명이 위나라 사마의와 싸우다가 병들어 죽은 곳임.
1180) 장셩(將星)이 오장원(五丈原)의 ᄯ러져시니 : 제갈량(諸葛亮)이 오장원의 전투에서 죽음을 맞이했을 때 장성이 떨어졌던 일을 말함. 장성은 대장을 상징한다는 별자리.

부인과 주녀를 불너 유언ᄒ기를 맛ᄎ미, 부인【21】을 되ᄒ여 가ᄉ를 부탁ᄒ고 질녀와 아주를 어지리 무휵(撫畜)ᄒ여 친녀 난아와 간격지 말나 ᄒ고, 경계ᄒᄂ 언ᄉ 쳔셔만단(千緒萬端)이로되, 호시 모녀의 싀포험악(猜暴險惡)○○[ᄒ고] 부직(不直)ᄒ 심용(心用)이 엇지 죠곰이나 감동ᄒ미 이시며, 목금(目今) 공의 엄엄(奄奄) 슈진(壽盡)ᄒᄂ 거동을 보나, 겨기 일분 인심(人心)과 념의(念意) 이시면 엇지 망극통졀(罔極痛切)1181)ᄒ 심ᄉ 밋쳐, 셜우믈 결을ᄒ여1182) 타ᄉ의 마음이 도라갈 비리오만은, 호시ᄂ 한낫 토목(土木) 갓흔 마음이오, 난아ᄂ 만고 요음찰녜(妖淫刹女)라. 엇지 인의념치(仁義廉恥)로【22】 뻐 칙망ᄒᆯ 비리오.

츄밀이 인ᄒ여 별셰ᄒ니, 호시 주녀 노복을 거ᄂ려 계요1183) 치상(治喪)ᄒ기를 맛치미, 밋쳐 장녜(葬禮)도 지니지 못ᄒ여셔 음모곡계(陰謀曲計) 빅츌(百出)ᄒ니, 한갓 타츌(他出)을 본니 침학(侵虐)ᄒᆯ쑨 아니라, 구쇼져 노쥬 냥인을 급급히 박살ᄒ여, 주최를 아조 흔적 업시 쓰러 업시 ᄒ고, 만고난눈(萬古亂倫) 별상요음(別狀妖淫)1184) 되악(大惡)을 몸쇼 힝ᄒ려 ᄒ미, 두상(頭上)의 신기(神祇) 지방(在傍)ᄒ고, 겻히 귀신의 보ᄂ 눈이 붉으믈 젼연(全然) 부지(不知)ᄒ고, 난아 요음되악(妖淫大惡) 찰녜(刹女)1185) 죵제 구쇼져 슉아를 아조 죽【23】여 업시 ᄒ고, 제 스스로 변형ᄒᄂ 요약을 삼켜 텬눈을 긔망(欺罔)ᄒ고 완연이 져희 노쥬 구쇼져 노쥬의 젼형을 닙니1186) 니여, 언연(偃然)이 되군주의 실듕(室中)의 도라가 맛ᄎᆷ니 구시로 죵신(終身)ᄒᆯ가 너기니, 엇지 통히치 아니ᄒ며, 명명(明明) 신기(神祇) ᄀ만ᄒ 가온되 션악보응(善惡報應)이 업스리오.

션시의 구쇼져 노쥬 간인(奸人)의 잔학(殘虐)ᄒ 독슈(毒手)를 면치 못ᄒ여, 두 낫 시쉬(屍首) 속졀업시 궤듕육(櫃中肉)이 되어, 창낭되히(滄浪大海) 듕의 어복(魚腹)을 치오게 되니, 형유랑(乳娘)의 위쥬튱【24】심(爲主忠心)은 져희 죽으믄 셟지 아니ᄒ나, 쥬인의 장니보옥(掌裏寶玉)으로, 만금교왜(萬金嬌娃)1187) 힘힘이1188) 간인의 독슈의 이뉵(二六) 홍안화미(紅顔華美)로뻐, 비명참ᄉ(非命慘事)ᄒ믈 면치 못ᄒᄂ 지경의 밋ᄎ니, 구원(九原)의 도라가ᄂ 원빅(冤魄)이{라도} 원분(怨憤)이 쳘쳔(徹天)ᄒ여, 상통신명(上通神明)1189)ᄒ고 하통궁양(下通窮壤)1190)ᄒ여, 혼빅이 경츄밀과 경부인 녕혼을 만

1181)망극통졀(罔極痛切) : ≒망극지통(罔極之痛). 한이 없는 슬픔. 보통 임금이나 어버이의 상사(喪事)에 쓰는 말이다.
1182)결을ᄒ다 : 틈을 내다. 이기다. *이기다; ①감정이나 욕망, 흥취 따위를 억누르다. ②고통이나 고난을 참고 견디어 내다.
1183)계요 : 겨우. 기껏해야 고작.
1184)별상요음(別狀妖淫) : 유별나게 요사스럽고 음란함.
1185)찰녜(刹女) : 나찰녀(羅刹女). 여자 나찰. 사람의 고기를 즐겨 먹으며, 큰 바다 가운데 산다고 한다.
1186)닙니 : 입내. 흉내.
1187)만금교왜(萬金嬌娃) : 더할 나위 없이 귀한 딸.
1188)힘힘이 : 심심히. 맥없이. 하는 일이 없어 지루하고 재미가 없게. 또는 힘없이.
1189)상통신명(上通神明) ; 위로 신령(神靈)에 통함.
1190)하통궁양(下通窮壤) : 아래로 땅끝까지 통함.

나, 호시 모녀의 죄를 고ᄒᆞ며, 십왕명ᄉᆞ계(十王冥司界)1191)의 숑원(訟原)ᄒᆞ여, 호시 모녀의 궁흉ᄃᆡ죄(窮凶大罪)를 고ᄒᆞ여, 져희 노쥬의 무원무죄(無怨無罪)히 죽는 셜화ᄅᆞᆯ 홀1192)고져 ᄒᆞ오더니, 텬우신【25】조(天佑神助)ᄒᆞ여 상텬신기(上天神祇)1193) ᄯᅩᄒᆞᆫ 길인(吉人)을 보조(補助)ᄒᆞ시미 명명ᄒᆞ며, 구쇼제 임의 눈한님의 텬뎡슉칙(天定宿債)1194)로 원앙치(鴛鴦債)1195)를 일우며, 엄군쥬 월혜의 셩덕광화(聖德光華)를 조ᄎᆞ, 그 뒤흘 ᄶᅩᆯ와 규목(樛木)1196)의 셩ᄉᆞ(盛事)를 빗ᄂᆡ려 ᄒᆞ여시니, 구쇼제 엇지 이뉵(二六) 홍안(紅顏)의 션원(仙苑)의 금봉(金鳳)1197)이 버리고져1198) ᄒᆞ고, 신월(新月)이 두렷고져1199) ᄒᆞ거늘, 남두(南斗)의 타온 달슈영복(達壽永福)1200)을 북뒤(北斗)1201) 쥬장(主張)ᄒᆞ여 싱살(生殺)을 임의로 ᄒᆞ리오.

어시의 양쥬 틱힝산(太行山) 활인ᄉᆞ 쥬지 명셩되ᄉᆞ는, 일즉 냥가(良家) 녀ᄌᆞ로 초년의 명되 긔【26】혼(奇痕)ᄒᆞ여, 조상부모(早喪父母)ᄒᆞ고 무타종족(無他宗族)ᄒᆞ며 종션형제(終鮮兄弟)1202)ᄒᆞ니, 타문(他門)의 싱장ᄒᆞ여 이팔지년(二八之年)의 젹인(適人)ᄒᆞ엿더니1203), 가지록 명박(命薄)ᄒᆞ여 즉시 쇼텬(所天)을 여희니, 구기(舅家) ᄯᅩᄒᆞᆫ 고혈영뎡(孤孑零丁)ᄒᆞ여 ᄉᆞ변을 도라보아 일신 의지홀 곳이 업ᄂᆞᆫ디라. 드듸여 산문의 도라가 셕가의 졔ᄌᆡ 되니, 스스로 져의 명박궁도(命薄窮途)ᄒᆞᆷ믈 슬허, 기리 ᄂᆡ셰(來世)를 어질이 닷가 젼셰죄과(前世罪過)를 쇼멸코져 ᄒᆞᆷ므로, ᄌᆞ비지심(慈悲之心)이 ᄌᆞ별(自別)ᄒᆞ여

1191)십왕명ᄉᆞ계(十王冥司界) : 불교에서, 죽은 사람을 재판하는 열 명의 대왕이 머문다는 저승세계 곧 명부(冥府). *시왕(十王) : 저승에서 죽은 사람을 재판하는 열 명의 대왕. 진광왕, 초강대왕, 송제대왕, 오관대왕, 염라대왕, 변성대왕, 태산대왕, 평등왕, 도시대왕, 오도 전륜대왕이다. 죽은 날부터 49일까지는 7일마다, 그 뒤에는 백일·소상(小祥)·대상(大祥) 때에 차례로 이들에 의하여 심판을 받는다고 한다. ≒십대왕·십왕

1192)홀다 : 함소(讒訴)하다. 호소하다. 하소연하다.

1193)상텬신기(上天神祇) : 하늘에 있는 신. 하느님.

1194)텬뎡슉칙(天定宿債) : 천정숙연(天定宿緣). 지난 세상에서부터 하늘이 맺어준 인연.

1195)원앙채(鴛鴦債) : 부부 사이의 인연.

1196)규목(樛木) : 『시경(詩經)』 주남편(周南篇)에 있는 시의 제명(題名). 주(周) 문왕(文王)의 후궁들디 정비(正妃) 태사(太姒)의 덕을 찬양한 시. 또는 부부의 행복을 노래한 시로 알려져 있다. 규목(樛木)은 가지가 굽어 아래로 늘어져 있는 나무로, 부인 곧 태사(太姒)의 덕이 널리 아랫사람들에게 드리워져 있음을 상징한다.

1197)금봉(金鳳) : 금봉화(金鳳花). 봉선화(鳳仙花). 봉숭아꽃.

1198)버리다 ; 벌리다. 우므러진 것을 펴지거나 열리게 하다.

1199)두렷ᄒᆞ다 : 둥그렇다.

1200)달슈영복(達壽永福) : 오래살고 길이 복을 누림.

1201)북뒤(北斗) : 북두칠성(北斗七星). 탐랑(貪狼), 거문(巨門), 녹존(祿存), 문곡(文曲), 염정(廉貞), 무곡(武曲), 파군(破軍) 따위 일곱 개의 별. 인간의 수명을 관장하는 별자리로 이것을 섬기면 인간의 각종 액(厄)과 천재지변 따위를 미리 막을 수 있다고 여겼다.

1202)종션형뎨(終鮮兄弟) : 형제가 적다는 말. 『시경』 <정풍(鄭風)> '양지수(揚之水)'시의 '終鮮兄弟 維予與女(형제도 적어 나와 너뿐이다)와 이밀(李密)의 <진정표(陳情表)>'旣無叔伯 終鮮兄弟(숙부나 백부도 없고 형제도 없다)'에 나오는 말.

1203)젹인(適人)ᄒᆞ다 : 시집가다.

쥬야로 잠즈기를 닛고, 포단(蒲團)[1204] 우희 참션숑경(參禪誦經)ㅎ기를 게어르게 【27】아니ㅎ고, 슈도(修道)ㅎ기를 브즈런이 ㅎ여, 스십여년의 밋쳐는 불법의 미묘(微妙)○○[홈을] 능통(能通)ㅎ미 아란(阿難)[1205] 가섭(迦葉)[1206]의 일뉘(一類)라.

인ㅎ여 양쥬 퇴힝산 상상봉의 스찰을 크게 일우고, 슈빅여인 졔즈를 거느려 강학(講學)ㅎ여 공부ㅎ기를 게얼니 아니ㅎ며, 셕가(釋迦)[1207] 졔불(諸佛)을 공양ㅎ여 도법의 졍묘ㅎ미 쇽승(俗僧)의 무리 쫄와 밋츨 빈 아니라.

명셩니괴 나히 져머실 젹은 오히려 즈가의 냥지(樣姿) 미려ㅎ믈 깃거 아냐, 즈최 산문 밧긔 나미 업시 한가히 암듕(庵中)의셔 도【28】법을 닉일 뜻룸이러니, 셰월노 조츳 나히 만코 법(法)을 바다 일우미, 가연이 두어 도졔(徒弟)로 더부러 푸기(鋪蓋)[1208]를 슈습ㅎ여 텬하의 오유(遨遊)ㅎ여 즈최 스히팔황(四海八荒)[1209]의 아니 간 곳이 업스니, 도쳐(到處)의 만일 사름의 급화를 맛나면 츄연ㅎ여 구ㅎ믈 못 밋츨 드시 ㅎ더니, 모년월일의 쏘흔 경스(京師)의 니르러 쳐쳐(處處) 경식(景色)을 편답(遍踏)ㅎ연지 긔년(幾年)의, 바야흐로 다시 힝니(行李)를 슈습ㅎ여 양쥬로 도라올식, 일엽쇼션(一葉小船)을 ○○[씌워] 남강의 풍뉴(風流)ㅎ엿더니, 씩 졍히 【29】즁츄망간(中秋望間)[1210]이라.

쳥풍(淸風)은 셔릭(徐來)ㅎ고 빅노(白鷺)는 횡강(橫江)[1211]ㅎ니, 슈광(水光)은 졉텬(接天)이라, 평스(平沙)의 낙안(落雁)ㅎ고, 《등고‖션중(船中)》망원(望遠)ㅎ니 옥단지쇠(玉緞之宵)[1212]라.

명셩딕시 쇼션을 스변(沙邊)의 믹고 두어 쇼리(小尼)로 마름[1213]을 키며, 들노

1204)포단(蒲團) : 부들방석. 부들(=왕골)을 틀어 만든 방석.

1205)아란(阿難) : 아난존자(阿難尊者). 부처의 십대제자의 한 사람. 부처의 사촌이며 조달(調達)의 친동생. 부처가 성도(成道)하던 날 밤에 낳았다고 하며, 25살에 출가하여 25년 동안 부처의 시자(侍子)로 있었으며, 십대제자 가운데서 다문제일(多聞第一)로 총명이 놀라웠다고 한다. *다문(多聞); 『불교』법문을 외워 지닌 것이 많음.

1206)가섭(迦葉) : 마하가섭(摩訶迦葉). 부처의 십대제자 중 한 사람. 집착에 사로잡히지 않는 청결한 인물로서 부처의 신임을 받았다. 부처가 열반(涅槃)에 든 후 비탄에 빠지거나 동요하는 제자들을 통솔하여 교단의 분열을 막았으며, 제1회 불전 결집을 지휘하였다. 영취산(靈鷲山)에서 부처가 꽃을 꺾어 보였을 때 오직 마하가섭만이 그 뜻을 이심전심으로 이해하고 미소지었다는, 염화미소(拈華微笑)의 고사(故事)가 전해진다. 선종(禪宗)에서는 마하가섭을 선법(禪法)을 받아 이어준 제1조로 높이 받들고 있다.

1207)셕가(釋迦) : 석가모니(釋迦牟尼). 불교의 개조. 과거칠불의 일곱째 부처로, 세계 4대 성인의 한 사람이다. 기원전 624년에 지금의 네팔 지방의 카필라바스투 성에서 슈도다나와 마야 부인의 아들로 태어났으며, 29세 때에 출가하여 35세에 득도하였다. 그 후 녹야원에서 다섯 수행자를 교화하는 것을 시작으로 교단을 성립하였다. 45년 동안 인도 각지를 다니며 포교하다가 80세에 입적하였다.

1208)푸기(鋪蓋) : 중국어 '포개(鋪蓋)'의 중국음 차용어. 우리말 '보따리'. '바랑'에 해당하는 말.

1209)스히팔황(四海八荒) : '사방의 바다와 여덟 방위의 너른 땅'이라는 뜻으로 온 세상을 이르는 말.

1210)즁츄망간(中秋望間) : 8월 보름 경.

1211)횡강(橫江) : 강을 가로질러 가고 오고 함.

1212)옥단지쇠(玉緞之宵) : 옥색 비단처럼 맑은 하늘.

1213)마름 : 마름. 『식물』마름과의 한해살이풀. 진흙 속에 뿌리를 박고, 줄기는 물속에서 가늘고 길게

리1214)롤 식이고, 스스로 능엄경(楞嚴經)1215)을 외와 밤이 깁흐믈 씨닷지 못ᄒ더니, 져근던1216) 밤이 깁흐미 빅월(白月)이 동텬(東天)의 흐릐고, 창낭(滄浪)의 찬 긔운이 니러나며, 청풍이 나장(羅帳)을 움즉이니, 딕ᄉ(大師) 바야흐로 야심(夜深)ᄒ믈 씨다라, 션창(船窓)을 닷고, 션즁(船中)의 드러와 푸【30】기롤 베고 잠간 졉목(接目)ᄒ엿더니, 소몽비몽간(似夢非夢間)의 관음딕ᄉ(觀音大師)1217) 칠보년딕(七寶蓮臺)의 영낙(榮樂)을 드리오고, 치운(彩雲)을 멍에ᄒ여 공즁의셔 은은이 현셩(顯聖)ᄒ여 니르딕,

"텬상 옥난셩이 진군(眞君)을 조ᄎ 인셰의 젹하(謫下)ᄒ여 구가의 ᄯ올이 되엿더니, 경가 쇼녀(少女)로 젼셰 ᄉ원(私怨)이 이셔, 금셰의 과보(果報)롤 필상(必償)1218)ᄒ려 ᄒᄂ 고로, 지금 구쇼졔 호시 모녀노쥬(母女奴主)의 독슈롤 맛나, 노쥬(奴主)의 셩명이 궤상육(机上肉)1219)이 되여 장ᄎ 히듕(海中)의 더지이여, 명믹이 슈유(須臾)의 잇ᄂ지라. 졔지【31】모로미 밧비 구ᄒ여, 불가(佛家)의 ᄌ비ᄒᄂ 공덕을 널니 ᄒ고, 구시 노쥐 산문(山門)의 삼ᄉ년 년분(緣分)이 이시니, 맛당이 산ᄉ(山寺)의 더부러 도라가 져의 운익(運厄)이 다 쇼멸ᄒ고, 길운(吉運)이 도라올 시절의, 맛당이 그 다려갈 사름이 스스로 올 거시니, 기시(其時)의 부녜 단취(團聚)ᄒ고, 슈빙방밍(受聘芳盟)1220)을 완젼ᄒ여 도라가게 ᄒ라. ᄲᆯ니 구ᄒ고 더듸지 말나."

니괴(尼姑) 딕경 황홀ᄒ여, 연망(連忙)이 고두(叩頭) 합장(合掌)ᄒᆫ딕, 관음이 다시 말이 업시 년딕(蓮臺)룰 두로혀 남히(南海)로 도라【32】가시니, 치운이 즁즁(重重)ᄒ고 셔긔(瑞氣) 방광(放光)ᄒ며, 곳비 ᄲᅵ리이며, 경긱의 불견거체(不見去處)라.

명셩딕ᄉ 놀나 씨다르니, 침듕(寢中)의 의연ᄒ 일몽(一夢)이오, 관음의 명명ᄒ 지괴(指敎) 귀가의 징징ᄒ고, 날빗치 거의 식기의 밋쳣더라. 크게 괴이ᄒ믈 결을치 못ᄒ여, 밧비 션창(船艙)의 나아와 보니, 건너 ᄉ변 빈 가의 큰 궤 하나히 상뉴(上流)로 조ᄎ ᄯ려려와 ᄉ변(沙邊)의 브딕쳣ᄂ지라.

딕ᄉ 몽ᄉ(夢事)롤 싱각ᄒ고, 가장 이상이 너겨 급히 쇼리(小尼) 등을 블너, 빈 젼의

자라 물 위로 나오며 깃털 모양의 물뿌리가 있다. 잎은 줄기 꼭대기에 뭉쳐나고 삼각형이며, 잎자루에 공기가 들어 있는 불룩한 부낭(浮囊)이 있어서 물 위에 뜬다. 여름에 흰 꽃이 피고 열매는 핵과(核果)로 식용한다. 연못이나 늪에 나는데 한국, 일본, 중국 등지에 분포한다.

1214) 들노리 : 주로 전라도 지방에서 불리는 모찌기 소리·모심기 소리·김매기 소리 따위의, 논이나 밭에서 일하면서 부르는 노래를 통틀어 이르는 말. 진도 들노래, 나주 들노래, 함평 들노래 따위가 있다. 늑답중악

1215) 능엄경(楞嚴經) : 불경의 하나. 선종(禪宗)의 주요 경전으로, 인연(因緣)과 만유(萬有)를 설명하였다.

1216) 져근던 : 져근덧. 잠깐사이에. 잠시. 짧은 시간에.

1217) 관음딕ᄉ(觀音大師) : 관세음보살(觀世音菩薩). 아미타불의 왼편에서 교화를 돕는 보살. 사보살의 하나이다. 세상의 소리를 들어 알 수 있는 보살이므로 중생이 고통 가운데 열심히 이 이름을 외면 도움을 받게 된다고 한다. 늑관세음·관음·관음보살·관자재(觀自在).

1218) 필상(必償) : 반드시 갚음.

1219) 궤상육(机上肉) : =조상육(俎上肉). 궤 속에 든 고기라는 뜻으로, 어찌할 수 없게 된 운명을 이르는 말.

1220) 슈빙방밍(受聘芳盟) : 납빙(納聘)을 받고 맺은 아름다운 정혼맹약(定婚盟約)..

나아가 궤롤 붓드러 올니고 보니, 【33】가장 무거온지라. 쇼리 등이 셔로 반드시 무
슨 지물(財物)이 드럿는가 의괴(疑怪)ᄒ믈 마지 아니ᄒ거늘, 딕식 호란(胡亂)1221)ᄒ믈
금지ᄒ고, 친히 붓드러 션창(船窓) 안히 드러가 봉ᄒᆫ 거슬 열고 보니, 과연 다른 거시
아니라, 십여셰는 ᄒᆫ 절염쇼아(絶艶小兒)와 즁년쳥의(中年靑衣) 녀ᄌ롤, 슈족(手足)을
단단이 미고, 닙의 슈건을 막아 너허시니, 냥인이 비록 명은 치 슷지 아녀시나, 암약
(瘖藥)을 만히 먹고 호흡을 통치 못ᄒ여시니, 보건딕 명지경긱(命在頃刻)1222)이오, 즁
년 쳥의(靑衣)는 인가 복예(僕隷)의 복식이로딕, 【34】쇼아는 빅의쇼군(白衣素
裙)1223)으로 효마(孝麻)1224)룰 갓초고, 아미(蛾眉)룰 다스리지 아냐시나, 보건딕 월익
단슌(月額丹脣)1225)이며 '년화(蓮花) 보조기'1226)오, 그린 드시 감아시나 셩안뉴미(星
眼柳眉)1227)의 일만창원(一萬愴寃)1228)을 미ᄌ시니, 결비쳔인(決非賤人)1229)이라. 갑제
쥬문(甲第朱門)1230)의 직상규옥(宰相閨玉)1231)이 쳔고 희한ᄒᆫ 익난(厄難)을 맛난 줄을
뭇지 아냐 알니러라.

딕식 필유곡졀(必有曲折)ᄒ믈 알고, 그 이고참졀(哀苦慘絶)ᄒᆫ 형용을 딕ᄒᆞ여, 슈루
(垂淚)ᄒ믈 씨닷지 못ᄒᆞ여, 쇼리(小尼)룰 분부ᄒᆞ여 온탕(溫湯)을 가져오라 ᄒᆞ여, 친히
힝즁(行中)1232)의 히독졔(解毒劑)룰 닉여 구호ᄒᆞᆯ식, 그 민 거슬 그ᄅ고 편히 【35】누
여, 슈족을 쥐무르며 약음(藥飮)으로 구호ᄒ니, 구시 노줘 비록 무상(無上)1233)○[ᄒᆞᆫ]
ᄉ화룰 맛나 궤듕의 드러시나, 일시 말 못ᄒᆞᆫ 암약(瘖藥)을 먹엇고, 아조 듁는 독약
을 먹음이 업고, 밤식도록 슈즁의 표류ᄒᆞ여시나 깁히 궤듕의 드러시니, 물은 혀디1234)
아냣는지라. 다만 일시 비분(悲憤)이 흉억(胸臆)의 막질녀시나1235), 오히려 뉵믹(六脈)
은 단졀(斷絶)치 아니 ᄒᆞ엿는 고로, 그 씨기의 밋쳐는 시긱이 각별 더디지 아니ᄒ지
라.

1221)호란(胡亂) : 한데 뒤섞여 어수선함.
1222)명지경긱(命在頃刻) : 거의 죽게 되어 곧 숨이 끊어질 지경에 이름.
1223)빅의쇼군(白衣素裙) : 베로 지은 흰 저고리와 하얀 치마. 여자 상제(喪制)가 입는 상복(喪服).
1224)효마(孝麻) : =최마(衰麻). 부모, 조부모, 증조부모, 고조부모의 상중에 자손들이 입는 상복인 베옷.
1225)월익단슌(月額丹脣) : 달처럼 둥근 이마와 단사(丹砂)처럼 붉은 입술.
1226)년화(蓮花) 보조기 : 연꽃처럼 불그스름한 보조개. *보조개; 말하거나 웃을 때에 두 볼에 움푹 들어
　　가는 자국.
1227)셩안뉴미(星眼柳眉) : 별 같이 빛나는 눈과 버들잎 같은 눈썹.
1228)일만창원(一萬愴寃) : 일만 가지나 되는 슬픔과 원망.
1229)결비쳔인(決非賤人) : 결단코 천한 사람이 아님.
1230)갑제쥬문(甲第朱門) : 붉은 대문을 단, 크게 잘 지은 집이란 뜻으로, 높은 벼슬아치가 사는 집을 이
　　르는 말.
1231)직상규옥(宰相閨玉) : 재상가의 아름다운 규수.
1232)힝즁(行中) : 행리중(行李中). 행장중(行裝中), 여행보따리 속.
1233)무상(無上)ᄒ다 : 그 위에 더할 수 없음
1234)혀다 : 켜다. 물이나 술 따위를 자꾸 들이마시다.
1235)막질니다 : 막히다. *막질다; 막다.

이윽고 노쥬 냥인이 숨을 닉쉬고, 눈을 드러 니고 등을 보고 방심ᄒ여, 온챠(溫茶)
【36】를 구ᄒ여 마시고, 구활(救活)ᄒᆫ 덕음(德音)을 스레ᄒᆞ미, 쇼져는 안ᄌ 호시 모
녀의 악착 흉포ᄒ던 경상(景狀)을 싱각ᄒᆞ미, 지난 일이나 심골(心骨)이 경한(驚寒)ᄒ여
[고], 옥안(玉顔)이 여토(如土)ᄒ여 져두(低頭) 묵연(默然)ᄒ고, 유모는 활은딕혜(活恩
大惠)[1236]를 복복(復復)[1237] 빅하(拜賀)[1238]ᄒ여 씇지 아니니, 딕시 겸양(謙讓) 칭ᄉ
(稱辭)ᄒ고, ᄯᅩᄒᆫ 아ᄌ(俄者) 신몽(神夢)으로뼈 니르며, 근파(根派)를 뭇고, 환난의 연
고를 므르니, 유랑이 강기(慷慨) 분연(憤然)ᄒ여 져희 근본과 닉력을 호발(毫髮)도 은
닉(隱匿)지 아니코, 종두지미(從頭至尾)히 셜파ᄒ니, 딕시 경희ᄒᆷᆯ 마지 아니ᄒ고, ᄯᅩ
ᄒᆫ 부쳐의 명빅히 가르치던 【37】 바를 싱각고, 구시 노쥬를 직삼 위로ᄒ여 한가지로
활인ᄉ로 도라올시, 도로의 녀복(女服)이 비편(非便)타 ᄒ여, 딕시 힝듕(行中)의 은냥
(銀兩)을 닉여 두어 필 빅포(白布)를 어더 두어 벌 건복(巾服)[1239]을 지어, 구쇼져 노
쥬의 복식○[을] 곳치고, 일노(一路)의 무ᄉ히 득달(得達)ᄒ여 ᄉ즁(寺中)의 도라오니,
졔승(諸僧)이 일시의 산문의 나아와, 딕ᄉᆯ 마ᄌ 방장(方丈)[1240]의 드러가 쉬여, ᄎᆞ를
드려 파ᄒᆞ미, 쇼년 셔싱(書生)의 표치(標致) 쥰슈ᄒᆷᆯ 닷호아 칭찬ᄒ며, 어딕로 조ᄎᆞ
오신 연고를 뭇ᄌᆞ오니, 딕시 왈,

"이 공ᄌᆞ는 경ᄉ(京師) 진상ᄌ졔(宰相子弟)로셔, 가변(家變)을 맛나 삼ᄉ년 【38】
피화ᄒᆯ 곳을 엇지 못ᄒ여 ᄒᄂᆫ 고로, 닉 뫼셔 왓ᄂ니, 여등(汝等)이 후당 그윽ᄒᆫ 방장
을 슈쇄(收刷)[1241]ᄒ여, 구공ᄌ로 ᄒ여곰 평안이 머므르시다가 도라 가시게 ᄒ라."

졔승이 다 그러히 알고 그 화풍선안(華風仙顔)을 흠복갈치(欽服喝采)ᄒ여 반ᄃ시 옥
쳥션ᄌ(玉淸仙子) 하강(下降)ᄒᆫ가 의심ᄒ더라.

노ᄉ(老師) 쇼져와 유랑을 후원 심슈(深邃)ᄒᆫ 곳의 쳐ᄒ게 ᄒ니, 쳐소의 안졍(安靜)
ᄒᆷ과 조셕식물(朝夕食物)의 공급ᄒᆞ미 극진ᄒ니, 쇼져 노쥬 딕ᄉ의 ᄌᆞ비(慈悲) 덕음(德
蔭)을 깁히 감ᄉ하고, ᄯᅩᄒᆫ 불안ᄒᆷᆯ 니긔지 못ᄒ여, 잇다감 슈(繡)도 노흐며 셔화(書
畫)도 민드라 ᄉ즁(舍中) 쇼【39】리(小尼)를 쥬어 시샹(市上)의 가 화미(和賣)ᄒ여 의
식지졀(衣食之節)의 보틱게 ᄒ니, 노ᄉ 근노(勤勞)ᄒᆷᆯ 만뉴(挽留)ᄒ나, 쇼졔 츄연(惆
然)이 돈ᄉ 왈,

"쳡이 ᄉᆷ싱(三生)의 죄악이 즁ᄒ여, 일즉 '뇩아(蓼莪)의 슬프물'[1242] 맛나니, 인직(人

1236) 활은딕혜(活恩大惠) : 어떤 위기에서 구해, 살려준 큰 은혜.
1237) 복복(復復) : 거듭 거듭. 되풀이하여.
1238) 빅하(拜賀) : 절하여 감사의 뜻을 나타냄.
1239) 건복(巾服) ; 옷갓. 웃옷과 갓을 아울러 이르는 말로, 흔히 예전에 남자가 정식으로 갖추던 옷차림
　　을 이른다.
1240) 방장(方丈) : 화상(和尙), 국사(國師), 주지(住持) 등의 고승(高僧)이 거처하는 처소.
1241) 슈쇄(收刷) : =수습(收拾). 흩어진 재산이나 물건을 거두어 정돈함.
1242) 뇩아(蓼莪)의 슬프물 : 육아지통(蓼莪之痛). 어버이가 이미 돌아가시어 봉양할 길이 없는 효자의 슬
　　픔. 『시경(詩經)』《소아(小雅)》편 <곡풍(谷風)>장 가운데 있는 '육아(蓼莪)'시에서 온 말.

子) 되여 주모의 삼상을 녜(禮)디로 출히지 못ᄒ며, ᄯᅩ 가엄(家嚴)이 군상긔 득죄ᄒ여 원디(遠地)의 죄적(罪謫)ᄒ여 겨신 씌의, 첩이 간인(奸人)의 독슈를 맛나 하마 죽기의 니른 바로ᄡᅥ, 힝혀 슈부의 활혜ᄃᆡ은(活惠大恩)을 닙어 몸이 ᄉᆞ라나믈 어드나, 몸 우희 효의(孝衣)1243)를 면치 못ᄒ엿고, ᄯᅩ 가엄이 쳔니(千里) 이각(涯角)1244)의 머므러 첩의 싱존ᄒᆞᆷ믈 아지 못ᄒ【40】시고 상심비도(傷心悲悼)ᄒᆞ시미 극ᄒ시리니, 불효를 혜아리건ᄃᆡ, 진실노 '남산쥭(南山竹)을 버히나 혜지 못ᄒᆞᆯ가1245)' 슬허ᄒᆞᄂᆞᆫ지라. 삼싱(三生)의 죄ᄃᆡ악극(罪大惡極)ᄒ여, 금싱의 과보를 바드민가 혜아리미, 심골(心骨)이 경한(驚寒)ᄒ여 다시 ᄎᆞ싱(此生)의나 그 죄를 범치 말고져 ᄒᆞ미, 스스 곡녜(曲慮)1246) 밋지 아닌 곳이 업스니, 즁야(中夜)의 잠이 업서 심회(心懷)를 울적ᄒ니, ᄌᆞ연 심회를 쇼견(消遣)코져 ᄒᆞ여, 약간 비혼 바를 시험ᄒᆞ미오, ᄯᅩ 일우미 브졀업시 바리미 앗가와, 화미(和賣)ᄒᆞ여 쇼쇼(些少)ᄒᆞ나 식치지졀(食治之節)1247)을 보티고져 ᄒᆞ미라. 진실노 심녁(心力)을 허비【41】ᄒ여 근노(勤勞)ᄒᆞ미 아니로쇼이다."

ᄃᆡ식(大師) 위로 왈,

"ᄎᆞ역(此亦) 텬야(天也) 명애(命也)라. 화복이 관슈(關數)ᄒ니 간인의 득시(得時)ᄒᆞ미 그 언마 오ᄅᆡ리잇고? 녕존(令尊) 상셔노애(尚書老爺) 오히려 쇼져의 지난 화변과 목금(目今) 산ᄉᆞ(山寺)의 유락(流落) 고쵸(苦楚)ᄒᆞ시믈 아지 못ᄒᆞ시며, 간인이 의구히 쇼져의 일홈을 비러 군ᄌᆞ의 문의 도라가나, 맛ᄎᆞᆷᄂᆡ 용납ᄒᆞᆷ믈 엇지 못ᄒᆞ고 쳥등박명(青燈薄命)1248)이 극진ᄒᆞ다가, ᄌᆞ음ᄌᆞ투(自淫自妒)1249)ᄒ여 ᄌᆞ즁지난(自中之亂)이 니러나, 군ᄌᆞ의 붉은 눈을 도망치 못ᄒᆞ고 형젹(形跡)이 픽루(敗漏)ᄒᆞᄂᆞᆫ 날, 즁목쇼시(眾目所視)1250)의 허다 붓그리오믈 보고, 영츌(永黜)ᄒᆞᄂᆞᆫ 화를【42】맛나리니, 기시(其時)의 세상이 바야흐로 쇼져의 거쳐 업ᄉᆞᆷ과, 경시의 요음(妖淫)ᄒᆞᆯ믈 씌다라, 쇼져의 죵젹(蹤迹)을 심방(尋訪)ᄒᆞ며, 녕존(令尊) 상셔노야(尚書老爺)긔ᄂᆞᆫ 오히려 니런 쇼식을 누통(漏通)ᄒᆞ미 업슬 거시니[나], 오ᄅᆡ지 아냐 쇼졔 풍운(風雲)의 길시(吉時)를 맛나, ᄌᆞ연이 친쳑을 맛나, 빗ᄂᆞᆫ 도라가실 날이 머지 아니시리니, ᄯᅩ혼 영화와 가경(家慶)이 첩다(疊多)ᄒ여, 고진감ᄂᆡ(苦盡甘來)라 ᄒᆞ미 졍히 니런 곳의 일넘 즉ᄒᆞ니, 녕존 노애 텬ᄉᆞ(天赦)를 닙ᄉᆞ와, 도라와 부녜 단합(團合)ᄒ시고, 냥기(兩家) 다시 상의ᄒᆞ여 구약(舊約)을 셩젼(成全)ᄒᆞ시미, 군ᄌᆞ의 문의 녜이위금(禮以委禽)1251)【43】ᄒᆞᄉᆞ '당체(棠棣)

1243)효의(孝衣) : 효마(孝服). 부모, 조부모, 증조부모, 고조부모의 상중에 자손들이 입는 상복(喪服).

1244)이각(涯角) : 멀리 떨어져 있어 외지고 먼 땅.

1245)남산쥭(南山竹)을 버히나 혜지 못ᄒᆞᆯ가 하다 : 죄가 하도 많아서 남산(南山)에 있는 대나무를 다 베어서 죽간(竹簡)을 만들어 적어도 다 적을 수 없을 만큼, 헤아릴 수 없이 많다는 말.

1246)곡녜(曲慮) : 간곡(懇曲)한 염려(念慮)..

1247)식치지졀(食治之節) : 음식물을 마련하는 일.

1248)쳥등박명(青燈薄命) : 푸른 등불아래 외로이 지내며 복이 없고 팔자가 사나움을 서러워함.

1249)ᄌᆞ음ᄌᆞ투(自淫自妒) : 자신이 어떤 상대에게 음란한 마음을 품고, 그 상대가 사랑한다고 생각하는 다른 이성을, 자신이 공연히 미워하고 시기함.

1250)즁목쇼시(眾目所視) : 여러 사람들이 보는 가운데.

의 낙(樂)'1252)이 관관(款款)1253)ᄒ시나, 오히려 간인이 포원함한(抱冤含恨)ᄒ여 져의 교악(狡惡)ᄒᆫ 죄ᄂᆫ 아지 못ᄒ고, 도로혀 현인의게 함포함원(含暴含怨)ᄒ여 복원복슈(復怨復讐)코져 ᄒ리니, 이 ᄤ의 쇼제신들 ᄯᅩ 엇지 무ᄉ안낙(無事安樂)ᄒ시믈 밋으리잇고? 연이나 군ᄌ와 슉인은 반ᄃ시 길인이라. 텬되(天道) 신기(神祇) 보호ᄒ며, 빅영(百靈)이 한가지로 돕ᄂᆞ니, 다시 디단ᄒᆫ 화익(禍厄)은 업ᄉ리이다."

쇼제 쳥파의 ᄉ례 왈,

"ᄉ뷔(師父) 쳡을 위ᄒ여 젼두(前頭)1254), 과거미릭ᄉ(過去未來事)를 붉이 지교(指敎)ᄒ시니, ᄉᄉ의 은혜 빅골난망(白骨難忘)이라. 쳡이 ᄉ싱냥디(死生兩地)의 엇지 ᄉ부의 늉은혜【44】틱(隆恩惠澤)을 니즈리잇고?"

디시 겸양(謙讓) 칭ᄉ(稱謝)ᄒ고 위로ᄒᆷ믈 마지 아니ᄒ더라

니러구러 츈츄(春秋)를 ᄌ로 뒤이져1255), 쇼제 ᄉ즁(寺中)의 머므런지 격셰(隔歲) 되니, 셰월을 혜아리미 모부인 초긔(初忌)1256) 지낫ᄂᆞᆫ지라. 쇼져의 무한ᄒᆫ 지통(至痛)과 '뇩아(蓼莪)의 셜우미'1257) 간담(肝膽)이 여할(如割)ᄒ고, 구장(九腸)이 요요(搖搖)ᄒ니 쳔비만통(千悲萬痛)을 능히 억제치 못ᄒ니, 먼니 뎨향(帝鄕)을 바라 망비(望拜) 오읍(嗚泣)ᄒ여 혈뉘(血淚) 졈졈(點點)ᄒ니, 디ᄉ와 유랑이 민망ᄒᆷ믈 니긔지 못ᄒ여, 호언(好言)으로 빅단관회(百端寬懷)1258)ᄒ여 셰월을 보ᄂᆞ니, '츈거하릭(春去夏來)의 츄진동닉(秋盡冬來)'1259)ᄒ니, 얼프시 슈년이 되여 경부인 남미(男妹)【45】의 삼긔(三忌)를 다 맛ᄎᆞᆫ지라. 쇼제 유모로 더브러 초셕(草席)을 닛그러 후산(後山)의 올나, 북으로 뎨향(帝鄕)을 바라 망비(望拜) 통읍(慟泣)ᄒ미, 쳥뉘환난(淸淚汍亂)ᄒ여 빅포(白布)를 젹시미, 졈졈(點點)이 화ᄒ여 혈쳬(血涕) 어롱지니, 실셩엄읍(失性掩泣)ᄒ여 긔운이 막힐 듯ᄒ니, 유푀 눈물을 거두고 셜우믈 겨요 참아, 빅단 위로ᄒ여 별ᄉ(別舍)의 도라오나, 오히려 츄포빅의(麤布白衣)1260)를 가지1261) 아니ᄒ니, 디강 ᄌ부인 삼상을 맛ᄎ

1251)녜이위금(禮以委禽) : 예(禮)로써 새(=기러기)를 전함. 즉 전안례(奠雁禮) 곧 혼례(婚禮)를 행함.
1252)당쳬(棠棣)의 낙(樂) : '당체(棠棣; 산앵두나무)꽃처럼 아름다운 공주의 시집가는 즐거움'을 말함. 『시경(詩經)』〈소남(召南)〉편 '하피농의(何彼穠矣)' 시의, '하피농의 당체지화(何彼穠矣 棠棣之華; 어찌 저리도 아름다울까, 산 앵두나무의 활짝 핀 꽃)' 구(句)에서 유래한 말로, '산 앵두나무의 활짝 핀 꽃(棠棣之華)'은 제나라 왕자에게 시집가는 주나라 공주를 비유적으로 표현한 말이다.
1253)관관(款款) : 마음속으로 기뻐하는 모양.
1254)젼두(前頭) : 지금 곧 현재의 시점을 기준으로 하여, '지나온 방향의 앞'(前頭, 과거)과 '다가오는 방향의 앞'(來頭, 미래)의 두 의미를 갖고 있는 말로, 여기서는 과거와 미래를 아우르는 의미로 쓰였다.
1255)뒤이지다 : 뒤집히다. 바뀌다.
1256)초긔(初忌) : 사람이 죽은 지 1년이 되는 날.
1257)뇩아(蓼莪)의 셜움 : 육아지통(蓼莪之痛). 어버이가 이미 돌아가시어 봉양할 길이 없는 효자의 슬픔. 『시경(詩經)』《소아(小雅)》편 〈곡풍(谷風)〉장 가운데 있는 '륙아(蓼莪)'시에서 온 말.
1258)빅단관회(百端寬懷) : 백방으로 회포를 위로하여 달램.
1259)츈거하릭(春去夏來) 츄진동닉(秋盡冬來) : 봄이 가고 여름이 오며, 가을이 끝나고 겨울이 돌아옴.
1260)츄포빅의(麤布白衣) : 거친 베로 지은 상복(喪服).
1261)갈다 : 바꾸다.

시나, 즈긔1262) 무고히 봉변(逢變)ᄒᆞ여 데향을 쩌나시니, 친쳑 향당의 ᄉᆞ싱존망(死生存亡)을 고(告)치 못ᄒᆞ엿고, 부친의 평부(平否)를 아지 못ᄒᆞ며, 야애 쏘흔 【46】 즈가의 ᄉᆞ싱을 아지 못ᄒᆞ여, 단장지곡(斷腸之曲)1263)과 역니지통(逆理之痛)1264)이 한즈ᄉᆞ(韓刺史)1265) 복즈하(卜子夏)1266)의 더으시리로다.

싱각이 이의 미츠믹, 스스로 불회(不孝) 막듸ᄒᆞ믈 늣겨, 타일 부녜 단취(團聚)ᄒᆞ여 경ᄉᆞ의 도라가ᄂᆞᆫ 날, 빅의를 버ᄉᆞ려 쯧이러라. 쇼졔 즈부인 삼긔(三忌)를 맛춘 후ᄂᆞᆫ 더옥 심녜(心慮) 요란ᄒᆞ여, 구회(舊懷) 만쳡(萬疊)ᄒᆞ니, 속졀업시 장일단야(長日短夜)와 츄야(秋夜) 오동(梧桐)1267)의, 오ᄆᆡ(寤寐)1268) 경경(耿耿)ᄒᆞ여 침슈(寢睡)를 일우지 못ᄒᆞ고, 몽혼(夢魂)이 경경(耿耿)ᄒᆞ여 데향을 쑴ᄭᅮ니, 화죠월셕(花朝月夕)의 북으로 텬이(天涯) 관산(關山)1269)을 현망(懸望)ᄒᆞ여, '쳑피창【47】혜(陟彼嶮兮)의 쳠망부혜(瞻望父兮)'1270)라. '○○○○[부혜ᄉᆡᆼ아(父兮生我)] 모혜국아(母兮鞠我)'1271)의, 구원영모(久遠永慕)ᄒᆞᄂᆞᆫ 심시 날노 어즈러워, 옥장(玉腸)1272)이 일일산산(日日潛潛)1273)ᄒᆞ고, 금실(琴瑟)1274)이 시시로 쇼삭(消索)1275)ᄒᆞ여, 옥뫼(玉貌) 《니쳑‖수쳑(瘦瘠)》ᄒᆞ고, 화용(花容)이 초쳬(憔悴)ᄒᆞ니, 듸ᄉᆞ(大師)와 유뫼(乳母) 빅단위로(百端慰勞)ᄒᆞ나, 능히 강잉(强仍)1276)치 못ᄒᆞ고, 쳔비만통(千悲萬痛)이 구곡(九曲)1278)이 촌단(寸斷)ᄒᆞ고 흉

1262)자긔 : 자기(自己).

1263)단장지곡(斷腸之曲) : 창자가 끊어지는 것처럼 슬픈 마음.

1264)역니지통(逆理之痛) : 순리(順理)를 거스르는 일을 당한 슬픔이라는 말로, 자식을 잃은 부모의 슬픔을 말함.

1265)한즈ᄉᆞ(韓刺史) : 조주자사(潮州刺史) 한유(韓愈)를 말함. *한유(韓愈); 중국 당나라의 문인·정치가(768~824). 자는 퇴지(退之). 호는 창려(昌黎). 당송 팔대가의 한 사람으로, 변려문을 비판하고 고문(古文)을 주장하였다. 시문집에 ≪창려선생집≫ 따위가 있다. 여기서 한자사(韓刺史)의 역리지통은 그가 조카 한성로(韓成老)가 죽자, <제십이랑문(祭十二朗文)>을 지어 그 즉음을 슬피 애도한 일을 두고 이르는 말이다.

1266)복즈하(卜子夏) : 중국 춘추 시대의 유학자(B.C.507~?B.C.420). 성은 복(卜)씨. 이름은 상(商). 자는 자하(子夏). 공자의 제자로서 십철(十哲)의 한 사람이다. 위나라 문후(文侯)의 스승으로 시와 예(禮)에 능통하였는데, 특히 예의 객관적 형식을 존중하였다. 일찍이 서하(西河)에 있을 때 자식을 잃고 너무 슬피 운 나머지 소경이 되었다는 '상명지통(喪明之痛)'의 고사가 전한다.

1267)오동(梧桐) : 오동나무 잎이 지는 때.

1268)오ᄆᆡ(寤寐) : 자나 깨나 언제나.

1269)관산(關山) : 국경이나 주요 지점 주변에 있는 산.

1270)쳑피창혜(陟彼嶮兮) 쳠망부혜(瞻望父兮) : 『시경(詩經)』 <위풍(魏風)> 척호(陟岵)편에 나오는 시구(詩句). 쳑피호혜(陟彼岵兮; 산위에 올라) 쳠망부혜(瞻望父兮; 아버님 계신 곳 바라보네). 쳑피창혜(陟彼嶮兮)는 쳑피호혜(陟彼怙兮)의 이표기(異表記).

1271)부혜ᄉᆡᆼ아(父兮生我) 모혜국아(母兮鞠我) : 『시경(詩經)』 <소아(小雅)> 요아(蓼莪)편에 나오는 시구(詩句). 부혜ᄉᆡᆼ아(父兮生我; 아버님 날 낳으시고) 모혜국아(母兮鞠我; 어머님 날 기르셨네).

1272)옥장(玉腸) : 옥처럼 굳은 마음.

1273)일일산산(日日潛潛) ; 날로 눈물을 줄줄 흘리며 슬퍼함.

1274)금실(琴瑟) : 거문고와 비파를 함께 이르는 말로 부부간의 사랑을 뜻함.

1275)쇼삭(消索) : 소진(消盡). 점점 줄어들어 다 없어짐. 또는 다 써서 없앰.

1276)강잉(强仍) : 억지로 참음. 또는 마지못하여 그대로 함.

히(胸海)1279) 현요(眩擾)1280)ᄒ니, 인싱 셰간의 우고이락(憂苦哀樂)이 간격ᄒ미 이 갓ᄒ니, 통고금지후(通古今之後)1281)로 무모(無母) 고혈(孤子)ᄒ니 하나 둘히 아니로ᄃ, 능히 즈가(自家)의 조별즈모(早別慈母)ᄒ고 니슬엄졍(離膝嚴情)ᄒ니[며] ᄯ 간인의 참혹ᄒ 독슈(毒手)ᄅᆞᆯ 맛나, 틱평셩셰(太平盛世)의 지은 죄 업시 공연【48】이 산스 야졈(山寺野店)의 망명ᄒ 인싱이 되어, 의식을 산스의 븟치고, 싱존ᄒ 쇼식을 셰간의 젼(傳)치 못ᄒ니, 공연이 젹막심산(寂寞深山)의 유발승(有髮僧)1282)이오, 유명(幽明)이 양계(兩界)로 스이친1283) 듯ᄒ니, 가히 일온1284) 싱불여스(生不如死)1285)라. 니런 마ᄃ를 혜아리ᄆ, 구회(舊懷) 쇼삭(消索)ᄒ여 약장연심(弱腸軟心)이 시시 쎡쎡로 경할(驚割)ᄒᄂ지라.

ᄃᄉ와 유랑이 지셩(至誠) 위로(慰勞)ᄒ여 셰월을 보ᄂ더니, 일월이 신속(迅速)ᄒ여 구쇼졔 산스의 뉴쳐(留處)ᄒ연지 슈년이라. 층싱(層生) 만쳡(萬疊)ᄒ 비회(悲懷)ᄂᆞᆫ 긋칠 젹이 업스니, 능히 밥 먹으며 잠즈기【49】의 평안ᄒ리오.

날마다 불젼(佛前)의 나아가 목욕지계ᄒ고 분향도축(焚香禱祝)ᄒ여 젼셰과악(前世過惡)을 다 쇼마(消磨)1286)ᄒ고, 부쳐의 ᄃ즈ᄃ비(大慈大悲)ᄒ신 덕음(德蔭)을 닙어, 빅ᄌᆡ(百災)ᄅᆞᆯ 쇼멸ᄒ고, 몸이 슈히 데향의 도라가 부녜 단합(團合)ᄒ며 즈모의 향스(享祀)ᄅᆞᆯ 친집(親執)ᄒ여 즈도(子道)ᄅᆞᆯ 다ᄒ기ᄅᆞᆯ 츅원ᄒ더니, 일일은 몽스(夢事)ᄅᆞᆯ 어드니, 부쳬 명명이 현셩ᄒ여 니ᄅᄃ,

"낭아셩(狼牙星)1287)은 하 슬허 말나. 지앙이 거의 쇼멸ᄒ고 불가의 인연이 진(盡)ᄒ여시니, 반가온 소식이 오릭지 아냐 이시리니, 금일이 치 못 가셔 지친의 안【50】면을 반기고, 즐거이 도라가 부녜 단합ᄒ며, 구밍(舊盟)1288)이 완젼ᄒ여 인간 복녹이 무량(無量)ᄒ리니, 도로혀 목금의 젹막산즁(寂寞山中)의 단장고초(斷腸苦楚)ᄒ던 슬프믄 일장츈몽(一場春夢)이 되리라."

ᄒ거날, 쇼졔 놀나 ᄭ씨다라○[니], 몽스 즈못 명명신이(明明神異)ᄒ니, 금일 므슨 희뵈(喜報) 이실가, 아쉬온1289) 졍니(情理)의 괴로이 현망(懸望)ᄒ여, 심시 시로이 비황

1277)쳔비만통(千悲萬痛) ; 쳔만 가지의 슬픔.
1278)구곡(九曲) : 구곡간장(九曲肝腸)의 줄임말. 굽이굽이 서린 창자라는 뜻으로, 깊은 마음속 또는 시름이 쌓인 마음속을 비유적으로 이르는 말.
1279)흉히(胸海) : 가슴. 마음.
1280)현요(眩擾) : 어지럽고 두근거림
1281)통고금지후(通古今之後) : 예나 지금을 모두 꿰뚫어 보면.
1282)유발승(有髮僧) : 머리를 깎지 아니한 승려. 절에 몸을 의탁하고 있는 속인.
1283)스이치다 : 사이를 두다. 사이를 두고 나누다.
1284)일온 : 이른 바.
1285)싱불여스(生不如死) : 사는 것이 죽는 것만 못함.
1286)쇼마(消磨) : 닳아서 없어짐. 또는 닳아서 없어지게 함.
1287)낭아셩(狼牙星) : 낭셩(狼星). 큰개자리에서 가장 밝은 청백색의 별. =늑대별. 시리우스.
1288)구밍(舊盟) : 옛날에 맹세하여 맺은 굳은 약속.
1289)아쉬오다 : 아쉽다. 미련이 남아 서운하다.

(悲況)ᄒ여 침식의 넘이 업셔, 식상(食床)을 물니치고 죵일 현망ᄒ나, 진셰(塵世) 쇼식이 졀연(切然)ᄒ니, 더옥 슬허 심하의 탄왈,

"몽식 극히 허탄ᄒ도다. 【51】이 ᄉ즁(寺中)이 혹 노변촌즁(路邊村中)이나 갓흐면, 혹즌 지나ᄂᆞ 힝인 즁의 젼언을 드러도, 친쳑부치1290)의 쇼문이라도 드릭려니와, 이곳은 그러치 아녀 인간이 격졀(隔絶)ᄒ미 유명지간(幽明之間)1291) 갓흐니, 어딕로 조ᄎᆞ 친쳑의 쇼식인들 드릭리오."

ᄌᆞ탄(自嘆) 초창(怊愴)ᄒ여 슬허ᄒᆞ믈 마지 아니ᄒᆞ더니, 니러구러 날이 어둡기의 니르니, 더옥 심회 황난(慌亂)ᄒ니, 침즁(枕中)의 잠이 업셔 벼기를 물니치고, 쵹(燭)을 딕ᄒ여 마음 업시 효경(孝經)을 닑어 슈회(愁懷)를 닛【52】고져 ᄒᆞ미, 단심(丹心)1292)이 잠연(潛然)1293)ᄒ여 만ᄉ(萬事)의 호황(好況)이 돈무(頓無)ᄒ니, 엇지 창외의 인젹(人跡)을 알니오. 고요히 잠탄쳬하(潛歎涕下)1294)ᄒ여, 다만 마음의 업시 고셔(古書)를 잠심(潛心)이러니, 홀연 창외의 기춤 쇼릭 나며, 일위(一位) 풍화미염(豊華美髥)의 쥰호(俊豪)ᄒᆞᆫ 장직(壯者) 엄연이 기호입실(開戶入室)ᄒᆞᄂᆞ지라.

쇼졔 딕경실식ᄒ나 ᄯᅩᄒᆞᆫ 져의 년긔 장ᄌᆞ지년(壯者之年)이믈 보미, 져기 방심(放心)ᄒ여 급히 셔안(書案)을 밀치고 ᄯᅴ를 ᄯᅴ어 마즈며, 일변(一邊) 유랑을 ᄶᅴ오니, 숀시랑이 셔싱의 아름다오믈 갓가이 딕ᄒ미, 더옥 황홀 【53】긔이ᄒᆞ믈 니긔지 못ᄒ여, 몬져 읍(揖)ᄒᆞ고 셩명(姓名) 거쥬(居住)와 가향(家鄕) 근파(根派)를 므릭미러니, 쳔만 몽미(夢寐) 밧 유랑의 말을 듯고, 딕경ᄒᆞ여 의희난측(疑稀難測)1295)ᄒ여 쇼져의 거쳐존망(居處存亡)을 뭇기의 니른지라. 유랑이 호시 모녀의 요악ᄒᆞᆫ 거동을 싱각ᄒᆞ미, 식로이 통한 비분ᄒ여 능히 공의 뭇ᄂᆞ 바를 슈히 딕치 못ᄒ고, 다만 통흉죤족(痛胸頓足)1296)ᄒ여 실셩딕호(失性大呼) 왈,

"쳔비(賤婢) 비록 하류쳥의(下流靑衣)의 싱장ᄒ여 아ᄂᆞ 거시 업ᄉ오나, 만고(萬古) 텬디간(天地間)의 간음픽악(奸淫悖惡)○[ᄒᆞᆫ] 교음찰녀(狡淫刹女)ᄂᆞ 【54】호부인과 경쇼져와 교란○○○[이오, 그] 갓흐ᄂᆞ 듯도 보도 아냐시니, 노야ᄂᆞ 쳔비의 ᄎᆞ쳐(此處)의 유락(流落)ᄒᆞ미 무슴 곡졀만 너기시ᄂᆞ니잇가? 다 호부인 모녀 노쥬의 작용으로 쇼이다."

셜파(說罷)의 고장(鼓掌) 분분(紛紛)ᄒ여 장화(長話)를 펴고져 ᄒᆞ거ᄂᆞᆯ, 쇼졔 ᄯᅩᄒᆞᆫ 지친을 맛나미 반갑고 깃부미 극ᄒ니, 도로혀 비희교집(悲喜交集)ᄒ나 유모의 너모 급히

1290)-부치 : -붙이. ①」((일부 명사 뒤에 붙어)) 같은 겨레라는 뜻을 더하는 접미사. ②어떤 물건에 딸린 같은 종류라는 뜻을 더하는 접미사.
1291)유명지간(幽明之間) : 저승과 이승 사이.
1292)단심(丹心) : 속에서 우러나오는 정성스러운 마음.
1293)잠연(潛然) : 잠잠함.
1294)잠탄쳬하(潛歎涕下) : 말없이 가만히 탄식하며 눈물을 흘림.
1295)의희난측(疑稀難測) : 의심스럽고 기억이 희미하여 헤아리지 못하다.
1296)통흉돈족(痛胸頓足) : 가슴을 아프게 치고 발을 구르고 하며 안타까워 함.

다셜(多說)ᄒᆞᄆᆞᆯ 불열(不悅)ᄒᆞ여 졍ᄉᆡᆨ(正色) 묵연(默然)이러니, 이윽고 공을 향ᄒᆞ여 ᄇᆡ례(拜禮) 쳬읍(涕泣) 왈,

"지난 바 괴변(怪變) 화란(禍亂)은 다 쇼질의 명되(命途) 남달니 긔혼(奇痕)ᄒᆞᆫ 연고로 텬디 신【55】기(天地神祇) 한가지로 ᄌᆡ얼(災孼)을 ᄂᆞ리오신 ᄇᆡ니, 슈한슈원(誰恨誰怨)이리잇고? 화란여ᄉᆡᆼ(禍亂餘生)이 요ᄒᆡᆼ(僥倖) ᄉᆞ즁구ᄉᆡᆼ(死中求生)ᄒᆞᄆᆞᆯ 엇ᄉᆞᆸ고, 금일 다시 슉부의 존안을 뵈오니 셕ᄉᆞ(夕死)나 무한(無恨)이로쇼이다."

도라 유모를 보고 졍ᄉᆡᆨ 왈,

"우리 노쥬(奴主) 시운(時運)이 건우(愆尤)[1297]ᄒᆞᄆᆡ, 하날이 각별 ᄌᆡ앙(災殃)을 ᄂᆞ리오신 ᄇᆡ니, ᄎᆞ역(此亦) 텬야(天也) 명애(命也)라. 엇지 사ᄅᆞᆷ을 탓ᄒᆞ리오. 슈연(雖然)이나, 텬우신조(天佑神助)ᄒᆞ여 우리 노쥬 《화혼∥화즁(禍中)》 몰ᄉᆞ(沒死)치 아니코, 지금 보명(保命)ᄒᆞᄆᆡ 반셕(盤石) 갓고, 악ᄌᆡ(惡者) 스스로 화의 나아가리니, 인ᄌᆞ(仁者)는 다만 이ᄌᆞ지원(睚眦之怨)[1298]을 필보(必報)ᄒᆞᄆᆡ 업고, 스스로 신명(神明)의 【56】보우(保佑)ᄒᆞ시믈 바랄 ᄯᆞ름이니, 니졔 도로혀 시명(時命)의 부박(浮薄)ᄒᆞ믈 아지 못ᄒᆞ고 사ᄅᆞᆷ을 탓ᄒᆞᆷ은, 심히 불통(不通) 암약(闇弱)지 아니리오. 아등이 구ᄉᆞ일ᄉᆡᆼ(九死一生)ᄒᆞ여 지우금(至于今) 보젼ᄒᆞ여 오늘날 슉부를 맛나오미 만ᄒᆡᆼ(萬幸)이라. 맛당이 한가지로 경ᄉᆞ의 도라가 야야를 반가이 뵈옵고, 뎨향(帝鄉)의 안거(安居)ᄒᆞ리니, 이만 깃부미 업거늘, 격셰니회(隔歲離懷)와 별졍(別情)의 슈다(數多)ᄒᆞᆫ 회포(懷抱)는 알외지 아니코, 드럼즉지 아닌 장화를 존젼의 번득이ᄂᆞᆫᆫ뇨?"

유랑이 쇼져의 깃거 아닛ᄂᆞᆫ 빗츨 보고 묵연이 다시 말을 못ᄒᆞ니, 손공【57】이 쳔만 념외(念外)의 구쇼져의 ᄉᆡᆼ존ᄒᆞ여시믈 보니 깃부고 긔특ᄒᆞ믈 니긔지 못ᄒᆞ여, 역시 탄식 희허(噫噓) 왈,

"ᄌᆞ고(自古)로 군ᄌᆞ 슉녀의 시명이 부박ᄒᆞ니, 질녀의 ᄌᆞ미운치(姿美韻致)[1299]로ᄡᅥ 엇지 홀노 조물(造物)의 니극지ᄉᆡᆨ(已極之猜)[1300]를 면ᄒᆞ리오. 우슉(愚叔)이 최마삼상(衰麻三喪)[1301] 후 상경ᄒᆞ니, 현쉬(賢嫂) 임의 귀텬(歸天)ᄒᆞ시고 구형이 무죄히 원젹(遠謫)ᄒᆞ믈 긔연(介然)ᄒᆞ여, 신셕(晨夕)의 우탄(憂嘆)ᄒᆞ나, 힘이 능히 밋지 못ᄒᆞ고, 질녀의 ᄉᆞᄉᆡᆼ거쳬(死生居處) 업다 ᄒᆞ니, 그 봉변(逢變) 화익(禍厄)이 장ᄎᆞᆺ 아모 곳의 밋ᄎᆞ믈 씨닷지 못ᄒᆞ여, 구형과 현슈의 셩심인덕(聖心仁德)으로 일교(一嬌)를 보젼치 못【58】ᄒᆞ믈 ᄎᆞ셕ᄒᆞ더니, 금일이 하일(何日)이완ᄃᆡ, 이곳의 와 질녀를 맛날 줄 알니오. ᄯᅩ ᄌᆞ긔 황지(皇旨)를 밧ᄌᆞ와 동토치슈ᄉᆞ(東土治水使)의게 젼ᄒᆞ고, 니졔 뎡·뉸 냥인으로 더부러 한가지로 상경ᄒᆞᄂᆞᆫ 젼뇌(前路)러니, 경치를 완상ᄒᆞ려 이의 니ᄅᆞ러심과,

---

1297)건우(愆尤) : 그릇되게 저지른 실수.
1298)이ᄌᆞ지원(睚眦之怨) : 한번 흘겨보는 정도의 원망이란 뜻으로 아주 작은 원망을 말함.
1299)ᄌᆞ미운치(姿美韻致) : 아름다운 자태와 고상하고 우아한 멋.
1300)니극지ᄉᆡᆨ(已極之猜) : 지나치게 심한 시기(猜忌).
1301)최마삼상(衰麻三喪) : 부모의 삼년상을 지냄.

조가(朝家)의셔 결안 흉봉(凶鋒)과 동토 지란(災難)이며 동제 반상(叛狀)으로 눈·하·
뎡 삼문 졔인을 보늬스, 삼쳐를 다 쇼안(騷安)¹³⁰²ᄒᆞ매, 텬심이 즈못 흔흡(欣洽)ᄒᆞᄉ
국지ᄃᆡ경(國之大慶)이라 ᄒᆞ시고, ᄃᆡᄉᆞ텬하(大赦天下)ᄒᆞ시니 구형이 ᄯᅩᄒᆞ 녯벼슬노 승
쇼(承召)ᄒᆞ시믈 닙ᄉᆞ와 거의 환경ᄒᆞ여실 바를 니르고, 추ᄒᆡᆼ(此行)의 한가지로 상【5
9】경ᄒᆞ여 부녜 반기믈 니ᄅᆞ니, 유랑은 깃브믈 니긔지 못ᄒᆞᄃᆡ, 쇼져ᄂᆞᆫ 비편(非便)ᄒᆞᆷ을
깃거 아냐 ᄃᆡ왈,

"슉부의 명괴(命敎) 맛당ᄒᆞ시나 난쳐ᄒᆞ미 여러 가지라, ᄐᆡ명(太命)을 밧드지 못ᄒᆞᆸ
ᄂᆞ니, 슉부ᄂᆞᆫ ᄲᆞᆯ니 상경ᄒᆞᄉ 우리 ᄃᆡ인긔 뵈옵고, 불초 질이 요ᄒᆡᆼ 싱존ᄒᆞ여 이곳의 무
ᄉᆞ히 머므러시믈 알외여, ᄃᆡ인이 종용히 추쳐(此處)의 님ᄒᆞᄉ, 쇼질을 다려가시미 맛
당ᄒᆞ리로쇼이다."

손공이 그 ᄯᅳᆺ을 지긔ᄒᆞ고 강권(強勸)치 아냐, 이윽이 안ᄌ 위유(慰諭)ᄒᆞ다가 방장의
도라와 뎡·눈 냥인을 보니라.

아지못게라!【60】구쇼져의 환경 긔약이 어늬 ᄯᆡ며, 구공이 무사히 환쇄(還刷)ᄒᆞ여
부녜 상봉회합(相逢會合)의 지쇽(遲速)이 ᄯᅩ 엇더 ᄒᆞᆫ고? ᄉᆞ유죵시(事有終始)¹³⁰³홀지
니, ᄎᆞᄎᆞ 하편을 보아 알니로다.

션셜(先說), 구상셰 젹거ᄒᆞ연지 얼프시 ᄉᆞ년의 밋쳣더니, 셰월이 오ᄅᆞ미 텬지 구공
의 강명쳥직(剛明淸直)ᄒᆞᆷ을 싱각ᄒᆞ시고, 특별이 은ᄉᆞ를 나리오고져 ᄒᆞ시더니, 이ᄯᅦ 맛
초아 눈·하·뎡 삼문 졔공이 일시의 국ᄉᆞ로 튤ᄉᆞᄒᆞ여, 쇼년ᄃᆡ직(少年大才)로 결안 흉
봉과 동제 반역과 동토 지란을 일시의 진졍ᄒᆞ고, 승젼(勝戰) 긔가(凱歌)로 환경ᄒᆞᄂᆞᆫ
션문(先聞)이 조졍의 니ᄅᆞ니, 텬【61】심이 못늬 흔흡(欣洽) 쾌열(快悅)ᄒᆞ샤, 일노뼈
국가의 ᄃᆡ경이라 ᄒᆞᄉ ᄃᆡᄉᆞ텬하(大赦天下) ᄒᆞ시니, 구상셰 ᄯᅩᄒᆞ 이 ᄀᆞ온ᄃᆡ 은ᄉᆞ(恩赦)
를 닙ᄉᆞ와 환쇄(還刷)홀ᄉᆡ, 상셰 젹거(謫居) 삼ᄉᆞ년의 이 본ᄃᆡ 역옥죄쉬(逆獄罪囚) 아
니오, 뉵경(六卿)¹³⁰⁴ ᄌᆡ렬(宰列)¹³⁰⁵의 거ᄒᆞ여 상춍(上寵)이 조야(朝野)의 낫하나고,
긔ᄉᆞ신한(氣士宸翰)¹³⁰⁶이 일셰(一世)를 진복(鎭服)ᄒᆞ던 비라.

셔쥬 산음현 젹쇼(謫所)의 니ᄅᆞ미, 본현(本縣)이 지영영졉(祇迎迎接)ᄒᆞ여 상빈녜(上
賓禮)로 졉ᄃᆡᄒᆞ니, 상셰 지삼 ᄉᆞ양ᄒᆞ여 엇지 못ᄒᆞ고, 별ᄉᆞ(別舍)의 머물미, 향관(鄕官)
ᄉᆞᄐᆡ위(士大夫) ᄌᆞ졔손증(子弟孫曾)이 구상셔의 쳥명(淸名)·아망(雅望)과 문장(文章)
·긔졀(氣節)을 습복(慴伏)·경탄(敬歎)ᄒᆞ여, 져마다 칙【62】을 ᄭᅵ고 문하의 나아와
슈학ᄒᆞᄂᆞ니 무슈ᄒᆞ니, 상셰 ᄯᅩᄒᆞ ᄉᆞ양치 아니ᄒᆞ고 모든 션비를 교학(敎學)ᄒᆞ니 거의

1302)쇼안(騷安) : 소요(騷擾)를 평정하여 편안케 함.
1303)ᄉᆞ유죵시(事有終始) : 일에는 시작과 끝이 있음.
1304)뉵경(六卿) : 육조판서(六曹判書). 이조, 호조, 예조, 병조, 형조, 공조의 판서.
1305)ᄌᆡ렬(宰列) : 재상의 반열(班列). 벼슬의 품계가 재상과 같은 서열임을 이른다. 조선에서는 3정승(영
   의정·좌의정·우의정)과 같은 품계인 정일품(正一品) 품계의 관직.
1306)긔ᄉᆞ신한(氣士宸翰) : 기절(氣節)과 문장(文章). *기사(氣士); =사기(士氣). 선비의 꿋꿋한 기상과 절
   개. *신한(宸翰); 임금의 교서(敎書). 여기서는 교서 속에 드러나는 지은이의 문장력.

슈빅인(數百人)이러라.

구공이 년긔 삼십이 겨요 넘어시니, 바야○○[흐로] 남아의 셩년(盛年)이라. 풍치(風彩) 슈앙(秀昻)ᄒ고 긔위(氣威) 뇌락(磊落)ᄒ거늘, 혹(或)[1307]이 구상셔의 셩강지년(盛强之年)의 금현(琴絃)[1308]이 단절ᄒ고, 밋쳐 지취를 구치 못ᄒ고 이의 폄젹(貶謫)ᄒ믈 아ᄂᆞ니 이셔 전파ᄒ니, 향즁(鄕中) 사ᄐᆡ우(士大夫) ○○[즁의] 유녀ᄌᆞ(有女子) 닷호아 구혼ᄒᄆᆡ, 믜픠 쇠비(柴扉)의 구룸갓치 모다, 즈못 요요(擾擾)ᄒ니, 구공이 본ᄃᆡ 셩졍이 고요 단묵ᄒ여 풍뉴 걸ᄉᆡ 아니라, 뉴하혜(柳下惠)[1309]의 【63】 놉흔 ᄒᆡᆼ실이 이시니, 각별 녀ᄉᆡᆨ을 관졍(款情)ᄒᆞᆯ ᄯᅳᆺ이 업ᄉᆞ나, 즈긔 문호의 젹장고손(嫡長孤孫)으로 부인이 남아를 두지 못ᄒ고 조셰(早世)ᄒ니, 즈가의 형셰(形勢) ᄌᆡ취(再娶)를 아니치 못ᄒᆞᆯ지라. 다만 군젼(君前)의 득죄ᄒ여 일시 원젹(遠謫)ᄒᄆᆞ로ᄡᅥ, 유예불허(猶豫不許)[1310]ᄒ여 동셔(東西)○[룰] 츄탁(推託)[1311]ᄒ니, 본현 ᄐᆡ슈 뉴공은 어진 군ᄌᆡ라. 구공의 유예(猶豫) 츄탁(抽擢)ᄒ믈 보고, 권유ᄒ여 왈,

"션ᄉᆡᆼ이 니졔 장년 츈ᄉᆡᆨ(春色)○[이] 쇠치 아냐 계시거늘, 믄득 녕합(令閤)[1312] 현부인(賢夫人)이 귀쳔(歸天)ᄒᆞᆺ 금현이 단(斷)ᄒ시고, 버거 안ᄒᆞᆼ(雁行)이 젹막(寂寞)ᄒ여 쳑영(隻影)[1313]이 외롭고, 아릭로 지엽(枝葉)이 션선(詵詵)치 못【64】여 뒤흘 도라보시ᄂᆞᆫ 탄이 계신가 시부거늘, 엇지 '남교(藍橋)[1314]의 길 건너기'[1315]를 ᄉᆞ양ᄒ시ᄂᆞ니잇가? 아지못게라! 녕부인 진시(在時)의 지긔상득(知己相得)[1316]ᄒ시던 바로ᄡᅥ, 금슬(琴瑟)의 낙(樂)을 과도이 슬허ᄒᆞᆺ, 미ᄉᆡᆼ(尾生)[1317]·《신슌‖신싱(申生)[1318]》의

1307) 혹(或) : 혹자(或者). 어떤 사람.

1308) 금현(琴絃) : 거문고의 줄. 여기서는 '아내'를 비유적으로 일컫는 말이다.

1309) 뉴하혜(柳下惠). 중국 춘추시대 노(魯) 나라의 명재상(名宰相). 맹자(孟子)는 그를 '더러운 임금을 섬기는 일도 부끄럽게 여기지 않을 만큼 화해와 조화의 기질을 가진 성인'이라 하였다. 그러나 그도 천하의 대도(大盜)였던 자신의 아우 도척(盜跖)을 교화하지는 못했다..

1310) 유예불허(猶豫不許) : 망설여 일을 결행하지 못하고 시간을 끌면서 허락하지 않음.

1311) 츄탁(推託) : 다른 일을 핑계로 거절함.

1312) 녕합(令閤) : 영부인(令夫人). 남의 아내를 높여 이르는 말.

1313) 쳑영(隻影) : ①외따로 있는 물건의 그림자. ②오직 한 사람을 비유적으로 이르는 말.

1314) 남교(藍橋) : 중국 섬서성(陝西省) 남전현(藍田縣)에 동남쪽 남계(藍溪)에 있는 다리 이름. 거기에는 선굴(仙窟)이 있는데, 당나라 때 배항(裵航)이라는 사람이 이곳을 지나다가 선녀인 운영(雲英)을 만나서 선인들이 마시는 음료인 경장(瓊漿)을 얻어 마셨다고 한다.

1315) 남교(藍橋)의 길 건너기 : 중국 당나라 때 배항(裵航)이라는 사람이 남교(藍橋)를 건너 가, 선녀인 운영(雲英)을 만나 정을 맺었다는 것을 말한 것으로, 혼인을 비유적으로 이른 말.

1316) 지긔상득(知己相得) : 벗으로 서로 뜻이 맞아 잘 통함.

1317) 미ᄉᆡᆼ(尾生) : 중국 춘추시대 노나라 사람으로, 고사 '미생지신(尾生之信)'의 주인공. *미생지신(尾生之信); 우직하여 융통성이 없이 약속만을 굳게 지킴을 비유적으로 이르는 말. 춘추 때 미생(尾生)이라는 자가 다리 밑에서 만나자고 한 여자와의 약속을 지키기 위하여, 홍수에도 피하지 않고 기다리다가, 마침내 익사하였다는 고사에서 유래한다. ≪사기≫의 <소진전(蘇秦傳)>에 나오는 말.

1318) 신싱(申生) : 중국 춘추전국시대 진(晉)나라 헌공(獻公)의 태자(太子). 헌공의 애첩 여희(驪姬)가 자신의 아들을 태자로 삼기 위하여 그를 모함하자, 신원(伸冤)도 하지 않고 자살하였다. 융통성 없이 낡은 관념에 사로잡혀 있는 우직한 사람을 대신 나타내는 말로 쓰인다.

슈의뎡심(守義貞心)을 효측고져 ᄒᆞ시ᄂᆞ니잇가? 불연즉(不然卽) 댱년이 쇠치 아니ᄒᆞ고 녹발(綠髮)이 프르러신 제, 맛당이 명문의 일위 슉녀를 지취ᄒᆞ샤, 군주의 실즁을 빗ᄂᆡ시고 유ᄌᆞ싱녀(有子生女)ᄒᆞ여 조션(祖先)을 계셩(繼成) 향화(香火)ᄒᆞ고, ᄌᆞ신의 평싱○[과] 신후ᄉᆞ(身後事)를 의탁ᄒᆞ미 올치 아니ᄒᆞ리잇가?"

상셰 쳥파의 역쇼(亦笑) 역탄(亦嘆) 왈,

"미싱(尾生)과 【65】《신슌‖신싱(申生)》은 만고의 어린1319) ᄉᆞ나희라. 되댱뷔 엇지 부인을 위ᄒᆞ여 슈졀ᄒᆞ니 이시리오. 만싱이 비록 불학(不學) 용우(庸愚)ᄒᆞ나, ᄌᆞ쇼(自少)로 고셔를 박남(博覽)ᄒᆞ여 되의와 ᄉᆞ체(事體)를 잠간 아ᄂᆞ니, 싱이 엇지 망쳐(亡妻)를 위ᄒᆞ여 슈졀(守節)·슈의(守義)ᄒᆞ여 조션을 졀ᄉᆞ(絶祀)ᄒᆞ게 ᄒᆞ리오. 맛당이 어진 가문의 아ᄅᆞᆷ다온 녀ᄌᆞ를 지취ᄒᆞ여 가ᄉᆞ를 션치(善治)ᄒᆞ고, 요힝 계셩지ᄌᆞ(繼姓之子)를 두어 뒤흘 도라보ᄂᆞᆫ 탄이 업고져 ᄒᆞᄂᆞ니, 엇지 다른 쥬의 이시리잇가만은, 도금(到今)ᄒᆞ여난 두어 가지 난쳐ᄒᆞᆫ 형셰 이셔 유예미결(猶豫未決)ᄒᆞ미니, 【66】일ᄌᆞ(一者)ᄂᆞᆫ 유죄 무죄 간 몸이 군상긔 득죄ᄒᆞ여 원디(遠地)의 슈졸(戍卒)ᄒᆞ고, 이ᄌᆞ(二者)ᄂᆞᆫ 폐합(弊閤)1320)의 초긔(初朞)도 지나지 못ᄒᆞ여시니, 신취(新娶)ᄒᆞᆯ 의논이 밧부고, 삼ᄌᆞ(三者)ᄂᆞᆫ 망실의 일녜 이셔 비록 무용 녀기나, 만싱의 평싱 교왜(嬌兒)라. 만일 불미ᄒᆞᆫ 녀ᄌᆞ를 어든 즉, 평싱 쇼교(小嬌)로 ᄒᆞ여금 'ᄌᆞ건(子騫)1321)의 치위'1322)를 넘녀ᄒᆞ노라."

뉴틱쉬 쳥미파의 우어 왈,

"하관의 《쳐응‖쳐음》 알기ᄂᆞᆫ, 션싱이 녕션합(令先閤)1323)으로 금슬의 낙을 과히 슬허 수의(守義)ᄒᆞ시ᄂᆞᆫ 의향이 이신가 ᄒᆞ엿더니, 원ᄂᆡ 니러툿 쇼쇼 곡졀이라타쇼이다. 션싱의 ᄌᆞ【67】져(趑趄)1324)ᄒᆞ시ᄂᆞᆫ 바 두어가지 곡졀이 아조 관계(關係)치 아니ᄒᆞ시니, 군상긔 일시 득죄ᄒᆞ시믄 션싱의 죄 이시미 아니라, 너모 강직ᄒᆞ시므로 셩노(聖怒)를 촉훼(觸毀)ᄒᆞ여 졍비ᄒᆞ시ᄂᆞᆫ 거죄 이시나, 셩명의 ᄌᆞ칙ᄒᆞ시미 오릭지 아니ᄒᆞ시리니, 불구의 반ᄃᆞ시 고관명직(高官名職)으로 녜쇼(禮召)ᄒᆞ시ᄂᆞᆫ 은영이 싀비(柴扉)의 밋츨 거시니, ᄌᆞ기죄인(自棄罪人)1325)ᄒᆞ여 심뎌(心底)의 거리끼실 비 아니오, 녕부인 긔ᄉᆞ(忌祀)를 《진닌‖지낸》 후 셩녜(成禮)ᄒᆞ미 늦지 아니ᄒᆞ니, 이ᄽᅦ의 졍혼(定婚)ᄒᆞ미 맛당ᄒᆞ고, ᄯᅩ 규즁쳐ᄌᆞ(閨中處子)의 션악을 알기 어【68】렵다 ᄒᆞ시니, ᄯᅩ 뭇ᄌᆞᆸᄂᆞ니, 션

1319)어리다 : 어리석다. 생각이 모자라다.
1320)폐합(弊閤) : 자기의 아내를 낮추어 이르는 말.
1321)ᄌᆞ건(子騫) : 민ᄌᆞ건(閔子騫). 중국 춘추 시대 노나라의 유학자(?~?). 이름은 손(損). 자는 자건. 공문십철(孔門十哲)의 한 사람으로, 효행이 뛰어났다.
1322)ᄌᆞ건(子騫)의 치위 : '민자건(閔子騫)의 추위'라는 말로, 중국 노나라 효자 민자건이 계모의 학대로 겨울에솜을 넣지 않은 얇은 옷을 입고 추위에 떨었던 고사를 말함. 한나라 때 유향(劉向)의 『說苑』 및 당나라 때 구양순(歐陽詢)의 『예문유취(藝文類聚)』등에 나온다.
1323)녕션합(令先閤) : 남의 죽은 아내를 높여 이르는 말.
1324)ᄌᆞ져(趑趄) : 주저(躊躇). 머뭇거리며 망설임.
1325)ᄌᆞ기죄인(自棄罪人) ; 자신을 죄인으로 포기하고 돌아보지 아니함

싱의 가실(家室)을 구ᄒ시는 지목이 당현종(唐玄宗)[1326]의 스랑ᄒ던 바 양옥환(楊玉環)[1327]의 부용여면뉴여미(芙蓉如面柳如眉)[1328]의 아룸다오믈 구ᄒ시ᄂᆞ니잇가? 와룡(臥龍)[1329]션싱의 ᄌᆞ구(自求)ᄒ던 바 황부인(黃夫人)[1330]의 황발흑면(黃髮黑面)의 슬거오믈 구ᄒ시ᄂᆞ니잇가?"

상세 잠쇼 왈,

"ᄌᆞ고로 미녀셩식(美女聲色)은 남아의 스랑ᄒᆞ는 비라. 만싱(晚生)이 엇지 홀노 스양ᄒ리오 만은, 싱이 ᄌᆞ유(自幼)로 셩졍(性情)이 괴려(乖戾)[1331]ᄒᆞ여 풍뉴화ᄉ(風流華士)의 취식경덕(取色輕德)ᄒᆞ는 ᄯᅳᆺ이 업ᄂᆞ니, 구ᄒᆞ는 비 다만 황발흑면과 무염【69】지식(無鹽之色)을 가져실지언졍, 덕요(德曜)[1332]의 화슌홈과 목강(睦綱)[1333]의 인ᄌᆞᄒᆞᄆᆞᆯ 구ᄒᆞ니, 한갓 부용여며[면](芙蓉如面) 뉴여미(柳如眉)의 교악(狡惡)○[을] 용ᄉ(用事)ᄒᆞ미 이시면, 이는 가국(家國)을 업칠 장본(張本)이라. 만싱이 실노 쇼원이 아니로다."

뉴티쉬 쇼이칭가(笑而稱可)ᄒ고 침ᄉᆞ냥구(沈思良久)의 우쇼(又笑) 왈,

"존언이 금옥졍논(金玉正論)이시니 하관(下官)이 불승탄복(不勝歎服)ᄒᆞᄂᆞ이다. 하관이 그윽이 품은 쇼회 이셔 션싱의 용납ᄒᆞ시믈 바라ᄂᆞ니, 고의(高意) 엇더ᄒᆞ시니잇고?"

상세 문기고(問其故)ᄒᆞᄃᆡ,

티쉬 졍금위좌(整襟危坐)ᄒ고, ᄯᅩ 츄연ᄌᆞ상(惆然自喪)ᄒᆞ여 말ᄉᆞᆷ을 길게 펴 왈, 【70】

"과연 다른 연괴 아니라. 선인(先人)이 션ᄌᆞ당(先慈堂)긔 쇼관 일인을 싱ᄒ시고, 즁년의 상실ᄒᆞ시고 지취ᄒ시니, 계뫼 목강(穆姜)의 인ᄌᆞ혼 셩덕이 계시니, ᄌᆞ경(子慶)이

1326) 당현종(唐玄宗) : 중국 당나라의 제6대 황제(685~762). 성은 이(李), 이름은 융기(隆基). 시호는 명황(明皇)·무황(武皇). 초년에 정사(政事)를 바로잡아 '개원의 치'라고 불리는 성당(盛唐) 시대를 이루었으나, 만년에 양 귀비를 총애하고 간신에게 정치를 맡겨 안녹산의 난을 초래하였다. 재위 기간은 712~756년이다.

1327) 양옥환(楊玉環) : 양귀비(楊貴妃). 중국 당나라 현종(玄宗)의 비(妃)(719~756). 이름은 옥환(玉環). 도교에서는 태진(太眞)이라 부른다. 월(越)나라 서시(西施)와 한(漢)나라 때 왕소군(王昭君), 초선(貂蟬)과 함께 중국 4대미인의 한사람으로 꼽힌다. 춤과 음악에 뛰어나고 총명하여 현종의 총애를 받았으나 안녹산의 난 때 죽었다.

1328) 부용여면뉴여미(芙蓉如面柳如眉) : '연꽃 같은 얼굴에 버들잎 같은 눈썹'이라는 말로, 미인의 얼굴을 형용한 말.

1329) 와룡(臥龍) : 중국 삼국시대 촉한의 정치가 제갈량(諸葛亮 : 181-234)의 별호(別號).

1330) 황부인(黃夫人) : 중국 촉한의 정치가 제갈량(諸葛亮)의 아내. 얼굴은 박색이었으나 지덕이 뛰어났다고 함.

1331) 괴려(乖戾) : 사리나 상식에 어그러져 조화를 이루지 못함.

1332) 덕요(德曜) : 맹광(孟光). 중국 후한 때 사람 양홍(梁鴻)의 아내. 이름은 맹광(孟光), 자(字)는 덕요(德曜)로, 추녀였으나 남편의 뜻을 잘 섬겨 현처로 이름이 알려졌다. 고사 거안제미(擧案齊眉)로 유명하다.

1333) 목강(穆姜) : 중국 진(晉)나라 정문구(程文矩)의 아내. 성은 이(李)씨, 자(字)는 목강(穆姜). 전처 소생의 네 아들을 자신이 낳은 두 아들보다 더 사랑하여 훌륭하게 키웠다.

단박(短薄)ᄒᆞ여 지치1334) 션션(詵詵)1335)ᄒᆞᄆᆞᆯ 엇지 못ᄒᆞ시고, 늦게야 쇼미 일인을 어드시니, 과연 황부인의 황발흑면으로 거의 ᄃᆡ두(對頭)ᄒᆞ며 무염(無艶) 밍광(孟光)으로 일뉴(一類)로ᄃᆡ, 한조각 보암즉 ᄒᆞᆫ 일이 이시니 부녀의 뎡슌(貞順)〇[ᄒᆞᆫ] 효힝과 녀영(女英)1336)의 온슌ᄒᆞᆫ 풍치 이시니, 션군이 과이ᄒᆞ샤 일위 군ᄌᆞ를 광구(廣求)ᄒᆞ시나, 세강속말(世降俗末)1337)【71】ᄒᆞ여 진짓 군ᄌᆡ 업ᄉᆞ니, 양홍(梁鴻)이 아닌즉, 뉘 덕요의 무염을 깃거ᄒᆞ리오. 시고로 과시(過時)ᄒᆞ기의 밋ᄎᆞᄃᆡ, 능히 작쇼(鵲巢)1338)를 여지 못ᄒᆞ고, 션군이 니졔 인셰를 바리션지 오년이라. 하관이 삼긔(三忌) 후의 즉시 이곳의 부임ᄒᆞ연지 니졔 긔년(朞年)이.라 쇼미(小妹) 시년이 이십셰니, ᄌᆞ당이 일녀의 평성을 무고히 심규의 폐륜ᄒᆞᄂᆞᆫ 거죄 이실가 슉야(夙夜) 우탄(憂嘆)ᄒᆞ시니, 하관이 ᄯᅩᄒᆞᆫ ᄒᆞᆫ낫 누의 일싱을 아니 넘녀치 못ᄒᆞ여, 즁심의 응결ᄒᆞᆫ 병이 되엿더니, 니졔 션ᄉᆡᆼ의 【72】 쇼망을 드ᄅᆞ니 이ᄂᆞᆫ 텬의 각별 유의ᄒᆞ시민가 ᄒᆞ노니, 션ᄉᆡᆼ이 ᄎᆞ혼을 쾌락ᄒᆞ시리잇가?”

구상셰 쳥파의 뉴틱슈의 슌실(淳實)ᄒᆞᆫ 군진 줄 닉이 아ᄂᆞᆫ지라. 반ᄃᆞ시 허언(虛言)이 아닐 줄 알미 흔연 쾌허 왈,

“녕미 비록 지용이 불미ᄒᆞ나, 진실노 녀힝(女行) ᄉᆞ덕(四德)이 아름다오면 흠ᄉᆞ(欠事) 업ᄂᆞᆫ지라. 엇지 타렴(他念)이 이시리오. 다만 녕미ᄂᆞᆫ 오히려 쳥츈 녹발이 바야히 어ᄂᆞᆯ1339) 만싱은 년긔 삼십이 지낫ᄂᆞᆫ지라. 현형의 ᄯᅳᆺ이 여ᄎᆞᄒᆞ나, 져허ᄒᆞ건ᄃᆡ 녕존 부인이 불쾌【73】ᄒᆞ실가 ᄒᆞ노라.”

태쉬 연망(連忙)이 ᄉᆞ례 왈,

“션ᄉᆡᆼ이 ᄒᆞᆫ문미질(寒門微質)을 나모라 바리지 아니ᄒᆞ시니, ᄎᆞᄂᆞᆫ 만만(萬萬) 고쇼원(固所願)1340)이라. ᄌᆞ당의 셩심이 쇼관지의(小官之意)와 다ᄅᆞ미 업ᄉᆞ오리니, 션ᄉᆡᆼ은 호의(狐疑)치 마ᄅᆞ쇼셔. 쇼관이 아즁(衙中)의 도라가 ᄌᆞ당긔 픔쳐(稟處)ᄒᆞ고1341) 길신(吉辰)을 회보ᄒᆞ리다.”

상셰 허락ᄒᆞ더라.

화셜 틱슈 뉴협은 젼임 공부상셔 뉴셩의 일지니, ᄯᅩᄒᆞᆫ 셰ᄃᆡ 명문으로 인물이 아름답고 풍치 쥰슈ᄒᆞ며, 극히 인효공검ᄒᆞ더라. 뉴상셰 젼실 부인 쳐시긔 뉴틱슈를 두엇더【74】니, ᄉᆞ십 후의 상쳐ᄒᆞ고, 직실 밍시를 취ᄒᆞ니, 용뫼 평평ᄒᆞᄃᆡ 극히 온슌 인ᄌᆞᄒᆞ

1334)지치 : ‘자손(子孫)’을 달리 이르는 말.
1335)션션(詵詵) : 수가 많은 모양.
1336)녀영(女英) : 요임금의 딸로 언니 아황(娥皇)과 함께 순임금에게 시집가 서로 투기하지 않고 화목하게 잘 살았으며, 순임금이 창오(蒼梧)에서 죽자 함께 소상강(瀟湘江)에 빠져 죽었다.
1337)세강속말(世降俗末) : 세상이 타락하여 말세의 사악(邪惡)한 풍속에 빠짐.
1338)작소(鵲巢) : 까치 집. ‘신방(新房)’을 비유적으로 표현한 말.
1339)바야히다 : 무르녹다. 한창이다.
1340)고쇼원(固所願) ; 진실로 바라는 바임.
1341)픔쳐(稟處)ᄒᆞ다 : 윗사람의 명령을 받아 일을 처리하다.

여, 가부를 어지리 셤기고 친쳑을 화목ᄒ며 뉴틱슈 부부를 긔츌(己出) ᄀ치 딕졉ᄒ니 가닌 화평ᄒ더라.【75】

윤하뎡삼문취록 권지오십오

　　차시 빙시 무즈ᄒᆞ여 늣도록 싱산의 길경이 업더니 늣게야 일녀를 싱ᄒᆞ니, 명은 영이라. 영이 나며붓허 픔쉬(稟受) 극히 둔탁ᄒᆞ며, 즈라미 니미 닉밀고 두 눈이 깁흐며, 쌍협은 쥬먹을 노흔 듯ᄒᆞ고, 코히 크고 놉흐며 허리 퍼지고 키 져르니, 풍치 바히 업고 용뫼 보암즉지 아니ᄒᆞ딕, 다만 눈씨 ᄆᆞᆰ아 효성(曉星)이 빗쵠 듯ᄒᆞ고, 셩힝이 고요 나죽ᄒᆞ며 온슌ᄒᆞ니, 부뫼 녀아의 용뫼 보기 슬【1】흐믈 기탄ᄒᆞ나, 그 녀힝(女行) ᄉᆞ덕(四德)의 찬연(燦然) 졍슌(貞順)ᄒᆞ믈 과이(過愛)ᄒᆞ며, 사랑ᄒᆞ미 년셩지벽(連城之璧)1342)과 《죠승지쥬∥죠셩지주(趙城之珠)1343)》 갓흐나, 그윽이 비필을 근심ᄒᆞ여 그 부친 상셰 미양 어로만져 역탄(亦嘆) 역소(亦笑) 왈,

　　"아녀(我女)는 녀즁장뷔(女中丈夫)라 녀힝(女行)의 아름다옴과 ᄉᆞ덕(四德)의 슉뇨현쳘(淑窈賢哲)ᄒᆞ믄 고즈(古者) 슉녀현완(淑女賢婉)이라도 불급(不及)ᄒᆞᆯ 거시어날, 조화옹이 엇지 흑셩구져 외모의 불미ᄒᆞ미 덕요(德曜)1344) 황시(黃氏)1345)의 일뉴(一類)라. 슈연(雖然)이나 덕요 황시는 각각 상젹ᄒᆞᆫ 군즈를 맛나 아름다온 ᄉᆞ적이 쳔츄 만셰의 유【2】젼ᄒᆞ엿거니와, 금셰의 어늬 곳의 양쳐ᄉᆞ(梁處士)1346)와 무후(武侯)1347)의 취승

1342) 년셩지벽(連城之璧) : 화씨지벽(和氏之璧)을 달리 이르는 말. 화씨지벽은 전국 때 변화씨(卞和氏)라는 사람이 형산(荊山)에서 돌 위에 봉황이 깃들이는 것을 보고 얻었다는 천하의 이름난 옥을 말하는데, 후대에 진(秦)나라 소양왕(昭襄王)이 이 옥을 탐내, 당시 이 옥을 가지고 있던 조(趙)나라 혜문왕(惠文王)에게 진나라 15개의 성(城)과 바꾸자는 제안을 했다는 데서, '연성지벽(連城之璧)'이라는 이름이 붙게 되었다고 한다.

1343) 죠셩지주(趙城之珠) : : 조(趙)나라에 있는 구슬이라는 뜻으로, 춘추시대 조나라 혜문왕(惠文王)이 당시 중국에 전래되던 유명한 보석인 화씨벽(和氏璧)을 빼앗아 손에 넣었는데, 이 화씨벽(和氏璧)을 이르는 말이다. 결국 조성지주(趙城之珠)와 연성지벽(連城之璧)은 다 같이, 같은 구슬인 화씨벽(和氏璧)을 말하는 것으로, 그것을 아끼고 갖고자하는 주체가 각각 조성지주는 조나라 혜문왕(惠文王)이고, 연성지벽은 진(秦)나라 소양왕(昭襄王)이라는 사실이 다를 뿐이다.

1344) 덕요(德曜) : 맹광(孟光). 중국 후한 때 사람 양홍(梁鴻)의 아내. 이름은 맹광(孟光), 자(字)는 덕요(德曜)로, 추녀였으나 남편의 뜻을 잘 섬겨 현처로 이름이 알려졌다. 고사 거안제미(擧案齊眉)로 유명하다.

1345) 황시(黃氏) : 황부인(黃夫人). 중국 촉한의 정치가 제갈량(諸葛亮)의 아내. 얼굴은 박색이었으나 지덕이 뛰어났다고 한다.

1346) 양쳐ᄉᆞ(梁處士) : 양홍(梁鴻). 중국 후한(後漢) 때의 은사(隱士). 처 맹광(孟光)의 고사(故事) '거안제미(擧案齊眉)'의 당사자로 유명하다.

1347) 무후(武侯) : 제갈량(諸葛亮). 181-234. 중국 삼국시대 촉한(蜀漢)의 정치가. 자 공명(孔明). 시호 충무(忠武). 뛰어난 군사 전략가로, 유비를 도와 오(吳)나라와 연합하여 조조(曹操)의 위(魏)나라 를 대파

덕(取勝德)ᄒᆞᄂᆞᆫ 군ᄌᆞ(君子) 셩현(聖賢)이 이셔, 아녀(我女)의 셩덕 긔질을 진압ᄒᆞᆯ 군ᄌᆡ 이시리오."

부인이 탄식 왈,

"군ᄌᆞᄂᆞᆫ 니리 니ᄅᆞ지 마로쇼셔. 시셰 고금과 달나 어진 군ᄌᆞ와 관홍(寬弘)ᄒᆞᆫ 장뷔 어려오니, 쇽셰 호ᄉᆡᆨ 탕ᄌᆡ 초요(楚腰)1348) 월미(越眉)1349)ᄅᆞᆯ ᄋᆡ모ᄒᆞᄂᆞᆫ ᄌᆡ 만흐니, 어ᄂᆡ 곳의 고인(古人)의 덕이 이셔, 취승덕경ᄉᆡᆨ(取勝德輕色)1350)ᄒᆞ기 쉬오리잇가? 만일 ᄇᆡ필을 그ᄅᆞᆺ 맛나면 청츈 녹발이 속졀 업시 심규의 함원(含怨)ᄒᆞᆯ ᄯᆞᄅᆞᆷ이라. 아ᄒᆡ 나히 삼십【3】을 경영(經營)ᄒᆞᆯ지라도, 일위 관홍ᄃᆡ도(寬弘大度)ᄒᆞᆫ 군ᄌᆞᄅᆞᆯ 맛나지 못ᄒᆞᆫ 즉, 찰하리 공규(空閨)의셔 홀노 늙힐지언정 ᄎᆞᆷ아 용용필부(庸庸匹夫)의 ᄇᆡ필은 삼지 못ᄒᆞ리로쇼이다."

상셰 이연(怡然) 답왈,

"건곤이 조판 이ᄅᆡ로 음양이 난호이ᄆᆡ 초목(草木) 군ᄉᆡᆼ(群生)의 니ᄅᆞ히 그 ᄡᆞᆼ이 이시니, 셩인이 나시ᄆᆡ 슉녜 잇고, ᄌᆡᄉᆡ(才士) 이시ᄆᆡ 가인(佳人)이 나고, 탕ᄌᆡ(蕩子) 이시ᄆᆡ 음뷔(淫婦) ᄯᆞ로ᄂᆞ니, 아녀ᄂᆞᆫ 녀즁군ᄌᆡ(女中君子)라. 금텬하(今天下) 광거졔(廣居齋)1351)의 엇지 홀노 일ᄀᆡ 관홍장뷔(寬弘丈夫) 업ᄉᆞᆯ가 근심ᄒᆞ리오. 텬되 맛ᄎᆞᆷᄂᆡ 무심치 아니시리니, 아【4】네 엇지 일ᄉᆡᆼ 박명을 ᄌᆞ임ᄒᆞ여, '한단(邯鄲)1352)의 슐위씨1353) ᄉᆡ양(廝養)1354)을 향(向)ᄒᆞᄂᆞᆫ 탄(嘆)'1355)이 이시리오."

ᄒᆞ더라.

영아 쇼졔 십오셰의 밋쳣더니 뉴상셰 밋쳐 녀아ᄅᆞᆯ 셩혼치 못ᄒᆞ고 병이 즁ᄒᆞ여 졸ᄒᆞ니, 시년이 오십오셰더라. 부인과 ᄌᆞ녀의 궁텬무ᄋᆡ지통(窮天无涯之痛)1356)이 참참ᄋᆡᄋᆡ(慘慘哀哀)1357)ᄒᆞ여 슬프미 방인(傍人)을 감동ᄒᆞ더라.

하고 파촉(巴蜀)을 얻어 촉한을 세웠다.

1348)초요(楚腰) : 초나라 미인의 가느다란 허리. 중국 초나라의 영왕이 허리가 가는 미인을 좋아하였다는 데서 유래한다.

1349)월미(越眉) : 월나라 미인 서시(西施)의 눈썹. 월나라 추녀(醜女)들이 서시(西市)의 찡그린 눈썹을 아름답게 여겨 이를 흉내 낸 고사 '서시빈목(西施矉目)'에서 유래한 말.

1350)취승덕경ᄉᆡᆨ(取勝德輕色) : 덕(德)을 중히 여기고 색(色)을 가벼이 여김.

1351)광거졔(廣居齋) : ①넓은 집. '넓은 세상'의 비유적 표현. ② '인(仁)'의 도가 행해지는 세상. *광거(廣居); 맹자가 가르친 인(仁)의 길을 비유적으로 이르는 말.

1352)한단(邯鄲) : 중국 하북성(河北省) 남부에 있는 도시. 전국 시대 조(趙)나라의 도읍이었으며, 화북(華北) 평원과 산시(山西) 구릉지대를 이어 주는 교통의 요충지이다. '한단지몽(邯鄲之夢)'의 배경이 된 도시이기도 하다. 여기서 한단(邯鄲)은 한단지몽의 내용인 '인간의 부귀영화'나, '영화로운 삶. 또는 세계'를 뜻한다.

1353)슐위씨 : 수레바퀴.

1354)ᄉᆡ양(廝養) : 예전에, 군대에서 나무를 하거나 밥을 짓거나 하던 천한 일. 또는 그러한 일을 하는 사람을 이르는 말. *시양살이; 부엌데기로 살아가는 일.

1355)한단(邯鄲)의 슐위씨 ᄉᆡ양(廝養)을 향(向)ᄒᆞᄂᆞᆫ 탄(嘆) : 부귀영화를 누리던 삶이 부엌데기의 천한 삶으로 굴러 떨어진 데 대한 탄식.

1356)궁텬무ᄋᆡ지통(窮天无涯之痛) : 하늘 끝까지 사무치는 한없는 슬픔.

기시(其時)의 뉴싱이 한님 벼슬 ᄒᆞ엿더니, 부친 삼상을 맛춘 후의 조뎡의셔 즉시 승품(陞品)ᄒᆞ여 산음현 틱슈를 ᄒᆞ여, 부임 긔년(幾年)의 권농(勸農) 흥업(興業)ᄒᆞ여 환과고독(鰥寡孤獨)[1358]을 무휼ᄒᆞ고 빅셩을 ᄉᆞ【5】랑ᄒᆞ니, 일읍 빅셩이 칭은 숑덕ᄒᆞ고 함포고복(含哺鼓腹)ᄒᆞ여 숑셩(頌聲)이 양양ᄒᆞ더라.

이ᄯᅥ 뉴쇼져의 방년이 이십셰의 밋츠니, 부인과 틱슈 부뷔 쇼져의 년장과시(年長過時)ᄒᆞ믈 민망ᄒᆞ여, 일위 관홍ᄒᆞᆫ 군ᄌᆞ를 넙이 구ᄒᆞ더니, 틱쉬 이날 우연이 구상셔로 문답ᄒᆞ다가, 본ᄃᆡ 구공의 《풍뇌ǁ풍치(風采)[1359]》 쥰슈홈과 셩졍이 관홍인ᄌᆞ(寬弘仁慈)ᄒᆞ믈 항복ᄒᆞ여, 그윽이 유의ᄒᆞ던 바로뼈, 쇼미의 박용 누질을 긔회(介懷)치 아니ᄒᆞ고, 실노뼈 고ᄒᆞ여 져의 쾌락(快諾)ᄒᆞ믈 어드미, 불승ᄃᆡ열(不勝大悅)ᄒᆞ여 아즁(衙中)의 도라와 모【6】부인긔 뵈옵고, 드디여 구상셔로 문답ᄉᆞ를 알외니, 부인이 깃거 니ᄅᆞ디,

"구공은 어진 군지라 ᄒᆞ니 오익 엇지 그릇 알니오. 샐니 틱일 셩녜ᄒᆞ미 가ᄒᆞ도다."

틱슈부인 화시 ᄯᅩᄒᆞᆫ 깃거ᄒᆞ믈 마지 아니ᄒᆞ더라.

뉴틱쉬 모명(母命)을 밧ᄌᆞ와 즉시 틱일ᄒᆞ여 구상셔 우쇼(寓所)의 보ᄒᆞ니, 길월(吉月) 납빙초례(納聘醮禮)[1360]는 밍동(孟冬)[1361]이오, 화촉ᄃᆡ례(華燭大禮)[1362]는 즁동(仲冬)[1363] 념간(念間)[1364]이라. 구상셰 보고 길월이 경부인 긔ᄉᆞ(忌祀) 후의 되물 깃거ᄒᆞ더라.

구상셰 타향(他鄕) 젹긱(謫客)으로 가져온 거시 업ᄉᆞᆫ 고로, 【7】다만 빅깁 일복(一幅)의 혼셔를 졍히 쓰고, 경ᄉᆞ로셔 이리 올졔 슌금지환(純金指環) 일ᄲᅡᆼ을 즁노의셔 파ᄂᆞ니 잇거늘, 금옥의 아름다오믈 ᄉᆞ랑ᄒᆞ여 타일 쓸 곳이 이실가 ᄒᆞ여 오십금을 쥬고 ᄉᆞ왓더니, 일노뼈 빙물(聘物)을 ᄉᆞᆷ으니, 뉴아(衙)의셔 혼슈(婚需)를 슈습ᄒᆞ여 길월(吉月) 냥신(良辰)[1365]이 다ᄃᆞᄅᆞ미, 구상셰 길복(吉服)을 닙으며 뉵녜(六禮)를 갓초아 아즁의 나아가 뉴시로 셩친(成親)ᄒᆞ니, 연파(宴罷)의 밧그로 나아와 졔긱을 ᄃᆡᄒᆞ여 빈쥬 낙극진환(樂極盡歡)ᄒᆞ고, 셕양의 졔긱이 도라가니, 뉴틱쉬 만면희식(滿面喜色)으로 구【8】상셔의 광슈(廣袖)를 년ᄒᆞ여 닉당의 드러가 ᄌᆞ부인(慈夫人)긔 비알ᄒᆞ니, 밍부인

1357)참참이이(慘慘哀哀) : 지나칠 정도로 애통(哀痛)하는 모양.
1358)환과고독(鰥寡孤獨) : 늙어서 아내 없는 사람, 늙어서 남편 없는 사람, 어려서 어버이 없는 사람, 늙어서 자식 없는 사람을 아울러 이르는 말.
1359)풍치(風采) : 겉으로 드러나 보이는 인상. 사람의 겉모양. 늑풍신(風神)·풍의(風儀)
1360)납빙초례(納聘醮禮) : =채례(采禮). 납빙례(納聘禮). 납폐례(納幣禮). 혼인할 때에, 사주단자의 교환이 끝난 후 정혼이 이루어진 증거로 신랑 집에서 신부 집으로 예물을 보냄. 또는 그 예물. 보통 밤에 푸른 비단과 붉은 비단을 혼서와 함께 함에 넣어 신부 집으로 보낸다.
1361)밍동(孟冬) : 음력 10월을 달리 이르는 말.
1362)화촉ᄃᆡ례(華燭大禮) : =대례(大禮). 혼인식(婚姻式).
1363)즁동(仲冬) : 음력 11월을 달리 이르는 말.
1364)념간(念間) : 스무날의 전후.
1365)냥신(良辰) : 좋은 날. 또는 좋은 절기.

이 답녜ᄒ고 눈을 드러 구공을 보니, 샹셰 년긔 삼슌(三旬)이 지나시ᄃᆡ, 풍신용홰(風神容華) 쳥연쇄락(淸然灑落)ᄒᆞ여 금옥의 군ᄌᆡ오, 긔위(氣威) 심침웅위(深沈雄偉)ᄒᆞ여 관홍인쟈(寬弘仁者) 쥴 알니러라.

부인이 일견의 심복ᄋᆡ경(心服愛敬)ᄒᆞ여 슈연(粹然)1366)이 무릅흘 쓸어 공경ᄒᆞᄆᆞᆯ 다ᄒᆞ니[고], 이의 넘임손스(斂衽遜辭)ᄒᆞ여 녀아의 불용누질(不容陋質)1367)이 ᄃᆡ군즈의 건즐(巾櫛)을 쇼임ᄒᆞᄆᆡ 외람ᄒᆞᄆᆞᆯ 지삼 겸양ᄒᆞ고, 군즈의 관인후덕(寬仁厚德)ᄒᆞ므로 맛ᄎᆞᆷᄂᆡ 불미박용(不美薄容)ᄒᆞᆷ을 허물치 마ᄅᆞ시고, 군즈【9】의 문(門)의 죵신(終身)ᄒᆞᆷ을 일ᄏᆞ라, 녀아의 평싱을 부탁ᄒᆞᄆᆡ ᄌᆞ못 간졀ᄒᆞ니, 샹셰 흠신(欠身) 칭ᄉᆞ(稱辭)ᄒᆞ고 화평ᄒᆞᆫ 말ᄉᆞᆷ을 슈어조(數語條) 한담을 파ᄒᆞ고, 투목(偸目)으로 밍부인을 보니, 외뫼 평샹ᄒᆞ나 유덕ᄒᆞ며 힝동이 유법ᄒᆞ고, 말ᄉᆞᆷᄒᆞᄆᆡ 의문(疑問)이 졀당ᄒᆞ니, 샹셰 ᄯᅩ흔 공경ᄒᆞ더라.

시비 인도ᄒᆞ여 동방의 나아가니, 긔완(器玩) 즙물(什物)이 졍졍졔졔(淨淨齊齊)ᄒᆞ여 포진(鋪陳)의 번화홈과 긔완(器玩)의 ᄉᆞ치ᄒᆞᄆᆡ 업스니, 그 쥬인의 검쇼 쳥념ᄒᆞᆷ을 알니러라. 샹셰 심하의 ᄌᆞ못 깃거 미우(眉宇) 츈풍이 환연(歡然)ᄒᆞ더니, ᄆᆞᆫ득 【10】시녜 셕상(夕床)을 올녀 파(罷)ᄒᆞ고, 금ᄃᆡ(金臺)의 향촉을 븕히니, 샹셰 단의침건(單衣寢巾)으로 안셕(案席)의 비겻더니, 이윽고 십여인 복쳡(僕妾)이 신부를 뫼셔 드러오니, 샹셰 완완이 니러마ᄌᆞ 동셔분좌(東西分座)1368)ᄒᆞᄆᆡ, 유랑 시비 등이 ᄡᅡᆼ금(雙衾)을 포셜(鋪設)ᄒᆞ고 쟝외의 퇴ᄒᆞᄆᆡ, 샹셰 바야흐로 ᄡᅡᆼ광(雙光)을 흘녀 뉴쇼져를 보니, 용뫼 평샹ᄒᆞ기의도 버셔나, ᄂᆡᆷᄂᆡ 니마의 놉흔 코히며, 건슌노치(乾脣露齒)1369) 엇지 조곰이나 녀ᄌᆞ의 교용(嬌容)이 이시리오.

무염(無鹽) 밍광(孟光)의 일뉴(一類)로ᄃᆡ, 다만 프른 머리 구름 갓고, 흰 ᄂᆞᆺ치 옥 갓ᄒᆞ며 두 귀볼이 진쥬 【11】갓고, 냥안이 효셩(曉星) 갓ᄒᆞ니, 황부인의 황발흑면(黃髮黑面)은 아니라. 샹셰 져의 무용(無容)1370)인 쥴은 드러시나 이 갓치 박면둔질(薄面鈍質)인 쥴은 싱각지 아닌 비라. 일견의 경희(驚駭)ᄒᆞᆷ을 ᄭᆡᄃᆞᆮ지 못ᄒᆞ고, 직견 쳠시(瞻視)의 ᄯᅩ흔 우읍기를 니긔지 못ᄒᆞ여 심즁의 혜오ᄃᆡ,

"나의 쳐궁이 박ᄒᆞ고 팔ᄌᆞ(八字) 긔구ᄒᆞᆷ을 알니로다. 경시 갓흔 슉인(淑人) 현필(賢匹)을 보젼치 못ᄒᆞ고, 오날날 뉴시의 외뫼 이ᄃᆞ록 흉쟝(凶壯)ᄒᆞ여, 예스 평샹(平常)ᄒᆞ기의도 버셔나니 이 ᄯᅩ 《텬이∥텬의》며 명운이라. 오명(吾命)이 긔흔(奇痕)ᄒᆞᄆᆡ오, 져의 죄 아니니, 군직 엇지 【12】 젼후를 다ᄅᆞ게 ᄒᆞ리오."

의시 이의 밋ᄎᆞᄆᆡ, 타연이 거릿긴 넘예(念慮) 업셔 침음(沈吟) 냥구(良久)의 날호여

1366) 슈연(粹然) : 쳔연(天然). 사람의 힘을 가하지 아니한 상태.
1367) 불용누질(不容陋質) : 용납하지 못할 만큼 비천한 자질.
1368) 동셔분좌(東西分座) : 남자는 동쪽 여자는 서쪽으로 갈라 앉음.
1369) 건슌노치(乾脣露齒) : 윗입술이 위로 들려서 이가 드러나 보임.
1370) 무용(無容) : 용모가 없음. 곧 용모가 아름답지 못함을 이르는 말.

이셩(怡聲)으로 문왈,

"부인이 비록 규리(閨裏) 녀지나 잠영문미(簪纓門楣)1371)의 현부모 교훅(敎慉) 가온
딕 싱장ᄒ여, 져 갓치 슉셩ᄒ기의 밋쳐시니 거의 인뉸(人倫) 셰스(世事)를 알 거시니,
슉녀의 녹녹(碌碌)○[흔] 쇽틱(俗態)를 두지 아니ᄒᆞᆯ지라. ᄒᆞ믈며 부부딕륜(夫婦大倫)은
인뉸즁ᄉᆞ(人倫重事)오, 쇼텬(所天)과 지어뮈ᄂᆞᆫ 이졔 일심이라. 부인이 니졔 학ᄉᆡᆼ을 무
ᄉᆞᆫ 덕으로 셤기고져 ᄒᆞ시ᄂᆞ뇨?"

뉴쇼졔 쳥파의 아미(蛾眉)를 낫초고 슈ᄉᆡᆨ(羞色)을 잠간 동ᄒᆞ여, 침ᄉᆞ(沈思) 냥【1
3】구(良久)의 념용(斂容) 피셕ᄒᆞ여 안셔(安徐)히 딕왈,

"군ᄌᆞᄂᆞᆫ 미셰흔 셔ᄉᆡᆼ과 다르시니, 임의 쇼년 닙됴(入朝)ᄒᆞ여 뉵경(六卿) 직렬(宰列)
의 츙슈(充數)ᄒᆞ샤, 셩듀(聖主)를 보좌ᄒᆞ여 계시니, 통고금달ᄉᆞ리(通古今達事理)1372)ᄒᆞ
시미 인의예지(仁義禮智)를 모ᄅᆞᆯ실 빅 업ᄉᆞᆸ거늘, 엇지 규즁(閨中) 미암(迷暗)흔 쇼견을
므ᄅᆞ시ᄂᆞ니잇고? 고어의 왈, 부인은 복어인(服於人)이라 ᄒᆞ니, 쳡은 한문미질(寒門微
質)이라. 다만 ᄌᆞ모의 가ᄅᆞ치신 바 질삼1373) 방젹(紡績)1374)을 다ᄉᆞ려 침션(針線)을
쇼임ᄒᆞ고, 반깅(飯羹)의 온닝(溫冷)을 맛갓게 ᄒᆞ오며, 어육(魚肉) 치쇼를 슉핑(熟烹)ᄒᆞ
여 녀공지ᄉᆞ(女功之事)○○[를 ᄒᆞᆯ] ᄯᆞ름이라. 이의셔 다시 【14】무ᄉᆞ 거슬 알건 양
ᄒᆞ여, 빈셰ᄉᆞ신(牝鷄司晨)의 직화(災禍)를 브ᄅᆞᆫ 방ᄌᆞᄒᆞ미 이시리잇고?"

셜파의, 옥셩이 낭낭ᄒᆞ여 산협(山峽)의 진납이 브ᄅᆞ지지ᄂᆞᆫ 듯, 슉연졍좌(肅然正坐)ᄒᆞ
미 슌연(純然) 평담(平淡)ᄒᆞ여 표리일쳥(表裏一淸)ᄒᆞ니, 그 간ᄉᆞ를 ᄉᆞ괴지 아니ᄒᆞ미 진
월(秦越)1375) ᄀᆞᆺ고, 흡연(洽然)이 '계ᄎᆞ(笄叉)흔 군ᄌᆞ(君子)'1376)오, '치마 닙 장뷔(丈
夫)'1377)라. 상셰 쳥ᄎᆞ(聽此)의 미위(眉宇) 환연ᄒᆞ여 완이(莞爾) 쇼지(笑之)ᄒᆞ고, 날호
여 옥쵹(玉燭)을 금딕(金臺)의 멸ᄒᆞ고, 신인(新人)을 권ᄒᆞ여 일금지하(一衾之下)의 나
아가, 원앙장(鴛鴦帳)을 한가지로 ᄒᆞ니, 은이(恩愛) 진즁(鎭重)ᄒᆞ나, 군ᄌᆞᄂᆞᆫ 묵묵(默默)
ᄒᆞ고 슉녀ᄂᆞᆫ 졍졍(貞靜)ᄒᆞ여, 낙이불【15】음(樂而不淫)ᄒᆞ고 ᄋᆡ이불상(愛而不傷)1378)
ᄒᆞ니, 유뫼 창외의셔 규시(窺視)ᄒᆞ고, 졔1379) 쇼져의 박용누질(薄容陋質)과 구상셔의

1371)잠영문미(簪纓門楣) : 대대로 높은 벼슬을 하여 온 문벌(門閥).
1372)통고금달ᄉᆞ리(通古今達事理) : 과거와 현재를 꿰뚫어 환히 알고 사물의 이치에 막힘이 없이 통함.
1373)질삼 : 길쌈. 실을 내어 옷감을 짜는 모든 일을 통틀어 이르는 말.
1374)방젹(紡績) : =길쌈. 섬유 원료로 실을 뽑아 피륙을 짜 내기까지의 모든 일.
1375)진월(秦越) : '진(秦)나라와 월(越)나라'라는 뜻으로, 둘 사이가 너무 멀어 서로 아무런 관심도 갖지
  않는, '전혀 무관심한 관계'를 비유적으로 이르는 말. 즉 중국 춘추(春秋) 시대 진(秦) 나라는 지금의
  섬서성(陝西省)에 있고 월(越) 나라는 지금의 강소성(江蘇省)·절강성(浙江省) 일대에 있었는데 두 나라
  사이가 너무 멀어서 서로 전혀 관계치 않았고 관심도 갖지 않았다는 데서 나온 말. =소 닭 보듯 하는
  사이.
1376)계ᄎᆞ(笄叉)흔 군ᄌᆞ(君子) ; '비녀 꽂은 군자'라는 말로, 여성군자, 곧 군자의 덕을 갖춘 여성을 이르
  는 말.
1377)치마 닙 장뷔(丈夫) : '치마 두른 장부'라는 말로, 장부의 품격을 갖춘 여성을 이르는 말.
1378)ᄋᆡ이불상(愛而不傷) : 사랑하되 정도를 넘지 아니함.
1379)졔 : 저의. 1인칭대명사 '저'에 관형격 조사 '의'가 결합하여 줄어든 말.

풍의덕질(風儀德質)을 비겨 혜아려, 무지흔 쳔견(淺見)의,

"져 노야의 져리 조흔 풍치로뻐 우리 쇼져의 둔질누용(鈍質陋容)을 보시면, 아모 관
홍 군지신들 부부즁졍(夫婦重情)이 어뒤로 조ᄎ 나시리오."

싱각이 이의 밋ᄎ니, 하 가이업고 답답ᄒ여 쇼져를 신방의 뫼시고, 나아와 치운 줄
도 닛고 후챵(後窓) 곡난(曲欄) 밋히 싀도록 업뒤여, 금슬이 진즁흔 괴싁을 알미, 하
깃부고 즐거오니 희약텬디(喜若天地)1380)ᄒ여 닙을 함박 만치 버【16】리고 도라와,
밍부인긔 이 쇼유를 고ᄒ니, 부인과 퇴슈 부뷔 듯고 크게 깃거ᄒ더라.

구샹셰 아즁(衙中)이 번화ᄒ믈 깃거 아냐, 일이슌(一二旬)이 지난 후, 부인을 권실
(眷室)ᄒ여 햐쳐(下處)1381)의 도라오니, 뉴틱쉬 부즁으로셔 일용즙물(日用什物)을 다
찰혀 구공의 가ᄉ를 션치ᄒ니, 뉴시 크게 어지러 공의 ᄂ지조(內助)의 보익(補益)ᄒ미
만ᄒ니, 구샹셰 ᄎ후 젹니(謫裏)의 간초(艱楚) 젹막(寂寞)ᄒ믈 닛고 무양(無恙)이 셰월
을 보ᄂ나, 미양 일넘이 경경(耿耿)ᄒ여 녀아의 션연미질(鮮姸美質)이 안져(眼底)의 삼
삼ᄒ고, 낭셩쇼음(朗聲笑音)이 이변(耳邊)의 징징ᄒ니, 화조월셕(花朝月夕)의 북으로
뎨향(帝鄉)을 바【17】라 군안(君顔)을 ᄉ렴ᄒᄂ는 시름이 광미(廣眉)를 잠으고, 망ᄌ산
(望子山)1382)의 아ᄎ의 밀도(密滔)1383)ᄒᄂ는 구룸을 바라보아 츄원(追遠)1384)의 이를
술오더니, 의외(意外)의 경츄밀의 별셰(別世) 흉음(凶音)을 드르며, 그윽이 지긔(知己)
를 앗기고, 어진 사룸의 명(命)이 단(短)ᄒ고 쉬(壽) 박(薄)ᄒ믈 슬허, 샹연(傷然)이 눈
물 나리믈 씨닷지 못ᄒ고, 녀아의 의탁이 더옥 쇼조(疏阻)ᄒ믈 슬허ᄒ더니, ᄯ오 오릭지
아녀 녀아의 셔간을 보니, 표슉(表叔)이 연셰(捐世)ᄒ시믹 ᄌ긔의 쥬착(住着)이 어렵다
ᄒ여 눈부의셔 길긔를 촉혼(促婚)ᄒ니, 호부인이 쥬쟝ᄒ여 임의 셩혼ᄒ여 구가의 도라
【18】가시믈 알외엿ᄂ지라.

샹셰 간필(看畢)의 디경디히(大驚大駭)ᄒ여 혜오디,

"녀이 아시(兒時)로붓허 예법이 고샹ᄒ고 힝신이 유법ᄒ여 비록 쇼쇼미ᄉ(小小微事)
라도 네 밧긔 힝ᄒ미 업더니, ᄒ물며 혼인은 인뉸디ᄉ(人倫大事)라. 엇지 져의 망모
(亡母)의 삼긔(三朞)를 맛지 아니ᄒ고, 비록 져집이 지촉흔들 나의 허락이 업시 디ᄉ
를 쇼리히1385) 지니며, 더옥 뉸샹국과 진왕의 부ᄌ슉질은 녜의군지(禮儀君子)라. 샹녜
(喪禮)를 어긔워 혼인을 강박ᄒ니 이시며, 호부인은 일기 암용불인(暗庸不仁)흔 녀지
라. 엇지 남의 디ᄉ(大事)의 간예ᄒ여 쥬혼(主婚)홀 의견이 이시【19】리오. 극히 괴
아(怪訝)흔 일이 만ᄒ니 엇지 괴이치 아니ᄒ리오."

1380)희약텬디(喜若天地) : 기쁘기가 하늘과 땅 만큼이나 큼.
1381)햐쳐(下處) : 사처. 손님이 길을 가다가 묵음. 또는 묵고 있는 그 집.
1382)망ᄌ산(望子山) : 집 가까이에 있는 동산 따위의 산으로, 어버이가 집나간 자식이 돌아오기를 기다
　리는 산.
1383)밀도(密滔) : 구름 따위가 가득 피어오르는 모양.
1384)츄원(追遠) : 지나간 옛일을 생각함.
1385)쇼리히 : 솔이(率爾)히. 말이나 행동이 신중하지 못하고 가벼이.

니러툿 수수난녜(事事亂廬) 경긱(頃刻)의 빅츌(百出)ᄒ니, 우우(憂憂)히 광미(廣眉)ᄅᆯ 씽기여 말을 아니ᄒ나, 심녜(心慮) 만단(萬端)ᄒ니, 뉴부인이 쏘흔 수어(辭語)ᄅᆯ 참청(參聽)ᄒ고 왈,

"첩이 비록 녀아ᄅᆯ 보옵지 못ᄒ여시나, 군주의 명교(明教)로 조ᄎᆞ 닉이 듯ᄌᆞ온 비니, 녀이 상공과 션부인(先夫人) 어진 교훈을 밧ᄌᆞ와, 셩녀(聖女)의 규측(閨側)을 의방(依倣)ᄒ미 잇다ᄒ니, 상녜ᄂᆞᆫ 인가(人家)의 즁흔 녜라. 녀염(閭閻) 미쳔흔 상한쳔인(常漢賤人)이라도 그 예도(禮道)ᄅᆯ 착난치 못ᄒ오려든, 더옥 녀아의 셩덕규힝(盛德閨行)으로 가장 이상ᄒ고, ᄒᆞ믈며 평진【20】왕 눈쳥문과 상국 효문의 녜의(禮儀) 도힝(道行)은 만셩ᄉᆞ셔(萬姓士庶)의 일ᄏᆞᆮᄂᆞᆫ 비어늘, 더옥 상공의 허락이 업시{셔} 촉혼셩녜(促婚成禮)ᄒᆞᆯ 니 업ᄉᆞ니, 원간 셰ᄉᆞ(世事)ᄂᆞᆫ 난측(難測)이라. 혹ᄌᆞ 와언(訛言)이 이셔 간ᄉᆞ흔 일이 잇ᄂᆞᆫ가 ᄒᆞᄂᆞ이다."

상셰 부인의 말ᄉᆞᆷ을 듯고 더옥 의혹ᄒ여, 경ᄉᆞ의셔 셔간 가져온 창두(蒼頭)ᄅᆯ 불너 기간 곡졀을 상셰히 므른즉, 가인(家人)이 ᄃᆡ쥬(對奏) 왈,

"경츄밀노애 노야의 원힝(遠行) 후의 쇼져의 젹막ᄒᆞᆷ을 넘녀ᄒᆞᄉᆞ, '뷘 집의 혼ᄌᆞ 두지 못ᄒ리라' ᄒ시고, 쇼져ᄅᆯ 경부로 뫼셧ᄉᆞᆸ더니, 불힝ᄒ여 츄밀노애 연셰(捐世)ᄒ시미, 쇼졔 과도히 【21】슬허ᄒᆞᄉᆞ 션부인 초상지시(初喪之時)로 다ᄅᆞ미 업ᄉᆞ더니, 츄밀노야 초상을 지닉신 후의 경부의 괴이흔 가변이 니러나, 경쇼져와 그 유모 교란이 일야지간의 부지거쳐(不知居處)ᄒ니, 가즁이 우황(憂惶)ᄒ여 믈 쓸 듯ᄒ고, 호부인이 궁텬지통(窮天之痛) 가온ᄃᆡ 더옥 놀나고 슬허ᄒᆞᄉᆞ, 오오(嗚嗚)[1386]흔 가즁의 우리 쇼져ᄅᆯ 오릭 뉴쳐(留處)ᄒᆞ미 불안타 ᄒᆞ시던 ᄎᆞ, 여ᄎᆞ(如此) 괴히(怪駭)흔 쇼식을 눈상부의셔 알건 양ᄒᆞ여 촉혼(促婚)ᄒ시니, 쇼졔 쏘흔 경부 가변(家變)을 놀나 상녜 젼이믈 긔회(介懷)치 아니ᄒ시고 슌종(順從)ᄒ시니, 호부인이 쥬장(主掌)ᄒᆞᄉᆞ 셩혼(成婚)ᄒ시니이다."

상셰 쳥미파(聽未罷)의 ᄃᆡ경ᄎᆞ악(大驚且愕) 왈,

"다【22】ᄅᆞᆫ 연고ᄂᆞᆫ 니ᄅᆞ지 말고 지상가 가변이 극히 괴히(怪駭)ᄒ니, 경아ᄂᆞᆫ 규즁 쳐ᄌᆞ라. 무인심야(無人深夜)의 심규리(深閨裏) 규문(閨門) 가온ᄃᆡ 규즁 쇼이 어ᄃᆡ로 가며, 셜ᄉᆞ 괴이흔 요마(妖魔)의 작용이라 일너도, 산즁 요미(妖魔) ᄉᆞ부(士府) 규문을 돌입ᄒ여, 무슈흔 인명 가온ᄃᆡ 굿ᄒ여 경아 노쥬ᄅᆯ 후려갈 니 업고, 셕ᄌᆞ의 은교역 구미호(九尾狐)의 요변(妖變)이라도 오히려 달긔(妲己)[1387]ᄅᆯ 죽이고, 그 젼형(全形)을 비러 셰상을 속엿거니와, 니졔 경아 노쥬ᄂᆞᆫ 근착(根着)이 업ᄉᆞ미 ᄀᆞ장 괴이ᄒ니, 엇지 텬단간 괴변(怪變)과 니ᄉᆞᆯ(異事) 아니리오."

ᄒᆞ여, 상셔와 뉴부인이 더옥 의려만단(疑慮萬端)ᄒᆞ여 괴이ᄒᆞᆷ믈 【23】ᄌᆞ못 결을치

1386)오오(嗚嗚) : 슬피 흐느끼는 소리.
1387)달긔(妲己) : 중국 은나라 주왕의 비(妃). 왕의 총애를 믿어 음탕하고 포악하게 행동하였는데, 뒤에 주나라 무왕에게 살해되었다. 하걸(夏桀)의 비 매희(妹喜)와 함께 망국의 악녀로 불린다.

못ᄒ여 ᄒ나, 만고(萬古) 요녀 음부○[요] 딕악 찰녀○[인] 경시 난아의 요괴로온 작
용이 ᄌ가의 쳔금 교아ᄅᆞᆯ 가져, 일야지간(一夜之間)의 잠살(潛殺)ᄒ고, 그 얼골과 형용
을 가져, 셩명을 가탁ᄒ여 남의 텬뎡슉채(天定宿債)의 동상(東床) 옥뉸(玉胤)1388)을 아
ᄉ 빅년방밍(百年芳盟)1389)을 희(戲)지으려 ᄒᄂᆞᆫ 쥴이야 쳔쳔만만(千千萬萬) 몽믹의나
어이 싱각ᄒ리오.

이의 여러 날이 되믹 셔찰을 닷가 녀아와 경공ᄌᆞ의게 붓치며, 뉸샹국 부ᄌᆞ의게 ᄯᅩ
ᄒᆞᆫ 글월을 ᄶᅵ쳐 가인(家人)을 도라보닉고, 이후 왕왕(往往)이 경ᄉᆞ(京師) 인편의 셔신
을 어더 보나, 각별 녀아의 평셔(平書)1390)ᄅᆞᆯ 보지 못ᄒ【24】여, 잇다감 마지 못ᄒ여
붓치ᄂᆞᆫ 글월이 초초히 평부ᄅᆞᆯ 문답ᄒᆞᆯ지언졍, 효녀의 지셩현효(至誠賢孝)로ᄡᅥ 텬이관산
(天涯關山)1391)을 ᄌᆞ음ᄒ여1392) 망운영모(望雲永慕)의 근졀ᄒᆞᆫ 말ᄉᆞᆷ이 조곰도 업ᄉᆞ니,
구공이 ᄉᆞᄉᆞ(事事)마다 의례(疑慮) 만복(滿腹)ᄒ여 더옥 귀환지심(歸還之心)이 살 갓ᄒᆞ
되, 능히 텬문의 은ᄉᆞᄅᆞᆯ 밧줍지 못ᄒ엿ᄂᆞᆫ 고로, 조운셕월(朝雲夕月)의 초창단우(悄愴怛
憂)ᄒᆞᆷ믈 마지 아니ᄒ더니, 니러구러 슈년이 지나니 샹셔의 ᄉᆞ향지심(思鄕之心)이 일
일층가ᄒ더라.

뉴부인이 믄득 잉틱ᄒ여 일긔 옥동을 싱ᄒ니, 힌이(孩兒) 크게 영형슈발(英形秀拔)
ᄒ여 모시(母氏)의 흉상(凶狀)은 조곰도 픔습(稟襲)【25】ᄒ미 업고, 샹셔의 풍치 덕
질을 뎐습(傳襲)ᄒ여시니, 보ᄂᆞ니 칭찬ᄒ고, 구샹셰 딕희(大喜) 과망(過望)ᄒ고, 뉴틱슈
부부와 밍부인이 깃거 셔로 칭하ᄒ며, 닌니(隣里) 샹하(相賀)ᄒ니, 힌이(孩兒) 날노 슉
셩신오(夙成神奧)ᄒ며, 뉴시 산긔(産氣) 여샹(如常)ᄒ니, 구샹셰 아ᄌᆞᄅᆞᆯ 어드믹 져기
심우(心憂)ᄅᆞᆯ 쳑탕(滌蕩)ᄒ나, ᄋᆞᄌᆞ의 교연(嬌然)ᄒᆞᆷ믈 보아 ᄉᆞ랑ᄒᆞᆯᄉᆞ록, 녀아의 쥬화옥
슈(珠花玉樹) 갓ᄒᆞᆫ 긔질(氣質)을 닛지 못ᄒ여, 눈싱의 비샹ᄒᆞᆫ 풍치 그 ᄉᆞ이 더 장셩
긔이ᄒ여실 바ᄅᆞᆯ 혜아려, 탄식 아닐 젹이 업더니, 홀연 조졍 쇼식을 드르니 걸안 흉봉
과 동졔 반상이며, 동토의 공극(孔劇)ᄒᆞᆫ 【26】 슈이지란(水罹災難)이 니러나니, 옥체
(玉體) 뇽침(龍寢)의 능히 안온치 못ᄒ시민, 병부샹셔 딕도독 체찰ᄉᆞ 뎡의쳥과 눈한님
쳥계와 간의틱우 하의게 걸안 흉디ᄅᆞᆯ 츌졍ᄒ고, 태우 《눈의셩‖눈후셩》은 동토 치
슈ᄉᆞ(治水使)ᄅᆞᆯ ᄌᆞ임ᄒ고, 녜부샹셔 뎡현긔ᄂᆞᆫ 동졔 교유ᄉᆞᄅᆞᆯ ᄌᆞ원ᄒ여, 츳년 츄말(秋
末)의 일시의 장안(長安) 데도(帝都)ᄅᆞᆯ ᄯᅥ낫다 ᄒᄂᆞᆫ지라. 구샹셰 딕경 탄왈,

"눈·하·뎡 삼문(三門) 졔인은 하늘이 숑죠ᄅᆞᆯ 보좌ᄒ려 텬디뎡믹(天地精脈)을 홀노
거두어 나리오신 빅니, 엇지 녜의(禮儀) 왕화(王化)ᄅᆞᆯ 아지 못ᄒᄂᆞᆫ 걸안 흉노(匈奴)와,
동졔의 오합지뉴(烏合之類)와 일시 텬운지란(天運災難)을 진【27】복(鎭服)지 못ᄒᆞᆯ가

1388)옥뉸(玉胤) : 옥처럼 귀하고 아름다운 아들.
1389)빅년방밍(百年芳盟) : 혼인의 아름다운 맹세.
1390)평셔(平書) : 안부편지.
1391)텬이관산(天涯關山) : 하늘 끝처럼 까마득하게 멀리 떨어져 있는 변방의 산.
1392)ᄌᆞ음ᄒ다 : 가로막히다. 격(隔)하다.

근심ᄒ리오만은, 오히려 츠인 등이 다 년쇼빅면(年少白面)¹³⁹³)을 면치 못ᄒ여시니, 군
국뒤ᄉ(軍國大事) 엇지 넘녀롭지 아니리오."

ᄒ더라.

니러구러 광음(光陰)이 훌훌ᄒ여¹³⁹⁴) ᄒ 진(盡)ᄒ고 명년 동초(冬初)의 니르럿더니,
홀연 황셩으로 조ᄎ 사명(赦命)이 니르니, 구공이 뒤회ᄒ여 관복을 갓초고 향안(香案)
을 갓초와 조셔(詔書)를 밧ᄌ와 북향ᄉ빅(北向四拜)¹³⁹⁵)ᄒ고 조셔를 기간(開看)ᄒ니,
뒤기 슝조 졔텬(諸天)¹³⁹⁶) 홍복(弘福)으로 뉴·하·뎡 삼문 졔인이 쇼년뒤ᄌ(少年大
才)로 한번 나아가미 ᄉ졸을 슈고롭게 아니ᄒ고, 삼노(三路) 흉난ᄌ변(凶亂災變)을 일
긔쥬년(一朞周年)¹³⁹⁷)이 치 못ᄒ여셔 초안삭평(招安削平)ᄒ고 승젼환【28】가(勝戰還
家)ᄒ니 이ᄂ 국가뒤경(國家大慶)이라. 일노ᄡ 특별이 뒤샤텬하(大赦天下)ᄒ여 군국 경
ᄉ를 상하(賞賀)¹³⁹⁸)ᄒ려 ᄒ시ᄂ 죠셰러라.

구공이 간필(看畢)의 빅빈(百拜) ᄉ은(謝恩)ᄒ고, 뉴틱슈와 한가지로 황ᄉ(皇使)를
마ᄌ 연향 관뒤(款待)ᄒ니, 황ᄉ ᄯ흔 조정이 승품(陞品) 녜쇼(禮召)ᄒ시ᄂ 은명(恩命)
을 젼ᄒ고, 졀월(節鉞)이 뒤ᄒ 조ᄎ믈 니르니, 구상셔ᄂ 녯 벼슬노 승쇼ᄒ시며, 뉴틱슈
ᄯ흔 과만(瓜滿)¹³⁹⁹)이 ᄎᄂ 고로 호부시랑을 승품ᄒ신 조셰(詔書) 나려 계시더라. 구
·뉴 냥인이 동힝ᄒ믈 더옥 깃거ᄒ더라.

슈일 후, 녜쇼(禮召)ᄒ시ᄂ 은명(恩命) 졀월(節鉞)과 신관(新官)이 일시의 니르니, 뉴
틱슈 가속(家屬)을 【29】거ᄂ려 녀ᄉ(旅舍)의 나리고, 인부(印符)¹⁴⁰⁰)를 가져 구관이
신관의게 교뒤ᄒᄂ 졀ᄎ를 맛ᄎ미, 빈쥬(賓主) 크게 셜연(設宴) 경하(慶賀)ᄒ고, 구·
뉴 냥공이 즁ᄉ(中使)를 몬져 도라가게 ᄒ고, 힝니를 찰혀 환경홀ᄉ, 산음 일읍 향관
ᄉ틱우와 구공의게 슈학ᄒ던 슈다 문인이며 향민 부뢰(父老), 뉴틱슈의 쳥념(淸廉) 이
민무휼지덕(愛民撫恤之德)과 구상셔의 공검인후(恭儉仁厚)ᄒ 셩덕을, 우러러 습복(習
服)ᄒ리 만텬 고로, 니별을 연연(戀戀)ᄒ여, 져마다 양쥬(釀酒)를 닛그러 먼니 와 젼별
(餞別)ᄒ며, 눈물을 나리와 ᄯ나믈 슬허ᄒ니, 맛치 유하(乳下) 젹ᄌ(赤子) ᄌ모(子母)를
ᄯ나ᄂ 심ᄉ 갓흔【30】지라. 뉴·구 냥공이 면면이 위로ᄒ여 지삼 후회를 일ᄏ고,
마두(馬頭)를 두로혀니, 빅셩이 슬프믈 니긔지 못ᄒ더라.

구·뉴 냥인이 늬힝(內行)이 한가지로 힝ᄒᄂ 고로, ᄌ연 힝뇌(行路) 지지ᄒ여 여러

1393)년쇼빅면(年少白面) : 나이가 어리고 경험이 모자란 사람
1394)훌훌ᄒ다 : 가볍게 날듯이 뛰거나 움직이다.
1395)북향ᄉ빅(北向四拜) : 임금이 계신 곳을 향하여 네 번 절함.
1396)졔텬(諸天) : 천상계의 모든 천신(天神)
1397)일긔쥬년(一朞周年) : 일주년(一週年). 첫 돌. 또는 꼭 한 해가 되는 날..
1398)상하(賞賀) : 치하하고 경축함.
1399)과만(瓜滿) : 『역사』 벼슬의 임기가 끝나는 시기를 이르던 말. 중국 춘추 시대에, 제(齊)나라의 양
　　공이 관리를 임지로 보내면서 다음 해 오이가 익을 무렵에는 돌아오게 하겠다고 말한 데서 유래한다.
　　늑과년(瓜年).
1400)인부(印符) : 관인(官印)과 명부(名符)를 아울러 이르던 말.

날만의야 일횡이 비로쇼 양쥬 녀사(旅舍)의 머므럿더니, 홀연 구상셔의 유직(乳子) 풍한(風寒)의 구치(驅馳)ᄒ여 유질ᄒ니, 능히 힝노(行路)를 일오지 못ᄒ여 수오일 치료ᄒ더니, 이날 황혼의 밋쳐 홀연 도뢰(道路) 분분ᄒ며, 긔치(旗幟) 졀월(節鉞)이 분답(紛沓)1401)ᄒᄂ 곳의, 일표(一表)1402) 인미(人馬) 촌문 압흘 지나 건너 디촌(大村)의 쥬인ᄒ니, 무러 안즉 이ᄂ 다르니 아【31】니라 동토 치슈스 《눈의셩‖눈후셩》의 성공(成功) 환가(還駕)ᄒᄂ 위의(威儀)라 ᄒᄂ지라. 구상셰 경사의 이실 젹, 눈셩닌이 《텬셩‖텬뉸(天倫)》을 갓 단원(團圓)ᄒ여 도라와 밋쳐 닙신ᄒ미 업슨 고로, 셔로 면분이 업ᄂ지라. 구·뉴 냥공이 쥬인의 집 싀비(柴扉)의 비겨 먼니 바라보니, 일진(一陣) 진퇴(塵土) 추쳔(遮天)1403)ᄒᄂ 곳의, 오싴긔치(五色旗幟)와 졍긔졀월(旌旗節鉞)이 만산텬야(滿山遍野)1404)ᄒ여 나아오며, 진즁의 일위 쇼년 직상이 광의디디(廣衣大帶)1405)로 금포(錦袍)를 닙고, 월익(月額) 텬졍(天庭)의 즛금(紫金) 익션관(翼善冠)1406)을 쓰고, 손의 파리치1407)를 잡고, 팔뉸(八輪) 스마(駟馬) 메온 슐위씨를 날호여 미러 나아오니, 청홍(靑紅) 냥【32】산(陽傘)1408)이 흔득이며 다홍(多紅) 슈즈긔(帥字旗)1409)붓치이는 아릭, 거상(車上)의 귀인이 완연이 단좌(端坐)ᄒ여시니, 월명지하(月明之下)의 금스촉농(錦紗燭籠)1410)과 홰불이 징휘(爭輝)ᄒ여 명광(明光)을 닷호ᄂ디, 치슈스의 빗난 풍신(風神)이 더옥 쇄락ᄒ니, 은은이 팅양이 즁텬의 오르고져 ᄒ미, 팔운(八雲)이 즁즁(重重)ᄒ여 셔광을 몬져 비왓ᄂ 듯ᄒ니, 휘휘요일(輝輝曜日)1411)ᄒ여 망지여운(望之如雲)1412)이오, 취지여일(趣之如日)1413)이니, 경운(慶雲)이 난난(爛爛)ᄒ여 황황(恍恍)ᄒ니, 월광이 무담(無淡)ᄒ고 츄광(秋光)이 붉지 아니ᄒ더라. 능히 그 고으며 미오믈 엇지 분간ᄒ리오.

구·뉴 냥인이 먼니 쳠망(瞻望) 찰싴(察色)【33】ᄒ니 황홀여취(恍惚如醉)ᄒ고 직견쳠관(再見瞻觀)의 다시 슬피고져 ᄒ즉, 《고각징북‖고각징관(鼓角錚管)1414)》이 셧도

1401)분답(紛沓) : 사람들이 많이 몰려 북적북적하고 복잡함. 또는 그런 상태. 늑잡답.
1402)일표(一表) : 훌륭하다. 당당하다.
1403)츠쳔(遮天) : 하늘을 가림.
1404)만산텬야(滿山遍野) ; 산과 들에 가득히 뒤덮임.
1405)광의디디(廣衣大帶) : 품이 넉넉한 도포(道袍)를 입고 넓은 띠를 두른 차림.
1406)익션관(翼善冠) : 왕과 왕세자가 평상복인 곤룡포를 입고 집무할 때에 쓰던 관. 앞 꼭대기에 턱이 져서 앞이 낮고 뒤가 높은데, 뒤에는 두 개의 뿔을 날개처럼 달았으며 검은빛의 사(紗) 또는 나(羅)로 둘렀다.
1407)파리치 : 파리채. 파리나 곤충 따위를 잡거나 쫓기 위한 용도로 만든 채. 여기서는 이것이 부채처럼
1408)냥산(陽傘) : 햇볕을 가리기 위하여 쓰는 우산 모양의 큰 물건.
1409)슈즈긔(帥字旗) ; 진중(陣中)이나 영문(營門)의 뜰에 세우던 대장의 군기(軍旗). 누런 바탕에 검은색으로 '帥' 자가 쓰여 있으며 드림이 달려 있다.
1410)금스촉농(錦紗燭籠) : 비단을 발라서 만든 촛불을 켜 드는, 긴 네모꼴의 채롱.
1411)휘휘요일(輝輝曜日) : 햇빛처럼 빛남.
1412)망지여운(望之如雲) : 구름을 바라봄 같음
1413)취디여일(趣之如日) : 태양이 나아감 같음.

라1415) 심신이 한가지로 어득흔 가온디, 위의(威儀) 발셔 알플 지난지라. 뉴시랑이 할
연1416)이 숨쉬여 장탄(長歎) 왈,

"미지(美哉), 긔지(奇哉)라! 인셰지간의 혈육지신이 엇지 져갓치 긔이흐리오. 아지못
게라! 츠인이 뉴청문 평진왕의 긔지(奇子)라 흐니, 녕현셔(슈賢壻) 뉴낭으로 종형졔지
간이로다. 뉴낭이 비록 아름답다 흐나, 엇지 져 뉴후셩의 젼쳔고(前千古) 후만셰(後萬
世) 무젹(無敵)흔 풍의덕질(風儀德質)을 밋츠리오."

구공이 쪼흔 감탄 션복(善服) 왈,

"당금 숑조의 인지 치【34】셩(熾盛)흐니, 만일 인지를 츳고져 홀진디 맛당이 뉴·
하·뎡 삼문의 가 어드리니, 츠인 등이 다 긔긔(個個)히 걸츌(傑出) 초셰(超世)흐니 영
웅호걸(英雄豪傑)과 웅호걸시(雄豪傑士) 아니면, 군즈(君子) 셩현(聖賢)이며 옥모미랑
(玉貌美郞)이라. 아셔(我壻) 뉴창닌은 당셰의 한낫 옥인군즈(玉人君子)며 영웅인걸(英
雄人傑)이니, 외모풍신(外貌風神)이 거의 뉴후셩으로 난형난졔(難兄難弟)1417)라. 니 엇
지 일교(一嬌)의 퇵셔(擇婿)를 범연이 흐여시리오. 환경흐미 셔로 볼 날이 머지 아니
흐리니, 형은 아셔(我壻)를 보는 날, 나의 지감이 붉으믈 알니라."

뉴시랑이 크게 긔특이 너겨, 직삼 칭찬흐믈 마지 아니흐더라.

츠시는 경셩【35】의셔 난아 요녀의 형젹(形跡)이 픠루(敗漏)흐여, 교란이 죽고 난
이 친당(親堂)의 도라가, 다시 상츈으로 더부러 빅계(百計)로 쳔흉만악(千凶萬惡)을 비
져니려흐는 즈음이로디, 경공지 감히 계모와 누의 과악(過惡)으로써, 참아 향인(向人)
흐여 베플 낫치 업는 고로, 이다히1418) 변난을 구상셔의게 고흐미 업고, 다만 표미(表
妹)의 수싱 존망(存亡)을 몰나 슬허홀 쓰름이오. 뉴상부의셔는 평진왕 곤계(昆季)와 계
부인이 긔화(奇禍) 험난(險難)을 만히 경녁(經歷)흐엿는 고로, 비록 구쇼져를 보지 못
흐여시나, 빵셤 등의 젼어로 조츠 구시의 영녹화길지상(榮祿和吉之相)1419)이 쳥년요몰
(靑年夭沒)【36】홀 지 아닌 줄 혜아려, 그 운익(運厄)이 진(盡)흐고 무스히 싱존(生
存) 환가(還家)흐믈 바라는 고로, 구공이 역녀간초(逆旅艱楚)1420) 가온디 이 쇼식을
드르면, 그 역니지통(逆理之痛)1421)과 단장지곡(斷腸之曲)1422)이 한즈스(韓刺史)1423)

1414)고각싱관(鼓角笙管) : 군중(軍中)에서 호령할 때 쓰던 북·나팔·징·피리 등의 악기
1415)셧돌다 : 섞어 돌다.
1416)할연 : 활연(豁然). 환하게 터져 시원한 모양.
1417)난형난졔(難兄難弟) : 누구를 형이라 하고 누구를 아우라 하기 어렵다는 뜻으로, 두 사물이 비슷하
　　여 낫고 못함을 정하기 어려움을 이르는 말.
1418)이다히 : ①이쪽. 이편. ②이렇듯, 이처럼. 이렇게
1419)영녹화길지상(榮祿和吉之相) : 영화와 복록(福祿)을 누리며, 유순하고 복성스러운 상모(相貌).
1420)역녀간초(逆旅艱楚) : 집을 떠나 나그네로 타향에서 극심한 고초를 겪음 *역려(逆旅) ; '나그네를 맞
　　이한다'는 뜻으로, '여관'을 이르는 말.
1421)역니지통(逆理之痛) : 순리(順理)를 거스르는 일을 당한 슬픔이란 말로, 자식을 잃은 부모의 슬픔을
　　말함.
1422)단장지곡(斷腸之曲) : 창자가 끊어지는 듯한 슬픔.

복ᄌ하(卜子夏)1424)의 지난 쥴 혜아려, 환쇄(還刷)ᄒᄂᆞᆫ 날 스스로 알게 ᄒᆞ고ᄌ ᄒᄂᆞᆫ 고로, 일졀 구상셔의게 젼ᄒ미 업스니, 구상셰 기간 ᄉ고(事故)와 녀아의 ᄉ망지화ᄅᆞᆯ 맛날 번ᄒᆞ엿던 쥴 젼연부지(全然不知)더라.

구쇼졔 눈치슈와 그 부친 구상셔를 맛나 빗닉 도라오던 사에 하편(下篇)의 잇ᄂᆞ니라.

어시의 구상셰 뉴시랑으로 더부러 한담(閑談)ᄒᆞ여 이 밤을 지닉고, 식로【37】이 눈후셩의 긔특ᄒᆫ 풍치(風采) 용화(容華)ᄅᆞᆯ 보믹 더옥 눈한님의 비범탁셰(非凡卓世)ᄒᆫ 긔질과 녀아의 ᄌ미운치(姿美韻致)ᄅᆞᆯ 싱각ᄒᆞ믹, 녀셔 부부의 상젹ᄒᆫ 풍용을 셜니 보고져 ᄒᆞ믹, ᄉ향지심(思鄕之心)이 급ᄒᆞ더라.

ᄎ야(此夜)ᄅᆞᆯ 헐슉(歇宿)1425)ᄒᆞ고 명조(明朝)의 조반 후, 눈틱우의 햐쇼(下所)ᄅᆞᆯ ᄎᄌ 나아가고져 ᄒᆞ더니, 믄득 일야지닉(一夜之內)의 구공의 유지 곽긔(癨氣)1426)로 딕통(大痛)ᄒᆞ니, 구·뉴 냥공이 한가지로 놀나 약을 다스리노라 넘녜 밋쳐 타ᄉᆞᄅᆞᆯ 결을치 못ᄒᆞ고, 닉외 우황(憂惶) 분쥬(奔走)ᄒᆞ여 니러구러 슈일이 지나니, 쇼이 바야흐로 ᄎ셩(差成)을 어드니, 구·뉴【38】두 집 상하노쇼 깃거ᄒᆞ고, 구상셰 아환(兒患)이 초셩ᄒᆞ믹 바야흐로 슈우(愁憂)ᄅᆞᆯ 썰쳐, 다시 힝니ᄅᆞᆯ 슈습ᄒᆞ여 치슈ᄉ의 후거(後車)ᄅᆞᆯ 쓰ᄅᆞᆯ식, 눈치슈는 뎡상셔로 더부러 셔로 맛나 뎡·눈 냥원쉬 하마 걸안을 토멸ᄒᆞ고 환가ᄒᆞᄂᆞᆫ 긔회(機會)ᄅᆞᆯ 등딕ᄒᆞ노라, 도로의 힝마ᄅᆞᆯ지지(遲遲)ᄒᆞ며, 정히 양쥬 틱힝산 활인ᄉ의 머므ᄂᆞᆫ 즈음이더라.

구·뉴 냥공이 날이 져물믹 녀ᄉ(旅舍)의 드러 밤을 지닉고, 신조(晨朝)의 눈·뎡 냥인의 하쳐(下處)의 나아가 셔로 보기를 쳥한딕, 모든 하리 군졸이 딕왈,

"뎡·눈 냥노얘 작일의 본【39】쥬 틱힝산 경치ᄅᆞᆯ 완상ᄒᆞ라, 등산ᄒᆞ여 계시더디, 뫼셔 갓던 하빅의 말을 듯ᄌ오니, 어졔 날이 져물믹 도라오시지 아니ᄒᆞ시고 활인ᄉ의 머므신다 ᄒᆞ더이다."

구상셰 쳥파(聽罷)의 뉴시랑을 도라보아 니로딕,

"뎡·눈 냥인이 반ᄃᆞ시 산경을 유람ᄒᆞ다가 경물의 탐연(耽然)ᄒᆞ여 ᄉ즁(寺中)의 머

<hr>

1423)한ᄌᄉ(韓刺史) : 조주자사(潮州刺史) 한유(韓愈)를 말함. *한유(韓愈); 중국 당나라의 문인·정치가 (768~824). 자는 퇴지(退之). 호는 창려(昌黎). 당송 팔대가의 한 사람으로, 변려문을 비판하고 고문 (古文)을 주장하였다. 시문집에 ≪창려선생집≫ 따위가 있다. 여기서 한자사(韓刺史)의 역리지통과 단장지곡은, 그가 조카 한성로(韓成老)가 죽자, <제십이랑문(祭十二朗文)>을 지어 그 즉음을 슬피 애도한 일을 두고 이르는 말이다.
1424)복ᄌ하(卜子夏) : 중국 춘추 시대의 유학자(B.C.507~?B.C.420). 성은 복(卜)씨. 이름은 상(商). 자는 자하(子夏). 공자의 제자로서 십철(十哲)의 한 사람이다. 위나라 문후(文侯)의 스승으로 시와 예(禮)에 능통하였는데, 특히 예의 객관적 형식을 존중하였다. 일찍이 서하(西河)에 있을 때 자식을 잃고 너무 슬피 운 나머지 소경이 되었다는 '상명지통(喪明之痛)'의 고사가 전한다.
1425)헐슉(歇宿) : 어떤 곳에 대어 쉬고 묵음.
1426)곽긔(癨氣) : 곽란(癨亂). 음식이 체하여 토하고 설사하는 급성 위장병. 찬물을 마시거나 몹시 화가 난 경우, 뱃멀미나 차멀미로 위가 손상되어 일어난다.

므는가 시브니, 젼일 드르니, 양쥬 활인스는 쥬지 법시 깁히 도롤 어더 셕가제불(釋迦
諸佛)과 오빅나한(五百羅漢)1427)을 존슝(尊崇)ᄒ여 극히 신긔타 ᄒ니, 아등도 쏘ᄒᆫ 스
찰의 나아가 한번 구경ᄒ고 뎡·뉴 등을 ᄎᆽ즈미 엇더ᄒ뇨?"

시랑이 【40】 '연(然)ᄒ다' ᄒ고, 즉시 힝마(行馬)롤 두로혀 냥공이 한가지로 활인스
롤 ᄎᆽ 나아가니, 지나는 바의 산쳔이 명녀(明麗)ᄒ고 경물이 쇼쇄ᄒ믈 일구로 긔록
ᄒ기 어렵더라.

익셜(益說), 뎡·뉴 냥인이 활인스의 머므러 수즁 경물을 완상ᄒ더니, 야심ᄒ물 인
ᄒ여 뎡·뉴·셕 삼인은 방장(方丈)으로 도라오ᄃᆡ, 숀시랑이 홀노 산보ᄒ여 궁극히 후
원 방장(方丈)의 니르러, 초실 즁의 아름다온 셔셩(書聲)을 인ᄒ여 ᄎᆽ즈 방즁의 드러
가미, 시랑은 져의 년미(年未) 최쇼년(崔少年)으로 아름답기 미옥(美玉) 갓흐믈 스랑ᄒ
고, 구쇼져는 져의 장ᄌᆞ지년(壯者之年)이믈 【41】 방심ᄒ여, 피ᄎᆞ 셩명을 통ᄒ고 가향
(家鄉)을 므러 알미, 이 믄득 지친슉질(至親叔姪)이라.

어시의 숀공이 구쇼져롤 ᄃᆡᄒ여 니르ᄃᆡ,

"구형이 쏘ᄒᆫ 녯 벼슬노 승쇼(承召)ᄒ시믈 닙스와 거의 환경(還京)ᄒ여실지라."

○○[ᄒ고], ᄎᆞ힝(此行)의 한가지로 경스(京師)의 도라가 부녜(父女) 반기기롤 니르
니, 유랑(乳娘)은 깃부믈 니긔지 못ᄒᄃᆡ, 쇼져는 비편(非便)ᄒ믈 깃거 아녀ᄒ니, 숀공
이 셕연(釋然) ᄃᆡ오(大悟) 왈,

"우슉(愚叔)이 불통(不通)ᄒ여 여ᄎᆞ(如此) 스리(事理)롤 밋쳐 혜아리지 못ᄒ엿더니,
질녀(姪女)의 명달ᄒᆫ 식견이 ᄌᆞ못 근니(近理)ᄒᆯ ᄲᆞᆫ 아니라, 더옥 뎡텬스(天使)는 윤달
평 【42】 의 이종(姨從)1428)이오, 뉴치슈는 달평이 종빅(從伯)이라. 혐의로오미 만흐니,
우슉이 현질의 말을 조ᄎᆞ 상경ᄒ노라 ᄒ면, 구형이 쏘 거의 상경ᄒ여실 듯ᄒ니, 현질
의 싱존보명(生存保命)ᄒᆫ 쇼식을 젼ᄒ여 슈이 다려가게 ᄒ리라."

쇼졔 ᄃᆡ열(大悅)ᄒ여 ᄌᆡ비(再拜) 슈명(受命)ᄒ니, 유랑의 깃거ᄒ고 즐겨ᄒ믄, 만니
음관(陰關)1429)의 ᄲᅡ졋다가, 별유션경(別有仙境)1430)의 비등(飛騰)ᄒᆫ 듯, 일구(一口)로
형언(形言)ᄒ기 어렵더라.

니러툿 슈어(酬語)1431) 한담(閑談)의 임의 밤이 진(盡)ᄒ기의 밋ᄎᆞ니, 미상(枚
上)1432)의 뫼ᄃᆰ이 식비롤 어ᄌᆞ러이 보호ᄒ는지라. 시랑이 야심ᄒ 【43】 믈 ᄭᆡ다라 긱
당으로 도라올시, 쇼져 노쥬로 더부러 명신(明晨)의 다시 보기롤 니르고 긱실의 도라
오니, 뎡·뉴 냥인이 오히려 ᄌᆞ지 아니ᄒ고, 셕시랑으로 더브러 촉을 붉히고 한담ᄒ다

1427)오빅나한(五百羅漢) : 셕가모니가 남긴 교리를 결집하기 위하여 모였던 오백 명의 아라한. 늑오백
아라한·오백 응진.
1428)이종(姨從) : 이종사촌. 이모의 자녀를 이르는 말.
1429)음관(陰關) : 귀신들이 사는 저승세계. =음계(陰界)
1430)별유션경(別有仙境) : 특별히 신비로운 신선세계.
1431)슈어(酬語) : 말을 주고 받음.
1432)미상(枚上) : 횃대 위. *매(枚) : 막대기.

가, 숀시랑을 보고 니로딕,

"하쇠(夏宵) 심단(甚短)ᄒ여 거의 시기의 밋쳣거늘, 무스일 ᄒ노라 그리 더디게야 왓ᄂᆞᆫ뇨? 연이나 무슨 깃븐 일이 잇관ᄃᆡ, 쇼용(笑容)이 만만ᄒ시뇨?"

숀공이 답쇼 왈,

"제(諸) 션싱이 만싱의 다스(多事)ᄒᄆᆞᆯ 우으시나, 싱은 우연이 친척의 쇼식을 드르니 ᄌᆞ연 깃부미 바라나1433) 얼골의 낫하나도 【44】쇼이다."

뎡상셰 문 왈,

"현공이 무인심야(無人深夜)의 이 ᄉ즁(寺中)의 와 어ᄂᆞ 곳의 가 친족의 쇼식을 아ᄅᆞ시뇨? 숀시랑이 딕왈,

"아ᄌᆞ(俄者)의 후졍 방장 가온ᄃᆡ셔 독셔ᄒ던 셔싱의 근본이 학싱의 친족이러이다."

눈틔위 침음냥구(沈吟良久)의 문 왈,

"뉘집 ᄌᆞ제며, 현공으로 족의(族義) 엇더ᄒ며, 인ᄌᆡ(人材) 엇더ᄒ더니잇가?"

숀공이 넌ᄌᆞ시 딕왈,

"원족(遠族)으로 ᄌᆞ질(子姪) 항녈(行列)이라. 맛춤 계집의셔 젹은 가변이 이셔 피우(避憂)ᄒ여 이곳의 와 머므런지 긔년이라. 금츄(今秋) 즈음은 도라가려 《ᄒ오니∥ᄒ던ᄃᆡ》, 아직 유년(幼年) 동몽(童蒙)《이로ᄃᆡ∥이라》, 인ᄌᆡ는 아름 【45】다오나, 극히 년쇼유미(年少柔媚)ᄒ여, 아ᄂᆞᆫ 거시 업더이다."

뎡·눈 냥인은 본ᄃᆡ 총명달식(聰明達識)이 니두(李杜)1434)의 지난지라. 쇼호(少昊)1435)의 신긔ᄒᄆᆞᆯ 겸ᄒ여시니, 숀공의 긔식이 유유침음(儒儒沈吟)ᄒ여 직언(直言) 갓지 아니ᄒᄆᆞᆯ 심히 의심ᄒ나, 남의 친척족의(親戚族義)1436)를 심문(審問)ᄒᄆᆡ 가치 아녀 졈두(點頭)ᄒᆞᆯ ᄲᆞᆫ이로ᄃᆡ, 셕시랑은 인품이 ᄌᆞ상(仔詳)ᄒ고 춤지 못ᄒᄂᆞᆫ 셩품이라. 문 왈,

"공의 친척이라 ᄒ니 셩명이 뉘라 ᄒᄂᆞ뇨?"

숀공이 셕공의 유심이 므ᄅᆞᄆᆞᆯ 보믹 창졸(倉卒)의 달니 ᄭᅮ며 딕답히 말이 막히니, 침음(沈吟) 딕왈,

"이셩(異姓) 족친(族親)이니 셩이 【46】구시로쇼이다. 져희 부형이 거향(居鄕)ᄒᄂᆞ이다."

셕공이 졈두ᄒ니, 뎡·눈 냥인이 믄득 총명이 밍동(萌動)ᄒ나, 조ᄎᆞ(造次)1437)의 다시 힐문ᄒᄆᆡ 가치 아냐 묵연ᄒ더라.

1433) 바라나다 : 치열하게 나다. 솟아나다. 솟구치다.

1434) 니두(李杜) : 당나라 때 시인 이백(李白: 701-762)과 두보(杜甫: 712~ 770)를 아울러 이르는 말.

1435) 쇼호(少昊) : 중국 태고 때에 있었다는 전설상의 임금. 황제의 아들로 이름은 현효, 금덕이었고, 천하를 다스리게 되었으므로 호를 금천씨(金天氏)라고 부른다. 가을을 다스리는 신으로 알려져 있다.

1436) 친척족의(親戚族義) : 친척사이의 멀고 가까운 관계. 촌수(寸數).

1437) 조ᄎᆞ(造次) : 조차간(造次間). ①아주 급작스러운 때. ②얼마 되지 않는 짧은 시간.

제인이 야심호믈 니르고 바야흐로 주리의 나아가 헐슉호니, 드듸여 침쉬(寢睡) 뇌즁(牢重)1438)호여 날이 시는 쥴을 씨닷지 못호더니, 명조의 수즁 모든 디즁(大衆)이 아춤 지식(齋食)을 올니노라, 숑경(誦經) 념불(念佛)호는 소리의 놀나 씨다르니, 발셔 조일(朝日)이 휘휘(輝輝)호여 동창(東窓)의 나럿더라.

제승(諸僧)이 노스(老師)의 명으로 셰슈룰 나오고, 조반을 올녀 좌호미, 디시 나아와【47】웃고 니르디,

"녈위(列位) 귀인이 늦도록 침쉬 뇌즁호시니, 가히 원노힝역(遠路行役)의 뇌고(勞苦)호시믈 알니로쇼이다."

숀·셕 냥인이 답쇼 왈,

"디쟝뷔 만니(萬里) 힝장(行裝)의 빵각건(雙角巾)이라. 족히 힝노의 곤핍호미 아니라 종일종야(終日終夜)토록 한유(閑遊) 달난(團欒)호기로, 밤이 깁흐믈 씨닷지 못호여 줌 즈기룰 과히 호여 너모 느져시니, 노시 우으리로다."

디시 쇼왈,

"산야 빈승(貧僧)이 엇지 감히 녈위 노야룰 우으리잇고?"

정히 슈작(酬酌)고져 호더니, 믄득 쇼리(小尼) 보왈(報曰),

"동구(洞口) 밧긔 냥위(兩位) 디관(大官)이 유람호는 복식으로 니르러, 뎡·뉴 냥노【48】야(兩老爺)룰 뵈와지라 호느이다."

제인이 경아(驚訝)호고,‧ 디시(大師) 연망(連忙)이 제승을 명호여 스문(寺門) 밧긔 나아가 긱관(客官)을 영접호여 드러오니, 이 곳 구·뉴 냥공이라. 눈치슈는 닙신(立身) 초(初)의 구·뉴 냥공이 다 외방의 잇는 고로, 피츠 안면이 업스나, 뎡상셔는 닙신호연지 오린 고로 피츠 구면(舊面) 갓흔지라. 피치 쇼안(笑顔)으로 마즈, 한훤(寒暄) 녜 필(禮畢)의 좌정(坐定)호고, 츠룰 올녀 파호고, 피치(彼此) 치경(致敬)호여 예스(例事) ○○[로온] 인스(人事)룰 파호미, 인친(姻親)의 후의(厚誼)룰 일ㅋ라 말숨이 이윽호미, 숀시랑이 춤지 못호여 니르디,

"쇼【49】제(小弟) 풍슈지통(風樹之痛)1439)을 맛나, 격셰(隔歲) 후 상경호니, 현쉬(賢嫂) 임의 귀천(歸天)호시고, 현형(賢兄)이 죄적(罪謫)호여 셔로 웃는 낫츠로 반기지 못호니, 니정(離情)의 결홀호믈 측냥(測量)호리오만은, 질녜 요힝(僥倖) 지우1440) 보젼(保全)호여 군즈의 문(門)의 위금(委禽)1441)호여 평싱이 안과(安過)홀가 호엿더니, 쳔

1438)뇌즁(牢重) : 매우 깊다. 매우 무겁다.

1439)풍슈지통(風樹之痛) : =풍수지탄(風樹之嘆). 효도를 다하지 못한 채 어버이를 여읜 자식의 슬픔을 이르는 말. 공자가 당대 주(周)나라의 현인(賢人) 고어(皐魚)와 문답하는 가운데, 고어가 말한 '수용정이풍부지(樹欲靜而)風不止; 나무는 조용히 있고 싶어 하지만 바람이 그치지 않고), 자욕양이친부대(子欲養而親不待; 자식은 부모를 봉양하고자 하나 부모님은 기다려 주시지 않네)'라는 탄식에서 유래한 말. 중국 한(漢)나라 때, 한영(韓嬰)이 편찬한 『한시외전(韓詩外傳)』 권9.에 나온다.

1440)지우 : ①겨우. ②=지우금(至于今). 지금까지.

1441)위금(委禽) : 위금(委禽) : 기러기를 전하고 전안례(奠雁禮)를 행함. 곧 혼례를 올림.

만 넘외(念外)의 여ᄎ여ᄎᄒᆞᆫ 히변(駭變)이 이셔, 경시 녀지 간졍(奸情)이 발각ᄒᆞ여 눈가의 니의(離異)ᄒᆞ고, 질녀의 거쳐(去處) 존망(存亡)이 업ᄂᆞᆫ지라. 형장(兄丈)이 일즉 쇼식을 드ᄅᆞ시니잇가?"

구상셰 쳥미파(聽未罷)의 ᄃᆡ경실식(大驚失色)ᄒᆞ여 봉안(鳳眼)을 두려시 ᄯᅳ고, 언불급경(言不及驚)1442)【50】ᄒᆞ여, 말ᄉᆞᆷ이 눌눌(訥訥)ᄒᆞᄆᆞᆯ 씌닷지 못ᄒᆞ여 왈,

"우형(愚兄)이 부지박덕(不知薄德)ᄒᆞ여 군부(君父)1443)긔 득죄ᄒᆞ여 먼니 원젹(遠謫)ᄒᆞ나, 강근지친(强近之親)○[이] 업ᄉᆞ니, 경향(京鄕)이 아ᄋᆞ라 ᄒᆞ여, 유명지간(幽明之間)1444) ᄀᆞᆺᄒᆞ니, 일즉 아득ᄒᆞ여 니런 쇼식을 젼연(全然) 부지(不知) ᄒᆞ엿더니, 오늘날 현졔의 젼어(傳語)로 조ᄎ 드럿ᄂᆞᆫ지라. 우형이 부모와 가속(家屬)이 업고, 쳑영(隻影)1445)의 그림지 외로온지라. 쳔니이각(千里涯角)의 원젹(遠謫)ᄒᆞ나, 일교(一嬌)ᄅᆞᆯ 가져 의지ᄒᆞᆯ 곳이 업셔, 져의 표문(表門)의 의탁ᄒᆞ고, 경형의 위인이 효우인ᄌᆞ(孝友仁慈)ᄒᆞ니 족히 친쇼(親疏)ᄅᆞᆯ 두지 아니ᄒᆞ고, 망미(亡妹)의 긔츌(己出)【51】을 ᄌᆞ긔 친싱의 ᄂᆞ리지 아니케 ᄒᆞᆯ 줄 혜아려, 긔탁ᄒᆞᆫ 비러니, 쳔만 넘외의 경형이 기셰(棄世)ᄒᆞᆫ 쇼식이 니ᄅᆞ고, 녀이 눈아(尹衙)의 속현(續絃)ᄒᆞ다 ᄒᆞ니, 오심(吾心)의 혜오ᄃᆡ, 셩덕지문의 군ᄌᆞ의 빅필이 되어, 평싱이 안낙ᄒᆞᆫ[홀]가 ᄒᆞ엿더니, 아지못게라! 경이 오아(吾兒)로 하한(何恨) 하원(何怨)이완ᄃᆡ, 《즁표∥종표》지간(從表之間)1446)의 인눈히변(人倫駭變)을 지으미 여ᄎ(如此)ᄒᆞ다 ᄒᆞ더뇨? 닉 아히 유년쇼녀(幼年小女)로 연연유약(軟軟柔弱)ᄒᆞ여 《금니∥금병(金甁)》의 ᄭᅩᆺ봉오리라. 모츈(暮春)의 셰류(細柳) ᄀᆞᆺᄒᆞ니, 유란(柔蘭)이 힘이 업고 ᄭᅩᆺ치 연연(軟軟)ᄒᆞ고 향이 다ᄉᆞ홈1447) ᄀᆞᆺ거늘, 연연약질(軟軟弱質)【52】이 요인(妖人)의 독슈의 맛치여, 속졀업시 향이 스라지고 옥이 바아지ᄂᆞᆫ 탄이 잇닷다! 이(哀)홉다! 옥골(玉骨) 향혼(香魂)이 장ᄎᆞᆺ 어ᄂᆡ 곳의 바리여시믈 아지 못ᄒᆞ니, 엇지 슬프고 잔잉치1448) 아니리오."

셜파의 쳬타오열(涕墮嗚咽)1449)ᄒᆞ여 비뤼(悲淚) 쳔항(千行)이라. 좌위(左右) 쳑연(慽然) 감쳬(感涕)ᄒᆞ고, 뎡·뉸 냥인이 위로 왈,

"구션싱의 목금(目今) 맛나신 바 역니지통(逆理之痛)과 단장지곡(斷腸之曲)은 가히 한ᄌᆞ ᄉᆞ(韓剌史)1450) 복ᄌᆞ하(卜子夏)의 지나다 ᄒᆞ시려니와, ᄎᆞ역(此亦) 텬야(天也) 명

1442)언불급경(言不及驚) : 말이 놀라기에 미치지 못함. 놀란 나머지 미처 말을 못함.
1443)군부(君父) : 임금을 아버지에 비유하여 이르는 말.
1444)유명지간(幽明之間) : 저승과 이승 사이.
1445)쳑영(隻影) : : ①외따로 있는 물건의 그림자. ②'홀로 있는 외로움'을 비유적으로 이르는 말.
1446)종표지간(從表之間) : 내외종간(內外從間)
1447)다ᄉᆞᄒᆞ다 : 조금 따뜻하다.
1448)잔잉ᄒᆞ다 : 자닝하다. 애처롭고 불쌍하여 차마 보기 어렵다.
1449)쳬타오열(涕墮嗚咽) : 눈물을 흘리며 목메어 욺.
1450)한ᄌᆞᄉᆞ(韓剌史) : 조주자사(潮州剌史) 한유(韓愈)를 말함. *한유(韓愈); 중국 당나라의 문인·정치가 (768~824). 자는 퇴지(退之). 호는 창려(昌黎). 당송 팔대가의 한 사람으로, 변려문을 비판하고 고문 (古文)을 주장하였다. 시문집에 ≪창려선생집≫ 따위가 있다. 여기서 한자사(韓剌史)의 역리지통과 단

애(命也)라. 젹은 일도 운쉬(運數)니, 허물며 인명(人名)이니잇가? 슈요궁달(壽夭窮達)
이 다 명(命)이니, 길인(吉人)은 반【53】다시 하늘이 돕는다 ᄒ시니, 녕아(令兒) 쇼져
의 목금 참경(慘景)이 문견(聞見)의 ᄎ악(嗟愕)ᄒ오나, 오히려 의심된 바는 그 옥골 향
신을 거두어 풍진(風塵)의 안장(安葬)치 못ᄒ여시니, 셰ᄉ(世事)는 난측(難測)이라. 텬
디신기(天地神祇) 한가지로 도으ᄉ, 혹ᄌ 싱존ᄒ시미 괴이치 아니ᄒ시리니, 션싱은 상
비(傷悲)치 마로쇼셔."

손시랑이 니어 위로 왈,

"냥위 명공의 말ᄉᆷ이 올흐시니, 화복(禍福)이 조셕(朝夕)의 잇는지라. 질녀의 지난
화변이 문견의 극히 놀나오나, 오히려 그 죽엄을 목젼의 보지 못ᄒ여시니, 혹ᄌ(或者)
싱환(生還)ᄒ【54】미 괴이치 아니홀지라. 형장은 명빅지 아니ᄒᆫ 일의 과도히 상도(傷
悼)치 마ᄅ쇼셔. 쇼졔 우연이 형장이 아ᄅ시는가 ᄒ여 발셜(發說)ᄒ미러니, 도로혀 실
언ᄒ믈 만히 ᄒ여 놀나시게 ᄒ니, 심히 불안(不安) 황괴(惶愧)ᄒ믈 늣기지 못ᄒ리로쇼
이다."

셜파의, 눈으로ᄡᅥ 뎡·뉴 졔인을 도라보고, 구상셔를 바라보아 눈으로ᄡᅥ ᄯᆺ을 보ᄂᆡ
니, 타인은 무심ᄒ나 뎡상셔와 뉴틴우는 싱이지지(生而知之)ᄒᄂᆫ 셩명지질(聖明之質)
이라. 비록 눈 두루기를 아니ᄒ여 시쳠(視瞻)1451)이 ᄶᅥ를 넘지 아니ᄒ【55】ᄂᆫ 가온
ᄃᆡ나, 임의 긔식(氣色)을 아는 신이ᄒᆫ 안녁(眼力)이 잇는지라. 엇지 져 손공의 긔식을
아지 못ᄒ리오. 심하(心下)의 의괴(疑怪)ᄒ믈 마지 아니ᄒ고, 구상셰 ᄯᅩᄒᆫ 손공의 긔식
을 의심ᄒ여 눈믈을 거두고 냥구(良久) 슉시(熟視)ᄒ니, 손공이 힝혀 긔식을 뎡·윤
등이 알가 져허 묵연(默然) 유유(儒儒)ᄒ여 말ᄉᆷ이 업ᄉ니, 상셰 심하의 의아ᄒ믈 마
지 아니ᄒ고, 뉴시랑이 필유묘믹(必有苗脈)ᄒ믈 ᄭᆡ다라, 호언(好言)으로 관위(款慰)ᄒ
믈 마지 아니ᄒ니, 구상셔는 식니(識理) 통달(通達)ᄒᆫ 군지라. 손공의 언ᄉ(言辭)와 거
동【56】을 슈상이 너겨, 역시 누슈(淚水)를 거두고 비회를 진졍ᄒ여, 다른 말ᄉᆷ을 마
음의 업시 슈작ᄒ더니, 손공이 아마도 참기 어려워 몸을 니러 갈오ᄃᆡ,

"임의 날이 늣고 힝뇌(行路) 공총(倥傯)ᄒ니1452) 졔공이 가히 힝ᄒ실지라. 싱이 맛
당이 질ᄌ를 ᄎᄌ 보고 하직ᄒ고 도라오리이다."

구상셔다려 왈,

"아질(我姪)이 ᄯᅩᄒᆫ 형장긔 뵈오나 면분이 셔의치1453) 아니ᄒ리니, 쇼졔와 한가지로
초실의 나아가 질아를 보ᄉ이다."

뉴시랑을 머므러 왈,

─────────────────

장지곡은, 그가 조카 한셩로(韓成老)가 죽자, <졔십이랑문(祭十二朗文)>을 지어 그 즉음을 슬피 애도한
일을 두고 이르는 말이다.
1451)시쳠(視瞻) : 시선(視線). 눈이 가는 길. 또는 눈의 방향.
1452)공총(倥傯)ᄒ다 : 이것저것 일이 많아 바쁘다.
1453)셔의ᄒ다 : 서어(齟齬)하다. 서먹하다. 낯이 설거나 친하지 아니하여 어색하다.

"향촌 우졸(愚拙)흔 아【57】히 녈위 딕인을 상졉흐믈 원치 아니흐느니, 인형(仁兄)1454)은 제공을 뫼와 이의 이셔 아등의 단녀오기를 기다리라."

흐고, 구상셔의 손을 닛그러 니러나니, 모다 경혹(驚惑)흐여 의심흐나, 남이 슬희여 흐니 조츠 가믄 불가흐여, 뉴시랑도 한가지로 응낙흐고 슈이 단녀 오기를 일쿳더라.

구상셰 손시랑을 조츠 후원 초실(草室)노 향흘시, 심하의 괴이히 너겨 문왈,

"현뎨의 질이 엇던 아희완딕 날과 구면(舊面)이 잇다 흐느뇨?"

시랑이 미쇼 왈,

"셔로 보시면 【58】아르실 거시니, 형쟝의 만쳡비회(萬疊悲懷)와 역니(逆理) 단쟝(斷腸)의 우름이, 즉긔의 화(化)흐여 우음이 되리이다."

구상셰 경아의혹(驚訝疑惑)흐믈 니긔지 못흐여, 슈이 알고져 흐믹 마음이 급흐고 거름이 샌르믈 면치 못흐여, 보보젼경(步步顚傾)1455)흐여 후원 방쟝의 니르니, 손공이 직젼흐여 지게를 열고 상셔와 한가지로 들어셔며, 불너 갈오딕,

"현질아, 구형이 니르러 계시다."

흔딕 추시 구쇼졔 손시랑을 뵈오믹 더옥 ᄉ향지심(思鄕之心)과 ᄉ친지회(思親之懷) 간졀흐니, 인【59】흐여 졉목(接目)지 못흐고 유모로 더부러 문답흐더니, 아츰이 되믹 문득 손공이 일위 딕관(大官)으로 더부러 병익(竝翼) 년비(連臂)흐여 드러오니, 쇼졔 연망이 니러마즈 츄파(秋波)를 거듭써 슬피니, 딕관은 다르니 아니라 그 부친 구상셰라.

쇼졔 하 반갑고 놀나오니 황망이 지빈 체읍흐고, 광슈(廣袖)를 붓드러, 도로혀 진(眞)이며 몽(夢)이믈 분간치 못흐니, 다만 오오(嗚嗚) 열열(咽咽)흐여 말솜을 일우지 못흐고, 유랑이 쳥말(廳末)의 업딕여 고두복알(叩頭伏謁)1456)흐니, 구상셰 괴이히 【60】너겨 니로딕,

"쇼년은 하등지인(何等之人)1457)이뇨?"

쇼졔 바야흐로 옥셩(玉聲)이 경열(敬悅)흐고 오열(嗚咽) 불능셜(不能說)흐여 갈오딕,

"불초녀(不肖女) 슉이 지우1458) 보명(保命)흐여 오늘날 야야를 뵈오니, 셕ᄉᆞ(夕死)나 무한(無限)이로쇼이다. 히이(孩兒) ᄉ즁구싱(死中求生)흐여 죽을 가온딕 금셰(今世) 활불(活佛)을 맛나, 노쥬의 두 목슘이 ᄉ라나, 슈셰를 산ᄉᆞ의 유락(流落)흐여 경향쇼식이 아으라 흐니, 딕인의 셩안(聖顔)을 우러러 영향(影響)이 묘연(杳然)흐오니, '쳑피창혜(陟彼崗兮)여, 쳠망부혜(瞻望父兮)'1459)와, 모혜국【61】아(母兮鞠我)1460)의 궁텬지원

1454)인형(仁兄) : 친구 사이에 상대편을 높여 이르는 이인칭 대명사.

1455)보보젼경(步步顚傾) : 걸음마다 엎어지고 자빠짐.

1456)고두복알(叩頭伏謁) : 공경하는 뜻으로 머리를 조아리고 높은 사람을 엎드려 뵘.

1457)하등지인(何等之人) : 어떤 사람.

1458)지우 : ①겨우. ②=지우금(至于今). 지금까지.

1459)쳑피창혜(陟彼崗兮) 쳠망부혜(瞻望父兮) : 『시경(詩經)』 <위풍(魏風)> 쳑호(陟岵)편에 나오는 시구(詩句). 쳑피호혜(陟彼岵兮; 산위에 올라) 쳠망부혜(瞻望父兮; 아버님 계신 곳 바라보네). 쳑피창혜(陟彼

(窮天之願)이 오미(癌寐)의 밋첫숩더니, 금일이 하일(何日)이완되 슬하의 등비(登拜)홀 줄 알니잇가?"

유랑이 쏘흔 복디(伏地) 체읍(涕泣)ᄒ여, 져희 노쥬의 지난 봉변(逢變) 화익(禍厄)을 되강 알외니, 이 가온되 난아 모녀 노쥬 슘인의 되간되음(大姦大淫)○[과] 흉교(凶狡)ᄒᄆᆫ 표표(表表)히 드러나ᄂᆫ지라.

구공이 도로혀 어린 듯ᄒ여, 다만 녀아의 옥슈(玉手)를 잡고 등을 어로만져 여광여실(如曠如失)1461)ᄒ여 묵묵냥구(默默良久)의 영이희허(永而噫嘘)1462) 왈,

"아녀(我女)ᄂᆫ 지ᄂᆫ 바 비고화익(悲苦禍厄)이 여ᄎᆞ(如此)ᄒ되, 여뷔(汝父) 위인【62】부(爲人父)ᄒ여 일교(一嬌)의 봉변지시(逢變之時)의 쳔니이각(千里涯角)을 즈음ᄒ여, 망미(茫昧)ᄒ미 유명지간(幽明之間) 갓ᄒ여, 오이(吾兒) 심규약질(深閨弱質)노 도로의 분쥬(奔走)ᄒ여, 풍상간고(風霜艱苦)의 약질이 능히 보젼ᄒ믈 어드되, 스이 텬양지간(天壤之間) 갓ᄒ여, 여뷔 금일이야 비로쇼 늬 아희 허다 비고ᄒ던 줄을 드르며 씌다ᄅᆞ니, 엇지 슬프며 놀납지 아니ᄒ리오. 이ᄂᆫ 다 경문쳠이 일즉 셰상을 바린 연괴라. 호부인의 불현(不賢)흠과 경아의 슉녜 아닌 쥴은 아란지 오릭거니와, 엇지 이되도록 흉【63】음 악착홀 줄 알니오. 만일 명셩되스의 활은디혜(活恩大惠) 곳 아니런들, 늬 아희 속졀업시 이뉵초츈(二六初春)1463)의 화혼(化魂)1464) 요물(夭歿)ᄒ여, 유체(遺體)ᄂᆫ 강어(江魚)의 복즁(腹中)을 치오고, 쇼향쇄옥지탄(消香碎玉之嘆)1465)이 이실낫다."

셜파의 냥항뉘(兩行淚) 《삼삼∥산산(潸潸)1466)》ᄒ여 광슈(廣袖)를 젹시니, 쇼제 실셩이읍(失性哀泣)ᄒ여 능히 비회를 금억(禁抑)지 못ᄒᆫᄂᆫ지라. 손공이 웃고 위로 왈,

"왕스(往事)ᄂᆫ 이의(已矣)1467)라. 쇼제 본되 긔질이 허령(虛靈)ᄒᆫ지라. 님공도스홍도긱(臨邛道士鴻都客)1468)의 환혼향(還魂香)을 픠오지 아니ᄒ나, 능히 스골(死骨)을 부싱(復生)케 ᄒ【64】ᄂᆫ 조화로, 아즉(俄者) 형장의 ᄌᆞ하지탄(子夏之嘆)1469)이 고인(古人)

ᅡᆷ亐)ᄂᆫ 척피호혜(陟彼岵兮)의 이표기(異表記).

1460)모혜국아(母兮鞠我) : 『시경(詩經)』〈소아(小雅)〉 요아(蓼莪)편에 나오는 시구(詩句). 부혜생아(父兮生我; 아버님 날 낳으시고) 모혜국아(母兮鞠我; 어머님 날 기르셨네).

1461)여광여실(如曠如失) : 눈에 영채(靈彩)를 잃어 멍한 듯도 하고 정신을 잃을 듯도 하다는 뜻으로 넋을 잃은 상태를 표현한 말.

1462)영이희허(永而噫嘘) : 길이 탄식함.

1463)이뉵초츈(二六初春) ; 열여섯 젊은 나이.

1464)화혼(化魂) : 혼백(魂魄; 넋)으로 변함. 곧 '죽음'을 달리 표현한 말.

1465)쇼향쇄옥지탄(消香碎玉之嘆) : 향(香)이 사라지고 옥(玉)이 부서지는 한탄.

1466)산산(潸潸) : 눈물 빗물 따위가 줄줄 흐르는 모양.

1467)이의(已矣) : '이미 지나가 버린 일로, 어찌할 수 없다'는 말.

1468)님공도스홍도긱(臨邛道士鴻都客) : 중국 당나라 때 시인 백거이(白居易;772-846)의 〈장한가(長恨歌)〉에 나오는 시구(詩句). '홍도에 객으로 머물고 있는 임공 땅에서 온 도사'라는 뜻. *임공(臨邛); 중국에 있었던 옛 지명. *홍도(鴻都); 중국 한나라 때 도성인 낙양에 있었던 門의 이름. *객(客); 당 현종 때의 술사(術士) 양통유(楊通幽)를 가리킴.

1469)ᄌᆞ하지탄(子夏之嘆) : =상명지탄(喪明之嘆). 셔하디탄(西河之嘆). 자식을 잃은 탄식. '자하의 탄식'이

의 지나던 바를 즉긱의 도로혀 부녀의 샹봉 희ᄉ(喜事)를 일위니, 깃븐 ᄢᅥ의 지난 비회(悲懷)ᄂᆞᆫ 일ᄏᆞ라 무익ᄒᆞ도쇼이다."

쇼졔(小姐) 바야흐로 불효를 뉘웃처 옥슈로 쳥누(淸淚)를 ᄋᆞᆼ엄(掩掩)ᄒᆞ고 옥면셩모(玉面星眸)의 ᄋᆞᆯ연(戞然)ᄒᆞᆫ[1470] 화긔를 지어, 옥셩이 이원(哀願)ᄒᆞ여 위로 왈,

"아히 쵸명(初命)이 긔흔(奇痕)[1471]ᄒᆞ와, 일즉 ᄌᆞ시(慈氏)를 여희옵고 딕인의 어로만져 연ᄌᆞ(戀慈)ᄒᆞ시믈 밧ᄌᆞ오니, 엄부(嚴父)의 위의(威儀)로뼈 다시 유약ᄒᆞᆫ ᄌᆞ모의 ᄌᆞ이【65】《져독∥지독(舐犢)》(慈愛舐犢)[1472]을 겸ᄒᆞ시다가, 가운(家運)이 불니(不離)ᄒᆞ고 쇼녀의 명되(命途) 다쳔(多舛)[1473]ᄒᆞ여, 딕인의 직언졍튱(直言貞忠)으로 군샹(君上)긔 죄를 어더, 텬이(天崖)의 원젹(遠謫)ᄒᆞ시니, 고혈(孤孑) 일신이 구시(舅氏)를 우러러 ᄌᆞ모 갓치 의앙ᄒᆞ옵고, 부모를 니별ᄒᆞ온 비회를 져기 관심(寬心)ᄒᆞ옵더니, 아히 명되 ᄉᆞᄉᆞ의 궁흔(窮痕)ᄒᆞ여 위양(渭陽)[1474]이 일조(一朝)의 관ᄉ[1475]를 바리시니, 호슉모와 경아의 불미(不美)ᄒᆞ미 능히 션인의 덕을 닛지 못ᄒᆞ니, 한갓 쇼녀의 화변(禍變)이 차악(嗟愕)ᄒᆞᆯ ᄲᅮᆫ 아니라, 문원이 '민ᄌᆞ(閔子)[1476]의 치위'[1477]와 '딕슌(大舜)【66】의 우룸'[1478]을 당ᄒᆞ엿ᄂᆞᆫ지라. 호슉모의 불현ᄒᆞ시미 목강(睦綱)[1479]의 죄인이오, 경민의 요음(妖淫)ᄒᆞ미 슉녀의 문의 득죄ᄒᆞ미 극ᄒᆞ니, 임의 젹앙(積殃)을 스스로 ᄊᆞ하 명텬신기(明天神祇)의 죄 어드미 극ᄒᆞ니, ᄌᆞ연 텬도의 슌환ᄒᆞᆫ 보복지니(報復之理)[1480]를 바다 ᄌᆞ긔지신(自己之身)의 유히ᄒᆞᆯ ᄲᅮᆷ이오, 딕인과 쇼녀지신(小女之身)의ᄂᆞᆫ 무히ᄒᆞ오리니, 지난 바 화익(禍厄)이 일시 놀납ᄉᆞ오나, 이 ᄯᅩᄒᆞᆫ 쇼녀의 운익(運厄)이 긔구(崎嶇)ᄒᆞ오미라. 홀노 사ᄅᆞᆷ을 탓ᄒᆞ지 못ᄒᆞ오리니, 엇지 야야(爺爺)의 관홍【67】딕도(寬

라는 뜻으로, 공자(孔子)의 제자인 자하(子夏)가 서하(西河)에 있을 때 자식을 잃고 너무 슬픈 나머지 시력을 잃고 소경이 된 고사에서 온 말.

1470)ᄋᆞᆯ연(戞然)ᄒᆞ다 : 쇠붙이가 부딪치는 소리나 학의 울음소리 따위가 맑고 아름답다.

1471)긔흔(奇痕) : 이상하게도 상(傷)한 자국이 많음. 곧 '고난을 많이 겪음'을 비유적으로 표현한 말.

1472)ᄌᆞ이지독(慈愛舐犢) : 더할 나위 없이 지극한 사랑. *지독(舐犢); =지독지졍(舐犢之情). 어미 소가 송아지를 핥는 사랑이란 뜻으로, 자식에 대한 어버이의 지극한 사랑을 비유적으로 이르는 말

1473)다쳔(多舛) : 어긋남이 많음.

1474)위양(渭陽) : 외삼촌을 달리 이르는 말. 『시경』<진풍(秦風)> 위양이장(渭陽二章)의, '외삼촌을 위양(渭陽)에 보낸다'는 구절에서 유래한 말.

1475)관ᄉ : 세상. 현세. 이승. *관ᄉ를 바리다 : 세상을 버리다. 죽다.

1476)민ᄌᆞ(閔子) : *민자건(閔子騫); 중국 춘추 시대 노나라의 현인. 공자의 제자. 이름은 손(損). 자는 자건. 공문십철의 한 사람으로, 효행이 뛰어났다.

1477)민ᄌᆞ(閔子)의 치위 : '민자건(閔子騫)의 추위'라는 말로, 중국 노나라 효자 민자건이 계모의 학대로 겨울에솜을 넣지 않은 얇은 옷을 입고 추위에 떨었던 고사를 말함. 한나라 때 유향(劉向)의 『說苑』 및 당나라 때 구양순(歐陽詢)의 『예문유취(藝文類聚)』 등에 나온다.

1478)대슌(大舜)의 우룸 : =민천(旻天)의 울음. 옛날 중국의 순(舜)임금이 어버이에게 사랑을 받지 못함을 원망하여 밭에 나가 하늘을 향해 울었던 고사를 말함.

1479)강(穆姜) : 중국 진(晉)나라 정문구(程文矩)의 아내. 성은 이(李)씨, 자(字)는 목강(穆姜). 전처 소생의 네 아들을 자신이 낳은 두 아들보다 더 사랑하여 훌륭하게 키웠다.

1480)보복지니(보복지리) : 서로 대갚음을 하는 자연의 이치.

弘大度)ㅎ시므로, 명찰(明察)치 못ㅎ시ᄂ니잇고?"

공이 청파(聽罷)의 녀아의 유열화슌(愉悅和順)ᄒᆫ 말ᄉᆞᆷ이 다 ᄉᆞ리(事理) 기명(皆明)ᄒᆞ여 비록 형인(形人)1481)ᄒᆞᄆᆯ 규합(閨閤)의 삼쳑(三尺) 미녀지(微女子)나 덕긔 발양홈과 슬긔 신능ᄒᆞᄆᆫ 유유도ᄌᆞ(唯有道者)1482)의 ᄆᆰ은 덕을 품슈(稟受)ᄒᆞ고, 쇼호(少昊)1483)의 지략(才略)을 품습(稟襲)ᄒᆞ여 성인 군ᄌᆞ의 인ᄌᆞ지원(睚眥之怨)을 가져, 필보필상(必報必償)1484)치 아니ᄒᆞᄂᆫ 성덕이 이시믈 보니, 크게 긔특이 너겨, 광미ᄃᆡ상(廣眉大相)1485)의 만쳡(萬疊) 슈미(愁眉)ᄅᆞᆯ 셜쳐, 희우(喜祐)ᄅᆞᆯ 동(動)ᄒᆞᄆᆯ ᄭᆡ닷지 못ᄒᆞ고, ᄉᆞ일냥셩(斜日兩星)1486)을 흘녀 녀아【68】ᄅᆞᆯ 보건ᄃᆡ, ᄯᅥ날 적은 경향이셔 믈과 유치 약녀로 어로만져 강보ᄒᆡ녀(襁褓孩女) ᄀᆞᆺ치 연ᄌᆞ(戀慈)ᄒᆞ여 ᄭᅥ낫더니, 니졔 보건ᄃᆡ 빅포쇼ᄃᆡ(白袍素帶)로 심상(尋常)ᄒᆞᆫ 상인(喪人)의 모양이나, 삼쳑쇼녜(三尺小女) 변ᄒᆞ여 쇼건(素巾) 편발(編髮) 아ᄅᆡ 완연ᄒᆞᆫ 쇼셔ᄉᆡᆼ(小書生)의 모양이 니러시니1487), 옥모화안(玉貌花顔)이 윤염쇼개(潤艶瀟介)ᄒᆞ여 비연(飛燕)1488)의 장즁경(掌中鏡)1489)이오, 월녀(越女)1490)의 텬하빅(天下白)1491)이라도, 쇼져의 교염(嬌艶) 쇄락(灑落)ᄒᆞᄆᆫ 밋지 못ᄒᆞᆯ 거시오, 바야흐로 이칠(二七) 홍안(紅顔)을 당ᄒᆞ여, 달이 보롬1492)이 ᄎᆞ【69】고, 금원(禁苑)의 빗난 곳치 함담(菡萏)1493)을 버리고져 ᄒᆞ니, 광염(光艶)이 아라ᄒᆞ고1494) 묘질(妙質)이 쟉쟉(皭皭)1495)ᄒᆞ여, 텬지(天姿) 방용(芳容)이 외외졀뉸(巍巍絶倫)1496)ᄒᆞ여[니], 남장(男裝) 가온ᄃᆡ 더옥 아름다온지라.

1481)형인(形人) : 사람으로 태어남. 또는 사람됨.
1482)유유도ᄌᆞ(唯有道者) : 천도(天道) 곧 '하늘의 도'를 갖춘 사람. 『노자(老子)』 77장에 나오는 말. 有餘者損之 不足者補之 天之道, 人之道則不然 損不足以奉有餘. 孰能有餘以奉天下 唯有道者.(하늘의 도는 여유가 있는 것을 덜어내어 부족한 것을 보충하는데, 사람의 도는 그렇지 않아서 부족한 데서 덜어 내어 여유가 있는 데에다 바친다. 누가 능히 여유가 있어서 천하를 받들 수 있겠는가? 오직 도(=하늘의 도)를 갖춘 사람일 뿐이다.)
1483)쇼호(少昊) : 중국 태고 때에 있었다는 전설상의 임금. 황제의 아들로 이름은 현효, 금덕이었고, 천하를 다스리게 되었으므로 호를 금천씨(金天氏)라고 부른다. 가을을 다스리는 신으로 알려져 있다.
1484)필보필상(必報必償) : 남이 저에게 해를 준 대로 저도 그에게 반드시 해를 주어 앙갚음(報償)을 함..
1485)광미ᄃᆡ상(廣眉大相) ; 넓은 눈썹을 가진 큰 얼굴.
1486)ᄉᆞ일냥셩(斜日兩星) : 석양의 기운 햇빛처럼 비스듬히 바라보는 두 눈길.
1487)닐다 : 일다. 일어나다. 이루어지다.
1488)비연(飛燕) : 조비연(趙飛燕). 중국 전한(前漢) 성제(成帝)의 비(妃). 시호는 효성황후(孝成皇后). 가무(歌舞)에 뛰어났고 빼어난 미모로 성제의 총애를 받아 황후에까지 올랐다.
1489)장즁경(掌中鏡) : 손에 들고 있는 거울. 여기서는 화장하는 거울 속에 비친 조비연의 아름다운 얼굴을 말함.
1490)월녀(越女) : 월나라 여자. 월나라 미인 서시(西施)를 말함.
1491)텬하빅(天下白) : 천하에서 가장 흰 얼굴.
1492)보롬 : 보름. 15일.
1493)함담(菡萏) : 연꽃의 봉오리.
1494)아라ᄒᆞ다 : 아득하다. 정신을 잃을 지경이다.
1495)쟉쟉(皭皭) : 깨끗하고 산뜻함.
1496)외외졀뉸(巍巍絶倫) : 아주 높고 두드러지게 뛰어남.

구공이 볼스록 이지연지(愛之憐之)ᄒᆞᆷ믈 씌닷지 못ᄒᆞ니, 도로혀 옥슈를 잡고 머리를 쓰다듬아, 쳑연(慽然) 장탄 왈,

"아녀ᄂᆞᆫ 계츳군ᄌᆞ(笄叉君子)오 결군장뷔(結裙丈夫)라. 투쳘명식(透徹明識)이 우용(愚庸)ᄒᆞᆫ 노부의 바랄 비 아니오, 공밍(孔孟)이 부싱(復生)ᄒᆞ시나 무불하ᄌᆞ(無不瑕疵)ᄒᆞ리니, 네 엇【70】지 이 갓ᄒᆞᆫ 셩ᄒᆡᆼ덕질(性行德質)노 그릇 곤와(滾渦)1497)의 ᄯᅥ러져 노부로 ᄒᆞ여곰 하마면 뒤ᄒᆞᆯ 도라보ᄂᆞᆫ 탄이 잇게 ᄒᆞᄂᆞ뇨?"

숀공이 니어 칭찬 왈,

"질녀의 아름다온 셩덕규ᄒᆡᆼ(聖德閨行)이 여ᄎᆞᄒᆞ니, 하ᄂᆞᆯ이 반ᄃᆞ시 도으시리니, 군ᄌᆞ 슉녜 엇지 복녹을 안향(安享)치 못ᄒᆞᆯ가 근심ᄒᆞ며, 악인이 스스로 풍진의 ᄯᅥ러지지 아닐가 의심ᄒᆞ리오."

구상셰ᄂᆞᆫ 여아를 맛나 하 깃브고 즐거오니, 만시 여몽(如夢)ᄒᆞ여, 시랑의 말을 듯고 졈두(點頭) 쇼【71】왈,

"현제지언(賢弟之言) 졍합오심(正合吾心)이라. 아녀ᄂᆞᆫ 하ᄂᆞᆯ이 유의ᄒᆞ신 바 셩현의 마음이니, ᄌᆞ고로 환난의 버셔나지 못ᄒᆞᄂᆞᆫ 셩현이 업고, 농즁(籠中)의 갓치이ᄂᆞᆫ 봉황이 업ᄂᆞᆫ지라. 우형이 호부인 모녀의 불인(不人) 교악(狡惡)ᄒᆞᆷ믈 한ᄒᆞ더니, 아ᄒᆡ 명쾌ᄒᆞᆫ 말ᄉᆞᆷᄋᆞ로 조ᄎᆞ 도로혀 우형의 우몽ᄒᆞᆷ믈 붓그리노라."

시랑이 역쇼(亦笑) 칭가(稱加)ᄒᆞ고, 쇼져ᄂᆞᆫ 부슉의 과장(誇張)ᄒᆞ시믈 슈괴(羞愧)ᄒᆞ여 《진슈‖신슈(身首)》를 슉여 은연이 붉은 빗치 옥【72】협(玉頰)1498) 강싀(絳腮)1499)를 침노ᄒᆞ니, 쟉뇨(婥耀) 아ᄐᆡ(雅態) 더옥 ᄌᆞ약뇨라(自若姚娜)ᄒᆞ여 요지(瑤池) 금원(禁苑)의 왕모(王母)1500) 도화(桃花) 일쳔졈(一千點)이 닷호아 붉엇ᄂᆞᆫ 듯ᄒᆞ니, 더옥 졀승뇨라(絶勝姚娜)ᄒᆞᆫ지라.

상셰 녀아를 교무(交撫)ᄒᆞ여 역희역탄(亦喜亦嘆)ᄒᆞ며, 유랑을 면젼의 불너 지난 화익을 ᄌᆞ시 므러 알고, 호부인 모녀 노쥬의 교음(狡淫)ᄒᆞᆷ믈 드를스록 한심ᄒᆞ며, 아ᄒᆡ 화변을 츳악ᄒᆞᆫ 가온ᄃᆡ, 문원의 효우 인ᄌᆞᄒᆞ므로ᄡᅥ, 《어리‖어린》나히 텬디 상망(喪亡)ᄒᆞᄂᆞᆫ 지통을 품어, 민ᄌᆞ(閔子)의 치위와 【73】 뒤슌(大舜)의 우름을 당ᄒᆞ여, 그 괴로온 경계 쳔셔만단(千緒萬端)의 밋쳐시믈, 이련(哀憐) 잔잉ᄒᆞᆷ믈 니긔지 못ᄒᆞ더라.

한셜(閑說)이 이윽ᄒᆞ미, 숀공이 갈오ᄃᆡ,

"형장의 거취 츌입은 오히려 조만(早晩)이 업거니와, 쇼제ᄂᆞᆫ 황명을 밧ᄌᆞ온 즁시(中使)라. 뎡·뉸 냥공으로 더부러 도라가난 길이 밧분지라. 이의 지류(遲留)치 못ᄒᆞᆯ 거시니, 형장은 조초 질녀로 더부러 상경ᄒᆞ게 ᄒᆞ쇼셔."

1497)곤와(滾渦) : 소용돌이.
1498)옥협(玉頰) ; 옥처럼 아름다운 미인의 볼.
1499)강싀(絳腮) : 붉은 뺨.
1500)왕모(王母) : 서왕모(西王母). 중국 신화에 나오는 신녀(神女)의 이름. 불사약을 가진 선녀라고 하며, 음양설에서는 일몰(日沒)의 여신이라고도 한다.

상셰 왈,

"현졔의 말이 올흐니, 우형이 쏘흔 뎡·눈 등으로 더부【74】러 니별흔 후, 종용이 명셩뒤스의 뒤은을 스례ᄒ고, 녀아를 다려 하쳐(下處)의 도라가 실인(室人)을 뵈여, 모녀의 상봉ᄒᄂ 녜를 일우게 ᄒ리라."

드듸여 즉긔 젹쇼(謫所)의셔 뉴틔슈지미(太守之妹)를 지취ᄒ여, 발셔 ᄉᆡᆼ남(生男)ᄒ여시믈 니르니, 손공이 직삼 치하ᄒ고, 쇼졔 뒤열 환희ᄒ여, 계모(繼母)의 셩덕 인주홈과 아1501)의 교연(嬌然) 슈발(秀拔)ᄒ믈 《못ᄂᆡ 뭇ᄌ와‖뭇ᄌ와 못ᄂᆡ》 깃거ᄒ더라.【75】

1501)아 : 아우. 동생.

윤하뎡삼문취록 권지오십뉵

차시 구쇼졔 디열 환희ᄒᆞ여 계모의 셩덕 인ᄌᆞ홈과 아의 교연 슈발ᄒᆞ믈 못니 뭇ᄌᆞ와 깃거ᄒᆞ더라. 손공이 쇼져를 향ᄒᆞ여 무스히 상경ᄒᆞ믈 니ᄅᆞ고, 경ᄉ의 가 다시 보기를 일ᄏᆞᄅᆞ니, 쇼졔 지비 슈명ᄒᆞ여 니별ᄒᆞ고, 니러툿 부녜 슈히 상봉ᄒᆞ미 젼혀 슉부의 셩덕(盛德)이믈 칭(稱)ᄒᆞ니, 시랑이 쇼이겸양(笑而謙讓)1502)ᄒᆞ고, 후회(後會)를 닐너 밧그로 나올시, 구상셰 ᄯᅩ흔 시랑과 한가지로 밧긔 나아오니, 뎡【1】상셔 뉸튀우와 셕시랑 뉴시랑이 한가지로 마ᄌᆞ 쇼왈(笑曰),

"일ᄉᆡᆨ(日色)이 느져가니 힝되(行途) 공춍(倥傯)ᄒᆞ지라. 그만ᄒᆞ여 도라가미 올커늘, 냥위 현공은 어듸를 그리 오릐 갓더뇨?"

손시랑이 밋쳐 답지 못ᄒᆞ여셔, 구상셰 만면 희ᄉᆡᆨ으로 니ᄅᆞ딕,

"녈위(列位)는 다 인친지간(姻親之間)이라. 타인이 아니니 엇지 셔로 실졍(實情)을 은휘(隱諱)ᄒᆞ리오. 학ᄉᆡᆼ이 아ᄌᆞ(俄者)1503)의 녀식의 흉보(凶報)를 손익보의 젼어(傳語)로 조ᄎᆞ 듯고 촌장(寸腸)1504)이 하마 지 되기의 밋츨너니, 뉘 도로혀 익보의【2】궤휼(詭譎) 능변(能辯)이 조화옹(造化翁)의 헌ᄉᆞ1505)를 비러 원앙참ᄉᆞ(冤怏慘死)ᄒᆞᆫ가 상심비도(傷心悲悼)ᄒᆞ던 녀익, 활인ᄉᆞ 쥬지 명셩 니고(尼姑)의 활은딕혜(活恩大惠)로 슈화참난(水禍慘難)의 위틱로온 목슘이 보젼ᄒᆞ여, ᄎᆞ암(此庵) 즁의 변복(變服) 뉴리(流離)ᄒᆞ여 머므던 바로뼈, 익뵈 믄득 ᄌᆞ가(自家)의 족질(族姪)이라 ᄒᆞ여 만ᄉᆡᆼ(晚生)1506)을 희롱ᄒᆞ미라. 격셰 후 참보(慘報)를 듯고 ᄉᆞᄉᆡᆼ(死生)을 미가분(未可分)ᄒᆞ던 녀아를 맛나니, 엇지 ᄯᅥ나미 졸연(猝然)ᄒᆞ리오."

셜파의 졔공이 역시 긔특이 너겨 희동 안ᄉᆡᆨᄒᆞ여, 일시의 하례 왈,

"녕아쇼져(令娥小姐)【3】의 긔특이 싱존ᄒᆞ여 도ᄎᆞ(到此)의 즁봉(重逢)ᄒᆞ시믄 가장 희귀혼 경ᄉᆡ로쇼이다."

뉴시랑이 쇼왈,

1502)쇼이겸양(笑而謙讓) : 웃으며 사양함.
1503)아ᄌᆞ(俄者) : 이전, 지난번, 조금 전, 갑자기.
1504)촌장(寸腸) : 마디마디의 창자. 마음.
1505)헌ᄉᆞᄒᆞ다 : 야단스럽다. 시끌벅적하다. 호사스럽다. 수다스레 말하다. 수다 떨다. *헌ᄉᆞ; 수다. 너스레. 야단스러움. 시끌벅적함.
1506)만ᄉᆡᆼ(晚生) : 말하는 이가 후배를 상대하여 자기를 낮추어 이르는 일인칭 대명사

"녕녀 쇼져의 닉슈경혼(溺水驚魂)이 지싱(再生)ᄒᆞ시믄 활인 니고(尼姑)의 은혜라 ᄒᆞ려니와, 부녜 공교히 상봉ᄒᆞᆷ믄 슌형의 몬져 교각(橋脚)을 츠ᄌᆞ닌 덕이로쇼이다."

구상셰 좌슈우답(左酬右答)1507)의 치ᄉᆞ(致辭)를 승당(承當)ᄒᆞ고 우(又) 쇼왈,

"ᄉᆞᄌᆞ(死者)ᄂᆞᆫ 불가부싱(不可復生)이라. 명셩 디ᄉᆞ의 의긔로 구활홈 곳 아니면 슌익뵈 무슨 슈단으로 녀아의 《상쳘운쇼‖상쳔운쇼(上天雲霄)1508)》ᄒᆞᆫ 향혼체빅(香魂體魄)을 닐위여 【4】 날을 보게 ᄒᆞ리오. 도로혀 남의 덕을 아ᄉᆞ 요공(要功)1509)ᄒᆞ드시 쳐음의 바로 니ᄅᆞ지 아니ᄒᆞ고, 날을 일장을 놀니여 거의 '고인(古人)의 상명(喪明)'1510)을 일월 번ᄒᆞ니, 무어시 유광(有光)ᄒᆞ며 고마오리오. 실노 즛밉고1511) 괘심ᄒᆞ니 외(吾)1512) 아직 녀아를 중봉ᄒᆞᆫ 깃부미 하늘 갓ᄒᆞ니, 마음의 밋쳐 타ᄉᆞ(他事)의 겨ᄅᆞᆯ 치 ○[못]ᄒᆞ여 말을 아니ᄒᆞ나, 타일 상경 후 종용이 상확(商確)1513)ᄒᆞ여 형을 속인 죄를 므ᄅᆞ려 ᄒᆞ거든, 므슨 공이 이시리오."

좌위 디쇼ᄒᆞ고 니ᄅᆞ디,

"구션싱 말숨이 【5】 올타."

ᄒᆞ니, 슌공이 어ᄌᆞ러이 분변(分辨)ᄒᆞ여 그러치 아니ᄒᆞᆷ믈 니ᄅᆞ더라.

눈치쉬 흠신(欠身) 치경(致敬)ᄒᆞ여 구상셔를 향ᄒᆞ여, '쇼져의 ᄉᆞ즁싱존(死中生存)ᄒᆞ시미 반셕 갓ᄒᆞ시니, 한갓 션싱의 만힝일 ᄯᅮᆫ 아니라, 오문(吾門)의 복경(福慶)이오, 종졔(從弟)의 쳐복(妻福)의 듯허오미, 슉녀현필(淑女賢匹)을 보젼ᄒᆞ미 젹지 아닌 경홰(慶華)를' 일ᄏᆞ라, 말숨이 만치 아니ᄒᆞ고, 의문(懿文)이 빗나지 아니ᄒᆞ나, 지친(至親)을 ᄉᆞ랑ᄒᆞ며, '만물지니(萬物之理)의 인위최디(人爲最大)'1514)ᄒᆞᆷ믈 붉혀, 구쇼져의 싱존ᄒᆞᆷ믈 진졍 【6】 으로 깃거ᄒᆞ미, 언어간의 발현(發現)ᄒᆞ니, 좌우 졔인이 그 셩심인이(誠心仁愛)ᄒᆞᆷ믈 탄복지 아니리 업고, 구상셰 흔연 칭ᄉᆞᄒᆞᆷ믈 마지 아니ᄒᆞ고, 이의 명셩 디ᄉᆞ를 쳥ᄒᆞ여 구상셰 친히 녀아의 구싱ᄒᆞᆫ 은혜를 사례ᄒᆞ미, 능히 쳬면을 찰히지 못ᄒᆞ고, 좌상 졔공이 말숨을 니어 디ᄉᆞ의 ᄌᆞ비(慈悲) 활은(活恩)이 거룩ᄒᆞᆷ믈 칭찬ᄒᆞ여 못늬 일ᄏᆞᄅᆞ니, 디싀(大師) 불열(不悅) 황감(惶感)ᄒᆞ여 겸양 칭ᄉᆞ 왈,

"ᄌᆞ비(慈悲)ᄂᆞᆫ 불가(佛家)의 상싀(常事)라. 귀쇼졔 맛ᄎᆞᆷ 일시 운익(運厄)이 긔구(崎嶇)ᄒᆞ여 쳔금 【7】 방신(芳身)을 슈즁(水中)의 더져, 명직경긱(命在頃刻)이시니, 빈승

1507)좌슈우답(左酬右答) : 이쪽저쪽으로 부산하게 상대하고 응답함. 늑좌수우응(左酬右應)

1508)상쳔운쇼(上天雲霄) ; 하늘에 올라가 있음.

1509)요공(要功) :
자기의 공을 스스로 드러내어 남이 칭찬해 주기를 바람.

1510)고인(古人)의 상명(喪明) : 자하(子夏)의 상명지탄(喪明之嘆), 곧 옛날 중국의 자하(子夏)가 아들을 잃고 슬피 운 끝에 눈이 멀었다는 고사를 말함.

1511)즛밉다 : 얄밉다. 매우 밉다.

1512)외(吾) : 내가. 1인칭대명사 '나'를 뜻하는 오(吾)에 주격조사 'ㅣ'가 붙은 형태.

1513)상확(商確) : 어떤 일을 잘 헤아려 확실히 정함.

1514)만물지니(萬物之理)의 인위최디(人爲最大) : 만물의 이치를 생각할 때 사람이 가장 위대한 존재라는 말.

(貧僧)이 불문도졔(佛門徒弟)로 우연이 텬하의 오유(遨遊)ᄒᆞᄂᆞᆫ 즈최 션즁(船中)의 밋첫다가, 쇼져 노쥬(奴主)의 봉변ᄉᆞ익(逢變死厄)을 건져, 암즁의 도라와 머므러 계ᄉᆞ, 타일 그 익운이 쇼멸ᄒᆞ시면, 즈연 오ᄂᆞᆯ날이 이실 쥴 혜아련 지 오릭온지라. 엇지 감히 널위 졔노야(諸老爺)의 과장(誇張)ᄒᆞ시믈 당ᄒᆞ리잇고? 이 곳 불가의 ᄌᆞ비ᄒᆞᆫ 본 ᄯᅳᆺ이 아니라, 빈승이 붓그려 죽으리로쇼이다."

졔공이 흔연 칭ᄉᆞᄒᆞ고, 뎡·뉸 냥인이 각별 구상셔의게 하【8】례ᄒᆞ더라.

니러구러 일식이 느졋ᄂᆞᆫ지라. 뎡상셔 뉸티우와 손·셕 냥공은 몬져 도라가고, 구상셔·뉴시랑은 ᄯᅥ져 쇼져 노쥬와 한가지로 도라가려 ᄒᆞᄂᆞᆫ지라. 졔공이 딕ᄉᆞ를 ᄉᆞ례ᄒᆞ고, 구상셔 뉴시랑으로 분슈ᄒᆞᄆᆡ 피ᄎᆞ 연연ᄒᆞ여 후회를 긔약ᄒᆞ고, 손공은 각별 결연ᄒᆞᆷ믈 니긔지 못ᄒᆞ더라.

구상셰 뎡·뉸·손·셕 등 졔공을 ᄉᆞ례ᄒᆞ여 도라 보닉고, 뉴시랑ᄃᆞ려 니ᄅᆞ딕,

"나ᄂᆞᆫ 이곳의 머물니니, 형은 몬져 햐쳐(下處)의 도라가 부인으로 샹의【9】ᄒᆞ여, 거마와 복부를 갓초와 보닉면, 싱은 쇼녀로 더부러 ᄒᆡᆼᄒᆞ리라."

뉴시랑이 응낙ᄒᆞ고 몬져 도라가니, 상셰 다시 원즁(園中) 방장(方丈)의 드러가 녀ᄋᆞ를 보고, 뎡·뉸·손·셕 졔인의 도라가믈 니ᄅᆞ고, 뉴시랑이 몬져 햐쳐의 도라가시니, 졔(諸) 교부(轎夫)와 추환이 올 거시니, 한가지로 ᄒᆡᆼᄒᆞᆯ ᄯᅳᆺ을 니ᄅᆞ고, ᄒᆡᆼ거(行車)를 슈습ᄒᆞ라 ᄒᆞ니, 쇼졔 유모로 더부러 슈명ᄒᆞ고 노ᄉᆞ(老師)와 졔승을 쳥ᄒᆞ여 니별ᄒᆞᆯᄉᆡ, 딕ᄉᆡ 니ᄅᆞ러 치하 왈,

"쇼져의 난심혜질(蘭心蕙質)과 셩덕ᄌᆡ【10】용(盛德才容)으로 신명이 반ᄃᆞ시 《복우‖보우(保佑)》ᄒᆞᄉᆞ 익운이 쇼멸ᄒᆞ시면, 풍운의 길경(吉慶)이 도라오ᄉᆞ, 니졔 부녜 상봉ᄒᆞ여 빗닉 환귀(還歸)ᄒᆞ시니, 당당이 셩덕지문(盛德之門)의 군ᄌᆞ 닉상(內相)의 모쳠(冒添)ᄒᆞᄉᆞ, 비록 위치(位次) 강등ᄒᆞ여 휘젹(后籍)의 존(尊)은 엇지 못ᄒᆞ시나, 일국 쳔승(千乘)의 가실(家室)노 슈(壽)·부(富)·다남ᄌᆞ(多男子)ᄒᆞ시고, 다영다귀(多榮多貴)[1515]ᄒᆞᄉᆞ, 만인(萬人)이 우럴고 쳔인(千人)이 츄존(追尊)ᄒᆞᆯ 시졀의, 지나신 바 쇼쇼 익경은 일장탄몽(一場誕夢)[1516]이라. 빈승이 구변이 셔어ᄒᆞ여 존(尊) 쇼져(小姐)의 달슈영복(達壽榮福)ᄒᆞ실 바를 다못 치하ᄒᆞᄂᆞ이다."

쇼졔 쳐연(悽然) ᄉᆞ【11】례 왈,

"고어의 왈, '싱아ᄌᆞ(生我者)ᄂᆞᆫ 부모(父母)오, 지아ᄌᆞ(知我者)ᄂᆞᆫ 포직(鮑子)'[1517]라 ᄒᆞ니, 쳡을 싱(生)ᄒᆞ시믄 부뫼시고, 죽을 곳의 살나닉믄 곳 ᄉᆞ부의 활은셩혜(活恩聖惠)

1515) 다영다귀(多榮多貴) : 매우 지체가 높고 귀함..
1516) 일장탄몽(一場誕夢) ; 한바탕 허망한 꿈.
1517) 싱아ᄌᆞ(生我者)ᄂᆞᆫ 부모(父母)오, 지아ᄌᆞ(知我者)ᄂᆞᆫ 포직(鮑子) : '나를 낳아 주신 분은 부모요, 나를 알아준 사람은 포숙(鮑叔)이다' 는 말로, 중국 춘추 때의 제나라 재상 관중(管仲)이 자신에게 변함없는 우정을 보여 준 친구 포숙아(鮑叔牙)를 기려 이른 말이다. 관포지교(管鮑之交)를 이르는 말로, 『史記』 관안열전('管晏列傳')에 나온다.

라. 쳡이 유약(柔弱) 일 쇼녀로 악인의 독슈를 맛나, 노쥬의 두 목슘이 한번 만댱강파(萬丈江波)의 써러지미, 엇지 강어(江魚)의 복즁(腹中)을 면ᄒ리오. 금일 ᄉ즁구ᄉᆡᆼ(死中求生)ᄒ여 환귀 뎨향(帝鄕)ᄒ믄, 다 ᄉ부의 ᄉ골부흑지은(死骨復𩨮之恩)1518)이니, ᄌ금(自今)이후 셰상은 긔(其) ᄉ부의 쥬신 날이라. 쳡이 금일 도라가미 ᄉ부는 고운야학(孤雲野鶴)1519) ᄀᆞᆺᄒᆞᆫ ᄌᆞ최라. 다시 고풍(高風)을 【12】 우러러 반기지 못ᄒᆞᆯ가 슬허ᄒᆞᄂᆞ이다."

상셰 니어 갈오ᄃᆡ,

"녀이 비록 고원(故園)의 도라가 무우환낙(無憂歡樂)ᄒ나 노ᄉ(老師)의 ᄉ즁구ᄉᆡᆼ(死中求生)ᄒᆞᆫ 뒤은을 니ᄌ리오."

ᄃᆡᄉᆡ 뎡ᄉᆡᆨ ᄉ양 왈,

"사롬이 위급지시(危急之時)의 ᄌᆞ비지심(慈悲之心)은 이 곳 불가의 《분ᄂᆡ시 ‖ 본ᄂᆡ시(本來事)》라. 엇지 노야와 쇼뎌의 칭은숑혜(稱恩頌惠)ᄒ시미 니럿ᄐ 여러 슌(順)의 미ᄎᆞᆺ 쳔신(賤身)으로 ᄒ여곰 불안숑뉼(不安悚慄)ᄒ여 몸 둘 곳이 업게 ᄒ시ᄂᆞ니잇고?"

셜파의 긔ᄉᆡᆨ이 심히 불안ᄒ여, 칭은(稱恩) 두 ᄌ를 진실노 듯기를 원치 아니ᄒᄂᆞᆫ지 【13】 라. 쇼졔 감히 일ᄏᆞᆺ지 못ᄒ고, 상셰 뒤ᄉᆞ의 결빅(潔白) 쇄려(灑麗)ᄒᆞᆫ 긔질이 임의 탈쇽(脫俗) 비범ᄒ여 션골이 일워시믈 보니, 감히 다시 칭은숑혜ᄒᄂᆞᆫ 말ᄉᆞᆷ을 닉지 아니ᄒ나, 평ᄉᆡᆼ 불도를 빅쳑ᄒ던 집심은 만히 져삭(沮削)1520)ᄒ여 은근 우뒤ᄒᆞᆷ믈 마지 아니ᄒ더니, 니러구러 셕양의 밋쳐ᄂᆞᆫ 본부 햐쳐로 조ᄎ 교부와 ᄎ환이 니ᄅᄂᆞ니, 뉴부인의 유모 월픽 부인 말ᄉᆞᆷ으로 상셔의게 젼어ᄒ여, 부녀의 긔봉(奇逢) 희ᄉ(喜事)를 하례ᄒ고, 녀이 ᄉ즁(寺中)의 뉴우(留寓)ᄒ믜 변 【14】 복(變服) 위남(爲男)ᄒ엿다 ᄒ니, 맛당이 녀댱(女裝)을 다스려 보ᄂᆡ염즉 하ᄃᆡ, 번폐(煩弊)ᄒ니, 종용이 햐쳐의 도라와 기복(改服)ᄒ기를 긔별 ᄒ엿더라.

뉴부인의 유모 복쳡이 젼일 미양 구상셔의 말ᄉᆞᆷ으로 조ᄎ, 구쇼져의 아름다오믈 귀가의 우뢰 ᄀᆞᆺ치 드럿ᄂᆞᆫ 고로, 일시의 뎡하의 니ᄅ러 상셔긔 뵈옵고, 쇼져긔 복알(伏謁)ᄒ고 우러러 보니, 쇼졔 초뒤(綃帶)1521)의 흑운(黑雲)이 층층ᄒᆞᆫ 녹발(綠髮)을 뒤흐로 다하1522), 편발(編髮)을 지우고, 옥면(玉面)을 쇼아1523)치 아니ᄒ여시나, 텬ᄉᆡᆼ녀질(天生麗質)【15】 이 츌어범뉴(出於凡類)ᄒ니, 곤옥(崑玉)1524)이 머흔1525) 돌 속의 슘

1518)ᄉ골부흑지은(死骨復𩨮之恩) : 죽은 뼈에 다시 새살이 돋아나도록 길러준 은혜
1519)고운야학(孤雲野鶴) : 외로이 떠 있는 구름과 무리에서 벗어나 들에 있는 학이라는 뜻으로, 벼슬을 하지 아니하고 한가롭게 숨어 지내는 선비나 은자(隱者)를 이르는 말.
1520)져삭(沮削) : 막히고 깎여 기운이 줄어듦.
1521)초뒤(綃帶) : 생사(生絲)로 만든 띠. 여기서는 머리를 묶은 띠
1522)다하 : 땋아. *땋다; 머리털이나 실 따위를 둘 이상의 가닥으로 갈라서 어긋나게 엮어 한 가닥으로 하다.
1523)쇼아ᄒ다 ; 단장하다. 화장하다..

엇는 듯, 월익뉴미(月額柳眉)1526)와 셩안화험(星眼花臉)1527)이오, 단슌옥치(丹脣玉齒)1528)오, 뉴요봉익(柳腰鳳翼)1529)이라. 남장쇼ᄃᆡ(男裝素帶)1530) ᄀ온ᄃᆡ 더옥 앙장표일(昂壯飄逸)1531)ᄒᆞ여 한 낫 옥인가ᄉᆡ(玉人佳士)라.

뉴가 복쳡(僕妾)이 비록 ᄌᆡ상가 비ᄇᆡ(婢輩)로 상부후문(相府侯門)1532)의 열인(閱人)ᄒᆞ미 만흐나, 한갓 범범ᄒᆞᆫ 미ᄉᆡᆨ으로 홍분취ᄉᆡᆨ(紅粉取色)1533)을 보아실 ᄯᆞᄅᆞᆷ이니, 엇지 하쥬(河洲)1534) 남교(藍橋)1535)의 도요방미(桃夭芳梅)1536)를 니웃ᄒᆞ여, 하늘이 각별 군ᄌᆞ호구(君子好逑)를 나리와 관져편(關雎篇)을 유의ᄒᆞ신 바, 졀념슉녀(絶艶淑女)를 구경ᄒᆞ여시리【16】오. 미지일견(未知一見)1537)의 황홀(恍惚) ᄃᆡ경(大驚)ᄒᆞ여, 믄득 창졸의 그 녀화위남(女化爲男)ᄒᆞᆷᄋᆞᆫ 닛고, 빅쥬(白晝) 지상(地上)의 옥쳥군션(玉淸君仙)1538)이 양셰간(陽世間)1539)의 하강(下降)ᄒᆞ여 진토(塵土) 속안(俗眼)을 희롱ᄒᆞᄂᆞᆫ가. 황홀여취(恍惚如醉)ᄒᆞ니, 심심1540) ᄇᆡ하(拜賀)ᄒᆞ여 고두복디(叩頭伏地) 왈,

"쳔비 등이 쥬군과 녀군의 명을 밧ᄌᆞ와 쇼져를 ᄇᆡ시(陪侍)ᄒᆞ려 왓ᄉᆞᆸ더니, 아지못게이다!1541) 우리 쇼져는 어ᄃᆡ 계시고 져 공ᄌᆞ는 뉘시니잇고?"

상셰 졔녀를 명ᄒᆞ여 '평신○○[ᄒᆞ라]'ᄒᆞ고, 쇼져의 녀화위남(女化爲男)ᄒᆞᆫ 곡졀을 ᄃᆡ

1524)곤옥(崑玉) : 곤륜산에서 난다고 하는 옥. *곤륜산(崑崙山); 중국 전설상의 높은 산. 중국의 서쪽에 있으며, 옥(玉)이 난다고 한다. 전국(戰國) 시대 말기부터는 서왕모(西王母)가 살며 불사(不死)의 물이 흐른다고 믿어졌다.

1525)머흐다 : 험하다. 궂다.

1526)월익뉴미(月額柳眉) ; 달처럼 둥근 이마와 버들잎처럼 아름다운 눈썹.

1527)셩안화험(星眼花臉) : 별처럼 반짝이는 눈과 꽃처럼 아름다운 두 뺨. *험; '검(臉)' 또는 '협(頰)'의 오기.

1528)단슌옥치(丹脣玉齒) : 단사(丹砂)처럼 붉은 입술과 옥처럼 하얀 이.

1529)뉴요봉익(柳腰鳳翼) ; 버드나무 가지처럼 가느다란 허리와 봉황의 날개처럼 날렵한 어깨.

1530)남장쇼ᄃᆡ(男裝素帶) : 남자의 옷차림을 하고 흰 띠를 맴.

1531)앙장표일(昂壯飄逸) : 훤칠하고 씩씩한 기상.

1532)샹부후문(相府侯門) : 재상(宰相)·제후(諸侯)의 가문.

1533)홍분취ᄉᆡᆨ(紅粉取色) : 연지와 분을 발라 아름답게 꾸민 얼굴. *취색(取色); 낡은 세간 따위를 닦고 손질하여 윤을 냄.

1534)하쥬(河洲) : 강물 모래톱 가운데 있는 숙녀라는 뜻으로 주(周)나라 문왕(文王)의 비(妃)인 태사(太姒)를 말한다. 문왕과 태사 부부의 사랑을 노래한 『시경』<관저(關雎)>편의 "관관저구 재하지주 요조숙녀 군자호구(關關雎鳩 在河.之洲 窈窕淑女 君子好逑)"의 '하주(河洲)' '숙녀(淑女)'서 온 말.

1535)남교(藍橋) : 중국 섬서성(陝西省) 남전현(藍田縣)에 동남쪽 남계(藍溪)에 있는 다리 이름. 거기에는 선굴(仙窟)이 있는데, 당나라 때 배항(裵航)이라는 사람이 이곳을 지나다가 선녀인 운영(雲英)을 만나서 선인들이 마시는 음료인 경장(瓊漿)을 얻어 마셨다고 한다. 여기서는 '남교(藍橋)의 선녀'라는 뜻.

1536)도요방미(桃夭芳梅) : 활짝 핀 복숭아꽃과 향그러운 매화꽃

1537)미지일견(未知一見) : 자신도 모르는 사이에 문득 봄.

1538)옥쳥군션(玉淸君仙) : 옥황상제가 사는 옥청궁(玉淸宮)의 으뜸 신선.

1539)양셰(陽世) : =양계(陽界). 인간 세상

1540)심심 : 하는 일이 없음.

1541)아지못게라 : '모르겠도다' '모를 일이로다' '알지못하겠도다' 등의 감탄의 뜻을 갖는 독립어로 작품 속에서 관용적으로 쓰이고 있다.

강 니르고, 일 【17】 식이 거의 셕양의 밋쳐시니 오릭 지류(遲留)치 못ᄒ여, 구상셰 뉴시랑의 보닌 바 빅은(白銀) 슈빅냥과 치단(綵緞) 십여 필을 가져 딕스를 쥬어 ᄉ왈,

"ᄎ물이 ᄉ쇼ᄒ나 졍을 표ᄒᄂ니, 머므러 일시 ᄉ직(私財)를 숨게 ᄒ라. 닉 경ᄉ의 도라가 다시 갑흐미 이시리라."

딕스 ᄉ양ᄒ여 밧지 아니ᄒ딕, 공이 직삼 은근이 간청ᄒ기를 마지 아니ᄒ고, 쇼졔 권ᄒ여 갈오딕,

"감히 ᄉ쇼ᄒᆫ 직물노 ᄉ부의 고의쳥심(高意淸心)을 더러이고져 【18】 ᄒ미 아니라, 격년(隔年) 동쳐(同處)ᄒ던 후졍(厚情)을 표ᄒ고져 ᄒᆸᄂ니, ᄉ부ᄂᆫ 물니치지 마로쇼셔."

딕스 상셔와 쇼져의 강권ᄒᆷ믈 보미 심니(心裏)의 불열(不悅)ᄒ나 마지 못ᄒ여 밧고, 손ᄉ(遜辭) 왈,

"노야와 쇼져의 간졀ᄒ신 셩의(誠意) 여ᄎᄒ시니, 빈승이 감히 다시 ᄉ양치 못ᄒᆸᄂ니, 쥬신 금빅치단(金帛綵段)으로뼈 졔불(諸佛)을 공양ᄒ여 쇼져의 달슈영녹[복](達壽榮福)을 발원(發願)ᄒ리이다. 슈연(雖然)이나, 일별분슈(一別分手)의 쇼양(宵壤)이 텬슈(天數)ᄒ니, 쳥운(靑雲)1542)과 빅운(白雲)1543)이 【19】 길이 다른지라. 궁향(窮鄕) 하읍(遐邑)의 산승(山僧)의 비쳔(卑賤)ᄒᆫ ᄌ최, 감히 공후(公侯) 왕공(王公) 지상(宰相) 쥬문(朱門)1544)의 말믜암아 귀쇼져 옥안을 우러러 후회(後會)를 긔약기 어려오니, 다만 쇼져ᄂᆫ 기리 영슌무강(寧順無疆)ᄒ쇼셔."

쇼졔 역시 쳑연(慽然) 연연ᄒ여 쳥누(淸淚)를 뿌려 니별을 슬허ᄒ며, 딕ᄉ로븟허 졔승이 다 결연ᄒ여 슈히 분슈(分手)치 못ᄒᄂ지라. 구상셰 딕ᄉ를 니별ᄒ고, 녀아와 유랑을 직쵹ᄒ여 쇼졔 승교ᄒ여, 모든 복뷔(僕夫) 교ᄌ를 【20】 메여 산문을 나니, 상셰 모든 비복을 지휘ᄒ여 하산ᄒ미, 딕ᄉ 졔승으로 더부러 먼니 산 밧긔 나와 니별ᄒ여, 피츠의 연연(戀戀)ᄒᆷ믈 긔록기 어렵더라.

구상셰 녀아의 거교(車轎)를 압셰워 햐쳐의 도라와 바로 안흐로 드러갈ᄉ, 쇼져 노쥐 오히려 복식을 곳치지 아녓ᄂ지라. 졈실(店室) 킥당(客堂)이 너르기 쉬오리오. 심히 협칙(狹窄)ᄒᆫ지라. 복뷔 교ᄌ(轎子)를 메여 쳥즁(廳中)의 노흐니, 유랑이 문을 열고 쥬렴을 거드니, 상셰 만면 희식으로 친히 녀아 【21】 의 옥슈를 닛그러 당의 오르니, 뉴부인이 웃ᄂ 낫빗츠로 아ᄌ를 안고 니러 마ᄌ니, 상셰 부인과 녀아를 셔로 가르쳐 모녀의 녜로 보게 ᄒ니, 쇼졔 부인을 향ᄒ여 돗 아릭셔 ᄉ비(四拜)ᄒᆫ딕, 부인이 만면쇼안(滿面笑顔)으로 밧비 쇼져의 옥슈를 닛그러 좌를 졍ᄒᆷ미, 눈을 드러 쇼져를 보니, 빅의쇼딕(白衣素帶)1545)로 완연ᄒᆫ 쇼셔싱(小書生)의 몰골이나, 월익봉미(月額鳳

1542)쳥운(靑雲) : '푸른 빛깔의 구름'이라는 말로, 높은 지위나 벼슬을 비유적으로 이르는 말.

1543)빅운(白雲) : '흰 구름'을 뜻하는 말로, 도사(道士) 승려(僧侶) 은자(隱者) 등의 삶과 같은 '탈 세속적인 삶'을 비유적으로 이르는 말.

1544)쥬문(朱門) : '붉은 문'이라는 뜻으로, 예전에, 지위가 높은 벼슬아치의 집을 이르던 말.

眉)1546)오, 단슌옥협(丹脣玉頰)1547)이 교교작작(皎皎灼灼)1548)ᄒᆞ여, '익여반월(額如半月)이오 미여츈산(眉如春山)이오, 협여도홰(頰如桃花)'1549)니, '지고(再顧)의 경인셩(傾人城)【22】이오, 만고(萬顧)의 경인국(傾人國)이라'1550).

부인이 일견(一見)의 황홀(恍惚) 익즁(愛重)ᄒᆞᆷ믈 니기지 못ᄒᆞ여, 옥슈(玉手)를 잡고 운발(雲髮)을 쓰다듬아 탐혹(耽惑) 과익(過愛)ᄒᆞ미 안면의 넘지니, 쇼졔 쏘ᄒᆞᆫ 츄파(秋波)를 드러 ᄌᆞ안(慈顔)을 우러러 보니, 놉흔 코ᄒᆞ며 얽은 쌤이오, 져른 킈와 터진 허리, 황시(黃氏)1551) 밍광(孟光)1552)의 일뉴(一類)로ᄃᆡ, 다만 냥안(兩眼) 졍긔 흐르는 시별갓고, 면모의 복덕 완비지상과 어진 덕이 안모(眼眸)의 낫하나니, 쇼졔 계모의 어지르시믈 깃거ᄒᆞ고 그 어로만져 ᄉᆞ랑ᄒᆞ시믈 보니 의연이 션ᄌᆞ모(先慈母)를 우【23】러러 텬뉸(天倫) 《져독‖지독(舐犢)1553)》의 유연ᄒᆞᆫ ᄌᆞ익를 밧줍ᄂᆞᆫ 듯, 궁텬(窮天) 영모(永慕)의 뇩아지통(蓼莪之痛)이 더옥 《ᄌᆞ심‖ᄌᆞ심(滋甚)》ᄒᆞ니, 희옴업시 츄파 빵셩(雙星)의 진쥬 이슬이 낭낭ᄒᆞ믈 씌닷지 못ᄒᆞ여, 옥슈로 ᄌᆞ부인 냥슈(兩手)를 밧들고, 슬하의 복슈(伏首)ᄒᆞ여 옥셩이 오열(嗚咽)ᄒᆞ여 고왈,

"불초ᄒᆞᆫ 아히 시명(時命)이 부박(浮薄)ᄒᆞ여 션ᄌᆞ모를 여희옵고, 쏘 야야를 먼니 써나오니 혈혈 의탁홀 ᄇᆡ 위양(渭陽)1554)이옵더니, 아히 명되 가지록 궁험ᄒᆞ와 표슉(表叔)이 마ᄌᆞ 관ᄉᆞ1555)를 바리시니, 기간(其間)의 괴이ᄒᆞᆫ 히변(駭變)을 맛나, 규리(閨裏)의 【24】 ᄌᆞ최 니러틋 변복 파쳔(播遷)ᄒᆞ여 허다 긔고(奇苦) 참난(慘亂) 가온ᄃᆡ, 산ᄉᆞ(山寺) 도관(道觀)의 뉴락(流落) 보명(保命)ᄒᆞ와 무고히 망명인ᄉᆡᆼ(亡命人生)이 되어, 궁텬 영모의 뇩아지통(蓼莪之痛)1556)이 즁디여얼(重之餘孽)1557)ᄒᆞᆫ 가온ᄃᆡ, 쳔니이각(千

1545) 빅의소ᄃᆡ(白衣素帶) : 흰 옷과 흰 띠를 함께 이르는 말로 벼슬이 없는 사람의 옷차림을 말함.

1546) 월익봉미(月額鳳眉) : 달처럼 둥근 이마와 봉황의 눈썹처럼 아름다운 눈썹.

1547) 단슌옥협(丹脣玉頰) : 단사(丹砂)처럼 붉은 입술과 옥처럼 하얀 뺨.

1548) 교교작작(皎皎灼灼) : 매우 맑고 밝고 화려하고 찬란함.

1549) 익여반월(額如半月), 미여츈산(眉如春山), 협여도홰(頰如桃花) : 이마는 반달처럼 둥글고, 눈썹은 봄 산처럼 검푸르고, 뺨은 복숭아꽃처럼 붉음.

1550) 지고(再顧) 경인셩(傾人城), 만고(萬顧) 경인국(傾人國) : 두 번 돌아보면 성을 기울게 하고, 자꾸 돌아보면 나라를 기울게 할 미색(美色)이라는 말로, 중국 한(漢)나라 무제(武帝) 때 사람 이연년(李延年)의 시구, "일고경인셩 재고경인국(一顧傾人城 再顧傾人國; 한 번 돌아보면 성을 기울게 하고, 두 번 돌아보면 나라를 기울게 하네)"를 변형시킨 표현. 경국지색(傾國之色)이란 말은 이 시구에서 유래한 말이다.

1551) 황시(黃氏) : 중국 삼국시대 촉의 정치가 제갈량의 처. 용모는 몹시 추(醜)녀였으나 재주가 뛰어났다고 한다.

1552) 밍광(孟光) : 후한 때 사람 양홍(梁鴻)의 처. 추녀였으나 남편의 뜻을 잘 섬겨 현처로 이름이 알려졌고, 고사 거안제미(擧案齊眉)로 유명하다.

1553) 져독(舐犢) : '소가 제 새끼를 핥는다.'는 뜻으로, 자식에 대한 어버이의 지극한 사랑을 비유로 나타낸 말. 지독지애(舐犢之愛).

1554) 위양(渭陽) : 외삼촌을 달리 이르는 말. 『시경』 <진풍(秦風)> 위양이장(渭陽二章)의, '외삼촌을 위양(渭陽)에 보낸다'는 구절에서 유래한 말.

1555) 관ᄉᆞ : 세상. 현세. 이승. *관ᄉᆞ를 바리다 : 세상을 버리다. 죽다.

里涯角)의 관산(關山)을 즈음ᄒᆞ여, '쳑피창혜(陟彼崑兮)여 쳠망부혜(瞻望父兮)'1558)와 모혜국아(母兮鞠我)1559)의 지통(至痛)이 지심(在心)ᄒᆞ니, 능히 뎨향(帝鄕)을 말미암아 부안(父顔)의 등비(登拜)ᄒᆞ올 일이 아득ᄒᆞ옵더니, 금일 텬디 신명이 한가지로 음즐(陰騭)1560)ᄒᆞ시믈 닙ᄉᆞ와, 부녜 상봉ᄒᆞ옵고 ᄌᆞ안(慈顔)의 뵈오니, 틱틱(太太)의 셩덕인ᄌᆞ(盛德仁慈)ᄒᆞ시미 죡히 별안간의 뵈오나 목강(穆姜)1561)의 후【25】석(後席)을 니으신 슉녜시라. 겸ᄒᆞ여 옥슈인벽(玉樹驎璧)1562) 갓흔 아을 두ᄉᆞ, 조션(祖先)을 계셩(繼成)ᄒᆞ시니, ᄌᆞ위ᄂᆞᆫ 가히 조션의 현비시오, 쇼녀를 무이ᄒᆞᄉᆞ미 《져독‖지독(舐犢)》 텬셩의 더으시미 계시니, 아희 ᄯᅩ흔 의앙지셩(依仰之誠)이 엇지 션ᄌᆞ모긔 감ᄒᆞ오미 이시리잇고?"

뉴부인이 그 이이졀뉸(哀哀絶倫)1563)ᄒᆞᆫ 이용션치(愛容鮮彩)를 눈으로 보고, 귀로 그 낭낭(朗朗)ᄒᆞᆫ 쇄옥셩(碎玉聲)을 드ᄅᆞ미, 그 무모(無母)ᄒᆞᆫ 졍ᄉᆞ를 참연(慘然) 잔잉ᄒᆞ여1564) 역시 함누(含淚)ᄒᆞ고 화셩(和聲)으로 위로 왈,

"ᄎᆞ역명야(此亦命也)오 막비시운(莫非時運)1565)이라. ᄌᆞ고로 홍안박명(紅顔薄命)이 이시니 녀아의 ᄌᆞ【26】미운치(姿美韻致)로 엇지 홀노 조물(造物)1566)의 니극지싀(已極之猜)1567)를 면ᄒᆞ리오. 연(然)이나 왕ᄉᆞ(往事)ᄂᆞᆫ 이의(已矣)1568)라. 지난 바 화익(禍厄)이 문견(聞見)의 ᄎᆞ악ᄒᆞ나, 요힝 녀이 무ᄉᆞ 싱존ᄒᆞ여 금일 부녀 모녜 완취(完聚)ᄒᆞ여 도라와시니, ᄌᆞ금 이후로ᄂᆞᆫ 다시 변난이 업시 부녀 모녜 고당의 안거ᄒᆞ여 무안낙

1556)뇩아지통(蓼莪之痛); 중국 전국시대 진(晉)나라 사람 왕부(王裒)가 아버지가 비명(非命)에 죽은 것을 슬퍼하여 일생 묘 앞에 여막(廬幕)을 짓고 살며 추모하였는데, 『시경』〈육아편(蓼莪篇)〉을 외우며, 그때마다 아버지를 봉양치 못하는 자신의 처지를 슬퍼하여 눈물을 흘렸다는데서 유래한 말. 육아(蓼莪) 시(詩)의 내용은 부모가 고생하며 나를 낳고 길러주신 은혜와 그 은혜를 갚지 못하는 효자의 슬픔을 표현하고 있다.

1557)즁디여얼(重至餘孼) : 남아 있는 재앙이나 액운이 거듭하여 닥침.

1558)쳑피창혜(陟彼崑兮) 쳠망부혜(瞻望父兮) : 『시경(詩經)』〈위풍(魏風)〉 척호(陟岵)편에 나오는 시구(詩句). 척피호혜(陟彼岵兮; 산위에 올라) 첨망부혜(瞻望父兮; 아버님 계신 곳 바라보네). 척피창혜(陟彼崑兮)는 척피호혜(陟彼怙兮)의 이표기(異表記).

1559)모혜국아(母兮鞠我) : 『시경(詩經)』〈소아(小雅)〉 요아(蓼莪)편에 나오는 시구(詩句). 부혜생아(父兮生我; 아버님 날 낳으시고) 모혜국아(母兮鞠我; 어머님 날 기르셨네).

1560)음즐(陰騭) : 하늘이 겉으로 드러나지 않게 사람을 안정시킴.

1561)목강(穆姜) : 중국 진(晉)나라 정문구(程文矩)의 아내. 성은 이(李)씨, 자(字)는 목강(穆姜). 전처 소생의 네 아들을 자신이 낳은 두 아들보다 더 사랑하여 훌륭하게 키웠다.

1562)옥슈인벽(玉樹驎璧) : 옥수(玉樹; 아름다운 나무), 기린(驎驎; 천리마), 옥벽(玉璧; 둥그런 옥)을 아울러 이르는 말로, 모두 '재주가 뛰어나고 용모가 빼어난 사람'을 이르는 말이다.

1563)이이졀뉸(哀哀絶倫) : 더할 나위 없이 슬픔.

1564)잔잉ᄒᆞ다 : 자닝하다. 불쌍하다. 가엾다. 안쓰럽다. 애처롭고 불쌍하여 차마 보기 어렵다.

1565)ᄎᆞ역명야(此亦命也) 막비시운(莫非時運) : 이 또한 운명이요, 그때그때 마다의 운명에 지배받지 않는 것이 없다.

1566)조믈(造物) : 조물주(造物主). 우주의 만물을 만들고 다스리는 신.

1567)니극지싀(已極之猜) : 지나치게 심한 시기(猜忌).

1568)이의(已矣) : 이미 벌어진 일임. 또는 이미 끝난 일임.

(無憂安樂)ᄒᆞ리니, 니 비록 외람이 고인의 셕덕(碩德)을 바라지 못ᄒᆞ나, 쏘ᄒᆞᆫ '민모(閔母)의 노(駑)'1569)홈과 '상모(象母)의 은(嚚)'1570)ᄒᆞᆷᄂᆞᆫ 비호지 아녓ᄂᆞ니, 엇지 젼츌(前出)과 긔츌(己出)을 간격ᄒᆞ미 이시리오. 녀아는 션부인 영모ᄒᆞᄂᆞᆫ 셩효(誠孝)로ᄡᅥ, 구원(九原)1571)이 《막미‖망미(茫昧)》ᄒᆞ【27】믈 과상(過傷)치 말고, 우흐로 상공이 계시고 버거 니 이시니, 션부인 의앙지셩(依仰之誠)을 옴겨 무흠(無欠) 안낙ᄒᆞ기ᄅᆞᆯ 원ᄒᆞᄂᆞ니, 브졀업시 슬프기로 과체(過涕)ᄒᆞ여 약장연심(弱腸軟心)1572)을 상히오지 말나."

상셰 쏘ᄒᆞᆫ 어로만져 위로 연익(憐愛)ᄒᆞᆯᄆᆞᆯ 마지 아니ᄒᆞ니, 부인이 시비ᄅᆞᆯ 명ᄒᆞ여 모부인과 시랑부인의게 젼어ᄒᆞ여, 질녀 뉴쇼져의 신(新) 벌 의상(衣裳) 일습(一襲)을 가져오라 ᄒᆞ여, 쇼져ᄅᆞᆯ 기장(改裝)ᄒᆞ라 ᄒᆞ고, 일습 쳥의(靑衣)ᄅᆞᆯ 쥬어 유랑(乳娘)을 기복(改服)게 ᄒᆞ니, 쇼졔 이의 쵹나션삼(蜀羅蟬衫)1573)과 홍상(紅裳)을 ᄉᆞ양ᄒᆞ여 왈,

"쇼녜 봉변화란(逢變禍亂)ᄒᆞ【28】여 부즁을 써난 지 오리니, 도로 분쥬ᄒᆞ여 션ᄌᆞ위 삼긔(三忌)ᄅᆞᆯ 맛ᄎᆞ나, 친히 향을 ᄉᆞᆼᄌᆞ며 잔을 부어 죵ᄉᆞ(終祀)1574)ᄅᆞᆯ 밧ᄌᆞᆸ지 못ᄒᆞ여시니, 인ᄌᆞ지되(人子之道) 엇지 감히 치의(彩衣)ᄅᆞᆯ 가ᄒᆞ리잇고?"

상셔와 부인이 츄연(惆然) 히위(解慰) 왈,

"ᄌᆞ텬ᄌᆞ(自天子)로 지우셔인(至于庶人)1575)히 부모 삼상(三喪)의 젼쇼식(全素食)1576)ᄒᆞ며 치쇼식(菜蔬食)1577)은 인인(人人)의 ᄌᆞ고상시(自古常事)라. ᄌᆞ공(子貢)1578)이 뉵년(六年) 상복(喪服)을 ᄒᆞ미 공ᄌᆞ의 뜻이 아니라 ᄒᆞ엿ᄂᆞ니, 녀아의 셩효와 지셩이 비록 긔특ᄒᆞ나, 니러틋 고집ᄒᆞ믄 션부인 뜻이 아닌가 ᄒᆞ노라."

쇼졔 옥누(玉淚)ᄅᆞᆯ ᄆᆞᆷ금고 ᄉᆞ양 왈,

"경ᄉᆞ(京師)의 도라【29】가 션ᄌᆞ위 긔ᄉᆞ(忌祀)ᄅᆞᆯ 한번 보온 후, 치의ᄅᆞᆯ 나오고져

1569)민모(閔母)의 노(駑) : '중국 춘추시대 노나라 민자건(閔子騫)의 계모의 둔함'이라는 말로. 민자건의 계모가 추운 겨울날 자신의 친아들에게는 두터운 솜옷을 입히면서도 전처소생의 의붓아들인 민자건에게는 갈대를 넣은 옷을 입히는 등으로 자건을 학대하였던 일을 말한다. 후에 남편이 이 사실을 알고 그녀를 쫓아내려 하자, 자건이 말려 출화(黜禍)를 면했는데, 이후 그녀는 자신의 잘못을 뉘우치고 자건을 잘 보살폈다고 한다. *민자건(閔子騫); 중국 춘추 시대 노나라의 현인. 공자의 제자. 이름은 손(損). 자는 자건. 공문십철의 한 사람으로, 효행이 뛰어났다.

1570)상모(象母)의 은(嚚)홈 : '상모(象母)의 어리석음'이란 뜻으로, 상의 모가 효자 순(舜)을 죽이기 위해 갖은 악행을 자행하고도 끝내 개과천선하지 않았던 일을 말함. *상모(象母) : 중국 순임금의 계모. 상(象)의 생모. 남편 고수(瞽瞍)와 아들 상과 함께 전처소생인 순(舜)을 죽이기 위해 갖은 악행을 자행했다.

1571)구원(九原) : 구천(九泉). 저승. 사람이 죽은 뒤에 그 혼이 가서 산다고 하는 세상.

1572)약장연심(弱腸軟心) ; 약하고 여린 마음.

1573)쵹나션삼(蜀羅蟬衫) : 쵹(蜀)나라에서 생산한 비단으로 지은 아름답고 화려한 적삼.

1574)죵ᄉᆞ(終祀) : 마지막 제사. 여기서는 삼년상을 마치는 대상(大祥)을 말한다.

1575)ᄌᆞ텬ᄌᆞ(自天子) 지우셔인(至于庶人) : 천자로부터 일반 백성에 이르기까지.

1576)젼쇼식(全素食) ; 모든 식사를 고기반찬이 없는 밥을 먹음.

1577)치쇼식(菜蔬食) : 채소 반찬뿐인 밥.

1578)ᄌᆞ공(子貢) : 중국 춘추 시대 위나라의 유학자(B.C.520~456). 성은 단목(端木), 이름은 사(賜). 공문십철(孔門十哲)의 한 사람으로 언어에 뛰어났으며, 노나라와 위나라의 재상(宰相)을 지냈다.

ᄒᆞ옵ᄂᆞ니, 야야와 ᄌᆞ위ᄂᆞᆫ 아히 쳔효(賤孝)와 박셩(薄誠)을 말니지 마로쇼셔.”

상셰 이련(哀憐)ᄒᆞ믈 니긔지 못ᄒᆞ여, 부인을 도라 보아 왈,

“녀아의 지셩이 간졀ᄒᆞ니 부인은 일습(一襲) 쳥의(靑衣)로 기복(改服)게 ᄒᆞ쇼셔.”

부인이 ᄯᅩ흔 쇼져의 셩효를 감동ᄒᆞ여 응낙ᄒᆞ고, 홍상ᄎᆡ복(紅裳彩服)을 믈니치고, 일벌 쳥의 쇼건(素巾)을 쥬어 기복ᄒᆞ게 ᄒᆞ니, 쇼졔 바야흐로 승명ᄒᆞ여 남의를 벗고 녀복을 기장ᄒᆞᆯᄉᆡ, 부인이 친히 초졉[1579]을 나와 쇼져의 【30】 구름 갓흔 편발(編髮)을 쇼하(疏下)ᄒᆞ여[1580] 운빙(雲鬢)을 ᄶᅱ오고, 봉조(鳳鳥) 갓흔 냥익(兩翼)의 빅포션나숨(白布鮮羅衫)[1581]을 닙히고, 초요(楚腰)[1582]의 쳥금상(靑錦裳)[1583]을 두루치며, 한 우흠[1584] 믈을 가져 옥안(玉顔)을 ᄡᅵᄉᆞ니, 비록 년화(煙火)[1585]의 고은 거슬 ᄎᆔ치 아니ᄒᆞ며, 지분방퇵(脂粉芳澤)[1586]의 쇼쇄(小瑣)ᄒᆞᆷ을 베프지 아니ᄒᆞ여시나, 텬ᄌᆞ(天姿) 슈려(秀麗)ᄒᆞ여 칠월 홍년(紅蓮)이 뉴파(流波)의 늬왓는 ᄃᆞᆺ, 틱양이 휘휘(輝輝)ᄒᆞ여 부상(扶桑)[1587]의 오ᄅᆞ고져 ᄒᆞ며, 상운(祥雲) 셔무(瑞霧)를 몬져 토ᄒᆞ는 ᄃᆞᆺᄒᆞ니, 부인의 황홀긔ᄋᆡ(恍惚奇愛)ᄒᆞ믄 도로혀 친싱 아ᄌᆞ의 더으고, 상셔의 무흠(無欠)흔 ᄌᆞ의ᄂᆞᆫ 불문가지(不問可知)[1588]라.

좌우 시ᄋᆡ(侍兒) 쇼져의 【31】 셩ᄌᆞ월틱(聖姿月態)를 우러러 의의히 요지왕뫼(瑤池王母)[1589] 하강흔가 의심ᄒᆞ더라.

니러구러 날이 져므러 촉을 붉히고 셕식(夕食)을 올니니, 상셔와 부인이 녀아로 더부러 한 상의셔 셕반을 파ᄒᆞ니, 상셔 부부의 환희홈과 유랑의 흔흔(欣欣) 쾌희(快喜)ᄒᆞ믄 일구(一口)로 긔록기 어렵더라.

셕상(夕床)을 믈니고 촉을 니어 환쇼달야(歡笑達夜)ᄒᆞᆯᄉᆡ, 쇼졔 유졔(乳弟)를 나오혀 보ᄆᆡ 싱지 ᄉᆞ오삭이로ᄃᆡ, 구각(軀殼)이 셕ᄃᆡ(碩大)ᄒᆞ고 긔질이 비범ᄒᆞ여 속아(俗兒)의 슈셰나 당흔 ᄃᆞᆺ, 교교발쵀(皎皎拔萃)[1590]ᄒᆞ여 ‘교야(郊野)의 긔린(麒麟)이 나리고’[1591]

1579)초졉 : 초졉. 초를 담는 그릇으로 종지를 사용한다. 여기서는 작은 접시를 말한다.

1580)쇼하(疏下)ᄒᆞ다 ; 빗질하다.

1581)빅포션나숨(白布鮮羅衫) : 흰 무명으로 지은 겉옷과 깨끗하고 얇은 비단으로 지은 적삼.

1582)초요(楚腰) : 초나라 미인의 가느다란 허리를 이르는 말. 중국 초나라의 영왕이 허리가 가는 미인을 좋아하였다는 데서 유래한다.

1583)쳥금상(靑錦裳) : 푸른 비단으로 지은 치마.

1584)우흠 : 움큼. 손으로 한 줌 움켜쥘 만한 분량을 세는 단위.

1585)년화(煙火) : 인가에서 불을 때어 나는 연기라는 뜻으로, 인가 또는 인간세상.

1586)지분방퇵(脂粉芳澤) : 연지(臙脂)와 백분(白粉),향기(香氣), 윤기(潤氣)를 함께 이르는 말로, 갖가지 화장품을 사용하여 화장함을 이르는 말.

1587)부상(扶桑) : 해가 뜨는 동쪽 바다.

1588)불문가지(不問可知) ; 묻지 않아도 앎.

1589)요지왕뫼(瑤池王母) : 요지(瑤池)에 살고 있다는 여선(女仙) 서왕모(西王母). *요지(瑤池); 중국 곤륜산에 있다는 못. 신선이 살았다고 하며, 주나라 목왕이 서왕모를 만났다는 이야기로 유명하다. *서왕모(西王母); 중국 신화에 나오는 선녀(仙女)의 이름.

1590)교교발쵀(皎皎拔萃) : 맑고 밝고 빼어남.

셔빅(西伯)1592)을 위흔 봉(鳳)이 기산(箕山)1593)의 우는 듯, 화【32】시(和氏)의 벽(璧)1594)이오, '위혜(威惠)의 구슬1595)'이라. 쇼졔 주쇼(自少)로 안항(雁行)이 젹막흐여, 쳑영(隻影)1596)의 그림직 외로와 골육의 난호인 졍을 모로다가, 허다 희귀흔 역경 화란을 쳡봉(疊逢)호고 ᄉᆞ즁구싱(死中救生)ᄒᆞ여 부녜 지봉(再逢)ᄒᆞ며, 계뫼 인ᄌᆞ호고 니러ᄐᆞᆺ 어엿분 아이 이셔, 부친의 만닉 경ᄉᆞ를 닐위는 쥴 다힝호고, 이ᄌᆞ는 션비(先妣)1597)의 후ᄉᆞ 막연(漠然)치 아닐 바를 영힝ᄒᆞ니, ᄌᆞ연 슈미(愁眉) 열니이고, 아험(娥臉)1598)이 미미ᄒᆞ여 유제(乳弟)를 가추ᄒᆞ니, 상셰 쏘흔 깃거ᄒᆞ더라.

밤이 깁흐미 상셰 녀ᄋᆞ를 겻히 누여 위무(慰撫)ᄒᆞ미 강보(襁褓) 유녀(乳女) 갓【33】더라. 명일의 뉴부 밍부인 고식(姑息)이 녀부(女婦) 졔손(諸孫)을 거ᄂᆞ려 한당의 모다, 구상셔의게 부녀긔봉(父女奇逢) 희ᄉᆞ를 하례호고, 구쇼졔 쏘흔 담쇼(淡素)1599)○[히] 아미(蛾眉)를 다ᄉᆞ려 뉴부인 고식(姑息)으로 상면지녜(相面之禮)를 조손슉질지녜(祖孫叔姪之禮)로 뵈오니, 밍부인 고식이 구쇼져의 ᄌᆞ미(姿美) 졀츌(絶出)흔 셩덕광휘(盛德光輝)를 보미, 크게 놀나며 괴이히 너겨, 혈육지신(血肉之身)이 아닌가 의심ᄒᆞ더라.

구·뉴 냥공이 도ᄎᆞ(途次)의 오릭 지류(遲留)치 못ᄒᆞ여, 익일 힝장을 슈습ᄒᆞ여 길히 오ᄅᆞ니, 이젹의 뎡상셔 눈치슈의 힝도는 일일지간(一日之間)을 션힝(先行)ᄒᆞ미 되엿【34】더라. 구·뉴 냥인이 뎡·눈 등의 위의를 밋바다1600) 힝ᄒᆞ니라.

1591)교야(郊野)의 긔린(麒麟)이 나리고 : 들에 기린(麒麟)이 내렸다는 뜻으로, 성인(聖人)이 태어날 전조(前兆)가 있음을 나타낸 말. 공자가 세상에 태어날 때 기린이 나타났다고 한다. *기린(麒麟); 사슴의 몸에 말의 발굽과 소의 꼬리를 갖고 있으며 온몸이 영롱한 비늘로 덮여 있다고 하는 상상의 동물.

1592)서백(西伯) : BC 12세기 중국 주(周 : BC 1111~256/255)의 창건자인 무왕(武王)의 아버지 문왕(文王).

1593)기산(箕山) : 지금의 하남성(河南省) 등봉현(登封縣)의 동남에 있는 산. 옛날 주(周)나라 문왕(文王)이 기산(岐山) 아래 있을 때 천지가 만물을 내는 마음을 체득하여 백성을 진심으로 사랑하자, 화(和)한 기운이 상서를 이루어 오채의 아름다운 깃털을 가진 봉황이 날아 왔다는 고사가 전한다.

1594)화씨벽(和氏璧) : 중국 전국시대에 변화씨(卞和氏)라는 사람이 형산(荊山)에서 돌 위에 봉황이 깃들이는 것을 보고 얻었다는 천하의 이름난 옥, 후대에 진(秦)나라 소양왕(昭襄王)이 이 옥을 탐내, 당시 이 옥을 가지고 있던 조(趙)나라 혜문왕(惠文王)에게 진나라 15개의 성(城)과 바꾸자는 제안을 하였다고 하여, '연성지벽(連城之璧)'으로 불리기도 한다.

1595)위혜(威惠)의 구슬 : '중국 전국시대 제나라 위왕(威王)과 위(魏)나라 혜왕(惠王)의 구슬'이란 뜻으로 유능한 신하가 구슬보다 더 귀한 보배임을 이른 말. 즉 위혜왕이 제위왕에게 위나라에는 수레 열두 대를 비출 수 있는 구슬이 있음을 자랑하자, 제위왕은 제나라에는 단자·반자·검부·종수와 같은 네 신하가 나라를 지켜 태평을 누리고 있으니, 이 네 신하야 말로 천리를 비추는 구슬이라 하여, 수레 열두 대를 비추는 구슬과는 비교가 되지 않는 보배라고 말하자, 위혜왕이 부끄러워 말을 못했다는 고사를 이르는 말.

1596)쳑영(隻影) : ①외따로 있는 물건의 그림자. ②'홀로 있는 외로움'을 비유적으로 이르는 말

1597)션비(先妣) : 남에게 돌아가신 자기 어머니를 이르는 말.

1598)아험(娥臉) : '아험'은 '아검(娥臉)'의 변음. 고운 뺨, 고운 얼굴.

1599)담쇼(淡素) : 담담하고 소박함.

1600)밋받다 : 뒤잇다. 뒤쫓다.

익셜 뎡상셔 눈틔위 활인ᄉ의셔 구상셔ᄅᆞᆯ 니별ᄒᆞ고 손·셕 냥인으로 더부러 햐쳐의 도라오니, 날빗치 거의 반쟝(半嶂)1601)의 올낫더라. 군즁 셔긔(書記) 참모관(參謀官)이 시긱이 느져가믈 고픔(告禀)ᄒᆞ니, 뎡상셔와 눈틔위 시식(施食)을 파ᄒᆞ고, 즉시 졔군ᄉ졸(諸軍士卒)을 거ᄂᆞ려 발ᄒᆡᆼᄒᆞᆯᄉᆡ, 하일(夏日)이 다ᄉᆞᄒᆞ고1602) 텬긔(天氣) 화챵ᄒᆞ니, 주연 ᄒᆡᆼ뇌 편ᄒᆞᆫ지라. 일노의 무ᄉᆞ히 ᄒᆡᆼᄒᆞ여 경ᄉᆞᄅᆞᆯ 스오일 젼노(前路)의 밋쳐ᄂᆞᆫ, 과연 남북 다히로셔 졍·북이 셧거지고, 금괴(金鼓)1603) 뇨량(嘹喨)【35】ᄒᆞ여 승젼악(勝戰樂)을 울니ᄂᆞᆫ 곳의 냥노(兩路) 인마(人馬) 셔로 마조치이니, 이 곳 뎡원슈 의쳥과 눈상셰 웅닌의 걸안 흉봉을 쇼탕ᄒᆞ고 도라오ᄂᆞᆫ 군마(軍馬)러라.

삼노(三路) 군쟝(軍將) 샹하(上下) 셔로 긔약(期約)의 어긜가 넘녀ᄒᆞ더니, 이곳의 니ᄅᆞ러 셔로 맛나니, 피ᄎᆞ 하마ᄒᆞ여 군마ᄅᆞᆯ 쉬오며 악슈 샹봉ᄒᆞ여, 피ᄎᆞ 반기며 깃거ᄒᆞ미 측냥치 못ᄒᆞ니, 가히 골육 형제 곳 아니면 종표지간(從表之間)1604)의 후졍(厚情)이 ᄌᆞ별어타인(自別於他人)1605)ᄒᆞᆯ 줄 뭇지 아녀 알니러라.

ᄎᆞ야(此夜)의 ᄃᆡ촌(大村) 큰 마을을 잡아 삼노군(三路軍)을 쉬오며, 눈·하·뎡 삼문【36】 졔공이 일셕의 모다 별후(別後) 니회(離懷)ᄅᆞᆯ 베플ᄉᆡ, 뎡·눈 냥원슈와 하션봉은 걸안 흉젹의 흉완(凶頑) 간능(奸能)ᄒᆞᆷ과 호녀의 흉음(凶淫)ᄒᆞ던 ᄉᆞ연이며, 만일 자가 등의 신긔묘산(神技妙算)1606)으로 신츌귀몰(神出鬼沒)ᄒᆞᄂᆞᆫ 지략(才略)과 지혜(智慧) 아니면 졸연(猝然)이 흉봉(凶鋒)을 쇼탕ᄒᆞ기 어려울 번ᄒᆞ던 줄을 니ᄅᆞ고, 뎡상셔ᄂᆞᆫ 위방 노젹의 역텬무도(逆天無道)ᄒᆞ며 망녕(妄靈)되이 시무(時務)ᄅᆞᆯ 아지 못ᄒᆞ고 외람이 텬위(天威)ᄅᆞᆯ 항형(抗衡)코져 오합지졸(烏合之卒)을 모화 '사ᄉᆞᆷ을 ᄄᆞᆯ오고져'1607) ᄒᆞ다가, 주긔 여ᄎᆞ여ᄎᆞ 지모지략(智謀才略)으로 노젹(奴賊)1608)의 예긔(銳氣)ᄅᆞᆯ 최찰ᄒᆞ며1609), 위방이 인ᄒᆞ【37】여 죽으니, 다시 황셩의 쥬문(奏聞)ᄒᆞ여 신임을 교ᄃᆡᄒᆞ여 동졔ᄅᆞᆯ 교유ᄒᆞ고 도라오ᄂᆞᆫ ᄉᆞ연을 니ᄅᆞ고, 눈틔우ᄂᆞᆫ ᄉᆞ쥬(四州) 등쳐(等處)의 슈화(水禍) 지란(災難)의 공극(孔隙)ᄒᆞ던 바와, 인심이 쇼요(騷擾)ᄒᆞ고 처음의 지나ᄂᆞᆫ 길의 ᄉᆞ쥬 등쳐의 인영(人影)이 ᄭᅳᆫ쳐지고 슈쳔니 젼애(田野) 황무(荒蕪)ᄒᆞ여 무인심쳐(無人深

1601)반쟝(半嶂) ; 산 중턱.
1602)다ᄉᆞᄒᆞ다 : 따뜻하다. 따사롭다.
1603)금괴(金鼓) : 고려·조선 시대에, 군중(軍中)에서 호령하는 데 사용하던 징과 북.
1604)종표지간(從表之間) : 종표지간(從表之間) : 내외종간(內外從間)
1605)ᄌᆞ별어타인(自別於他人) : 다른 사람보다도 남다르고 특별한 데가 있다.
1606)신긔묘산(神技妙算) : 신이한 재주와 신묘한 계책.
1607)사ᄉᆞᆷ을 ᄄᆞᆯ오다 : 사슴 곧 제위(帝位)를 놓고 다투다. *사ᄉᆞᆷ; 사슴 : 사슴. 제위(帝位)를 상징한다. 중원축록(中原逐鹿); 넓은 들판 한가운데서 사슴을 쫓는다는 뜻으로, 군웅(群雄)이 제위(帝位)를 얻으려고 다투는 일을 이르는 말. *ᄄᆞᆯ오다 : 따르다. 쫓다. 무엇을 잡기위해 뒤를 급히 따르다. 여기서는 '다투다'는 뜻으로 쓰였다.
1608)노젹(奴賊) ; 남을 욕하여 이르는 말. 도적놈.
1609)최찰ᄒᆞ다 : 최절(摧折)하다. 최좌(摧挫)하다. 마음이나 기운을 꺾다. 어떠한 계획이나 일 따위를 도중에 실패로 돌아가게 하다.

處)를 일워시며, 청계 지계(地界)의 님ᄒᆞ여ᄂᆞᆫ 슈천여리 황산(荒山) 벽디(僻地)의 다 소(沼)흘 일워 슈셰(水勢) 웅장ᄒᆞ니, 향민이 감히 쇼(所)를 안(安)치 못ᄒᆞ고, 쥭엄이 길히 싸여시며, 곡셩이 진텬(震天)ᄒᆞ니, 그 경ᄉᆡᆨ의 슈참(愁慘)ᄒᆞ던 곡졀과, 가ㆍ노 냥ᄌᆞ스로【38】더부러 상의ᄒᆞ나, 달니 슈환(水患)을 진정홀 모칙(謀策)이 업셔, 그윽ᄒᆞᆫ 명산(名山) 심쳐(深處)의 단(壇)을 무으고, 상텬신기(上天神祇)[1610] 일월(日月)과 황쳔후토(皇天后土)[1611]의 셜졔도축(設祭禱祝)ᄒᆞ던 ᄉᆞ연이며, 칠일 도축의 신명이 감응ᄒᆞ여 빅쥬(白晝)의 금의신장(金衣神將)이 현셩(顯聖)ᄒᆞ여 명명이 지교ᄒᆞ던 ᄉᆞ의(辭意)의 다다라ᄂᆞᆫ, 빅면용화(白面容華)의 훈ᄉᆡᆨ(暈色)이 미미ᄒᆞ여 니ᄅᆞ듸,

"군ᄌᆡ 니러틋 셩ᄒᆞᆫ 거슬 신지(信之)ᄒᆞ여 다시 구두(口頭)의 니를 거시 아니로듸, 져 신긔직방(神祇在傍)[1612]ᄒᆞ고 묵묵틱공(默默太空)[1613]이 유묘쳬원(悠杳逮遠)[1614]ᄒᆞ나, 나즌 듸를 살피신다 ᄒᆞ미 가히 무거(無據)치 아니ᄒᆞ미런지, 셜졔(設祭) 죵일(終日)의 여ᄎᆞ여ᄎᆞ 【39】괴이ᄒᆞᆫ 변을 보고, 기야(其夜)로븟허 광풍딕우(狂風大雨)와 우셜빙박(雨雪氷雹)[1615]이 크게 나려 삼쥬야(三晝夜)를 ᄒᆡᆼ뇌(行路) 길흘 여지 못ᄒᆞ고, 인가의셔 능히 문 밧글 닉와다 보지 못ᄒᆞ며, 감히 먹지 못ᄒᆞ여 인심이 더옥 쇼요(騷擾)ᄒᆞᆫ 삼일 후의, 바야흐로 뇌진벽녁(雷震霹靂)[1616]이 진정ᄒᆞ고, 텬긔(天氣) 명낭ᄒᆞ며, 슈천여리 디방의 그런 장ᄒᆞᆫ 슈셰(水勢) 숨일지닉 간곳이 업고, 슈변(水邊)의 흉장ᄒᆞᆫ 업츅(業畜)이 반싱반ᄉᆞᄒᆞ여 느러져시니, 흉악ᄒᆞᆫ 긔셰 ᄯᅩ 다시 니룰 거시업던 곡졀이며, 겨요 도창검극(刀槍劍戟)으로 참두(斬頭) 분쇄ᄒᆞ여 복즁(腹中)을 헷치니, 【40】무슈ᄒᆞᆫ 사름의 시쳬를 엇고, ᄯᅩ 졔젼(祭奠)을 갓초아 슈즁의 졔ᄒᆞ미, 무슈 시신이 파상(波上)의 ᄯᅳ니, 관고(官庫)의 직물을 닉여 슈응(酬應)ᄒᆞ나, 슈다 시쳬를 니로 감장(勘葬)치 못ᄒᆞ여, 명산 복디 동혈(洞穴)의 장(葬)ᄒᆞ고, 각별 ᄉᆞ당을 지어 원혼을 셜졔ᄒᆞᆫ 연유를 니ᄅᆞ며, 피ᄎᆞ 삼도(三道) 젼고(典故)○[와] 졀역(絶域) 변ᄒᆡ(邊海)의 인물 졔도와 풍경 잡물의 괴이ᄒᆞᆫ 거동이, 즁원으로 심히 간격ᄒᆞ던 바를 셔로 젼ᄒᆞ여, 능히 밤이 진ᄒᆞᄂᆞᆫ 쥴 니졋더라.

명조의 삼노군장(三路軍將) 상히(上下) 죠션(朝膳)을 파ᄒᆞ고 발ᄒᆡᆼ홀ᄉᆡ, 삼노 장졸이 귀심(歸心)이 살 ᄀᆞᆺ【41】ᄒᆞᆫ지라. 셔로 긔약의 맛나 동ᄒᆡᆼᄒᆞᄆᆞᆯ 더욱 깃거ᄒᆞ니, 므슨 거리ᄭᅵ미 다시 이시리오. 니향(離鄕) 니가(離家)ᄒᆞ미 장ᄎᆞᆺ 긔년(朞年)이 지나시니, 북궐(北闕)[1617] 훤초(萱草)[1618]의 군친(君親)을 영모ᄒᆞ며, 규리홍안(閨裏紅顔)[1619]을 ᄉᆞ모

1610)상텬신기(上天神祇): 하늘에 있는 신. 하느님.
1611)황쳔후토(皇天后土) : 하늘의 신과 땅의 신.
1612)신긔직방(神祇在傍) : 귀신이 곁에서 지켜보고 있다.
1613)묵묵틱공(默默太空) : 말없는 하늘.
1614)유묘쳬원(悠杳逮遠) ; 아득히 멂.
1615)우셜빙박(雨雪氷雹) : 비와 눈과 우박을 함께 이르는 말.
1616)뇌진벽녁(雷震霹靂) : 천둥과 벼락.
1617)북궐(北闕) : 대궐. 임금이 거처하는 집

ᄒᄂ 무ᄋᆞᆷ은 져마다 잇ᄂ지라. 엇지 일긱(一刻)인들 지체ᄒ며, 도로 풍경인들 마ᄋᆞᆷ의 이시리오.

삼노(三路) 되군이 벌이 뭉키며1620) 기얌이 ᄡᆞ시1621) 두시 호호탕탕(浩浩蕩蕩)이 힝ᄒ여 쳥산(青山)의 그림ᄌᆞ를 ᄯᆞ로고, 뉴슈(流水)의 방울을 응ᄒ여 금편(金鞭)을 가바야이 날녀 빗니 힝ᄒ니, 지나ᄂ 바의 각읍(各邑)이 진경ᄒ고, 녈읍(列邑) 디【42】현방빅(知縣方伯)이 분분 지영(祗迎)ᄒ여 《ᄌᆞ녀‖치단(綵段)》 옥빅(玉帛)이며 쥬효셩찬(酒肴盛饌)으로 마ᄌᆞ니, 되군이 님ᄒᄂ 곳 마다 진슈미찬(珍羞美饌)이 구산(丘山) 갓고 치단옥빅(綵段玉帛)이 산히(山海) 갓고, 팔도명창(八道名唱)이 초(楚)나라 눈섭과 월(越)나라 얼골을 공교히 ᄭᅮ미며, 홍상ᄎᆡ슈(紅裳彩袖)랄 가다듬아 운환(雲鬢)을 놉히 쉬오고, 명모(明眸) 단슌(丹脣)의 초옥셩(楚玉聲)1622)을 늘히여 셤셤 옥슈의 진징(秦箏)1623)을 빗기 안고, 옥슈(玉手) 금관(錦冠)의 아름다오믈 가ᄒ여, 뉸·하·뎡 졔공의 놉흔 풍의 덕질(德質)을 우러러 외람이 도라보믈 닙을가 요구ᄒ나, 졔공은 다 셩문듸유(聖門大儒)의 후셕(後席)【43】을 니은 군ᄌᆞ(君子) 명인(名人)이라. 엇지 년화(煙花)1624) 분두(粉頭)1625)의 송구영신(送舊迎新)ᄒᄂ 쳔창(賤娼)을 도ᄎᆞ(途次)의 관졍(關情)ᄒ여 빅만 ᄉᆞ졀 가온듸 쳬면을 손상ᄒ리오. 각읍의 무슈히 드리ᄂ 녜단(禮緞)과 진봉(進奉)1626)을 물니쳐 일물도 밧지 아니ᄒ니, 각읍 졔현이 그 쳥념 졍직ᄒ믈 더옥 열복(悅服)ᄒ더라.

일노(一路)의 완완(緩緩)이 힝ᄒ여 임의 뎨도(帝都)의 니ᄅ러ᄂ 삼노 되군이 졍히 북문외 셕교(石橋) 목1627)의 밋쳣더니, 홀연 먼니 바라보니 슈빅니 평쳔광야(平天廣野)의 빅운ᄎᆞ일(白雲遮日)은 반공(半空)의 놉핫고, 긔둑졀월(旗纛節鉞)1628)이 일광을 희롱ᄒ며, 황나【44】산(黃羅傘)1629)이 붓치이고, 어악(御樂)이 뇨량(嘹喨)ᄒ여 구텬(九天)의 ᄉᆞ못ᄎᆞ니, 반드시 어기(御街) 친님ᄒ신 쥴 알니러라.

뎡·뉸 냥원슈와 뎡상셔 뉸틱위 졔군 장졸노 더부러 일시의 하마(下馬)ᄒ여 어막(御

1618)훤초(萱草) : 원추리. 어머니를 상징하는 화초(花草). 여기서는 아버지와 어머니를 함께 이르는 말로 쓰였다.
1619)규리홍안(閨裏紅顏) : 규방 안의 아름다운 여인.
1620)뭉키다 : 뭉기다. 엉겨서 무더기를 이루다.
1621)ᄡᆞ시다 : 쑤시다. 비집고 들어가다.
1622)초옥셩(楚玉聲) : 중국 초(楚)나라 사람 변화씨(卞和氏)가 초산(楚山)에서 얻었다고 하는 명옥(名玉)인 화씨벽(和氏璧)의 소리를 말함.
1623)진징(秦箏) : 중국 진(秦)나라의 악기인 아쟁.
1624)년화(煙花) : ①봄의 경치 ②기녀(妓女)를 달리 이르는 말.
1625)분두(粉頭) : ①기녀(妓女) 달리 이르는 말. ②중국 전통극에서 여성 악역인물.
1626)진봉(進奉) : =진상(進上). 진귀한 물품이나 지방의 토산물 따위를 임금이나 고관 따위에게 바침.
1627)목 : 길목. 어귀.
1628)긔둑졀월(旗纛節鉞) : 임금의 행차나 군대의 행진에 따르는 여러 깃발과 절월.
1629)황나산(黃羅傘) ; 왕이나 왕세자 등이 행차할 때에 의장(儀裝)을 위해 받쳐 드는, 붉은 비단을 씌워 만든 일산(日傘)..

幕)의 나아갈시, 계군 장졸이 어가의 친님ㅎ시는 은영을 보오미, 더옥 환심 쾌락ㅎ여 금고(金鼓)1630)를 즈로 ○○○[두드리]며 《지북‖딕북1631)》을 크게 울녀 승전악(勝戰樂)을 닷호아 쥬(奏)ㅎ니, 웅장 화창ㅎ여 텬디 움죽이고, 《금산‖근산(近山)》이 믄허지는 듯, 졔군 장졸의 싁싁 화려흔 군장(軍裝) 복식(服色)은 오식이 넘노는 듯, 장장(長長)흔1632) 검픠(劍佩)1633)는 일식(日色)의 징광(爭光)ㅎ고, 【45】은은(殷殷)흔1634) 마졔(馬蹄)1635)는 훤화(喧譁)ㅎ여1636) 피츠(彼此)를 닷호더라.

화셜 만셰 황애 눈·하·뎡 졔인의 도라오는 션셩(先聲)을 드르시고, 셩심이 디열ㅎ샤 난예(鸞輿)를 굿초아 북문의 친힝(親幸)ㅎ샤 광야의 어막을 비셜ㅎ시고, 졍히 삼노군을 기다리실시, 평졔왕 오곤계(五昆季)와 평진왕 곤계 냥인과 하상국 스곤계 등이 즈질 졔족을 거느려 어가를 호힝(護行)ㅎ고, 눈·하·뎡 삼문 허다 문긱(門客) 고귀(故舊) 문외의 메여시니, 기쉬(其數) 장(壯)ㅎ미 불가승쉬(不可勝數)러라.

뎡·눈 냥원슈와 하션봉 뎡상셔 눈틱우 등이 연망이 하거(下車)ㅎ여 일시의 어가(御駕)【46】를 바라며 팔비고두(八拜叩頭)ㅎ고 산호비무(山呼拜舞)ㅎ니, 웅장(雄壯) 쳥월(淸越)흔1637) 셩음이 셧도라 구텬의 학녜(鶴唳)1638) 닷호아 브르지지는 듯, 남산이 최외(崔嵬)흔듸 밍회(猛虎) 무리를 일웟는 듯, 창히(滄海) 믁믁흔듸 신뇽(神龍)이 닷호아 뇌우(雷雨)를 짓는 듯ㅎ니, 버거 졔군 스졸의 어가를 바라며 길게 만셰를 부르니[며], 산호비무ㅎ미, 옥기동이 썩거지고 《금산‖근산》이 터지는 듯ㅎ니, 그 웅장ㅎ믈 일구(一口)로 긔록기 어렵더라.

텬지 졔인을 보시미, 그 웅장흔 골격과 동탕흔 신위 오늘날 볼스록 더옥 싀로와, 즈포오스(紫袍烏紗)로 상간(上間)1639)을 밧드러 텬졍(天廷)의 【47】명필학스(名筆學士)로 보실 적과 다르니, 져 갓흔 긔질과 신뉴(新柳)갓흔 미풍으로 장상지지(將相之才) 가족ㅎ믈 크게 긔특이 너기시는지라. 그 비알ㅎ기를 당ㅎ여 그 졍예흔 긔률(紀律)을 보시미, 뇽안이 희동 안식ㅎ스 셜니 인견(引見) 스좌(賜座)ㅎ시고, 옥음이 슌슌ㅎ스 돈유 왈,

"걸안 밋친 오랑키와 삭방(朔方) 쇼젹(小賊)이 감히 텬시(天時)를 아지 못ㅎ고, 스이(四夷)1640) 황화(皇化)1641)를 어즈러이 작난코져 ㅎ거늘, 경등이 년쇼 딕지로 군국 디

1630)금고(金鼓) : 군중에서 호령할 때 사용하던 징과 북.
1631)딕북 : 큰 북.
1632)장장(長長)흔 : 길쭉길쭉한.
1633)검픠(劍佩) : 칼을 참.
1634)은은(殷殷)ㅎ다 : 멀리서 들려오는 대포, 우레, 차 따위의 소리가 요란하고 힘차다.
1635)마졔(馬蹄) ; 말발굽.
1636)훤화(喧譁)ㅎ다 : 시끄럽게 지껄이며 떠듦
1637)쳥월(淸越)ㅎ다 : 소리가 맑고 가락이 높다.
1638)학녜(鶴唳) : 학려셩(鶴唳聲). 학울음 소리.
1639)상간(象玕) : 상아(象牙)와 옥(玉).으로 만든 홀(笏)
1640)스이(四夷) : 예전에, 중국의 사방에 있던 종족들인 동이, 서융, 남만, 북적을 통틀어 이르던 말

임을 능당(能當)ᄒ여 흉적(凶賊)을 슈히 초안(招安)ᄒ여 스직(社稷)의 근심을 덜고, 더옥 동토슈란지【48】이(東土水難災權)ᄂᆞᆫ 하늘이 나리오신 빈니, 가히 인녁을 밋지 못ᄒᆞᆯ지라. 진실노 슈환(水患)의 어려오믄 호적(胡狄)1642) 광적(狂賊)1643)의 뉴(類) 아니로ᄃᆡ, 눈경이 년쇼 지략으로 능히 신긔 묘산이 신기를 감응ᄒ여, 그런 공극(孔劇)ᄒᆞᆫ 슈이지환(水權災患)을 슈히 진정ᄒ고 흉ᄒᆞᆫ 업츅(業畜)을 싱금(生擒)ᄒ여 만민의 히를 덜고, 슈쳔니 디방을 편히 ᄒ고, 원슈ᄒᆞᆫ 빅셩의 원슈를 갑하 셩딕지치(盛代之治)의 원굴(冤屈)ᄒᆞᆫ 긔운을 업게 ᄒ니, 엇지 긔특지 아니ᄒ리오. 짐이 브지박덕(不知薄德)ᄒ여 요슌우탕(堯舜禹湯)1644)의 셩덕이 업스ᄃᆡ, 경 등이 능히 이 {눈}쥬공(周公)1645)【49】의 지난 츙냥(忠良)이 이시니, 짐이 눈·하·뎡 삼문의 지모냥신지직(智謀良臣之才)와 츙의영걸(忠義英傑)을 갓초 두어시니, 엇지 숑죠 디업이 쳔만세의 젼치 못ᄒᆞᆯ가 근심ᄒ리오. ᄌᆞ금(自今) 이후로 텬희(天下) 승평(昇平)ᄒᆞᆷ믄 젼혀 경 등의 츙셩이라. 짐이 옥누금젼(玉樓金殿)의 벼기를 놉혀 시름이 업스리로다."

드ᄃᆡ여 옥비(玉杯) 금쥰(金樽)1646)의 ᄌᆞ홍(紫紅) 년슈쥬(蓮鬚酒)1647)를 부어 ᄎᆞ례로 졔인을 ᄉᆞ쥬(賜酒) 위유(慰諭)ᄒ시니, 뎡·눈 냥원슈와 하션봉 뎡상셔 눈틱우 등 오인이 텬음옥식(天音玉色)1648)의 니러틋 허ᄃᆡ(許待)ᄒ시ᄂᆞᆫ 셩권(聖眷)을 밧ᄌᆞ오미, 불승황【50】공감열(不勝惶恐感悅)1649)ᄒᆞᆷ믈 니긔지 못ᄒ여, 일시의 고두복디(叩頭伏地) 쥬왈,

"미신 등이 년쇼미지(年少微才)로 직학(才學)이 노둔(魯鈍)ᄒ오ᄃᆡ, 힝혀 셩조(聖朝)의 몽은(蒙恩)ᄒ와 소년의 쳑촌지공(尺寸之功)이 업시 작위 경상(卿相) 지렬(宰列)의 엇게를 ᄀᆞᆯ오니 간뇌도디(肝腦塗地)1650)ᄒ오나, 셩은을 갑소올 길히 업ᄂᆞᆫ 고로, 직학의 불미ᄒ오믈 싱각지 못ᄒᆞᆸ고, 아모려나 황은을 만분지일이나 갑ᄉᆞ고져 ᄒ와, 망녕되이 텬위를 비러 동졍(東征) 북벌(北伐)ᄒ오니, 만일 폐하의 졔텬(齊天) 홍복(弘福)을 닙ᄉᆞ와 상텬신기(上天神祇) 한가지로 돕ᄉᆞ오미 아니면, 간흉과 【51】 쇼적을 엇지 탕멸ᄒ오며, 쇼신 셩닌이 상텬의 복우ᄒᆞ심과 폐하의 홍복이 아니시면 엇지 하날이 나리

1641)황화(皇化) : 천자(天子)의 덕(德). 제국(帝國)의 풍습.

1642)호적(胡狄) : 오랑캐. 」'이민족'을 낮잡아 이르는 말.

1643)광적(狂賊) : '미친 도적'이란 말로, 여기서는 자기 민족 내부의 반역자를 지칭한 말.

1644)요슌우탕(堯舜禹湯) : 고대 중국의 성군(聖君)으로 일컬어지는 요임금과 순임금, 하(夏)의 우(禹)임금, 은(殷)의 탕(湯)임금을 함께 이르는 말.

1645)쥬공(周公) : 중국 주나라의 정치가. 문왕의 아들로 성은 희(姬). 이름은 단(旦). 형인 무왕을 도와 은나라를 멸하였고, 주나라의 기초를 튼튼히 하였다. 예악 제도(禮樂制度)를 정비하였으며, ≪주례(周禮)≫를 지었다고 알려져 있다.

1646)금쥰(金樽) : 화려하게 만든 술통을 비유적으로 이르는 말.

1647)년슈쥬(蓮鬚酒) : 연꽃의 꽃술로 담근 술. 특히 정력에 좋다 한다.

1648)텬음옥식(天音玉色) : 임금의 음성과 얼굴 빛.

1649)불승황공감열(不勝惶恐感悅) : 황송함과 감격함을 이기지 못함.

1650)간뇌도디(肝腦塗地) : 참혹한 죽임을 당하여 간장(肝臟)과 뇌수(腦髓)가 땅에 널려 있다는 뜻으로, 나라를 위하여 목숨을 돌보지 않고 애를 씀을 이르는 말.

오신 슈환직이(水患災㠜)룰 젹은 인녁으로 슈히 진졍ᄒ리잇가?"

상이 농미(龍眉) 환열(歡悅)ᄒ샤 왈,

"졔경의 튱냥(忠良)이 진실노 금셕(金石)의 박아 쳔츄 만셰의 젼ᄒ염 죽ᄒ니, 엇지 쇼쇼(小小)이 일ᄏ룰 ᄯᄛ름이리오."

ᄒ시고, 오히려 일식이 동국을 써나지 아니ᄒ엿ᄂᆫ 고로, 졔신의 공뇌룰 논픔(論品) 작상(爵賞)ᄒ실ᄉᆡ, 걸안 뒤원슈 뎡운긔 본직 병부샹셔 뒤ᄉᆞ마 뒤쟝군 북평후룰 봉ᄒ 【52】시고, 부원슈 뉴웅닌으로 농문 뒤쟝군 졀졔후 북평공을 봉ᄒ시고, 각각 식읍 삼쳔호식 더으시고, 션봉 뒤쟝 하몽셩으로 호부샹셔 관뉘후룰 봉ᄒ샤 식읍 삼쳔호 ᄒ시고, 동졔 교유ᄉᆞ 녜부샹셔 뎡현긔로 지졔교 뒤졔학 니부샹셔 동졔공을 봉ᄒ시고, 동 토치슈ᄉᆞ 튀즁튀우 뉴셩닌으로 니부춍지와 동챵후룰 삼으ᄉᆞ, 식읍(食邑) 쇼산(所産)을 후록(厚祿)으로 더으시고, 그 부모 쳐ᄌᆞ의게 다 상ᄉᆞ 은영을 나리오시며, 평졔왕 뎡듁쳥과 평진왕 뉴쳥문과 승상 하학셩을 다 【53】 뎐폐의 인견ᄒ샤, 황봉어쥬(黃封御酒)[1651]로ᄡᅥ 나리오시고, 긔ᄌᆞ(奇子) 둔 공을 포장ᄒ시며, 기여 삼노 튤ᄉᆞᄒ엿던 군쟝 ᄉᆞ졸(軍將士卒)의 공젹을 군졍ᄉᆞ(軍政使)의 올니라 ᄒᆞᄉᆞ, 각각 공뇌룰 논픔ᄒ여 작상(爵賞)과 후록(厚祿)을 ᄎᆞ례로 더으시고, 은영이 그 가속(家屬)의게 밋게 ᄒ시니, 삼노 ○[의] 죵ᄉᆞᄒ엿던 만군 ᄉᆞ졸이 슈무죡도(手舞足蹈)ᄒ여 어가룰 바라며, 셩슈만년(聖 壽萬年) 무강지셰(無疆之歲)룰 노릭ᄒ니, 만군의 슛두어리ᄂᆞᆫ[1652] 인셩(人聲)이 훤텬(喧 天)ᄒ여 텬디의 ᄉᆞ못더라.

평졔왕 삼부ᄌᆞ와 하상국 부지 봉작ᄒ시믈 밧ᄌᆞ오믹, 뒤경 불열 【54】 ᄒ여 일시의 면관(免冠) 고두ᄉᆞ양(叩頭辭讓) 왈,

"신 등 부지 황은을 닙ᄉᆞ와 작위 인신의 극ᄒ옵고, 부귀 영녹이 묘복(眇福)의 과의 (過矣)니, ᄌᆞ고로 공개텬하(功盖天下)ᄒ며 위신지쥬(爲身之主)[1653]ᄂᆞᆫ 조물(造物)의 ᄭᅥ 리ᄂᆞᆫ 빅라. 신등의 조고만 근노ᄒ믹 다 신ᄌᆞ의 직분이라. 공이 미(微)ᄒ온 바로ᄡᅥ 폐 하의 갑ᄒ시믹 엇지 이디도록 과도 ᄒ시리잇고? 이ᄂᆞᆫ 도로혀 신 등의 튱셩을 다 ᄒ오 믹 아니라, 젹은 공을 일우고 님군의 작녹(爵祿)만 탐ᄒ믹니, 연즉 녕신의 일뉴(一類) 라. 신 등이 하면목(何面目)으로 닙어조졍(立於朝廷)ᄒ리잇고? 복원 폐ᄒᄂᆞᆫ 지삼 상찰 (詳察)ᄒ샤 【55】 과도흔 작상을 환슈ᄒ샤, 신등의 묘복이 손ᄒ게 마르쇼셔."

지삼 혈읍(血泣) ᄉᆞ양ᄒ여 진졍쇼발(眞情所發)의 낫하나니, 상이 혈셩을 보시고 믄 득 농안의 화긔룰 거두샤, 묵묵 냥구의 우연(憂然) 탄식ᄒ샤 왈,

"고금(古今)과 우락(憂樂)이 현슈(懸殊)ᄒ거니와, 셕(夕)의 진문공(晉文公)[1654]이 긔

[1651]황봉어쥬(黃封御酒) : 임금 하사하는 술. 황봉(黃封)은 임금이 하사한 술을 단지에 담고 황색 천으로 봉(封) 것으로 임금이 하사한 술을 뜻한다.
[1652]슛두어리다 : 수군거리다. 떠들썩하다. 웅성웅성하다.
[1653]위신지쥬(爲身之主) : 자기 몸을 위하는 것을 주로 함.
[1654]진 문공(晉文公) : 재위 BC 636~628년. 진나라의 제24대 왕. 성은 희(姬), 휘는 중이(重耳), 시호

즈츄(介子推)1655)를 갑지 못호고, 한고죄(漢高祖) 공신을 져바리믈 짐이 미양 강기(慷慨)호느니, 오늘날 경 등 오인의 공이 호딕(浩大)호나, 짐이 갑흐미 쇼쇼호거늘, 경 등이 이딕도록 과겸호니 도로혀 공신을 갑흐미 젹은가 붓그리노라.”

셜파의 옥식이 만분 불【56】열호시니, 눈·하·뎡 졔인이 셩의 불예(不豫)호시고 옥음이 쥰졀호시믈 보미, 불승황감숑뉼(不勝惶感悚慄)호여 일시의 고두 사죄호고, 감히 다시 스양치 못호여 황은을 슉스호니, 샹이 졔인의 회심호믈 딕열호샤 다시 어원(御苑) 풍뉴를 지쵹호시고, 《뇽쟝봉간∥뇽싱봉관(龍笙鳳管)1656)》과 산히지물(山海之物)을 드려 군신이 낙극진취(樂極盡醉)호니, 드되여 셕양의 파연곡(罷宴曲)을 쥬(奏)호니, 텬지 난예(鸞輿)를 휘동호시민, 삼노군마(三路軍馬) 졍긔졀월(旌旗節鉞)을 잡으며, 승젼악(勝戰樂)을 울니며 기가(凱歌)를 불너 셩가(聖駕)를 호힝호니, 장【57】관(壯觀)이 젼후 오십여리의 버러시니, 추시 공후 지상과 부인닉와 쟝안(長安) 스셔(士庶) 녀항(閭巷) 스녀(士女)들이 길가의 집을 잡아 굿보느니 길 우희 메엿더라.

눈·하·뎡 오인의 텬셩효우(天性孝友)로 셕년(昔年) 니슬(離膝)의 부슉(父叔)을 뵈오나, 반가오미 만면의 넘지되, 텬위지하(天威之下)의 스졍을 발뵈지 못호더니, 이의 셩가를 호힝호여 궐닉의 드르시믈 보온 후, 일시의 퇴조홀식, 셔식(曙色)1657)이 임의 창오(蒼梧)1658)의 습언지 오릭니, 금문(禁門)이 닷치이고, 슉죄(宿鳥) 투림(投林)호기의 밋쳐시니, 졔인이 퇴조 금문호여 【58】바야흐로 징북1659)을 울녀, 졔군 쟝졸을 흣허 각귀본가(各歸本家)호여 그 가속을 반기게 호니, 시야(時夜)의 황셩 팔문을 다 통낭(通閩)1660)호여 만군이 도라가게 호니, 만셩 쟝안의 불빗치 조요호고, 인셩이 훤화(喧譁)호며, 마졔(馬蹄) 분분호여 엇게 기야이고, 딕뢰(大路) 협조(狹窄)호여 능히 힝보를 일우지 못호더라.

는 문공(文公). 진 헌공의 아들로, 진나라를 떠나 19년간 전국을 유랑하였다. 유랑하는 동안 그의 인덕과 능력이 눈에 띄어 많은 명성을 얻었으며, 결국 타국의 도움을 받아 진나라에 돌아와 왕위에 올랐다. 기원전 636년 자리에 올라 죽을 때까지 집권하였으며, 각종 개혁정책과 군사활동으로 인해 춘추오패의 한 사람으로 꼽힌다.

1655)긔즈츄(介子推) : 중국 춘추 시대의 은자(隱者). 진(晉)나라 문공(文公)을 섬겨 19년 동안 함께 망명 생활을 하였다. 이때 문공의 굶주림을 면케 하기 위해 자신의 넓적다리 살을 베어서 바쳤다는 고사가 전한다. 그러나 문공이 귀국하여 왕이 된 후 자신을 멀리하자 면산(緜山)에 들어가 숨어 살았는데, 문공이 잘못을 뉘우치고 자추가 나오도록 하기 위하여 그 산에 불을 질렀으나, 나오지 않고 타 죽었다고 한다.

1656)뇽싱봉관(龍笙鳳管) : 용(龍)을 장식한 생황(笙簧)과 봉황(鳳凰)을 장식한 피리. *생황(笙簧); 아악(雅樂)에 쓰는 관악기의 하나. 큰 대로 판 통에 많은 죽관(竹管)을 돌려 세우고, 주전자 귀때 비슷한 부리로 불게 되어 있다. *피리; 속이 빈 대에 구멍을 뚫고 불어서 소리를 내는 악기를 통틀어 이르는 말.

1657)셔식(曙色) : 새벽의 햇빛.

1658)창오(蒼梧) : 창오산(蒼梧山). 중국 광서성(廣西省) 창오현(蒼梧縣)에 있는 산 이름. 순(舜)임금이 죽었다고 전해지는 곳.

1659)징북 : 쟁(錚)과 북.

1660)통낭(通閩) : 문을 엶.

눈·하·뎡 졔공이 격셰니슬(隔歲離膝)의 딕공을 셰워 데도의 도라오민, 셩쥬의 녜우(禮遇) 존춍(尊寵)ᄒ시는 은권(恩眷)과 고관 딕작을 밧ᄌ와, 요하(腰下)의 금ᄌ(金字)를 빗기고, ᄉ민빵곡(駟馬雙曲)1661)을 구을녀, 부슉 졔친 동괴로 더부러 궐【59】문을 나니, 닌친(姻親) 고구(故舊)의 종후(從後)ᄒᄂᆞᆫ 슐위, 집ᄉ(執事) 아역(衙役)이 젼ᄎ후옹(前遮後擁)1662)ᄒ여 금ᄉ촉농(錦紗燭籠)과 홰불이 죠요(照耀)ᄒ여 딕로롤 덥허시니, 고픔(告稟)ᄒᄂᆞᆫ 알도(喝道)1663)와 느러진 벽제(辟除)1664) 동곡(動谷)ᄒ며, 븕은 슐위와 네 말이며, 홍나우기(紅羅羽驚)1665)와 쳥나산(靑羅傘)이 월명하(月明下)의 더욱 빗나니, 취별산 옥분항의 빗난 경기, 시(時)의 더욱 빗나니, 느러진 버들가지와 느른 화향(花香)이 혜풍(蕙風)의 화무(化霧)ᄒ여 경ᄉ룰 하례ᄒᄂᆞᆫ 듯, 원산님목(遠山林木)의 봉황(鳳凰) 쥬슈(走獸)ᄂᆞᆫ 악음(樂音)의 놀나, 님하(林下)의 셧돌고, 원학미록(猿鶴麋鹿)1666)은 쥬인을 반기ᄂᆞᆫ 듯, 월명셩희(月明聲喜)ᄒ니 【60】오작(烏鵲)이 남비(濫飛)러라. 뇨량(嘹喨)ᄒ 뉵뉼(六律)과 횐괄(曬聒)ᄒ 인셩(人聲)의 놀나 어ᄌ러이 님목총즁(林木叢中)의 슘더라.

ᄎ시 눈·하·뎡 삼부의셔, 노년 존당의 문을 비겨 기다리시믄 인졍텬니(人情千里)니 블문가지(不問可知)러라. 평졔왕 뎡쥭쳥이 곤계 ᄌ질을 거ᄂᆞ려 동졔공 북평후룰 압셰워 도라오니, 위의 밋쳐 부문을 드지 못ᄒ여셔 녀로남복(女奴男僕)이 보보젼경(步步顚傾)ᄒ여 존당의 보ᄒ니, 이ᄶᆡ 금평후 부뷔 틱원뎐의 슌틱부인을 뫼셔 남녀 졔손을 모화 졔손의 도라오기룰 기다릴ᄉᆡ, 슌틱부인이 셕식을 닛고 아춤【61】으로붓터 종일 현망ᄒ여 안ᄌ락 일낙 좌룰 안졉(安接)지 못ᄒ고, 가즁 쇼노비(小奴輩) 거름만 젼도(顚倒)ᄒ여도 냥손의 입문ᄒᄂᆞᆫ 션셩(先聲)인가, 홀홀1667)ᄒ○[니], 가즁상히(家中上下) ᄯᅩ 엇지 니러치 아니ᄒ리오.

ᄯᅩᄒᆫ 우은 바ᄂᆞᆫ 네부의 지취 연시 슈벽의 긔관(奇觀)이니, 한갓 간교츄ᄉ(奸巧醜邪)1668)ᄒ기의ᄂᆞᆫ 버셔나시니, 네부의 츌힝 이후로ᄂᆞ 밋쳐 네부 도라오지 아녀셔 장부인을 쇼졔코져 ᄒ 비로딕, 쳥션 요리(妖尼) 경난아와 녀녀 영능의 화란 이후로, 힝혀 들니일가 ᄌ최룰 교밀이 ᄒ며, 다만 하부 【62】영일졍 가온딕 무쳐 쇼연시룰 농낙ᄒ여, 연궁 만흔 금보(金寶)룰 탈취ᄒ기의 골몰ᄒ여, 황파 모녀룰 도아 뎡쇼져 월염의

1661)ᄉ마빵곡(駟馬雙曲) : 네 필 말이 ᄭᅳ는 마차와 마차가 지나가는 데 방해받지 않도록 잡인의 통행을 금하는 피리나 나팔 따위의 악기 소리.

1662)젼ᄎ후옹(前遮後擁) : 여러 사람이 앞뒤에서 에워싸고 보호하여 나아감.

1663)알도(喝道) : '갈도(喝道)'의 변음. 조선 시대에, 높은 벼슬아치가 다닐 때 길을 인도하는 하인이 앞에서 소리를 질러 행인들을 비키게 하던 일. 또는 그 일을 맡은 하인. 늑가금(呵禁)·가도(呵道)·창도(唱導).

1664)벽제(辟除) : 지위가 높은 사람이 행차할 때, 구종(驅從) 별배(別陪)가 잡인의 통행을 금하던 일.

1665)홍나우기(紅羅羽驚) ; 붉은 비단으로 휘장을 두르고 새 깃으로 꾸민 수레.

1666)원학미록(猿鶴麋鹿) ; 먼 산의 학과, 고라니, 사슴.

1667)홀홀 ; 가볍게 움직이는 모양

1668)간교츄ᄉ(奸巧醜邪) ; 간사하고 교활하며 더럽고 사악함.

평싱 신셰롤 아조 맛춧 죽기의 니르고져 ᄒ고, 조초 표・상이 쇼져롤 업시 ᄒ여, 쇼연시로 ᄒ여곰 남이북젹(南夷北狄)1669)을 졀졔(切除)ᄒ여, 하틱우의 환가지젼(還家之前)의 져회 공을 셰오고져 ᄒ믈 밋쳐 결을치 못ᄒ미오, 슈벽은 가부(家夫)롤 과도히 ᄉ랑ᄒ여 일즉 쩌나믈 어려이 너기므로, 네븨 니가(離家)ᄒ연 지 일월이 밧고이니, 나날 시시로 단장지회(斷腸之懷)와 그【63】리온 마음이 츙쳡(層疊)ᄒ여 화조월셕(花朝月夕)의 먼니 틱항산(太行山) 니른 안기와 느즌 구룸을 현망(懸望)ᄒ여 네부의 틱양 갓흔 광휘와, 흐억이 조흔 풍치 눈 압히 숨숨ᄒ고, 슉연 졍듸ᄒ 쇄옥셩(碎玉聲)이 귀가의 징징ᄒ니, 실노 일긱을 심져(心底)의 노치 못ᄒ니, 즁목쇼시(衆目所視)의 긔롱(欺弄)을 면치 못ᄒᆯ가, 일단 슈괴(羞愧)홈도 업지 아니니, 가만이 장부인의 유한졍졍(幽閑貞靜)ᄒ며 안졍유아(安定裕雅)ᄒ미, 부인 녀ᄌ의 위부지심(爲夫之心)으로뼈, 군ᄌ의 불모위디(不毛危地)의 원힝을 바히 무심ᄒ리오만은, 셩인슉녀【64】의 신셩예쳘(神聖睿哲)ᄒᄆ 능히 만니 젼졍을 예탁ᄒᄂ 슬긔 잇ᄂ 고로, 만시 텬도와 명운의 달녀시믈 혜아려, 부ᄌ(夫子)의 신셩영무(神聖英武) 지략(才略)이 죡히 만믹(蠻貊)1670) 지방이라도 다스리며, 능히 텬시(天時)와 시무(時務)〇[ᄅ] 모로ᄂ 동졔(東齊) 쇼젹(小敵)은 두리지 아니ᄒᆯ 쥴 명명이 혜아리미, 각별 근심이 업ᄉᆫ 듯ᄒ며, 다만 가즁 형셰롤 슬피〇[미], 고어(古語)의 니른바 명쳘보신ᄒ여 신여명(身與命)이 구젼(俱全)ᄒᄆᆯ 싱각ᄒ고, 네부의 님힝(臨行) 경계와 연시의 불민ᄒᄆᆯ 혜아려, 틱존당 슌부인과 존당구고(尊堂舅姑)의 감【65】지(甘旨)롤 슬핀 여가(餘暇)의ᄂ 스스로 몸가지기롤 금옥갓치 ᄒ니, '기지여텬(其智如天)ᄒ고 기심(其心)이 여히(如海)'1671)ᄒ여 다만 명(明)ᄒ 존당과 쳘(哲)ᄒ 구괴 그 신셩예덕(神聖睿德)ᄒᄆᆯ 아름다이 너길지언졍, 범인이 엇지 셩인 슉녀의 쳘옥금심(鐵玉金心)을 예탁ᄒ리오.

연시의 가만ᄒ 무고(巫蠱)1672) 방슐(方術)1673)이 슈삼 츠의 요얼(妖孽)이 감히 셩녀의 텬싱진긔(天生眞氣)롤 간범(干犯)치 못ᄒ고, 도로혀 부인의 몬져 알오미 되여 요괴로온 졍젹을 가만이 업시 ᄒᆯ지언졍, 또 ᄉ긔(事機)롤 텬착(穿鑿)ᄒ미 업ᄉ니, 가즁상ᄒ(家中上下) 뉘【66】알니오. 다만 장부인과 그 심복 시비 알 ᄯᄛᆷ이라.

연시 도로혀 괴이히 너기고, 댱부인의 무심무려(無心無慮)ᄒ여 인졍의 버셔나믈 가만이 ᄭ꾸짓고, 스스로 네부의 화풍경운지상(和風慶雲之像)1674)을 닛기 어려오니, ᄌ긔 지심(自己之心)이나 강작(强作)기 어려오니, 시(詩)의 니른바,

"츄풍(秋風)이 취부진(吹不盡)ᄒ니

1669)남이북젹(南夷北狄) : 남쪽의 오랑캐와 북쪽의 오랑캐라는 뜻으로, '두 곳의 적'을 이르는 말.
1670)만믹(蠻貊) : 예전에, 중국인이 중국의 남쪽과 북쪽에 살던 민족을 낮잡아 이르던 말.
1671)기지여텬(其智如天) 기심(其心) 여히(如海) : 그 지혜가 하늘처럼 높고 끝없으며, 그 마음이 바다처럼 넓다.
1672)무고(巫蠱) : 무술(巫術)로써 남을 저주함.
1673)방슐(方術) : ①방법과 기술을 아울러 이르는 말. ②방사(方士)가 행하는 신선의 술법. ≒법술.
1674)화풍경운지상(和風慶雲之像) : 화창한 바람과 상서로운 구름 같은 기상(氣像)

총시옥단졍(總是玉關情)《과 ‖ 이라》.

하일(何日)의 평호로(平胡虜)《ᄒ고 ‖ ᄒ고》

냥인(良人)이 파원졍(罷遠征)이라."1675)

ᄒ미, 졍히 연시의 회포로 흡ᄉᄒ더라.

가즁 샹히(上下) 긔ᄉᆡᆨ을 술피고 그윽이 지쇼(指笑)ᄒ믈 마지아니ᄃᆡ, 연【67】시 능히 눈츼ᄅᆞᆯ ᄉᄆᆞ지1676) 못ᄒ더라.

ᄎ셜. 댱부인이 연시의 교희(狡害)ᄒᄂᆞᆫ 긔미ᄅᆞᆯ 자연이 버셔나, 날을 보ᄂᆡ고 달이 진(盡)ᄒ니, 십삭이 찬 후 일쳑(一尺) 교옥(嬌玉)을 싱ᄒ고, 일칠(一七) 후 산긔(産氣) 여샹(如常)ᄒ니 존당 샹히 깃거ᄒ고, 일긔 신싱 쇼녀의 졀묘 긔특ᄒᄆᆞᆯ 못ᄂᆡ 일ᄏᆞ라, '부풍모습(父風母襲)1677)ᄒ다 ᄒ니, 슌틔부인이 유아ᄅᆞᆯ 슬샹(膝上)의 교무(交撫)ᄒ여 갈오ᄃᆡ,

"유이 제 아븨 셩현지풍(聖賢之風)과 어믜 셩녀지덕(聖女之德)을 품습(稟襲)ᄒ여, 타일 댱셩ᄒ미 쳔츄의【68】녀범(女範)이 되리로다."

ᄒ고, ᄎ후 신아(新兒)ᄅᆞᆯ 가ᄎᄒ여 잇다감 냥손을 니즐 젹이 잇고, 조쇼져ᄅᆞᆯ 싱각ᄒ미 덜ᄒ니, 가즁 샹히 체찰(體察)1678)이 니가(離家)ᄒ고, 죠쇼제 봉변(逢變)ᄒ여 집을 ᄯᅥ난 후로, 가즁의 긔화(奇花)와 일월(日月)이 업슨 ᄃᆞᆺᄒ여, 존당의 화긔 ᄉᆞ연(索然)1679)ᄒ더니, 댱부인이 쥬화옥슈(珠花玉樹)1680) ᄀᆞᆺᄒᆞᆫ 긔녀(奇女)ᄅᆞᆯ 싱ᄒ니, 금평휘 일마다 댱시ᄅᆞᆯ 연이ᄒ미 지극ᄒ고, 신아ᄅᆞᆯ ᄉᆞ랑ᄒ미 더ᄒᆞᆫ, 나니 죡죡 비상(非常) 이련(愛憐)ᄒ니, 더옥 ᄌᆞ부인 노년의 과도이 침ᄋᆡ(沈愛)ᄒ시ᄂᆞᆫ【69】ᄯᅳᆺ을 밧ᄌᆞ와, 신아의 명을 효ᄋᆡ라 ᄒ고, 황홀ᄒᆫ ᄌᆞ의 타별ᄒ니, 댱부인의 존당 혜틱을 감골(感骨)ᄒᆞᆷ믄 시로이 니ᄅᆞ도 말고, 연시의 싀이복통(猜礙腹痛)1681)은 곳{의} 댱시 모ᄌᆞ녀(母子女) 슈인(數人)을 다 삼키지 못ᄒᄆᆞᆯ 한ᄒᄃᆡ, 무가ᄂᆡ하(無可奈何)1682)라.

ᄌᆞ연 쳔연(遷延) 셰월ᄒᄂᆞᆫ 가온ᄃᆡ, 날이 진ᄒ고 달이 도라오니, 걸안·동졔·동토 세 곳 쳡뵈 농졍(龍庭)의 올나, 년ᄒ여 깃분 쇼식이 댱안의 니ᄅᆞ니, 우ᄒ로 만세 황애

1675)츄풍(秋風)이 취부진(吹不盡)ᄒ니 : 가을바람이 불기를 그치지 않으니 / 총시옥관졍(總是玉關情)이라 : 모두가 옥관(玉關)을 향한 정 뿐이네/ 하일(何日)의 평호로(平胡虜)ᄒ고 : 어느 날에나 오랑캐를 평정할꼬?/ 냥인(良人)이 파원졍(罷遠征)이라 : (그날이오면) 낭군이 원정(遠征)을 마치고 (돌아오리). 이백(李白)의 〈자야사기가(子夜四時歌)〉 중 전장에 나간 남편을 그리는 시 '추가(秋歌)'의 일부. *옥관(玉關); 중국 감숙성(甘肅省) 서쪽에 있는 지명인 옥문관(玉門關)을 말함. *호로(胡虜); 중국 서북쪽의 이민족인 흉노(匈奴)를 말함. *양인(良人); 남편.

1676)ᄉᄆᆞ지 : 사무치다. 통하다. 깨닫다.

1677)부풍모습(父風母襲) : 모습이나 언행이 아버지와 어머니를 고루 닮음.

1678)체찰(體察) : 체찰사(體察使). 조선 시대에, 지방에 군란(軍亂)이 있을 때 임금을 대신하여 그곳에 가서 일반 군무를 맡아보던 임시 벼슬. 보통 재상이 겸임하였다..

1679)ᄉᆞ연(索然) : '삭연(索然)'의 변음. *삭연(索然); 외롭고 쓸쓸한 모양. 흥미가 없는 모양.

1680)쥬화옥슈(珠花玉樹) : 구슬처럼 화려한 꽃과 옥처럼 아름다운 나무.

1681)싀이복통(猜礙腹痛) : 남을 시샘하여 안달이 남. *배가아프다; 남이 잘되어서 심술이 나다.

1682)무가ᄂᆡ하(無可奈何) : 어찌할 도리가 없음.

환심회열ᄒᆞ샤 옥체 뇽탑(龍榻)의 슉【70】식이 안온ᄒᆞ시고, 눈·하·뎡 슴부의셔 딕열ᄒᆞ여, 각각 ᄌᆞ손의 슈이 승젼 환가ᄒᆞ기를 굴지 계일ᄒᆞ더니, 오릭지 아냐 승젼환귀(勝戰還歸)ᄒᆞᄂᆞᆫ 션셩(先聲)이 님ᄒᆞ니, 텬ᄌᆞ 난가(鑾駕)를 갓초아 북교(北郊)의 ᄒᆡᆼᄒᆡᆼ(行幸)ᄒᆞ샤 삼노군을 마ᄌᆞ시며, 눈·하·뎡 졔인이 어가를 호힝ᄒᆞ여 문외의 나아가 슴노인마를 마ᄌᆞ며, 부ᄌᆞ 슉질이 격셰 후 상면ᄒᆞ니, 그 반기며 깃브믄 일필노 긔록ᄒᆞ기 어렵더라.

ᄎᆞ일 평제왕부의셔 존당 상히 한【71】당의 취회(聚會)ᄒᆞ여 죵일토록 기다릴ᄉᆡ, 일식이 져무러 황혼의 밋ᄎᆞᄆᆡ, 슌틴부인이 죵일 현망(懸望)ᄒᆞ다가 ᄎᆞᆷ지 못ᄒᆞ여, 친히 난간 밧긔 나아와 기다리미 ○[근]졀(懇切)ᄒᆞ니, 금후와 진부인이 근노ᄒᆞ시믈 민망ᄒᆞ여, 유어(柔語)로 위로 쥬왈,

"현·운 냥아를 갓 ᄶᅥ나 도라올 지속을 졍치 못ᄒᆞ여실 젹도 오히려 견ᄃᆡ여 지ᄂᆡ여 ᄉᆞ오니, 니졔 쥬상의 홍복과 조션의 음즐(陰騭)ᄒᆞ시믈 닙ᄉᆞ와, 현·운 냥아의 년쇼 부지(騺)로 능히 흉【72】노를 초안(招安)ᄒᆞ고, 광젹을 초안ᄒᆞ여, 무ᄉᆞ히 도라오미 즉긱의 잇ᄉᆞᆸ거늘, ᄌᆞ위 엇지 일시지간(一時之間)의 근노ᄒᆞ시미 ○[근]졀ᄒᆞ시니잇가?"

태부인이 희연(喜然) 미쇼 왈,

"보닐 젹은 어히 업ᄉᆞ니, 도로혀 니즌 듯ᄒᆞ여 날을 보ᄂᆡᆼ엿거니와, 니졔 도라오는 쇼식을 드ᄅᆞ니 일긱이 밧바 어셔 보고 시분지라. 이 ᄯᅩ흔 노감쇼치(老感所致)[1683]니 여등은 웃지 말나."

ᄯᅩ 츄연(惆然) 왈,

"냥손이 도라오나 조현뷔 가즁의 업ᄉᆞ니, 일흥(一興)이 쇼감(消感)[1684]ᄒᆞ노라."

금【73】평휘 화셩뉴어(和聲柔語)로 위로 왈,

"죠쇼부는 텬되(天道) 유의ᄒᆞ여 각별 나리오신 바 텬강셩녜(天降聖女)니, 비록 쇼쇼 익경으로 그 졀츌특이(絶出特異)ᄒᆞᆫ 홍안지히(紅顔之害)와 니극지싀(已極之猜)[1685]를 면치 못ᄒᆞ오미나, 그 복덕완비지상(福德完備之相)이 결단코 화혼요물(化魂夭歿)[1686]치 아니 ᄒᆞ올 거시니, 타일 당당이 무ᄉᆞ 싱존ᄒᆞ여 빗ᄂᆞᆫ 도라올 날이 이실지라. 엇지 하ᄂᆞᆯ이 길인을 돕지 아니실가 근심ᄒᆞ리잇고? 복원 틴틴는 믈우셩녀(勿憂聖慮)ᄒᆞ시고, 조시의 빗ᄂᆞᆫ 도라오기를 기다리쇼셔." 【74】

틴부인이 역탄 역쇼 왈,

"조쇼부는 금셰의 셩녀쳘부(聖女哲婦)오, 눈현부의 뒤흘 니을 슉녜니, ᄯᅩ 엇지 달슈영복(達壽榮福)이 졔 ᄉᆡ어뮈의게 ᄶᅥ러지리오. 노뫼 비록 졍신이 모황(暮慌)ᄒᆞ나 혜아리믄 잇ᄂᆞ니, 오아(吾兒)는 노혼(老昏)흔가 너기지 말나. 금휘 쇼이 ᄉᆞ죄 왈,

---

1683)노감쇼치(老感所致) : 늙은 마음 때문임.
1684)쇼감(消感) : 느낌이나 흥미가 없어지다.
1685)니극지싀(已極之猜) : 지나치게 심한 시기(猜忌).
1686)화혼요물(化魂夭歿) : 혼백(魂魄)이 되어 일찍 죽음.

“희이 불초ᄒ오나 엇지 틱틱(太太) 셩덕과 명춍(明聰)을 췌탁(揣度)[1687]지 못ᄒ리잇가?”

ᄒ더라.【75】

1687)췌탁(揣度) : 남의 마음을 미루어서 혜아림.

윤하뎡삼문취록 권지오십칠

차시 금휘 쇼이스죄(笑而謝罪) 왈,

"히이(孩兒) 불초ᄒᆞ오나, 엇지 퇴퇴 셩덕과 총명을 췌탁(揣度)지 못ᄒᆞ리잇고?"

ᄒᆞ더라.

니러구러 황혼의 밋ᄎᆞ니 니외의 측을 붉히고, 평졔왕 곤계의 즈질을 거ᄂᆞ려 환가ᄒᆞ 기를 등딕ᄒᆞ더니, 가장 밤이 깁흔 후의 바야흐로 부문이 요요(擾擾)ᄒᆞ며 녀노남복(女 奴男服)이 보보젼경(步步顚傾)ᄒᆞ여, 평졔왕 곤계 즈질이 동졔공과 북평후로 더부러 부 문(府門)○[의] 입ᄂᆞᆨ(入內)ᄒᆞ믈 알외니, 환셩(歡聲)이 녈녈(烈烈)흔지라.

슌【1】 퇴부인과 진부인이 몸이 니는 쥴 씨닷지 못ᄒᆞ여 니러셔니, 눈·양·니·경 스비와 문양공쥬와 기여 졔부인이 일시의 뫼셔 지게 밧게 나셔니, 평졔왕 오곤계 만 면 희식으로 냥인을 압셰워 드러오니, 북후와 동졔공이 존당과 즈당의 귀체(貴體)로뼈 친히 마즈시믈 딕경ᄒᆞ여, 황망이 당의 올나 츄창(趨蹌)1688) 빅알ᄒᆞ고, 봉시(奉侍)ᄒᆞ여 당즁의 드러가 좌를 졍ᄒᆞ미, 태부인이 밧비 냥손(兩孫)을 잡고, 우슈로 북후의 손을 넛그【2】러 좌우 슬하(膝下)의 가로 안치고, 반기는 눈을 밧비 들미, 별후 긔년(朞年) 의 냥인의 동탕(動蕩) 슈려(秀麗)흔 풍치 더옥 쇄락(灑落)ᄒᆞ여 호상(豪爽)흔 긔상은 일 빵 신뇽(神龍)이 여의쥬(如意珠)를 닷ᄒᆞ는 듯, 발월(發越)흔 풍신(風神)은 쳥산(靑山) 교악(喬嶽)이 슈호(邃浩)1689) 고딕(高大)흔 듯, 광풍졔월지휘(光風霽月之輝)1690)와 퇴 산암암지풍(泰山巖巖之風)1691)이 막상막하(莫上莫下)ᄒᆞ여 시로온 광휘(光輝) 스벽(四 壁)의 죠요(照耀)ᄒᆞ니 퇴부인과 왕부모의 흐뭇거이 반김과 귀즁ᄒᆞ미 쳔승만비(千乘萬 倍)1692)ᄒᆞ니, 화안셩모(和顔星眸)1693)의 화긔이연(和氣怡然)ᄒᆞ여 웃는 닙을 쥬리지 못 ᄒᆞ니, 졔공과 북후【3】의 텬셩지효(天性之孝)로뼈 ᄯᅩ 다시 의앙지셩(依仰之誠)이 엇 더ᄒᆞ리오.

옥면셩모(玉面星眸)의 승안(承顔)ᄒᆞ는 화긔, 동황(東皇)1694)의 훈풍(薰風)이 영즈(盈

1688)츄창(趨蹌) : 예도(禮度)에 맞게 허리를 굽히고 빨리 걸어감.

1689)슈호(邃浩) : 깊고 넓음.

1690)광풍졔월지휘(光風霽月之輝) : 비가 갠 뒤의 맑게 부는 바람과 밝은 달의 빛나는 모양.

1691)퇴산암암지풍(泰山巖巖之風) : 태산의 높고 위엄 있는 풍채.

1692)쳔승만비(千乘萬倍) : 천 곱 만 배. 천 배 만 배. *승(承); 제곱. 곱셈.

1693)화안셩모(和顔星眸) ; 온화한 얼굴과 빛나는 눈동자.

滋)ᄒᆞ1695)여 츈풍의 양일(陽日)이 다ᄉᆞ흔 듯, 흐리눅은1696) 봉졍(鳳睛)의 우음이 ᄌᆞ연
ᄒᆞ니, 셩음이 유화(柔和)ᄒᆞ여 썅슈로 틱부인 냥슈를 밧드러 고왈,

"쇼손 등이 년쇼부ᄌᆡ(年少不才)로 외람이 황명을 밧ᄌᆞ와 흉모지디(凶謀之地)1697)의
나아가오니, 무지완젹(無知頑敵)의 흉완포려(凶頑暴戾)ᄒᆞ오믈, 만일 셩쥬의 쳬텬홍복
(逮天洪福)1698)과 졔장의 지모(智謀) 딕ᄌᆡ(大才) 곳 아니면 엇지 능히 호젹(胡賊)의
【4】 흉포흠과 광젹(狂賊)의 포악ᄒᆞ믈 슈이 졀졔ᄒᆞ여시리잇고? 텬디신기(天地神祇) 한
가지로 도으시며 존당 부모의 셩념ᄒᆞ시ᄂᆞᆫ 은틱(恩澤)을 닙ᄉᆞ오민가 ᄒᆞᄂᆞ이다. 쇼손 등
이 격셰 니슬(離膝)의 틱왕모의 존안이 평셕(平昔)1699) 갓ᄒᆞ시믈 보오니, 하졍(下
情)1700)의 영힝(榮幸)ᄒᆞ오믈 다 못 알외리로쇼이다."

셜파의 말ᄉᆞᆷ으로 조ᄎᆞ 안모(顔貌) 츈풍(春風)이 한가지로 화(和)ᄒᆞ여, 츈원(春園)의
일빅 화신(花神)이 닷호아 웃ᄂᆞᆫ 듯, '亽시힝언(四時行焉)의 빅믈(百物)이 싱언(生焉
)'1701)ᄒᆞᄂᆞᆫ 조화(造化) 잇ᄂᆞᆫ지라. 슌틱부인의 무흔(無限) 즁익(重愛)【5】ᄂᆞᆫ 약ᄉᆞ쳬지
무골(若似體肢無骨)1702)ᄒᆞ니, 냥손의 손을 가로 잡고 좌우 고면(顧眄)ᄒᆞ여 장부인을
도라보아, 동졔공의 부뷔 상젹(相敵)ᄒᆞ믈 두굿기며1703), 조시의 봉변 ᄉᆞ화 가온딕 도
즁 실니(失離)ᄒᆞ여 ᄉᆞᄉᆡᆼ존문(死生存聞)1704)이 아득ᄒᆞ믈 싱각ᄒᆞ고, 북후의 타류(他類)의
쮜여난 풍광 덕질노, 텬되 유의ᄒᆞ여 조쇼져를 나리오시민, 뎡운긔의 비상 츌셰흔 지품
과, 조부인 셩난의 눈의(倫義)의 쮜여난 셩덕(盛德) 진용(才容)이 진짓 상뎨 뎡ᄒᆞ신 텬
뎡가우(天定佳偶)로 모시(毛詩)1705) 관져(關雎)의 운(云)흔 바, "참치힝치(參差荇菜)ᄒᆞ
【6】니 진하지쥐(在河之州)로다. 뇨됴슉녀(窈窕淑女)ᄂᆞᆫ 군ᄌᆞ(君子)의 관관호귀(關關好
逑)라"1706)ᄒᆞ미 졍히 이 부부를 일ᄏᆞᆯ로미딕, 조물이 니극지싀(已極之猜)1707)를 나

1694)동황(東皇) : =동군(東君). 오방신장(五方神將)의 하나. 봄을 맡고 있는 동쪽의 신이다.
1695)영ᄌᆞ(盈滋)ᄒᆞ다 : 가득하다.
1696)흐리눅다 : 흐리게 눅다. 누그러지다. 부드럽다.
1697)흉모지디(凶謀之地) : 반역을 꾀한 나라.
1698)쳬텬홍복(逮天洪福) ; 하늘에 닿을 만큼 큰 복.
1699)평셕(平昔) : 지난날. 평상시. 원래, 평소.
1700)하졍(下情) : 아랫사람의 사정. 자기의 마음. 옛날, 어른에게 자기의 입장을 호소할 때 자기의 심정
　　이나 뜻을 낮추어 이르는 말
1701)ᄉᆞ시힝언(四時行焉)의 빅믈(百物)이 싱언(生焉) : 사시(四時; 봄, 여름, 가을, 겨울)가 운행하며 온갖
　　사물을 생성케 한다는 뜻. 『논어』<양화(陽貨)>편에 나오는 말.
1702)약ᄉᆞ쳬지무골(若似體肢無骨) : 마치 몸과 팔다리에 뼈가 없는 듯 부드럽기만 하다는 뜻
1703)두굿기다 : 자랑스러워하다. 대견해하다. 기뻐하다.
1704)ᄉᆞᄉᆡᆼ존문(死生存聞) : 죽었는지 살았는지의 소식.
1705)모시(毛詩) : 시경(詩經)'을 달리 이르는 말. 중국 한나라 때의 모형이 전하였다고 하여 이렇게 이른
　　다.
1706)참치힝치(參差荇菜; 들쭉날쭉 마름 풀) 진하지쥐(在河之州; 모래톱에 있네) 뇨됴슉녀(窈窕淑女; 정숙
　　한 저 아가씨) 군ᄌᆞ관관호귀(君子關關好逑; 군자의 화락할 좋은 짝이라네). 『시경』 '관저(關雎)'편 제1
　　연 "관관져구(關關雎鳩; 꾸우꾸우 물수리) 진하지쥐(在河之州; 모래톱에 있네) 뇨됴슉녀(窈窕淑女; 정숙
　　한 저 아가씨) 군ᄌᆞ호귀(君子好逑; 군자의 좋은 짝이라네)"을 변형한 표현.

리와, 군즈 슉녀의 빅년 금슬을 마희(魔戱)1708)ᄒᆞ여, 슉녀 현부의 ᄉᆞ싱 거쳐를 모로ᄂᆞᆫ 탄이 그 존당 친지로 ᄒᆞ여곰, 힝여 상텬신기(上天神祇) 한가지로 불명ᄒᆞ여, 옥인의 ᄌᆞ최를 밧비 아ᄉᆞ, 쇼향쇄옥(燒香碎玉)1709)○[의] 낙화지탄(落花之歎)이 잇ᄂᆞᆫ가 너기게 ᄒᆞ고, 금셕(今夕)의 슌틱부인으로 ᄒᆞ여곰, 쳔금 손아의 비필이 ᄎᆞ오(差誤)ᄒᆞᆫ 탄(嘆)이 잇게 ᄒᆞ니, 조화옹이 엇【7】지 흑셩굿지1710) 아니ᄒᆞ리오.

틱부인이 양손(兩孫)의 승젼 환가ᄒᆞ여 슬하의 빗닌 졀ᄒᆞ기를 당ᄒᆞᆷ, 조시의 만틱억치(萬態億彩)1711)와 초군탁아(超群卓雅)1712)ᄒᆞᆫ ᄌᆡ모(才貌)를 ᄉᆡ로이 싱각ᄒᆞᆷ, 노인의 심졍이 연약ᄒᆞᆷ 쇼아(小兒) 갓흔지라. 일희일비(一喜一悲)ᄒᆞᆷ믈 ᄭᆡ닷지 못ᄒᆞ여 역쇼역탄(亦笑亦歎) 왈,

"미망여싱(未亡餘生)이 초(初)의 션군을 여희옵고, 외로온 녀조(汝祖)1713)를 품어 고고(孤孤)ᄒᆞᆫ 과모(寡母)와 혈혈(孑孑)ᄒᆞᆫ 고이(孤兒) 상의위명(相依衛命)1714)ᄒᆞ여 요힝 장셩ᄒᆞ여, 닙신(立身) 현양(顯揚)ᄒᆞ고 ᄎᆔ우현필(娶于賢匹)1715)ᄒᆞ여, 니졔 삼ᄃᆡ의 니【8】르러 여등(汝等)의게 밋ᄎᆞ니, 모지 셔로 그림ᄌᆞ를 ᄯᅩ라 외롭고 젹막ᄒᆞ던 바로뼈, 독ᄌᆞ(獨子)의 지엽(枝葉)이 션션(詵詵)ᄒᆞ여 족히 고인의 빅자(百子) 쳔손(千孫)을 불워 아닐지라. 여러 ᄌᆞ손이 번셩ᄒᆞ며 위고금다(位高金多)ᄒᆞ여 부귀 영녹이 지극ᄒᆞ니, 노모의 묘복이 과의(過矣)라. 낫부다 홀 거시 아니로ᄃᆡ, 오히려 무염(無厭)ᄒᆞᆫ 욕심이 무궁ᄒᆞ여, 슈다(數多) ᄌᆞ손이 한갈갓치 평안ᄒᆞ여 노모의 싱존의 슈다 ᄌᆞ손의 일업기를 바라거늘, 조물이 헌ᄉᆞᄒᆞ여1716) 지앙【9】을 나리오시니, 니졔 조쇼부의 텬지(天姿) 특이ᄒᆞᆫ 용광 ᄉᆡᆨ모로 홍안박명(紅顔薄命)을 면치 못ᄒᆞ여, 만니 이각의 젹거ᄒᆞᄂᆞᆫ 환을 맛나고, 다시 도즁 봉변ᄒᆞ여 옥모향신(玉貌香身)이 그 어닌 곳의 표락(飄落)ᄒᆞᆷ믈 아지 못ᄒᆞ니, 엇지 슬프지 아니ᄒᆞ며, 금일 운이 도라와 부영쳐귀(夫榮妻貴)ᄒᆞᄂᆞᆫ 경ᄉᆞ를 ○○[보지] 못ᄒᆞ니, 엇지 가셕지 아니리오. 여등이 니가(離家) 후의, 가즁 ᄉᆞ고를 엇지 능히 아라시리오."

드듸여 기간 ᄉᆞ고를 ᄃᆡ강 베프러, '조쇼져의 봉변 화란의 거쳐 【10】 존망이 업슴과, 한시 벽쇼졍의 피화(避禍)ᄒᆞ고, 화시 친측의 귀령ᄒᆞ여 아직 도라오지 아냐심과, 하실(室) 월넘의 화변 이후로, 가즁의 괴희(怪駭)ᄒᆞᆫ 변난이 ᄌᆞᄌᆞ니, 화·한 이이(二兒)

1707)니극지싀(已極之猜) : 지나치게 심한 시기(猜忌).
1708)마희(魔戱) : 귀신의 장난이라는 뜻으로, 일의 진행에 나타나는 뜻밖의 방해나 훼살을 이르는 말. 늑마장(魔障).
1709)쇼향쇄옥(燒香碎玉) ; 향을 불사르고 옥을 깨트림.
1710)흑셩굿다 : 심술궂다.
1711)만틱억치(萬態億彩) : 온갖 자태와 아름다움.
1712)초군탁아(超群卓雅) : 무리 가운데서 특별히 뛰어나게 아름다움.
1713)녀조(汝祖) : 너희 할아버지.
1714)상의위명(相依衛命) : 서로 의지하여 목숨을 지킴.
1715)ᄎᆔ우현필(娶于賢匹) : 어진 배필을 얻어 장가 듦.
1716)헌ᄉᆞᄒᆞ다 : 야단스럽게 굴다. 시끌벅적하다. 수다 떨다.

능히 무스ᄒ믈 엇기 어려온 고로, 네 한아븨와 아븨 상의 ᄒ미라' ○○○[ᄒ고, 쏘]

"노뫼 조·한·화 등 삼부를 상니(相離)ᄒ니 안젼(眼前)의 긔화를 일흔 듯ᄒ여, 심회 울울ᄒ 가온듸 잇더니, 장쇼뷔 분산 싱녀(生女)ᄒ니, 유이 강보 희녜(孩女)로듸 녕형긔이(英形奇異)ᄒ여 크게 비상ᄒ니, 노뫼 긔화를 삼노라."

ᄒ시니, 동 【11】 제공이 이셩낙싴(怡聲樂色)으로,

"가변(家變)의 ᄎ악(嗟愕)ᄒ미 의외지변(意外之變)이 층싱쳡츌(層生疊出)1717)ᄒ여, 월넘 미즈의 변난과 조슈의 인셩명쳘(仁聖名哲)ᄒ므로 그 화의 나아가미, 다 가운의 불니ᄒ미오, 텬운과 명운의 달녀시니, 슈슈의 인셩홈과 하미의 달슈영복지상(達壽榮福之相)으로 맛ᄎᆷ니 화변참누(禍變慘累) 가온듸 맛지 아니ᄒ오리니, 고진감늬(苦盡甘來)ᄂᆫ 물화텬보(物華天寶)의 덧덧ᄒ 상니(常理)니, 오릭지 아녀 슈악(首惡)의 단셔를 발각ᄒᄂᆫ 날이면, 악인이 스스로 풍진(風塵)의 ᄶᅥ러지고, 현인이 풍운의 길 【12】 시를 맛나오미 머지 아니ᄒ올 거시니, 간인의 무리 한갓 양양ᄌ득(揚揚自得)ᄒ여 일시 득시ᄒ믈 ᄌ희(自喜)ᄒ여, 능히 사름 속이기를 아오나, 명명 신기(神祇) 지방(在傍)ᄒ시니, 귀신의 살피ᄂᆫ 눈을 도망ᄒ기 쉬오리잇고? 반ᄃᆞ시 한번은 발각ᄒ오리니, 현인이 엇지 미양 누셜(陋說) 가온듸 잠기이고, 간인이 미양 득시(得時)ᄒ리잇가? 시고로 쇼손은 목젼의 요악ᄒᆫ 졍ᄐᆡ를 목견ᄒ오듸, 화복과 스싱을 하늘의 븟쳐 굿ᄒ여 가부를 들츄어 논폄(論貶)ᄒ미 업스오 【13】 니, 간인이 만일 스스로 귀·눈이 이시면, 쇼손의 덕을 감화 ᄌ복(自服)ᄒ올 듯도 ᄒ옵건만은, 요악ᄒ 지 쏘 우혹(愚惑)ᄒ기 무빵(無雙)ᄒ온지라. 쇼손이 가ᄉᆡ(家事) 슌편ᄒ기를 위쥬ᄒ여, '가옹(家翁)1718)의 눈 어둡고 귀먹으믈 본 밧ᄂᆞ'1719) 줄은 몽니(夢裏)의도 싱각지 아니ᄒ고, 도로혀 쇼손 알기를 ᄒᆞᆫ낫 슉믹불변(菽麥不辨)1720)으로 시쳥(視聽)이 아조 업슨 것 갓치 ᄒ니, 엇지 가쇼롭지 아니ᄒ리잇고? 셰월이 오릭면 ᄌ연, '곳비 길미 드듸이고'1721), 물이 넘으면 ᄶᅵ1722)ᄂᆫ'1723) 환(患)이 이실 줄을 모로더이다."

셜파의 【14】 완이쇼지(莞而笑之)1724)ᄒ니, 웃ᄂᆫ 가온듸나 슉연 엄슉ᄒ여 하일(夏日)의 두리온 긔상(氣像)이 이시니, 슈상(手上)의 님(臨)ᄒ여 온슌 겸양ᄒ여 쇼아(小兒)의

1717)층싱쳡츌(層生疊出) : 여러 겹으로 거듭하여 일어남.
1718)가옹(家翁) : ①'옛 시대의 남편'을 뜻하는 보통명사. ②예전에, 나이 든 자기 남편을 이르던 말.
1719)가옹(家翁)의 눈 어둡고 귀먹으믈 본 밧음 : 옛 시대의 남편들이 아내의 행실이나 말을 보고도 못 본 듯이 하고, 듣고도 못들은 듯이 했던 것을 본받으라는 말로, 아내의 행동과 말에 시시콜콜 참견하지 말라는 뜻.
1720)슉믹불변(菽麥不辨) : 콩과 보리를 분별하지 못함. 사리 분별을 못하고 세상 물정을 모르는 사람.
1721)곳비 길미 드듸인다 : 고삐가 길면 밟히기 마련이다. 나쁜 일을 아무리 남모르게 한다고 해도 오래 두고 여러 번 계속하면 결국에는 들키고 만다는 것을 비유적으로 이르는 말. 늑꼬리가 길면 밟힌다.
1722)ᄶᅵ다 : 찧다. 내리치다. 부딪치다.
1723)물이 넘으면 ᄶᅵᄂᆫ : '사물이 넘어지면 찧는다.'는 말로, '(잘못한) 일이 들춰지면 다치기 마련'이라는 뜻
1724)완이쇼지(莞而笑之) ; 빙긋이 웃음.

보다라온 체(體) 이시나, 슈하(手下)의 당흐여 호령이 견마(犬馬)의 니르지 아니흐나, 엄슉흔 기운이 싁싁 밍녈흐여 일성(一聲) 음아즐타(吟哦叱咤)1725)의 간졍(奸情)을 붉히미 업고, 쥬(周) 영즁(營中) 틱공망(太公望)1726)의 조마경(照魔鏡)1727)을 빗최미 아니로딕, 구미호(九尾狐)의 머리를 스스로 황월(黃鉞) 하의 달듯 시분지라. 냥딕(兩大) 존당이며 졔위 슉당은 그 긔상을 아름다이 너기고, 슈하즈는 지【15】은 죄 업스나 스스로 빅한(背汗)이 쳠의(沾衣)흐믈 씨닷지 못흐니, 유죄즈(有罪者)의 마음이리오.

이씩 연시 동졔공의 화풍경운(和風慶雲)을 우러러 흐뭇거이 밧갑고 황홀이 익즁(愛重)흐여, 남이 웃는 쥴을 씨닷지 못흐여, 두 눈 졍긔를 어린 드시 쏘아, 동졔공의 신상(身上)의 밋쳣더니, 그 말숨의 밋고 씀는 듯흐미, 맛치 즈긔 쇼실을 아는 듯흐니, 일신이 도시담(都是膽)1728)이나 즈황뉵니(自惶忸怩)1729)흐믈 씨닷지 못흐는지라. 북평휘 틱왕모 말숨이 발치 아니시나, 엇지 만니여견지총(萬里如見之聰)1730)으로 가즁 【16】스고를 짐작지 못흐며, 조시의 봉변(逢變) 스화(死禍)는 즈가(自家) 츌졍지시(出征之時)의 짐작흔 빅라. 오늘날 쉬로이 놀날 빅 업는 고로, 가월텬창(佳月天窓)1731)의 만면 츈풍을 조곰도 곳치미 업셔, 화셩유어로 틱부인을 위로 쥬왈,

"츳역(此亦) 텬야명애(天也命也)라. 조시의 맛는 바는 한갓 시운의 건우(愆遇)1732)흠 만 아니라, 젼혀 엄부인의 불명무상(不明無狀)흔 연고로, 기녀의 평싱을 어즈럽게 흐오미니, 슈원슈원[구](誰怨誰咎)1733)홀 빅 업도쇼이다. 그 어믜 스스로 즈식을 스디(死地)의 너코도 오히려 구연시식(苟延視息)1734)흐오리니, 비록 인심이 참【17】졀(慘切)흐오나 쇼숀(小孫)은 기모(其母)의 죄를 혜아려, 기녀(其女)의 싱싱 유무를 불관이 너기느이다."

셜파의 화긔즈약(和氣自若)흐니, 이 엇지 실노 조쇼져의 싱싱 유무를 불관이 너기미리오. 결단코 그 달슈영복지상(達壽榮福之相)이 텬뎡 각별 유의흐여, 즈가를 위흐여 관져(關雎) 졔일편을 졈득(占得)흐여 나리오신 빅니, 벅벅이 화혼(化魂) 요몰(夭歿)치

1725)음아즐타(吟哦叱咤) : 큰 소리로 꾸짖음. *음아(吟哦); 싸움이나 경기에서 상대편의 기선(機先)을 제압하기 위해 내지르는 고함(高喊)소리.

1726)태공망(太公望) : 중국 주(周)나라 초기의 정치가. 강태공(姜太公). 여상(呂尙) 등의 다른 이름으로도 불린다.

1727)조마경(照魔鏡) : 마귀의 본성을 비추어서 그의 참된 형상을 드러내 보인다는 신통한 거울. 늑조요경(照妖鏡).

1728)도시담(都是膽) : : 매우 담이 크고 뻔뻔함.

1729)즈황뉵니(自惶忸怩) ; 스스로 두렵고 더할 나위 없이 부끄러움.

1730)만니여견지총(萬里如見之聰) : 만리 밖의 일을 꿰뚫어 보는듯한 총명.

1731)가월텬창(佳月天窓) : 눈썹과 눈을 달리 표현한 말. *가월(佳月); 초승달처럼 아름다운 눈썹. *텬창(天窓) : '눈'을 달리 표현한 말.

1732)건우(愆遇) : 그릇 만남.

1733)슈원슈구(誰怨誰咎) : 누구를 원망하고 누구를 탓하겠냐는 뜻으로, 남을 원망하거나 탓할 것이 없음을 이르는 말.

1734)구연시식(苟延視息) : 구차히 눈을 뜨고 숨을 쉬며 살고 있음.

아니홀 줄 혜아려, 안흐로 그 맛난 바룰 통원 이셕ᄒ미 범연치 아니ᄒ나, 것ᄎ로 낫하 닉미 업ᄉ니, 기량(器量)이 유왕유틱(愈往愈泰)1735)ᄒ여 불가탁(不可度)이라. 그 닉식을 【18】모로ᄂᆞᆫ ᄌᆞ는 그 박힝(薄行)ᄒᄆᆞᆯ 긔탄(慨歎)ᄒ나, 그 존당 부모 슉친이 엇지 그 ᄯᅳᆺ을 모르리오.

틱부인이 그 긔상을 두굿기고 이련ᄒ여, 졈두 츄연 왈,

"여언(汝言)이 일즉(一卽)은 최션(最善)ᄒ나, 일즉(一卽)은 박졍(薄情)ᄒ니, 엇지 비인졍(非人情)의 갓갑지 아니ᄒ리오."

북휘 쇼이우쥬(笑而又奏) 왈,

"쇼손이 역유인심(亦有人心)이라. 인졍이 엇지 년측(憐惻)지 아니리잇고만은, 이왕의 업친 믈을 거두지 못ᄒ옴 갓ᄉ온지라. 복원 틱모는 믈우셩녀(勿憂聖慮)ᄒ쇼셔."

좌간(座間)의 진국공이 연시의 긔식을 우이 너겨, 춤지 못ᄒ여 훤연(喧然)【19】 디 쇼ᄒ고, 틱부인긔 고왈,

"현·운 냥질이 한가지로 니가(離家)ᄒ여 ᄯ또 한가지로 환가ᄒ오ᄆᆡ, 현긔ᄂᆞᆫ 두 안히 다 무ᄉᄒ여, 장시 쥬화옥슈(珠花玉樹) ᄀᆞᆺ혼 긔녀(奇女)룰 안으며, 긔린(騏驎)1736)을 닛그러 가부룰 마ᄌᆞ나, 연시ᄂᆞᆫ 너모 슈줍어 부뷔 격셰상니(隔歲相離)의 맛나니, 과도이 슈습ᄒ여 즁목쇼시(衆目所視)의 능히 낫츨 드지 못ᄒ니, 만일 동방(洞房)의 모든즉, 셔의(齟齬)ᄒᄆᆡ1737) 삼일(三日) 안 신부 갓흐리로쇼이다. 셕(昔)의 죠둔(趙盾)1738)의 하일지위(夏日之威)1739)라 ᄒᄆᆞᆯ 드럿습더니, 금(今)의 현긔 능히 고인의 하일(夏日)의 두리온 위풍이 잇ᄂᆞ이다. 슈연(雖然)【20】이나, 운긔ᄂᆞᆫ 남달니 이십젼 쇼년으로 셰 안히룰 두어시ᄃᆡ, 격셰 니가(離家) 후 환가(還家)ᄒ나 한 안히도 닉다라 반기리 업ᄉ니, 너희 형졔 우락(憂樂)이 상반(相反)ᄒ도다."

북휘 쳥파의 미우(眉宇)의 영ᄌᆞ(盈滋)ᄒᆫ 우음을 ᄯᅴ여 쇼이ᄃᆡ왈(笑而對曰),

"낙(諾)하샷다. 슉부의 존괴(尊敎) 지당ᄒ시니, 유ᄌᆞ(猶子) 엇지 다시 하회(下懷)1740)룰 앙달(仰達)ᄒ올 거시 이시리잇고? 빅시(伯氏)의 종요로온 ᄌᆞ미(滋味)룰 불워ᄒᄂᆞ이다."

1735)유왕유틱(愈往愈泰) : 갈수록 더욱 태연함.
1736)긔린(騏驎) : 하루에 천리를 달린다는 말. 어린 자식이나 손자를 귀엽게 이르는 말.
1737)서의(齟齬)ᄒ다 : 서먹한 생각이 들다. 낯이 설거나 친하지 아니하여 어색하다는 생각이 들다.
1738)죠둔(趙盾) : 중국 춘추시대 진(晉)나라 정치가. 당시 적(狄)나라 재상 풍서가 진나라에서 적(狄)에 도망온 가계(賈季)라는 사람에게 진나라의 두 정치인 조둔과 조쇠(趙衰) 중 누가 더 어진 사람인가를 묻자, 조쇠는 겨울날의 태양이고(冬日之日)이고, 조둔은 여름날의 태양(夏日之日)이라고 대답했는데, 이 말에 대하여 남북조시대 진(晉)나라 학자 두예(杜預)가 겨울 해는 사랑스럽지만(冬日之愛) 여름 해는 위엄[두려움]이 있다(夏日之威)라는 주석(註釋)을 붙여 두 사람의 인품을 나타냈다.
1739)하일지위(夏日之威) : '여름날의 이글거리는 해와 같은 위엄'이라는 뜻으로, 위엄이 높은 것을 비유적으로 이르는 말. 남북조시대 진(晉)나라 학자 두예(杜預)가 『춘추』를 주석하면서 (晉)나라 조둔(趙盾)의 인품을 '하일지위(夏日之威)'라고 평한 데서 유래했다.
1740)하회(下懷) : =하정(下情). 어른에게 대하여, 자기 심정이나 뜻을 겸손하게 이르는 말.

금평휘 좌우를 명ᄒᆞ여 동졔공의 ᄌᆞ녀를 다려오니, 쟝시의 아ᄌᆞ 《명Ⅱ년(年)》이 슈세(數歲)오, 녀이 금년 싱이니, 싱지슈삭(生之數朔)이로【21】ᄃᆡ, 비샹특츌(非常特出)ᄒᆞ여 아들은 뇽닌(龍驎)1741)의 쳬격이오, 셩ᄌᆞ(聖者)의 긔믹(氣脈)이오, ᄯᅩᆯ은 슉녀의 ᄌᆞ품(資禀)이며 졀식의 진목(材木)이니, 옥슈신월(玉樹新月)1742) ᄀᆞᆺ고, 옥 남긔 구슬 ᄭᅩᆺ ᄀᆞᆺᄒᆞ니, 향난(香蘭)의 시 움이오, 금원(禁苑)1743)의 신봉(新鳳)1744)이라. 존당 좌위(左右) 시로이 흠이(欽愛)ᄒᆞ여 슬하의 닛그러 우움을 먹음이니, 쇼공지 능히 부슉을 긔지(旣知)ᄒᆞ여, 쳥사(靑紗)를 나붓기고 종용이 거러 드러와 부친과 슉부긔 졀ᄒᆞ고, 슬하의 안ᄌᆞ니, 슉셩(夙成)ᄒᆞᆫ 쳬모(體貌) 동작이 범아(凡兒)의 오륙 셰를 지난 듯ᄒᆞᆫ지라. 졔공이 눈을 드러 ᄌᆞ녀의 긔이ᄒᆞᆷ을【22】보미, 다만 미우츈풍(眉宇春風)1745)이 환연(歡然)ᄒᆞᆯ ᄯᆞ름이오, 각별 말ᄉᆞᆷ이 업ᄉᆞᄃᆡ, 북휘 냥아(兩兒)의 졀츌(絶出) 교연(嬌然)ᄒᆞᆷ을 보미, 불승연ᄋᆡ(不勝憐愛)ᄒᆞᆷ을 춤지 못ᄒᆞ여, 공ᄌᆞ를 닛그러 슬하의 안치고, 효아를 나호여 슬샹(膝上)의 교무(交撫)ᄒᆞ여 졔공긔 치하 왈,

"질아 남ᄆᆡ의 이 ᄀᆞᆺ치 비샹 특초(特超)ᄒᆞᆷ은 젼혀 존슈(尊嫂)의 어지리 ᄐᆡ교(胎敎)ᄒᆞ시미니, 일노 조ᄎᆞ 쥬종(主宗)1746)이 영챵(永昌)ᄒᆞ고 문회(門戶) 빗나믈 알니로쇼이다."

졔공이 미쇼 왈,

"현졔ᄂᆞᆫ 희쇼(戱笑)를 만히 말나. 강보치아(襁褓稚兒) 등을 엇지 의논ᄒᆞᆯ 거시 이시리오. 슈연(雖然)이나 픔슈(稟受)ᄒᆞᆷ은 디즁물(地中物)1747)이 아니니, 이ᄂᆞᆫ 다【23】조션(祖先)의 젹덕여음(積德餘蔭)이라. 우형(愚兄)의 박덕ᄒᆞᆷ과 쟝시의 혼용(昏庸)ᄒᆞᆷ으로, 엇지 구로싱지(劬勞生之)1748)의 덕이 잇다 ᄒᆞ리오."

이ᄯᅵ 연시 졔공을 격셰후 샹봉ᄒᆞ니 그 풍영(豐盈) 윤퇴ᄒᆞᆫ 풍치를 우러러, 시로이 넉시 날고 빅(魄)이 표탕(飄蕩)ᄒᆞ니, 져 ᄀᆞᆺᄒᆞᆫ 군ᄌᆞ 디현으로 은총을 젼일(專一)ᄒᆞ여 오로지 화락ᄒᆞᆷ을 엇지 못ᄒᆞ고, 샹두(上頭)의 놉흔 좌를 쟝시긔 ᄉᆞ양ᄒᆞ여, 속졀업시 영총 권셰를 앙망 불급ᄒᆞ니, 텬되 흑셩구져 '유(莠)와 양(良)을 ᄂᆡ신 탄(歎)'1749)이 즁니(衆

1741) 뇽닌(龍驎) : 용(龍)과 기린(騏驎)을 함께 이르는 말. *기린(騏驎); 하루에 천리를 달린다는 말. 어린 자식이나 손자를 귀엽게 이르는 말.

1742) 옥슈신월(玉樹新月) : 옥으로 조각한 나무나 초승에 뜨는 달처럼 빛나고 아름답다는 뜻으로 재주가 뛰어나고 아름다운 사람을 이르는 말.

1743) 금원(禁苑) : 예전에, 궁궐 안에 있던 동산이나 후원.

1744) 신봉(新鳳) : 새로 난 봉황. 곧 봉황의 새끼.

1745) 미우츈풍(眉宇春風) : 미간(眉間)에 화기가 가득함.

1746) 쥬종(主宗) : 여러 가지 가운데 주가 되는 것. 여기서는 종가(宗家)를 말함.

1747) 디즁물(地中物) ; 지상(地上)에 있는 인물.

1748) 구로싱지(劬勞生之) : 자식을 낳고 기르느라 애씀.

1749) 유(莠)와 양(良)을 ᄂᆡ신 탄(歎) : '(하늘이) 악한 사람을 내고 또 착한 사람을 낸 것을 탄식한다.'는 뜻으로, 세상에는 선과 악이 공존한다는 것을 말함. *유양(莠良) : 나쁜 풀(莠)과 좋은 풀(良), 곧 나쁜 사람과 좋은 사람을 비유적으로 이르는 말.

理)의 가득호고, 비록 텬지를 지작(再作)호는 슬긔 이시나, 져의 은총은 엿볼 길이 업고, 【24】빙심(氷心) 스덕(四德1750))이 곳다옴과, 옥슈닌벽(玉樹驎璧)1751) 갓튼 즈녀(子女)의 셰를 껴, 존당 구고의 권이(眷愛)호믄 북두틱악(北斗泰岳)1752)의 구드미 잇고, 가부(家夫)의 공경즁딕호믄 심여하히(深如河海)1753)호니, 도라 즈가의 무광(無光)흔 신세와 셔어(齟齬)흔 즈최로 부빈(副嬪)의 즈리를 의탁호여, 구고의 즈이(慈愛) 총권(寵眷)이 감히 장시긔 밋지 못호니, 고시(古詩)의 읊흔 바 "일됴장빙무릉녀(一朝將聘武陵女)호니, 문군인증빅두음(文君因贈白頭吟)"1754)이 아니로딕, 연시의 단장지한(斷腸之恨)은 '누여빵쳥슈(淚如雙淸水)와 힝타즈라금(行墮紫羅衾)'1755)의 방불호니, 스스로 즈긔 힝신(行身)의 미거(未擧)호믄 씨닷지 못호고, 무궁흔 원분(怨憤)이 군즈와 원비긔 도라가 【25】거늘, 금일 졔공의 말슴이 우연이 발호는 드시 호딕, 유의(留意)컨딕 은은이 즈긔 쇼실(所失)을 아는 듯호니, 즈연이 불인(不人)의 간담이 최찰(摧折)호여 히음업시 화관(花冠)1756)을 슉이고 면식(面色)이 여홍(如紅)호더니, 계구(季舅)1757) 진국공의 은은이 죠희(嘲戲)1758) 지쇼(指笑)호는 말슴과 좌즁의 어즈러온 칭셩(稱聲)이 요요(擾擾)호여 다 장시의 신상(身上)의 완젼호믈 보니, 더욱 노홉고 이달오믈 니긔지 못호여, 가만이 눈을 드러 장부인을 예시(睨視)1759)호니, 부인이 좌즁의 과장(誇張)호시믈 즈못 황공호고, 연시의 긔식을 심히 불안호여 역시 봉관을 슉이고, 진슈(蟬首)1760)를 낫초 【26】아 옥셜연험(玉雪蓮臉)1761)이 담홍(淡紅)호여 슈란(羞赧)1762)호믈 먹음어시니, 청염(淸艶)1763) 윤틱흔 긔질이 더욱 쇼담1764) 즈약호여 '약쇼월(若素

1750)스덕(四德) : 여자로서 갖추어야 할 네 가지 덕. 마음씨[婦德], 말씨[婦言], 맵시[婦容], 솜씨[婦功]를 이른다.
1751)옥슈닌벽(玉樹驎璧) : 옥수(玉樹; 아름다운 나무), 기린(駢驎; 천리마), 옥벽(玉璧; 둥그런 옥)을 아울러 이르는 말로, 모두 '재주가 뛰어나고 용모가 빼어난 사람'을 이르는 말이다.
1752)북두틱악(北斗泰岳) : =태산북두(泰山北斗). 태산(泰山)과 북두칠성을 아울러 이르는 말.
1753)심여하히(深如河海) : 큰 강과 바다보다도 더 깊음.
1754)일됴장빙무릉녀(一朝將聘武陵女), 문군인증빅두음(文君因贈白頭吟) : 이백(李白)의 시 <백두음(白頭吟)>에 나오는 시구(詩句)로 중국 전한(前漢) 때의 시인 사마상여(司馬相如)와 탁문군(卓文君) 사이의 고사(故事)를 인용한 대목이다. 일됴장빙무릉녀(一朝將聘武陵女; (상여가) 하루아침에 무릉의 여인에게 장가들려 하여)// 문군인증빅두음(文君因贈白頭吟; 문군이 백두음을 지어 보냈다네)
1755)누여빵쳥슈(淚如雙淸水) 힝타즈라금(行墮紫羅衾) : 눈물이 두 줄기 맑은 물방울을 이뤄 // 붉은 비단 이불에 떨어지네
1756)화관(花冠) : 칠보로 꾸민 여자의 관. 예장(禮裝)할 때에 쓴다. 늑화관족두리.
1757)계구(季舅) : 남편의 작은아버지.
1758)죠희(嘲戲) : 다른 사람을 희롱하거나 빈정대며 놀림.
1759)예시(睨視) ; 흘겨보거나 넘봄.
1760)진슈(蟬首) : '저녁매미의 이마'라는 뜻으로, 아름다운 얼굴을 이르는 말.
1761)옥셜연험(玉雪蓮臉) : 하얀 연꽃 같은 두 뺨.
1762)슈란(羞赧) : 수난(羞赧). 부끄러워 얼굴을 붉힘.
1763)청염(淸艶) : 맑고 아름다움.
1764)쇼담 : 탐스러움.

月)이 운니명(雲裏明)이오, 《수환빙이∥사환병니(紗紈屛裏)》 일미(一梅)'1765)라.

동졔공의 담연무욕(淡然無欲)흔 풍광(風光) 주질(資質)노 진짓 텬졍일디(天定一對)1766)라. 틱부인으로붓허 금평후 부부며, 구고(舅姑)·슉당(叔堂)·슉미(叔妹) 다 눈을 기우려져 부부의 상젹흐믈 긔이히 너기는지라.

연시 우픠(愚悖)흔 분뇌 통셕(痛惜)1767)흐니, 졸연(猝然)이 넓더나 아미룰 거스리고1768) 셩안(星眼)을 독히쓰고 분연이 쑤지져 왈,

"주고(自古)로 미식이 나라와 집을 브듸 망히오니, 틱임(太姙)·틱식(太姒) 덕이 계실지언졍, 식이 잇다 흐믈【27】듯지 못흐엿고, 포스(褒姒)·미달(妹妲)은 식으로 나라흘 망히왓느니, 녯말노 니르지 말고 금셰간으로 일너도, 쇼고(小姑) 뎡부인·하부인과 금장(襟丈)1769) 조부인이 너모 아름답기로, 조물이 싀긔흐여 남의 업슨 참익(慘厄)을 맛나시니, 장부인이 쏘 엇지 홀노 조키룰 바라리오. 우리 슉모는 남의 업슨 츄용박식(醜容薄色)이라도, 소시(少時)의 왕희(王姬)의 일교(一嬌)로 싱어부귀(生於富貴)흐고 장어호치(長於豪侈)흐여, 년긔 이팔의 하상국의 부인이 되시니, 하상부의 풍신 직모도 존부 졔위 존당 슉당이 다 보시는 빈니, 졔뎡만 못흐지 아니흐디, 슉모의 박면괴식(薄面愧色)【28】을 고염(苦厭)흐미 업셔, 신혼 초일노붓허 공경 즁딕흐미 오히려 그 원비 뉴부인긔 더흐니, 예붓허 졔갈(諸葛)의 부인 황시(黃氏)의 황발흑면(黃髮黑面)과 양쳐스(處士)1770)의 안히 밍덕요(孟德耀)1771)의 살진 얼골과 퍼진 허리 만고의 뉴젼흐는 박식 《취녀∥츄녀(醜女)》로디, 그 가부의 념박(厭薄)흐믈 닙지 아니흐엿느니, 취승덕(取勝德)1772)은 군지(君子)오, 취식(取色) 즉 경박지(輕薄者)라. 쳡이 비록 용뫼 보암즉지 못흐나, 쏘흔 황발(黃髮) 흑면(黑面)의 무염(無鹽) 《취녀∥츄녀》는 아니라. 엇지 취식경덕(取色輕德)흐는 텬하 괴물 뎡상셔의 념박 쳔디룰 바들 쥴 알니오. 장시 슈존(雖尊)흐나 불과 경상지녜(卿相之女)오, 쳡이【29】슈광(雖狂)1773)흐나 당당흔 왕희(王姬)의 숀으로 금지여엽(金枝餘葉)1774)이라. 문지(門地) 고히(高下) 엇지 장시만 못흐리오. 존당구고(尊堂舅姑) 지이1775) 다 장시의 요식(妖色)을 스랑흐여, 흐리눅고 용

1765) 약쇼월(若素月) 운니명(雲裏明), 수환병니(紗紈屛裏) 일미(一梅); 하얀 달이 구름 속에 빛남 같고, 흰 비단 병풍 속에 한 가지 매화꽃이 피어있음 같다

1766) 텬졍일디(天定一對): 하늘이 정하여 준 한 쌍.

1767) 통셕(痛惜): 설움이 복받쳐 오름.

1768) 거스리다: 거사리다. ①눈썹 따위를 힘을 주거나 찡그려 한데 모아지게 하다. ②긴 것을 힘 있게 빙빙 돌려서 포개어지게 하다.

1769) 금장(襟丈): 여성이 남편 형제의 아내를 지칭하여 이르는 말.

1770) 양쳐스(處士): 중국 후한(後漢) 때의 은사(隱士) 양홍(梁鴻)을 말함. 처 맹광(孟光)의 고사(故事) '거안제미(擧案齊眉)'로 유명하다.

1771) 밍덕요(孟德耀): 후한 때 사람 양홍(梁鴻)의 처. 이름은 맹광(孟光). 자는 덕요(德曜). 추녀였으나 남편의 뜻을 잘 섬겨 현처로 이름이 알려졌고, 고사 거안제미(擧案齊眉)로 유명하다.

1772) 취승덕(取勝德): 덕(德)을 중히 여김.

1773) 슈광(雖狂); '비록 경솔하지만'의 뜻.

1774) 금지여엽(金枝餘葉): '금지(金枝)에서 난 잎'이라는 뜻으로 왕실의 외손(外孫)을 이르는 말.

녈흔 상셔룰 권호여 다만 장시 잇는 줄만 알고, 쳡의 이시믈 아지 못호니, 쳡 슈우용 (雖愚庸)호나 엇지 노홉고 분치 아니리오."

셜파의 ᄀ장 분분(忿憤)호여 발연(勃然)이 닓더 급히 닉닷다가, 그릇 실족호여 난간 머리의 다질니여1776) 곡난(曲欄)의 걸쳐 업더지니, 두골이 분벽의 다이져 알프기 극호고, 화관(花冠)이 버셔져 쥬옥(珠玉)이 산낙(散落)호고, 《옥졔∥옥계(玉笄)》 부러지니, 의슈(衣袖) ᄉ이의 【30】옥픠(玉佩) 울히여 징연이 우는지라. 난함(欄檻) ᄉ이의 다질니미 씨여지믈 면치 못호니, 옥골셜뷔(玉骨雪膚)1777) 즁상(重傷)호여 놀난 피 흐른기룰 마이 호니, 유모 시비 쥬인의 무망즁(無妄中) 셩닌 말 갓치 닉닷다가 구으러, 낙상(落傷)이 듸단호믈 놀나, 급히 닉다라 붓드러 니르혀니, 연시 제 일이라도 졈즉호고 열업스니, 힝혀 남이 우을가 져허, 알프믈 참고 믁연이 유아(乳兒)1778) 등의게 붓들녀 침쇼로 도라가니, 좌즁이 연시의 광거(狂擧)룰 희연(駭然) 실쇼호믈 마지 아니호고, 동졔공이 연시의 만좌즁 희거(駭擧)룰 한【31】심호여, 한부(悍婦)의 픠힝호미 다ᄌ고 제가지도(齊家之道)의 불엄호믈 쳥죄호오니, 금평휘 우어 왈,

"연아(兒)의 힝식 비컨듸 셩난 말과 밋친 긔 갓흐니, 인니쇼관(人理所關)으로 밀위여 칙망홀 빅 아니로다."

졔왕이 쇼이쥬왈(笑而奏曰),

"듸인 셩의(聖意) 지연(至然)호시니, 쇼지 역시 그 인ᄉ룰 칙망치 아니호옵ᄂᆞ니, 현긔 제가불엄(齊家不嚴)으로 《ᄌ신∥ᄌ당》 기죄(自當其罪)호오미 고쳬(固滯)롭지 아니호리잇가?"

금평휘 졈두 미쇼호니, 진공이 쇼왈,

"현긔 비록 남지오나 너모 쇼졸(疏拙) 졍듸(正大)호와 거르미 힝혀 쏜히 쩌질가 념녀호고, 눈을 【32】낫초아 ᄉ실(私室) 공회(公會)의라도 두용직(頭容直)1779)호고 슈용공(手容恭)1780)호여 공안(孔顔)1781)의 좌셕의나 뫼신 듯호오니, 엇던 졔는 너모 답답호여 뵈오듸, 요ᄉ이 연시 만히 현긔 힝ᄉ룰 《임닉∥입닉1782)》 호는지라. 온즁졍듸(穩重正大)컨 쳬도 쓸 곳이 잇건만은, ᄉᄉ(事事)마다 너모 그러호오니 심히 답답호고, 연시의 힝호는 바는 극히 죵용치 못호오니, 엇지 우읍지 아니호리잇가? 연이나, 현긔는 당금의 현인군지라. 네의 도학이 빈빈(彬彬)호여 공안(孔顔)의 졔지 되미 븟그

1775)지이 : 이르도록. 되도록. 까지

1776)다질니다 : 부딪치다.

1777)옥골셜뷔(玉骨雪膚) : 옥같이 하얀 뼈와 피부.

1778)유아(乳兒) : 유모(乳母)와 아시비(兒侍婢)를 함께 이르는 말.

1779)두용직(頭容直) : 머리 모양을 곧게 가짐. 이이(李珥) 『격몽요결(擊蒙要訣)』의 '구용(九容)' 중 하나.

1780)슈용공(手容恭) : 손 모양은 공손하게 가짐. 이이(李珥) 『격몽요결(擊蒙要訣)』의 '구용(九容)' 중 하나.

1781)공안(孔顔) : 공자(孔子)와 안자(顔子)를 함께 이르는 말.

1782)입닉 : 흉내.

럽지 아니ᄒᆞ옵거늘, 어인 연시로 인ᄒᆞ여 '《마부∥미부》【33】견브득명(美婦見不得命)'1783)을 ᄒᆞ오니, 빅옥(白玉)의 창승(蒼蠅)이로쇼이다."

졔공을 희롱 왈,

"현질이 금일 국가의 공을 셰워 도라와 고관 딕쟉을 밧ᄌᆞ와 북당(北堂)의 현빅(見拜)ᄒᆞ니, 쟝시 갓흔 현필(賢匹)이 닌벽(騏璧)1784) 갓흔 ᄌᆞ녀를 닛그러 마ᄌᆞ니, 운질의 젹막흠과 갓지 아냐 영화와 가경(嘉慶)이 다다(多多)ᄒᆞ거늘, 조물이 싀긔ᄒᆞ여 한 흠(欠)을 빌니노라 《마부∥미부》견브득명(美婦見不得命)이 군ᄌᆞ의 신샹의 욕되믈 씨치도다."

좌위 기쇼(皆笑)ᄒᆞ고 졔공이 옥면셩모(玉面星眸)의 찬연한 우움을 씌여 쇼이딕왈,

"고인이 유운왈(有云曰),

　　　참치힝ᄌᆡ(參差荇菜)ᄒᆞ니
　　　관【34】관져구(關關雎鳩)는
　　　ᄌᆡ하지쥬(在河之洲)로다
　　　뇨됴슉녀(窈窕淑女)는
　　　군ᄌᆞ호귀(君子好逑)로다

ᄒᆞ시니, 유지(猶子) 임의 아시(兒時)의 결발(結髮)ᄒᆞᆫ 바 쟝시, 죡히 유ᄌᆞ의 가모(家母) 쇼임이 무던ᄒᆞ오니, 아는 빅 쟝시 일인ᄲᅮᆫ이라. 연시는 죡히 인니(人理)로 칙망ᄒᆞ올 거시 업ᄉᆞᆸ고, ᄯᅩ흔 계부의 말ᄉᆞᆷ이 일시 희언(戲言)으로 발ᄒᆞ시미나, ᄯᅩ 실언(失言)ᄒᆞ시믈 면치 못ᄒᆞ시ᄂᆞ이다. 연시 슈광(雖狂)이나 영안공쥬의 친손녀니, 영안공쥬는 션뎨의 뎡궁 쇼싱으로 연시의 조뫼니, 연시 ᄯᅩ 금지여엽(金枝餘葉)이 아니니잇가?"

진공이 쳥파(聽罷)의 창졸의 딕답ᄒᆞᆯ 말이 막히니, 딕쇼 왈,

"네 우슉【35】의 말을 막노라, 능변으로 궤휼(詭譎)○[을] 《지이∥지어》 ᄭᅮ미는 쳬ᄒᆞ나, 우슉은 무심히 니ᄅᆞᆫ는 말이오 너는 공교이 곱삭이니1785), 이는 현질이 도로혀 실언ᄒᆞᆫ가 ᄒᆞ노라."

슌틱부인이 희연 미쇼 왈,

"현긔지언이 최션(最善)ᄒᆞ니 공밍(孔孟)이 ᄌᆡ좌(在坐)ᄒᆞ시나 그 허물을 엇지 못ᄒᆞ리니, 셰홍이 비록 아ᄌᆞ뷔로라 ᄒᆞ고 그 허물을 엿보고져 흔들 쉬오랴?"

진공이 ○○[쥬왈],

"왕뫼 현·운 냥질을 ᄉᆞ랑ᄒᆞ시미 너모 과도ᄒᆞ신 고로, 그 허물 된 곳을 아지 못ᄒᆞ여 일마다 긔특이 너기시고, 말마다 아름다이 너기시는 고로, 현긔 등이 방약무【3

1783)미부견브득명(美婦見不得命) : 아름다운 아내를 보고도 그 허락을 얻지 못함.
1784)닌벽(騏璧) : 기린(騏驎; 천리마)과 옥(璧; 아름다운 옥)을 아울러 이르는 말. 천리마는 재주가 뛰어난 '아들'을, 아름다운 옥은 용모가 빼어난 '딸'을 각각 상징한다.
1785)곱삭이다 : 곱새기다. 남의 말이나 행동 따위를 그 본뜻과는 달리 좋지 않게 해석하거나 잘못 생각하다.

6】인(傍若無人)ㅎ여 아즈비룰 긔탄(忌憚)치 아니ㅎ오니, 쇼숀이 깁히 분울(憤鬱)ㅎ오믈 니긔지 못ㅎ옵ᄂᆞ니, 왕모ᄂᆞᆫ 슬펴쇼셔."

틱부인이 쇼왈,

"너ᄂᆞᆫ 아모리 온즁ㅎ고 졍딕ᄒᆞᆫ 체ㅎ나, 아시로 붓허 한낫 광동(狂童)으로 아라시니 네 엇지 아즈비로라 ㅎ고 셩현 갓흔 죡하ᄅᆞᆯ 하즈 ㅎ리오."

제공과 북후ᄂᆞᆫ 틱왕모의 과쟝ㅎ시믈 황공ㅎ여 지슴 겸양ㅎ고, 진공은 왕뫼 현긔 등을 너모 과익ㅎᄉᆞ 그 그른 곳을 모로시니, 현긔ᄂᆞᆫ 온용ᄒᆞᆫ 졸ᄉᆞ(卒士)오, 운긔ᄂᆞᆫ 젼국(戰國)1786)의 왕양(汪洋)ᄒᆞᆫ 협긔(俠氣) 잇다 ㅎ여, 아【37】모조록 단쳐(短處)ᄅᆞᆯ 들츄어 분변ㅎ기ᄅᆞᆯ 마지 아니ㅎ니, 좌위 웃기ᄅᆞᆯ 마지 아니ㅎ고, 금휘 ᄌᆞ손의 회히(詼諧) 달난(團欒)ㅎ여 존당 우음을 돕ᄉᆞ옴을 두굿겨, 풍화ᄒᆞᆫ 안모의 영ᄌᆞ(盈滋)ᄒᆞᆫ 쇼식(笑色)으로 광슈(廣袖)로 빅슈쟝염(白鬚長髥)을 어로만져 우어 왈,

"ᄌᆞ피(慈敎) 지연(至然)ㅎ시니 셰이 비록 냥손의 부슉 존항이 다 인시 용우ㅎ오니, 제 엇지 죡ㅎ라 ㅎ고 하ᄌᆞㅎ리잇고? 현아 등 졔 손이 남달니 츌뉴(出類) 발췌(拔萃)ㅎ오믄 다 각각 그 어뮈 틱교의 아름다오미로쇼이다."

니러툿 한담ㅎ여 믄득 미상1787)의 효【38】계(曉鷄) 악악ㅎ니, 모다 놀나 틱부인과 존당 침쉬 불안ㅎ신 바롤 고ㅎ고, 남녀노위(男女老幼) 일시의 퇴ㅎ여 각귀ᄉᆞ실(各歸私室)ㅎ고, 동졔공과 북평후ᄂᆞᆫ 왕부(王父)1788)와 부슉(父叔)을 봉시(奉侍)ㅎ여 틱화뎐의 나아와, 궤쟝(几杖)1789)을 밧들며 요셕(褥席)을 바로 ㅎ여 금평후와 부슉이 취침ㅎ시게 ㅎ고, 모든 군종 곤계 슈십여 인이 한가지로 힐지항지(頡之頏之)1790)ㅎ여 그 친쇼(親疏)를 아지 못ㅎ니, 형은 아1791)을 ᄉᆞ랑ㅎ고 아은 형을 경즁(敬重)ㅎ여, 고시(古詩)의 니른바, "경지여엄부(敬之如嚴父)ㅎ고 보지여영아(保之如嬰兒)"1792)ㅎ니, 추인 등은 가히 한갈 갓치 셩【39】문도ᄌᆞ(聖門道者)로, '부ᄌᆞ유친(父子有親)ㅎ며 군신유의(君臣

1786)젼국(戰國) : 중국 역사에서, 춘추 시대 다음의 기원전 403년부터 진나라가 중국을 통일한 기원전 221년까지 약 200년간의 과도기. 여러 제후국이 패권을 다투었던 동란기로 '전국 칠웅'이라는 일곱 개의 제후국이 세력을 다투었으며, 제자백가와 같이 학문의 중흥기를 이루었고, 토지의 사유제와 함께 농사 기술의 발달 따위로 화폐가 유통되기도 하였다

1787)미상 : 매 위, 횃대 위. *횃대: 예전에 닭장 속에 닭이 앉을 수 있도록 가로질러 고정시켜 놓은 막대기.   *매; 막대기.

1788)왕부(王父) : 할아버지를 높여 이르는 말.

1789)궤쟝(几杖) : 궤(几)와 지팡이. *궤(几): 『역사』늙어서 벼슬을 그만두는 대신이나 중신(重臣)에게 임금이 주던 물건. 앉아서 팔을 기대어 몸을 편하게 하는 것으로, 양편 끝은 조금 높고 가운데는 둥글게 우묵하고 모가 없으며, 구멍이 있어 제면(綈綿)을 잡아매었다

1790)힐지항지(頡之頏之) : 힐항(頡頏). 새가 날면서 오르락내리락하는 모양. 형제가 서로 장난치며 올라타고 내려뜨리고 하며 노는 모양.

1791)아 : 아우.

1792)경지여엄부(敬之如嚴父) 보지여영아(保之如嬰兒) : (형을) 공경하기를 엄한 아버지 같이 하고, (아우를) 보호하기를 어린 아이와 같이 한다는 말로, 박세무(朴世茂) 『동몽선습(童蒙先習)』'장유유서(長幼有序)'에 나온다.

有義)ᄒᆞ고 부부유별(夫婦有別)ᄒᆞ며 장유유셔(長幼有序)ᄒᆞ고 붕우유신(朋友有信)ᄒᆞ며'1793), 효졔츙신(孝悌忠信)1794)ᄒᆞ여 녜의념치(禮義廉恥) 가ᄌᆞᆨᄒᆞᆫ 졍인군ᄌᆞ(正人君子)를 알니러라.

명일 조신(早晨)의 일즉 니러, 함관슈(咸盥漱)1795)ᄒᆞ고, 졍관슈ᄃᆡ(正冠收帶)1796)ᄒᆞ여 일시의 존당의 보ᄒᆞ니, 진부인이 늉·양·니·경 문양공쥬 등 제부 졔숀을 거ᄂᆞ려 존당의 모다 남좌 녀우(男左女右)를 분(分)ᄒᆞ미, 별 갓흔 관(冠)과 달 갓흔 픠옥이 장장ᄒᆞ여, 금단ᄎᆡ셕(錦緞彩席) 우희 학낭쇼에(謔浪笑語) 이이열열(怡怡悅悅)1797)ᄒᆞ고, 남녀 졔인의 남풍여ᄎᆡ(男風女彩) 셔로 바ᄋᆡ여 참【40】치상하(參差上下)1798)ᄒᆞ니, 아ᄅᆞᆷ답고 빗난 경ᄉᆡᆨ이 무심ᄒᆞᆫ 타인이라도 우러러 긔이ᄒᆞ고 흠복ᄒᆞ믈 결을치 못ᄒᆞ려든, ᄒᆞ물며 그 존당 부모의 한업시 흔연 귀즁ᄒᆞ믈 어이 측냥ᄒᆞ리오. 노ᄅᆡᄌᆞ(老萊子)1799)의 질츄아희(跌墜兒戲)1800)를 족히 긔특다 못ᄒᆞ리러라.

이윽고 외당의 하ᄀᆡᆨ이 부졀여류(不絶如流)1801)ᄒᆞ니, 금평휘 졔ᄌᆞ 졔숀을 거ᄂᆞ려 외당의 나아가 졉빈ᄃᆡᄀᆡᆨ(接賓對客)ᄒᆞᆯᄉᆡ, 날을 니어 존빈 귀ᄀᆡᆨ이 낙역부졀(絡繹不絶)ᄒᆞ니 화ᄀᆡ쥬륜(華駕朱輪)이 곡즁(谷中)의 메엿고, 벽졔빵곡(辟除雙曲)이 도로의 니어시니, 문졍(門庭)이 여류(如流)ᄒᆞ고 진슈미【41】찬(珍羞美饌)이 물 갓흐니, 그 위권이 늉듕(隆重)ᄒᆞ고 부귀 환혁(煥赫)ᄒᆞ믈 인인(人人)이 감탄치 아니 리 업더라.

이ᄯᆡ 연시 우람 광픠ᄒᆞᆫ 셩을 참지 못ᄒᆞ여 일장을 분ᄆᆡ(憤罵)ᄒᆞ고, 급히 ᄂᆡ다라 오다가 분두의 살피지 못ᄒᆞ고 난두(欄頭)의 것구러져, 옥골 셜뷔 즁상ᄒᆞ여 즁인(衆人) 공회(公會)의 무안(無顔)ᄒᆞ믈 보고, 유아 등의게 붓들녀 침쇼의 도라와 단장을 버셔 후리치고, 절치(切齒) 분연(奮然) 왈,

"ᄂᆡ 졔뎡의 옥얼골의 금슈지심(禽獸之心)인 쥴 금일이야 쾌히 아랏ᄂᆞ니, 나ᄂᆞᆫ 공쥬

1793)부ᄌᆞ유친(父子有親), 군신유의(君臣有義), 부부유별(夫婦有別), 장유유셔(長幼有序), 붕우유신(朋友有信) : 오륜(五倫) 곧 5가지 기본적인 인간관계로 설정한 부자(父子)·군신(君臣)·부부(夫婦)·장유(長幼)·붕우(朋友) 관계와, 그 관계에서 실천해야 할 친(親)·의(義)·별(別)·서(序)·신(信)의 도덕규범을 말한 것으로, 부자는 친함이 있어야 하고(父子有親), 군신은 의리가 있어야 하고(君臣有義), 부부는 분별이 있어야 하고(夫婦有別), 장유는 서열이 있어야 하고(長幼有序), 붕우는 신의가 있어야 한다(朋友有信)는 뜻. 『맹자』 <등문공상(滕文公上)편>

1794)효졔츙신(孝悌忠信) : 어버이에 대한 효도, 형제끼리의 우애, 임금에 대한 충성과 벗 사이의 믿음을 통틀어 이르는 말.

1795)함관슈(咸盥漱) : 여러 사람이 함께 세수와 양치질을 함.

1796)졍관슈ᄃᆡ(正冠收帶) : 관을 바로 쓰고 띠를 가다듬어 맴.

1797)이이열열(怡怡悅悅) : 기쁨이 넘치는 모양.

1798)참치상하(參差上下) : 윗사람과 아랫사람이 몸집이 크고 작고 일정하지 않음.

1799)노ᄅᆡᄌᆞ(老萊子) : 중국 춘추 시대 초나라의 은사(隱士). 70세에 어린아이 옷을 입고 어린애 장난을 하여 늙은 부모를 위안하였다고 한다. 저서에 ≪노래자≫ 15편이 있다.

1800)질츄아희(跌墜兒戲) : 중국 초나라의 효자 노래자가 발을 헛디뎌 넘어진 일이 있었는데, 이를 본 부모가 걱정할까봐 땅바닥에 그대로 드러누워 뒹굴며 어린애가 우는 시늉을 하여, 도리어 부모를 웃게 하였다는 고사를 말함.

1801)부졀여류(不絶如流) : 물이 흐르듯 그치지 않음.

의 친손녜오, 션황의 증손(曾孫)이니 문지(門地) 고히 엇지 【42】장녀만 못ᄒ리오만은, 존당 구문이며 가부의 염ᄃᆡ(厭待)1802)ᄒᆞᆷ믄 다 장녀의 요식이 남다른 연괴라. 봉ᄃᆡ(鳳臺)1803)ᄅᆞᆯ 밀치고 난경(鸞鏡)1804)을 드러 등하의 얼골을 빗최고, 스스로 탄왈,

"나 연시 슈벽의 옥 갓흔 살빗과 곳 갓흔 ᄐᆡ되, 만일 장시 잇지 아니ᄒᆞ고 눈·하·뎡 삼문 미식을 맛나지 아니ᄒᆞ던들, 엇지 '양셩(陽城)과 하치(下蔡)'1805)ᄅᆞᆯ 놀니던 회두일쇼ᄇᆡᆨ미싱(回頭一笑百美生)'1806)을 불워ᄒᆞ리오만은, 텬연(天緣)이 긔구ᄒᆞᆫ 탓스로, 니러틋 졀식 요물들이 모힌 곳인 쥴 아지 못ᄒᆞ고, 뎡상셔의 아름다온 풍치ᄅᆞᆯ 흠복ᄒᆞᆼ여, 【43】구ᄎ히 인연을 도모ᄒᆞ여, 지우금일(至于今日)의 다 능멸(凌蔑) 쳔ᄃᆡ(賤待)ᄅᆞᆯ 감심ᄒᆞᆯ 쥴 알니오."

거울을 더지고 침이(寢庖)1807)의 몸을 더져 종야 분탄(憤嘆)ᄒᆞᆷ믈 마지 아니ᄒᆞ니, 유랑 시비 위로ᄒᆞ더라. 연시 스스로 우분(憂憤)ᄒᆞ여 칭병불츌(稱病不出)ᄒᆞ여 존당의 문안을 전폐(全廢)ᄒᆞ나, 존당(尊堂) 구문(舅門) 샹히(上下) 다, 쥬마(走馬)1808) 광견(狂犬) 마치 그 인ᄉᆞᄅᆞᆯ 아는 고로, 그 힝ᄉᆞᄅᆞᆯ 아른 체ᄒᆞᆷ이 업스니, 여러 날의 미쳐는 역시 스스로 열 업고 점즉ᄒᆞᆯ ᄲᅮᆫ 아니라, 졔공의 풍신용화(風神容華)ᄅᆞᆯ 격셰 샹니(相離)ᄒᆞ여 ᄉᆞ모ᄒᆞᆷ이 깁흐니, 져의 뭇지 아니ᄒᆞᆷ믈 분앙ᄒᆞᄂᆞ 【44】ᄯᅩ흔 그리온 마음을 억졔치 못ᄒᆞ여, 여러날 후의 우픽(愚悖)ᄒᆞᆫ 광심을 져기 진졍ᄒᆞ여, 바야흐로 병이 나으롸 ᄒᆞ고 니러나니, 존당 샹히 스스의 그 힝ᄉᆞᄅᆞᆯ 긔괴히 너기나, ᄯᅩ흔 말이 업더라.

졔공과 북휘 눈부의 나아가 위·조 냥ᄐᆡ비와 호람후 부부와 평진왕 등 졔좌(諸座)의 비알ᄒᆞ니, ᄎᆞ시 진궁의셔 ᄯᅩ흔 동창후와 북평공이 년쇼 아지(雅才)로 능히 디공을 셰워 도라오니, 위·조 냥ᄐᆡ비와 호람후 부부며 부슉 졔친의 열열 환희ᄒᆞᆷ믄 니ᄅᆞ도 말고, 동창후 【45】곤계의 텬셩 효우로ᄡᅥ, 격셰 니슬(離膝)의 친안을 득승(得承)1809)ᄒᆞ니, 그 환심을 불문가지(不問可知)라.

시일(是日)의 위ᄐᆡ비의 냥손을 기다리는 마음이 졔궁 슌ᄐᆡ부인의 냥손을 가다리는 마음과 일쳬라. 아춤으로 붓허 져믈기의 밋도록 식반(食飯)의 《넘예∥넘의(念意)》

1802)염ᄃᆡ(厭待) : 박대(薄待). 푸대접.
1803)봉ᄃᆡ(鳳臺) : 봉황을 장식한 장대(粧臺) 따위의 물건을 올려놓는 받침대.
1804)난경(鸞鏡) : ①난조(鸞鳥)를 뒷면에 새긴 거울 ②거울을 통틀어 이르는 말.
1805)양셩(陽城), 하치(下蔡) : 지명. 중국 전국시대 초나라의 귀족들의 봉지(封地).
1806)양셩(陽城)과 하치(下蔡)ᄅᆞᆯ 놀니던 회두일쇼ᄇᆡᆨ미싱(回頭一笑百美生) : 중국 전국시대 초나라 시인 송옥(宋玉)의 부(賦) <등도자호색부(登徒子好色賦)>의 "언연일소(嫣然一笑 : 눈웃음치며 한번 웃을라치면) // 惑陽城(양성의 귀인들이 넋을 잃고) // 迷下蔡 하채의 왕손들이 정신을 잃네)"와 당나라 때의 시인 백낙천(白樂天)의 <장한가(長恨歌) 가운데 "회두일소백미생(回頭一笑百媚生; 고개를 돌려 한번 미소지으면 온갖 아름다움 피어나) 육궁분대탈미색(六宮粉黛無顔色; 육궁의 곱게 단장한 여인들 안색을 잃는다네) 구절을 절충한 표현.
1807)침이(寢庖) : 침상(寢床) 한 끝.
1808)쥬마(走馬) : 내닫는 망아지.
1809)득승(得承) : 웃어른을 만나 뵘.

업셔, 노력(老力)의 뇌고(勞苦)ᄒ믈 닛고, 침뎐(寢殿) 밧긔 몸을 움죽여 죵일 난두(欄頭)의 방황ᄒ여 냥숀(兩孫)의 져믈게야 도라오믈 시름ᄒ니1810), 조틱비 존고의 당년 흉심 극악ᄒ미 다만 셰간의 호람후와 뉴부인 밧근 ᄌ와 뷔(婦) 【46】 업ᄂᆞᆫ가 너기고, 명텬공 싱시로븟허 상모(象母)1811)의 포(暴)와 민모(閔母)1812)의 악(惡)을 나ᄂᆞ 딕로 ᄒ여, ᄌ긔 부부 ᄌ녀를 다 업시코져 ᄒ고, 남은 독쉬(毒手) 지어유복(至於遺腹)1813)의 밋츠며, 쳥문·효문이 유복지초(遺腹之初)로 븟허, 만상긔고(萬狀奇苦)1814)를 경녁(經歷)ᄒ며, 흉독흔 독쉬(毒手) 셩·웅 졔숀(諸孫)의게 밋쳐, ᄌ긔 ᄌ녀부(子女婦)1815) 졔숀은 삼기니 족족 쓰드러1816) 셔릭져 ᄌ최를 업시코져 ᄒ던 바로뼈, 니졔 믄득 그 호심낭슐(虎心狼術)1817)이 져딕도록 회진기셩(回進其性)ᄒ기의 밋쳐시믈 ○○[보니], 도로혀 이상(異常) 회귀(稀貴)ᄒ미[여] 셰월이 오릴ᄉ록 【47】 시롭고, 녯날 ᄌ긔 모녀 부부의 겻근 바 참난이 싱각ᄒ올ᄉ록 골이 ᄎᆞ고 쎄 쓸히니, 금일도 위틱부인의 셩·웅 냥숀 기다리시미 이딕도록 졀ᄒ시믈 보미, 유연(油然)이1818) 변식(變色) 《참이‖참연(慘然)》ᄒ믈 씨닷지 못ᄒ니, 조부인 갓흔 슉녀 현뷔 엇지 조곰이나 셕ᄉ를 상상(想想)ᄒ여1819) 존고를 원한ᄒ미 이시리오만은, ᄌ연이 셕ᄉ를 회감(回感)ᄒᆞᆫ 업지 아니ᄒ여, 면식(面色)이 변이(變移)ᄒ믈 씨닷지 못ᄒ니, 위틱부인은 녯날 흉험(凶險) 포려(暴戾)ᄒ나 쥰쥰(蠢蠢)1820) 무지(無知)ᄒ여 간【48】교흔 인믈은 아니던 고로, 목금 기과쳔션(改過遷善) 이후로ᄂᆞᆫ 너모 무릉(無能) 질박(質朴)ᄒ여 만ᄉ를 다 마음딕로 힝홀지언졍, 사름의 눈츼를 바히 아지 못ᄒᆞᆫ 고로, 조부인 불호지식(不好之色)을 아지 못ᄒ딕, 뉴부인은 영오 총명흔지라. 조부인 심ᄉ를 지긔(知機)ᄒ고, 심하의 시로이 슈괴(羞愧)ᄒ믈 마지 아니ᄒ더라.

가장 느ᄌ미, 황혼 씨 바야흐로 평진왕과 승상이 ᄌ질을 거ᄂ려 퇴조(退朝)ᄒ여 도라오니, 녀로(女奴) 남복(男僕)이 환열ᄒ여, 몬져 졍당의 신보(迅報)ᄒ니, 냥딕왕모(養

1810)시름ᄒ다 : 시름하다. 근심하다. 걱정하다.
1811)상모(象母) : 순(舜)임금의 이복동생인 상(象)의 생모. 남편 고수(瞽瞍)와 아들 상과 함께 전처소생인 순(舜)을 죽이기 위해 갖은 악행을 자행했다.
1812)민모(閔母) : 중국 춘추시대 노나라 현인 민자건(閔子騫)의 계모. 추운 겨울날 자신의 친아들에게는 두터운 솜옷을 입히면서도 전처소생의 의붓아들인 민자건에게는 갈대를 넣은 옷을 입히는 등으로 자건을 학대하였다. 남편이 이를 알고 쫓아내려 하자 자건이 말려 출화(黜禍)를 면했는데, 이 사실을 안 그녀는 이후 자신의 잘못을 뉘우치고 자건을 잘 보살폈다고 한다. *민자건(閔子騫); 중국 춘추 시대 노나라의 현인. 공자의 제자. 이름은 손(損). 자는 자건. 공문십철의 한 사람으로, 효행이 뛰어났다.
1813)지어유복(至於遺腹) : 복중(腹中)에 있는 아버지를 여읜 자식에게까지 이름.
1814)만상긔고(萬狀奇苦) ; 온갖 기상천외(奇想天外)한 고통.
1815)ᄌ녀부(子女婦) : 아들 딸 며느리를 함께 이르는 말.
1816)쓰들다 : 꺼들다. 끌어당기다. 잡아 쥐고 당겨서 추켜들다.
1817)호심낭슐(虎心狼術) : 범의 사나움과 늑대의 교활함.
1818)유연(油然)이 : 유연(油然)히. 생각 따위가 저절로 일어나는 형세가 왕성하게.
1819)상상(想想)ᄒ다 : 곱씹어 생각하다.
1820)쥰쥰(蠢蠢) : 어리석고 미련함.

大王母)1821)와 일가 제친이 만면쇼용(滿面笑容)으로 깃【49】븐 우음이 영ᄌ(盈滋)ᄒ
여 마즈니, 동창후와 북평공이 연망이 츄창(趨蹌) 비알(拜謁)ᄒᆯ시, 팔쳑 장신의 픔복이
휘황ᄒ고 일요(逸腰)1822)의 보듸(寶帶)1823) 궁그러시니1824), 반월텬뎡(半月天庭)1825)
의 ᄌ금관(紫金冠)이 정제(整齊)ᄒ고 의슈(衣袖) 스이의 피옥(佩玉)이 명낭(明朗)ᄒ니,
슈앙(秀仰) 동탕(動蕩)ᄒᆫ 신위(身威) 더옥 시로와, 니슬(離膝) 긔년(朞年)의 언건(偃蹇)
늠늠(凜凜)ᄒ여, 쇼호(少昊)1826)의 신긔러온 ᄌ질이 더옥 비범ᄒ고, 《훤원∥헌원(軒
轅)1827)》의 텬원디방(天圓地方1828))이 시로이 《당탕∥당당(堂堂)》ᄒ여 틱산암암지
풍(泰山巖巖之風)1829)과 딕히용용지양(大海溶溶之樣)1830)이 금일의 더옥 빗난 듯ᄒ니,
그 우연ᄒ 타인이라도 우러러 공경츄복(恭敬推服)1831)ᄒ고 불감앙시(不敢仰視)ᄒ려
【50】든, 그 존당부모지심(尊堂父母之心)이리오.

위·조 냥틱부인은 밋쳐 그 절ᄒᆞᆯ 기다리지 못ᄒ고, 연망이 손을 닛그러 아름답고
귀즁ᄒᆞᆷ를 니기지 못ᄒ고, 《뎐∥뎡》·진 이비(二妃)ᄂᆞᆫ 아험(娥臉)의 반기ᄂᆞᆫ 우음이
ᄌ연ᄒ니, 각각 면여츈풍(面如春風)이라. 동창후와 북공이 좌슈우응(左酬右應)의 화안
셩모(和顔星眸)의 승안(承顔) 화긔(和氣) ᄀᆞ득ᄒ여, 화셩유어(和聲柔語)로 틱왕모와 왕
모의 긔년 존후와, 부모 졔친의 존후를 다 뭇ᄌᆞᆸ고, 군종 졔졔를 도라보아 면면이 별졍
(別情)을 베플고, 각각 부인을 보니, 쇼·엄 냥부인과 경·쥬·셔 삼부【51】인이 각
각 셩장아틱(盛裝雅態)로 옥면화험(玉面花臉)1832)의 화긔 가득ᄒ여 좌의 버러시니, 셔
쇼져ᄂᆞᆫ 밋쳐 싱산지경(生産之慶)이 업스나, 동창후 부인 쇼·엄 냥부인과 북평공 원비
경시와 ᄎ비 쥬시ᄂᆞᆫ 임의 옥슈닌벽(玉樹麟璧)갓흔 ᄌ녜 잇ᄂᆞᆫ지라.

각각 유뫼 슈삼셰 아공ᄌ(兒公子)와 강보 아쇼져(兒小姐)를 안아 좌우의 버러시니,

1821) 냥틱왕모(養大王母) : 양증조할머니를 높여 이르는 말.
1822) 일요(逸腰) : 늘씬한 허리.
1823) 보듸(寶帶) : 보옥(寶玉)으로 장식한 띠.
1824) 궁글다 : 착 달라붙어 있어야 할 물건이 사이가 떠서 벌어져 있거나 들떠서 속이 비어 있다. 여기에
　　　서는 보대(寶帶)가 허리에 착 달라붙도록 꽉 졸라매어 있지 않고 사이가 뜰 정도로 느슨하게 매어 있
　　　는 모양을 표현한 말이다. 본래 관대(官帶)는 조복(朝服)에 구김이 가지 않도록 느슨하게 매었다.
1825) 반월텬뎡(半月天庭) : 반달 모양의 이마. 천정(天庭)은 관상(觀相)에서 양 눈썹의 사이, 또는 이마의
　　　복판을 이른다.
1826) 쇼호(少昊) : 중국 태고 때에 있었다는 전설상의 임금. 황제의 아들로 이름은 현효, 금덕이었고, 천
　　　하를 다스리게 되었으므로 호를 금천씨(金天氏)라고 부른다. 가을을 다스리는 신으로 알려져 있다.
1827) 헌원(軒轅) : 중국 신화 전설상의 제왕. 『사기(史記)』에 의하면 황제(黃帝)는 이름을 헌원(軒轅)이라
　　　고 하며 당시의 천자 신농씨(神農氏)를 대신하여 염제(炎帝)·치우(蚩尤) 등과 싸워 이겨 천자가 되었
　　　다고 함. 황제는 중국 문명의 개조(開祖)로 간주된다.
1828) 텬원디방(天圓地方) : 하늘은 둥글고 땅은 네모남을 이르는 말. 출전 《여씨춘추전(呂氏春秋傳)》. 여
　　　기서는 이마 부분이 네모지고 턱 부분이 둥근, 얼굴 모양을 말한다.
1829) 틱산암암지풍(泰山巖巖之風) : 태산의 높고 위엄있는 풍채.
1830) 딕히용용지양(大海溶溶之樣) : 큰 바다의 넓고 조용한 모양.
1831) 공경츄복(恭敬推服) : 공경하여 높이 받들고 복종함.
1832) 옥면화험(玉面花臉) : 옥처럼 흰 얼굴의 꽃처럼 아름다운 뺨.

동창후의 단묵(端默)홈과 북공의 엄웅(嚴雄)ᄒ미 비록 규합의 침닉(沈溺)ᄒ미 업ᄉ나, 뇨됴슉녀(窈窕淑女)는 문왕(文王) 갓흔 셩인도 오히려 오미구지(寤寐求之)1833)ᄒ시고, 견젼반측(輾轉反側)ᄒᄉ 하쥬(河洲)1834)의 구ᄒᆫ신 비니, ᄒ믈며 쇼·엄·경·쥬·셔 등【52】이 잠영문미(簪纓門楣)1835)의 ᄃᆡ가슉녀(大家淑女)로 식덕ᄌᆡ용(色德才容)이 족히 ᄉ후(死後)의 하쥬(河洲)의 계시믈 니을 슉녀현완(淑女賢婉)1836)이라. 동창후와 북공이 엇지 공경즁ᄃᆡ(恭敬重待)치 아니리오.

비록 존젼의 셜만(褻慢)ᄒᆫ 거죄 업ᄉ나, ᄌᆞ연ᄒᆫ 화긔 안모(顔貌) 츈풍이 이이(怡怡)ᄒ여 봄빗치 가득ᄒ니, 존당 부모의 좌우 고면(顧眄)ᄒ여 두굿기며 이즁ᄒ믄 인간 만물의 견조아 비홀 곳이 업더라.

존당 부모는 좌우로 손을 잡으며 등을 어로만져 별회니졍(別懷離情)이 탐탐ᄒᆫ 가온ᄃᆡ, 창후의 년쇼 셔싱으로 능히 동토의 공극(空隙)ᄒᆫ 슈ᄌᆡ지환(水罹災患)1837)을 진졍ᄒ여 【53】탕화(湯火)1838)의 죽어가는 ᄇᆡᆨ셩을 슬 ᄯᆞ히 두어, 우흐로 황상의 뇽우(龍憂)를 덜고, 아ᄅᆡ로 부모 쳐ᄌᆞ의게 은영이 슌슌(淳淳)1839)ᄒ믈 두굿기는 언에(言語) 탐탐ᄒ니, 냥인이 호치단슌(皓齒丹脣)이 움죽이는 가온ᄃᆡ 셩음이 도도(滔滔)ᄒ여, 창후는 동토 슈쳔니 지방이 공허ᄒ여, 젼애(田野) 황무ᄒ고 평쳔 광야의 쇼(沼)를 일워 슈셰 참엄(斬嚴)ᄒ던 연유와, ᄌᆞ긔 스스로 시슈(時數)를 혜아려 텬디의 고축셜졔(告祝設祭)ᄒ미, 능히 열운 졍셩이 신기를 감응ᄒ여 신명의 보조ᄒ시믈 닙어, 삼일삼야 풍셜ᄃᆡ우(風雪大雨) 가온ᄃᆡ 업츅(業畜)을 싱금(生擒)ᄒ【54】고, 지방을 평졍ᄒ여 슈히 공을 일우미, '젼혀 셩쥬의 졔텬 늉복(隆福)과 동토ᄇᆡᆨ셩의 복이 만흐미라' ᄒ여 고(告)홀 지언졍, 이 당즁의 타인이 잇지 아니ᄒᆞᄃᆡ, 조곰도 ᄌᆞ긔 ᄌᆡ조와 지혜를 ᄌᆞ랑치 아니ᄒ나, ᄌᆞ연 이 가온ᄃᆡ 창후의 신긔묘산(神技妙算)은 표표이 드러나니 좌위 감탄치 아니리 업고, 북평공은 금번 걸안 흉봉(凶鋒)을 슈이 초안(招安)ᄒ믄 젼혀 다 뎡의쳥의 신긔묘산(神技妙算)이 한신(韓信)1840) 쥬아부(周亞夫)1841)의 지난 ᄌᆡ죄(才操) 이시므로 ᄌᆞ긔는 도로혀 촌젼지공(寸戰之功)도 셰운 ᄇᆡ 업시, 녈후(列侯) 작상(爵賞)이 과ᄒ시믈 일ᄏᆞ라, 형졔 냥인의 공을 ᄉᆞ양ᄒ【55】며 ᄌᆡ조를 ᄌᆞ랑치 아니ᄒ미, 션후와 종말이 한갈 갓흐여, ᄂᆡ외일쳥(內外一淸)1842)ᄒ고 표리일낭(表裏一朗)1843)ᄒ여 만고 셩인군지

1833) 오미구지(寤寐求之) : 자나 깨나 구함.
1834) 하쥬(河洲) : 강 가운데 있는 모래톱.
1835) 잠영문미(簪纓門楣) : 대대로 높은 벼슬아치를 배출하여 나라에 공이 많은 문벌.
1836) 슉녀현완(淑女賢婉) : 어질고 아름다운 숙녀.
1837) 슈ᄌᆡ지환(水罹災患) : 수재(水災). 장마나 홍수로 인한 재난.
1838) 탕화(湯火) : 끓는 물과 타는 불.
1839) 슌슌(淳淳) : 물이 넓고 깊게 흐르는 것처럼 정이 두터운 모양.
1840) 한신(韓信) : ? - BC196. 중국 한(漢)나라 때의 무장(武將). 한 고조를 도와 조(趙)·위(魏)·연(燕)·제(齊)나라를 멸망시키고 항우를 공격하여 큰 공을 세웠다.
1841) 쥬아부(周亞夫) : 중국 전한(前漢) 전기의 무장, 정치가. 오초칠국(吳楚七國)의 난을 평정해 공을 세웠고 승상에 올랐다.

지좌ᄒ시나 무블하지(無不瑕疵)오.

ᄎᄎ 흔셜(閑說)이 종용ᄒ여 동졔공의 동졔 반역을 교유ᄒ던 ᄉ의(辭意)의 다ᄃ라ᄂ, 위틱부인이 바야흐로 위방 흉인의 반상이런 쥴 알믹, 역경(亦驚) ᄎ악(嗟愕)ᄒ여 츄연 탄왈,

"방이 비록 미쳔ᄒ나 션형(先兄)의 ᄭᅵ친 일믹(一脈)이어늘, 엇지 역텬지역(逆天之域)의 범죄ᄒ여 하마면 문회(門戶) 졀망(絕亡)ᄒ고 욕급조션(辱及祖先)ᄒ기의 니를 번 ᄒ니, 드ᄅ믹 엇지 놀납고 ᄎ악지 아니ᄒ리오. 불ᄒᆡᆼ 【56】ᄒᆫ 가온ᄃᆡ 오히려 슈형(受刑)을 완젼ᄒ여, 안이ᄉ(安而死)ᄒ고 조션(祖先)의 욕이 밋지 아니ᄒᆷ이 도로혀 만ᄒᆡᆼ이로다."

창휘 우쥬(又奏) 왈,

"위공의 무ᄉ(無事) 평셕(平席)ᄒ옴도 종형의 인의위덕(仁義威德)으로 넙이 교화ᄒ미니이다."

틱부인이 츄연 감상ᄒ기를 마지 아니ᄒ니, 자부 졔손이 도로혀 호언으로 관위ᄒ더라. 가장 야심ᄒ미 각기 ᄉ실ᄒ다.

명조의 외당의 하긱이 브졀여류(不絕如流)ᄒ니, 호람휘 ᄌ질 졔손을 거ᄂ려, 딕빈 졉긱ᄒ미 밤으로ᄡᅥ 낫을 니어시니, 장안 딕도(大道)의 슐위 박회 닌닌(轔轔)1844)ᄒ고 벽졔(辟除) 훤화(喧譁)ᄒ며, 마졔(馬蹄) 【57】분분(紛紛)ᄒ여 못ᄂ 손이 다 뉴·하·뎡 삼부 부문의 메여시니, 갓득 번화ᄒ던 부문이 더옥 요요(擾擾)ᄒ여 네 거리 여ᄉᆺ 져즈를 일워시니, 취운산 젼뇌(前路) 협익(狹隘)ᄒ여 엇게 가야이고1845) ᄒᆡᆼ인이 능히 길을 여지 못ᄒ더라.

졔궁의셔 바야흐로 화쇼졔 귀가ᄒ고, 한쇼졔 은심뎡을 ᄯᅥ나 녯 침쇼의 도라오니, 북평휘 주부인의 무ᄉᄒᄆᆯ 깃거ᄒ나, 조부인의 명셩특초(明聖特超)ᄒᆫ 긔질노 벅벅이 봉변 환난 가온ᄃᆡ 힘힘이 요몰(夭歿)치 아닐 쥴 명명지긔(明明知機)ᄒ나, 그 옥골 방신이 아모 곳의 뉴락(流落)ᄒᄆᆯ 【58】아지 못ᄒ니, 빅년지음(百年知音)1846)으로 규즁의 익우(益友)를 일흔 듯ᄒ지라. 위ᄒ여 지음을 앗기고 그 뉸(倫)이1847)의 ᄲᅱ여난 셩덕 ᄌ질노, 홍안(紅顔)의 니극지ᄉᆡᆨ(已極之猜)를 면치 못ᄒᄆᆯ 슬허, 장부 웅심과 군ᄌ 딕량이나 슉식 침좌의 장탄단우(長嘆悑憂)1848)ᄒ여, 남모로ᄂ 슈위(愁憂) 쳑쳑(慽慽)ᄒᄆᆯ

1842) 닉외일쳥(內外一淸) : 안과 밖이 한결같이 맑음.

1843) 표리일랑(表裏一朗) : 겉과 속이 한결같이 밝음.

1844) 닌닌(轔轔) : 수레바퀴가 삐거덕거리며 굴러가는 소리.

1845) 가야이다 : 스치다. 서로 살짝 닿으면서 지나가다.

1846) 빅년지음(百年知音) : 서로 마음이 통하는 부부를 비유적으로 이른 말. *백년(百年); 백년가약(百年佳約)을 맺은 부부에 대한 비유. *지음(知音); 마음이 서로 통하는 친한 벗을 비유적으로 이르는 말. 거문고의 명인 백아가 자기의 소리를 잘 이해해 준 벗 종자기가 죽자 자신의 거문고 소리를 아는 자가 없다고 하여 거문고 줄을 끊었다는 데서 유래한다. ≪열자(列子)≫의 <탕문편(湯問篇)>에 나오는 말이다.

1847) 뉸(倫)이 : 무리. *윤(倫) : 무리.

씨닷지 못ᄒᆞ나, 즁인 공회의ᄂᆞᆫ 긔ᄉᆡᆨ이 타연ᄒᆞ고 화긔 젼일(專一)ᄒᆞ여, ᄒᆡᆼ혀도 구구ᄒᆞ미 업ᄉᆞ니, 명(明)ᄒᆞᆫ 존당과 철(哲)ᄒᆞᆫ 부모슉친이 그 심쳔(心泉)을 억냥(憶量)ᄒᆞᆯ지언졍, 타인이 아지 못ᄒᆞ니, 우혹(愚惑)ᄒᆞᆫ 즈ᄂᆞᆫ 도로혀 죠【59】부인의 셩ᄌᆞ 광휘와 유한슉뇨(幽閑淑窈)ᄒᆞ므로ᄡᅥ, 부부의 견과(見過)ᄒᆞ미 깁던가 의혹ᄒᆞ더라.

니러구러 여러날이 지나고 하긱이 긋쳐지미, 동졔공과 북휘 존명을 니어 각각 스실의 나아가 부인을 셔로 볼ᄉᆡ, 졔공은 관인후덕ᄒᆞᆫ 군진라. 연시의 불초 우픠ᄒᆞᆯ믈 아란지 오릭니, 시로이 《족슈∥족가(足枷)1849)》ᄒᆞ미 군ᄌᆞ의 이인협화(愛人協和)ᄒᆞᄂᆞᆫ 인의(人義) 아니라 ᄒᆞ여, 스스로 가옹(家翁)의 눈 어둡고 귀 먹기를 효측ᄒᆞ여, 일현당의 나아가 장부인을 보아 니회(離懷)를 펴고, 버금날 연시 【60】침쇼의 나아가 위로ᄒᆞᆯᄉᆡ, 연시 반갑고 깃부미 극ᄒᆞ나, 일변 져의 미몰ᄒᆞᆷ믈 은노(隱怒)ᄒᆞ여 믄득 졍ᄉᆡᆨᄒᆞ고 공치ᄒᆞ여1850) 갈오ᄃᆡ,

"쳡은 한문미질(寒門微質)이라. 장부인이 ᄃᆡ가슉녀(大家淑女)로 ᄉᆡᆨ덕(色德)이 겸비ᄒᆞ여 군ᄌᆞ의 ᄂᆡ조를 웅거ᄒᆞ미, 종고지낙(鐘鼓之樂)1851)이 '국풍(國風) ᄃᆡ아(大雅)'1852)를 노릭ᄒᆞ고 쥬아(周雅)1853)의 명풍(名風)이 혁연(赫然)ᄒᆞ니, 엇지 농쵹(籠燭)1854)의 무염(無厭)ᄒᆞᆫ 욕심으로 그 밧글 바라리오. 스스로 아라 물너 분(分)을 직희고져 ᄒᆞᄂᆞ니, 고어에 왈,

"녕위계구(寧爲鷄口)언졍 무위우휘(無爲牛後)라1855) ᄒᆞ니, 쳡이 비록 존문 셩당(成黨)【61】ᄒᆞᆫ 겨릭와 울1856) 셴 가문의 드러와, 《혼∥혼(魂)》아여1857), 텬동(天動)의 놀난 잠츙(蠶蟲) 갓거니와, 근본인즉 금지옥엽(金枝玉葉) 여믹(餘脈)이라. 우혹(愚惑)ᄒᆞᆫ 쇼견이나 혜아리건ᄃᆡ, 사름의 하등이 되여 그리 능답(陵踏) 쳔ᄃᆡ(賤待)ᄂᆞᆫ 즐겨 감심치

1848)장탄단우(長嘆博憂) : 길게 탄식하며 근심함.
1849)족가(足枷) : 도망치지 못하도록 발에 족가(足枷; 차꼬)나 족쇄(足鎖; 쇠사슬) 따위를 채우다. 아랑곳하다. 참견하다. 다그치다. 탓하다. 따지다.
1850)공치(攻治)ᄒᆞ다 : 비난하다. 힐뜯다.
1851)종고지락(鐘鼓之樂) : 종과 북을 치며 즐긴다는 뜻으로, 부부 사이의 화목한 정을 이르는 말. 시경 '관저(關雎)' 시의 "요조숙녀 종고낙지(窈窕淑女 鐘鼓樂之)"에서 따온 말.
1852)국풍(國風) ᄃᆡ아(大雅) : 『시경』의 편명(編名). <국풍(國風)>은 『시경』 중에서 민요 부분을 통틀어 이르는 말로 정풍과 변풍이 있으며 모두 160편이다. <대아(大雅)>는 <소아(小雅)>와 함께 주(周)나라 궁중음악인 아악을 말하는데, 모두 31편으로 되어 있다.
1853)주아(周雅) : 『시경(詩經)』의 <소아(小雅)>·<대아(大雅)> 두 편을 말함. 이 편에는 주(周)나라 문왕(文王)의 후비(后妃)인 태사(太似)가 나무가 가지를 드리우듯 첩들에게 은덕을 드리워 첩들이 그녀를 공경하고 그 덕을 기려 집안이 화평했다는 <규목> 시 등 여성의 부덕(婦德)과 관련된 내용들이 있음.
1854)농쵹(籠燭) : 늑등촉(燈燭). 대오리(댓조각) 등으로 살을 만들고 종이를 씌워 원형 또는 정방형의 등을 만들어 그 속에 촛불을 켜는 기구. *여기서는 <주아(周雅)>의 태사(太似)와 같은 색덕(色德)을 겸비하여 남편의 중대를 받고 있는 장부인을 빗댄 말로 쓰였다.
1855)녕위계구(寧爲鷄口) 무위우휘(無爲牛後) : 닭의 머리가 될지언정 소의 꼬리는 되지 말라는 뜻으로, 작은 조직에서 남의 우두머리가 될지언정 남의 밑에서 부림을 받는 사람이 되지 말라.
1856)울 : 울타리.
1857)아이다 ; 아이다 : 앗기다. 빼앗기다.

아닐가 ᄒᆞᄂᆞ니, 군ᄌᆞᄂᆞᆫ 니럿ᄎᆞᆺ 슬흔 바ᄅᆞ뼈, 강잉(强仍)ᄒᆞ여 뭇지 마ᄅᆞ쇼셔.”

셜파의 목용(目容)을 그덕이고, 두용(頭容)을 직(直)ᄒᆞ여, 가장 진즁컨 체ᄒᆞᄂᆞᆫ 거동이 더옥 가쇼로온지라. 졔공이 쳥미파의 어히 업고 가쇼로아, 시슬(視膝)[1858]ᄒᆞ던 봉안(鳳眼)이 거듭 ᄡᅳ믈 ᄲᅵ【62】닷지 못ᄒᆞ고, 안상(顔上)의 졈은[1859] 빗치 니러나믈 면치 못ᄒᆞ니, 사일츄파(斜日秋波)[1860]ᄅᆞᆯ 길게 흘녀 냥구쳠예(良久瞻睨)[1861]ᄒᆞ니, 한 쥴 찬 긔운이 찬난ᄒᆞ여 연시의 신상의 빗최ᄂᆞᆫ지라. 연시 ᄌᆞ쇼(自少)로 우람 광망ᄒᆞ여 일신이 도시담(都是膽)[1862]이나, 본ᄃᆡ 가부ᄂᆞᆫ 긔탄(忌憚)ᄒᆞᄂᆞᆫ지라. 무심히 말노뼈 공치ᄒᆞ여 져의 긔식을 믹밧고져[1863] 시험ᄒᆞ미러니, 져의 ᄎᆞ고 미온 낫빗치 참엄(斬嚴)ᄒᆞ여 구츄상풍(九秋霜風)[1864]의 장홍(長虹)[1865]이 늠늠(凜凜)ᄒᆞ니, 비록 춘양(春陽)의 화긔(和氣)ᄅᆞᆯ 밧고지 아니ᄒᆞ나, 하일(夏日)의 두리온 긔상【63】이 지하ᄌᆞ(在下者)로 ᄒᆞ여곰 안심치 못ᄒᆞᆯ 비라. 스ᄉᆞ로 뉴니(忸怩) ᄌᆞ괴(自愧)ᄒᆞ믈 ᄭᆡ닷지 못ᄒᆞ니, 히음업시 옥안(玉顔)이 담홍(淡紅)ᄒᆞ고, 진슈(眞水)[1866] 뉴미빈져(柳眉鬢底)[1867]의 나죽ᄒᆞ믈 면치 못ᄒᆞᄂᆞᆫ지라.

졔공이 슉시냥구(熟視良久)의 안식을 싁싁이 ᄒᆞ고, 말슴을 엄졍이 ᄒᆞ여, 니ᄅᆞ딕,

“만싱이 슈졸(雖拙)ᄒᆞ나 왕후 ᄌᆞ졔로, 빅졍(白丁)[1868]의 쳔ᄒᆞᆷ이 업고, 지슈존(子雖尊)ᄒᆞ나 초왕녀의 귀ᄒᆞᆷ의 지나지 못ᄒᆞ리니, 싱의 쳐실이 되미 무어시 욕되미 잇관ᄃᆡ, 미양 가문과 위셰ᄅᆞᆯ 빙ᄌᆞᄒᆞ여 가부(家夫)ᄅᆞᆯ 능【64】답(陵踏)ᄒᆞ고 원비ᄅᆞᆯ 능경(凌輕)ᄒᆞᄂᆞ뇨? 장시 ᄯᅩ 딕가(大家) 문미(門楣)의 뇨됴가인(窈窕佳人)이라. ᄌᆞ의 위굴하등(位屈下等)[1869]ᄒᆞ미 ᄯᅩᄒᆞᆫ ‘진희(晉姬) 젹녀(翟女)의게 양위(讓位)ᄒᆞ여 됴시(趙氏)의 쳡이 되기’[1870]의셔 욕되지 아니ᄒᆞ려든, 엇지 미양 언ᄉᆞ의 픽만(悖慢)ᄒᆞᆷ과 힝실의 무힝(無

1858) 시슬(視膝) : ①시선이 무릎을 향함. 시선이 무릎을 향하도록 눈을 내려 뜸. ②시선을 단정히 가짐.
1859) 졈다 : 젊다. ①나이가 한창 때에 있다. ②혈기 따위가 왕성하다 *여기서는 혈기(분노의 감정)가 강하게 솟구치다는 뜻.
1860) 사일츄파(斜日秋波) : 비스듬히 내려 뜬 가을 물결처럼 맑은 눈빛.
1861) 냥구쳠예(良久瞻睨) : 오랫동안 노려봄.
1862) 도시담(都是膽) : 매우 담이 크고 뻔뻔함.
1863) 믹밧다 : 살피다. 시험(試驗)하다.
1864) 구츄상풍(九秋霜風) : 구월 가을 하늘의 서릿바람.
1865) 장홍(長虹) : 긴 무지개.
1866) 진슈(眞水) : 다른 것이 섞이지 아니한 순수한 물. 곧 눈물을 달리 표현한 말.
1867) 뉴미빈져(柳眉鬢底) : 눈썹과 귀밑머리 아래.
1868) 빅졍(白丁) : 소나 개, 돼지 따위를 잡는 일을 직업으로 하는 사람. =백장. 늑도가(屠家)
1869) 위굴하등(位屈下等) : 지위를 굽혀 아래 등급으로 낮춤.
1870) 중국 춘추시대 진(晉)나라 문공(文公)은 자신의 패업(霸業) 달성의 1등공신인 조최(趙衰)의 공을 갚기 위해, 자신의 누이동생(晉姬)을 그에게 시집보냈다. 그런데 당시 조최는 이미 적(翟)나라의 여인과 혼인을 한 몸이어서, 군왕의 누이동생과 혼인을 한 조최는 어쩔 수 없이 적녀(翟女)와 이혼을 할 수밖에 없었다. 그러나 진희가 어진 덕으로 적녀와 함께 조최를 섬기기를 원해, 결국 진문공이 적녀를 조최의 부인으로 허락함으로써, 세 사람이 함께 결혼생활을 할 수 되었는데, 위 본문의 ‘진희(晉姬) 젹녀(翟女)의게 양위(讓位)ᄒᆞ여 됴시(趙氏)의 쳡이 되기’는, 바로 이 일을 말한 것이다. 진희(晉姬)는 진문

行)호믈 방즈히 호여, 구가(舅家)를 업슈히 너기느뇨? 고인이 쓸을 가(嫁)홀 쩌의 경계 호여 니로되, '네 다시 이 문의 님(臨)치 말나' 호니, 이는 그 즈이(自愛) 혈호미 아니라, 거(去)호는 환(患)을 두리미니, 즈(子)의 힝스를 볼진되, 가히 그 몃 【65】 번 거(去)호기의 가(可)호뇨만은, 힝혀 존당이 관후인덕(寬厚仁德)호샤, 쇼쇼(小小) 불미지스(不美之事)를 용셔호시미 만코, 싱이 쏘 가옹(家翁)의 귀먹으며 눈 어두믈 올히 너기는 고로, 되악(大惡)의 삭시 아닌 후는 요란이 거(去)호는 거조를 니르혀, 우혹(愚惑)호 녀즈의 취루(醜陋)호 허물을 낫하 니고져 아니호므로, 범스의 춤는 빅 만커늘, 즈의 무식용녈호미 종시 존당의 셩덕과, 가부의 푸러지믈 아지 못호고, 스스로 즈긔 힝신 쳐스의 용녈호믈 씨닷지 못호여, 뉘웃 【66】 출 줄을 아지 못호고, 다함 방일 우픠호 힝스와 무힝부도(無行不道)호 언스를 삼가지 아니호니, 종시 곳칠 줄을 모로고 졈졈 방약호여, 즈긔 힝신이 스스의 긔특호기로, 구가 합문과 가뷔 허물을 모로는 줄노 아라 즈득(自得)호거니와, 사름이 각각 심쳔(深淺)의 혜아리믄 잇느니, 한번은 춤고 두번은 용셔호나, 그 여러번의 밋츤 즉 반드시 무더두지 못호고, 한번 츌화(黜禍)는 면치 못호리니, 모로미 너모 즈득지 말나. 이 당즁이 닉 집이오, 쳐즈 【67】 의 스실일시 츠즈 드러왓느니, 닉 드러오고 시부면 드러오고, 말고 시부면 아니 드러오리니, 그되 엇지 나의 츌입 거쳐를 자단(自斷)호며, 싱이 슉믹불변(菽麥不辨)¹⁸⁷¹이 아니어니, 쳐즈의 호령을 조ᄎ 츌입을 임의로 못호리오? 싱의 즈최를 진실노 괴롭다 홀진되, 스스로 물너 친측의 도라 가나, 쏘흔 말니지 아니리니, 그되 평싱 계활(契活)을 스스로 홀지어다."

셜파의 긔운이 싁싁호여 북풍한쳔(北風寒天)의 츄상(秋霜)이 번득이는 둧호니, 【68】 연시 되참(大慙) 늇니(恧怩)호여 되답홀 말이 업스니, 머리를 슉이고 분호 눈물이 년낙(連落)호여 화싁(華腮)¹⁸⁷²를 젹시니, 졔공이 모로는 쳬호고, 시녀(侍女)를 불너 금금(錦衾)을 포셜(鋪設)호라 호고, 관영(冠纓)을 히탈(解脫)호고 단의침건(單衣寢巾)¹⁸⁷³으로 즈긔 침셕(寢席)의 나아가, 연시를 다시 아른 쳬 아니호고 한잠을 쾌히 즈고 계셩(鷄聲)을 응(應)호여 나아가니, 연시 노흡고 이달오미 통입골슈(痛入骨髓)호나, 감히 졔공의 슉엄(肅嚴)호 위엄을 다시 침범치 못호여, ᄎ후 함분잉통(含憤忍痛)호미 만터라.

북후는 조부인이 【69】 가즁의 업스므로 몬져 한부인 침쇼의 나아가니, 부인이 싁로이 슈란(羞赧)¹⁸⁷⁴호 빗츨 쯰여 북후를 마즈 좌졍호미, 피ᄎ 묵묵호여 말이 업더니,

---

공의 누이동생이고 조씨(趙氏)는 조최(趙衰)를 말한다.
1871)슉믹불변(菽麥不辨) : 콩인지 보리인지를 구별하지 못한다는 뜻으로, 사리 분별을 못하고 세상 물정을 잘 모름을 이르는 말.
1872)화싁(華腮) : 고운 뺨.
1873)단의침건(單衣寢巾) : 속옷과 잠잘 때 머리에 쓰는 두건.
1874)슈란(羞赧) : 부끄러워 얼굴을 붉힘.

반향(半晌)이나 지난 후, 부인이 믄득 념임(斂衽)ᄒ여 나죽이 조부인의 봉변(逢變) 화
익(禍厄)을 일ᄏ고, 화(禍)의 근본이 ᄌ긔 집으로 년화(緣禍)ᄒ여 원비의 화익이 이의
밋쳐시니, 존당 구고의 양츈혜틱(陽春惠澤)이 비록 죄를 삼지 아니ᄒ시나, ᄌ긔 능히
안연 평셕ᄒ여 오늘날 군ᄌ 좌측의 뫼ᅌᅩᆸ고, 부영쳐귀(夫榮妻貴)ᄒᄂᆫ 경ᄉ를 홀【70】
노 당ᄒᄆᆯ ᄌᄎᆞ(咨嗟)ᄒ여 ᄉ죄(謝罪)ᄒ니, 온유ᄒᆫ 낫빗과 유한ᄒᆫ 틱되, 비록 죠부인의
한 업시 긔특ᄒᆫ 셩덕진화(聖德眞和)와 신셩명혜(神聖明慧)ᄒᆫ 셩명덕질(性命德質)을 바
라지 못ᄒ나, ᄯ혼 당셰의 희한ᄒᆫ 긔질을 디ᄒ여 온유ᄒᆫ 말ᄉᆷ을 드르니, 고인(古人)의
옥갓흔 긔질과 몱은 덕을 싱각ᄒᆡ, 장부 쳘장(鐵腸)이나 츄연 감회ᄒᆞᄆᆯ ᄭᆡ닷지 못ᄒ
여, 쳑연 장탄 왈,

"화복(禍福)이 지텬(在天)ᄒ고 유명(幽明)[1875]이 관슈(關數)[1876]ᄒ니, '츠역(此亦) 텬
야(天也)○[오], 명애(命也)라'[1877]. 죠시의 너모 탈속비범(脫俗非凡)ᄒᆫ 직덕(才德)으로
엇지 홍【71】안지ᄒᆡ(紅顔之害)를 잘 면ᄒ리오. 텬디신기(天地神祇) 한가지로 직앙을
나리오미니, 불기인녁(不羈人力)[1878]이라. 엇지 부인의 허물이 되리오. 슈연(雖然)이
나, 죠시ᄂᆫ 텬되 각별 유의ᄒ신 바 달슈영복(達壽永福)의 상(相)이라. 맛ᄎᆷᄂᆡ 봉변참익
(逢變慘厄) 가온ᄃᆡ 능히 지우보젼(支于保全)[1879]ᄒ여 타일 풍운의 길시를 맛나, 부견
텬일(復見天日)홀 날이 이시리니, 엇지 힘힘이 간인의 독슈의 ᄲᅥ러져, 풍진(風塵) 가온
ᄃᆡ 맛ᄎ리오."

한쇼졔 칭슈ᄒ고, 죠부인의 셩덕 인ᄌᄒ던 쥴 못ᄂᆡ 일ᄏ라, 그 맛난 바 참익을 슬허
ᄒᆡ 【72】ᄌ긔 지신의 당한 듯ᄒ니, 북휘 ᄯᅩ한 츄연ᄒ여 부뷔 셔로 위로ᄒ며 야심
ᄒᆡ, 금ᄃᆡ(金臺)의 옥쵹(玉燭)을 댱후(帳後)의 믈니고, 냥인이 원앙장(鴛鴦帳)[1880]을
한가지로 ᄒ니, 시로온 은졍이 산비ᄒᆡ박(山卑海薄) ᄒ더라.

명일야(明日夜)의 ᄯᅩ 화부인 침쇼의 나아가니, 화쇼졔 ᄯᅩ한 원비의 셩ᄌ광휘(聖姿光
輝)로 참참(慘慘)ᄒᆫ 누셜(陋說) 가온ᄃᆡ 봉변화익(逢變禍厄)ᄒ여, ᄉ싱(死生) 존문(存聞)
이 아득ᄒ니, 이 ᄯᆡ의 그 옥골 방신이 하쳐(何處)의 뉴락(流落)ᄒᄆᆯ 아지 못ᄒᄆᆯ 일ᄏ
라, 앗기고 슬허ᄒᆡ 친싱동긔(親生同氣)를 념녀홈 갓【73】ᄒ니, 북휘 한·화 냥부인
의 유한슉뇨(有閑淑窈)ᄒᆡ 녀영(女英)[1881]의 ᄭᅩᆺ다온 힝실이 가죽ᄒᄆᆯ 보니, 심난ᄒᆫ
가온ᄃᆡ나 ᄌ긔 쳐궁(妻宮)은 남달니 유복ᄒᄆᆯ ᄌ희(自喜)ᄒ니, 광미텬창(廣眉天窓)[1882]

1875)유명(幽明) : 저승과 이승. 죽음과 삶.
1876)관슈(關數) : 운명에 매여 있음.
1877)츠역(此亦) 텬야(天也)○[오], 명애(命也)라 : 이 또한 하늘의 뜻이고 운명이다.
1878)불기인녁(不羈人力) : 사람의 힘으로 벗어날 수 없음.
1879)지우보젼(支于保全) : 지탱하여 온전히 지켜냄.
1880)원앙장(鴛鴦帳) : 원앙을 수놓은 휘장.
1881)녀영(女英) : 순임금의 비(妃). 요임금의 딸로 언니 아황(娥皇)과 함께 순임금에게 시집가 서로 투기
　　하지 않고 화목하게 잘 살았으며, 순임금이 창오(蒼梧)에서 죽자 함께 소상강(瀟湘江)에 빠져 죽었다.
1882)광미텬창(廣眉天窓) ; 넓은 눈썹과 눈을 함께 이른 말. *천창(天窓); '눈'을 달리 표현한 말.

의 슈미(愁眉)1883)를 씌여, 역탄역쇼(亦嘆亦笑) 왈,

"젹은 일도 운쉬(運數)라. ᄎ역명애(此亦命也)니, 현마 어이ᄒᆞ리오. 우리 부인의 복녹 완비지상이 맛ᄎᆞᆷ닉 화즁요몰(禍中夭沒)치 아니ᄒᆞ리니, 타일 싱존ᄒᆞ여 빗닉 도라온즉, 경ᄉᆡ(慶事) 만쳡(萬疊)ᄒᆞ리니, 도로혀 오늘날 시름은 일장츈몽(一場春夢)이라. 삼부인이 규【74】합(閨閤)의 빗닉 모다, 싱의 닉조(內助)를 보익(補益)ᄒᆞ라."

셜파의 희연미쇼(喜然微笑)ᄒᆞ고, 다른 말ᄉᆞᆷ으로 한담ᄒᆞ다가 밤이 깁흐ᄆᆡ 부뷔 한가지로 나위(羅幃)의 나아가니라.【75】

1883)슈미(愁眉) : 근심에 잠겨 찌푸린 눈썹. 또는 그런 얼굴이나 기색

윤하뎡삼문취록 권지오십팔

차시 북휘 설파의 희연미쇼(喜然微笑)ᄒᆞ고, 다른 말ᄉᆞᆷ으로 한담ᄒᆞ다가, 밤이 깁흐미 부뷔 한가지로 나위(羅幃)의 나아가니라.

북후의 조부인을 경즁ᄒᆞᆷ믄 문왕(文王)의 셩녀(聖女)1884) ᄉᆞ시(姒氏)1885)로 흡ᄉᆞᄒᆞ니, 어이 침좌간(寢坐間) 니즈미 이시리오만은, 뒤장부의 슝심(崇心) 뇌락(磊落)ᄒᆞᆫ 힝시 본ᄃᆡ 광풍졔월(光風霽月)1886) 갓ᄒᆞ니, 그 《여텬여하∥여텬여ᄒᆡ(如天如海)》ᄒᆞᆫ 심쳔(心泉)과 왕왕불측(汪汪不測)ᄒᆞᆫ 금회(襟懷)ᄅᆞᆯ 조부인의 지긔지음(知己知音)1887)과 신셩특초(神聖特超)ᄒᆞᆷ이 아닌 후야 뉘 알니오? 【1】

화쇼져는 다만 일긔 유한슉뇨(幽閑淑窈)ᄒᆞᆫ 가인(佳人)이라. 조부인의 신셩(神聖) 예쳘(睿哲)ᄒᆞᆷ이 업ᄉᆞ니, 므슨 《영냥∥역냥(力量)》으로 뒤군ᄌᆞ의 여텬(如天)ᄒᆞᆫ 금회(襟懷)1888)ᄅᆞᆯ 엿보리오. 그 타연ᄌᆞ약(泰然自若)ᄒᆞᆷ믈 보미, 심하의 가장 모지리 너기고,

"조부인의 셩덕 지용으로도 가뷔 그 ᄉᆞ싱지졔(死生之際)의 져 갓치 불관이 너기니, ᄌᆞ긔 등 갓ᄒᆞ니는 거지두량(車載斗量)1889)이라도 텬하의 불가승쉬(不可勝數)라, 져 군지 그리 관즁(寬重)이 너기리오."

혜아리미 이의 밋ᄎᆞ미, 심즁의 녀ᄌᆞ 되온 신셰ᄅᆞᆯ 암탄(暗歎)ᄒᆞ고, 【2】북후의 위인을 간ᄃᆡ롭지 아니케 너기미, 스스로 슈렴ᄒᆞ고 조심ᄒᆞ미 뒤빈(大賓)을 뫼신 듯ᄒᆞ니, 이는 그 허물된 곳을 뵐가 두리미라. 북휘 엇지 그 긔식을 아지 못ᄒᆞ리오. 심니(心裏)의 실쇼(失笑)ᄒᆞᆷ믈 ᄭᆡ닷지 못ᄒᆞᄃᆡ, ᄯᅩ흔 심지(心志) 뇌락(磊落)ᄒᆞ여 뒤군ᄌᆞ의 쳬위(體威) 간ᄃᆡ롭지1890) 아니ᄒᆞ니, 부인 녀ᄌᆞ로 더부러 언젼(言戰) 폭빅(暴白)ᄒᆞ여 장단(長短)을 일ᄏᆞᆯ 비 아니라. 다시 조부인 다히 말ᄉᆞᆷ을 거론치 아니ᄒᆞ니, 한·화 냥부인이 능히

1884) 셩녀(聖女) : 지덕(知德)이 뛰어난 여자. 또는 여자 성인(聖人)을 이르는 말.
1885) ᄉᆞ시(姒氏) : 중국 주(周)나라 문왕(文王)의 비(妃) 태사(太姒)를 말함. 주나라의 창건자인 무왕(武王)의 어머니로, 정숙한 덕성을 가져 성녀(聖女)로 추앙된다.
1886) 광풍졔월(光風霽月) : 비가 갠 뒤의 맑게 부는 바람과 밝은 달이란 뜻으로, 마음이 넓고 쾌활하여 아무 거리낌이 없는 인품을 비유적으로 이르는 말. 황정견이 주돈이의 인품을 평한 데서 유래한다.
1887) 지긔지음(知己知音) : 자기의 속마음을 참되게 알아주는 벗.
1888) 금회(襟懷) : 마음속에 깊이 품은 회포.
1889) 거지두량(車載斗量) : 수레에 싣고 말로 된다는 뜻으로, 물건이나 인재 따위가 많아서 그다지 귀하지 않음을 이르는 말. 늑차재두량.
1890) 간ᄃᆡ롭다 : 망령스럽다. 등한하다. 만만하다.

북후의 금회를 【3】 스못지 못ᄒᆞ더라.

제궁 상히(上下) 동제공과 북평휘 뎨공을 셰워 도라와, 텬즈의 포장(褒獎)ᄒᆞ신 은영(恩榮)으로 위고금다(位高金多)ᄒᆞ여, 부귀환혁(富貴煥赫)ᄒᆞ고 가경(家慶)이 다다(多多)ᄒᆞ니 일무쇼흠(一無所欠)ᄒᆞ디, 츠셕즈(嗟惜者)[1891]는 댱실(室) 즈염 쇼져와 하실 월넘 쇼져와 조부인의 봉변화익(逢變禍厄)이라. 가즁 상히 즐기는 가온디나 일흥(一興)이 쇼삭(消索)ᄒᆞ더라.

진궁의셔는 동챵후 곤계(昆季) 환가지후(還家之後)의 여러날이 되미, 쏘ᄒᆞᆫ 동챵휘 금도ᄎᆞ힝(今道此行)의 양쥬셔 구상셔의 환쇄(還刷) 승픔(陞品)ᄒᆞ【4】여 도라오는 힝거를 맛나며, 동토 쥬스(州史) 손시랑이 여ᄎᆞ여ᄎᆞᄒᆞ여 활인사 즁의셔 구쇼져의 무스싱존ᄒᆞ믈 맛나, 인진(引進)ᄒᆞ여 부녜즁봉(父女重逢)ᄒᆞ여 도라오는 쇼식을 알외니, 가즁 노쇼 상히 구쇼져의 신긔히 싱존ᄒᆞᆷ믈 아니 긔특이 너기리 업셔, 일시의 한님을 향ᄒᆞ여 치하ᄒᆞ며 긔롱ᄒᆞ니, 한님이 잠쇼 왈,

"임의 어든 쳐지라도 단명ᄒᆞ여 쥭기의 밋쳐시면 홀 일 업스니, 구시 초의 슈빙(受聘) 고인(古人)으로 호식다마(好事多魔)ᄒᆞ【5】여, 기간의 요녀(妖女)의 작용으로 하마 그 명을 ᄆᆞᄎᆞᆯ 번ᄒᆞ니, 드ᄅᆞ미 년쇼 녀즈의 쳥츈 독스(毒死)ᄒᆞ미 가련홀지언졍, 미급(未及) 셩예지젼(成禮之前)이니, 그 ᄉᆞ싱유뮈(死生有無) 각별 니게 거리끼지 아니ᄒᆞ거늘, 모든 곤계 엇지 니게 인스ᄒᆞ리오."

제싱이 역쇼 왈,

"고어의 왈, '빅인(伯仁)이 유아이식(由我而死)라'[1892] ᄒᆞ니, 경가 녀진 달평의 풍의덕질(風儀德質)을 흠모ᄒᆞ미 아니런들, 엇지 궁극ᄒᆞᆫ 계교로ᄡᅥ 독쉬(毒手) 구쇼져긔 밋쳐시리오. 시고(是故)로 구쇼져의 봉변 익홰 달평의 【6】 탓시 아니리오."

구픽 우어 왈,

"졔낭군지언(諸郎君之言)이 니 마음과 갓ᄒᆞ니, 구쇼졔 맛춤 싱존하여실식만졍 만일 싱환치 못ᄒᆞ던들, 젼혀 한님의 얼골 고은 탓시니, '빅인(伯仁)이 유아이식(由我而死)라' ᄒᆞ미 올치 아니ᄒᆞ랴?"

한님이 가가디쇼(呵呵大笑) 왈,

"이는 만고의 보도 듯도 못ᄒᆞᆫ 말이라. 조뫼 마즈 졔곤계의 편을 드러 쇼손을 그른

1891) 츠셕즈(嗟惜者) : '애석한 일'의 뜻을 갖는 말.

1892) 빅인(伯仁)이 유아이식(由我而死) : '백인은 나로 인해 죽었다'는 뜻으로, 직접적으로 사람을 죽이지는 않았지만 죽은 사람에 대해 자신이 적극적으로 구하지 않은 책임이 있음을 안타까워하거나, 어떤 사건에 간접적으로 연관되어 있는 것을 비유적으로 나타낸 말. 《진서(晉書)》 열전(列傳), 주의(周顗) 조(條)에 나오는 중국 동진(東晉)사람 왕도(王導)와 주의(周顗: 字 伯仁)사이의 고사에서 유래했다. 즉 왕도는 그의 종형(從兄) 왕돈(王敦)의 반역에 연좌되어 죽을 위기에 있을 때 주의의 변호로 살아났는데, 왕돈의 반역이 성공한 뒤, 주의가 죽게 되었을 때 자신이 그를 구명해줄 수 있는 위치에 있었음에도 구하지 않고 외면하였다가, 뒤에 주의가 자신을 구명해주어 살아난 사실을 알고, 위와 같이 탄식하였다 함.

편으로 지목ᄒᆞ시니, 비록 원민ᄒᆞ나 폭빅홀 곳이 업스니, 결우든 아니ᄒᆞ거니와, 듸져 풍치 남만 ᄒᆞ기도 흉이로쇼이다."

동창【7】휘 우어 왈,

"녜나 니졔나 듸강 남녀의 얼골 곱기도 불길ᄒᆞ니, 동한(東漢) 젹 숑홍(宋弘)1893)의 얼골이 덕(德)되기로 《회양‖호양》공쥬(湖陽公主)1894)의 음욕을 도도아시니, 현졔ᄂᆞᆫ 스스로 얼골이 남의셔 나은 쥴을 한(恨)ᄒᆞ고, 군죵곤계(群從昆季)의 지쇼(指笑)를 불평히 듯지 말나."

한님이 미쇼 부답ᄒᆞ고, 호람휘 왈,

"구아의 슉뇨현미(淑窈賢美)ᄒᆞᆷ은 교란 흉인의 초ᄉᆞ로 조ᄎᆞ ᄌᆞ시 아랏거니와, 아지못게라! 엄·쳘 등의 하풍이 되지 아니ᄒᆞ랴?"

승샹이 계슈(稽首) 쥬왈,

"쇼지 구아를 초의 잠간 보【8】앗ᄂᆞᆫ지라. 비록 엄현부의 만고 희셰흔 셩덕진화(性德眞華)를 우러러 밋지 못ᄒᆞ오나, 싴뫼(色貌) 겸젼ᄒᆞ고 덕긔 온슌ᄒᆞ여 일긔 유한(幽閑)흔 가인(佳人)이라. 쳘쇼부로 더브러 동녈(同列)ᄒᆞᆷ은 막샹막하(莫上莫下)ᄒᆞ니이다."

호람휘 쳥파의 희동 안싴 왈,

"연즉(然卽) 만힝(萬幸)이라. 엄현뷔 만고 셩덕(性德)《진환으로‖진화(眞華)로》, 긔린(騏驎) 냥손을 두어 창아의 뇌조를 빗닉고, 쥬아(周雅)의 명풍(名風)을 《임닉‖입내》ᄒᆞ고, 구·쳘 냥이 유한슉뇨ᄒᆞ여 쇼텬(所天)을 녜경(禮敬)ᄒᆞ고, 원비를 존경ᄒᆞ여 녀영(女英)의 슉신지풍(修身之風)이 가죡홀【9】진딕, 이ᄂᆞᆫ 쥬죵(主宗)이 흥창(興昌)홀 장본이라. 엇지 조션의 젹덕(積德) 여음이 아니며, 선형장의 츙효의렬(忠孝義烈)을 상텬이 《복우‖묵우(默祐)》ᄒᆞ시미 아니리오."

ᄒᆞ더라. 동창휘 쇼·엄 냥부인을 ᄎᆞ례 ᄎᆞᄌᆞ 별졍을 베프니, 싀로온 은졍이 교칠(膠漆) 갓흐딕, 군ᄌᆞᄂᆞᆫ 묵묵(默默)ᄒᆞ고 슉녀ᄂᆞᆫ 졍졍(淨淨)ᄒᆞ여, 낙이불음(樂而不淫)ᄒᆞ고 이이불상(哀而不傷)1895)ᄒᆞ니, 조곰도 희롱된 거죄 업더라.

북평공은 몬져 경부인 침쇼의 머믈고, 버금날의 쥬부인 침누의 헐슉(歇宿)ᄒᆞ고, 졔삼야의 셔쇼져 침당의 드러【10】갈시, 이날 맛츰 조당의 나갓다가 동졔공과 한가지

1893)숑홍(宋弘) : 중국 후한(後漢) 광무제(光武帝) 때 사람. 『후한서(後漢書)』〈송홍전〉에 광무제가 자신을 황제의 손윗누이인 호양공주(湖陽公主)와 혼인시키려 했을 때 그가 광무제에게 한 말 곧, "가난할 때 친하였던 친구는 잊어서는 안 되고(貧賤之交不可忘), 지게미와 쌀겨를 먹으며 고생한 아내는 집에서 내보내서는 안 된다(糟糠之妻不下堂)"는 말이 널리 전해지고 있다.
1894)호양공주(湖陽公主) : 중국 후한 광무제(光武帝)의 손윗누이. 남편과 사별(死別)하고 미망인이 되어 대사공(大司空) 송홍(宋弘)의 풍채를 흠모하여, 광무제의 주선으로 혼인코자 하였으나, 송홍이 "빈천지교불가망(貧賤之交不可忘; 가난할 때 친하였던 친구는 잊어서는 안 않된다)하고, 조강지처불하당(糟糠之妻不下堂; 지게미와 쌀겨를 먹으며 고생한 아내는 집에서 내보내서는 안 된다)이라 하며 거절하여, 뜻을 이루지 못했다.
1895)낙이불음(樂而不淫) 이이불상(哀而不傷) : 즐거워하되 음탕(淫蕩)하기에 이르지 아니하고, 슬퍼하되 몸을 상하게 하지 않는다는 뜻으로, 즐거움과 슬픔을 도를 넘게 하지 않음을 뜻하는 말.

로 졔궁의 나아가니, 이날이야 관닉휘 졔궁의 쳐음으로 오니, 졉딕ᄒᆞ노라 쥬찬을 셩비ᄒᆞ여, 제뎡이 즁당의 모닷거늘, 북공이 한가지로 참예ᄒᆞ여 제인의 권ᄒᆞᄂᆞᆫ 잔을 과히 먹고 딕취ᄒᆞ여, 셕양의 본부의 도라오니, 취긔(醉氣) 미란(糜爛)ᄒᆞᆫ지라.

감히 존당 부모긔 뵈옵지 못ᄒᆞ옵고, 바로 ᄉᆞ실의 물너가 편히 쉬므로뻐 알외라 ᄒᆞ고, 셔쇼져 침쇼의 드러가니, 셔시 단의홍군(單衣紅裙)으로 촉하의셔 침【11】션(針線)을 다ᄉᆞ리다가, 안셔히 니러 마ᄌᆞ 동셔로 좌졍ᄒᆞᄆᆡ, 공이 눈을 드러보니, 이ᄯᅢ 공이 가장 딕취(大醉)ᄒᆞ엿ᄂᆞᆫ지라.

의관(衣冠)이 부졍(不正)ᄒᆞ고 취안(醉顔)이 방타(滂沱)ᄒᆞ여, 나건(羅巾)을 반경(半傾)ᄒᆞ여시니, 우취뉴지(雨醉柳枝)1896)의 풍광이 더옥 쇄락ᄒᆞ니, 셔쇼졔 우연이 츄파(秋波)ᄅᆞᆯ 드러 무심이 보미로ᄃᆡ, 홀연 경동ᄒᆞ물 ᄭᆡ닷지 못ᄒᆞ니, 이ᄂᆞᆫ 취즁 엄웅(嚴雄)ᄒᆞᆫ 긔상이 낫하나ᄆᆡ, 믄득 청쥬 아즁(衙中)의셔 셔ᄌᆞᄉᆞ의 무도 픽힝ᄒᆞᆫ 죄ᄅᆞᆯ 다ᄉᆞ리고져 ᄒᆞᄆᆡ, 의긔 격분ᄒᆞ여 참엄ᄒᆞᆫ 노ᄉᆡᆨ이 안상【12】의 어릐엿던 구면(舊面)이 의희(依俙)히 낫하나니, 셔쇼졔 홀연 놀나고 괴이히 너기며, 당년 부친과 그 셔싱의 징간(爭諫)ᄒᆞ던 거동이 목하(目下)의 버러ᄂᆞᆫ 듯ᄒᆞ니, 의괴난측(疑怪難測)ᄒᆞ며, ᄯᅩ 공의 취즁 엄슉ᄒᆞᆫ 위의ᄅᆞᆯ 쳐음으로 보ᄆᆡ, 슈란(羞赧) 뉵니(忸怩)홈도 업지 아니ᄒᆞ여, 화관(花冠)을 슉이고 진슈(螓首)1897)ᄅᆞᆯ 낫초아 단슌이 ᄆᆡᆨᄆᆡᆨᄒᆞ니, 쵹영하(燭影下)의 작틱션염(綽態鮮艶)1898)이 더옥 승졀(勝絶)ᄒᆞᆫ지라.

북공이 ᄯᅩᄒᆞᆫ 셔쇼져ᄅᆞᆯ ᄃᆡᄒᆞᄆᆡ 취즁의 믄득 녯일을 싱각ᄒᆞ니, 인연이 긔구(崎嶇)ᄒᆞ물 가쇼로이 너【13】겨, 봉졍ᄉᆞ일(鳳睛斜日)1899)을 흘녀 냥구슉시(良久熟視)의 원비(猿臂)ᄅᆞᆯ 늘이여 경영(鶊鴒)1900)ᄒᆞᆫ 셰신(細身)을 후리쳐 좌ᄅᆞᆯ 근(近)ᄒᆞ고, 우어 왈,

"텬연(天緣)이 긔구(崎嶇)ᄒᆞ니 월하옹(月下翁)이 가히 흠셩긋다 ᄒᆞ리로다. 셔ᄌᆞᄉᆞ의 쳔금 교ᄋᆡ(嬌兒) 엇지 오늘날 광동(狂童) 뉸웅닌의 쳐실이 되어, 셕년 모일의 격노(激怒) 강ᄀᆡ(慷慨)ᄒᆞ여 평싱 원가(怨家)로 지목ᄒᆞ던 원을 닛고, 광ᄀᆡᆨ(狂客)의 조흔 ᄶᅡᆨ이 되여 강ᄀᆡ녈녈(慷慨烈烈)ᄒᆞᆫ 의협(義俠)을 바리고, 옥병아상(玉屛牙床)1901)의 종고금슬(鐘鼓琴瑟)1902)을 고로1903)ᄂᆞ뇨?"

쇼졔 청파의 총명이 쇼연(昭然) 명각(明覺)ᄒᆞ니, 북공이 니러틋 【14】왕공 귀공ᄌᆞ

1896)우취뉴지(雨醉柳枝) ; 비에 취한 버들가지. 즉 '빗물을 흠뻑 머금고 있는 버들가지의 모습'으로 술에 만취한 취객의 모습을 비유적으로 나타낸 말.

1897)진슈(螓首) : '매미의 머리'라는 뜻으로, 아름다운 용모를 이르는 말.

1898)작틱션염(綽態鮮艶) : 가냘프면서도 곱고 예쁜 태도.

1899)봉졍ᄉᆞ일(鳳睛斜日) : 비스듬히 내려 뜬 봉황의 눈빛. *봉정(鳳睛) : 봉황의 눈과 같이 가늘고 길며 눈초리가 위로 째지고 붉은 기운이 있는 눈. 귀상(貴相)으로 여김.

1900)경영(鶊鴒) : 꾀고리와 할미새. 또는 그처럼 날렵한 모양.

1901)옥병아상(玉屛牙床) : 옥으로 장식한 병풍과 상아(象牙)로 꾸민 화려한 침상(寢床).

1902)종고금슬(鐘鼓琴瑟) : 종과 북·거문고·비파를 함께 이르는 말.

1903)고로다 : 가지런하게 하다. 매만지다. 붓이나 악기의 줄 따위를 제 기능을 하도록 다듬거나 손질하다.

로 기시(其時)의 어이ᄒᆞ여 무슨 연고로 하방(遐方)의 분쥬(奔走)ᄒᆞ엿던고? 곡졀을 ᄌᆞ시 아지 못ᄒᆞ나 ᄯᅩ 그 사ᄅᆞᆷ이 아닌 즉 기시ᄉᆞ(其時事)를 ᄌᆞ시 알니오.

셕년의 부친의 픽악무ᄒᆡᆼ(悖惡無行)이 ᄉᆞ문(斯文)1904)의 득죄ᄒᆞ시미 만코, 눈싱이 년쇼(年少) 협긔(俠氣)로 분을 나는ᄃᆡ로 ᄒᆞ여 장유유셔(長幼有序)를 싱각지 아니ᄒᆞ고, 아즁(衙中) 만흔 인원 가온ᄃᆡ ᄶᅦ쳐 드러와, 부친을 츄분(醜糞)을 먹이고, 타둔(打臀) 장ᄎᆡᆨ(杖責)ᄒᆞ나, ᄃᆡ하(臺下)의 슈다 인원과 냥 형(兄)이 다 져의 텬션 갓흔 풍【15】ᄎᆡ 용화의 넉슬 아이고, 효용(驍勇) 강녈(強烈)ᄒᆞᆷ을 두리니, 그 사ᄅᆞᆷ이며 귀신이믈 분간치 못ᄒᆞ고, ‘빅쥬(白晝)의 션인(仙人)이 하강ᄒᆞ여 셔ᄌᆞ스의 무도 픽ᄒᆡᆼ을 다ᄉᆞ리시는가’ 황황ᄒᆞ니, 하나토 능히 부친을 구ᄒᆞ리 업는지라.

ᄌᆞ긔 만일 규합(閨閤)의 녜도를 일편되이 직흴 즉, 부친의 급화를 구ᄒᆞ기 어려온 고로 가연이 격분 강긔ᄒᆞ여, 쾌히 낫츨 들고 옥슈의 단도(短刀)를 쥐여, 옥셩을 밍녈이 ᄒᆞ여, 광동(狂童)을 쾌히 ᄭᅮ지져 물니치나, 【16】임의 셰월이 오ᄅᆞ니, ᄌᆞ긔 고요히 규측(閨側)의 의방(義方)1905)을 훈학(訓學)ᄒᆞ여 덕문ᄃᆡ가(德門大家)의 위금(委禽)1906)ᄒᆞ니, 도금(到今)ᄒᆞ여는 혜오ᄃᆡ,

“왕셕(往昔) 구일ᄉᆞ(舊日事)를 알니 업는가 ᄒᆞ엿더니, 금야의 북공의 죠쇼(嘲笑) 희롱(戲弄)ᄒᆞ는 언단(言端)을 듯고, 그 슉엄(肅嚴)ᄒᆞᆫ 긔상을 보아, 오늘날 북평공이 옛날 부친을 구타(毆打) 오욕(汚辱)ᄒᆞ던 셔싱(書生)인 쥴 쾌히 ᄭᅢ다ᄅᆞ미, 당년의 ᄌᆞ긔 규녀의 낫가리오는 녜(禮)를 ᄇᆞ리고, 황황지즁(遑遑之中)의 쳬면을 니져시나, 마음 가온ᄃᆡ 그 셔싱을 졀치부심(切齒腐心)ᄒᆞ여 【17】남녀의 길이 다ᄅᆞ므로, ᄎᆞ셰(此世)의 한번 맛나 보구(報仇)1907)치 못홀 바를 탄돌(歎咄)ᄒᆞ고 냥형의 용녈(庸劣)ᄒᆞᆷ믈 ᄌᆞ탄ᄒᆞ더니, 북공의 니른바 갓ᄒᆞ여 텬연(天緣)이 긔구ᄒᆞ고, ‘월하(月下)의 늙으니’1908) 흙셩구져1909) 쳔쳔(千千)1910) 몽ᄆᆡ(夢寐) 밧, 져의 쳐실이 되미, 오히려 신혼초의라도 즉시 알오미 잇던들, 일시지간이나 임의 명회(名號) 뎡ᄒᆞ여시니, 쇼텬(所天)의 지즁ᄎᆞᄃᆡ(至重且大)ᄒᆞ므로○[뻐], 감히 복원보구(復怨報仇)1911)치○[못]《ᄒᆞ니∥ᄒᆞ나》, 결단코 몸으로뻐 슈인(讐人)의 더러이미 되지 아니ᄒᆞ고, 부부의 눈(倫)【18】을 ᄯᅳᆫ쳐, 친측(親

1904)ᄉᆞ문(斯文) : ①이 학문, 이 도(道)라는 뜻으로, 유학의 도의나 문화를 이르는 말. ②‘유학자’를 높여 이르는 말.

1905)의방(義方) : =의방지훈(義方之訓). 덕의에 알맞은 가르침.

1906)위금(委禽) : 기러기를 전하고 전안례(奠雁禮)를 행함. 곧 혼례를 올림.

1907)보구(報仇) : =앙갚음. 남이 저에게 해를 준 대로 저도 그에게 해를 줌.

1908)월하(月下)의 늙으니 : =월하노인(月下老人). 월하옹(月下翁). 부부의 인연을 맺어 준다는 전설상의 늙은이. 중국 당나라의 위고(韋固)가 달밤에 어떤 노인을 만나 장래의 아내에 대한 예언을 들었다는 데서 유래한다.

1909)흙셩궂다 : 얄궂다. 야릇하고 짓궂다.

1910)쳔쳔(千千) : 늑천만(千萬). ①‘천의 천배’나 된다는 뜻으로, 아주 많은 수효를 이르는 말. ②이를 데 없음, 또는 짝이 없음의 뜻을 나타내는 말. ③‘아주’, ‘전혀’의 뜻을 나타내는 말.

1911)복원보구(復怨報仇) : =복보수(復報讐). 앙갚음. 남이 저에게 해를 준 대로 저도 그에게 해를 줌

側)의 도라가 평칭을 맛츠, 직녀(織女)1912)의 고단(孤單)1913)을 감심(甘心)홀 거술, 즈기 불명ㅎ여, 초의 아지 못ㅎ고, 임의 부도(婦道)를 다스려 부부의 도를 힝ㅎ여시니, 도금(到今)ㅎ여 즈긔 불명 혼암ㅎ믈 뉘우츠나 무가닉하(無可奈何)라. 젼亽(前事)를 물시(勿視)ㅎ고, 딕강 '딕군지 즈긔 무힝ㅎ믈 엇더케 너길고?' 도로혀 슈괴(羞愧) 난안(赧顔)ㅎ고, 셕한(昔恨)을 노(怒)ㅎ미 쏘흔 깁흐니, 믄득 경경(硬硬)이1914) 옥슈(玉手)를 쑤리치고 좌를 물녀 왈,

"첩은 본딕 한문미질(寒門微質)노 무힝(無行)흔 가문【19】의 싱장ㅎ여 무례히 즈라니, 진실노 빈혼 빅 업ᄂ지라. 쏘흔 불통암미(不通暗昧)ㅎ여 왕년(往年) 셕亽를 긔억지 못ㅎ옵고, 군즈의 亽광지춍(師曠之聰)1915)이 능히 옛 닐을 긔억ㅎ시니, 불명암용(不明暗庸)흔 첩이 엇지 붓그럽지 아니ㅎ리잇고? 군즈ᄂ 셩문녜가(聖門禮家)의 싱장ㅎ샤, 딕의와 녜의를 통찰ㅎ시리니, 첩으로 더브러 가친(家親)긔 亽혐(私嫌)의 깁흠과, 첩의 무례 무힝ㅎ미 규문의 득죄(得罪)ㅎ믈 닉이 술피亽, 다시 심셔(心緒)의 거리끼지 마르시고, 존당의 알【20】외시고 무용흔 첩신(妾身)을 친측(親側)의 도라보닉亽, 여년(餘年)을 맛게 ㅎ시면, 도로혀 군즈의 셩덕(盛德)이로쇼이다."

셜파의 옥셩이 강기(慷慨)ㅎ고 긔식이 초연(超然)ㅎ여 셕亽를 은노(隱怒)ㅎ미, 인눈(人倫)을 亽절(謝絶)홀 의亽 잇ᄂ지라. 공이 비록 취즁(醉中)이나 엇지 긔식을 아지 못ㅎ리오. ㅎ물며 부녀 협제(脅制)ㅎᄂ 품은 부형여풍(父兄餘風)이라. 번연이 광미(廣眉)를 씽그고 나슈(羅袖)를 넛그러 안치고, 졍식 췩왈(責曰),

"부인 녀즈의 경부지도(敬夫之道)ᄂ 온슌ㅎ미 웃듬이라. 니졔 인연이 긔구ㅎ여【21】 그딕 나의 쳐실이 되고, 싱이 용녈(庸劣)흔 셔공의 동상(東床)이 될 쥴 어이 알니오. 그딕 초의 싱을 거절치 못ㅎ믈 한ㅎ거니와, 싱이 쏘 그딕 셔즈亽(刺史)의 녀인 쥴을 아랏더면, 황명(皇命)이 열번 나리시나 취치 아녀시리니, 피츠 니러툿 셔로 모로ᄂ 가온딕 부뷔 되믄, 쏘흔 텬졍긔연(天定奇緣)이 업다 못홀 거시므로, 임의 취ㅎ여 도라온 후, 알고 박딕ㅎ믄 군즈의 관인후덕(寬仁厚德)이 아닌 고로, 피츠(彼此) 젼과(前過)를 《물셔∥물시(勿視)》ㅎ고, 즁딕ㅎ여 인눈 즁亽를 폐ㅎ미 업○○○[과져 ㅎ]【22】 거늘, 즈의 협익경도(狹隘傾倒)ㅎ미 여츠ㅎ여, 언연(偃然)이 냥인(良人)1916)을 딕ㅎ여 근본 업슨 셕한(昔恨)을 은심(隱心)ㅎ여 폐륜(廢倫) 두 즈를 일ᄏ르리오. 일분이나 녀힝(女行)을 알진딕, 즈췩슈졸(自責守拙)1917)ㅎ여 옛날 무힝(無行)ㅎ믈 亽례(謝

1912)직녀(織女) : 견우직녀 설화에 나오는 여자 주인공. 칠월 칠석 날, 까마귀와 까치가 은하수에 오작교를 놓아 주어, 1년에 한 번 견우와 직녀를 만나게 해준다고 한다.

1913)고단(孤單) : 외로움.

1914)경경(硬硬)이 : 매우 세차게. 매우 군세게. 몹시 무리하게, 크게 억지를 부려.

1915)亽광지춍(師曠之聰) : 사광의 총명이란 뜻으로, 중국 춘추(春秋) 때 사광이란 사람이 소리를 잘 분변하여 길흉을 점쳤다는 고사에서 유래한 말.

1916)냥인(良人) : ①어질고 착한 사람. ②부부가 서로 상대를 이르는 말

1917)즈췩슈졸(自責守拙) : 우직한 태도를 고집하여 본성을 고치지 않음을 스스로 뉘우치고 책망함.

禮)ᄒᆞ미 올커늘, 녀ᄌᆡ 되여 엇지 이딕도록 초강(超强)ᄒᆞ여 장부ᄅᆞᆯ 협졔(脅制) 공치(攻治)ᄒᆞᆯ 녜되 이시리오. 쳐음이라 용셔ᄒᆞ거니와 두번 요딕(饒貸)치 아니ᄒᆞ리니, 너모 방ᄌᆞ치 말나.”

셜파의 그 딕답을 기다리지 아니코, 쵹을 기리 멸(滅)ᄒᆞ미, 쇼져의 연연 【23】 약질을 가ᄇᆡ야이 핍박ᄒᆞ여, 일금동셕(一衾同席)의 나아가니, 쇼졔 굿이 방츳(防遮)ᄒᆞ나 능히 셤셤약질(纖纖弱質)노 져의 구졍(九鼎)1918)을 가ᄇᆡ야이 너기는 힘을 밋지 못ᄒᆞ여, 일금지하(一衾之下)의 나아가미, ᄯᅩ 능히 그 은졍을 방츳(防遮)할 길이 업스니, 심하의 녀ᄌᆞ된 팔ᄌᆞᄅᆞᆯ 한탄ᄒᆞ고 울울불낙ᄒᆞ여, 능히 잠을 일우지 못ᄒᆞ더라. 북공이 심하(心下)의 실쇼ᄒᆞ믈 마지 아니ᄒᆞ더라.

이 밤의 양희 등이 북공의 딕취ᄒᆞ여 셔쇼져 침누로 드러가믈 보고, 창외의 【24】 규시(窺視)ᄒᆞ여 부부의 ᄉᆞ어ᄅᆞᆯ 참쳥(參聽)ᄒᆞ나, 그 곡졀을 아지 못ᄒᆞ니, 괴이ᄒᆞ믈 결을치 못ᄒᆞ여 도라왓더니, 춤지 못ᄒᆞ여 훗날 북공을 죵용이 맛나 부부의 상힐(相詰)ᄒᆞ던 곡졀을 힐문(詰問)ᄒᆞ니, 공이 미미히 웃고 ᄯᅩᄒᆞᆫ 긔이지 아니ᄒᆞ여, ᄌᆞ긔 젼일 경부인 혼ᄉᆞᄅᆞᆯ 피ᄒᆞ여 집을 ᄯᅥ나실젹, 셔ᄌᆞᄉᆞ의 무도 픽악ᄒᆞ미 위쇼져ᄅᆞᆯ 강취(强取)코져 ᄒᆞ미, ᄌᆞ긔 의긔 격분ᄒᆞ여 셔ᄌᆞᄉᆞᄅᆞᆯ 타둔(打臀) 구욕(驅辱)ᄒᆞ던 셜화ᄅᆞᆯ 딕강 베프니, 양희 【25】 등이 바야흐로 웃기ᄅᆞᆯ 마지 아니ᄒᆞ더라.

이젹의 구상셰 뉴시랑으로 더부러 가속(家屬)을 거ᄂᆞ려 무ᄉᆞ히 상경ᄒᆞ여 가권(家眷)을 고퇵(故宅)의 안돈(安頓)ᄒᆞ고, 구·뉴 냥인이 한가지로 예궐(詣闕) ᄉᆞ은(謝恩)ᄒᆞ니, 텬지 인견 위로ᄒᆞᄉᆞ, ᄉᆞ쥬(賜酒)ᄒᆞ시며, 냥인을 각각 녯 벼슬을 ᄒᆞ이시니, 냥인이 ᄉᆞ은ᄒᆞ고 퇴조ᄒᆞ여 부즁으로 도라오니, 뉴시랑의 퇵즁(宅中)이 구부로 상게(相距) 지근(至近)ᄒᆞ니, 두 집의셔 셔로 깃거ᄒᆞ더라.

구학ᄉᆡ 슉부ᄅᆞᆯ 마ᄌᆞ 미ᄌᆞ(妹子)의 ᄉᆞ익(死厄)을 고ᄒᆞ려 ᄒᆞ더니, 쳔만 긔 【26】 약지 아니ᄒᆞᆫ 구쇼졔 형유랑으로 더부러 완연이 도라왓ᄂᆞᆫ지라. 구학ᄉᆞ 부부와 녀로 남복이 아니 놀나고 신긔히 너기리 업더라.

ᄎᆞ시 경공ᄌᆞ 문원이 호시 모녀의 ᄌᆞ심이 보치이믈 닙어, 약질이 조셕의 보젼키 어렵더니, 작슉(作叔)1919) 구상셔의 승치 환쇄ᄒᆞ믈 드ᄅᆞ미 깃브며 반겨ᄒᆞ나, 계모와 누의 과악을 붓그려 볼 낫치 업ᄉᆞ나, 마지 못ᄒᆞ여 아니 ᄎᆞᆺ던 못ᄒᆞᆯ지라. 호시긔 드러가 고ᄒᆞ딕,

“구슉이 젹년(積年) 후 승치(勝差) 환경ᄒᆞ시다 ᄒᆞ오니 쇼지 나아가 ᄇᆡ알코져 【27】 ᄒᆞᄂᆞ이다. 호시 노식 왈, 네 평인 갓ᄒᆞ량이면 구공이 작슉이니 아히 어룬을 몬져 ᄎᆞᄌᆞ미 가ᄒᆞ거니와, 니졔 너는 텬상(天喪) 삼년흘 치 못맛ᄎᆞ시니, 최마즁(衰麻中) 죄인이라. 구공이 비록 장ᄌᆞ(長者)나 몬져 너ᄅᆞᆯ ᄎᆞᄌᆞ 상장(喪葬)을 조위(弔慰)ᄒᆞ미 올흐니,

---

1918)구졍(九鼎) : 즁국 하(夏)나라의 우왕(禹王) 때에, 젼국의 아홉 쥬(州)에서 쇠붙이를 거두어서 만들었다는 아홉 개의 큰 솥. 쥬(周)나라 때까지 대대로 쳔자에게 젼해진 보물이었다고 한다.
1919)작슉(作叔) : 고슉(姑叔)·고모부(姑母夫)를 달리 이르는 말.

네 엇지 져를 몬져 ᄎᆞᄌᆞ리오. 이ᄂᆞᆫ 네 반ᄃᆞ시 종용이 구공을 보아 우리 모녀의 과악(過惡)을 창셜코져 ᄒᆞ미로다."

공ᄌᆡ 쳥파의 다시 욱이지 못ᄒᆞ고, ᄯᅩ 변ᄇᆡᆨ(辨白)ᄒᆞ나 독ᄒᆞᆫ 미를 바들 ᄲᅮᆷ이오, 유익ᄒᆞ미 업슬 쥴 혜아려, 묵연이 ᄉᆞ【28】죄ᄒᆞ고 구부의 나아갈 의ᄉᆞ를 못ᄒᆞ엿더니, 과연 슈일 후 구상셰 니ᄅᆞ러, 경츄밀 목묘(木廟)의 곡ᄇᆡ(哭拜)ᄒᆞ고, 호시와 공ᄌᆞ를 보아 조상(弔喪)ᄒᆞᆯᄉᆡ, 난아ᄂᆞᆫ 슙고 나지 아니ᄒᆞ고, 호시ᄂᆞᆫ 낫갓츨 ᄃᆞᆺ거이 ᄒᆞ고 셔로 보니, 구상셰 그 넘치를 크게 흉히 너기더라. 경공ᄌᆡ 구상셔를 보미 반갑고 슬프미 안면의 넘씨나, 계모를 두려 감히 ᄉᆞ졍을 베프지 못ᄒᆞ고, ᄯᅩ 쇼져의 봉변 셜화도 아른 쳬 못ᄒᆞ여 유유(儒儒)ᄒᆞ더니1920), 상셰 잠쇼(潛笑)ᄒᆞ고, 몬져 말ᄉᆞᆷ을 펴 왈,

"우슉이 경ᄉᆞ를 【29】쩌난 슈삼ᄌᆡ(數三載)의 셰ᄉᆞ(世事) 번복ᄒᆞ여 경형이 연셰(捐世)ᄒᆞ고 괴란지변(怪亂之變)이 무ᄉᆞᆷ 연괴(緣故)런지, 경향(京鄕)이 아ᄋᆞ라 ᄒᆞ니, 유명지간(幽明之間) 갓ᄒᆞ여 아지못ᄒᆞ엿더니, 금도(今道) 환쇄시(還刷時)의 우연이 유산(遊山)ᄒᆞ기를 탐ᄒᆞ여, 양쥬 활인ᄉᆞ의 드럿다가, 녀아를 여ᄎᆞ 여ᄎᆞ 상봉ᄒᆞ여 도라오니, 엇지 셰상ᄉᆡ 괴이치 아니ᄒᆞ리오. 피ᄎᆞ 존문(存聞)을 아지 못ᄒᆞ던 부녀즁봉(父女重逢)ᄒᆞ고, 우슉이 ᄯᅩ 신취(新娶)ᄒᆞ여 아들을 두어시니, ᄌᆞ금(自今) 이후로ᄂᆞᆫ 뒤흘 도라보ᄂᆞᆫ 탄이 업ᄉᆞ리니, 녀아의 지난 바 일시 쇼쇼ᄋᆡᆨ경(小小厄境)【30】은 기회치 아니ᄒᆞ노라."

언파의 호시 구쇼져의 싱존ᄒᆞ여 도라오다 ᄒᆞᄆᆞᆯ 듸경 실ᄉᆡᆨᄒᆞ여 말을 못ᄒᆞ고, 경공ᄌᆡ 듸경듸회ᄒᆞ나, 계모의 불호(不好)ᄒᆞᆫ 심ᄉᆞ를 혜아려 말ᄉᆞᆷ을 못ᄒᆞ더라.

이윽고 구상셰 도라가니, 난이 병풍 뒤흐로셔 나와 모친을 볼ᄉᆡ, 공ᄌᆞᄂᆞᆫ 구상셔를 뫼셔 밧그로 나갓더라. 난이 슈산 돈족(頓足) 왈,

"달긔(妲己)갓ᄒᆞᆫ 슉이 요괴로온 승니(僧尼)를 맛나, 도ᄉᆡᆼ(圖生)ᄒᆞ여 도라왓ᄂᆞᆫ가 시부니, 엇지 심복듸환(心腹大患)이 아니리잇고?"

호시 탄왈,

"하ᄂᆞᆯ이 우리 모녀를 돕지 【31】 아니ᄒᆞ시니 이를 어이ᄒᆞ리오."

정언간(停言間)의 상츈이 장(帳)을 들고 드러와 왈,

"쇽셜(俗說)의 닐너시듸, ᄉᆞᄌᆞ(死者)ᄂᆞᆫ 불가부ᄉᆡᆼ(不可復生)1921)이라 ᄒᆞ니, 구쇼졔 유년(幼年) 약질(弱質)노 독약을 숨켜, 연연(軟軟)ᄒᆞᆫ 장위(腸胃) 니울고1922) ᄯᅩ 다시 만장 강파(萬丈江波)의 더지이니, 비록 님공도ᄉᆞ홍도긱(臨邛道士鴻都客)1923)의 환혼향

1920)유유(儒儒)ᄒᆞ다 : 모든 일에 딱 잘라 결정을 내리지 못하고 어물어물한 데가 있다.
1921)ᄉᆞᄌᆞ(死者) 불가부ᄉᆡᆼ(不可復生) : '한 번 죽은 자는 다시 살아날 수 없다.'는 말.
1922)니울다 : 이울다. ①꽃이나 잎이 시들다. 점점 쇠약해지다. ②점점 쇠약하여지다.
1923)님공도ᄉᆞ홍도긱(臨邛道士鴻都客) : 백거이(白居易)의 <장한가(長恨歌)>에 나오는 죽은 이의 혼백을 부르는 도인. <장한가>에 "생사를 달리한 지 아득하니 몇 년인가//꿈에서도 혼백마저 만나볼 수 없네//임공의 도사가 도성에서 머무는데//정성으로 혼백을 불러올 수 없다 하네(悠悠生死別經年//魂魄不曾來入夢//臨邛道士鴻都客// 能以精誠致魂魄)"이라는 대목이 나옴.

(還魂香)1924)을 픠오는 슈단이라도, 옥진(玉眞)1925)의 혼빅(魂魄)을 일월 ᄯᆞ름이오, 그 진면(眞面)을 일위다 ᄒᆞ믈 듯지 못ᄒᆞ여ᄉᆞ오니, 구쇼졔 스라 도라오다 ᄒᆞ미, 쇼비(小婢) 쳔견(淺見)의ᄂᆞᆫ 만무일실(萬無一失)1926)ᄒᆞᆫ 듯ᄒᆞ니, 구노애 짐짓 부인의 긔【32】식을 탐지ᄒᆞ여, 구쇼져를 혹ᄌᆞ(或者) 어니 곳의 감초앗ᄂᆞᆫ가, 근각(根脚)1927)을 ᄌᆞ셔히 안 후의, 복원보슈(復怨報讐)1928)코져 ᄒᆞᆷ인가 ᄒᆞᄂᆞ이다." 호시 밋쳐 답지 못ᄒᆞ여서 난이 요두폐목(搖頭閉目)1929) 왈,

"불가(不可) 불가(不可)ᄒᆞ다. 구노의[애] 교녀지심(嬌女之心)1930)은 ᄌᆞ별어타인(自別於他人)1931)이니, 슉이 만일 진실노 ᄉᆞ지 못ᄒᆞ여신즉, 구노애 긔식이 그리 타연(泰然)치 아니ᄒᆞ리니, 셰ᄉᆞ(世事)는 난측(難測)이니 슉아의 싱존ᄒᆞ미 올흐니라."

호시 침음냥구(沈吟良久)의 왈,

"슉이 ᄉᆞ랏다 ᄒᆞ미 ᄯᅩᄒᆞᆫ 이상ᄒᆞ니, 상츈 비지 넌즈시 구가의 나【33】아가 그 진적(眞的)ᄒᆞᆫ 쇼식을 아라보라."

상츈이 슈명ᄒᆞ여 니러나니, 두어 말노 져곳의 가 닉시 쳐변홀 말을 ᄀᆞᄅᆞ치더라.

상츈이 즉시 구부의 니ᄅᆞ러 바로 닉각의 ᄉᆞ못ᄎᆞ니, 상셔ᄂᆞᆫ 경부로셔 바로 진궁의 가 밋쳐 도라오지 못ᄒᆞ엿고, 뉴부인이 쇼져와 아ᄌᆞ를 알픠 두어 한담ᄒᆞ더니, 상츈이 당ᄒᆞ(堂下)의셔 고두(叩頭) 비알(拜謁)ᄒᆞ거늘, 쇼져ᄂᆞᆫ 상츈이 호시의 심복인 쥴 아ᄂᆞᆫ 고로, 반ᄃᆞ시 셰작(細作)인 쥴 씨다라 묵연ᄒᆞ니, 뉴부인은 괴이히 너겨 【34】므ᄅᆞᆫ딕, 츈이 복디 딕왈,

"쳔인은 경츈밀딕 비지라. 션쥬인이 망ᄒᆞ시고 호부인이 가권(家權)을 총단(總斷)ᄒᆞ시니, 셰(勢) 브득이 복ᄉᆞ(服事)ᄒᆞ오나, 귀딕 션부인은 우리 션노야(先老爺) 동긔(同氣)시라. 싱시의 인ᄌᆞᄒᆞ신 셩덕이 하쳔(下賤) 복예(僕隷)의 니ᄅᆞ히 늉흡(隆洽)ᄒᆞ시던 바로, 불힝 조셰(早世)ᄒᆞ시고, 다만 혈믹이 쇼져 일인 ᄲᅮᆫ이니, 쳔비 등 반즁(班衆)1932)이 ᄆᆡ양 션부인 셩덕을 츄모ᄒᆞ던 가온딕, 쇼져의 외로오시믈 슬허 우러오미 쥬인긔 감(減)치 아니ᄒᆞ옵더니, 몽ᄆᆡ(夢寐)의 쇼졔 셰간의 희한ᄒᆞᆫ 역【35】경 참변을 맛나,

---

1924)환혼향(還魂香) : 죽은 이의 혼백을 부르는 향.
1925)옥진(玉眞) : 양귀비(楊貴妃). 본명은 옥환(玉環). 도교에서는 태진(太眞)이라 부름. 또 당(唐)나라 시인 백거이(白居易 : 772-846)는 <장한가(長恨歌)>에서 양귀비가 죽어 '옥진(玉眞)'이라는 선녀가 되었다고 하였다. 양귀비는 중국 당나라 현종(玄宗)의 비(妃)(719~756)로 춤과 음악에 뛰어나고 총명하여 현종의 총애를 받았으나 안녹산의 난 때 죽었다.
1926)만무일실(萬無一失) : 실패하거나 실수할 염려가 조금도 없음.
1927)근각(根脚) : ①'뿌리와 다리'를 함께 이른 말로, 어떤 일의 '근거'나 '기미'를 뜻하는 말. ②조선 시대에, 죄를 범한 사람의 죄상·이름·생년월일·인상 및 그의 조상에 관한 사항을 기록한 표.
1928)복원보슈(復怨報讐) : =복보수(復報讐). 앙갚음. 남이 저에게 해를 준 대로 저도 그에게 해를 줌
1929)요두폐목(搖頭閉目) : 어떤 일에 대한 부정의 뜻으로, 눈을 감고 머리를 흔듦.
1930)교녀지심(嬌女之心) : 딸을 사랑하는 마음.
1931)ᄌᆞ별어타인(自別於他人) : 다른 사람보다도 남다르고 특별한 데가 있다.
1932)반즁(班衆) : 일정한 기준으로 나눈 작은 집단에 속하는 무리.

《옥보‖옥부》방신(玉膚芳身)1933)이 거체(居處) 아득ᄒ시믈 최후의 아옵고, 텬되 무심ᄒ여 구노야와 션부인 셩덕으로 쳔금 일녀를 보젼치 못ᄒ시니, 복션지니(福善之理) 묘망(渺茫)ᄒ믈 탄셕(歎惜)ᄒ옵더니, 니졔 믄득 쇼져의 싱존ᄒ시믈 듯ᄌ오니, 신긔ᄒ오믈 니긔지 못ᄒ와 쇼져의 셩안(聖顔)을 우러라 비알ᄒ옵고, 버거 신부인 셩덕이 션부인 후셕(後席)을 니으신다 ᄒ오니, ᄯᅩᄒᆫ 혜퇵(惠澤)○[을] 우러러 구경코져 니럿ᄂ이다.”

뉴부인은 통달ᄒᆫ 녀지라. 엇지 져 【36】쳔비(賤婢)의 능교(能狡) 간활(奸猾)ᄒ믈 아지 못ᄒ리오만은, 면강(勉强)ᄒ여 쳥안(淸眼)○○[으로] 위ᄌ(慰藉)ᄒ믈 마지 아니ᄒ고, 쇼져 ᄯᅩᄒᆫ 쳥안으로 위로ᄒ더라.

ᄎ시 샹츈이 당하의 복슈(伏首)ᄒ여 간○○[스한] 혀를 움죽이미, 가만이 눈을 드러 당샹을 우러러 보니, 뉴부인이 비록 박면누질(薄面陋質)이나, 쳬뫼(體貌) 졍슉ᄒ고 ᄒᆡᆼ동이 유법ᄒ여, 져의 쥬인 호시의 간악ᄒᆫ 쳬용의 비길 빅 아니오, 구쇼져를 써난지 슈년이 지낫ᄂᆫ지라. 그 ᄭᅩᆺ다온 년긔 바야흐로 삼오(三五)의 당ᄒ여시니, 비(倍)히 슉셩 【37】ᄒ여 계궁(桂宮)의 쇼월(素月)이 보름이 ᄎ고, 금원(禁苑)의 화봉(花峯)이 함담(菡萏)1934)을 쾌히 버리고져 ᄒ니, 셩모화ᄌ(聖貌花姿)와 쳔교빅미(千嬌百美) 졀츌긔이(絶出奇異)ᄒ여, 퇵진(太眞)1935)은 살지기로 부족ᄒ고, 비연(飛燕)1936)은 여의1937)기로 낫브니, 유한ᄒᆫ 퇴도와 졍졍ᄒᆫ 긔질이 묵은 눈을 황홀케 ᄒ니, 엇지 졔집 쇼져라 ᄒᆞᄂᆫ 난아 음녀의 요음(妖淫)ᄒᆫ 퇴도의 비기리오. ‘쳥텬빅일(靑天白日)은 노예하쳔(奴隷下賤)도 역지기명(亦知其明)이라’1938) ᄒ니, 샹츈이 비록 무지(無知)ᄒᆫ 지우하쳔(至愚下賤)1939)이나, 귀·눈이 잇거든 명쥬(明珠)와 ᄉ셕(沙石)의 귀【38】ᄒ며 쳔ᄒ믈 아지 못ᄒ리오.

샹츈이 심하의 ᄉ로이 흠탄 경복ᄒ믈 마지 아니ᄒ고, 더 머무러 긔식을 술피고져 ᄒ나, 뉴부인의 ᄉᆨᄉᆨᄒᆫ 긔운이 웃는 가온ᄃᆡ 엄졍ᄒ여 말 븟치기 어렵고, 쇼져의 약ᄒᆫ 미 유란(柔蘭)과 혜초(蕙草)갓흔 가온ᄃᆡ나, 옥면셩모(玉面星眸)의 ᄎ고 미온 긔운이 어리여 셜상한ᄆᆡ(雪霜寒梅) 갓ᄒ니, 츈이 ᄃᆡ흉ᄃᆡ악(大凶大惡)이나 담이 ᄎ고 호흡이 쳔쵹(喘促)ᄒ믈 ᄭᅢ닷지 못ᄒ니, 이윽고 하직을 고ᄒ고 도라 【39】와, 호시 모녀를 보고

1933)옥부방신(玉膚芳身) : 옥같이 고운 살갗과 꽃같이 향기로운 몸.

1934)함담(菡萏) : 연꽃의 봉우리.

1935)퇵진(唐太眞) : 양귀비(楊貴妃). 중국 당나라 현종(玄宗)의 비(妃)(719~756). 이름은 옥환(玉環). 도교에서는 태진(太眞)이라 부른다. 춤과 음악에 뛰어나고 총명하여 현종의 총애를 받았으나 안녹산의 난 때 자결하였다.

1936)연(飛燕) : 조비연(趙飛燕). 중국 전한(前漢) 성제(成帝)의 비(妃). 시호는 효성황후(孝成皇后). 가무(歌舞)에 뛰어났고 빼어난 미모로 성제의 총애를 받아 황후에까지 올랐다.

1937)여의다 : 여위다. 몸의 살이 빠져 마르고 파리해지다

1938)쳥텬빅일(靑天白日)은 노예하쳔(奴隷下賤)도 역디기명(亦知其明)이라 : 맑은 하늘의 밝은 해는 노예나 신분이 낮고 천한 사람도 그 밝음을 안다.

1939)지우하쳔(至愚下賤) : 지극히 어리석고 낮고 천함.

슈말(首末)을 니르니, 호시 모녀 구쇼져의 그스이 더 장셩(長成) 슈미(秀美)ᄒᆞ여, 톄용(體容)이 갓초 아름답더란 말을 드르믹, 싀로이 믭고 분ᄒᆞ미 원입골슈(怨入骨髓)ᄒᆞ니, 원슈를 믠즌 바 업시 져희 모녀의 교음(狡淫) 악착(齷齪)ᄒᆞᆫ 싱각지 아니ᄒᆞ고, 도로혀 옥쇼(玉簫)를 닉신 탄(歎)이 군ᄌᆞ 슉녀의게 도라가니, 져희 능모(能謀) 곡계(曲溪)로뼈 맛춤닉 구쇼져를 아조 업시치 못ᄒᆞ고, 져의 명완불ᄉᆞ(命頑不死)ᄒᆞ미 슈화참난(水禍慘難) 가온듸 죵시 무【40】수히 보명(寶命)ᄒᆞ여, 니졔 도라와 부녜 즁봉ᄒᆞ고, 눈한님의 텬졍슉치(天定宿債)[1940]를 다시 셩젼ᄒᆞ게 되니, 쇽졀 업시 이달오미 심두(心頭)의 밍얼(萌蘖)ᄒᆞ니, 히옴업시 졀치교아(切齒咬牙)ᄒᆞ여, 젼졔(專諸)[1941]의 어장검(魚腸劍)[1942]을 빗닉 가라, 엄·쳘·구 삼인을 한 날[1943] 봉잉(鋒刃)의 셔릇고, 졔 스스로 눈한님의 원앙치(鴛鴦債)[1944]를 니어, 빅년화락을 오로지 못ᄒᆞ믈 각골 이달나 ᄒᆞ나 무가닉하(無可奈何)라. 스스로 경악을 못니긔여 악악(惡惡)ᄒᆞᆫ 원(怨)이 긋출 줄 아지 못ᄒᆞ고, 수모(邪謀) 곡계(曲計) 밋【41】지 아닐 곳이 업스니, 맛춤닉 난아의 작용이 어닉 곳의 밋츤고? 하회를(下回)를 셩남 분히ᄒᆞ라.

어시의 구상셰 경아(卿)의 단여 바로 슐위를 진궁으로 두로혀니, 시ᄌᆞ(侍者) 구상셔의 왕님ᄒᆞᄆᆞᆯ 알외니, 평진왕과 승샹이 졔ᄌᆞ질(諸子姪)노 더부러 호람후를 뫼시고 구공을 마즈 한훤(寒暄) 녜필(禮畢)의, 빈쥬(賓主) 좌졍ᄒᆞ니, 피ᄎᆞ 지난 바를 일너 구상셔ᄂᆞᆫ 동창후와 북평공의 쇼년 딕싀 츌즁홈과, 존문 복경이 희한ᄒᆞᄆᆞᆯ 인샤【42】ᄒᆞ고, 눈시 졔공은 구상셔의 승치(陞差) 환경홈과 부녜 상봉ᄒᆞᆫ 경ᄉᆞ를 일ᄏᆞ르니, 구상셰 눈을 드러 좌우를 고면ᄒᆞ여 눈한님의 화풍경운지상(和風慶雲之像)[1945]과 늠늠ᄒᆞᆫ 풍치 덕질이 완연ᄒᆞ듸, 군ᄌᆞ의 톄위 일워시믈 무흠(無欠)이 두굿기고 이즁ᄒᆞ니, 초(初)의 녀아로뼈 당당ᄒᆞᆫ 져의 조강(糟糠) 원비로 졍혼ᄒᆞᆫ 비러니, 죠물(造物)이 다싀(多猜)ᄒᆞ여, 난아 요녀의 작용으로 녀아의 심규 약질이 하마 죽기의 니를 번ᄒᆞ고, 구ᄉᆞ일싱(九死一生)ᄒᆞ여 도라오믹, 눈싱이 발【43】셔 하쥬(河洲)[1946]를 두세 번 건너, 남교(藍

[1940] 텬졍슉치(天定宿債) : 하늘이 전세로부터 정하여 준 연분.
[1941] 젼졔(專諸) : 춘추전국시대 초(楚)나라 정치가 오자서(伍子胥)의 자객. 구야자(歐冶子)라는 장인(匠人)이 세 개의 명검을 만들어 이 중 하나를 오자서에게 주었는데, 오자서가 오왕(吳王) 요(僚)의 형인 합려(闔閭)의 왕위찬탈을 돕기 위해, 이 칼을 전제에게 주면서, 요를 죽이도록 지시하였다. 전제는 요리사로 가장하여 생선 속에 이 칼을 몰래 숨겨 넣고 들어가 요를 죽이는데 성공하였는데, 이로써 왕위에 오른 합려(闔閭)는 요를 처단한 검을 물고기 내장에 숨겼다 하여 어장검(魚腸劍)이라는 이름을 붙여 주었다.
[1942] 어장검(魚腸劍) : 춘추전국시대 초(楚)나라 정치가 오자서(伍子胥)가 수하(手下) 자객 전제(專諸)에게 주어 오왕(吳王) 요(僚)를 암살하게 하였던 명검(名劍). 전제가 이 검을 물고기의 내장 속에 숨겨 들어가 암살에 성공하였다 하여, 요의 암살로 왕위에 오른 합려(闔閭)가 이 검에 '어장검(魚腸劍)'이라는 이름을 붙여 주었다 한다.
[1943] 날 : 연장의 가장 얇고 날카로운 부분. 베거나 찍거나 깎거나 파거나 뚫을 수 있도록 되어 있다
[1944] 원앙치(鴛鴦債) : 금실 좋은 부부로 살아가야 할 의무.
[1945] 화풍경운지상(和風慶雲之像) : 화창한 바람과 상서로운 구름 같은 기상(氣像)
[1946] 하쥬(河洲) : '모래톱'이라는 뜻으로 '덕이 높은 요조숙녀가 있는 곳'을 이르는 말. 여기서는 요조숙

橋)1947)의 슉녀롤 ㅺㅺ이 졈득(占得)ᄒ여 당쳬지화(棠棣之華)1948)롤 노릭ᄒ니, 쇼녀의 아시밍약(兒時盟約)을 속졀업시 헛곳의 도라가고, 만금 쇼교로 ᄒ여금 위굴하등(位屈下等)1949)ᄒ믈 면치 못ᄒ니, 엇지 사롬으로 ᄒ여곰 이달오미 업스리오만은, 구상셔는 일기 관후장쟈(寬厚長者)라. 녀이 요힝 ᄉ화(死禍)롤 면ᄒ미 다힝ᄒ니, 조곰이나 위치 강등ᄒ믈 혐의ᄒ리오.

가월텬창(佳月天窓)1950)의 희운(喜雲)이 영ᄌ(盈滋)ᄒ고 ᄉᄌ쥬슌(四字朱脣)1951)의 호치찬연(皓齒燦然)ᄒ믈 씬닷지 못ᄒ【44】여, 연망이 쇼슈(素手)1952)로뻐 한님의 편편광슈(翩翩廣袖)1953)롤 넛그러 집기슈년기슬(執其手連其膝)1954)ᄒ고, 승상을 향ᄒ여 우어 왈,

"쇼졔 불통 혼암ᄒ여 능히 텬시(天時)와 인ᄉ(人事)롤 예탁(豫度)지 못ᄒ고, 한갓 ᄌ의 쥬졉을믈 면치 못ᄒ여, 쇼녀의 프른 머리와 흰낫치 힝혀 황시(黃氏)1955) 밍광(孟光)1956)의 황발흑면(黃髮黑面)의 더럽기롤 면홀 만ᄒ고, 녀공지ᄉ(女工之事)의 비홈비 족히 군ᄌ의 건즐(巾櫛)을 쇼임ᄒ염즉 혼 고로 외람ᄒ믈 닛고, 산계(山鷄)1957)의 나ᄌ라옴과 야초(野草)의 누누(陋陋)ᄒ믈 가【45】져, 녕낭(令郞)의 농봉지지(龍鳳之才)롤 의탁ᄒ엿더니, 명명신기(明明神祇) 쇼감ᄒ시미 붉으신 고로, 쇼졔의 과분 외람혼 의ᄉ롤 믜이 너기ᄉ, 혹벌(酷罰)ᄒ시미 명명ᄒ실시, 쇼녀의 지난 익경이 문견의 추악ᄒ믈 일위고, 녕낭이 임의 단계(丹階)1958)의 어향(御香)을 밧ᄌ옵고, 남교(藍橋)의 슉녀롤 ㅺ득ᄒ여, 발셔 옥슈닌벽(玉樹麟璧)1959)갓흔 자녜 션션(詵詵)ᄒ다 ᄒ니, 틱형(太

녀와의 혼인을 뜻한다. 『시경』, 「주남(周南)」, <관저(關雎)> 시에 "꾸우꾸우 물수리 모래톱에 있네. 정숙한 아가씨는 군자의 좋은 짝.(關關雎鳩, 在河之洲. 窈窕淑女, 君子好逑)"이라는 구절에서 유래하였다.

1947)남교(藍橋) : 중국 섬서성(陝西省) 남전현(藍田縣)에 동남쪽 남계(藍溪)에 있는 다리 이름. 거기에는 선굴(仙窟)이 있는데, 당나라 때 배항(裵航)이라는 사람이 이곳을 지나다가 선녀인 운영(雲英)을 만나서 선인들이 마시는 음료인 경장(瓊漿)을 얻어 마셨다고 한다.

1948)당쳬지화(棠棣之華) : <시경(詩經)> '소아(小雅)' '당쳬편(棠棣篇)'의 첫 구, 당쳬지화 악불위위(棠棣之華 鄂不韡韡; 산앵두나무 그 꽃송이 울긋불긋 아름답네)에서 따온 말. 이 시는 형제간의 우애를 노래하고 있는 시이지만, 여기서는 활짝 핀 산앵두나무 꽃처럼 아름답다는 뜻으로 쓰였다.

1949)위굴하등(位屈下等) : 지위가 아래 등위로 떨어짐.

1950)가월텬창(佳月天窓) : 아름다운 눈썹과 눈을 달리 표현한 말. *가월(佳月); 초승달처럼 아름다운 눈썹. *텬창(天窓) : '눈'을 달리 표현한 말.

1951)ᄉᄌ쥬슌(四字朱脣) : '四'자 모양의 붉은 입술.

1952)쇼슈(素手) : 하얀 손.

1953)편편광슈(翩翩廣袖) : 멋스럽고 너른 소매.

1954)집기슈년기슬(執其手連其膝) ; 손을 잡고 무릎을 맞대어 가까이 함.

1955)황시(黃氏) : 중국 삼국시대 촉의 정치가 제갈량의 처. 용모는 몹시 추(醜)녀였으나 재주가 뛰어났다고 한다.

1956)밍광(孟光) : 후한 때 사람 양홍(梁鴻)의 처. 추녀였으나 남편의 뜻을 잘 섬겨 현처로 이름이 알려졌고, 고사 거안제미(擧案齊眉)로 유명하다.

1957)산계(山鷄) : 꿩.

1958)단계(丹階) : 황제의 어탑(御榻) 아래에 있는 계단.

1959)옥슈닌벽(玉樹麟璧) : 옥수(玉樹; 아름다운 나무), 기린(騏驎; 천리마), 옥벽(玉璧; 둥그런 옥)을 아울

兄)1960)의 다복ᄒᆞ심과 녕낭의 풍치ᄅᆞᆯ 항복ᄒᆞᄂᆞ이다."

승상이 쳥파의 흔연 ᄉᆞ례 왈,

"구션싱이 초의 돈【46】아의 불미ᄒᆞᆫ ᄌᆡ학(才學)의 용우(庸愚)ᄒᆞᆷ을 아지 못ᄒᆞ고, 다만 외면이 누츄(陋醜)치 아니믈 과익ᄒᆞᄉᆞ, 만ᄂᆡ(晚來) 일교(一嬌)로뻐 쥬진(朱陳)1961)의 ᄉᆞ라(紗羅)1962)ᄅᆞᆯ 뇌졍(牢定)ᄒᆞ니, 고어의 왈, '솔토지민(率土之民)이 막비왕신(莫非王臣)'1963)이라, 돈아(豚兒)ᄂᆞᆫ 곳 현형의 ᄉᆞ회오, 녕녀(令女)ᄂᆞᆫ 곳 눈시지뷔(尹氏之婦)니, 엇지 ᄉᆞ싱의 서로 곳칠 뜻이 이시리오만은, ᄌᆞ고로 조화옹(造化翁)이 흙셩구져 니극지싀(已極之猜)ᄅᆞᆯ 나리오시니, 능히 인녁의 밋지 못ᄒᆞᆯ 고로, 경가 녀ᄌᆞ의 망녕된 작용이 하마 녕녀ᄅᆞᆯ 맛츨 번ᄒᆞ니, 엇지 놀납지 【47】아니ᄒᆞ리오. 슈연(雖然)이나, 현형이 먼니 죄젹(罪謫)ᄒᆞ시고 녕션합(令先閤)1964)의 삼긔(三朞) 머러시니, 상녜ᄂᆞᆫ 인뉸의 지즁ᄎᆞ딕(至重且大)ᄒᆞ지라. 현형의 녜의 도흑과 경문쳠의 ᄉᆞ리(事理) 고명ᄒᆞ므로, 상녜(喪禮)ᄅᆞᆯ 어긔워 슈이 혼ᄉᆞᄅᆞᆯ 셩젼(成全)치 아닐 쥴노 혜아려, 존당이 가아(家兒)ᄅᆞᆯ 과도이 편익ᄒᆞᄉᆞ, 작쇼(鵲巢)1965)의 깃드리는 영화ᄅᆞᆯ 슈이 보고져 ᄒᆞ시는 고로, 마지 못ᄒᆞ여 번화ᄅᆞᆯ 구ᄒᆞ미 아니로딕 텬연(天緣)의 미인 ᄌᆞᄂᆞᆫ 능히 인녁으로 못ᄒᆞ여, 엄·쳘 등을 년(連)ᄒᆞ여 취ᄒᆞ【48】니, 취ᄒᆞᆫ 빅 다 아롬다오니[딕], ○○○[녕녀(令女)ᄂᆞᆫ] 진짓 녕녀로 알고 취ᄒᆞ여 구약(舊約)을 셩젼ᄒᆞ노라 ᄒᆞᆫ 거시딕, 도로혀 구시 변ᄒᆞ여 경시런 쥴 알니오. 임의 취ᄒᆞ여 도라오미 아롬다온 향명과 셩홰 듯던 바의 닉도ᄒᆞ니, 얼골이 비록 옥 갓흐나, 닉ᄌᆡ(內才) 현슉ᄒᆞ믈 ᄉᆞ괴지1966) 못ᄒᆞ여시니, 사롬이 니루지명(離婁之明)1967)과 ᄉᆞ광지총(師曠之聰)1968)이 아니니, 경시와 구시ᄅᆞᆯ 어이 분간ᄒᆞ리오. 밋쳐 근위(根位)ᄂᆞᆫ 아지 못ᄒᆞ고, 현형의 셩심 인덕으로 그 교이(嬌兒) 불초ᄒᆞᆷ을, 요슌지지(堯舜之子)1969)【49】불초ᄒᆞᆷ과 갓ᄒᆞ믈 ᄎᆞ셕ᄒᆞ더니, 밋 요ᄉᆞ(妖邪)의 졍젹이 탈노

러 이르는 말로, 모두 '재주가 뛰어나고 용모가 빼어난 사람'을 이르는 말이다.

1960)틱형(太兄) : 대형(大兄). 친구 사이에 상대편을 높여 이르는 이인칭 대명사.

1961)주진(朱陳) : 중국 당(唐)나라 때의 주씨와 진씨의 두 성씨. 또는 두 성씨가 함께 살아오던 마을 이름. 또 주(朱)씨와 진(陳)씨가 한 마을에 대대로 살아오면서 서로 혼인을 하였다고 하여, 서로 다른 두 성씨간의 혼인을 일러 '주진(朱陳)의 호연(好緣)'이라고도 한다.

1962)ᄉᆞ라(紗羅) : '면사포(面紗布)'를 달리 이르는 말로, 옛날 궁중에서, 공주의 결혼식 때 공주가 쓰던 붉은 빛깔의 비단으로 만든 보. 금박으로 봉황 무늬와 '壽福康寧(수복강녕)'이라는 한자를 수놓았다. 여기서는 '혼인'을 이르는 말로 쓰였다.

1963)솔토지민(率土之民)이 막비왕신(莫非王臣) : 온 나라 사람이 왕의 신하 아닌 사람이 없다는 말.

1964)녕션합(令先閤) : 남의 죽은 아내를 높여 이르는 말.

1965)작소(鵲巢) : 까치 집. '신방(新房)'을 비유적으로 표현한 말.

1966)ᄉᆞ괴다 : 사귀다. 가까이하다. 사람과 사람 사이의 관계를 친밀하게 하다.

1967)이루지명(離婁之明) : 눈이 매우 밝음을 비유적으로 이르는 말. 중국 황제(黃帝) 때 사람인 이루가 눈이 밝았다는 데서 나온 말이다.

1968)ᄉᆞ광지총(師曠之聰) : 사광의 총명이란 뜻으로, 중국 춘추(春秋) 때 사광이란 사람이 소리를 잘 분변하여 길흉을 점쳤다는 고사에서 유래한 말.

1969)요슌지지(堯舜之子) : 요임금의 아들 단주(丹朱)와 순임금의 아들 상균(商均)을 말함. 둘 다 못나고 어리석어 왕위를 물려받지 못했다.

(綻露)ᄒᆞ미, 믄득 요괴로온 녀ᄌᆞ의 간음곡계(奸淫曲計) 사ᄅᆞᆷ의 얼골을 밧고며, 셩명을 곳치며, 픠륜(悖倫) 악힝을 몸쇼 힝ᄒᆞ엿던 쥴 엇지 알니오. 비록 옥셕(玉石)을 분변(分辨)ᄒᆞ여 죄ᄌᆞ(罪者)ᄅᆞᆯ 벌ᄒᆞ미 이시나, 진실노 녕녀의 쳥츈 화미(華美)로뼈 ᄉᆞ싱 존문이 엇지 되믈 아지 못ᄒᆞ여, 슉야(夙夜) 우탄(憂嘆)ᄒᆞ더니, 가만ᄒᆞᆫ 가온ᄃᆡ 명명 신기 복우(福祐)ᄒᆞᄉᆞ, 현형이 빗닉 환쇄ᄒᆞ시고, 녕녜 지우보명(支于保命)ᄒᆞ여 오【50】ᄂᆞᆯ날이 이시니, 피치 치하ᄒᆞᆯ 바ᄅᆞᆯ 아지 못ᄒᆞᄂᆞᆫ 가온ᄃᆡ, 일변 슈괴(羞愧) 난연(赧然)ᄒᆞᆫ 밧ᄌᆞᄂᆞᆫ 돈이 임의 두 안히ᄅᆞᆯ 두ᄆᆡ, 엄시ᄂᆞᆫ 오국군의 계녀(季女)로 식덕이 겸비ᄒᆞ여 이람(二南)[1970]의 덕홰(德化)잇고, 겸ᄒᆞ여 냥ᄌᆞᄅᆞᆯ ᄲᅡᆼ득ᄒᆞ여 원비의 ᄌᆞ리의 거ᄒᆞ미 맛당ᄒᆞ고, 쳘시 ᄯᅩᄒᆞᆫ 명가(名家) 슉녀로 ᄌᆡ풍(才風)이 하등이 아니니, 녕녀의 아름다온 직질과 현형의 명문고벌(名門高閥)을 굴욕ᄒᆞ여, 불초 가돈(家豚)의 하위의 쳐ᄒᆞᆯ 바ᄅᆞᆯ 난연(赧然) ᄌᆞ괴(自愧)ᄒᆞ믈 니긔지 못ᄒᆞ리로쇼이【51】다. 쇼제 졍히 슈란ᄌᆞ괴(羞赧自愧)[1971]ᄒᆞᆯ 니긔지 못ᄒᆞ거ᄂᆞᆯ, 형이 도로혀 가ᄋᆞ(家兒)ᄅᆞᆯ 과장ᄒᆞ시니 쇼제 부지 붓그려 죽으리로쇼이다."

구상셰 쳥파의 횬연 딕쇼 왈,

"형언을 드ᄅᆞ니 졍히 '아창지가(我唱之歌)ᄅᆞᆯ 군이 화(和)ᄒᆞᆫ다'[1972] ᄒᆞ미로다. 쇼녜 복이 열워 능히 딕군ᄌᆞ의 닉상(內相)을 쇼임ᄒᆞᆯ 복이 업셔, 평디(平地)의 환난이 상싱ᄒᆞ미오, ᄯᅩᄒᆞᆫ 녕낭의 풍광 덕질이 남다ᄅᆞᆫ 연고로, 잉잉(鶯鶯)[1973]의 다졍홈과 교흥(郊興)[1974]의 탐츈(探春)[1975]ᄒᆞᄂᆞᆫ 녀지 과도히 흠모ᄒᆞ여 구ᄎᆞ히 ᄯᅥ【52】로고져 ᄒᆞ미니, 이 곳 형의 싱ᄌᆞᄒᆞᆯ 각별이 ᄒᆞ여 녕낭의 풍신ᄌᆡ홰(風神才華) 특이ᄒᆞᆫ 고로, 심규(深閨) 도장[1976] 안히 ᄉᆞ문 규옥(士門閨屋)이 녜의념치(禮義廉恥)ᄅᆞᆯ 다 바리고, 반계곡경(盤溪曲徑)[1977]으로 ᄯᅡ로고져 ᄒᆞ미니, 형이 ᄯᅩᄒᆞᆫ 스ᄉᆞ로 아들의 풍치 너모 긔특ᄒᆞᆷ을 한ᄒᆞ고, 홀노 년쇼 미거ᄒᆞᆫ 경아ᄅᆞᆯ 칙망치 말나. 슈연(雖然)이나 경문쳠의 교ᄋᆡ(嬌兒)

[1970]이람(二南) : 시경(詩經)』의 <주남(周南)>편과 <소남(召南)>편을 아울러서 이르는 말. 모두 주나라 왕실의 덕화를 노래하고 있는 시들로 이루어져 있다. 그 가운데는 특히 주 문왕(文王)과 태사(太姒)의 덕을 노래한 것이 많다.

[1971]슈란ᄌᆞ괴(羞赧自愧) : 스스로 부끄러워 얼굴이 붉어짐.

[1972]아창지가(我唱之歌)ᄅᆞᆯ 군이 화(和)ᄒᆞᆫ다 : '내가 부를 노래를 그대가 부른다'는 뜻으로, 내가 할 말을 상대방이 하는 경우를 이르는 말.

[1973]잉잉(鶯鶯) : 중국 당나라 때의 문인 원진(元稹)의 소설 <鶯鶯傳> 속에 나오는 여주인공. 작품 속에서 아름답고 총명한 앵앵은 장생(張生)이라는 서생(書生)과 꿈같은 하룻밤을 보낸 후 서로 사랑에 빠진다. 그러나 우여곡절 끝에 둘은 결혼에 이르지 못하고 헤어짐으로써 이들의 사랑은 비극으로 끝난다.

[1974]교흥(郊興) : 교외의 흥취. *작품과는 무관해 보이지만, 중국 초당(初唐) 때 시인 왕발(王勃)의 시 가운데, '교흥(郊興)'이란 시가 있다.

[1975]탐츈(探春) : 봄의 경치를 찾아다니며 구경함.

[1976]도장 : =규방. 부녀자가 거처하는 방.

[1977]반계곡경(盤溪曲徑) : 서려 있는 계곡과 구불구불한 길이라는 뜻으로, 일을 순서대로 정당하게 하지 아니하고 그릇된 수단을 써서 억지로 함을 이르는 말.

이갓치 불초 음악(淫惡)ᄒᆞᆫ, 니른바 요슌지ᄌᆡ(堯舜之子) 불효홈 갓ᄒᆞ니, 아름답지 아닌 ᄉᆞ단을 다시 일ᄏᆞ라 무엇ᄒᆞ리오. 아녜 본ᄃᆡ 용쇼잔약(庸少孱弱) 1978)【53】ᄒᆞ니, 가히 녀영(女英)의 슉진지풍(淑眞之風)은 니으려니와, ᄃᆡ군ᄌᆞ의 상두(上頭)를 웅거ᄒᆞ여 봉ᄉᆞ봉친(奉祀奉親)ᄒᆞ고 어하비비(御下婢輩)ᄒᆞ여 임ᄉᆞ(姙似)1979)의 너릭신 교화ᄂᆞᆫ 감당치 못ᄒᆞ리니, 엄부인이 임의 명문(名門) 셰벌(世閥)노 직덕(才德)이 ᄡᅡᆼ젼(雙全)ᄒᆞ여, 갈담(葛覃)·규목(樛木)1980)의 화긔(和氣)와 임ᄉᆞ(姙似)의 관인후덕(寬仁厚德)ᄒᆞ시미 잇다 ᄒᆞ니, 족히 ᄐᆡᄉᆞ(太姒)의 삼쳔 후비를 동긔 갓치 ᄒᆞ시고, 일빅 ᄌᆞ식을 긔츌(己出) 갓치 ᄒᆞ시던 셩덕이 이시리니, 이 ᄯᅩᄒᆞᆫ 아녀(我女)의 복이라. 쇼졔 여러 ᄌᆞ식이 업고 슬히 젹막ᄒᆞ니, 녀아를 츌【54】가ᄒᆞᄂᆞᆫ 날이라도 구가의 도라가면, 봉사봉친(奉祀奉親)○[과] ᄉᆞ군(事君) 여가의 능히 말미암아 쇼졔의 슬하를 위로치 못ᄒᆞᆯ너니, 니졔ᄂᆞᆫ 엄부인이 계시니 아녀ᄂᆞᆫ 유뮈(有無) 관긴(關緊)치 아닐 거시니, 맛당이 냥가의 왕ᄂᆡᄒᆞ여, 쇼졔 슬하의 머물 날이 만흘지라. 이거시 ᄀᆞ장 다ᄒᆡᆼᄒᆞ여 쇼졔ᄂᆞᆫ 졍히 깃브며 즐거오믈 니긔지 못ᄒᆞ거ᄂᆞᆯ, 형은 의외지언(意外之言)을 만히 ᄒᆞ시니, 쇼졔 평일 혜오ᄃᆡ, 눈상부ᄂᆞᆫ 화홍관ᄃᆡ(和弘寬大)ᄒᆞᆫ 셩현군ᄌᆡ(聖賢君子)신가 아랏더니, 금일지【55】언(今日之言)은 실시녀외(實是慮外)라. 부인의 셰쇄ᄒᆞᆫ 싱각과 갓ᄒᆞ니, 쇼졔 경이(驚異)ᄒᆞ믈 니긔지 못ᄒᆞ리로쇼이다."

승상이 밋쳐 답지 못ᄒᆞ여셔 진왕이 쇼왈,

"구형의 의논이 달니(達理)ᄒᆞ시니, 괴(孤)1981) 불승 항복ᄒᆞᄂᆞ이다. 과연 창닌은 인즁영걸(人中英傑)이라. 년쇼 우미ᄒᆞᆫ 녀지 녜의 넘치를 아지 못ᄒᆞ고, 반계곡경(盤溪曲徑)으로 좃고져ᄒᆞ믹, 궁극(窮極) 암ᄉᆞ(暗邪)ᄒᆞᆫ 계괴, 하마 녕녀의 빙옥방신(氷玉芳身)을 맛출 번ᄒᆞ니, 엇지 놀납지 아니리오만은, 묵묵 ᄐᆡ공(太空)이 무셩무취(無聲無臭)ᄒᆞ시나, 나【56】죤 ᄃᆡ를 술피시믄 ᄌᆞ못 쇼쇼(昭昭)ᄒᆞ시니, 엇지 현형의 지인셩심(至仁聖心)으로 한낫 쇼교(小嬌)를 보젼치 못ᄒᆞ리오. 고로 녕녀의 옥보방신이 긔구○[흔] 위란 가온ᄃᆡ 버셔나, 오늘날 구약을 셩젼(成全)케 되니, 이 엇지 냥가의 복경이 아니리오."

상셰 흔연 숀ᄉᆞ 왈,

"ᄃᆡ왕 셩언이 유리ᄒᆞ시니 졍합아심(正合我心)이로쇼이다."

말ᄉᆞᆷ을 니어 좌즁이 다 경ᄉᆞ를 치하ᄒᆞ니, 《냥가 닌옹이 ᄃᆡ좌ᄒᆞ여 비단 돗 우희 위하지셩이 분분 여류ᄒᆞ며 빈쥬 호쥬 셩찬을 나와 죵일 한담ᄒᆞ【57】고 인ᄒᆞ여 돗우희

1978) 용쇼잔약(庸少孱弱) ; 용렬하고 모자라며 가냘프고 약함.
1979) 임ᄉᆞ(姙似) : 중국 주(周)나라 현모양처(賢母良妻)인 문왕의 어머니 태임(太姙)과 무왕(武王)의 어머니 태사(太姒)를 함께 일컫는 말.
1980) 갈담(葛覃)·규목(樛木) : 『시경(詩經)』 '주남(周南)'편에 실린 두편의 노래 이름. 〈갈담(葛覃)〉〈규목(樛木)〉 두 편 다 문왕(文王)의 비(妃)인 태사(太姒)의 부덕(婦德)을 노래하고 있다.
1981) 고(孤) : 예전에, 왕이나 제후가 자기를 낮추어 이르던 일인칭 대명사.

셔 길월 냥신을 틱ᄒ니‖ 위하지셩(爲賀之聲)이 분분 여류(如流)ᄒ며, 빈쥬(賓主) 호쥬
셩찬(好酒盛饌)을 나와 죵일 한담ᄒ고, 인ᄒ여 냥가 닌옹(姻翁)1982)이 듸좌ᄒ여 비단
돗 우회셔 길월 냥신(吉月良辰)을 틱ᄒ니‖, 일ᄌ(日字) 촉박ᄒ여 지격일슌(只隔一旬)
이라. 피ᄎ 슈이 되믈 더옥 깃거ᄒ더라

날이 느즌 후 구상셰 취ᄒ여 도라가니, 니러구러 가즁 상히 구쇼져의 긔특이 싱존
ᄒ여 도라와 구약을 셩젼ᄒ게 되믈 아니 깃거ᄒ리 업고, 니유인 ᄲᅡᆼ셤이 구쇼져의 ᄌ
용 식광으로 그 명이 아닌 곳의, 간음 찰녀의 독슈의 감기여, 힝혀 옥이 바아지고, 향
이 스라지며, ᄭᅩᆺ치 ᄲᅥ러지ᄂᆫ 탄이 잇ᄂᆫ가, ᄀᆞ골 참상(慘傷)ᄒ던 바로뼈, 오ᄂᆞᆯ날 깃분
【58】쇼식을 드ᄅᆞ미, 긔이코 신긔ᄒ며 긔특ᄒ믈 니긔지 못ᄒ니, 동뇌 셔로 긔롱ᄒ여
웃더라.

구상셰 본부의 도라가 부인과 녀아를 딕ᄒ여, 진궁의 가 ᄒ던 문답을 젼ᄒ고, 녀셔
의 비범 탈쇽ᄒ믈 식로이 일ᄏᆞ라 길긔 촉박ᄒ여시니, 오ᄅᆡ지 아냐 긔화 옥슈 갓흔 녀
아로뼈 만고 영웅 딕군ᄌᆞ를 마즈, 동상(東床)의 봉황셔(鳳凰瑞)1983)를 빗닐 바를 환희
쾌락ᄒ니, 뉴부인도 ᄯᅩᄒᆫ 깃부고 두굿거오믈 니긔지 못ᄒ여, 쇼져의 ᄌ장슈식픠산지뉴
(資粧修飾貝珊之類)1984)와 혼슈(婚需)【59】를 각별 셩비ᄒ여, ᄌ모의 죵요로온 도를
다 ᄒ니, 쇼졔 심하의 ᄌ부인 셩덕 인ᄌᄒ시미 목강(睦綱)1985)이후 한 사ᄅᆞᆷ이신 줄 탄
복 감격ᄒᄂᆫ 가온듸, 션비(先妣)를 츄원영모(追遠永慕)ᄒ미 더옥 깁흐니, 뉴부인은 통
달ᄒᆫ 녀지라. 쇼져의 심ᄉ를 지긔ᄒ고 더옥 어엿비 너겨, 이즁ᄒ미 오히려 친싱 아ᄌ
의 더으미 이시니, 상셰 부인과 녀아의 지긔 상득ᄒ믈 보미 그윽이 깃거ᄒ며, 부인을
긔특이 너겨 일노조ᄎ 그 박면누질(薄面陋質)을 조금도 긔회(介懷)ᄒ미 업셔, 공경즁
【60】 딕ᄒ미 범연치 아니ᄒ고, 부인이 관후인ᄌᄒ미 지우하쳔(至于下賤)1986)히 흠탄
(欽歎) 경복(敬服)ᄒ미 되엿더라.

뉴상부의셔 ᄯᅩᄒᆫ 혼슈를 셩비ᄒ니, 엄・쳘 냥쇼졔 한님의 일습신의(一襲新衣)와 길
복을 다ᄉ려 길신(吉辰)을 등딕(等待)ᄒ니, 존당 구괴(舅姑) 그윽이 아름다이 너기며,
가즁 상히 그 셩덕을 칭찬ᄒ더라.

이ᄯᅥ 하상부의셔ᄂᆞᆫ 하노공과 죠틱부인이 《조승지쥬‖조셩지쥬(趙城之珠)1987)》와
녈셩지벽(連城之璧)1988)갓치, 귀즁 연이(憐愛)ᄒ던 손이 머니 츌ᄉ(出師)ᄒ니, 노인의

1982)닌옹(姻翁) : 인친(姻親). 사돈.
1983)봉황셔(鳳凰瑞) : 봉황의 상서.
1984)ᄌ장슈식픠산지뉴(資粧修飾貝珊之類) : 여자가 화장을 하거나 몸을 꾸미는 데 쓰는, 화장품류와 노
　리개, 진주・산호 따위의 물건.
1985)목강(穆姜) : 중국 진(晉)나라 정문구(程文矩)의 아내. 성은 이(李)씨, 자(字)는 목강(穆姜). 전처 소생
　의 네 아들을 자신이 낳은 두 아들보다 더 사랑하여 훌륭하게 키웠다.
1986)지우하쳔(至于下賤) : 하인이나 천한 사람에 이르기까지
1987)조셩지쥬(趙城之珠) : : 조(趙)나라에 있는 구슬이라는 뜻으로, 전국시대 조나라 혜문왕(惠文王)이
　당시 변화씨(卞和氏)라는 사람이 형산(荊山)에서 돌 위에 봉황이 깃들이는 것을 보고 얻었다는 천하의
　명옥(名玉)인 화씨벽(和氏璧)을 빼앗아 손에 넣었는데, 이 화씨벽(和氏璧)을 이르는 말이다.

의려지망(倚閭之望)[1989]ᄒᆞᄂᆞᆫ 심ᄉᆞ(心思), 셕ᄌᆞ(昔者) 왕손가지모(王孫賈之母)[1990]의 비ᄒᆞ더니, 텬힝으【61】로 틱위 니가(離家) 긔년(朞年)의 승젼 환가ᄒᆞ여, 텬ᄌᆞ의 은영과 후록(侯綠)을 밧ᄌᆞ와 위거봉후(位居封侯)ᄒᆞ고, 위고금다(位高金多)ᄒᆞ니, 부귀영녹(富貴榮祿)이 쇼년아ᄌᆞ(少年兒子)의 극ᄒᆞᆫ지라.

ᄎᆞ일 하공과 조부인이 종일 현망(懸望)ᄒᆞ더니, 아이(俄而)오[1991], 황혼시(黃昏時)의 밋쳐 쵸공의 ᄉᆞ곤계(四昆季), 틱우와 부마로 더부러 도라와, 몬져 문묘(門廟)[1992]의 비알(拜謁)ᄒᆞ고, 버거 훤졍(萱庭)[1993]의 ᄇᆡ현(拜見)홀ᄉᆡ, 존당(尊堂)과 슉친(熟親) 졔인이 깃분 눈을 밧비 들미, 관녀휘 별후(別後) 긔년(朞年)의 친안(親顔)을 득승(得承)ᄒᆞ니, 효ᄌᆞ현손(孝子賢孫)의 지효지심(至孝之心)으로써, 환심(歡心)이 혼혼(昏昏)ᄒᆞ여 슈려ᄒᆞᆫ 봉안(鳳眼)의【62】쇼ᄉᆡᆨ(笑色)이 영ᄌᆞ(盈滋)ᄒᆞ고, ᄉᆞᄌᆞ단슌(四字丹脣)의 옥치찬연(玉齒燦然)ᄒᆞ며, 팔쳑 장신의 금의(金衣)ᄅᆞᆯ 쓰을고, 일요(逸腰)의 보ᄃᆡ(寶帶) 궁그러시며[1994] 옥면셩모(玉面星眸)의 ᄉᆞ은(賜恩)을 밧ᄌᆞ와 쥬긔(酒氣) 잠간 올나시니, 홍ᄇᆡᆨ(紅白) 모란이 셩히 퓐 듯, 어리눅은 봉졍(鳳睛)의 징징(澄澄)ᄒᆞᆫ 영ᄎᆡ(映彩) 더옥 발월(發越)ᄒᆞ여, 우취뉴지(雨醉柳枝)[1995]의 풍광이 더옥 쇄락ᄒᆞ여, 쥬(周)시졀 셔ᄇᆡᆨ(西伯)[1996]

1988) 년셩지벽(連城之璧) : 화씨지벽(和氏之璧)을 달리 이르는 말. 화씨지벽은 전국 때 변화씨(卞和氏)라는 사람이 형산(荊山)에서 돌 위에 봉황이 깃들이는 것을 보고 얻었다는 천하의 이름난 옥을 말하는데, 후대에 진(秦)나라 소양왕(昭襄王)이 이 옥을 탐내, 당시 이 옥을 가지고 있던 조(趙)나라 혜문왕(惠文王)에게 진나라 15개의 성(城)과 바꾸자는 제안을 했다는 데서, '연성지벽(連城之璧)'이라는 이름이 붙게 되었다고 한다. 결국 조성지주(趙城之珠)와 연성지벽(連城之璧)은 다 같이, 같은 구슬인 화씨벽(和氏璧)을 말하는 것으로, 그것을 아끼고 갖고자하는 주체가 각각 조성지주는 조나라 혜문왕(惠文王)이고, 연성지벽은 진(秦)나라 소양왕(昭襄王)이라는 사실이 다를 뿐이다.

1989) 의려지망(倚閭之望) : 집 나간 자녀가 돌아오기를 초조하게 기다리는 부모의 마음.

1990) 왕손가지모(王孫賈之母) : 전국시대 제나라의 대부 왕손가(王孫賈)의 어머니. 아들 왕손가가 제나라 민왕(閔王)을 섬겼는데, 전장에 나갔다가 패해 도망하여, 민왕의 행방도 모른 채 집으로 돌아오자, 아들에게 이르기를, "나는 네가 아침에 나갔다가 저녁에 늦게 오면 문에 기대 너를 기다렸고(倚門之望), 네가 아침에 나갔다가 돌아오지 않으면 나는 마을 어귀의 문에 기대어 너를 기다렸다(倚閭之望). 네가 이제 임금을 도와 싸우다가 임금이 달아났는데도, 너는 그 간 곳을 알지 못한 채 어떻게 너만 돌아왔느냐?"고 꾸짖어 왕손가를 다시 전장으로 돌아가게 하여, 민왕을 죽인 요치(淖齒)를 죽여 민왕의 원수를 갚게 했다는 고사가 『전국책(戰國策)』에 전한다. 의문지망(倚門之望), 의려지망(倚閭之望)의 유래가 이에서 비롯되었다. *왕손가(王孫賈); 왕손(王孫)은 성이고, 가(賈)는 그의 이름이다. 전국시대 제나라의 대부로서 제의 민왕을 시해한 요치(淖齒)를 죽였다.

1991) 아이(俄而)오 : 얼마 안 있다가. 이윽고.

1992) 문묘(門廟) : 가묘(家廟). 가문의 시조와 선세의 신주를 봉안한 사당(祠堂).

1993) 훤졍(萱庭) : 훤(萱)은 훤초(萱草) 곧 '원추리'로 어머니를 상징하는 화초(花草)이다, 따라서 훤당(萱堂)이나 훤정(萱庭)은 어머니를 이르는 말로 쓰여 왔는데, 여기서는 아버지와 어머니를 함께 이르는 말로 쓰였다.

1994) 궁글다 : 착 달라붙어 있어야 할 물건이 사이가 떠서 벌어져 있거나 들떠서 속이 비어 있다. 여기에서는 보대(寶帶)가 허리에 착 달라붙도록 꽉 졸라매어 있지 않고 사이가 뜰 정도로 느슨하게 매어 있는 모양을 표현한 말이다. 본래 관대(官帶)는 조복(朝服)에 구김이 가지 않도록 느슨하게 매었다.

1995) 우취뉴지(雨醉柳枝) ; 비에 취한 버들가지. 즉 '빗물을 흠뻑 머금고 있는 버들가지의 모습'으로 술에 취한 취객의 모습을 비유적으로 나타낸 말.

을 위호 봉(鳳)이 기산(箕山)1997)의 날고져 호고, 신뇽(神龍)이 반텬(半天) 금오(金
烏)1998)의 조화를 동호는 듯호니, 슈앙(秀昻)호 격조와 늠늠쥰미(凜凜俊邁)호 긔상이
긔년지닌(朞年之內)의 더 식로온 듯호지라.

하공과 조부인이 황홀 {긔}고【63】의(奇愛)호는 스랑이 더옥 취호이니, 희옴업시
웃는 닙을 쥬리지 못호고, 몸이 존즁호 쳬위 지게 밧긔 나는 줄 씨닷지 못호니, 밋쳐
그 졀호믈 기다리지 못호여, 밧비 관닉후의 좌우슈를 닛그러 드러와 좌를 졍호미, 손
을 잡고 등을 두다려 반기며 깃부믈 형언치 못호니, 틱우의 츌뉴(出類)호 딕효(大孝)
로뼈 존당 부모의 이디도록 깃거호시믈 보오미, 또 가히 그 마음의 엇더호리오.

이연(怡然)호 안식과 유화호 셩음으로 그스이 존후를 뭇잡고, 죵용이 뫼셔 말【6
4】숨호다가, 임의 셕반을 파호고 밤이 든 후 하공과 조부인이 취침호시미, 초공 등
스곤계와 졔부인이 한가지로 퇴호여 각귀사침(各歸私寢)호믈 본 후, 관닉휘 바야흐로
몽징 공즈로 더부러 영일뎡의 나아갈식, 공지 뉴미(柳眉)를 찡긔고 왈,

"즈고로 모친의 무힝실덕(無行失德)호시믄 가즁이 쇼공지(所共知)니, 다시 의논홀
거시 아니로딕, 근간의 더호시믄 다 연가 표미 드러온 탓시라. 연슈(嫂)의 병이 본딕
허혼(虛魂) 실셩(失性)호 가온딕, 더옥 인스불셩(人事不省)호여 형장이 니가지후(離家
之後)로는 쥬야 호는【65】말이 다 입 밧긔 난즉, 젼혀 난음탕즈(亂淫蕩子)의 탐츈지
셜(貪春之說)1999)의 부언광셜(浮言狂說)이러니, 근간의 병이 든 후는 더옥 괴괴 망측
호 말이 만코, 원간 형장이 가즁을 써나신 후는, 쥬야의 머리를 산발(散髮)호여 벼기
의 더지고, 무시(無時) 호읍(號泣)을 긋치지 아니호고, 쥬야 칭병호여 두문불츌(杜門不
出)호고, 신혼셩졍(晨昏省定)을 폐호연 지 오릭니, 그 어닉 씌의 진짓 병이며 아니믈
사름이 아지 못호니, 갓득 변변치 못호 인식 박명단장(薄命斷腸)을 과히 슬허호기로,
병이 더혼가 시부니, 쇼제 어린 마음【66】의는 져 상셩(喪性)호 인식(人事) 형장을
보면 희게(駭擧) 더옥 측냥(測量)업술 듯호니, 찰하리 형장이 져곳의 나아가지 마른시
미 무던홀가 호느이다."

관닉휘 광미(廣眉)를 찡긔고 탄왈,

"현졔의 말도 그릇지 아니호거니와, 우형이 연시의 괴로온 거동을 염피(厭避)호여
보지 말고져 호는 지경이면, 모친이 과도히 노호실가 져허호미니, 엇지 연시를 두려호

1996)서백(西伯) : 중국 주(周 : BC 1111~256)의 창건자인 무왕(武王)의 아버지 문왕(文王). 성(姓)은 희
  (熙). 이름은 창(昌). 은(殷)나라 주왕(紂王) 때 서백(西伯)이 되어 어진 정치로써 백성들을 다스렸다.
  주왕이 폭정을 하므로 제후들이 모두 서백을 좇아 군주(君主)로 받들었고, 뒤에 그의 아들 무왕이 은
  나라를 멸망시키고 즉위하자 문왕이란 시호(諡號)를 추증하였다. BC1144년 주왕(紂王)에게 포로로 잡
  혀 유리(羑里)에 3년간 갇혀 있을 때, 유교의 고전인 주역의 괘사(卦辭)를 지었다.
1997)기산(箕山) : 중국 하남성(河南省)에 있는 산. 고대 중국의 은자 소부(巢父)와 허유(許由)가 요(堯)
  임금으로부터 왕위 선위 제안을 뿌리치고, 이 산에 숨어 은거했다는 고사로 유명한 산이다.
1998)금오(金烏) : '해'를 달리 이르는 말. 태양 속에 세 개의 발을 가진 금까마귀가 있다는 전설에서 유
  래하였다.
1999)탐춘지셜(貪春之說) : 남녀 간의 정을 탐하는 말.

미리오."

니러틋 문답홀 스이 발셔 영일뎡 곡난(曲欄)의 밋첫는지라. 몽징공지 난두(欄頭)의셔 몬져 기춤ᄒᆞ고 문을 열【67】고져 ᄒᆞ더니, 믄득 방즁의셔 어셩이 미미ᄒᆞ여 여러 사람의 말소리 들니이되, 가장 은밀ᄒᆞ거늘, 공지 경아(驚訝)ᄒᆞ여 본디 뎡쇼져의 누명을 신빅(伸白)고져, 이 붓치2000) 은밀ᄒᆞᆫ 졍젹을 브듸 심문(審聞)코져 ᄒᆞᄂᆞᆫ 의ᄉᆞ 잇ᄂᆞ지라. 이의 족용(足容)을 줌지ᄒᆞ고 난두의 머므니, 관닉휘 ᄯᅩᄒᆞᆫ 아의 거동을 괴이히 너기나 뭇지 아니ᄒᆞ고, 역시 한가지로 머므러 드르니, 이쎄 연시의 병셰 근본인즉, 단장(斷腸) 회츈(回春)의 비로셔, 인병치ᄉᆞ(因病致死)ᄒᆞ기의 밋쳐시나, 근본이 져의 명(命)이 단(短)ᄒᆞ고 쉬(壽) 진【68】ᄒᆞ엿ᄂᆞᆫ지라. 엇지 쳔방(千方) 빅초(百草)의 효험이 이시리오.

하부 가즁 노유(老幼) 상하(上下)ᄂᆞᆫ 져 연시 병이 이시나 업스나 쥬야 칭병(稱病) 두문(杜門)2001)ᄒᆞ니, 그 거즛 병이며 진짓 병이 어닉 쎄부터 이시믈 아지 못ᄒᆞ니, 실노 그 위인의 광잡(狂雜)ᄒᆞ기로 말미암아, 병이 ᄯᅩᄒᆞᆫ 《실슈‖쉴시》 업스미라.

황파 복향이 쥬인의 병셰 날노 위독ᄒᆞᆫ 지경의 밋게 되여시믈 우황초조(憂惶焦燥)ᄒᆞ여, 어즈러이 눈물을 ᄲᅥ려 초공과 뉸부인의 ᄌᆞ이(慈愛) 헐ᄒᆞᄆᆞᆯ 원망ᄒᆞ고, 영안궁의 보ᄒᆞ니, 공쥬 부부와 연니뷔 십분 경녀【69】ᄒᆞ여 다만 의약을 힘뼈 조호(調護)ᄒᆞ나, 흉녀의 명이 그만ᄒᆞ니, 비록 화편(華扁)2002)의 영공(靈功)2003)인들 어이ᄒᆞ리오.

연시 본디 흉완 험독ᄒᆞ미 연연(軟軟) 약녀ᄌᆞ(弱女子) 아니라. 혼혼(昏昏)이 인ᄉᆞ를 바렷다가도, 혼몽즁(昏懜中) 씩씩 셤어(譫語) 가온디, 오미(寤寐)의 밋치이고 일넘의 닛지 아니 ᄒᆞᄂᆞᆫ 바ᄂᆞᆫ, 틴우의 화풍경운지상(和風慶雲之像)2004)이라.

눈 곳 감으면 하틴우의 흐억이2005) 죠흔 풍신이 눈 압히 영지고2006), 쳥월호상(淸越豪爽)2007)ᄒᆞᆫ 셩음이 귀가의 징징ᄒᆞ니, 졍신을 져기 찰힌즉, 혼ᄌᆞ 말노 어즈러이 쑤어려 니ᄅᆞᄂᆞᆫ 말이,【70】다 하틴우의 신상이라.

"이고 이고 하몽셩 슈인(讐人)이 나 연시 희벽과 젼싱의 무슴 원기(怨家)완디, 그 풍신 ᄌᆡ모ᄂᆞᆫ 혈육지신으로 삼겻것만은, 그디도록 긔특이 삼겨 닉 눈의 드럿던고? 슈

2000)붓치 : 붙이. 종류. 따위.
2001)두문(杜門) : =두문불출(杜門不出). 집에만 있고 바깥출입을 아니 함.
2002)화편(華扁) : 중국 고대의 명의(名醫)인 화태(華佗)와 편작(扁鵲)을 함께 이르는 말. *화타(華佗); 중국 후한(後漢) 말기에서 위나라 초기의 명의(名醫)(?~208). 약제의 조제나 침질, 뜸질에 능하고 외과 수술에 뛰어났으며, 일종의 체조에 의한 양생 요법인 '오금희(五禽戲)'를 창안하였다. *편작(扁鵲) : 중국 전국 시대의 의사. 성은 진(秦). 이름은 월인(越人). 임상 경험을 바탕으로 치료하였다. 장상군(長桑君)으로부터 의술을 배워 환자의 오장을 투시하는 경지에까지 이르렀다고 전한다.
2003)영공(靈功) : 신령스런 정성과 힘.
2004)화풍경운지상(和風慶雲之像) : 화창한 바람과 상서로운 구름 같은 기상(氣像)
2005)흐억ᄒᆞ다 : 흐벅지다. 탐스럽게 두툼하고 부드럽다.
2006)영지다 : 아른거리다.
2007)쳥월호상(淸越豪爽) : 말소리가 맑고 아름다우며 호탕하고 시원시원함.

인의 풍치 문한이 그딕도록 닉 눈의 드지 아니ᄒᆞ던들, 우리 연궁의 문지가벌(門地家閥)과 부귀 위셰로뻐, 어느 곳의 한낫 옥인 가랑이 업셔, 닉 몸이 니졔 단장초스(斷腸焦思)ᄒᆞ기의 밋ᄎᆞ리오. 원간 필부의 쇼힝이 무도(無道) 경박(輕薄)ᄒᆞ여 무신불의지인(無信不義之人)인 쥴이야 닉 엇지 알니오. 우리 슉모의 박면(薄面) 【71】 누질(陋質)이 날도곤 나으미 업것만은, 초국공의 이비(愛妃) 되어시니, 나도 그 본만 너겨, 기뷔(其父) 단홍(端弘)ᄒᆞ니 기ᄌᆞ(其子) 부습(父襲)이 잇ᄂᆞ가 갈급(渴急)ᄒᆞ여 반계곡경(盤溪曲徑)으로 조ᄎᆞᆺ더니, 뉘 도로혀 관홍ᄒᆞᆫ 아븨는 담지 아니ᄒᆞ고, 제 외탁2008)을 젼습(專襲)ᄒᆞ여 옥용(玉容) 《탄심‖탕심(蕩心)》인 쥴 알니오. 젼일 드르니 진왕 눈광텬이 뉴녀를 취ᄒᆞ여 박딕 팃심ᄒᆞ니, 뉴네 원심과 음욕을 참지 못ᄒᆞ여 장ᄉᆞ왕의게로 기젹(改籍)ᄒᆞ엿더라 ᄒᆞ고, 젼ᄒᆞ니2009) 타비(唾誹)2010)ᄒᆞ믈 우연이 드럿더니, 니졔 싱각ᄒᆞ니 뉴녀의 실졀(失節)ᄒᆞ미 져의 【72】 허물이 아니오, 진왕의 탓시라. 닉 니졔 필부로ᄒᆞ여 병이 《고항‖고황(膏肓)2011)》의 드러 쥭기를 당ᄒᆞ여시니, 모진 귀신이 되여 몽셩 필부와 뎡·표·상 셰 요물을 무러 너흐러 쥭여 싱젼의 그 고기 맛○[을] 보지 못ᄒᆞᆫ 원슈를 갑흐리라."

니러듯 고장분미(鼓掌憤罵)2012)ᄒᆞ다가, 스스로 분긔 엄이(奄碍)ᄒᆞ여 긔운이 막질니기2013)를 즈로 ᄒᆞ니, 황파 복향 등이 쥬야 좌우를 써나지 못ᄒᆞ여, 이 져음의2014) 뎡시를 아조 업시 ᄒᆞ고 표·상 냥쇼져를 졀졔ᄒᆞ여 하틔위 밋쳐 도라오지 아냐셔, 그 원앙(鴛鴦)2015)의 호 【73】 연(好緣)을 연시의게 도라오게 ᄒᆞ고져, 쳥션 요리(妖尼)를 쳥ᄒᆞ여 슈이 힝계(行計) ᄒᆞ기를 의논코져 ᄒᆞ더니, 연부인이 이의 와 질녀의 병을 위로ᄒᆞ고, 흉언픽셜(凶言悖說)노 뎡·표·상 삼쇼져를 즐욕(叱辱)ᄒᆞ며, 틔우를 쑤지져 히괴망측(駭怪罔測)히 셔돌다가, 맛춤 슐을 만히 먹엇던지라. 취ᄒᆞ믈 니긔지 못ᄒᆞ여 시녀의게 붓들녀 ᄉᆞ침(私寢)의 도라와 취몽(醉夢)이 혼혼(昏昏)ᄒᆞ니, 이날 틔우의 도라온 줄도 아지 못ᄒᆞᄂᆞᆫ지라.

황파 복향이 연부인이 도라간 후, 쳥션으로 더부러 쇼져의 【74】 병근(病根) 빌미를 다 니르고, 《ᄉᆞ부ᄂᆞᆫ‖쳥션의게》 {어셔} 슈히 긔모비계(奇謀秘計)를 운동ᄒᆞ여, 져의 쇼져 싱젼의 뎡시 모ᄌᆞ를 쥭이고, 표·상을 졀졔ᄒᆞ여, ᄉᆞ싱간(死生間) 한이 업게 ᄒᆞ기를 부쵹(附囑)ᄒᆞᆯᄉᆡ, 국문지하(鞫問之下)의 부월(斧鉞)이 당형(當刑)ᄒᆞ미 아니로딕,

---

2008)외탁 : 외가를 타김. 외가를 닮음. *타기다 : 닮다.
2009)젼ᄒᆞ니 : 전하는 이.
2010)타비(唾誹) : 침을 뱉거나 튀기며 거세게 헐뜯어 말함.
2011)고황(膏肓) : 심장과 횡격막의 사이. 고는 심장의 아랫부분이고, 황은 횡격막의 윗부분으로, 이 사이에 병이 생기면 낫기 어렵다고 한다.
2012)고장분미(鼓掌憤罵) : 손바닥을 치며 몹시 성을 내어 욕함.
2013)막질니다 : 막질리다. 막히다.
2014)져음 : 즈음. 일이 어찌 될 무렵
2015)원앙(鴛鴦) : ①『동물』 오릿과의 물새. ②금실이 좋은 부부를 비유적으로 이르는 말.

임의 슉녀명념(淑女名艶)의 운익(運厄)이 다 진흐여시니, 가만흔 가온디 신기(神祇) 지방(在傍)ᄒᆞ고, 명쵹(明燭)이 야휘(夜輝)ᄒᆞ고, 귀신이 스스로 져쥬어2016), 간비(奸婢) 요인(妖人)의 무고(誣告) 함인(陷人)ᄒᆞ던 악ᄉᆞᄅᆞᆯ 즈연이 승초(承招)2017)ᄒᆞ게 ᄒᆞ미러라. 【75】

2016)져쥬다 : 형문(刑問)하다. 신문(訊問)하다.
2017)승초(承招) : (죄인이) 스스로 죄를 고백함.

윤하뎡삼문취록 권지오십구

　　차시 황파 복향이 {왈} 《스부는∥청션의게》 슈히 긔모 비계(奇謀秘計)를 운동ᄒ여 져의 쇼져 싱젼의 뎡시 모즈를 죽이고 표·상을 졀졔ᄒ여 스싱간 한이 업게 ᄒ기를 부쵹(附囑)홀시, 임의 슉녀 명염의 운익이 다 진ᄒ여시니, 가만ᄒ 가온딕 신긔(神祇) 지방ᄒ니, 귀신이 스스로 져주어 간비(姦婢) 요인(妖人)의 무고(誣告) 함인(陷人)ᄒ던 악스를 즈연이 승초(承招)ᄒ게 ᄒ는지라.

　　황파 복향이 밤이 깁고 【1】만뇌(萬籟) 구젹(俱寂)ᄒᄆᆯ 방심ᄒ여, 뭇는 바 업시 젼젼 악스를 직초 홀시, 황픽 니르딕,

　　"우리 쇼져는 본딕 영안 옥쥬의 친손이시니, 금지 옥엽의 존ᄒ미 계시고, 니부텬관(吏部天官)2018)의 일쇼교(一小嬌)니 문지가벌(門地家閥)2019)이야 작ᄒ2020)시리오만은, 일단 쇼흠즈(所欠者)는 외모 용안이 남만 못ᄒ신 연괴라. 일즉 년당 십스의 하틱우 노야의 조강 원비 되시니, 하노애 그 부군 승상 노야의 관인후덕ᄒ시믈 밋지 못【2】ᄒ시고, 췌식경덕(取色輕德)ᄒᄂᆫ 힝실이 계샤, 아시로 븟허 박딕 틴심ᄒ시니, 우리 쇼졔 박명을 슬허ᄒ시나, 오히려 일단 방심ᄒᄂᆫ 바는, 탑하(榻下)의 타인이 언식(言飾)ᄒ미 업스니, 일노뼈 져기 위로ᄒᄂᆫ 비러니, 의외(意外) 모년월일의 틱우 노애 황명을 밧즈와 관셔 스십일쥬 안찰시(按察使) 되여 나려가 계시다가, 여ᄎ여ᄎ 녁녀(逆旅)의셔 평싱 원가(怨家) 뎡시를 맛나, 처음은 불과 방파(婆)의 쳔식(賤息)만 너겨, 그 용식직【3】모의 요괴로오믈 과혹ᄒ여 희쳡으로 다려와, 존당도 모로게 후졍 은실(隱室)의 깁히 감촌 거슬 쳡 등이 여ᄎ여ᄎ 긔미를 아라, 스부로 더부러 종용이 상의ᄒ여 업시ᄒ려 ᄒᄂᆫ 거슬, 연부인이 급ᄒ 노긔를 춤지 못ᄒ시고, 우리 쇼졔 또ᄒ 년쇼 투졍(妒情)을 과도히 ᄒ여, 뎡시만 다스리지 아니ᄒ고, 너모 스긔를 요란이 ᄒ여 픾언(悖言)이 존당의 밋츠니, 틱우 노야의 노를 맛나【4】시며, 뎡시 잇는 쥴을 다 알게 ᄒ여, 슉셩 뎡부인이 모로는 가온딕나 혈믹이 상응ᄒ미 잇던지, 우연이 다려다가 보신 비, 뉘 도로혀 텬눈이 신긔히 상합ᄒ시미, 평졔왕의 교옥(嬌玉)이며 문양공쥬의 쳔금 쇼편(小嬌) 쥴 알니오. 져 뎡시 치빈의 쳔흔 쏠노 방녀의 쇼싱만 너겨실젹도, 그 셩덕(盛

德) 광화(光華)의 놉고 죠흔 긔질을 졔어ᄒ기 어렵거ᄂᆞᆯ, 번뒤쳐2021) 경상왕후지손(卿相王侯之孫)이며 왕희(王姬)의 쇼싱으【5】로, 부귀 권셰 혁혁ᄒ니 언연이 뉵녜(六禮)2022) 빅냥(百輛)2023)으로 하튀우고 도라오니, 이ᄂᆞᆫ 실노 농이 여의쥬(如意珠)2024)를 어드미오, 범이 날기 ᄃᆞᆺ치라. 우리 쇼져의 문지(門地) 가벌(家閥)이 져만 못ᄒ미 아니로ᄃᆡ, 용안(容顔) ᄌᆡ덕(才德)이 져와 비기미 쇼양불모(霄壤不侔)2025)ᄒ니, '쳥텬빅일(青天白日)은 노예하쳔(奴隸下賤)도 역지기명(亦知其名)이오'2026) '황혼흑야(黃昏黑夜)ᄂᆞᆫ 금슈(禽獸)도 그 어두오믈 아ᄂᆞᆫ지라.'2027) 아등 모녀의 진튱갈녁(盡忠竭力)고져 ᄒᄂᆞᆫ 위쥬튱심(爲主忠心)이라도 그 불ᄉ(不似)ᄒ믈 알거든, 하【6】문 상하 노유의 인심이 엇더ᄒ리오. 우리 연부인 밧근 존당 상ᄒ 다 틔우 노야의 풍신 ᄌᆡ화로ᄡᅥ, 우리 쇼져의 박면누질(薄面陋質)의 ᄣᅡ이 부젹(不敵)ᄒ시믈 각골통한ᄒ시던 ᄎ(次)의, 뎡쇼져 갓흔 ᄌᆡ미ᄡᅡᆼ젼(才美雙全)ᄒ 뇨조슉녀(窈窕淑女)를 어더 빅필의 상젹(相敵)ᄒ니, 합문상하(閤門上下)의 젼일ᄒᆫ 은춍이 히옴업시 다 뎡쇼져의게 도라간지라. 우리 쇼져의 무염지식과 쇠잔ᄒᆫ 형세로ᄡᅥ, 엇지 감히 져 뎡쇼져의 은춍 부귀【7】를 당ᄒ리오. 시고(是故)로 ᄉ부의 놉흔 지조를 비러 강젹을 쇼졔코져 ᄒ미, ᄉ부의 신긔ᄒᆫ 슈단으로 마가의 간쳡계(間妾計)2028)를 ᄒᆡᆼᄒᆞ여 몬져 하튀우와 뎡쇼져의 틱산교악(泰山喬嶽) 갓흔 형세○【를】 ᄯᅥᆺ거, 니졔 니이튤화(離異黜禍)ᄒᄂᆞᆫ 지경의 밋고, ᄯᅩ 쇼공ᄌ를 쇼져의 분산 시의 맛초와 긔특이 어더 와 아쥬로 ᄒᆞ여곰 옥슈닌벽(玉樹驎璧) 갓흔 ᄌ녀를 엇게 ᄒ니, 이 엇지 ᄉ부의 ᄃᆡ은이 아니리오만은, 졔일 엇기 어려온 거슨 하노【8】야의 은졍(恩情)이오, 버거 뎡시를 아조 죽이지 못ᄒᆞᆺ고, 표·상 냥쇼져를 쇼졔(掃除)치 못ᄒᆞ여시니, 오히려 통일텬하(統一天下)의 공업을 일우지 못ᄒᆞᆺ고, 남이북젹(南夷北狄)이 강셩ᄒ미 이시니, 우리 쇼졔 일노ᄡᅥ 우분초조(憂憤焦燥)ᄒ여 단장초우(斷腸焦憂)ᄒ시기의 밋ᄎ시니, 니졔 장ᄎᆞᆺ ᄉ싱(死生)이 갓가와시ᄃᆡ, 구가 합문의 이셕ᄒ리 업고, 불구(不久)의 하노애 도라와 아쥬(我主)의 위질(危疾)을 드ᄅᆞ면, 투악의 못 니기고 박명을 공치(攻治)ᄒ노라 스스로 칭병가탁(稱病假託)ᄒ미【9】라 ᄒ고, ᄯᅩ 죽으믈 달게 너기

2021)번뒤치다 : 뒤집히다. 위가 밑으로 되고 밑이 위가 되다
2022)육례(六禮) : 전통적으로 내려오는 혼인의 여섯 가지 예법. 납채, 문명(問名), 납길, 납폐, 청기(請期), 친영을 이름.
2023)빅냥(百輛) : '백대의 수레'라는 뜻으로, 『시경(詩經)』「소남(召南)」편, <작소(鵲巢)>시의 '우귀(于歸) 백량(百輛)'에서 유래한 말이다. 즉 옛날 중국의 제후가(諸侯家)에서 혼례를 치를 때, 신랑이 수레 백량에 달하는 많은 요객(繞客)들을 거느려 신부집에 가서, 신부을 신랑집으로 맞아와 혼례를 올렸는데, 이 시는 이처럼 혼례가 수레 백량이 운집할 만큼 성대하게 치러진 것을 노래하고 있다.
2024)여의쥬(如意珠) : 용의 턱 아래에 있는 영묘한 구슬. 이것을 얻으면 무엇이든 뜻하는 대로 만들어 낼 수 있다고 한다. 늑보주(寶珠).
2025)소양불뫼(霄壤不侔) : 하늘과 땅처럼 큰 차이가 있음.
2026)'맑은 하늘에 떠 있는 밝은 태양은 노예나 천민들도 또한 그 밝음을 안다'는 말.
2027)황혼흑야(黃昏黑夜)ᄂᆞᆫ 금슈(禽獸)도 그 어두오믈 아ᄂᆞᆫ지라 : 해가 진 뒤의 캄캄한 밤은 날짐승 길짐승들 까지도 그 어두움을 안다.
2028)간쳡계(間妾計) : 첩을 남편과 이간시키는 계책.

리니, 이 엇지 뎡·표·상 삼인의 복이 아니리오. 우리 쇼져의 혼빅이신들 엇지 스후의 명목혼 혼빅이 되시리오. 원컨딕 스부는 딕즈딕비(大慈大悲)ㅎ여 신통혼 슈단을 다ㅎ여 우리 쇼져의 슈명(壽命)을 발원ㅎ고, 뎡·표·상을 아조 업시 ㅎ여, 아쥬로 ㅎ여곰 일광텬하(一匡天下)2029)의 딕업을 완젼ㅎ게 ㅎ면, 본부 부인이 만금 진산을 다 기우려 스부의 활은딕혜(活恩大惠)룰 닛지 아니실거시오, 우리 노쥬 【10】세셰싱싱(世世生生)의 스부의 늉산딕혜(隆山大惠)룰 엇지 니즈리오."

청션이 본딕 연시의 슈명이 진(盡)코져 ㅎ믈 붉히 아는지라. 젼후의 호부인을 겨혀, 연시 단명ㅎ니 불스(佛寺)의 신공(申供)을 만히 드리라 ㅎ여, 진물을 만히 후려늬여 져의 욕화(慾火)룰 치왓는지라. 니졔 연시의 슈명이 거의니 달니 쑤며 딕답홀 말이 업는지라. 눈섭을 공교히 집흐리고2030) 침음냥구(沈吟良久)의 싱각ㅎ미, 아마도 삼십뉵계(三十六計)2031)의 닷는 거시 상 【11】 축(上策)이라. 말을 쑤며 딕답○[ㅎ]고, 져 연시의 목슘이 걸녀실 동안 머므러 스괴룰 보다가 다라날 계교룰 싱각ㅎ고, 오릭 침음ㅎ다가 왈,

"부인이 본딕 단슈(短壽)혼 격(格)이 잇는딕 금년이 딕횡스지년(大橫死之年)2032)이라. 텬나디망년(天羅地網年)2033) 황쳔지쉬(黃泉之數)2034)니, 비록 아조 죽든 아니시나 딕횡스지년○[의] 슈(數)룰 치오노라, 가장 위경(危境)은 지닉실 거시니, 유랑과 복낭은 너모 놀나지 말고, 쇼져의 가장 앗기시는 슈식(首飾) 즈장(資粧)과 일습의상(一襲衣裳)을 버스○[쥬]시고, 쳔금(千金)으로 【12】불가(佛家)의 녜폐(禮幣)룰 갓초와 빈도룰 맛지면, 빈되 스암(寺庵)의 도라가 스싱과 상의ㅎ여 크게 슈륙도장(水陸道場)2035)을 베플니니, 니리혼 칠칠스십구일(七七四十九日) 후(後)야, 부인의 병셰 가경(可境)2036)의 밋츠시리라."

황과 복향이 일시의 니르딕,

"진실노 스부의 말과 갓흘진딕 엇지 진물과 슈식을 앗기리오. 스부는 모로미 우리 부인의 명복을 길게 비러 제도(濟度)ㅎ고 뎡·표·상 삼인을 슈히 졀졔케 ㅎ쇼셔."

연시 쏘 침즁(枕中)의 더지이 【13】여 졍신이 혼혼(昏昏)혼 가온딕, 삼녀의 밀계(密計)룰 어렴프시 아라 듯고, 홀연 분긔ㅎ여 쇼릭 질너 왈,

"스부와 너의 등이 다 날을 위ㅎ여 쳔번 슈륙(水陸) 아냐 만번 슈륙(水陸)을 혼다

2029)일광텬하(一匡天下) : 어지러운 천하를 다스려 하나로 바로잡음.
2030)집흐리다 : 찌푸리다. 얼굴의 근육이나 눈살 따위를 몹시 찡그리다.
2031)삼십뉵계(三十六計) : 여섯 가지의 꾀. 많은 모계(謀計)를 이른다.
2032)딕횡스지년(大橫死之年) : 뜻밖의 큰 재앙을 만나 죽을 운수가 긴 해.
2033)텬나디망년(天羅地網年) : 하늘에는 새 그물이, 땅에는 고기 그물이 쳐 있어, 아무리 하여도 벗어나거나 피할 수 없는 재액이 든 해.
2034)황쳔지쉬(黃泉之數) : 죽어 저승에 갈 운수.
2035)슈륙도장(水陸道場) : 수륙재(水陸齋)를 올리는 곳. *수륙재(水陸齋); 물과 육지의 홀로 떠도는 귀신들과 아귀(餓鬼)에게 공양하는 재. 늑수륙굿
2036)가경(可境) ; 병세 따위가 회복되는 지경에 이름.

ᄒᆞ여도, 니 임의 단장초ᄉᆞ(斷腸焦思)ᄒᆞ는 병근이 고황(膏肓)의 ᄉᆞ못ᄎᆞ시니, 엇지 슬기를 바라리오. 니 만일 죽는 날이라도 모진 악신(惡神)이 되어, 몽셩 필부와 뎡·표·상 셰 요물(妖物)을 무러 너흐러2037) 죽여, 이 한을 플고 말니라.”

니리 니ᄅᆞ다가, 도로 혼혼【14】ᄒᆞ여 잠드는 듯ᄒᆞᆫ지라.

관ᄂᆡ후(關內侯)2038)와 몽징 공지 듯기를 다 ᄒᆞ미, 놀납고 분ᄒᆞ며 악착ᄒᆞ고 망측ᄒᆞᆷ을 니긔지 못ᄒᆞ여, 공지 분연이 셰어로 관ᄂᆡ후다려 왈,

“원ᄂᆡ 뎡슈의 누얼이 져 간당의 작용이라. 니제 져의 스스로 젼후 악ᄉᆞ를 국문ᄒᆞ미 업시 직초(直招)ᄒᆞ여 셰셰히 발각ᄒᆞ여시니, 이 졍히 뎡슈의 셜원(雪冤)ᄒᆞᆯ 찌라. 만일 져 간당을 실포(失捕)ᄒᆞᆫ즉, 일이 ᄎᆞ타(蹉跎)2039)ᄒᆞ기 쉬오리니, ᄲᆞᆯ니 잡아 다ᄉᆞ려 젼젼【15】죄상을 낫호미 올흔가 ᄒᆞᄂᆞ이다.”

관ᄂᆡ휘 ᄯᅩ한 져 간당의 말을 ᄌᆞ시 다 듯고, 도로혀 ᄉᆡᆼ각ᄒᆞᄃᆡ, ‘뎡쇼져의 ᄇᆡᆨ옥무하(白玉無瑕)ᄒᆞ미, 간인의 승초(承招)를 다 듯지 아냐셔 심심셰셰(深深細細)2040)히 드러나는지라. 편시지간(片時之間)의 ᄌᆞ가의 불명혼암(不明昏暗)ᄒᆞ미 ᄶᅡᆨ업ᄉᆞᄆᆞᆯ 붓그리니, 홀노 뎡쇼져는 니ᄅᆞ지 말고 졔뎡을 볼 ᄂᆞᆺ치 업ᄉᆞ니’, 경긱(頃刻)의 ᄉᆞᄉᆞ난예(事事亂慮)2041) ᄇᆡᆨ츌(百出)ᄒᆞ거늘, 공ᄌᆞ의 말을 듯고 오히려 원녀(遠慮) 심원흔지라. 힝혀 간당을 실【16】포(失捕)ᄒᆞᆯ가 져허 숀을 져어 다언(多言)ᄒᆞᄆᆞᆯ 금ᄒᆞ고, 공ᄌᆞ의 숀을 닛그러 나오며 왈,

“ᄌᆞ위 반ᄃᆞ시 ᄉᆞ침의 계신가 시부니, 너와 니 맛당이 몬져 가 ᄌᆞ위를 뵈옵고, 명일 흉인의 좌우를 잡아 츄문ᄒᆞ리라.”

ᄒᆞ고, 공ᄌᆞ로 더부러 연부인 침쇼의 니ᄅᆞ니, ᄉᆞ창의 촉영이 낫갓ᄒᆞ나, 창밧긔 슉직 시녀비의 코 고으는 쇼리ᄲᅮᆫ 들니거늘, 공지 난두(欄頭)의 올나 기춤ᄒᆞ고 시녀 등을 ᄭᆡ와 ᄌᆞ부인 침슈를 뭇【17】ᄌᆞ오니, 시녀비는 발셔 관ᄂᆡ후의 도라와시믈 아라시ᄃᆡ, 부인이 쥬긔(酒氣) 미란(迷亂)ᄒᆞ여 인ᄉᆞ를 모로고 취몽(醉夢)이 몽농ᄒᆞ여시니, 져희 ᄯᅩ한 부인의 취광(醉狂)과 쥬졍(酒酲)의 져므도록 보치이여 죽을 번 ᄒᆞ엿다가, 부인이 극취ᄒᆞ여 닙은 지 ᄌᆞ리의 구러져 줌드니, 겨요 붓드러 상요(床褥)의 편히 뫼시고, 져희 ᄯᅩ 곤ᄒᆞ여 잠드럿더니, 공ᄌᆞ의 브르는 쇼ᄅᆡ의 ᄭᆡ여 ᄃᆡ왈,

“부인이 죵일 ᄃᆡ취ᄒᆞ샤 인ᄉᆞ를 바려 계시【18】더니, 니졔야 줌 드르ᄉᆞ 침슈(寢睡) 혼혼(昏昏)ᄒᆞ시니, 노야와 공지 드러와 계시나 감히 알외지 못ᄒᆞ리로쇼이다.”

관ᄂᆡ후와 공지 말을 아니ᄒᆞ고, 부인 와탑(臥榻)의 나아가 취즁(醉中) 침슈(寢睡) 안

2037)너흘다 : 물다. 물어뜯다. 썹다.
2038)관ᄂᆡ후(關內侯) : 중국의 옛 관직명. 일반 제후(諸侯)는 다 도성(都城)을 떠나 봉국(封國)에 부임하여야 하지만, 관내후는 단지 몸에 관작만을 내릴 뿐이며, 봉국에 나가지 않고 도성에 있으면서 봉국의 조세만을 받는다.
2039)ᄎᆞ타(蹉跎) : ①미끄러져 넘어짐. ②시기를 잃음.
2040)심심셰셰(深深細細) : 매우 깊고 자세함.
2041)ᄉᆞᄉᆞ난예(事事亂慮) : 사사난려(事事亂慮). 일마다 이런저런 근심이 많음.

온흐믈 슬피고, 즉시 시녀비를 당부흐여 주부인 침슈를 슬피라 흐고, 몸을 두로혀 딕셔헌(大書軒)의 나아오니, 부슉이 발셔 《시침‖수침(睡寢)》의 계시니 감히 드러가지 못흐여, 쥭셔당의 니르니, 부마와 모든 군죵제제(群從諸弟) 쇼공주 등 칠팔【19】인 등이, 오히려 주지 아니흐고 쵹을 붉히고 졍히 기다리거늘, 관후와 공지 좌의 나아가니, 주연 신싁(神色)2042)이 불호(不好)흔지라. 부미 눈을 드러 형과 제의 긔싁이 평상치 아니믈 괴이히 너겨 문왈,

"주위 긔운이 아주지간(俄者之間)2043)의 엇더흐시며, 형쟝과 아이 신싁이 불안흠믄 엇진 일이니잇고?"

관휘 광미(廣眉)의 노긔 어리여 빈미 탄왈,

"이 곳 우형의 불명 혼암흐믈 주괴(自愧)흠도 업지 아니흐고, 연가 흉인의 연괴【20】라. 굿흐여 므러 알거시 이시리오."

부미 필유묘믹(必有苗脈)흐믈 씨다라 스긔(辭氣)를 텬착(穿鑿)흐미 주연 알 일이 이실지라. 만스를 굿흐여 미리 알고져 흐미 업는 고로 묵연흐여 다시 므르미 업스디, 몽녈 등 모든 쇼공지 곡졀을 알고져 흐여, 감히 관후의게는 뭇지 못흐고 몽징공주다려 지리히 므르니, 공지 본디 셩픔이 걸호(傑豪)흐여 춤을셩이 업는지라. 이의 아즈의 주가 형제 주당의 뵈오려 영일【21】졍의 나아가니, 발셔 야심흐엿는 고로 모부인은 슈침으로 도라가시고, 황파 흉비(凶婢) 요승으로 더부러 젼후 힝계흐던 슈연을 스스로 직초(直招)흐니, 이의 슈악(首惡)의 단셔(端緖)를 참쳥(參聽)흔 곡졀을 니르니, 제공지 딕경 실싁○○[흐고], 부미 경아 왈,

"《웅뉸‖응뉸》은 진실노 불셰(不世) 긔린(騏驎)이로딕, 우흐로 존당과 부모시며, 아등의 니르히 쇼아(小兒)의 작인(作人) 픔슈(稟受)의 긔특흐믈 션(善)히 너길지언졍, 혈심의 쇼스난 졍이 셩아만 못흐믈 아둥【22】지심(我等之心)의도 의괴흐믈 니끼지 못흐더니, 원간 모로는 가온딕 니런 난뉸악싁(亂倫惡事)이실 쥴 알니잇고? 슈연(雖然)이나 어느 곳 엇던 집의셔 니런 긔린을 나하 요승의게 일흔고? 그 졍식 가셕(可惜)흐도쇼이다."

관휘 졈두 왈,

"졍합 아심(正合我心)이라. 슈악(首惡)의 단셔를 《스힝‖스힉》흐미 시긱이 밧부나, 임의 야심(夜深)흐엿고, 우형이 쏘흔 힝미(行馬)의 구치(驅馳)흐미 잇는 고로, 편히 쉬고 명일 존당의 알외고 션쳐흐미 이시리라."

흐고, 곤계(昆季) 군죵(群從)【23】 졔인이 일시의 광금쟝침(廣衾長枕)의 나아가 힐지항지(詰之抗之)2044)흐여, 이 밤을 평안이 지닉고 계명(鷄鳴)을 응흐여 형제 졔인이 한가지로 니러나 관쇼(盥梳)흐고, 신셩(晨省) 쩌라, 연부인이 바야흐로 씨여시나 오히

2042)신싁(神色) : 안색(顔色)을 높여 이르는 말.
2043)아주지간(俄者之間) : 조금 전 사이. *아쟈(俄者); 조금 전. 이전, 지난 번.
2044)힐지항지(詰之抗之) : 새가 날면서 오르락내리락함. 형제가 서로 정답게 노는 모양을 말함.

려 작취미셩(昨醉未醒)2045)호여 슐이 치 씨지 못호엿더니, 관후와 부마와 공지 한가지
로 드러와 문후호고, 관휘 월면봉안(月面鳳眼)의 승안호는 화긔 ᄀ득호여, 연부인 무
룹 압히 업듸여 진비호고, 니슬(離膝) 긔년(朞年)의 티티 긔【24】게(起居) 평상호시
믈 깃거 호고, 그 ᄉ이 니친영모지회(離親永慕之懷) 간측(懇惻)호던 바를 고호니, 흐리
눅은2046) 봉졍(鳳睛)의 어리로온2047) 긔상이 완슌유화(婉順柔和)호여 효ᄌ의 도를 다
ᄒᄂ지라. 연부인의 흉괴망측훈 인심이ᄂ 므ᄉ 말을 창졸간의 딕답ᄒ리오.

퉁방울 갓흔 눈을 허여케 쓰고, 건슌노치(乾脣露齒)2048)의 취ᄒ여 흐르던 춤을 가로
ᄲᆡ스며, 쇠시랑2049) 갓흔 손으로 관후의 편편광수(翩翩廣袖)를 왈학 붓들고, 거쉰2050)
쇼리로 흉장(凶壯)이 【25】니ᄅ듸,

"오냐, 닉 아들아, 나ᄂ 조히 잇더니라커니와 너ᄂ 언졔 도라왓ᄂ가? 환가ᄒ다 쇼식
이 업더고나."

관휘 ᄌ약히 딕왈,

"히이 작일 황혼(黃昏)이[의] 환가(還家)ᄒ오니, ᄌ위 맛춤 존당(尊堂)의 계시지 아
니ᄒ온 고로, 몽징으로 더부러 ᄌ위를 뵈오라 드러오온즉, ᄌ위 발셔 취침ᄒ신 고로
감히 요란이 들네지2051) 못ᄒ여 셔당으로 나아갓더니이다."

부인 왈,

"그말은 올타. 닉 요ᄉ이 질녀의 병이 즁ᄒ여 ᄉ싱의 밋 【26】쳐시니, 상공이 《잔
득ᄒ여∥잔득지2052) 못ᄒ여》ᄌ부의 병을 ᄌ로 뭇지 못ᄒ노라 ᄒ니, 노모ᄂ 예수 고
식(姑媳)과ᄂ 달나 지친지졍(至親之情)으로, 춤아 그 즁훈 병을 더져 두지 못ᄒ고, 무
지훈 시녀비만 맛져두지 못ᄒ여, 밤낫 영일누의 잠겨 시탕(侍湯)을 보살피노라 ᄒ니,
어졔 너의 도라오ᄂ 쥴도 아지 못ᄒ고, 늙으니 여러날 빗쳐2053) 잠이 뇌즁(牢重)ᄒ
여2054) 너의 형졔 드러온 쥴도 아지 못ᄒ여시니, 오아(吾兒)ᄂ 셩훈 어뮈란 넘녀치 말
고, ᄉ싱의 밋춘 쳐ᄌ의 병 【27】을 뭇고, 아모조록 ᄉ라나게 ᄒ라. 질녀의 이 병든
근원은 젼혀 너의 미몰(埋沒) 박졍(薄情)훈 탓시라."

ᄯᅩ, 고장분분(鼓掌忿憤)ᄒ여 고셩딕믹(高聲大罵) 왈,

2045)작취미셩(昨醉未醒) : 어제 마신 술이 아직 깨지 아니함.
2046)흐리눅다 : ①흐리멍텅하다. ②단단하지 않고 여리고 부드럽다
2047)어리롭다 : 어리광스럽다. 어른에게 귀염을 받거나 남의 환심을 사려고 짐짓 어린아이 같은 태도를
　　보이는 데가 있다.
2048)건슌노치(乾脣露齒) : 윗입술이 위로 들려서 이가 드러나 보임. *건순(乾脣); 위로 들린 입술.
2049)쇠시랑 : 쇠스랑. 땅을 파헤쳐 고르거나 두엄, 풀 무덤 따위를 쳐내는 데 쓰는 갈퀴 모양의 농기구.
　　쇠로 서너 개의 발을 만들고 자루를 박아 만든다
2050)거쉬다 : 거쉬다. 목소리가 쉰 듯하면서 굵직하다.
2051)들네다 : 들레다. 야단스럽게 떠들다.
2052)잔득ᄒ다 : 잔득하다. 진득하다. 성질이나 행동이 끈기가 있고 차지다.
2053)빗치다 : 삐치다. 무엇에 시달리어서 몸이나 마음이 몹시 느른하고 기운이 없어지다. 고생하다.
2054)뇌즁(牢重)ᄒ다 : 매우 무겁다. 여기서는 '잠이 매우 깊게 든 것'을 이른 말.

"우리 슉질이 네 어뮈와 원슈 업ᄉᄃᆡ, 네 공연이 날 믜온 연좌ᄅᆞᆯ 질녀의게 뼈, 금번 의도 결안 칠 ᄒᆡᆼ도시(行道時)의 응당 문양궁의 가 뎡녀ᄂᆞᆫ 보고시버 니별ᄒᆞ여실 ᄃᆞᆺᄒᆞ ᄃᆡ, 영일뎡은 네게 삼ᄃᆡ 원슈의 거쳐만 너겨, 드리미러 보도 아니ᄒᆞ고 나가니, 녀ᄌᆞ지 심(女子之心)의 그 이돏고 섧기 엇더ᄒᆞ리오만은, 질【28】네 오히려 관홍(寬弘)ᄒᆞ여 너의 박졍을 조곰도 한치 아니ᄒᆞ고, 만니 젼진의 네 몸을 과도히 넘녀ᄒᆞ고, ᄎᆞ마 그리 워 능히 먹지 못ᄒᆞ고, ᄌᆞ지 못ᄒᆞ여, 이 병을 어더시니, 너도 인심이라, 싱각ᄒᆞ여 보라. 녀ᄌᆞ의 졍이 아니 가련ᄒᆞ며, 응윤 갓흔 긔린(騏驎)과 셩아 갓흔 교아(嬌兒)ᄅᆞᆯ 두어시 니, 어엿분 ᄌᆞ녀의 낫친들 아니 보ᄂᆞ냐? 셰간의 너 뭉셩 갓흔 ᄃᆡ간ᄃᆡ악(大奸大惡)이 어ᄃᆡ 이시리오. 나도 져머셔브터 네 가문의 드러와 인심을 만히【29】 지니여 보니, 너모나 하가의 인심들은 그리 악착지 아니ᄒᆞ더라만은, 너ᄂᆞᆫ 네 외가 문풍(門風)으로, 눈가 괴물들을 젼습(專襲)ᄒᆞ엿기로 불근인졍(不近人情)ᄒᆞᆫ 거죄 만흐니, 질네 십팔쳥츈 (十八靑春)의 만일 단장(斷腸) 죠ᄉᆞ(早死)ᄒᆞ면, '빅인(伯仁)이 유아이ᄉᆞ(由我而死)'[2055] 라 ᄒᆞ니, 네겐들 무어시 쓴ᄃᆞ오리오[2056]."

관휘 《봉슈이쳥∥복수이쳥(伏首而廳)[2057]》의 불변안쇡(不變顔色)ᄒᆞ고, 졍ᄉᆡᆨ(正色) 쥬왈,

"원ᄂᆡ ᄌᆞ위 근노ᄒᆞ시미 다 연가 발부의 연괴로쇼이다. 히이 ᄌᆞ쇼(自少)로 셩질이 광 탕(曠蕩)[2058]ᄒᆞ여 온슌ᄒᆞᆫ 조힝(操行)의 버셔나옵거【30】늘, 찰부(刹婦)[2059]ᄅᆞᆯ 맛난 이후로 심졍이 만히 병드러, 지어(至於) 광분질쥬(狂奔疾走)ᄒᆞ기의 밋쳐습더니, 계오 병이 하리기의 잇습거늘, 니졔 연녀의 거동을 ᄯᅩ 볼진ᄃᆡ 옛병이 복발ᄒᆞ여 죽을 ᄃᆞᆺ 시 부오이다."

뭉졍공지 말ᄉᆞᆷ을 니어 졍ᄉᆡᆨ 왈,

"범ᄉᆞ(凡事) 경권(經權)[2060]이 다 잇습ᄂᆞ니, 틱틱ᄂᆞᆫ 표ᄆᆡ(表妹)ᄅᆞᆯ 다만 지친의 ᄉᆞ졍 (私情)만 젼쥬(專主)ᄒᆞ시고, 그 녀힝(女行) 부도(婦道)의 무힝(無行) 픽악(悖惡)ᄒᆞ미 스 스로 칠거(七去)[2061]의 범ᄒᆞᆷ을 아지 못ᄒᆞ시니, 틱틱 셩덕(聖德)의 엇지 《우희∥유

2055)빅인(伯仁)이 유아이ᄉᆞ(由我而死)라 : 백인(伯仁; 중국 동진 때 사람)은 나로 인해 죽었다'는 뜻으로, 직접적으로 사람을 죽이지는 않았지만 죽은 사람에 대해 자신이 적극적으로 구하지 않은 책임이 있음 을 안타까워하거나, 어떤 사건에 간접적으로 연관되어 있는 것을 비유적으로 나타낸 말.
2056)쓴덥다 : 쯴덥다. 남을 대하기가 마음에 흐뭇하고 만족스럽다. 마음에 거리낌이 없고 떳떳하다.
2057)복수이쳥(伏首而廳) : 공경하는 태도로 엎드려 어른의 말씀을 들음.
2058)광탕(曠蕩) : 허랑방탕함. 언행이 허황하고 착실하지 못하여 행실이 추저분하다.
2059)찰부(刹婦) : 나찰(羅刹)과 같은 흉악한 아내. *나찰(羅刹); 푸른 눈과 검은 몸, 붉은 머리털을 하고 서 사람을 잡아먹으며, 지옥에서 죄인을 못살게 군다고 한다. 나중에 불교의 수호신이 되었다.
2060)경권(經權) : ①경법(經法)과 권도(權道)를 아울러 이르는 말. ②언제나 변하지 않고 원칙과 상황에 따라 취하는 임기응변을 비유적으로 이르는 말.
2061)칠거(七去) : 칠거지악(七去之惡). 예전에, 아내를 내쫓을 수 있는 이유가 되었던 일곱 가지 허물. 시부모에게 불손함, 자식이 없음, 행실이 음탕함, 투기함, 몹쓸 병을 지님, 말이 지나치게 많음, 도둑질 을 함 따위이다.

희》치 아【31】니ㅎ리잇고? 복망(伏望) ᄌ위(慈闈)ᄂᆞᆫ 다만 가형의 쳐ᄉᆞ룰 간예(干與)
치 마르시고, 바려두시미 힝심(幸心)일가 ᄒᆞᄂᆞ이다. 사름이 슈요쟝단(壽夭長短)이 다
명(命)이 이스오니, 쟝슈(長壽)ᄒᆞ면 슈화(水火)의 ᄃᆞ리쳐도 죽지 아니ᄒᆞ고, 단명(短命)
ᄒᆞ면 히롭지 아닌 병이라도 죽기 쉬오니, 표미 본ᄃᆡ 험괴질둔(險怪質鈍)ᄒᆞ며 《허핍허
급∥허핍허겁(虛乏虛怯)2062)》ᄒᆞ여 슈골(壽骨)이 아니라. 형쟝이 브ᄃᆡ 죽이려 ᄒᆞᆫ가 억
뉴(臆謬)2063)ᄒᆞ시미, 심히 ᄌ위 셩덕의 불ᄉᆞ(不似)ᄒᆞ시고2064), 형쟝이 안ᄒᆞ로 우슈울
억(憂愁鬱抑)ᄒᆞ【32】여 옛 병이 다시 복발(復發)ᄒᆞ면, 필연 슈지 못ᄒᆞᆯ 지경의 밋츨거
시니, 이야 진짓 표미의 연괴니, 만고의 오긔(吳起)2065) 갓흔 살쳐박힝(殺妻薄行)이라
도 다만 후인이 박힝(薄行)타 ᄒᆞᆯ지언졍, 쟝뷔 안히룰 죽이다 ᄒᆞᆫ든 죄 업거니와, 녀ᄌ
의 연고로 쟝뷔 죽다 ᄒᆞ면 그 문견의 히이(駭異)ᄒᆞ미 엇더ᄒᆞᆯ가 시부니잇고?"

공ᄌ의 말단 ᄉᆞ어(辭語)ᄂᆞᆫ 모친의 괴려픽악(乖戾悖惡)ᄒᆞᆷ을 잠간 ᄭᅥ지ᄅᆞ고져ᄒᆞ여, 말
ᄉᆞᆷ으로ᄡᅥ 격동ᄒᆞ미라.

연부인이 험괴 흉독ᄒᆞ나 【33】ᄯᅩ 허랑(虛浪) 허픽(虛悖)ᄒᆞ여 겁이 만코, 남의 말
곳이듯기룰 잘ᄒᆞᄂᆞᆫ지라. 냥ᄌ(兩子)의 격동ᄒᆞᄂᆞᆫ 말ᄉᆞᆷ을 드ᄅᆞ미, 변변치 못ᄒᆞᆫ 인ᄉᆞ의
ᄃᆡ답ᄒᆞᆯ 말이 업셔, 냥구 묵연ᄒᆞ다가 니ᄅᆞᄃᆡ,

"여등의 ᄯᅳᆺᄃᆡ로 다른 일은 노뫼 다시 간예치 아니ᄒᆞ려니와, 다만 질녀의 병근원 ᄯᅩ
은 가ᄇᆞ얍지 아니ᄒᆞ니, 오아ᄂᆞᆫ 드러가 그 병심을 위로ᄒᆞ여, ᄉᆞ싱간 원이 업게 ᄒᆞ라."

ᄒᆞ니, 냥인이 직빈 슈명ᄒᆞ고 존당의 신성(晨省) ᄯᅵ 느져【34】가므로ᄡᅥ 고ᄒᆞ고 퇴
ᄒᆞ니, 연부인이 작일 슐이 ᄎᆡ ᄭᅢ지 못ᄒᆞ여 일신이 줏마즌 다시 뇌곤ᄒᆞᆫ지라. ᄎᆞ마 상요
룰 ᄯᅥ나기 줍난ᄒᆞ여 니ᄅᆞᄃᆡ,

"나ᄂᆞᆫ 심신 불평ᄒᆞ여 구고긔 신셩치 못ᄒᆞ노라."

ᄒᆞ더라.

관후 삼곤계(三昆季) 믈너나, 다시 셔당의 나아와 군죵 졔졔룰 거ᄂᆞ려 일ᄎᆔ뎐의 문
안ᄒᆞ니, 임의 날이 붉앗ᄂᆞᆫ지라. 가즁 상하 졔인이 다 존당의 모닷더라.

표·상 냥쇼졔 쟝쇼(粧梳)2066)룰 쇼담2067)이 ᄒᆞ여 엇게룰 비겨 좌【35】하의 시립
(侍立)ᄒᆞ여시니, 쟉뇨션빈(綽腰鮮鬢)2068)이 졀ᄃᆡ가인(絶代佳人)이라.

2062)허핍허겁(虛乏虛怯) : 마음이 실하지 못하여 기운이 없고 겁이 많음.
2063)억뉴(臆謬) ; 잘못 생각함.
2064)불ᄉᆞ(不似)ᄒᆞ다 : '닮지 않다'는 뜻으로, '답지 않다', '같지 않다', '옳지 않다'는 말.
2065)오기(吳起) : 중국 전국 시대(戰國時代)의 병법가(B.C.440~B.C.381). '오기살처(吳起殺妻)'의 고사로
　　유명하다. 즉, 오기가 노(魯)나라에서 관직생활을 하던 때, 제(齊)나라가 침공해오자, 노나라가 그를 장
　　수로 임명하여 제를 막게 하려다가, 그의 처(妻)가 제나라 사람인 것을 알고 임명을 주저하자, 처를 죽
　　이고 노나라 장수가 되어 제를 무찌른 일이 있다. 저서에 병법서 ≪오자(吳子)≫가 있다
2066)쟝쇼(粧梳) : 단장을 하고 머리를 곱게 빗음.
2067)쇼담 : 소담. 생김새가 탐스러움.
2068)쟉뇨션빈(綽腰鮮鬢) : 가냘픈 허리와 고운 귀밑머리. *귀밑머리; 이마 한가운데를 중심으로 좌우로
　　갈라 귀 뒤로 넘겨 땋은 머리.

관휘 낭쇼져의 아용션틱(雅容鮮態)를 디ᄒᆞ미, 믄득 뎡쇼져의 흐억 윤틱흔 긔질과 폐월슈화지용(閉月羞花之容)2069)을 싱각ᄒᆞ고, ᄌᆞ긔 불명 혼암ᄒᆞ믈 붓그리고, 연시 노쥬의 극악 흉교ᄒᆞ믈 시로이 통히(痛駭)ᄒᆞ여 ᄌᆞ연 불호(不好)흔 ᄉᆞ식(辭色)이 외모의 현연(顯然)ᄒᆞ니, 북휘 괴이히 너겨 문왈,

"네 원노구치(遠路驅馳)의 신긔(神氣) 불평ᄒᆞ미 잇ᄂᆞ냐? 엇지 형식(形色)이 여젼(如前)치 못ᄒᆞ뇨?"

관휘 긔용(改容) 【36】 념슬(斂膝) 딕왈,

"쇼질이 비록 용잔(庸孱)ᄒᆞ오나 쇼년 장긔로 그만 구치(驅馳)의 신긔 불평토록 ᄒᆞ리잇가? 다만 쳐궁(妻宮)이 긔괴ᄒᆞ여 연녀 갓흔 간음찰녀(奸淫刹女)를 맛나, 남의 업슨 괴란(怪亂) 역경(逆境)을 갓초 지니고, 나죵은 위지ᄌᆞ식(謂之子息)2070)이라 ᄒᆞ옵ᄂᆞᆫ 거시 남의 텬눈(天倫)을 작희(作戲)ᄒᆞ게 ᄒᆞ니, 응윤은 분명흔 타문(他門) 쇼츌(所出)이라. 그 텬눈(天倫)의 도타온 졍니(情理) 어딕로 조ᄎᆞ 쇼스나오며, 작인의 비상ᄒᆞ믈 션(善)히 너길지언졍, 혈 【37】 심쇼진(血心所在)2071)의 졍이 어이 이시며, 션아ᄂᆞᆫ 무용(無用)ᄒᆞ나, 이야 진짓 쇼질의 골육이라. 호표싀랑지심(虎豹豺狼之心)이라도 그 삿기ᄂᆞᆫ 귀히 너기옵ᄂᆞ니, 쇼질이 심지토목(心之土木)이 아니라, 엇지 그 진짓 ᄌᆞ식이야 ᄉᆞ랑치 아니ᄒᆞ리잇가?"

셜파의 좌위(左右) 경아(驚訝)ᄒᆞ여 변식(變色) 상고(相顧)ᄒᆞ믈 씨닷지 못ᄒᆞ고, 뎡국공과 조부인이 딕경 문왈,

"긔 어인 말고? 응윤과 셩아ᄂᆞᆫ 동틱빵싱(同胎雙生)이라. 네 엇지 셩아ᄂᆞᆫ 긔녜(己女)라 ᄒᆞ고 응윤은 긔지(己子) 아니 【38】 라 ᄒᆞᄂᆞ뇨?"

관휘 드듸여 죠부모 좌젼(座前)의 ᄭᅮ러, 작셕(昨夕)의 몽징으로 더부러 연부인긔 뵈오려 영일졍의 갓다가, 연시 노쥬와 요승의 스ᄉᆞ로 젼젼악ᄉᆞ(前前惡事)를 복초ᄒᆞ던 ᄉᆞ어(私語)를, 다 참쳥(參聽)ᄒᆞ여시믈 셰셰히 알외니, 존당 상히 일쳥(一廳)의 딕경실식(大驚失色)지 아니리 업ᄂᆞᆫ지라.

뎡국공과 조부인이 근간은 연시 병이 즁ᄒᆞ기로, 황파 복향이 쥬인의 병으로 넘녜 타ᄉᆞ(他事)의 결을치 못ᄒᆞ여, 져기 미혼약(迷魂藥)2072)을 존당의 【39】 나오지 못ᄒᆞ엿ᄂᆞᆫ 고로, 총명이 졈졈 도라오고져 ᄒᆞᄂᆞᆫ 즈음이라. 졍히 뎡쇼져의 졀츌긔이(絶出奇異)흔 용안ᄌᆡ덕(容顔才德)을 ᄶᅵᆺᄶᅵᆺ 싱각ᄒᆞ여 보고져 ᄒᆞᄂᆞᆫ 마음이 잇고, ᄌᆞ긔 부뷔 《무스∥무슨2073)》 일노 졸연(猝然)이 변작환심(變作換心)2074)ᄒᆞ여 연시 흉물을 ᄉᆞ랑ᄒᆞ고

2069)폐월슈화지용(閉月羞花之容) : 달이 숨고 꽃도 부끄러워 할 만큼 여인의 얼굴이 아름답다는 것을 비유적으로 이르는 말.

2070)위지ᄌᆞ식(謂之子息) : 자식이라 일컬음..

2071)혈심쇼진(血心所在) : 진심에서 우러나오는 정성스러움.

2072)미혼약(迷魂藥) : 사람의 정신을 흐리게 하는 도봉잠류의 요약(妖藥).

2073)무슨 : 무슨. ①무엇인지 모르는 일이나 대상, 물건 따위를 물을 때 쓰는 말. ②을 특별히 정하여 지목하지 않고 이를 때 쓰는 말.

덩시롤 믜워ᄒ던고? ᄌ긔지심(自己之心)이라도 의괴막측(意怪莫測)ᄒᄂᆫ ᄌ음이러니, 츠언(此言)을 드ᄅ믜 평일 총명이 쇼연명각(昭然明覺)ᄒᄂᆫ지라. 발연(勃然) ᄃᆡ로(大怒) 왈,

"연녀 노쥬의 음흉교악ᄒ미 엇지 이지【40】경의 밋쳐시믈 알니오. 연즉(然則) 아지못게라! 응윤 쇼아ᄂᆫ 그 엇던 거시 ᄌ식인고?"

초공이 ᄌ약히 고왈,

"셰ᄉᄂᆫ 난측(難測)이라. 연시 흉완(凶頑)ᄒ오나, 악시 이 지경의 밋ᄎ믄 그 좌우의 돕ᄂ니 어지지 못ᄒᆫ 연괴라. 임의 슈악(首惡)의 단셔(端緖)를 잡아시니, 맛당이 연시의 좌우를 겨쥬어 실상(實狀)을 츄문(推問)ᄒ오면, 그 유죄무죄ᄌ(有罪無罪者)를 일긱(一刻)의 분간ᄒ올 거시니, 이 가온듸 응윤의 소싱지지(所生之地)를 아니 ᄎᆞᄌ리잇가? 슈연(雖然)이나【41】응윤이 ᄯᅩᄒᆫ 작인 품질이 결비(決非) 하쳔(下賤)이라. 반ᄃᆞ시 어느 곳 놉흔 가문의 귀한 ᄌᆞᄉᆫ이로듸, 져의 초운(初運)이 긔흔(奇痕)ᄒ여 신싱(新生) 초시(初時)의 텬뉸(天倫)을 실셔(失緒)ᄒᄂᆫ 지통(至痛)을 맛낫ᄉᆞ오니, ᄯᅩᄒᆫ 졍ᄉᆞ(情私) 가련ᄒ도쇼이다."

덩국공이 졈두 왈,

"오아의 말이 졍합(正合) 노부지심(老父之心)이로다."

좌위 다 이 말ᄉᆞᆷ을 듯고 연시 노쥬를 흉악히 너기지 아니리 업고, 응윤의 작인 품슈를 앗기며, 뉘집의셔 져런 긔ᄌ신손(奇子神孫)을 일코 ᄉᆞ싱존몰(死生存沒)을 몰나【42】슬허ᄒᄂᆫ고. 위ᄒ여 츄연(惆然) 감셕(感惜)ᄒ믈 마지 아니ᄒ더라.

니러구러 날이 느ᄌ미, 혜션 공쥐 우쇼져로 더부러 도라가고, 외당의 하긱이 가득이 모히니, 하시 졔인이 죵일 ᄃᆡ긱졉빈(對客接賓)의 분쥬ᄒ여, 이날 황파 모녀를 다ᄉᆞ리지 못ᄒ엿더니, 황혼의 비로쇼 빈긱(賓客)이 각산(各散)ᄒ니, 초공이 삼졔와 졔ᄌ로 더부러 즁당(中堂)의 좌긔(坐起)2075)를 빈셜ᄒ고, 금녕(金鈴)을 흔드러 ᄉᆞ예나졸(司隷羅卒)을 모화, 오형긔구(五刑器具)를 졍하(庭下)의 버리고, 영【43】일덩 좌우 시녀를 ᄡᅥ지니 업시 다 잡아오라 ᄒ니, 이날은 연시의 병이 더옥 즁(重)혼지라. 황파 모녜 바야흐로 관후의 환가ᄒᆞᆷ믈 아라시나, 쥬인의 병셰 위위(危危)ᄒ니, 감히 이 말노뼈 고ᄒ여 병증(病症)을 더으지 못ᄒ고, 연부인은 혜오듸,

"몽셩이 니가 긔년(朞年)의 도라오니 문젼(門前)의 못ᄂᆫ 숀이 만하 결을 업셔, ᄉᆞ실(私室)의 드러와 쳐ᄌ의 병을 뭇지 못ᄒ리니, 밤이야 현마 아니 드러오며, 져의 부부 간은 슬흔들 나의 위【44】엄을 겨허ᄒ리니, 제 비록 슬흔들 아니 드러오랴."

ᄒ고, ᄌ긔 영일누의셔 어둡기를 기다려 안ᄌ 관후의 드러오기를 기다리더니, 날이 어둡고 쵹을 붉히미, 아이오 안흐로조ᄎ ᄉᆞ지관환(事知官宦)2076)이 나아와 죠부인 명

2074)변작환심(變作換心) ; 마음이 변하여 바뀜.
2075)좌긔(坐起) : 관아의 으뜸 벼슬에 있던 이가 출근하여 일을 시작함. 여기서는 좌상자(坐上者)가 앉아 일을 시작할 자리를 말함.

을 젼흐고, 각별 옥셕(玉石)을 분변흐는 일이 이시니 쇼연시의 좌우 시비를 쎠지니 업시 너여 보너라 흐며, 문밧긔 범 갓흔 亽예나졸(司隸羅卒)2077)이 돌입흐여 황파 복향 등 제녀를 다 모라너여 밧그로 나【45】 아가미, 졍당 시네 영일졍 좌우 협실을 다 뒤여 졍히 쳥션 요리(妖尼)를 만나 잡아너려 흐더니, 쳥션 요리 형셰 니(利)치 아니흐믈 보고 믄득 몸을 변흐여 일진 음풍(陰風)이 되여 공즁의 나라가니, 잠시간(暫時間) 불견거쳬(不見居處)라. 이 쏘한 요리의 명이 진치 아닐 써오, 눈‧하‧뎡 삼문의 지앙을 진졍홀 날이 머러시미라.

시네 요승(妖僧)의 변화흐여 다라나믈 보고 딕경흐나, 홀일업서 흐더라. 황파 복향 등이 나졸의 핍박흐믈 【46】 보고 크게 놀나, 딕셩(大聲) 발악(發惡) 왈,

"우리 등이 무슨 죄 잇관딕 노애 잡아오라 흐시더뇨?"

모든 가졍(家丁)이 닝쇼 왈,

"쥬군 노야의 엄명(嚴命)이 계亽 영일졍 좌우를 다 잡아오라 흐시니, 아등은 다만 엄명을 준봉(遵奉)홀 쏘름이라. 파파(婆婆) 등의 죄지유무(罪之有無)를 알니오."

셜파의 미기를 더옥 단단이 흐여, 압흐로 쓰을며 뒤흐로 미러 외당으로 나아가니, 다른 시녀빈는 그 아모 연괸 줄 아지못흐여, 한갓 눈이 두렷흐고 넙이 쌧쌧흐【47】여 말을 못흐고, 힝혀 죽을가 두려 썰기를 마지 아니흐딕, 황파 복향은 져의 지은 죄 즈못 크딕, 이 본딕 별물(別物) 악죵(惡終)이라. 죄 업셰라 브릭지져 발악흐믈 마지 아니흐니, 시노(侍奴)의 무리 드른 쳬 아니흐고, 더옥 단단이 미여 나가는지라.

연부인이 그 광경을 보고 눈이 둥그러 흐여 아모 말도 못흐고, 급히 쒸오쳐 니다라 곡졀을 알고져 쒸여 니닷더니, 몽징 공지 마조 드러오다가 급히 즈위(慈闈)를 붓드러, 안【48】셔(安徐)히 고흐여 왈,

"표미(表妹)의 좌우 시비 다 유죄흔 고로, 야애 임의 그 간악흔 졍젹(情迹)을 붉히 아릭시고, 니졔 다亽려 뎡슈(嫂)의 누명을 신셜흐려 흐시미니, 조곰도 亽식 업는지라. 야애 시금 셩뇌(聖怒) 딕발(大發)흐샤 위엄(威嚴)이 진쳡(震疊)흐시니, 이 가온딕 힝혀 모친의 히게(駭擧) 이실가 흐여, 히아(孩兒)를 부릭亽 엄졀히 니릭亽딕,

"너 니졔 연시 노쥬의 젼젼악亽(前前惡事)를 붉히 알고, 몬져 그 좌우를 져쥬어, 실상을 亽힉(査覈)흐미, 무죄【49】즈(無罪者)를 신빅(伸白)흐고, 유죄즈(有罪者)를 혹벌(酷罰)흐여, 죄를 졍(正)히 흐고져 흐느니, 여모(汝母)의 亽쳬(事體) 모로는 거시, 니졔 무슨 괴이흔 히게 이실진딕, 금즈는 결연이 용亽치 아니흐리니, 너는 한갓 안젼(眼前)의 니쳐 싱니(生來)의 부즈지졍(父子之情)을 꼿출 쓴 아니라, 녀모를 영영 니이영츌(離異永黜)흐여 한갓 싱젼의 셔로 보지 아닐 쓴 아녀, 亽후(死後)라도 오문(吾門) 션산(先

<hr/>

2076)亽지관환(事知官宦) : 일에 능숙한 구실아치.
2077)亽예나졸(司隸羅卒) : 사예(司隸)와 나졸(羅卒)을 함께 이르는 말. *사예(司隸) : 형조(刑曹)에 소속된 관리. *나졸(羅卒) : 조선 시대에 지방 관아에 속한 사령(使令)과 죄인을 다루는 일을 맡아보던 병졸(兵卒).

山)을 바라지 못ᄒ리라.”

ᄒ시니, 엄명이 가장 지엄(至嚴)ᄒ샤, 평일 유화슌담(柔和純淡)2078)【50】ᄒ신 긔습(氣習)이 조곰도 업스오신지라. 복원 ᄌ위ᄂᆞᆫ 야야의 엄노ᄅᆞᆯ 촉휘(觸諱)2079)치 마ᄅᆞ시고, ᄉᆞ긔ᄅᆞᆯ 종용이 ᄒ여 야야의 처분을 가다리시고, 표미의 병심을 요동치 마ᄅᆞ샤, 나종 처치 되여가ᄆᆞᆯ 보쇼셔.”

연부인이 청파의 ᄃᆡ경(大驚) 황겁(惶怯)ᄒ여 떨며 아모리 ᄒᆞᆯ 줄을 모로니, 공지 ᄃᆡ셔 ᄌᆞ약(自若)히 위로 왈,

“결단코 ᄃᆡ인(大人)과 ᄇᆡᆨ형(伯兄)이 관인후덕(寬仁厚德)을 힘쓰시니, 황녀 등을 져주어 간졍을 힐발(纈發)ᄒ【51】시나, 질아(姪兒) 남미의 안면을 고자(顧藉)ᄒ실지라도, 표미ᄅᆞᆯ 간ᄃᆡ로 박멸(撲滅)치 아니ᄒ시리니, 복원 ᄌ위ᄂᆞᆫ 안심물우(安心勿憂)ᄒ쇼셔.”

ᄒ고, 부인 좌우 시녀ᄅᆞᆯ 다 분부ᄒ여, 연시 좌우의 가 보호ᄒ여 황파 복향 등이 잇ᄃᆞ시 ᄒ게 ᄒ니, 연부인이 초공의 엄교(嚴敎)의 ᄃᆡ황ᄃᆡ겁(大惶大怯)ᄒ여 감히 한 말을 기구(開口)치 못ᄒ고, ᄯᅩ 아ᄌᆞ의 말의 《훈∥혼(魂)》을 아이여, 아ᄌᆞ의 닛그ᄂᆞᆫ ᄃᆡ로 붓들녀 영일졍의 드러가, 여혼여실(如魂如失)2080)【52】ᄒ여, 한 구석의 ᄌᆞᆺ처2081) 안ᄌᆞ시니, 이 ᄯᅢ 쇼연시ᄂᆞᆫ 혼혼(昏昏)ᄒ여 불셩인ᄉᆞ(不省人事)ᄒ고 병요(病褥)의 휘감겨 잇더라.

황파 복향 등이 잡혀 즁헌(中軒)의 니ᄅᆞ러, 졍즁(庭中)의 ᄭᅮᆯ니ᄆᆡ, 당상을 우러러 보니 광실(廣室)의 촉광(燭光)을 낫갓치 ᄇᆞᆰ히고, 당상의 초공과 어ᄉᆞ와 쇼부와 녜뷔 ᄎᆞ례로 병좌(竝座)ᄒ고, 관후와 부미 시립ᄒ여시니, 초공과 관휘 슈려ᄒᆞᆫ 광미(廣眉)의 ᄂᆞ긔ᄅᆞᆯ ᄯᅴ여시니, 엄쥰 싁싁ᄒ여 츄텬(秋天)이 최외(崔嵬)ᄒᄃᆡ, 광풍(光風)이 늠늠(凜凜)【53】ᄒ고, 졔월(霽月)이 싁싁ᄒ며 동일(冬日)이 한상(寒霜)을 마ᄌᆞᄆᆡ, 셜풍(雪風)이 늠녈(凜烈)ᄒ여 츠고 미온 날 갓ᄒ여, ᄶᅥ를 브ᄂᆞᆫ 듯ᄒ지라. 그 무죄ᄌᆞ(無罪者)라도 불감앙시(不敢仰視)ᄒ고 한츌첨비(汗出沾背)ᄒᄆᆞᆯ ᄭᅢ닷지 못ᄒ거늘, ᄒ물며 유죄ᄒᆞᆫ 간악 요비의 심담(心膽)을 닐너 알니오.

황파 복향 등이 혼불부체(魂不附體)ᄒ여 죽은 ᄃᆞ시 업ᄃᆡ엿더니, 뎐상(殿上)의셔 일셩음아(一聲吟哦)2082)의 몬져 황파와 연잉을 형장의 올나라 ᄒ니, 냥녜 크게 울고 원민ᄒᄆᆞᆯ 브ᄅᆞ지지거늘, 관휘 졍【54】셩(正聲) ᄃᆡ미 왈,

“간악 요비 긴 혀ᄅᆞᆯ 놀녀 무슨 말을 ᄭᅮ미려 ᄒᄂᆞ뇨? 니 임의 작일야(昨日夜)의 너의 노쥬와 요리(妖尼)의 흉음(凶淫) 악착(齷齪)ᄒᆞᆫ ᄉᆞ어(私語)ᄅᆞᆯ 다 참문(參聞)ᄒ여시니,

---

2078) 유화슌담(柔和純淡) : 부드럽고 평온함.
2079) 촉휘(觸諱) : 늑촉범(觸犯). 꺼리고 피해야 할 일을 저지름.
2080) 여혼여실(如魂如失) : 정신이 있는 듯 없는 듯함.
2081) ᄌᆞᆺ치다 : 죽치다. 움직이지 아니하고 오랫동안 한곳에만 붙박여 있다.
2082) 일셩음아(一聲吟哦) : '여봐라', '듣거라', '얏' 따위의 한 마디 고함소리. *음아(吟哦); 싸움이나 경기에서 상대편의 기선(機先)을 제압하기 위해 내지르는 고함(高喊)소리.

네 엇지 이미홀와 ᄒᆞᄂᆞᆫ다?"

황파 모녜 추언을 드르미, 임의 져의 노쥬의 궁모곡계(窮謀曲計)를 알오미 이시믈 알고, 머리를 숙여 기구(開口)치 못ᄒᆞ더라. 범 갓흔 수예 나졸이 팔흘 메왓고 디하의 븕은 미를 단단이2083) 헤치니, 산장(散杖)2084)을 잡ᄂᆞᆫ 쇼리의 몬져 넉시 날고 담이 써러지ᄂᆞᆫ 【55】지라.

디하(臺下)의셔 산장을 잡고, 뎐상의셔 미이 치기를 지촉ᄒᆞ니, 일장(一杖)의 살졈이 써러지고 이장(二杖)의 뉴혈이 돌츌ᄒᆞ며, 삼장의 ᄲᅨ 바아지니, 황파 복향 등이 ᄌᆞ쇼로 경궁 쥬렴(珠簾)의 싱장(生長)ᄒᆞ여 몸이 비록 지우하쳔(至愚下賤)이나, 몸의 능나(綾羅)를 무거이 너기고, 닙 가온디 진미를 염어(厭飫)ᄒᆞ며, 연시를 공양(供養)ᄒᆞ미 호치극사(豪侈極奢)ᄒᆞᆫ 가온디, ᄌᆞ연이 존즁ᄒᆞ미 인가 부인 쇼져로 다르미 업셔, 외졍(外庭)의 발ᄌᆞ최 일즉 님 【56】치 아니ᄒᆞ여시니, 엇지 니런 혹형과 위엄을 몽미의나 구경ᄒᆞ여시리오만은, 오히려 별물(別物) 일악(一惡)이라. 니를 ᄋᆞᆰ물고 독히 알픈 거슬 참아 죵시 승쵸(承招)치 아니ᄒᆞ려 ᄒᆞ니, 발셔 일츠식 지나 뉴혈이 옷슬 잠으고 사ᄅᆞᆷ의 옷시 ᄲᅵ리이나, 눈을 감고 닙을 담으러2085) 일언을 불기ᄒᆞ니, 초공부지 요비(妖婢) 등의 이디도록 악착(齷齪) 흉교(凶狡)ᄒᆞ믈 더옥 분히(憤駭)ᄒᆞ여, 치기를 지촉ᄒᆞ여, ᄯᅩ 일츠를 지나디 【57】냥녜 죽기로뼈 무복(無服)ᄒᆞᄂᆞᆫ지라. 관휘 익익 디로ᄒᆞ여 부젼의 궤고(跪告) 왈,

"냥녀의 요독(妖毒)ᄒᆞ미 쇼쇼(小小) 형벌노ᄂᆞᆫ 결단코 슈히 승초치 아닐 ᄃᆞᆺᄒᆞ오니, 맛당이 오형(五刑)을 ᄀᆞᆺ초아 혹형(酷刑)으로뼈 더어, 포락(炮烙)ᄒᆞ기를 각별 잔상(殘傷)이 ᄒᆞ여, 복초를 바드리로쇼이다."

초공이 졈두(點頭)ᄒᆞ니, 관휘 이의 다시 수예(司隷)를 지촉ᄒᆞ여 치기를 날회고, 불을 픠오고 쇠를 달화 오형(五刑)2086)으로뼈 더으니, 냥녜 이의 다드라ᄂᆞᆫ 참아 【58】견디지 못ᄒᆞ여, 일시의 울며 지필을 구ᄒᆞ여 젼젼악ᄉᆞ(前前惡事)를 직초(直招)ᄒᆞ니, 기ᄉᆞ(其辭)의 왈,

"쳔비 황계량 복향은 본디 호퇴사 퇴상(宅上) 비ᄌᆞ로, 쥬인이 영안 옥쥬의 식뷔(息婦) 되시니, 드디여 연궁의 복ᄉᆞᄒᆞ옵다가, 쇼졔 나시미 호부인 명으로 쇼져를 교양(敎養)ᄒᆞ옵더니, 우리 쇼졔 ᄌᆞ쇼로 용안(容顔) 지덕(才德)이 불미ᄒᆞᄉᆞ, 녀공지ᄉᆞ(女工之事)의 무일가취(無一可取)ᄒᆞ시니, 년광(年光)이 이칠(二七)의 니르시디 본부 노얘 감히 【59】퇴셔(擇婿)의 넘녀를 두지 못ᄒᆞ시고, 다만 일기 죵요로온 한ᄉᆞ(寒士)를 엇고져

2083)단단이 : 묶음 마다. *단; 짚, 땔나무, 채소 따위의 묶음.
2084)산장(散杖) : 죄인을 신문할 때, 위엄을 보여 협박하기 위해서 많은 형장(刑杖)이나 태장(笞杖)을 눈 앞에 벌여 내어놓던 일.
2085)담으다 : 다물다. 입술이나 그처럼 두 쪽으로 마주 보는 물건을 꼭 맞대다.
2086)오형(五刑) : 조선 시대에, 중국 대명률에 의거하여 죄인을 처벌하던 다섯 가지 형벌. 태형(笞刑), 장형(杖刑), 도형(徒刑), 유형(流刑), 사형(死刑)을 이른다.

ᄒᆞ시더니, 텬연이 괴이ᄒᆞ여 군쥬 부인이 연궁의 귀령ᄒᆞ신 ᄶᅴ의, 틱우 노애 농누(龍樓)의 단계(丹桂)ᄅᆞᆯ 갓 썩그ᄉᆞ, 연궁의 니르러 조손지녜(祖孫之禮)로 비알ᄒᆞ시니, 쇼제 믄득 여어보시고, 노야의 쳔고 희셰ᄒᆞ신 풍광 덕질과 문장 진화ᄅᆞᆯ 만심 갈치ᄒᆞᆫᄉᆞ, 믄득 규리(閨裏)의 뎡졍(貞正)ᄒᆞᆫ 힝실을 닛고, 지ᄉᆞ위한(至死爲限)ᄒᆞ여 ᄉᆞ혼(賜婚)을 도모ᄒᆞ시며, 군쥬 부인을 달뉘 【60】 여 반계곡경(盤溪曲徑)으로 존문의 드러오시니, 존당구고 상히 다 불관이 너기시고, 틱우 노애 현현(顯現)이 염증(厭憎)ᄒᆞ샤, 마지 못ᄒᆞ여 군쥬 부인의 위엄을 두려, 면강(勉强)2087) 흔연ᄒᆞ시나, 실노 년쇼 부부의 쇼년 상이(相愛)ᄒᆞᆷ믄 조곰도 업ᄂᆞᆫ지라. 쇼제 스ᄉᆞ로 진용(才容)이 불미ᄒᆞᆷᄋᆞᆯ ᄶᅵ닷지 못ᄒᆞ시고, 노야의 화풍경운(和風慶雲)을 과도히 ᄉᆞ랑ᄒᆞ샤 일긱불견(一刻不見)을 삼츄(三秋)갓치 너기시ᄂᆞᆫ 고로, 힝혀 ᄉᆡᆼ뉘(生來)의 탑하(榻下)의 언 【61】 식(言飾)ᄒᆞᄂᆞᆫ 즈최 이실가, 깁히 잡죄고져 ᄒᆞ시던 ᄎᆞ의, 쳔만 의외의 노애 관셔안찰ᄉᆞ로 나아가샤 역녀(逆旅)2088)의셔 뎡쇼져ᄅᆞᆯ 맛나 다려오시나, 노애 존당을 두려 깁히 은실(隱室)의 감초신 거슬, 쇼비 등이 궁극히 츄심(推尋)ᄒᆞ여 군쥬와 쇼져긔 알외니, 군쥬와 쇼제 ᄉᆞ긔ᄅᆞᆯ 비밀이 못ᄒᆞ시고, 다만 혜오ᄃᆡ, ‘노야의 남ᄉᆞ(濫事)ᄅᆞᆯ 존당이 아르시면 필연 죄칙이 디단ᄒᆞ실 줄노 아라’, 뎡 【62】 쇼져의 근본(根本)이 비쳔ᄒᆞᆫ가 너겨 아조 셔르즈려 ᄒᆞ다가, 믄득 쳔비 노쥬의 ᄉᆡᆼ각는 바의 크게 어긋나, 뎡당 상히 뎡쇼져의 용안지모(容顏才謀)ᄅᆞᆯ 보시미, 이모연셕(愛慕憐惜)ᄒᆞ샤, 노야ᄅᆞᆯ 디단이 칙지 아니ᄒᆞ시고, 뎡쇼져ᄅᆞᆯ 은휼(恩恤)ᄒᆞ시ᄂᆞᆫ ᄯᅳᆺ이 겨시니, 쇼제 분앙(憤怏)ᄒᆞ샤 다시 군쥬 부인을 쵹ᄒᆞ여, 뎡쇼져와 방노파ᄅᆞᆯ 아오로 업시 ᄒᆞ려 ᄒᆞ다가, 슉셩비 뎡부인이 구ᄒᆞ여 공교히 제왕뎐○[하] 【63】 니르러 텬눈을 단합ᄒᆞ시니, 뎡쇼제 《ᄎᆡ빈‖치빈》의 쳔ᄒᆞᆫ ᄯᆞᆯ노 방녀의 쇼ᄉᆡᆼ만 너겨실젹도, 그 셩덕(性德) 진화(眞華)ᄅᆞᆯ 어려이 너겨 쇼졔ᄒᆞ미 쉽지 아니ᄒᆞ거늘, 이 믄득 번뒤쳐2089) 경상지손(卿相之孫)이오, 왕공(王公)의 녀(女)며, 왕희지쇼ᄉᆡᆼ(王姬之所生)으로, 금지여엽(金枝餘葉)의 존즁ᄒᆞ미 이시니, 혁혁ᄒᆞᆫ 문지가벌(門地家閥)과 쳔고의 ᄲᅱ여난 진용덕틱(才容德態)로ᄡᅥ, 노야의 결승(結繩)ᄒᆞ신 빅 되어, 녜이우귀(禮以于歸)ᄒᆞ시니, 혁연(赫然)ᄒᆞᆫ 춍권(寵眷)이 우리 쇼져의 셔어(齟齬)ᄒᆞᆫ 형셰와 쇠잔 【64】 ᄒᆞᆫ 은춍의 우러러 비길 빅 아니오, ᄯᅩ 노야의 일시 광병(狂病)으로 인ᄒᆞ여, 표·상 냥쇼제 진상 문미(門楣)의 졀염가인(絶艷佳人)을 일시의 모도시니, 노야의 규합(閨閤)이 니르틋 빗나실ᄉᆞ록 우리 쇼져의 신셰ᄂᆞᆫ 더옥 무광(無光)ᄒᆞ시니, 쇼제 한갓 통앙(痛怏)ᄒᆞ실ᄲᅮᆫ 아니라, 쳔비 모녜 쥬인의 신셰 니르틋 위란ᄒᆞ여, 강적의[이] 좌우로 셩녈(成列)ᄒᆞᆷ믈 보오니, 엇지 근심되고 넘녀롭지 아니리잇고? 아모려나 쥬인의 【65】 신셰ᄅᆞᆯ 회복고져 ᄒᆞ민, 궁모곡계 아니 밋춘 곳이 업ᄂᆞᆫ지라. 가만이 쳥션 법ᄉᆞ라 ᄒᆞᄂᆞᆫ 요슐 잘ᄒᆞᄂᆞᆫ 승니(僧尼)ᄅᆞᆯ ᄉᆞ괴여, 여ᄎᆞ여ᄎᆞ 쳔금을 무슈히 쥬고, 본부 호부인이 연궁 진산을 다 기우려 법ᄉᆞᄅᆞᆯ

2087)면강(勉强) : 억지로 하거나 시킴
2088)역녀(逆旅) : 나그네를 맞이한다는 뜻으로, ‘여관’을 이르는 말.
2089)번뒤치다 : 번드치다. ①물건을 한 번에 뒤집다. ②마음 따위를 변하게 하여 바꾸다.

깃기고, 아모려나 뎡쇼져 히히기를 도모ᄒᆞ미, ᄯᅩ 방노파를 말노뼈 유인ᄒᆞ여 뎡쇼제 역녀(逆旅)의 유락(流落)할 젹, 마삼낭의 집 종이 되며, 하 안ᄃᆡ(按臺)2090) 금빅(金帛)으로 속신(贖身)ᄒᆞ여 다려오신 죵두지ᄉᆞ(終頭之事)를 다 알고, 【66】쳥션으로 더부러 여ᄎᆞ여ᄎᆞ 간쳡계(間妾計)2091)를 힝ᄒᆞ여, 쳥션이 스스로 남ᄌᆞ 되여 뎡쇼져의 고인 마기(馬家)로라 ᄒᆞ고, 졔왕궁과 문양궁까지 ᄯᅡ라 하노야의 목젼의 뎡쇼져 음힝을 낫ᄒᆞ니고, 간쳡계를 힝ᄒᆞ미 한 두 번이 아니로ᄃᆡ, 존당이시며 노애 죵시 뎡쇼져를 의심치 아니ᄒᆞ시ᄂᆞᆫ 고로, 미혼단(迷魂丹)을 가져 시험ᄒᆞ여 존당과 노야의 총명을 가리오고, 연부인이 질녀를 위ᄒᆞ노라 ᄒᆞ시나, ○○[쇼제] 본셩【67】이 참되지 아니ᄒᆞ신 고로, {쇼제} 불통○[흔] 셩식(性息)2092)의 몽징공ᄌᆞ와 말노 《결위∥결울쌴 아니라》, 슉질이 징힐(爭詰)ᄒᆞ여 셔로 단체(短處)를 들츄는 고로, 미혼단을 먹이니, ○○○○[연부인의] 본셩이 광망(狂妄)ᄒᆞ신 고로 사ᄅᆞᆷ이 그 샹홀[흔] 줄을 아지 못ᄒᆞ나, 근본은 미혼단을 먹은 빌미로 《ᄌᆞ녀ᄂᆞᆫ∥ᄎᆞ후ᄂᆞᆫ》 더옥 허랑허픽(虛狼虛悖)ᄒᆞ미 더으시니, 이ᄯᆞ를 승시ᄒᆞ여 짐짓 간셔(奸書)를 지어 져쥬(詛呪)를 존당의 힝ᄒᆞ고, 요힝 쇼제 희산(解産)ᄒᆞᄂᆞᆫ 경시 이셔 녀아(女兒)를 싱ᄒᆞ시니, 망단(望斷)ᄒᆞ여 ○○○[ᄒᆞᄂᆞᆫ 줌], 【68】쳥션 법시 어ᄃᆡ 가 신싱 쇼아를 도적ᄒᆞ여다가 쇼져의 싱산흔 비라 ᄒᆞ고, ○○[이후] ᄌᆞ녀의 셰를 ᄲᅥ 뎡쇼져 히히기를 도모ᄒᆞ고, 연부인을 ᄯᅢᄯᅢ로 공격ᄒᆞ여 뎡·표·샹 삼쇼져의 《진란∥지란(芝蘭)》 약질이[을] 못 견ᄃᆡ도록 보치고, 나종은 무슈히 두ᄃᆞ리며, 필경은 《츅텬∥측쳔(則天)2093)》의 긔녀(其女)를 죽여 죄를 졍궁(正宮)의 밀위던 슈단을 힝ᄒᆞ려 ᄒᆞ여, 가아ᄌᆞ(假兒子)를 치독ᄒᆞᄃᆡ, 쇼이 요힝 면ᄉᆞᄒᆞ고, 존당의 져쥬와 음힝으로【69】밀위여 뎡쇼제 맛ᄎᆞᆷᄂᆡ 츌화(黜禍)를 맛나며, 노애 복향을 져쥬어 장하(杖下)의 맛고져 ᄒᆞ시거늘, 거즛 연잉을 독을 먹여 죽여 ᄡᅥ 복향의 ᄃᆡ신을 숨고, 향은 기용단(改容丹)을 삼켜 연잉의 얼골이 되여 쥬인을 의구(依舊)히 복ᄉᆞ(服事)ᄒᆞ니, 연부인도 오히려 니런 비밀지ᄉᆞ(祕密之事)ᄂᆞᆫ 긔이미 이시니, 가즁(家中)의 뉘 알니 잇고? 노애 걸안의 츌ᄉᆞ(出師)ᄒᆞ시나 쇼져를 니별치 아니ᄒᆞ시고, 젼일 뎡쇼져를 투긔ᄒᆞ여 픽악지셜【70】이 존당의 밋다 ᄒᆞ샤, 죄를 길게 삼아 싱ᄂᆡ(生來)의 부부지도를 폐ᄒᆞ려 ᄒᆞ시니, 쇼제 일노뼈 단장쵸ᄉᆞ(斷腸焦思)ᄒᆞ시미 밋ᄎᆞ니, 비ᄌᆞ 등이 위쥬츙심(爲主忠心)의 슬프믈 니긔지 못ᄒᆞ와, 아모려나 뎡·표·샹 삼쇼져를 졀졔(切除)ᄒᆞ여 쥬인의 ᄉᆞ싱

2090)안ᄃᆡ(按臺) : 안찰사(按察使)의 다른 이름.

2091)간쳡계(間妾計) ; 쳡을 남편과 이간시키는 계책.

2092)셩식(性息) : =셩졍(性情). 셩질과 심졍. 또는 타고난 본셩.

2093)측쳔(則天) : 624-705. 당(唐)나라 고종의 황후 측천무후(則天武后). 이름 무조(武曌). 중국의 대표적인 여성권력자의 한 사람으로, 아들 중종(中宗)을 폐위하고 스스로 황위에 올라 국호를 '주(周)'로 고치고 성신황제(聖神皇帝)라 칭했다. 후궁으로 있을 때 자신의 딸을 직접 죽인 후, 그 죄를 정궁(正宮) 왕씨(王氏)에게 씌워 모살(謀殺)하고 황후가 되었고, 이후 태자 이충(李忠)을 폐위시켜 죽였는가 하면, 또 친자 이홍(李弘)·이현(李賢)을 차례로 태자로 책봉하였다가 둘 다 독살(毒殺)하는 등의 악행을 저질렀다. 여후(呂后)·서태후(西太后)와 함께 중국의 3대 악녀로 꼽힌다.

지간(死生之間)의 원한을 위로코져, 밤이 깁고 만뇌구젹(萬籟俱寂)흐믈 방심흐여, 당초 은밀흔 셰어로 상의흐오미러니, 도로혀 텬디신기(天地神祇) 가만흔 악스를 믜이 너겨, 노야의 참문(參聞)흐시미 될 줄 알니잇고? 쳥션이 다 【71】 참셥(參涉)흐온 빈니, 쳔비 등은 다시 알욀 말슘이 업느이다."

흐엿더라.

윤하뎡삼문취록 권지뉵십

차시 좌위 황파 복향의 초ᄉᆞ를 올니니, 초공 부ᄌᆞ 곤계 피람일청(披覽一聽)의 연시의 음픠흔 ᄒᆡᆼᄉᆞᄂᆞᆫ 임의 아란 지 오ᄅᆡ니, ᄉᆡ로이 놀날 비 업ᄉᆞᄃᆡ, 황파 모녀의 간험 극악ᄒᆞ미 갓득 어지지 못ᄒᆞᆫ 쥬인을 잘 못 인도ᄒᆞ여, 졈졈 그른 곳의 나아가믈 불승통ᄒᆡ(不勝痛駭)ᄒᆞ여, 손으로 셔안(書案)을 쳐 고셩 듸즐 왈,

"간비 요녀의 흉독흔 죄악이 여ᄎᆞ 호ᄃᆡ(浩大)ᄒᆞ니 쳔참만뉵(千斬萬戮)ᄒᆞ나 속죄치 못홀 거시오, 산간 요승【1】을 ᄉᆞ괴여 요약으로ᄡᅥ 사ᄅᆞᆷ의 이목을 가리오며 인심을 현혹게 ᄒᆞ여, 군ᄌᆞ의 총명을 어둡게 너기니, ᄉᆞᄉᆞ의 기죄(其罪) 불용쥬(不容誅)라. 무죄흔 연잉을 독살ᄒᆞ고 간비 스스로 그 얼골이 되다 ᄒᆞ니, 니졔 그 변형 요약(妖藥)이 어ᄃᆡ 이시며, 그 요리(妖尼)ᄂᆞᆫ 어ᄃᆡ로 가다 ᄒᆞᄂᆞ뇨?"

황파 복향이 울며 쥬왈,

"요약지뉴(妖藥之類)ᄂᆞᆫ 쇼져의 협ᄉᆞ(篋笥)의 다 잇고, 쳥션 요리라 ᄒᆞᄂᆞᆫ 거슨 쳔변만화(千變萬化)의 호풍 환우(呼風喚雨)ᄒᆞᄂᆞᆫ 신긔흔 직죄 이시니, 아즈의 쇼져 협【2】실의 잇던 거시로ᄃᆡ 어ᄃᆡ로 다라난동 알니잇고? ᄎᆞ인이 니런 신긔로온 직조와 요괴로온 단약(丹藥)이 무슈ᄒᆞ니, 쥬문갑졔(朱門甲第)2094)의 투악(妒惡)흔 녀ᄌᆞ와 박명(薄命)흔 부인ᄂᆡ를 아니 ᄉᆞ괸 곳이 업ᄉᆞ니, 한번 도라가미 어ᄃᆡ로 간동 알니잇고?"

뎐상의셔 우문 왈,

"기연(其然)ᄒᆞ거니와, 응윤 쇼아의 쇼싱지디(所生之地)ᄂᆞᆫ 뉘라 ᄒᆞ더뇨?"

냥녜 ᄃᆡ왈,

"쳔비 등이 ᄯᅩ흔 ᄌᆞ시 아지 못ᄒᆞ오나, 다만 요리의 말을 듯ᄌᆞ오니, '쇼이 ᄯᅩ흔 상한 쳔츌(常漢賤出)은 아니【3】라, 직상문미(宰相門楣)의 경상ᄌᆞ숀(卿相子孫)이니, 너 시방 가 보니 한 쇼년 부인이 쳐음 분산이라 ᄒᆞ고, 가장 즁히 알ᄒᆞ니, 그 좌우 시녀비 심히 황황ᄒᆞ여 겨요 아히를 거두어 ᄡᆞᆫ 누이미, 그 부인이 혼졀ᄒᆞ니 붓드러 구호ᄒᆞᄂᆞᆫ 즈음의 도젹ᄒᆞ여 왓노라' ᄒᆞ더이다. 쥬인의 싱ᄒᆞ신 바 아쇼져로 동월동일동시(同月同日同時)니, 드ᄃᆡ여 빵산(雙産)이라 일ᄏᆞᆺ고, 연부인도 긔이미 되엿ᄂᆞ이다. 엄문지하(嚴問之下)의 알욀 말ᄉᆞᆷ이 이 밧근 업ᄉᆞ오니, 복원 노야는 ᄃᆡ【4】ᄌᆞᄃᆡ비(大慈大悲)ᄒᆞ샤

2094)쥬문갑졔(朱門甲第) : 붉은 대문을 단, 크게 잘 지은 집이란 뜻으로, 높은 벼슬아치가 사는 집을 이르는 말.

호싱지덕(好生之德)을 드리오샤, 쳔비 등의 비부(蚍蜉)²⁰⁹⁵⁾ 갓흔 잔명을 빌니시믈 바라나이다."

초공과 관휘 불승통한ᄒᆞ나 다시 더을 거시 업ᄂᆞᆫ지라. 냥녀의 형벌을 늣츄고 졔녀ᄅᆞᆯ 형벌의 올니니, 졔녜 크게 울며 불하일장(不下一杖)의 쥬인과 황파 모녀의 젼후 악ᄉᆞᄅᆞᆯ 실노 모ᄅᆞᆷ믈 브르지즈니, 혈원고지(血寃告之)²⁰⁹⁶⁾ᄒᆞ여 진졍의 낫ᄒᆞ나ᄂᆞᆫ지라. 초공 부지 졔녀의 진졍으로 모로ᄂᆞᆫ 거동을 보고 이의 다 ᄉᆞ(赦)ᄒᆞ여 물니치고, 닉당 시녀ᄅᆞᆯ 명【5】ᄒᆞ여 영일졍 협ᄉᆞ(篋笥)ᄅᆞᆯ 뒤여 무슈흔 요약지뉴(妖藥之類)ᄅᆞᆯ 어더오니, 기즁의 외면회단(外面回丹)을 갈히여 연잉ᄌᆞ(者)²⁰⁹⁷⁾ᄅᆞᆯ 먹이니, 슌후질박(淳厚質朴)ᄒᆞ여 뵈던 잉이 경긱의 변ᄒᆞ여 살ᄉᆞ(殺邪) 교악(狡惡)흔 복향이 되니, 당샹 당하의 가득흔 인원이 상고(相顧) 실ᄉᆡᆨ(失色)지 아니리 업더라.

관휘 익익 되로ᄒᆞ여 복향을 각별 오형(五刑)²⁰⁹⁸⁾을 갓초아 쥰춤(峻斬)²⁰⁹⁹⁾ᄒᆞ니, 향이 별물 악죵이나 나힌즉 불과 십칠팔 약흔 계집이라. 잔혹흔 고락(苦烙)을 어이 견ᄃᆡ리오. 쇽졀업시 오형 아리 놀난 넉시 되니 【6】좌위 복향의 죽으믈 고흔ᄃᆡ, 초공 부지 바야흐로 식노(息怒)ᄒᆞ여, 시노(侍奴)ᄅᆞᆯ ᄭᅮ지져 향의 시신을 ᄭᅳ어 문밧긔 닉치라 ᄒᆞ고, 황파의 반싱반ᄉᆞ(半生半死)흔 시신을 닉옥(內獄)의 ᄂᆞ리오고, 요약을 불지르고, 졔시비ᄂᆞᆫ 다 방셕(放釋)ᄒᆞ여 영일졍의 가 쥬인을 시호(侍護)ᄒᆞ라 ᄒᆞ고, 좌긔(坐起)ᄅᆞᆯ 셔ᄅᆞᄌᆞ니, 날이 임의 ᄉᆡ기의 밋쳣더라. 초공이 ᄌᆞ질을 거ᄂᆞ려 일취뎐의 문안ᄒᆞ고, 황파 모녀의 초ᄉᆞ(招辭)ᄅᆞᆯ 뎡국공 안젼의 드리고, 면관(免冠) 쳥죄 왈,

"이ᄂᆞᆫ 다 연녀의 불초(不肖) 음악(淫惡)흔 빌미로 비로셧고, 【7】버거 간비의 요악흉교ᄒᆞ미 어지지 못흔 쥬인을 인도ᄒᆞ믈 더옥 잘못ᄒᆞ여, 궁모ᄉᆞ디(窮謀邪智)²¹⁰⁰⁾ 아니 밋ᄎᆞᆫ 곳이 업ᄉᆞ와, 빅옥무하(白玉無瑕)흔 뎡시ᄅᆞᆯ 히ᄒᆞ려 ᄒᆞ오미, 나죵은 산즁의 환슐ᄒᆞᄂᆞᆫ 요리ᄅᆞᆯ ᄉᆞ괴여 요괴로온 약뉴(藥類)ᄅᆞᆯ 어더와, 혹 인형(人形)을 밧고며, 간쳡계(間妾計)ᄅᆞᆯ ᄒᆡᆼᄒᆞ여 인심을 현혹ᄒᆞ고, 더러온 약뉴ᄅᆞᆯ 가져 되인과 ᄌᆞ위 셩총을 ᄀᆞ리와 뎡시ᄅᆞᆯ 보젼치 못ᄒᆞ게 ᄒᆞ오니, 악착흔 ᄭᅬᄂᆞᆫ 니ᄅᆞ도 마옵고, 텬디지간(天地之間)의 지극【8】히 즁난(重難)ᄒᆞ온 거슨 사ᄅᆞᆷ의 텬뉸(天倫)이옵거ᄂᆞᆯ, 연시 노쥬ᄂᆞᆫ 춤아 못홀 악ᄉᆞᄅᆞᆯ 몸쇼 ᄒᆡᆼᄒᆞ여, 요리ᄅᆞᆯ 《장당∥작당(作黨)》ᄒᆞ여, 어ᄃᆡ가 남의 쇼싱(所生)을 도젹ᄒᆞ여, 스스로 긔ᄌᆞ(己子)라 ᄒᆞ여 인뉸을 어즈러이며, 사ᄅᆞᆷ의 역니지통(逆理之痛)과 단장지곡(斷腸之哭)이 한ᄌᆞᄉᆞ(韓刺史)²¹⁰¹⁾ 복ᄌᆞ하(卜子夏)²¹⁰²⁾의 더으게 ᄒᆞ니, 엇지

2095)비부(蚍蜉) : 개미.
2096)혈원고지(血寃告之) : 혈심(血心)으로 억울함을 말함.
2097)연잉ᄌᆞ(者) : '연앵'이라 하는 자.
2098)오형(五刑) : 조선 시대에, 중국 대명률에 의거하여 죄인을 처벌하던 다섯 가지 형벌. 태형(笞刑), 장형(杖刑), 도형(徒刑), 유형(流刑), 사형(死刑)을 이른다.
2099)쥰춤(峻斬) : 엄히 죄를 다스려 죽임. 준치처참(峻治處斬).
2100)궁모ᄉᆞ디(窮謀邪智) : 악착스러운 꾀와 사악한 지혜.
2101)한ᄌᆞᄉᆞ(韓刺史) : 조주자사(潮州刺史) 한유(韓愈)를 말함. *한유(韓愈); 중국 당나라의 문인·정치가

흉교(凶狡) 요스(妖邪)치 아니리잇가? 이 곳 희아의 혼암 불명ᄒ오미 가간(家間)의 흉
녀 악인을 두어 요음(妖淫)ᄒᆫ 정적이 존당의 밋습게 ᄒ오니, 희아의 허물이 호대(浩
大)ᄒ온지라. 니제 슈악의 단셔【9】ᄅᆞᆯ 갈희잡아 옥셕을 분간ᄒ여스오니, 맛당이 이미
ᄒᆫ 즈ᄅᆞᆯ 신원(伸冤)ᄒ옵고 유죄즈ᄅᆞᆯ 벌ᄒ오미 당연ᄒ오니, 되인 셩의(聖意) 엇더ᄒ시
니잇가?"

뎡국공이 황파 복향의 초스ᄅᆞᆯ 일남(一覽)의 승상의 말을 듯고 역시 츈몽(春夢)이 씬
듯ᄒ여, 몬져 즈가의 노혼불명(老昏不明)ᄒᆞᆯ 붓그리고, 뎡쥭쳥을 시로이 볼 낫치 업
스니, 역경 역탄 왈,

"뎡시의 아름다오믈 당쵸붓허 모로미 아니로되, 흉인 간녀의 작용이 이의 밋츤 쥴
이야 어이 알니【10】오. 혜오되, 연시 불용누질(不用陋質)²¹⁰³노 힝시 광픠(狂悖)ᄒ
나, 경궁 쥬림의 놉히 싱장ᄒᆫ 비니, 니런 교악ᄒᆫ 힝실은 조곰도 의심치 아니ᄒ고, 뎡
시ᄂᆞᆫ 비록 쥭쳥 갓흔 되인군즈의 싱츌이오, 왕희 쇼싱이나, 문양공쥬의 쇼탄(所誕)으
로 역(逆) 탁의 외증손이믈 져기 측은ᄒ고, 쏘 쩌리ᄂᆞᆫ 빈, 그 초싱지시(初生之時)로붓
터 금옥심규(金屋深閨)의 즈라남도 엇지 못ᄒ여, 쳔인의 교휵(敎畜)ᄒᆞᆯ 바다 믹상(陌
上)²¹⁰⁴의 쩌러지며, 이젹(夷狄)의 비화시니, 비록 그 외뫼(外貌) 곳 【11】 ᄀᆞᆺᄒ나 닉
지(內才) 옥 갓흐믈 엇지 못ᄒ여, 혹즈 녀무포달(呂武褒妲)²¹⁰⁵의 음누(淫陋) 악힝(惡
行)이 잇ᄂᆞᆫ가, 요언(妖言) 녕참(佞讒)²¹⁰⁶을 신지(信之)ᄒ여, 진실노 빅옥무하(白玉無
瑕)ᄒᆫ 뎡시ᄅᆞᆯ 의심ᄒᆞ미 남은 ᄯᅡ히 업게 헛ᄂᆞᆫ지라. 오늘날 요비(妖婢)의 초스(招辭)ᄅᆞᆯ
보믹, 노부(老父)의 불명 혼암ᄒᆞ미 엇지 붓그럽지 아니ᄒ며, 하면목(何面目)으로 쥭쳥
의 부즈 형졔ᄅᆞᆯ 보리오. 노뷔 맛당이 가시²¹⁰⁷ᄅᆞᆯ 져 뎡공 부즈의게 사례ᄒ고, 아부(我
婦)ᄅᆞᆯ 다려오게 ᄒ리라."

(768~824). 자는 퇴지(退之). 호는 창려(昌黎). 당송 팔대가의 한 사람으로, 변려문을 비판하고 고문
(古文)을 주장하였다. 시문집에 ≪창려선생집≫ 따위가 있다. 여기서 한자사(韓刺史)의 역리지통은 그
가 조카 한성로(韓成老)가 죽자, <제십이랑문(祭十二朗文)>을 지어 그 죽음을 슬피 애도한 일을 두고
이르는 말이다.

2102)복즈하(卜子夏) : 중국 춘추 시대의 유학자(B.C.507~?B.C.420). 성은 복(卜)씨. 이름은 상(商). 자는
자하(子夏). 공자의 제자로서 십철(十哲)의 한 사람이다. 위나라 문후(文侯)의 스승으로 시와 예(禮)에
능통하였는데, 특히 예의 객관적 형식을 존중하였다. 일찍이 서하(西河)에 있을 때 자식을 잃고 너무
슬피 운 나머지 소경이 되었다는 '상명지통(喪明之痛)'의 고사가 전한다.

2103)불용누질(不用陋質) : 아무데도 쓸데없는 비천한 자질.

2104)믹상(陌上) : 사람들이 많이 다니는 길거리.

2105)녀무포달(呂武褒妲) : 중국의 대표적인 여성권력자인 한(漢)나라 고조(高祖)의 황후 여후(呂后) 여치
(呂雉?-BC108)와 당(唐)나라 고종의 황후 측천무후(則天武后) 무조(武曌 : 624-705), 그리고 미모로
권력을 농단한 포악한 여성의 대표적 인물인 중국 주(周)나라 유왕의 총희(寵姬) 포사(褒姒)와 주(周)
의 마지막 황제 주왕(紂王)의 비(妃) 달기(妲己)를 함께 이르는 말.

2106)녕참(佞讒) : 아첨하여 헐뜯음.

2107)가시 : 가시. 식물의 줄기나 잎 또는 열매를 싸고 있는 것의 겉면에 바늘처럼 뾰족하게 돋아난 것.
식물이 제 몸을 보호하기 위하여 가지나 잎이 뾰족하게 변태한 것이다.

조부인이 탄왈,

"우리 본뒤 화란여싱(禍亂餘生)으로 심졍이 병【12】드러 남과 갓지 못ᄒ거늘, 요약을 맛보아 심졍이 아조 변작(變作)ᄒ믈 여지업시 ᄒ여, 옥 갓흔 뎡시를 의심ᄒ여시니, 엇지 븟그럽지 아니ᄒ리오. 녀아의 간언이 금옥 갓거늘, 우리 불명(不明) 노혼(老昏)ᄒ여 ᄌ녀의 어진 말을 듯지 아니ᄒ여시니, 도금(到今)ᄒ여 엇지 뉘웃브지 아니리오."

초공이 이셩화긔(怡聲和氣)로 부모를 위로 왈,

"ᄌ고이ᄅᆡ(自古以來)로 셩인도 친쇼인(親小人) 원현신(遠賢臣) ᄒ시미, 한번 허물은 괴이(怪異)치 아니ᄒ오니, 이는 다 ᄒᆡ아(孩兒)의 혼암 불초ᄒ오므로 찰녀(刹女) 요인(妖人)【13】이 승시(乘時)ᄒ여 창궐ᄒ오미라. 엇지 뒤인과 ᄌ위 허물을 ᄌ쳑ᄒ시리잇고? 왕ᄉ(往事)는 이의(已矣)라. 뎡쇼뷔 너모 ᄌ용(才容)이 졀츌(絶出)ᄒ기로 조물이 니극지싀(已極之猜)를 나리와 홍안지ᄒᆡ(紅顔之害)를 면치 못ᄒ미오, ᄒ믈며 뎡연슉과 쥭쳥은 관홍인ᄌᆡ(寬弘人材)라. 엇지 니런 쇼쇼지ᄉ(小小之事)를 유심(有心) 공치(攻治)ᄒ여 샹한필부(常漢匹夫)의 힝실이 이시리잇고? 맛당이 금일이라도 뎡시를 녜로 마ᄌ도라와, 뭉셩의 원위(元位)를 빗ᄂᆡ고 연시 슈악(雖惡)이나 셩아의 낫츨 아니 보지 못ᄒ거시오, ᄯ오 그 병이 【14】 쥭기의 밋쳣다 ᄒ오니, 그 ᄉᆡᆼ(死生)의 잇는 바로뼈 니이츌거(離異黜去)ᄒᆞᄂᆞᆫ 거조를 더으지 못ᄒᆞ올지라. 임의 힝악(行惡)을 ᄌ임(自任)ᄒ던 요비(妖婢)를 다ᄉ려, 계랑이 쥭기의 밋쳣고, 복향이 장하 경혼(杖下驚魂)이 되어ᄉ오니, 그 교악(狡惡)ᄒᆫ 죄ᄂᆞᆫ 족히 다ᄉ려ᄉᆞᄂᆞᆫ지라. ᄒᆡ아의 쇼견은 연시의 죄를 뭇지 말고, 아직 ᄉ실의 바려두어 만일 그 병이 낫거든 죄를 의논ᄒ미 늣지 아닐가 ᄒᆞᄂᆞ이다."

하공이 졈두(點頭) 왈,

"오아(吾兒)의 명논(明論)이 최션(最善)ᄒ니 ᄯᅳᆺ디로 ᄒ라. 노뷔 졍신이 모황(暮慌)ᄒ니, 【15】 뒤ᄉ를 엇지 간예ᄒ리오."

관휘 분연(奮然) 쥬왈,

"연녀의 음픠(淫悖) 흉ᄉ(凶邪)ᄒᆫ 죄악이 여러 가지로 칠거(七去)[2108]의 범ᄒ여ᄉ거늘, 왕부와 뒤인이 엇지 찰부 흉녀의 호딕ᄒᆫ 죄단(罪端)을 믈시(勿視)코져 ᄒ시ᄂᆞ니잇고?"

초공이 밋쳐 답지 못ᄒ여셔, 삼슉부 쇼부 왈,

"연시 슈악이나 임의 그 병이 ᄉᆡᆼ의 이시미 명지슈유(命在須臾)라 ᄒ니, 반ᄉᆡᆼ반ᄉ(半生半死)ᄒᆫ 시신을 죄를 다ᄉ린들 무어시 쾌ᄒ리오. 형장의 의논이 명달ᄒ시니, 현질은 져기 식노ᄒ여 연시의 병이 낫기를 기다려 논죄【16】ᄒ미 늣지 아니 ᄒ니라."

2108) 칠거(七去) : 칠거지악(七去之惡). 예전에, 아내를 내쫓을 수 있는 이유가 되었던 일곱 가지 허물. 시부모에게 불손함(不順舅姑), 자식이 없음(無子), 행실이 음탕함(淫行), 투기함(嫉妬), 몹쓸 병을 지님(惡疾), 말이 지나치게 많음(多言), 도둑질을 함(竊盜) 따위이다.

초공이 정식 왈,

"연시 본디 흉상험질(凶狀險質) 가온디도, 긔픔(氣稟)이 기슉(其叔)의 완고 확실ᄒᆞ믈 엇지 못ᄒᆞ여, 허픽(虛悖)ᄒᆞ미 슈골(壽骨)이 아니어ᄂᆞᆯ, 근간의 픽악ᄒᆞᆫ 힝ᄉᆡ 더옥 셩(盛)ᄒᆞ여, 긔괴ᄒᆞᆫ 일이 만코, 면간(面間)의 프른 긔운이 ᄢᅵ이고, 안모(眼眸)의 허홰(虛火) 동ᄒᆞ여시니, 반ᄃᆞ시 이 병의 싱도(生道)ᄅᆞᆯ 바라지 못ᄒᆞᆯ지라. 고어의 왈, 군ᄌᆞ지덕(君子之德)은 만믹(蠻貊)의도 힝ᄒᆞᆫ다 ᄒᆞ니, 엇지 한 연시의게 각박ᄒᆞᆫ 벌을 힝ᄒᆞ리오. 네 아뷔[2109] 비록 혼용(昏庸)ᄒᆞ나 혜아리믄 족히 【17】 너만 ᄒᆞ리니, 너ᄂᆞᆫ 다만 쳐치ᄅᆞᆯ 보고 어ᄌᆞ러이 덤벙이지 말나."

셜파(說罷)의 안ᄉᆡᆨ이 ᄉᆡᆨᄉᆡᆨᄒᆞ니, 관휘 불승황공(不勝惶恐)ᄒᆞ여 묵연(默然) ᄉᆞ죄(謝罪)러라.　초공이 이의 시녀로 ᄒᆞ여곰 연부인긔 젼어 왈,

"부인이 ᄆᆡ양 뎡시의 불민ᄒᆞ믈 니ᄅᆞ더니, 오ᄂᆞᆯ날 계랑 모녀의 직초ᄅᆞᆯ 귀 눈이 이셔 듯고 보아시리니, 녕질(令姪)의 아롬다온 힝ᄉᆡ 엇더ᄒᆞ뇨? 외(吾) 임의 간비ᄅᆞᆯ 장하(杖下)의 쥭이고, 뎡시ᄅᆞᆯ ᄉᆡ로이 녜이우귀(禮以于歸)ᄒᆞ미, 연아의 죄ᄅᆞᆯ 졍히 ᄒᆞᆯ 거시로ᄃᆡ, 오히려 그 병이 즁ᄒᆞ믈 가【18】 이ᄒᆞ고, 셩아의 낫출 고ᄌᆞᄒᆞ므로ᄡᅧ 일분 관젼을 드리워, 연아의 음픽 (淫悖)추악ᄒᆞᆫ 칠거지죄(七去之罪)ᄅᆞᆯ ᄉᆞ(赦)ᄒᆞ고, 졔 침쇼의 평안이 두어 병을 조호(調護)코져 허ᄒᆞᄂᆞ니, 부인이 일분 인심 이신 즉, 우리집 관인 후덕을 짐작ᄒᆞᆯ 거시니, 만일 일분이나 원억 ᄒᆞᆯ와ᄒᆞ여 괴이ᄒᆞᆫ 사단이 이신 즉, 싱이 슈우용(雖愚庸)이나, 부부의 은졍을 ᄭᅳᆫ쳐 ᄌᆞ녀의 안면을 고렴치 아니리라."

ᄒᆞ니, 이ᄯᅢ 연부인이 아ᄌᆞ의 공격ᄒᆞᄂᆞᆫ 언단(言端)의 놀나고 겁ᄂᆡ여, 아모 쇼ᄅᆡ도 못ᄒᆞ고 벽녁【19】셩(霹靂聲)의 ᄶᅥ러진 잠츙(蠶蟲) 갓치, 영일졍 난두의 안ᄌᆞ 졍신이 어득ᄒᆞ니, 아모라타 지향치 못ᄒᆞ더니, ᄆᆞᆫ득 초공의 젼어(傳語)ᄅᆞᆯ 듯고, 더옥 ᄃᆡ황ᄃᆡ겁(大惶大怯)ᄒᆞ여 연망이 답ᄒᆞᄃᆡ,

"쳡이 비록 무상ᄒᆞ나, 질녀와 간비 등의 요음(妖淫) 흉ᄉᆞ(凶邪)ᄒᆞ미 이지경의 밋쳣던 쥴이야 어이 알니오. 질녀 노쥬의 지난 죄상을 드ᄅᆞ니 '남산쥭(南山竹)을 버혀도 혜지 못ᄒᆞᆯ지라'[2110] 쳡이 엇지 감히 쇼쇼ᄉᆞ졍(小小事情)을 ᄀᆡ회(介懷)ᄒᆞ여 구고의 ᄇᆞᆰ은 쳐치와 군ᄌᆞ의 관인후덕ᄒᆞ시믈 조곰이나 원망ᄒᆞ리잇가? 쥭어도 져【20】의 잘 못ᄒᆞᆫ 탓시오, ᄉᆞ라도 져의 노쥬(奴主)의 죄니, 상공 쳐분 ᄃᆡ로 쳐치ᄒᆞ시고, 힝혀도 무죄 이ᄆᆡᄒᆞᆫ 쳡의게란 죄ᄅᆞᆯ 더으지 마로쇼셔."

시녜 도라가 이ᄃᆡ로 회쥬(回奏)ᄒᆞ니, 초공이 미소 묵연ᄒᆞ더라.

이ᄯᅢ 연시의 병셰 가장 즁ᄒᆞᆫ 고로, 싱불여ᄉᆞ(生不如死)ᄒᆞ여 니런 일을 아득히 모로ᄂᆞᆫ지라. 졍당 시녜 뉸부인 명으로 연시ᄅᆞᆯ 구호ᄒᆞ니, 연부인과 남은 시녀들은 놀난 넉시 아득ᄒᆞ여 다만 구셕구셕 안ᄌᆞ 물그름[2111] 셔로 볼 ᄯᆞᄅᆞᆷ이러라.

2109)아뷔 : 아비. '아버지'의 낮춤말.

2110)남산쥭(南山竹)을 버혀도 혜지 못ᄒᆞᆯ지라 : 죄가 하도 많아서 남산(南山)에 있는 대나무를 다 베어서 죽간(竹簡)을 만들어 적어도 다 헤아려 적을 수 없다는 말.

이 긔별이 연궁의 니르니, 【21】 연궁 상히 복향이 장하의 죽고, 녀아의 젼젼 악시 픽루(敗漏)ᄒ며, 계량이 ᄯ 형벌을 즁히 닙어 거의 죽게됨과, 복향 모녀의 초ᄉ로 조ᄎ 연시의 과악이 탈노(脫路)ᄒ미, 연니부(吏部)의 쟝ᄌ지풍(長者之風)은 부풍모습(父風母襲)ᄒ여, 녀아와 부인의 악ᄉ를 진실노 아ᄂ 빅 업스믄 간비(姦婢) 등 초안(草案)의 명빅쇼연(明白昭然)ᄒ거니와, 호부인의 ᄯᆯ을 도아 암ᄉ(暗邪) 요특(妖慝)ᄒᆷ믄 ᄌᄌ히 드러나시니, 부마와 공쥐 븟그러옴을 니긔지 못ᄒ여, 졔ᄌ부(諸子婦)를 딕ᄒ여 츄연 탄왈,

"고인이 '다남ᄌ즉【22】 다구(多男子則多咎)오 슈즉다욕(壽則多辱)'2112)이라 ᄒ미, 엇지 그르리오. 우리 부뷔 ᄌ유(自幼)로 셰쇽 사름의 부귀(富貴) 호ᄉ(豪奢)를 밋고, 교만(驕慢) 싀투(猜妬)ᄒ믈 그릇 너기ᄂ 고로, 일즉 딕인졉물(待人接物)ᄒ미 초방(椒房)2113)의 존귀(尊貴)와 왕희(王姬)의 귀ᄒ믈 조곰도 ᄌ셰(藉勢)2114)ᄒ미 업고, 쥬야 긍긍업업(兢兢業業)ᄒ여 분을 삼가딕, 홀노 힝신(行身)이 미거(未擧)ᄒ여 상텬신긔(上天神氣) 혹벌(酷罰)ᄒ시믈 맛나미런지, 다ᄉᆺ 아들이 이시니 한 ᄯᆯ이 아니 슬기다 무어시 유희ᄒ리오만은, 만뇌(晚來)의 박면흉녀(薄面凶女)를 어더, 하마면 하가의 견픽(見敗)를 맛날 번 ᄒ여시딕, 【23】 오히려 이 가온딕나 흉녀의 팔ᄌᄂ 유덕(有德)ᄒ던 양ᄒ여, 하학셩 갓흔 관인군ᄌ(寬仁君子)를 만나 흉녀의 평싱 신셰 쾌ᄒ고, ᄌ녜 가ᄌ니, 니졔 니르러ᄂ 오히려 인인(人人)이 칭왈(칭曰) '복(福)이라' ᄒ니, 노부쳬(老夫妻) 불힝 즁 깃거 ᄌ금(自今) 이후나 니런 놀나온 일을 다시 보지 말기를 바랏더니, 졔손 가온딕 ᄯ 회벽이 이셔, ᄯ 굿ᄒ여 몽셩의 안히 되여 니런 붓그러옴을 씻치니, 엇지 슈괴(羞愧)치 아니며, ᄌ고로 요슌지ᄌ(堯舜之子)도 불초ᄒ니 홀 일 업거니와, ᄌ식의 현불초(賢不肖)ᄂ 인녁(人力)【24】으로 못한들, 식뷔 엇지 춤아 ᄌ식의 투악(妬惡) 픽힝(悖行)을 도으며, 요리(妖尼)와 간비(姦婢)로 쳐결ᄒ여, 스스로 불인(不仁) 암ᄉ(暗邪)한 가온딕 쳐ᄒ거뇨? 식뷔 니졔 나히 만코, ᄌ여손(子女孫)이 갓초 버려시니, ᄌ손의 안면을 고ᄌ(顧藉)ᄒ여2115) 우리 비록 칙지 아니나, 너의 마음의 스스로 붓그럽지 아니며, 하학셩 부ᄌᆯ 비록 관인후덕(寬仁厚德)ᄒ여, 다만 간비를 죽이고 회벽을 츌거치 아니ᄒ나, 죄지 엇지 넘치의 안연ᄒ리오. 오아ᄂ 모로미 친히 하가의 나아가 하학셩 부ᄌ의게 사【25】 죄ᄒ고, 불초아(不肖兒)를 다려와 닉 집의셔 죽게 ᄒ라."

니뷔 ᄯ한 부인과 녀아를 미안ᄒ미 깁흔 고로, 부모의 명교를 듯ᄌ오미, 고두(叩頭)

2111)물그름 : 물끄러미. 우두커니 한곳만 바라보는 모양.

2112)다남ᄌ즉다구(多男子則多咎), 슈즉다욕(壽則多辱) : 아들이 많으면 그만큼 걱정거리가 많고, 오래 살 수록 그만큼 욕됨이 많음을 이르는 말.

2113)초방(椒房) : 산초나무 열매의 가루를 바른 방이라는 뜻으로, 왕비가 거처하는 방이나 궁전 따위를 이르는 말. 산초나무는 온기가 있고 열매가 많은 식물로서, 자손이 많이 퍼지라는 뜻에서 왕비의 방 벽에 발랐다. 여기서는 '초방가서(椒房佳壻)' 곧 '임금의 사위'를 뜻하는 말로 쓰였다.

2114)ᄌ세(藉勢) : 어떤 권력이나 세력 또는 특수한 조건을 믿고 세도를 부림

2115)고ᄌ(顧藉)ᄒ다 : 돌아보다. 다시 생각하여 보다.

청죄(請罪)ᄒ여 '가졔훈ᄌ(家齊訓子)의 불엄(不嚴)ᄒ미 ᄌ긔 혼암(昏暗) 나약(懦弱)혼 죄'라 ᄒ여, 지삼 청죄 슈명(受命)ᄒ고, 즉시 일승(一乘) 쥭교(竹轎)를 슈습ᄒ여 하부로 나아가니, 호부인은 녀아의 ᄉᆞᆼ(死生) 위려(危慮)의 넘녜 비경(非輕)ᄒᆯᄲᅮᆫ이오, 니런 의외 곡경은 쳔만몽상지외(千萬夢想之外)2116)러니, 의외(意外)의 악ᄉᆞ(惡事) 탈노(綻露)ᄒ고, 복향이 장하(杖下)의 죽으며, 계량이 즁형(重刑)을 닙으며, 청션이 【26】 도망ᄒ다 ᄒ니, 드르미 놀납기 쳥텬빅일(靑天白日)의 벽녁(霹靂)이 만신(滿身)을 분쇄(粉碎)ᄒᆞᆫ 듯, 놀난 가슴이 벌덕여 '일만(一萬) 녕원'2117)이 ᄶᅱ노ᄂᆞᆫ 듯ᄒ거늘, ᄯᅩ 구고의 칙언(責言)을 듯ᄌᆞ오니, 욕ᄉᆞ무디(欲死無地)ᄒ여, 고기ᄅᆞᆯ 숙이고 긔운이 져상(沮喪)ᄒ여 일언을 ᄀᆡ구(開口)치 못ᄒ더라.

ᄎᆞ시 연니뷔 녀아의 음픽 무힝혼 악ᄉᆞ 탄누ᄒᆞ믈 불승 통ᄒᆡᄒ고 ᄎᆞᆷ아 하학ᄉᆡᆼ 부ᄌᆞ를 볼 낫치 업ᄉᆞ나 부명을 듯ᄌᆞ오미 시러곰 마지 못ᄒᆞᆯ지라. 일승쥭교(一乘竹轎)의 빗 업ᄉᆞᆫ 보(褓)2118)ᄅᆞᆯ 덥퍼, 두어 가졍으【27】로 교ᄌᆞ를 메워 죵후(從後)ᄒ라 ᄒ고, 위의ᄅᆞᆯ 썰고 두어 가동(家童)으로 일필쥰마(一匹駿馬)ᄅᆞᆯ 치쳐 하상부의 니ᄅᆞ니, 가인이 밧비 초공긔 알왼딕, 초공 부지 연상셔의 인인장진(仁人長者) 쥴을 긔허(己許)ᄒᆞᄂᆞᆫ지라. 이의 ᄲᆞᆯ니 쳥ᄒ여 녜필(禮畢) 좌졍(坐定)의, 연상셰 몬져 만면춤식(滿面慙色)으로 공슈(拱手)2119) 칭ᄉᆞ 왈,

"복이 무상(無狀)ᄒ여 녀식(女息)을 잘 못 가ᄅᆞ쳐, 규문(閨門)의 픽덕(悖德)이 놉히 ᄉᆞ문(斯文)2120)의 득죄ᄒᆞ미 만흐나, 힝혀 존문의 의탁ᄒ여 딕군ᄌᆞ의 교화ᄅᆞᆯ 힘닙ᄉᆞ고, 녕낭의 뇽호(龍虎) 갓흔 긔상을 우러러 【28】산계야초(山鷄野草) 갓흔 긔질이 비항(配行)이 ᄎᆞ오(差誤)ᄒᆞᆷ믈 엇지 아지 못ᄒ리오만은, 오히려 셩문(聖門) 교화ᄅᆞᆯ 닙ᄉᆞ와, 져희 일싱이 군ᄌᆞ의 문의 죵신ᄒᆞᆯ가 ᄒᆞ엿ᄉᆞ더니, 불초녀(不肖女)의 투악(妬惡) 픽힝(悖行)과 간비(姦婢) 흉녀(凶女)의 교음(狡淫) 악착(齷齪)혼 죄악이 아니 밋ᄎᆞᆫ 곳이 업셔, 죄범(罪犯) 칠거(七去)ᄒ오니, 현형과 현셔(賢壻)의 관인딕덕(寬仁大德)이 비록 죄녀ᄅᆞᆯ 죄치 아니시나, 복(僕)이 사ᄅᆞᆷ의 념치(廉恥)라, ᄎᆞᆷ아 투부악녀(妬婦惡女)의 진(盡)ᄒ여 가ᄂᆞᆫ 시쳬로뼈 귀부(貴府)ᄅᆞᆯ 더러이지 못ᄒᆞᆯ지라. 가친이 존문 셩덕을 만【29】히 다감(多感)ᄒ시고, 쇼졔로 ᄒ여곰 죄녀ᄅᆞᆯ 다려다가 그 죽을 ᄲᅵᄅᆞᆯ 기다리라 ᄒ시미, 쇼졔 붓그리믈 므릅쓰고 안연이 군ᄌᆞ의 문의 니ᄅᆞ럿ᄂᆞ니, 아지못게라!2121) 존형이 죄녀ᄅᆞᆯ

2116)쳔만몽상지외(千萬夢想之外) : '결코 꿈속에서도 생각하지 못한 바' 라는 듯.

2117)일만(一萬) 녕원 : 온 심장. *일만(一萬) : '온' 또는 '완전함'을 듯하는 말. 녕원. '염통' 또는 '심장(心臟)'을 달리 이르는 말.

2118)보(褓) : 물건을 싸거나 씌우기 위하여 네모지게 만든 천.

2119)공슈(拱手) : 절을 하거나 웃어른을 모실 때, 두 손을 앞으로 모아 포개어 잡음. 또는 그런 자세. 남자는 왼손을 오른손 위에 놓고, 여자는 오른손을 왼손 위에 놓는다. 흉사(凶事)가 있을 때에는 반대로 한다

2120)ᄉᆞ문(斯文) : 이 학문, 이 도(道)라는 뜻으로, 유학의 도나 문화를 이르는 말.

2121)아지못게라! : '모르겠도다!' '모를 일이로다!' '알지못하겠도다!' 등의 감탄의 뜻을 갖는 독립어로 작품 속에서 관용적으로 쓰이고 있어, 이를 본래말 '아지못게라'에 감탄부호 '!'를 붙여 독립어로 옮겼다.

허ᄒᆞ여 도라보늬시리잇가?"

셜파의 참ᄉᆡᆨ(慙色)이 만안(滿顔)ᄒᆞ여 치신무디(置身無地)ᄒᆞᄂᆞᆫ 거동이라.

쵸공이 쳥파(聽罷)의 츈풍화긔 이연(怡然)ᄒᆞ여 ᄉᆞᄉᆡᆨ(辭色)을 조곰도 곳치지 아니ᄒᆞ고, 흔연 숀ᄉᆞ 왈,

"현형이 이 엇진 말ᄉᆞᆷ이니잇고? 즈고로 요슌지ᄌᆞ(堯舜之子)도 불〇[쵸](不肖)ᄒᆞ고, 쥬문(周門)의 관채(管蔡)²¹²²이시니, 형의 ᄌᆞ녀 【30】 가온ᄃᆡ ᄉᆞᆨ부 ᄒᆞᆫ 사ᄅᆞᆷ이 엇지 괴이(怪異)ᄒᆞ리오. 이 ᄯᅩᄒᆞᆫ 오가(吾家)의 불ᄒᆡᆼ이오, 돈아의 쳐궁이 험조(險阻)ᄒᆞᆷ이라. 엇지 홀노 녕녀의 탓시리오. 녕녜(令女)의 슉녜 아닌 쥴은 아란 지 오ᄅᆡ거니와, 만일 계량·복향이 잘 못 인도치 아니ᄒᆞ던들, 그ᄃᆡ도록 암ᄉᆞ(暗邪) 요특(妖慝)ᄒᆞᆫ 곳의 나아가지 아니ᄒᆞ리니, 쇼제 만일 숀아의 낫츨 보지 아니ᄒᆞ고, 악장과 현형의 안면을 고즈ᄒᆞᆷ 업슬진ᄃᆡ, 엇지 녕녀의 음투(淫妬) 픠ᄒᆡᆼ(悖行)을 법 ᄃᆡ로 쾌히 다ᄉᆞ릴 쥴 아지 못ᄒᆞ리오만은, 여러가지 원녀(遠慮) 이셔, 다만 【31】 간비(姦婢) 흉녀(凶女) 등만 다ᄉᆞ려시니, 현형은 니런 불평ᄒᆞᆫ 말ᄉᆞᆷ을 마르시고, ᄉᆞᆨ부의 병근(病根)을 넘녀ᄒᆞ고, 아모려나 응윤 쇼아의 쇼ᄉᆡᆼ지친(所生之親)을 ᄎᆞᄌᆞ 도라보늬여, 돈아와 녕녀로 ᄒᆞ여곰 젹불션(積不善)ᄒᆞᆫ 악업(惡業)을 면ᄒᆞ게 ᄒᆞ라. 이 도시(都是)²¹²³ 쇼위 쳥션 요리(妖尼)의 작용이라 ᄒᆞ니, 잡으려 ᄒᆞ다가 일허시니, 요리의 요슐이 여ᄎᆞ 공교로와 쳔변만화(千變萬化)ᄒᆞ다 ᄒᆞ니, 현형은 넙이 듯보아 요리나 츄심(推尋)케 ᄒᆞ쇼셔."

연공이 거슈 칭ᄉᆞ 왈,

"현형의 넙은 덕과 관홍ᄒᆞᆫ 혜아리미 이 갓ᄒᆞ시니, 쇼제 한갓 감사 【32】 홀ᄲᅮᆫ 아니라, 죄녜 일분 인심이 이시면 엇지 존당구고의 홍은혜ᄐᆡᆨ(弘恩惠澤)을 ᄭᅢ닷지 못ᄒᆞ리오. 임의 현형과 현셔의 허락이 업스니, 소제 감히 죄녀를 다려가지 못ᄒᆞ나, 응윤 쇼아의 ᄐᆡ평 셩셰의 무고ᄒᆞᆫ 난니를 맛나, 신싱 초의 텬뉸(天倫)을 실셔(失緒)ᄒᆞᆫ 졍이 가련ᄒᆞᆫ지라. 맛당이 요리를 슈ᄉᆡᆨ(搜索)ᄒᆞ고 텬하의 광구(廣求)ᄒᆞ여, 그 쇼ᄉᆡᆼ지디(所生之地)를 ᄎᆞᄌᆞ 도라보늬여, 사ᄅᆞᆷ으로 ᄒᆞ여곰 인뉸(人倫)의 한이 업게 ᄒᆞ고, 죄녀의 여산(如山)ᄒᆞᆫ 죄악을 스례ᄒᆞ리이다. 복향은 임의 장하의 맛ᄎᆞᆺ거니와, 계량 흉 【33】 비 오히려 일명이 치 ᄯᅥᆺ지 아녓다 ᄒᆞ니, 쇼아(小兒)의 쇼거근착(所居根着)²¹²⁴을 ᄌᆞ셔히 힐문(詰問)ᄒᆞᆷ이 올흔가 ᄒᆞ나이다."

쵸공이 ᄃᆡ왈,

"계량 모녀의 초ᄉᆞ 가온ᄃᆡ 다만 ᄉᆞᆨ부의 싱산초(生産初)의 요리 어ᄃᆡ 가 쇼아를 어

<hr>

²¹²²)관채(管蔡) : 중국 주나라 문왕(文王)의 아들이자 무왕(武王)의 동생인 관숙(管叔)과 채숙(蔡淑)을 함께 이르는 말. 무왕(武王)이 죽고 형제 가운데 주공(周公)이 무왕의 어린 아들 성왕(成王)을 도와 섭정을 하자, 역심(逆心)을 품고 반란을 일으켰다가, 관숙은 죽음을 당하고 채숙은 추방당했다.

²¹²³)도시(都是) : 도무지. 도통(都統). 이러니저러니 할 것 없이 아주.

²¹²⁴)쇼거근착(所居根著) : 살던 곳의 확실한 집안 내력이나 주소. *근착(根着) : 뿌리가 내림. 확실한 내력이나 주소.

더오니, 본(本)인 즉(卽) 스족(士族)의 골육이라 ᄒᆞ딕, 어딕가 어더 온 쇼거근착(所居根著)을 셔로 므르며 니르미 업다 ᄒᆞ니, 요리ᄅᆞᆯ 잡지 못흔 후ᄂᆞᆫ 알 길히 업ᄂᆞᆫ지라. 명문거족(名門巨族)의 쥬문갑졔(朱門甲第) 벌 버둣ᄒᆞ여시니2125), 어ᄂᆞ 집 어ᄂᆞ 곳의 ᄎᆞ아(此兒)ᄅᆞᆯ 일흔 쥴 알니오. 슈연(雖然)이나 응윤의 작인(作人) ᄯᅩᆫ2126)은 비상(非常)ᄒᆞ니, 결비쳔【34】익(決非賤兒)라. 아모 집이라도 이 갓흔 긔ᄌᆞ신손(奇子神孫)을 일허시니, 그 참도이상(慘悼哀傷)ᄒᆞ미 범연치 아닐듯 시부니, ᄯᅩ흔 기졍(其情)이 쳐의(悽矣)러이다."

연공이 듯ᄂᆞᆫ 말마다 딕참(大慙) 무안(無顔)ᄒᆞ여 슌슌(順順) 손ᄉᆞ(遜辭)ᄒᆞᆯ ᄯᆞ름이오, 관후ᄂᆞᆫ 봉안(鳳眼)이 시슬(視膝)ᄒᆞ고2127) 긔위(氣威) 늠연(凜然)ᄒᆞ여, 다만 부젼의 뫼셔 장ᄌᆞ의게 경근ᄒᆞᄂᆞᆫ 네모ᄅᆞᆯ 다ᄒᆞᆯ ᄯᆞ름이오, 말솜을 발치 아니니, 빅년(白蓮) 갓흔 낫 우희 ○[냥]츈화긔(陽春和氣)ᄅᆞᆯ 밧고지 아니나, 늠연흔 긔식이 싁싁 쥰엄ᄒᆞ여 조둔(趙盾)2128)의 하일지위(夏日之威) 이시니, 견ᄌᆞ(見者)로 ᄒᆞ여곰 불감앙시(不敢仰視)ᄒᆞᆯ비라. 연공이 관후의 이딕도【35】록 긔이흔 풍치(風彩) 신광(神光)을 볼스록, 쇼녀(小女)의 박면누질(薄面陋質)의 비겨 비항(配行)이 ᄎᆞ오(差誤)ᄒᆞ미 쇼양불모(宵壤不侔)2129)ᄒᆞ믈 붓그리미 더으더라.

이의 ᄯᅩ 하노공을 향ᄒᆞ여 념복(斂服)2130) 칭ᄉᆞ 왈,

"쇼싱이 무상(無狀)ᄒᆞ와 불초(不肖) 죄녀(罪女)로뻐 셩문(聖門) 쳥덕(淸德)의 빗츨 감(減)케 ᄒᆞ오니, 노션싱긔 뵈오미 붓그럽지 아니리잇고?"

하공이 흔연 위로ᄒᆞ더라.

연니뷔 비록 하공 부ᄌᆞ의 긔식이 화열ᄒᆞ믈 보나 무안ᄒᆞ미 만하, 본부의셔 가져온 쥭교ᄅᆞᆯ 공환(空還)ᄒᆞ라 ᄒᆞ고, 옥즁(獄中)의가 황파의 시신을 쓰어 너치라 ᄒᆞ니, 임의 장독(杖毒)이 셩ᄒᆞ여 쥭【36】엇ᄂᆞᆫ지라. 니뷔 하쥴을 명ᄒᆞ여 황파 모녀의 시신을 쓰어ᄂᆞ니, 졔 친쳑을 쥬어 뭇게 ᄒᆞ라 ᄒᆞ고, 녀아ᄅᆞᆯ 보지 아니코 도라가고져 ᄒᆞ더니, 홀연 니당 시녜 나아와 금일은 연시의 병이 더 즁ᄒᆞ믈 알외니, 쵸공이 미우ᄅᆞᆯ 씽긔고 왈,

---

2125) 버다 : 벌다. 벌여있다. 늘어서다. *벌 버둣ᄒᆞ다: 벌집에 무수한 벌구멍들이 벌여있는 듯하다.

2126) ᄯᆞᆫ : 딴. 「의존명사」((인칭 대명사 뒤에서 '딴은', '딴에는', '딴으로는' 꼴로 쓰여)), 자기 나름대로의 생각이나 기준.

2127) 시슬(視膝) : ①시선이 무릎을 향함. 시선이 무릎을 향하도록 눈을 내려 뜸. ②시선을 단정히 가짐. ③상대방에게 눈길을 주지 않고 냉담한 빛을 지음.

2128) 조둔(趙盾) : 중국 춘추시대 진(晉)나라 정치가. 당시 적(狄)나라 재상 풍서가 진나라에서 적(狄)에 도망온 가계(賈季)라는 사람에게 진나라의 두 정치인 조둔과 조쇠(趙衰) 중 누가 더 어진 사람인가를 묻자, 조쇠는 겨울날의 태양이고(冬日之日)이고, 조둔은 여름날의 태양(夏日之日)이라고 대답했는데, 이 말에 대하여 남북조시대 진(晉)나라 학자 두예(杜預)가 겨울 해는 사랑스럽지만(冬日之愛) 여름 해는 위엄[두려움]이 있다(夏日之威)라는 주석(註釋)을 붙여 두 사람의 인품을 나타냈다.

2129) 쇼양불모(宵壤不侔) : 하늘과 땅처럼 큰 차이가 있음.

2130) 념복(斂服) : 윗사람을 뵐 때 옷을 가다듬어 단정히 하는 일.

"식뷔 닉 집의 드러온 후, 녀힝ᄉ덕(女行四德)은 빅ᄉ(百事)의 무일 가취(無一可取)나, 그 병이 니졔 ᄉ싱(死生)의 밋다 ᄒ니, 그 졈은 나히 가셕(可惜)ᄒ고 셩아의 무모ᄒᆫ 졍시 잔잉ᄒᆫ지라. 사ᄅᆷ이 ᄉ싱지녀(死生之餘)의 허물을 칙망ᄒᆞᆷ은 비인졍(非人情)이라. 그 타인지심(他人之心)이라도 그리치 못ᄒᆞ려든, ᄒ물며 연형은 부녀 텬【37】눈이냐? 쇼졔 니졔 가아(家兒)로 더부러 드러가 그 병을 보아 ᄉ싱의 한이 업과져 ᄒᆞᄂ니, 연형은 한가지로 드러가ᄉ이다."

니뷔 쳥파의 져의 관인 후덕ᄒ믈 긱골 감ᄉ하고, 쇼녀의 불초 음악ᄒ믈 ᄉᄉ의 참괴(慙愧)ᄒ니, 연망(連忙)이 칭ᄉ(稱辭)ᄒ고, 이의 한가지로 드러갈ᄉᆡ, 관휘 황파 모녀를 비록 장하의 맛ᄎ시나, 근본은 연시의 음흉 극악ᄒᆫ 죄로 헤아리믹, 졍히 다스리지 못ᄒ믈 한ᄒ니, 엇지 산 낫ᄎ로 서로 보아 위로ᄒ며, 져 흉녀의 죽어 가도록 ᄌ긔를 못 니져 음흉ᄒᆫ 욕화(慾火)를 도도리오. 싱각【38】이 이의 밋ᄎ니 엇지 볼 ᄯᅳ시 이시리오만은, 부명을 역(逆)지 못ᄒ여 마지 못ᄒ여 부친과 연공을 뫼셔 영일누의 드러가니, 이ᄶᅵ 연시 병셰 위극ᄒ여 져희 노쥬의 젼젼 악ᄉᆞ 발각ᄒ여 황파 모녜 죽은 쥴도 젼혀 아지 못ᄒᄂ지라. 모든 시녀빅 좌우의셔 구호홀 ᄲᅳᆫ이라.

연부인은 아ᄌᆞ의 공격ᄒᄂᆫ 말과 초공의 져히ᄂᆫ 젼어로조ᄎ, 힝혀 질녀의 년좌(連坐)를 ᄌ긔의게 년누(連累)홀가 두려, 질녀의 병을 구완홀 ᄯᅳᆺ도 업고, 쥬식의도 경이 업셔 보보 젼경ᄒ여 일ᄎᆔ뎐의 드러가니, 뎡국공과 초공【39】곤계ᄂᆫ 다 외당의셔 연상셔로 더부러 한담ᄒᄂᆫ 즈음이오, 다만 눈부인 등 ᄌᆞ민(姉妹) 졔ᄉ(娣姒)[2131] 동녈(同列) 금장(襟丈)[2132]이 조부인을 뫼셧더라.

연부인이 불문 시비(不問是非)ᄒ고 좌즁의 다라드러, 질녀의 젼젼 과악을 ᄒᆫ일도 싀엉ᄶᅩᆼ이[2133] 아지 못ᄒᄂᆫ 듯시, 두 손벽을 쳑쳑치며, 건슌노치(乾脣露齒)[2134]의 츔을 가로 흘니며, 우릐 갓흔 쇼ᄅᆡ로 벽녁(霹靂) 갓치 지ᄅᆞ며, 좌즁의 ᄌ긔 무죄ᄒ믈 어지러이 분변ᄒ여 왈,

"속셜(俗說)의 왈, '쳔길 물 깁희ᄂᆫ 아라도 삼쳑동(三尺童)의 닉젹(內的)[2135]은 모른다' ᄒ니, 존고와 눈부인과 모든 ᄌ민 금장은 다 드ᄅ쇼셔. 닉 ᄌ【40】식이라도 것출 나흘 ᄲᅳᆫ이니, 사ᄅᆷ이 아모리 얼골이 곱지 못ᄒᆫᆫ들 쇼힝조ᄎ 그리 무거ᄒ리잇가? 쳡도 얼골이야 무어시 곱다 ᄒ리잇가? 닉 흉인들 닉 모로리잇가만은, 그러ᄒ여도 ᄎᆔ신(取信)홀 곳이 잇ᄂ니, 일단 부녀의 유한ᄒᆫ 힝실은 잇ᄂᆫ 고로, 초공의 눈의 들고, 눈부인 갓흔 밉ᄲ2136]고 ᄭᅡ다론 젹국(敵國)의 눈의 괴이믈2137] 어더, 져머셔 붓허 니졔 늙기

2131) 졔ᄉ(娣姒) : 형제의 아내 가운데 손아래 동서와 손위 동서.
2132) 금장(襟丈) : 동서(同壻). 주로 남편 형제들의 아내를 이르는 말로 쓰인다.
2133) 싀엉ᄶᅩᆼᄒ다 : 매우 엉뚱하다. 상식적으로 생각하는 것과 전혀 다르다. 또는 사람, 물건, 일 따위가 현재 일과 관계가 없다.
2134) 건슌노치(乾脣露齒) : 윗입술이 위로 들려서 이가 드러나 보임
2135) 닉젹(內的) : 내부적인. 또는 그런 것. 여기서는 '속마음'.
2136) 밉ᄲ다 : 맵고 짜다. 성미다 독하고 인색하다.

의 니르도록 말 만흔 가줓의 니러타 말 업시 스라갓더니, 니제 늙바탕의 원슈 질녀의 못 삼긴 연고로, 니리 일 만코 말 만흘 쥴 어이 【41】 알니잇가? 쳡인들 질녀의 니딕 도록 용널(庸劣) 무상(無狀)홈과 두 간비년의 요특(妖慝)ᄒ던 쥴이야 엇지 다 아라시 리잇가? 실노 질녀의 쇼힝을 알고 몽셩의게 인연을 갈급(渴急)히 죄와시량이면2138), 참2139) 괴쫄2140) 기쫄2141)이지 엇지 조곰이나 사름 갑세2142) 가리잇가? 초공은 쳡의 이 갓치 빅옥 무하(無瑕)ᄒᆞᆫ 쥴은 아지 못ᄒᆞ고, 질녀의 연좌ᄅᆞᆯ 쳡의게 쓰노라, 젼갈(傳喝)2143)을 지예(遲曳)ᄒᆞ여2144) 거북져이ᄒᆞ니2145) 가뷔 니리 편편(便便)치 아니케 굴 격, 쳡의 마음이 엇덜가 시부니잇가? 《복젼‖복원(伏願)》 존고와 눈부인은 니런 스 졍을 통쵹(洞燭)ᄒᆞ여, 쳡의 닉도히2146) 아지 못ᄒᆞ【42】ᄂᆞᆫ 이믜ᄒᆞᆫ 말슘을, 군쥬의게 프러 일너, 질녀의 년좌(連坐)ᄅᆞᆯ 쳡의게 더으게 마ᄅᆞ쇼셔."

히괴이 날뛰ᄂᆞᆫ 거동과, 어즈러이 분변(分辯)ᄒᆞᄂᆞᆫ 말이 주주어려2147) 극히 우은지라. 모든 아공쥐(兒公子) 아쇼졔(兒小姐)들이 미양 보것만은 우읍기를 니긔지 못ᄒᆞ여, 각 각 옥안셩모(玉顔星眸)의 쇼용(笑容)이 미미ᄒᆞ여 고기를 슉이고, 조부인이 심난흔 가 온디나 우읍기를 니긔지 못ᄒᆞ여, 잠쇼ᄒᆞ고 왈,

"식부ᄂᆞᆫ 방심ᄒᆞ라. 노뫼 비록 니르지 아니ᄒᆞ고, 눈현뷔 젼치 아니ᄒᆞ나, 오아(吾兒)ᄂᆞᆫ 관인 장뷔라, 식부의 이믜ᄒᆞᆷ을 아지 못ᄒᆞ리오. 연이(兒) 셜스 이 병(病)의 회츈흔【4 3】 다 일너도 임의 일홈이 딕악(大惡) 투부(妬婦)로 죄범칠거(罪犯七去)ᄒᆞ여시니, ᄎᆞ후 ᄂᆞᆫ 감히 몽셩의 원위ᄅᆞᆯ 조당(操當)2148)치 못홀지라. 뎡시 임의 명문 슉녀로 식덕이 겸 비ᄒᆞ고, 쏘 우리집 은인의 ᄌᆞ손이라. 누명(陋名)을 신셜(伸雪)ᄒᆞ미, 이믜ᄒᆞ미 빅옥 갓 ᄒᆞ니, 니졔 식로이 녜이우귀(禮以于歸)2149)ᄒᆞ미 맛당이 손아의 졍실을 삼으리니, 식뷔 ᄎᆞ후 뎡시ᄅᆞᆯ 스랑ᄒᆞ여 예갓치 구지 말나."

연부인이 불황불망(不遑不忙)2150)이 답 왈,

2137)괴다 : 사랑하다. 총애하다.
2138)죄와시량이면 : 죄었을 것 같으면, 구박했을 것 같으면. *죄다 : ①느슨하거나 헐거운 것이 단단하 거나 팽팽하게 되다. 또는 그렇게 되게 하다. ②목, 손목 따위를 힘으로 압박하다.
2139)참 : 참으로, 정말로.
2140)괴쫄 : 고양이 딸. *괴; '고양이'의 옛말.
2141)기쫄 : 개의 딸.
2142)갑세 : 값에. 값어치에. *조금이나 사름 갑세 가리잇가?; '조금이나 사람값에 나가리까?'라는 말로 '조금이나 사람이라 하리까?'의 뜻.
2143)젼갈(傳喝) : 사람을 시켜 말을 전하거나 안부를 물음. 또는 전하는 말이나 안부.
2144)지예(遲曳)ᄒᆞ다 : 지연(遲延)하다.
2145)거북져이ᄒᆞ다 : 거북스럽게 하다. *-져이; -저이. ((일부 명사 뒤에 붙어)) 부사를 만드는 접미사.
2146)닉도히 : 전혀, 멀리, 무심히, 판이하게, 엉뚱하게. *여기서는 '전혀'의 의미로 쓰였다.
2147)주주어리다 : 중중거리다. 남이 알아들을 수 없는 군소리로 자꾸 중얼거리다.
2148)조당(操當) : 어떤 일을 직접 맡아 함.
2149)녜이우귀(禮以于歸) : 신부가 혼례를 올리고 시집으로 들어옴.
2150)불황불망(不遑不忙) : 아무런 생각 따위를 할 겨를도 없이 급히. 조금도 지체 없이 즉시.

"구고(舅姑)의 일월(日月) 셩총(聖聰)으로도 간비의 미혼약(迷魂藥)의 총명을 일허, 뎡시를 불의(不意) 츌거(黜去)ᄒ시ᄂᆞᆫ 지경가지 밋쳐ᄉᆞᆸ거든, ᄒ물【44】며 쳡의 우미(愚昧)ᄒᆞᆫ 인식(人士)니잇가? 니졔ᄂᆞᆫ 질녀의 무상홈과 뎡시의 착ᄒᆞᆫ 쥴 닉이 아라시니, 질녀 ᄉᆞ랑ᄒ던 졍을 뎡시의게 쏘다, 친녀 갓치 이휼(愛恤)ᄒ올 거시니, 존고ᄂᆞᆫ 조곰도 의심치 마로쇼셔."

조부인이 미쇼 겸두ᄒ고, 뉸부인은 다만 셩안(星眼)이 나죽ᄒ고 안식이 유열(愉悅)ᄒ여 묵연이 듯고 볼 ᄯᆞ름이러라.

시녜 연시의 병셰 위독ᄒ여 인ᄉᆞ를 바려시믈 알외니, 졔부인이 쳥파의 그 인물을 앗기미 아니로ᄃᆡ, 셩인슉녀(聖人淑女)의 지ᄌᆞ현심(至慈賢心)으로뼈 그 졈은 나흘 연셕(憐惜)ᄒ고, 셩아의 졍ᄉᆞ를 어엿【45】비 너겨, 참연(慘然)《이∥ᄒ여》 나아가 보고져 ᄒ더니, 초공 부ᄌᆡ 연니부(吏部)로 더부러 드러오믈 듯고, 이의 가기를 즁지ᄒᆞ니라.

연니뷔 초공 부ᄌᆞ로 더부려 영일졍의 드러가 녀아를 볼ᄉᆡ, 연시 갓득 흉면괴식(凶面愧色)의 검븕은 두발(頭髮)이 산산(散散)ᄒ여 봉침(鳳枕)의 더져시니, 우두나찰(牛頭羅刹)이 조으ᄂᆞᆫ 듯, 임의 슈명이 다ᄒ고져 ᄒ미, 닙시욹이 흑식(黑色)갓고 목ᄌᆞ(目眥)를 직시(直視)ᄒ여시니, 더욱 흉장(凶壯)ᄒ여 볼ᄉᆞ록 놀납거늘, 큰 닙을 벙긋벙긋ᄒ며, 미음과 약뉴를 먹음엇던 바를 다 토(吐)ᄒ니, 와상(臥床)의 쥬쥴이 흘너 비취금(翡翠衾)【46】이 흐ᄅᆞ게 져졋고, 분즙(糞汁)을 난만이 쏘시니, 시녀비 갓금 츠노라ᄒ여도 상토하쥬(上吐下注)ᄒ기를 무슈히 ᄒ니, 니로 지당치 못ᄒ여 요금(褥衾)의 ᄉᆞ못 비여시니, 비단 니불과 슈노흔 요(褥)의 악취 챵텬(漲天)ᄒ여, 참아 아니쏘아 비위를 진졍치 못ᄒ지라.

연니뷔 ᄎᆞ경을 보미 부녀지졍이 범연ᄒᆞᆯ 거시 아니로ᄃᆡ, 놀납고 아니쏘아 낫빗출 곳치고 초공과 관후를 도라보니, 안식이 타연 ᄌᆞ약ᄒ여 시쳥(視聽)이 업슨 갓ᄒᆞᆫ지라. 니뷔 그 긔량의 원하(遠遐)ᄒ믈 불승 탄복ᄒ며, 관후와 녀아의 품슈 긔질을 비겨【47】ᄌᆞ긔지심(自己之心)의도 ᄎᆞ셕홈과 붓그리믈 니긔지 못ᄒ거든, 져 하공부ᄌᆞ 조손의 마음이 엇더ᄒ리오. 더욱 붓그러온 낫치 달호이니, 묵연냥구의 시녀를 명ᄒ여 어ᄌᆞ러온 츄물(醜物)을 쓰셔 아ᄉᆞ라 ᄒ고, 초공 부ᄌᆞ를 ᄃᆡᄒ여 쳐연(悽然) 장탄 왈,

"현우션악(賢愚善惡)간 부ᄌᆞ 텬셩은 텬니의 덧덧ᄒ디라. 미미ᄒᆞᆫ 금쉬(禽獸)라도 그 ᄌᆞ이지도(慈愛之道)ᄂᆞᆫ 이시니, 쇼졔 역유인심(亦有人心)이라. ᄌᆞ식이 불미(不美)ᄒ나,

2151)목ᄌᆞ(目眥) : 눈초리. 시선.
2152)비취금(翡翠衾) : 비취색의 비단 이불이라는 뜻으로, 신혼부부가 덮는 화려한 이불을 이르는 말
2153)츠다 : 치다. 치우다. 불필요하게 쌓인 물건을 파내거나 옮기어 깨끗이 하다. 청소하거나 정리하다.
2154)상토하쥬(上吐下注) : 위로 토하고 아래로 쏟다.
2155)지당 : 지탱(支撑). 오래 버티거나 배겨 냄.
2156)챵텬(漲天) : 연기나 냄새, 원망 따위가 하늘에 퍼져 가득하다.
2157)달호다 : 붉히다. 달구다. ①성이 나거나 또는 부끄러워 얼굴이 붉어지다. ②분위기나 사상, 감정 따위를 고조시키다.

그 사싱지여(死生之餘)의 동념(動念)ᄒᆞ미 업ᄉᆞ리오만은 불효 죄녀의 젼후 무도픽힝(無道悖行)과 불용둔질(不用鈍質)을 싱각ᄒᆞ고, 목금(目今)의 현형 【48】의 안젼의 이 갓흔 불미츄루(不美醜陋)ᄒᆞᆫ 경식(景色)이 문견(聞見)의 ᄎᆞ악ᄒᆞ니, 쇼졔 경악ᄒᆞ믈 니긔기 어렵거ᄂᆞᆯ, 더옥 현셔의 고안혜심(高眼慧心)이리오. 비록 셩문은튁(聖門恩澤)이 여산(如山)ᄒᆞ고 ᄉᆞᆫ아의 경식 잔잉ᄒᆞ나, 불초녀의 ᄉᆞ싱은 유뮈불관(有無不關)ᄒᆞ도쇼이다."

초공이 정식 왈,

"불연(不然)ᄒᆞ다. 식뷔 셜ᄉᆞ 불초ᄒᆞ나 현형이 식니군ᄌᆞ(識理君子)어ᄂᆞᆯ, ᄌᆞ식의 ᄉᆞ싱지시(死生之時)의 엇지 비인정(非人情)의 말ᄉᆞᆷ을 ᄒᆞ시ᄂᆞ뇨? 녕ᄆᆡ의 츄용 누질이 식부의 나ᄋᆞ미 아니로ᄃᆡ, 본ᄃᆡ 슈복의 장원ᄒᆞᆯ 상격은 잇ᄂᆞᆫ 고로, 니졔 년급 ᄉᆞ십의 일싱이 평안ᄒᆞ니, ᄌᆞ긔 【49】불민ᄒᆞᆫ 힝신의 비겨 의논ᄒᆞᄆᆡ, 그 복녹은 낫브미 업ᄉᆞᄃᆡ, 녕녀(令女)ᄂᆞᆫ 박면둔질(薄面鈍質) 가온ᄃᆡ나, ᄯᅩᄒᆞᆫ 기슉(其叔)의 장원ᄒᆞᆫ 상격도 업ᄂᆞᆫ지라. 모ᄅᆞᄂᆞ니ᄂᆞᆫ 식뷔 이 병의 회싱ᄒᆞᆯ가 혹ᄌᆞ 바라미 이시나, 쇼졔ᄂᆞᆫ 벅벅이 싱도ᄅᆞᆯ 엇지 못ᄒᆞᆯ ᄌᆞᆯ 아ᄂᆞ니, 현형은 의외지언(意外之言)을 마ᄅᆞ시고, 맛당이 현슈ᄅᆞᆯ 쳥ᄒᆞ여 식부의 병후(病候)ᄅᆞᆯ 보시게 ᄒᆞ고, 슈고로오나 현형이 머므러 병을 위로ᄒᆞ여, 그 ᄉᆞ싱의 한이 업게 ᄒᆞ라. 돈ᄋᆡ ᄯᅩ 현형과 현슈ᄅᆞᆯ 뫼셔 이곳의 한가지로 머므러, 조강(糟糠)[2158]의 만남과 오륜의 【50】즁ᄒᆞᆫ 거ᄉᆞᆯ 다ᄒᆞ여, 식부의 ᄉᆞ싱의 유한이 업게 ᄒᆞ리라."

연공이 쳥파의 불승 감ᄉᆞᄒᆞ여, ᄂᆞᆼ히 ᄉᆞ례ᄒᆞᄂᆞᆫ 말ᄉᆞᆷ을 발치 ○[못]ᄒᆞ고, 다만 머리 조아 왈,

"셩덕이 하히(河海) 갓ᄒᆞ시니, 쇼졔 감히 므ᄉᆞᆫ 말ᄉᆞᆷ을 ᄒᆞ리오만은, 폐합(弊閤)[2159]이 ᄯᅩᄒᆞᆫ 불초(不肖) 미약(微弱)ᄒᆞ여 불효 죄녀ᄅᆞᆯ 과도히 ᄉᆞ랑ᄒᆞᄂᆞᆫ 연고로, 젼후 불미ᄒᆞᆫ 경젹(情迹)이 만하 셩문 은튁을 만히 져바린지라. 죄녜 쥭은들 폐합이 하면목으로 누루(累陋)ᄒᆞᆫ ᄌᆞ최 귀부ᄅᆞᆯ 번거롭게 ᄒᆞ리오. 시고로 감히 븟그러온 낫ᄎᆞᆯ 드러 나아오지 못ᄒᆞᆯ가 ᄒᆞ엿더니, 현【51】형의 ᄌᆞ상(仔詳) 명쳘(明徹)ᄒᆞ시미 ᄉᆞᄉᆞ의 이 갓ᄒᆞ시니, 엇지 일어(一語)의 일ᄏᆞᄅᆞᆯ ᄇᆡ리오. 삼가 명을 져바리지 아니리이다."

초공이 쇼이 겸양ᄒᆞ고, 관후ᄂᆞᆫ 부명이 ᄌᆞ긔ᄅᆞᆯ 이곳의 머므러 흉인의 병을 보라 ᄒᆞ시믈 ᄃᆡ경ᄒᆞ여, 이의 안식을 변ᄒᆞ고 왈,

"쇼ᄌᆡ 니슬격셰(離膝隔歲)의 환가ᄒᆞ오니, 구별지녀(久別之餘)의 존당 좌측(座側)의 니졍(離情)이 ᄎᆞ아(嵯峨)ᄒᆞ옵고, ᄯᅩ 원노(遠路) 구치(驅馳)의 신긔교뇌(身氣交惱)[2160]ᄒᆞ온지라. 연시 비록 병이 즁ᄒᆞ오나, 쇼년 혈긔 방강(方强)ᄒᆞ오니, 현마 쥭기의 니ᄅᆞ도록

2158)조강(糟糠) : 조강지처(糟糠之妻). 지게미와 쌀겨로 끼니를 이을 때의 아내라는 뜻으로, 몹시 가난하고 천할 때에 고생을 함께 겪어 온 아내를 이르는 말. ≪후한서≫의 <송홍전(宋弘傳)>에 나오는 말이다.

2159)폐합(弊閤) : 자기의 아내를 낮추어 이르는 말.

2160)신긔교뇌(身氣交惱) : 몸과 기력이 모두 괴로움.

ᄒᆞ리잇가? 그 병을 구호ᄒᆞ【52】오ᄆᆡ 시비의 무리 족ᄒᆞ오니, ᄒᆡ이(孩兒) 이신들 좌와(坐臥)의 붓드러 구호ᄒᆞᆯ ᄇᆡ 아니오니, ᄒᆡ이 엇지 ᄃᆡ장부의 쳬위(體威)로ᄡᅥ 구구히 쳐ᄌᆞ의 방 속의 머리ᄅᆞᆯ 움쳐2161), 시녀의 무리와 갓치 져 병을 구호ᄒᆞ리잇고?"

초공이 쳥파의 졍식 왈,

"부부ᄂᆞᆫ 오륜(五倫)의 즁ᄉᆞ(重事)라. 연시 슈불민(雖不敏)이나 너의 아시 조강(兒時糟糠)이라. 년쇼 녀ᄌᆡ 협쳔(狹淺) 투악(妬惡)ᄒᆞᆫ 연고로 과실이 호ᄃᆡ(浩大)ᄒᆞ나, 임의 존당과 여뷔(汝父) 그 죄ᄅᆞᆯ 물ᄉᆞ(勿死)ᄒᆞᄆᆡ 잇고, 지어(至於) 남녀간 골육이 이시니, 의(義)의 졀(絶)치 못ᄒᆞᆯ 거시오, ᄯᅩ 병이 ᄉᆞᄉᆡᆼ(死生)의 이시니, 엇지 죽어가ᄂᆞᆫ 시신(屍身)을 족【53】슈(足數)2162)ᄒᆞ리오. 네 아뷔 용녈ᄒᆞ나 혜아리미 너만 못ᄒᆞᆯ 거시 아니니, 너ᄂᆞᆫ 요란이 덤벙이지 말고 연시의 병셰ᄅᆞᆯ 보아가며, ᄉᆞᄉᆡᆼ간 슈삼일을 이곳의 머므러 그 병을 보라."

관휘 부군의 엄슉ᄒᆞᆫ 긔상과 쥰졀ᄒᆞᆫ 말ᄉᆞᆷ을 듯ᄌᆞ오ᄆᆡ 불승 황공ᄒᆞ여 묵연 ᄉᆞ죄ᄒᆞ고, 한가의 물너 안ᄌᆞ 다시 말ᄉᆞᆷ을 못ᄒᆞ나 심긔 분분(紛紛)ᄒᆞ니, ᄌᆞ연 긔식이 슌편(順便)치 못ᄒᆞ여 안식이 심히 불호ᄒᆞᆫ지라. 연니뷔 져 부ᄌᆞ의 긔식을 술피고 심하(心下)의 스스로 불안ᄒᆞᆷ믈 니긔지 못ᄒᆞ여 왈,

"불초녀ᄂᆞᆫ 본ᄃᆡ 존【54】문의 죄인이오, 현셔의게 득죄ᄒᆞᄆᆡ 여산(如山)ᄒᆞ니 츌뷔(黜婦) 되지 아니ᄒᆞᄆᆡ 만ᄒᆡᆼ(萬幸)이니, 더러온 몸이 귀부 문하의셔 종신ᄒᆞᆷ도 황감ᄒᆞ거늘, 엇지 현셔의 귀쳬(貴體) 쳔금(千金)을 잇비ᄒᆞ여 죄쳐ᄅᆞᆯ 완호(完護)ᄒᆞ리오. 맛당이 평안이 물너가 쉬게 ᄒᆞ쇼셔."

초공이 ᄉᆞ왈(辭曰),

"돈ᄋᆞ(豚兒) 우혹(愚惑) 과망(過妄)ᄒᆞ여 ᄉᆞ쳬(事體)ᄅᆞᆯ 밋쳐 ᄭᆡ닷지 못ᄒᆞ고, 쇼졔의 명을 여러번 거스려 불슌ᄒᆞ니, 일시 인ᄉᆞ로 칙망ᄒᆞᆯ ᄯᆞᆷ이니, 일노ᄡᅥ 부ᄌᆞ의 화긔ᄅᆞᆯ 상ᄒᆡ올 거시 아니니 형은 불안치 마로쇼셔."

연공이 흔연 칭ᄉᆞᄒᆞ【55】고 빈쥬(賓主) 상ᄃᆡᄒᆞ여 흔담ᄒᆞ며, 연시의 병을 볼ᄉᆡ, 초공이 연시의 병셰 즁ᄒᆞᄆᆡ 그 양셰(陽世)2163)의 쳐ᄒᆞᆯ 날이 불슈일ᄂᆡ(不數日不內)의 격(隔)ᄒᆞ엿실 바ᄅᆞᆯ 혜아리고, 인현군ᄌᆞ(仁賢君子)의 지ᄌᆞ익인(至慈愛人)ᄒᆞᄂᆞᆫ 셩덕이 본ᄃᆡ 초목금슈(草木禽獸)의 밋ᄂᆞᆫ지라. 그 졈은 나흘 그윽이 츄연ᄒᆞ여 이의 그 누은 벼기가의 나아가 쇼리ᄅᆞᆯ 화평이 ᄒᆞ고 낫빗ᄎᆞᆯ 빌녀 나죽이 불너 왈,

"식뷔 근간의 병이 잇다 ᄒᆞᄃᆡ, 나히 쇼년이오, 긔질이 확실ᄒᆞ니, 일시 미양(微恙)만 너겻더니, 엇지 이ᄃᆡ도록 즁ᄒᆞᆷ믈 알니오. 아직 걸안 흉봉(凶鋒)을 【56】무ᄉᆞ히 파ᄒᆞ고 도라완지 슈일이라. 식뷔 졍신이 잇거든 눈을 드러 날과 오아ᄅᆞᆯ 보라. 녕존이 ᄯᅩ 지좌(在坐)ᄒᆞ여 계시다."

2161)움치다 : 움츠리다. 몸이나 몸의 일부를 몹시 오그리어 작아지게 하다
2162)족슈(足數)ᄒᆞ다 : 꾸짖다.
2163)양셰(陽世) : 사람이 사는 세상. 이승.

 흔디, 연시 혼몽즁(昏夢中)이나 퇴위 환가ᄒ다 ᄒ믈 드르니, 반갑고 놀나오며 쏘 노홉고 이달오미 일직의 병츌ᄒ나, 쏘 그 흐억이 조흔 풍신이 눈 알픠 영(影)지니2164), 밧비 보고져 ᄒ여 통방울 갓흔 눈을 크게 쓰니, 치쓰ᄂᆞᆫ 눈골2165)이 발셔 졍긔 변ᄒᆞ여 지빗 갓고, 뒤룩이ᄂᆞᆫ 목지(目子) 허황ᄒᆞ여 아조 볼 거시 업ᄉᆞ니, 더옥 흉참ᄒᆞ여 보기의 금죽흔지라2166). 연공의 【57】 텬뉸지졍(天倫之情)과 초공의 침졍(沈靜)ᄒᆞ므로도 흉괴ᄒᆞ믈 ᄂᆞ긔지 못ᄒᆞ고, 관휘 우연이 눈을 드러 연시의 흉힉(凶駭)흔 거동과, 흉참흔 눈골을 보미, 심골이 경한(驚寒)ᄒᆞ믈 씨닷지 못ᄒᆞ더라.

 연시 눈을 드러 관후ᄅᆞᆯ 보미, 반갑고 노호오미 병츌(竝出)ᄒᆞ여 므슨 말을 ᄒᆞ고져ᄒᆞ나, 졍신이 혼혼ᄒᆞ여 능히 어셩(語聲)을 되츠지2167) 못ᄒᆞᄂᆞᆫ 고로, 한갓 검프ᄅᆞᆫ 눈망울의 눈물이 방방ᄒᆞ여, 손으로 가슴을 쳐 말을 못ᄒᆞ니, 니뷔 이 경식을 보미ᄂᆞᆫ, 유연(柔軟)흔 즈의 텬뉸이 참비(慘悲)ᄒᆞ믈 씨닷지 못【58】ᄒᆞ여, 풍화흔 면져(面低)의 져기 슈식(愁色)이 참참(慘慘)ᄒᆞ고 봉안의 쳐위(悽憂) 몽몽(濛濛)ᄒᆞ여 츄연 장탄 왈,

 "불초녀의 젼후 죄상은 유여가살(有餘可殺)이니, 그 싱ᄉᆞ의 유뮈 불관ᄒᆞ나 맛ᄎᆞᆷᄂᆡ 텬뉸 《져독∥지독(舐犢)2168)》은 범연치 아니민가? 그 진코져 ᄒᆞᄂᆞᆫ 거동을 보니 인심이 감쳬(感涕)ᄒᆞ믈 면치 못ᄒᆞ니, 형이 쇼졔의 구구ᄒᆞ믈 우ᄋᆞ리로쇼이다."

 초공이 졍식 왈,

 "형이 이 엇진 말ᄉᆞᆷ이니잇고? 텬뉸 쇼이ᄂᆞᆫ 곤츙 초목과 초부 목동이 면치 못흔 인졍이니, 형이 식니군즈(識理君子)로 거실명상(巨室名相)2169)이라. 인뉸(人倫) 풍화(風化)ᄅᆞᆯ 경계ᄒᆞᄂᆞᆫ 슈류로, 금일지언(今日之言)은 의【59】외의 발ᄒᆞ미 만ᄒᆞ시뇨?"

 니뷔 탄왈,

 "쇼졔 홀노 인졍의 박ᄒᆞ미 아니라. 진실노 죄녀의 관영(貫盈)흔 죄악이 텬디의 호디(浩大)ᄒᆞ여, 이뉸오상(彝倫五常)2170)을 스스로 난(亂)ᄒᆞ여시니, 쇼졔의 말ᄉᆞᆷ이 진졍의 발ᄒᆞ미라. 형은 홀노 쇼졔로ᄡᅥ 인졍의 박흔가 너기지 말나."

 셜파의 쳑연(慽然) 하루(下淚)ᄒᆞ니, 초공은 인인(人人) 군즈(君子)라. 기졍(其情)을 측은(惻隱)ᄒᆞ여 호언으로 위로ᄒᆞ고, 관후ᄂᆞᆫ 심니(心裏)의 닝쇼(冷笑)ᄒᆞ여 닙 밧긔 말ᄉᆞᆷ이 발치 아니ᄒᆞ나, 긔식이 심히 셕셕ᄒᆞ니, 연공이 심니의 긔탄ᄒᆞ믈 마지 아니ᄒᆞ더라.

 이윽고 초공이 ᄂᆞ려 나올시, 연【60】공이 쏘흔 졔시녀ᄅᆞᆯ 분부ᄒᆞ여 연시의 병을 구

2164)영(影)지다 : 그림자 지다. 아른거리다.
2165)눈골 : 눈꼴. 눈의 생김새나 움직이는 모양을 낮잡아 이르는 말.
2166)금죽ᄒᆞ다 : 끔찍하다.
2167)되츠다 : 알아채다. 알아차리다. 알아듣다. 소리를 분간하여 듣다.
2168)지독(舐犢) : =지독지졍(舐犢之情). 어미 소가 송아지를 핥는 사랑이란 뜻으로, 자식에 대한 어버이의 지극한 사랑을 비유적으로 이르는 말.
2169)거실명상(巨室名相) ; 천지간에 이름난 재상. *거실(巨室); 천지(天地)
2170)이뉸오상(彝倫五常) : 사람으로서 떳떳하게 지켜야 할 도리인 오상(五常). *오상(五常); 오륜(五倫). 유학에서, 사람이 지켜야 할 다섯 가지 도리. 부자유친, 군신유의, 부부유별, 장유유서, 붕우유신을 이른다.

호ᄒ라 ᄒ고, 초공다려 왈,

"쇼졔 완지 오릭니 가친이 기다리시미 계실지라. 니졔 맛당이 도라가 ᄉ고(事故)를 알외고 다시 와 녀아의 병을 보리라."

ᄒ고, 도라가니 관휘 부친을 뫼셔 나오다. 초공이 존당의 드러가 문안을 ᄒ고 연시의 병이 싱되(生道) 어려오믈 고ᄒ고, 가즁이 분난(紛亂)ᄒ니, 뎡쇼져를 셜니 우귀홀 바를 알외니, 존당이 졈두ᄒ고, 뉴부인이 모든 ᄌ미(姉妹) 금장(襟丈)으로 더부러 영일졍의 가 연시를 문병홀ᄉ, 연부인과 한가지로 드러가기【61】를 니르니, 연부인이 요두(搖頭) 왈,

"쳡인들 슉질지졍(叔姪之情)이 바히 박ᄒ리오만은, 졔 죄 즁ᄒ니, 쳡이 엇지 져의 싱젼의 다시 보아 초공의 외오 너기믈 어드리오."

ᄒ고, 죵시 가지 아니ᄒ니, 뉴부인이 심니(心理)의 우이 너겨 다시 강쳥(强請)치 아니ᄒ고, 다만 ᄌ미 금장으로 더부러 영일졍의 니르러 그 병을 보니, 연시 과연 반싱반ᄉ(半生半死)ᄒ여 인ᄉ를 아지 못ᄒ니, 존고와 슉당 쇼고의 니르러시믈 젼연 망부지(望不知)2171)ᄒ더라.

ᄎ셜 연니뷔 본부의 도라가 부모긔 뵈옵고, 하공 부ᄌ의 문답과 긔식을 ᄌ시 알외고, 【62】 희벽의 병셰 싱되 어려오믈 고ᄒ니, 부마와 공쥐 감탄 탄식 왈,

"학셩의 관인 후덕은 아란지 오릭거니와, 오늘날 ᄉ로이 감은흔 밧ᄌᄂ 녀아의 불초 픽악ᄒ미 맛ᄎᆷᄂᆡ 군ᄌ의 문의 죵신ᄒᆞᆯ믈 엇고, ᄯᅩ 손녀의 음픽 무힝ᄒᆞᆷ믈 오늘날 튤화를 면ᄒ고 쥭ᄂᆞᆫ 혼ᄇᆡᆨ이라도 하시지뷔(河氏之婦) 되리니, 이곳 져희 만힝이라. 그 쳥츈 요졀ᄒᆞ미 인졍의 참연ᄒᆞ나, 이 ᄯᅩ 져의 명이라 현마 어이ᄒ리오. 호현뷔 니졔 져집의 나아가미 진실노 븟그러오미 만ᄒ나, ᄌ식의 님ᄉ지시(臨死之時)의 한【63】번 보아 쳔고영결(千古永訣)2172)을 아니치 못홀지라. 셔로 무안흔 ᄂᆞᆺ츨 므릅쓰고 한번 나아가기를 면치 못ᄒ리라."

니부ᄂᆞᆫ 빈ᄉ(拜謝)ᄒ고, 호부인은 스스로 분앙(憤怏) 골돌ᄒ며2173) 참괴ᄒ믈 니긔지 못ᄒ나, 녀아의 ᄉ싱(死生)이 님ᄉ지졔(臨死之際)라 ᄒ니, 모녀지졍의 아니 보든 못홀지라. 찰하리 녀아를 다려오지 못ᄒ믈 한ᄒ니, 공쥐 탄왈,

"현뷔 희벽을 다려오지 못ᄒ믈 한ᄒᆞᆫᆫ, 도로혀 하군의 관홍흔 덕을 져바리미 심ᄒ미라. 져집이 너르고 착ᄒ여 죄 잇ᄂᆞᆫ 사름을 믈ᄉ(勿死)ᄒᆞᆷ도 감격ᄒ거【64】ᄂᆞᆯ, 엇지 그 거(去)치 아니ᄒ믈 한ᄒ여, 빈은 망혜(背恩忘惠)ᄒᄂᆞᆫ 무신지인(無信之人)이 되고져 ᄒᄂᆞ뇨? 현뷔 비록 져곳의 나아가나, 학셩은 인인 군ᄌ오, 뉴부인은 슉녀 현완(賢婉)이라. 반ᄃ시 희벽의 과실을 일ᄏ라 안면의 무안ᄒ믈 일위지 아니ᄒ리니, 엇지 한번 나아가 모녜 산 얼골을 보지 아니리오."

2171)망부지(望不知) : 보고도 알지 못함.
2172)쳔고영결(千古永訣) : 죽은 사람과 산 사람이 서로 영원히 헤어짐.
2173)골돌ᄒ다 : 골똘하다. 한 가지 일에 온 정신을 쏟아 딴 생각이 없다.

호부인이 구고의 말솜을 듯즈오민, 져슈무언(低首無言)ᄒ여 감히 한 말을 다시 못ᄒ고 앙앙이 믈너나, 심니의 싱각ᄒ되,

"닉 하가의 나아가 피폐ᄒ 거조ᄅᆯ 뵈지 아니ᄒ리라."

ᄒ고, 의복 단장이며 슈【65】식(修飾) 픽산(貝珊)을 별(別)노2174) 스치히 ᄒ여, 치(彩)뎡2175)을 타고 거마(車馬) ᄎ환(叉鬟)을 별노 거록히 거나려 하상부의 니ᄅ니, 뉴부인이 바로 영일누의셔 쳥ᄒ여 두 부인이 인아(姻婭)의 녜로뼈 보니, 하부 졔부인이 호부인을 보니 년긔 듕년의 미쳐시나, 익용(愛容)이 교려(巧麗)ᄒ고 묘질(妙質)이 작작(灼灼)ᄒ여, 텬하졀염(天下絶艶)이라 니ᄅ던 못ᄒ나, 우물득명(寓物得名)2176)을 ᄒᆯ만ᄒ고, 냥미(兩眉)의 영긔발영(英氣拔英)ᄒ니, 민쳡(敏捷) 혜힐(慧黠)ᄒ여 소혜(蘇惠)2177) 《슈두운∥슈령운(謝靈運)2178)》의 묘지(妙才)ᄅᆯ 품어실 거시로되, 잠간 발호(勃豪) 경경(輕輕)ᄒ여 지녀(才女)의 풍치ᄂᆫ 지극ᄒ거니와, 【66】슉녀의 문(門)의ᄂᆫ 멀미 진월(秦越)2179) 갓ᄒ나, ᄯ오 긔녀(其女)의 박면(薄面) 누질(陋質)과 무지 픠악ᄒ 인ᄉ(人士), 쳬모 업ᄉ 거동은 아니라. 뉴부인이 츄파ᄅᆯ 잠간 흘녀 져의 거지쳬모(擧止體貌)ᄅᆯ 술피고 그 인물의 경경(輕輕)ᄒᆯ ᄭᅢ닷더라.

호부인이 ᄯ오ᄒ 눈을 드러 하부 졔부인을 보니 뉴부인의 쳔교빅미(千嬌白眉)와 팔광덕치(八光德彩)2180) 면간(面間)의 어릐여시며, 기여(其餘) 졔부인이 긔긔히 슈츌 탁셰(秀出卓世)ᄒ지라. 호부인이 일즉 영안 공쥬의 쳔금 즈부로 유시로븟허 옥누금뎐(玉樓金殿)의 조회ᄒ며 셩문벌열(盛門閥閱)의 연혼(連婚)을 【67】참연(參宴)ᄒ여 그 열인(閱人)ᄒ미 안고틱악(眼高泰岳)ᄒ던 바로뼈, 금일 하상부 졔부인을 보미 칙칙(嘖嘖) 경복ᄒ믈 결을치 못ᄒ고, 스스로 안공(眼空)ᄒ던2181) 의시 스라져, 슈연(粹然)이2182) 넘

2174)별(別)노 : 별(別)노. 따로 별나게. 또는 따로 특별히

2175) 치(彩)뎡 : 화려하게 꾸민 가마. *뎡; 공주나 옹주가 타던 가마.

2176)우물득명(寓物得名) : 그 인물됨에 따른 이름을 얻을만하다. *우물(寓物); 어떤 것에 붙어살다.

2177)소혜(蘇惠) : 중국 동진 때 진주자사(秦州刺史) 두도(竇滔)의 아내. 자(字)는 약란(若蘭). 남편이 진주자사로 있다가 유사(流沙)라는 곳으로 유배를 갔는데, 남편을 그리워하여 비단을 짜고 그 위에다 840자로 된 회문시(回文詩)를 수놓아 보내, 남편을 감동케 한 이야기로 유명하다. 『진서(晉書)』에 이야기가 전한다. *회문시(回文詩); 머리에서부터 내리읽으나 아래에서부터 올려 읽으나 뜻이 통하고, 평측(平仄)과 운(韻)이 맞는 한시(漢詩).

2178)슈령운(謝靈運) : 중국 남북조 시대 송나라의 시인(385~433). 본명은 사공의(謝公義). 종래 서정을 주로 하는 중국 문학 사상에 산수시(山水詩)의 길을 열어 놓았다. 저서에 ≪사강락집(謝康樂集)≫이 있다.

2179)진월(秦越) : '진(秦)나라와 월(越)나라'라는 뜻으로, 둘 사이가 너무 멀어 서로 아무런 관심도 갖지 않는, '전혀 무관심한 관계'를 비유적으로 이르는 말. 즉 중국 춘추(春秋) 시대 진(秦) 나라는 지금의 섬서성(陝西省)에 있고 월(越) 나라는 지금의 강소성(江蘇省)·절강성(浙江省) 일대에 있었는데 두 나라 사이가 너무 멀어서 서로 전혀 관계치 않았고 관심도 갖지 않았다는 데서 나온 말. =소 닭 보듯 하는 사이.

2180)팔광덕치(八光德彩) : 눈썹의 아름답고 덕스러운 빛. *팔(八)은 눈썹의 모양을 나타냄.

2181)안공(眼空)ᄒ다 : 안중(眼中)에 없다. 어떤 것을 안중(眼中)에 두지 않을 만큼 포부가 크다.

2182)슈연(粹然)이 : 순수하게.

슈복슬(斂手服膝)2183)ᄒ고 번연(翻然)이 동식(動色)ᄒ여 십분(十分) 슈렴(收斂)ᄒ믈 마지 아니ᄒ며, 졔부인의 검쇼(儉素) 청현(淸賢)ᄒᆫ 복식(服色)을 보미, 도라 즈긔 즈장(資裝)의 ᄉ치ᄒ믈 슈괴ᄒ고, 녀아의 박용 누질이 이 갓흔 벌열 셩문의 드러와 오히려 지우보견(至于保全)2184)하미 하공 ᄂᆡ외 관인 후덕ᄒᆞ민쥴 쾌히 씨닷더라.

이의 빈쥬(賓主) 녜필좌졍(禮畢坐定)의 ᄒᆞ훤(寒暄) 인스상(人事床)을 파ᄒᆞ미, 바【68】야흐로 병측(病側)의 나아가 녀아를 보니, 봉두귀면(蓬頭鬼面)이 더옥 환형(幻形)ᄒᆞ여 아조 귀형(鬼形)이 되엿ᄂᆞᄃᆡ, 반ᄉᆡᆼ반ᄉᆞ(半生半死)ᄒᆞᆫ 시신(屍身)이 상두(上頭)의 바리여시니, 호부인이 청뉘(淸淚) 환난(汍亂)ᄒᆞ여 녀아의 와상(臥床)의 나아가, 옥슈로 그 손을 잡고 머리를 집허 보니, 덥기 불 갓흐나 두 눈을 직시ᄒᆞ고, 슈족이 궐닝(厥冷)ᄒᆞ여 ᄉᆞ싱은 다시 의논ᄒᆞᆯ 거시 업ᄂᆞᆫ지라.

호부인이 눈물을 흘니며 셩음(聲音)이 경열(硬咽)ᄒᆞ여 부ᄅᆞ기를 마지 아니ᄒᆞᄃᆡ, 연시 임의 구령(九靈)2185)이 표산만니(飄散萬里)2186)ᄒᆞ여 칠빅(七魄)2187)이 유유(悠悠)ᄒᆞ니, 겨요 숨이 남【69】앗실지언졍 지각은 업ᄂᆞᆫ지라. 모부인의 니ᄅᆞ러시믈 어이 알니오. 쳔호 만환(千呼萬喚)의 불응ᄒᆞ니, 임의 ᄒᆞᆯ 일 업ᄉᆞ믈 알니러라.

호부인이 ᄎᆞ경(此景)을 안도(眼睹)2188)ᄒᆞ미, 간담(肝膽)이 쳐졀(淒切)ᄒᆞ믈 면치 못ᄒᆞ니, 하부 졔부인이 연시를 앗기미 아니로ᄃᆡ, 그 졍(情)을 참연ᄒᆞ더라.

이날 호부인이 도라가지 못ᄒᆞ여 머므니, 연부인이 져져의 친히 와시믈 드ᄅᆞ미, 그려도 인ᄉᆞ의 마지 못ᄒᆞ여 영일졍의 와 셔로 볼ᄉᆡ, 호부인은 무안(無顔)ᄒᆞ여 감히 녀아 노쥬(奴主) 다히2189) 말을 아니ᄒᆞ니, 연부인이 져기 인【70】심이 이시면, 슌녜(順禮)로 굴 ᄯᆞ름이지, 남이 뭇지 아니ᄒᆞᄂᆞᆫ 근각(根脚)2190)을 키리오만은, 근본이 실업고 허픠(虛悖)ᄒᆞᆫ지라. 져는 아직 ᄯᆞᆯ이 죽어가니 만ᄉᆞ(萬事)의 무심히 안줏ᄂᆞᄃᆡ, 쳘업슨 연부인은 아직 인ᄉᆞᄂᆞᆫ 날희고 부지불각(不知不覺)의 드리다라 호부인을 붓들고 두 아귀의 춤을 가로 흘니며, 탐탐이 ᄒᆞᄂᆞᆫ 말이,

"다, 질녀의 그ᄃᆡ도록 무상흠과, 황파 모녀의 쳔흉만악의 간특흠과, 응윤쇼아ᄂᆞᆫ 타문 쇼아를 어ᄃᆡ 가 다려다가 긔ᄉᆡᆼ(己生)이라 ᄒᆞ여, 구가를 속여시니, 그런 암ᄉᆞ(暗邪) 암특(暗慝)ᄒᆞᆫ 일이【71】어이 이시리오. 복향 모녀의 초ᄉᆞ를 드ᄅᆞ니, 져져ᄂᆞᆫ 아돗던

2183)넘슈복슬(斂手服膝) : 공손히 두 손을 마주잡고 무릎을 꿇음.
2184)지우보견(至于保全) : =지우금보견(至于今保全). 지금에 이르기까지 보전함.
2185)구령(九靈) : 사람에게 있는 9개의 영혼. 즉 천생(天生), 무영(無英), 현주(玄珠), 정중(正中), 자단(子丹), 회회(回回), 단원(丹元), 태연(太淵), 영동(靈童).
2186)표산만니(飄散萬里) : 바람에 날려 정처 없이 만 리 밖으로 흩어짐.
2187)칠빅(七魄) : 도교에서 말하는, 사람의 몸에 있는 일곱 가지 넋. 몸 안에 있는 탁한 영혼으로서 시구(尸拘), 복시(伏矢), 작음(雀陰), 탄적(呑賊), 비독(非毒), 제예(除穢), 취폐(臭肺)가 있다.
2188)안도(眼睹) ; =목도(目睹). 눈으로 직접 봄.
2189)다히 : ①「의존명사」쪽. ②「의존명사」대로. ③「부사」대하여. ④「조사」처럼, 같이.
2190)근각(根脚) : 조선 시대에, 죄를 범한 사람의 죄상·이름·생년월일·인상 및 그의 조상에 관한 사항을 기록한 표. 여기서는 '죄의 실상'을 말함.

가 보더고만은, 어이 그리 못쓸 노릇술 말니도 아니신고? 쇼미로 ᄒᆞ여곰 구가의 낫 업고 무류ᄒᆞ여2191), 져그나 ᄒᆞ더면 못쓸 질녀의 연고로, 하마면 늦게야 쇼텬(所天)의 게 쇼박(疏薄) 마즐 번ᄒᆞ엿노라."

ᄒᆞ고, 어즈러이 주주어리며, 추서 업시 손등을 두다리며, 긔괴(奇怪)히 낢쒸ᄂᆞᆫ지라.

호부인이 붓그러오며 무안ᄒᆞᆫ 가온듸 연부인의 싀푸리고2192) 흉악히 낢쒸ᄂᆞᆫ 거동을 보니, 더옥 무안ᄒᆞ여, 옥안(玉顔)을 붉히고 분긔(憤氣) 표연(表然)ᄒᆞ여 말을 【72】 못 ᄒᆞ니, 뉸부인이 연부인의 너모 고체(高體) 업ᄉᆞᆷ을 민망ᄒᆞ여, 호언으로 화평이 위로 왈,

"왕ᄉᆞ(往事)ᄂᆞᆫ 이의(已矣)라. 요슌지ᄌᆞ(堯舜之子)도 불초(不肖)ᄒᆞ니, 식부의 불미홈과 흉비의 간악ᄒᆞᆷ믈 호부인이 엇지 알거시라, 부인은 말ᄉᆞᆷ이 너모 각박ᄒᆞ기의 발ᄒᆞ시ᄂᆞ니잇가?"

연부인은 묵연ᄒᆞ고, 호부인은 칭ᄉᆞᄒᆞ더라.

이날 하상부의셔 황파 모녀의 초ᄉᆞ(招辭)를 밧고, 뎡쇼져의 누명을 신원ᄒᆞ미 빅옥 갓ᄒᆞ니, 하노공과 조부인이 바야흐로 젼일을 ᄌᆞ칙(自責)ᄒᆞ고, 뎡시와 신손(新孫)을 밧 비 다려와 보고져 ᄒᆞᄂᆞᆫ지라. 【73】 초공이 삼졔 쇼부를 명ᄒᆞ여, 뎨궁의 가 뎡쇼져 모 ᄌᆞ를 우귀(于歸)ᄒᆞ라 ᄒᆞ니, 쇼뷔 명을 밧고 우어 왈,

"뭉셩이 엇지 친히 가지 아니ᄒᆞ고, 쇼졔룰 가라 ᄒᆞ시ᄂᆞ니잇가?"

초공이 미쇼 왈,

"뭉셩은 듁쳥과 문양공쥬의 증셰(憎壻) 되어시니, 남직 아모리 낫치 둣거온들 므ᄉᆞᆫ 낫추로 나아가 권실(眷室)ᄒᆞ리오. 현졔ᄂᆞᆫ 금평후의 ᄋᆡ셔(愛壻)로 입막지빈(入幕之 賓)2193)이 되연지 오릭니, 뎡시룰 다려오랴 ᄒᆞ미 혹ᄌᆞ 공쥬 불평ᄒᆞ미 이실지라도, 현 졔 호변쥬론(好辯周論)으로 금평후와 듁쳥을 다릭면, 공쥐 엇지 집심을 셰워 기【7 4】녀룰 아니 보ᄂᆡ리오."

북휘 잠쇼 왈,

"싀아뷔 되여 며ᄂᆞ리 브르기룰 져리 어려ᄒᆞ시량이면, 쇼졔 쇼진(蘇秦)2194)이 아니 라, 져 문양공쥐 녯날 투협(妒狹)ᄒᆞᆫ 습(習)이 이셔 질아의 무ᄒᆡᆼ(無行) 혼암(昏暗)ᄒᆞᆷ믈 노ᄒᆞ여 종시 견집(堅執)ᄒᆞ량이면, 쇼졔 엇지 히유(解諭)ᄒᆞ리잇고?

조부인이 탄왈,

"오늘날 어즈러온 의논은 젼혀 우리 노부쳐(老夫妻) 노혼(老昏) 불명(不明)ᄒᆞ미라. 듁쳥의 은혜룰 져바리고 기녀를 거(去)ᄒᆞ기의 밋ᄎᆞ니, 이ᄂᆞᆫ 다 우리집 불명이라. 져집

2191)무류ᄒᆞ다 : 무료(無聊)하다. ①흥미 있는 일이 없어 심심하고 지루하다. ②열없다. 겸연쩍고 부끄럽 다. 어설프고 짜임새가 없다.
2192)싀푸리다 : 찌푸리다.
2193)입막지빈(入幕之賓) : 잠자는 장막 안으로까지 들어오는 손님이라는 뜻으로, 특별히 가까운 손님을 이르는 말.
2194)소진(蘇秦) : 중국 전국 시대의 유세가(遊說家). 산동 6국의 합종(合從)을 설득, 진(秦)에 대항했다.

이 셜스 견집ᄒ나 우리 엇지 져를 한ᄒ리오. 비록 안면이 둣거오나 녀【75】아와 뎡현뷔 졔궁의 가, 녕존당 슌틱부인긔 뵈옵고 젼후 ᄉ상(事狀)을 실진(實陳)ᄒ고, 조초 챵이 나아가 뎡시 모즈를 다려오게 ᄒ미 가ᄒ니라."

ᄒ더라.【76】

윤하뎡삼문취록 권지뉵십일

차시 됴부인이 탄왈,

"오늘날 어즈러온 의논은 전혀 우리 부쳐(夫妻)의 노혼(老昏) 불명(不明)ᄒᆞ미라. 쥭청의 은혜를 져바리고 기녀(其女)를 거(去)ᄒᆞ기의 밋추니, 이ᄂᆞᆫ 다 우리 집 불명이라. 져 집이 셜사 견집(堅執)ᄒᆞ나, 우리 엇지 져를 한ᄒᆞ리오. 비록 안면(顔面)이 둣거오나, 녀아와 뎡 현뷔 졔궁의 가 영존당 슌틱부인긔 뵈옵고, 전후 ᄉᆞ상(事狀)을 실진(實陳)ᄒᆞ고, 조초 챵외 나아가 뎡시 모ᄌᆞ를 다려오게 ᄒᆞ미 가ᄒᆞ니라."

뎡슉셩은 존고의 명을 듯ᄌᆞᆸ고, 다 【1】 흔연이 슈명(受命) 비ᄉᆞ(拜謝)ᄒᆞᆯ ᄯᆞ름이오, 말슴이 업ᄉᆞ듸, 눈승상 부인이 쳐연 탄왈,

"초의 듸인과 ᄌᆞ위(慈闈) 간참(奸讒)을 신지(信之)ᄒᆞᄉᆞ, 뎡시를 츌거(黜去)ᄒᆞ시ᄂᆞᆫ 지경의 밋추시나, 쇼녀ᄂᆞᆫ 오늘날이 이실 쥴 혜아려 혈심(血心)으로 간(諫)ᄒᆞ오듸, 듸인과 ᄌᆞ위 쇼녀의 말을 밋지 아니샤, 금일 난안(赧顔)ᄒᆞᆫ 마듸를 만나오니, 슌조모와 양부모ᄂᆞᆫ 관홍 인ᄌᆞᄒᆞ시고, 졔왕 거거(哥哥)ᄂᆞᆫ 통달(通達)ᄒᆞᆫ 군ᄌᆞ오, 문양 공쥬ᄂᆞᆫ 젼일의 비록 어지지 못ᄒᆞ던 빈나, 회과칙션(悔過責善) 이후로ᄂᆞᆫ 일긔 온슌ᄒᆞᆫ 부인이라. 녀ᄌᆞ유힝(女子有行)과 부【2】부듸륜(夫婦大倫)을 넙이 혜아리니, 엇지 우리 집 과거를 죡수(足數)ᄒᆞ여, 그 쑐을 감초와 두고 견집(堅執)ᄒᆞ여 속뉴(俗類)의 녹녹(碌碌)ᄒᆞᆫ 셰틱(世態)를 두리잇가만은, 쇼녜 하면목(何面目)으로 양부모와 뎨왕 거거긔 권희(勸解)2195)ᄒᆞᄂᆞᆫ 말슴을 일위리잇고? 슉셩 ᄋᆞ이2196) 챵졔와 한가지 가미 올흐니이다."

하공 부뷔 참안(慙顔) 묵연ᄒᆞ여 녀아의 말이 올타ᄒᆞ더라.

이 날 즉시 쇼부와 슉셩 부인이 뎨궁의 니르러 졍당의 빈알ᄒᆞ니, 슌틱부인이 반겨 왈,

"현셔(賢壻)와 손녜 하ᄉᆞ(何事) 고(故)로 일시의 니르뇨?"

쇼부 부뷔 듸쥬(對奏) 왈(曰),

"현·운 【3】 냥질(兩姪)이 만니(萬里)의 공을 일워, 셩쥬의 은영(恩榮)을 밧ᄌᆞ와 빗닌 도라오오니, 손아 부뷔 직작(再昨)의 일즉 나아와 영광을 치하ᄒᆞ염즉 ᄒᆞ오듸, 오가(吾家)의도 셩질이 도라오고, 또 가변(家變)과 ᄉᆞ괴(事故) 다다(多多)ᄒᆞ여 금일이야 니

2195)권희(勸解) : 화해를 권고함. 권고하여 화해시킴.
2196)ᄋᆞ이 : 아우. 동생.

근과이다."

평대왕이 직좌(在座)러니, 쇼왈,

"하군과 쇼미는 미양 써나 단이기를 중난(重難)이 너겨, 부듸 함긔 오려 ᄒ기로 일지 쳔연홈이어늘, 맛치 모르는 사룸 쇽이듯 궤휼(詭譎) 능변(能辯)을 ᄭᅮ미기를 잘ᄒᆞᄂᆞ뇨? 그러치 아니ᄒᆞ면 부부 냥인이 굿ᄒᆞ여 일시의 올 니 이시리오. 고어의 【4】왈, '초(楚) 귤(橘)이 뎨국(齊國)의 옴기면 감ᄌᆞ(柑子)2197) 된다'2198) ᄒᆞ니 쇼미 닉집의 이실 졔는 극히 유한졍졍(幽閑靜貞)ᄒᆞ여 직언(直言) 명논(明論)이 ᄉᆞ리(事理) 기명(開明)ᄒᆞᆫ 슉녜러니, 하군을 만난 후는 쇼텬(所天)의 궤벽(詭癖) 능휼(能譎)ᄒᆞᆷ믈 만히 달마, 젼일 셩졍이 만히 변작(變作)ᄒᆞ여시니 엇지 하군과 쇼미의 말을 밋으리오."

부인은 낭연(朗然) 잠쇼(潛笑)ᄒᆞ고, 쇼뷔 디쇼 왈,

"존형이 가히 졔심(弟心)을 안다 ᄒᆞ리로○○[쇼이]다. 슈연(雖然)이나, 금일 우리 부뷔 한가지로 니ᄅᆞᆷ믄 필유ᄉᆞ고(必有事故)ᄒᆞ미라. 부뷔 상의ᄒᆞ여 부러 한가지로 니ᄅᆞ미 아니로쇼이다."

뎨왕이 문기고(問其故)ᄒᆞᆫ디

쇼뷔 드듸여 넘슬피셕(斂膝避席)ᄒᆞ【5】여, 황파·복향 등의 초ᄉᆞ(招辭)를 가져 고ᄒᆞ고, 연시의 죄 당당이 츌거(黜去)홈의 맛당ᄒᆞ디, 그 병이 ᄉᆞ싱의 잇ᄂᆞᆫ 고로, 거(去)치 아니 홈과 황파 모녀를 장하(杖下)의 쥭이고, 요리(妖尼)를 일허시므로, 어든 아히 쇼싱지친(所生之親)을 ᄎᆞᄌᆞ 보니지 못ᄒᆞᆫ 곡졀이며, 뎡쇼져의 빅옥무하(白玉無瑕)ᄒᆞ미 표표(表表)히 드러나니, 존당이 젼과(前過)를 뉘웃쳐 심히 ᄌᆞ칙(自責)ᄒᆞ시고, ᄎᆞ마 낫 업고 무류ᄒᆞ여, ᄌᆞ긔 부부를 보니여 ᄉᆞ연을 고ᄒᆞ고, 니졔 뎡쇼져와 쇼아를 권솔(眷率)ᄒᆞ고져 ᄒᆞᆷ믈 알외니, 금평후와 뎨왕이 쳥파의 흔연 왈,

"원닉 니런 쇼쇼곡졀(小小曲折)이랏다! 녀ᄌᆞ 유【6】ᄒᆡᆼ이 원부모형졔(遠父母兄弟)니, 한번 간ᄒᆞ미 비록 금지옥엽(金枝玉葉)의 존(尊)ᄒᆞ미라도, 젹인(適人)ᄒᆞᆫ 후는 ᄉᆞ싱고락이 그 가부(家夫)의 장악(掌握)의 잇ᄂᆞᆫ지라. 녀이 임의 하시의 사룸이 되어시니, 그 츌입(出入) 거취(去就)는 존문의 달녀시니, 우리 엇지 견집(堅執)ᄒᆞ리오. 유죄허실간(有罪虛實間)2199), 초의 녀아의 죄명ᄡᅳᄂᆞ2200) 맛당이 국법의 나아갈 거시로디, 유ᄉᆞ

2197) 감ᄌᆞ(柑子) : 감자(柑子)나무의 열매. 귤보다 작고 향기와 신맛이 강하다. 나무는 운향과에 속한 상록 활엽 소교목으로 높이는 2미터 정도이고, 밑동에서 가지가 나누어지며, 잎은 작고 날개가 없다. 6월에 흰 꽃이 피며, 우리나라의 제주도와 중국 남부, 일본에 분포 한다

2198) 초(楚) 귤이 데국(齊國)의 옴기면 감자 된다 : 이 속담은 '초나라 귤이 제나라로 가면 탱자 된다.'는 말로 더 많이 쓰이고 있다. 환경에 따라 귤이 감자(또는 탱자)로 변한다는 뜻으로, '사람이나 사물이 환경과 조건에 따라 나쁘게 변하는 것'을 비유한 말이다. 『안자춘추(晏子春秋)』에 나오는 말로, 제나라 재상 안영(晏嬰)이 초나라에 사신으로 가 초 왕에게 한 말, 곧 '귤이 회수 남쪽에서 자라면 귤이 되지만 회수 북쪽에서 나면 탱자가 되며, 잎만 비슷할 뿐 열매는 맛이 다르다(橘生淮南則爲橘, 生于淮北則爲枳, 葉徒相似, 其實味不同)'고 한 말에서 유래되었다. *안영(晏嬰); 중국 춘추 시대 제나라의 정치가(?~B.C.500). 자는 평중(平仲). 영공(靈公)·장공(莊公)·경공(景公)의 3대를 섬기면서 재상을 지냈다. ≪안자춘추≫는 그의 언행을 후세의 사람이 기록한 것이다

(有司)의 뉼뎐(律典)을 면ᄒᆞ고 츌거홈도 오히려 존문 셩덕이니, 죄 즁ᄒᆞ고 벌이 경ᄒᆞ미라. 니졔 요힝 누명을 신원(伸寃)ᄒᆞ고 빗ᄂᆞᆫ 브ᄅᆞ시믈 어ᄃᆞ니, 녀ᄌᆞ의 엇지 못ᄒᆞᆯ 영화라. 아등(我等)이 엇지 견집ᄒᆞ미 이시【7】리오."

쇼뷔 디희(大喜) 칭ᄉᆞ 왈,

"오가(吾家)의 허물이 깁흐니, 엇지 감히 질부를 쳥홀 안면이 둣겁지 아니리잇고? 삼가 도라가 젼ᄒᆞ오미, 가친(家親)이 존부 셩덕을 다감(多感)ᄒᆞ시리로쇼이다."

금평후와 뎨왕이 흔연 겸양ᄒᆞ고, 쇼뷔 이의 밧긔 뎡쇼져를 시로이 녜이우귀(禮以于歸)ᄒᆞᄂᆞᆫ 위의 니르러시믈 고ᄒᆞ니, 슌틱부인과 금평휘 시녀를 명ᄒᆞ여 미현당의 가, 월염쇼져와 신싱ᄋᆞᆯ 다려오라 ᄒᆞ고, ᄯᅩ 시비로 문양궁의 젼어ᄒᆞ여 공쥬를 쳥ᄒᆞ니, 이ᄯᅢ 문양공쥬 녀아의 식광(色光) 셩덕(性德)으로 그 신셰 박명(薄明)이 쳔고의 하【8】나히 되어, 심규(深閨)의 폐륜(廢倫) 단장(斷腸)ᄒᆞ여 장강(莊姜)2201) 반비(班妃)2202)ᄂᆞᆫ 오히려 일홈이 잇고, 죄 업시 쳥등(靑燈) 박명(薄明)이 만고(萬古)의 유젼ᄒᆞ니, 후셰 시속의 늣기ᄂᆞᆫ 죄목이 되엿거니와, 월염쇼져의 누명은 '츄양(秋陽)의 폭(暴)ᄒᆞ고 강한(江漢)2203)의 탁(濯)ᄒᆞ나'2204) 능히 신빅(伸白)기 어려온지라. 공쥬 녀아의 식광(色光) 직모(才貌)를 본 젹마다 앗기고 슬허ᄒᆞ미 술을 ᄯᅵᆨ고 쎄를 마으ᄂᆞᆫ 듯ᄒᆞ니, 쥬야(晝夜)의 어로만져 쳥뉘(淸淚) 환난(汍亂)ᄒᆞ여 강싀(絳腮)2205)를 젹셔 왈,

"녀이 아시로붓허 만고 풍상을 경녁ᄒᆞᆷ은 젼혀 다 여모(汝母)의 젹앙(積殃)이 밋ᄎᆞ미라."

ᄒᆞ니, 쇼졔 모비의 과상(過傷)ᄒᆞ시믈 민망ᄒᆞ【9】여 화셩유어(和聲柔語)로 위로ᄒᆞ여 지ᄂᆡ더니, 요힝 슌산긔남(順産奇男)ᄒᆞ여 쇼아의 비범ᄒᆞᆫ 골격이 속아와 크게 다ᄅᆞ니, 가즁 상하의 긔특이 너기믄 니ᄅᆞᆯ도 말고, 문양공쥬 녀아의 싱ᄌᆞᄒᆞ여 이디도록 비상ᄒᆞ믈 보니, 슬프며 이달온 가온디나 관심억졔(寬心抑制)홀 젹이 만흔지라, 미양 신손(新

2199)유죄허실간(有罪虛實間) : 죄가 있고 없고 간에.

2200)-ᄯᆞᄂᆞᆫ : 보조사 '-은/는'에 해당하는 옛말.

2201)장강(莊姜) : 춘추전국시대의 위(衛)나라 장공(莊公)의 아내. 얼굴이 매우 아름답고 부덕이 높았다. 후에 장공에게 버림받아 절의를 지키며 백주시(柏舟詩)를 읊어 자신에 비유했다.

2202)반비(班妃) : 중국 한(漢)나라 성제(成帝)의 후궁. 시가(詩歌)를 잘하여 성제의 총애를 받았으나 조비연(趙飛燕)·합덕(合德) 자매에게 참소를 당하여 장신궁(長信宮)에 있으면서 부(賦)를 지어 상심을 노래하였다.

2203)강한(江漢) : 중국 양자강(揚子江)과 한수(漢水)를 함께 이르는 말. *양자강; 중국의 중심부를 흐르는 아시아에서 제일 큰 강. 티베트 고원 동북부에서 시작하여 윈난(雲南)·쓰촨(四川)·후베이(湖北)·장시(江西)·안후이(安徽)·장쑤(江蘇) 따위의 성(省)을 거쳐 동중국해로 흘러 들어간다. 이 유역은 예로부터 교통, 산업, 문화의 중심지였다. 길이는 6,300km. *한수(漢水); 중국 양자강(揚子江)의 지류. 산서성(陝西省) 서남쪽, 진령산맥(秦嶺山脈)에서 시작하여 한중(漢中)을 지나 호북성(湖北省) 한구(漢口)에서 양자강으로 흘러든다. 길이는 1,532km.

2204)츄양(秋陽)의 폭(暴)ᄒᆞ고 강한(江漢)의 탁(濯)ᄒᆞ나 : '가을 햇볕에 비취고 양자강과 한수에 씻는다'는 말로, '조금도 흠잡을 데 없이 결백함'을 비유적으로 이른 말.

2205)강싀(絳腮) : 붉은 뺨.

孫)을 어로만져 쇼져다려 닐너 왈,

"추이 니러틋 비상ᄒᆞ니, 녀이 비록 박명 신셰를 슈히 회복지 못ᄒᆞ나, 이 아히로 인ᄒᆞ여 족히 너의 삼종(三從)의 탁(託)이 쾌ᄒᆞ리로다."

ᄒᆞ더라.

니러구러 쇼이 ᄉᆡᆼ지긔년(生之幾年)의 밋ᄎᆞ민, 발셔 【10】거름이 ᄲᅡᆯ르고 쇼음(笑音)이 낭낭ᄒᆞ여, 호시(怙恃)2206)를 호(號)ᄒᆞᄂᆞᆫ지라. 외왕부(外王父) 뎨왕을 부친이라 ᄒᆞ고 외왕모(外王母) 공쥬를 모친이라 ᄒᆞ니, 이ᄂᆞᆫ 왕과 공쥬 과이(過愛)ᄒᆞ여 쇼아를 공쥬의 좌하의 두어, 일시를 ᄯᅥ나지 아니ᄒᆞᄆᆞ로, 쇼아의 알오미 이 갓더라.

일야ᄂᆞᆫ 공쥬 일몽을 어드니, 월염쇼졔 쳥의(靑衣)를 벗고 단장을 셩(盛)히 ᄒᆞ고, 구름을 타고 하부로 향ᄒᆞ거늘, 공쥬 놀나 씨다라,

"녀이 ᄒᆡᆼ혀 죽으려 ᄭᅮᆷ이 그러ᄒᆞᆫ가?"

ᄉᆞᄉᆞ(私私) 난예(亂慮) 빅츌ᄒᆞ여 호의(狐疑)2207) 만복(滿腹)ᄒᆞ더니, 아즈 명긔 나히 칠셰로딕 위인이 총【11】명(聰明) 다ᄌᆡ(多才)ᄒᆞ고, 영오(穎悟)2208) 혜힐(慧黠)2209)ᄒᆞᆫ지라. 모비의 긔ᄉᆡᆨ이 불호ᄒᆞᄆᆞᆯ 보고 연고를 뭇ᄌᆞ온딕, 공쥬 츄연 왈,

"닉 작야 몽ᄉᆞ(夢事) 여ᄎᆞᄒᆞ니 여ᄆᆡ(汝妹) 반ᄃᆞ시 죽으려 몽ᄉᆞ 불길ᄒᆞᆫ가 ᄒᆞᄂᆞ니, 심예(心慮) 번다(煩多)ᄒᆞ미, 것 얼골의 낫하나미로다."

공ᄌᆡ 이윽이 침음ᄒᆞ다가 웃고 쥬왈,

"틱틱ᄂᆞᆫ 넘녀마르쇼셔. 져졔(姐姐) 반ᄃᆞ시 오릭지 아녀 구명(咎名)2210)을 신셜(伸雪)ᄒᆞ고, 구가(舅家)의 빗닉 도라가시리로쇼이다. 쳥의(靑衣)를 벗고 치의(彩衣)를 닙어 뵈시니, 죄인의 의복을 벗고 화복(華服)을 나오시미오, 구름을 타고 하가로 도라가시문, 풍운의 길시를 만【12】나실 증좌(證左)로쇼이다."

공쥬 아자(兒子)의 영민(穎敏)ᄒᆞᆫ 말을 듯고, 근심을 져기 두로혀 미쇼 왈,

"오아의 말이 화려ᄒᆞ거니와 어린 나히 므슨 지감(知鑑)이 이셔 몽ᄉᆞ를 희득ᄒᆞ리오."

ᄒᆞ더라.

날이 느즈미 쇼져와 손아를 불너 안젼(眼前)의 두고 혹탄혹소(或嘆或笑)ᄒᆞ여 심회 만단이러니, 일영(日影)이 장반(將半)의 문득 뎡궁으로조ᄎᆞ 시녜 니르러, 금평후 딕야(大爺)의 명으로 옥쥬와 쇼쥬를 브르시ᄂᆞᆫ지라. 공쥬 녀아로 더부러 셜니 우스나군(羽紗羅裙)2211)으로 유아·보모 등을 거느려 협문(挾門)으로조ᄎᆞ 뎡궁의 니【13】르러 존당의 드러가니, 하쇼부와 슉셩부인이 니르럿더라.

_____

2206)호시(怙恃) : 믿고 의지한다는 뜻으로, '부모'를 달리 이르는 말.
2207)호의(狐疑) : 여우가 의심이 많다는 뜻으로, 매사에 지나치게 의심함을 이르는 말.
2208)영오(穎悟) : 남보다 뛰어나게 영리하고 슬기로움.
2209)혜힐(慧黠) : 슬기롭고 꾀가 많아 교묘하게 잘 둘러댐.
2210)구명(咎名) ; 누명(陋名). 사실이 아닌 일로 이름을 더럽히는 억울한 평판.
2211)우스나군(羽紗羅裙) : 선녀(仙女)의 날개옷처럼 아름다운 비단 저고리와 비단 치마.

쇼부 부뷔 공쥬를 마즈 네필의, 금평휘 공쥬를 향ᄒ여 왈,

"옥쥐 월아의 박명(薄命)을 과도히 슬허ᄒ더니, 금일 여ᄎ여ᄎᄒ여 하몽셩이 도라와 슈악(手握)의 단셔(丹書)를 갈희잡아, 간비(姦婢) 흉녀(凶女)를 져쥬어 손녀의 누명을 빅옥갓치 신셜ᄒ니, 하군과 쇼네 하노공과 조튁부인 명을 밧드러 월아를 시로이 예이우귀(禮以于歸)ᄒ려 니ᄅ럿ᄂᆫ지라. 옥쥬는 손녀(孫女)의 의복을 곳쳐 구문(舅門) 존당의 명을 봉ᄒᆡᆼ(奉行)케 ᄒ【14】쇼셔."

슉셩부인이 ᄯᅩ 부친의 말ᄉᆞᆷ을 니어 공쥬를 향ᄒ여 왈,

"질녀의 지용이 남달니 졀츌(絶出)ᄒᆫ 연고로 홍안지ᄒᆡ(紅顔之害)를 면치 못ᄒ여, 지닌 바 역경이 ᄎᆞ악ᄒ나, 임의 흉인을 ᄎᆞᄌᆞ니여 간졍을 ᄒᆡᆨ발(覈發)ᄒᄆᆡ, 간인은 풍진(風塵)의 ᄶᅥ러지고 현인이 풍운의 길시를 만나믄, 물화텬보(物華天寶)의 덧덧ᄒᆫ 상시(常事)라. 구고(舅姑)와 슉슉(叔叔)이 질녀를 빅옥갓치 신셜(伸雪)ᄒ여, 금일 시로이 네이우귀ᄒ고져 ᄒ시므로, 구고와 슉슉 부뷔 특별이 가군과 쳡을 보ᄂᆡ여 이의 니ᄅ럿【15】ᄂᆞ니, 옥쥬는 젼ᄉᆞ를 기회(介懷)치 마ᄅ시고 질녀를 도라보ᄂᆡ여, 져희 부뷔 죵요로온 화긔(和氣)를 일케 마르쇼셔."

공쥐 쳥필의 녀아의 누명을 신셜ᄒ고, 빗ᄂᆡ 도라갈 바를 드ᄅ니, 비록 하가의 박졍을 유심(有心)ᄒᆷ도 업지 아니나, 니런 일노 보아도, 미양 젼ᄉᆞ를 츄이(推移)ᄒ여 녯날 즈긔 ᄒᆡᆼ악(行惡)과, 눈·양·니·경 ᄉᆞ비의 지닌 고초를 싱각ᄒ면, 알피 막히ᄂᆞᆫ지라. 므슨 말ᄉᆞᆷ이 이시리오. 다만 넘슬 츄연 왈,

"쇼녀의 유시초(幼時初)로붓터 허다 고초 환난은, 다 쳡의 젹악(積惡)이 져의게 밋ᄎᄆᆡ【16】라. 엇지 남을 탓ᄒ며 눌을 원ᄒ리잇고? 다만 참참(慘慘)ᄒᆫ 누얼을 신원ᄒᄆᆡ 만ᄒᆡᆼ이니, 엇지 감히 누누(陋陋)ᄒᆫ ᄌᆞ최로ᄡᅥ 셩문(聖門)의 나아가, 군ᄌᆞ의 긔쳬(箕帚)를 쇼임ᄒᄆᆡ 불ᄉᆞ(不似)치 아니ᄒ리잇가? 슈연(雖然)이나 존당이 지상ᄒ시고, 버거 군왕의 쳐치 계신 바의, 쳡이 ᄌᆞ모의 약ᄒ므로ᄡᅥ 엇지 ᄌᆞ식의 츌쳑(黜陟)을 간예ᄒ여, 빈계ᄉᆞ신(牝鷄司晨)의 외월(猥越)ᄒᄆᆡ 이시리잇고?"

금평휘 흔연 왈,

"옥쥬는 가히 부도(婦道)를 안다 ᄒ리로다. 고인이 유운(有云) 왈, '군신 부뷔 일쳬라.' 월이 엇지 존당과 구고의 쇼명(召命)을 거역ᄒ리오. 발셔 하부【17】의셔 월아를 권귀(捲歸)ᄒᄂᆫ 위의 부문(府門)의 님ᄒ엿다 ᄒ니, ᄲᆞᆯ니 복식을 곳쳐 구가의 나아가 구고의 명을 어그릇지 말나."

2212) ᄒᆡᆨ발(覈發) : 사건의 진상을 조사하여 밝혀냄.

2213) 물화텬보(物華天寶) : 만물의 아름다움은 다 하늘이 내린 보배다.

2214) 긔쳬(箕帚) : 기추(箕帚). '키'와 '비'를 이르는 말로, 본래 키로 곡식을 까불고 비질하여 청소하는 등의 가사(家事)를 뜻하는 말이었으나, 뒤에 아내를 지칭하는 말로 쓰였다. *키(箕); 곡식 따위를 까불러 쪽정이나 티끌을 골라내는 도구.

2215) 불ᄉᆞ(不似)ᄒ다 : '닮지 않다'는 뜻으로, '답지 않다', '같지 않다', '옳지 않다'는 말.

2216) 권귀(捲歸) : 거두어 돌아가거나 돌아옴.

쇼제 왕부의 명을 듯ᄌ오ᄆᆡ, 복슈(伏首) 유유(儒儒)ᄒ여 감히 딕치 못ᄒ니, 데왕이 녀아의 긔ᄉᆡᆨ(氣色)을 슷치고 믄득 안ᄉᆡᆨ을 싁싁이 ᄒ고 말ᄉᆞᆷ이 엄슉ᄒ여 왈,

"녀ᄌᆞᄂᆞᆫ 온슌ᄒᆞ미 빅ᄒᆡᆼ의 웃듬 ᄒᆡᆼ실이라. 오ᄋᆡ 비록 신싱(新生) 초의 희귀ᄒᆞᆫ 변난을 만나, 몸이 타향의 유락(流落)ᄒ여 부훈모교(父訓母敎)를 아지 못ᄒ나, 몸인즉 왕후지녜(王侯之女)오, 금지여 【18】엽(金枝餘葉)이라. 쾌히 셰쇽 쇽녀(俗女)의 무ᄒᆡᆼ(無行)홈과 다ᄅᆞ거ᄂᆞᆯ, 엇지 왕부의 말ᄉᆞᆷ을 슈히 딕치 아니ᄒᆞᄂᆞ뇨? 싱심도 빈계ᄉᆞ신(牝鷄司晨)의 외월(猥越)ᄒᆞᆯᆯ ᄒᆡᆼ홀 의ᄉᆞ를 말나."

셜파의 긔운이 슉연ᄒ여 동일한텬(冬日寒天) ᄀᆞᆺᄒ니, 공쥬 딕참(大慚) 무류ᄒ여 져슈(低首) 무언ᄒ고, 쇼제 불감앙시(不敢仰視)ᄒ고 한츌쳠비(汗出沾背)ᄒ여 연망이 불효(不孝) 불민(不敏)ᄒᆞᆷ을 ᄉᆞ죄ᄒ고, 감히 지류(遲留)치 못ᄒ니, 데왕이 좌우를 명ᄒ여 일습(一襲) 홍상치복(紅裳綵服)²²¹⁷)가져 쇼져의 쳥의(靑衣)를 벗기고, 기장(改裝)ᄒ게 ᄒ니, 쇼제 감히 부명을 거역지 못ᄒᆞ 【19】여, 즉시 협실의 드러가 기장ᄒ고, 좌(坐)의 나와 존당(尊堂) 부모(父母) 슉친(叔親) ᄌᆞ미(姉妹)로 하직홀ᄉᆡ, 존당 상히 눈을 드러 보니 곱고 빗난 ᄐᆡ되 ᄉᆡ로이 만목을 황홀케 ᄒᆞᄂᆞᆫ지라. 존당 부뫼 두굿기고 어엿브믈 니긔디 못ᄒ여 면면이 어로만져 ᄉᆡ로이 경계ᄒ고, 뉴·양·니·졍 ᄉᆞ비와 문양공쥬 다 옥슈를 잡아 연연ᄒᆞ믈 마지 아니ᄒ고, 슌틱부인은 하아를 슬상(膝上)의 교무ᄒ여, ᄎᆞ마 노치 못ᄒ니, 데왕이 쥬왈,

"월아를 신싱 초의 실산(失散)ᄒ여 십삼 년 ᄉᆞ싱 【20】존망을 아지 못ᄒ올 젹도 오히려 견듸여ᄉᆞᆸ고, 비록 화환(禍患) 즁이오나 격셰(隔歲)를 슬하의 두어 십여 년 별회(別懷)를 펴옵고, 니졔 신셜누명(伸雪陋名)ᄒ여 구가의 도라가ᄆᆡ, 그 가는 곳이 ᄯᅩ 머지 아니ᄒ오니, 비록 퇴즁(宅中)이 다ᄅᆞ고, 문이 격원(隔遠)ᄒ오나, 옥왜(屋瓦) 년(連)ᄒ고 장원(牆垣)이 졉ᄒ여ᄉᆞ오니, 딕뫼 보고져 ᄒᆞ시ᄆᆡ 죵죵 귀령(歸寧)ᄒ오ᄆᆡ 어렵지 아니ᄒ오니, 복원 딕모(大母)ᄂᆞᆫ 믈우(勿憂)ᄒᆞ쇼셔."

슌틱부인이 쇼왈,

"네 니ᄅᆞ지 아니ᄒ나, 노죄(老祖) ᄯᅩ 엇지 아지 못ᄒ리오만은, 노인의 약ᄒᆞᆫ 심 【21】졍이 아ᄒᆡ 되기를 면치 못ᄒ여, ᄆᆡ양 ᄌᆞ손의게 밋쳐 구구ᄒᆞᆷ믈 면치 못ᄒ니, 여등은 웃지 말나."

드듸여 쇼아를 슬하의 나리오니, 진부인이 안아 유모를 맛기고, 쇼져로 분슈(分手)홀ᄉᆡ, 쇼제 모든 딕 하직(下直) 빅ᄉᆞ(拜辭)ᄒ고 승교(乘轎)ᄒ니, 쇼부와 슉셩이 ᄯᅩᄒᆞᆫ 존당 부모긔 하직ᄒ고, 위의를 거ᄂᆞ려 월염쇼져와 한가지로 하상부로 도라가니, 데궁 상하 노쇠 쇼져의 누명을 신빅(伸白)ᄒ고 빗ᄂᆡ 도라가믈 깃거ᄒ나, ᄯᅩ ᄯᅥ나믈 앗겨 긔화(奇花)를 일흔 ᄃᆞᆺᄒ더라.

어 【22】시의 하쇼뷔 뎡쇼져를 거ᄂᆞ려 본부의 도라오니, 쇼부와 슉셩부인이 몬져

―――――――――――――――――――――――
2217)홍상치복(紅裳綵服) : 붉은 치마와 고운 색깔의 옷.

존당의 드러가 쇼져의 와시믈 복명(服命)ᄒ고, 조초 교뷔(轎夫) 쇼져의 치교(彩轎)를 뎡하(庭下)의 나리오니, 몬져 방노픠 만면 희식으로 뎡 문을 열미, 뎡쇼졔 뇨뇨뎡뎡(窈窈貞靜)이 거러 나와 즁계(中階)의 올나, 감히 승당(昇堂)치 못ᄒ고 복디쳥죄(伏地請罪)ᄒ여 명을 기다리니, 유한완슌(有閑婉順)ᄒᆫ 풍치 더옥 긔이ᄒ지라. 존당(尊堂) 구고(舅姑) 슉당(叔堂) 졔부인(諸夫人)이며 슉미(叔妹) 금장(襟丈)이 크게 반기고, 하노공 【23】이 셜니 손녀 치강 쇼져를 명ᄒ여,

"뎡시를 붓드러 올니라"

ᄒ니, 치강 쇼졔 나아가 뎡쇼져의 션메(鮮袂)²²¹⁸를 닛그러 승당ᄒ니, 뎡쇼졔 존당 명을 위월(違越)치 못ᄒ여, 이의 승당(昇堂) 비알(拜謁)ᄒ고 하셕(下席) 쳥죄 왈,

"쇼쳡이 본디 한문(寒門) 미질(微質)노 초명(初命)이 부박(浮薄)ᄒ와 부훈모교(父訓母敎)를 밧줍지 못ᄒ옵고, 몸이 타향의 유리(流離)ᄒ와 니토(異土)의 싱장ᄒ오니, 규문의 부덕은 젼혀 아지 못ᄒ옵ᄂᆫ 고로, 셩문(聖門)의 드러와 존문 쳥덕을 숀히(損害)ᄒ오니, 불초 불민ᄒᆫ 【24】죄 만ᄉ유경(萬死猶輕)이라. 스스로 여산지죄(如山之罪)를 헤아려 심규(深閨)의 평싱을 맛ᄎ, 존당 홍은(鴻恩) 혜퇵(惠澤)으로 목슘 빌니신 은혜를 감골명심(感骨銘心)○○[코즈]ᄒ옵더니, 금일이 하일(何日)이완디 존당의 일월 명감(明鑑)이 복분(覆盆)²²¹⁹의 원(怨)을 붉히사 쇼쳡의 죄를 ᄉ(赦)ᄒ시고, 빗ᄂᆡ 브릭시믈 닙ᄉ오니, 쇼쳡이 셕ᄉᆡ(夕死)나 무한(無恨)이오니, 엇지 존당 구고 양츈혜퇵(陽春惠澤)을 황감(惶感) 숑뉼(悚慄)치 아니리잇고?"

셜파의 이원(哀願)ᄒᆫ 옥셩(玉聲)과 아름다온 퇵되 졀승(絶勝)ᄒ여 셕목(石木)이 농쥰(濃蠢)²²²⁰ᄒᆯ지라.

좌우 견시지(見是者) 블승 【25】이련ᄒ여 노공과 조부인이 셜니 나ᄒ여, 그 손을 잡고 션빈(鮮鬢)을 쓰다듬아 흔연 위무 왈,

"우리 노부쳬(老夫妻) 셕년의 남의 업슨 참경을 본 후, 겨오 명믹이 목 우희 븟터시나, 졍신과 총명이 젼혀 모숀(耗損)ᄒ엿ᄂᆞᆫ지라. ᄌ녀의 영효(榮孝)를 바다 지우금(至于今) 보젼ᄒ여 몸이 평안ᄒ나, 시시(時時)로 놀난 넉슨 훗터지미 오릭니, 근녁(筋力)이 쇠모(衰耗)ᄒ미 졍신이 더옥 모황(暮慌)ᄒ엿ᄂᆞᆫ 고로, 눈이 이시나 망울이 어둡고, 넘위(念胃)²²²¹ 이시나 간장(肝臟)이 병드러 능히 요ᄉ(妖邪)와 졍 【26】인(正人)을 분간치 못ᄒ고, 요약(妖藥)의 졍신을 일코 녕참(佞讒)²²²²의 혹(惑)ᄒ여,《녕존∥녕존(令尊)》쥭쳥의 산은ᄒᆡ덕(山恩海德)을 져바려, 쇼부(小婦)의 옥셜빙신(玉雪冰身)을 음누

2218)션메(鮮袂) : 고운 옷소매.

2219)복분(覆盆) : 동이가 뒤집혀진 채로 있어 속을 볼 수 없음을 뜻하는 말로, 죄를 뒤집어쓰고 밝히지 못하고 있음을 나타낸 말.

2220)농쥰(濃蠢) : 생각이나 욕구 따위가 왕성하게 꿈틀거림.

2221)넘위(念胃) : 염장(念臟)과 위장(胃臟), 곧 염통과 밥통을 함께 이르는 말. *염장(念臟); 심장(心臟), 염통(念通)

2222)녕참(佞讒) ; 아첨하여 헐뜯음.

(淫陋) 쳔힝(賤行)으로 의심ᄒᆞ여, 녀아의 금옥 갓ᄐᆞᆫ 간언을 듯지 아니ᄒᆞ고, 츌거(黜去)ᄒᆞᄂᆞᆫ 지경의 밋ᄎᆞ니, 기시(其時)의 우리 어리고 아득ᄒᆞ여 스스로 허믈을 아지 못ᄒᆞ더니, 도금(到今)ᄒᆞ여ᄂᆞᆫ 요비(妖婢) 흉녀(凶女)의 실초(實招)를 어드니, 현부의 ᄇᆡᆨ옥무하(白玉無瑕)ᄒᆞ미 쳥텬ᄇᆡᆨ일(靑天白日)노 상칭(相稱)ᄒᆞ니, 우리 바야흐로 젼과(前過)를 뉘웃고, 가아(家兒)와 현부(賢婦)를 보ᄂᆡ【27】여 쇼부를 녜이우귀(禮以于歸)ᄒᆞ나, 스스로 ᄇᆡ은망덕ᄒᆞᆫ 허믈을 붓그리미, 쇼부를 쳥ᄒᆞ여 일월 낫치 업더니, ᄒᆡᆼ혀 녕존당 금평후의 관인후덕ᄒᆞ심과 쥭쳥의 화홍관ᄃᆡ(和弘寬大)ᄒᆞ미 우리 집 과실을 조금도 기회치 아니시고, 쇼부를 허ᄒᆞ여 도라보ᄂᆡ시니, 우리 엇지 감亽치 아니리오. 우리 임의 두 간비를 장하의 쥭이고, 연시의 죄 맛당이 영츌(永黜)ᄒᆞ미 가ᄒᆞᄃᆡ, 목금(目今) 그 병이 ᄉᆡᆼ亽(生死)의 이셔 명ᄌᆡ슈유(命在須臾)ᄒᆞ니, 관젼(寬典)을 드리워 아직 그 스실의 두어【28】시나, 그 亽싱간 엇지 다시 손아의 원위(元位)의 두리오. 금일노붓허 아ᄇᆡ(我婦) 맛당이 손아의 상두(上頭)를 웅거ᄒᆞ여 갈담규목(葛覃樛木)[2223]의 화긔(和氣)를 다시 보게 ᄒᆞ라."

쇼졔 불안(不安) 황괴(惶愧)ᄒᆞ여 능히 당치 못ᄒᆞ더라.

슉ᄆᆡ(叔妹) 금장(襟丈)이 ᄎᆞ례로 볼ᄉᆡ, 츄강쇼져 등 모든 쇼괴(小姑) 면면이 손을 니어 반기ᄂᆞᆫ 화긔 얄연(戛然[2224])ᄒᆞ고, 표·상 냥쇼졔 ᄯᅩᄒᆞᆫ 깃거 아험(蛾臉)의 화긔(和氣) 영ᄌᆞ(盈滋)하여, 동긔ᄌᆞᄆᆡ(同氣姉妹)[2225] ᄶᅥ낫다가 만난 듯ᄒᆞ니, 뎡쇼졔 ᄯᅩᄒᆞᆫ 좌슈우응(左酬右應)의 반기ᄂᆞᆫ 졍심이 상하(上下)치 아니ᄒᆞ【29】더라.

방노픠 쇼아를 안아 좌즁의 노ᄒᆞ니, 쇼이 ᄉᆡᆼ지냥셰(生之兩歲)로ᄃᆡ, 총명(聰明) 슈발(秀拔)ᄒᆞ고 영형(英形) 긔이(奇異)ᄒᆞ여 속아(俗兒)와 크게 다른지라. 쇼이 ᄉᆡᆼ셰 이후의 이 부즁(府中)을 보미 업ᄉᆞᆫ 고로, 다만 쇼부공과 슉셩부인으로 낫치 잠간 닉은지라. 초공이 손아를 ᄉᆈᆯ니 나ᄒᆞ여 보고져 ᄒᆞ니, 쇼이 낫치 셔러[2226] 가월(佳月) 뉴미(柳眉)를 잠간 츅합(縮合)ᄒᆞ여 울고져 ᄒᆞ거늘, 쇼ᄇᆡ 쇼아의 초옥(楚玉)[2227] 셤슈(纖手)를 닛그러 슬하의 안치고, 니르ᄃᆡ,

"쇼이 여모를 조ᄎᆞ 외가의셔 ᄉᆡᆼ장ᄒᆞ여시므【30】로, 진조부모(眞祖父母)를 아지 못ᄒᆞ니, 이ᄂᆞᆫ 네 인ᄉᆡ(人士) 미형(未瑩)[2228]ᄒᆞ미로다. 져 안ᄌᆞ○[계]시ᄂᆞᆫ 틔왕부뫼(太王父母)시고[다]"

ᄯᅩ 초공과 뉸부인을 가ᄅᆞ쳐 부슉(父叔) 존항(尊行)을 ᄎᆞ례로 가ᄅᆞ치니, 쇼이 극히

2223)갈담규목(葛覃樛木) : 『시경(詩經)』 '주남(周南)'편에 실린 두편의 노래 이름. <갈담(葛覃)> <규목(樛木)> 두 편 다 문왕(文王)의 비(妃)인 태사(太姒)의 부덕(婦德)을 찬양하고 있다.
2224)얄연(戛然) : 소리가 맑고 아름다움.
2225)동긔ᄌᆞᄆᆡ(同氣姉妹) ; 한 부모에게서 난 친형제자매를 통틀어 이르는 말.
2226)셜다 : 익숙하지 아니하다. *낯설다. 전에 본 기억이 없어 익숙하지 아니하다.
2227)초옥(楚玉); 중국 초(楚)나라 옥(玉)이란 말로, 초나라 사람 변화씨(卞和氏)가 초산(楚山)에서 얻었다고 하는 명옥(名玉)인 화씨벽(和氏璧)을 말함.
2228)미형(未瑩)ᄒᆞ다 : 똑똑하지 못하고 어리석다.

영오훈지라. 쇼부의 한번 가르치는 말노조추 텬뉸 혈믹의 관통훈 졍니(情理) 유연이 동(動)ᄒ니, 믄득 안면(顏面)의 싀스러오믈2229) 닛고, 뇨죠(窈窕)훈 셰신(細身)을 나죽이 움죽여 좌젼(座前)의 나아가 추례로 녜슈(禮數)를 진졍(進呈)ᄒ니, 낭낭(朗朗)훈 쇼음(笑音)과 동작(動作)이 신【31】신ᄒ여 단혈(丹穴)2230)의 봉(鳳) 갓고, 월익뉴미(月額柳眉)2231)와 좀미봉안(蠶眉鳳眼)2232)이오, 월면쥬슌(月面朱脣)2233)의 늉준일각(隆準日角)2234)이니, 즈고로 '산고옥츌(山高玉出)이오 히심츌쥬(海深出珠)'2235)라 ᄒ니, ᄒ몽셩과 뎡쇼져의 싱이 아니면 엇지 니러ᄒ리오.

하공과 조부인이 그 거동을 보미, 어엿부미 약사쳬지무골(若似體肢無骨)2236)ᄒ여, 샐니 나호여 슬상의 언져 주부 졔손을 도라보아 왈,

"ᄎ이 진짓 몽셩의 싱이오, 뎡쇼부의 쇼탄애(所誕也)라. 오문(吾門)의 쳔니구(千里駒)2237)오, 국가의 졍상(禎祥)2238)이니, 가히 일노조추 쥬종(主宗)2239)이 영창(永昌)ᄒ고 문【32】회(門戶) 홍늉(興隆)ᄒ믈 알니로다."

초공이 희식이 만안ᄒ여 계슈(稽首) 딕왈,

"몽셩의 《불쵸 ‖ 불초(不肖)》 혼암훈 인스로뼈, 엇지 싱이(生兒)) 이 갓치 비상ᄒ리잇고? 이는 다 뎡식부(息婦)의 십삭 틱교의 아름다오미로쇼이다."

졍언간의 혜션공쥬 뎡쇼져의 니르러시믈 알고, 우쇼져로 더부러 니르니, 졔스금장(娣姒襟丈)2240) 슈인이 셔로 보미 각각 반기는 우음이 아험(娥臉)의 영즈(盈滋)ᄒ여 남훈(南薰)2241)의 빗난 바름이 다시 도라온 듯ᄒ더라.

2229) 싀스럽다 : 수줍다. 부끄럽다. 어색하다.

2230) 단혈(丹穴) : 예전에, 중국에서 남쪽의 태양 바로 밑이라고 여기던 곳.

2231) 월익뉴미(月額柳眉) ; 달처럼 둥근 이마와 버들잎처럼 아름다운 눈썹.

2232) 잠미봉안(蠶眉鳳眼) : 누에 같은 눈썹과 봉황의 눈처럼 가늘고 길며 붉은 기운이 있는 눈.

2233) 월면쥬슌(月面朱脣) : 달처럼 둥근 얼굴에 주사(朱砂)처럼 붉은 입술.

2234) 늉준일각(隆準日角) : 코가 우뚝하여 높고 이마의 중앙의 뼈가 태양처럼 둥글고 두두룩함. 관상(觀相)에서 귀인의 상(相)을 이르는 말. *일각(日角); 관상에서, 이마 한가운데 뼈가 불거져 있는 일. 귀인이 될 관상(觀相)이라 함.

2235) 산고옥츌(山高玉出) 히심츌쥬(海深出珠) : 높은 산에서 옥이 나고, 깊은 바다에서 진주가 난다는 뜻으로 훌륭한 인물은 덕이 높고 전통이 깊은 명문가에서 난다는 말을 비유적으로 표현한 말.

2236) 약스쳬디무골(若似體肢無骨) : 마치 몸과 팔다리에 뼈가 없는 사람처럼 기운을 차리지 못함.

2237) 쳔니구(千里駒) : =쳔리마(千里馬). 하루에 천 리를 달릴 수 있을 정도로 좋은 말이라는 뜻으로. 뛰어나게 잘난 자손을 칭찬하여 이르는 말.

2238) 졍상(禎祥) : 경사롭고 복스러운 징조.

2239) 쥬종(主宗) : 종가(宗家). 족보로 보아 한 문중에서 맏이로만 이어 온 큰 집.

2240) 졔스금장(娣姒襟丈) : 형제의 아내들의 손위 손아래의 여러 동서(同壻)들. '졔(娣)'는 손아래 동서, '사(姒)'는 손위 동서, 금장(襟丈) 손위·손아래 구분 없이 동서를 이르는 말.

2241) 남훈(南薰) : 남풍(南風). 중국 순임금이 지었다는 남훈시(南薰詩; 남풍시라고도 함)의 "따사로운 남풍이여 우리 백성 불만을 풀어줄 만하여라(南風之薰兮 可以解吾民慍兮)"구(句)에서 온 말로 백성들의 근심을 풀어줄 '따사로운 바람', 또는 '성군의 정치로 태평성대를 누리는 것'을 뜻한다. 『공자가어(孔子家語)』에 나온다.

노공이 소아의 일홈을 쥬어 창현이라 ᄒᆞ고 ᄌᆞ(字)를 눙뵈【33】라 ᄒᆞ다. 혜션공쥬의 쇼싱 응현과, 연시의 가아ᄌᆞ(假兒子) 응윤과, 아쇼져 셩아를 알픠 두어, 각각 그 작인(作人) 품질(稟質)을 보니, 창현·응현은 임의 일목지홰(一木之花)2242)오, 동근지엽(同根之葉)2243)이라. 옥면(玉面) 영풍(英風)의 반하(潘何)2244)의 빗난 풍치오, 초ᄐᆡ우(楚大夫)2245) 츄슈골격(秋水骨格)이며 진승상(晉丞相)2246) 여옥지뫼(如玉之貌)2247)니, 달표귀격(達表貴格)2248)이 츌어기류(出於其類)ᄒᆞ고 발호기췌(拔乎其萃)2249)ᄒᆞ니, 그 품질(稟質)의 갓초 긔특ᄒᆞᆷ은 다시 니를 거시 업거니와, 응윤이 쏘흔 잠미봉안(蠶眉鳳眼)의 월익(月額) 단슌(丹脣)이며 귀격달상(貴格達相)2250)이 하아 등의게 나리지 아니ᄒᆞ니, 하공이 좌【34】우 고시(顧視)ᄒᆞ여 위ᄒᆞ여 츠탄 왈,

"ᄎᆞ이 그 뉘 집 ᄌᆞ식인지 아지 못ᄒᆞ거니와, 니러틋 비상흔 아ᄒᆡ를 실리(失離)ᄒᆞ여시니, 그 부모의 ᄉᆞ려(思慮) 통상(痛傷)ᄒᆞ미, 한ᄌᆞᄉᆞ(韓刺史)2251) 복ᄌᆞ하(卜子夏)2252)의 지나리로다."

ᄒᆞ더라.

이윽고 관닉휘 부마와 몽징공ᄌᆞ로 더부러 드러오니, 뎡쇼졔 니러 마ᄌᆞ 부뷔 녜필ᄒᆞ

2242)일목지홰(一木之花) : '한 나무에서 핀 꽃'이란 말로, 같은 성을 가진 사람들을 뜻하는 말. *화수회(花樹會); 같은 성을 가진 사람들이 친목을 위하여 이룬 모임.
2243)동근지엽(同根之葉) : '같은 뿌리에서 난 잎'이란 말로, 같은 조상에게서 난 사람들을 뜻하는 말.
2244)반하(潘何) : 중국 서진(西晉) 때의 미남자 반악(潘岳)과 삼국시대 위(魏)나라의 미남자 하안(何晏)을 함께 이르는 말. *반악(潘岳) : 247~300. 중국 서진(西晉) 때의 문인(文人). 자는 안인(安仁). 승상을 지냈고 미남자의 대명사로 불린다. *하안(何晏) : 중국 삼국 시대 위(魏)나라의 학자. 자는 평숙(平叔). 벼슬은 시중상서에 이르렀으며, 청담을 즐겨 그것이 유행하는 계기를 만들고 경학을 노장풍(老莊風)으로 해석하였다. 저서에 ≪논어집해≫가 있다. 얼굴에 분을 발라 멋을 부려, 미남자로도 이름이 높았다.
2245)초ᄐᆡ우(楚大夫) : 중국 전국시대 초나라 대부(大夫) 송옥(宋玉). BC290-227. 중국의 대표적인 미남자의 한 사람이며, 사부(辭賦)를 잘하여 <구변(九辯)>, <초혼(招魂)>, <고당부(高唐賦)> 등의 작품을 남겼다. 굴원(屈原)과 함께 굴송(屈宋)으로 불렸으며 난대령(蘭臺令)을 지냈기 때문에 난대공자(蘭臺公子)로 불리기도 했다.
2246)진승상(晉丞相) : 중국 서진(西晉)의 미남자 반악(潘岳). 자는 안인(安仁). 승상을 지냈고 미남자의 대명사로 쓰인다.
2247)여옥지모(如玉之貌) : 관(冠)의 앞을 꾸미는 관옥(冠玉)처럼 아름다운 용모를 이르는 말.
2248)달표귀격(達表貴格) : 빼어난 외모와 고귀한 품격.
2249)발호기췌(拔乎其萃) : 발췌(拔萃). 여럿 가운데에서 특별히 뛰어남. =발군(拔群)
2250)귀격달상(貴格達相) : 귀하고 높은 인물이 될 상(相).
2251)한ᄌᆞᄉᆞ(韓刺史) : 조주자사(潮州刺史) 한유(韓愈)를 말함. *한유(韓愈); 중국 당나라의 문인·정치가(768~824). 자는 퇴지(退之). 호는 창려(昌黎). 당송 팔대가의 한 사람으로, 변려문을 비판하고 고문(古文)을 주장하였다. 시문집에 ≪창려선생집≫ 따위가 있다. 여기서 한자사(韓刺史)의 역리지통은 그가 조카 한성로(韓成老)가 죽자, <제십이랑문(祭十二朗文)>을 지어 그 죽음을 슬피 애도한 일을 두고 이르는 말이다.
2252)복ᄌᆞ하(卜子夏) : 중국 춘추 시대의 유학자(B.C.507~?B.C.420). 성은 복(卜)씨. 이름은 상(商). 자는 자하(子夏). 공자의 제자로서 십철(十哲)의 한 사람이다. 위나라 문후(文侯)의 스승으로 시와 예(禮)에 능통하였는데, 특히 예의 객관적 형식을 존중하였다. 일찍이 서하(西河)에 있을 때 자식을 잃고 너무 슬피 운 나머지 소경이 되었다는 '상명지통(喪明之痛)'의 고사가 전한다.

고, 슉슉이 녜파(禮罷)의, 피치 치관(致款)[2253]ᄒ여 지난 화변의 괴이흠과, 니졔 즐거이 모드믈 치하(致賀)ᄒ믹, 금슈치셕(錦繡彩席) 우희 빗난 말슴이 가득ᄒ니, 화긔 츈풍 같더라.

관닉휘 그윽이 츄파를 더【35】져 부인의 풍완호질(豊婉好質)을 반기미 극ᄒ고, 아ᄌ(兒子)의 교연(嬌然) 셕딕(碩大)ᄒ믈 두굿겨, 닛그러 슬상의 무익(撫愛)ᄒ믹, 텬뉸의 간간(懇懇)ᄒᆫ 졍이 그 아모 곳으로조츠 나ᄂᆫ 쥴을 ᄭᅵ닷지 못ᄒ니, 엇지 젼일 연시의 가아ᄌ(假兒子) 응윤과 갓흐리오. 쇼익 ᄯᅩ 능히 인ᄉ를 아ᄂᆫ 듯ᄒ여, 낭낭(朗朗)이 우으며 두 졈 단ᄉ(丹砂)[2254]를 움죽이며, 패쥬(貝珠)[2255]를 현영(現影)ᄒ여 쇄옥(碎玉)[2256]을 비와트며[2257] 옥져(玉箸)[2258] 갓흔 셤슈(纖手)로 부친의 편편광메(翩翩廣袂)[2259]를 어로만져 조금도 셔어(鉏鋙)ᄒ미 업ᄉ니, 견시직(見視者) 그 텬뉸지익(天倫之愛) 텬도(天道)의【36】ᄌ연ᄒ믈 감탄ᄒ더라.

뎡쇼졔 좌즁의 연부인이 아니 계시믈 뭇ᄌ와, 졍히 그 ᄉ실의 나아가 비알코져 ᄒ더니, 이 ᄯᅢ 연부인이 영일졍의셔 호부인으로 연시를 구호ᄒ더니, 믄득 뎡쇼져의 왓단 말을 귀결[2260]의 얼는 듯고, 황망이 일츄던의 드러가니, 뎡쇼졔 ᄲᆞᆯ니 하당영지(下堂迎之)ᄒ고 고두(叩頭) 쳥죄ᄒ니, 부인이 무슨 쳬모를 알니오.

친히 나리다라 붓드러 니ᄅᆞ혀고, 좌즁의 초공이 이시믈 보고 더옥 승흥(乘興)ᄒ여, ᄌ긔 진졍(眞情)을 ᄌ랑ᄒ여, 젼일【37】뎡시 박딕ᄒ미 질녀 노쥬의 간계의 농낙ᄒ미오, ᄌ긔 진심이 아니런 쥴 젹발(摘發)코져 ᄒ여, 쇠ᄉᆡ랑 갓흔 손으로 뎡쇼져의 셤슈를 으드득 쥐고, 퉁방울 갓흔 두 눈의 눈물을 즐금드리며[2261], 졔 함박만치 큰 닙을 비젹여 왈,

"어져 져 현뷔야. 녯 닐을 싱심도 유감치 말나. 닉 탓시 아니라 질녀의 투한(妬悍)흠과 두 간비년의 요악ᄒᆫ 탓시라. 속담의 일너시딕, '현인은 챵(昌)ᄒ고 악인은 망(亡)이라' ᄒ니, 그 말이 졍히 올흔지라. 질녀ᄂᆞᆫ 앙얼(殃孽)을 바【38】다 제 죄로 인병치

2253)치관(致款) : 남의 수고에 대해 위로의 말을 함.
2254)단ᄉ(丹砂) : 수은으로 이루어진 황화 광물. 수은의 원료나 약재(藥材) 등으로 쓰이며, 진한 붉은색을 띠고 있어 붉은색 안료(顏料)로도 쓰인다. 여기서는 단사처럼 '붉은 입술'을 비유적으로 표현한 말이다.
2255)패쥬(貝珠) : =진주(眞珠). 진주조개·대합·전복 따위의 조가비나 살 속에 생기는 딱딱한 덩어리. 조개의 체내에 침입한 모래알 따위의 이물(異物)이 조가비를 만드는 외투막(外套膜)을 자극하여 분비된 진주질이 모래알을 에워싸서 생긴다. 우아하고 아름다운 빛깔의 광택이 나서 장신구로 쓴다. *여기서는 백 진주처럼 '하얀 이빨'을 비유적으로 표현한 말이다.
2256)쇄옥(碎玉) ; '부서진 옥 알갱이'란 말로, 여기서는 작은 옥구슬들이 구르는 듯한 '맑은 목소리'를 비유적으로 표현한 말.
2257)비와트다 : 뱉다. 토하다. 입 속에 있는 것을 입 밖으로 내보내다.
2258)옥져(玉箸) : 옥으로 만든 젓가락.
2259)편편광메(翩翩廣袂) : 멋스럽고 너른 소매.
2260)귀결 : 귓결. 우연하게 듣게 된 겨를.
2261)즐금드리다 : 질금거리다. 물건 따위를 조금씩 자꾸 흘리다.

스(因病致死)ᄒ게 되엿고, 시금(時今) 죽을 ᄶ만 기다리고, 계랑 모녀 두 년은 상공과
몽셩이 장하(杖下)의 쳐 죽여시니, 졔죄를 쇽(贖)ᄒ고, 현부의 살드리2262) 잡히던 한을
갑ᄒᄂᆞᆫ지라. 현부ᄂᆞᆫ 유감ᄒᆞ여 고식(姑媳)의 화긔를 조곰도 상ᄒᆞ오지 말고, 날 알기를
그듸 친고(親姑)와 다ᄅᆞ게 말나. 닉 엇지 이후야 현부 알기를 닉 친녀와 달니 ᄒᆞ리
오."

쇼졔 부인의 광픽(狂悖) 난셜(亂舌)노, 니러틋 너모 어룬 쳬위를 일흐시ᄂᆞᆫ 쥴 민망
ᄒᆞ여, 온유히 ᄉᆞ죄ᄒᆞ고 안셔(安舒)히 붓드러 당의【39】오ᄅᆞ시기를 쳥ᄒᆞ니, 연부인이
뒤셜고2263) 괴괴ᄒᆞᆫ 거동이 볼ᄉᆞ록 우은지라. 뉴부인이 민망ᄒᆞ여 잠간 우으며 ᄉᆞ리로
다리여 긋치게 ᄒᆞ미, 바야흐로 좌의 나아가니, 쇼졔 ᄯᅩᆫ 시측(侍側)ᄒᆞ여 날이 져믈미
존당 상히 한 당의셔 셕반을 파ᄒᆞ고, 모다 혼졍(昏定)을 파ᄒᆞ미 야심ᄒᆞᆫ 후 각귀ᄉᆞ실
(各歸私室)ᄒᆞ니, 뎡쇼졔 ᄯᅩᆫ 넷 침쇼로 믈너가니, 방노픠 유아 시비 등으로 더브러
환열ᄒᆞᆷ은, 일구(一口)로 다 긔록기 어렵더라.

관휘 별후 격셰(隔歲)의 부인의 셩모월틱(星貌月態)와 ᄋᆞ【40】ᄌᆞ의 비상신이(非常
神異)ᄒᆞᆷ을 보미 졍이 취(醉)ᄒᆞ이고, 의ᄉᆞ(意思) 낙텬(樂天)2264)의 므르녹으니, 엇지 죽
어가ᄂᆞᆫ 흉상누질(凶狀陋質)의 픠악(悖惡) 무ᄒᆡᆼ(無行)ᄒᆞᆫ 연시의 병쇼를 몽미의나 싱각
ᄒᆞ리오.

날이 져믈미 희옴업시 거름이 젼도ᄒᆞ여 부용각의 니ᄅᆞ니, 뎡쇼졔 마지 못ᄒᆞ여 니러
마ᄌᆞ 동셔분좌(東西分座)2265)ᄒᆞ미, 관후ᄂᆞᆫ 깃분 눈을 드러 반갑고 이즁ᄒᆞ미 혈심의 낫
ᄒᆞ나듸, 쇼져ᄂᆞᆫ 져를 딕ᄒᆞ미 시로이 붓그럽고 난연(赧然)ᄒᆞ미 신혼 초일노 다ᄅᆞ미 업
거늘, 졔 부명을 승【41】슌ᄒᆞ여 영일누의 가 병든 쳐의 ᄉᆞ싱을 견혀 슬피지 아니ᄒᆞ
고, 화당(畫堂) 금누(金樓)의 평안이 쳐ᄒᆞᆫ 즈긔를 ᄎᆞᄌᆞ, 장부의 ᄒᆡᆼ시 구구(區區)ᄒᆞ기
의 밋쳐시믈 미온(未穩)ᄒᆞ여, 츄파(秋波)를 낫초고 진슈(螓首)2266)를 슉여 화긔 믹믹ᄒᆞ
니2267), 휘 부인의 긔식을 짐작ᄒᆞ고 심니(心裏)의 우으나 짐짓 모르ᄂᆞᆫ 쳬ᄒᆞ고, 셔안을
비겨 기리 기지게 ᄒᆞ며 왈,

"우리 부뷔 괴이ᄒᆞᆫ 화란으로 원앙(鴛鴦)이 산니(散離)ᄒᆞ연지 오릭고, 싱이 ᄯᅩ 변싀
(邊塞) 이역(異域)의 구치(驅馳)ᄒᆞ여 갓 도라오니, 부부의 별졍(別情)과 니【42】회(離
懷) 그음업ᄉᆞᆫ지라. 부명(父命)이 비록 연시의 병을 보라 ᄒᆞ시나, 싱이 져 흉인의 시녜
아니어니 엇지 시병(侍病)ᄒᆞ리오. 금야ᄂᆞᆫ 이 곳의셔 편히 쉬고져 ᄒᆞᄂᆞ니, 부인은 시비
를 블너 일즉이 침금(枕衾)을 포셜(鋪設)ᄒᆞ라 ᄒᆞ소셔."

2262)살드리 : 살뜰히. 일이나 살림 따위를 매우 빈틈이 없게 하여.
2263)뒤셜다 : 뒤떨다. 몸을 몹시 흔들며 떨다.
2264)낙텬(樂天) : ①인생과 세상의 일을 좋고 희망적인 것으로 생각함. 또는 그러한 태도. ②천명을 즐
    김. 또는 자기의 처지에 만족해함.
2265)동셔분좌(東西分座) : 남자는 동쪽 여자는 서쪽으로 갈라 앉음.
2266)진슈(螓首) : '매미의 머리'라는 뜻으로, 아름다운 용모를 이르는 말.
2267)믹믹ᄒᆞ다 : 생각이 잘 돌지 아니하여 답답하다.

쇼졔 쳥파의 디경(大驚) 불안(不安)ᄒᆞᄃᆡ, 침음(沈吟) 쥬져(躊躇)ᄒᆞ여 졍히 간(諫)ᄒᆞ고져 ᄒᆞ더니, 아이오 믄득 니당 시녜 초공과 뉸부인 명으로 관후를 셜니 블너, 연시의 ᄉᆞᄉᆡᆼ(死生)이 목금(目今)의 급ᄒᆞ므로 가즁 샹히 다 영일졍의 모혓다 ᄒᆞᄂᆞᆫ지라. 관휘 이 말을 드르나 조곰도 경동【43】ᄒᆞ미 업셔, 괴롭기를 니긔디 못ᄒᆞ나, 마지 못ᄒᆞ여 게얼니 니러나 관의(冠衣)를 슈렴ᄒᆞ고, 신을 완완이 신어 영일누로 향ᄒᆞ니, 연시의 ᄉᆞᄉᆡᆼ이 금야의 엇더ᄒᆞᆫ고? 츠하를 보라.

츠셜 관휘 졍히 부용각의 드러가 부인의 셩모화ᄌᆞ(盛貌花姿)2268)를 ᄃᆡᄒᆞ여 옥인(玉人) 긔남(奇男)을 완농(玩弄)ᄒᆞ니, 만ᄉᆞ 여의(如意)ᄒᆞ여 흉상(凶狀) 누질(陋質)의 반ᄉᆡᆼ 반ᄉᆡᆼᄒᆞᆫ 죽엄을 몽미의도 ᄉᆡᆼ각이 업더니, 믄득 시녀의 급ᄒᆞᆫ 젼어로조츠 부득이ᄒᆞ여 광미(廣眉)를 츅합ᄒᆞ고 완완(緩緩)이 산보(散步)ᄒᆞ여 영일졍의 니【44】ᄅᆞ니, 이 ᄢᅵ 연시의 병셰 가장 급ᄒᆞ엿ᄂᆞᆫ지라. 영일졍 즁헌(中軒)의 초공의 ᄉᆞ곤계(四昆季)와 연니뷔(吏部) 머므럿고, ᄂᆡ헌의 뉸부인·연부인 등 금장졔ᄉᆡ(襟丈娣姒)2269) 연니부 부인으로 더부러 머므러시며, 장ᄂᆡ(帳內)의 시녀의 무리 《양음∥약음(藥飮)2270)》을 가져 분황(紛遑)ᄒᆞᄂᆞᆫ ᄌᆞ음이러라.

관휘 마지못ᄒᆞ여 부슉과 연공을 뫼셔 밧긔 머므더니, ᄂᆡ외 분분ᄒᆞ여 니러구러 야심ᄒᆞ여 ᄉᆞ경(四更)2271) 말(末)의 니ᄅᆞ러, 연시 믄득 용2272)을 분발(奮發)ᄒᆞ여 크게 소ᄅᆡ 질너 왈,

"유모와 복향이 날을 위ᄒᆞ여 【45】진튱(盡忠)ᄒᆞ다가 맛ᄎᆞᄂᆡ 장하(杖下)의 놀난 넉시 되여, 혼빅이 오히려 날을 닛지 못ᄒᆞ여 구원의 복ᄉᆞ(服事)ᄒᆞ고져 ᄒᆞᄂᆞ냐? 우리 노쥐 죵시(終始) 반ᄉᆡᆼ 심녁(心力)과 무슈ᄒᆞᆫ 직물만 허비ᄒᆞ고, 맛ᄎᆞᄂᆡ 뎡시 요괴를 업시치 못ᄒᆞ니, ᄂᆡ 비록 죽으나 쳔ᄃᆡ하(泉臺下)2273)의 음혼(陰魂)이 반ᄃᆞ시 흣허지지 아니ᄒᆞ여, 모진 귀신이 되여 하몽셩 호식(好色) 무신(無信) 필부(匹夫)와, 뎡녀 요인의 살졈을 무러 너흐러, 나 연희벽이 져희 슈인(讐人)으로 ᄒᆞ여 단장초ᄉᆞ(斷腸焦思)ᄒᆞᄂᆞᆫ 원슈를 갑【46】고 말니라."

언미죵(言未終)의 인ᄒᆞ여 명이 진ᄒᆞ니, 희(噫)라! 연시의 나히 바야흐로 십팔 셰오, 시당초하계슌(時當初夏季旬)2274)이러라. 가즁 샹히 그 위인을 앗기미 아니로ᄃᆡ, 그 나흘 어엿비 너겨 이도 참샹ᄒᆞ며, 연공 부뷔 크게 슬허ᄒᆞ나, ᄂᆡ부ᄂᆞᆫ 남지라 오히려 디톄

2268)셩모화ᄌᆞ(盛貌花姿) : 아름다운 용모와 꽃처럼 고운 모습.
2269)금장졔ᄉᆡ(襟丈娣姒) : 여자동서와 자매를 함께 이르는 말. *금장(襟丈) : 여성이 남편 형제의 아내를 지칭하여 이르는 말. 곧 '여자동서'를 이르는 말. *졔ᄉᆡ(娣姒); ①형제의 아내 가운데 손아래 동서와 손위 동서. ②'자매(姉妹)'를 달리 이르는 말.
2270)약음(藥飮) ; 약과 미음(米飮)을 함께 이르는 말.
2271)ᄉᆞ경(四更) : 하룻밤을 오경(五更)으로 나눈 넷째 부분. 새벽 1시에서 3시 사이이다.
2272)용 : 한꺼번에 모아서 내는 센 힘.
2273)쳔ᄃᆡ하(泉臺下) : 저승.
2274)시당초하계슌(時當初夏季旬) : 때가 음력 4월 20일임.

를 ᄉ못고, 붓그려 흉녀의 과악을 과도히 낫토지 아니ᄒ여 즁도의 맛갓2275)게 ᄒ나, 호부인은 과도히 슬허 통곡 운졀(殞絶)ᄒ기를 마지 아니니, 연싱 형뎨 모친을 쳔만 관위(款慰)ᄒ더라.

연【47】시의 시ᄋᆡ(侍兒) 발상(發喪) 거의(擧哀)ᄒ고 초혼(招魂)ᄒ여 상ᄉ(喪事)를 발ᄒ니, 비록 그 나히 젹고 명이 박ᄒ나 경상지녜(卿相之女)오, 경상지부(卿相之婦)며 팔좌(八座)의 명뷔(命婦)니, 상ᄉ의 거룩ᄒᆞᆷ믄 쇼쇼 녀ᄌᆞ의 상녜(喪禮)로 비길 빈 아니러라.

인ᄒ여 초상을 다ᄉᆞ려 금슈치단(錦繡綵緞)으로 습염(襲殮)ᄒ니, 상장(喪葬)의 부려(富麗)ᄒᆞᆷ믄 니ᄅᆞ도 말고, 하부 상히 인ᄌᆞᆫ 고로, 그 졈은 나흘 가이ᄒ며, 셩아의 무모(無母)ᄒᆞᆷ믈 어엿비 너겨, 초공이 관후로 더부러 습념입관지시(襲殮入棺之時)2276)의 친집(親執)ᄒ여 유명지계(幽明之界)2277)의 단장(斷腸)ᄒᆞᆫ【48】던 원(怨)이 업과져 ᄒ며, 셩복(成服)2278)을 지ᄂᆡᄆᆡ 그 유죄ᄒᆞᆷ믈 긔회치 아니ᄒ여, 복졔(服制)2279)를 극진이 ᄀᆞᆺ초며, 춤졔(參祭) 호곡(號哭)ᄒ여 비통ᄒᆞᆷ믈 마지 아니ᄒ니, 견쟤(見者) 감읍유쳬(感泣流涕)ᄒ여 하부 인심을 감탄치 아니리 업고, 뎡·표·상 삼쇼졔 복졔를 극진히 찰혀, 연시 구원(九原) 망녕(亡靈)의 한이 업도록 ᄒ니, 문견쟤(聞見者) 더옥 탄복ᄒ고, 연부 일기 그윽이 감수ᄒ나, 홀노 호부인이 녀아의 단장 초ᄉᆞᄒᆞᆷ미 스스로 그 명이 박ᄒᆞᆷ믄 ᄭᆡ닷지 못ᄒ고, 뎡쇼져의 졀츌【49】비상ᄒᆞᆫ 식광 ᄌᆡ모와 표·상 냥쇼져 쇼담 ᄌᆞ약ᄒᆞᆫ 션염(嬋艶) 미모를 보ᄆᆡ,

"져 갓흔 강젹이 좌우의 버럿고, 셔랑이 박졍(薄情) 미야ᄒ니2280) 녀이 엇지 단장초ᄉᆞ(斷腸焦思)ᄒᆞᆫ 원귀되지 아니리오."

니러툿 싱각ᄒ여, 삼 쇼져를 무러 삼키지 못ᄒᆞᆷ믈 한ᄒ니, 녀아를 브르지져 종일 호곡ᄒᆞᄆᆡ, 호원(呼冤) 호읍(呼泣)ᄒᆞᆷ믈 긋지 아니ᄒ니, 무심히 보는 ᄌᆞᄂᆞᆫ 텬뉸쇼ᄋᆡ(天倫所愛)2281)의 모녀지졍(母女之情)이 ᄌᆞ연ᄒᆞᆫ가 너기되, 뉴부인과 뎡슉셩 등 졔부인은 그윽이 그 협냥(狹量)을 긔탄ᄒ더【50】라.

장월(葬月)은 슈월(數月)만의 지ᄂᆡᄂᆞᆫ 고로, 입관(入棺) 셩복(成服) 후의 영일졍의 빙쇼(殯所)2282)ᄒ고 그 시녀비로 조셕증상(朝夕蒸嘗)2283)과 ᄉᆞ시곡읍(四時哭泣)2284)을

2275)맛갓다 : 맞갓다. 마음이나 입맛에 꼭 맞다.
2276)습념입관지시(襲殮入棺之時) : 상례(喪禮)의 절차로써 습염(襲殮)과 입관(入棺)을 하는 때. *습염(襲殮); 시신을 씻긴 뒤 수의를 갈아입히고 염포로 묶는 일. *입관(入棺); 시신을 관 속에 넣음.
2277)유명지계(幽明之界) : 저승과 이승의 세계.
2278)셩복(成服) : 초상이 나서 상인(喪人)들이 처음으로 상복(喪服)을 입는 일. 보통 입관(入棺)을 마친 후 입는다.
2279)복졔(服制) : 상례(喪禮)에서 정한 오복(五服)의 제도. *오복(五服); 상례(喪禮)에서 참최(斬衰))·재최(齋衰)·대공(大功)·소공(小功)·시마(緦麻)의 복상제도(服喪制度).
2280)미야ᄒ다 : 매정하다. 얄미울 정도로 쌀쌀맞고 인정이 없다.
2281)텬뉸쇼ᄋᆡ(天倫所愛) : 천륜에서 우러나는 사랑.
2282)빙쇼(殯所) : 빈소(殯所). 상여가 나갈 때까지 관을 놓아 두는 방.

밧들게 ᄒ고, 가즁상히(家中上下) 훗허지미, 연싱 형제 모부인을 뫼셔 도라가니, 눈부인이 손녀 셩아를 거두어 스스로 협실(夾室)의 두어 은양(恩養)ᄒ고, 응윤은 아직 쇼싱지디(所生之地)를 ᄎᆞᆽ 도라갈 길히 망미(茫昧)ᄒᆞᆫ 고로, 제 유모를 ᄎᆞᆽ 도라보ᄂᆞ기고져 ᄒᆞ며, 그 셩뒤지치(聖代之治)의 악인 흉녀의 연고로, 무원(無怨) 무고(無辜)ᄒᆞᆫ 집 ᄌᆞ식이 텬눈을 실셔(失緒)ᄒᆞ고 졍식(情事) 고혈(孤孑)ᄒᆞ믈 연【51】셕(憐惜)ᄒᆞ여, 각별 무휼(撫恤)ᄒᆞᆯ지언졍 임의 그 타인지싱(他人之生)으로 타셩(他姓)인 쥴 안 후ᄂᆞᆫ, 힝혀도 부ᄌᆞ(父子) 조손(祖孫)을 칭치 아니ᄒᆞ니, 이ᄂᆞᆫ 쳘인(哲人)과 식ᄌᆞ(識者)의 명견(明見)이 먼니 원녀(遠慮)를 ᄉᆞ못ᄎᆞ미라.

비록 구두(口頭)의 일ᄏᆞ라 발언(發言)치 아니ᄒᆞ나, 응윤의 영풍긔골(英風奇骨)과 귀격달상(貴格達相)이 벅벅이 속이(俗兒) 아니오, 셩아의 ᄌᆞ미(姿媚) 운치(韻致)와 지덕 셩힝이 텬강셩녜(天降聖女)니, 반ᄃᆞ시 조화의 니(理)를 혜아려 텬의(天意) 유심ᄒᆞ민가, 깁흔 의심이 업지 아니ᄒᆞᆫ 연괴러라.

하휘 먼니 츌ᄉᆞ(出師)ᄒᆞ엿다가 원노의 구치ᄒᆞ【52】여 겨요 도라오며, 하로도 편히 쉬믈 엇지 못ᄒᆞ고, 연시의 상ᄉᆞ를 만나니, 비록 졍이 업ᄉᆞ나 그 의와 법을 무단이 폐치 못ᄒᆞ여 초상(初喪) 셩복(成服)을 지ᄂᆞ니, 년일(連日) 년야(連夜) 근노ᄒᆞ여 몸이 심히 곤뷔(困憊)ᄒᆞᆫ지라. 셩복을 지ᄂᆞ미 ᄎᆞ일야(此日夜)의ᄂᆞᆫ 편히 쉬고져ᄒᆞ여, 홀노 냥기 시종으로 더브러 쥭셔각의 침금(枕衾)을 포셜ᄒᆞ라 ᄒᆞ고, 존당의 드러가 셕반을 파ᄒᆞ고 혼졍(昏定)2285)을 맛ᄎᆞ미, 퇴ᄒᆞ여 쥭셔각의 나아오니, 종ᄌᆡ 발셔 촉을 붉히고 ᄎᆞ를 듸 후ᄒᆞ엿더라.

관휘 관영(冠纓)을 그【53】ᄅ고 단의 침건으로 셔안의 비겨 쉬더니, 믄득 안흐로 조ᄎᆞ 신 ᄡᅳ으ᄂᆞᆫ 소ᄅᆡ 나며 몽징공ᄌᆡ 나아와 니ᄅᆞ듸,

"형장이 엇지 슉쇼를 이 곳의 ᄒᆞ시ᄂᆞ니잇고?"

관휘 답왈,

"우형이 원힝(遠行) 후의 도라와 년일 상장(喪葬)의 사괴 년쳡(連疊)ᄒᆞ니, 하로도 능히 편히 쉬믈 엇지 못ᄒᆞ여, 신식(身思) 극히 곤뇌(困惱)ᄒᆞᆫ지라. 종용ᄒᆞᆫ 곳의셔 평안이 쉬고져ᄒᆞ여 이 곳의 슉쇼를 ᄒᆞ엿더니, 현제 잘 ᄎᆞᆽ 니ᄅᆞ럿도다."

공ᄌᆡ 듸왈,

"쇼졔ᄂᆞᆫ 원노구치(遠路驅馳)도 아냣건만은 몸이 심히 고단ᄒᆞ니, 편히 쉬고져ᄒᆞ【54】나 독셔당이 종용치 못ᄒᆞ여, 몽녈 등 졔졔(諸弟)들이 나아와 괴로이 슈션거리니 심

2283)조셕증상(朝夕蒸嘗) : =조셕상식(朝夕上食). 상(喪)이 나셔 궤연(几筵)을 설치한 때로부터 탈상(脫喪)을 하여 궤연을 철거할 때까지 아침저녁으로 망자(亡者)에게 밥을 차려 올리는 제사. *궤연(几筵); 영위(靈位)를 모시어 놓은 자리.
2284)ᄉᆞ시곡읍(四時哭泣) :상례(常禮)의 하나. 상(喪)이 나서 궤연(几筵)을 설치한 때로부터 탈상(脫喪)을 하여 궤연을 철거할 때까지, 매일 하루 중의 네 때, 곧 단(旦; 아침)·주(晝; 낮)·모(暮; 저녁)·야(夜; 밤)에 영위(靈位)에 곡읍(哭泣)하는 것을 이른다.
2285)혼뎡(昏定) : 잠자리에 들 때에 부모의 침소에 가서 잠자리를 살피고 밤 동안 안녕하기를 여쭘.

히 민망ㅎ온지라. 금야란 형장을 뫼셔 죵용이 헐슉(歇宿)ㅎ스이다. 연이나 하쇠(夏宵)
심단(甚短)ㅎ고 몸이 갓부니, 굿ㅎ여 야심키를 기다리리잇가. 일즉이 쉬스이다."

드듸여 침금을 포셜ㅎ고 냥 셔동으로 쟝 밧긔셔 즈라 ㅎ고, 졍히 쵹을 믈니고져 ㅎ
더니, 홀연 음풍(陰風)이 삽삽(颯颯)2286)ㅎ여 쵹광(燭光)이 흐리며, 음뮈(陰霧) 만만ㅎ
더니, 후챵이 홀홀이 열니이는 곳의 연시 흉인이 홍【55】상녹의(紅裳綠衣)를 닙고,
만면 노식을 흉괴흔 얼골의[을] 씌여 완연이 드러셔니, 흑살텬신(黑煞天神)2287)이 아
니면 우두나출(牛頭羅刹)2288) 갓ㅎ여, 흉장(凶壯)흔 만면(滿面)○[의] 살긔(殺氣) 참엄
(斬嚴)ㅎ여 싱시도곤 더 흉악흔지라.

뒤히 황파 모녜 조츠시나 참독(慘毒)흔 혹형(酷刑)을 바다 만신(滿身)의 피를 흘니
고, 슬피 브르지져 울며 감히 연시를 쏠와 방안히 드지 못ㅎ고 챵외의셔 호읍(號泣)ㅎ
니, 귀셩(鬼聲)이 쳐쳐(悽悽)ㅎ여 음긔(陰氣) 미만(彌滿)ㅎ고, 연시의 음혼(陰魂)이 쳐
음은 샹시(常時)쳐로 다라드러 관후를 침범코져 ㅎ미러니, 아【56】마도 졍신(正身)과
음녕(陰靈)이 다른지라. 음빅(陰魄)이 감히 뎍군즈의 졍명지긔(正明之氣)를 간범치 못
ㅎ여 바로 나아 드지 못ㅎ고, 우우지지(憂虞遲遲)2289)ㅎ는 거동이라.

몽징은 무심즁 니런 흉참흔 거동을 보미 뎍경실식ㅎ여 면여토식(面如土色)ㅎ믈 씨
닷지 못ㅎ고, 관후는 이 광경을 보미 흉히(凶駭)ㅎ믈 니긔지 못ㅎ여 광미(廣眉)를 거
스리고 봉안을 규졍[졈](窺覘)ㅎ여 첫던 칼흘 쌘혀 빗기 번듯이며, 녀셩 대호 왈,

"발부(悖婦) 흉녜 스라셔 음측(淫測)2290) 픽악(悖惡)ㅎ여 '칠거(七去)의 뎍죄(大罪
)'2291)를 범ㅎ미 여러 슌(順)이로듸, 늬 【57】혼암(昏暗) 용녈(庸劣)ㅎ여 그 죄를 법
듸로 다스리지 못ㅎ고, 흉녀의 목슘을 죵시 늬 집의셔 맛게 ㅎ니, 발뷔(潑婦) 져기 일
분이나 인심이 이실진듸, 구가 셩덕을 감격ㅎ여 구원망녕(九原亡靈)2292)이라도 갑기를
싱각ㅎ미 올커늘, 흉녀의 무상ㅎ미 죽은 음혼이라도 흉참ㅎ미 여츳ㅎ니, 오슈우용(吾
雖愚庸)2293)이나 당당흔 군즈(君子) 졍인(正人)이라. 군즈 안젼의 스불범졍(邪不犯正)
이니, 늬 엇지 흉녀의 더러온 음귀(陰鬼)를 두리리오. 만일 스스로 믈너가지 아니면
별단 쳐치 이시리라."【58】

셜파의 스일졍긔(斜日精氣)2294)를 길게 흘녀 음귀를 관형찰식(觀形察色)ㅎ니, 군즈

2286)삽삽(颯颯) : 바람이 몸으로 느끼기에 쌀쌀함.
2287)흑살텬신(黑煞天神) : 검은 살기를 띤 흉한 모습의 귀신.
2288)우두나찰(牛頭羅刹) : 쇠머리 모양을 한 악한 귀신.
2289)우우지지(憂虞遲遲) : 근심하고 걱정하여 머뭇거림.
2290)음측(淫測) : '음악망측(淫惡罔測)'의 준말. 몹시 음란하고 악하다.   *흉측(凶測); '흉악망측(凶惡罔
  測)'의 준말. 몹시 흉악함.
2291)칠거대죄(七去大罪) : 예전에, 아내를 내쫓을 수 있는 이유가 되었던 일곱 가지 큰죄. ①시부모에게
  불손함, ②자식이 없음, ③행실이 음탕함, ④투기함, ⑤몹쓸 병을 지님, ⑥말이 지나치게 많음, ⑦도둑
  질을 함. 따위이다
2292)구원망녕(九原亡靈) ; 저승의 죽은 혼령.
2293)오슈우용(吾雖愚庸) : '내가 비록 어리석고 용렬하지만'의 뜻.

의 일단(一端) 뎡양지긔(正陽之氣) 당당ᄒ여 흉귀로 ᄒ여금 긔운이 져삭(沮削)2295)ᄒ
게 ᄒᄂᆞᆫ지라.

흉녀의 음귀 관후의 졍명지긔(正名之氣)를 두려 감히 갓가이 나오지 못ᄒ나, 오히려
유유지지(悠悠遲遲)ᄒ여 슈히 믈너나지 아니ᄒ거늘, 관휘 더옥 흉히 너기고, ᄯᅩ 음귀
를 ᄃᆡᄒ미 한긔(寒氣) 투골(透骨)ᄒ여 심히 슬흔지라. 담을 크게 ᄒ고 비검(匕劍)2296)
을 어로만지며, 졔요튝ᄉᆞ(除妖逐邪)2297)ᄒᄂᆞᆫ 진언(眞言)을 념ᄒ니, 연시의 음혼이 능히
【59】갓가이 나아오지 못ᄒ고, ᄯᅩ 유음(幽陰)이 다ᄋᆞ니, 양긔(陽氣)를 오ᄅᆡ 쏘이ᄆᆡ
스스로 불안ᄒ여 히옴업시 공허(空虛)2298)ᄒ니, 황파·복향의 원혼이 공즁의 조ᄎᆞ가며
먼니 가도록 귀셩(鬼聲)이 은은ᄒ더라.

관휘 바야흐로 칼흘 갑흘2299)의 곳고 쳔식(喘息)을 진졍ᄒ여, 할연(割然)2300) 장탄
왈,

"외(吾) 맛ᄎᆞᆷ닉 군지 되지 못ᄒ리로다."

ᄒ고, 아을 니ᄅᆞ혀 보니, 공지 면식이 남빗 갓ᄒ여, 고기를 니블 밋ᄒ회 박아 비한(背
汗)이 쳠의(沾衣) ᄒ엿ᄂᆞᆫ지라. 광휘 니ᄅᆞ혀 쥐무ᄅᆞ며 강잉 쇼왈,

"네 진실노 남지 아니【60】로다. ᄃᆡ장부도 가히 니러ᄒ냐? 네 젼일 연시 싱시의도
두려 아니ᄒ고, 긔운 ᄃᆡ로 헐ᄲ리더니, 엇지 그 못된 음귀를 그리 져허ᄒᄂᆞᆫ다?"

공지 ᄯᅩ흔 심신(心身)을 진졍ᄒ여 기리 숨쉬며 왈,

"연가 표믜(表妹) 상시의 하 흉완(凶頑) 음추(淫醜)ᄒ니, 쇼졔 ᄆᆡ양 즛믜이2301) 너기
ᄂᆞᆫ 가온ᄃᆡ, 모친이 친질(親姪)이라 ᄒ시고 그 참혹흔 ᄒᆡᆼ실이란 모르시고, 스스의 두호
(斗護)ᄒ시니, 표믜 더옥 승흥(乘興)ᄒ여 모친의 셰를 밋고, 형장을 능멸ᄒ며 구가를
압두ᄒ려 ᄒᄂᆞᆫ 쥴이 괘심ᄒ여, 【61】ᄆᆡ양 말노ᄡᅥ 촉범(觸犯)ᄒ여 슈슉표죵지의(嫂叔
表從之義)2302)도 만히 상ᄒ엿더니이다만은, 그 죽어셔도 음악흔 ᄒᆡᆼ실은 감치 아니ᄒ
여, 더러온 ᄌᆞ최 감히 형장 존쳬를 간범(干犯)코져 ᄒ니, 엇지 놀납지 아니ᄒ리잇고?
쇼졔 무심즁 흉귀를 보니 놀납고 금즉ᄒ여2303), 하마 졍신을 일흘 번ᄒ이다. ᄃᆡ강(大
綱) 형장은 긔운이 담ᄃᆡ(膽大)ᄒ시니 쇼졔 항복ᄒᄂᆞ이다. 슈연(愁然)이나, 흉코 더러온
귓것들이 벅벅이 그만코2304) 잇지 아니ᄒ여 ᄯᅩ 무슨 작변이 이실듯【62】시부니, 형

2294)ᄉᆞ일졍긔(斜日精氣) : 햇빛과 같은 밝고 순수한 기운.
2295)져삭(沮削) : =저상(沮喪). 기운을 잃음.
2296)비검(匕劍) : =비수(匕首). 날이 예리하고 짧은 칼.
2297)졔요튝ᄉᆞ(除妖逐邪) : 요사(妖邪)한 것을 제거하고 쫓아냄.
2298)공허(空虛) : 아무런 자취도 없이 사라짐.
2299)갑흘 : 칼집.
2300)할연(割然) : 끊듯이.
2301)즛믜이다 : 얄밉다. 매우 밉다.
2302)슈슉표죵지의(嫂叔表從之義) : 형수와 시숙(媤叔), 외종사촌 사이의 의리.
2303)금즉ᄒ다 : 진저리가 처질 정도로 두렵다.
2304)그만코 : '그만ᄒ고'의 준말. *그만ᄒ다; 그만하다. 하던 일을 그만 멈추다.

장은 명일 왕부(王父)와 뒤인 긔 알외고 각별 축스(逐邪)ᄒᆞᄂᆞᆫ 방법을 힝ᄒᆞ여 방어ᄒᆞ쇼셔."

관휘 탄왈,

"우형이 군ᄌᆞ 되여 능히 잡귀(雜鬼) 니미(魑魅)2305)를 졔어치 못ᄒᆞ니 이 실노 붓그러온 일이라. 향인(向人)ᄒᆞ여 니ᄅᆞ기 어렵도다. 흉인이 ᄉᆡᆼᄉᆞ간(生死間)의 흉음(凶淫)ᄒᆞ미 여ᄎᆞᄒᆞ니, 우형이 젼두(前頭)의 팔ᄌᆡ 무상ᄒᆞ여 텬지간 흉음(凶淫) 찰녀(刹女)를 만낫던 줄 회한ᄒᆞᆯ ᄯᆞ름이니, 슈원슈한(誰怨誰恨)이리오."

공지 묵연 탄식ᄒᆞ고, 형뎨 냥인【63】이 분울(憤鬱) 불낙(不樂)ᄒᆞ여 능히 졉목(接目)지 못ᄒᆞ고, 명죠의 존당의 신셩(晨省)ᄒᆞ니, 존당 부뫼 관후와 공ᄌᆞ의 신광이 일야지간(一夜之間)의 슈쳑ᄒᆞ여 화긔 쇼삭(消索)2306)ᄒᆞ여시믈 보고, 경아ᄒᆞ여 연고를 므ᄅᆞᆫ디, 관휘 미우(眉宇) 텬창(天倉)의 분연ᄒᆞᆫ 빗치 가득ᄒᆞ여, 작야 연시 노쥬의 음혼(陰魂)을 만낫던 슈말을 ᄌᆞ셔히 알외고 우왈(又曰),

"희이 힝신이 불초ᄒᆞ여 군ᄌᆞ디도(君子大道)의 불급ᄒᆞ온 연고로, 흉인의 더러온 음귀 안젼의 작난ᄒᆞ기를 긔【64】탄(忌憚)치 아니ᄒᆞ오니, 군ᄌᆞ 장부의 쳐신 힝되 엇지 참괴치 아니ᄒᆞ리잇가? 복원 야야ᄂᆞᆫ 신긔묘칙(神氣妙策)으로 흉귀를 졔어케 ᄒᆞ쇼셔."

좌위 쳥미(聽未)의 뒤경실식ᄒᆞ여 연시 노쥬의 ᄉᆡᆼᄉᆞ간의 극악○[극]흉(極惡極凶)ᄒᆞ믈 놀나지 아니ᄒᆞᆯ 리 업고, 뎡국공과 죠부인이 상혼 낙담ᄒᆞ여 면식이 여토(如土)ᄒᆞ여, 갈오디,

"흉녀 노쥬의 음녕(陰靈)조ᄎᆞ 이갓치 흉완(凶頑)ᄒᆞ니 흉녜 ᄉᆞ라신 젹도 괴롭던디, 져 음빅(陰白)을 엇지 졔어ᄒᆞ리오."

초공이【65】불변안식(不變顏色)ᄒᆞ고 이셩(怡聲) 쥬왈,

"셕ᄌᆞ(昔者)의 한창녜(韓昌黎)2307) 왈, '귀신이 엇지 사ᄅᆞᆷ의 눈의 뵈리오' ᄒᆞ오니, 몽셩·몽징이 요힝 죠션의 젹덕여음(積德餘蔭)을 닙ᄉᆞ와 품슈(稟受)ᄒᆞ오미 디즁믈(地中物)2308)이 아니오디, 힝신(行身) 쳐ᄉᆞᄂᆞᆫ 극히 용우(庸愚)ᄒᆞ여 지우(至愚) 하쳔(下賤)의 용우속ᄌᆞ(庸愚俗者)만 못ᄒᆞ온 고로, 니런 더러온 음녕(陰靈) 잡귀(雜鬼) 안젼(眼前)의 작난ᄒᆞ기를 긔탄(忌憚)치 아니ᄒᆞ오니, 엇지 한심치 아니ᄒᆞ리잇고? 희이 비록 용녈ᄒᆞ오나, 죡히 몽셩의 상셩(喪性) 광망(狂妄)ᄒᆞᄂᆞᆫ 허【66】황(虛荒)ᄒᆞ옴과, 몽징의 허겁(虛怯)ᄒᆞ오미 니ᄅᆞᆮ 아니ᄒᆞ오리니, 맛당이 더러온 음귀를 졔어ᄒᆞ여 셩녀를 더ᄅᆞ시게 ᄒᆞ리이다."

2305)니미(魑魅) : =이매망량(魑魅魍魎). 온갖 도깨비. 산천, 목석(木石)의 정령에서 생겨난다고 한다.
2306)쇼삭(消索) : 소진(消盡). 점점 줄어들어 다 없어짐. 또는 다 써서 없앰.
2307)한창녜(韓昌黎) : 한유(韓愈). 중국 당나라의 문인·정치가(768~824). 명은 유(愈). 자는 퇴지(退之). 호는 창려(昌黎). 당송 팔대가의 한 사람으로, 변려문을 비판하고 고문(古文)을 주장하였다. 시문집에 ≪창려선생집≫ 따위가 있다.
2308)디즁믈(地中物) ; 지상(地上)에 있는 평범한 인물.

노공이 졈두 탄식 왈,

"노뷔 졍신이 참난(慘難) 이후의 모손(耗損)ᄒ여, 옛날 총명이 바히 업ᄉ니, 니런 흉히흔 일을 드ᄅ나 졔어ᄒ올 방냑(方略)을 싱각지 못ᄒᄂ니, 오아ᄂ 붉이 션쳐ᄒ여 가즁의 요악흔 변이 업게 하라."

초공이 계슈 슈명ᄒ니, 조부인은 ᄡᆼ미(雙眉)를 영빈(嚀嚬)2309)ᄒ여 우우(憂憂)이 근심ᄒᄆᆯ 【67】마지 아니ᄒ니, 졔ᄌ졔뷔(諸子諸婦) 화셩유어(和聲柔語)로 관겨치 아니ᄒᄆᆯ 알외더라.

이 날 뎡쇼졔 존당의 시립(侍立)ᄒ엿더니 ᄎᄉ(此事)를 듯고 딕경ᄒ여, 심하(心下)의 혜오딕,

"음귀ᄂ 극히 흉음(凶陰)흔지라. 져 연시 ᄉ라셔 극히 흉녕(凶獰)ᄒ더니 죽어셔 졍신이 흣허지지 아니ᄒ여, 빅쥬(白晝)의 싱인(生人)의 안젼의 현셩(現成)ᄒ기를 긔탄치 아니ᄒ니, 음인(陰人)2310)이 양긔를 침범ᄒᄆᆡ, 엇지 그 히로오미 업ᄉ리오."

그윽이 져두(低頭) 사량(思量)ᄒᄆᆡ 뎡【68】쇼져의 싱이셩명지질(生而性命之質)2311)과 텬싱츌범이상(天生出凡異常)2312)흔 셩덕진화(聖德眞華)2313)로ᄡᅥ 엇지 져 연시 노쥬의 음빅(陰白)을 졔어치 못ᄒ리오만은, 뎡쇼져의 사롬 되오미 한갓 부녀의 유한슉뇨(幽閑淑窈)흔 ᄉ덕(四德) 규힝(閨行)ᄲᆫ 아니라, 졔곡(帝嚳)2314)의 신긔와 쇼호(少昊)2315)의 슬긔 이시니, 사롬이 능히 그 직조를 아지 못ᄒ나, 스스로 신셩예덕(神聖睿德)2316)ᄒ여 만니(萬里)를 《긔탁∥녜탁(豫度)》ᄒ며, 젼졍(前程)을 산(算)두ᄂ 붉으미 잇ᄂ지라, 가만흔 가온딕 빅녕(百靈)이 돕ᄂ 듯ᄒ【69】고, 빅신(百神)이 호위ᄒᄂ 듯ᄒ여시니, 한번 혜아리ᄆᆡ 신긔묘산(神技妙算)이 무슨 일을 못ᄒ리오.

다만 즁인(衆人) 쇼시(所視)의 옥뫼(玉貌) 나죽ᄒ고 츄픽(秋波) 담담(淡淡)2317)ᄒ여, 시쳠(視瞻)이 ᄶᅥᆯ를 지나지 아니ᄒ고, 사롬이 무심히 보ᄂ ᄌᄂ 졔 지극히 어질며 유란(柔蘭)갓치 약ᄒ고, 혜초(蕙草)갓치 브드러오니, 혹 셰졍(世情)을 모ᄅᄂ가 의심ᄒ나, 뎡쇼졔 엇지 이갓치 어리고 약ᄒ리오. 본딕 고문(高門) 셰덕(世德)이오, 녕지(靈芝) 방

2309)영빈(嚀嚬) : 괴로이 찡그림.

2310)음인(陰人) ; 음계(陰界) 곧 저승에 있는 사람.

2311)싱이셩명지질(生而性命之質) : 타고난 성명(性命)의 자질.

2312)텬싱츌범이상(天生出凡異常) ; 하늘이 낸 비상함.

2313)셩덕진화(聖德眞華) ; 더할 나위 없이 아름답고 성스러운 덕(德).

2314)졔곡(帝嚳) : 중국 전설상의 오제(五帝) 가운데 한 사람으로 전욱의 아들이고 요(堯)임금의 아버지라고 전한다. 전욱의 뒤를 이어 박(亳) 땅에 도읍을 정하였으며, 흔히 고신씨(高辛氏)라고도 한다. 태어나면서 자신의 이름을 말하였고, 현명하여 먼 일을 알았으며 미세한 일도 살폈고 만민에게 급한 것이 무엇인 줄을 알았다고 한다.

2315)쇼호(少昊) : 중국 태고 때에 있었다는 전설상의 임금. 황제의 아들로 이름은 현효, 금덕이었고, 천하를 다스리게 되었으므로 호를 금천씨(金天氏)라고 부른다. 가을을 다스리는 신으로 알려져 있다

2316)신셩예덕(神聖睿德) : 고결하고 거룩하며 밝은 덕.

2317)담담(淡淡) : 물의 흐름 따위가 그윽하고 평온함.

향(芳香)으로 형옥여졍(荊玉餘精)2318)이라. 뎡쥭쳥 【70】 갓흔 군쥬 영걸 디현의 싱녜(生女) 엇지 범상흔 지엽(枝葉)과 갓흐리오.

이 날 존당의 시측(侍側)ᄒᆞ여 연시 노쥬의 음녕(陰靈)이 반야(半夜) 황혼(黃昏)의 무상츌입(無常出入)ᄒᆞ여 하후의 신상을 히코져ᄒᆞᄆᆞᆯ 드ᄅᆞ니, 심하의 그윽흔 넘녜 업지 못ᄒᆞ여, 느즌 후 퇴ᄒᆞ여 침쇼의 도라와 이윽이 혜아리다가, 연갑(硯匣)을 닉여 농연(龍硯) 봉필(鳳筆)의 쥬필(朱筆)을 화ᄒᆞ여 십여 ᄌᆞ 츅귀(逐鬼) 졔ᄉᆞ(除邪)ᄒᆞᄂᆞᆫ 부작을 뼈, 좌위 고요ᄒᆞᄆᆞᆯ 타 방노파를 블너 가만이 니【71】ᄅᆞ디,

"상공 침쳐(寢處)의 여ᄎᆞ여ᄎᆞ흔 변이 잇다ᄒᆞ니, 이 가히 방심치 못홀 일이라. 금야의 상공이 그 아모 곳의 췌슉(就宿)ᄒᆞ실 쥴을 아지 못ᄒᆞ니, 그디 맛당이 이 부작을 가젓다가 넌ᄌᆞ시 상공 침쳐ᄒᆞ시는 곳을 아라 그 좌우 벽간 속의 사름이 아지 못ᄒᆞ게 너흐라."

방시 슌슌 응명ᄒᆞ여 이 날이 어둡기를 기다려 외당의 나아가 관후의 침슈(寢睡)를 슬피니, 초야의ᄂᆞᆫ 관휘 미쥭당의 졔졔 군종으로 더부러 ᄌᆞ려흔다 ᄒᆞ거늘, 방노픠 【72】 가만이 소겨의 쥬던 부작 넉 장을 미쥭당 동셔남북 ᄉᆞ벽간 속의 녀코 도라와 쇼져의게 알외니, 다만 쇼져와 방시 알 ᄲᅮ이오, 타인이 알 니 업더라.

초야의 관휘 ᄯᅩ 존당의 혼졍(昏定)을 파ᄒᆞ고 미쥭당의 니ᄅᆞ니, 모든 군종졔졔(群從諸弟) 모다 촉을 붉히고 어즈러이 촉하의셔 강학(講學)ᄒᆞ거늘, 관휘 침셕의 비겨 보더니, 야심ᄒᆞ미 졔공지 일시의 광금(廣衾) 장침(長枕)을 년ᄒᆞ고, ᄎᆞ례로 벼기의 나아갈ᄉᆡ, 몽징 왈,

"금야는 형장도 편히 쉬【73】쇼셔. 관휘 겸두(點頭)ᄒᆞ고 모다 일시의 의관을 히탈ᄒᆞ고, 단의침건(單衣寢巾)2319)으로 촉을 믈니고 벼기의 나아가니, ᄎᆞ시 즁ᄒᆞ(仲夏) 초슌(初旬)이라. 일기 훈염(薰炎)ᄒᆞ니 방즁 ᄉᆞ벽의 창호(窓戶)를 다 통기(洞開) ᄒᆞ고, 산호 갈고리의 쥬렴을 반권(半捲)ᄒᆞ여시니, 훈풍(薰風)이 염염(炎炎)ᄒᆞ여 창승(蒼蠅)을 어즈러이 날니고, 초싱미월(初生眉月)2320)이 몽농(朦朧)ᄒᆞ여 셔산의 ᄶᅥ러지고져ᄒᆞ니, 암실이 낫갓치 붉아 빅쥬(白晝)를 묘시(藐視)ᄒᆞᄂᆞᆫ지라.

졔공지 달이 붉고 훈긔(薰氣) 염염(炎炎)ᄒᆞ니 능히 줌을 슈이 일우지 【74】 못ᄒᆞ고, 관휘 역시 침두(枕頭)의 비겨 밋쳐 졉목(接目)지 못ᄒᆞ엿더니, 홀연 일진(一陣) 음풍이 습습(習習)ᄒᆞ니2321) 하일(夏日)의 쳥냥(淸凉)흔 훈긔(薰氣) ᄉᆞ라지며, 한긔(寒氣) 투골(透骨)ᄒᆞ더라.

먼니 반공(蟠空) 운무간(雲霧間)으로셔 비풍(悲風)이 소슬(蕭瑟)ᄒᆞ고2322) 귀셩(鬼聲)

2318)형옥여졍(荊玉餘精) : 중국 전국시대에 변화씨(卞和氏)라는 사람이 형산(荊山)에서 돌 위에 봉황이 깃들이는 것을 보고 얻었다는, 천하의 이름난 옥(玉)인, 화씨벽(和氏璧)의 정채(精彩)가 있음.
2319)단의침건(單衣寢巾) : 속옷과 잠잘 때 머리에 쓰는 두건.
2320)초싱미월(初生眉月) : 눈썹처럼 가느다란 초승달.
2321)습습(習習)ᄒᆞ다 : 바람이 산들산들하다.

이 쳐쳐(悽悽)ᄒ더니, 세 낫 음귀 완연(宛然) 승당ᄒ니, 지젼ᄌ(在前者)ᄂᆫ 녹의치복(綠衣彩服)을 닙어시나, 흉면(凶面) 괴싀(怪色)의 연시오, 지후(在後) 냥기 추환(叉鬟)은 쳥의(靑衣)를 닙고, 만신(滿身)의 피빗치 의상(衣裳)을 잠가, 슬피 통곡ᄒ며 드러오니, 이ᄂᆫ 황파 복향이러라. 【75】

2322)소슬(蕭瑟)ᄒ다 : 으스스하고 쓸쓸하다.

윤하뎡삼문취록 권지뉵십이

ᄎ시 셰 낫 음귀(陰鬼) 완연 승당ᄒ니, 직젼즈(在前者)ᄂ 녹의 치복을 닙어시나, 흉면 괴싀의 연시오, 직후 냥 긔 ᄎ환은 쳥의를 닙고, 만신의 피빗치 의상을 줌가, 슬피 통곡ᄒ며 드러오니, 이ᄂ 황파·복향이라.

관후와 몽졍은 어졔 밤의 보아시ᄃ, 오히려 흉히(凶駭) ᄎ악(差惡)ᄒ여 실싁ᄒ믈 씨닷지 못ᄒ거든, 기여(其餘) 년쇼ᄒᆫ 쇼공즈(小公子)들이리오. 졔공직 ᄎ경(此景)을 안도(眼睹)ᄒᄆ 디경 실싁ᄒ여 나금(羅衾)을 다리여 【1】 낫츨 단단이 ᄊ고, 아모리 홀 쥴 모르더니, 연시 노쥬의 셰낫 음귀 앙연(央然)이[2323] 돌출ᄒ여 쳐음은 방자(放恣) 무인(無人)히 다라들고져 ᄒ더니, 홀연 당즁(堂中) ᄉ벽(四壁)으로조ᄎ 홍광(紅光) 즈뮈(紫霧) 니러나며 금갑신(金甲神)[2324]이 환안(環眼)[2325]을 브릅쓰고 호슈(虎鬚)[2326]를 거ᄉ리며, 한 손의 쳘편을 줍고 한 손의 홍삭(紅索)을 쥐고 ᄂ다ᄅ니, 위풍이 규규(赳赳)ᄒᆫ지라. 금갑신이 홍삭을 더져 셰 낫 음귀를 결박ᄒ여 공즁으로 가니, 다만 반공(半空) 운무간(雲霧間)의셔 연시 노쥬의 슬피 통곡ᄒ【2】ᄂ 귀셩(鬼聲)이 은은이 들니일 ᄯᆞᆫ이오, 금갑신으로븟허 다못 셰 낫 음귀의 거쳐를 보지 못ᄒᆯ너라. ᄯᅩ 공즁으로셔 난ᄃ업슨 금의동즈(錦衣童子) 일빵이 나려와 관후를 향ᄒ여 고두 복디 왈,

"쇼귀 등은 텬상(天上) 낭아궁(狼牙宮)[2327] 동직(童子)러니, 낭아진군(狼牙眞君)의 명을 밧즈와 노야의 존쳬를 침범ᄒᄂ 음녕(陰靈) 잡귀(雜鬼)를 잡아 디부(地府) 음관(陰關)으로 보ᄂ여ᄉ오니, 일후지히(日後之害)ᄂ 업ᄉ올 거시니, 이후 일은 념녀마르소셔. 이ᄂ 다 낭아셩 뎡부인의 교령(敎令)이니이다."

셜파 【3】의 일시의 공허(空虛)[2328]ᄒ여 거쳐를 보지 못ᄒ리러라.

관후와 졔공직 블승신긔(不勝神奇)ᄒ고, ᄯᅩ 허탄(虛誕)ᄒ믈 니긔지 못ᄒ여, 의황난측(意況難測)ᄒ여, 금의 동즈의 언ᄂ(言內)의 낭아셩 뎡부인이라 ᄒ니, 졔공즈 등은 그

2323)앙연(央然)이 : 앙연(央然)히. 한 가운데로, 거침없이.
2324)금갑신(金甲神) : 쇠붙이로 된 갑옷을 입은 귀신.
2325)환안(環眼) : 환옥(環玉)처럼 둥근 눈.
2326)호슈(虎鬚) : 범의 수염처럼 거친 수염을 비유적으로 이르는 말.
2327)낭아궁(狼牙宮) : 낭아성(狼牙星)에 있다는 성군(星君)의 궁전. *낭아성(狼牙星); 낭성(狼星). 큰개자리에서 가장 밝은 청백색의 별. =늑대별. 시리우스.
2328)공허(空虛) : 아무런 자취도 없이 사라짐.

아뢴 줄 씨닷지 못ᄒᆞᄃᆡ, 홀노 관후의 명식(明識)이 엇지 씨닷지 못ᄒᆞ리오. ᄒᆞ믈며 뎡쇼져 비상(臂上)의 '월녀(月女)' '낭셩(狼星)' 비ᄌᆞ(臂字)2329) 분명ᄒᆞᆫ 줄 아는지라. ᄌᆡ작야(再昨夜) 쥭셔각 변을 뎡쇼제 아랏더니, 반ᄃᆞ시 신긔ᄒᆞᆫ ᄌᆡ조로 조화 이의 밋쳐시믈 짐작ᄒᆞ【4】나, ᄌᆞ긔 당당ᄒᆞᆫ 딘장부로 니런 허망(虛妄) 요탄(妖誕)ᄒᆞᆫ 일을 구두(口頭)의 일ᄏᆞᄅᆞᆯ 빈 아닌 고로, 다만 묵여 침음ᄒᆞ여 일의 요황(妖荒) 허탄(虛誕)ᄒᆞ기의 갓가오믈 깃거 아니ᄒᆞ더라.

이의 놀난 심신을 진졍(鎭靜)ᄒᆞ여, 졔졔 군종을 어로만져 달닉여 왈,

"아등은 군ᄌᆞ졍믹(君子正脈)이라. 잡신(雜神)이 간ᄃᆡ로 침노치 못홀 거시오, ᄯᅩ 긔이ᄒᆞᆫ 신령이 복우(福祐)ᄒᆞ여 흉귀를 음ᄉᆞ디부(陰司地府)2330)로 잡아 가시니, ᄉᆡᆼ각건ᄃᆡ, 일후지히(日後之害)ᄂᆞᆫ 업ᄉᆞᆯ가 시부니 여등은 미거(未擧)2331)이 구지 【5】말나."

졔공ᄌᆡ 놀난 심신을 겨요 졍ᄒᆞ여 왈,

"연쉬(嫂) ᄉᆡᆼ시의도 흉포ᄒᆞ시기 남다ᄅᆞ○[더]니, 쇼졔 등이 미양 바로 보기를 무셔워ᄒᆞ고 혹ᄌᆞ 밤의 즁당이나 합닉(閤內) 근쳐의셔나 맛나면, 혹살텬신(黑煞天神)이나 만난 ᄃᆞ시 놀랍던ᄃᆡ, 한번 쥭은 후ᄂᆞᆫ 유명(幽明)이 길이 다ᄅᆞ니 귀혼(鬼魂)이 엇지 ᄉᆡᆼ인(生人)의게 뵈리잇고만은, 쳔만 무심 즁의 그 금즉ᄒᆞᆫ 흉면과 무셔온 거동을 딘ᄒᆞ여, 음참ᄒᆞᆫ 살긔와 황파·복향의 두 원귀를 보니, ᄌᆞ연 놀나는 비 업시 비【6】한(背汗)이 쳠의(沾衣)ᄒᆞ고, 낫츨 ᄊᆞ고 눈을 감아 그 흉ᄒᆞᆫ 악귀를 보지 말고져 ᄒᆞ나, 두 눈이 더고나2332) 크게 ᄡᅴ이니, 엇지 년소지심(年少之心)의 무셥지 아니ᄒᆞ리잇가? 이후나 그 더럽고 아니ᄉᆞ온 귓거시 아니 와 뵈면 조흐련만은, 이후의 ᄯᅩ 다시 뵈는 폐 곳 이시량이면, 쇼졔 등은 놀나 쥭을가 시브이다."

관휘 ᄯᅩ흔 심난ᄒᆞ나, 강잉 쇼왈,

"어이 그리ᄒᆞ리오. 신동(神童)의 현셩지언(現成之言)이 명빅ᄒᆞ니, 신인(神人)이 엇지 속인(俗人)을 속이리오. 이후는 아모란 일도 업ᄉᆞᆯ 【7】거시니, 너희는 넘녀말나."

몽징 공ᄌᆞᄂᆞᆫ 인ᄉᆞ를 아는 고로, 신인의 명빅ᄒᆞᆫ 말을 혜아려 일후(日後)의 다시 흉괴ᄒᆞᆫ 일이 업ᄉᆞᆯ 줄 아나, 몽녈·몽환 등 졔공ᄌᆞᄂᆞᆫ 다 유츙(幼沖)ᄒᆞᆫ 고로, 후의도 다시 니런 흉ᄒᆞᆫ 일이 이실가 근심ᄒᆞᄆᆞᆯ 마지 아니ᄒᆞ더라.

이 밤을 겨요 지닉고, 명조의 관후와 졔공ᄌᆡ 존당의 뵈옵고, 졔공ᄌᆡ 일시의 작야ᄉᆞ(昨夜事)를 고(告)ᄒᆞ니, 존당 상히 더욱 놀나믈 마지 아니ᄒᆞ나, 쵸공과 눈부인은 임의 뎡쇼져의 신긔ᄒᆞᆫ ᄉᆞ긔【8】를 알오미 잇ᄂᆞᆫ 고로, 비록 뎡시의 지혜로ᄡᅥ 음귀를 발셔 잡아 디부음관(地府陰關)2333)의 가도앗ᄂᆞᆫ 줄을 짐작ᄒᆞ미 이시므로, 직삼 이후는 무폐

2329) 비ᄌᆞ(臂字) : 팔 위에 쓰여져 있는 글자.
2330) 음ᄉᆞ디부(陰司地府) : 지옥. *음사(陰司)나 지부(地府)가 다 지옥을 뜻하는 말.
2331) 미거(未擧) : 철이 없고 사리에 어두움.
2332) 더고나 : 더구나. 이미 있는 사실에 더하여.
2333) 디부음관(地府陰關) : 저승을 드나드는 관문(關門). *관(關) : 예전에 국경이나 요새의 통로에 두어

(無弊)홀 바를 알외나, 굿흐여 뎡쇼져의 지모(才貌)를 낫하늬여 아른 체 아니흐니, 이
는 힝혀 속담의 니른 바, 말이 길믜 '쥬언(晝言)은 문조(聞鳥)흐고 야언(夜言)은 문셔
(聞鼠)라'2334) 흐니, 연부의셔 알오미 되여 호부인의 교협(狡狹)2335)흔 원망이 슉녀
현부의 신상의 밋츨가 흐미라.

원늬 뎡쇼졔 가만이 방노파를 분부흐【9】믜, 뉘 능히 긔미(幾微)를 알이오만은 치
강쇼졔 우연이 스긔(事機)를 참쳥(參聽)흐고 부모긔 고흐미더라.

연부인이 작일은 신긔 불안흐여 신셩(晨省)의 불춤(不參)흐엿기로, 관후와 몽징의
스언(事言)은 못드러시므로 아득히 몰낫더니, 이 날이야 졔공즈의 말을 드르니, 본늬
허황(虛荒)흐여 무셔오믈 남달니 타는지라, 듸경 실싴흐여 큰 눈을 모흐로 쓰고 썰기
를 마지 아니흐여 왈,

"흉흔 년이 죽어도 곱지 아니흐니, 질녜 스라셔 믜양 몽징과 슈슉지의(嫂叔之誼) 조
【10】치 아니던 스이니, 반ᄃᆞ시 음혼(陰魂)이 늬 아히를 히흐려흐미 괴이치 아니흐
니, 가히 아니 방예(防豫)치 못홀 거시니, 몽징 샌더러 몽셩과 뎡·표·상 삼현부의
신상인들 아니 근심되ᄂᆞ닛가? 상공은 듸쳬(大體)흔2336) 남지라, 혹 요탄(妖誕)이 너
기려니와, 뉸부인은 어렴프시 너기지 마ᄅᆞ시고, 샐니 각별 녕험(靈驗)흔 무복(巫卜) 무
녀(巫女)를 블너다가, 일가 신슈(身數)의 유익자(有厄者)를 츄슈(推數)2337)흐고 도익
(度厄)2338) 예방흐며 쳡이 드ᄅᆞ니 아모 어려온 잡귀(雜鬼)라도 텬상 틱상노군(太上老
君)2339)이라 ᄒᆞᄂᆞᆫ 신션의【11】급급여늘녕ᄉᆞ바하(急急如律令娑婆訶)2340)라 ᄒᆞᄂᆞᆫ 부
작(符作)2341) 곳 뼈 븟치면, 음귀(陰鬼) 잡신(雜神)이 감히 근방의도 못 온다 흐더이
다. 우리도 슈이 부작을 뼈 가즁(家中) 닉외의 븟치고 방어를 착실이 ᄒᆞ쇼셔. 음아! 음
아! 무셥고 금즉홀스! 몽셩 몽징은 인ᄉᆞ나 알거니와 금즉ᄒᆞ다. 어린 몽환 등이 그 흉
귀를 맛나 긔급(氣急)ᄒᆞ기를 면ᄒᆞ니, 듸져 무셔온 아히들이로다. 늬 만일 그 형상 곳
보량이면2342) 곳의 긔급졀ᄉᆞ(氣急絶死)2343)를 ᄒᆞ엿지 엇지 스라시리."

─────────

드나드는 사람이나 화물을 조사하던 곳.
2334)쥬언(晝言)은 문조(聞鳥)ᄒᆞ고 야언(夜言)은 문셔(聞鼠)라 : '낮말은 새가 듣고 밤 말은 쥐가 듣는다.'
　　는 뜻으로, 아무도 없는 데서도 말을 항상 삼가고 조심해야 한다는 말.
2335)교협(狡狹) : 간사하고 속이 좁음.
2336)듸쳬(大體)ᄒᆞ다 : 체면(體面)을 크게 여기다.
2337)츄슈(推數) : 닥쳐올 운수를 미리 헤아려 앎.
2338)도익(度厄) : =액막이. 가정이나 개인에게 닥칠 액을 미리 막는 일.
2339)틱상노군(太上老君) : 도가에서 교조(教祖)인 노자(老子)를 신격화하여 이르는 말.
2340)급급여늘녕ᄉᆞ바하(急急如律令娑婆訶) : 맹인(盲人)이 잡귀를 몰아낼 때 주문 끝에 외는 말. '급급여
　　율령(急急如律令)'과 '사바하(娑婆訶)'가 합쳐진 말로, '급급여율령(急急如律令)'은 원래 중국 한나라 때
　　공문에 써서 '급히 명령대로 시행하라'는 뜻을 나타내던 말이고, '사바하(娑婆訶)'는 범어로 '원만한 성
　　취'라는 뜻의 말로, 진언(眞言)의 끝에 붙여, 그 내용이 이루어지기를 구하는 말이다. 이 부적(符籍)의
　　뜻은 '급히 율령대로 시행하여 소원을 이루게 하라'는 말이다.
2341)부작(符作) : '부적(符籍)'의 변한 말. 잡귀를 쫓고 재앙을 물리치기 위하여 붉은색으로 글씨를 쓰거
　　나 그림을 그려 몸에 지니거나 집에 붙이는 종이.

두 눈을 허황(虛荒)히 쓰고 손등을 가로 두【12】다리며, 황망이 날쒸는 거동이 더옥 긔괴 망측ᄒ니, 몽녈이 본ᄃᆡ 셩졍이 지긔로온지라. 연부인 거동을 보고 우읍기를 니긔지 못ᄒ나, 겨요 참고 부슉 졔형이 믈너나기를 기다리더니, 이윽고 졔인이 퇴(退)ᄒᆯ시, 연부인도 믈너 ᄉ실(私室)노 도라가니, 몽녈이 져도 나가는 쳬ᄒ고 가만이 ᄯᅩᆯ와 취셩각의 니ᄅ니, 연시 부인이 문왈,

"질이 엇지 왓ᄂ는다?"

몽녈이 유미(柳眉)를 쒱긔고 왈,

"쇼질이 간밤의 흉귀(凶鬼)를 맛나 하마 죽을 번ᄒ여 잠을 못잣건만은, 왕【13】부와 ᄃᆡ인이시며 종빅(從伯)이 마음을 엇더ᄒ게 ᄌ시고2344) 계신지, 각별 무슨 방슐(方術)노 졔어(制御)ᄒᄌ 의ᄉ란 아니 ᄒ시니, 산 사롬도 인ᄉ(人事) 업스면 쳘을 모르는ᄃᆡ, 연쉬 싱시의 인ᄉ 모르는 일이 만턴ᄃᆡ, 더옥 쳥츈 원귀로 종빅(從伯)의게 원이 밋쳐, 단장원혼(斷腸冤魂)이 되어시미니잇가? 니러틋 졈졈 창궐ᄒ여, 종종 빅쥬의 현형(現形)ᄒ기도 괴이치 아니ᄒ니, 만일 니러ᄒ량이면, 가즁의 사롬이 엇지 발용(發容)2345)을 ᄒᆯ가시부니잇가? 아ᄌ(俄者)의 빅모의 녕복(靈卜)2346)과 신무(神巫)를 블너 도ᄋᆨ(度厄) 방예(防豫)ᄒᄌ 말【14】ᄉᆷ이, 쇼질의 어린 마음의는 가장 무던ᄒ건만은, 왕모와 빅뫼 믁연이 무더 두고져 하시니, 쇼질이 혼ᄌ 아니언만은 민망ᄒ미 측냥업도쇼이다. 쇼질이 싱각건ᄃᆡ 왕모의 노혼(老昏)ᄒ심과, 빅모의 이 붓치 일을 아조 허망(虛妄)ᄒ다 ᄒᄉ, 조금도 션쳐ᄒᆯ 싱각을 아니시니, 쇼질이 홀노 민망코 답답ᄒ온지라. 빅모는 응당이 연슈 싱시의 슉질지간(叔姪之間)이시고, 졍의(情意) ᄌ별(自別)ᄒ시던 거시니, 연쉬 구원(九原) 망녕(亡靈)이시라도, 응당 빅모의게는 희롭지 아닐 듯ᄒ오【15】니, 빅모의 의향은 엇더ᄒ시니잇가?"

연부인이 머리를 ᄲᅯᄲᅥ리2347) 흔들며 왈,

"아ᄉ라. 아ᄉ라. 질녀 날과는 각별 은원(恩怨)이 업것만은, 몽장과 가장 조치 못ᄒ던 거시니 반ᄃ시 원을 갑흐려 침범ᄒ미 괴이치 아닐 듯ᄒ니, 니 일노쎠 넘녀ᄒ여 조흔 방냑(方略)을 싱각ᄒ나, 존고와 윤부인이 닉 말으란 아조 우슈이 넉여 조치 아니ᄒ니, 일노 민망ᄒ여라."

몽녈이 눈셥을 쒱긔고 침음(沈吟)ᄒ여 니ᄅᄃᆡ,

"쇼질이 일즉 외가의 왕ᄂᆡ홀 적의, 왕모와 여러 표슉모(表叔母) 등의 니【16】ᄅ시는 말ᄉᆷ을 드ᄅ니, 사롬이 만일 죽어 원빅(冤魄)이 흣허지지 아니ᄒ고, 빅쥬의 사롬의

2342)보량이면 : 볼 양이면, 보았을 것 같으면.
2343)긔급졀ᄉ(氣急絶死) : 긔(氣)가 막혀 죽음.
2344)ᄌ시다 : 자시다. '먹다'의 높임말.
2345)발용(發用) : 작용(作用). 어떠한 현상을 일으키거나 영향을 미침.
2346)녕복(靈卜) : 영험한 점쟁이.
2347)ᄲᅯᄲᅥ리 : 썰썰거리다. 머리를 계속해서 가볍게 흔들다. '설설거리다'보다 센 느낌을 준다

게 현셩ᄒᄂᆞᆫ 폐가 잇거든, 그윽ᄒᆞ고 가만ᄒᆞᆫ 방냑(方略)이 무던ᄒᆞᆯ것만은, 빅뫼 아마도 ᄉᆞ졍(事情)이 계시리니, ‘엇더케 너기실고?’ ᄒᆞ미로쇼이다.”

부인이 문왈,

“무슨 방냑(方略)고? 만일 싱인(生人)의게 조ᄒᆞ량이면, 져는 이왕 죽엇거니와 나의 쳔금 아ᄌᆞ를 위ᄒᆞ여 무슨 일을 못ᄒᆞ리오. 너는 만일 드른 말이 잇거든 날다려 ᄌᆞ시 니ᄅᆞ라.”

몽녈이 짐짓 머뭇 머뭇ᄒᆞ여 니ᄅᆞ기를 심히 어【17】려이 너기는 쳬ᄒᆞ여, 니ᄅᆞ딕,

“일이 망인의게 가장 유ᄒᆡ(有害)ᄒᆞ오니, 발셜ᄒᆞ옵기 즁난(重難)ᄒᆞ고, 또 왕모와 부뫼 드ᄅᆞ시면 쇼질이 비록 년쇼ᄒᆞ오나, 몸이 당당ᄒᆞᆫ 남이 되여 셰쇄(細瑣) 사곡(私曲)ᄒᆞᆫ 의ᄉᆞ를 두어, 빅모긔 알외다 ᄒᆞ여 치ᄎᆡᆨ(治責)이 밋츨가 두려ᄒᆞᄂᆞ이다.”

부인이 쳥파의 ᄌᆞᄌᆞ(字字)히²³⁴⁸⁾ 곳이듣고, 공ᄌᆞ를 나호여 등을 두다리며 손을 잡고 착급(着急)히 문왈,

“닉 너 쇼아의 말을 듯고 실업시 푼포(分布)ᄒᆞ여²³⁴⁹⁾ 네 몸의 ᄎᆡᆨ언(責言)이 도라오게 ᄒᆞ랴? 만일 그런 폐(弊)가 이시량이면, 《나도 【18】 춤²³⁵⁰⁾, 딍셰²³⁵¹⁾‖내 졍말 맹셰코 말하지만》, 인면슈심(人面獸心)이지, 사ᄅᆞᆷ이랴? 착ᄒᆞᆫ 닉 아들은 의심 말고, 셜니 일너 닉 답답ᄒᆞᆫ 마음을 플게 ᄒᆞ라.”

공ᄌᆞ 일ᄭᅥᆺ²³⁵²⁾ 씨오다가 원인(遠人)²³⁵³⁾ 벽좌우(僻左右)²³⁵⁴⁾ᄒᆞ고 니ᄅᆞ딕,

“여ᄎᆞ여ᄎᆞᄒᆞ면, 아모 원혼 음녕이라도 감히 사ᄅᆞᆷ의게 발뵈지²³⁵⁵⁾ 못ᄒᆞᄂᆞ니, 싱인은 관계치 아니ᄒᆞ딕, 망인(亡人)의게는 가장 ᄒᆡ로와, 이 방법을 ᄒᆞᆫ 후는 억만(億萬) 윤회(輪廻)라도 귀신이 능히 어더 먹지 못ᄒᆞ고, 능히 디하(地下)를 버셔나지 못ᄒᆞᆫ다 ᄒᆞ더이다.”

부인 왈,

“그 관겨ᄒᆞ랴. 진실노 네 말과 갓치ᄒᆞ여, 무ᄒᆡ(無害) 곳 ᄒᆞ량이【19】면 즉ᄒᆞ리오²³⁵⁶⁾. 슈 연(雖然)이나 날노셔는 쥬변²³⁵⁷⁾키 어려오니, 아모리 ᄒᆞ여도 늄부인과 의논ᄒᆞ여 ᄒᆞ리로다.”

공ᄌᆞ 거ᄌᆞᆺ 놀나 말뉴 왈,

2348) ᄌᆞᄌᆞ(字字)히 : 언언(言言)히. 말마다.
2349) 푼포(分布)ᄒᆞ다 : 분포(分布)하다. 퍼뜨리다. 널리 퍼지게 하다.
2350) 춤 : 정말. 참으로.
2351) 딍셰 ; 맹세코 말하지만.
2352) 일ᄭᅥᆺ : 일껏. 모처럼 애써서.
2353) 원인(遠人) : 사람을 멀리함.
2354) 벽좌우(僻左右) : 밀담을 하려고 곁에 있는 사람을 물리침
2355) 발뵈다 : ‘발보이다’의 준말. *발보이다; 무슨 일을 극히 적은 부분만 잠깐 드러내 보이다.
2356) 즉ᄒᆞ다 : 오죽하다. ((흔히 ‘오죽하여’, ‘오죽하면’, ‘오죽하랴’ 따위의 꼴로 의문문에 쓰여)) 정도가 매우 심하거나 대단하다는 뜻을 나타내는 말. 여기서는 ‘얼마나 좋으랴’의 뜻으로 쓰였다..
2357) 쥬변 : 일을 주선하거나 변통함. 또는 그런 재주. *쥬변ᄒᆞ다 : 일을 주선하거나 변통하다

"일을 ᄒ려 ᄒ시면 슉모 혼ᄌ ᄒ시지, 빅뫼(伯母) 엇더ᄒ신 사름이완ᄃᆡ, 니런 쇼쇼
지ᄉ(小小之事)를 다 왈외리잇가? 쇼질의게 칙(責)이 이실가 져허ᄒᆞᄂᆡ이다."

부인 왈,

"이 일이 쉬온 듯ᄒ고도 어려웨라. 나 혼ᄌ ᄒᆞᄌᄒ니 한흉(悍凶)코 금즉ᄒ니, 춤아
무서워 못홀 거시오. 긔(忌)ᄒᄂ 사름이라고 ᄒ니, 거거(哥哥)와 호형이 아ᄅᆞ시면 날을
무엇만 너기며, 【20】ᄯᅩ 우리 부친과 옥쥬 틱틱 아ᄅᆞ시면 날을 졈지 아닌 거시, 인
ᄉ불셩(人事不省)이라, 칙죄(責罪) 젹지 아니실 듯 시부니, 곳쳐 혜아리미 난쳐ᄒᄆᆡ 여
러 가지로다."

공ᄌ 왈,

"그리면 마ᄅᆞ쇼셔. 화복(禍福)이 관슈(關數)ᄒ고 유명(幽明)이 지텬ᄒ니, 이 가즁 상
하노쇼(上下老少) 신슈명복(身數命福)이 조흐면, 연슈(嫂)의 졍녕(精靈)이 아모리 모진
들 엇지ᄒ리잇고?"

부인이 이 말도 드ᄅᆞ니 무던, 져 말도 드ᄅᆞ니 무던ᄒ여, 아모라타 지젹(指摘)지 못
ᄒ니, 도로혀 묵연(默然) 무어(無語)ᄒ더라.

몽【21】녈이 이윽이 안ᄌ, 지긔(才氣)로온 말슴으로 연부인 허황흔 심쳔(心泉)을
농낙ᄒᄆᆡ 여디(餘地) 업시 ᄒᆞ다가 나아가니, 연부인이 가슴이 답답ᄒ여, 다만 '꿀먹은
벙어리'2358)쳐로 어득져뭇ᄒ여2359) 안ᄌ더니, 믄득 부마와 몽징 공ᄌ 드러와 ᄌ부인
의 혼(魂) 일흔 사름ᄀᆞᆺ치 황당이 안ᄌᄂ 양을 보고, 경아(驚訝)ᄒ여 불안졀2360)이 겨
신가 연고를 뭇ᄌ온ᄃᆡ, 부인이 닙을 벙웃벙웃2361)ᄒ여 무슴 말을 ᄒ고져 ᄒ다가 긋
【22】치거ᄂᆞᆯ, 냥지 괴이히 너겨 ᄌ삼 뭇ᄌ온ᄃᆡ, 부인이 비록 몽녈의게 밍셰를 ᄒ여
시나, 아마도 말 춤기ᄂ 어려온지라. 이의 아ᄌ 몽녈과 문답ᄉ를 니ᄅᆞ고 우왈,

"이 방법이 무던ᄒ니 그럴 쥴 아랏더면 입관(入棺) 젼의 시험홀 거슬, 니졔ᄂ 아모
도 몰ᄂᆡ 텬긔(天蓋)2362)를 열기가 아니 극난(極難)ᄒ냐? 닉 몽녈다려, '말 아니ᄒ마'
딩셰ᄒ여시니, 너희 형졔 힝혀 존당과 슉당의게 말 마라커니와, 너희ᄂ 잘 아【23】
라 쥬션ᄒ라."

부마와 공ᄌ 쳥파의 몽녈이 모부인을 맛듦이2363) 속여 웃고져 흔 쥴을 알미, 아희
범남(汎濫)ᄒᄆᆞᆯ 어히업시 너기고, 모부인의 여지업시 속으신 쥴을 실쇼(失笑)ᄒ여 잠
쇼(潛笑)ᄒ고 쥬왈,

2358)꿀먹은 벙어리 : 속에 있는 생각을 나타내지 못하는 사람을 비유적으로 이르는 말.
2359)어득져뭇ᄒ다 ; 날이 저물어 어둑어둑하다. 여기서는 생각에 갈피를 잡지 못하고, 이러지도 저러지
　도 못해 답답해하는 모양을 표현한 말.
2360)불안졀 : 마음이 불안하거나 몸이 불편하여 안정되지 못한 상태.
2361)벙웃벙웃 : 벙긋벙긋. 닫혀 있던 입이나 문 따위를 자꾸 소리 없이 슬그머니 열었다 닫았다 하는 모
　양.
2362)텬긔(天蓋) : 시신을 넣어둔 관(棺)의 덮개
2363)맛듦이 : 마뜩이. 마음에 딱 들도록. 제법 마음에 들 만하게.

"이는 무지(無智) 상한(常漢)의 쳔흔 방법이라. 당당흔 경상왕후지가(卿相王侯之家)의 니런 괴악흔 일이 이시리잇고? 몽녈 어린 거시 어듸 가 상한(常漢)의 상(常)업슨 말을 듯고 즈위(慈闈)를 격동ᄒ시게 ᄒᄆᆡ로쇼이다. 연슈의 【24】 음녕이 간듸로 작난ᄒ오며, 듸인이 임의 거록흔 츅ᄉ부작(逐邪符作)으로 음귀(陰鬼)를 졔어ᄒ여ᄉ오니, 이후는 아모 폐단도 업ᄉ올 거시니, 틱틱는 믈우셩녀(勿憂聖慮)ᄒ쇼셔."

부인이 본듸 부마의 온즁졍듸(穩重正大)ᄒ여 거줏말 아니ᄒᄂ는 쥴은 아로듸, 오히려 반신반의(半信半疑)ᄒ더라.

ᄎ후로는 연부인이 낫이라도 영일졍 왕닌를 심히 조심ᄒ고, 밤이면 혹 다른 당즁의 츌입홀지라도 쵹(燭)과 홰2364)를 좌 【25】 위(左右)의 난만(亂漫)이 잡히고, 시녀비로 젼ᄎ후옹[옹](前遮後擁)ᄒ여 단이니, 가즁 상히 그윽이 실쇼(失笑)ᄒ더라.

니러구러 일월이 홀과(忽過)ᄒ여 슈삼삭(數三朔)이 지나니, 연시의 장월(葬月)이 님박(臨迫)흔지라. 연시 노쥬의 음혼이 한번 금갑신의게 쪼치인 빅 된 후는, 다시 흉귀(凶鬼)흔 졍젹(情迹)이 업ᄉ니, 가즁이 비록 뎡쇼져의 신긔를 아지 못ᄒ나, 초공 부부와 쳐강쇼져와 관후와 부미 지긔ᄒ며, 쇼부와 뎡슉셩이 【26】 알 ᄯᆞ름이러라.

호부인이 녀아의 장녜(葬禮)를 당ᄒ여 다시 하상부의 니르러 셜졔(設祭) 치젼(致奠)2365)ᄒ여, 녀아의 녕궤(靈几)를 니별ᄒ니, 그 슬허ᄒᄆᆞᆫ 인지상졍(人之常情)이니 다시 의논치 말녀니와, 하상부 닉외(內外) 한갈갓치 참도(慘悼) 비통(悲痛)ᄒ여 ᄉ랑ᄒ던 즈부(子婦)를 상(喪)홈 갓고, 관휘 쏘흔 졍이 업ᄉ나, 상녜(喪禮)의 지극ᄒᄆᆡ 권도(權道)를 다 힝ᄒ여, 범연이 보ᄆᆡᆫ 관관(款款)흔2366) 빅쳬(配妻)로ᄡᅥ 고분지탄(叩盆之嘆)2367)을 맛난 듯흔 【27】 니, 문지(聞者) 경아(驚訝)ᄒ고 조지(弔者) 감탄 왈,

"뉘셔 연쇼졔 흉면박식(凶面薄色)으로 하싱의 박쳐(薄妻)ᄒᄆᆡ 비인졍(非人情)이 밋쳣다 ᄒ더뇨? 금일 이 상녜의 지극ᄒᄆᆞᆯ 보건듸 그냥 졍이 범연치 아니틴 쥴 뭇지 아녀 알니로다."

ᄒ더라.

하·연 냥부 친쳑 일기 듸회(大會)ᄒ여, 연시의 상구(喪具)를 붓드러 하시 션산(先山)의 안장(安藏)ᄒ고 목쥬(木主)를 시러 도라오니, 일월이 냥삭(陽朔)의 밋쳣더라. 《영이졍∥영일졍》의 목쥬(木主)를 봉안ᄒ고, 그 시녀 【28】 비로ᄡᅥ 조셕증상(朝夕蒸嘗)2368)과 ᄉ시곡읍(四時哭泣)2369)을 밧들게 ᄒ더라.

2364) 홰 : 화톳불을 놓는 데 쓰는 물건. 싸리, 갈대, 또는 노간주나무 따위를 묶어 불을 붙여서 밤길을 밝히거나 제사를 지낼 때에 쓴다.

2365) 치젼(致奠) : 사람이 죽었을 때에, 친척이나 벗이 슬퍼하는 뜻을 나타냄. 또는 그런 제식

2366) 관관(款款)ᄒ다 : 서로 즐겨 화락하다.

2367) 고분지탄(叩盆之嘆) : 물동이를 두드리는 탄식이라는 뜻으로, 아내가 죽은 슬픔을 이르는 말.

2368) 조셕증상(朝夕蒸嘗) : =조석상식(朝夕上食). 상(喪)이 나서 궤연(几筵)을 설치한 때로부터 탈상(脫喪)을 하여 궤연을 철거할 때까지 아침저녁으로 망자(亡者)에게 밥을 차려 올리는 제사. *궤연(几筵); 영위(靈位)를 모시어 놓은 자리.

뉴상부의셔는 《하님∥한님(翰林)》이 구쇼겨로 길월이 가려시므로, 연시 초상의 새로 통신(通信)ᄒᆞᄆᆡ 업더라.

하부의셔 연시의 초상을 지니고, 가즁이 져기 안졍(安定)ᄒᆞ니, 관휘 비록 삼위 쳐실을 두어시나, 연시 이신 젹도 명위원비(名爲元妃)나 연시 용녈ᄒᆞᄆᆡ 극ᄒᆞ니, 능히 가부의 즁궤(中饋)를 쇼임치 못ᄒᆞ여 뉴부인이 효ᄉᆞ봉친(孝祀奉親) 여가의, ᄯᅩ 아ᄌᆞ의 의복거취【29】를 다 슬피니 극히 다ᄉᆞ(多事)ᄒᆞ던지라. 도금(到今)ᄒᆞ여는, 연시 임의 죽어시니 다시 위를 닷홀 거시 업고, 관휘 벼슬이 놉하 졉빈ᄃᆡᄀᆡ(接賓對客)이 ᄌᆞ연 분요(紛擾)ᄒᆞᆫ지라. 뎡·표·상 삼쇼졔 이시나 존당의 명이 업스니, 감히 관후의 의복(衣服) 한셔(寒暑)를 ᄌᆞ단(自斷)치 못ᄒᆞ니, 관휘 공연이 환부(鰥夫)의 괴롭기를 감심(甘心)ᄒᆞ여 의복지졀(衣服之節)의 쥬졉들[2370] 젹이 만흔지라. 하노공이 초공 부ᄌᆞ를 디ᄒᆞ여 왈,

"연시 비【30】록 죽지 아니ᄒᆞ여실지라도, 임의 그 음악불초(淫惡不肖)ᄒᆞᆫ 죄상이 칠거(七去)의 간셥ᄒᆞ여시니, 감히 셩아의 원위(元位)를 조당(操當)치 못ᄒᆞ려든, ᄒᆞ믈며 죽엇고, 뎡시 고문ᄃᆡ가(高門大家)의 줌영(簪纓) 슉녀로, ᄉᆡᆨ덕(色德)이 겸비ᄒᆞ고, ᄯᅩ 긔린(騏驎) 영ᄌᆞ(英子)를 두어시며, 우리 집 은인의 녀진라. 니졔 셩아의 원위를 뎡쇼뷔 아니면 뉘 감당ᄒᆞ리오. 더욱 셩이 미셰ᄒᆞᆫ 셔싱(書生)이 아니라. 뉵경(六卿)[2371] 지렬(宰列)의 작위(爵位) 숭고(崇高)ᄒᆞ고, ᄃᆡᄀᆡ지녜(對客之禮) 번다(煩多)ᄒᆞ니, 가히 하【31】로도 즁궤(中饋)[2372]를 븨오지 못ᄒᆞ리니, 아ᄒᆡᄂᆞ ᄲᆞᆯ니 길신(吉辰)을 ᄐᆡᆨᄒᆞ여 조션 신녕(神靈)의 고츅(告祝)ᄒᆞ고, 뎡시로 몽셩의 원위를 감당케 ᄒᆞ라."

ᄒᆞ니, 초공이 계슈(稽首) 슈명(受命)ᄒᆞ고 즉시 ᄐᆡᆨ일ᄒᆞ니 불과 슈일이 격ᄒᆞ엿더라.

하부의셔 범ᄉᆞ를 졍졔(整齊)ᄒᆞ여 길일의 뎡쇼져를 칙봉ᄒᆞ여, 텬ᄌᆞ의 은영 직쳡(職牒)·고명(顧命)을 도라보닐ᄉᆡ, 일가 죵족을 모호고, 초공 곤계 관복을 갓초고, 문묘의 드러가 향화(香火) 납쵹(蠟燭)[2373]을 갓초와 향을 쇼【32】ᄌᆞ며, 졔젼(祭奠)을 버리고 고ᄉᆞ(告祀)ᄒᆞᄂᆞᆫ 츅문을 지어 조종(祖宗) 신녕(神靈)의 ᄎᆞ례로 고ᄒᆞ고, 현비(見拜)ᄒᆞ기를 맛ᄎᆞᄆᆡ, 관휘 뎡부인으로 더부러 구장면복(九章冕服)[2374]을 졍히 ᄒᆞ고, 엇게를 ᄀᆞ죽이ᄒᆞ여 나오니, 하쇼뷔 팔을 드러 기리 읍양(揖讓)ᄒᆞ여 관후 부부를 문묘(門廟)[2375]

2369) ᄉᆞ시곡읍(四時哭泣) : 상례(常禮)의 하나. 상(喪)이 나서 궤연(几筵)을 설치한 때로부터 탈상(脫喪)을 하여 궤연을 철거할 때까지, 매일 하루 중의 네 때, 곧 단(旦; 아침)·주(晝; 낮)·모(暮; 저녁)·야(夜; 밤)에 영위(靈位)에 곡읍(哭泣)하는 것을 이른다.

2370) 쥬졉들다 : 주접들다. 궁상(窮狀)맞다. 옷차림이나 몸치레가 초라하고 너절하다.

2371) 뉵경(六卿) : 육조판서(六曹判書). 이조, 호조, 예조, 병조, 형조, 공조의 판서.

2372) 즁궤(中饋) : 늑주궤(主饋). 안살림 가운데 음식에 관한 일을 책임 맡은 여자.

2373) 납쵹(蠟燭) : 밀초. 밀랍으로 만든 초.

2374) 구장면복(九章冕服) : 임금이나 왕비 등이 입던 예복(禮服)인 구장복(九章服)과 면류관(冕旒冠)과 곤룡포(袞龍袍)를 함께 이르는 말. *구장(九章); 조선 시대에, 임금의 면복(冕服)에다 놓은 아홉 가지의 수(繡). 의(衣)에는 산(山), 용(龍), 화(火), 화충(華蟲), 종이(宗彝)를 수놓고 상(裳)에는 마름(藻), 분미(粉米), 보(黼), 불(黻)을 수놓았다.

의 올니고, 쇼뷔 츅문을 넑어 뎡쇼져를 종손부를 칙위(冊位)ᄒᆞᄂᆞᆫ 쇼유를 고ᄒᆞᄆᆡ, 관휘 뎡부인으로 더부러 믈너 조종 신위의 ᄉᆞ비(四拜) 녜알(禮謁)ᄒᆞ여 작(爵)을 헌(獻)ᄒᆞ고, 믈너나 품【33】복(品服)을 곳치고 존당 구고 슉당의 비알ᄒᆞ고 믈너 좌의 드니, 하노공이 ᄯᅩ 명ᄒᆞ여,

"표·상 냥인이 젼일은 비록 뎡쇼부와 동녈(同列)이나, 금일 뎡시를 존(尊)ᄒᆞ여 손ᄋᆞ의 원비(元妃)를 삼아시니, 일노븟허 뎡쇼부ᄂᆞᆫ 표·상 냥쇼부의 녀군(女君)이라. 맛당이 시로 녜로ᄡᅥ 보아 가법을 착난치 말게 ᄒᆞ라."

냥쇼졔 슈명ᄒᆞ여 즉시 돗 아리 ᄂᆞ려 부인을 향ᄒᆞ여 공슈(拱手) 지ᄇᆡ(再拜)ᄒᆞ니, 뎡쇼졔 비록 존명을 역(逆)지 못ᄒᆞ여 놉흔 좌의 안【34】ᄌᆞ 마지못ᄒᆞ여 그 졀을 바드나, 만심이 다 불안ᄒᆞ여 그 졀ᄒᆞ기를 당ᄒᆞᄆᆡ, 기리 팔을 드러 공슈(拱手)[2376] 읍양(揖讓)[2377]ᄒᆞ여 피ᄎᆞ ᄉᆞ문(士門)이믈 공경ᄒᆞ더라.

좌즁 졔인이 금일 뎡쇼져를 처음 보미 아니로ᄃᆡ, 신신(申申)ᄒᆞᆫ 위의와 쳬쳬ᄒᆞᆫ[2378] 품복(品服)으로조ᄎᆞ 쳔ᄐᆡ만광(千態萬光)이 《발어겸승∥비승(倍勝)》ᄒᆞ여 셩덕(聖德) 진화(眞華)를 엉긔여시니, 인인(人人)이 머리를 두로혀 습복(慴伏) 츄앙(推仰)ᄒᆞ믈 마지 아니니, 더욱 놉고 어위ᄎᆞ니 이 날 그 용화 덕질을 우러러 칙【35】칙(嘖嘖) 경찬ᄒᆞᄆᆡ, 만당(滿堂) 졔빈의 만목(萬目)이 쇠고 빅귀(百口) 갈셩(喝聲)ᄒᆞ기의 밋쳐, 일시의 년셩(連聲) 치하 왈,

"져런 쳔고(千古)의 ᄲᅬ여난 용화 긔질과 셩덕 광휘로ᄡᅥ, 조물의 희극(戲劇)ᄒᆞ므로 아시의 긔화(奇禍) 변난(變亂)을 갓초 격고, 관후의 희쳡의 낫ᄉᆞᆺ기[2379]를 감심ᄒᆞ고, ᄯᅩᄒᆞᆫ 텬셩을 관회(寬懷)ᄒᆞ여 녜이우귀(禮以于歸)ᄒᆞ나, 무염(無厭)ᄒᆞᆫ 연쇼져의 하풍시(下風視)[2380]를 감심ᄒᆞ시니, 우리 무리 ᄆᆡ양 관후의 화풍경운지샹(和風慶雲之像[2381])과 연쇼져의 불용둔질(不用鈍質)의 비쳬 ᄎᆞ【36】오(差誤)ᄒᆞ시믈 보고, ᄯᅩ 뎡쇼져의 졀츌탁아(絶出卓雅)ᄒᆞᆫ 셩덕 지용을 보올 젹마다, 조물의 다싀(多猜)ᄒᆞ믈 탄복ᄒᆞ옵더니, 금일 만고(萬古) 군ᄌᆞ호걸(君子豪傑)과 쳔츄(千秋) 슉녀가인(淑女佳人)이 비항(配行)이 샹젹(相敵)ᄒᆞ여, 존부 쥬종(主宗)[2382]이 챵셩ᄒᆞ시고, 챵현 갓흔 옥동 긔린을 두어 문호를 영챵(永昌)ᄒᆞᆯ 복경(福慶)이 낫하나시니, 우리 능히 귀부 만흔 늉복(隆福)을 셔어(齟齬)ᄒᆞᆫ 구셜(口舌)노 다 일ᄏᆞᆺ기 어렵도쇼이다."

2375)문묘(門廟) : 가묘(家廟). 가문의 시조와 선세의 신주를 봉안한 사당(祠堂).
2376)공슈(拱手) : 절을 하거나 웃어른을 모실 때, 두 손을 앞으로 모아 포개어 잡음. 또는 그런 자세. 남자는 왼손을 오른손 위에 놓고, 여자는 오른손을 왼손 위에 놓는다. 흉사(凶事)가 있을 때에는 반대로 한다.
2377)읍양(揖讓) : ①읍하는 동작과 사양하는 동작. ②겸손한 태도를 가짐.
2378)쳬쳬ᄒᆞ다 : 체체하다. 행동이나 몸가짐이 너절하지 아니하고 깨끗하며 트인 맛이 있다.
2379)낫ᄉᆞᆺ기 : '낫가오다'의 명사형. 낮기. 낮음.
2380)하풍시(下風視) : 사람이나 사물의 수준 또는 질을 일정 수준보다 낮게 여김.
2381)화풍경운지샹(和風慶雲之像) : 화창한 바람과 상서로운 구름 같은 기상(氣像).
2382)쥬종(主宗) : 종가(宗家). 족보로 보아 한 문중에서 맏이로만 이어 온 큰집.

위하지셩(慰賀之聲)이 니러틋 분분ᄒᆞ여 일ᄏᆞᆺ기를 마지 아니【37】ᄒᆞ니, 뎡국공 부부와 초공 부뷔 만면 희ᄉᆡᆨ(喜色)으로 좌슈우답(左酬右答)의 이는 다 조션의 ᄭᅵ치신 젹덕여음(積德餘蔭)이오, ᄌᆞ긔 등의 빌미ᄒᆞ미 아니라 하더라.

연부인이 즁언(衆言)의 뎡쇼져 과칭(過稱)ᄒᆞ믈 드ᄅᆞ미, ᄯᅩᄒᆞᆫ 우긔(愚氣) 발작ᄒᆞ여 ᄌᆞ긔 현덕(賢德)이 젼혀 ᄌᆞ부를 불이(不愛)ᄒᆞ미 아니라, 초의 뎡현부를 괴롭게 하던 일이 다 질녀 노쥬의 탓시라. 니졔 질녀와 간비 현비 슉녀를 무고히 히ᄒᆞ던 앙얼(殃孼)을 바다 죽어시니, ᄌᆞ【38】긔 젼일을 뉘웃쳐 뎡시 ᄉᆞ랑ᄒᆞ기를 친싱(親生) 교아(嬌兒)의 더ᄒᆞ노라 ᄒᆞ여, 두용(頭容)을 그ᄃᆞᆨ이고 목용(目容)을 직ᄒᆞ여 만흔 쥬식(酒食)을 포량(飽量)토록 먹어, 반셩반ᄎᆔ(半醒半醉)ᄒᆞ여시니, 쥬졍(酒酊)의 겸ᄒᆞ여 금군(錦裙)을 츄이ᄌᆞ며2383) 봉관(鳳冠)이 부정(不正)ᄒᆞ여 놉히 닉민 니마의 슉이2384) 쓰고 옥ᄎᆡ(玉釵) 반만 기우러, 금젹의(錦翟衣)2385) ᄉᆞ이의 옥결(玉玦)2386)을 쥬쥴이 흔드러 존귀홈과 유복ᄒᆞ믈 말ᄉᆞᆺ마다 ᄌᆞ랑ᄒᆞ니, 즁빈이 심니의 실쇼ᄒᆞ나 면강(勉强) 위ᄌᆞ(慰藉)ᄒᆞ믈 마지 아【39】니ᄒᆞ더라.

종일 진환(盡歡)ᄒᆞ고 셕양의 빈긱이 훗허지니, 졔인이 존당의 혼졍을 파ᄒᆞ고 각귀ᄉᆞ실(各歸私室)ᄒᆞ니, 관휘 이 날이야 가즁의 일이 업고 딕ᄉᆞ(大事) 완졍(完定)ᄒᆞ니 심시 흔흡(欣洽)ᄒᆞ지라. 부인으로 더부러 한가지로 퇴ᄒᆞ여 부용각의 도라오니, 방노픠 만면 희ᄉᆡᆨ으로 후와 부인을 마ᄌᆞ 실의 드러 부뷔 좌졍ᄒᆞ니, 유뫼 창아를 안아 니ᄅᆞ고, 뎡당 시녜 뉴부인 명으로 아쇼져(兒小姐)를 안아 니ᄅᆞ러, 고왈, 【40】

"존당 군부인(郡夫人)2387)이 니ᄅᆞ시티, '금일 뎡현뷔 오아의 상두를 웅거ᄒᆞ여 즁궤를 님ᄒᆞ리니, 맛당이 아쇼져와 쇼공ᄌᆞ를 한가지로 교양ᄒᆞ여 ᄌᆞ모의 도를 폐치 말나' ᄒᆞ시더이다."

쇼졔 공경ᄒᆞ여 존명을 밧ᄌᆞᆸ기를 회쥬(回奏)ᄒᆞ라 ᄒᆞ고, 셩아를 닛그러 좌슬하(坐膝下)의 안치고 무이ᄒᆞ니, 셩아와 창현이 동년싱(同年生)이로티, 셩아는 즁츈 회간(晦間)의 싱셰(生世)ᄒᆞ고, 창현은 츄말(秋末)의 싱셰ᄒᆞ여시니, 셩이 달노 팔【41】삭 맛이니, 형미라. 셩아는 임의 돌시 지난지 오라니, 극히 총명혜힐(聰明慧黠)ᄒᆞ여 만ᄉᆞ의 ᄉᆞᄆᆞᆺ지 못홀 ○[일]이 업고, 현아는 돌시 밋쳐 못 지나시니, 겨오 ᄒᆡᆼ보를 옴기고 호시(怙恃)2388)를 브를 ᄯᆞ름이라.

관휘 소시의 음픠흔 ᄒᆡᆼᄉᆞ를 통히ᄒᆞ여, 비록 금슬(琴瑟)의 낙(樂)이 업던 비나, 셩아

2383)츄이ᄌᆞ다 : 추어올리다. 위로 끌어올리다.

2384)슉다 : 숙다. 앞으로나 한쪽으로 기울어지다.

2385)금젹의(錦翟衣) : 비단으로 지은 젹의(翟衣). *젹의(翟衣); 조선 시대에, 나라의 중요한 의식 때 왕비가 입던 예복. 붉은 비단에 청색의 꿩을 수놓아 만들었다.

2386)옥결(玉玦) : 옥으로 만들어 허리에 차는 고리.

2387)군부인(郡夫人) : 조선 시대에, 왕자군(王子君)이나 종친의 아내에게 내리던 외명부의 봉작. 왕자군의 아내에게는 정일품의 품계를, 종친의 아내에게는 종일품의 품계를 내렸다.

2388)호시(怙恃) : 믿고 의지한다는 뜻으로, '부모'를 이르는 말.

의 ᄌ미 운치 교염졀묘(嬌艶絶妙)ᄒ미, 요힝(僥倖) 흉상 누질의 ᄌ모를 품슈치 아냐시믈 가이(可愛)ᄒ고 텬뉸 《져독‖지독(舐犢)2389)》의 졍은 범【42】연치 아닌지라. ᄒ믈며 군ᄌ의 관홍ᄒ미 그 무모ᄒᆫ 졍ᄉ를 연측(憐惻)지 아니리오. 연망이 ᄌ녀 두 아히를 나호여 좌우 슬상의 교무ᄒ며 셩아다려 니ᄅᄃᆡ,

"져 안즌 부인이 곳 너의 싱뫼니 네 니졔ᄂᆞᆫ 조모 침뎐의 잇지 말고 이 곳의 이시라."

싱이 셩모(星眸)를 흘니 ᄯᅳ고 아험(娥臉2390))을 움즉이며, 두 졈 단ᄉ(丹砂)를 움즉이ᄂᆞᆫ 곳의 픾쥬(貝珠))2391)를 현영(現影)ᄒ여 왈,

"히익(孩兒) 유미(幼微)ᄒᆫ 고로 어룬이 【43】아모라도 명ᄒ여 모친이라 ᄒ면, ᄌ모로 아옵ᄂᆞ니, 젼의 영일누 틱틱ᄂᆞᆫ 겨시고, 난취각 모친과 일취각 모친과 니졔 ᄯᅩ 부용각 모친이 다 쇼녀의 ᄌ뫼라 니ᄅᆞ시니, 쇼녜 그 뉘가 싱뫼(生母)신 줄 알니잇고? 다만 마음의 싱각ᄂᆞᆫ 비 기즁의 쇼녀를 심히 어엿비 너기ᄂᆞᆫ 비 모친이 쇼녀를 나흐신 듯 시부더이다."

쇼음(笑音)이 낭낭ᄒ여 옥을 마으ᄂᆞᆫ 듯, 단쇼(丹霄)2392)의 유봉(幼鳳)이 브릇지지ᄂᆞᆫ 듯, 뇨【44】라(姚娜)ᄒᆫ 쳬지(體肢)와 묘묘ᄒᆫ 말쇼릭, 갓초 졀인(絶人)ᄒ여 인졍의 ᄉ랑ᄒ오믈 면치 못홀지라. 관휘 블승이련(不勝愛憐)ᄒ여 이셩(怡聲) 문왈,

"그러ᄒ면 네 모친 즁의 뉘 너를 더 ᄉ랑ᄒ더뇨?"

셩이 ᄃᆡ왈,

"영일졍 틱틱ᄂᆞᆫ 혹 ᄉ랑ᄒ실 젹이 잇다가도, 홀연이 역졍ᄂᆡ여 무신(無信) 필부(匹夫) 박졍낭(薄情郎)의 씨니 휵양(畜養)ᄒ여 부졀업다 ᄒ여, 미이 치며 ᄭᅮ지ᄌ시던 거시니 아히 우러러 두리올 젹이 만터이다. 난【45】취각·일취각 두 모친은 미양 보면 웃고 노름노리 ᄒ라 권ᄒ시며, 빗난 슈식(垂飾) 픾산지뉴(貝珊之類)를 쥬시니, ᄉ랑ᄒ시ᄂᆞᆫ 줄 알니러이다. 부용각 모친은 각별 ᄉ랑ᄒ시ᄂᆞᆫ 긔식을 뵈지 아니시나, 사룸 업ᄉᆫ ᄃᆡ 맛나면 심히 츄연(惆然)ᄒ여 어로만ᄌ 연ᄌ(憐慈)ᄒ미 각별ᄒ시니, 쇼녜 혜아리건ᄃᆡ 더 ᄉ랑ᄒ시ᄂᆞᆫ가시부오니 싱뫼신가시부ᄃᆡ, 가즁이 다 쇼녀를 영일졍 틱틱 싱ᄒ신 비라 【46】ᄒ오니, 쇼녜 의혹 ᄒ옵ᄂᆞ니, 야야ᄂᆞᆫ 바로 니ᄅᆞ쇼셔."

관휘 쓰다듬아 왈,

"가즁(家中) 존당 상ᄒᆞᄂᆞᆫ 너를 쳘 모른다 ᄒ여, 쇼아의 거동을 보려 쇽이거니와, 나

2389)지독(舐犢) : =지독지정(舐犢之情). 어미 소가 송아지를 핥는 사랑이란 뜻으로, 자식에 대한 어버이의 지극한 사랑을 비유적으로 이르는 말
2390)아험(娥臉) : '아험'은 '아겸(娥臉)'의 변음. 고운 뺨, 고운 얼굴.
2391)패쥬(貝珠) : =진주(眞珠). 진주조개·대합·전복 따위의 조가비나 살 속에 생기는 딱딱한 덩어리. 조개의 체내에 침입한 모래알 따위의 이물(異物)이 조가비를 만드는 외투막(外套膜)을 자극하여 분비된 진주질이 모래알을 에워싸서 생긴다. 우아하고 아름다운 빛깔의 광택이 나서 장신구로 쓴다. *여기서는 백 진주처럼 '하얀 이빨'을 비유적으로 표현한 말이다.
2392)단소(丹霄) : 저녁놀과 같이 붉은 하늘.

는 네 아뷔라, 엇지 즈식을 속이리오. 져 부인이 과연 너를 나코 즉시 유틱(有胎)ᄒ니 유되(乳道) 업ᄂᆞᆫ 고로, 너를 유모를 맛져 영일졍의셔 휵양(慉養)ᄒ엿고, ᄯᅩ 여뫼(汝母) 본가의 연괴 이셔, 늬 츌ᄉᆞ(出師)ᄒᆫ 사이의 여러 달 귀령(歸寧)ᄒ엿다가 도라왓ᄂᆞ니라."

셩이 【47】그러이넉이ᄂᆞᆫ 듯ᄒ나, 오히려 밋ᄂᆞᆫ 듯 마ᄂᆞᆫ 듯ᄒ여 말을 아니코, 다만 우으며 슬(膝)의 나려, 챵현을 닛그러 한가지로 노즈ᄒ니, 관휘 심하의 이련ᄒᄂᆞᆫ 졍이 십 솟듯ᄒ여, 부인을 향ᄒ여 왈,

"기뫼(其母) 슈광픽악(雖狂悖惡)이나 ᄎᆞ아ᄂᆞᆫ 곳 싱의 골육이라. 그 범범ᄒ여도 텬눈쇼이(天倫所愛)ᄂᆞᆫ 헐치 아니려든, ᄒᆞ믈며 ᄎᆞ아의 작인 품슈 ᄯᆞᆫ은 긔특ᄒ여 기모의 츄용 누질을 담지 아냣고, ᄯᅩ 어리나 유슌졍졍(柔順貞靜)ᄒ여 타일 즈라미 슉녀의 【48】삭시 이시니, 부인의 인즈셩덕(仁慈聖德)으로 족히 기모(其母)의 옛 일을 싱각지 아니려니와, 모로미 쇼녀의 무모ᄒᆞᆫ 졍ᄉᆞ를 긍지민지(矜之憫之)ᄒ여 아름다이 휵양ᄒ고, 어지리 교훈ᄒ여, 싱의 즈녀로 ᄒᆞ여곰 그른 곳의 나아가게 말나."

부인이 념용(斂容) 손ᄉᆞ(遜辭) 왈,

"쳡 슈블혜(雖不慧)ᄒ여 목강(穆姜)[2393]의 인즈ᄒᆞᆷ믈 바라지 못ᄒ오나, 엇지 연부인의 옛날 쇼년지심(小年之心)의 일시 년쇼 투긔를 명심(銘心) 기회(改悔)ᄒ여, 쇼아(小兒)의게 년좌(連坐)ᄒᄂᆞᆫ 불【49】초(不肖) 암용(暗庸)ᄒᆞ미 이시리잇고? 쳡의 힝신이 쇼암(素暗) 용녈(庸劣)ᄒ여 군후의 취신(取身)하시믈 엇지 못ᄒᆞᆫ 고로, 금일지언(今日之言)이 여ᄎᆞᄒ시니, 블승슈괴(不勝羞愧)ᄒᆞ이다."

셜파의 옥뫼(玉貌) 즈약(自若)ᄒ고, 옥셩이 유화ᄒ여 늬외의 한 졈 이체(礙滯)ᄒᆞᆫ 뜻이 업셔, 연시 슉질의 후원 년졍하(蓮亭下)의셔 난타 즐욕(叱辱)ᄒ여 년못시 《것셔ᄅᆞ져∥것구ᄅᆞ쳐[2394]》 밀치던 한을 몽미의나 싱각홀 지리오. 무위이화(無爲而化)[2395]ᄒ여 표리일낭(表裡一朗[2396])ᄒ고 늬외증쳥(內外澄淸)[2397]ᄒ니 '상군(湘君)의 즈민(姉妹)'[2398] 화【50】우ᄒ시던 셩덕과 틱ᄉᆞ(太姒)[2399]의 일빅 즈식을 긔츌(己出) 갓치 ᄒ시던 셩덕이라도, 뎡쇼져 족히 감당홀지라. 관휘 촉영지하(燭影之下)의 부인의 셩즈광휘(聖姿光輝)를 듸ᄒ여, 옥셩화어(玉聲和語)를 드ᄅᆞ니, 졍이 취ᄒ이고 의식 흔연ᄒ니,

---

2393)목강(穆姜) : 중국 진(晉)나라 정문구(程文矩)의 아내. 성은 이(李)씨, 자(字)는 목강(穆姜). 전처 소생의 네 아들을 자신이 낳은 두 아들보다 더 사랑하여 훌륭하게 키웠다.
2394)것구ᄅᆞ치다 : 거꾸러뜨리다.
2395)무위이화(無爲而化) : 아무 일도 하지 않아도 절로 교화가 이루어짐
2396)표리일낭(表裡一朗) : 겉과 속이 한결같이 밝음.
2397)늬외증쳥(內外澄淸) : 안과 밖이 맑고 깨끗함.
2398)상군(湘君)의 즈민(姉妹) : 순(舜)임금의 원비(元妃)인 아황(蛾皇)와 그녀의 여동생 여영(女英)을 이르는 말. *상군(湘君); 순(舜)임금의 원비(元妃)인 아황(蛾皇)을 달리 이르는 말.
2399)틱ᄉᆞ(太姒) : 중국 주(周)나라 문왕(文王)의 비(妃). 주나라의 창건자인 무왕(武王)의 어머니로, 정숙한 덕성을 가져 성녀(聖女)로 추앙된다. 『시경』<관저(關雎)>편은 바로 문왕과 태사 부부의 사랑을 노래한 시다.

훤연(喧然) 디쇼(大笑)ᄒ고, ᄌ녀 냥아를 유모를 맛져 믈너가 ᄌ라 ᄒ고, 부인을 향ᄒ여 왈,

"부인이 쳡봉환난(疊逢患亂)ᄒ여 구별지여(久別之餘)의 겨오 누명을 신원ᄒ여 부뷔 일퇵의 모드나, 상환(喪患)과 ᄉ괴(事故) 년텹(連疊)ᄒ여 【51】능히 ᄉ실의 죵요로온 못거지2400)를 일우지 못ᄒ니, 부인은 졍졍(貞靜)ᄒᆫ 녀ᄌ라, 부부호락(夫婦好樂)을 싱각지 아니려니와, 복(僕)은 셩장 남ᄌ로 희포 가국(家國)을 ᄯᅥ나 만니 이국의 츌ᄉ(出師)ᄒ니, 것츤 들 우희 황조(黃鳥)2401) 광야의 규규(赳赳)ᄒᆫ 무부(武夫)와 웅웅(雄雄)ᄒᆫ 장부를 ᄯ디ᄒ여, 번득이ᄂᆞᆫ 흰 날과 붓치이ᄂᆞᆫ 긔둑(旗纛)2402) 아ᄅᆡ 고초히 쳐ᄒ다가 도라오니, 엇지 금병(錦屛) 치장(彩帳) 쇽의 옥 갓흔 부인과 ᄭᅩᆺ 갓흔 안희를 싱각지 아니리오. 임의 【52】야심ᄒ여시니, 엇지 ᄌ리를 ᄎᆺ지 아니ᄒ고 괴로이 밤들기를 영○[디](迎待)2403)ᄒ리오."

언파의 금션(錦扇)을 드러 옥쵹(玉燭)을 멸ᄒ고, 부인을 권ᄒ여 상상슈리(床上繡裏)2404)의 나아가 원앙장(鴛鴦帳)을 한가지로 ᄒ니, 구졍(舊情)이 환환(歡歡)ᄒ고 관후의 여산즁졍(如山重情)이 환오(歡娛) 득의(得意)ᄒ여 빅년(百年)의 낫부미 이시니, 부인이 ᄉ로이 슈괴 만심ᄒ여 일호(一毫) 가납(嘉納)ᄒ미 업더라.

명조의 부뷔 쇼셰ᄒ고 냥아를 다리고 존당의 신셩(晨省)ᄒ니, 존당 부뫼 바야흐【53】로 관후의 비필이 상젹ᄒᆞᆷ믈 깃거ᄒ더라.

관휘 ᄎ야(此夜)의 표쇼져 침쇼의 가 머무러 별졍(別情)을 니ᄅ고, 명일야(明日夜)의ᄂᆞᆫ 상쇼져 침쇼의 가 별회를 펼ᄉᆡ, 두 부인의 옥ᄐᆡ아질(玉態雅質)을 ᄯ디ᄒ여 한갈갓치 이즁(愛重) 견권(繾綣)ᄒ여 은이 ᄎᆞ등치 아니ᄒᄃᆡ, 냥쇼졔 다 놉흔 가문의 어진 교훈을 바든 바, 녀교(女敎)의 방(方)을 어든 슉녜라. 가부의 니러ᄐᆺ 이즁 견권ᄒ여 은이 진즁ᄒᆞᆷ믈 보나, 조금도 흔흔 ᄌ락ᄒ【54】여 은춍을 ᄌ랑ᄒ미 업셔, 한갈갓치 슈렴(收斂) 쳥담(淸淡)ᄒ고 유한졍졍(有閑貞靜)ᄒ니, 관휘 심니(心裏)의 삼부인의 유한ᄒᆞᆷ믈 깃거, ᄌ긔 쳐궁이 늣게야 복되믈 암희 ᄒ더라.

초공이 아ᄌ의 슈신(修身) 셥힝(攝行)이 도금(到今)ᄒ여ᄂᆞᆫ 군ᄌ 힝신의 미흡ᄒ미 업스며, 뎡쇼져 갓흔 슉녀 현부로 상두(上頭)의 거ᄒ여, ᄂᆡ조의 규졍(規正)ᄒ미 '쥬아(周雅)의 명풍(名風)'2405)이 혁연(赫然)ᄒ고 관져(關雎)2406)의 미담이 쳔츄(千秋)의 셩ᄉᆡ

2400)못거지 : 모꼬지. 놀이나 잔치 또는 그 밖의 일로 여러 사람이 모이는 일.

2401)황조(黃鳥) : 꾀꼬리. 까마귓과의 새. 몸의 길이는 약 25cm 정도이며 노랗다. 눈에서 뒷머리에 걸쳐 검은 띠가 있으며 꽁지와 날개 끝은 검다.

2402)긔둑(旗纛) : 군대의 행진에 따르는 여러 깃발들.

2403)영디(迎待) : 기다림.

2404)상상슈리(床上繡裏) ; 수를 놓은 이불을 편 침상 속.

2405)쥬아(周雅)의 명풍(名風) : 중국 주(周)나라 문왕의 비(妃)인 태사(太姒)의 부덕(婦德)과 같은 훌륭한 가풍(家風)을 이르는 말. 곧 태사는 현모양처(賢母良妻)로 문왕을 잘 내조하여 성군(聖君)이 되게 하였는데, 특히 남편의 많은 후궁들을 덕으로 잘 거느려 화목한 가정을 이룬 일로, 후대의 무수한 글들에 그녀의 부덕이 칭송되고 있다.

(盛事) 될 바를 힝회(幸喜)ᄒ믹, 그으【55】이 아름다이 너겨 아즈를 식로이 경계ᄒ여, ᄎ후나 방일 호탕흔 남ᄉ(濫事)를 계칙(戒飭)ᄒ고, 그 젼일 갓가이 ᄒ엿던 옥·쇼 등 졔창(諸娼)을 허ᄒ여 그 희쳡지녈(姬妾之列)의 두게 ᄒ니, 관휘 부군의 광명 졍딕ᄒ신 교훈을 황공 감격ᄒ여 졔창을 불너 다 측실의 두고, 쇼당(小堂)을 쥬어 져희 여년을 안과(安過)ᄒ게 ᄒ고, 일삭(一朔)의 팔일은 뎡부인 슉쇼의 머물고, 기여일(其餘日)은 표·상 냥쇼져 슉쇼의 【56】오일식 머물고, 기여 졔창은 일일식 ᄎ즈며, 혹 군종(群從) 졔졔(諸弟)로 슉쇼를 한가지로 ᄒ여 광금장침(廣衾長枕)의 훈지지낙(壎篪之樂)[2407]이 환열(歡悅)ᄒ며 ᄉ군 ᄉ조(事君事祖) 여가의ᄂ 옥슈닌벽(玉樹璘璧)[2408] 갓흔 녀아와 아즈를 유희ᄒ여, 존당 부모긔 학낭소어(謔浪笑語)로 안져(眼底)의 깃그시믈 도으니, 바야흐로 인간낙ᄉ(人間樂事) 무흠(無欠)ᄒ며, 뎡부 대궁과 문양궁의 빈빈 왕닉(頻頻往來)ᄒ여 옹셔(翁婿)의 친(親)과 반즈(半子)[2409]의 녜(禮)를 극진이 ᄒ니, 대궁 슝튀부인【57】이며 금평후 부부와 대왕과 뉸·양·니·경 ᄉ비(四妃) 두긋기고 깃거ᄒ며, 문양공쥐 바야흐로 녀아의 평싱이 안한(安閑)ᄒ며, 셔랑의 츌범 비상흠과 반즈지녜(半子之禮) 지극ᄒ믈 보믹, 만ᄉ 여의(如意)ᄒ여 스스로 이슈가익(以手加額)[2410]ᄒ여 신기(神祇)의 보우ᄒ시믈 ᄉ례ᄒ고, 쏘흔 스스로 탄왈,

"나의 불초무상(不肖無狀)흔 힝실이 젼두(前頭)의 신기(神祇)를 져바리미 만코, 외조(外祖)의 대역부도(大逆不道)와 모비(母妃)의 무덕(無德)ᄒ시미 무슨 명응(冥應)이 이셔, 나의 즈【58】녜 슈복(壽福)을 바드리오만은, 월염 남믹의 남달리 츌뉴(出類) 비상(非常)ᄒᆷ믄 도시 뎡시 조션과 구고의 셩덕 여음이 밋ᄎ미니, 사름이 엇지 스스로 현(賢)을 먼니ᄒ고 악을 갓가이ᄒ미, 엇지 즈손의 악업을 쓰흐미 아니리오."

ᄒ여, 더옥 힝을 가다듬고 덕을 힘쓰니, 문양공쥐 녀아의 화환(禍患) 이후로ᄂ 오히려 너모 수렴ᄒ여, 심히 병되기의 갓갑더라. 원근 닌니 공쥬의 옛일과 시금 너모【59】프러지게 어질믈 셔로 젼ᄒ여 일ᄏ라, 맛당이 ᄉ오나온 사름을 《징계∥경계(警戒)》ᄒ여 문양 공쥬 갓흐라 ᄒ더라.

이 젹의 눈상부의셔 구쇼져 길일이 다드르니, 오동(梧桐) 일엽(一葉)이 가긔(佳期)를 ᄉᆯ니 보ᄒᄂ지라. 냥기 혼슈를 셩비(盛備)ᄒ여 길일의 디연을 기장(開場)훌식, 위티비와 뉴부인이 셜쇼져를 싱각ᄒ고 심히 즐겨 아냐 왈,

<hr/>

2406)관져(關雎) : 『시경(詩經)』 '주남(周南)'편에 실린 노래 이름. 문왕(文王)과 태사(太姒)의 사랑을 주제로 한 노래.
2407)훈지지낙(壎篪之樂) : 훈지상화(壎篪相和), 곧 형제가 서로 우애하며 사는 즐거움. *훈지상화(壎篪相和); 형이 '훈'이라는 악기를 불면 아우는 '지'라는 악기를 불어 화답한다는 뜻으로, 형제간의 화목함을 비유적으로 이르는 말.
2408)옥슈인벽(玉樹璘璧) : 옥수(玉樹; 아름다운 나무), 기린(騏驎; 천리마), 옥벽(玉璧; 둥그런 옥)을 아울러 이르는 말로, 모두 '재주가 뛰어나고 용모가 빼어난 사람'을 이르는 말이다.
2409)반자(半子) : 아들과 다름없다는 뜻으로 '사위'를 달리 이르는 말.
2410)이슈가익(以手加額) : 손을 이마에 대거나 얹고 생각함.

"셜쇼뷔 도라간지 하마 긔년이라. 셰이 스스로 져의 불명(不明) 무상(無常)ᄒᆞ미 현쳐(賢妻)【60】를 박히 ᄒᆞᆫ 죄ᄂᆞᆫ ᄭᆡ닷지 못ᄒᆞ고, 투한(妬悍) 조협(躁狹)ᄒᆞᆫ 엄부인을 족슈(足數)2411)ᄒᆞ여 무죄ᄒᆞᆫ 안히를 닉치니, 엇지 불통 무상치 아니며, 셜쇼뷔 엇지 항복ᄒᆞ리오."

승상이 이셩(怡聲) 쥬왈,

"왕모와 틱틱ᄂᆞᆫ 쇼려(消慮)ᄒᆞ쇼셔. 셰이 광망ᄒᆞ고 어린 투협ᄒᆞᆫ 부인을 족가(足枷)ᄒᆞ여 안히 닉치기를 잘 못ᄒᆞ여ᄉᆞ오니, 임의 도라보닌 후ᄂᆞᆫ 쇼손이 셜식부를 다려오고져 ᄒᆞ여도, ᄉᆞ쳬(事體) 모로ᄂᆞᆫ 부인이 반ᄃᆞ시 견집(堅執)ᄒᆞ고 보닉지 아【61】니ᄒᆞ올지라. 연즉, 쇼손이 ᄌᆞ부된 ᄌᆞ의게 어룬의 위엄이 셔지 못ᄒᆞ올 거시니, 시고로 시월(時月)을 쳔연ᄒᆞ여, 셜공이 회조(回朝)ᄒᆞ기를 기다리옵더니, 니졔 셜공이 환조(還朝)ᄒᆞ연지 슈일이라. 쇼손이 임의 인옹(姻翁)을 ᄎᆞᆽ 보고 딕강 쇼유를 일너ᄉᆞ오니, 셜공은 관인(寬仁) 장직(長者)라, 그 부인의 투협(妬狹)ᄒᆞᆷ과 ᄀᆞᆺ지 아니니, 반ᄃᆞ시 부인을 계칙ᄒᆞ고 기녀를 경계ᄒᆞ여 보닉오리니, 맛당이 금일이라도 위의를 【62】 ᄎᆞ려 쇼부를 권실(眷室)ᄒᆞᆺ이다."

냥부인이 크게 깃거 직삼 슈이 다려오기를 니ᄅᆞ더라. 학시 ᄯᅩᆫ 악모를 증념ᄒᆞ여 쇼져의 무죄ᄒᆞᆷ믈 모로지 아니ᄒᆞ되, 짐짓 박츅(薄逐)ᄒᆞ미, 셜공이 도라오기를 더딕ᄒᆞ여 훌훌이 부인을 써난지 돌시2412) 지나고 희를 밧고니, 시시로 유ᄌᆞ(幼子)를 ᄎᆞᆽ 심회를 위로ᄒᆞ나, 부인의 화용옥틱(花容玉態)를 《삼상∥심상(心想)》ᄒᆞ여 독슉공관(獨宿空館)2413)의 환부(鰥夫)의 고초ᄒᆞᆯ 젹이 ᄌᆞᄌᆞ니, 심하의 괴롭기를 【63】 니긔지 못ᄒᆞ며, ᄯᅩᆫ 스스로 우어 왈,

"나 눈셰린이 당당ᄒᆞᆫ 팔쳑 디장부로, 쇼년 닙조(入朝)ᄒᆞ여 풍신지홰(風神才華) 결비하등(決非下等)이오, 상춍(上寵) 문명(文名)이 혁연(赫然)ᄒᆞ니, 셜시 아니라 타(他) ᄉᆞ문규리(士門閨裡)의 슉녀 졀염이 어ᄂᆞ 곳의 업스리오. 쾌히 아름다온 녀ᄌᆞ를 직췌ᄒᆞ여 장부 힝낙(行樂)을 쾌히 ᄒᆞ고, 즛밉도쇼니2414) 투한(妬悍)ᄒᆞᆫ 셜부인을 통쾌히 셜치ᄒᆞ면 무던ᄒᆞ련만은, {디}딕인이 결연이 허ᄒᆞ실 니 업고, 닉 음녀 찰부(刹婦)를 【64】 어더 군ᄌᆞ 힝신을 휴손ᄒᆞ미 만ᄒᆞ니, 목금 오히려 부모의 미안지심이 치 풀니지 아냐 계시니, 셜ᄉᆞ 임강(任姜)2415) ᄀᆞᆺᄒᆞᆫ 녀ᄌᆡ 이신들, 닉 엇지 ᄌᆞ힝 ᄌᆞ지(自行自止)ᄒᆞ리오. 이번은 실노 극난ᄒᆞ거니와, 딕강 남ᄌᆡ 일쳐를 직회여 도장2416) 쇽의 녹녹히 늙을 거시 아니라, 셜공이 도라오거든 왕부와 딕인이 셜시를 다려오시고, ᄉᆞ시(事事) 슌텬(順天)

2411)족슈(足數) : 꾸짖거나 참견하여 말함.
2412)돌시 : '돌+이'의 연철형태. 일주년.
2413)독슉공관(獨宿空館) : 빈 집에서 혼자 잠.
2414)즛밉다 : 얄밉다. 매우 밉다.
2415)임강(任姜) : 중국 주(周) 문왕(文王)의 모친 태임(太任)과 주(周) 선왕(宣王)의 비(妃) 강후(姜后)를 함께 이르는 말. 모두 어진 덕으로 유명하다.
2416)도장 : 늑규방(閨房). 부녀자가 거처하는 방.

흔 후의 조각을 보아가며 추추 션쳐ᄒ여, 부듸 아름다온 녀ᄌ를 어더 지취ᄒ【65】여 투한ᄒ고 급조(急躁)흔 녀ᄌ를 한번가지는 속이리라."

ᄒ더라. 이 ᄯᅢ 셜공이 옛 벼슬노 다시 환조(還朝)ᄒ니, 조졍 빅뇨 셜복야(僕射)의 쳥현(淸賢) 아망(雅望)을 츄앙ᄒᄂ 고로, 문외의 영졉ᄒᄂ 친붕(親朋)이 문외의 메여시니, 평진왕과 승상이 ᄯᅩ흔 ᄌ질을 거ᄂ려 먼니 마ᄌ며, 졔뎡과 하시 졔공도 ᄯᅩ흔 ᄯᅥ지니 업더라. 셜공이 구별지여(久別之餘)의 인옹(姻翁)이 상듸ᄒ며 녀셔(女壻)를 반기미 친ᄌ의 감치 아니니, 뉴학시 ᄯᅩ흔 악모(岳母)의 【66】 투협ᄒ믈 불복ᄒ나, 셜공의 어진 군진 쥴은 긔탄ᄒᄂ 고로 피ᄎᆞ 반기미 극ᄒ나, 도ᄎᆞ(到此)의 지난 말은 졔긔치 아니ᄒ더라.

복애 예궐(詣闕) 슉사(肅謝)ᄒ고 물너 집의 도라오니, 졔지 비후(陪後)ᄒ여 닛당의 니ᄅ니, 공이 좌를 밋쳐 졍치 못ᄒ여셔, 부인이 공을 보미 믄득 노긔를 표동(飄動)ᄒ여 왈,

"상공은 무슨 깃분 일이 이셔 희식이 만안ᄒ시뇨? 쳡은 녀아를 무고히 심당의 죄슈를 삼으니 만ᄉᆞ의 흥황(興況)이 업시다."

복애 쳥미 【67】 파(聽未罷)의 대경 왈,

"늬 아ᄌ의 인옹과 달징을 문외의셔 만나 보앗거니와, 부ᄌ의 긔식이 다 흔연ᄒ여 녈ᄌ(列子)[2417]로 다름이 업거ᄂ, 부인의 니ᄅ미 엇진 말이며, 니졔 녀익 어듸 잇ᄂ니잇고?"

부인이 작식 왈,

"사룸이 혼가(婚家)를 갈희미 부귀 위셰도 보려니와, 듸져 인심을 졔일 갈휠지라. 상공이 늬 ᄭᅩᆺ○[갓]흔 ᄯᅩᆯ을 가져 무스 일, 인면슈심(人面獸心) 젹츄(賊酋) 눈셰린을 구ᄒ여 ᄉᆞ회를 숨더니, 무슨 ᄯᅳ더온[2418] 일이 잇ᄂ뇨? 셰린의 외모 풍【68】신은 졔 부모를 달마 사룸답것만은, 힝신(行身)의 교악(狡惡) 흉픽(凶悖)ᄒ믄 졔 증조모 위흉과 양조모 뉴녀를 달맛ᄂ지라. 우리 상풍[2419] 몰낫더니, 셰린이 여ᄎᆞ여ᄎᆞᄒ여 셜왕의 양녀(養女) 급ᄉᆞ(給事) 녀방의 ᄯᅩᆯ 쇼위 녕능군쥬라 하ᄂ 년을 어드니, 고 년이 여ᄎᆞ여ᄎᆞ 음악ᄒ여 녀아를 니리니리 모히ᄒ니, 녀익 거의 셰린의 독슈(毒手)의 죽을 번ᄒ기를 여러번 ᄒ엿더라 ᄒ니, 드ᄅ미 엇지 놀납지 아니리오. 녀아도 어버이 지극흔 졍은 싱각 【69】지 아니코, 우리를 아조 ᄡᅳᆫ드시[2420] 긔이고, 젹츄의 능멸 쳔듸를 조흔 일갓치 감심ᄒ다가, ᄯᅩ 여ᄎᆞ여ᄎᆞ 녀녀의 악시 발각ᄒ니 ᄌᆞ연 쇼문이 젼파ᄒᄂ지라. 쳡이 바야흐로 알고 우분(憂憤)ᄒ믈 니긔디 못ᄒ여, 셔찰노 셔랑을 ᄭᅮ지ᄌ니, 필뷔 오히려 졔 그른 쥴은 아지 못ᄒ고 도로혀 쳡을 역졍(逆情)ᄒ여, 녀익 산흑(産慉) 일칠일(一七

[2417]열자(列子) : 열위(列位). 여러 사람들.

[2418]ᄯᅳ덥다 : 찐덥다. 남을 대하기가 마음에 흐뭇하고 만족스럽다. 마음에 거리낌이 없고 떳떳하다.

[2419]상풍 : 정말. 전혀. 아주.

[2420]ᄡᅡ다 : 싸다. 물건을 안에 넣고 보이지 않게 씌워 가리거나 둘러 말다.

日)이 게오 되엿거늘, 여ᄎ여ᄎ 박츅(迫逐)ᄒ여, 강보(襁褓)2421)를 앗고 혼셔(婚書)2422) 치례(采禮)2423)를 아ᄉ 쇼화ᄒ고 녀아를 닉치니, 인심이 【70】 엇지 분희치 아니리잇가?"

셜파의 고장(鼓掌) 분분ᄒ여 눈학ᄉ 슈욕(受辱) 즐미(叱罵)ᄒ기를 마지 아니니, 셜공이 쳥필의 부인의 상시 괴려(乖戾) 무ᄒᆡᆼ(無行)ᄒᆞ믈 짐작ᄒᆞᄂᆞᆫ지라. 그 말을 다 어이 밋으며, ᄯᅩ 이 가온ᄃᆡ 보틱ᄂᆞᆫ 말도 만흔지라.

침음 냥구의 좌우로 녀아를 브르라 ᄒᆞ니, ᄎᆞ시 부인이 녀아의 강녈ᄒᆞᆷ믈 심히 블쾌ᄒ여, 그 일싱이 엇덜고? ᄒ여, ᄌ긔 슬하의 아조 두지 아닌즉, 어ᄃᆡ 한낫 죵요로온 남ᄌᆞ를 어더 기젹(改籍)ᄒᆞ일 ᄯᅳᆺ이 급ᄒ여, 날노 져히며 핍박ᄒ【71】믈 마지 아니ᄒ되, 쇼졔 ᄌᆞ부인 실덕 무ᄒᆡᆼᄒᆞ시믈 민망ᄒ여, 죽기로ᄡᅥ 명을 밧드지 아니니, 부인이 더로 분연ᄒ여, 부ᄃᆡ 아모조록 쇼져의 몸이 죽을지언졍, 눈가의 다시 아니 가려ᄒᆞᄂᆞᆫ 허락만 바드려 ᄒᆞᄂᆞᆫ 고로, 쇼당(小堂)의 깁히 두어 ᄉᆞ(赦)ᄒᆞᄆᆡ 업스니, 쇼졔 실노 죽어 모부인 실덕ᄒᆞ시믈 보지 말고져ᄒ나, 야야의 ᄌᆞ인를 ᄎᆞ마 ᄯᅳᆺ지 못ᄒ고, 냥 거거와 두 져져의 쥬야 니르러 위로ᄒ여 보호ᄒᆞ기를 여린 옥갓치 ᄒ【72】며, 유뫼 쥬야 좌하의 뫼셔 호언으로 관위ᄒᆞ니, 쇼졔 두 거거와 냥 져져의 셩우(聖憂)를 감ᄉᆞ고, 유모의 츙의를 감동ᄒᆞ며, 냥가 존당의 블효를 ᄉᆡᆼ각ᄒᆞ고, 쇼아(小兒)의 뉵아지통(蓼莪之痛)2424)을 ᄭᅵ치지 아니려 ᄒᆞᄂᆞᆫ 고로, 관심(寬心) 억졔(抑制)ᄒ여 일월을 보ᄂᆡ니, 눈상부의셔 엇지 쳔금ᄌᆞ부를 ᄉᆞ랑ᄒᆞᄂᆞᆫ 졍이 헐ᄒᆞ리오만은, 미혹 픠악ᄒᆞᆫ 엄부인이 결단코 기녀를 공슌이 도라보ᄂᆡ지 아닐 줄 아ᄂᆞᆫ 고로, 아이의 쳬위(體位)를 숀익(損益)2425)지 아니려 ᄒᆞᄂᆞᆫ 고로, 모르ᄂᆞᆫ ᄃᆞ시 【73】 ᄇᆞ려두니, 엄부인은 일노ᄡᅥ 허믈을 삼아 통흉돈족(痛胸頓足)2426)ᄒ여,

"눈가 졔츄(諸酋)ᄂᆞᆫ 노쇼 믈논(勿論)ᄒᆞ고 무신필뷔(無信匹夫)라. 상공이 남의 일의 당ᄒᆞ여ᄂᆞᆫ 지인지감(知人之鑑)도 잇ᄂᆞᆫ 쳬ᄒᆞ더고만, 엇지 퇵셔(擇壻)의ᄂᆞᆫ 눈이 어두어 계시던고? 셰린 경박(輕薄) 《탁ᄌᆞ‖탕ᄌᆞ(蕩子)》를 어더 옥 갓흔 ᄯᅡᆯ의 일싱도[을] 맛ᄎᆞᆯ 것다."

ᄒᆞ고, 쥬야 분미(憤罵)ᄒᆞ기로 날을 보ᄂᆡ더니, 이 젹의 셜공이 왕ᄉᆞ(王使)를 맛고, 텬

2421)강보(襁褓) : 포대기. 어린아이의 작은 이불. 덮고 깔거나 어린아이를 업을 때 쓴다. 여기서는 포대기 속에 감싸여 있는 '갓난아기'를 말한다.

2422)혼셔(婚書) : 혼인할 때에 신랑 집에서 예단과 함께 신부 집에 보내는 편지. 두꺼운 종이를 말아 간지(簡紙) 모양으로 접어서 쓴다.

2423)치례(采禮) : 납폐(納幣). 혼인할 때에, 사주단자의 교환이 끝난 후 정혼이 이루어진 증거로 신랑 집에서 신부 집으로 예물을 보냄. 또는 그 예물. 보통 푸른 비단과 붉은 비단을 혼서와 함께 함에 넣어 신부 집으로 보낸다.

2424)뉵아지통(蓼莪之痛) : 어버이가 이미 돌아가시어 봉양할 길이 없는 효자의 슬픔. 『시경(詩經)』《소아(小雅)》편 <곡풍(谷風)>장 가운데 있는 '륙아(蓼莪)'시에서 온 말.

2425)숀익(損益) : ①손해와 이익을 아울러 이르는 말. ②손상이 더욱 커짐.

2426)통흉돈족(痛胸頓足) : 가슴을 아프게 치고 발을 구르고 하며 안타까워 함.

지 옛 벼슬노 증쇼(徵召)ᄒ샤, 도라오ᄂᆞᆫ 션셩(先聲)이 일가 니ᄅᆞ니, 부인이 ᄌᆞ쇼(自少)로 투한(妬悍)ᄒ나, 공의 【74】위엄을 두리ᄂᆞᆫ 고로, 도라와 니런 ᄉᆞ단을 드ᄅᆞ면 ᄌᆞ긔를 졀칙(切責)홀가 져허, 바야흐로 쇼져를 ᄉᆞ(赦)ᄒ여 예 머므던 침쇼의 잇게 ᄒ니, 쇼졔 비로쇼 ᄉᆞ침의 도라와 머므나, 심녜(心慮) 번다ᄒ여 신긔 불평ᄒᆞᆫ 고로, 미양 모부인긔 ᄉᆞ시문안(四時問安) 밧근 ᄌᆞ최 즁인(衆人) 공회(共會)의 나지 아닛ᄂᆞᆫ 고로, 이 날도 ᄉᆞ실의 잇더니, 시비 공의 환가ᄒᆞ여 브ᄅᆞᄂᆞᆫ 명을 젼ᄒᆞ니라. 【75】

윤하뎡삼문취록 권지뉵십삼

ᄎ시 쇼졔 비로쇼 스침(私寢)의 도라와 머무나, 심녜(心慮) 번다ᄒ여 신긔 불평ᄒᆫ 고로, 미양 모부인긔 스시문안(四時問安) 밧근 즈최 즁인공회(衆人公會)의 나지 아닛ᄂᆫ 고로, 이 날도 스실의 잇더니, 시비 공의 환가ᄒ여 브르ᄂᆫ 명을 젼ᄒ니, 쇼졔 쳥파의 경희ᄎ열(慶喜且悅)²⁴²⁷ᄒ여, 섈니 쇼두(搔頭)를 헤쓸고 의상을 슈련(修練)ᄒ여 졍당의 드러가니, 공이 셔안의 의지ᄒ엿ᄂᆫ지라. 연망이 슬하의 진비 복슈ᄒ여 옥면 셩모의 알연ᄒᆫ 화긔를 동ᄒ여 이셩낙식(書案樂色)【1】으로 옥셩을 유화히 ᄒ여, 나죽이 별니(別來) 존후(尊候)를 뭇ᄌ오니, 공이 녀아의 빗 업슨 의상과 초췌(憔悴)ᄒᆫ 이용(哀容)을 보미, 그 곡직(曲直)은 밋쳐 불분(不分)ᄒ고 불승이련(不勝愛憐)ᄒ여, 섈니 나호여 옥슈(玉手)를 잡고 운환(雲鬢)을 어로만져 왈,

"노뷔 니가(離家) 긔년(幾年)의 도라오니, 기간 사고는 아지 못ᄒ거니와, 여모의 말이 여ᄎᄒ니 의심컨딕 심히 분명치 아니니, 아희는 아븨를 긔이지 말고 곡졀을 히비(該備)히 일너, 노부의 의심ᄒᄂᆫ 흉금(胸襟)을 붉히라."

쇼졔 복슈이쳥(伏首而聽)의 말슴을 ᄒ고져 ᄒ미, 윤학ᄉ의 허물도 호딕(浩大)ᄒ거니【2】와 즈부인 실덕이 극ᄒᆫ지라. 인즈(人子)의 되(道) 츠마 부친을 딕ᄒ여 즈모의 픽덕을 고치 못ᄒᆯ 거시오, ᄯᅩ 녀지 되여 쇼텬(所天)의 허물을 창셜치 못ᄒᆯ지라. 다만 옥안화험(玉顔花臉)의 슈란(愁亂)ᄒᆫ 빗츨 동(動)ᄒ여, 복슈(伏首) 유유(儒儒)ᄒ여 답지 못ᄒ니, 공이 지삼 힐문(詰問)ᄒᆫ딕, 쇼졔 다만 계상직비(稽顙再拜)²⁴²⁸ 왈,

"ᄒᆡ이(孩兒) 본딕 힝신이 쇼암노둔(疏暗魯鈍)²⁴²⁹ᄒ온지라. 구가는 벌열셩문(閥閱盛門)이니 즈연 인심의 실화(失和)ᄒᆷ믈 어더 잠간 도라와ᄉ오나, 존당구괴 관인후덕ᄒ시니 엇지 쇼녀의 불초ᄒᆷ믈 긔회(介懷)ᄒ여 오린 사(赦)치 아니시리잇고?"

공이 쳥파(聽罷)의【3】언단(言端)이 심히 모호ᄒ여, 그 본젹을 실고(實告)치 아니ᄒᄂᆫ 눈츼를 알고, 이의 유모를 면젼(面傳)의 불너 젼후ᄉ(前後事)를 즈시 알외라 ᄒ니, 유랑이 엇지 감히 은휘(隱諱)ᄒ리오. 이의 쇼졔 윤부의 이실 젹, 녀여(女) 녕능의 간모(奸謀) 곡계(曲計)로 쇼져를 만낫던 바와, 만상 비고를 즈초지죵(自初至終)이 알외

---

²⁴²⁷)경희ᄎ열(慶喜且悅) : 매우 경사스럽고 기쁨.
²⁴²⁸)계상직비(稽顙再拜) : 이마가 땅에 닿도록 몸을 굽혀 두 번 절함. 흔히 한문 투의 편지글에서 상제(喪制)가 상대편에 대한 경의를 표하기 위하여 편지 첫머리에 쓴다. 늑계상.
²⁴²⁹)쇼암노둔(疏暗魯鈍) : 우활하고 어둡고 둔하고 미련함.

니, 이 가온대 윤학ᄉ의 광망픠려(狂妄悖戾)ᄒᆞᆫ 비인졍(非人情)의 거조(擧措)와 쇼져의
참고 견듸여 위틱코 어렵던 ᄉ연이며, 말단 요녀의 간뫼(奸謀) 픠루(敗漏)ᄒᆞᆷ, 녀녀
(女)의 흉음난탕(凶淫亂蕩)ᄒᆞᆷ 처음으로붓허 나죵가지, 극악 듸죄 젼혀 가살(可殺)이
라. 문ᄌᆞ(聞者)로 ᄒᆞ【4】여곰 윤학ᄉ의 박ᄒᆡᆼ무신(薄行無信)ᄒᆞᆫ 거죄 오긔(吳起)2430)의
지날 번ᄒᆞ던 줄 실ᄉᆡᆨ(失色)ᄒᆞ고, 쇼져의 연연 약질노뼈 그런 참난 역경을 당ᄒᆞ엿던
줄, 잔잉 이셕지 아니리 업ᄉᆞ니, 공의 침엄(沈嚴)ᄒᆞ므로도 참연변ᄉᆡᆨ(慘然辨色)ᄒᆞᆷ을 ᄊᆡ
닷지 못ᄒᆞ니, 엄부인은 이의 다ᄃᆞ라 실셩(失性) 엄호(奄號)2431)ᄒᆞ고 졀치분매(切齒憤
罵)ᄒᆞ여 학ᄉ의 박ᄒᆡᆼ을 ᄭᅮ지ᄌᆞ며, 녀녀의 살졈을 무러 너흐지 못ᄒᆞᆷ을 탄ᄒᆞ여 왈,

"상공은 드러보쇼셔. 녀아를 삭발위리(削髮爲尼)2432)ᄒᆞ여 심규(深閨)의 늙힐지언졍,
ᄎᆞ마 셰린 탕ᄌᆞ의 보치ᄂᆞᆫ 죵을 삼아, ᄯᅩ 졔집의 보닐가시브니잇가?"【5】

공이 부인의 말을 듯지 아니코 날호여 유랑다려 문왈,

"그ᄂᆞᆫ 그러ᄒᆞ거니와 쇼졔 이의 오기ᄂᆞᆫ 윤낭(郞)의 박츅ᄒᆞᆷ이 올흐냐?"

유뫼 머믓기다가 듸왈,

"학ᄉ 노애 진졍이 우리 쇼져를 쇼원(疏遠)ᄒᆞ시미 아니라, 녀녀의 교언 녕ᄉᆡᆨ(巧言令
色)의 혹ᄒᆞ시고, 미혼단(迷魂丹)의 총명을 일허 쇼져의게 은졍이 셩긘 가온대, 간인이
요리(妖尼)를 ᄉᆞ괴여 변형(變形)ᄒᆞᄂᆞᆫ 약을 삼켜, 간뷔(姦夫) 쳬ᄒᆞ고 혹ᄉ를 여ᄎᆞ여ᄎᆞ
ᄉᆞ특(邪慝)히 속여시니, 혹ᄉᆡ 엇지 곳이듯지 아니시리잇가? 기시의ᄂᆞᆫ 쇼져를 아조 죽
이려 비인졍(非人情)의 거죄(擧措) 만흐시더니, 간졍(奸情)이 젹【6】발ᄒᆞᆫ 후ᄂᆞᆫ 한님의
경시와, 혹ᄉ의 녀ᄉᆡ를 다 영츌니이(永黜離異)ᄒᆞ시고, 노애 바야흐로 녀ᄉᆡ의 젼젼과악
(前前過惡)을 혜아리ᄉ 죽이지 못ᄒᆞᆷ을 한ᄒᆞ시고, 쇼져를 듸ᄒᆞ여 현현(顯顯)이 뉘웃ᄂᆞᆫ
빗출 뵈시나, 구구ᄒᆞᆫ 거조ᄂᆞᆫ 아니시듸, ᄌᆞ못 괴ᄉᆞᆨ은 은근ᄒᆞ시니, 비ᄌᆞ 등이 희ᄒᆡᆼ(喜幸)
ᄒᆞᆷ을 니긔지 못ᄒᆞᄋᆞᆸ더니, 본부 부인이 이 쇼문을 드ᄅᆞ시고 과도이 분노ᄒᆞ샤, 혹ᄉ 노
야긔 글월을 보ᄂᆡ시듸 셔즁(書中)ᄉᆞ의(辭意) 여ᄎᆞ여ᄎᆞᄒᆞ샤 위틱비와 뉴부인을 촉훼ᄒᆞ
샤 욕셜이 만흐매, 노애 보시고 듸로듸분(大怒大憤)ᄒᆞ샤 그 ᄌᆞ리로셔 《조당‖존당(尊
堂)》도 【7】밋쳐 아지 못ᄒᆞ시ᄂᆞᆫ ᄉᆞ이, 신싱 공ᄌᆞ를 앗고 쇼져와 비ᄌᆞ 등만 구박ᄒᆞ
여 보ᄂᆡ시니, 쇼졔 이의 와 머므르시미오, 다른 곡졀이 아니로쇼이다."

유랑이 본듸 튱후질박(忠厚質朴)ᄒᆞ여 거즛말 ᄭᅮ미기를 못ᄒᆞᄂᆞᆫ지라. 공이 셰셰히
《드러오미‖드르오미》 처음은 윤혹ᄉ 그ᄅᆞ나, 나죵은 부인이 그ᄅᆞ니, 도로혀 져 집
을 한탄ᄒᆞᆯ 거시 업ᄂᆞᆫ지라. 듯기를 다ᄒᆞ매 일변은 익닯고, 일변은 참괴ᄒᆞ니, 홀연 장탄

2430)오긔(吳起) : 중국 전국 시대(戰國時代)의 병법가(B.C.440~B.C.381). '오기살처(吳起殺妻)'의 고사로
유명하다. 즉, 오기가 노(魯)나라에서 관직생활을 하던 때, 제(齊)나라가 침공해오자, 노나라가 그를 장
수로 임명하여 제를 막게 하려다가, 그의 처(妻)가 제나라 사람인 것을 알고 임명을 주저하자, 처를 죽
이고 노나라 장수가 되어 제를 무찌른 일이 있다. 저서에 병법서 ≪오자(吳子)≫가 있다
2431)엄호(奄號) ; 갑자기 울부짖음.
2432)삭발위리(削髮爲尼) : 머리를 깎고 여승이 됨.

왈,

"알패라. 이는 윤낭의 그릇미 아니라, 나의 졔가지되(齊家之道) 《불염∥불엄》ᄒᆞ여, 부인의 창궐(猖獗)ᄒᆞ미, 나라히 님군이 신즈 우희 【8】《거ᄒᆞ고∥거ᄒᆞ듯》 인가의 지어미 쇼텬(所天)의 이시믈 아지 못ᄒᆞ여, 빈계ᄉᆞ신(牝鷄司晨)²⁴³³)의 외월(猥越)ᄒᆞ미 이시니, 쳥문과 효문은 일셰(一世)를 안공(眼空)²⁴³⁴)ᄒᆞᄂᆞᆫ 녜의군지(禮儀君子)라. 나의 가ᄒᆡᆼ(家行)을 가히 무엇만 너기리오. 출하리 ᄉᆞ긔(事機)를 모로ᄂᆞᆫ 쳬ᄒᆞ고, 녀아를 져 곳의 바려 두어시면 셰린이 도시 담(都是膽)²⁴³⁵)이나, 오히려 날 보기를 붓그려ᄒᆞᆯ 거ᄉᆞᆯ, 니졔ᄂᆞᆫ 도로혀 일이 뒤쳐²⁴³⁶), 니 윤효문 부ᄌᆞ 슉질을 볼 안면이 업ᄉᆞ니 엇지 붓그럽지 아니리오. 녀아의 평ᄉᆡᆼ 계활은 부인이 맛ᄎᆞ시니 ᄎᆞ후ᄂᆞᆫ 날다려 다시 녀아의 말을 말나."

ᄯᅩ 녀아를 칙왈,

"네 비록 규즁의 【9】ᄉᆡᆼ장ᄒᆞ여 여모(汝母)의 혼암ᄒᆞᆫ 교훈을 바다 비혼 비 업ᄉᆞ나, 어려셔 셩덕지문(聖德之門)의 의탁ᄒᆞ여, 하마 삼강오상(三綱五常)²⁴³⁷)의 인의녜도(仁義禮道)와 ᄉᆞ덕(四德) 규ᄒᆡᆼ(閨行)을 아라실 비어ᄂᆞᆯ, 셜ᄉᆞ 가뷔 닉치나 구고의 명이 업시 무단이 도라와, 앙연(快然)이 니 집의 쳐ᄒᆞ여 임타(任他)²⁴³⁸)ᄒᆞ기를 방ᄌᆞ(放恣)히 ᄒᆞ고, 부도(父道)를 견혀 폐ᄒᆞ니, 이 엇지 유슌(柔順) 졍졍(貞靜)ᄒᆞᆫ 부녀의 경슌경부지되(敬順敬夫之道)²⁴³⁹)라 ᄒᆞ리오. 이후ᄂᆞᆫ 너의 모녜(母女) 만니젼졍(萬里前程)을 임의로 ᄒᆞ리니, 엇지 문견(聞見)의 한심치 아니리오."

셜파의 안식이 싁싁ᄒᆞ여 ᄉᆞ미를 썰쳐 외당으로 나가니, 쇼졔 불승황【10】공(不勝惶恐) 슈란(愁亂)ᄒᆞ고, 부인이 디로디분(大怒大憤)ᄒᆞ여 크게 발악고져ᄒᆞ나, 공의 긔식이 동텬(冬天) 한상(寒霜) 갓ᄒᆞ여 외당으로 나가니, 부인이 일신이 도시담(都是膽)이나, 맛ᄎᆞ니 부인 녀즈의 ᄉᆞᄉᆞ(事事) 곡녜(曲禮) 만흔지라.

공의 엄식(嚴色)을 보니 크게 셜워, 녀아를 붓들고 공의 틱셔(擇壻) 잘못흠만 원망ᄒᆞᆯ ᄲᅮᆫ이니, 냥즈(兩子) 냥뷔(兩婦) 붓드러 위로ᄒᆞᆷ믈 마지 아니니, 부인이 울며 침이(寢匜)²⁴⁴⁰)의 머리를 더져 식음을 젼폐ᄒᆞ니, 쇼졔 도로혀 ᄌᆞ긔 연고로 부뫼 불목ᄒᆞ시믈 민망ᄒᆞ여, 아모리 홀줄 모르더라.

2433)빈계ᄉᆞ신(牝鷄司晨) : 암탉이 새벽을 알리느라고 먼저 운다는 뜻으로, 부인이 남편을 젖혀 놓고 집안일을 마음대로 처리함을 이르는 말.
2434)안공(眼空) : 눈 안에 두지 않다. 안중(眼中)에도 없다. 대단하게 여기지 않다.
2435)도시담(都是膽) : 매우 담이 크고 뻔뻔함.
2436)뒤치다 : 뒤집히다. 번드치다. 물건을 한 번에 뒤집다.
2437)삼강오상(三綱五常) : 삼강오륜(三綱五倫). 유교의 도덕에서 기본이 되는 세 가지의 강령과 지켜야 할 다섯 가지의 도리. 군위신강, 부위자강, 부위부강과 부자유친, 군신유의, 부부유별, 장유유서, 붕우유신을 통틀어 이른다.
2438)임타(任他) : 남의 행동에 대하여 간섭하지 아니하고 내버려 둠.
2439)경슌경부지되(敬順敬夫之道) : 공경하고 순종하며 남편을 공경하는 도리.
2440)침이(寢匜) : 침상의 한 끝.

공이 인ᄒᆞ여 외당의셔 슉식을 일우【11】고 ᄂᆡ당의 드러오지 아니니, 부인이 더옥 ᄃᆡ로ᄒᆞᄂᆞ지라. 셜공이 부인의 무ᄒᆡᆼ(無行) 픠도(悖道)를 ᄌᆞ참(自慚)ᄒᆞ여, 인옹(姻翁)과 녀셔(女壻)를 볼 낫치 업스니, 심회(心懷) 분히(憤駭)ᄒᆞᆷ믈 니기지 못ᄒᆞ여, 종일(終日) 종야(終夜)토록 셔헌(西軒)의 머므러, 좌불안셕(坐不安席)ᄒᆞ고 식불감미(食不甘味)ᄒᆞ니, 셜싱 등이 민망 초우(焦憂)ᄒᆞ여 졍히 우민(憂悶)ᄒᆞ더니, 믄득 시지 고왈,

"윤승상이 ᄂᆡ림(來臨)ᄒᆞᄂᆞ이다."

셜공이 크게 반겨 셜니 관(冠)을 언즈며, ᄯᅴ를 《ᄊᆡ어‖ᄯᅴ어2441)》 빈쥬(賓主) ᄂᆡ필 좌졍의, 셜공이 믄득 치ᄉᆞ(致辭) 왈,

"쇼졔 임의 외임으로 니가(離家)ᄒᆞᆫ 긔년(朞年)의 도라오니, 가즁 ᄉᆞ고와 ᄌᆞ녀의 거【12】취 존망을 견연 망부지(忘不知)러니, 작일 환가ᄒᆞ여 지난 《비‖비》 문견을 드르니, 일변 놀납고 한심ᄒᆞᆫ 가온ᄃᆡ, 더옥 폐합(弊閤)2442)의 무ᄒᆡᆼ(無行) 픠덕(悖德)이 쇼녀의 부도(婦道)를 막으며, 존부의 득죄ᄒᆞ여 친옹과 녀셔의게 죄 어드미 만흔가 시부니, 우졔(愚弟) 용우비박(庸愚卑薄)ᄒᆞ여 가졔(家齊) 어하(御下)의 불엄ᄒᆞ미 불가ᄉᆞ문어타인(不可使聞於他人)2443)이라. 현형(賢兄)과 현셔(賢壻)를 볼 낫치 업스니 작일의 맛당이 존부의 가 별니(別離)를 회ᄉᆞ(回謝)ᄒᆞ고, 불미ᄒᆞᆫ 가ᄒᆡᆼ을 ᄉᆞ죄코져 ᄒᆞ나, 진실노 향인ᄒᆞ미 붓그러온 낫치 달호믈 면치 못ᄒᆞᆯ지라. 시고(是故)로 유유지지(儒儒遲遲)2444)ᄒᆞ여 촌심(寸心)을【13】졍(定)키 어렵더니, 의외(意外)의 존형이 몬져 ᄎᆞ즈 누ᄉᆞ(陋舍)를 도라보시니, 미문(微門)의 광치 비승(倍勝)ᄒᆞᆯ ᄲᅮᆫ 아니라, 지긔(知己)를 기리 감격ᄒᆞᄂᆞ이다."

승상이 쳥필(聽畢)의 기리 ᄀᆡ용(改容) 화긔(和氣)ᄒᆞ여, 이연(怡然) 숀ᄉᆞ(遜辭) 왈(曰),

"형언(兄言)이 의외(意外)○[의] 발(發)ᄒᆞ니, 원ᄂᆡ 무졍지ᄉᆞ(無情之事)2445)랏다. 형이 엇지 몬져 ᄉᆞ과(謝過)ᄒᆞᆯ ᄉᆞ단(事端)이 이시리오. 미졔(微弟) 훈ᄌᆞ지되(訓子之道) 혼몽불엄(昏懜不嚴)ᄒᆞᆫ 고로, 돈아(豚兒)의 인ᄉᆞ(人事) 불초혼암(不肖昏暗)ᄒᆞ여 군ᄌᆞ의 온용(溫容)ᄒᆞᆫ 도(道) 버셔나고, 셩문(聖門)의 졍ᄃᆡ혼 쥴믹(脈)2446)을 드ᄃᆡ지 못ᄒᆞ여, 가간(家間)의 악쳐(惡妻) 간비(姦婢)를 일위여, 요녀(妖女)의 쳔흉만악(千凶萬惡)이 그 아니 침범ᄒᆞᆫ 곳이 업는 고로, 교【14】언녕식(巧言令色)2447)의 침닉(沈溺)ᄒᆞ여 본셩을 아조 일코, 아부(我婦)의 빙옥신상(氷玉身上)의 괴로오미 아니 밋츤 곳이 업스니, 현형이 일ᄏᆞᆺ지 아니나, 쇼졔 엇지 참괴치 아니리오만은, ᄎᆞ역(此亦) 아부의 익운이라. ᄌᆞ고로 홍안박명이 이시니 식뷔(息婦) 엇지 홀노 면ᄒᆞ리오. 연(然)이나 오가(吾家)의셔 임의 흉

2441)ᄯᅴ다 : 띠다. 차다. 띠나 끈 따위를 두르다. 물건을 몸의 한 부분에 달아매거나 끼워서 지니다.

2442)폐합(弊閤) : 자기의 아내를 낮추어 이르는 말.

2443)블가ᄉᆞ문어타인(不可使聞於他人) : 남이 알게 할 수 없음. 또는 남이 알까 두려움.

2444)유유지지(儒儒遲遲) : 어떤 일에 딱 잘라 결정을 내리지 못하고 어물어물하며 시간을 끎.

2445)무졍지ᄉᆞ(無情之事) : 고의(故意)로 한 일이 아님. 혐의(嫌疑)를 둘 만한 일이 없음.

2446)쥴믹(脈) : 줄믹(脈). 계통. 하나의 공통적인 것에서 갈려 나온 갈래.

2447)교언녕식(巧言令色) : 아첨하는 말과 알랑거리는 태도.

녀(凶女) 간비(姦婢)를 다스려 죄를 졍히 ᄒᆞ고, 가이(家兒) 그른 거슬 뉘웃쳐, 현부로 더부러 구일(舊日) 은졍(恩情)이 환연(歡然)ᄒᆞᆯ 거시어ᄂᆞᆯ, 녕현합(令賢閤)이 일시 도쳥도셜(塗聽塗說)의 그릇 보틱여 젼ᄒᆞᆷ을 과히 ᄎᆔ신(取信)ᄒᆞ샤, 무익ᄒᆞᆫ 셔찰(書札)노ᄡᅥ 미돈(迷豚)의 광망(狂妄)ᄒᆞᆫ 셩(性)을 도도니, 【15】 우혹(愚惑)ᄒᆞᆫ 아히 젼두(前頭)를 싱각지 못ᄒᆞ고, 존슉의 말ᄉᆞᆷ이 져기 존당을 쵹훼(觸毀)ᄒᆞᆷ을 과도히 은노(殷怒)ᄒᆞ여 져의 지은 허물은 스스로 ᄭᆡ닷지 못ᄒᆞ고, 한갓 쳐지(妻子) 슈히(手下)라 ᄒᆞ여 졔어ᄒᆞᆯ 쥴만 아ᄂᆞᆫ 고로, 죵풍ᄎᆞ로(終風借怒)2448)의 ᄭᅵ 업슨 위엄으로, 존당과 다못 쇼졔(小弟)도 아지 못ᄒᆞ게 현부를 박츅(迫逐)ᄒᆞ여 도라보ᄂᆡ니, 엇지 불통 고집ᄒᆞᄆᆡ 심치 아니리오. 존당이 최후의 아르시고 돈아(豚兒)를 엄칙ᄒᆞ시고, 현부를 다시 권실(眷室)2449)코져 ᄯᅳᆺ이 급ᄒᆞ시나, 미졔(微弟) 우미(愚昧)ᄒᆞᆫ 소견의 혜아리건ᄃᆡ, 녕합(令閤)이 바야흐로 가아(家兒)의 힝ᄉᆞ를 【16】 졀통(切痛)ᄒᆞ여 분입골슈(忿入骨髓)ᄒᆞ시ᄂᆞᆫ 즈음이니, 쇼졔 비록 아부(我婦)를 다려 가고져 ᄒᆞ나, 존슉 필연 허ᄒᆞ여 도라보ᄂᆡ지 아니실 ᄃᆞᆺ하니, 쇼졔 미셰ᄒᆞ나 현부의게는 쳬위(體威) 구부(舅父)의 존엄ᄒᆞᆷ이 잇ᄂᆞᆫ지라. 만일 쳥ᄒᆞ여 불응(不應)ᄒᆞ면 슈상ᄌᆞ(手上者)의 쳬위 손상ᄒᆞᆯ ᄲᅮᆫ 아니라, 아뷔 ᄯᅩ 어룬의 명을 불봉(不奉)ᄒᆞᄂᆞᆫ 허물이 젹지 아니리니, 시고(是故)로 젼두(前頭)를 스렴ᄒᆞᄆᆡ 만흔 고로, 아부를 오릭 ᄶᅥ나ᄆᆡ 졍니의 결연ᄒᆞ나, 만히 춤기는 형의 입조(入朝) 환가(還家)ᄒᆞᆷ을 기다리미라. 각별 타의(他意) 업ᄂᆞ니, 형이 엇지 불안ᄒᆞᆷ이 이시리【17】 잇고? 슈연(雖然)이나, 왕ᄉᆞ(往事)는 이의(已矣)라. 두 번 닐너 쓸 ᄃᆡ 업스니 다시 졔긔치 마ᄅᆞ시고, 형이 환가(還家)ᄒᆞ연지 오릭지 아니니, 부녀지졍(父女之情)이 피ᄎᆞ ᄶᅥ나ᄆᆡ 결연ᄒᆞ시나, ᄯᅩ흔 존당이 아부를 닛지 못ᄒᆞ샤, 인형의 환가ᄒᆞ시믈 굴지계일(屈指計日)ᄒᆞ시ᄂᆞᆫ 빅오, ᄯᅩ 가아 창닌이 아시(兒時) 구약(舊約)으로, 여ᄎᆞ여ᄎᆞᄒᆞ여 구시를 삼ᄎᆔ(三娶)ᄒᆞ니, 길일이 지격슈일(只隔數日)2450)이라. 현형이 능히 부녀의 유유(幽幽)ᄒᆞᆫ 졍니(情理)를 ᄉᆞᆺ쳐, 금일이라도 위의를 출혀 보ᄂᆡ여든, 현부를 허ᄒᆞ여 보ᄂᆡ시리잇가?"

셜공이 탄왈,

"현형이 엇지 쇼【18】졔 알기를 젹게 너기시ᄂᆞᆨ뇨? 쇼졔 블통무식(不通無識)ᄒᆞ나 ᄌᆞ쇼로 고셔를 박남(博覽)ᄒᆞ여 이눈(彝倫) 딕의를 딕강 아ᄂᆞ니 녀아의 소ᄉᆡᆼ 거취는 다 존문의 달녀시니 쇼졔 엇지 ᄌᆞ식이라 ᄒᆞ여 그 츌입을 총단ᄒᆞ여 눈긔(倫紀)로 난상ᄒᆞ고 쇼녀의 젼졍을 어ᄌᆞ럽게 ᄒᆞ리오. 녀이 존부의 도라가나, 만싱이 ᄯᅩ 나아가 못볼 거시 아니니, 별(別)노 니졍(離情)의 결연ᄒᆞᆯ 거시 이시리오. 삼가 명딕로 ᄒᆞ리니, 현형은 니졔라도 권실(眷室)ᄒᆞ여 녀아를 다려 가라. 쇼졔 엇지 간예(干預)ᄒᆞ며, 폐합이 엇지 조당(阻攩)ᄒᆞ리오."

승상이 깃거 빈쥬 슐을 나와 통음 반【19】감(半酣)2451)의 승상이 하직고 도라가

2448)종풍ᄎᆞ로(終風借怒) : 기분에 따라 화를 냄. *풍(風)은 '기분(氣分)'을 뜻하는 말.
2449)권실(眷室) : 아내를 맞아옴.
2450)지격슈일(只隔數日) : 단지 2 - 3일 정도 사이를 두고 있다.

니, 셜공이 부인의 무힝(無行) 픠덕(悖德)ᄒ미 진실노 인옹(姻翁)의게 낫 업손 일이 만
흔지라. ᄯᅩ 만일 ᄌᆡ긔 조흔 낫ᄎᆞ로 녀아를 도라 보ᄂᆡ려 ᄒᄆᆞᆯ 알면, 갓득 무힝(無行)혼
부인이 더욱 승흥(乘興)ᄒᆞ여 녀아를 슌히 보ᄂᆡ지 아니코, 별단(別段) 괴게(怪計) 이실
줄 혜아리ᄆᆡ, 엄정혼 낫빗츨 지어 녀아를 쾌히 도라보ᄂᆡ고, 부인의 예긔(銳氣)를 썻고
져ᄒᆞᄂᆞᆫ지라.

이 날도 죵시 ᄌᆡ최 ᄂᆡ쇼(內所)를 ᄎᆞᆽ지 아니코, 미우텬창(眉宇天窓)2452)의 노긔 표연
ᄒᆞ니, 냥지 경구(驚懼)ᄒᆞ고 가즁이 진경(震驚)ᄒᆞᄂᆞᆫ지라. 엄부인이 ᄌᆞ쇼(自少)로 셩되
(性度) 투한(妬悍)【20】ᄒᆞ나, 용ᄉᆡᆨ(容色)의 빗나믄 셔ᄌᆞ(西子)2453) 왕쟝(王嬙)2454)을
묘시(藐視)ᄒᆞᄂᆞᆫ 고로, 구괴(舅姑) 지용(才容)을 ᄉᆞ랑ᄒᆞ던 빅오, 셜공이 본듸 단정혼 쟝
뷔라. 투한(妬悍) 교시(狡猜)ᄒᆞᄆᆞᆯ 미흡홀지언정, ᄌᆞᄉᆡᆨ(姿色)이 초세(超世)ᄒᆞᄆᆞᆯ 익지(愛
之)ᄒᆞ여, 쇼시(少時)로븟허 가외범ᄉᆡᆨ(加外犯色)2455)이 업셔, 부인으로 항녀(伉儷)2456)
의 의(義) 도타와2457) 슈다(數多) 싱산의 다쇼(多少)《쳑경‖참쳑(慘慽)》ᄒᆞ고 냥ᄌᆞ일
녀(兩子一女)를 두어시니, 부인이 ᄯᅩ한 투한(妬悍)혼 심졍을 맛쳐 쟝부의 단정(端正)ᄒᆞ
미 여ᄎᆞᄒᆞ니, 일싱 탑하(榻下)의 언ᄉᆡᆨ(言飾)과 공의 노ᄉᆡᆨ을 지ᄂᆡ미 업ᄂᆞᆫ 고로, ᄌᆞ긔 지
란(芝蘭) 옥슈(玉樹) ᄀᆞᆺ치 너기던 녀아의게 밋쳐, 셔랑의 긔상(氣像)이 풍뉴화ᄉᆞ(風流
華士)2458)의 ᄀᆞᆺ가오니, 갓득【21】의심턴 ᄎᆞ, 녀녀(女)의 연고로 녀이 강젹(强敵)을
만나 긔고참난(奇苦慘難)을 경녁(經歷)ᄒᆞ던 말을 드ᄅᆞ니, 만신일체(滿身一體)를 급흔
벽녁(霹靂)의 쇼화(燒火)ᄒᆞᄂᆞᆫ 듯, 놀납고 금즉ᄒᆞ여 찰하리 녀아를 공규(空閨) 심당(深
堂)의 맛출지언정, 다시 구가(舅家)의 보ᄂᆡ지 아닐 ᄯᅳᆺ을 결ᄒᆞ여 다려오ᄆᆡ, 공이 비록
도라오나 ᄯᅩ흔 화시지보(和氏之寶)2459) ᄀᆞᆺ치 혜던 ᄯᆞᆯ이니, 윤가의 쳔흔 죵이 되여 ᄌᆞ
심(滋甚)이 보치이고, 녀녀의 쳔단간어(千端奸語)와 만단즐욕(萬端叱辱)의 죽게 되엿던
셜화를 드르면, 비록 쟝부지심(丈夫之心)이라도 분ᄒᆞᄆᆞᆯ 니긔지 못ᄒᆞ여, 응당 녀아로ᄡᅥ

2451)반감(半酣) : 반취(半醉). 술에 반쯤 취함. 술에 웬만큼 취한 것을 이른다.
2452)미우텬창(眉宇天窓) : 눈썹과 눈을 함께 이르는 말. *천창(天窓); 태어날 때 '타고난 창'이란 말로
　　'눈'을 이르는 말이다.
2453)셔ᄌᆞ(西子) : 중국 춘추시대의 월(越)나라의 미인 서시(西施). 오나라에 패한 월나라 왕 구천이 서시
　　를 부차에게 보내어 부차가 그 용모에 빠져 있는 사이에 오나라를 멸망시켰다.
2454)왕쟝(王嬙) : 왕소군(王昭君). 중국 전한 원제(元帝)의 후궁. 이름은 장(嬙). 자는 소군(昭君). 기원전
　　33년 흉노와의 화친 정책으로 흉노의 호한야선우(呼韓邪單于)와 정략결혼을 하였으나 자살하였다. 후
　　세의 많은 문학 작품에 애화(哀話)로 윤색되었다
2455)가외범ᄉᆡᆨ(加外犯色) : 정도(正道) 밖의 여색을 함부로 범함.
2456)항녀(伉儷) : 남편과 아내로 이루어진 짝.
2457)도탑다 ; 서로의 관계에 사랑이나 인정이 많고 깊다.
2458)풍뉴화ᄉᆞ(風流華士) : 풍치가 있고 멋스럽게 놀며 번화(繁華)를 즐기는 선비.
2459)화시지보(和氏之寶) : 화씨벽(和氏璧). 중국 전국시대에 변화씨(卞和氏)라는 사람이 형산(荊山)에서
　　돌 위에 봉황이 깃들이는 것을 보고 얻었다는 천하의 이름난 옥. 후대에 진(秦)나라 소양왕(昭襄王)이
　　이 옥을 탐내, 당시 이 옥을 가지고 있던 조(趙)나라 혜문왕(惠文王)에게 진나라 15개의 성(城)과 바꾸
　　자는 제안을 하였다고 하여, '연성지벽(連城之璧)'으로 불리기도 한다.

다시 윤가의 보닉지 아【22】닐 쥴노 아랏더니, 공이 환가ᄒᆞ미 믄득 윤학ᄉᆞᄂᆞᆫ 그ᄅᆞ다
아니코, 도로혀 ᄌᆞ긔 무ᄒᆡᆼ(無行)홈과 녀아의 부도(婦道) 모ᄅᆞᆷ믈 듸칙홀 ᄲᅮᆫ 아니라, 깁
히 노ᄒᆞ여 환가 후로 외당의 쳐ᄒᆞ여 호령이 엄슉ᄒᆞ니, 평일 관후인ᄌᆞ(寬厚仁慈)ᄒᆞ여
'가옹(家翁)2460)의 눈 어둡고 귀 먹기를 효측ᄒᆞ던'2461) 셜공이 아니라.

부인이 놀납고 이달오며 분홈이 겸발ᄒᆞ여, 역시 상요(床褥)의 몸을 더져 침식을 젼
폐ᄒᆞ니, ᄌᆞ네 졍히 우황(憂惶)ᄒᆞᄂᆞᆫ 즈음이라. 비록 셜공이 윤승상으로 더부러 쇼져 보
닉기를 허락ᄒᆞᆫ 쥴 아나, 뉘 감히 닙을 여러 부인의 귀의 【23】가게 ᄒᆞ리오. 부인이
공의 ᄎᆞᄉᆞ(此事)ᄂᆞᆫ 아득히 모르고 다만 그 칙언(責言)과 뭇지 아니믈 골돌 분탄(憤嘆)
ᄒᆞ더라.

과연 명신(明辰)의 윤상부로조ᄎᆞ 한님 창닌이 부명을 밧ᄌᆞ와 위의를 갓초아 계슈를
호ᄒᆡᆼᄒᆞ려 니ᄅᆞ러시니, 셜혹ᄉᆞ 곤게 셜니 마ᄌᆞ ○…결락 10자…○[부공긔 인도ᄒᆞ니,
한님이] 셜공긔 비알ᄒᆞ고, 념슬공경(斂膝恭敬)ᄒᆞ여 부명을 밧ᄌᆞ와 슈슈를 뫼시라 와시
믈 고ᄒᆞ니, 동탕ᄒᆞᆫ 신위와 쇄락ᄒᆞᆫ 긔상이 그 녀셔(女婿)의 두어 층 승(勝)ᄒᆞ미 이시나,
본ᄃᆡ 일목지엽(一木之葉)이라, 비범 츌셰ᄒᆞᆫ 직풍이 다ᄅᆞ미 이시리오.

셜공이 한님의 긔이ᄒᆞᆫ 긔질을 보미, 녀셔(女婿)의 아ᄅᆞᆷ【24】다온 직풍을 듸ᄒᆞ여
풍싱운집(風生雲集)2462)ᄒᆞᆫ 담논(談論)을 듯ᄂᆞᆫ 듯, 흔연(欣然)이 반기고 불승탄복(不勝
歎服)ᄒᆞ여, 부인을 미온ᄒᆞ던 미위 동황(東皇)2463)의 훈풍(薰風)을 여러 잠쇼 왈,

"현계(賢季)의 긔이ᄒᆞᆫ 긔질을 보미 아셔(我婿)의 풍뉴영걸지풍(風流英傑之風)2464)을
듸ᄒᆞᆫ 듯ᄒᆞ니, 연이나 녕졔(令弟)ᄂᆞᆫ 노부의 니ᄅᆞ듯 구구ᄒᆞᆫ 졍을 싱각지 아니리니, 엇지
옛말의 니ᄅᆞᆫ 바 '쏠 둔 집 구구타'ᄒᆞ미 올치 아니리오."

한님이 비ᄉᆞ 왈,

"연슉(緣叔)2465)의 ᄉᆞ랑ᄒᆞ시ᄂᆞᆫ 후의 여ᄎᆞᄒᆞ시니, 아이 비록 불초무상(不肖無狀)ᄒᆞ오
나 엇지 권이지은(眷愛之恩)을 모로리잇고?"

공이 미쇼 탄왈,

"현계ᄂᆞᆫ 셩현 군지라. 식니명【25】달(識理明達)ᄒᆞ거니와, 아셔(我婿)ᄂᆞᆫ 그ᄃᆡ의 인
ᄌᆞ관후(仁慈寬厚)ᄒᆞ미 업ᄉᆞ니, 결연이 나의 간졀ᄒᆞᆫ 졍을 아지 못ᄒᆞ리라. 만일 유렴(留
念)ᄒᆞ미 이실진ᄃᆡ, 비록 어지지 못ᄒᆞᆫ 부인과 요괴로온 비지(婢子) 승간(乘間)ᄒᆞ미 이신
들, 군지 되여 젼두를 싱각지 아니코 그ᄃᆡ도록 실셩(失性)ᄒᆞ여 쇼녀의 약질을 괴롭게

2460) 가옹(家翁) : ①'옛 시대의 남편'을 뜻하는 보통명사. ②예전에, 나이 든 자기 남편을 이르던 말.
2461) 가옹(家翁)의 눈 어둡고 귀먹기를 효측(效則)홈 : 옛 시대의 남편들이 아내의 행실이나 말을, 보고도
     못 본 듯이 하고, 듣고도 못들은 듯이 했던 것을 본받으라는 말로, 아내의 행동과 말에 시시콜콜 참견
     하지 말라는 뜻.
2462) 풍싱운집(風生雲集) : 바람이 일어나고 구름이 모여듦.
2463) 동황(東皇) : =동군(東君). 오방신장(五方神將)의 하나. 봄을 맡고 있는 동쪽의 신이다.
2464) 풍뉴영걸지풍(風流英傑之風) : 멋스럽고 걸출한 영웅의 풍채.
2465) 년슉(緣叔) : 아저씨라고 부를 만한 친지.

보치여시리오. 우슉(愚叔)이 드르민 장부지심(丈夫之心)이로딕, 기리 유감호믈 면치 못 호느니, 만일 폐합(弊閤)의 실덕호미 업던들, 닉 엇지 녕뎨(令弟)를 딕호여 한번 허물 을 칙지 못호리오만은, 폐합이 일시 수정(私情)을 젼쥬(傳奏)[2466]호여 셔랑을 촉노호 미 만흔가 시 【26】 브니, 닉 도로혀 주괴(自愧)호여 녀셔의게 죄 어드미 되엿는 고로, 감히 기구치 못호니, 엇지 스스마다 쓸 둔 지 구구(區區)치 아니리오."

한님이 칭스 왈,

"존교(尊敎) 맛당호시니 쇼질이 위호여 아의 힝스를 붓그리느이다. 연이나 이 또 아 의 혼즛 허물이 아니라, 쇼싱이 불명 혼암호여 허물을 규졍(糾正)치 못호고, 슈시(嫂 氏)로 호여곰 비고(悲苦)를 겻그시게 호니, 명교(明敎)를 듯주오미 또 엇지 참괴호미 업스리잇가? 공이 쳥파의 무언(無言) 딕쇼(大笑)호며 한담을 긋치고, 좌우를 명호여 쥬효(酒肴)를 나와 한님을 졉딕홀시, 술이 슈슌(數巡)[2467]의 한님 왈, 존명이 【27】 계시고 씨 느져시니, 원컨딕 슈슈를 뫼셔 도라가고져 호느이다."

공이 즉시 댱주 한님을 명호여,

"닉당의 가 여츳여츳호여 여민(汝妹)를 도라가게 호라."

한님이 주부인의 괴려(乖戾) 패악(悖惡)호미 져흘[2468] 거시 업스믈 붉히 아는지라. 비록 엄명을 젼호나, 모친이 쇼민를 견집(堅執)호여 노하 보닉지 아니코, 므슨 수단이 날 줄 혜아리미, 그 죵용호믈 취호여 찰하리 모친을 속여 쇼져를 도라보낸 즉, 도라간 후의 부인이 알고 조치 아닌 거죄 이실지라도, 윤한님 잇는 바의 주부인 취졸(醜 拙)[2469]이 낫하나지 아니미 만힝이 【28】 라 호여, 계교를 졍호고 닉실의 드러가니, 모친이 오히려 주리의 몸을 더지고, 금금(錦衾)으로 머리 쓰고 향벽(向壁) 언와(偃臥) 호여, 주긔 부인과 시녀빅 뫼셧고, 쇼민는 수실의 퇴호엿거늘, 쇼져의 침쇼의 가 부명 (父命)을 젼호고, 즉금 윤한님이 다리라 와시믈 니르니, 쇼졔 딕경 왈,

"구고의 쇼명과 야야의 엄명이 지엄호시니, 쇼민 엇지 거역호리잇고만은, 모친긔 하 직을 고호리니 엇지호리잇고?"

한님이 탄왈,

"위인주(爲人子)호여 쇼쇼(小小) 미신(微事)들 엇지 부모를 긔망(欺罔)코져 호리오만 은, 수셰(事勢) 마지 못호여 모친을 여츳여츳 긔망(欺罔)호고 도라 【29】 가미 올흐니, 작일 윤상국이 오샤 딕인으로 죵일 한화(閒話)호시고, 오늘 현민를 보닉라 호실지언 졍, 현민를 불너 보지 아니호시믄 실노 주졍(慈庭) 실덕(失德)을 무힝(無行)이 너기시 미라. 아둥 남민 만일 주도(子道)를 슌(順)코져 호여, 니졔 주졍긔 바른 딕로 하직을 알외나, 주졍 셩식(性息)[2470]이 결단코 조히 도라보닉실 줄 아지 못호고, 무슨 수단을

닉스 취졸(醜拙)을 나토실 쥴 아지 못ᄒ니, 우형의 쇼견은 여ᄎ여ᄎᄒ고져 ᄒ노라."

쇼제 ᄯ흔 올히 너겨, 이의 무식(無色)ᄒᆫ 단장으로 취미(翠眉)2471)를 잠간 쓰리치고 날호여 정당의 드러가니, 유뫼 비후(陪後)ᄒᆯ ᄒᆡᆼ【30】식을 갓초더라. 쇼제 모부인 침뎐의 드러가니, 한님이 미조ᄎ 드러와 모부인긔 나죽이 고왈,

"종형이 의외 양쥬ᄌᆞᄉ 외임(外任)을 ᄒ니, 빅뫼 조ᄎ 가시는 고로, 슈은(謝恩) 후 즉시 발ᄒᆡᆼᄒ실지라. 니졔 모친과 쇼미를 쳥ᄒ여 계시ᄃᆡ, ᄌᆞ졍은 불안졀2472)이 계스 능히 긔거(起居)치 못ᄒ시니, 슈일 간 나아가시려니와, 쇼미ᄂᆞᆫ 빅모의 쇼이ᄌᆞ(所愛子)니, 니졔 나아가 뵈오려 ᄒᆞᄂᆞ이다."

원뇌 셜복야의 장형 셜틱위 일즉 조셰(早世)ᄒ고, 그 부인 오시 다만 일ᄌᆞ를 두어, 취우현필(娶于賢匹)2473)ᄒ고, 닙신(立身)ᄒ여 벼슬이 니부시랑(吏部侍郎)의 잇더니, 오 부인이 독ᄌᆞ와 현【31】부의 효양이 극진ᄒ고, 남녀 졔손이 버러시나, ᄯᆞᆯ의 ᄌᆞ미를 아지 못ᄒᆞᄂᆞᆫ 고로, 질녀 ᄉᆞ랑이 과도ᄒ던지라. 셜공이 갓 외임을 단여와시니 어느 ᄉᆞ이 ᄯᅩ 외직을 ᄒᆞ리오만은, 셜한님이 마지 못ᄒ여 모친을 속이미러라.

부인이 ᄎᆞ언을 듯고 번연이 니러 안ᄌᆞ 왈,

"이 진짓 말가. 그런즉 녀이 몬져 가라. 노모ᄂᆞᆫ 명일 가셔 져져를 보리라. 쇼졔 묵연이 말을 아니코 부인과 낭 져져긔 졀ᄒ고 교ᄌᆞ(轎子)의 오ᄅᆞ니, 유뫼 미조ᄎ 가는지라. 부인이 그 ᄒᆡᆼ되 표홀(飄忽)ᄒ믈 괴이히 너겨, 냥구 침음이러니, 【32】믄득 의심이 밍동(萌動)ᄒ여 ᄉᆞᆯ니 쇼두(搔頭)2474)를 헤쓸고2475) 의상을 정돈ᄒ여, 보보젼경(步步顚傾)2476)ᄒ여 운향누로 향ᄒ거늘, 냥뷔 딕경ᄒ여 뫼와 운향누의 오ᄅᆞ니, 이 고루(高樓)ᄂᆞᆫ 놉희 쳔쳑(千尺)이오, 장안 딕로를 압 두어 그 우희 오ᄅᆞ믹, 갑졔(甲第) 쥬문(朱門)과 딕로 상이 관통ᄒ여 아니뵈는 곳이 업ᄂᆞᆫ지라.

부인이 의심이 발(發)ᄒᆞ믹 밧비 누상(樓上)의 치다라 보니, 녀아의 치교ᄂᆞᆫ 발셔 머니 갓고, 뒤히 일위 쇼년 명식 호ᄒᆡᆼ(護行)ᄒ니, 위의(威儀) 부려ᄒ고, 향촉을 잡은 시네 다 셜가 ᄎᆞ환(叉鬟)이 아니오, 호ᄒᆡᆼᄒᄂᆞᆫ 쇼년의 영풍쥰골(英風俊骨)이 녀【33】셔 윤학ᄉᆞ와 방불ᄒ니, 헤아리건딕 졔윤 등이 아니면 그 뉘라 ᄒᆞ며, 더옥 셜부ᄂᆞᆫ 장안 딕로 십ᄌᆞ기(十字街)라, 딕로를 바리고 거ᄉᆞ리2477) ᄒᆡᆼᄒ여, 취운산 윤상부로 말미암아 가ᄂᆞᆫ지라. 부인이 딕경 딕로ᄒ여 급히 냥부(兩婦)를 도라보아 작식(作色) 왈,

"혼암ᄒᆞᆫ 상공과 용녈ᄒᆞᆫ 아히 등이 간악 요음ᄒᆞᆫ 녀아와 동심ᄒ여, 날을 속여 거줏

2470)셩식(性息) : 늑셩졍(性情). 성질과 심정. 또는 타고난 본성.
2471)취미(翠眉) : 푸른 눈썹이라는 뜻으로, 화장한 눈썹을 이르는 말.
2472)불안졀 ; 병(病). 신병(身病).
2473)취우현필(娶于賢匹) : 어진 배필을 얻어 장가 듦.
2474)쇼두(搔頭) : 비녀. 여자의 쪽 찐 머리가 풀어지지 않도록 꽂는 장신구.
2475)헤쓸다 : '헤치다'와 '쓸다'의 합성어. 풀어헤쳐 쓰다듬다.
2476)보보젼경(步步顚傾) : 걸음마다 엎어지고 자빠짐.
2477)거ᄉᆞ리 : 거스르게. 거슬러. 거꾸로.

질이 외직ᄒ여시믈 일ᄏ라, '져제 브른다' ᄒ고 윤가로 보ᄂᆞ니, 윤기 엇지 더옥 업슈이 너기지 아니리오. 녀아의 간악(奸惡) 음특(淫慝)ᄒ미 어미를 속이고 도라가믄, 윤가 적 【34】 츄(賊酋)의 외모 풍신을 닛지 못ᄒ여, 그 젼일 박ᄒᆡᆼ은 조곰도 싱각지 아니코 급급히 도라가니, 그 ᄒᆡᆼ실이 음누(淫陋) 비쳔(卑賤)ᄒ미 오히려 녀녀 도곤 더ᄒ니, 윤가 부지 엇지 더옥 낫가이 너기지 아니리오. 제 ᄒᆡᆼ신이 져러커든, 셰린 적ᄌᆞ(賊子)의 능욕 쳔ᄃᆡ를 아니 감심ᄒ여시랴. 실노 ᄌᆞ식이라도 ᄒᆡᆼ실이 졀통(切痛)ᄒ니 죽어도 앗갑지 아니ᄃᆡ, 노모의 ᄠᅳᆺ을 거스려 져의 부ᄌᆞ 부녀 동심ᄒ여 날만 속이니, 엇지 분치 아니며, 식부 등조차 ᄋᆡ어뮈를 업슈이 너겨, 부뷔 동심ᄒ여 속이니 엇지 노 【35】흡지 아니리오."

냥부인이 존고의 노식과 ᄎᆡᆨ교(責敎)를 드르니, 황공 원민ᄒ믈 니긔지 못ᄒ여, 연망이 하석(下席) 쳥죄 왈,

"쇼쳡 등이 불초무상(不肖無狀)ᄒ오나, 엇지 감히 알며 존고를 긔망ᄒ여시리잇고? 과연 작일 윤상국이 왓다 ᄒ고 존귀 쥬찬(酒饌)을 ᄂᆡ라 분부ᄒ시니, 윤공의 왓던 쥴은 아오나 그 곡졀은 아지 못ᄒ옵고, 존귀 환가ᄒ신 후 년일 ᄂᆡ쇼(內所)를 ᄎᆞᆺ지 아니시니, 가군과 슉슉이 다 존구(尊舅)를 시침ᄒ여 슉쇼를 ᄎᆞᆺ지 아냐시니, 쇼고(小姑)의 금일 도라갈 쥴은 몽ᄆᆡ(夢寐) 부지(不知)러니, 존괴(尊敎) 이의 밋ᄎᆞ시니 감쳥ᄉᆞ죄(敢請謝罪)로쇼이다." 【36】

부인이 노식을 먹음고 분분이 누의 ᄂᆞ려 침쇼의 도라오더니, 즁헌(中軒)의셔 냥ᄌᆞ(兩子) 방황ᄒ여 ᄌᆞ긔를 기다리ᄂᆞᆫ지라. 부인이 한님을 보ᄆᆡ 분긔 가득ᄒ여 크게 쇼ᄅᆡ 질너 ᄭᅮ지져 왈,

"불초(不肖) 역직(逆子) 다만 아뷔 잇ᄂᆞᆫ 쥴만 알고, 어뮈 이시믈 아지 못ᄒ니, 이 엇진 도리뇨? 네 엇지 혼암ᄒᆞᆫ 상공과 간악ᄒᆞᆫ 누의로 더부러 동심ᄒ여 날을 속인다?"

셜파의 분연이 다라드러 한님의 관(冠)을 벗겨 ᄯᅥ히 더지고, 운(雲)고2478)를 풀쳐 손의 감고 벽상의 걸닌 금편(金鞭)을 ᄲᅡ혀, 그 일신 만쳬(萬體)를 혜지 아니코 즛두다리니, 셩 【37】악(性惡)과 ᄃᆡ독(大毒)이 겸발(兼發)ᄒ엿거니, 엇지 혤 거시 이시리오. ᄯᅢ 졍히 초하(初夏) 밍슌(孟旬) 즈음이니, 츈의(春衣)를 닙어 옷시 열운ᄃᆡ, 쇠ᄎᆡ로 두다리니, 그 장쉬(杖數) 언ᄆᆡ믈 알니오. 혈흔(血痕)이 옷시 ᄉᆞ못ᄎᆞ며, 옥골셜뷔(玉骨雪膚) 즁상ᄒ여 곳곳이 피육(皮肉)이 후란(朽爛)ᄒᆞᄂᆞᆫ지라. 좌위 ᄃᆡ경 ᄎᆞ악ᄒ나 능히 붓드러 말니리 업고, 셜공지 형의 상쳐를 놀나고 모친 실덕ᄒ시믈 슬허 눈물을 흘리고, 나아가 부인의 손을 붓들고 만단 ᄋᆡ걸ᄒᆞᄃᆡ, 종불쳥(終不聽)ᄒ고, 한님이 안식을 불변ᄒ고 종용이 ᄎᆡᆨ을 밧ᄌᆞ오며, 온화히 ᄉᆞ죄 왈,

"불초이 불효 【38】 무상ᄒᆞ와 금일 ᄌᆞ의를 어그릇ᄎᆞ니, 죄당만ᄉᆡ(罪當萬死)라. 연이나 히이 죄 이시ᄆᆡ 맛당이 시노(侍奴)를 불너 법으로 다스리실 거시어늘, 엇지 틱틱

2478)운(雲)고 : 멋스럽게 상투를 튼 머리. *고; 상투를 틀 때 머리털을 고리처럼 되도록 감아 넘긴 것

근노ᄒᆞ샤 성체(聖體)를 넛브시게 ᄒᆞ시ᄂᆞ니잇가?"

부인이 익익(益益) 되로 왈,

"불초ᄒᆞᆫ ᄌᆞ식들이 아뷔 잇ᄂᆞᆫ 쥴만 알고, 흉양ᄒᆞᆫ 어뮈 잇ᄂᆞᆫ 쥴은 아지 못ᄒᆞ니, 네 어ᄃᆡ로셔 ᄌᆞ라낫ᄂᆞ뇨? 임의 팔지 무상ᄒᆞ여 너희를 두민, 아들은 픽륜역ᄌᆞ(悖倫逆子)오, ᄯᆞᆯ은 부모의 싱아구로(生我劬勞)ᄒᆞᆫ 은혜ᄂᆞᆫ 모로고, 부부의 ᄉᆞᄉᆞ(私私) 은ᄋᆡ(恩愛)만 탐연(耽然)ᄒᆞᄂᆞᆫ 난뉸(亂倫) 음뷔(淫婦)니, 니런 못쓸 ᄌᆞ식들을 두어 무어시 쓰리오. 완(頑)ᄒᆞᆫ ᄌᆞ【39】식이나 ᄌᆞ라온2479) 어뮈 미도 마ᄌᆞ보라."

셜파의 치기를 더욱 독히 ᄒᆞ니, 미 ᄯᅳᆺ치 지나ᄂᆞᆫ 곳마다 프르고 붉어 응지 갓ᄒᆞᆫ 가죽이 쩌러지고, 피 흐르기를 마지 아니니, 공ᄌᆡ 황망이 야야긔 고코져ᄒᆞ나 시금 부친이 ᄌᆞ모를 미안ᄒᆞ시미 깁허, 부부의 화긔 업스니 인ᄌᆞ지되(人子之道) ᄎᆞᆷ아 ᄌᆞ모의 허물을 가져 부젼의 고치 못ᄒᆞᆯ지라. 한갓 눈물을 흘니고 초조ᄒᆞᆯ ᄯᆞᄅᆞᆷ이러니, 믄득 셜공이 녀아의 도라가믈 보고, 윤한님을 작별ᄒᆞ고 ᄌᆞ긔 명일의 나아가 녀아와 손아 보기를 긔약ᄒᆞ고, 냥ᄌᆞ의 나오기를 【40】 기다리더니, 식경(食頃)2480)이 지나ᄃᆡ 나오미 업스니, 졍히 브르고져 ᄒᆞ더니 믄득 한님의 아ᄌᆞ 운명이 나히 뉵셰로ᄃᆡ 극히 춍명 효우ᄒᆞ더니, 눈물을 흘리며 급히 나오거ᄂᆞᆯ, 공이 놀나 문왈,

"네 무슨 연고로 우ᄂᆞᆫ다? 여뷔 ᄭᅮ짓더냐?"

운명이 함구(緘口) 유유(儒儒)ᄒᆞ여 슈이 ᄃᆡ치 못ᄒᆞ거ᄂᆞᆯ, 공이 더욱 의심ᄒᆞ여 지삼 힐문ᄒᆞᆫᄃᆡ, 운명이 늣겨2481) ᄃᆡ왈,

"왕뫼 슉뫼 윤상부로 도라가신 쥴 아ᄅᆞ시고, 야야와 슉부를 여ᄎᆞ여ᄎᆞ 칙ᄒᆞ시고, 시방 금편으로 야야를 난타ᄒᆞ시니, 살이 만히 상ᄒᆞ여 혈흔(血痕)이 츈의(春衣)의 ᄉᆞ못【41】ᄎᆞᄃᆡ, 왕뫼 오히려 셩노(盛怒)를 긋치지 아니샤, 어뮈 속이ᄂᆞᆫ 못쓸 ᄌᆞ식이 죽어 앗갑지 아니타 ᄒᆞ시고, 슉뷔 여ᄎᆞ여ᄎᆞ 인걸ᄒᆞ시ᄃᆡ 듯지 아니시니, 반ᄃᆞ시 ᄉᆞ싱을 혜지 아니실지라. 왕부ᄂᆞᆫ ᄲᆞᆯ니 야야의 급ᄒᆞᆫ 거ᄉᆞᆯ 구ᄒᆞ쇼셔."

공이 쳥파의 부인의 셩악을 아ᄂᆞᆫ지라. 윤낭을 깁히 한ᄒᆞ여 ᄌᆞ긔 가즁의 업손 ᄴᅵ, 스스로 녀아를 다려와 집심(執心)을 셰오려 ᄒᆞᄂᆞᆫ 거ᄉᆞᆯ, ᄌᆞ긔 녀아를 위력으로 아ᄉᆞ 보ᄂᆡ여시니, 져 투싀교협(妬猜狡狹)2482)ᄒᆞᆫ 부인이 픽악을 나ᄂᆞᆫ ᄃᆡ로 ᄒᆞ미, 쳔금 아ᄌᆞ의 몸이 즁상ᄒᆞ믈 면치 못ᄒᆞᆯ【42】지라. ᄃᆡ경 ᄎᆞ악ᄒᆞ여 다시 뭇지 못ᄒᆞ고 ᄂᆡ당의 드러가니, 부인이 과연 즁당(中堂)의셔 발분(發憤) 되로(大怒)ᄒᆞ여 만면노ᄉᆡᆨ(滿面怒色)으로 한 손으로 한님의 운고를 프러 쥐고, 한 손의 금편(金鞭)을 드러 아ᄌᆞ의 일신을 혜지 아냐 마고 두다리니, 한님의 옥골 셜뷔 즁상ᄒᆞ여 혈흔이 ᄉᆞ못ᄂᆞᆫ지라. 공이 ᄃᆡ경 되로ᄒᆞ여 급히 쇼릭ᄒᆞ여,

---

2479) ᄌᆞ라다 : 자라다. 생물이 생장하거나 성숙하여지다.
2480) 식경(食頃) : 밥 한 끼 먹을 동안이라는 뜻으로, 잠깐 동안을 이르는 말.
2481) 늣기다 ; 느끼다. 서럽거나 감격에 겨워 울다.
2482) 투싀교협(妬猜狡狹) : 매우 시기심(猜忌心)을 많고 교활하며 속이 좁음.

"이 엇진 일이뇨?"

ᄒ니, 부인이 공을 보고 ᄯᅩ흔 놀나며 일변 디로ᄒ여 아ᄌᆞ를 노하 ᄇᆞ리고, 바로 공의게 다라드러 옷ᄌᆞ락을 븟들고 디셩(大聲) 발악(發惡) 왈,

"상공이 첩의 모녀와 무슨 원ᅱ완ᄃᆡ, 져기2483) 인심이면 초【43】마 지란(芝蘭) 갓흔 약녀(弱女)로ᄡᅥ 다시 윤가 젹츄의 보치이ᄂᆞᆫ 죵을 삼으라 보ᄂᆡ리오. 첩이 출하리 몬져 죽어 분ᄒᆞᆷ을 니즈리라."

언파의 머리를 셜공의 가슴의 브ᄃᆡ이져, '죽이라' 발악ᄒᆞ며 통곡ᄒᆞ여 녀아를 브르지지니, ᄆᆞᆺ치 죽은 ᄌᆞ식을 우ᄂᆞᆫ 듯, 그 거동과 히게(駭擧) 니를 거시 업ᄂᆞᆫ지라. 공이 익익 대로ᄒᆞ여 이번은 미이 ᄶᅧ질너 예긔(銳氣)를 최찰(摧折)2484)○○○[케 ᄒᆞ려] ᄒᆞᄂᆞᆫ지라. 잠미(蠶眉)를 거스리고 봉안을 규졍(赳正)2485)ᄒᆞ여 좌우 시녀를 호령ᄒᆞ여,

"여등은 무례픽악(無禮悖惡)흔 발부(潑婦) 한쳐(悍妻)를 ᄲᆞᆯ니 잡아 나리와 비실(鄙室)의 슈계(囚繫)ᄒᆞ라."

모든 시녀 공【44】의 북풍한상(北風寒霜)2486) 갓흔 노긔를 두리나, 뉘 감히 부인을 나아들어2487) 거우리오2488). 져마다 면면상고(面面相顧)ᄒᆞ여 감히 나아드지 못ᄒᆞ거늘, 공이 녀셩디호(厲聲大號) 왈,

"ᄌᆞ고(自古) 법젼(法典)의 일너시ᄃᆡ, '단문장군지녕(但聞將軍之令)이오 불문텬ᄌᆞ죠(不聞天子詔)'2489)라 ᄒᆞ니, 너희 초환복뷔(叉鬟僕夫) 다만 나의 명을 조츨 ᄯᆞ름이니, 부인이 슈존(雖尊)ᄒᆞ나 나의 슈히(手下) 되어, 부도를 아지 못ᄒᆞ고 무ᄒᆞᆷ 픽악ᄒᆞ여 가장을 노예 갓치 멸시(蔑視) 능경(凌輕)ᄒᆞ니, 여등이 ᄯᅩ 엇지 무례흔 쥬인을 져허 쥬군을 만모(慢侮)ᄒᆞᄂᆞ뇨? ᄆᆞᆺ당이 머리를 버혀 죄를 졍히 ᄒᆞ리라."

호령이 싁싁ᄒᆞ니 【45】강녈 쥰상(峻霜)ᄒᆞ여 초고 미온 날 갓흔지라. 엇지 젼일 관후ᄒᆞ던 긔습(氣習)이 반호(半毫)나 이시리오.

졔시비 황황젼늏ᄒᆞ여 부인을 위력으로 붓드러 비실의 나리오니, ᄂᆞᆼᄌᆞ ᄂᆞᆼ부 졔ᄉᆞᆫ이 다 계상복디(稽顙伏地)2490)ᄒᆞ여 쳥죄ᄒᆞ믈 마지 아니ᄃᆡ, 공이 노긔 ᄭᅳᆺ지 아냐 쳘쇄(鐵鎖)로 비실(鄙室)을 봉쇄(封鎖)ᄒᆞ고 ᄉᆞ미를 ᄲᆞᆯ쳐 외당으로 나가니, 이 씨 부인이 분긔 엄엄(憤氣嚴嚴)ᄒᆞ여 방 즁의셔 브ᄃᆡ잇고 발악ᄒᆞ믈 마지 아니나 엇지ᄒᆞ리오.

셜ᄉᆡᆼ 곤계(昆季) 부부 ᄉᆞ인이 부모의 불목ᄒᆞ시믈 창황망극(愴怳罔極)ᄒᆞ여, 눈믈을

2483)져기 : 적이. 조금. 꽤 어지간한 정도로.

2484)최찰(摧折) : 최절(摧折). 사기 따위가 꺾임. 또는 위축(萎縮)됨.

2485)규졍(赳正) : 맹렬하고 엄정함.

2486)북풍한상(北風寒霜) : 북쪽에서 불어오는 매서운 바람과 찬 서리.

2487)나아들다 ; 달려들다.

2488)거우다 : 집적거려 성나게 하다.

2489)단문장군지녕(但聞將軍之令)이오, 불문텬天子죠(不聞天子詔) : 다만 장군의 명령을 들을 뿐 천자의 명령은 듣지 못한다. 전장에 나간 병사는 직속상관의 명령을 따를 뿐, 다른 사람의 명령을 따르지 못한다는 말.

2490)계상복디(稽顙伏地) : 이마가 땅에 닿도록 땅에 엎드림.

홀니며 부인 슈계(囚繫)호 비실(鄙室) 【46】밧긔 셕고딕죄(席藁待罪)호여, 감히 부친 면젼의도 뵈지 아니니, 셜공이 부인의 힝스를 깁히 통힌호여, 구일(舊日) 공경 줌딕호던 즁졍(中情)이 변호여 일죠(一朝)의 비실누쳐(鄙室陋處)의 슈계호여, 평일 인졍이 호나도 업스니, 그 투협혼 예긔를 쎅그려 호여시니, 엇지 주녀의 안면을 고즈(顧藉)호리오.

주부 졔손이 우황초조(憂惶焦燥)호믈 보나, 시이불견(視而不見)[2491]호고 쳥이불문(聽而不聞)[2492]호여 고요히 쳐호여 날을 보닉니, 부인이 공을 딕흔딕 분호여 쥬야 울고 식음을 물니치니, 니러구러 십여 일의 밋쳐는 부인이 인스를 모로【47】니, 낭 주뷔 딕경호여 공의게 알왼딕, 이 날 공이 녀아를 도라보닌 후 부인의 힝스를 졀분(切忿)호여 여러 날이 되엿는지라. 이 날 바야흐로 가(駕)를 인호여 윤상부로 나아가니라.

화셜 윤한님이 셜쇼져를 호힝(護行)호여 취운산 본부의 도라오니, 가즁 상히 쇼져의 도라오믈 뉘 아니 깃거호리오. 치교를 바로 쳥즁(廳中)의 노흐민, 시비 취쇼 등이 나아가 덩을 여니 쇼졔 안셔이 거러 나와 당하의셔 복슈 쳥죄호고 감히 오르지 못호니, 존당 구괴 밧비 눈을 드러 보니 쇼졔 다만 홍상녹【48】의(紅裳綠衣)로 단장을 폐호고, 한 우흠 믈노 옥안을 씨슬지언졍 연화(鉛華)[2493]를 불어호며 옥결(玉玦)[2494] 관픽(冠佩)[2495]를 갓초지 아냐, 빗업슨 의상으로 뉴미(柳眉)의 일만 슈괴(羞愧)호믈 머금고, 난난(爛爛)혼 붉은 빗치 옥협(玉頰)을 침노호여, 셜뷔(雪膚) 니쳑(羸瘠)호미[2496] 우화등션(羽化登仙)홀 듯호니, 친측(親側)의 머므러 그 모부인 실덕을 각골호고, 부도 폐호믈 주탄호여 심녜 즁턴 쥴 뭇지 아냐 알 거시오, 쳥죄호는 가온딕 모과(母過)를 붓그리고 슬허호미 과도호여, 간간이 아미의 창원(愴寃)이 미치이고, 셩안(星眼)의 진쥬(珍珠) 이슬이 거의 쩌러질 듯, 이원(哀怨) 뇨라(姚娜)호여 니홰(梨花) 동풍의 【49】쓸넛는 듯, 계궁(桂宮) 쇼월(素月)이 운니(雲裏)의 쏫혓는 듯호니, 낭딕 존당 구괴 불승이련(不勝哀憐)호여, 쌜니 월화 등 졔 쇼져를 명호여 붓드러 올니라 호니, 셜시 마지 못호여 승당호여 존당 구고긔 추례로 빅알호고, 슉미(叔妹) 금장(襟丈)으로 녜필의 좌를 일우니, 위·조 냥 틱비 흔연 이무호여 면면이 권이호믈 마지 아니코, 호람후 부뷔 단장을 폐호며 관잠(冠簪)을 업시호믈 불열호여 왈,

"아뷔 친당의 도라간 후, 그 곡졀이 아등(我等)의 명이 아니라, 손아의 일시 박츅호는 지경의 밋쳐, 거죄 광망호나, 이 쏘 본 쯧이 아닌 쥴 알녀든, 엇지 슈【50】우(愁

2491)시이불견(視而不見) : 보고도 못 본 체함.

2492)쳥이불문(聽而不聞) : 듣고도 못 들은 체함.

2493)연화(鉛華) : =분(粉). 얼굴빛을 곱게 하기 위하여 얼굴에 바르는 화장품의 하나.

2494)옥결(玉玦) : 옥으로 만들어 허리에 차는 고리.

2495)관픽(冠佩) : 머리에 쓰는 관(冠)을 치장하는 장식물.

2496)니쳑(羸瘠)호다 : 이척(羸瘠)하다. 파리하다. 몸이 마르고 낯빛이나 살색이 핏기가 전혀 없다.

憂) 쳑쳑(慼慼)ᄒ여 단장이 빗 업기를 취ᄒ여, 홍안니부(紅顔嫠婦)2497)의 거동을 ᄌ칭ᄒ리오.”

언파의 좌우를 명ᄒ여 관픠(冠佩) 옥결(玉玦) 금삼(錦衫)2498)을 가져오라 ᄒ여, 셜시의 복식 곳치믈 명ᄒ니, 쇼졔 불승황공ᄒ여 협실의 드러가 취환(翠環)2499)을 쉬오고 봉관화리(鳳冠華里)2500)를 갓초와, 다시 나와 존당의 빗ᄉ(拜謝)ᄒ고 좌의 나아가니, 졔부인 졔쇼져의 빗난 용홰 실즁의 바이여 오식이 현난ᄒ니, 존당 구괴 시로이 이지(愛之)ᄒ믈 니긔지 못ᄒ며, 시녀 등이 셜시의 유ᄌ(乳子)를 안아 압히 노ᄒ니, 쇼이 싱지긔년(生之朞年)이 지난지라.

힝보를 쎨니ᄒ고 【51】 말을 옴기니, 영호슈발(英豪秀拔)2501)ᄒ며 영형긔이(英形奇異)ᄒ니, 셜부옥골(雪膚玉骨)이오, 줌미봉안(蠶眉鳳眼)이라. 유뫼 안아다가 쇼져 안젼의 노ᄒ니, 쇼졔 눈을 드러 아ᄌ의 슈미(秀美)ᄒ믈 보니, 비록 졍졍단일(貞靜端壹)ᄒ여 물욕의 버셔난 듯ᄒ나, 모ᄌ지졍(母子之情)은 텬니(天理)의 덧덧ᄒ 상시니, 셜쇼졔 ᄯ 엇지 인졍의 버셔나리오.

유연(油然)이2502) 감회ᄒ여, 아ᄌ(兒子) 신싱(新生) 초칠(初七)이 계오 지나며, 모부인 실덕과 흑ᄉ의 박츅ᄒ믈 맛나, 무죄무과(無罪無過)히 친당의 도라가, 얼프시 히를 지니고, 금일 도라오믹, 강보(襁褓)를 쩌나지 못ᄒ던 유ᄌ, 슈미(秀美) 발췌(拔萃)ᄒ믹 여ᄎ【52】ᄒ니, 쇼졔 붓그리믹 과도ᄒ여 비록 존젼의 비식(悲色)을 낫호지 아니나, 가월ᄲᅡᆼ아(佳月雙蛾)2503)의 슈운(愁雲)이 미미(微微)ᄒ고, 셩안(星眼)의 쳐식(悽色)이 어릭믈 씨닷지 못ᄒ나, 십분 강잉ᄒ여 염용(斂容) 단좌(端坐)ᄒ여 아ᄌ 압히 니르나 가ᄎᄒ미 업ᄉ니, 쇼이 쎨니 거러 나아오다가, 신싱 초의 쪄나 낫치 닉지 아니나, ᄌ연 유연ᄒ 텬뉸 져독(舐犢)2504)이 범연ᄒ리오. 별 갓흔 눈씨2505)를 흘녀 모친을 보고, 옥

2497)홍안니부(紅顔嫠婦) : 젊어서 남편을 잃고 홀로된 여자. =청상과부(靑孀寡婦).

2498)금삼(錦衫) : 비단 저고리.

2499)취환(翠環) : 비취(翡翠)와 환옥(環玉)을 함께 이르는 말. 비취나 환옥은 둘 다 장신구로 쓰는 보석이다.

2500)봉관화리(封冠花里) : 한국 고소설에서 과거에 급제한 관원의 부인이나 공경대부(公卿大夫)의 부인과 같은 외명부(外命婦)가 머리에 쓰는 화려하게 장식한 관모(冠帽) 곧 족두(簇頭里)리를 이르는 말이다. 본래 족두리는 고려때 원나라로부터 들어온 왕실여성들이 쓰는 관모(冠帽)인 고고리(古古里)에서 유래한 말로, 고려 이후 여성들이 예복(禮服)을 입을 때 이것을 관모(冠帽)로 머리에 썼다. 겉을 검은 비단으로 싼[封] 여섯 모가 난 모자[冠]로 위가 넓고 아래로 내려갈수록 좁으며 구슬로 화려하게[華] 장식했기 때문에, 이것 곧 족두리(簇頭里)[里]에 '봉관화리(鳳冠華里)'라는 이름을 붙인 것으로 추정된다. '봉관화리(鳳冠華里)'라는 말은 한국 고소설에만 나타나는 말로 전통복식 용어에는 나타나지 않는다.

2501)영호슈발(英豪秀拔) : 매우 영특하며 걸출하고 빼어남.

2502)유연(油然) : 생각 따위가 저절로 일어나는 형세가 왕성함.

2503)가월ᄲᅡᆼ아(佳月雙蛾) : 달처럼 아름다운 두 눈썹.

2504)져독(舐犢) ; 지독(舐犢). '소가 제 새끼를 핥는다.'는 뜻으로, 자식에 대한 어버이의 지극한 사랑을 비유로 나타낸 말. 지독지애(舐犢之愛).

2505)눈씨 : 눈매. 눈동자.

면의 웃는 빗출 여러 반기는 듯ᄒᆞ나, 감히 나아오지 못ᄒᆞ거날, 뉴부인이 ᄲᆞᆯ니 나호여 다보록ᄒᆞᆫ2506) 머리를 쓰다듬고, 도쥬(桃朱)2507) ᄀᆞᆺ【53】ᄒᆞᆫ 잉슌(櫻唇)2508)을 졉ᄒᆞ여 왈,

"졔 곳 너를 나흔 어뮈라. 맛ᄎᆞᆷ 연괴 이셔 친당(親堂)의 도라갓더니, 니졔 도라와시니, 너는 어뮈 얼골을 반기라."

쇼이 쳥파의 인ᄉᆞ를 아는 듯ᄒᆞ여, 긔긔(奇奇)히 웃고, 조모 슬상의 ᄂᆞ려 셜쇼져긔 안기고져ᄒᆞ되, 쇼졔 츄픠(秋波) ᄂᆞ즉ᄒᆞ고 안뫼(眼眸) ᄌᆞ약ᄒᆞ여 못보는 듯ᄒᆞ니, 쇼이 무류ᄒᆞ여 머뭇겨 쥬져ᄒᆞ며 좌우를 고면(顧眄)ᄒᆞ여 울고져 ᄒᆞ거늘, 뉴부인이 쇼져다려 왈,

"모ᄌᆞ지졍(母子之情)은 덧덧흔 상ᄉᆞ(常事)라 엇지 슈습ᄒᆞ며 붓그려 쇼아의 무류ᄒᆞ믈 ᄭᆡ치ᄂᆞ뇨? 모로미 가차(假借)ᄒᆞ여2509) 텬뉸(天倫) 져독(舐犢)의 유연흔 【54】ᄌᆞ이를 폐치 말나."

쇼졔 복슈문파(伏首聞罷)의 공경 ᄉᆞ례ᄒᆞ고 유ᄌᆞ를 거두어 슬상의 올니나, 진실노 슈습ᄒᆞ미 과도흔지라. ᄌᆞ연 옥안연험(玉顔蓮臉)2510)의 붉은 빗치 무로녹아, 다만 옥슈(玉手)로 아히 머리를 어로만지고, 옥져(玉箸) ᄀᆞᆺ흔 손을 잡아 쓰다듬을지언졍 말을 아니니, 쇼이 역시 모친 얼골 보아 반기는 ᄉᆞ식 ᄯᆞ롬이러니, 믄득 낫 문안 ᄯᆡ 되니, 동창후와 북평공과 한님과 혹ᄉᆞ 등이 《군즁∥군종(群從)》 졔데로 더부러 드러오니, 쇼졔 연망이 아ᄌᆞ를 유모를 쥬고 졔슉으로 녜필ᄒᆞ고, 혹ᄉᆞ를 보미 불안 슈괴ᄒᆞ고 ᄯᅩ 노호오믈 니긔지 못ᄒᆞ【55】나, 감히 존젼과 즁목쇼시(衆目所視)의 불안지식(不安之色)을 낫토지 못ᄒᆞᆯ지라.

마지 못ᄒᆞ여 진슈(蠉首)2511)를 낫초아 혹ᄉᆞ를 향ᄒᆞ여 ᄂᆞ즉이 녜ᄒᆞ니, 혹ᄉᆡ 답녜ᄒᆞ고 좌의 나아가 가만이 눈을 더져 부인을 보니, 옥골이 초췌ᄒᆞ여 젼일 풍완 윤틱ᄒᆞ던 풍용(風容)이 만히 감ᄒᆞ여 경영(鶊鴒)2512) 쇼쇄(瀟灑)ᄒᆞ믈 더으고, 미우의 아연흔 화긔를 감치 아니나 ᄌᆞ연 영졍(零丁)흔 긔운이 은은ᄒᆞ니, 작작(灼灼)흔 묘질과 션연(嬋娟)흔 아ᄐᆡ 졀승(絶勝)ᄒᆞ여 격셰(隔歲)2513) ᄉᆞ상(思相)ᄒᆞ던 눈을 놀닉는지라. 심하의 연ᄋᆡ(憐愛)ᄒᆞᆫ 졍이 십 솟듯ᄒᆞ나, 존젼의 긔식을 낫하날가 져허 타연이 좌의 드더라.

쇼졔 죵【56】일 존당의 뫼셧다가 셕반을 한가지로 파ᄒᆞ고, 혼졍 후 유랑으로 더부러 침쇼의 도라오니, 모든 시비 당즁(堂中)을 쇄쇼(灑掃)ᄒᆞ여 쥬인을 마ᄌᆞ니, 긔완(器

2506)다보록ᄒᆞ다 ; 수염이나 머리털 따위가 짧고 촘촘하게 많이 나서 소담하다.
2507)도쥬(桃朱) : 복숭아꽃처럼 붉은 색을 띠고 있음.
2508)잉슌(櫻唇) : 앵두처럼 붉은 입술.
2509)가차(假借)ᄒᆞ다 : 가차(假借)하다. ①편하고 너그럽게 대하다. ②정하지 않고 잠시만 빌리다.
2510)옥안연험(玉顔蓮臉) : 옥같이 하얀 얼굴에 연꽃처럼 붉은 뺨. *'臉'의 음은 '검'이다.
2511)진슈(蠉首) : '매미의 머리'라는 뜻으로, 아름다운 용모를 이르는 말.
2512)경영(鶊鴒) : 꾀꼬리와 할미새. 또는 그처럼 날렵한 모양.
2513)격셰(隔歲) : 해가 바뀌도록 서로 연락하지 못함.

玩) 즙물(什物)이며 모든 물식이 조곰도 다르미 업더라.

쇼졔 셕스(昔事)를 감회ᄒᆞ여 쳑연이 명쵹(明燭)을 딕ᄒᆞ엿더니, 문득 유뢰 아즈를 안아 니르고 월화·년화·옥화·쇼화·경화 등 졔 쇼졔 니르니, 졔 쇼져의 홍군(紅裙)이 날난ᄒᆞ고2514) 미질(美質)이 작작(綽綽)ᄒᆞ더라. 셜쇼졔 흔연이 마즈 쳥안(靑眼)으로 말ᄉᆞᆷᄒᆞᄆᆡ 화긔 영주(盈滋)ᄒᆞ고, 졔쇼졔 다 팔구셰 쇼이로ᄃᆡ 본ᄃᆡ 고문 셰덕의 명가 긔믹이라. 속셰 범아(凡兒)와 년쇼 【57】 유네라 ᄒᆞ리오. 기기히 초군(超群) 탁아(卓雅)ᄒᆞ여 셤궁(蟾宮)2515)의 계슈(桂樹) 갓고, 슈국(水國)의 난쵀(蘭草)니, ᄯᅩᄒᆞᆫ 외모 식광쑨 아니라, 슉녀의 규측(閨側)을 드딕여, 타일 ᄌᆞ라ᄆᆡ 쳔츄의 녀범(女範)되기를 ᄉᆞ양치 아닐지라.

셜부인을 딕ᄒᆞ여 써낫던 졍을 펴고, 니제 모드믈 일ᄏᆞ라 옥셩이 도도(滔滔)ᄒᆞ고, 쇼음(笑音)이 낭낭(朗朗)ᄒᆞ여 단쇼(丹霄)2516)의 유봉(有鳳)이 우는 듯ᄒᆞ니, 셜쇼졔 ᄯᅩᄒᆞᆫ 졔쇼고(諸小姑)의 셩우(誠友)를 감ᄉᆞ고, 그 아롬다온 긔질을 과즁ᄒᆞ여 아미(蛾眉)의 쇼식(笑色)이 영주(盈滋)ᄒᆞ고, 단슌(丹脣)이 ᄉᆞ디(四地)의 픠쥬(貝珠))2517)를 현영ᄒᆞ여 담쇼ᄒᆞ더니, 믄득 난두(欄頭)의 인젹이 훌훌ᄒᆞ며 혹시 단의당건(單衣唐巾)으로 긔호(開戶) 입실(入室)ᄒᆞ니, 부 【58】 인이 혹시를 보ᄆᆡ 화긔 변ᄒᆞᆷ믈 ᄭᆡ닷지 못ᄒᆞ고, 졔쇼져 등이 거거를 보고 셜시 즐기지 아니니, 크게 픠흥(敗興)ᄒᆞ여 묵연ᄒᆞ거날, 혹시 좌의 나아가 왈,

"너희 무스 일이 조화 환쇼(歡笑) 즈락(自樂)ᄒᆞ다가 우형을 보고 어이 긋치ᄂᆞ뇨?"

쇼화 쇼졔 나히 오셰로ᄃᆡ 극히 영오ᄒᆞᆫ지라. 미쇼 왈,

"거게 셜형을 본ᄃᆡ 믜워ᄒᆞ시ᄂᆞᆫ지라. 젼일 공연이 즛두다려 여러번 죽을 번ᄒᆞ시고, ᄯᅩ 공연이 니쳐 오늘날 존명으로 딕거게(大哥哥) 친히 가 뫼셔 와시나, 쇼ᄆᆡ 등 어린 쇼견의는 의심컨ᄃᆡ 남직 아모리 긔벽(奇癖)이 조흔들, 셜형을 향ᄒᆞ여 비인졍(非人情)의 거조(擧措)를 만히 ᄒᆞ여 계시니, 【59】 응당 붓그려워도 아니 드러오실 듯ᄒᆞ니, 셜형이 갓득 심난ᄒᆞᆫᄃᆡ 험난ᄒᆞᆫ 가부의 ᄯᅳᆺ믈 몰나, 필연 줌이 편치 못ᄒᆞ실 듯ᄒᆞᆫ 고로, 우리 ᄌᆞᄆᆡ 야화(夜話)코져 니르럿더니, 거게 드러와 픠흥(敗興)케 ᄒᆞ시니, 실노 고맙지 아니이다."

혹시 잠쇼 왈,

"여등의 종요로온 못거지를 우형이 드러와 희지어시니 여등이 진실노 괴로와 ᄒᆞ거든 우형이 니졔 나가리라."

2514) 날난ᄒᆞ다 : 날래다. 날렵하다. *날나다; 날래다. 날렵하다.

2515) 셤궁(蟾宮) : 달. 셤(蟾)은 달 또는 달빛을 말한다.

2516) 단소(丹霄) : 저녁놀과 같이 붉은 하늘.

2517) 패쥬(貝珠) : =진주(眞珠). 진주조개·대합·전복 따위의 조가비나 살 속에 생기는 딱딱한 덩어리. 조개의 체내에 침입한 모래알 따위의 이물(異物)이 조가비를 만드는 외투막(外套膜)을 자극하여 분비된 진주질이 모래알을 에워싸서 생긴다. 우아하고 아름다운 빛깔의 광택이 나서 장신구로 쓴다. *여기서는 백진주(白眞珠)처럼 '하얀 이빨'을 비유적으로 표현한 말이다.

쇼홰 밋쳐 답지 못ᄒ여셔 월화쇼졔 낭쇼(朗笑) 왈,

"쥬인이 드러오시니 긱은 도라가미 올ᄒ니, 피츠의 희언(戲言)이 실답지 아닌즉, 남녀 힝신이 반ᄃᆞ시 졍도의 어긋나미 만ᄒ리【60】니, 현졔 등은 희언을 긋치라."

셜파의 말ᄉᆞᆷ이 졍듸ᄒ여 녈ᄉᆞ(烈士)의 풍이 엇지 팔구셰 쇼아의 유약ᄒ미리오. 쇼홰 무언 참괴ᄒ여 ᄉᆞ례ᄒ고, 혹시 칭찬 왈,

"현쟤(賢者)며 슉녜(淑女)라. 현미ᄂᆞᆫ 쳔츄의 녀범(女範)이오 만고 녀ᄉᆡ(女士)니, 가히 빅부의 싱훈과 빅모의 교훈ᄒ신 비, 범상치 아닌 쥴 가히 알지라. 불통(不通)ᄒᆞᆫ 우형과 교싀(驕猜)ᄒᆞᆫ 녀ᄌᆞ의 무리 엇지 감히 하ᄌᆞᄒ리오. 아지 못게라 엇던 복 만흔 군ᄌᆡ 아미의 비필이 되리오."

쇼졔 쳥파의 옥협(玉頰)을 붉혀 브답ᄒ고, 졔데를 넛그러 쵹을 잡히고 도라가니, 셜쇼졔 결연ᄒ【61】믈 니긔지 못ᄒ나, 능히 말뉴치 못ᄒ고, 혹ᄉᆞᄂᆞᆫ 말노뼈 쇼미 등을 격노ᄒ여 슈히 도라가니, 심하의 징그럽고2518) 우읍기를 니긔지 못ᄒ여, 미미히 함쇼ᄒ며 ᄉᆞ창(紗窓)을 밀고 졔미의 도라가믈 보니, 다ᄉᆞᆺ 쇼졔 치복이 쟝단의 맛갓고, 셰요(細腰)의 홍금상(紅錦裳)이 날난ᄒ니, 발 아ᄅᆡ 셤진(纖塵)이 부동(不同)ᄒ고, 향연(香煙)이 이이(靄靄)ᄒ니, 의심컨듸 낙포(洛浦)2519) 졔션(諸仙)이 《무릉도의 건너ᄂᆞᆫ듯 ‖ 무릉도원(武陵桃源)2520)의 거니ᄂᆞᆫ 듯》, 왕모(王母)2521) 요지연(瑤池宴)2522)의 항이(姮娥)2523) 반도(蟠桃)2524)를 밧든 듯, 가히 니른 바 텬뵈(天寶)며 디뵈(地寶)오, 《물호 ‖ 물화(物華)2525)》와 산녕(山靈)2526)이라. 셩녀(聖女) ᄉᆞ시(姒氏)2527) 하쥬(河洲)2528)의 계실 젹은 녯말노 드럿거니와, 그 규슈(閨秀) 젹은 【62】 엇더ᄒ시던지, 셰원인망(世遠人亡)2529)ᄒ니 후인이 아지 못ᄒ려니와, 엇지 금일 윤쇼져·월화 등의 슈츌긔이

2518)징그럽다 : 쟁그랍다. 남의 실패를 시원하게 여기며 고소해하다.

2519)낙포(洛浦) : 중국 하남성(河南省) 낙수(洛水) 가에 있는 지명. 복희씨(伏羲氏)의 딸 복비(宓妃)가 이곳에 빠져죽어 수신(水神)이 되었다고 함.

2520)릉도원(武陵桃源) : 도연명의 〈도화원기〉에 나오는 말로, '이상향', '별천지'를 비유적으로 이르는 말. 중국 진(晉)나라 때 호남(湖南) 무릉의 한 어부가 배를 저어 복숭아꽃이 아름답게 핀 수원지로 올라가 굴속에서 진(秦)나라의 난리를 피하여 온 사람들을 만났는데, 그들은 하도 살기 좋아 그동안 바깥세상의 변천과 많은 세월이 지난 줄도 몰랐다고 한다.

2521)왕모(王母) : 셔왕모(西王母). 중국 신화에 나오는 신녀(神女)의 이름. 불사약을 가진 선녀라고 하며, 음양설에서는 일몰(日沒)의 여신이라고도 한다.

2522)요지연(瑤池宴) : 중국 전설상의 선계(仙界)인 요지(瑤池)라는 못에서 열린다는 신선들의 연회.

2523)항이(姮娥) : 늑상아(嫦娥). 달 속에 있다는 전설 속의 선녀.

2524)반도(蟠桃) : 중국 전설상의 서왕모(西王母)의 요지(瑤池)에서 기른다는 복숭아나무 열매.

2525)물화(物華) : 자연이나 사물의 겉으로 드러나 보이는 풍광(風光).

2526)산녕(山靈) : 산의 신령스러운 기운. 곧 산의 정령(精靈).

2527)ᄉᆞ시(姒氏) : 사시(姒氏). 중국 주(周)나라 문왕(文王)의 비(妃) 태사(太姒)의 성씨. 주나라의 창건자인 무왕(武王)의 어머니로, 정숙한 덕성을 가져 성녀(聖女)로 추앙된다.

2528)하쥬(河洲) : '모래톱'이라는 뜻으로 '덕이 높은 요조숙녀'를 이르는 말. 『시경』, 「주남(周南)」, 〈관저(關雎)〉 시에 "꾸우꾸우 물수리 모래톱에 있네. 정숙한 아가씨는 군자의 좋은 짝.(關關雎鳩, 在河之洲. 窈窕淑女, 君子好逑)"이라는 구절에서 유래하였다.

(秀出奇異)ᄒ믈 당ᄒ리오. 혹시 머니 가도록 바라보며 칭찬ᄒ믈 마지 아니ᄒ더라.

이의 ᄉ창을 닷고 도라보니, 아지 발셔 줌이 몽농(朦朧)ᄒ여 셜쇼져 슬상의 언져 요동치 아니ᄒᄂᆫ지라. 혹시 부인의 거동을 슷쳐 심니(心裏)의 함쇼ᄒ나, 모르ᄂᆫ듯 시비를 불너 금구(衾具)를 포셜ᄒ라 ᄒ고, 유모를 불너 아히를 다려가라 ᄒ니, 시녜 금침을 포셜ᄒ고 아공ᄌ를 다려가고져 ᄒ거날, 쇼졔 비록 쥬지 말고져ᄒ나, 혹ᄉ의 광【63】피ᄒᆫ 거죄 이실가 말ᄒ기 슬희여, 날호여 유모를 맛져 보ᄂᆞ니, 졔녜 아희를 바다 물너나니, 쇼졔 좌를 물녀 머니 쟝 밋히 안즈니, 겻흐로 조ᄎ 숨히미 옥뫼 졈졈 닝담ᄒ여 셜상한미(雪上寒梅) 갓ᄒ니, 혹시 심니의 닝쇼ᄒ고 각별 아른 쳬 아니터니, 야심ᄒ미 스스로 촉을 물니고 부인을 향ᄒ여 셩음이 싁싁ᄒ여 왈,

"부인이 본ᄃᆡ 무힝(無行) 피악(悖惡)ᄒ미 극ᄒ니, ᄌ고로 셩뎨(聖帝) 명왕(明王)이라도 간쳡(姦妾) 요희(妖姬)의 침혹(沈惑)ᄒᆫ즉 한번 실셩(失性)ᄒ미 괴이치 아니니, 싱이 비록 혼암 불명ᄒ여, 쳐음 발부 찰녀의 교언녕【64】참(巧言令讒)2530)을 신지(信之)ᄒ여 그릇 부인을 의심ᄒ미 이시나, 임의 뉘웃츤 후는 다시 그르미 업슬 거시어날, 문득 녕ᄌ당을 촉ᄒ여 혹싱만 슈욕ᄒᆯ 쑨 아니라, 냥ᄃᆡ 존당을 간범ᄒ니, 싱이 용녈ᄒ나 한 안히 어딕 업슬 거시라, 굿ᄒ여 교ᄉᆡ(驕猜) 투협(妬狹)ᄒᆫ 부인의 무고ᄒᆫ 욕언을 감심ᄒ며, 존즁ᄒᆫ 쇼져를 쳔ᄒᆫ 가즁의 머므ᄅ리오. 모녀의 쇼쳥을 맛쳐 도라보닛엿거날, 금일 다시 도라오니 텬하의 호걸이 만흐ᄃᆡ 홀노 엄부인 놉흔 눈의 드ᄂᆞ니 업셔 맛ᄎᆷᄂᆡ 만금 교아로 이 광망 피악ᄒᆫ 윤셰린의 긔쳬(箕箒)2531)를 쇼【65】임ᄒ라 보ᄂᆞ도다. 임의 와실진ᄃᆡ 심야삼경(深夜三更)의 편히 쉬미 올커날, 공연이 '관공(關公)2532)의 명촉달야(明燭達夜)'2533)를 효측고져 ᄒᄂᆞ냐? 싱은 호식경박ᄌ(好色輕薄子)라. 엄부인의 증셔(憎壻)로 그 쌀을 아ᄉ 갈 적은 홀일업거니와 임의 오가의 도라온 후는 당당ᄒᆫ 윤셰린의 안히라. 남지 엇지 일방의 미쳐(美妻)를 두고 ᄂᆡ쇼박(內疏薄)2534) 마ᄌ 독슉(獨宿)ᄒᆯ 어린 남지 이시리오. 싱이 결증(潔症) 만흔 쥴 부인이 거의 짐작ᄒ리니, 싱심도 교ᄉᆡ 투협ᄒᆫ 긔식을 발뵈지 말나."

2529)셰원인망(世遠人亡) : 시대는 예와 멀어지고 성인은 죽고 다시 나오지 않음.

2530)교언녕참(巧言令讒) : 아첨하는 말과 알랑대며 헐뜯는 말.

2531)긔쳬(箕箒) : 기추(箕箒). '키'와 '비'를 이르는 말로, 본래 키로 곡식을 까불고 비질하여 청소하는 등의 가사(家事)를 뜻하는 말이었으나, 뒤에 아내를 지칭하는 말로 쓰였다. *키(箕); 곡식 따위를 까불러 쭉정이나 티끌을 골라내는 도구.

2532)관공(關公) : 중국 삼국 때에 촉한(蜀漢)의 명장 관우(關羽)를 말함. *관우(關羽); 중국 삼국 시대 촉한의 무장(?~219). 자는 운장(雲長). 장비·유비와 의형제를 맺고 적벽전에서 조조의 군대를 격파하는 등 많은 공을 세웠다. 뒤에 위나라와 오나라의 동맹군에게 패한 뒤 살해되었다.

2533)관공(關公)의 명촉달야(明燭達夜) : 관우(關羽)가 하비성에서 유비의 가족들을 살리기 위해 조조에게 항복하여 조조의 군대와 함께 허도를 향해 가던 중, 조조가 관우와 유비 사이를 이간시킬 목적으로 관우와 유비의 부인들을 한 방에서 자도록 계략을 꾸몄으나, 관우가 유비의 부인들을 방에서 자게 하고, 자신은 방밖에서 밤새도록 촛불을 밝히고 서서 부인들을 호위함으로써, 결의형제로서의 의리를 지킨 일을 말함

2534)ᄂᆡ쇼박(內疏薄) : 아내가 남편을 박대함.

셜파의 일장(一場)을 츠게 웃기를 마지 아니ᄒᆞ고, 부ᄃᆡ 부인의 예긔(銳氣)를 관쇽(管束)2535)고져 ᄒᆞᄂᆞᆫ 고【66】로, 가연이 원비(猿臂)를 늘히여 경영ᄒᆞᆫ 셰신(細身)을 후리치니, 흑ᄉᆞ의 두 팔 힘이 구졍(九鼎)2536)을 가ᄇᆡ야이 너기ᄂᆞᆫ지라. 부인이 비록 강녈(强烈) 초쥰(峭峻)ᄒᆞ나, 본ᄃᆡ 약ᄒᆞ미 신뉴(新柳) 갓고 여리미 옥 갓ᄒᆞ니, 엇지 져 웅위(雄偉)ᄒᆞᆫ 남ᄌᆞ의 용녁을 당ᄒᆞ리오.

가지록 조쇼(嘲笑) 능멸(凌蔑)ᄒᆞ미 비쳡 갓치 ᄒᆞᄆᆞᆯ 더욱 골돌ᄒᆞ여, 죽기로 뻐 동낙(同樂)을 벙으리와드니2537), 흑ᄉᆡ 면간의 츤 우움이 가득ᄒᆞ여 조금도 경ᄃᆡ(敬待)ᄒᆞ미 업셔 위력으로 핍박ᄒᆞ니, 금상(錦裳)이 발발ᄒᆞ고2538) 나군(羅裙)이 편편(片片)이 ᄶᅥ러져, 셩ᄒᆞᆫ 곳이 업고 부인의 옥골 셜뷔 즁상ᄒᆞ여 곳곳이 혈흔이 미치이니, 부인이 알프며 【67】분ᄒᆞ여 엄식(奄塞)ᄒᆞ니, 흑ᄉᆡ 졔어ᄒᆞ기 쉬오믈 암희(暗喜)ᄒᆞ여, 그 의상을 탈(脫)ᄒᆞ고 붓드러 일침(一寢)의 동와(同臥)ᄒᆞ니, 옥부향신의 텬향이 만실(滿室)이라. 싱이 ᄉᆡ로온 은ᄋᆡ(恩愛) 뉴동(流動)ᄒᆞ니, 의ᄉᆡ 낙쳔(洛川)2539)의 무로녹고, 심신(心身)이 양ᄃᆡ(陽臺)2540)의 젼도(轉倒)ᄒᆞ니, 스ᄉᆞ로 환오(歡娛) 득의(得意)ᄒᆞ여 만죵풍뉴(萬種風流)2541) 불가형언(不可形言)이러니, 이윽고 부인이 스ᄉᆞ로 졍신을 찰히니, 발셔 ᄌᆞ긔 몸이 흑ᄉᆞ와 동침동와(同寢同臥)ᄒᆞ여[고] 졉면 동체(接面同體)ᄒᆞ여, 비익(比翼)2542)의 날기를 펼치고, 년니(連理)2543)의 가지를 년ᄒᆞ여시니, 빅번 이닯고 쳔만 노호오나 무가ᄂᆡ하(無可奈何)라. 불승비분(不勝悲憤)ᄒᆞ여 도로혀 죽은ᄃᆞ시 누어 호흡도 통치 아【68】니니, 흑ᄉᆡ 비록 모ᄅᆞᄂᆞᆫ 듯ᄒᆞ나 엇지 긔식을 모ᄅᆞ리오. 심니의 실쇼ᄒᆞ믈 마지 아니터라.

니러틋ᄒᆞ여 츈쇼(春宵)2544) 고단(苦短)ᄒᆞ니, 져근덧 금계(金鷄)2545) 창효(唱曉)ᄒᆞ고, 경긱(頃刻)의 쳘괴(鐵鼓)2546) 늉늉(隆隆)ᄒᆞ니, 흑ᄉᆡ 오히려 졉체동와(接體同臥)ᄒᆞ여 날

2535)관쇽(關束) ; 단속(團束). 주의를 기울여 다잡거나 보살핌.
2536)구졍(九鼎) : 중국 하(夏)나라의 우왕(禹王) 때에, 전국의 아홉 주(州)에서 쇠붙이를 거두어서 만들었다는 아홉 개의 큰 솥. 주(周)나라 때까지 대대로 천자에게 전해진 보물이었다고 한다.
2537)벙으리왇다 : 막다. 맞서 버티다. 대적(對敵)하다. 거스르다. 반대하다. 거절(拒絶)하다.
2538)발발ᄒᆞ다 : 여러 가닥으로 터지고 찢겨진 모양.
2539)낙쳔(洛川) : 낙수(洛水). 중국 하남성(河南省)에 있는 강 이름. 복희씨(伏羲氏)의 딸 복비(宓妃)가 이곳에 빠져죽어 수신(水神)이 되었다고 함.
2540)양ᄃᆡ(陽臺) : 중국 초(楚)나라 양왕(襄王)이 꿈에 무산(巫山)에서 신녀(神女)와 비밀스레 하룻밤을 즐겼다는 누대의 이름.
2541)만죵풍뉴(萬種風流) : 온갖 즐거움.
2542)비익(比翼) : 비익조(比翼鳥). 암컷과 수컷의 눈과 날개가 하나씩이어서 짝을 짓지 아니하면 날지 못한다는 전설상의 새.
2543)년니(連理) : 연리지(連理枝). 두 나무의 가지가 서로 맞닿아서 결이 서로 통한 것.
2544)츈쇼(春宵) : 봄밤.
2545)금계(金鷄) : ①'닭'의 미칭(美稱). ②꿩과에 속한 새. 꿩과 비슷한데 수컷은 광택 있는 황금색 우관(羽冠)과 뒤 목에는 누런 갈색, 어두운 녹색의 장식깃이 있어 매우 아름답다. 암컷은 엷은 갈색 바탕에 검은 점이 있다. 번식이 쉽고 추위에 강하여 관상용으로 기르며 중국이 원산지이다.
2546)쳘괴(鐵鼓) : 철고(鐵鼓) 쇠북. '종(鐘)'의 옛말.

이 치 붉기를 기다려 바야흐로 쇼세ᄒ고 나가니, 쇼졔 일신이 즛마준 ᄃ시 아니 알픈 곳이 업ᄉᄃᆡ, 작일 갓도라와 칭병ᄒᄆᆡ 불가ᄒᆫ 고로, 쳔만 강잉ᄒ여 단장을 초초(草草)히 하고 졍당의 신셩(晨省)ᄒ니, 존당 구괴 셜쇼져의 옥안화뫼(玉眼花貌) 일야지간(一夜之間)의 슈픽(瘦敗)ᄒᆞ미 가이 업셔, 맛치 ᄉ병(死病) 지닌 사ᄅᆞᆷ 갓ᄒ믈 의 【69】아ᄒ여,

"아뷔 신상이 불평ᄒ냐? 엇지 일야지간(一夜之間) 져되도록 환형(幻形)ᄒ엿ᄂᆞ뇨?"

쇼졔 복슈 ᄃᆡ쥬 왈,

"아히 각별 신양(身恙)이 업ᄂᆞ이다."

구픠 눈을 드러 흑ᄉ를 냥구히 보며 왈,

"괴이코 이상도 ᄒ다. 엇지 일야지간의 흑ᄉ는 화창ᄒᆫ 긔운이 더욱 발월(發越)ᄒ고, 쇼져는 참혹히 초췌ᄒ여 아조 병상을 일워시니, 노신이 혜건ᄃᆡ 흑ᄉ는 장년(壯年) 쳥츈의 근간 독슉공관(獨宿空館)의 환부싱이(鰥夫生涯) 지극히 괴롭던 바로뼈, 동방향실(洞房香室)의 화옥(花玉) 갓흔 미부인을 동쳐ᄒ여 금슬이 창(唱)ᄒ시니, 그 환심(歡心)을 불문가지(不問可知)라. 니ᄅᆞ므【70】로 금일 츈쇠(春色)이 더욱 발양ᄒ시고, 셜부인은 극ᄒᆫ 약질이라, 흑ᄉ의 장츅(藏蓄)ᄒ엿던 긔운을 능히 당치 못ᄒ여, 져리 슈픽ᄒ엿ᄂᆞ이다."

좌위 박슬긔쇼(拍膝譏笑)[2547]ᄒ니, 흑시 관을 슉여 미쇼ᄒ고, 쇼져는 구파 양희 등이 반ᄃ시 작야ᄉ를 규시(窺視)ᄒᆫ 눈츼를 알ᄆᆡ, 크게 슈괴ᄒ여 진슈(螓首)를 낫초아 옥협(玉頰)의 훈쇠(暈色)이 염염(艶艶)ᄒ니, 존당 구괴 ᄉ랑ᄒ미 쇼·엄 등 졔 쇼져의 나리지 아니ᄒ며, 흑시 투목숑아(偸目竦訝)[2548]ᄒ여 이즁(愛重)ᄒ믈 니기지 못ᄒ니, 졍즁(鄭重)ᄒᆫ 부뷔 그 악모를 증념ᄒ여, 격셰(隔歲) 상니(相離)ᄒ엿던 줄 ᄌ가지심(自家之心)【71】이나 괴이ᄒ믈 측냥치 못ᄒ니, 이 ᄯᅩᄒᆫ 그 부부의 냥ᄋᆡᆨ(兩厄)이 미진ᄒᆫ 연괴러라.

니러구러 슈일이 되니 임의 한님의 구쇼져를 취ᄒᆯ 길긔(吉期) 다ᄃᆞ른지라. 초일 ᄃᆡ연(大宴)을 긔장(開場)ᄒ고, 슈다(數多) 빈긱이 모드니 그 쉬 불가승쉬러라.

엄쇼졔 한님의 길복(吉服)을 다ᄉ려 셤기니, 만당 졔빈이 엄쇼져의 셩덕 광휘를 칙칙 탄상(歎賞)ᄒ고 쳘쇼져의 유한슉뇨(幽閑淑窈)ᄒᆫ 작ᄐᆡ션염(綽態鮮艶)을 일ᄏᆞ라 구쇼져의 뇨조(窈窕) 유한(幽閑)홈과, 경난아의 괴변(怪變) 히ᄉ(駭事)를 교란 흉인의 닙으로조ᄎ 만셩이 모로리 업ᄂᆞᆫ 고로, 밋쳐 보지 아냐 뇨【72】조가인(窈窕佳人)이라 칭찬ᄒ더라.

일식이 장반(將半)의 한님이 옥모 영풍의 길복을 졍히 ᄒ고, 허다 위의를 거ᄂᆞ려 만조 요긱(繞客)이 젼ᄎ후옹(前遮後擁)[2549]ᄒ여 구부의 니ᄅᆞ니, 구상셰 ᄯᅩᄒᆫ ᄃᆡ연을 빅

2547)박슬긔쇼(拍膝譏笑) ; 무릎을 치며 기롱하여 웃음.
2548)투목숑아(偸目竦訝) : 곁눈질로 보고 놀라며 의아한 빛을 띰.
2549)젼ᄎ후옹(前遮後擁) : 여러 사람이 앞뒤에서 에워싸고 보호하여 나아감.

셜ᄒ여 친쳑 붕우를 다 쳥ᄒ고, 뉴부인이 범ᄉ를 쥬밀(周密)이 ᄒ여 쇼져를 장속(裝束)ᄒ여 신낭을 기다리더니, 믄득 신낭의 위의 부문의 다드라 젼안지녜(奠雁之禮)를 맛고, 신부의 상교(上轎)를 지쵹ᄒ니, 구상셰 만면희ᄉᆡᆨ(滿面喜色)으로 한님의 손을 잡고 등을 어ᄅᆞ만져, ‘쾌셔(快壻)라 일ᄏᆞᄅᆞ니, 뉴부인이 넘ᄂᆡ(簾內)의셔 신낭의 표치풍광(標致風光)2550)【73】을 보ᄆᆡ, 딕경 칭션(稱善)ᄒ여, 쇼져의 ᄌᆞ미운치(姿美韻致)로뼈 비필이 상젹ᄒᄆᆞᆯ 깃거ᄒ고, 상셔의 지인명감(知人明鑑)을 탄복ᄒ더라.

이의 쇼져를 닛그러 즁당의 셰우고 금낭(錦囊)을 치오며 경계ᄒ니, 쇼졔 계모의 셩덕(盛德) 인ᄌᆞ(仁慈)ᄒᄆᆞᆯ 감격ᄒ여, 딕비 슈명ᄒ고 상교홀ᄉᆡ, 구원(九原) 션비(先妣)를 츄모ᄒ여 셩안(聖顔)의 함누(含淚)ᄒᄆᆞᆯ 면치 못ᄒ더라.

쇼졔 뎡의 오ᄅᆞ니, 한님이 슌금쇄약(純金鎖鑰)을 가져 봉교(封轎) 상마(上馬)ᄒ고, 위의를 휘동ᄒ여 본부로 도라오니, ᄡᅡᆼᄡᅡᆼᄒ 녹의홍상(綠衣紅裳)이 측을 잡고, ᄉᆞ지관환(事知官宦)2551)이 신낭 신부를 인도ᄒ여 독【74】좌(獨坐)2552)를 파ᄒ고, 합증쥬(合졸酒)2553)를 난호ᄆᆡ, 신뷔 진쥬션(眞珠扇)2554)을 기우리고, 조뉼(棗栗)을 밧드러 존당 구고긔 진헌(進獻)ᄒ고, 슉당(叔堂)2555) 금장(襟丈)2556)으로 녜를 필ᄒᄆᆡ, 만목이 일시의 관광(觀光)ᄒ니, 이 믄득 딕가 싱츌ᄂᆞ 덕문여지(德門餘枝)오, 명가긔ᄆᆡᆨ(名家氣脈)이라. 듯던 바의 셰번 더으고, 임의 ᄉᆞᆺ다온 셩홰(聲華) 금슈익화(錦繡益花)2557)ᄒᆞᆫ, 난아 음녀의 힝악 가온ᄃᆡ 낫하ᄂᆞᆫ지라. 난봉구란ᄎ(鸞鳳句欄釵)2558)는 무빈(霧鬢)2559)을 진졍ᄒ니, 셔광(瑞光)의[이] 녕녕(盈盈)ᄒ고, 뉴미월익(柳眉月額)2560)은 팃진(太眞2561))의 부용여면뉴여미(芙蓉如面柳如眉)2562)로 얼픗ᄒ고, 낭셩(狼星)2563) 츄파(秋波)2564)는

2550) 표치풍광(標致風光) : 수려(秀麗)한 풍채.
2551) ᄉᆞ지관환(事知官宦) : 일에 능숙한 구실아치.
2552) 독좌(獨坐) : 독좌례(獨坐禮). 혼인례에서 대례(大禮)를 달리 이른 말. 즉 신랑과 신부가 대례를 행할 때 각각의 앞에 음식을 차려 놓은 독좌상(獨坐床)을 놓고 교배(交拜)・합근(合졸) 등의 의례를 행하는 것을 비유하여 쓴 말이다.
2553) 합증쥬(合졸酒) : 합근주(合졸酒). 전통 혼례식에서 신랑 신부가 혼인을 맹세하는 뜻으로 서로 술잔을 주고받아 마시는 술. *합근(合졸); 전통 혼례에서, 신랑 신부가 혼인을 맹세하는 뜻으로 서로 술잔을 주고받음. 또는 그런 절차.
2554) 진쥬션(眞珠扇) : 진주부채. 혼인 때에 신부의 얼굴을 가리는 데 쓰는 진주로 장식한 둥근 부채.
2555) 슉당(叔黨) : 아내가 남편의 형제들을 이르는 말. =시숙(媤叔).
2556) 금장(襟丈) : 동서(同壻). 주로 아내가 남편 형제들의 아내들을 이르는 말로 쓰인다.
2557) 금슈익화(錦繡益花) : 금상첨화(錦上添花). 비단 위에 수(繡)를 놓아 꽃을 더한다는 뜻으로, 좋은 일 위에 또 좋은 일이 더하여짐을 비유적으로 이르는 말.
2558) 난봉구란ᄎ(鸞鳳句欄釵) : 난새와 봉새를 새겨 ‘구란(句欄; 句자 형태의 난간) 모양의 머리 부분을 만든 비녀.
2559) 무빈(霧鬢) : 안개가 서린 듯한 하얀 귀밑머리.
2560) 뉴미월익(柳眉月額) : 버들잎 같은 눈썹과 달처럼 둥근 이마.
2561) 팃진(太眞) : 양귀비(楊貴妃). 중국 당나라 현종(玄宗)의 비(妃)(719~756). 이름은 옥환(玉環). 도교에서는 태진(太眞)이라 부른다. 춤과 음악에 뛰어나고 총명하여 현종의 총애를 받았으나 안녹산의 난 때 죽었다

효성(曉星)이 조양(朝陽)2565)의 빗쵠 듯, 단슌호치(丹脣皓齒) 찬연ᄒ여, 도솔궁(兜率宮)2566) 단ᄉ(丹砂)를 겸쳣고2567), 【75】미우팔치(眉宇八彩)2568)〇[눈] 복덕(福德)이 어리고, ᄉ덕(四德)2569)이 겸젼(兼全)ᄒ니, 단일셩장(單一誠莊)2570)은 나부(羅浮)2571)로 흡ᄉᄒ고, 유한슉뇨(有限淑窈)는 녀영(女英)2572)으로 방불ᄒ니, 비봉(飛鳳) 냥익(兩翼)의 ᄌ금(紫金) 치화삼(彩花衫)과 직금(織錦) 젹의(翟衣)를 착(著)ᄒ고, 무거온 슈식(垂飾)과 찬난흔 품복 가온딕 진퇴녜졀(進退禮節)이 우쥰승좌규구(右準繩左規矩)2573)ᄒ여, 뉵쳑향신(六尺香身)의 졀ᄎ(節次) 옹목(雝穆)ᄒ니, 존당구괴 일견(一見)의 그 셩덕직모(聖德才貌)를 황홀 경이ᄒ고, 만좌(滿座) 졔셩칭하(齊聲稱賀)ᄒ여 하례 분분ᄒ니, 존당구괴 좌슈우응(左酬右應)2574)의 승당(承當) 칭ᄉ(稱謝)ᄒ더라. 【76】

2562)부용여면뉴여미(芙蓉如面柳如眉) : 연꽃처럼 아름다운 얼굴과 버들잎 같이 예쁜 눈썹.

2563)낭성(狼星) : 시리우스성. 늑대별. 큰개자리에서 가장 밝은 청백색의 별. 하늘에서 볼 수 있는 가장 밝은 별로, 밝기는 −1.46등급이고, 지구에서 거리는 8.7광년이다. 백색 왜성과 쌍성을 이루고 있다.

2564)낭성추파(狼星秋波) : 낭성(狼星; 늑대별)처럼 빛나는 맑은 눈빛.

2565)조양(朝陽) : 아침 햇빛.

2566)도솔궁(兜率宮) : 도솔천(兜率天)에 있는 궁전.

2567)겸치다 : 점을 찍다.

2568)미우팔치(眉宇八彩) ; 눈빛. 눈의 정채(精彩). *미우(眉宇); 이마의 눈썹 근처. *팔채; '팔채(八彩)'는 팔(八)자 모양의 눈썹 광채를 뜻하는 말로, 여기서는 눈빛을 대신 나타낸 것이다.

2569)ᄉ덕(四德) : 여자로서 갖추어야 할 네 가지 덕. 마음씨[婦德], 말씨[婦言], 맵시[婦容], 솜씨[婦功]를 이른다.

2570)단일셩장(單一誠莊) : 단정하고 한결같으며 성실하고 엄숙함.

2571)나부(羅浮) : '나부천(羅浮泉)의 매신(梅神)'을 이르는 말. 중국 수(隋)나라 때 조사웅(趙師雄)이 나부산(羅浮山)의 한 샘가에서 소복(素服)을 한 한 미인의 영접을 받고 함께 술집에 가서 즐겁게 노는데 푸른 옷을 입은 동자가 노래를 불렀고 사웅이 취하여 자다가 새벽에 깨어보니 매화나무에 푸른 새가 지저귀고 있었다는 나부지몽(羅浮之夢)에 등장하는 여선(女仙). 여기서 소복미인은 화신(花神) 곧 매신(梅神)이다. *나부산(羅浮山) : 중국 광동성(廣東省) 혜주부(惠州府)에 있는 명산으로, 진(晉)나라 때 갈홍(葛洪)이 이 산에서 선술(仙術)을 얻었다고 한다.

2572)녀영(女英) : 요임금의 딸로 언니 아황(娥皇)과 함께 순임금에게 시집가 서로 투기하지 않고 화목하게 잘 살았으며, 순임금이 창오(蒼梧)에서 죽자 함께 소상강(瀟湘江)에 빠져 죽었다.

2573)우쥰승좌규구(右準繩左規矩) : 우(右)와 좌(左)가 다 '준승규구(準繩規矩)' 곧 법도에 맞는다는 말. *준승규구(準繩規矩); =규구준승(規矩準繩). ①목수가 쓰는 그림쇠, 자, 수준기, 먹줄을 통틀어 이르는 말. ②일상생활에서 지켜야 할 법도.

2574)좌슈우응(左酬右應) : 이쪽저쪽으로 부산하게 수작(酬酌)하고 응대(應對)함.

윤하뎡삼문취록 권지뉵십스

추시 존당구괴(尊堂舅姑) 일견(一見)의 그 셩덕(聖德) 지모(才貌)를 황홀(恍惚) 경이(敬愛)ᄒᆞ고, 만좨(滿座) 졔셩칭하(齊聲稱賀)ᄒᆞ여 하례(賀禮) 분분(紛紛)ᄒᆞ니, 존당구괴(尊堂舅姑) 좌슈우응(左酬右應)의 승당칭ᄉᆞ(承當稱謝)2575)ᄒᆞ더라.

호람휘 구쇼져를 명ᄒᆞ여 엄쇼져긔 지ᄇᆡ(再拜)ᄒᆞ여 빈실(嬪室)이 원군(元君)의게 뵈ᄂᆞᆫ 녜를 ᄒᆡᆼ케 ᄒᆞ니, 신뷔 안셔(安徐)히 슈명(受命)ᄒᆞ고, 엄쇼져긔 지ᄇᆡᄒᆞ니, 엄쇼졔 공슈(拱手) 답ᄇᆡ(答拜)ᄒᆞ여 피ᄎᆞ(彼此) ᄉᆞ문(斯文)이믈 공경ᄒᆞ더라.

쳘쇼져와 신뷔 동녈(同列)의 예로ᄡᅥ 보기를 맛ᄎᆞᆷ, 신뷔 바야흐로 좌의 드니, 추일 하상부(相府)의셔는 연시의 상ᄉᆡᆨ 나시【1】므로 ᄂᆡ외의 참녜ᄒᆞ니 업ᄉᆞᄃᆡ, 졔궁 ᄂᆡ외ᄂᆞᆫ 다 참예혼지라. 의렬비 ᄌᆞᄆᆡ(姉妹) 금장(襟丈)이 ᄌᆞ녀부(子女婦)2576)를 거ᄂᆞ려 참예ᄒᆞ니, 기기(個個)히 졀염미ᄉᆡᆨ(絶艶美色)이오, 쳔고긔완(千古奇婉)2577)이니, 다시 니ᄅᆞ지 말녀니와, 슉녈비 진·남·화 삼비와 하·장 두 부인으로, 병익년좌(竝翼連坐)2578)ᄒᆞ여 존당을 뫼셔시니, 졔부인이 홍옥쇼년(紅玉少年)2579)을 하직ᄒᆞ연지 오ᄅᆡᄃᆡ, 일월졍화(日月精華)와 산쳔슈긔(山川秀氣) 오롯ᄒᆞ여, 휘요(輝耀)ᄒᆞᆫ 픔복(品服)과 탁셰(卓世)ᄒᆞᆫ 셩덕(盛德)이 만고무ᄡᅡᆼ(萬古無雙)ᄒᆞ거ᄂᆞᆯ, 버거 쇼·엄·쳘·구·셩·쥬·셔·셜·엄 등이 다 쵸셰(超世)ᄒᆞᆫ 지풍(才風)이오, 더옥 한님의 원비 엄쇼져ᄂᆞᆫ[의] 뉸(倫)이의 ᄲᅢ여난 셩덕진화(聖德眞華)2580)ᄂᆞᆫ 다【2】시 그 ᄡᅡᆼ이 업슬 가시부거ᄂᆞᆯ, 추즁(此中)의 구쇼졔 안항(雁行)2581)을 비겨시니, 옥ᄐᆡ월광(玉態月光)2582)이 참치상하(參差上下)2583)ᄒᆞ여 광실(廣室)의 조요(照耀)ᄒᆞ니, 셔로 셧도라2584) 금반(金盤)의 위쥬(魏珠)2585) 황

2575) 승당칭ᄉᆞ(承當稱謝) : (남으로부터 축하나 위로 등의 인사를) 받고 고마움을 표현함.
2576) ᄌᆞ녀부(子女婦) : 딸과 자부(子婦)를 함께 이르는 말.
2577) 쳔고긔완(千古奇婉) ; 세상에 다시없는 아름다움.
2578) 병익년좌(竝翼連坐) : 어깨를 나란히 하여 잇대어 앉음.
2579) 홍옥쇼년(紅玉少年) : 연지 따위로 홍옥(紅玉)처럼 붉게 화장을 하던 소년시절.
2580) 셩덕진화(聖德眞華) : 성스러운 덕과 참된 아름다움.
2581) 안항(雁行) : 기러기의 행렬이란 뜻으로, 남의 형제를 높여 이르는 말.
2582) 옥ᄐᆡ월광(玉態月光) : 옥처럼 아름다운 자태와 달빛처럼 빛나는 광채.
2583) 참치상하(參差上下) : 윗사람과 아랫사람이 몸집이나 덕성이 크고 작고 높고 낮고 하여 일정하지 않음.
2584) 셧돌다 ; 섞여 돌다. 섞여 움직이다.
2585) 위쥬(魏珠) : 위(魏)나라 혜왕(惠王)의 십이주(十二珠)을 말함. 곧 위(魏)나라 혜왕(惠王)이 조(趙)나

황(恍恍)ㅎ고, 초벽(楚璧)2586)이 휘휘(輝輝)흔 듯, 장실(張室) 즈염과 하실(河室) 월염과 쇼실(蘇室) 션혜, 오직 각각 구문 가변(家變)과 ᄉ고(事故)로 참예치 못ᄒ여시니, 위·조 냥티비(兩太妃)와 뉴부인이며 뎡·진·남·화 ᄉ비 심히 결연ᄒ며, 진비ᄂ 더옥 션화의 신세 위란ᄒ믈 근심ᄒ미 심두(心頭)의 밋쳐시니, 일흥(一興)이 감ᄒ더라.

황친국족(皇親國族)이며, 외조명뷔(外朝命婦)2587) 빗난 슈식(垂飾)과 화려흔 단장(丹粧)으로 모드니, 그 쉬 혜기 어려오딕, 일【3】인도 능히 뎡·윤 냥부 졔인의 싀광(色光) 덕질(德質)을 뉘 감히 당ᄒ리오.

미싴(美色)을 즈부ᄒ던 뉘 낙담상혼(落膽喪魂)ᄒ여 칙칙(嘖嘖) 탄상(歎賞) 왈,

"당금(當今) 절염(絶艶)은 다 윤·하·뎡 삼문의 못다 말이 허언이 아니로다."

ᄒ더라.

니러틋 ᄒ여 종일(終日) 진환(盡歡)ᄒ미, 빈긱이 각산기가(各散其家)ᄒ고, 신부 슉쇼를 쳥운당의 졍ᄒ니, 시아(侍兒) 복쳡(僕妾)이 신부를 뫼셔 혼졍(昏定)을 맛고 침쇼의 도라오니, 쇼졔 긴 단장을 벗고 단의홍군(單衣紅裙)으로 촉하의 단좌ᄒ엿더니, 야심 후 한님이 부명을 니어 죡용(足容)이 완완ᄒ여 신방의 니르니, 십여 ᄎ환(叉鬟)이 ᄌ슈션메(紫袖鮮袂)2588)로 일위【4】명월(明月)을 쎠 마즈니, 한님이 동셔분좌(東西分座)ᄒ고 ᄉ일(斜日)을 흘녀 신부를 보니, 비록 엄쇼져의 만고 희셰(稀世)흔 싴모(色貌) 셩덕(聖德)은 밋지 못ᄒ나, 옥안화뫼(玉顔花貌) 빙졍(氷晶) 쇄락(灑落)ᄒ며 덕되(德道) 유한ᄒ미 슉녀의 풍치이시믈 크게 깃거, 만면 츈풍이 동황(東皇)이 무로녹아 흔연이 야심ᄒ믈 일ᄏ라 촉을 물니고, 쇼져를 붓드러 원앙 금니(鴛鴦衾裏)의 나아가니, 원앙이 녹슈(綠樹)의 교명(交鳴)ᄒ고, 비취(翡翠) 년니지(連理枝)2589)의 깃드림 갓흔지라.

쇼졔 과히 슈습ᄒ고 붓그리니, 한님이 부부지되 여ᄎᄒ믈 니르더라. 창외의 양희 등이 규시ᄒ【5】여 부부의 은이(恩愛) 진즁(鎭重)ᄒ믈 두굿겨, 도라와 이튼날 모든 딕 고ᄒ니, 존당 상히 한님의 힝신 쳐ᄉ이 이 갓흐믈 두굿기더라.

명조의 일가 남녀노쇼 졍당의 모도이미, 신뷔 쏘흔 신장(晨粧)2590)을 다ᄉ려 문안ᄒ

___

라 위왕(威王)에게 자랑하였다고 하는 위나라의 보배. 지름이 1촌(寸) 쯤 되는 구슬로, 수레 12대를 비출 수 있다고 하여 '십이주(十二珠)'라는 이름으로 불린다. 사기(史記)』卷四十六, '田敬仲完世家' 第十六에 나온다.

2586)초벽(楚璧) : =화벽(和璧). 명옥(名玉)의 일종. 전국시대 초(楚)나라 변화씨(卞和氏)의 옥(玉)으로, '완벽(完璧)', '화씨지벽(和氏之璧)' 등으로 불리기도 한다. 그 후 이 '화벽'은 조(趙)나라 혜문왕(惠文王)의 손에 들어갔으나, 이를 탐내는 진(秦)나라 소양왕(昭襄王)이 진나라 15개의 성(城)과 이 옥을 교환하자고 한 까닭에 '연성지벽(連城之璧)'이라는 이름이 붙기도 하였다.

2587)외조명부(外朝命婦) : 외명부(外命婦). 임금의 종족(宗族)이 아닌 조정 관리의 부인 중, 봉작(封爵)을 받은 부인을 통틀어 이르는 말.

2588)ᄌ슈션메(紫袖鮮袂) : 붉은 소매와 고운 빛깔의 소매.

2589)년니지(連理枝) : 두 나무의 가지가 서로 맞닿아서 결이 서로 통한 것을 뜻하여, 화목한 부부나 남녀의 사이를 비유적으로 이르는 말.

2590)신장(晨粧) : 새벽 단장. 신성례(晨省禮)를 위해 하는 단장.

니, 존당 구괴 볼ᄉᆞ록 이모ᄒᆞᄆᆞᆯ 니긔지 못ᄒᆞ고, 호람휘 신부의 옥슈(玉手)를 어로만져 왈,

"아부는 창아의 슈빙고인(受聘古人)이니, 엇지 아시 조강(糟糠)으로 다름이 이시리오만은, 기간의 ᄉᆞ괴 만코 호ᄉᆡ다마(好事多魔)2591)ᄒᆞ여, 아뷔 괴이ᄒᆞᆫ 환난 즁 하마 ᄉᆞ싱이 위ᄐᆡ홀 번ᄒᆞ고, ᄯᅩ 요인의 공교히 셩을 밧고며 얼골【6】을 비러 드러오니, 사ᄅᆞᆷ이 쳔니안(千里眼)2592) 니슌풍(李淳風)2593)이 아닌 후야, 셰간의 니런 요음지ᄉᆞ(妖淫之事) 잇ᄂᆞᆫ 줄 알니오. 가칭(假稱) 구시, 니른 바 인면슈심(人面獸心)이니, 제 비록 어지다 일너도, 엄시 임의 왕후지녀(王侯之女)로 ᄉᆡᆨ덕이 겸비ᄒᆞ고, 긔린 갓흔 냥ᄌᆞ(兩子)를 두어시니, 가히 그 ᄌᆞ리를 밧고기 어렵거늘, ᄒᆞᄆᆞᆯ며 경시의 음오(淫汚) 무ᄒᆡᆼ(無行)ᄒᆞᆷ이냐? 버거 쳘시 ᄯᅩᄒᆞᆫ 화벌명예(華閥名裔)2594)로 위인이 현슉ᄒᆞ고, 긔화(奇花) 갓흔 ᄯᆞᆯ을 두어○…결락 9자…○[시니 무가ᄂᆡ하(無可奈何)라. 경시] 임의 본젹(本迹)이 픾루(敗漏)ᄒᆞᆷ, 아등은 지지구시(知之具氏)오 부지경시(不知慶氏)라. 쳐음은 구시로 알고 머믈워시나 후의 구시 아닌 줄 안 후야 엇지 음누(淫陋)ᄒᆞᆫ ᄌᆞ최를 【7】일긱(一刻)인들 가즁의 머므르리오. 시고(是故)로 경시를 츌거(黜去)ᄒᆞ고, 경가 흉비 교란의 초ᄉᆞ(招辭)를 보니, 너의 목젼(目前)의 죽으믈 보지 아냐시나, 임의 독(毒)을 먹여 농즁의 너허 강슈의 ᄯᅴ윗다 ᄒᆞ니, 비록 요ᄒᆡᆼ을 바라나 오히려 옥골방신(玉骨芳身)이 ᄉᆞ싱지간(死生之間)의 아모 곳의 유락(流落)ᄒᆞᄆᆞᆯ 아지 못ᄒᆞ니, 그 위란(危亂)ᄒᆞᆷ이 십샹구분(十上九分)2595)이니, 아등(我等) 조손(祖孫)이 어ᄂᆞ 날 앗기며 슬허 아니며, 요ᄒᆡᆼ 녕존의 인후 셩덕을 하늘이 감동ᄒᆞ시고, 너의 ᄌᆡ용(才容)을 신명(神明)이 앗기ᄉᆞ, 금일 구약(舊約)을 셩젼(成典)ᄒᆞ니, 엇지 긔특지 아니리오. 연이나 너의 명문화벌(名門華閥)【8】노 위굴하등(位屈下等)2596)ᄒᆞᆷ이 인심의 불안ᄒᆞ나, 이ᄂᆞᆫ ᄉᆞ셰(事勢) 마지 못ᄒᆞᆷ이니, 아부는 모로미 녀영(女英)2597)의 슉신지풍(淑愼之風)2598)을 직희여 원비를 존경ᄒᆞ며, 동녈(同列)을 화목ᄒᆞ여 규문의 화긔를 일치 말나."

쇼졔 복슈쳥미(伏首聽未)의 부복계슈(復伏稽首)2599)ᄒᆞ여 ᄇᆡ이슈명(拜而受命)이러라.

남휘 ᄯᅩ 엄쇼져를 나아오라 ᄒᆞ여, 옥슈(玉手)를 잡고 션빈(鮮鬢)을 무마(撫摩)ᄒᆞ여

2591)호ᄉᆡ다마(好事多魔) : 좋은 일에는 흔히 방해되는 일이 많음. 또는 그런 일이 많이 생김.

2592)쳔니안(千里眼) : 천 리 밖의 것을 볼 수 있는 안력(眼力)이라는 뜻으로, 사물을 꿰뚫어 볼 수 있는 뛰어난 관찰력을 비유적으로 이르는 말.

2593)이슌풍(李淳風) : 판수 점쟁이의 조상으로 섬기는 맹인신(盲人神)의 하나. 주로 눈병이 났을 때에 이 신에게 빈다.

2594)화벌명예(華閥名裔) : 벌열(閥閱) 가문의 이름난 후손.

2595)십샹구분(十上九分) : 10분의 9. 즉 9할.

2596)위굴하등(位屈下等) : 지위가 아래등급으로 떨어지는 굴욕을 당하다.

2597)녀영(女英) : 요임금의 딸로 언니 황영(皇英)과 함께 순임금에게 시집가 서로 투기하지 않고 화목하게 잘 살았으며, 순임금이 창오(蒼梧)에서 죽자 함께 소상강(瀟湘江)에 빠져 죽었다.

2598)슉신지풍(淑愼之風) : 욕심 없이 맑고 순종하는 마음.

2599)부복계슈(復伏稽首) ; 다시 엎드려 이마가 땅에 닿도록 큰절을 올림.

왈,

"아부는 임ᄉ(妊姒)2600·마등(馬鄧)2601 갓흔 슉녀니, 쳔츄(千秋)의 한낫 녀ᄉᆞᆨ(女士)오, 만ᄃᆡ(萬代)의 셩녜(聖女)라. 초혼(初婚)이 험조(險阻)ᄒᆞ여 유시(幼時)의 텬뉸(天倫)을 실셔(失緖)ᄒᆞ고, ᄲᅡᆼ셤 쳔비의 은양(恩養)홈과 양녀의 교흉(敎畜)ᄒᆞ믈 바다, 그룻 창아의 호방흔 그믈의 걸녀 【9】일홈이 낫갓고, 경시의 음희를 바다 거의 위란지경(危亂之境)을 지니고, 텬뉸을 단취(團聚)ᄒᆞ니 이 믄득 명문화엽(名門花葉)이며, ᄃᆡ가슉녜(大家淑女)어늘, ᄯᅩ 다시 긔린 갓흔 냥ᄌᆞ를 두어 오가(吾家) 종ᄉᆞ(宗嗣)를 창흘지라. 엇지 아름답지 아니리오. 아부의 셩덕 ᄌᆞ질은 아란지 오리니, 모로미 동녈(同列)을 화목ᄒᆞ여 늬조를 빗닉고, '갈담(葛覃)의 화긔(和氣)'2602를 상희오지 말나.'

엄쇼제 공경 슈명이퇴(受命而退)ᄒᆞ니, 남휘 ᄯᅩ 한님을 경계 왈,

"너의 셰 안히 다 텬츄긔완(千秋奇婉)2603이라. 너는 모로미 후박(厚薄)을 공번되게2604 ᄒᆞ여 규늬(閨內)의 원이 업게 ᄒᆞ라."

한님이 ᄇᆡᄉᆞ슈명(拜謝受命)ᄒᆞ니, 【10】부부 ᄉᆞ인의 낫 우희 각각 화긔 어리여 반겸 이체(礙滯)ᄒᆞ미 업ᄉᆞ니, 좌즁이 션탄(善歎)ᄒᆞ고, 구픠 참지 못ᄒᆞ여 왈,

"노야는 오원(迂遠)흔 근심을 마르쇼셔. 한님이 구쇼져를 만나시믄 이 곳 슈빙고인(受聘古人)이라. 그 셩덕 ᄌᆞ용을 과혹(過惑)ᄒᆞ샤 초양왕(楚襄王)2605 운니몽(雲裏夢)의 운우(雲雨)○[가] 무협(巫峽)2606이[의] 젼도(轉倒)ᄒᆞ니, 그 부부 즁졍(重情)은 블문가지(不問可知)라. 노야는 {맛치} 젼일 경시를[가] 하마 상셩실혼(喪性失魂)ᄒᆞ기의 밋쳣던 거조를 싱각ᄒᆞ시ᄂᆞ니잇가?"

셜파의 우으며, 작야 신방ᄉᆞ(新房事)를 토셜(吐說)ᄒᆞᄃᆡ, 틱반이나 쥬츌(做出)ᄒᆞ여 옴기고, ᄯᅩ 젼일 경시의게 너모 닝낙ᄒᆞ니, 경시 상ᄉᆞ원졍(想思願情)【11】을 것잡지 못

2600)임ᄉ(妊姒) : 중국 주(周)나라 현모양처(賢母良妻)인 문왕의 어머니 태임(太妊)과 무왕(武王)의 어머니 태사(太姒)를 함께 일컫는 말.

2601)마등(馬鄧) : 중국 동한(東漢) 명제(明帝)의 후비 마후(馬后)와 동한(東漢) 화제(和帝)의 후비(后妃) 등후(鄧后)를 함께 이르는 말. 둘 다 후궁 가운데 덕이 높았다.

2602)갈담(葛覃)의 화긔(和氣) : 주(周)나라 문왕의 비(妃)인 태사(太姒)가 이루었던 '집안의 화목'을 말함. 갈담(葛覃)은 『시경』<주남(周南)>편에 나오는 시로, 주나라 문왕의 비인 태사가 아랫사람들에게 덕을 드리워 집안의 화평과 번성을 이룬 것을 칭송하는 내용임.

2603)텬츄긔완(千秋奇婉) : 세상에 다시없는 아름다운 숙녀.

2604)공번되다 : 공변되다. 행동이나 일 처리가 사사롭거나 한쪽으로 치우치지 않고 공평하다.

2605)초양왕(楚襄王) : 중국 전국시대 초(楚)나라 임금. 무산(巫山)의 양대(陽臺)에서 무산신녀(巫山神女)와 운우지정(雲雨之情)을 나눴다는 이야기로 유명하다. 『문선(文選)』에 전하는 송옥(宋玉)의 <고당부(高唐賦)>에 의하면, 양왕(楚襄王)이 일찍이 무산(巫山)의 양대(陽臺)에서 낮잠을 자는데, 꿈에 한 여인이 와서 말하기를, "저는 무산의 여자로 양대의 나그네가 되었는데, 임금님이 여기에 계시다는 소문을 듣고 왔으니, 저와 침석(枕席)을 같이해 주소서." 하므로, 양왕이 하룻밤을 같이 잤는데, 다음날 아침에 여인이 떠나면서, "저는 아침이면 구름이 되고 저녁에는 비가 되는데, 아침마다 양대(陽臺) 아래에 있습니다."라고 했다고 한다.

2606)무협(巫峽) : 중국 사천성(四川省)에 있는 무산(巫山)의 골짜기로 초양왕이 꿈에 선녀를 만났다는 곳.

ᄒᆞ여, 나죵은 침방 시녀의게 쳥ᄒᆞ여 한님의 침건(寢巾)・침의(寢衣)를 어더, 밤이면 닙고 ᄡᅳ며 ᄯᅩ 쥬방 시녀의게 구ᄒᆞ여, 한님의 죠셕(朝夕) 상(床)의 먹던 거슨 믈ᄶᅵ기라도 어더다가, 졔 밥은 믈녀노코 한님의 먹던 거슬 못ᄂᆡ²⁶⁰⁷ 먹던 바를 니ᄅᆞ며, 긔긔(奇奇) 졀도(絶倒)²⁶⁰⁸ᄒᆞ여 왈,

"한님이 그 ᄢᅵ 경시를 구쇼져로 아라실 젹 박ᄃᆡ 틱심ᄒᆞ거던 거시니, 아등이 의심ᄒᆞ여 쟉야 신방을 규시ᄒᆞ니, 과연 진짓 구쇼져로 더부러ᄂᆞᆫ 은이 미몰치 아닌지라. 그런 풍뉴 호긔로ᄡᅥ 엇지 경시를 너모 박ᄃᆡᄒᆞ던고? ᄯᅩᄒᆞᆫ 경시 그ᄃᆡ도【12】록 못니져ᄒᆞ다가 맛ᄎᆞᆷᄂᆡ 박졍낭(薄情郎)의 《쇼∥손》ᄯᅳᆺ도 다혀보지 못ᄒᆞ고, 슬드리 단장슈한(斷腸愁恨)을 미ᄌᆞᆺ다가 나죵의 간졍(奸情)이 픠루(敗漏)ᄒᆞ여 도라가니, 긔졍(其情)이 쳐의(凄矣)로쇼이다."

좌위 쳥파의 지난 일이나 경시의 음악(淫惡) 실셩(失性)ᄒᆞ엿던 쥴, 희연 졀도ᄒᆞ여 타비(唾誹) 즐ᄆᆡ(叱罵)ᄒᆞ믈 마지 아니코, 구쇼졔 추언을 드ᄅᆞᄆᆡ 난ᄋᆞ의 음비츄악(淫鄙醜惡)ᄒᆞᆫ 힝식 춤아 상한 쳔뉴도 힝치 못홀 거죄니, 엇지 ᄉᆞ문 규슈의 힝실이리오. 음녀 슈불쵸음악(雖不肖淫惡)²⁶⁰⁹이나, 션비(先妣)의 친질(親姪)이며 외구(外舅)의 싱이(生兒)어ᄂᆞᆯ, 어진 부형의 교훈은 죠곰도 본밧지 【13】아니ᄒᆞ고, 음악(淫惡) 비쳔(卑賤)ᄒᆞᆫ 힝실이 외구(外舅)의 쳥덕을 츄락ᄒᆞ고, ᄉᆞ문을 구욕(驅辱)ᄒᆞᆫ지라. 이 가줌 상히 모로ᄂᆞᆫ 비 아니로ᄃᆡ, ᄌᆞ긔 졀노 더부러 지친 ᄌᆞ믹간이니 엇지 참괴치 아니리오. 희옴 업시 화관(花冠)이 슉어지고, 옥안(玉顔)이 담홍(淡紅)ᄒᆞ믈 ᄭᅢᄃᆞᆺ지 못ᄒᆞ니라. 즁졔인(衆諸人)이 그 긔식을 숣혀 무안ᄒᆞᄆᆞᆯ 도라보아 말슴을 긋치더라.

구쇼졔 인뉴구가(因留舅家)²⁶¹⁰ᄒᆞ여, 효봉구고(孝奉舅姑)ᄒᆞ며 승슌군ᄌᆞ(承順君子)ᄒᆞ고, 원비를 존경ᄒᆞ며 슉미를 화우ᄒᆞ여 인ᄌᆞ(仁慈) ᄋᆡ인(愛人)ᄒᆞ니, 일가의 예셩(譽聲)이 ᄌᆞᄌᆞ(藉藉)ᄒᆞ고, 존당 슉당이며 졔ᄉᆞ금장(娣姒襟丈)²⁶¹¹이 그 ᄌᆡ용을 ᄉᆞ【14】랑ᄒᆞ며, 존당이 유녀(幼女) ᄀᆞᆺ치 ᄋᆡ휼(愛恤)ᄒᆞ더라.

한님이 슴일 후 구부의 나아가 견빙악지녜(見聘岳之禮)를 힝ᄒᆞ니, 구공과 뉴부인이 ᄉᆞ랑ᄒᆞᄆᆡ 극진ᄒᆞ고 셩찬으로 관ᄃᆡᄒᆞ니, 뉴부인은 한님의 틱산암암지풍(泰山巖巖之風)²⁶¹²을 ᄃᆡ찬(大讚) 경복(敬服)ᄒᆞ믈 마지 아니코, 한님은 뉴부인의 박면누질(薄面陋質) 가온ᄃᆡ나, 슉녀의 풍이 가죽ᄒᆞ믈 탄복 공경ᄒᆞ더라. 한님이 이윽이 담화ᄒᆞ다가 도라오니라.

추시 셜공이 녀아를 보닌 후 십여일 후, 비로쇼 거륜(車輪)을 두로혀 윤부의 니ᄅᆞ

2607)못ᄂᆡ : 이루 다 말할 수 없이
2608)졀도(絶倒) : =포복졀도(抱腹絶倒). 배를 그러안고 넘어질 정도로 몹시 웃음.
2609)슈불쵸음악(雖不肖淫惡) : 비록 못나고 어리석고 음란하고 악하지만.
2610)인뉴구가(因留舅家) : 인하여 시집에 머묾.
2611)졔ᄉᆞ금장(娣姒襟丈) : 형제의 아내들의 손위 손아래의 여러 동서(同壻)들. '졔(娣)'는 손아래 동서, '사(姒)'는 손위 동서, 금장(襟丈) 손위・손아래 구분 없이 동서를 이르는 말.
2612)틱산암암지풍(泰山巖巖之風) : 태산의 높고 위엄 있는 풍채.

니, 진왕 곤계 ᄌ질을 거느려 마ᄌ 네필 좌졍의, 왕의 곤계 일시의 니【15】ᄅ되,

"가아(家兒)의 젼어로조ᄎ 드르니, 현형의 거일의 니왕ᄒ마 ᄒ시더니 ᄒ ᄉ(何事)로 니졔야 니ᄅ시뇨?"

복애 빈미(顰眉) 디왈,

"쇼졔 녀식을 보닌 후 즉시 와 존형을 보옵고 손아를 보려ᄒ엿더니, ᄌ연 ᄉ괴(事故) 년쳡(連疊)ᄒ고 원노 구치(驅馳)의 신양(身恙)이 미류(彌留)ᄒ여 즉시 나아오지 못ᄒ이다."

왕과 승상이 졈두(點頭)ᄒ고, 좌우로 쥬찬을 나와 빈쥐 통음(痛飮) 반감(半酣)의, 셜공이 녀아와 손아 보기를 쳥ᄒ니, 승상이 흑ᄉ를 명ᄒ여 셜공을 식부 침쇼로 인도ᄒ라 ᄒ니, 흑시 악모(岳母)를 증념(憎厭)ᄒ나 셜공의 장ᄌ지풍(長者之風)을 공경ᄒᄂ 고로, 이의 【16】셜공을 뫼셔 쇼져 침쇼의 니ᄅ니, 념젼(簾前) 시이 연망이 셜노야의 ᄂ림(來臨)ᄒ시믈 쇼져긔 알왼되, 쇼졔 크게 반겨 연망이 쥬리(朱履)[2613]를 ᄭ으어 하당(下堂) 영지(迎祗)ᄒ니, 공이 만면 희식으로 좌슈로 녀아의 옥슈를 잡고, 우슈로 흑ᄉ의 ᄉ미를 닛그러 승당ᄒ믜, 녀셔(女壻)[2614]를 가초[2615] 보아 싀로이 두굿기며 ᄉ랑ᄒ믈 마지 아니니, 흑ᄉᄂ 그 ᄌ의(慈愛) 구구ᄒ믈 그윽이 웃고, 쇼져ᄂ 야야의 과이ᄒ시미 텬뉸(天倫) 져독(舐犢)의 간졀ᄒ시믈 감격ᄒ여 존후를 뭇ᄌ옵고, 그윽이 ᄌ부인 평부(平否)를 뭇ᄌ옵고져 ᄒ되, 흑시 증한(憎恨)ᄒ니, 능히 뭇ᄌ【17】지 못ᄒ더라.

시네 유아를 다려 셜공 안젼의 노흐니, 셜공이 밧비 나오혀 슬상의 언고 슬피니, 이 본되 '산고옥츌(山高玉出)이오 ᄒ심츌쥐(海深出珠)'[2616]니, 윤시 조션 문풍(文風)과 고문셰덕(高門世德)으로 ᄎ이 홀노 범연ᄒ리오. 쳥운(靑雲) 갓흔 녹발(綠髮)이 삽습ᄒ여[2617] 월익(月額)을 덥허시니, 봉취(鳳雛) 깃슬 떨쳣ᄂ 듯, 줌미봉안(蠶眉鳳眼)과 월익(月額) 단순(丹脣)이며 호비쥬슌(虎鼻朱脣)[2618]이니 싱어이셰(生於二歲)[2619]로되 능히 말솜이 낭낭ᄒ고, 힝쥬(行走)를 ᄲᆯ니ᄒ여, 범아의 ᄉ오셰나 당ᄒᆫ 듯ᄒ니, 향난(香蘭)의 싀움[2620]이오, 금원(禁苑)의 봉오리라.

셜공이 디경 칭이 왈,

"윤시 셰딕로 츙【18】현 여믹(餘脈)이 ᄯ오ᄒᆫ ᄎ아의게 미몰치 아니믈 알니로다."

어로만져 흠탄(欽歎)ᄒ믈 마지 아니ᄒ더라.

2613)쥬리(珠履) : 구슬로 꾸민 신.

2614)녀셔(女壻) : 딸과 사위를 함께 이른 말.

2615)가초 : 갖추어. 여기서는 '한 자리에서'의 의미.

2616)산고옥츌(山高玉出) ᄒ심츌쥐(海深出珠) : 높은 산에서 옥이나고, 깊은 바다에서 진주가 난다는 뜻으로 훌륭한 인물은 덕이 높고 전통이 깊은 명문가에서 난다는 말을 비유적으로 표현한 말.

2617)삽습ᄒ다 : 삽삽하다. 태도나 마음 씀씀이가 마음에 들게 부드럽고 사근사근하다.

2618)호비쥬슌(虎鼻朱脣) : 호랑이 코와 주사(朱砂)처럼 붉은 입술.

2619)싱어이셰(生於二歲) : 난지 2살 됨.

2620)싀움 ; 새로 돋아난 싹.

셜공이 손아의 비상호믈 보믹, 년년호여 슈히 니지 못호여, 이윽이 한담호다가 셕양의 도라가니, 쇼졔 식로이 결연호믈 니긔지 못호거늘, 공이 지삼 부도(婦道)로뼈 경계호고, 외당의 나와 인옹(姻翁)으로 하직호고, 본부의 도라와 졍히 의딕를 그릇고 쉬고져 호더니, 믄득 즈부 졔손이 황황호며 닉외 진경(盡驚)호여, 부인이 우분초조(憂憤焦燥)호여 여러 날 졀곡(絶穀)호고 긔식(氣塞)호기의 밋쳣다 호는지라.

공이 쳥파의 가【19】지록 투협호믈 미온(未穩)호여 기리 혀 츠고, 마지 못호여 닉당의 드러가니 크게 조치 아닌 광경이라. 공이 부인의 교식(驕猜) 투협(妒狹)호미 이 갓흐믈 보믹, 어히업셔 다시 죡슈(足數)호고2621) 칙망홀 거시 업는지라. 이의 샤호여 시녀로 호여금 부인의 와상(臥床)을 붓드러 졍침(正寢)으로 도라오게 호고, 냥즈를 명호여 의원을 브르며, 친히 삼다(蔘茶)와 보미(補糜)로뼈 구즁(口中)의 흘녀 구호호니, 부인이 바야흐로 졍신을 찰하나 오히려 공을 원망호고, 녀아의 음악(淫惡)호미 가부의 풍신지화(風神才華)를 과혹호고, 소졍을 못니져 어미를 긔이고 도【20】라갓다 호여, 꾸짓기를 마지 아니니, 공이 어히업셔 다시 칙고져호나, 조협(躁狹)흔 녀지 스체(事體)를 모르고, 한갓 셩독(性毒)2622)을 나는 딕로 호는딕, 졈졈 촉노(觸怒)호면 우분셩질(憂憤成疾)호여 죽으미 쉬올지라. 연즉 주녀의 지통(至痛)이 되고, 족가(足枷)호미 도로혀 군주의 딕량(大量)이 아니라.

싱각이 이의 밋츠미, 쳔만 통히호믈 참고, 말솜을 화히 호고 낫빗츨 빌녀 흔연이 져히며 다리며, 심쳔(心泉)을 여디업시 농낙호니, 엄부인이 셩독(性毒) 초강(超强)호고 경도(傾倒) 조협(躁狹)호여, 한갓 일시지분(一時之憤)이 마른 셥히 급흔 불 갓흐나, 본셩이 경망(輕妄)【21】나약(懦弱)호거니, 엇지 장부의 능계(能計)의 쎈지지 아니리오.

처음 공의 미야호미 조강의 졍과 주녀의 안면을 고조(顧藉)치 아니코, 비실의 슈계(囚繫)호믈 슬프고 분호여, 준 혬이 만흔지라, 셰셰상냥(細細商量)컨딕,

"즈긔 스십지년(四十之年)의 식(色)이 쇠(衰)호고, 쏘 총(寵)이 셔의(齟齬)흔즉, 셜공이 스십 장년이 바야니, 만일 즈가를 즛믜이 너겨 각별 아름다온 쇼아(小兒)를 어더 젼총(專寵)흔즉, 즈긔 춤아 엇지 그 믜온 꼴을 보리오. 출하리 죽을지언졍 탑하(榻下)의 언식(偃息)호는 조최를 보지 못호리라."

호여, 폐식(廢食) 잠와(潛臥)호미러니, 공이 화열이 다리【22】며, 졍엄(正嚴)이 긔유호믈 드르니, 믈갓치 약흔 심졍이 스스로 프러지고, 노호오미 츈셜 스듯호여, 미음과 약음을 즈로 츳츠, 드딕여 슌여(旬餘)의 병셰 가복(可復)호미 되니, 셜공 부지 부인의 슈이 회쇼(回蘇)호믈 만힝호여 호더라. 후릭(後來)의 이 쇼식이 윤상부의 밋츠니 셜부인이 비록 지난 일이나 놀나고 슬허호더라.

화셜 윤혹시 셜부인으로 금슬(琴瑟) 은익(恩愛) 교칠(膠漆) 갓흐나, 본품(本稟) 호승

(好勝)은 곳치기 어려오니, 꼿출 보미 가지마다 썩고져 ᄒ고, 옥을 보미 그릇마다 치오고져 ᄒᄂ지라.

이 적의 진번이 반(叛)홀 【23】긔미 잇거ᄂᆞᆯ 조졍이 알고 텬ᄌ긔 쥬문(奏聞)ᄒ니, 상이 솔병(率兵) 문죄(問罪)코져 ᄒ시거ᄂᆞᆯ, 좌승상 황팅부 효문 윤공과 우승상 초국공 하학셩 등 일반 딕신이 간ᄒ여, 아직 진번의 반상(叛狀)이 촌토(寸土)도 범ᄒ미 업ᄉ니, 일시지문(一時之聞)을 신쳥(信聽)ᄒ샤 흥사(興師) 문죄(問罪)ᄒ여 왕ᄉ를 근노ᄒ미 국ᄉ의 유히ᄒ고, 셩텬ᄌ의 ᄉ이(四夷) 번진(藩鎭)2623)을 교화ᄒ시ᄂ 셩덕이 아니시니, 맛당이 지모현신(智謀賢臣)으로 교유셔(敎諭書)를 지어, ᄉ신을 별퇵(別擇)ᄒ여 보닉샤, 만일 불궤(不軌)의 삭시 분명ᄒ거든, 바야흐로 졍벌ᄒ시미 국톄(國體) 왕법(王法)의 당연【24】ᄒ믈 쥬ᄒ니, 상이 신쳥(信聽)ᄒ샤 두 상부(相府)의 말이 올타 ᄒ시고, 이의 뎐젼혹ᄉ(殿前學士) 윤셰린으로 진번의 교유셔를 쓰여, 닌관(隣關) 슈쟝(戍將)의게 보닉니, 닌관 직훤 쟝쉬 교유셔를 밧ᄌ와 진번의 보닉니, 본딕 진번은 도뢰 팔만여리라. 왕반(往返)이 극히 먼 고로, 혹ᄌ ᄉ신이 갈 일이 이셔도 경ᄉ의 ᄉ환ᄒᄂ 무리 능히 가지 못ᄒ여, 미양 진관(鎭關) 근쳐의 뉴(留)ᄒ고, 외임 슈령 방빅 이상이 가ᄂ지라.

진관 퇵슈ᄂ 근본이 냥인(良人)으로 발쳔(拔薦)ᄒ여 진관 퇵쉬 되어시나, 사름 되오미 웅위(雄偉) 쳑탕(滌蕩)ᄒ여 환안호두(環眼虎頭)2624)의 삼각【25】슈염이며 구쳑쟝신(九尺長身)의 원비일외(猿臂逸腰)2625)라. 이의 ᄌ원ᄒ여 진번의 가 교유셔를 젼ᄒ니, 진번 모든 오랑킈 별ᄉ(別使)의 웅위(雄偉)ᄒ 호쟝(虎將)인 쥴 놀나고, 교유셔를 보미 몬져 쇄락ᄒ 필법이 무된 눈을 놀닉고, 엄슉ᄒ ᄉ의(辭意) 호젹(胡狄)의 간담을 져상(沮喪)케 ᄒ니, 번왕이 모든 군하(群下)로 더부러 한번 보고, 딕경실쉭(大驚失色)ᄒ여 감히 항거홀 의ᄉ를 싱의(生意)치 못ᄒ고, 일반 모ᄉ(謀士)로 상의ᄒ여 텬ᄉ(天使)를 관딕(款待)ᄒ며, 항표(降表)를 지어 녜단(禮緞)과 쇼산(所産)을 진봉(進封)ᄒ며, 쳥죄ᄒᄂ ᄉ신을 텬조(天朝)의 보닉니, 호인(胡人)이 망쥬야(罔晝夜)로 경ᄉ의 드러와, 왕퇵슈【26】와 한가지로 복명ᄒ니, 상이 딕희ᄒ샤 호ᄉ(胡使)를 상ᄉ(賞賜) 관딕ᄒ여 도라보닉시고, 진봉쇼산(進奉所産) 가온딕 빅옥건줌(白玉巾簪)과 산호(珊瑚) 붓ᄭ지2626)와 남히 야광쥬(夜光珠) 십미(十枚)로뻐 윤혹ᄉ를 쥬시고, 각별 ᄉ쥬(賜酒)ᄒ시며 벼슬을 도도아 좌부도찰ᄉ(左部都察使) 퇵즁퇵우(太中大夫)를 ᄒ이시니, 퇵위(大夫) 굿이 ᄉ양ᄒ딕 셩의(聖意) 불윤ᄒ시니, 홀일 업셔 고두 ᄉ은ᄒ고 물너 도라오더니, 맛춤 표형(表兄) 쟝현유를 만나니, 이 ᄣ 현유의 벼슬이 니부상셔의 잇ᄂ지라.

2623)번진(藩鎭) : 중국 당나라 때에, 변방에 설치하여 군대를 거느리고 그 지방을 다스리던 관아. 또는 그 으뜸 벼슬. 늑절도사.
2624)환안호두(環眼虎頭) : 눈은 고리눈으로 둥그렇고 머리는 호랑이 머리와 비슷한 용모임.
2625)원비일외(猿臂逸腰) : 긴 팔과 늘씬한 허리.
2626)붓ᄭ지 : 붓꽂이. 붓을 꽂아 두는 통이나 걸이.

윤도찰을 만나 반기고 깃거 부즁의 단여가라 ᄒᆞ니, 도찰이 마지 못ᄒᆞ여 장싱을 ᄯᆞ라 장부의 니ᄅᆞ러, 【27】 외왕부모(外王父母)와 표문 졔인으로 셔로 보고 한담ᄒᆞᆯ시, 이 날이 맛ᄎᆞᆷ 장혹ᄉᆞ 이랑(二郞)의 싱일이라. 군종형졔 존당의 허ᄒᆞ시믈 어더 후원 명월누의 쥬식(酒食)을 두고 풍물(風物)2627)을 갓초아 쇼유ᄌᆞ락(逍遊自樂)ᄒᆞᄂᆞᆫ지라. 장싱 등이 윤도찰을 보고 왈,

"아등이 졍히 존당의 말믜를 어더 ᄉᆞᄉᆞ 못거지2628)를 일웟더니, 달징이 오니 졍히 싱각ᄂᆞᆫ 심ᄉᆞ를 맛쳣ᄂᆞᆫ지라. 금일 놀고 ᄂᆡ일 가라. 슉부되 너의 방쇼(方所)를 아지 못ᄒᆞ여 넘녀ᄒᆞ시리니 이의셔 머무ᄂᆞᆫ 줄 긔별ᄒᆞ리라."

도찰이 졍히 ᄉᆞ쥬(賜酒)ᄒᆞ신 슐이 ᄎᆔᄒᆞ엿ᄂᆞᆫ 고로 의ᄉᆞ 활발【28】ᄒᆞᆫ지라. 흔연이 허락ᄒᆞ고 이의 좌의 나아가 비쥬(杯酒)○[로] 달난(團欒) ᄒᆞ더니, 종일 진환(盡歡)ᄒᆞ여 날이 졈을ᄆᆡ 이 곳셔 밤을 지닐ᄉᆡ, 윤싱이 ᄌᆞ리의 나아가 잠간 졉목(接目)ᄒᆞ엿더니, ᄉᆞ몽비몽간(似夢非夢間)의 일위 ᄇᆡᆨ발 션옹(仙翁)이 운관(雲冠) 무의(霧衣)로 알ᄑᆡ 와 니ᄅᆞ되,

"옥쳥도군(玉靑道君)아. 슉치연분(宿債緣分)2629)이 머지 아닌 ᄃᆡ 잇다."

ᄒᆞ거ᄂᆞᆯ, 싱이 반겨 션옹을 ᄯᅩ라 십여보를 나아가니, 일좌치뤼(一座彩樓)2630) 반공(蟠空)의 조요(照耀)ᄒᆞ되, 일위 미인이 홍샹ᄎᆡ의(紅裳彩衣)로 ᄉᆞ창(紗窓)의 비겨시니, 화용월ᄐᆡ(花容月態) ᄌᆞ약 염녀ᄒᆞ여, 홍되(紅桃) 츈우(春雨)의 져즌 듯, 항이(姮娥)2631) 계슈변(溪水邊)의 나린 듯ᄒᆞ니, 싱이 몽즁 졍신이 황홀【29】ᄒᆞ여 계졍(階庭)의 실족(失足)ᄒᆞ여 ᄭᆡ다ᄅᆞ니, 얼풋 ᄒᆞᆫ 쑴이라. 발셔 효명(曉明)의 밋쳐시니, 딕경(大驚)ᄒᆞ여 급히 니러나 여측(如厠)ᄒᆞ고 도라오더니, 믄득 장부 후원 가 산 뒤흐로 졉옥년쟝(接屋連墻)ᄒᆞ여 일좌치뤼(一座彩樓) 이시되, 고루 거각(高樓巨閣)이 ᄎᆞ아(嵯峨)ᄒᆞ여 몽즁의 보던 치루(彩樓) 갓거늘, 싱이 의아ᄒᆞ여 몸을 감초와 여어보니, 믄득 누상의셔 진쥬 발을 거드며, 오륙인 시ᄋᆞ(侍兒) 일위 미인을 붓드러 누하(樓下)로 나리니, ᄯᅩᄒᆞᆫ 몽즁 션아와 다ᄅᆞ미 업더라.

이윽고 안흐로 드러가니, 낙포(洛浦)2632)의 그림지 묘연ᄒᆞ고, 영향(影響)2633)이 욱욱(郁郁)ᄒᆞᆯ ᄯᆞ름이러라. 싱이 악연ᄒᆞ여 도라【30】와 쇼셰(梳洗)ᄒᆞ고 표문 졔인을 하직ᄒᆞ고 도라갈ᄉᆡ, 넌ᄌᆞ시 장싱다려 므ᄅᆞ되,

---

2627)풍물(風物) : 『음악』 풍물놀이에 쓰는 악기를 통틀어 이르는 말. 꽹과리, 태평소, 소고, 북, 장구, 징 따위이다.

2628)못거지 : 모꼬지. 놀이나 잔치 또는 그 밖의 일로 여러 사람이 모이는 일.

2629)슉치연분(宿債緣分) : 전세에 빌린 연분. 전세에 맺은 연분. =슉세연분(宿世緣分)

2630)일좌치뤼(一座彩樓) : 단청을 하여 호화롭게 지은 누각 한 채.

2631)항이(姮娥) : 늑샹아(嫦娥). 달 속에 있다는 전설 속의 선녀.

2632)낙포(洛浦) : 중국 하남성(河南省) 낙수(洛水) 가에 있는 지명. 복희씨(伏羲氏)의 딸 복비(宓妃)가 이 곳에 빠져죽어 수신(水神)이 되었다고 함.

2633)영향(影響) : 어떤 사물의 효과나 작용이 다른 것에 미치는 일.

"후원 년장가샤(連墻家舍) 뉘집인고?"

므르니 쟝싱 왈,

"이 곳 젼일 병부상셔 딕스마 현흡의 집이라. 현공이 나히 만하 퇴스(退仕)ᄒ고 두 아들이 이시나, 다 용우ᄒ여 하나토 부형의 어질고 착ᄒ믈 밋지 못ᄒ니, 나히 만흐딕 공명을 일우지 못ᄒ고, 만닉의 한 ᄯᆞᆯ을 두어 얼골이 극히 아름다오니, 퇵셔(擇壻)ᄒ믈 엄히 ᄒ다."

ᄒ더라.

싱이 드롤 만ᄒ고 도라왓더니, 스스로 ᄉᆞ모ᄒ믈 니긔지 못ᄒ여 일계(一計)를 싱각고, 일일은 문화각의 퇵ᄌᆞ를 뫼셔 입【31】직ᄒ엿더니, 퇵ᄌᆞ 년쇼 총명ᄒ신지라. 윤도찰이 은은이 슘은 회푀 이시믈 괴이히 너기샤 ᄉᆞ고를 힐문ᄒ시니, 싱이 긔이지 아냐 실(實)노뼈 쥬ᄒ고, ᄉᆞ혼은지(賜婚恩旨) 엇기를 쳥ᄒ니, 퇵ᄌᆞ 우으시고 쾌허 왈,

"이ᄂᆞᆫ 아조 쉬온 일이라. 현흡은 형비의 외귀(外舅)니, 셜ᄉᆞ 경비 아라도 현흡이 비의게 ᄉᆞ쳥(私請)ᄒ여 은지를 어든 쥴노 알니라."

도찰이 이 계괴 신묘ᄒ여 ᄌᆞ긔지심(自己之心)과 암합(暗合)ᄒ믈 깃거 빅비 ᄉᆞ은ᄒ더라.

퇵ᄌᆞ 황상긔 이 ᄉᆞ연을 쥬달ᄒ시니, 상이 쇼왈,

"셰린은 가히 풍뉴가샤(風流佳士)라. 맛당이 졔 쇼원을 조ᄎᆞ【32】리라."

ᄒ시고, 특별이 윤·현 냥인의게 ᄉᆞ혼 은지를 나리오시니, 현부의셔ᄂᆞᆫ 윤도찰의 옥인 군ᄌᆞ믈 아ᄂᆞᆫ 고로 졸연이 ᄉᆞ혼 은지 나리믈 괴이히 너기나, ᄯᅩ흔 깃거 만구응슌(滿口應順)ᄒ딕, 윤승상이 딕경ᄒ여 지삼 셰린이 용우비박(庸愚鄙薄)ᄒᆫ 위인이 일쳐를 거ᄂᆞ리미 죡ᄒ니, 두 안히를 감당치 못홀 바를 지삼 ᄉᆞ양ᄒ온딕, 상이 우으시고 죵불윤(終不允)ᄒ시니, 도찰이 그윽이 깃거ᄒ딕, 부공이 ᄌᆞ긔 긔식을 아ᄅᆞ실가 두려 거즛 불평ᄒᆞᆫ ᄉᆞ쉭으로 괴로이 너기ᄂᆞᆫ 듯ᄒ더라.

현가의 즉시 퇵일을 보ᄒ니 길긔 슈월이 격ᄒᆞᆫ지라. 가즁 상하ᄂᆞᆫ 【33】각별 깃거ᄒ고 죄오미 업스니, 무심 무려히 혼구를 셩비홀 ᄯᆞ름이로딕, 도찰은 길긔 더딕믈 한ᄒ고, 셜쇼져ᄂᆞᆫ 그윽이 ᄉᆞ괴 이시믈 짐작ᄒ고 가만이 닝쇼ᄒ나, 모로ᄂᆞᆫ 쳬ᄒ더라.

화셜 젼임 병부상셔 현흡은 본딕 명문거족(名門巨族)이오, 위인이 통쳘(洞徹) 인ᄌᆞ(仁慈)ᄒᆞᆷ며 풍치 헌아(軒雅)ᄒ더라. 실즁의 부인 사시 이ᄌᆞ이녀(二子二女)를 두어시니, 냥ᄌᆞᄂᆞᆫ 극히 용우 범상ᄒᆞᆫ 인물이라. 지죄 업셔 능히 공명을 바라지 못ᄒ고, 다만 션셰 디업(先世之業)이 만흔 고로 현공이 퇴스(退仕)ᄒ나, 가셰 호부(豪富)ᄒ더라. 늣게야 ᄯᆞ히를 년ᄒ여【34】 냥녀를 싱ᄒ니, 갈온 쇼혜·옥혜라. 냥 쇼졔 싱셩ᄒᆞ미 용뫼 계궁(桂宮)의 명월 갓고, 긔질이 션원(仙院)의 난초(蘭草) 갓ᄒ며, 셩되 온슌ᄒ여 년보(年步) 이칠(二七)[2634] 십삼(十三)의 당ᄒ니, 달이 보름을 만나고 션원(仙苑)의 금봉(金

2634)이칠(二七) : 열두 살.

鳳)2635)이 함담(菡萏)2636)을 버리고져 ᄒᆞ니, 천틱만염(千態萬艶)이 즁긔셩(中其盛)2637)
ᄒᆞ고 득긔진(得其眞)2638)ᄒᆞ여, 외모(外貌) 식광(色光)이 졀이(絶異)ᄒᆞᆯ 뿐 아니라, 셩덕
(聖德) 진화(眞華) 초츌ᄒᆞ여, 뇨조가인(窈窕佳人)이라. 현공이 냥녀 ᄉᆞ랑은 두 아들의
지나니, 틱셔ᄒᆞ미 ᄌᆞ못 범연치 아냐 텬하의 가ᄉᆞ(佳士)를 유의ᄒᆞ되, 일인도 눈의 드는
ᄌᆞ를 만나지 못ᄒᆞ여 신셕(晨夕)의 우탄(憂歎)ᄒᆞ며, 그윽이 【35】 윤·하·뎡 졔인 즁
셔랑 지목을 유의ᄒᆞ나 능히 그 년긔가 가합(可合)ᄒᆞᆫ ᄌᆞ를 아지 못ᄒᆞ여 유예ᄒᆞ더니, 쳔
만 념외(念外)의 ᄉᆞ혼 은지를 어드니, 그 아모 곳으로 비로ᄉᆞᆷ을 아지 못ᄒᆞ여 의혹ᄒᆞ
나, ᄯᅩᄒᆞᆫ 윤도찰의 탁셰(卓世)ᄒᆞᆫ 풍위(風威) 덕질(德質)을 심복ᄒᆞ연지 오린 고로, 녀아
의 ᄌᆞ미 운치로 남의 하풍(下風)을 감심ᄒᆞᆯ 바를 낫비 너기나, 임의 셩지(聖旨) 지엄ᄒᆞ
시고, 셔랑 지목이 쇼망의 과의(過矣)니, 깃거 셩은을 슉ᄉᆞ(肅謝)ᄒᆞ고, 틱일을 윤부의
보ᄒᆞᆯᄉᆡ, 말 잘ᄒᆞᄂᆞᆫ 미파 장츈낭을 블너 윤부 졔공ᄌᆞ 즁의 ᄯᅩ ᄎᆞ쇼져(次少姐)를 결혼ᄒᆞ
믈 니ᄅᆞ니, 장픽 【36】 흔연 낙죵(樂從)ᄒᆞ여 이의 윤상부의 나아가 쳥알ᄒᆞ니, 승상과
하·장 냥 부인이 즁당의셔 미파를 블너 볼ᄉᆡ, 장픽 당하의셔 고두 복알(伏謁)ᄒᆞ고 ᄉᆞᆯ
오디,

"쇼인은 경즁(京中)의 일홈난 미파 장츈낭이러니, 특별이 현상셔 노야 명으로 '길일
을 보ᄒᆞ라' 니를 ᄲᅮᆫ 아니오라, 현노애 냥위 쇼져를 두샤 희를 년ᄒᆞ여 싱셰ᄒᆞ신 비니,
쳔쳡이 ᄌᆞ유로 현부의 왕ᄂᆡᄒᆞ여 두 쇼져를 아시로붓허 닉이 보는 비니, 냥 쇼졔 실노
옥갓흔 ᄌᆞ질과 ᄭᅩᆺ갓흔 틱되 긔화명월(奇花明月) 갓고, 유한ᄒᆞᆫ 덕되 난형난뎨(難兄難
弟)2639)니 가히 일빵 【37】 슉녜라. 현노애 장쇼져로ᄡᅥ 귀부의 결혼ᄒᆞ시미 ᄯᅩ ᄎᆞ쇼져
로ᄡᅥ 마즈 귀부 졔공ᄌᆞ 즁 년치 상당ᄒᆞ신 공ᄌᆞ로 혼ᄉᆞ를 일워, 쇼져 ᄌᆞ미 평싱을 일
틱의 동노(同老)코져 ᄒᆞ시ᄂᆞᆫ지라. 쳔쳡이 명을 밧ᄌᆞ와 니ᄅᆞ럿ᅀᆞᆸᄂᆞ니 은상(恩相)2640)
디야와 존부인 틱의 엇더ᄒᆞ시니잇고?"

승상 부뷔 쳥파의 ᄯᅩᄒᆞᆫ 장부로조ᄎᆞ 현쇼져 ᄌᆞ미의 셩화(聲華)를 닉이 드럿ᄂᆞᆫ지라.
이의 존당의 고ᄒᆞ고 삼공ᄌᆞ 명닌으로ᄡᅥ 졍혼ᄒᆞ고 회ᄉᆞ(回謝)ᄒᆞ니, 장픽 디열 칭ᄉᆞᄒᆞ고
도라와 현아(衙)의 보ᄒᆞ니, 현공이 크게 깃거ᄒᆞ더라.

ᄎᆞ셜 윤 【38】 승상의 졔삼ᄌᆞ 명닌과 졔ᄉᆞᄌᆞ 흥닌은 하·장 두 부인의 동년 동월의
싱ᄒᆞᆫ 비니, 명닌은 장부인 ᄎᆞ직로되 흥닌의 삼일 맛이니, 니러므로 명닌이 형이 되고
흥닌은 아이 되더라. 냥 공ᄌᆡ 부풍모습(父風母習)ᄒᆞ여 옥골션풍(玉骨仙風)이오, 탁상
(卓上) 션동(仙童)이라. 한갈갓치 츌범(出凡) 긔이(奇異)ᄒᆞ니, 그 뉘 더 아름다오며 긔

2635) 금봉(金鳳) : =금봉화(金鳳花). 봉선화(鳳仙花).
2636) 함담(菡萏) : 꽃봉오리.
2637) 즁긔셩(中其盛) : 한창 절정인 가운데 있음.
2638) 득긔진(得其眞) ; 진수(眞髓)를 얻음.
2639) 난형난뎨(難兄難弟) : 누구를 형이라 하고 누구를 아우라 하기 어렵다는 뜻으로, 두 사물이 비슷하
여 낫고 못함을 정하기 어려움을 이르는 말.
2640) 은상(恩相) ; 은혜로운 승상(丞相).

특흐리오만은, 형제 낭인이 되(道) 각각 다르미 이시니, 명닌은 너모 묽고 조흐며 셩
되 쳥고낙낙(淸高落落)ㅎ여 명니(名利)의 구구ㅎ미 업스니, 일즉 군종형제로 더부러
흑문을 강논ㅎ미, 젼국(戰國)의 왕양(汪洋)흔 협긔(俠氣)와, 즈로 《졔혜∥졔해(擠
害)2641》》ㅎ믈 본즉, 칙을 덥【39】고 {탄왈} 명쳘보신(明哲保身)이 칙(窄)2642)ㅎ믈
탄ㅎ고, 신체 발부(身體髮膚)를 졍셕(定席)의 맛지 못ㅎ믈 가이(可哀)ㅎ여 왈,

"즈고(自古)로 영웅호걸과 셩현군즈의 되(道) 다르다 ㅎ거니와, 인지싱셰(人之生世)
의 스군졍츙(事君精忠)ㅎ여 님군을 가히 져바리지 못ㅎ려니와, 쏘흔 신체발부(身體髮
膚)2643)는 부모의 쥬신 비니, 몸을 쏘 아니 도라보면 엇지 효되라 ㅎ리오. 일신의 츙
회(忠孝) 냥젼(兩全)치 못ㅎ니도 잇거니와, 즈고로 지즈(知者)와 쳘인(哲人)은 명쳘보
신(明哲保身)흔다 ㅎ니, 한뎨(漢帝)2644)의 무신흠과 녀후(呂后)2645)의 포악ㅎ미라도
다만 한핑(韓彭)2646)을 《졔혜∥졔해(擠害)》흘 뿐이언졍, 뉴후(留侯)2647)의 벽곡(辟
穀)2648) 도은(逃隱)ㅎ믄 능히 시비치 못ㅎ엿고, ㅎ믈며 당요(唐堯)2649)【40】의 붉은
졍스 아리도 쇼부(巢父)2650)·허위(許由)2651) 잇고 한광무(漢光武)2652)의 즈릉(子
陵)2653)을 지우(知遇)ㅎ미로듸, 의양의 밧갈기를 조히 너기고 삼은(三隱)2654)·슈호

2641) 졔해(擠害) : 악의로 남을 함정에 밀어 넣어 해침.
2642) 칙(窄) : 협착(狹窄). 처하여 있는 사정이나 형편이 매우 어렵다.
2643) 신체발부(身體髮膚) : 몸과 머리털과 피부라는 뜻으로, 몸 전체를 이르는 말.
2644) 한뎨(漢帝) : 한고조(漢高祖). 중국 한(漢)나라의 제1대 황제(B.C.247~B.C.195). 성은 유(劉). 이름
은 방(邦). 자는 계(季). 시호는 고황제(高皇帝). 고조는 묘호. 진시황이 죽은 다음해 항우와 합세하여
진(秦)나라를 멸망시켰다. 그 뒤 해하(垓下)의 싸움에서 항우를 대파하여 중국을 통일하고 제위에 올랐
다. 재위 기간은 기원전 206~기원전 195이다.
2645) 녀후(呂后) : BC241-180. 중국 한고조의 황후. 성은 여(呂). 이름은 치(雉). 고조를 보좌하여 진말
(秦末)·한초(漢初)의 국난을 수습하였으나, 고조가 죽은 뒤 실권을 장악하여, 고조의 애첩인 척부인
(戚夫人)과 척부인 소생 왕자 조왕(趙王)을 죽이는 등 포악을 일삼아, 측천무후(則天武后), 서태후(西太
后)와 함께 중국의 3대 악녀로 꼽힌다.
2646) 한핑(韓彭) : 한(漢) 나라 고조(高祖) 때의 명장인 회음후(淮陰侯) 한신(韓信)과 건성후(建成侯) 팽월
(彭越)을 함께 이르는 말.
2647) 뉴후(留侯) : 장량(張良)을 달리 이르는 말. 자는 자방(子房), 시호는 문성(文成). 한나라 명문 출신
으로, 진승(陳勝)·오광(吳廣)의 난이 일어났을 때 유방의 진영에 속하였으며, 후일 항우(項羽)와 유방이
만난 '홍문의 회(會)'에서는 유방의 위기를 구하였다. 소하(蕭何)와 함께 책략에 뛰어나 한나라 창업에
힘썼고, 그 공으로 유후(留侯)에 책봉되었다.
2648) 벽곡(辟穀) : 곡식은 안 먹고 솔잎, 대추, 밤 따위만 날로 조금씩 먹음. 또는 그런 삶.
2649) 당요(唐堯) : 중국의 요임금을 달리 이르는 말. 당(唐)이라는 곳에서 봉(封)함을 받은 데서 유래한다.
2650) 쇼부(巢父) : 고대 중국의 전설상의 인물. 영수(潁水)에서 소에게 물을 먹이려다, 허유가 왕위를 맡
아달라는 요(堯)임금의 말을 듣고 귀가 더러워졌다며 귀를 씻는 것을 보고, 그 귀 씻은 물을 자신의
소에게 먹일 수 없다며, 소고삐를 끌고 기산(箕山)으로 들어가 숨었다고 함.
2651) 허유(許由) : 고대 중국의 전설상의 인물. 자는 무중(武仲). 요임금이 왕위를 물려주려 하였으나 받
지 않고 도리어 자신의 귀가 더러워졌다고 하여 영수(潁水)에 귀를 씻고 기산(箕山) 에 들어가서 숨었
다고 함.
2652) 한광무(漢光武) : 중국 후한의 제1대 황제. 광무제(光武帝). B.C.6-A.D.57. 본명은 유수(劉秀). 왕망
의 군대를 무찔러 한나라를 다시 일으키고 낙양에 도읍하였다. 재위 기간은 25~57년이다

(四皓)2655)의 놉흔 즈취 능히 만승텬즈(萬乘天子)를 초기(草芥) 갓치 너기고, 부귀 공명을 헌 신 갓치 바려시니, 비록 고금이 다르나 또 엇지 사름의 지취(志趣) 간격ᄒᆞ미이시리오. 시고(是故)로 슈요궁달(壽夭窮達)이 쉬(數) 잇ᄂᆞᆫ지라. 오문이 셰디(世代)로 청현(淸顯)2656)ᄒᆞ여 부귀영녹(富貴榮祿)이 극ᄒᆞ고 영총(榮寵) 물망(物望)이 혁연ᄒᆞ니, 위신지쥬(爲身之主)2657)와 공기텬하(功蓋天下)2658)ᄂᆞᆫ 조물(造物)2659)의 ᄭᅥ리ᄂᆞᆫ 비라. 니졔 닌 홀노 빅의(白衣)로 님쳔(林泉)의 쇼유(逍遊)ᄒᆞ여 풍월(風月)의 벗이 되나, 일노뻐 문회(門戶) 쇠미ᄒᆞᆯ 비 아니오, 【41】조종(祖宗)이 현양(顯揚)치 못ᄒᆞᆯ 비 아니라. 군종형뎨 번성ᄒᆞ니, 존당 부뫼신들 엇지 나의 몸 한 사름의 청심(淸心)을 막으시리오. 의신 이의 미츠미 결빅(潔白) 청심(淸心)이 ᄒᆡ옴업시2660) 빅운동니(白雲洞裏)2661)의 도라지니2662), 엇지 인셰 작녹(爵祿)을 탐연(貪然) 홀 지리오. 조부 호람휘 미양 어로만져 왈,

"이 아ᄒᆡ 이졔(夷齊)2663)의 청심(淸心)과 쇼허(巢許)2664)의 졀기(節槪) 이시니, 반드시 명니(名利)의 버셔나, 묽은 도ᄒᆞ과 놉흔 즈취 만셰의 셕지 아니리로다."

ᄒᆞ니, 군종곤계(群從昆季) 이십여 인 즁 그 념결(廉潔)을 ᄯᅳᆯ오리 업스니, 가즁 상히 그 청명 기결(介潔)ᄒᆞᄆᆞᆯ 일ᄏᆞᆯᄯᆞ나, 그 너모 틱(態)업시 묽고 조흐믈 의【42】심ᄒᆞ여,

---

2653)즈릉(子陵) : 엄자릉(嚴子陵). 중국 후한(後漢) 광무제(光武帝) 때의 인물. 본명은 엄광(嚴光). 자릉(子陵)은 자(字). 어릴 때 광무제와 함께 뛰놀고 공부하던 사이였다. 광무제가 황제가 된 후 은거하고 있던 그를 불러 함께 대궐에 머물게 되었는데, 이 때 그는 광무황제와 함께 자면서 황제의 배에 다리를 올려 놓을 만큼 허물없이 대했다는 고사가 전한다. 광무제가 그에게 간의대부(諫議大夫)라는 벼슬을 주었으나 사양하고 다시 산에 들어가 은거하였다 한다

2654)삼은(三隱) : 중국 양나라의 세 은자(隱者) 유우(劉訏), 완효서(阮孝緒), 유효(劉歊)를 가리키기도 하며, 남송의 세 은자(隱者) 석혜원(釋慧遠), 유유민(劉遺民), 도연명(陶淵明)을 가리키기도 함.

2655)亽호(四皓) : 뇩상산사호(商山四皓). 중국 진시황 때에 난리를 피하여 섬서성(陝西省) 상산(商山)에 들어가서 숨은 네 사람. 동원공, 기리계, 하황공, 녹리선생(甪里先生)을 이른다. 호(皓)란 본래 희다는 뜻으로, 이들이 모두 눈썹과 수염이 흰 노인이었다는 데서 유래한다.

2656)청현(淸顯) : 청직(淸職)과 현직(顯職). 청직은 문명(文名)과 청망(淸望)이 있는 청백리라는 뜻으로 홍문관 관직을 이르는 말이고, 현직은 높은 관직을 이르는 말이다.

2657)위신지쥬(爲身之主) : 자기 몸을 위하는 것을 주로 함.

2658)공기텬하(功蓋天下) : 공적이 천하를 뒤덮을 만큼 큼.

2659)조물(造物) : 조물주(造物主). 우주의 만물을 만들고 다스리는 신.

2660)ᄒᆡ옴업다 : 하염없다. 어떤 행동이나 심리 상태 따위가 자신의 의지와는 상관없이 계속되는 상태이다.

2661)빅운동니(白雲洞裏) : '흰구름이 피어오르는 깊은 골짜기 속'이라는 말로 '선계(仙界)'를 비유적으로 표현한 말.

2662)도라지다 : 돌아서다. 생각이나 태도가 다른 쪽으로 바뀌다.

2663)이졔(夷齊) : 백이(伯夷)와 숙제(叔齊)를 함께 이르는 말. *빅이슉졔(伯夷叔齊) : 은말(殷末) 주초(周初)에 고죽국(孤竹國)의 두 왕자. 주(周)나라 무왕(武王)이 은(殷)나라를 치러 나가자 무왕의 말고삐를 잡고 치지 말 것을 간하였으나, 받아들여지지 않자, 수양산에 들어가 고사리를 캐먹다 굶어죽었다 한다.

2664)쇼허(巢許) : 고대 중국의 은자 소부(巢父)와 허유(許由)를 아울러 일컫는 말.

슈복(壽福)이 하원(遐遠)치 못홀가 의려ᄒᆞᄃᆡ 오직 왕의 곤계 왈,

"ᄎᆡ이 긔픔(氣稟)이 너모 쳥슈(淸秀)ᄒᆞ나, 만일 길홀 그릇 드러 닙신현달(立身顯達)의 부귀(富貴) 환혁(煥赫)ᄒᆞ면 복녹이 장원(長遠)치 못ᄒᆞ기도 괴이치 아니커니와, 이ᄂᆞᆫ 그러치 아냐 그 ᄆᆞᆰ은 ᄌᆞ최로 인ᄒᆞᄆᆡ, 가히 동방삭(東方朔)2665)의 삼쳔갑ᄌᆞ(三千甲子)2666)와 핑조(彭祖)2667)의 슈빅셰를 가히 긔약ᄒᆞ리라."

ᄒᆞ니, 즁인(衆人)이 반신반의(半信半疑)ᄒᆞ더라.

홍닌은 금옥직ᄉᆞ(金玉才士)오 경ᄌᆞ옥골(瓊姿玉骨)2668)이며 츄슈금심(秋水錦心)2669)이라. 찬찬화미(燦燦畫眉)2670)와 형형《냥반∥냥빈》(熒熒兩鬢)2671)이며, 츄슈졍긔(秋水精氣) 초ᄐᆡ우(楚大夫)2672)의 ᄆᆞᆰ은 골격이며, 두샤인(杜舍人)2673)의 헌아지풍(軒雅之風)이라. 문장의 탁셰(卓世)ᄒᆞᆷᄆᆞ᠎ᆫ 틱ᄉᆞ쳔(太史遷)2674)의 【43】 지나고, 위인의 돈후(敦厚)ᄒᆞᆷᄆᆞ᠎ᆫ 하혜(下惠)2675)·미자(微子)2676)의 일뉴(一類)오, 총명 온화ᄒᆞ고 유화 졍ᄃᆡᄒᆞ여 유문(儒門)의 바른 도를 드ᄃᆡ고 셩ᄌᆞ(聖者)의 쥴믹을 니어, 당셰의 군ᄌᆞ 긔남(奇男)이라. 존당 부뫼 졍ᄃᆡ흔 힝ᄉᆞ를 디ᄋᆡ(至愛)ᄒᆞ여 그 부친의 온즁흔 셩현지심(聖賢之心)이라도, ᄎᆞ아의 당ᄒᆞ여ᄂᆞᆫ 경계홀 마디 업셔, 보면 두긋기며 ᄉᆞ랑하니, 공ᄌᆡ 여ᄎᆞ흔 상문(相門) 귀공ᄌᆞ로, 부귀 편이즁(偏愛中) 이시나, 조금도 교만 방ᄌᆞᄒᆞᄆᆡ 업셔, 가지록

2665)동방삭(東方朔) : 중국 전한 시대의 문인. 속설에 서왕모의 복숭아를 훔쳐 먹어 죽지 않고 장수하였다 하며, '삼천갑자 동방삭'이라 함.

2666)삼천갑ᄌᆞ(三千甲子) : 1갑자가 60년이므로 18만년의 긴 시간이다.

2667)핑조(彭祖) : 전설적 인물로, 800세의 수(壽)를 누렸다 함.

2668)경ᄌᆞ옥골(瓊姿玉骨) : 경옥(瓊玉)같이 아름다운 자태와 백옥(白玉)같이 희고 깨끗한 골격이라는 뜻으로, 고결한 풍채를 이르는 말.

2669)츄슈금심(秋水錦心) ; 가을 물처럼 맑고 비단처럼 아름다운 생각.

2670)찬찬화미(燦燦畫眉) : 그린 듯이 빛나고 아름다운 눈썹.

2671)형형냥빈(熒熒兩鬢) : 반짝이는 빛처럼 아름다운 귀밑머리.

2672)초ᄐᆡ우(楚大夫) : 중국 전국시대 초나라 대부(大夫) 송옥(宋玉). BC290-227. 중국의 대표적인 미남자의 한 사람이며, 사부(辭賦)를 잘하여 <구변(九辯)>, <초혼(招魂)>, <고당부(高唐賦)> 등의 작품을 남겼다. 굴원(屈原)과 함께 굴송(屈宋)으로 불렸으며 난대령(蘭臺令)을 지냈기 때문에 난대공자(蘭臺公子)로 불리기도 했다.

2673)두샤인(杜舍人) : 중국 만당(晚唐)때 시인 두목지(杜牧之). 이름은 두목(杜牧). 중서사인(中書舍人)에 올랐고, 중국의 대표적 미남자로 꼽힌다.

2674)틱ᄉᆞ쳔(太史遷) : 사마천(司馬遷). BC.145-86. 중국 전한(前漢)의 역사가. 태사(太史)는 태사령(太史令)을 지낸 그의 관직명. 자는 자장(子長). 기원전 104년에 공손경(公孫卿)과 함께 태초력(太初曆)을 제정하여 후세 역법의 기초를 세웠으며, 역사책 ≪사기≫를 완성하였다.

2675)하혜(下惠) : 유하혜(柳下惠) : 중국 춘추시대 노(魯) 나라의 명재상(名宰相). 맹자(孟子)는 그를 '더러운 임금을 섬기는 일도 부끄럽게 여기지 않을 만큼 화해와 조화의 기질을 가진 성인'이라 하였다. 그러나 그도 천하의 대도(大盜)였던 자신의 아우 도척(盜跖)을 교화하지는 못했다.

2676)미자(微子) : 미자계(微子啓). 중국 은나라 말기의 현인(賢人). 기자(箕子), 비간(比干)과 함께 은말 삼인(三仁; 세 어진 사람)으로 꼽힌다. 이름은 계(啓)이고 은나라 마지막 왕인 주(紂)의 이복형이다. 주를 간(諫)했지만 받아들이지 않자 조상을 제사 지내는 제기들을 갖고 산서성 노성(潞城) 동북쪽에 있던 미(微) 땅으로 갔다. 주나라 무왕이 주(紂)를 정벌하자 항복했는데, 무왕은 그를 미(微) 땅의 제후로 봉했다. 그래서 미자(微子)라고 한다.

인덕을 힘쓰니, 부뫼 더옥 디이(至愛)ᄒ더라.

임의 방년 십삼의 밋ᄎᆞ니, 신장의 언건(偃蹇)홈과 체형의 졍듸ᄒᆞ미, 엄연ᄒᆞᆫ 장부 긔 【44】 상이라. 남후와 승상이 명닌의 호구(好逑)를 졍ᄒᆞ미, 홍닌의 비우(配偶)를 근심치 아니치 못ᄒᆞᆯ 거시오, ᄯᅩ 젼일 화도ᄉᆞ의 명명이 지교(指敎)ᄒᆞ던 바를 싱각ᄒᆞ니, 방금의 텬지 졍궁 삼공쥬 옥션을 위ᄒᆞ여 간션(揀選)ᄒᆞ시ᄂᆞᆫ 명이 조졍의 ᄂᆞ렷ᄂᆞᆫ지라. 임의 공쥬의 텬연(天緣)이 홍닌의게 이시믈 알미, 출하리 간션의 비편(非便)ᄒᆞᆫ 경계를 피코져ᄒᆞ여, ᄎᆞ년 금츄(今秋) 방졍듸과(方正大科)2677)를 관경(觀景)ᄒᆞ게 홀ᄉᆡ, 명닌의 ᄯᅳᆺ은 입과(入科)를 원치 아닛ᄂᆞᆫ 고로, 부슉이 굿ᄒᆞ여 그 낙낙(落落)ᄒᆞᆫ 지기(志槪)를 앗지 아냐, 다만 왕의 ᄂᆞᆼᄌᆞ 즁닌·졍닌과 홍닌을 참 【45】 방(參榜)케 ᄒᆞ니, ᄯᅩ 뎡부의셔 데왕의 ᄉᆞᄌᆞ 은긔와 오ᄌᆞ 문긔 한가지로 참방ᄒᆞ니, 윤·뎡 냥부 졔공ᄌᆞ의 탁셰(卓世)ᄒᆞᆫ 문장 지화로 엇지 과거 득실을 무러 알니오.

홍닌이 만인(萬人) 즁 웃듬이 되고, 버거 즁닌·졍닌·은긔·문긔 등이 구슬 ᄭᅦᆫᄃᆞ시 참방(參榜)ᄒᆞ니, 상이 모든 신ᄂᆡ(新來)를 뎐젼(殿前)의 인견ᄒᆞ샤 어화쳥삼(御花靑衫)2678)을 쥬시고, ᄉᆞ쥬(賜酒)ᄒᆞ시며 뎡가 냥ᄌᆞ와 윤가 삼ᄌᆞ의 옥면유풍(玉面遺風)이 부조여ᄆᆡᆨ(父祖餘脈)으로 기기(個個) 츌뉴(出類)ᄒᆞ믈 칭찬ᄒᆞ시며, 더옥 장원의 풍신(風神) 지화(才華) 특이ᄒᆞ믈 불승칭ᄋᆡ(不勝稱愛)ᄒᆞ샤 은총이 권권(眷眷)ᄒᆞ시니, 셩심이 가히 유의ᄒᆞ시믈 알니러 【46】 라.

삼일유가(三日遊街)2679)를 맛ᄎᆞ미 상이 특지(特旨)로 장원을 한님슈찬(翰林修撰)을 ᄒᆞ이시고 즁닌으로 한님ᄒᆞᆨᄉᆞ(翰林學士)를 ᄒᆞ이시고 뎡은긔로 금문ᄉᆞ인(金門舍人)을 ᄒᆞ이시고 문긔로 금문직ᄉᆞ(金門直士)를 ᄒᆞ이시니, 이 ᄡᅥ 맛춤 형부시랑(刑部侍郎) 녀슉의 양ᄌᆞ(兩子) 녀션이 문과 졔팔의 고등(高騰)ᄒᆞ여, 옥안뉴풍(玉顔柳風)이 ᄲᅢ혀나고, 직죄 회문직금(回文織錦)2680)의 공교ᄒᆞ미 이시니 우흐로 텬ᄌᆞ와 만조 빅관이 엇지 구미호(九尾狐)2681)의 ᄂᆡ력을 알니오. 한갓 그 외모의 아름다옴과 시ᄌᆡ(詩才)의 공교ᄒᆞ믈 ᄉᆞ랑ᄒᆞ샤 비록 동냥(棟樑) 쥬셕(柱石)의 지목이 아닌 쥴 아ᄅᆞ시나, 일시 총오(聰悟)

2677)방졍듸과(方正大科) : 문과(文科). 문관(文官)을 뽑던 과거.
2678)어화쳥삼(御花靑衫) : 조선조에 과거급제자에게 임금이 내리던 어사화(御賜花)를 꽂은 오사모(烏紗帽)와 푸른 색 도포 *어사화(御賜花); 조선 시대에, 문무과에 급제한 사람에게 임금이 하사하던 종이 꽃.
2679)삼일유가(三日遊街) : 과거에 급제한 사람이 사흘 동안 풍악을 잡히고 거리를 돌며 시험관과 선배 급제자와 친척을 방문하던 일.
2680)회문직금(回文織錦) : 회문시를 비단 위에 수놓음. **회문시(回文詩); 머리에서부터 내리읽으나 아래에서부터 올려 읽으나 뜻이 통하고, 평측(平仄)과 운(韻)이 맞는 한시(漢詩). 중국 동진 때 진주자사(秦州刺史) 두도(竇滔)의 아내 소혜(蘇惠)가 남편이 진주자사로 있다가 유사(流沙)라는 곳으로 유배를 가자, 남편을 그리워하여 비단을 짜고 그 위에다 840자로 된 회문시(回文詩)를 수놓아 보내, 남편을 감동케 한 이야기로 유명하다.
2681)구미호(九尾狐) : '꼬리가 아홉 개 달린 여우'라는 말로, 몹시 교활한 사람을 비유적으로 이르는 말. 특히 그런 여자를 이르는 데, 고소설에서 악녀들은 이러한 구미호의 변신인 경우가 많다

혜힐(慧黠)ᄒᆞ미 족히 【47】옥누(玉樓) 금뎐(金殿)의 근시(近侍)ᄒᆞᆷ믄 맛당이 너기샤, 뎐젼흑ᄉᆞ(殿前學士)를 ᄒᆞ이시니, 녀가 부지 양양ᄌᆞ희(揚揚自喜)ᄒᆞ여 텬은을 슉ᄉᆞ(肅謝)ᄒᆞ고, 시졀을 어들와 깃거ᄒᆞ니, 아지못게라! ᄎᆞ 요인의 만니 젼졍이 엇지 된고? 하회를 ᄎᆞᄎᆞ 분셕ᄒᆞ라.

화셜[2682] 만셰 황애(皇爺) 뎡궁 낭낭긔 틱ᄌᆞ 뎨왕을 두시고, ᄯᅩ 삼녀를 싱ᄒᆞ시니 댱공쥬 명션은 범문광의게 하가(下嫁)ᄒᆞ고, ᄎᆞ공쥬 혜션은 하몽닌의게 하가ᄒᆞᆫ 비라. 삼공쥐 다 금지 옥엽이니 엇지 범연ᄒᆞ리오.

필공쥬의 명은 낭혜오 호ᄂᆞᆫ 옥션공쥐니, 싱셩ᄒᆞ미 침어낙안지용(沈魚落雁之容)[2683]과 폐월슈화지틱(閉月羞花之態)[2684]니, 교【48】쇼텬혜(巧笑倩兮)[2685]며 미목변혜(美目盼兮)[2686]ᄂᆞᆫ '위후(衛后) 쟝강(莊姜)'[2687]으로 흡ᄉᆞᄒᆞ고 단일셩장(單一誠莊)[2688]ᄒᆞᆷ믄 쥬실삼모(周室三母)[2689]로 방불ᄒᆞ니, 방년 십이셰의 '도지요요(桃之夭夭)의 작작기화(灼灼其華)'[2690]를 읊흐미 늣지 아닌지라.

뎨휘(帝后)[2691] 쳔금농쥬(千金弄珠)로 연ᄋᆡ(憐愛)ᄒᆞ시미 졔왕 공쥬의 더으샤, 텬하긔군ᄌᆞ(奇君子) 옥인(玉人)을 갈희여 동상(東床)의 옥뉸(玉輪)[2692]을 빗ᄂᆡ고져 ᄒᆞ시ᄂᆞ

2682)화셜(話說) : 고소설에서 새로 이야기를 시작하거나 장면을 전환 할 때에 쓰는 '익셜(益說)' '화표(話表)' '각셜(却說)' 따위와 같은 화두사(話頭詞).

2683)침어낙안지용(沈魚落雁之容) : 미인을 보고 물 위에서 놀던 물고기가 부끄러워서 물속 깊이 숨고 하늘 높이 날던 기러기가 부끄러워서 땅으로 떨어질 만큼, 아름다운 여인의 용모를 비유적으로 이르는 말. ≪장자≫ <제물론(齊物論)>에 나온다.

2684)폐월슈화지틱(閉月羞花之態) : 꽃도 부끄러워하고 달도 숨을 만큼 여인의 얼굴과 맵시가 매우 아름답다는 것을 비유적으로 이르는 말.

2685)교쇼텬혜(巧笑倩兮) : 예쁘게 웃는 미소 보조개가 아름답네. 『시경』 <위풍(衛風)> '석인(碩人)'편에 나오는 시구로 위(衛)나라 장공(莊公)의 처 장강(莊姜)의 아름다움을 노래한 것.

2686)미목반혜(美目盼兮) : 미목반혜(美目盼兮). '盼'의 음은 '반'이다. 아름다운 눈매 눈동자가 또렷하네. 『시경』 <위풍(衛風)> '석인(碩人)'편에 나오는 시구로 위(衛)나라 장공(莊公)의 처 장강(莊姜)의 아름다움을 노래한 것.

2687)위후(衛后) 장강(莊姜) : 중국 춘추시대 위(衛)나라 장공(莊公)의 처. 아름답고 덕이 높았고 시를 잘하였다.

2688)단일셩장(單一誠莊) : 단정하고 한결같으며 성실하고 엄숙함.

2689)쥬실삼모(周室三母) : 주나라 왕실의 세 어머니. 곧 태강(太姜), 태임(太妊), 태사(太似)를 말함. 태강(太姜)은 태왕(太王)의 아내이며 왕계(王季)의 어머니인데, 바르고 솔직하게 자식을 이끄니 과실이 있지 아니하였고, 태왕이 일을 계획할 때나 자리를 옮길 때는 꼭 태강과 의논하여 일을 처리하였다. 태임(太妊)은 왕계의 아내로 문왕을 낳았는데, 태임의 성품은 곧고 성실하여 오직 덕으로써 행동하였다. 태임이 문왕을 임신하였을 때 눈으로는 나쁜 것을 보지 않았고, 귀로는 음란한 소리를 듣지 않았으며, 입으로는 오만한 말을 하지 않았다. 이로써 문왕은 태어나면서부터 지덕(知德)이 뛰어났다. 태사(太似)는 문왕의 아내로 무왕(武王)을 낳았다. 태사는 어질고 도리에 밝았는데, 주왕실에 들어와 시할머니 태강과 시어머니 태임을 공경하였고, 아침저녁으로 힘써 부도(婦道)를 다하였다. 이들 <周室三母>는 『烈女傳』에 나온다.

2690)도지요요(桃之夭夭) 작작기화(灼灼其華) : "어여쁘다 복숭꽃" "활짝피어 화사하네" 『시경』 <주남(周南)>, '桃夭' 편에 있는 시구.

2691)뎨휘(帝后) : 황제와 황후를 함께 이르는 말.

고로, 일변 흠텬관(欽天官)2693)의 간션(揀選)홀 길일을 갈희시며, 일변 셩과(盛科)를 베퍼 각별 인지를 구ᄒᆞ시더니, 과연 신방장원(新榜壯元) 한님슈찬 윤흥닌의 화지용뉴지풍(花之容柳之風)2694)의 쇄락ᄒᆞ미 믈즁(物中)2695) 긔린(麒麟) 갓고, 튱현여믹(忠賢餘脈)으로 셩ᄒᆞᆨ디되(聖學大道) 공밍안증(孔孟顔曾)2696)의 후셕(後席)【49】을 니엄즉흔 옥인 군ᄌᆞ믈 보시미, 텬심(天心)이 ᄌᆞ못 환흡 쾌열ᄒᆞ샤 티후긔 알외며, 황후로 상의ᄒᆞ여 윤한님으로 금뎐(禁殿)의 가셔(佳壻)를 완뎡(完定)ᄒᆞ시미, 각별 다시 조졍을 쇼요ᄒᆞ여 어즈러이 간션홀 비 아니라 ᄒᆞ샤, 바로 윤상부의 하조(下詔)ᄒᆞ여 ᄉᆞ혼 은지를 나리오시니, 상부 일기(一家) 임의 텬연이 이시믈 아ᄂᆞᆫ지라 ᄉᆞ양ᄒᆞ여 밋츨 비 업ᄉᆞᆸ디, ᄉᆞ ᄉᆞ의 부귀(富貴) 권툥(權寵)이 환혁(煥赫)ᄒᆞ여, 부ᄌᆞ 형뎨의 고관 딕쟉과 영툥부귀 위극인신(位極人臣)2697)흔 바로뼈, 다시 황녀(皇女)로 결혼ᄒᆞ여 슬하를 빗ᄂᆞ미 진실 불안(不安) 황감(惶感)흔지라.

승상이 심히 즐【50】겨 아녀 두 번 상표(上表)ᄒᆞ여, '신ᄌᆞ(臣子) 흥닌이 비록 빅면이 져기 누츄ᄒᆞ믈 면ᄒᆞ여ᄉᆞ오나, 본딕 한문(寒門) 쇼ᄌᆞ(小子)로 비혼 바 직학(才學)이 쇼루(疏漏)ᄒᆞ고, 지신(持身)2698)이 용녈ᄒᆞ오니, 엇지 감히 초방계익(椒房桂掖)2699)의 부귀를 비러 옥당금마(玉堂金馬)2700)의 가긱(佳客)이 되리잇고? ○[또] '옥션옥쥬ᄂᆞᆫ 당당흔 만승왕희(萬乘王姬)로 뇽ᄌᆞ봉손(龍子鳳孫)이니, 신ᄌᆞ 흥닌의 용우 노둔흔 긔질노 상젹(相敵)지 아닐 바'를 지졉 ᄉᆞ양ᄒᆞ고, '각별 딕가잠영(大家簪纓)의 군ᄌᆞ 옥인을 간션ᄒᆞ시믈' ○○○[일ᄏᆞ라] ᄉᆞ양ᄒᆞ딕. 상이 죵불윤(終不允)ᄒᆞ시니, 승상이 셩은을 불승황공(不勝惶恐) 숑뉼(悚慄)ᄒᆞ여, 마지 못ᄒᆞ여 황은을 슉ᄉᆞ(肅謝)ᄒᆞ니, 상이 즉일의 한님 윤【51】흥닌으로 옥션도위 직쳡(職牒)과 부마 관면(冠冕)을 나리오시고, 남창 오십팔현(五十八縣) 부요지디(富饒之地)로뼈 탕목읍(湯沐邑)2701)을 삼으시고, 즉일의

2692)옥뉸(玉輪) : '옥으로 치장한 수레바퀴'라는 뜻으로, 흔히 '달'을 달리 이르는 말로 쓰인다. 여기서는 '부마(駙馬)'의 비유적 표현으로 쓰였다.

2693)흠텬관(欽天官) : 천문역수(天文曆數)의 관측을 맡은 관아인 흠천감(欽天監)의 관리.

2694)화지용뉴지풍(花之容柳之風) : 꽃 같은 얼굴과 버들 같은 풍채라는 뜻으로 아름다운 얼굴과 날씬한 몸매를 가리킴.

2695)믈즁(物中) : 여러 가지 사물 가운데.

2696)공밍안증(孔孟顔曾) : 유가(儒家)의 성현(聖賢)들인 공자(孔子), 맹자(孟子), 안자(顔子), 증자(曾子)를 함께 이르는 말.

2697)위극인신(位極人臣) : 신하된 사람으로서 지위가 가장 높음.

2698)지신(持身) : 몸가짐. 몸을 거두는 일.

2699)초방계익(椒房桂掖) : 왕비가 거처하는 궁을 이르는 말. *초방(椒房) : 산초나무 열매의 가루를 바른 방이라는 뜻으로, 왕비가 거처하는 방이나 궁전, 또는 왕실 등을 이르는 말. 후추나무는 온기가 있고 열매가 많은 식물로서, 자손이 많이 퍼지라는 뜻에서 왕비의 방 벽에 발랐다. 계익(桂掖) : '왕비(王妃)의 처소'를 이르는 말.

2700)옥당금마(玉堂金馬) : 중국의 한림원, 조선의 홍문관을 이르는 말. 중국 한(漢)나라 대궐의 옥당전(玉堂殿)과 금마문(金馬門)을 함께 이르는 말로, 황제를 가까이서 받드는 요직의 벼슬아치들을 뜻한다. 옥당전은 한림원이 있었던 전각의 이름이며 금마문은 전각의 문으로 문 앞에 동마(銅馬)가 있어 붙여진 이름이다. 조선에서는 홍문관을 옥당이라 했다.

네부(禮部)의 하조(下詔)ᄒ시고 공부(工部)의 조셔ᄒ샤, 윤상부 겻히 일좌(一座) 고루거각(高樓巨閣)을 싀로이 지으라 ᄒ시니, 이 곳 범연ᄒ 만승왕희(萬乘王姬)의 비길 빈 아니라.

삼시(三司) 거ᄒᆡᆼ(擧行)ᄒ고 뉵뷔(六部) 감역(監役)ᄒ니, 슈천간 광화걸각(光華傑閣)의 벽와(碧瓦) 쥬밍(朱甍)과 화동(畫棟) 조란(彫欄)이 형형식식(形形色色)ᄒ고 영농찬난(玲瓏燦爛)ᄒ니, 고시(古詩)의 니른바, 규연약노령《당ⅱ광》(巋然若魯靈光)2702)이오, 미ᄌᆡ여한경복(美哉如漢景福)이라. 텬하(天下) 십삼싱(十三省)2703)의 아니 가존 물역(物役)2704)이 업ᄉ니, 불급(不及) 슈월(數月)의 필역(畢役)ᄒ니, 광【52】활ᄒᆞᆫ 빈 비록 당나라 동창공쥬(同昌公主)2705)의 부귀 ᄉ치ᄒ미라도 이의 지나지 못ᄒᆞᆯ너라.

필역을 다ᄒ고 각 뷔 일시의 복명ᄒ니 상이 각각 후상(厚賞)ᄒ시니, 승상이 너모 화려ᄒ믈 깃거아냐 농젼의 뵈옵고 ᄉ양 왈,

"옥쥐 비록 만승 황녜(皇女)시나 임의 녀염의 하가ᄒ신 후ᄂᆞᆫ 외조(外朝) 일쳬어늘, 슈천간 금벽 광실이 너모 외람ᄒ여 신ᄌ의 거ᄒᆞᆯ 빈 아니니, 흥닌이 묘복(眇福)이 손ᄒᆞᆯ가 져허ᄒᄂᆞ이다."

상이 흔연 위유(慰諭)왈,

"짐이 텬황가(天皇家) 부귀로뻐 ᄒᆞᆫ 공쥬를 혼인ᄒᆞᄆᆡ 엇지 이만치도 아니리오. 연이나 경의 쳥기(淸介)【53】ᄒᆞᆯ 아ᄂᆞᆫ 고로, 빅만ᄉ(百萬事)의 만히 감등(減等)ᄒ노라 ᄒᄃᆡ, 오히려 경의 불안ᄒᆞᆯᄆᆞᆯ 더으니 짐심(朕心)이 도로혀 불안ᄒ도다. 연(然)이나 궁닉 뎐각은 임의 지은 빈니 곳치기 어려온지라. 맛당이 긔용 즙물의 사치와 번화를 더러 경의 ᄆᆞᆰ은 덕을 갑흐리라."

ᄒ시니, 승상이 ᄉ은ᄒ고 물너나다.

흠텬관(欽天監)이 황도길일(黃道吉日)2706)을 알외니 길긔(吉期) 초츄망간(初秋望

2701)탕목읍(湯沐邑) : 중국 주나라에서 제후에게 목욕비를 충당하도록 사급한 읍(邑)으로, 제후가 읍의 수조권을갖고 그 조세로 녹봉을 삼아 생활을 했던 식읍지(食邑地).

2702)규연약노령광(巋然若魯靈光) 미ᄌᆡ여한경복(美哉如漢景福): (누각의) 우뚝 솟은 그 모습 노(魯)나라 영광전(靈光殿) 같고, 아름답다 그 모습 한(漢)나라 경복궁(景福宮) 같구나. 중국 명나라 구우(瞿佑)가 지은 『전등신화』 중 <수궁경회록(水宮慶會錄)> 가운데 나오는 구절. *구우(瞿佑); 중국 명나라의 문인(1347~1433). 자는 종길(宗吉). 호는 존재(存齋). 박학다재하여 주왕부(周王府)의 우장사(右長史)를 지냈으나, 시화(詩禍)로 18년간 유배되었다. 저서에 ≪전등신화≫, ≪영물시(詠物詩)≫, ≪귀전시화(歸田詩話)≫ 따위가 있다.

2703)십삼싱(十三省) : 중국 명나라 때에는 전국을 산동, 산서, 하남, 협서, 호광, 강서, 절강, 복건, 광동, 광서, 귀주, 사천, 운남 등 13성으로 나누었다.

2704)물역(物役) : 집을 짓는 데에 쓰는 벽돌, 기와, 모래, 흙 따위의 자재를 통틀어 이르는 말

2705)동창공쥬(同昌公主) ; 당나라 제17대 의종(懿宗) 황제의 장녀. 자수에 능했고, 예쁘고 총명하여 의종의 총애를 받았다. 위보형(韋保衡)에게 시집가 사치한 생활을 하다 혼인 4년 만에 죽었다.

2706)황도길일(黃道吉日) : 지구가 태양의 둘레를 공전하는 시간선상에서 인간이 어떤 일을 거행하기에 가장 좋다는 날. *황도(黃道); 태양의 둘레를 도는 지구의 궤도가 천구(天球)에 투영된 궤도를 말한다. 즉 지구가 공전하며 태양의 둘레를 도는 길을 말함. 천구의 적도면(赤道面)에 대하여 황도는 약 23도

間)2707)이니 공교히 도찰과 명닌의 길일과 한 날이러라. 가즁 상히 승상 부뷔의게 치하ᄒᆞ여 한 날 셰 며느리 마즈미 희한혼 경ᄉᆞ라 ᄒᆞ니, 승상이 미쇼 부답ᄒᆞ더라.

위·조 냥퇴비 현쇼【54】져 ᄌᆞ믜의 성화(聲華)를 닉이 듯고, 도찰의 가시 ᄎᆞ후는 다시 어즈럽지 아니ᄒᆞ기를 원ᄒᆞ고, 명닌의 가위 상적(相敵)ᄒᆞᆯ 바를 흔힝(欣幸)ᄒᆞ여, 흥닌의 비우를 근심ᄒᆞ더니, 쳔만 의외의 손아의 문장 지화로뼈 한번 뇽누(龍樓)의 어향(御香)을 쏘이고, 《은딕ᄌᆞ팔∥은딕ᄌᆞ달(恩臺紫闥)2708)》의 단계(丹桂)2709)를 썩그미, ᄯᅩ 금젼(禁殿)의 가셔(佳壻)로 만승왕희(萬乘王姬)2710)로 특비가실(特配家室)ᄒᆞ기를 졍ᄒᆞ니, 냥퇴비와 가즁 상하 졔인이 다 옥션공쥬의 ᄉᆡᆨ모지예(色貌才藝)와 향명성화(香名聲華)를 귀의 우뢰 지남 갓치 드럿ᄂᆞᆫ 고로, 비록 영총부귀의 셩만(盛滿)ᄒᆞᆷ을 깃거 아니ᄒᆞ나, 흥닌의 비범 탁셰혼 긔질노 다시 비필이 상젹홀 【55】바를 암희(暗喜) 쾌열(快悅)ᄒᆞ더라.

혼슈를 셩비ᄒᆞ여 길신(吉辰)을 등딕(等待)ᄒᆞᆯᄉᆡ, 빅구광음(白駒光陰)2711)이 홀과(忽過)러니 오라지 아냐 오동(梧桐) 일엽이 아름다온 긔약(期約)을 보ᄒᆞᄂᆞᆫ 곳의, 냥츄(凉秋) 가긔(佳期) 님박ᄒᆞ니, 가즁 닉외 혼슈를 출히노라 ᄌᆞ못 분분ᄒᆞ고, 명닌 공ᄌᆞ와 흥닌은 닉외지심(內外之心)이 타연ᄌᆞ약(泰然自若)ᄒᆞ여 각별 밧바ᄒᆞ미 업ᄉᆞ되, 홀노 도찰이 악모를 뮈이 너기고 셜부인의 날이 오라도록 닝졍ᄒᆞᆷ믈 괴로이 너겨, 브딕 일장(一場) 속이고져 ᄒᆞ며, ᄯᅩ 현쇼져의 옥모화안(玉貌花顔)도 닛지 못ᄒᆞ여, 길월이 더딕 오믈 한ᄒᆞ여 괴로이 굴지계일(屈指計日)ᄒᆞ더니, 길긔(吉期) 슈일(數日)은 【56】격ᄒᆞ엿더니, 맛츰 조당(朝堂)의 나아가 슐을 취ᄒᆞ고, 부즁의 도라와 감히 존당의 뵈지 못ᄒᆞ고, 졔뎨 등으로 하여금 신긔 불평ᄒᆞ여 존당의 뵈옵지 못ᄒᆞᆷ믈 알외라 ᄒᆞ고, 바로 셜부인 침쇼의 드러가니, 날이 발셔 황혼이라.

셜쇼졔 임의 혼졍(昏定)을 맛고 도라와, 단장을 벗고 단의홍군(單衣紅裙)으로 촉하의 침션(針線)을 다ᄉᆞ리다가, 도찰을 보고 니러 마즈 좌의 나아가미, 부인이 츄파(秋波)를 잠간 흘녀, 도찰의 취긔 미란(迷亂)ᄒᆞ여 의관이 부졍ᄒᆞ고 취안(醉顔)이 방타(放惰)ᄒᆞᆷ믈 보미, 심하의 불열ᄒᆞᆷ믈 니긔지 못ᄒᆞ여, 즉시 뉴미(柳眉)를 낫【57】초고 진슈(螓首)를 슉여 다시 보지 아니ᄒᆞ고, 촉광을 겻두어 안ᄌᆞ ᄒᆞ던 침션을 다ᄉᆞ릴 ᄯᆞ름이라.

27분 기울어져 있으며, 적도와 만나는 두 점을 각각 춘분점, 추분점이라 함. *길일(吉日); 운이 좋거나 상서로운 날을 뜻한다.
2707)초츄망간(初秋望間) : 음력 7월 보름께.
2708)은딕ᄌᆞ달(恩臺紫闥) : 홍문관 또는 승정원을 달리 이르는 말. *은대(銀臺); =홍문관(弘文館). =승정원(承政院). *자달(紫闥); =궁중(宮中)
2709)단계(丹桂) ; 붉은 계수나무. 조선시대에 임금이 과거 급제자에게 종이로 만든 계수나무 꽃을 하사하였는데, 이 어사화(御賜花)를 가리키는 말.
2710)만승왕희(萬乘王姬) : 황제의 친딸.
2711)빅구광음(白駒光陰) : 흰 망아지가 빨리 지나쳐 가듯, 덧없이 빨리 흘러가는 세월.

도찰이 취안을 흘녀 부인을 보니, 빙졍 쇄락ᄒᆞᆫ 틱되 더옥 쇼쇄(瀟灑) 염녀(艶麗)ᄒᆞ여 옥모화틱(玉貌花態) 쵹하의 싴롭고, ᄌᆞ가의 취식(醉色)을 불열ᄒᆞ여 셩모(聖貌) 화안(和顔)의 화긔(和氣)를 잠간 거두어시니, 닝담 싴싴ᄒᆞ여 납미(臘梅)2712) 상셜(霜雪)을 씌엿ᄂᆞᆫ 듯, 항익(姮娥) 시름ᄒᆞ여 계슈(桂樹) 아릭 머무ᄂᆞᆫ 듯ᄒᆞ니, 일만 ᄌᆞ틱와 일쳔 고은 빗치 므르녹아 요지(瑤池) 금원(禁苑)의 다람홰2713) 웃ᄂᆞᆫ 듯ᄒᆞ니, 취ᄒᆞᆫ 눈이 더옥 황홀ᄒᆞ니, 취즁 은이 싑 솟듯ᄒᆞᄂᆞᆫ지라. 이의 【58】 미우(微雨) 츈풍이 환연ᄒᆞ여 밧비 나아가, 집기슈(執其手) 침기슬(枕其膝)2714)ᄒᆞ고, 그 잡은 바 침션(針線)을 아ᄉᆞ 먼니 밀쳐 왈,

"임의 야심(夜深)ᄒᆞ기의 밋쳣거늘 무ᄉᆞ 일이 그리 긴급ᄒᆞ관듸, 싱을 보믜 시쳥(視聽)이 업ᄉᆞᆫ ᄃᆞ시 일의만 잠착(潛著)ᄒᆞᄂᆞ뇨?"

언파의 옥슈(玉手)를 넛그러 ᄌᆞ긔 니마 우희 언고, 그 무릅흘 베고 누어, 기리 기지게 혀며, 부인의 옥안을 냥구슉시ᄒᆞ여 이시2715) 쳠예(瞻倪)2716)ᄒᆞ다가, 희연 완쇼(莞笑) 왈,

"우리 부인이 실노 져 닝졍ᄒᆞᆫ 거시 흠이라. 고어의 왈, '부인(婦人)은 복어인(服於人)2717)이라', 부녀는 유한졍졍(有閑貞靜)ᄒᆞ미 웃듬이니, 부인은 츠후란 긔슯쓰믈2718) 바리 【59】 라. 그듸 엄부인의 무힝 픠악ᄒᆞᆫ 교훈을 드러시니, 비록 악장(岳丈)이 명현군ᄌᆞ(明賢君子)라도, 그 ᄌᆞ식이 싱(生)2719)을 품슈(稟受)ᄒᆞ고 휵(慉)2720)을 품(稟)치 아녓다 말이 쉽지 못ᄒᆞ려든, ᄒᆞ믈며 셜공의 쇼활(疎豁) 혼암(昏暗)ᄒᆞ미냐? 그듸 엄부인 픠악을 죵시(終始) 바리지 아냐 쇼텬(所天)을 졔어ᄒᆞᆯ 뜻이 이실진듸, 싱이 비록 용녈ᄒᆞ나 셜공의 쳐ᄌᆞ(妻子)를 져허ᄒᆞᄂᆞᆫ 잔약지인(孱弱之人)의 힝ᄉᆞ는 담지 아니ᄒᆞ리니, 부인은 너모 경멸치 말나."

쇼졔 쳥미(聽未)의 옥뫼(玉貌) ᄌᆞ약(自若)ᄒᆞ고, 츄픠 나죽ᄒᆞ여 일언 부답ᄒᆞ니, 도찰이 믄득 노왈,

"부인이 엇지 싱의 뭇ᄂᆞᆫ 바를 딕치 아니ᄒᆞᄂᆞ뇨? 그듸 실 【60】 노 날 보기를 원치

2712)납미(臘梅) : 음력 섣달에 꽃이 피는 매화.

2713)다람화 : ①담화(曇華). 우담화(優曇華). 『불교』 인도에서, 삼천 년에 한 번 전륜성왕이 나타날 때에 꽃이 핀다고 하는 상상의 식물. 늑우담발라. ②담화(曇華); =홍초(紅草). 칸나과의 여러해살이풀. 높이는 1~2미터이며, 잎은 큰 타원형이고 끝이 뾰족하다. 여름과 가을에 꽃잎 모양의 수술을 가진 꽃이 잎 사이에서 나온 꽃줄기 끝에 총상(總狀) 화서로 피고 열매는 삭과(蒴果)로 10월에 익는다. 관상용이고 말레이시아, 인도차이나가 원산지로 각지에 분포한다.

2714)집기슈(執其手) 침기슬(枕其膝) : 손을 잡고 무릎을 베고 누움.

2715)이시 : 이시히. 한참 동안. 오래도록.

2716)쳠예(瞻倪) ; 흘겨봄.

2717)복어인(服於人) : 남의 지휘 아래 있는 사람.

2718)긔슯쓰다 : 성깔부리다. 아상하고 거친 성질을 나는 대로 부리다.

2719)싱(生) : '낳다'라는 뜻으로, 여기서는 '아버지'를 이르는 말.

2720)휵(慉) : '기르다'는 뜻으로, 여기서는 '어머니'를 이르는 말.

아니ᄒ거든 쾌히 한 말을 ᄒ라. 싱이 용우(庸愚) 비박(鄙薄)ᄒ여 비록 엄부인 모녀의
견박(見薄)ᄒ믈 바다시나, 뎐즈로붓허 만조거경(滿朝巨卿)과 텬하 사ᄅᆷ은 거의 싱을
용녈치 아닌 쥴노 아ᄂᆞ니, 현시 ᄯ한 명문 슉녀로 ᄉᆞ덕이 겸비타ᄒ니, 이 ᄯᅩᄒᆫ 싱의
쳐궁(妻宮)이 듯허오미라. 남이 쳐셰ᄒᆞᆷ이 츙회냥젼(忠孝兩全)치 못홀가 근심홀지언졍,
쳐지 업슬가 근심치 말나 ᄒᆞ니, 이 윤셰린의 안히 홀노 셜시ᄲᆞᆫ 아니리니, 언마ᄒᆞ여
'혹유몽ᄂᆡ시(或有夢來時)'와 '츠류호박침(且留琥珀枕)'[2721]을 늣기리오."

쇼졔 ᄯᅩ 져슈(低首) 부답(不答)ᄒ니, 도찰이 지리히 뭇기를 【61】마지 아니ᄒᆞᄂᆞᆫ지
라. 부인이 괴롭고 민망ᄒᆞᆷ을 니긔지 못ᄒᆞ여, 침음냥구(沈吟良久)[2722]의 나죽이 손을
ᄲᅢᆫ히며 좌를 물녀 왈,

"군즈ᄂᆞᆫ 원컨딕 존즁(尊重)ᄒ쇼셔. 쳡슈불혜(妾雖不慧)[2723]ᄒ나, 군이 쳡을 마즈미
이시니, 상님월하(桑林月下)[2724]의 쳔ᄒᆞᆫ 계집이 아니라. 셩인이 니ᄅᆞᄉᆞ딕 '부부ᄂᆞᆫ 군
신이라. 상하의 존비 이심 갓고, 관져(關雎)ᄂᆞᆫ 익이불상(哀而不傷)[2725]ᄒ고 낙이불음
(樂而不淫)[2726]이라 ᄒ시니, 쳡이 죄 이시미 군지 다만 죄를 혜여 한번 거(去)홀 ᄯᆞ름
이라. 금야의 취ᄒᆞᆫ 말ᄉᆞᆷ과 희롱된 거조로, 조희(嘲戲) 비소(誹笑) ᄒ시미 군즈 딕쳬(大
體)의 만히 휴이(虧而)[2727]ᄒ시미오, 즈모의 허믈은 임의 아ᄅᆞ시미 붉은 【62】비라.
무지쳔인(無知賤人)이라도 그 가히 ᄉᆞ쳬(事體)를 아ᄂᆞᆫ 즈ᄂᆞᆫ, 츠마 딕기인즈(對其人
子)[2728]ᄒ여 기친지과(其親之過)[2729]를 니ᄅᆞ지 못ᄒᆞᄂᆞ니, ᄒᆞᆯ믈며 군즈의 명달(明達)
식니(識理)ᄒ시므로 인ᄉᆞ를 췌탁(揣度)지 못ᄒ여, 쳡신을 딕ᄒ여 아름답지 아닌 ᄉᆞ어
(私語)를 《두버ᄇ 두 번》 일ᄏᆞᄅᆞ시미, 엇지 군즈의 관인후덕(寬仁厚德)ᄒᆞᆷ심과 가옹(家
翁)의 딕쳬(大體)ᄒᆞᆫ 쳐시라 ᄒ리잇가? 지어장부(至於丈夫)의 쳐실 거ᄂᆞ리믄 각각 그
쇼장(所掌)의 이시니, 군지 니졔 쳡을 딕ᄒ여 후박(厚薄)을 미리 공치(攻治)ᄒ실[2730]
비 아니라. 쳡은 군지 비록 니ᄅᆞ지 아니시나, 본딕 한문미질(寒門微質)노 불민(不敏)ᄒ
신 즈모의 교훈을 밧즈와, 빅ᄒᆞᆫ 빅 비박(卑薄) 노둔(魯鈍)ᄒ니, 【63】엇지 감히 봉비
하쳬(葑菲下體)[2731] 딕군즈의 ᄂᆡ상(內相)을 쇼임ᄒ리잇고? 현쇼졔 ᄯᅩᄒᆫ 명문 슉녀로

[2721]혹유몽ᄂᆡ시(或有夢來時), 츠류호박침(且留琥珀枕) : 혹시 꿈에라도 오실까, 또한 호박(琥珀) 베개를
　　놓아두겠습니다. 이백(李白)의 <백두음(白頭吟)>에 나오는 시구(詩句).
[2722]침음냥구(沈吟良久) : 마음 속으로 오래도록 생각함.
[2723]쳡슈불혜(妾雖不慧) : 첩이 비록 밝지 못하지만,
[2724]상님월하(桑林月下) : '달빛 비추는 뽕밭'이라는 말로, 남녀가 남몰래 밀회를 즐기기에 좋은 시공간
　　을 뜻함.
[2725]익이불상(哀而不傷) : 슬퍼하되 몸을 상하기에 이르지 아니함
[2726]낙이불음(樂而不淫) : 즐거워하되 음란한데에 이르지 아니함.
[2727]휴이(虧而) ; 훼손.
[2728]'딕기인즈(對其人子) : 그 사람의 아들을 대면하여서,
[2729]기친지과(其親之過) ; 그 부모의 허물.
[2730]공치(攻治)ᄒ다 : 비난하다. 헐뜯다.
[2731]봉비하쳬(葑菲下體) : '무의 밑 둥'이란 뜻으로 못생긴 사람의 비유로 쓰인다. 『시경』<패풍(邶風)>
　　곡풍(谷風)편의 "채봉채미 무이하쳬(採葑採菲 無以下體; 무를 뽑을 때 밑 둥만 보고 뽑지 말라)"에서

414 교주본 윤하명삼문취록 3

셕덕이 겸비ᄒᆞᆫ즉 이 ᄯᅩ 군ᄌᆞ의 복이라. 비록 텬하 졍ᄉᆞ(政事)라도 무덕ᄌᆡ(無德者) 물너나고 유덕ᄌᆡ(有德者) 위를 니으미, ᄌᆞ고로 덧덧ᄒᆞ니, 사ᄅᆞᆷ의 가ᄉᆞ(家事) ᄯᅩᄒᆞᆫ 국ᄉᆞ와 갓ᄒᆞ니, 불초 신이 물너나고 어진 부인이 군ᄌᆞ의 ᄂᆡᄉᆞ를 쇼임(所任)ᄒᆞ여 이람(二南)2732)의 덕화(德化)를 빗ᄂᆡ미 올ᄒᆞ니, 쳡이 엇지 스스로 불민(不敏)ᄒᆞᄆᆞᆯ 아지 못ᄒᆞ고, 누누히 ᄎᆞ류호박침(且留琥珀枕)의 구구ᄒᆞ미 이시리잇고? 복원 군ᄌᆞᄂᆞᆫ 불초(不肖) 쳡신(妾身)을 넘두의 거리끼지 마르시고, 곳 갓ᄒᆞᆫ 쳡과 옥 갓ᄒᆞᆫ 안히를 동【64】셔(東西)로 구ᄒᆞ여, 쟝부 ᄒᆡᆼ낙(行樂)을 쾌히 ᄒᆞ쇼셔. 쳡은 다만 죤문 혜퇵을 우러러, 윤시 셩명을 의지ᄒᆞ여 여년을 맛ᄎᆞ미 쇼원이라. 복원 군ᄌᆞᄂᆞᆫ 물우졀녀(勿憂絶慮)ᄒᆞ샤, 쳡으로ᄡᅥ 거리끼지 마르쇼셔."

셜파의 옥안(玉顔) 뉴미(柳眉)의 슈ᄉᆡᆨ(愁色)이 은영(隱映)ᄒᆞ여, 혹ᄉᆞ로 결발(結髮) 슈삼ᄌᆡ(數三載)의 긴 말ᄉᆞᆷ이 쳐음이라. 도도ᄒᆞᆫ 옥셩이 낭낭ᄒᆞ여 산협(山峽)의 진납이 브ᄅᆞ지지ᄂᆞᆫ 듯ᄒᆞ니, 이원ᄒᆞᆫ 틱도와 혜일(慧逸)ᄒᆞᆫ 긔질이 보드랍고 어엿브미 살이 녹ᄂᆞᆫ 듯ᄒᆞ니, 우연ᄒᆞᆫ 타인이 보아도 긔이ᄒᆞᄆᆞᆯ 결을치 못ᄒᆞ려든, ᄒᆞᄆᆞᆯ며 졍즁ᄒᆞᆫ 냥인(良人)의 ᄎᆔ졍(醉情)의 황홀ᄒᆞ미 엇【65】더ᄒᆞ리오.

일ᄲᅡᆼ 봉안이 다졍ᄒᆞ여 다만 쇼져 신상의 빗최고, 그 도도ᄒᆞᆫ 옥셩을 ᄌᆞ미ᄂᆡ여 듯기를 다ᄒᆞ미, 옥모영치(玉貌英彩)의 미(微)ᄒᆞᆫ 우음이 영ᄌᆞ()盈滋)ᄒᆞ여 희연이 웃고, 원비(猿臂)를 늘희여 부인의 경영(鶊鴒)ᄒᆞᆫ 셰신(細身)을 휘오치며, 나상(羅裳)을 ᄯᅵ어 좌를 근ᄒᆞ고, 옥슈를 닛그러 쇼왈,

"부인은 광부(狂夫)의 ᄎᆔ언(醉言)을 허물치 말나. 싱이 진실노 엄부인의 무ᄒᆡᆼ픠악(無行悖惡)ᄒᆞᄆᆞᆯ 한홀지언졍, 우리 부인의 뇨조(窈窕) 현혜(賢慧)ᄒᆞᆷ은 아란지 오릭니, 녀녀(女) 요인의 연고로 그릇 부인의 옥부 방신(玉膚芳身)을 의심ᄒᆞ여, 괴롭게 ᄒᆞ던 쥴을 후회ᄒᆞᄂᆞ니, 니졔 비록 【66】현시 아녀 월녀셔시(越女西施)2733) 환싱ᄒᆞᆫᄃᆞᆯ 이 윤달뵈 엇지 부인을 니ᄌᆞ리오. 맛당이 '싱즉동쥬(生則同住)ᄒᆞ고 ᄉᆞ즉동혈(死則同穴)'2734)ᄒᆞᄆᆞᆯ 원ᄒᆞᄂᆞ니, 부인은 가지록 녀ᄒᆡᆼ 녀도를 《어지라∥어지리》 닷가, 녕ᄌᆞ당(令慈堂)의 틱도를 본밧지 말고 싱의 ᄂᆡ조를 빗ᄂᆡ게 ᄒᆞ라."

쇼졔 쳑연 ᄉᆞ례 왈,

"부ᄌᆞ(夫子)의 후의(厚意) 여ᄎᆞᄒᆞ시니, 쳡슈비박불혜(雖卑薄不慧)2735)나, 엇지 감히

온 말로, 무를 뽑을 때 무의 밑 둥이 비록 잘 생기지 못하였을지라도 맛이 좋을 수도 있고 또 잎을 요긴하게 쓸 수도 있는 만큼, 겉만 보고, 또는 부분만 보고, 전체를 평가하지 말라는 말. '봉(葑)', '비(非)'는 둘 다 무의 일종.

2732)이람(二南) : 시경(詩經)」의 <주남(周南)>편과 <소남(召南)>편을 아울러서 이르는 말. 모두 주나라 왕실의 덕화를 노래하고 있는 시들로 이루어져 있다.

2733)월녀셔시(越女西施) : 중국 춘추시대의 월나라의 미인 서시(西施). *서시(西施) 중국 춘추 시대 월나라의 미인. 오나라에 패한 월나라 왕 구천이 서시를 부차에게 보내어 부차가 그 미색에 빠져 있는 사이에 오나라를 멸망시켰다.

2734)싱즉동쥬(生則同住), ᄉᆞ즉동혈(死則同穴) : 사는 동안은 언제나 한 곳에서 함께 살고, 죽어서는 한 무덤에 묻힘.

셩언(聖言)의 위주(慰藉)호시믈 감당호리잇가? 본디 약호 심톄(心體) 범의게 놀나시니, 진실노 쳘마지셩(鐵馬之聲)2736)도 듯기를 원치 아니호옵ᄂᆞ니, 군주의 상두(上頭)를 웅거호여 니조홀 직덕이 업슬가 호ᄂᆞ이다."

셜파의 안싴(顔色)이 쳐【67】연(悽然) 주상(自喪)호여 다시 말ᄉᆞᆷ의 뜻이 업고, 도찰의 만종(萬種) 은이(恩愛)를 조금도 가랍(嘉納)호미 업亽니, 니외일쳥(內外一淸)호고 표리일낭(表裏一朗)호여 한 졈 익체(礙滯)호미 업ᄂᆞᆫ지라. 니른바 슉인현녀(淑人賢女)로 흡흡(洽洽)호니, 엇지 셕일(昔日) 녀녀(女)의 웃ᄂᆞᆫ 낫빗과 셩긔ᄂᆞᆫ 얼골노 쳔교만틱(千橋萬態)호여 노회(老狐) 사름을 님흔 다시, 남주를 미혹게 호던 교언녕식(巧言令色)의 욕되이 비겨 의논호리오.

도찰이 여텬디무궁(如天之無窮)호 은이를 것잡지 못호여, 화셩유어(和聲柔語)로 은근이 위로호며, 임의 야심호믈 일ᄏᆞ라 부인을 쳔만 권위(權威)호여 금금요셕(錦衾褥席)2737)의 나아가니, 진즁(鎭重)호 은졍이 【68】환환희희(歡歡喜喜)호여 교칠(膠漆)의 지나니, 쇼졔 비록 쳥고낙낙(淸高落落)2738)호나, 능히 쇼텬의 견권즁이(繾綣重愛)호ᄂᆞᆫ 은졍을 다 물니치지 못호니, 심하(心下)의 셕亽를 통히호고, 마춤ᄂᆡ 녀주되온 명되 긔흔(奇痕)호믈 주탄호여 화긔 亽연호니, 또흔 부부의 익락(哀樂)이 상반호더라.

니러구러 슈일이 지나니, 윤도찰 삼곤계의 길일이 다드랏ᄂᆞᆫ지라. 가즁의 디연을 진셜호고 만당 졔빈(諸賓)이 모드니, 윤·하·뎡 삼문 노쇼와 일가 《연친가∥인친가(姻親家)》 부인닉 녀부손(女婦孫)2739) 등을 거느려 분분이 모드니, 이 날 취운산 어즈러온 벽졔빵곡(辟除雙曲)2740)과 집亽하리(執事下吏)며 경군취디(輕裙翠帶)2741)【69】의 관환복쳡(官鬟僕妾)2742)의 무리 가야미 쑤시며2743) 벌이 뭉긘2744) 듯호고, 문젼의 젹거亽마(赤車駟馬)2745)와 화기쥬륜(華蓋朱輪)이며 치거옥뉸(彩車玉輪)이 몌여시니 기쉬(其數) 부지기쉬(不知其數)러라.

외헌의ᄂᆞᆫ 평진왕과 승상이 구장면복(九章冕服)2746)을 갓초고 호람후를 쥬벽(主壁)의

2735)쳡슈비박불혜(雖卑薄不慧) : 첩이 비록 낮고 박하여 밝지 못하나.
2736)쳘마지셩(鐵馬之聲) : '철마(鐵馬)의 소리'라는 뜻으로, 쇠로 주조한 말이 소리를 낼 수는 없는 것이므로, '근거가 없는 소리'를 이르는 말.
2737)금금요셕(錦衾褥席) : 비단 이부자리. *이부자리; 이불과 요를 통틀어 이르는 말.
2738)쳥고낙낙(淸高落落) : 맑고 높고 초연함.
2739)녀부손(女婦孫) ; 딸 며느리 손녀를 함께 이르는 말.
2740)벽졔빵곡(辟除雙曲) : 혼인 행렬이 지나가는데 방해받지 않도록 잡인의 통행을 금하는 피리나 나팔 등의 악기 소리.
2741)경군취디(輕裙翠帶) : 치장하지 않은 치마차림과 푸른 띠를 두른 차림.
2742)관환복쳡(官鬟僕妾) : 관비와 남종여종.
2743)쑤시다 : 쑤시다. 비집고 들어가다.
2744)뭉긔다 : 뭉기다. 엉겨서 무더기를 이루다.
2745)젹거亽마(赤車駟馬) : 네 필의 말이 끄는 붉은 수레.
2746)구장면복(九章冕服) : 황태자(皇太子)가 정식(正式)으로 입을 때에 착용하는 예관(禮冠). 구장(九章)은 천자의 의복에 있는 용(龍)·산(山)·화충(華蟲)·불(火)·종이(宗彝)·조(藻)·분미(粉米)·조(藻)·보(黼)의 아

되셔 졔긱을 마즈니, 평졔왕 오곤계 금평후를 되셔 니르고, 하상국 스곤계 졍국공을 되셔 니르러시며, 기여 진·남·화·댱·니·쇼·엄 등 모든 년혼가(連婚家) 인친(姻親) 졔붕(諸朋)이 모다시니, 기쉬(其數) 장흐믈 이로 긔록지 못흐느라.

빅운츠일(白雲遮日)은 반공(半空)의 쇼숫고, 금슈병(錦繡屛) 치화막(彩畫幕)은 일광(日光)의 바이는 곳의 《긔연온‖거연(巨然)흔2747)》 장【70】부와 녈녈(烈烈)흔 흑스(學士)의 호포오스(縞布烏紗)와 월치셩관(越彩盛觀)2748)이며 장장(章章)2749)흔 픠옥(佩玉)이 휘휘(輝輝)흐여 금벽(錦壁)의 바이고, 광실(廣室)의 죠요(照耀)흐니, 진슈미찬(珍羞美饌)을 나오고, 싱쇼고악(笙簫鼓樂)2750)을 졔쥬(齊奏)흐니, 요지승회(遙池勝會)2751)로 다르미 업고, 닉연(內宴)의는 뎡·진·남·화 사비와 하·장 두 부인이 녜복(禮服)을 갓초고, 위·조 냥틱비(兩太妃)와 뉴부인을 쥬벽의 되시며, 의렬비와 셕상셔 부인과 하승상 부인 등 삼 쇼고(小姑)로 더부러 녀부(女婦)를 거느리고 졔빈을 마즈니, 졔부인의 옥모 화질과 셩모아틱(盛貌雅態) 참치상하(參差上下)흐여, 찬난흔 품복(品服)과 휘휘흔 광념(光艶)이 죠요(照耀)흐여 셔로 바이더라.

일식이 【71】장반(將半)의 승상이 삼즈를 압셰워 드러와, 각각 길복을 졍히 흐여 혼가로 향흘식, 도찰과 명닌 공즈는 한가지로 현부로 나아가고, 옥션도위 홍닌은 쇼년 영풍의 부마(駙馬)의 일품관복(一品官服)과, 직품(職品)을 갓초고, 금슈길복(錦繡吉服)과 금씌를 씌고, 쳔승빅마(天乘白馬)의 만조(滿朝) 요긱(繞客)이 위요(圍繞)2752)흐여 풍악이 진텬(震天)하여 바로 딕닉(大內)2753)의 니르니, 녜관(禮官)이 길셕의 인도흐여 바로 장츄궁 장낙뎐의 드러가, 금슈 포진(錦繡鋪陳) 아릭, 홍심(紅心)이 난화(爛和)흐고, 향연(香煙)이 분빅(紛百)흔 가온딕, 병풍 스이의 홍안(鴻雁)을 안아 텬디(天地)의 참비(參拜)흐고 공쥬의 상【72】교(上轎)를 기다릴식, 이 씩 뎨휘(帝后) 틱낭낭(太娘娘)을 되시며, 틱즈비(太子妃) 졔왕비빙(諸王妃嬪) 공쥬(公主) 등을 거느려, 념닉(簾內)의셔 부마의○…결락 9자…○[젼안지녜(奠雁之禮)를 구경흘식], 관옥뉴풍(冠玉柳風)2754)과 여옥지뫼(如玉之貌) 반악(潘岳)2755)이 지셰흐나 밋기 어렵고, 동탕(動

흡 가지의 모양을 말함. 면복(冕服)은 귀인(貴人)의 예복(禮服)에 착용하는 면류관과 의복을 말함.

2747)거연(巨然)흐다 : 크고 우람하다. 또는 당당하고 의젓하다.

2748)월치셩관(越彩盛觀) : 빼어난 풍채와 성대한 구경거리.

2749)장장(章章) : 맑고 밝으며 아름다운 모양.

2750)싱쇼고악(笙簫鼓樂) : 생황, 퉁소, 북 등으로 연주하는 음악

2751)요지승회(遙池勝會) ; 선계(仙界) 요지(瑤池)에서 열린 신선들의 성대한 모임. *요지(瑤池); 중국 곤륜산에 있다는 못. 신선이 살았다고 하며, 주나라 목왕이 서왕모를 만났다는 이야기로 유명하다.

2752)위요(圍繞) : ①혼인 때에 가족 중에서 신랑이나 신부를 데리고 가는 사람. 늑상객(上客). 요객(繞客). ②혼인 때에 신랑이나 신부를 앞뒤로 호행하여 가는 일.

2753)대닉(大內) : 대전(大殿). 임금이 거처하는 궁전..

2754)관옥뉴풍(冠玉柳風) : 관(冠)을 꾸미는 옥(玉)과 같이 아름답고, 버들처럼 날렵한 풍채.

2755)반악(潘岳) : 247~300. 중국 서진(西晉) 때의 문인. 자는 안인(安仁). 미남이었고 망처(亡妻)를 애도한 <도망시(悼亡詩)>가 유명하다.

蕩)2756) 쇄락(灑落)혼 풍치○[와] {녕슌 틱우의 츄슈골격과} 흐억 윤엄(潤嚴)혼 풍신(風神)이 쇄상(灑爽) 늠연(凜然)ᄒ여, 신셩예덕(神聖睿德)ᄒ며 츌뉴비범(出類非凡)ᄒ여, 잠미봉안(蠶眉鳳眼)은 츄슈스일(秋水斜日)2757)의 빗난 졍긔(精氣) 힛발이 긴 강의 빗최ᄂ 듯, 빅년(白蓮) 냥협(兩頰)은 두 숑이 향년(香蓮)이 옥호(玉壺)의 ᄭᅩᆺ쳣ᄂ 듯, 찬찬화미(燦燦畫眉)와 녕형냥빈(靈形兩鬢)의 복덕이 어리여, 아름답고 빗난 가온디, 조둔(趙盾)2758)의 하일지위(夏日之威)와 【73】 숑홍(宋弘)2759)의 덕된 긔상이 완젼ᄒ니, 쳔츄(千秋) 긔남(奇男)이라. 범부마(駙馬)의 화류(花柳) 갓흔 풍신이라도, 금ᄎ(今此)ᄒ여ᄂ 오히려 노창(老蒼)2760)ᄒ기의 밋쳐시니, 옥션도위의 미옥(美玉) 갓치 빗나고 아름다오믈 밋지 못ᄒ고, 혜션도위 하부마ᄂ 화풍경운지상(和風慶雲之像)의 비범 쇄락ᄒ미나 교교히 아름답고 빗나믄 오히려 윤부마를 밋기 어려올지라.

삼뎐(三殿)이 한번 보시미 필공쥬(畢公主)의 ᄌ미운치(姿美韻致)로 상젹ᄒᆫ 비필이믈 깃거, 옥싴이 ᄌᆞᆺ못 화열ᄒ시니, 틱ᄌ비와 비빙 공쥐 일시의 산호만셰(山呼萬歲)2761)ᄒ여 경ᄉ(慶事)를 하례ᄒ더라.

아이오, 공쥐 웅 【74】 쟝셩식(雄粧盛飾)을 빗닉ᄒ고 삼뎐의 하직홀시, 삼뎐이 지삼 어로만져 연이 귀즁ᄒ시믈 닉긔지 못ᄒᆞᆺ 왈,

"짐의 만ᄂᆡ(晚來) 필와(畢婉)로 일시도 짐의 슬ᄒᆞ를 ᄯᅥ난 젹이 업더니, 금일 군ᄌ의 권귀ᄒᄂ 경ᄉ를 보니, 짐심(朕心)이 ᄌᆞᆺ못 깃분지라. 부디 경심계지(警心戒之)ᄒ라."

황휘 친히 나못출2762) 치오며 션빈을 쓰다듬아 경계 왈,

"녀ᄌ유힝(女子有行)이 원부모형졔(遠父母兄弟)라2763). 닉 아희 비록 만승왕희로 황녀의 존(尊)ᄒ미 이시나, 임의 녀진된 후ᄂ 구가의 드러가 온슌비약(溫順卑弱)ᄒ미 웃듬이라. 짐이 일즉 드ᄅ니 윤쳥문과 효문은 금셰의 셩인군ᄌᆞ오, 츙현여【75】예(忠賢餘裔)2764)로 법문디가지손애(法門大家之孫也)라. 오이 구즁심궐(九重深闕)의 싱장(生

2756)동탕(動蕩) : 얼굴이 두툼하고 잘생기다.

2757)츄슈스일(秋水斜日) : 가을 물 속에 비친 해.

2758)조둔(趙盾) : 중국 춘추시대 진(晉)나라 정치가. 당시 적(狄)나라 재상 풍서가 진나라에서 적(狄)에 도망온 가계(賈季)라는 사람에게 진나라의 두 정치인 조둔과 조쇠(趙衰) 중 누가 더 어진 사람인가를 묻자, 조쇠는 겨울날의 태양이고(冬日之日)이고, 조둔은 여름날의 태양(夏日之日)이라고 대답했는데, 이 말에 대하여 남북조시대 진(晉)나라 학자 두예(杜預)가 겨울 해는 사랑스럽지만(冬日之愛) 여름 해는 위엄[두려움]이 있다(夏日之威)라는 주석(註釋)을 붙여 두 사람의 인품을 나타냈다.

2759)송홍(宋弘) : 중국 후한(後漢) 광무제(光武帝) 때 사람. 『후한서(後漢書)』<송홍전>에 그가 광무제에게 한 말 곧, "가난할 때 친하였던 친구는 잊어서는 안 되고(貧賤之交不可忘), 지게미와 쌀겨를 먹으며 고생한 아내는 집에서 내보내서는 안 된다(糟糠之妻不下堂)"는 말이 널리 전해지고 있다.

2760)노창(老蒼) : ①=노인(老人). ②나이가 들어 머리가 흼.

2761)산호만셰(山呼萬歲) : 나라의 중요 의식에서 신하들이 임금의 만수무강을 축원하여 두 손을 치켜들고 만세를 부르던 일. 중국 한나라 무제가 쏭산(嵩山) 산에서 제사 지낼 때 신민(臣民)들이 만세를 삼창한 데서 유래한다. 늑산호(山呼).

2762)나못ᄎ : 주머니. 자루. *자루; 속에 물건을 담을 수 있도록 헝겊 따위로 길고 크게 만든 주머니.

2763)녀ᄌ유힝(女子有行) 원부모형졔(遠父母兄弟) : 여자는 부모형제를 떠나 살아야 함.

長)ᄒ여 아ᄂ 비 업시 군즈의 문의 위금(委琴)2765)하미, 맛당이 옛 셩비(聖妃)를 본바
드며, 갓가이 여형(汝兄) 냥인의 슉뇨(淑窈) 현덕(賢德)을 본바다, 아름다온 명예 궁금
(宮禁)의 도라와 짐의 귀의 밋게 ᄒ고, 조금도 황가의 교만홈과 왕희의 존즁ᄒᄆᆯ 즈랑
ᄒ여, 황샹의 싱(生)아ᄒ심과, 짐의 구로(劬勞)ᄒ 싱지(生地)2766)를 욕먹이지 말나.”

공쥐 뉴미(柳眉) 셩안(星眼)의 슈식(愁色)이 찬연(粲然)ᄒ여 지비 슈명ᄒ고 상교ᄒ여
《진부‖윤부》로 오니라. 【76】

2764)츙현여예(忠賢餘裔) : 충성스럽고 어진 조상의 후손.
2765)위금(委琴) : ‘거문고 줄을 맡기다’는 뜻으로, ‘장가들고’ ‘시집감’을 비유적으로 이르는 말.
2766)싱지(生地) : 출생지(出生地). 사람이 태어난 곳.

윤하뎡삼문취록 권지뉵십오

ᄎ시 공쥐 뉴미(柳眉) 셩안(星眼)의 슈싴(愁色)이 찬연(粲然)ᄒ여, 지비 슈명ᄒ고 샹교ᄒ니, 부미 슌금 쇄약(鎖鑰)으로 봉교(封轎) 샹마ᄒᄆᆡ, 허다 위의를 휘동(麾動)ᄒ여 신영(新迎)홀시, 슈위(守衛) 나졸(羅卒)이 옥뉸(玉輪) 보거(寶車)를 호힝ᄒ여 ᄌᆡ젼(在前)ᄒ니, 슈풀 갓흔 경군취ᄃᆡ(輕裙翠帶)와 홍슈(紅袖) 아환(丫鬟)이, 향노(香爐)·션ᄌᆞ(扇子)와 운난·향벽·운향을 잡아 길 우희 덥허시며, 현군(玄裙) 황샹(黃裳)을 ᄯᅴ으며, 검은 머리를 놉히 쮜온 슈십 궁인이 납향(蠟香)2767) 보촉(寶燭)2768)을 밧들고, 쥬리(珠履)2769)를 ᄯᅴ어 쟝안(長安)2770) ᄃᆡ도(大道)를 덥허 곳슈풀을 일위시며, 삼현(三絃)2771) 오악(五樂)2772)이 화창(和暢)ᄒ여 【1】 반공(半空)의 어리고, 향풍(香風)이 습습(習習)ᄒ여2773) 슈십니의 옹비(雍飛)ᄒᆞᄃᆡ, 옥션도위 십삼 쇼년이라.

풍젼(風前) 옥슈(玉樹) 휘듯ᄂᆞᆫ 듯, 슈앙(秀昻)ᄒᆞᆫ 풍ᄎᆡ(風彩)의 금슈의복(錦繡衣服)을 졍졔ᄒ고, 일품관면(一品冠冕)을 냥빈(兩鬢)의 두렷시 붓쳐시며, 금안ᄇᆡᆨ마(金鞍白馬)의 단좌ᄒ여시니, 표연(表然)이 학샹(鶴上) 션동(仙童) 갓거늘, 위의 ᄃᆡ로변의 ᄂᆡ다ᄅᆞ며, 도찰과 명닌공ᄌᆞ의 현쇼져 ᄌᆞ믹를 친영(親迎)ᄒ여 도라오ᄂᆞᆫ 위의를 마조치니, ᄎᆞ일 현부의셔 ᄯᅩ흔 ᄃᆡ연을 기쟝ᄒ고 화촉을 ᄡᅡᆼ으로 비셜ᄒ여 두 신낭을 기다리더니, 일영(日影)이 쟝반(將半)의 도찰과 공지 금안ᄇᆡᆨ마의 허다 위의를 거ᄂᆞ려 한가【2】지로 니ᄅᆞ니, 현샹셰 냥셔(兩壻)의 옥면뉴풍(玉面柳風)과 슈앙(秀昻) 쇄락(灑落)ᄒᆞᆫ 풍광 덕질을 보ᄆᆡ, 진짓 냥녀의 ᄌᆞ믹운치(姿美韻致)를 져바리지 아니ᄒ엿ᄂᆞ지라.

샹셔 부부의 두굿기고 ᄉᆞ랑ᄒᆞᄆᆡ 비길 곳이 업셔, 좌슈우응(左酬右應)의 졔킥의 치하를 승당(承當)ᄒ더라. 현싱 등이 광의ᄃᆡᄃᆡ(廣衣大帶)로 두 신낭을 팔 미러 녜셕(禮席)의 나아가, 냥촉(兩燭) ᄉᆞ이의 홍신지녜(鴻信之禮)2774)를 맛고, 각각 신부의 상교를 기

2767) 납향(蠟香) : 벌집을 만들기 위해 꿀벌이 분비하는 물질인 밀랍으로 만든 향.
2768) 보촉(寶燭) : 혼례 제례 등의 의식이나 불당(佛堂), 신전(神殿) 등에서 켜는 촛불.
2769) 쥬리(珠履) : 구슬로 꾸민 신발
2770) 쟝안(長安) : ①중국 섬서성(陝西省) 서안시(西安市)의 옛 이름. 한(漢)나라·당나라 때의 도읍지. ② 수도라는 뜻으로, '서울'을 이르는 말.
2771) 삼현(三絃) : 『음악』 거문고, 가야금, 향비파의 세 가지 현악기를 통틀어 이르는 말.
2772) 오악(五樂) : 『음악』 북, 장구, 해금, 피리, 태평소로 이루어진 악기 편성
2773) 습습(習習)ᄒ다 : 바람이 산들산들하다.
2774) 홍신지녜(鴻信之禮) : =전안지례(奠雁之禮). 혼례 때, 신랑이 기러기를 가지고 신부 집에 가서 상 위

다릴시, 현공이 깃부며 두굿기믈 니긔지 못ᄒ여, 냥셔(兩壻)의 숀을 잡고 등을 어로만져, 쾌셔(快壻)라 일ᄏᄅ며, 좌즁(座中)의 닐너 왈,

"만싱(晚生)이 힝혀 만닉(晚來)의 냥녀를 어드니, 비록 【3】외람이 셔즈(西子)[2775]의 ᄉᆡᆨ(色)과 쇼군(昭君)[2776]의 ᄭᅩᆺ갓흔 양ᄌᆞ(樣姿)를 바라지 못ᄒ나, ᄯᅩ흔 밍광(孟光)[2777] 황시(黃氏)[2778]의 무염(無鹽)은 면ᄒᆞᆯ 만ᄒ니, 족히 프른 머리와 붉은 ᄲᅣᆷ이 우물득명(寓物得名)[2779]은 ᄒᆞᆯ 만ᄒ거니와, 본ᄃᆡ 비박(鄙薄) 노둔(魯鈍)ᄒ니 엇지 감히 딕군ᄌᆞ의 문의 의탁ᄒ기를 바라리오만은, 힝혀 텬연(天緣)이 긔구(崎嶇)ᄒ여 황상의 의외의 ᄉᆞ혼ᄒ시ᄂᆞᆫ 은지를 엇ᄌᆞ오니, 텬은을 감슈ᄒᆞᄂᆞᆫ 즁, ᄯᅩ 추녀의 비필을 유의ᄒ즉, ᄯᅩ 윤삼낭의 비상 특툐(特超)ᄒ미 아니면 쇼녀의 ᄶᅡᆼ이 브젹ᄒᆞᆯ 듯 시븐 고로, '농촉(隴蜀)의 무염(無厭)ᄒ 욕심'[2780]이 그 형과 아오로ᄡᅥ 다 슬ᄒᆞᆯ 【4】빗닉고져 ᄒ여, 미파로 통혼ᄒᆞᆫ즉 윤상뷔 관인 후덕ᄒ여 더럽다 아니시고, 옥슈(玉樹) 긔린(騏驎)으로 만싱(晚生)의 동상(東床)을 빗닉게 ᄒ니, 일ᄌᆞᄂᆞᆫ 황은이 젹지 아니ᄒ고, 이ᄌᆞᄂᆞᆫ 인옹(姻翁)의 은혜 젹지 아니ᄒ니, 만싱(晚生)이 금일 냥셔(兩壻)를 보ᄆᆡ 더옥 텬은(天恩)을 황감(惶感)ᄒᄂᆞ이다."

좌상 졔공이 일시의 찬조 위하(爲賀)ᄒ여 현공의 쾌셔 어든 경ᄉᆞ를 치하ᄒ니, 현공이 좌슈우응(左酬右應)의 승당(承當) 치샤(致謝)ᄒ더라. 틱ᄒᆞᆨᄉᆞ(太學士) 현관은 현공의 질ᄌᆞ(姪子)니 위인이 옥갓흔 군ᄌᆞ오, 나히 이십이라. 일즉 쇼년 닙조ᄒ여 샹툥(上寵)이 둣텁고 윤·하·뎡 삼【5】문 졔인으로 교계(交契) 심후(甚厚)ᄒᆞᆫ지라. 믄득 쇼왈,

"냥쇼ᄆᆡ 각각 신낭의 기다리ᄂᆞᆫ 마음을 아지 못ᄒ고, 장속(裝束)ᄒ미 너모 더듸니, 녜븟허 최장시(催裝詩)[2781]란 글이 이셔 신부의 단장을 ᄌᆡ촉ᄒᆞ여시니, 슉부ᄂᆞᆫ 엇지 두 신낭으로 ᄒᆞ여곰 이 글을 지어 냥ᄆᆡ의 단장을 ᄌᆡ촉ᄒ고, ᄯᅩ 좌상 졔빈으로 ᄒ여곰 빗

에 놓고 절하는 예(禮). 산 기러기를 쓰기도 하나, 대개 나무로 만든 것을 쓴다

2775) 셔즈(西子) : 중국 춘추시대의 월(越)나라의 미인 서시(西施). 오나라에 패한 월나라 왕 구천이 서시를 부차에게 보내어 부차가 그 용모에 빠져 있는 사이에 오나라를 멸망시켰다.

2776) 쇼군(昭君) : 왕소군(王昭君). 중국 전한 원제(元帝)의 후궁. 이름은 장(嬙). 자는 소군(昭君). 기원전 33년 흉노와의 화친 정책으로 흉노의 호한야선우(呼韓邪單于)와 정략결혼을 하였으나 자살하였다. 후세의 많은 문학 작품에 애화(哀話)로 윤색되었다.

2777) 밍광(孟光) : 후한 때 사람 양홍(梁鴻)의 처. 추녀였으나 남편의 뜻을 잘 섬겨 현처로 이름이 알려졌고, 고사 거안제미(擧案齊眉)로 유명하다..

2778) 황시(黃氏) : 중국 삼국시대 촉의 정치가 제갈량의 처. 용모는 몹시 추(醜)녀였으나 재주가 뛰어났다고 한다.

2779) 우물득명(寓物得名) : 그 인물됨에 걸맞은 이름을 얻을만하다. *우물(寓物); 어떤 것에 붙어산다.

2780) 농촉(隴蜀)의 무염(無厭)ᄒ 욕심 : '농(隴)과 촉(蜀)까지 차지하려는 끝없는 욕심'이라는 뜻으로, '그칠 줄 모르는 욕심'에 대한 비유로 쓰인다. *농촉(隴蜀)은 중국 사천성과 섬서성 사이에 있는 지명으로, 후한(後漢) 광무제(光武帝)가 한중(漢中)을 평정하고도 다시 농촉을 정벌하려는 욕심을 냈던 고사에서 온 말.

2781) 최장시(催裝詩) : 신랑이 친영(親迎)을 위해 신부에게 단장을 빨리 하고 나올 것을 재촉하는 시. 옛 혼인례에서 신부 집에서 신랑의 시재(詩才)를 시험하고 하객들을 웃기기 위해 신랑에게 시키던 장난거리의 하나.

난 문장을 구경케 아니 ᄒᆞ시ᄂᆞ니잇고?"

현공이 잠쇼 왈,

"우슉(愚叔)이 현셔(賢壻) 등의 ᄃᆡ지(大才)를 시험코져 마음이 업지 아니ᄒᆞᄃᆡ, 힝혀 발언ᄒᆞ여 만일 신텽(信聽)ᄒᆞ면 깃부려니와, 네의로뼈 고집ᄒᆞ면 도로혀 쇼ᄌᆞ의게 장【6】ᄌᆞ의톄면이 숀상ᄒᆞ미니, 현질이 일톄 동녈븅우(同列朋友)로 허물이 업ᄉᆞ니 권희(勸解)ᄒᆞ라."

혹시 ᄃᆡ쇼(大笑)ᄒᆞ고, 이의 좌우로 문방(文房)을 가져 오라 ᄒᆞ고, 도찰과 공ᄌᆞ를 핍박ᄒᆞ여 슈이 글을 지어 냥쇼져의 단장을 직촉ᄒᆞ라 ᄒᆞ니, 도찰은 미미히 함쇼 왈,

"므릇 시귀라 ᄒᆞᄂᆞᆫ 거슨 ᄃᆡ귀 이셔야 창화(唱和)ᄒᆞᄂᆞ니, 현형은 아둥만 강박지 말고 녕미로 ᄒᆞ여곰 합증시(合巹詩)2782)를 지어, 우리를 몬져 뵈라. 우리 ᄯᅩ 최장시를 지어 녕미의 단장 더ᄃᆡᄒᆞᄆᆞᆯ 직촉ᄒᆞ리라."

현혹시 쇼왈,

"시셕(矢石)도 ᄎᆞ례 이시니 너희ᄂᆞᆫ 몬져 최장시를 지어【7】이 곳이셔 아ᄆᆡ 등 장쇽을 직촉ᄒᆞ면, 아ᄆᆡ 등은 녕부의 도라가 바야흐로 합환시(合歡詩)를 지을 거시니, 이 말이야 엇지 미리 훌 비리오."

친히 먹을 갈며 직촉ᄒᆞ거ᄂᆞᆯ, 도찰은 희이장쇼(喜而長笑)ᄒᆞ여 신뷔 몬져 짓거든 ᄌᆞ가 형제 ᄃᆡ시(對詩)ᄒᆞ마 ᄒᆞ고, 명닌공지 졍식 왈,

"현형이 엇지 니러틋 부창(浮唱)된 회언을 창슈(唱酬)ᄒᆞ시ᄂᆞ뇨? 최장시와 합증시ᄂᆞᆫ 직ᄌᆞ 가인(才子佳人)의 졍 만흔 글이니, 엇지 군ᄌᆞ슉녀(君子淑女)의 쇼작(所作)홀 비리오. 현형이 일시 회언으로 아둥을 희롱코져 ᄒᆞ미나, 오히려 취명(醜名)은 녕미의 신상의 밋ᄂᆞᆫ 줄을 아지 못ᄒᆞ【8】시ᄂᆞ니잇가? 아둥이 능히 존형의 핍박ᄒᆞᄆᆞᆯ 면치 못ᄒᆞ여 만일 최장시를 지을진ᄃᆡ, 이 곳 호협직ᄉᆞ가랑(豪俠才士佳郞)의 일홈을 면치 못훌 거시오, 녕미 합환시(合歡詩)를 지으면, ᄯᅩ 가히 그 일홈이 탁시(卓氏)2783) 가녀(賈女)2784)와 엇더ᄒᆞ니잇고?"

셜파의 안식이 싁싁ᄒᆞ고 말ᄉᆞᆷ이 졍ᄃᆡᄒᆞ여 금옥군지(金玉君子)오 안밍졍쥬(顔孟程朱)2785)의 후셕(後席)을 님홀 셩학도지(聖學道者)2786)라. 좌즁 졔빈이 셕연(釋然)이 낫

2782) 합증시(合巹詩) : 전통 혼례의 교배례(交拜禮)에서 신부가 신랑이 건네는 술잔을 받아 마시기 전에 좌중을 웃기기 위해 장난으로 짓게 하던 시.

2783) 탁시(卓氏) : 탁문군(卓文君). 한나라 때의 부호 탁왕손의 딸로 어릴 때부터 재용(才容)이 뛰어났다. 탁문군이 과부가 되어 친정에 와 있을 때, 사마상여가 거문고를 타며 음률을 좋아하는 문군의 마음을 돋우자 탁문군은 사마상여의 거문고 소리에 반해 밤중에 집을 빠져나가 사마상여의 집에 가서 그의 아내가 되었다.

2784) 가녀(賈女) : 가운화(賈雲華). 『전등여화(剪燈餘話)』의 「가운화환혼기(賈雲華還魂記)」에 나오는 여주인공, 미모와 시재(詩才)에 뛰어나다. 남주인공 위붕과의 사랑이 잘 이루어지지 않자 시름시름 앓다가 죽는다. 그러나 이후 월아(月娥)라는 여자의 몸을 빌어 환생하여 마침내 위붕과 결혼을 성취한다.

2785) 안밍졍쥬(顔孟程朱) : 중국의 유학자 들인 안자(顔子), 맹자(孟子), 정자(程子), 주자(朱子)를 함께 이르는 말.

빗출 곳치고 슉연이 넘슬(斂膝)ᄒ여 공경ᄒ기를 씌닷지 못ᄒ고, 현혹시 말이 막혀 무장(撫掌) 딕쇼(大笑)ᄒ니, 현공이 더옥 두굿겨 칭찬 왈,

"긔직(奇才), 현직(賢才)라. 【9】 아셔(我壻)는 금셰의 셩현이 강싱(降生)ᄒ여시니, 노뷔 므슨 복으로 이 갓흔 셩현 군즈를 동상의 일위미 되엿ᄂ뇨?"

좌긱이 말ᄉᆷ을 니어 더옥 칭찬ᄒᆷ믈 마지 아니터라.

이윽고 냥쇼졔 웅장셩식(雄粧盛飾)으로 칠보치거(七寶彩車)의 오ᄅ니, 도찰과 공지 금쇄를드러 잠으기를 맛고 호숑ᄒ여 도라오니, 빗난 위의 거록ᄒ더라. 졍히 즁노의셔 옥션공쥬의 신영ᄒᄂ 위의를 만나 한가지로 상부로 올ᄉᆡ, 슈풀 갓흔 홍상치슈(紅裳彩袖)와 션연(鮮妍)ᄒ 교아(嬌兒)의 분면(粉面) 홍안(紅顔)이 곳슈풀을 일워시니, 아름다온 향취 슈십니의 【10】 옹비(雍飛)ᄒ니, 녀항(閭巷) ᄉ셔(士庶)의 무슈ᄒ 부녜 거리거리 집 잡아 관경(觀景)ᄒ며, 도로 관지(觀者) 칙칙(嘖嘖) 경탄ᄒ여 윤상부 거록ᄒ 복경을 일ᄏᆞ라 왈,

"윤도찰 노야와 져 공즈와 부미 다 윤승상 삼지니, 다 조션여풍(祖先餘風)을 니어 외모 풍치 빗날 ᄯ뿐 아니라, 문한(文翰) 직덕(才德)이 만조의 낫ᄒ나고 조졍의 유명ᄒ니, 져 윤도위 십삼동치(十三童穉)로 농누의 단계(丹桂) 졔일지를 썻거 옥당금마(玉堂金馬)²⁷⁸⁷의 아름다온 손이 되고, 조초 황상의 퇵인(擇人) 간션(揀選)ᄒᄂ 곳의 참예ᄒ여, 금뎐(禁殿)의 가셔(佳壻)로 초방(椒房)²⁷⁸⁸의 친(親)이 되니 옥션옥쥬는 우리 황야와 졍궁 낭낭의 탄휵(誕慉)【11】ᄒ신 바 농즈봉숀(龍子鳳孫)²⁷⁸⁹이며 닌지지엽(麟之枝葉)²⁷⁹⁰이니, 비록 향명(香名)이 낫ᄒ나지 아녀셔도, 보비의 구슬과 빗난 여름이 상예지엽(常例枝葉)과 초슈(草獸)의 비길 비 아니라. 더옥 옥션귀쥬의 곳다온 셩홰(聲華) 외조(外朝)의 가득ᄒ엿거늘, 윤상부는 엇더ᄒ신 복이완딕, 텬상낭(天上郎) 갓흔 아들을 만히 두고, ᄯ 월뎐쇼아(月殿素娥)²⁷⁹¹ 갓흔 미부(美婦)를 득지(得之)ᄒ시ᄂ고. 진실노 만고(萬古)의 업슨 다복지인(多福之人)이로다."

칭찬지셩(稱讚之聲)이 불졀여류(不絶如流)ᄒ더라.

셰 신낭 신부의 빗난 위의 완완이 힝ᄒ여 취산의 졈졈 갓가오니, 츠시 츄칠월(秋七月) 망간(望間)이니, 금풍(金風)²⁷⁹²이 셔릭(徐來)ᄒ고 옥【12】뉘(玉樓) 슉슉(肅肅)ᄒ

2786)셩학도직(聖學道者) : 성인의 학문과 도를 갖춘 사람.

2787)옥당금마(玉堂金馬) : 중국 한(漢)나라 대궐의 옥당전(玉堂殿)과 금마문(金馬門)을 함께 이르는 말로, 한림원 또는 황제를 가까이서 받드는 한림원 벼슬아치를 뜻한다. 옥당전은 한림원이 있었던 전각의 이름이며 금마문은 전각의 문으로, 문 앞에 동마(銅馬)가 있어 붙여진 이름이다. 조선에서는 홍문관을 옥당이라 했다.

2788)초방(椒房) : 산초나무 열매의 가루를 바른 방이라는 뜻으로, 왕비가 거처하는 방이나 궁전, 또는 왕실 등을 이르는 말. 산초나무는 온기가 있고 열매가 많은 식물로서, 자손이 많이 퍼지라는 뜻에서 그 열매의 가루를 왕비의 방 벽에 발랐다.

2789)농즈봉숀(龍子鳳孫) : 용(龍)과 봉(鳳)의 자손이라는 뜻으로, 황가자손(皇家子孫)을 이르는 말.

2790)닌지지엽(麟之枝葉) : 기린의 새끼라는 뜻으로 황가자손(皇家子孫)을 뜻하는 말.

2791)월뎐쇼아(月殿素娥) : 달 속에 있다고 하는 전설 속의 선녀 상아(嫦娥).

니 취산 샹의 창창(蒼蒼) 녹쥭(綠竹)과 양양(洋洋) 뉴슈(流水)는 셔로 셧도라 휘듯는
딕, 만산목엽(滿山木葉)이 단풍(丹楓)의 취(醉)ᄒᆞ고져 ᄒᆞ니, 븕은 바회와 흰 모릭 덥혓
고, 긔화이초(奇花異草) ᄉᆞ이의 원앙(鴛鴦) 미록(麋鹿)이 어즈러이 훗날니는 곳의, 녹
양(綠楊) 취쥭(翠竹)이 욱어진 골ᄉᆞ이로, 세 신낭 신부의 보거금뉸(寶車金輪)2793)이 날
호여 드러가미, 무슈 치의홍장(彩衣紅粧)과 슉의나졸(熟衣邏卒)2794)이 홍슈(紅袖)를 나
붓기고, 명향(名香)을 잡드러2795) 드러가니, 쳥향(淸香)이 욱욱ᄒᆞ여 빗나며, 긔이ᄒᆞᆫ 셩
식(盛色)이 텬숀(天孫)을 신영(新迎)ᄒᆞ여 금누(金樓)의 도라가는 위의를 불워 아닐 거
시오, 동비(東妃)2796) 셔방 마즌 부샹【13】의 ᄉᆞ리2797) 가는 거동이라도 이의셔 더
으지 못ᄒᆞᆯ너라.

빗ᄂᆡ 힝ᄒᆞ여 부즁의 도라오니, 슈빅여 인 양낭복쳡(養娘僕妾)2798)이 ᄌᆞ슈션메(紫袖
鮮袂)로 치향(彩香)을 잡으며, 슈풀 갓흔 분면화안(粉面花顔)의 치슈궁이(彩袖宮兒) 울
금향(鬱金香)과 향노션(香爐扇)을 잡아, 세 신낭 신부를 마즌 각각 빅셕(拜席)의 나아
가 독좌(獨坐)2799) 합환(合歡)2800)을 파ᄒᆞ고, 신낭이 밧그로 나가미 ᄯᅩ 신부의 형졔
ᄎᆞ례로 존당구고긔 비알ᄒᆞᆯ식, 몬져 딕현시 칠보 셩장으로 조눌을 밧드러 존당구고긔
진헌(進獻)ᄒᆞ고, 슉당(叔黨) ᄌᆞ민(姉妹) 금장(襟丈) 쇼고(小姑)와 셜부인으로 녜필(禮
畢)의 좌의 나아가미, 현가 복쳡이 ᄯᅩ 쇼현【14】시의 단장을 곳쳐 폐빅을 밧드러 존
당 구고긔 비알ᄒᆞ고, 슉당(叔黨) ᄌᆞ민(姉妹) 금장(襟丈)으로 녜필 좌졍의, ᄯᅩ 모든 궁
인과 ᄉᆞ지 샹궁이 녜복을 졍히 ᄒᆞ고 공쥬를 웅장(雄裝) 쥬취(珠翠)로 단장ᄒᆞ여 진쥬션
(眞珠扇)을 반기(半開)ᄒᆞ고 녜를 잡아, 당의 올나 존당 구고긔 비알ᄒᆞ고, 금장(襟丈)
쇼고(小姑)로 녜필의, ᄯᅩ 현쇼져 ᄌᆞ민로 녜필ᄒᆞ고, 삼신인이 쥬취 셩장을 다시 곳쳐
좌의 나아가니, 존당 구고로붓허 만목이 일시의 쳠관(瞻觀)ᄒᆞ니, 긔긔히 형옥여졍(荊
玉餘精)이오, 녕지방향(靈芝芳香)이라.

냥 현시는 본딕 일목지엽(一木之葉)이오, 동근지홰(同根之花)니, 바야흐로 셩년(盛
年)【15】이 이칠○[과] 십{이}삼이라. 달이 둥글고져 ᄒᆞ고, 쳥하(淸河) 부용(芙蓉)이

2792)금풍(金風) : '가을바람'을 달리 이르는 말. 오행에 따르면 가을은 금(金)에 해당한다는 데에서 이르
는 말이다.
2793)보거금뉸(寶車金輪) : 화려하게 꾸민 수레.
2794)슉의나졸(熟衣邏卒) : 두꺼운 옷을 입은 나졸. *슉의(熟衣); 따뜻한 옷.
2795)잡들다 : 잡아들다. 붙들다.
2796)동비(東妃) : 동궁비(東宮妃). 태자비(太子妃).
2797)ᄉᆞ리 : 살이. 생활. *살다; 생활하다.
2798)양낭복쳡(養娘僕妾) : 계집종과 사내종을 아울러 이르는 말. *양낭(養娘); 여자 종. 주로 혼인한 여
종을 일컫는다. *복첩(僕妾); 사내종과 계집종을 아울러 이르는 말.
2799)독좌(獨坐) : 독좌례(獨坐禮). 혼인례에서 대례(大禮)를 달리 이른 말. 즉 신랑과 신부가 대례를 행
할 때 각각의 앞에 음식을 차려 놓은 독좌상(獨坐床)을 놓고 교배(交拜)·합근(合졸) 등의 의례를 행하
는 것을 비유하여 쓴 말이다.
2800)합환(合歡) : 합환주(合歡酒); 전통 혼례식에서 신랑 신부가 서로 잔을 주고받아 마시는 술.

함담(菡萏)2801)을 버리고져 ᄒᆞ니, 뉴미(柳眉) 셩안(星眼)이며, 옥협(玉頰) 단슌(丹脣)이
니, '익여반월(額如半月)이며 미여츈산(眉如春山)이오 협여도홰(頰如桃花)'2802)니, 두
송이 긔화(奇花)오, 한 ᄡᅡᆼ 일월(日月) 갓ᄒᆞ나, ᄯᅩᄒᆞᆫ 긔질의 호연(皓然)ᄒᆞᆷ은 각각 쟝쳬
(長處)이시니, 뒤현시ᄂᆞᆫ 유한샹냥(幽閑爽朗)ᄒᆞ여 진짓 요조가인(窈窕佳人)이오, 유완슉
녜(柔婉淑女)니, 비록 샹군(湘君)2803)의 너른 덕이 업스나, 녀영(女英)의 슉신지풍(淑
愼之風)은 지극ᄒᆞ니, 가히 셜쇼져의 뒤흘 니어 윤도찰의 가ᄉᆞ를 진졍ᄒᆞᆯ 슉녈 쥴 알 거
시오, 쇼현시ᄂᆞᆫ 쇼쇄(瀟灑) 빙졍(氷晶)ᄒᆞ며 민몰 싁싁ᄒᆞ여 일죵부게(一種芙蕖)2804) 쳥
강닝우(淸江冷雨)【16】를 ᄯᅥᆯ친 ᄃᆞᆺ, 쳥졍기결(淸淨介潔)ᄒᆞ여 빅희(伯姬)2805)의 녈조
(烈操)와 공강(共姜)2806)의 쳥심(淸心)을 머므러 일호(一毫) 진이(塵埃)의 무ᄃᆞᆯ미 업스
니, 진짓 명닌 공쥬의 샹젹ᄒᆞᆫ 비위라. 하ᄂᆞᆯ이 각각 비쳬를 졍ᄒᆞ신 쥴 알니라.

공쥬를 보니, 이ᄂᆞᆫ 곳 뇽ᄌᆞ봉손(龍子鳳孫)이오, 옥(玉) 남긔 구슬 여름이니, 그 셩덕
(聖德) 진화(眞華)의 만쳬(萬體) 진션(眞善)ᄒᆞᆷ을 엇지 다 긔록ᄒᆞ리오. 월익(月額) 뉴미
(柳眉)ᄂᆞᆫ 치필(彩筆)의 공을 허비치 아냐시나, 아미산(蛾眉山)2807) 반뉸월(半輪月)2808)
을 묘시(藐視)ᄒᆞ고, 셩안(星眼) 츄파(秋波)ᄂᆞᆫ 광능2809) ᄯᅡ 보경(寶鏡)을 싁로이 닷가
실벽(室壁)의 거럿ᄂᆞᆫ ᄃᆞᆺ, 년화(連花) 보조기ᄂᆞᆫ 왕모(王母)2810) 션원(仙苑)의 두 송이
다람홰2811) 함담(菡萏)을 긔(開){균}코【17】져ᄒᆞ민, 교염(嬌艶)이 아라ᄒᆞ여2812) 삼쳔

2801)함담(菡萏) : 연꽃의 봉오리.
2802)익여반월(額如半月) 미여츈산(眉如春山) 협여도홰(頰如桃花) : 이마는 반달 같고, 눈썹은 봄 동산 같
으며, 두 뺨은 복숭아꽃처럼 붉음
2803)샹군(湘君) : 요(堯)임금의 딸로서 동생 여영(女英)과 함께 순(舜)임금의 아내가 되었는데, 순이 죽자
상강(湘江)에 투신하여 아황은 상군(湘君)이 되고 여영은 상부인(湘夫人)이 되었다고 한다.
2804)일죵부게(一種芙蕖) : 한 포기 연꽃. *부거(芙蕖) : 연꽃. 부용(芙蓉).
2805)빅희(伯姬) : 중국 춘추시대 魯(노)나라 宣公(선공)의 딸. 송나라 恭公(공공)에게 시집갔다 10년 만
에 홀로 됐다. 궁궐에 불이 났을 때 관리가 피하라고 했으나 부인은 한밤에 보모 없이 집을 나설 수
없다고 고집해서 결국 불속에서 타 죽었다. 『열녀전(烈女傳)』<정순전(貞順傳)>'송공백희(宋恭伯姬)'
조(條)에 기사가 보인다.
2806)공강(共姜) : 위(衛)나라 희후(僖侯)의 아들 공백(共伯)과 결혼하였는데 남편이 뜻하지 않게 요절하
자, 공강의 친정어머니는 젊어서 청상과부가 된 딸의 앞날이 걱정되어 딸에게 여러 번 개가(改嫁)를
종용하였다. 그러나 공강은 그 때마다 어머니의 종용을 거부하고 '백주(柏舟)'라는 시를 지어 끝까지
절의를 지켰다. 그녀의 기사는 『소학』<명륜(明倫)>편에, 시 '백주(柏舟)'는 『시경』<용풍(鄘風)>편에
나온다.
2807)아미산(蛾眉山) : 중국 사천성(四川省) 서남쪽에 있는 산. 대아(大峨)·중아(中峨)·소아(小峨)의 세
봉우리로 이루어져 있으며, 두 봉우리가 마주 보고 있는 것이 아미(蛾眉) 같다고 하여 붙여진 이름이
다. 높이는 3,099미터.
2808)반뉸월(半輪月) : 반월(半月). 반달. 반원형의 달.
2809)광능 : 광릉. 중국에서 품질 좋은 거울의 생산지로 유명하다.
2810)왕모(王母) : 서왕모(西王母). 중국 신화에 나오는 신녀(神女)의 이름. 불사약을 가진 선녀라고 하며,
음양설에서는 일몰(日沒)의 여신이라고도 한다.
2811)다람화 : ①담화(曇華). 우담화(優曇華). 『불교』인도에서, 삼천 년에 한 번 전륜성왕이 나타날 때
에 꽃이 핀다고 하는 상상의 식물. 늑우담발라. ②담화(曇華); =홍초(紅草). 칸나과의 여러해살이풀. 높
이는 1~2미터이며, 잎은 큰 타원형이고 끝이 뾰족하다. 여름과 가을에 꽃잎 모양의 수술을 가진 꽃이

년의 한번 웃는 듯, 잉홍(櫻紅)이 찬연흔 닙시읡은 향긔 이이(靄靄)ᄒ고, 옥으로 ᄶᆞ그며 진쥬로 메워, 보빅로 장식흔듯흔 귀 밋치, 일만 복긔(福氣)와 일쳔 덕칙(德彩) 어릭여, 동지(動止) 온용(溫容)ᄒ고 덕되(德度) 유한(幽閑)ᄒ여 조곰도 왕희의 교만홈과, 부귀의 호ᄉᆞᄒ미 업ᄉᆞ니, 흡흡(洽洽)히 쥬국셩비(周國聖妃)2813)로 흡ᄉᆞ니, 치봉구화관(彩鳳九華冠)2814)과 직취오운솜(織翠五雲衫)2815) 아릭 찬난흔 광휘(光輝) 휘휘(輝輝)흔 품복(品服)으로 조츠 더ᄒ니, 만일 비겨 의논흔 즉, 비록 노쇼(老少) 다ᄅᆞ나, 츠좌(此坐) 즁의 평졔 왕비 윤의렬과 평진 왕비 뎡슉녈과 그 존고 하【18】부인의 만틴억치(萬態億采) 곳 아니면, 비겨 의논치 못ᄒᆞᆯ거시오. 버거 동졔공 부인 쇼부인과, 그 빅ᄉᆞ 한님 부인 엄쇼졔 아니면, 능히 공쥬의 식덕을 니긔지 못ᄒᆞ리니, 연이나 공쥬 ᄯᅩ 엇지 엄쇼져 월혜의 텬지(天姿) 특용(特容)과 신셩예덕(神聖睿德)ᄒ미야 밋ᄎᆞ리오.

다만 긔형 하부인 혜션 공쥬 참셕 ᄒᆞ엿는지라. 옥팀미질(玉態美質)이 참치상하(參差上下)ᄒ여 진짓 난형난뎨(難兄難弟)니, 희라! 옥션공쥬의 이갓흔 셩덕진화(聖德眞華)로 오히려 그 우희 쇼시 업시 갓흔 졔싀(娣姒) 이셔, 능히 한 빗츨 일흐니, 가히 고어의 니른 바 '유(莠)와 냥(良)을 닉신 탄'2816)이, 니런 곳【19】의 일넘즉 ᄒᆞ더라.

다만 윤·하·뎡 삼문 졔 쇼졔 모다시니, 그 빗나고 아름다오미 요지션원(瑤池仙苑)2817)의 무릉졔션(武陵諸仙)2818)이 모닷난 듯, 위쥬(魏珠)2819) 황황(恍恍)ᄒ여 금반(金盤)의 놀며, 초벽(楚璧)2820)이 휘휘(輝輝)ᄒ여 실벽(室壁)의 비쵠는 듯ᄒ니, 텬향(天香)이

잎 사이에서 나온 꽃줄기 끝에 총상(總狀) 화서로 피고 열매는 삭과(蒴果)로 10월에 익는다. 관상용이고 말레이시아, 인도차이나가 원산지로 각지에 분포한다.

2812)아라ᄒ다 : 아스라하다. 아득하다. 정신을 잃을 지경이다.

2813)쥬국셩비(周國聖妃) : 중국 주(周)나라 문왕의 비(妃)인 태사(太姒)를 이르는 말. 태사는 현모양처(賢母良妻)로 문왕을 잘 내조하여 성군(聖君)이 되게 하였는데, 특히 남편의 많은 후궁들을 덕으로 잘 거느려 화목한 가정을 이룬 일로, 후세의 칭송을 받고 있다.

2814)치봉구화관(彩鳳九華冠) : 봉황새를 수놓는 등 아름다운 장식을 한 관.

2815)직취오운솜(織翠五雲衫) : 비취색 바탕에 오색구름을 짜 넣어 지은 적삼.

2816)유(莠)와 냥(良)을 닉신 탄 : '(하늘이) 악한 사람을 내고 또 착한 사람을 낸 것을 탄식한다'는 뜻으로, 세상에는 선과 악이 공존한다는 것을 말함. 양유(良莠) : 좋은 풀과 나쁜 풀, 곧 착한 사람과 악한 사람을 비유적으로 이르는 말

2817)요지션원(瑤池仙苑) : 중국 전설상의 공간인 곤륜산(崑崙山)에 있다는 요지(瑤池)라는 못 주위의 선계(仙界). 중국의 서쪽에 있으며, 서왕모(西王母)가 살며 불사(不死)의 물이 흐른다고 한다. 또 옥(玉)이 난다고 하며, 반도(蟠桃)복숭아가 나무가 있어 삼천 년마다 한 번씩 열매가 열린다고 한다.

2818)무릉졔션(武陵諸仙) : 무릉도원(武陵桃源)에 산다고 하는 여러 신선들. *무릉도원(武陵桃源); 도연명의 <도화원기>에 나오는 말로, '이상향', '별천지'를 비유적으로 이르는 말. 중국 진(晉)나라 때 호남(湖南) 무릉의 한 어부가 배를 저어 복숭아꽃이 아름답게 핀 수원지로 올라가 굴속에서 진(秦)나라의 난리를 피하여 온 사람들을 만났는데, 그들은 하도 살기 좋아 그동안 바깥세상의 변천과 많은 세월이 지난 줄도 몰랐다고 한다.

2819)위쥬(魏珠) : 위왕(魏王)의 십이주(十二珠). 위(魏)나라 혜왕(惠王)이 조(趙)나라 위왕(威王)에게 자랑하였다고 하는 위나라의 보배. 지름이 1촌(寸) 쯤 되는 구슬로 수레 12대를 비출 수 있다고 한다. *십이주(十二珠)는 수레 열두 대를 비출 수 있는 구슬이라는 뜻. 『사기(史記)』卷四十六, '田敬仲完世家' 第十六에 나온다.

스집(四集)ᄒ고 남식2821) 욱욱ᄒ니, 좌상 슈풀 갓흔 홍군(紅裙)이 다 탈식(脫色)ᄒᄂᆫ지라.

존당 구고와 슉당(叔堂)이 불승환열ᄒᄆᆯ 니긔지 못ᄒ여, 만면 화긔 우희염2822)즉ᄒ고, 좌상졔빈(座上諸賓)이 눈이 두렷ᄒ고 닙이 밤븨여2823), 반향(半晌)의 겨요2824) 심신을 진졍ᄒ여, 일시의 년셩(連聲) 하례 왈,

"쳡 등이 규즁의 침몰ᄒ여 비록 아는 거시 업스나, ᄌ고급금(自古及今)을 【20】 드르며 보니, ᄌ고 미식은 ᄃᆡ마다 흔치 아니ᄒ고, 더욱 식이 잇ᄂᆫ 지(者) 덕이 잇다 ᄒᄆᆯ 듯지 못ᄒᆫ 비러니, 당셰의 윤・하・뎡 삼문의 복션여음(福善餘蔭)은 그 엇더ᄒ시관ᄃᆡ, 남녀 ᄌ손이 나니마다 ᄌᆡ풍덕홰(才風德化) 타류범인(他類凡人)2825)ᄒ시고, ᄯᅩ 타문의 싱장ᄒ여 드러오시는 ᄌ부녀셰(子婦女壻) 졔다2826) 초츌탁아(超出卓雅)ᄒ시미 결비범인(決非凡人)이시니, 아지못게라! 샹텬이 각별 삼문의 복덕을 나리오신 비어니와, 반드시 옥경(玉京) 텬궁(天宮)이 븨여 시리로쇼이다."

존당구괴 좌슈우응(左酬右應)의 승당(承當) 치샤(致謝)ᄒ니, 비단 돗 우희 위하지셩(爲賀之聲)이 부졀여류(不絶如流)ᄒ여 긋지 아니코, 빈쥬 니러 【21】 틋 낙극(樂極) 달난ᄒ여, 오히려 장관을 우러러 진슈미찬(珍羞美饌)을 니즈미 되엿더라. 셕양의 남빈여긱(男賓女客)이 분기귀가(分其歸家)ᄒ니, 홍운(紅雲)이 경셔(傾西)ᄒ고 빅뉸(白輪)이 즁동(中東)ᄒᄂᆫ지라.

공쥬는 유아(乳兒)2827) 보모(保姆)2828) 등이 뫼셔 궁으로 도라 가고, 현쇼져 ᄌ미ᄂᆫ 다 스실노 퇴ᄒᄆᆡ, 가즁 상하 졔인과 남녀노쇠 혼졍(昏定)을 파ᄒ고, 쵹을 니어 존당의셔 한담ᄒ다가 야심ᄒᆫ 후 흣허지니, 호람휘 삼손(三孫)을 나아오라 ᄒ여 슬하의 명좌(命坐)ᄒ고, 몬져 도찰을 경계 왈,

"금일 신부를 보니 온슌ᄒᆫ 덕되 죡히 너의 가스를 어즈러이지 아닐 지니, 네 가히 ᄎᆞ후나 슈신【22】졔가(修身齊家)를 공번되이 ᄒ여 규늬의 함원(含怨)ᄒᆞ미 업게 ᄒ라."

도찰이 빅샤슈명(拜謝受命)ᄒ고 물러나니, 호람휘 명닌 공ᄌᆞ를 명ᄒ여 손을 잡고 흔연이 두굿겨 왈,

2820)초벽(楚璧) : =화벽(和璧). 명옥(名玉)의 일종. 전국시대 초(楚)나라 변화씨(卞和氏)의 옥(玉)으로, '완벽(完璧)', '화씨지벽(和氏之璧)' 등으로 불리기도 한다. 그 후 이 '화벽'은 조(趙)나라 혜문왕(惠文王)의 손에 들어갔으나, 이를 탐내는 진(秦)나라 소양왕(昭襄王)이 진나라 15개의 성(城)과 이 옥을 교환하자고 한 까닭에 '연성지벽(連城之璧)'이라는 이름이 붙기도 하였다.

2821)남식 : 냄새.

2822)우희다 : 움키다. 손가락을 우그리어 물건 따위를 놓치지 않도록 힘 있게 잡다.

2823)밤븨다 : 눈부시다. 멍하다.

2824)겨요 : 겨우.

2825)타류범인(他類凡人) : 보통사람들과 아주 다름.

2826)졔다 : 죄다. 남김없이 모조리.

2827)유아(乳兒) : 유모와 시아(侍兒)를 함께 이르는 말.

2828)보모(保姆) : 예전에 왕세자(王世子)를 가르치고 기르던 여자.

"노뷔 금일 현시를 보니, 뇨조(窈窕)흔 식덕과 유한(有閑)흔 지뫼(才貌) 쳥졍결기(淸淨潔介)호여, 당셰의 옥 갓흔 슉녀니, 진짓 너의 지풍을 져바리지 아닐지라. 비필이 상적호믈 네게 하례호느니, 아손은 모로미 낙이쳐로(樂而妻老)2829)호고 익이불상(哀而不傷)2830)호여 부뷔 화락호라."

공지 비이슈명(拜而受命)호미, 쏘 부마 홍닌을 나아오라 호여 경계 왈,

"너의 온즁졍딕호믄 본딕 네 아뷔 여풍(餘風)이 이【23】시니, 노뷔 엇지 다시 경계홀 말이 이시리오만은, 네 불과 십삼 동치쇼아(童穉小兒)로 외람이 셩조(聖朝)의 슈은(受恩)호와 농누의 어향을 쏘이고, 쏘 다시 황은이 지즁호샤 옥션 공쥬 당당흔 만승 왕희로 필부의 가(嫁)호시니, 그 불과 신혼 일일의 그 현부(賢否)를 예탁(豫度)홀 거시 아니로딕, 용안(容顏) 식덕(色德)이 요조현쳘(窈窕賢哲)호여, 가히 우리 황상의 셩덕 광화로 싱지호심과 낭낭의 어지리 틱교호시믈 족히 알 거시니, 노뷔 당돌이 지존 왕희로뼈 슬하를 빗닉믈 깃거호미 아니라, 그 식덕의 졀인(絶人)홈과 너의 쳐궁이 유복호【24】믈 깃거호느니, 닉 아희는 모로미 공경 즁딕호여, 우흐로 황은을 경멸치 말고 아릭로 공쥬의 지덕을 져바리지 말나."

부미 옥면셩안(玉面聖顏)의 훈식(暈色)이 염염(冉冉)호여, 왕부의 명을 밧즈오미 지비 슈명호더라.

임의 야심호미 휘 계손을 지쵹호여 슈이 신방의 나아가라 호니, 삼인이 명을 니어 각각 스실노 퇴호더라.

도찰이 신방의 나아갈식, 길이 셜부인 침쇼를 지나는지라. 문득 얼프시 드르니 어셩(語聲)이 미미호거날, 죡용을 즁지호여 드르니, 유뫼 셜쇼져다려 왈,

"금일 현쇼져를 보오니【25】가장 아름다오시더이다. 연이나 노신은 하 놀납고 가슴 숨즉흔 일을 만히 격거시니, 미리 근심이로쇼이다. 부인 틱의는 엇더호신지, 식위(色威) 타연무려(泰然無慮)호시니 노신이 의혹호느이다."

쇼졔 쳥파의 역쇼(亦笑) 역탄(亦嘆) 왈,

"어믜 놀납단 말이 쳔견(淺見)의 괴이튼 아니호거니와, 닉 쏘 금일 신인을 보니 요조(窈窕)흔 가인(佳人)이니 셕일 녀시의 뉴는 아니니, 반드시 상공 닉조를 규졍호미 만흘 거시오. 날노 더부러 향규(香閨)의 마역2831)이 되리니, 어미는 두고 보라. 츠인은 결연이 닉게 히롭지 아니호려니와, 녀시 비【26】록 영츌니이(永黜離異)2832)호여 그 친당의 도라가시나, 반드시 비암의 독과 벌의 살을 품어, 복슈홀 뜻이 오히려 우리 모즈의게 업지 아니홀 거시니, 나는 근심이 먼 딕 잇고 갓가이 업도다."

셜파의 쳐연(悽然) 탄식호니, 유뫼 가장 오원(迂遠)이 너겨 도로혀 우어 왈,

2829)낙이쳐로(樂而妻老) : 아내와 함께 늙도록 즐겁게 살아감.
2830)익이불상(哀而不傷) : 슬퍼할 일이 있어도 정도를 넘지 않게 함.
2831)마역 ; 막역(莫逆). 막역지우(莫逆之友). 허물없이 친한 벗.
2832)영츌니이(永黜離異) : 절혼(絶婚)하여 영원히 쫓아냄.

"녀시 비록 독ᄒ나 니졔ᄂ 윤문의 기뷔(棄婦)라. 삼쳑(三尺) 쇼녀지 므ᄉ 계교로 다시 희를 지으리잇고?"

부인이 유모의 쇼활(疎豁)ᄒᄆᆯ 웃고 다시 말을 아니ᄒ나, 유뫼 반신반의ᄒ더라. 도찰이 심하의 유랑의 다겁(多㤼)ᄒᄆᆯ 웃고, ᄯᅩ 본ᄃᆡ 쇼탈ᄒᆫ 셩졍이라 부인이 【27】너모 겁 만코 녀녀의 후환을 근심ᄒᆫ, 너모 곡녜(曲慮) 만흔가 ᄒ더라.

거름을 두로혀 드러가고져ᄒ다가, 힝혀 노쥬의 가만ᄒᆫ 수어를 드른 쥴 아라 부인이 불안홀가 ᄒ여, 드러가지 아니코 이의 신방의 나아가, 족용(足容)이 완즁(緩重)ᄒ여 기호(開戶) 입실ᄒ니, 한 졔 홍분이 일지(一枝) 긔화(奇花)를 붓드러 마즈, 동셔분좌(東西分座)2833)ᄒ고 녹운(綠雲) 상상(床上)의 비취(翡翠) ᄡᅡᆼ금(雙衾)을 포셜ᄒ고, 금슈장(錦繡帳)을 지우며 치화병(彩畵屛)을 두로고, 유아 시비 분분이 믈너나니, 도찰이 바야흐로 츄파 봉졍의 희식을 ᄯᅴ여 신부를 보니, 쵹영지하(燭影之下)의 뇨죠(窈窕) 【28】현일(炫溢)ᄒᆫ 옥ᄐᆡ(玉態) 월광(月光)이 찬연(燦然) 요라(姚娜)ᄒ여, 비록 셜부인의 슈연(粹然) 윤ᄐᆡᆨ(潤澤)ᄒᆫ 광념(光艶)의 즘간 나린 듯ᄒ나, ᄌᆞ미운치(姿美韻致) 이원요라(哀願姚娜)ᄒ여, 완연이 몽즁션ᄌᆡ(夢中仙子)오, 누상미인(樓上美人)이라.

이 ᄯᅩᄒᆫ 삼ᄉᆡᆼ슉치(三生宿債) 연분이 지즁(至重)ᄒ여 현쇼져 갓흔 슉녀를 맛나니, 구면(舊面)이 의희(依俙)히 반가온 듯, 만죵(萬鍾)2834) 은이(恩愛) 취집(聚集)ᄒ니, 야심ᄒᄆᆯ 일ᄏᆞ라 쵹을 믈니고 신부를 권ᄒ여 나위(羅幃)의 나아가○[니], 진즁(鎭重)ᄒᆫ 은졍이 원앙(鴛鴦) 비취(翡翠)2835)라도 밋지 못홀너라.

시야의 명닌 공지 옥슈의 홍심(紅心)2836)을 쥐고 날호여 동방 향실(洞房香室)의 나아가 슉인을 상ᄃᆡᄒᄆᆡ, 신부의 【29】옥용화뫼(玉容花貌) 션연요라(嬋姸姚娜)ᄒ여 폐월슈화지ᄐᆡ(閉月羞花之態)2837)와 침어낙안지용(沈魚落雁之容)2838)이며, 쳥고영길(淸高永吉)ᄒ여 진짓 ᄌᆞ가의 상젹ᄒᆫ 비필이라.

공지 비록 나히 어리나 임의 무산(巫山)2839)을 만히 보와, 눈이 고산(高山) 갓고 총명 달식(達識)이 '니루(離婁)의 명(明)'2840)과 'ᄉ광(師曠)의 총(聰)'2841)이 잇ᄂᆞ지라.

2833)동셔분좌(東西分座) : 남자는 동쪽 여자는 서쪽으로 갈라 앉음.

2834)만종(萬鍾) : ① 아주 많은 양 ② 매우 많은 녹봉

2835)비취(翡翠) : ①=물총새. 물총샛과의 새. 몸의 길이는 17cm 정도이며, 등은 어두운 녹색을 띤 하늘색, 목은 흰색이고 배는 밤색이며 부리는 흑색, 다리는 진홍색이다. 물가에 사는 여름새로 강물 가까운 벼랑에 굴을 파고 사는데 민물고기, 개구리 따위를 잡아먹는다. 아시아, 북아프리카, 유럽 등지에 분포한다. ②=비취옥(翡翠玉). 반투명체로 된 짙은 푸른색의 윤이 나는 구슬. 보석으로 장신구에 쓴다.

2836)홍심(紅心) : 등촉(燈燭)을 달리 이른 말.

2837)폐월슈화지ᄐᆡ(閉月羞花之態) : 미인을 보고 달도 숨고 꽃도 부끄러워한다는 뜻으로, 여인의 얼굴과 맵시가 매우 아름다움을 비유적으로 이르는 말.

2838)침어낙안지용(沈魚落雁之容) : 미인을 보고 물 위에서 놀던 물고기가 부끄러워서 물속 깊이 숨고 하늘 높이 날던 기러기가 부끄러워서 땅으로 떨어졌을 만큼 아름다운 얼굴이라는 뜻으로, 아름다운 여인의 용모를 이르는 말. ≪장자≫ <제물론(齊物論)>에 나오는 말이다

2839)무산(巫山) : =무산선녀(巫山仙女). 초(楚)나라의 양왕(襄王)이 무산(巫山)의 양대(陽臺)에서 낮잠을 자다가 꿈에 만나 운우의 정을 나누었다는 선녀.

엇지 져 현쇼져의 슉녀 명완인 줄 아지 못ᄒ리오. 일안첨시(一眼瞻視)의 스스로 쳐궁이 복되믈 ᄌ희(自喜)ᄒ여, 팔치농미(八彩龍眉)의 희긔(喜氣) 영ᄌ(盈滋)홀지언졍, 셩인의 녜를 직회여 고인(古人)이 '삼십(三十)의 가유실(可有室)'2842)ᄒ믈 올히 너기는 고로, ᄌ긔 부뷔 년쇼 약질노 고인의 유취년(有娶年)이 아니 【30】믈 불안ᄒ여, 다만 셔안의 셔집(書集)을 뒤젹여 쇼ᄅᆡ 업시 피열(披閱)ᄒ더니, 밤이 깁흐미 시녀의 무리 금금(錦衾)을 포셜(鋪設)ᄒ고 장외(帳外)로 퇴ᄒ니, 공지 바야흐로 의ᄃᆡ를 탈ᄒ고 신부를 권ᄒ여 침상의 나아가, 진즁(鎭重) 권이(眷愛)ᄒ미 지극홀지언졍, 관관지낙(關關之樂)2843)을 베풀미 업스니, 그 졍ᄃᆡᄒ미 이갓더라.

구파 · 양희 등이 창외의셔 규시(窺視)ᄒ여, 져 부부의 진즁 졍ᄃᆡ흔 졍과 힝ᄉ를 그윽이 칭찬ᄒ며, 이즁ᄒ믈 니긔지 못ᄒ더라.

ᄎ야의 윤부미 옥슈(玉手)의 긔린촉(麒麟燭)을 잡고 옥션궁의 나아가니, 념젼(簾前)의 무슈 시이 ᄌ슈치【31】몌(紫袖彩袂)로 홍상(紅裳)을 ᄯᅳ을고 향촉을 잡아 부마를 영졉ᄒ여, 동셔 분좌ᄒ미, 옥병아상(玉屏牙床)2844)의 현군황상(玄裙黃裳)2845)을 ᄯᅳ을고, 공쥬를 붓드러 직취오운금침(織翠五雲衾枕)2846) 치단셕(彩緞席)2847)을 비셜ᄒ고, 유아(乳兒)2848) 보모 등이 일시의 퇴우장외(退于帳外)ᄒ니, 부미 츄슈(秋水)2849)를 잠간 흘녀 공쥬를 보니, 이 엇지 상녜지엽(常例枝葉)으로 비겨 의논홀 비리오.

"아라흔2850) 광념(光艶)과 긔이흔 ᄉᆡᆨ ᄐᆡ(色態) 흐억 찬난ᄒ며, 복긔(福氣) 진(津)ᄒ고2851) 덕긔 셩(盛)ᄒ고, 지고(再顧)의 경인(驚人)이니, ᄉᆡᆨ즁지종(色中之宗)이오 덕즁지원(德中之元)이라. 교교염일(皎皎艶一)ᄒ여 '월녀(越女)의 텬하ᄇᆡᆨ(天下白)'2852)과 비연(飛燕)의 장즁경(掌中輕)2853)이라도 긔특ᄒ믈 옴기【32】기 어려오니, 의심컨ᄃᆡ, 졍졍

2840) 니루(離婁)의 명(明) : 이루(離婁)의 밝음. 중국 황제(黃帝) 때 사람인 이루가 눈이 밝았다는 데서 나온 말.

2841) ᄉ광(師曠)의 총(聰) : 사광(師曠)은 춘추시대 진나라 음악가로, 소리를 들으면 이를 분별하여 길흉을 정확히 점쳤다 하여, 소리를 잘 분별하는 것을 '사광의 총명'이라 함.

2842) 삼십(三十) 가유실(可有室) : 서른 살에 아내를 얻음이 마땅하다.

2843) 관관지낙(關關之樂) : 늑관저지락(關雎之樂). 『시경』 <주남(周南)> '관저(關雎)'장의 군자 · 숙녀가 정답게 서로 사랑하는 즐거움을 말함.

2844) 옥병아상(玉屏牙床) : 옥으로 장식한 병풍과 상아(象牙)로 꾸민 화려한 침상(寢床).

2845) 현군황상(玄裙黃裳) : 검은색 치마와 노란색 치마.

2846) 직취오운금침(織翠五雲衾枕) : 비취색 바탕에 오색구름을 짜 넣어 만든 이불과 베개.

2847) 치단셕(彩緞席) : 비단 자리.

2848) 유아(乳兒) : 유모(乳母)와 시아(侍兒)를 함께 이르는 말.

2849) 츄슈(秋水) : 맑고 명랑한 눈매를 비유적으로 이르는 말.

2850) 아라ᄒ다 : 아스라하다. 아득하다. 정신을 잃을 지경이다.

2851) 진(津)ᄒ다 : ①액체의 농도가 짙다. ②어떤 정도가 보통보다 더 세거나 강하다.

2852) 월녀(越女) 텬하ᄇᆡᆨ(天下白) : '월나라 여자들은 천하에서도 가장 희고 깨끗하다'는 뜻으로, 이백(李白)의 시 <장유(壯游)>의 "월녀천하백(越女天下白; 월나라 여자들 천하에서도 희고 깨끗한데), 경호오월량(鏡湖五月凉; 거울 같은 경호 호수는 오월에도 서늘하네)에서 따온 말.

2853) 장즁경(掌中輕) : '손바닥 위에서 춤을 출 만큼 가볍다'는 말로, 한(漢) 나라 성제(成帝) 때 조비연

(貞靜)ᄒᆞ여 ᄉᆞ휘(姒后)2854) 하쥬(河洲)2855) 디(地)의 계실 적 갓고, 유한(幽閑)ᄒᆞ여 지국임시(摯國任氏)2856)의 {계여ᄉᆞ시 곳 아니면} '연혜(憐兮) 완혜(婉兮)'2857)로 흡ᄉᆞᄒᆞ니, 가히 니른 바 관져(關雎) 우희 뇨죠슉녀(窈窕淑女)ᄂᆞᆫ 군ᄌᆞ의 조흔 쪽이라.

부미 비록 십여 셰 동치셔싱(童穉書生)으로 나히 어리나, 조셩신오(早成神奧)2858)ᄒᆞ믄 니루(離婁)의 《총∥명(明)》과 ᄉᆞ광(師曠)의 《명∥총(聰)》이 잇고, 쏘 상문ᄌᆞ졔(相門子弟)로 귀히 싱장(生長)ᄒᆞ여 윤・하・뎡 삼문의 드러오며 나가는 졔슈(諸嫂) 졔미(諸妹)의 희한탁셰(稀罕卓世)ᄒᆞᆫ 졀염묘완(絶艶妙婉)을 만히 보아, 안고퇴악(眼高泰岳)ᄒᆞ여시니, 공쥐 만일 일분이나 모든 슈미(嫂妹)의 ᄎᆞ오(差誤)ᄒᆞ미 이시면, 비록 온중졍듸ᄒᆞ【33】여 취식경덕(醉色輕德)ᄒᆞᄂᆞᆫ 무리 아니나, 비항(配行)의 ᄎᆞ오(差誤)흔 탄이 엇지 젹다 ᄒᆞ리오만은, 공쥐 텬황지엽(天皇之葉)으로 존귀흔 가온듸, 쏘 이 갓치 아룸다오니, ᄌᆞ고로 슉녀가인(淑女佳人)은 문왕(文王) 갓흐신 셩인(聖人)이로듸, 젼젼반측(輾轉反側)의 오미구지(寤寐求之)ᄒᆞ시니, 윤싱이 엇지 홀노 공쥬의 텬향국식(天香國色)을 듸ᄒᆞ여, 비필의 아룸다오믈 깃거 아니ᄒᆞ리오. 영영(盈盈)2859)흔 빵궁미(雙弓眉)2860)의 팔치(八彩) 희운(喜雲)이 무로녹아, 슉시냥구(熟視良久)의 이의 졍관(正冠) 넘슬(斂膝)ᄒᆞ여 왈,

"쇼싱은 한문(寒門) 미말(微末) 필뷔(匹夫)어늘, 년쇼부지(年少不才)로 외람이 셩쥬의 득인ᄒᆞ시ᄂᆞᆫ 방말(榜末)의 참예흠도 외람ᄒᆞ옵거늘, 의외의 텬은이 미【34】신(微臣)의 과도ᄒᆞ샤, 귀쥬(貴主)로뼈 하가(下嫁)ᄒᆞ시니, 미문(微門)의 광치 비승흔지라. 싱이 년쇼 우암ᄒᆞ나 엇지 황은을 감격지 아니ᄒᆞ오며, 옥쥬를 공경치 아니리잇고만은, 슈연(雖然)이나 부부ᄂᆞᆫ 오륜의 즁흔 의라. 군신지의(君臣之義) 비록 즁ᄒᆞ나, 부부지의(夫婦之義) 쏘흔 이와 갓흐니, 옥쥐 쏘흔 황상과 낭낭의 명훈(明訓)을 밧ᄌᆞ와, 년쇼ᄒᆞ시나 거의 인눈 셰ᄂᆞᆫ 참작ᄒᆞ시리니, 원(願) 옥쥬ᄂᆞᆫ 금지(金枝)의 존(尊)ᄒᆞ므로뼈, 필부의 미쳔ᄒᆞ믈 감심(甘心)ᄒᆞ여 기【35】리 부덕을 삼가시며, 부화쳐슌(夫和妻順)ᄒᆞ여 황은의 빗치 잇게 ᄒᆞ쇼셔."

(趙飛燕)이 배에서 춤을 추는데, 갑자기 부는 바람에 배가 흔들려 비연이 쓰러지려하자, 성제가 그 발목을 붙잡아 쓰러지기를 면했는데, 비연은 그 상태에서도 춤추기를 계속하여, '비연이 임금의 손바닥 위에서 춤을 추었다(飛燕作掌中舞)'는 말과 함께, 그 만큼 가볍고 날렵했다는 뜻으로 이 말이 생겼다고 한다.

2854) ᄉᆞ휘(姒后) : 중국 주(周)나라 문왕(文王)의 비(妃) 태사(太姒).

2855) 하쥬(河洲) : 강물 가운데 있는 모래톱. 『시경』 <관저(關雎)>편의 "관관저구 재하지주(關關雎鳩 在河.之洲)"에서 따온 말.

2856) 지국임시(摯國任氏) : 중국 지(摯)나라 임씨(任氏)의 둘째 딸로, 주(周)나라 왕계(王季)에게 시집가 문왕(文王)을 낳은 태임(太任)을 이르는 말.

2857) 연혜(憐兮) 완혜(婉兮) : 사랑스럽고 아리따움.

2858) 조셩신오(早成神奧) : 일찍 신명(神明)하고 오묘(奧妙)함을 이룸.

2859) 영영(盈盈)ᄒᆞ다 : 용모가 곱고 아름답다.

2860) 빵궁미(雙弓眉) : 눈썹이 활처럼 둥긂.

공쥐 크게 슈괴호여 화관(花冠)이 기리 슉으미, 뉴미(柳眉) 더옥 나죽호고, 옥셜(玉雪)의 홍광이 무릇녹아, 홍빅모란(紅白牡丹)이 셧거 핀 듯호니, 졀승(絶勝) 이원(哀願)호여 쳔승만비(千勝萬倍)훈지라. 부미 미미히 잠쇼호고, 즈금션(紫錦扇)을 드러 옥촉(玉燭)을 멸호고, 공쥬를 권호여 옥상나요(玉床羅褥)의 나아가니, 견권(繾綣) 즁이(重愛)호미 가비얍지 아니호나, 그 나히 년미(年末)호여 금니(金泥)의 곳봉오리오, 모츈(暮春)의 셰류(細柳) 갓흐믈 불안호여, 그 텬향아질(天香雅質)을 익경(愛敬) 흠복(欽服)홀지언졍, 셩인의 녜도 명훈으로 빅힝의 웃듬○[을] 삼고, 부조(父祖)의 졍듸훈 교훈을 밧즈와, 뜻 잡으미 뉴하혜(柳下惠)[2861]의 놉흔 힝실이 잇는지라.

쇼【36】년 남이 월뎐(月殿) 쇼아(素娥)[2862] 갓흔 옥인미쳐(玉人美妻)를 동방화촉하(洞房華燭下)의 빗니 맛나시듸, 맛춤니 년쇼미거(年少未擧)훈 쳐시 조금도 잇지 아니호니, 가히 니른바 낙이불음(樂而不淫)이오 유이불히(遊而不懈)호미러라.

명조의 일 니러 쇼셰호고, 부미 몬져 상부로 도라가니, 보모 위상궁과 쵀유뫼 졔궁비로 더부러 공쥬의 신장(新粧)을 다스려 상부의 문안호니, 현쇼져 즈미 쏘흔 졍당의 모드미, 상하 노쇠 남좌녀우(男左女右)를 분(分)호니, 남풍(男風) 녀치(女采) 발월호여, 옥경(玉京) 군션(群仙)이 틱쳥뎐(太淸殿)의 조회를 여러심 갓흐니, 위·조 냥틱비와 존당구고의 식로이 두굿기믄【37】비길 듸 업더라.

추시 옥션 도위 윤흥닌이 옥궐의 조회호여 텬은을 슉샤호니, 뎨휘 셜니 닉뎐으로 인견호샤, 장낙궁의 틱후를 뫼셔 삼뎐이 한가지로 보시며, 불승이즁(不勝愛重)호샤 부마의 화풍경운지상(和風慶雲之像)과 옥안 영풍의 도덕 문명이 냥미간의 녕녕이 낫하나, 오복(五福)[2863]이 구젼호고 복덕이 완비호여 달슈영복지상(達壽榮福之相)이 완젼호니, 삼뎐이 공쥬의 빵이 상젹훈 줄 무흠이 두굿기고 스랑호샤, 텬음(天音) 옥식(玉色)이 화평호샤 팔진(八珍) 어션(御膳)을 갓초와 관듸호시며, 옥음이 화열호여,

"공쥬의 유츙지년(幼沖之年)으【38】로 구즁심궐(九重深闕)의 싱장호여, 비혼 바 업시 군즈의 문(門)의○[셔] 위금(委禽)[2864]호니, 윤시는 본듸 츙현여믹(忠賢餘脈)이라. 고어의 왈, '님군의 쥬는 거슨 견마(犬馬)라도 스랑훈다' 호니, 공쥐 비록 년쇼유미(年少幼微)○○[호여] 쇼쇼(小小) 허물이 이시나, 경은 군신듸의(君臣大義)와 부부듸륜(夫婦大倫)을 싱각호여, 아녀즈의 쇼쇼지스(小小之事)는 긍과(矜誇)치 말고, 부뷔 기리 화락호여 님군의 스랑호는 바를 져바리지 말나."

호시니, 부미 계슈(稽首) 부복(俯伏)호여 투목(偸目)으로 틱낭낭과 황후를 보오니,

2861) 뉴하혜(柳下惠) : 중국 춘추시대 노(魯) 나라의 명재상(名宰相). 맹자(孟子)는 그를 '더러운 임금을 섬기는 일도 부끄럽게 여기지 않을 만큼 화해와 조화의 기질을 가진 성인'이라 하였다. 그러나 그도 천하의 대도(大盜)였던 자신의 아우 도척(盜跖)을 교화하지는 못했다

2862) 쇼아(素娥) : 월궁에 산다는 선녀 항아(姮娥)를 달리 이르는 말.

2863) 오복(五福) : 수(壽), 부(富), 강녕(康寧), 유호덕(攸好德), 고종명(考終命) 등 유교에서 이르는 다섯 가지 복.

2864) 위금(委禽) : 기러기를 전하고 전안례(奠雁禮)를 행함. 곧 혼례를 올림.

비샹ᄒ신 농안 덕퇴이 쥬국(周國) 셩비(聖妃)로 흡ᄉᄒ신지라. 심하의 흠탄(欽歎) 열복
(悅服)ᄒ믈 마지 아니ᄒ더니, ᄯᅩ 권권(拳拳)ᄒ신 은【39】영과 슌슌(諄諄)ᄒ신 옥음을
밧ᄌ오믹, 계슈 슈은ᄒ여 비이슈명(拜而受命)ᄒ더라.

이윽고 부민 퇴조ᄒᄆᆯ 알외딕, 삼뎐이 ᄯᅥ나믈 앗기샤 지삼 말뉴ᄒ시니, 부민 ᄉ심의
민망ᄒ나 감히 은명을 퇴만치 못ᄒ여 종일 뫼셔 말ᄉᆷᄒ민, 낙일(落日)이 셔줌(西岑)의
몰(沒)ᄒ고, 옥뉸(玉輪)이 동곡(東谷)의 쇼ᄉ며, 슉죄(宿鳥) 투림(投林)ᄒ고, 금문(禁
門)이 닷칠 ᄯᆡ의야 바야흐로 퇴조ᄒ여, 부즁의 도라와 존당 부모긔 뵈오니, 존당 샹히
싀로이 텬춍(天寵)의 관유(寬裕)ᄒ시믈 므러 알민, 황은을 불승감츅(不勝感祝)ᄒ여, 츙
즉진명(忠則盡命)ᄒ여 군은을 갑ᄉ오라 ᄒ더라.

공쥐 인ᄒ여 궁【40】의 머므러 존당 구고를 션ᄉ효봉(善事孝奉)ᄒ민, 동동쵹쵹(洞
洞屬屬)ᄒ여 신혼모졍(晨昏慕情)의 ᄯᅵ를 일치 아니ᄒ며, 부마의 건즐(巾櫛)을 쇼임ᄒ
민, 졉빈딕킥(接賓待客)의 슉흥야민(夙興夜寐)ᄒ고 제ᄉ금쟝(娣姒襟丈)[2865] 쇼고슉민
(小姑叔妹)[2866] 족당(族黨)을 화우(和友)ᄒ민, 공경 돈목ᄒ여 조곰도 왕희의 교만ᄒᆷ과
황녀의 존즁ᄒᆯ믈 ᄌ랑치 아니ᄒ여, 념결(廉潔) 쳥졍흔 덕ᄒᆡᆼ과 쇼심 공근흔 ᄒᆡᆼ시, 스ᄉ
로 ᄒ고져 ᄒ미 아니로딕, ᄌ연이 신셩예덕(神聖睿德)ᄒ여 혹이시습(學而時習)[2867]ᄒ
고 문이쟝진(文理長進)[2868]ᄒᆷ 갓ᄒ여, '스시 ᄒᆡᆼ언(四時行焉)의 빅물(百物)이《ᄒᆡᆼ언ǁ
싱언(生焉)》ᄒᄂᆫ[2869] 조홰 이시며, 촌음(寸陰)을 앗기는 셩덕(盛德)이 이시니, ᄌ연흔
셩덕 지홰 닌【41】니(隣里)의 ᄌᄌᄒ니, 구가 합문이 익경ᄒᆯ믈 마지 아니ᄒ고, 부민
공경 즁딕ᄒᄂ지라. 쇼식(消息)이 딕닉(大內)의 밋ᄎ민 삼뎐이 깃거ᄒ시며 두굿기시믄
일구(一口)로 긔록지 못ᄒᆯ너라.

오릭지 아녀 공쥐 삭망(朔望) 조하(朝賀)ᄒ니, 삼뎐이 월여지닉(月餘之內)의 공쥬의
화용 옥퇴 비히 슈미(秀美)흔 둧, 녕녕(玲玲)흔 칠보ᄡᅡᆼ봉관(七寶雙鳳冠)과 두삽ᄌ옥구
봉ᄎ(頭揷紫玉句峯釵)[2870]와 의슈(衣袖) ᄉ이의 너른 ᄯᅱ와, 쟝쟝(章章)[2871]흔 옥결(玉
玦)이 신신(新新) 휘휘(輝輝)ᄒ여, 엄연이 어룬의 체 일워시믈 보시믹, 더옥 두굿기고
ᄉ랑ᄒ샤 그 좌우 궁희 등을 불너, 구가 ᄉ젹을 므르샤 존당 구고 합문 샹하【42】의
가득흔 춍권(寵眷)을 드르시믹, 불승딕희(不勝大喜)ᄒ샤 공쥬를 샹ᄉ(賞賜)를 만히 ᄒ
여 도라보닉시고, 황샹이 ᄎ후로 더옥 윤샹부의 은혜 호탕(浩蕩)ᄒ시더라.

현시 ᄌ민 ᄯᅩ흔《부가ǁ구가(舅家)》의 머물민, 딕(大) 현시는 유한샹냥(幽閑爽朗)

2865)제ᄉ금쟝(娣姒襟丈) : 동서들. 제ᄉ(娣姒)나 금쟝(襟丈)은 다같이 '동서'를 뜻하는 말이다.
2866)쇼고슉민(小姑叔妹) : 시누이들. 소고(小姑)나 슉매(叔妹)는 다같이 '시누이'를 뜻하는 말.
2867)혹이시습(學而時習) : 배우고 그 배운 것을 때에 맞게 익힘.
2868)문이쟝진(文理長進) ; 문리(文理)가 매우 빠르게 진보함.
2869)ᄉ시ᄒᆡᆼ언(四時行焉)의 빅물(百物)이 싱언(生焉)ᄒ다 ; 사시(四時; 봄, 여름, 가을, 겨울)가 운행하며
    온갖 사물을 생성케 한다는 뜻. 『논어』<양화(陽貨)>편에 나오는 말.
2870)두삽ᄌ옥구봉ᄎ(頭揷紫玉句峯釵) : 머리에 꽂는 구(句)자처럼 돌출한 머리가 있는 붉은 옥비녀.
2871)쟝쟝(章章) : 맑고 밝으며 아름다운 모양.

흔 녀지라. 한갓 존당 구고를 션ᄉ(善事)ᄒ며 가부를 승슌(承順)홀 ᄯᆞᆫ 아니라, 슉당(叔黨)2872) 슉미(叔妹)2873)를 존경ᄒ고, 셜부인을 공경ᄒ여 젹형(嫡兄) 갓치 ᄒ니, 가즁상히 긔특이 너기고, 셜부인이 ᄯᅩᄒᆞᆫ 지심(至心) 이ᄃᆡ(愛待)ᄒ여 향규마역(香閨莫逆)이 되니, 친이ᄒᆞ미 도로혀 동포ᄌᆞ미(同胞姉妹)2874) 갓ᄒ니, 조석의 그림지 서로 ᄯᆞᆯ오ᄂᆞᆫ지라. 셜쇼져의 유뫼 쳐【43】음의 현쇼져의 아ᄅᆞᆷ다오믈 보미, 쥬인의 신셰를 위ᄒ여 놀나며 근심ᄒ미 젹지 아니터니, 현쇼져의 니러ᄐᆞᆺ 온슌 비약ᄒᆞᆫ 덕힝을 보미, 스스로 깃브믈 니긔지 못ᄒ여 졔 역시 현시 알오믈 부인이나 다르미 업더라.

쇼현시ᄂᆞᆫ 구가의 머물미 효ᄉ존당(孝事尊堂)ᄒ고 승슌군ᄌᆞ(承順君子)ᄒ여 돈목친쳑(敦睦親戚)ᄒ고 화우슉미금장(和友叔妹襟丈)ᄒ여 부덕이 졍슌ᄒ며, 념결청졍(廉潔淸靜)ᄒ고 청한결기(淸閑潔介)ᄒ여 일호(一毫) 진ᄋᆡ(塵埃)의 무들미 업스니, 진짓 명닌의 텬졍 가우(天定佳偶)오, 하늘이 유의ᄒ신 쥴 알니라. 존당 가즁 상히 각각 그 비필의 상젹ᄒᆞᆫ 【44】쥴 깃거ᄒ더라.

셜복야 부인이 셔랑의 다시 지취ᄒᆞᆷ믈 젼연이 아지 못ᄒ고 심하의 녀ᄋᆡ 구가의 도라가 평안이 머믄다 ᄒᄃᆡ 쇼식이 졀연ᄒ여 유명지간(幽明之間)이나 다르지 아니ᄒ고, 잇다감 츤환 복뷔 왕ᄂᆡᄒ여 문안을 젼ᄒ고 셔ᄉ(書辭)를 년통홀지언졍 미말 쇼츳 뒤라도 엄부인의 셩졍을 아ᄂᆞᆫ 고로, 비록 도찰의 현쇼져 취ᄒᆞᆷ믈 혹ᄌᆞ 아ᄂᆞᆫ 지 이시나, 부인긔 고치 아니하니 어이 알니오.

츠셜 션시의 녀녀 영능이 츌화(黜禍)를 맛나 졔 집의 도라간 후ᄂᆞᆫ 무고(無故)ᄒᆞᆫ 원(怨)이 윤가의 미치이고, 궁모(窮謀) 곡계(曲計) 【45】날노 빅츌ᄒ니, 슈이 ᄃᆡ계(大計)를 운동ᄒ여 쾌히 복원(復怨) 복슈(復讐)코져 ᄒ나, 능히 그 조각을 맛나 응시(應時)홀 ᄌᆞ를 엇지 못ᄒ여, 쥬야 아뷔2875) 여방과 어뮈 취시로 더부러 {쥬야} 탁냥(度量)ᄒ나, 조흔 계교를 엇지 못ᄒ고, 근간의 쳥션 요리 하상부와 연궁의셔 츄심(推尋)ᄒᄂᆞᆫ 화(禍)를 피ᄒ여 깁히 드러 《셕슬∥넉슬》 삭히니2876), 서로 만나 요계(妖計)를 돕지 못ᄒ니, 취시 모녜 쥬야 기다리미 〇[근]졀ᄒ더니, 쳥션이 하부 츄심ᄒᄂᆞᆫ 환을 버서나, 망망이 그믈의 신 고기 갓치 슘어 ᄉ오삭이 되니, ᄯᅩ 오릭 사름을 속이지 못ᄒ엿ᄂᆞᆫ지라.

스【46】로 궁겁고 답답ᄒᆞᆷ믈 니긔지 못ᄒ여 그 맛당이 몬져 가 머므럼즉ᄒᆞᆫ 곳을 혜아리미, 녀녀의 기다림과 원시랑의 기다리믈 싱각고, 일일은 승셕(乘夕)ᄒ여 호풍환우(呼風喚雨)ᄒ여, 몬져 녀가의 니ᄅᆞ러 바로 졍당의 ᄉ뭇ᄎ니, 녀방 부부 모녜 졍히

2872)슉당(叔黨) : 시숙들. 남편의 남자 형제들.
2873)슉미(叔妹) : 시누이. 남편의 여자형제.
2874)동포ᄌᆞ미(同胞姉妹) : 한 어머니에게서 난 친자매.
2875)아뷔 : 아비. '아버지'의 낮춤말.
2876)삭다 : ①긴장이나 화가 풀려 마음이 가라앉다. ②물건이 오래되어 본바탕이 변하여 썩은 것처럼 되다. ③김치나 젓갈 따위의 음식물이 발효되어 맛이 들다.

상되ᄒ여 냥녀의 젼졍을 근심ᄒ며, 쇼·윤 냥가를 졀치부심(切齒腐心)ᄒ여 어육(魚肉)
지 못ᄒ믈 한ᄒ더니, 홀연 일진 바람이 이러나며 바로 졍당의 ᄉ못ᄎ, 쵹홰 후리여 거
의 ᄶ져질 듯ᄒ니, 녀방 부부ᄂᆞ 아모 년괸 쥴 아지 못ᄒ고 악풍의 괴이ᄒ믈 경아(驚訝)
ᄒ되, 녕능은 발셔 짐작고 우【47】어 왈,

"반ᄃᆞ시 쳥션 ᄉ부의 ᄌᆞ최로다. 불언죵시(不言終時)의 드러오ᄂᆞ 바 업시 쳥션 법시
빅의운납(白衣雲衲)을 붓치고 압히와 합쟝비읍(合掌拜揖)ᄒ니, 녀방 부부 모네 크게
신긔ᄒ믜 빅쥬의 금불(金佛)이 현셩ᄒᄂᆞ 듯 시브니, 췌시 모녀ᄂᆞ 연망이 되읍(對揖)ᄒ
고, 집슈(執手)ᄒ여 반기믈 니긔지 못ᄒ고, 녀급시 흔연이 관졉(款接)ᄒ여 왈,

"부인과 녀아의 말ᄉᆞᆷ으로조ᄎ ᄉ부(師父)의 큰 일홈과 비샹ᄒᆫ 직조를 우뢰 지남갓
치 드러시되, 남녀의 별(別)이 다ᄅᆞ고 션범(仙凡)[2877]이 닉도ᄒ니 능히 션풍을 관졉
(款接)ᄒᆞᆯ 길이 업ᄉᆞ니, 놉흔 교의(敎意)를 밧드지 못ᄒᆞᆯ가 챵결(悵缺)ᄒᄂᆞ 비러니, 금셕
(今夕)【48】이 하셕(何夕)이완되 셩안(聖顔)을 샹졉(相接)ᄒ며 신긔ᄒᆫ 조화를 구경ᄒᆞᆯ
쥴 알니오."

요리(妖尼) 쳥파의 가쟝 신긔컨 체ᄒ고, 교미(巧眉)를 빈츅(嚬蹙)ᄒ고 쇼리를 나죽이
ᄒ여, 칭ᄉ 왈,

"빈승(貧僧)은 일즉 냥가지녀(良家之女)로, 명박ᄒ믜 극ᄒ여 이십 젼의 부모와 쇼쳔
(所天)을 다 니별ᄒ고, 혈혈 단신이 의탁ᄒᆞᆯ 곳이 업거늘, 드듸여 삭발위니(削髮爲尼)ᄒ
여 ᄉ문(寺門)의 제직되여 스승을 조ᄎ ᄉ희의 운유(雲遊)하니, 자최 표표ᄒ여 아니
가ᄂᆞ 곳이 업ᄂᆞ 고로, 텬축국(天竺國)[2878]의 드러가 신인(神人)을 만나 허다 슐업(術
業)을 비화 약간 젼슈ᄒ니, 다시 즁국의 노라 뎨도(帝都)를 구경ᄒ고 번【49】화ᄒᆞᆫ 셩
식(聲色)을 보아 지긔를 쇼챵코져 ᄒᆞᆸ더니, 맛ᄎᆷ 인연이 괴이ᄒ여 귀퇴 쇼져로 더부
러 교도를 밋고, 쏘 부인과 쇼졔 평ᄉᆡᆼ계활(平生契活)과 죵신되ᄉ(終身大事)로뼈 빈승
의게 붓치시니, 빈되(貧道) 엇지 진심갈력(盡心竭力)ᄒ여 지우(知遇)를 갑ᄉᆞᆸ고져 아니
리잇고만은, 귀퇴 냥쇼졔 본되 직앙이 만흔지라. 일시 어렵고 위퇴ᄒᆫ 곡경을 만히 격
그신 후야, 바야흐로 텬졍인연(天定因緣)을 만나 명복이 무량(無量)ᄒ고 영홰 그음업
스리이다."

녀방과 췌시 쳥파의 되경 왈,
"연즉 나의 냥녜 쇼·윤으로 인연이 업다 ᄒᄂᆞ냐?"
쳥션 왈,
"진실노 그러ᄒᆞ니이【50】다."
녀방 부뷔 아연 왈,
"그리면 어이ᄒ리오."

[2877]션범(仙凡): 션인(仙人)과 쇽인(俗人) 또는 션계(仙界)와 쇽계(俗界)를 아울러 이르는 말.
[2878]텬축국(天竺國): '인도'의 옛 이름.

청션 왈,

"진평쳬(陳平妻)2879) 다숫 번 기가(改嫁)ᄒ고, 위증(魏徵)2880) 쳐(妻) 일곱 번 기젹(改籍)ᄒ되 후인이 더럽다 아넛고, 한쇼렬(漢昭烈)2881)은 텬지(天子)로되 오시(吳氏)를 드려 졍궁(正宮)을 ᄉᆞ마시니, 냥쇼졔 각각 팔지 슌치 못ᄒ니, 처음 인연은 반ᄃᆞ시 길치 못ᄒ고 후의 진짓 인연이 이시리이다."

급ᄉᆞᄂᆞ 묵연ᄒ고, 녀녀ᄂᆞ 요리(妖尼)의 졔 ᄯᆞᆺ 알오미 분명ᄒᆞᆯ믈 보고, 져기 ᄌᆞ괴(自愧)ᄒ여 교협(狡狹)을 붉혀 말이 업ᄉᆞ니, ᄎᆔ시 왈,

"ᄉᆞ부의 의논이 명달(明達)ᄒ거니와, 다만 한 일이 잇ᄂᆞ니, ᄎᆞ녀ᄂᆞ 져희 외모 ᄌᆡ용이 아름다오니, 만일 여ᄎᆞ여ᄎᆞᄒ여 쇼【51】문을 퍼지오고, 규슈로 일홈ᄒ여 파젹(破籍)하려 ᄒ면 그ᄂᆞ 어렵지 아니려니와, 장녀ᄂᆞ 실노 외뫼 한 곳도 보암즉ᄒ미 업슬 ᄲᅮᆫ 아니라, ᄯᅩ 셩식이 픠악 불통ᄒ여 죵용치 아니ᄒ니, 셜ᄉᆞ 파젹을 ᄒ려 ᄒ들 그 얼골 ᄒᆡᆼᄉᆞ를 어ᄃᆡ 가 용납ᄒ리오. 연이나 ᄯᅩ 이 아희 쇼셩 필부의 풍신 ᄌᆡ화를 과혹(過惑)ᄒ여, 속담의 니ᄅᆞᆫ 바 '쪽ᄉᆞ랑의 외 즐기기'2882)를 ᄎᆔᄒ여 망부셕(望夫石)2883)이 되고져 ᄒ니, 이 아니 어려오냐?"

청션이 쇼왈,

"녀ᄌᆞ 심뎡(心情)이 물 갓ᄒ니, 어ᄂᆞ 곳의 쇼혹ᄉᆞ만ᄒᆞᆫ 옥인 영걸이 업ᄉᆞ리잇가? 이쳐엿 일은 넘녀【52】롭지 아니ᄒ되, 다만 귀쇼졔 안쇡이 염미(艶美)치 못ᄒ시다 ᄒ니, 긔 가장 희롭도쇼이다."

녀급ᄉᆞ 부부 모녀와 요리 좌우의 사ᄅᆞᆷ이 업ᄉᆞᄆᆞᆯ 보고, 요모곡계(妖謀曲計)를 아니 그을 곳이 업ᄂᆞᆫ지라. 청션이 이의 헌계 왈,

"ᄎᆞ쇼졔 니졔 ᄭᅩᆺ다온 년긔 이칠홍안(二七紅顏)2884)이 져므지 아냣거ᄂᆞᆯ 엇지 공연이

2879)진평쳬(陳平妻) : 중국 전한(前漢) 혜제(惠帝) 때의 좌승상(左丞相) 진평(陳平)의 아내 장씨(張氏). 그녀는 부잣집 딸이었으나 박복하여 다섯 번이나 시집을 갔지만, 그때마다 남편이 갑자기 죽어 아무도 그녀에게 장가들려 하지 않았다. 당시 가난한 총각이었던 진평이 그녀를 아내로 맞아, 부(富)를 얻고 출세하여 벼슬이 상국(相國)에 이르렀다.

2880)위증(魏徵) : 580-643. 중국 당나라 초기의 공신·학자. 자는 현성(玄成). 현무문의 변(變) 이후, 태종을 섬겨 간의대부 등의 요직을 역임하였고, 후에 재상으로 중용되었다. 굽힐 줄 모르는 직간으로 황제 태종을 보필한 것으로 유명하다. 《양서》, 《진서》, 《북제서》, 《주서》, 《수서》의 편찬에 관여하였다

2881)한쇼렬(漢昭烈) : 중국 삼국시대 촉한의 제1대 황제 유비(劉備 : 161~223). 자는 현덕(玄德). 황건적을 쳐서 공을 세우고, 후에 제갈량의 도움을 받아 오나라의 손권과 함께 조조의 대군을 적벽(赤壁)에서 격파하였다. 후한이 망하자 스스로 제위에 오르고 성도(成都)를 도읍으로 삼았다. 재위 기간은 3년(221~223)이다.

2882)쪽ᄉᆞ랑의 외 즐기기 : 혼자서만 사랑하여 좋아하여서는 아무 소용이 없다는 말. =짝사랑에 외기러기

2883)망부셕(望夫石) : 정조를 굳게 지키던 아내가 멀리 떠난 남편을 기다리다 그대로 죽어 화석이 되었다는 전설적인 돌. 또는 아내가 그 위에 서서 남편을 기다렸다는 돌.

2884)이칠홍안(二七紅顏) : 열네 살의 젊고 예쁜 얼굴.

홍안(紅顔)을 허송(虛送)ㅎ여 절의(絶義) 영츌(永黜)ㅎ 윤혹스를 바라고 이시리오. 노야와 부인이[은] 월왕(越王) 구쳔(句踐)2885)이 십년을 와신상담(臥薪嘗膽)2886)ㅎ여 '회계(會稽)의 붓그러오믈2887)' 복원(復怨) 복슈(復讐)하여시○[니] 넷 일을 엇더타 ㅎ시ᄂ니잇고?"

녀방 왈,

"쾌ㅎ고 조흔 쥴 알오ᄃ, 계괴 업【53】슬가 ㅎ노라."

쳥션이 져 부부 모녀의 긔식이 임의 다른 뜻이 이시믈 보믹, 아조 농락ㅎ여 만흔 금보를 낫글 밋기를 삼을 바를 희힝ㅎ여, 잠간 웃고, 이의 가만이 먹음은 뜻을 펴 계교를 헌(獻)ㅎ니, 녀가 부부 모녜 불승ᄃ희(不勝大喜)ㅎ여 녀방이 칭찬 왈,

"묘지(妙哉), 긔지(奇哉)라. 쳥션 슈부는 진짓 냥평(良平)의 일뉘오, 졔갈(諸葛)의 후신이로다."

ㅎ더라. 니러구러 밤이 깁헛ᄂ 고로 녕능이 쳥션으로 더부러 한 방의 머므러 획계(劃計)ㅎ니, 요리와 음녀의 궁모 곡계 아니 밋츤 곳이 업더라.

과연 오라지 아녀 녀방이 거즛 말을 닉ᄃ, 녕【54】능이 죽다 ㅎ고, 거즛 의금관곽(衣衾棺槨)을 갓초와 의구히 상슈(喪需)를 다스리니, 오히려 그 친졔(親弟) 녀슉도 그 닉력을 ᄌ시 아지 못ㅎ거든, 타인이며 원족(遠族)이야 엇지 알니오. 녀시랑은 진실노 질녜 죽은가 ㅎ여, 긔형 녀방으로 한가지로 윤가를 졀치부심(切齒腐心)ㅎ더라.

어시의 녀슉의 ᄯᆞᆯ 혜졍이 동챵후 윤후셩의 틱산암암지풍(泰山巖巖之風)2888)을 한번 보아 상상지념(思想之念)이 오믹(寤寐)의 밋쳐, 급급히 셔도라, 쇼쇼져의 얼골이 되여 져의 한번 도라보믈 엇고져 ㅎ엿다가, 문득 군주의 한 ᄡᅡᆼ 붉은 눈이 조마경(照魔鏡)을 거럿ᄂ 듯ㅎ니, 요【55】ᄉ(妖邪) 난음(亂淫)ㅎ 졍젹(情迹)이 시긱(時刻)의 탄누(綻漏)ㅎ여, 션연(嬋姸)ㅎ 월모(月貌)로써, 하마면 별문회(別門戶)2889)의 놀난 넉시 되믈 면치 못ㅎ거ᄂᆞᆯ, 힝혀 슉모 녀틱 부인의 흉포험악으로 쇼공 부ᄌ를 졀졔ㅎ미 되어, 요힝 일누 잔쳔(殘喘)이 남아 도라오나, 아모리 난음 발부의 되간 되악인들, 념치쇼지(廉恥

2885)구쳔(句踐) : 중국 춘추 시대 월(越)나라의 왕(?~B.C.465). 오(吳)나라의 왕 합려와 싸워 이겼으나, 그의 아들 부차에게 대패하여 회계산(會稽山)에서 항복하였다. 그 뒤 기원전 473년에 범여의 도움으로 오(吳)나라를 멸망시켰다. 재위 기간은 기원전 496~기원전 465년이다.

2886)와신상담(臥薪嘗膽) : 불편한 섶에 몸을 눕히고 쓸개를 맛본다는 뜻으로, 원수를 갚거나 마음먹은 일을 이루기 위하여 온갖 어려움과 괴로움을 참고 견딤을 비유적으로 이르는 말. ≪사기≫의 <월세가(越世家)>와 ≪십팔사략≫ 등에 나오는 이야기로, 중국 춘추 시대 오나라의 왕 부차(夫差)가 아버지의 원수를 갚기 위하여 장작더미 위에서 잠을 자며 월나라의 왕 구천(句踐)에게 복수할 것을 맹세하였고, 그에게 패배한 월나라의 왕 구천이 쓸개를 핥으면서 복수를 다짐한 데서 유래한다.

2887)회계(會稽)의 붓그러움 : 회계지치(會稽之恥). 월왕(越王) 구천(句踐)이 오왕(吳王) 부차(夫差)와의 싸움에서 대패해 회계산(會稽山)에서 항복하여 받은 치욕(恥辱)을 이르는 것으로, 전쟁(戰爭)에서 진 치욕(恥辱), 또는 마음에 새겨져 잊지 못하는 치욕(恥辱)을 비유(比喩)해 이르는 말

2888)틱산암암지풍(泰山巖巖之風) : 태산의 높고 위엄 있는 풍채.

2889)별문회(別門戶) : 타가문(他家門). 또는 그 드나드는 문. 다른 집안.

所在)의 십여 셰 규녀(閨女)의 몸으로셔, 스스로이 외간 남주를 여어보고 음욕(淫慾)을 조동(무動)ᄒ여, 빅쥬(白晝)의 남의 얼골을 비러 져 남주의 도라보믈 어들○[와] ᄒ다가, 픠루ᄒᆫ 정적을 무어시라 ᄒ며, 의거ᄒ여 윤가의 혼인을 쳥ᄒ리오.

요ᄉ흔 계괴 쳔【56】▎2890)④《 싱만츌(千生萬出)ᄒ니, 드듸여 오관(五官)2891)의 쉬슨 어뮈 아뷔를 다리여, 져희 넘치 니졔ᄂᆫ 춤아 타문(他門)의 가지 못ᄒ게 되어시니, 무고히 심규(深閨)의 폐륜(廢倫)ᄒᆫ믄 춤아 원통ᄒ니, 츌하리 녀화위남(女化爲男)ᄒ여 셩니(性理) 도혹(道學)을 슈련ᄒ여, 닙신《형양‖양명(揚名)》ᄒ여 부모의게 영효(榮孝)를 다ᄒ여, 아들의 쇼임을 ᄒ렷노라 ᄒ여, 감언밀셜(甘言蜜說)노 부모를 달닌니, 져 넘통의 쉬 슬고 오관의 보뮈2892)ᄉᆫ 녀슉과 김시, 쏠의 교음(狡淫)ᄒᆫ 의ᄉ를 엇지 알니오. 다만 그 지릉(才能) 다긔(多奇)ᄒᆞ믈 두긋기고, 아들이 용녈(庸劣)ᄒ니, 착ᄒᆫ 쏠이 씨 슬노다2893) ᄒ여 가연이 ᄒᆞᄂᆞᆫ 듸로 바려두【60】》③《니, 요녀ᄂᆞᆫ 더옥 승승(乘勝)ᄒ여 음양(陰陽)을 변체(變體)ᄒ고 혹문을 힘뼈 아모조록 뇽문(龍文)의 승영(承榮)ᄒᆫ믄 윤퇴우의 인연을 도모코져 ᄒᆞ미라.

녀방 부부ᄂᆞᆫ ᄯᅩ 혜졍의 깁흔 ᄯᅳᆺ을 모르고, 무고히 도장2894)을 버셔나 변복ᄒᆞᄂᆞᆫ 지경의 밋ᄎᆞ믈 비우셔 가만이 지쇼(指笑)ᄒ더니, 의외의 혜졍 요녜 놉히 셩텬주의 득인(得人)ᄒ시ᄂᆞᆫ 방말(榜末)의 춤예ᄒ여, 의의(猗猗)히 계화(桂花)를 썩그며, ᄯᅩ 삼일유가(三日遊街)2895) 후의 즉시 뎐젼혹ᄉ로 옥당의 한원명ᄉ(翰院名士)되니, 녀슉 부뷔 원녀(遠慮)ᄂᆞᆫ 싱각지 아니ᄒ고, 칭이양지(稱以養子)라 ᄒ여 ᄉ랑ᄒ며 즁히 너기미, 오히려 ᄋᆞ들의【59】》①《지나니, 양양ᄌᆞ득ᄒ여 김시 취시를 디ᄒ여, 녀아의 직정(才情)을 ᄌᆞ랑ᄒ여 타인의 십ᄌᆞ를 불워 아닛노라 ᄌᆞ득(自得)ᄒ고, 슈졍 형졔의 신셰 박명험조(險阻)ᄒᆞ믈 비쇼(誹笑)ᄒ니, 녀방과 취시 그윽이 불워ᄒ고, 녕능 요녜 분심 앙앙ᄒ여, 만일 긔틀을 여어 양미토긔(揚眉吐氣)2896)ᄒᆞᆯ 시졀을 만난즉, 브듸 셜치(雪恥)ᄒ기를 싱각ᄒ더라.

쳥션 요리 슈졍 음부(淫婦)의 궁모곡계(窮謀曲計)를 조ᄎ 한가지로 ᄒᆞ미, 쳔흉만악

2890)필사순서에 오류가 있다. 원문은 ▎①《지나니- 아닐【57】》 - ②《쥴 알지라-히를 일【58】》 - ③《니 요녀ᄂᆞᆫ-ᄋᆞ들의【59】》④《싱만츌ᄒ니-바려두【60】》▎의 순서로 필사되어 있는데, 이를 서사문맥에 따라 ▎④ - ③ - ① - ②▎의 순서로 바로잡았다. 이러한 오류가 생긴 원인은 제책과정에서 편철을 잘 못하여 생긴 것으로 보인다.

2891)오관(五官) : 다섯 가지 감각 기관. 눈, 귀, 코, 혀, 피부를 이른다.

2892)보뮈 : 녹. 산화 작용으로 쇠붙이의 표면에 생기는 물질. 색깔은 붉거나 검거나 푸르다.

2893)씨슬다 : 씨 슬다. '자녀들을 낳다'는 말의 비속어. *슬다 : 슬다. 벌레나 물고기 따위가 알을 깔기어 놓다.

2894)도장 ; =규방(閨房). 부녀자가 거처하는 방.

2895)삼일유가(三日遊街) : 과거에 급제한 사람이 사흘 동안 풍악을 잡히고 거리를 돌며 시험관과 선배 급제자와 친척을 방문하던 일.

2896)양미토긔(揚眉吐氣) : '눈썹을 치켜뜨고 기를 토한다'는 뜻으로, 기를 펴고 활개를 치는 것을 이르는 말.

(千凶萬惡)이 아니 밋츤 곳이 업ᄂᆞᆫ지라. 임의 그 벅벅이 ᄉᆞ랏ᄂᆞᆫ 바로뼈 죽엇다 ᄒᆞ여 ᄌᆞ취 망명ᄒᆞᆯ 적은, 그 간뫼(奸謀) 심상치 아닐【57】 〉 ②〈 쥴 알지라. 하늘이 응시(應時)ᄒᆞ여 쳥션을 삼겨ᄂᆡ고 슈졍이 이시니, 이 엇지 윤·하·뎡 삼문의 범연ᄒᆞᆫ 원업(冤業)과 익경(厄境)이라 ᄒᆞ리오.

쳥션이 헌ᄎᆡᆨ(獻策)ᄒᆞ여, '슈졍을 가히 집의 두지 못ᄒᆞ리라' ᄒᆞ여, 환슐(幻術)노 가만이 다려다가 봉션암의 도라가, 봉암진인 츠슌우를 맛지니, 봉암 요되(妖道) 본ᄃᆡ 산간의 슈도ᄒᆞᄂᆞᆫ 무리오, 무뢰방낭(無賴放浪)ᄒᆞ여 어진 스싱의 교훈을 불봉(不奉)ᄒᆞ고, 스싱을 반ᄒᆞ여 동문외(東門外) 츠산즁(此山中)의 은거ᄒᆞ여, 요괴로온 환슐과 요악ᄒᆞᆫ 약뉴(藥類)로 세상 투한(妬悍)ᄒᆞᆫ 녀ᄌᆞ와 요괴로온 부녀를 도아, 인가의 ᄒᆡ를 일【58】 〉 ∥우고, 불의의 직물을 만히 모화, 협즁(篋中)을 메우고, 그릇마다 ᄎᆡ시니, 졈졈 교악ᄒᆞᆫ 의ᄉᆞ와 음흉ᄒᆞᆫ 계괴 아니 밋츤 곳이 업ᄉᆞ니, 스스로 사량(思量)ᄒᆞᄃᆡ,

"ᄂᆡ 본ᄃᆡ 셕가(釋迦)의 뎨ᄌᆞ 아니오, 사문(寺門)의 위승(爲僧)ᄒᆞ미 업ᄉᆞᄃᆡ, 쇼시(少時)의 명되 궁박ᄒᆞ여, 조상부모(早喪父母)ᄒᆞ고 종션형뎨(終鮮兄弟)[2897]ᄒᆞ며 무타종족(無他宗族)ᄒᆞ니, 텬디 광ᄃᆡ하나 한 몸 의탁ᄒᆞᆯ 곳이 업셔, 마지 못ᄒᆞ여 스싱을 조ᄎᆞ 한 몸을 의지ᄒᆞ여시나, ᄯᅩᄒᆞᆫ 머리털을 ᄭᆞᆯᄎᆞ미 업ᄉᆞ니, 불도의ᄂᆞᆫ 쳔만 간셥지 아닌지라. 너 니졔 늣게야 복이 만하 만흔 지보를 어더, 아직 일싱은 평안ᄒᆞ거[61]와, 가히 슬프다! 약뉴츈광(若流春光)의 셰월이 날을 위ᄒᆞ여 머므지 아니ᄒᆞ니, 너 ᄒᆡᆼ년(行年)이 ᄉᆞ십의 밋쳐시니, 흐르ᄂᆞᆫ 광음의 그 언마ᄒᆞ여 쳥슈(靑鬚) 이울고 모발이 희쇼(稀少)ᄒᆞ리오. 연즉 불노초(不老草)ᄂᆞᆫ 진시황{황}(秦始皇)[2898]·한무뎨(漢武帝)[2899]의 영웅과 위엄으로도 엇지 못ᄒᆞ여시니, 나 츠슌위 엇지 능히 빅발이 다시 프르ᄂᆞᆫ 신긔ᄒᆞ믈 어드리오. 속졀업시 초목 곤츙과 한가지로 일홈 업시 스러지면, 뉘 능히 나의 세간의 잇던 쥴을 알며, 져 만흔 지물을 반싱 심녁만 허비ᄒᆞ여 어더 ᄡᅡ핫다가, 어느 ᄌᆞ손의게 젼ᄒᆞ리오. 맛당이 쳣 ᄯᅳᆺ을 고쳐 먼니 【62】 유벽(幽僻)ᄒᆞᆫ 곳의 집을 일우고, 일ᄀᆡ 아름다온 가인(佳人)을 취ᄒᆞ여 금슬호합(琴瑟互合)의 남ᄌᆞ낙ᄉᆞ(男子樂事)를 일우고, ᄌᆞ손을 ᄭᅵ쳐 신후(身後)를 의탁ᄒᆞ미 올흐니, ᄂᆡ 엇지 무고히 폐륜ᄒᆞ여 초목과 한가지로 셕으리오."

2897)종션형뎨(終鮮兄弟) : 일가에 형제가 많지 않음.
2898)진시황(秦始皇) : 중국 진(秦)나라의 제1대 황제(B.C.259~B.C.210). 이름은 정(政). 기원전 221년에 중국을 통일하고 스스로 시황제라 칭하였다. 중앙 집권을 확립하고, 도량형·화폐의 통일, 만리장성의 증축, 아방궁의 축조, 분서갱유 따위로 위세를 떨쳤다. 신선을 찾아 불로불사약을 구하기 위해 동남동녀 수천 명을 봉래산·방장산·영주산에 보냈으나 얻지 못하였다는 전설이 전한다. 재위 기간은 기원전 247~기원전 210년이다. 늑시황·진시황제
2899)한무뎨(漢武帝) : 중국 전한(前漢) 제7대 황제(B.C.156~B.C.87). 성은 유(劉). 이름은 철(徹). 묘호는 세종(世宗). 중앙 집권을 강화하고 흉노를 외몽골로 내쫓는 등 여러 지역을 정벌하였으며, 중앙아시아를 통하여 동서 교류를 왕성하게 하였다. 신선을 찾아 불로불사약을 구하기 위해 동남동녀 수천 명을 봉래산·방장산·영주산에 보냈으나 얻지 못하였다는 전설이 전한다. 재위 기간은 기원전 141~기원전 87년이다.

의식 이의 밋츠미 그윽이 가인을 유의ᄒᆞ미 심상치 아니터니, 일일은 졔즈 쳥션이 황혼을 타 니르럿거늘, 봉암이 반겨 셔로 한담ᄒᆞ더니, 쳥션이 이의 원벽좌우(遠辟左右)2900ᄒᆞ고, 져의 쇼유(所由)와, 녀녀 슈졍의 망명(亡命) 탈신(脫身)ᄒᆞ여 이 곳의 몸을 아직 감초와 션쳐코져 ᄒᆞᄂᆞᆫ 뜻을 니ᄅᆞᆫ디, 봉암이 녀녀의 즈식(姿色) 잇단 말을 듯고, 가장 【63】 반겨 지삼 다려오기를 니ᄅᆞ더라.

쳥션이 스싱의 허락을 엇고 디회ᄒᆞ여, 익일 식비를 타 슈졍을 다려 암즁의 니ᄅᆞ니, 봉암이 ᄉᆞ즁(寺中) 모든 도뎨(徒弟)를 분부ᄒᆞ여 그윽ᄒᆞᆫ 방장(方丈)2901을 쇄쇼(灑掃)ᄒᆞ여 녀녀를 머믈게 ᄒᆞᆯ시, 녀녀 요인이 임의 디계를 운동ᄒᆞ려 ᄒᆞ미 즈장 경보를 진슈(盡數)히 가져왓ᄂᆞᆫ지라.

봉암이 녀녀의 만흔 지보(財寶)의 몬져 탐심(貪心)이 니러나고, 버거 녀녀의 즈약뇨라(自若姚娜)ᄒᆞᆫ 교용염틴(巧容艷態)를 보미, 탕음(蕩淫)ᄒᆞᆫ 의식 불갓치 니러나니, 음흉ᄒᆞᆫ 냥목이 어즈러이 뒤룩거려 녀녀의 신상의 ᄡᅩ아시니, 쳥션이 스【64】싱의 긔식을 아라 보고, 도로혀 간뫼(奸謀) 니지 못ᄒᆞᆯ가 근심ᄒᆞ고, 녀녀도 역시 불안ᄒᆞ여 몸이 침상의 안즌 듯ᄒᆞ더라.

봉암이 쳥션의 머므ᄂᆞᆫ 쥴 괴로이 너겨, 거즛 헌계 왈,

"녀쇼졔 일시 난쳐ᄒᆞᆫ 경계를 피ᄒᆞ여 이의 잠간 니르러 계시나, 심규 도장의 귀ᄒᆞᆫ 즈최 산간 폐암의 머므지 못ᄒᆞᆯ 거시니, 뎨즈ᄂᆞᆫ 밧비 도라가 죵용ᄒᆞᆫ 쳐쇼를 졍ᄒᆞ여 도라가시게 ᄒᆞ라."

쳥션이 ᄯᅩ 맛촌 곳이 잇ᄂᆞᆫ 고로, 졈두 응낙ᄒᆞ여 스싱과 녀녀를 하직ᄒᆞ고 도라가 녀녀를 거쳐ᄒᆞᆯ 곳을 그윽이 듯보더라.

화셜 어ᄉᆞ 태우 관셰화【65】ᄂᆞᆫ 본디 ᄉᆞ문(士門) 거족(巨族)이로디, 쇼견이 심히 허랑부박(虛浪浮薄)ᄒᆞ고 오활(迂闊)ᄒᆞ니, 이 곳 북평후 뎡의쳥의 계비 한시의 계모 관시의 죵남(從男)2902이라. 한츄밀 부인 관시ᄂᆞᆫ 요ᄉᆞ(妖邪) 간독(奸毒)ᄒᆞ고 관시랑은 허랑부박ᄒᆞ니, 남미 두 사ᄅᆞᆷ의 작인이 각각 다ᄅᆞ더라.

관시랑이 부인 노시를 어드니, 노시 안식이 무염(無艶)일 ᄲᅮᆫ 아니라, 용심(用心)이 ᄉᆞ오납고 셩되 픽악ᄒᆞ여, 쇼불여의(小不如意) 즉, 구고 가부도 혜지 아니니, 구고 싱시 의도 며ᄂᆞ리 셩악을 슬희 너겨 졔어치 못ᄒᆞ더니, 구괴 다 죽으니 시랑이 엇지 졔어ᄒᆞ리오. 안히를 두리고 져허, 일ᄉᆞ(一事)를 【66】 즈유(自由)치 못ᄒᆞ디, 그려도 남즈의 ᄯᅳᆫ 의ᄉᆞᄂᆞᆫ 업지 못ᄒᆞ여, 부인이 무용(無容) 험피(險詖)ᄒᆞᆫ 가온디 ᄯᅩ 무즈식ᄒᆞ니, 그윽이 신취(新娶)를 유의ᄒᆞ니, 조졍 지렬(宰列)의 유녀지 만흔들 뉘 즈가 갓흔 농판2903 무릉즈(無能子)를 유의ᄒᆞ며, ᄒᆞ믈며 지취(再娶)를 쥬리오.

2900)원벽좌우(遠辟左右) : 밀담을 하려고 곁에 있는 사람을 멀리 물리침.
2901)방장(方丈) : 화상(和尙), 국사(國師) 등의 고승(高僧)이 거처하는 처소. 또는 주지승(住持僧)의 처소.
2902)종남(從男) : 4촌 남자형제.
2903)농판 : 멍청이.

겨요 가만이 구ᄒ여 셔화문 무장촌의셔 스ᄂᆞᆫ 유싱(儒生) 능쳥의 녀를 취ᄒ니, 능시 약간 즈싟이 이시나 능가 촌장(村丈)2904)의 빈한ᄒᆞᆫ 집 즈식으로 향암(鄕闇)되기 측냥 업스나, 관시랑이 부인을 두려 일가 종족도 긔여시니2905), ᄯᅩ 다려와 둘 곳이 업ᄂᆞᆫ 고로 인ᄒ여 본가(本家)의 두고 의식을 후히 니우니, 능【67】시 ᄯᅩᄒᆞᆫ 가난ᄒᆞᆫ 집 즈식으로 의식의 긔한(飢寒)이 즈심(滋甚)ᄒ다가 의식이 평안ᄒ며, 능싱이 ᄯᅩᄒᆞᆫ 상실(喪室)ᄒ고 이 ᄯᅡᆯ노 더부러 싱계 고초ᄒ미 측냥업다가, 의외의 관시랑을 스회 삼아, 쥬ᄂᆞᆫ 거시 넉넉ᄒ니, 과망(過望) 딕희(大喜)ᄒ여 일만호의(一萬狐疑)를 다 바리고 조히 슬며, 관시랑이 신졍(新情)이 황홀ᄒ나 노시를 두리미 과도ᄒᆞᆫ 고로, 감히 즈로 오지 못ᄒ여 장간(長間)2906)을 보아가며 일삭의 일이 슌(順)2907)을 계오 왕닉ᄒ더니, 능시 홀연 잉티ᄒ여 한 ᄯᅡᆯ을 나ᄒ니, 용뫼 극히 츄루(醜陋)ᄒ여 보암즉지 아니ᄒ니, 능시 아연 실망ᄒ고, 시랑이 능시 잉티ᄒᆞᆫ 후【68】로ᄂᆞᆫ 일야 남즈를 바라ᄂᆞᆫ디, ᄯᅡᆯ을 《스‖ᄂᆞᆫ》 니러틋 흉귀(凶鬼)ᄒ니, '춤아 엇지 아븨게 긔별ᄒ리오'ᄒ여, 능시 반깅(飯羹)을 물니치고 죽고져 ᄒ거늘, 능싱이 기녀의 셜워ᄒᆞᆷ믈 민망ᄒ여 지슘 호언으로 위로ᄒ며, 시랑의게 밧비 쇼식을 젼치 아니ᄒ고, 넌즈시 닌니(隣里)의 노흉(老凶)ᄒᆞᆫ 노고(老姑)를 불너, 빅금(百金)을 쥬고 일기 교연(嬌然)ᄒᆞᆫ 유아(乳兒)를 구ᄒ니, 노괴 어디 가 갓나며 어뷔 죽고, 그 아뷔 가난ᄒ여 기르지 못ᄒ여 바리려ᄒᆞᄂᆞᆫ 거슬 오더 오니, 기이(其兒) 싱지 슈삼일 이로디 미목이 극히 교연(嬌然) 졀묘(絶妙)ᄒ니, 능싱 부녜 딕희ᄒ여 바야흐로 져희 싱이(生兒)라 【69】ᄒ여, 비단 깃2908)과 금슈(錦繡) 옷시 ᄡᅥ 방즁의 두어 기르며, 져의 싱녀(生女)ᄂᆞᆫ 종을 맛져 기르게 ᄒ고, 그졔야 시랑의게 쇼식을 통ᄒ니, 시랑이 니러러 보고 비록 무릉(無能)ᄒᆞᆫ ᄯᅡᆯ이나, 용뫼 곱고 아릿다오니 늣도록 농장(弄璋)2909)의 주미를 모르다가 과망 딕희ᄒ여 스랑이 측량업스나, 노시 알가 져허 왕닉ᄒ기를 가장 신밀(愼密)이 ᄒ니, 노시 투한(妬悍) 픽악(悖惡)할지언졍 쇼탈(疎脫) 남활(濫闊)ᄒᆞᆫ 녀지라. 가부의 우슈룩ᄒᆞᆫ2910) 가온디 남시(濫事) 잇ᄂᆞᆫ 쥴은 견연 망부지(罔不知)ᄒ더라.

시랑이 녀아의 명을 묘랑이라 ᄒ【70】여, 스셰 되던 히의 시랑이 먼니 외임(外任)을 ᄒ여 운남 포졍스(布政使)를 ᄒ여 나가니, 님힝의 노시로더부러 부임ᄒᆞᆫ 고로, 능시ᄂᆞᆫ 감히 조ᄎᆞ 가지 못ᄒ고, 다만 그 스이 의식ᄎ(衣食次)2911)를 만히 쥬고 가니, 능

2904)촌장(村丈) : 시골 어른.
2905)긔이다 : 기이다. 어떤 일을 숨기고 바른대로 말하지 않다.
2906)장간(長間) : 긴 기간. 오랜 시간.
2907)슌(順) : 차례. 번. 일의 횟수를 세는 단위.
2908)깃 : 옷깃. 천.
2909)농장(弄璋) ; =농장지경(弄璋之慶). 아들을 낳은 즐거움. 예전에, 중국에서 아들을 낳으면 규옥(圭玉)으로 된 구슬의 덕을 본받으라는 뜻으로 구슬을 장난감으로 주었다는 데서 유래한다
2910)우슈룩ᄒ다 : 어수룩하다. 겉모습이나 언행이 치밀하지 못하여 순진하고 어설픈 데가 있다.
2911)의식ᄎ(衣食次) : 입고 먹는데 필요한 재료나 비용. 옷감·식량·돈 등.

시 신셰(身勢) 박명(薄命)을 슬허ᄒᆞ고 가부의 용녈홈과 원비의 픠악ᄒᆞᄆᆞᆯ 한ᄒᆞ나 흘일 업셔, 시랑을 니별ᄒᆞᆫ 후로ᄂᆞᆫ 부친을 의지ᄒᆞ며 묘랑을 교양ᄒᆞ여 셰월을 보ᄂᆡ더니, 니러 구러 묘랑이 나히 칠셰 되니 곱고 ᄌᆞ틱롭기 무궁ᄒᆞ니, 능싱 부녜 더옥 위와다²⁹¹²⁾ 기ᄅᆞ며 졔 ᄯᆞᆯ의 곱지 못ᄒᆞᄆᆞᆯ 한ᄒᆞ더니, 이 히 츈하(春夏)의 인가의 두역(痘疫)이 디치(大熾)ᄒᆞ여 두 아히 다 역환(疫患)으로 미류(彌留)ᄒᆞ여 일시【71】의 죽으니, 능싱 부녜 친아(親兒)의 죽으믄 도로혀 앗갑지 아니ᄒᆞ나, 묘랑이 죽어시니 관시랑이 미구(未久)의 도라올지라. '츠마 어이 흉보(凶報)를 젼ᄒᆞ리오.' ᄒᆞ여, 망극 초조ᄒᆞ여 냥아(兩兒)를 장(葬)ᄒᆞᆫ 후ᄂᆞᆫ, 능시 쥬야 침셕의셔 호읍(號泣)ᄒᆞ니, 능싱이 역시 셟고 망극ᄒᆞ여 말니지 못ᄒᆞ고, 관시랑이 도라와, '만일 묘이 죽다홀진딕 엇지 다시 부부의 졍을 고즈(顧藉)ᄒᆞ여 의식(衣食)을 쥬리오. 부녀 두 목슘이 속졀업시 굴머죽을 노다.' ᄒᆞ여, 녀아의 져 거동이 과도치 아니토다 혜아려, 녀이 만일 역니지통(逆理之痛)²⁹¹³⁾과 단장지곡(斷腸之曲)²⁹¹⁴⁾을 못니긔여, 인【72】병치ᄉᆞ(因病致死)ᄒᆞᄂᆞᆫ 지경의 밋거든, ᄌᆞ긔 ᄯᅩ 녀아를 ᄯᆞ라 죽고져 ᄒᆞ더니, 일일은 ᄎᆞ환 계셤이 밧게 나갓다가 드러와 고왈,

"문 밧긔 한 녀승이 와시니, '셔촉 쳥셩ᄉᆞ의 잇더니, ᄉᆞ히팔황(四海八荒)²⁹¹⁵⁾의 운유(雲遊)ᄒᆞ여 거월(去月)의 경ᄉᆞ의 니르럿노라' ᄒᆞ고, 신통이 무량(無量)ᄒᆞ여 사ᄅᆞᆷ의 젼졍 화복 길흉을 능히 알고, 조홰 신긔홀ᄉᆞ ᄒᆞ거ᄂᆞᆯ, 쇼비 우리 부인의 팔ᄌᆞ를 뭇고, 쇼낭ᄌᆞ의 이ᄉᆞ(哀死)ᄒᆞᆫ 쥴을 니ᄅᆞ니, 니긔 젼후ᄉᆞ를 안젼의 버럿ᄂᆞᆫ ᄃᆞ시 니ᄅᆞ고, ᄯᅩ 니ᄅᆞ딕 능히 죽은 사ᄅᆞᆷ을 살오ᄂᆞᆫ 슈단이 잇노라 ᄒᆞ더이다."

능싱 부녜 쳥미파의 디경【73】디희(大慶大喜)ᄒᆞ여, 쳬면도 도라보지 아니ᄒᆞ고 보션²⁹¹⁶⁾ 바닥으로 ᄯᅥ히 ᄂᆞ리다라, 마조 나가 니고를 쳥ᄒᆞ여 드러오니, 니긔 빅의운납(白衣雲衲)²⁹¹⁷⁾의 오식 념쥬를 메고, 홍ᄉᆞ(紅絲) ᄯᅴ의 초혜(草鞋)를 신고, 엇게의 바랑²⁹¹⁸⁾을 메고, 손의 빅옥경자(白玉鏡子)를 들고 오환장(五環杖)²⁹¹⁹⁾을 집허시니, 형용이 고긔(高奇)ᄒᆞ고 미목(眉目)이 슈려(秀麗)ᄒᆞ여 별의 눈이오, 미암의 살젹²⁹²⁰⁾이니,

---

2912)위완다 : 떠받들다. 공경하여 섬기거나 잘 위하다.

2913)역니지통(逆理之痛) : 순리(順理)를 거스르는 일을 당한 슬픔이란 말로, 자식을 잃은 부모의 슬픔을 말함.

2914)단장지곡(斷腸之曲) : 창자가 끊어지는 것처럼 슬픈 마음.

2915)ᄉᆞ히팔황(四海八荒) : '사방의 바다와 여덟 방위의 너른 땅'이라는 뜻으로 온 세상을 이르는 말.

2916)보션 : 버선. 천으로 발 모양과 비슷하게 만들어 종아리 아래까지 발에 신는 물건.

2917)빅의운납(白衣雲衲) : 중이 머리에 쓰는 하얀 천으로 만든 모자. *운납(雲衲) : 중이 머리에 쓰는 모자.

2918)바랑 : 『불교』승려가 등에 지고 다니는 자루 모양의 큰 주머니.

2919)오환장(五環杖) : 오환석장(五環錫杖). 승려가 짚는, 고리가 다섯 개 달린 석장(錫杖). *석장(錫杖) : 승려가 필수적으로 지녀야 하는 지팡이로, 유성장(有聲杖)·성장(聲杖)·지장(智杖)·덕장(德杖)이라고도 한다. 형태는 손잡이 끝에 탑 모양의 둥근 고리가 붙어 있고 여기에 조그만 쇠고리가 여러 개 달려 있는데 이 쇠고리의 수에 따라 4환장(四環杖)·6환장(六環杖)·12환장(十二環杖) 등으로 부른다. 둥근 고리의 중심에 보주(寶珠)·용·오륜탑(五輪塔)·삼존불 등을 장식한 예도 있다. 보통 석장의 머리부분 은 동(銅)으로 되어 있고, 그 아래 받침대는 나무 또는 철로 되어 있다.

민쳡혜힐(敏捷慧逸)ᄒ여 뵈더라.

승당 합장ᄒ고 안즈니, 능이 부녀의 체 업슨 거동을 보민, 요리 본딕 지상 규문의 왕닉ᄒ여 열인(閱人)ᄒ믄 젹지 아니ᄒ니, 안고퇴악(眼高泰岳)2921)ᄒ지라. 져 향촌(鄕村)의 싱장ᄒ여 무례(무례) 향암(鄕闇)되믈 【74】 웃지 아니ᄒ리오. 심니(心理)의 실쇼(失笑)ᄒ고 그 거동을 보아가며 님시응변(臨時應變)ᄒᄂ지라. 십분 지예(遲曳)ᄒ여, 져ᄂ 극낙 나한뎐(羅漢殿)의 싱불(生佛)이나 하강혼 드시 좌우로 고면(顧眄)ᄒ며 방약무인ᄒ니, 능이 부녀ᄂ 빅쥬(白晝)의 활인싱불(活人生佛)이나 하강혼가 녀겨, 쥰슌(遵巡) 국궁(鞠躬)ᄒ고 체읍오열(涕泣嗚咽)ᄒ여, 져의 졍원(情願)을 익긍(哀矜)이 고ᄒ며,

"ᄉ뷔 능히 님공도ᄉ홍도긱(臨邛道士鴻都客)2922)의 환혼향(還魂香)2923)을 픠오ᄂ 슈단이 잇다ᄒ니, 만일 묘아를 술와 닉면 우리 부녜 셰셰싱싱(世世生生)의 딕은을 명심불망(銘心不忘)ᄒ리라."

쳥션이 심니(心裏)의 실쇼(失笑)ᄒ나, 져의 구망(口望)의 암합(暗合)ᄒ믈 딕희(大喜)ᄒ여 웃고 【75】 왈,

"빈되 어려셔븟허 스싱을 조ᄎ 쳔변 만화의 불측혼 직죄 이시니, 엇지 귀틱(貴宅) 쇼낭즈의 두환(痘患)2924)의 비명횡ᄉ(非命橫死)혼 혼신(魂神)을 브ᄅ지 못ᄒ리잇고?

ᄒ더라. 【76】

2920)살젹 : 귀밑털. 관자놀이와 귀 사이에 난 머리털.

2921)안고퇴악(眼高泰岳) : 눈이 높기가 태산처럼 높음.

2922)님공도ᄉ홍도긱(臨邛道士鴻都客) : 백거이(白居易)의 〈장한가(長恨歌)〉에 나오는 죽은 이의 혼백을 부르는 도인. 〈장한가〉에 "생사를 달리한 지 아득하니 몇 년인가//꿈에서도 혼백마저 만나볼 수 없네 //임공의 도사가 도성에서 머무는데//정성으로 혼백을 불러올 수 없다 하네(悠悠生死別經年//魂魄不曾來入夢//臨邛道士鴻都客// 能以精誠致魂魄)"이라는 대목이 나옴.

2923)환혼향(還魂香) : 죽은 이의 혼백을 부르는 향.

2924)두환(痘患) : 두역(痘疫). '천연두'를 한방에서 이르는 말. 천연두 바이러스가 일으키는 급성의 법정 전염병. 열이 몹시 나고 온몸에 발진(發疹)이 생겨 딱지가 저절로 떨어지기 전에 긁으면 얽게 된다. 전염력이 매우 강하며 사망률도 높으나, 최근 예방 주사로 인해 연구용으로만 그 존재가 남아 있다. '마마'라고도 한다.

최 길 용

문학박사
전북대학교 겸임교수
전북대학교 인문학연구소 전임연구원

● 논 문
〈연작형고소설연구〉외 500여편

● 저 서
『조선조연작소설연구』 등 14종

교주본 윤하뎡삼문취록 3

초판 인쇄 2015년 4월   5일
초판 발행 2015년 4월 20일

교   주 | 최길용
펴 낸 이 | 하운근
펴 낸 곳 | 學古房

주   소 | 서울시 은평구 대조동 213-5 우편번호 122-843
전   화 | (02)353-9908 편집부(02)356-9903
팩   스 | (02)6959-8234
홈페이지 | http://hakgobang.co.kr/
전자우편 | hakgobang@naver.com,   hakgobang@chol.com
등록번호 | 제311-1994-000001호

ISBN   978-89-6071-494-6   94810
       978-89-6071-491-5   (세트)

값 : 250,000원(전5권)

이 도서의 국립중앙도서관 출판시도서목록(CIP)은 서지정보유통지원시스템 홈페이지 (http://seoji.nl.go.kr)와 국가자료공동목록시스템(http://www.nl.go.kr/kolisnet)에서 이용하실 수 있습니다. (CIP제어번호: CIP2015011707)

■ 파본은 교환해 드립니다.